Dr. Wolfgang Selter
Rechtsanwalt, Düsseldorf

Die Beratung des Aufsichtsrats und seiner Mitglieder

Nomos

Die Deutsche Nationalbibliothek verzeichnet diese Publikation in der Deutschen Nationalbibliografie; detaillierte bibliografische Daten sind im Internet über http://dnb.d-nb.de abrufbar.

ISBN 978-3-8487-0790-4

1. Auflage 2014

Vorwort

Zahlreiche gerichtliche Entscheidungen aus den letzten 30 Jahren, Gesetzesänderungen vor allem in den letzten eineinhalb Jahrzehnten und nicht zuletzt der Deutsche Corporate Governance Kodex mit seinen alljährlichen Anpassungen während der letzten Dekade haben dazu beigetragen, dass aus dem Aufsichtsrat als vormals „Veranstaltung zur Pflege von Eitelkeiten" oder „Altherrenrunde" ein Arbeitsgremium geworden ist, dessen Mitglieder stets qualifiziert und engagiert sein müssen und nicht zu unterschätzenden Haftungsgefahren ausgesetzt sind. Zu den wesentlichen gesetzgeberischen Maßnahmen mit Einfluss auf die Rahmenbedingungen der Aufsichtsratsarbeit zählen KonTraG von 1998, TransPuG aus dem Jahr 2002, UMAG von 2005 sowie BilMoG, ARUG und VorstAG aus dem Jahr 2009. Hinzukommen die Einführung des WpÜG in 2001 sowie die Novellen von GenG in 2006 und KWG in 2013. Die für den Aufsichtsrat Richtung weisenden Beiträge der höchstrichterlichen Judikative sind unter anderem „Hertie" aus 1982 zu den Mindestkenntnissen und -fähigkeiten, über die ein Aufsichtsratsmitglied verfügen muss, „ARAG/Garmenbeck" aus dem Jahr 1997 zur Verpflichtung des Aufsichtsrats, Schadensersatzansprüche der Gesellschaft gegen ihre (ehemaligen) Vorstandsmitglieder geltend zu machen, „Mannesmann/Vodafone" aus 2005 zur strafrechtlichen Relevanz von Anerkennungsprämien, „Kirch/Deutsche Bank" aus 2009 zur Anfechtbarkeit von Entlastungsbeschlüssen der Hauptversammlung wegen fehlerhafter Entsprechenserklärung, „Ision" aus 2011 zur Haftungsfreizeichnung durch Hinzuziehung externen Sachverstandes und zur Verschärfung der Haftung von Aufsichtsratsmitgliedern aufgrund Spezialwissens sowie „Fresenius" aus 2012 als vorerst letzte Entscheidung des BGH zu Beraterverträgen zwischen Aufsichtsratsmitglied und Gesellschaft.

Das vorliegende Handbuch stellt die derzeitige Rechtslage dar, wie sie Gesetzgeber, Gerichte und Kodex-Kommission geschaffen haben, erläutert sie und versorgt Aufsichtsratsmitglieder und deren Berater mit vielfältigen Handlungsempfehlungen. Darüber hinaus werden aktuelle Meinungsstände rechtspolitischer Diskussionen skizziert, die dem Leser eine Vorstellung davon geben sollen, wie gegenwärtige Probleme zukünftig gelöst werden könnten. Beispielhaft sei die Diskussion um Ausschluss oder zumindest betragsmäßige Begrenzung der Inregressnahme von Organmitgliedern wegen mit Bußgeld geahndeter Kartellverstöße der Gesellschaft genannt. Nicht zuletzt werden Rechtstatsachen bemüht, um die Bedeutung einzelner Rechtsinstitute in der Praxis und deren Entwicklung zu dokumentieren.

Rechtsprechung und Literatur bis zum 31.12.2013 sind berücksichtigt. Die Änderungen durch die KWG-Novelle von 2013, die zum 1.1.2014 in Kraft getreten sind, sind ebenfalls dargestellt und erläutert.

Meiner Frau und meinen Kindern danke ich für ihr großes Verständnis. Denn in der Zeit der Fertigung des Manuskripts zu diesem Handbuch mussten sie sehr häufig auf mich verzichten.

Düsseldorf, den 31. Januar 2014 — Wolfgang Selter

Inhaltsverzeichnis

Abkürzungen

1. WOMitbestG	Erste Wahlordnung zum Mitbestimmungsgesetz vom 27. Mai 2002 (BGBl. I S. 1682), die durch Artikel 1 der Verordnung vom 10. Oktober 2005 (BGBl. I S. 2927) geändert worden ist
2. WOMitbestG	Zweite Wahlordnung zum Mitbestimmungsgesetz vom 27. Mai 2002 (BGBl. I S. 1708), die durch Artikel 2 der Verordnung vom 10. Oktober 2005 (BGBl. I S. 2927) geändert worden ist
3. WOMitbestG	Dritte Wahlordnung zum Mitbestimmungsgesetz vom 27. Mai 2002 (BGBl. I S. 1741), die durch Artikel 3 der Verordnung vom 10. Oktober 2005 (BGBl. I S. 2927) geändert worden ist
aA	andere Auffassung
aaO	am angegebenen Ort
ABl.	Amtsblatt
Abs.	Absatz
aE	am Ende
aF	Alte Fassung
AG	Aktiengesellschaft
AG	Amtsgericht
AGG	Allgemeines Gleichbehandlungsgesetz v. 14.8.2006, BGBl. I S. 1897, 1910
AktG	Aktiengesetz v. 6.9.1965, BGBl. I S. 1089
AktG 1937	Aktiengesetz v. 30.1.1937, RGBl. I S. 107
AktienR	Aktienrecht
aM	am Main
Anm.	Anmerkung
AO	Abgabenordnung v. 1.10.2002, BGBl. I S. 3866
ArbG	Arbeitsgericht
Art.	Artikel (Singular)
Artt.	Artikel (Plural)
ARUG	Gesetz zur Umsetzung der Aktionärsrechterichtlinie v. 30.7.2009, BGBl. I S. 2479
AVB-AVG	Unverbindliche Empfehlung des GDV aus dem Jahre 1997 betreffend allgemeine Versicherungsbedingungen für die Vermögensschaden-Haftpflichtversicherung von Aufsichtsräten, Vorständen und Geschäftsführern
BaFin	Bundesanstalt für Finanzdienstleistungsaufsicht
BAG	Bundesarbeitsgericht
BAGE	Entscheidungen des Bundesarbeitsgerichts
BayObLG	Bayerisches Oberstes Landesgericht
BayObLGZ	Sammlung des BayObLG in Zivilsachen
BayVerfGH	Bayerischer Verfassungsgerichtshof
BayVerwBl.	Bayerisches Verwaltungsblatt
BB	Betriebs Berater
BBG	Bundesbeamtengesetz v. 18.9.1957, BGBl. I S. 1337
BeckRS	Beck-Rechtsprechung
Bd.	Band
Begr.	Begründung
Beschl.	Beschluss

BetrAVG	Gesetz zur Verbesserung der betrieblichen Altersversorgung v. 19.12.1974, BGBl. I S. 3610
BetrVerfReformG	Gesetz zur Reform des Betriebsverfassungsrechts v. 23.7.2001, BGBl. I S. 1852
BetrVG	Betriebsverfassungsgesetz v. 11.10.1952 (BGBl. I S. 681), Neufassung v. 15.1.1972 (BGBl. I S. 13)
BfJ	Bundesamt für Justiz
BGB	Bürgerliches Gesetzbuch v. 18.8.1896, RGBl. S. 195
BGBl.	Bundesgesetzblatt
BGH	Bundesgerichtshof
BGHZ	Entscheidungen des Bundesgerichtshof in Zivilsachen
BHO	Bundeshaushaltsordnung
BilMoG	Gesetz zur Modernisierung des Bilanzrechts v. 25.5.2009, BGBl. I S. 1102
BKartA	Bundeskartellamt
BMFSFJ	Bundesministerium für Familie, Senioren, Frauen und Jugend
BMJ	Bundesministerium der Justiz und für Verbraucherschutz
board	board of directors
BRAO	Bundesrechtsanwaltsordnung v. 1.08.1959, BGBl. I S. 565
BR-Drucks.	Bundesratsdrucksache
BT-Drucks.	Bundestagsdrucksache
BVerfG	Bundesverfassungsgericht
BVerwG	Bundesverwaltungsgericht
bzw	Beziehungsweise
CA	Companies Act 2006
CCZ	Corporate Compliance Zeitschrift
CEO	Chief Executive Officer
CFL	Corporate Finance Law
CFO	Chief Financial Officer
Co.	Kompagnon
CO2	Kohlendioxyd
DAV	Deutscher Anwaltverein
DAX	Deutscher Aktien Index
DB	Der Betrieb
DCGK	Deutscher Corporate Governance – Kodex, in der Fassung v. 13.5.2013
DGB	Deutscher Gewerkschaftsbund
DJT	Deutscher Juristentag
DÖV	Die öffentliche Verwaltung
D&O-Versicherung	Directors' and Officers' Liability Insurance
Dodd Frank Act	Dodd-Frank Wall Street Reform and Consumer Protection Act
DrittelbG	Gesetz über die Drittelbeteiligung der Arbeitnehmer im Aufsichtsrat v. 18.5.2004, BGBl. I S. 974
DStR	Das deutsche Steuerrecht
DSW	Deutsche Schutzvereinigung für Wertpapierbesitz
EBIT	earnings bevor interest and taxes
EBITDA	earnings bevor interest, taxes, depreciation and amortization
EBT	earnings before taxes

EDV	Elektronische Datenverarbeitung
eG	Eingetragene Genossenschaft
EG	Europäische Gemeinschaft
EGAktG	Einführungsgesetz zum Aktiengesetz v. 6.9.1965, BGBl. I S. 1185
EGSCE	Gesetz zur Einführung der Europäischen Genossenschaft und zur Änderung des Genossenschaftsrechts v. 14.8.2006, BGBl. I S. 1911
Entsch.	Entscheidung
Erg.	Ergebnis
EU	Europäische Union
EuGH	Europäischer Gerichtshof
EuZW	Europäische Zeitschrift für Wirtschaftsrecht
EWiR	Entscheidungen zum Wirtschaftsrecht
EWR	Europäischer Wirtschaftsraum
f	folgende (Singular)
FamFG	Gesetz über das Verfahren in Familiensachen und in den Angelegenheiten der freiwilligen Gerichtsbarkeit v. 17.12.2008, BGBl. I S. 2586
ff	folgende (Plural)
FGPrax	Praxis der Freiwilligen Gerichtsbarkeit
FMVAStärkG	Gesetz zur Stärkung der Finanzmarkt- und Versicherungsaufsicht v. 29.7.2009, BGBl. I 2009, 2305
Fn	Fußnote
FöGAbUG	Entwurf eines Gesetzes zur Förderung der Gleichberechtigung von Frauen und Männern in Aufsichtsräten börsennotierter Unternehmen
FS	Festschrift
GenG	Gesetz betreffend die Erwerbs- und Wirtschaftsgenossenschaften v. 16.10.2006, BGBl. I S. 2230
GesR	Gesellschaftsrecht
GewArch	Das Gewerbearchiv
GewO	Gewerbeordnung v. 21.6.1869, BGBl. S. 245, Neubekanntmachung v. 22.2.1999, BGBl. I S. 202
GG	Grundgesetz für die Bundesrepublik Deutschland v. 23.5.1949, BGBl. 1949, S. 1
ggf	Gegebenenfalls
GlTeilhG	Gesetz zur Förderung gleichberechtigter Teilhabe von Frauen und Männern in Führungspositionen (Entwurf)
GK-MitbestG	Gemeinschaftskommentar zum Mitbestimmungsgesetz
GmbH	Gesellschaft mit beschränkter Haftung
GmbHG	Gesetz betreffend die Gesellschaften mit beschränkter Haftung v. 20.4.1892, RGBl. S. 477
GmbHR	GmbH Rundschau
Geschäftsordnung	Gemeindeordnung
GO NRW	Gemeindeordnung für das Land Nordrhein-Westfalen v. 17.5.1994, Generalversammlung. NW. S. 666
GroßKomm	Großkommentar
GVG	Gerichtsverfassungsgesetz v. 9.5.1975, BGBl. I S. 1077

GWB	Gesetz gegen Wettbewerbsbeschränkungen v. 26.8.1998, BGBl. I S. 2521, 2546
GWR	Gesellschafts- und Wirtschaftsrecht
Hdb	Handbuch
HGB	Handelsgesetzbuch v. 10.5.1897, RGBl. S. 219
HGrG	Gesetz über die Grundsätze des Haushaltsrecht des Bundes und der Länder – Haushaltsgrundsätzegesetz v. 19.8.1969, BGBl. I S. 1273
Hinw.	Hinweis
hM	herrschende Meinung
Hs	Halbsatz
IDW	Institut der Wirtschaftsprüfer
IFRS	International Financial Reporting Standards, herausgegeben vom International Accounting Standards Boeard (IASB)
IKS	Internes Kontrollsystem
InsO	Insolvenzordnung v. 5.10.1994, BGBl. I S. 2866
InstitutsVergV	Verordnung über die aufsichtsrechtlichen Anforderungen an Vergütungssysteme von Instituten v. 16.12.2013, BGBl. I S. 4270
InvG	Investmentgesetz v. 15.12.2003, BGBl. I S. 2676, außer Kraft getreten am 22.7.2013
IR	Interne Revision
iS	im Sinne
iVm	in Verbindung mit
JW	Juristische Wochenschrift
JZ	JuristenZeitung
KAGB	Kapitalanlagegesetzbuch v. 4.7.2013, BGBl. I S. 1981 (an die Stelle des InvG getreten)
KAGG	Gesetz über Kapitalanlagegesellschaften v. 9.9.1998, BGBl. I S. 2726; außer Kraft getreten zum 1.1.2004
Kap.	Kapitel
KapGes	Kapitalgesellschaft
KG	Kammergericht Berlin
KG	Kommanditgesellschaft
KGaA	Kommanditgesellschaft auf Aktien
KölnKomm	Kölner Kommentar
KOM	Europäische Kommission
KonTraG	Gesetz zur Kontrolle und Transparenz im Unternehmensbereich v. 5.3.1998, BGBl. I S. 786
KSchG	Kündigungsschutzgesetz v. 10.8.1951, BGBl. I S. 499, in der Fassung v. 25.8.1969, BGBl. I S. 1317
KStG	Körperschaftsteuergesetz v. 15.10.2002, BGBl. I S. 4144
KSzW	Kölner Schrift zum Wirtschaftsrecht
KWG	Gesetz über das Kreditwesen v. 10.7.1961, BGBl. I S. 881; Neubekanntmachung v. 9.9.1998, BGBl. I S. 2776
LG	Landgericht
lit.	Litera
Lit.	Literatur

LPartG	Gesetz über die Eingetragene Lebenspartnerschaft v. 16.2.2001, BGBl. I S. 266
LS	Leitsätze
LSE	London Stock Exchange
M&A	Mergers and Acquisitions
MaRisk	Rundschreiben 10/2012 (BA) Mindestanforderungen an das Risikomanagement
MBO	Management Buy Out
MDAX	Mid-Cap-DAX
MDR	Monatsschrift für Deutsches Recht
M. E.	Meines Erachtens
MgVG	Gesetz über die Mitbestimmung der Arbeitnehmer bei einer grenzüberschreitenden Verschmelzung
Mio.	Millionen
MitbestErgG	Gesetz zur Ergänzung des Gesetzes über die Mitbestimmung der Arbeitnehmer in den Aufsichtsräten und Vorständen der Unternehmen des Bergbaus und der Eisen und Stahl erzeugenden Industrie
MitbestG	Gesetz über die Mitbestimmung der Arbeitnehmer v. 4.5.1976, BGBl. I S. 1153
mN	mit Nachweisen
MoMiG	Gesetz zur Modernisierung des GmbH-Rechts und zur Bekämpfung von Missbräuchen v. 23.10.2008, BGBl. I S. 2026
Montan-MitbestG	Gesetzes über die Mitbestimmung der Arbeitnehmer in den Aufsichtsräten und Vorständen der Unternehmen des Bergbaus und der Eisen und Stahl erzeugenden Industrie v. 21.5.1951, BGBl. I S. 347
MünchKomm	Münchener Kommentar
mwN	mit weiteren Nachweisen
Nachw.	Nachweise
NASDAQ	National Association of Securities Dealers Automated Quotations
nF	neue Fassung
NJOZ	Neue Juristische Online Zeitschrift
NJW	Neue Juristische Wochenschrift
NJW-RR	Neue Juristische Wochenschrift – Rechtsprechungsreport
Nr.	Nummer
Nrn.	Nummern
NYSE	New York Stock Exchange
NZA	Neue Zeitschrift für Arbeitsrecht
NZG	Neue Zeitschrift für Gesellschaftsrecht
o.	oder
o. Ä.	oder Ähnliches
OLG	Oberlandesgericht
opt-out	opting out
OVG	Oberverwaltungsgericht
OWiG	Gesetz über Ordnungswidrigkeiten v. 19.2.1987, BGBl. I S. 602

Pkw	Personenkraftwagen
Plc.	Public Limited Company
RegE	Regierungsentwurf
Restrukturierungsgesetz	Gesetz zur Restrukturierung und geordneten Abwicklung von Kreditinstituten, zur Errichtung eines Restrukturierungsfonds für Kreditinstitute und zur Verlängerung der Verjährungsfrist der aktienrechtlichen Organhaftung v. 9.12.2010, BGBl. I S. 1900
RG	Reichsgericht
RGZ	Entscheidungen des Reichsgerichts in Zivilsachen
RHO	Reichshaushaltsordnung
RL	Richtlinie
Rn	Randnummer
Rspr.	Rechtsprechung
Sarbanes-Oxley Act	Sarbanes-Oxley Act of 2002, Public Law 107-204, 116 Stat. 745, abrufbar unter http://www.sec.gov/about/laws/soa2002.pdf
SDAX	Small-Cap-DAX
SE	Societas Europaea
SEA	Securities Exchange Act
SEAG	Gesetz zur Ausführung der Verordnung (EG) Nr. 2157/2001 des Rates vom 8. Oktober 2001 über das Statut der Europäischen Gesellschaft (SE-Ausführungsgesetz) v. 22.12.2004, BGBl. I S. 3675
Sec.	Section
SEC	Securities and Exchange Commission
SE-VO	Verordnung (EG) Nr. 2157/2001 des Rates v. 8.10.2001 über das Statut der Europäischen Gesellschaft (Abl. EG 2001 Nr. L 294, S. 1)
sog.	sogenannte(r/s)
SPD	Sozialdemokratische Partei Deutschlands
SpkG NW	Sparkassengesetz Nordrhein-Westfalen v. 18.11.2008
StGB	Strafgesetzbuch v. 13.11.1998, BGBl. I S. 3322
StPO	Strafprozessordnung v. 7.4.1987, BGBl. I S. 1074
TecDAX	Deutscher Aktienindex für Technologiewerte
TEUR	Tausend Euro
TransPuG	Gesetz zur weiteren Reform des Aktien- und Bilanzrechts, zur Transparenz und Publizität v. 19.7.2002, BGBl. I S. 2681
Tz.	Textziffer
u.	Und
u.a.	und andere(s)
UK	Vereinigtes Königreich
UKCGC	UK Corporate Governance Code
UMAG	Gesetz zur Unternehmensintegrität und Modernisierung des Aktienrechts v. 22.9.2005, BGBl. I S. 2802
UmwG	Umwandlungsgesetz v. 28.10.1994, BGBl. I S. 3210
USA	Vereinigte Staaten von Amerika
Urt.	Urteil

US-GAAP	United States Generally Accepted Accounting Principles, anerkannt vom Financial Accounting Standards Boeard (FASB)
uU	unter Umständen
UWG	Gesetz gegen den unlauteren Wettbewerb v. 3.7.2004, BGBl. I S. 1414
VAG	Versicherungsaufsichtsgesetz v. 12.5.1901, RGBl. S. 139, bzw v. 17.12.1992, BGBl. 1993 I S. 2
Var.	Variante
VG	Verwaltungsgericht
vgl	Vergleiche
VO	Verordnung
VorstAG	Gesetzes zur Angemessenheit der Vorstandsvergütung v. 31.7.2009, BGBl. I S. 2509
VorstOG	Gesetz über die Offenlegung der Vorstandsvergütung v. 3.8.2005, BGBl. I S. 2267
VODrittelbG	Verordnung zur Wahl der Aufsichtsratsmitglieder der Arbeitnehmer nach dem Drittelbeteiligungsgesetz (Wahlordnung zum Drittelbeteiligungsgesetz) vom 23.6.2004, BGBl. I S. 1393
VRB	Versicherungsbedingungen für den Vermögensschaden-Rechtsschutz
VVG	Gesetz über den Versicherungsvertrag v. 23.11.2007, BGBl. I S. 2631
WM	Wertpapiermitteilungen
WPg	Die Wirtschaftsprüfung
WpHG	Gesetz über den Wertpapierhandel v. 26.7.1994, BGBl. 1994 I S. 1749, bzw v. 9.9.1998, BGBl. 1998 I S. 2708
WpÜG	Wertpapiererwerbs- und Übernahmegesetz v. 20.12.2001, BGBl. 2001 I S. 3822
WpÜG-AngVO	Verordnung über den Inhalt der Angebotsunterlage, die Gegenleistung bei Übernahmeangeboten und Pflichtangeboten und die Befreiung von der Verpflichtung zur Veröffentlichung und zur Abgabe eines Angebots (WpÜG-Angebotsverordnung)
XETRA	Exchange Electronic Trading
zB	zum Beispiel
ZCG	Zeitschrift für Corporate Governance
ZGR	Zeitschrift für Unternehmens- und Gesellschaftsrecht
z. Hd.	zu Händen
ZHR	Zeitschrift für das gesamte Handelsrecht und Wirtschaftsrecht
Ziff.	Ziffer
ZIP	Zeitschrift für Wirtschaftsrecht
ZPO	Zivilprozessordnung v. 5.12.2005, BGBl. I S. 3202
ZRP	Zeitschrift für Rechtspolitik
zT	Zum Teil
zust.	Zustimmend

I. Einführung und Grundbegriffe

1. Der Aufsichtsrat als Organ

Der Aufsichtsrat[1] ist notwendiges Organ sämtlicher Aktiengesellschaften[2] (AG) und Kom- 1
manditgesellschaften auf Aktien[3] (KGaA). Er ist auch als solcher zu bezeichnen.[4]

Neben Aktiengesellschaften und Kommanditgesellschaften auf Aktien müssen auch Gesell- 2
schaften mit beschränkter Haftung (GmbH) einen Aufsichtsrat bilden, wenn sie den Mitbestimmungsgesetzen[5] unterliegen.

Darüber hinaus können auch in nicht mitbestimmten GmbHs und in Personengesellschaften 3
– Gesellschaft bürgerlichen Rechts (§§ 705 ff BGB), offene Handelsgesellschaft (§§ 105 ff HGB) und Kommanditgesellschaft (§§ 161 ff HGB) – Aufsichtsräte installiert werden. Für diese sog. fakultativen Aufsichtsräte gelten jedoch zumeist abweichende Regelungen. So sieht § 52 GmbHG für den Aufsichtsrat einer GmbH nur die entsprechende Anwendung einzelner Bestimmungen der §§ 95 ff AktG vor. Hiervon können die Gesellschafter durch entsprechende Satzungsbestimmung zudem abweichen, sofern die typisierte Funktion eines Aufsichtsrats als Organ, das die Geschäftsführung überwacht, erhalten bleibt.[6] Ist dies nicht der Fall, schließt sich hieran lediglich die Folge, dass das Organ falsch bezeichnet ist.[7] Es ist aufgrund seiner Bezeichnung hingegen nicht entgegen etwaiger Satzungsbestimmungen mit einem gewissen Mindeststandard an Kompetenzen ausgestattet. Die Aufsichtsräte von Personengesellschaften, die auch als Beiräte, Verwaltungsräte o. ä. bezeichnet werden, sind zumeist kaum mit dem Aufsichtsrat einer AG oder KGaA zu vergleichen.[8]

Schließlich müssen gemäß § 9 Abs. 1 Satz 1 GenG auch eingetragene Genossenschaften (eG), 4
unabhängig von den Vorgaben des MitbestG und des DrittelbG, einen Aufsichtsrat bilden, es sei denn, sie haben nicht mehr als 20 Mitglieder und es wird durch entsprechende Satzungsbestimmung auf einen Aufsichtsrat verzichtet.[9]

2. Arten von Gesellschaften

a) Aktiengesellschaft

AGs sind wie bürgerlichrechtliche Vereine (§§ 21 ff BGB) **Körperschaften**. Das bedeutet, 5
dass sie von ihrem Mitgliederbestand unabhängig sind, was sie grundsätzlich von Personengesellschaften unterscheidet.

Außerdem sind AGs wie GmbHs **Kapitalgesellschaften**, so dass ihren Gläubigern grundsätz- 6
lich nur das Gesellschaftsvermögen als Haftungsmasse zur Verfügung steht, nicht jedoch auch das Vermögen ihrer Aktionäre. Um die Gläubiger dennoch effektiv vor einem Forde-

---

1 §§ 95 ff AktG.

2 §§ 1 ff AktG.

3 §§ 278 ff AktG.

4 KG, JW 1932, 2620; *Drygala*, in: K. Schmidt/Lutter, AktG, § 95, Rn 3 mwN.

5 Gesetz über die Mitbestimmung der Arbeitnehmer vom 4. Mai 1976 (**MitbestG 1976**), Montan-Mitbestimmungsgesetz (**Montan-MitbestG**), Gesetz zur Ergänzung des Gesetzes über die Mitbestimmung der Arbeitnehmer in den Aufsichtsräten und Vorständen der Unternehmen des Bergbaus und der Eisen und Stahl erzeugenden Industrie vom 7. August 1956 (**MitbestErgG**), Drittelbeteiligungsgesetz (**DrittelbG**) und Gesetz über die Mitbestimmung der Arbeitnehmer bei einer grenzüberschreitenden Verschmelzung (**MgVG**).

6 *Zöllner/Noack*, in: Baumbach/Hueck, GmbHG, § 52, Rn 27; *Böttcher*, NZG 2012, 809 [811].

7 Lutter/Krieger, Aufsichtsrat, Rn 1206 f m. Fn 4; *Thiessen*, ZGR 2011, 275 [282], mit Verweis darauf, dass der Rechtsverkehr nicht erkennen kann, „ob die Gesellschaft über einen Aufsichtsrat von aktienrechtsähnlicher Organqualität verfügt"; vgl auch *Schürnbrand*, NZG 2010, 1207 [1211], zur Erwartung des Rechtsverkehrs im Zusammenhang mit der Bezeichnung „Aufsichtsrat".

8 Vgl hierzu die Darstellung von *Mutter*, in: Münchener Handbuch GesR, Bd. 2, § 8, S. 180 ff.

9 § 9 Abs. 1 Satz 2 GenG.

rungsausfall zu schützen, sieht das Aktiengesetz scharfe Regeln zur Kapitalaufbringung und -erhaltung vor.

7 AGs sind darüber hinaus **Handelsgesellschaften** und somit Kaufleute iSd Handelsrechts.[10] Dies gilt unabhängig davon, ob sie ein auf Gewinnerzielung gerichtetes Unternehmen betreiben oder Rechtsträger einer gemeinnützigen Organisation sind.

8 Schließlich sind AGs auch **juristische Personen**. Das bedeutet, dass sie im Gegensatz zu Personengesellschaften eine eigene Rechtspersönlichkeit haben und somit selbst Träger von Rechten und Pflichten sind.

b) Kommanditgesellschaft auf Aktien

9 Die KGaA ist gemäß § 278 Abs. 1 AktG eine Gesellschaft mit eigener Rechtspersönlichkeit, bei der mindestens ein Gesellschafter den Gesellschaftsgläubigern unbeschränkt haftet und die übrigen an dem in Aktien zerlegten Grundkapital beteiligt sind, ohne persönlich für die Verbindlichkeiten der Gesellschaft zu haften.

10 Wie die AG so ist auch die KGaA juristische Person und Kapitalgesellschaft, wenngleich mindestens ein Gesellschafter mit seinem Privatvermögen haftet. Außerdem ist sie Handelsgesellschaft.[11]

c) Societas Europaea

11 Die Societas Europaea (SE) ist eine Aktiengesellschaft und somit eine Kapitalgesellschaft mit eigener Rechtspersönlichkeit, die in einem Mitgliedsland der Europäischen Union (EU) oder des Europäischen Wirtschaftsraums (EWR) ihren Sitz hat.

12 Die Leitung der SE kann dem monistischen oder dualistischen System entsprechend gemäß Art. 38 lit. b) SE-VO durch Vorstand – „Leitungsorgan“ – und Aufsichtsrat – „Aufsichtsorgan“ – oder durch einen Verwaltungsrat – „Verwaltungsorgan“ – erfolgen, der einen oder mehrere geschäftsführende Direktoren und nicht geschäftsführende Direktoren haben muss, die für die Aufsicht zuständig sind. Ein Systemwechsel ist durch entsprechende Satzungsänderung möglich.[12]

13 Gemäß der Generalverweisung in Art. 9 Abs. 1 lit. c) ii) SE-VO unterliegt die SE in Bezug auf die nicht durch die Verordnung geregelten Bereiche den Rechtsvorschriften der Mitgliedstaaten, die auf eine nach dem Recht des Sitzstaates der SE gegründete Aktiengesellschaft anwendbar wären. Das bedeutet, dass die Regelungen des AktG auch für das Aufsichtsorgan der SE mit Sitz in Deutschland gelten, falls in der SE-VO, anders als im AktG, für einen Regelungsgegenstand keine Vorschrift existiert.

14 Daneben gibt es Spezialverweisungen wie zB in Art. 51 SE-VO, die Rechts-vorschriften des nationalen Aktienrechts unmittelbar für anwendbar erklären.

15 Schließlich sind die meisten unmittelbar anwendbaren Vorschriften der SE-VO mit denjenigen im AktG identisch oder diesen zumindest sehr ähnlich, so dass der Rechtsrahmen für den Aufsichtsrat einer AG sich nicht wesentlich von demjenigen des Aufsichtsorgans der SE unterscheidet. So sind zB Art. 40 Abs. 1 Satz 1 SE-VO und § 111 Abs. 1 AktG, Art. 40 Abs. 1 Satz 2 SE-VO und § 111 Abs. 4 Satz 1 AktG sowie Art. 48 Abs. 1 iVm § 19 SEAG und § 111 Abs. 4 Satz 2 AktG[13] inhaltlich identisch.

---

10 Man spricht auch von sog. Formkaufleuten, also solchen, die allein aufgrund ihrer Rechtsform gemäß § 3 Abs. 1 AktG iVm § 6 Abs. 2 HGB Kaufleute sind.

11 §§ 3 Abs. 1, 278 Abs. 3 AktG iVm § 6 Abs. 2 HGB.

12 Vgl *Hirte*, NZG 2002, 1 [5]; *Hommelhoff*, AG 2001, 279 [283].

13 **A. A.:** *Reichert/Brandes*, in: MünchKomm AktG^2, Art. 40, Rn 4 u. Art. 48, Rn 1 SE-VO.

Aufgrund der nur geringfügigen Unterschiede zwischen dem Rechtsrahmen für den Aufsichtsrat der AG und demjenigen für das Aufsichtsorgan des SE soll auf eine gesonderte Darstellung für die SE verzichtet. 16

d) Gesellschaft mit beschränkter Haftung

Die GmbH ist gemäß § 13 Abs. 1 u. Abs. 3 GmbHG juristische Person und Handelsgesellschaft. Als Kapitalgesellschaft haftet ihren Gläubigern nur das Gesellschaftsvermögen gemäß § 13 Abs. 2 GmbHG, nicht aber auch das Privatvermögen ihrer Gesellschafter. 17

Einen Aufsichtsrat muss sie nur bilden, wenn mitbestimmungsrechtliche Regelungen dies vorsehen. 18

e) Eingetragene Genossenschaft

Eingetragene Genossenschaften (eG), also Gesellschaften von nicht geschlossener Mitgliederzahl, deren Zweck darauf gerichtet ist, den Erwerb oder die Wirtschaft ihrer Mitglieder oder deren soziale oder kulturelle Belange durch gemeinschaftlichen Geschäftsbetrieb zu fördern,[14] sind gemäß § 17 Abs. 1 GenG ebenfalls juristische Personen. Außerdem gelten Genossenschaften gemäß § 17 Abs. 2 GenG als Formkaufleute iSd HGB. Für Verbindlichkeiten der eG haftet den Gläubigern gemäß § 2 GenG ausschließlich deren Vermögen, nicht aber auch das Privatvermögen der Genossen. 19

3. Verhältnis von Gesellschaftern, Leitungs- und Kontrollorgan

a) Hauptversammlung und Aufsichts- bzw Beirat

Die Mitglieder des Aufsichtsrates werden von der Hauptversammlung gewählt, soweit sie nicht in den Aufsichtsrat zu entsenden[15] oder als Aufsichtsratsmitglieder der Arbeitnehmer nach den Mitbestimmungsgesetzen zu wählen sind.[16] 20

Die Hauptversammlung kann die von ihr frei gewählten Aufsichtsratsmitglieder gemäß § 103 Abs. 1 Satz 1 AktG vor Ablauf deren Amtszeit abberufen und durch andere ersetzen. 21

Wenn das Wohl der Gesellschaft es erfordert, hat der Aufsichtsrat die Hauptversammlung einzuberufen.[17] Ansonsten ist dies Aufgabe des Vorstands.[18] 22

Gemäß § 118 Abs. 3 AktG sollen neben den Mitgliedern des Vorstands auch die Mitglieder des Aufsichtsrats an der Hauptversammlung teilnehmen. Neben der grundsätzlichen Teilnahmepflicht besteht ein entsprechendes Teilnahmerecht der Aufsichtsratsmitglieder, da sie andernfalls ihre Pflicht nicht erfüllen könnten. Ob ein solches Recht auch für Hauptversammlungen besteht, an denen alle Aktionäre teilnehmen und kein Aktionär der Beschlussfassung widerspricht (sog. Vollversammlungen), vgl § 121 Abs. 6 AktG, ist fraglich. Praktisch relevant wird diese Frage, wenn sich sämtliche Aktionäre ad hoc zusammenfinden, ohne dass Vorstand[19] oder Aufsichtsrat[20] die Hauptversammlung zuvor einberufen oder Beschlussvorschläge gemäß § 124 Abs. 3 Satz 1 AktG unterbreitet haben.[21] 23

14 § 1 Abs. 1 GenG; auch wenn Genossenschaften qua Legaldefinition Gesellschaften sind, werden sie im Folgenden nicht als solche, sondern als Genossenschaft oder eG bezeichnet.

15 Das Recht, Mitglieder in den Aufsichtsrat zu entsenden, kann gemäß § 101 Abs. 2 Satz 1 AktG durch entsprechende Satzungsbestimmung nur für bestimmte Aktionäre oder für die jeweiligen Inhaber bestimmter Aktien begründet werden.

16 Vgl § 101 Abs. 1 Satz 1 AktG.

17 §§ 111 Abs. 3, 121 Abs. 1 u. Abs. 2 Satz 3 AktG.

18 § 121 Abs. 2 Satz 1 AktG.

19 §§ 121 Abs. 2 Satz 1, 92 Abs. 1 AktG.

20 § 111 Abs. 3 Satz 1 AktG.

21 Vgl nur *Zöllter-Petzoldt*, NZG 2013, 607 [607 ff].

24 Einen Sonderfall stellt der – fakultative – Beirat der KGaA[22] dar. Dieser ist nicht mit dem obligatorischen Aufsichtsrat zu verwechseln, sondern eher mit der Vertreterversammlung bei der eG zu vergleichen, welche anstelle der Generalversammlung agiert. Daher trägt er zuweilen auch die Bezeichnung Gesellschafterausschuss.[23] Denn auch die Beiratsmitglieder müssen Anteilseigner – Kommanditaktionäre – sein, damit der Grundsatz der Verbandssouveränität nicht verletzt wird.[24] Zudem nimmt der Beirat lediglich Befugnisse der Hauptversammlung wahr.[25] Kontrollbefugnisse des Aufsichtsrats können ihm nicht übertragen werden, so dass er weder gemeinsam mit dem Aufsichtsrat noch an dessen Stelle tätig werden kann.[26]

b) Aufsichtsrat u. Vorstand bzw persönlich haftender Gesellschafter

25 Der Aufsichtsrat bestellt die Mitglieder des Vorstands auf höchstens fünf Jahre.[27] Bei einem mehrköpfigen Vorstand kann der Aufsichtsrat eines der Vorstandsmitglieder zum Vorsitzenden ernennen.[28] Der Aufsichtsrat kann sowohl die Bestellung zum Vorstandsmitglied als auch die Ernennung zum Vorsitzenden des Vorstands widerrufen, wenn ein wichtiger Grund, namentlich eine grobe Pflichtverletzung oder die Unfähigkeit des Vorstandsmitglieds zur ordnungsgemäßen Geschäftsführung, vorliegt.[29]

26 Anschließend berät der Aufsichtsrat den Vorstand und überwacht dessen Tätigkeit.[30] Maßnahmen der Geschäftsführung können dem Aufsichtsrat nicht übertragen werden, jedoch kann die Satzung vorsehen oder der Aufsichtsrat bestimmen, dass bestimmte Arten von Geschäften nur mit seiner Zustimmung vorgenommen werden dürfen.[31] Eine strikte Trennung von Vorstand und Aufsichtsrat im Sinne eines „Abstraktionsprinzips“ ginge jedoch an der Vorstellung des Gesetzgebers des AktG 1965 vorbei, der den Aufsichtsrat als Mittler zwischen Management und Aktionären begriffen hat,[32] was auch dem Verständnis institutioneller Investoren nach der Finanzmarktkrise entspricht.[33]

c) Gesellschafterversammlung und Geschäftsführung

27 Es wird vertreten, dass die Gesellschafter einer GmbH sowohl im Fall des fakultativen als auch des obligatorischen Aufsichtsrats – also dann, wenn aufgrund der Vielzahl der beschäftigten Arbeitnehmer mitbestimmungsrechtliche Regelungen anwendbar sind – den Geschäftsführern Weisungen erteilen können.[34] Eine Weisungsgrenze bestehe nur im Fall der Verletzung spezifisch öffentlich-rechtlicher Pflichten, namentlich hinsichtlich der Buchfüh-

---

22 Anzutreffen sind auch andere Bezeichnungen hierfür wie zB Gesellschafterausschuss.

23 Vgl *Schnorbus*, Liber amicorum M. Winter, 2011, S. 627 [654 ff].

24 Für die Zulässigkeit eine Besetzung des Beirats einer KGaA mehrheitlich mit den Gesellschaftern nahestehenden Personen, vgl *Schnorbus*, Liber amicorum M. Winter, 2011, S. 627 [656].

25 Zur Zulässigkeit eines solchen Organs bei der KGaA, vgl *Perlitt*, in: MünchKomm AktG³, § 287, Rn 87; *Bachmann*, in: Spindler/Stilz, AktG, § 287, Rn 29; *Schlitt/Winzen*, CFL 2012, 261 [265]; *Schnorbus/Ganzer*, AG 2013, 445 [449, Fn 27 mwN].

26 **AA:** *Schnorbus*, Liber amicorum M. Winter, 2011, S. 627 [658], wonach mit der Übertragung der Personalkompetenz oder anderer wesentlicher Kompetenzen an unabhängige Dritte die Gesellschafter ihre Verbandssouveränität nicht aufgeben.

27 § 84 Abs. 1 Satz 1 AktG.

28 Vgl § 84 Abs. 2 AktG.

29 Vgl § 84 Abs. 3 Satz 1 u. 2 AktG.

30 Vgl § 111 Abs. 1 AktG.

31 § 111 Abs. 4 Satz 1 u. 2 AktG.

32 Vgl BT-Drucks. 4/171, S. 93.

33 Vgl *Roth*, ZGR 2012, 343 [348].

34 *Altmeppen*, in: Roth/Altmeppen, GmbHG, § 37, Rn 3; *Haas/Ziemons*, in: Michalski, GmbHG, § 43, Rn 57; *Pauly/Schüler*, DÖV 2012, 339 [345].

rung, der Kapitalerhaltung, des Sozial- und Steuerrechts sowie der Insolvenzantragstellung.[35] Begründet wird dies mit der übergeordneten Geschäftsführungskompetenz der Gesellschafter bei der GmbH.[36]

35 *Pauly/Schüler*, DÖV 2012, 339 [345 mwN].

36 *Altmeppen*, in: Roth/Altmeppen, GmbHG, § 37, Rn 3; *Haas/Ziemons*, in: Michalski, GmbHG, § 43, Rn 57; *Pauly/Schüler*, DÖV 2012, 339 [345].

II. Zusammensetzung, Bestellung und Abberufung u.a.

1. Zahl der Mitglieder

a) Allgemeines

28 Die gesetzliche (Höchst-)zahl an Aufsichtsratsmitgliedern darf nicht überschritten werden, unabhängig davon, ob sie sich nach dem AktG und somit nach der Höhe des Grundkapitals oder nach den auf das Unternehmen anzuwendenden Mitbestimmungsgesetzen bemisst. Andernfalls sind diejenigen Wahlbeschlüsse nichtig, mittels deren die gesetzliche Höchstzahl überschritten wird. Bei Einzelwahl, also dann, wenn die Kandidaten getrennt gewählt werden, sind erst diejenigen Wahlbeschlüsse betroffen, die nach Erreichung der gesetzlichen Höchstzahl gefasst werden.[1] Bei gleichzeitiger Wahl mehrerer Kandidaten ist der Wahlbeschluss insgesamt nichtig, selbst dann, wenn die Höchstzahl nicht durch alle gewählten Mitglieder, sondern nur durch einige oder gar nur durch ein Mitglied überschritten wird.

b) Nicht mitbestimmte Rechtsträger

29 Der Aufsichtsrat einer AG oder KGaA besteht gemäß § 95 Satz 1 u. 2 AktG aus mindestens drei[2] und je nach Grundkapital der Gesellschaft aus maximal einundzwanzig Mitgliedern,[3] vgl § 95 Satz 4 AktG. Die Zahl seiner Mitglieder muss gemäß § 95 Satz 3 AktG durch drei teilbar sein, so dass auch gerade Mitgliederzahlen denkbar sind.[4]

30 Der Aufsichtsrat einer eG besteht nach dem gesetzlichen Leitbild ebenfalls aus drei Mitgliedern. Hiervon kann die Satzung jedoch nach oben abweichen[5] und zwar sowohl durch Festschreibung einer exakten Mitgliederzahl als auch durch Höchst- oder Mindestzahl, wobei die Satzung die Zahl der Aufsichtsratsmitglieder zudem von der Zahl der Genossen abhängig machen kann.[6] Eine weitere Beschränkung hinsichtlich der Mitgliederzahl besteht im Gegensatz zur AG, wo die Zahl durch drei teilbar sein muss, nicht.

c) Mitbestimmten Rechtsträger

aa) MitbestG 1976

31 Die Aufsichtsräte von Gesellschaften und Genossenschaften, die dem MitbestG von 1976 unterliegen, bestehen aus zwölf, sechzehn oder zwanzig Mitgliedern, je nach Zahl der beschäftigten Arbeitnehmer – bei nicht mehr als 10.000 Arbeitnehmern 12, 16 oder 20, bei mehr als 10.000, jedoch nicht mehr als 20.000 Arbeitnehmern 16 oder 20 und bei mehr als 20.000 Arbeitnehmern zwingend 20 Mitgliedern[7] – und entsprechender Satzungsregelung.[8] Gemäß § 1 Abs. 1, 2 und 4 MitbestG unterliegen AG, KGaA, GmbH und eG, die in der Regel mehr als 2.000 Arbeitnehmer beschäftigen, nicht dem Montan-Mitbestimmungsgesetz oder dem Montan-Mitbestimmungsergänzungsgesetz unterliegen und nicht politischen, kon-

---

1 LG Flensburg, Urt. v. 7.4.2004 – 6 O 17/03, abgedruckt in: DB 2004, 1253 [1255].

2 Sofern die Satzung keine anderweitige Regelung trifft, besteht der Aufsichtsrat aus lediglich drei Mitgliedern. Ein derart kleiner Aufsichtsrat ist bei Krankheit oder anderweitiger Verhinderung auch nur eines Mitgliedes nahezu handlungsunfähig, da Beschlussfähigkeit gemäß § 108 Abs. 2 Satz 3 AktG nur gegeben ist, wenn drei Mitglieder an der Beschlussfassung teilnehmen. Dieses Dilemma kann auch nicht durch anderslautende Satzungsbestimmung umgangen werden, vgl § 23 Abs. 5 AktG.

3 Zur „optimalen" Größe des Aufsichtsrats aus dem Gesichtspunkt der Effizienz, die je nach Unternehmen bei acht bis zwölf Mitgliedern liegen soll, vgl *Schwalbach*, AG 2004, 186 [187 mwN].

4 Vgl *Drygala*, in: K. Schmidt/Lutter, AktG, § 95, Rn 6; kritisch zum Dreiteilbarkeitsgebot *Roth*, ZGR 2012, 343 [355].

5 Vgl § 36 Abs. 1 Satz 1 GenG.

6 *Beuthien*, in Beuthien, GenG, § 36, Rn 1 mwN.

7 Vgl § 7 Abs. 1 Ziff. 1 bis 3 MitbestG.

8 Vgl § 7 Abs. 1 MitbestG.

fessionellen, karitativen, erzieherischen, wissenschaftlichen oder künstlerischen Bestimmungen oder Zwecken der Berichterstattung oder Meinungsäußerung dienen (sog. Tendenzschutz),[9] dieser Art der Mitbestimmung.[10]

bb) Montan-MitbestG 1951 und Montan-MitbestErgG 1956

Der Aufsichtsrat einer AG oder GmbH, die dem Montan-MitbestG von 1951 unterliegt, besteht gemäß § 4 Abs. 1 Satz 1 Montan-MitbestG aus elf Mitgliedern. Gemäß § 9 Montan-MitbestG kann die Satzung der Gesellschaft bei einem Grund- bzw Stammkapital von mehr als 10 Mio. EUR vorsehen, dass das Organ aus 15 Mitgliedern (Abs. 1 Satz 1), und bei mehr als 25 Mio. EUR aus 21 Mitgliedern (Abs. 2 Satz 1) besteht. Betroffen sind gemäß § 1 Abs. 1 Montan-MitbestG Gesellschaften, deren Unternehmen vorwiegend Steinkohle, Braunkohle oder Eisenerz fördern oder verarbeiten sowie Unternehmen der Eisen und Stahl erzeugenden Industrie. Gemäß § 1 Abs. 2 Montan-MitbestG müssen diese Unternehmen in der Regel mehr als 1.000 Arbeitnehmer beschäftigen. 32

Die Aufsichtsräte von Aktiengesellschaften und Gesellschaften mit beschränkter Haftung, die dem Montan-MitbestErgG von 1956 unterliegen,[11] bestehen aus fünfzehn Mitgliedern.[12] Wenn das Gesellschaftskapital 25 Mio. EUR übersteigt, kann die Satzung einen einundzwanzigköpfigen Aufsichtsrat vorsehen.[13] 33

cc) DrittelbG 2004

Das DrittelbG von 2004 macht für die ihm unterliegenden AGs keine Vorgaben hinsichtlich der Zahl der Aufsichtsratsmitglieder.[14] Für die eG in § 1 Abs. 1 Nr. 5 DrittelbG und die GmbH in § 1 Abs. 1 Nr. 3 DrittelbG iVm § 95 Abs. 1 Satz 3 AktG schreibt es allerdings vor, dass die Mitgliederzahl durch drei teilbar sein muss. 34

Vom DrittelbG werden AGs gemäß §§ 1 Abs. 1 Nr. 1 Satz 1 und KGaAs gemäß § 1 Abs. 1 Nr. 2 erfasst, die in der Regel mehr als 500 Arbeitnehmer beschäftigen. Vor dem 10.8.1994 in das Handelsregister eingetragene AGs und KGaAs, die keine Familiengesellschaften sind, werden gemäß § 1 Abs. 1 Nr. 1 Satz 2 DrittelbG ebenfalls erfasst, wenn sie mindestens fünf Arbeitnehmer beschäftigen. Zwar ergibt sich dies nicht aus dem Wortlaut des § 1 Abs. 1 Nr. 1 Satz 2 DrittelbG, allerdings zwingen die Entstehungsgeschichte von § 76 BetrVG 1952, auf den § 1 Abs. 1 Nr. 1 DrittelbG zurückgeht, sowie einzelne Vorschriften des DrittelbG zu dieser Auslegung der Vorschrift.[15] § 76 BetrVG 1952 sah die Vertretung der Arbeitnehmer durch einen Betriebsrat erst bei einer Belegschaftsgröße von mindestens fünf Arbeitnehmern vor. Auch die Regelung in § 6 Satz 1 DrittelbG lässt vermuten, dass fünf Arbeitnehmer die absolute Untergrenze für die Anwendbarkeit des DrittelbG sind. Denn nach dieser Vorschrift erfolgt die Wahl der Aufsichtsratsmitglieder der Arbeitnehmer aufgrund von Wahl- 35

9 Zur Erstreckung des Tedenzschutzes auf eine Holding, deren Töchter diesen allesamt genießen, vgl OLG Brandenburg, Beschl. v. 5.2.2013 – 6 Wx 5/12, abgedruckt in: BeckRS, 2013, 13087.

10 Zur möglichen Europarechtswidrigkeit der Besetzung der Arbeitnehmerbank nur mit in Deutschland tätigen Arbeitnehmern bzw deren Vertretern, vgl *Hellwig/Behme*, ZIP 2009, 1791; *dies.*, ZIP 2010, 871; *Roth*, ZGR 2012, 343 [375 mwN].

11 Gemäß §§ 1 u. 2 Montan-MitbestErgG betrifft dies Gesellschaften, die ein Unternehmen beherrschen, für das Montan-Mitbestimmung gilt, deren eigener überwiegender Betriebszweck es jedoch nicht mitbestimmungspflichtig nach dem Montan-MitbestG macht.

12 § 5 Abs. 1 Satz 1 Montan-MitbestErgG.

13 § 5 Abs. 1 Satz 3 Montan-MitbestErgG.

14 Das DrittelbG wird daher auch nicht in § 95 Satz 5 AktG erwähnt.

15 Vgl BGH, Beschl. v. 7.2.2012 – II ZB 14/11, abgedruckt in: NZG 2012, 421 [422]; OLG Jena, Beschl. v. 14.6.2011 – 6 W 47/11, abgedruckt in: ZIP 2011, 1257 [1258].

vorschlägen unter anderem der Betriebsräte. Diese werden gemäß § 1 Abs. 1 BetrVG aber nur in Betrieben mit mindestens fünf wahlberechtigten Arbeitnehmern gewählt.[16]

36 Außerdem wird die GmbH erfasst, die in der Regel mehr als 500 Arbeitnehmer beschäftigt, der Versicherungsverein auf Gegenseitigkeit, bei dem ein Aufsichtsrat besteht und der in der Regel mehr als 500 Arbeitnehmer beschäftigt, sowie die eG mit in der Regel mehr als 500 Arbeitnehmern. Voraussetzung für die Anwendbarkeit der DrittelbG ist, dass keine anderweitige Unternehmensmitbestimmung greift. Außerdem gilt eine § 1 Abs. 4 MitbestG vergleichbare Ausnahme für sog. Tendenzunternehmen.

d) Stellvertreter und Ersatzmitglieder

37 Stellvertreter von Aufsichtsratsmitgliedern können gemäß § 101 Abs. 3 Satz 1 AktG bei AG und KGaA nicht bestellt werden.[17] Anders verhält es sich gemäß § 101 Abs. 3 Satz 2 AktG bei Ersatzmitgliedern, also solchen Personen, die Mitglied des Aufsichtsrats werden, wenn das Aufsichtsratsmitglied, als dessen Ersatz sie von der Hauptversammlung[18] oder dem zur Entsendung berechtigten Aktionär[19] (dazu Rn 96 ff) bestellt worden sind, „vor Ablauf seiner Amtszeit wegfällt". Mit dem Wegfall des bisherigen Aufsichtsratsmitglieds als Eintritt einer aufschiebenden Bedingung[20] rückt das Ersatzmitglied automatisch an dessen Stelle nach.[21] Unter welchen Voraussetzungen ein Aufsichtsratsmitglied „wegfällt", wird neuerdings streitig diskutiert. Überwiegend wird verlangt, dass die Verhinderung des zu ersetzenden Aufsichtsratsmitglieds wie zB bei Tod, Amtsniederlegung (dazu Rn 245 f) und Eintritt eines Ausschlussgrundes (dazu Rn 171 ff, 176 ff) endgültig ist.[22] Andere lassen eine Verhinderung genügen, bei der nicht feststeht, dass sie nur vorübergehend ist. So fallen auch Aufsichtsratsmitglieder iS von § 101 Abs. 3 Satz 2 AktG regelmäßig weg, wenn sie schwerkrank oder entführt werden, ins Koma fallen oder verschollen sind.[23] Die Befürworter dieses extensiven Verständnisses davon, wann ein Aufsichtsratsmitglied „wegfällt", ziehen insofern eine Parallele zur Beschlussunfähigkeit als Voraussetzung für eine gerichtliche Ersatzbestellung gemäß § 104 Abs. 1 AktG[24] (dazu Rn 103 ff). Sie führen als Argument an, dass das Ersatzmitglied von der Hauptversammlung als hierfür zuständiges Gesellschaftsorgan bestellt wurde. Dieser Umstand mache eine gerichtliche Entscheidung gemäß § 104 Abs. 1 oder Abs. 2 AktG überflüssig.[25] Hierbei wird außer Betracht gelassen, dass das Gericht im Rahmen seiner Ermessensentscheidung (dazu Rn 110) den Umstand der Bestellung eines Ersatzmitglieds durch die Hauptversammlung angemessen zu berücksichtigen hat. Für eine restriktive Handha-

16 Vgl BGH, Beschl. v. 7.2.2012 – II ZB 14/11, abgedruckt in: NZG 2012, 421 [423].

17 Für die Bestellung von Stellvertretern besteht wegen der Möglichkeit zur Einschaltung eines Stimmboten gemäß § 108 Abs. 3 AktG kein Bedürfnis, vgl Begr. RegE bei *Kropff*, AktG 1965, S. 139; *Mertens/Cahn*, in: KölnKomm AktG, § 101, Rn 83; *Habersack*, in: MünchKomm AktG[3], § 101, Rn 74; *Drygala*, in: K. Schmidt/Lutter, AktG § 101, Rn 29 mwN.

18 Die Hauptversammlung entscheidet insoweit nach freiem Ermessen, vgl *Bürgers/Israel*, in: Bürgers/Körber, AktG, § 101, Rn 16 mwN; *Drygala*, in: K. Schmidt/Lutter, AktG § 101, Rn 29.

19 BayObLG, Entsch. v. 29.03.2000 – 3 Z BR 11/2000, abgedruckt in: AG 2001, 50 [51] = ZIP 2000, 883; Hüffer, AktG, § 101, Rn 11; *Drygala*, in: K. Schmidt/Lutter, AktG § 101, Rn 30; *Mertens/Cahn*, in: KölnKomm, AktG, § 101, Rn 85.

20 *Habersack*, in: MünchKomm AktG[3], § 101, Rn 86; *Mertens/Cahn*, in: KölnKomm, AktG, § 101, Rn 98.

21 Hüffer, AktG, § 101, Rn 13; *Simons*, in: Hölters, AktG, § 101, Rn 43; *Hoffmann-Becking*, in: Münchener Hdb GesR, Bd. 4, AG, § 30, Rn 30; *Krauel/Fackler*, AG 2009, 686 [687].

22 Hüffer, AktG, § 101, Rn 13; *Simons*, in: Hölters, AktG, § 101, Rn 35, 42; *Hoffmann-Becking*, in: Münchener Hdb GesR, Bd. 4, AG, § 30, Rn 27; *Siebel*, in: Semler/v. Schenck, Aufsichtsrat, § 5, Rn 106.

23 *Krauel/Fackler*, AG 2009, 686 [688 f], wonach zumindest eine widerlegliche Vermutung dahingehend bestehen soll, dass die Verhinderung endgültig ist; wohl auch *Mertens/Cahn*, in: KölnKomm, AktG, § 101, Rn 99, wonach auch die „krankheitsbedingte dauerhafte Verhinderung" zum „Wegfall" führt.

24 *Krauel/Fackler*, AG 2009, 686 [688].

25 Vgl *Krauel/Fackler*, AG 2009, 686 [691], zur „Kompetenzordnung".

bung von § 101 Abs. 3 Satz 2 AktG spricht zudem, dass es in diesem Zusammenhang an einer § 104 Abs. 5 AktG vergleichbaren Regelung fehlt, wonach das Amt von gerichtlich bestellten Aufsichtsratsmitgliedern erlischt, sobald der Mangel behoben ist, der ihre Bestellung erst ermöglicht hat.[26] Schließlich ist eine restriktive Auslegung des Begriffs des „Wegfallens" in § 101 Abs. 3 Satz 2 AktG aus dem Gesichtspunkt der Rechtssicherheit dringend geboten. Ersatzmitglieder können grundsätzlich bestellt werden, allerdings nur gleichzeitig, dh in derselben Hauptversammlung[27], mit dem Aufsichtsratsmitglied, das sie ggf ersetzen.[28] Die Hauptversammlung kann ein Ersatzmitglied für mehrere Aufsichtsratsmitglieder bestellen. Sie kann auch mehrere Ersatzmitglieder mit der Maßgabe bestellen, dass diese in einer festen Reihenfolge den jeweils vorzeitig ausscheidenden Aufsichtsratsmitgliedern nachfolgen.[29]

Umstritten ist die Frage nach der Zulässigkeit der Bestellung von stellvertretenden Aufsichts- 38
ratsmitgliedern bei der eG.[30] Zulässig wie bei AG und KGaA ist die Bestellung von Ersatzmitgliedern.[31] Im Übrigen gilt das zu AG und KGaA. Gesagte entsprechend.

2. Zusammensetzung

a) Abhängigkeit von Mitbestimmung

Bei nicht mitbestimmten Gesellschaften und Genossenschaften setzt sich der Aufsichtsrat 39
ausschließlich aus Mitgliedern zusammen, die von den Aktionären oder Genossen gewählt[32] oder bei Aktiengesellschaften gemäß § 96 Abs. 1 AktG aE von einzelnen Aktionären entsandt werden.

Bei Gesellschaften und Genossenschaften, für die das MitbestG 1976 gilt, setzt sich der Auf- 40
sichtsrat gemäß § 7 Abs. 1 MitbestG aus sechs, acht oder zehn Mitgliedern der Anteilseigner und ebenso vielen Mitgliedern der Arbeitnehmer zusammen.[33] Die Satzung kann wirksam keine höhere Zahl an Aufsichtsratsmitgliedern festsetzen, selbst dann nicht, wenn die zusätzlichen (ständigen) Mitglieder nur beratende Funktion haben sollen.[34] Unter den Aufsichtsratsmitgliedern der Arbeitnehmer müssen sich gemäß § 7 Abs. 2 MitbestG vier, sechs oder sieben Arbeitnehmer des Unternehmens und zwei bzw drei Vertreter von Gewerkschaften befinden. Im Gegensatz zur Mitbestimmung nach dem Montan-MitbestG und dem Montan-MitbestErgG haben die leitenden Angestellten gemäß §§ 3 Abs. 1 Ziff. 2, 15 Abs. 1 Satz 2 MitbestG einen Sitz im Aufsichtsrat.[35] Mit seiner paritätischen Mitbestimmungsteht Deutschland in Europa allein. Soweit andere Länder überhaupt die Beteiligung von Arbeitnehmern in Organen der Gesellschaft kennen, ist diese auf ein Drittel begrenzt.[36]

---

26 *Krauel/Fackler*, AG 2009, 686 [690], wonach § 104 Abs. 5 AktG entsprechend auf den Fall des Nachrückens eines Ersatzmitglieds anzuwenden sei.

27 *Drygala*, in: K. Schmidt/Lutter, AktG § 101, Rn 30; *Spindler*, in: Spindler/Stilz, AktG, § 101, Rm 84; *Habersack*, in: MünchKomm AktG³, § 101, Rn 78.

28 § 101 Abs. 3 Satz 2 u. 3 AktG.

29 BGH, Urt. v. 15.12.1986 – II ZR 18/86, abgedruckt in: BGHZ 99, 211 = NJW 1987, 902 = AG 1987, 902.

30 Vgl *Beuthien*, in: Beuthien, GenG, § 36, Rn 3 mwN.

31 Vgl *Beuthien*, in: Beuthien, GenG, § 36, Rn 4.

32 Die Bestellung von Aufsichtsratsmitgliedern einer eG erfolgt gemäß § 36 Abs. 1 Satz 1 GenG zwingend durch Wahl der General- (§ 43 GenG) bzw Vertreterversammlung (§ 43 a GenG), vgl *Beuthien*, in: Beuthien, GenG, § 36, Rn 2.

33 Für die Aktiengesellschaft trifft § 96 Abs. 1 AktG eine insoweit lediglich deklaratorische Regelung.

34 BGH, Beschl. v. 30.1.2012 – II ZB 20/11, abgedruckt in: NZG 2012, 347 [348], zur mitbestimmten GmbH mit dem Hinweis darauf, dass § 7 Abs. 1 MitbestG abschließend und im Verhältnis zu §§ 95, 96 AktG lex specialis ist; *Böttcher*, NZG 2012, 809 [810 f].

35 Näheres hierzu bei *Raiser/Veil*, Recht der KapGes, § 15, Rn 24.

36 *Gerner-Beuerle/Paech/Schuster*, Study on Directors' Duties and Liability, April 2013, abrufbar unter http://ec.europa.eu/internal-market/company/board/index_en.htm, S. 8 – 12; hierzu auch *Bachmann*, ZIP 2013, 1946 [1946].

41 Bei AG und GmbH, für die das Montan-MitbestG 1951 gilt, vgl § 1 Abs. 2, setzt sich der Aufsichtsrat bei der gesetzlichen Regelgröße von 11 Mitglieder gemäß § 4 Abs. 1 Montan-MitbestG zusammen aus vier Vertretern der Anteilseigner und einem weiteren Mitglied, vier Vertretern der Arbeitnehmer, wovon gemäß § 6 Abs. 1 Satz 1 Montan-MitbestG zwei selbst Arbeitnehmer des Unternehmens sein müssen, und einem weiteren Mitglied sowie einem weiteren Mitglied, das gemäß § 8 Abs. 1 Montan-MitbestG auf Vorschlag der übrigen Aufsichtsratsmitglieder gewählt wird. Die weiteren Mitglieder dürfen gemäß § 4 Abs. 2 Montan-MitbestG weder einer Gewerkschaft noch einem Arbeitgeberverband angehören oder zumindest nahestehen. Darüber hinaus dürfen sie nicht als Arbeitnehmer oder Arbeitgeber in dem Unternehmen tätig sein und auch nicht an dem Unternehmen ein wirtschaftlich wesentliches Interesse haben. Die drei weiteren Mitglieder werden daher auch als Vertreter des öffentlichen Interesses bezeichnet.[37]

42 Bei AG und GmbH, die dem Montan-MitbestErgG 1956[38] unterliegen,[39] setzt sich der Aufsichtsrat aus sieben bzw zehn Vertretern der Anteilseigner, sieben bzw zehn Vertretern der Arbeitnehmer und einem weiteren Mitglied zusammen.[40] Zuletzt genanntes Mitglied darf weder einer Gewerkschaft noch einem Arbeitgeberverband angehören oder zumindest nahestehen. Darüber hinaus darf es nicht als Arbeitnehmer oder Arbeitgeber in dem Unternehmen tätig und auch nicht an dem Unternehmen wirtschaftlich wesentlich interessiert sein.[41]

43 Bei AG, KGaA, GmbH und eG, für die das DrittelbG 2004 gilt,[42] setzt sich der Aufsichtsrat gemäß § 4 Abs. 1 DrittelbG aus einem Drittel Arbeitnehmervertretern und zwei Dritteln Anteilseignervertretern zusammen. Bei einem drei- oder sechsköpfigen Aufsichtsrat müssen gemäß § 4 Abs. 2 DrittelbG die Arbeitnehmervertreter selbst Arbeitnehmer des mitbestimmten Unternehmens sein, bei einem neunköpfigen oder größeren Aufsichtsrat mindestens zwei von ihnen, so dass die übrigen Arbeitnehmer unternehmensexterne Personen sein können wie zB Mitarbeiter von Gewerkschaften.[43]

b) Statusverfahren

44 In der Praxis kommt es immer wieder vor, dass Unsicherheit hinsichtlich der richtigen Besetzung des Aufsichtsrats besteht oder sogar darüber, ob bei Unternehmen in der Rechtsform der GmbH überhaupt ein Aufsichtsrat zu bilden ist.[44] Grund für kann zB die Frage der Zurechnung von Arbeitnehmern einer Tochter- oder Enkelgesellschaft zur Bestimmung der mitbestimmungsrechtlich relevanten Zahl der Arbeitnehmer der Muttergesellschaft gemäß § 5 Abs. 1 MitbestG sein.[45] Denn Arbeitnehmer der Tochter- und Enkelgesellschaften werden der Muttergesellschaft unter mitbestimmungsrechtlichen Gesichtspunkten zugerechnet, wenn diese als herrschendes Unternehmen iS von § 17 Abs. 1 AktG die einheitliche Leitung über die von ihr abhängigen Unternehmen ausübt. In diesem Fall bilden die Gesellschaften einen Konzern, was gemäß § 18 Abs. 1 Satz 3 AktG auch vermutet wird. Daher ist ohne Vorliegen

37 Vgl *Raiser/Veil*, Recht der KapGes, § 15, Rn 22.
38 Näheres hierzu bei *Raiser/Veil*, Recht der KapGes, § 15, Rn 23.
39 § 1 Montan-MitbestErgG.
40 § 5 Abs. 1 MitbestErgG.
41 § 5 Abs. 3 Satz 1 MitbestErgG iVm § 4 Abs. 2 Montan-MitbestG.
42 § 1 Abs. 1 DrittelbG.
43 *Raiser/Veil*, Recht der KapGes, § 15, Rn 20.
44 Vgl *Manthey/Hinrichs/Hörtz*, NZG 2013, 1370 ff, zur Praxis des Bundesamtes für Justiz (BfJ), Ordnungsgelder gemäß § 335 HGB festzusetzen, wenn Geschäftsführer von Gesellschaften, die trotz Anwendbarkeit des DrittelbG keinen Aufsichtsrat gebildet haben, auch keinen Bericht des Aufsichtsrats im elektronischen Bundesanzeiger veröffentlichen und somit vermeintlich gegen ihre Pflicht aus § 325 Abs. 1 Satz 3 HGB verstoßen.
45 Vgl OLG Frankfurt, Beschl. v. 2.11.2010 – 20 W 362/10 („Asklepios"), abgedruckt in: ZIP 2011, 21 ff.

von gegenteiligen Anhaltspunkten von einer einheitlichen Leitung und somit von einem Konzern auszugehen.[46]

Existiert ein Aufsichtsrat, so sind Angriffe auf den unveränderten Fortbestand dessen Zusammensetzung aufgrund des in § 96 Abs. 2 AktG niedergelegten Kontinuitätsprinzips[47] stark reglementiert, denn nach anderen als den zuletzt angewandten gesetzlichen Vorschriften kann der Aufsichtsrat nur zusammengesetzt werden, wenn nach § 97 AktG die in der Bekanntmachung des Vorstands oder nach § 98 AktG die in der gerichtlichen Entscheidung angegebenen Vorschriften anzuwenden sind.[48] *Hüffer* spricht daher davon, dass § 96 Abs. 2 AktG die gesetzlichen Grundlagen der Zusammensetzung des Aufsichtsrats perpetuiert.[49] Hierdurch soll die Arbeitsfähigkeit und die Wirksamkeit der Beschlüsse des jeweils vorhandenen Aufsichtsrats sichergestellt werden, auch wenn er unrichtig besetzt ist.[50] Ein Verstoß gegen §§ 96 Abs. 2, 97 Abs. 2 Satz 1 und 98 Abs. 4 AktG führt zur Nichtigkeit der Wahlbeschlüsse der Hauptversammlung gemäß § 250 Abs. 1 Nr. 1 AktG. 45

Für den Fall der GmbH, die in der Vergangenheit einen Aufsichtsrat aufgrund mitbestimmungsrechtlicher Regelungen bilden musste und deren Arbeitnehmerzahl dauerhaft auf unter 500 gesunken ist, bedeutet dies, dass ihr Aufsichtsrat auch zukünftig besteht, es sei denn, die Geschäftsführung geht nach § 97 AktG vor oder eine in § 98 Abs. 2 AktG genannte Person, Gruppe oder Organisation stellt einen Antrag auf landgerichtliche Entscheidung über die Zusammensetzung des Aufsichtsrats gemäß § 98 Abs. 1 AktG. Zwar sind die §§ 97, 98 AktG ihrem Wortlaut nach nur auf Fälle anwendbar, in denen auch nach der angestrebten Änderung ein Aufsichtsrat existiert, da nur dann die „maßgebenden gesetzlichen Vorschriften" für dessen Zusammensetzung von der Geschäftsleitung bekanntgemacht bzw vom Landgericht hierüber entschieden werden kann. Aufgrund der Bedeutung von § 96 Abs. 2 AktG müssen diese Vorschriften aber auch für den Fall gelten, dass durch den Wegfall der mitbestimmungsrechtlichen Voraussetzungen überhaupt kein Aufsichtsrat mehr gebildet werden muss.[51] 46

c) Diversity und Frauenquote

Unter dem englischen Begriff „Diversity" (Vielfalt), der aus der Organisations- und Personalforschung stammt,[52] werden in der deutschen Corporate Governance Diskussion neben der Internationalisierung der Aufsichtsräte und der Erhöhung deren Frauenanteile[53] aktuell 47

---

46 Vgl OLG Düsseldorf, Beschl. v. 4.7.2013 – I-26 W 13/08 (AktE), wo die Konzernvermutung des § 18 Abs. 1 Satz 3 AktG entkräftet wurde.

47 Ebenfalls der Kontinuität in der Besetzung des Aufsichtsrats dient die sog. Fortgeltungsklausel in § 1 Abs. 3 Montan-MitbestG, wonach bei Wegfall der Voraussetzungen für die Anwendbarkeit des Gesetzes dessen Vorschriften erst dann nicht mehr anzuwenden sind, wenn dies in sechs aufeinanderfolgenden Geschäftsjahren der Fall ist, vgl auch § 16 Abs. 2 Montan-MitbestErgG und § 325 Abs. 1 UmwG, wonach das Mitbestimmungsstatut mit Einschränkungen nach Abspaltung oder Ausgliederung noch fünf Jahre lang weitergelten soll, obwohl die Voraussetzungen hierfür nicht mehr vorliegen.

48 Näheres hierzu bei *Raiser/Veil*, Recht der KapGes, § 15 Rn 29.

49 Hüffer, AktG, § 96, Rn 13.

50 *Raiser/Veil*, Recht der KapGes, § 15 Rn 28.

51 So auch OLG Frankfurt, Beschl. v. 2.11.2010 – 20 W 362/10 („Asklepios"), abgedruckt in: ZIP 2011, 21 [22 f].

52 Vgl *Schubert/Jacobsen*, WM 2011, 726 [727 mwN], zu den drei Ebenen von Diversity, der demographischen (Geschlecht, Ethnizität, Alter), der psychologischen (Werte, Überzeugungen, Wissen) sowie der organisationalen (Dienstjahre, Aufgabe/Funktion, Hierarchieebene im Unternehmen).

53 *Weber-Rey*, WM 2009, 2255 [2256, 2262].

noch weitere Aspekte diskutiert.[54] So wird zB gefordert, dass dem Aufsichtsrat, zumindest in größeren Unternehmen mit einem mehrköpfigen Vorstand, Persönlichkeiten angehören sollen, die erwiesenermaßen Erfahrung und Kompetenz in der Beurteilung von Personal haben.[55]

48 Im Zentrum der Debatte um Diversity in deutschen Aufsichtsräten steht jedoch nach wie vor die Frauenquote, das Bestehen einer europarechtlichen Kompetenz für eine diesbezügliche Regelung sowie deren Verfassungmäßigkeit, gemessen an Artt. 2 Abs. 1, 9 Abs. 1, 12 Abs. 1, 14 Abs. 1 u. Abs. 2 GG.[56] Eine solche würde sich, unabhängig davon, ob sie als starre oder als sog. Flexi-Quote[57] eingeführt würde, ganz bewusst von einer monofunktionalen, allein oder primär auf die Erzielung von Spezialisierungsvorteilen ausgerichtete Personalpolitik entfernen, obwohl im scharfen Kontrast hierzu die Anforderung an den Aufsichtsrat – man denke nur an die Ausdehnung der Prüfungsgegenstände im Rahmen der Abschlussprüfung gemäß § 171 Abs. 1 AktG im Zuge des BilMoG 2009[58] – im Laufe der letzten Jahre immer mehr verschärft wurden.[59]

49 Zahlreiche Gesetzesentwürfe und Entschließungsanträge von Bundestagsfraktionen[60] und SPD geführten Landesregierungen[61] hat es in der Vergangenheit zur Einführung einer – wie auch immer gearteten – Frauenquote gegeben. Allesamt erreichten die erforderlichen Mehrheiten nicht. Schließlich existiert ein Vorschlag für eine Richtlinie des Europäischen Parlaments und des Rates zur Gewährleistung einer ausgewogenen Vertretung von Frauen und Männern unter den nicht geschäftsführenden Direktoren / Aufsichtsratsmitgliedern börsennotierter Gesellschaften und über damit zusammenhängende Maßnahmen.[62]

50 Ziff. 5.4.1 Abs. 2 DCGK[63] empfiehlt in diesem Zusammenhang, dass der Aufsichtsrat für seine Zusammensetzung konkrete Ziele benennen soll, die unter Beachtung der unterneh-

54 Vgl *Deilmann/Albrecht*, AG 2010, 727 [728]; *Ihrig/Meder*, ZIP 2012, 1210 [1215], die ein Verständnis von Vielfalt im Sinne gerechter Teilhabe von Angehörigen von Minderheiten und somit entgegen der vermutlichen Intention der Kodex-Kommission ablehnen mit der Folge, dass die Aspekte sexuelle Orientierung und körperliche Behinderung in der Zielbenennung nicht erwähnt werden müssen; vgl auch *Schubert/Jacobsen*, WM 2011, 726 [727], zur historischen Entwicklung des Begriffs.

55 *Mahlert*, Der Aufsichtsrat 2013, 6 [6].

56 Vgl hierzu: *Redenius-Hövermann*, ZIP 2010, 660; *Langenbucher*, ZGR 2012, 314 [328 ff mwN]; *Hoffmann-Becking*, ZIP 2011, 1173 [1176]; *Peltzer*, NZG 2011, 281 [283 f]; *Bachmann*, ZIP 2011, 1131 [1135]; *Papier/Heidebach*, ZGR 2011, 305 [314 ff]; *Paudtke/Glauer*, NJW-Spezial 2013, 719 [719 f]; *Spindler/Brandt*, NZG 2011, 401 402 ff; *Ossenbühl*, NJW 2012, 417; zur Frauenquote in der SE, vgl auch *Kraft/Redenius-Hövermann*, AG 2012, 28 [30 ff], zu dem Gesetzentwurf der Bundestagsfraktion von Bündnis 90/Die Grünen vom 13.10.2010, BT-Drucks. 17/3296, sowie [32 f] der Landesregierung von Nordrhein-Westfalen vom 11.2.2011, BR-Drucks. 87/11, jeweils im Hinblick auf die Vereinbarkeit mit den europäischen und nationalen Regelungen zur SE.

57 Hierzu: *Langenbucher*, ZGR 2012, 314 [340].

58 Vgl nur *Buhleier/Krowas*, DB 2010, 1165 [1167].

59 *Ekkenga*, in: KölnKomm AktG, § 171, Rn 44; vgl auch die ablehnende Haltung von *Habersack*, Gutachten E zum 69. DJT, Band I, 2012, E 34 ff und Empfehlung 4, der davor warnt, das Aktienrecht für gesellschaftspolitische Anliegen dienstbar zu machen.

60 Allein auf die Initiative der Bundestagsfraktion von Bündnis 90/Die Grünen gehen neben dem Entwurf eines Gesetzes zur geschlechtergerechten Besetzung von Aufsichtsräten, BT-Drucks. 17/3296 v. 13.10.2010, hierzu: *Künast*, ZRP 2011, 11 f, kritisch hierzu *Bachmann*, ZIP 1131 [1135 ff], ein Entschließungsantrag, BT-Drucks. 17/7953 zurück; daneben gab es zwei Gesetzentwürfe der SPD-Bundestagsfraktion, BT-Drucks. 17/8878 u BT-Drucks. 17/11270 (GlTeilhG), sowie einen Entschließungsantrag der Fraktion Die Linke, BT-Drucks. 17/4842.

61 Die NRW-Landesregierung hat den Entwurf eines Gesetzes zur Förderung der Gleichberechtigung von Frauen und Männern in Aufsichtsräten börsennotierter Unternehmen (FöGAbUG), BR-Drucks. 87/11 v. 11.2.2011, kritisch hierzu *Bachmann*, ZIP 1131 [1135 ff], eingebracht; einen weiterer Gesetzentwurf stammt von der Landesregierung von Hamburg; schließlich gab es einen Entschließungsantrag aus Bremen, BR-Drucks. 94/11.

62 KOM [2012] 614.

63 Seit der Fassung v. 18.6.2009; zur Diversity im Leitungsorgan Vorstand vgl Ziff. 5.1.2 Satz 2 DCGK.

mensspezifischen Situation die internationale Tätigkeit des Unternehmens, potenzielle Interessenskonflikte, eine festzulegende Altersgrenze für Aufsichtsratsmitglieder und Vielfalt (Diversity) berücksichtigen. Diese konkreten Ziele sollen insbesondere eine angemessene Beteiligung von Frauen vorsehen. Der Aufsichtsrat unterliegt hiernach somit keiner starren Frauenquote, die ihm vorschreibt, wie viele seiner Mitglieder mindestens Frauen sein müssen. Für ihn gilt auch keine sog. Flexi-Quote, deren Höhe er zwar selbst bestimmen könnte und aufgrund der Öffentlichkeitswirkung nicht allzu niedrig ansetzen würde, dann aber auch einhalten müsste. Vielmehr empfiehlt der Kodex lediglich, dass sich der Aufsichtsrat im Hinblick auf die Beteiligung von Frauen ein Ziel zu setzen und an dessen Erreichung zu arbeiten hat. Darüber hinaus billigt er dem Aufsichtsrat ähnlich wie bei der Flexi-Quote eine Einschätzungsprärogative dahin gehend zu, dass er selbst einzuschätzen hat, bei welchem Anteil von Frauen deren Beteiligung angemessen ist.[64]

d) Spezielle Voraussetzungen für Banken und Versicherungen

Gemäß § 36 Abs. 3 Satz 5 KWG dürfen bei einem Institut – Kredit- oder Finanzdienstleistungsinstitut iS von § 1 Abs. 1 u. Abs. 1 a KWG, einer Finanzholding-Gesellschaft oder gemischten Finanzholding-Gesellschaft nur zwei ehemalige Geschäftsleiter zugleich Mitglieder des Aufsichts- oder Verwaltungsorgans der Gesellschaft sein. Ist dies der Fall, ist einem weiteren ehemaligen Geschäftsleiter die Mitgliedschaft verwehrt. 51

Dasselbe gilt gemäß § 7 a Abs. 4 Satz 3 VAG für das Verwaltungs- oder Aufsichtsorgan eines Versicherungsunternehmens iS von § 1 Abs. 1 Ziff. 1 VAG, eines Pensionsfonds iS von § 1 Abs. 1 Ziff. 2 VAG, einer Versicherungs-Holdinggesellschaft oder einer Finanzholding-Gesellschaft. 52

Schließlich empfiehlt Ziff. 5.4.2 Satz 3 DCGK für alle börsennotierten Gesellschaften, dass dem Aufsichtsrat nicht mehr als zwei ehemalige Mitglieder des Vorstands angehören sollen. 53

e) Benennung konkreter Ziele für die Zusammensetzung

aa) Allgemeines und Rechtspolitisches

Gemäß Ziff. 5.4.1 Abs. 2 Satz 1 DCGK soll der Aufsichtsrat für seine Zusammensetzung konkrete Ziele benennen, die unter Beachtung der unternehmensspezifischen Situation die internationale Tätigkeit des Unternehmens, potenzielle Interessenkonflikte, die Anzahl seiner unabhängigen Mitglieder, eine festzulegende Altersgrenze für seine Mitglieder und Vielfalt (Diversity) berücksichtigen.[65] Die fachliche Ausrichtung der Aufsichtsratsmitglieder wird hierbei nicht erwähnt,[66] wohl aber in Satz 2 die „angemessene Beteiligung von Frauen" als Teilaspekt der „Vielfalt". Die Zielsetzung des Aufsichtsrats sowie der Stand der Umsetzung sollen gemäß Ziff. 5.4.1 Abs. 3 Satz 2 DCGK im Corporate Governance Bericht veröffentlicht werden. Im Zusammenhang mit dem Stand der Umsetzung sollten auch die Schritte erwähnt werden, die zur Zielerreichung bereits unternommen wurden.[67] Ob es der Benennung 54

64 Weitergehend, wenngleich unter Bezugnahme auf Ziff. 5.4.1 Abs. 2 DCGK, *Langenbucher*, ZGR 2012, 314 [339 ff], die eine „Besetzungserklärung" zur Verwirklichung der Prinzipien Unabhängigkeit, Qualifikation und Heterogenität vorschlägt, mit der Unternehmen verpflichtet werden werden sollen, ein Anforderungsprofil für die Idealbesetzung der Anteilseignerseite ihres Aufsichtsrats explizit zu formulieren, es zu veröffentlichen und über den Grad der Verwirklichung zu berichten.

65 Eingefügt im Zuge der Kodex-Novelle vom 26.5.2010; ergänzt um „die Anzahl der unabhängigen Aufsichtsratsmitglieder" durch die Fassung vom 15.5.2012, zu Letzterem, vgl *v. Werder/Bartz*, DB 2012, 1733 [1734].

66 *Langenbucher*, ZGR 2012, 314 [326].

67 *Ihrig/Meder*, ZIP 2012, 1210 [1216]; ob es gute Praxis ist, die Namen der unabhängigen Aufsichtsratsmitglieder zu veröffentlichen, darf bezweifelt werden, vom DCGK vorgschrieben ist es zumindest nicht, vgl. *Stephanblome*, ZIP 2013, 1411 [1413].

eines Zeithorizonts bzw der Unterlegung „mit einer Zeitachse“ für die Zielerreichung bedarf, ist umstritten.[68] Gute Argumente dürften aber dagegen sprechen.[69]

55 Teilweise wird gefordert, die Pflicht zur Abgabe einer solchen sog. Besetzungserklärung zu normieren.[70] Die verfassungsrechtliche Zulässigkeit einer solchen Regelung wird unterschiedlich beurteilt.[71]

56 Ziff. 5.4.1 Abs. 2 Satz DCGK wirft viele Fragen auf, wodruch eine erhebliche Rechtsunsicherheit zulasten der kodextreuen Unternehmen besteht.[72] Sicher ist nur, dass der Aufsichtsrat sich alljährlich vor Abgabe der Entsprechenserklärung iS von § 161 AktG mit der Benennung seiner konkreten Ziele für die Zusammensetzung des Organs beschäftigen muss, unabhängig davon, ob in der nächsten Hauptversammlung Wahlen zum Aufsichtsrat anstehen oder nicht.[73]

bb) Zuständigkeit und Bezugspunkt in mitbestimmten Aufsichtsräten

57 In mitbestimmten Aufsichtsräten stellen sich die Fragen, wer die Ziele für die Besetzung zu benennen hat, nur die Anteilseignervertreter oder alle Mitglieder (dazu Rn 58), und worauf sich die Ziele beziehen, auf die Anteilseignerbank oder auf das Gesamtorgan (dazu Rn 59).

58 Überwiegend wird mit Verweis auf den Wortlaut der Empfehlung angenommen, dass der Aufsichtsrat als Ganzes und somit alle seine Mitglieder für die Benennung der konkreten Ziele für die Zusammensetzung zuständig sind.[74] Für die Gegenansicht[75] spricht zunächst, dass auch bei den Vorschlägen zur Wahl von Aufsichtsratsmitgliedern durch die Hauptversammlung als Gegenstand der Tagesordnung gemäß § 124 Abs. 3 Satz 1 AktG allgemein der Aufsichtsrat als solcher genannt wird, jedoch nur die Anteilseignervertreter gemeint sind, da die diesbezüglichen Beschlüsse des Aufsichtsrats gemäß § 124 Abs. 3 Satz 5 Hs 2 AktG lediglich der Mehrheit der Anteilseignervertreter bedürfen und die Arbeitnehmervertreter über den Wortlaut hinaus noch nicht einmal an der Entscheidungsfindung betreffend diese Vorschläge zu beteiligen sind.[76] Für diese Auffassung spricht darüber hinaus, dass nur die Anteilseignervertreter durch ihre Wahlvorschläge Einfluss auf die Besetzung des Aufsichtsrats und somit auf die Zielerreichung haben,[77] so dass auch nur sie sinnvollerweise Ziele für die Zusammensetzung des Gremiums benennen dürfen. Andernfalls würde man den Arbeitnehmervertretern die zumindest theoretische Möglichkeit einräumen, die Anteilseignervertreter durch Formulierung unrealistischer Ziele in Verlegenheit zu bringen. Aufgrund dessen ist zuletzt genannte Ansicht vorzuziehen, wenngleich die von deren Befürwortern als vermeintli-

68 **Dafür:** *Klein*, AG 2012, 805 [808]; Ringleb/Kremer/Lutter/v. Werder, NZG 2010, 1161 [1166]; *Deilmann/Albrecht*, AG 2010, 727 [730]; *Hecker/Peters*, BB 2010, 2251 [2254]; **dagegen:** *Schulz*, BB 2010, 2390 [2391]; *Mense/Rosenhäger*, GWR 2010, 311 [313]; *Stephanblome*, ZIP 2013, 1411 [1413], der die Entscheidung hierüber dem Aufsichtsrat überlassen möchte.

69 Hierzu: *Ihrig/Meder*, ZIP 2012, 1210 [1216].

70 *Langenbucher*, ZGR 2012, 314 [333].

71 **Bejahend:** *Langenbucher*, ZGR 2012, 314 [333], die dies ausdrücklich fordert; wohl auch *Ossenbühl*, NJW 2012, 417 [420 f]: **ablehend:** *Sachs*, ZG 2012, 52 [66 f].

72 *Ihrig/Meder*, ZIP 2012, 1210 [1210].

73 *Ihrig/Meder*, ZIP 2010, 1577; *Ihrig/Meder*, ZIP 2012, 1210 [1210].

74 *Kocher/Lönner*, CCZ 2010, 183 [184]; *Mense/Rosenhäger*, GWR 2010, 311; *Ringleb/Kremer/Lutter/v. Werder*, NZG 2010, 1161 [1165]; *Stephanblome*, ZIP 2013, 1411 [1413], wonach dies sogar dann gilt, wenn nur Ziele betreffend die Anteilseignerbank formuliert werden; *Weber-Rey/Handt*, NZG 2011, 1 [4].

75 Hüffer, AktG, § 100, Rn 2 b; *Ihrig/Meder*, ZIP 2012, 1210 [1210].

76 Hüffer, AktG, § 124, Rn 17; *Kubis*, in: MünchKomm AktG², § 124, Rn 48; *Noack/Zetzsche*, in: KölnKomm AktG, § 124, Rn 79; *Rieckers*, in: Spindler/Stilz, AktG, § 124, Rn 34; *Ihrig/Meder*, ZIP 2010, 1577 [1578]; *dies.*, ZIP 2012, 1210 [1210 mwN]; aA: *Habersack*, in: MünchKomm AktG³, § 101, Rn 16; *Hoffmann-Becking*, in: Münchener Hdb GesR, Bd. 4, AG, § 30, Rn 15 a.

77 Zum fehlenden „Mitwirkungs-, Einflussnahme- oder gar Vorschlagsrecht“ des Aufsichtsrats im Hinblick auf die Bestellung der Arbeitnehmervertreter vgl *Ihrig/Meder*, ZIP 2012, 1210 [1211].

ches Argument[78] angeführte Empfehlung in Ziff. 5.3.3 DCGK – der Aufsichtsrat soll einen Nominierungsausschuss bilden, der ausschließlich mit Vertretern der Anteilseigner besetzt ist und dem Aufsichtsrat für dessen Wahlvorschläge an die Hauptversammlung geeignete Kandidaten vorschlägt – auch als Argument für die Gegenposition verwandt werden kann. Denn die dortige Beschränkung auf die Anteilseignervertreter mag man auch als Rückschluss dahin gehend verstehen, dass die Kodexkommission gerade nicht nur die Anteilseignervertreter als für die Zielbenennung zuständig angesehen hat.

Die Empfehlung gemäß Ziff. 5.4.1 Abs. 3 Satz 1 DCGK, wonach „Vorschläge des Aufsichts- 59
rats an die zuständigen Wahlgremien" – und nicht nur wie in Ziff. 5.4.1 Abs. 4 DCGK vorgesehen an die Hauptversammlung – die benannten Ziele für dessen Zusammensetzung berücksichtigen sollen, lässt vermuten, dass sich diese Ziele auf den gesamten Aufsichtsrat und somit sowohl auf die Anteilseigner- als auch auf die Arbeitnehmervertreter beziehen. Allerdings macht der Aufsichtsrat nach den Mitbestimmungsgesetzen gar keine Vorschläge für die Wahl von Arbeitnehmervertretern.[79] Sein Vorschlagsrecht beschränkt sich vielmehr auf die Wahl von Anteilseignervertretern durch die Hauptversammlung (dazu Rn 69 ff), sofern diese nicht von einem Aktionär zu entsenden sind (dazu Rn 96 ff).[80] Aufgrund dessen ist davon auszugehen, dass sich die Ziele für seine Zusammensetzung nur auf die Anteilseignerbank beziehen.[81] Andernfalls müssten Ziele definiert werden, ohne auf deren Erreichung Einfluss nehmen zu können.[82] Wenngleich gute Gründe dafür sprechen, dass sich der Aufsichtsrat gemäß Ziff. 5.4.1 Abs. 2 Satz 1 DCGK nur Ziele für die Besetzung der Anteilseignerbank zu setzen hat, ist diese Frage in der Literatur noch völlig offen.[83]

cc) Ziele im Einzelnen

Die internationale Tätigkeit des Unternehmens ist als Apell für eine angemessene Repräsen- 60
tanz von Mitgliedern mit nicht lediglich nationalem Hintergrund im Aufsichtsrat zu verstehen.[84] Auch Deutsche können diesen erwünschten internationalen Erfahrungshorizont haben, wenn sie über einen längeren Zeitraum im Ausland tätig gewesen sind und hierbei für die Amtsführung relevante Erfahrungen gesammelt haben.[85] In die Zielbenennung ist insbesondere die avisierte Zahl der Mitglieder mit internationalem Hintergrund aufzunehmen.

---

78 Vgl *Ihrig/Meder*, ZIP 2012, 1210 [1210 f].

79 Vgl *Ihrig/Meder*, ZIP 2012, 1210 [1212], die auf entsprechende Erklärungen in den Corporate Governance Berichten 2010 der Bayer AG, der Metro AG sowie der Infineon Technologies AG rekurrieren.

80 Für *Stephanblome*, ZIP 2013, 1411 [1413], ist die Möglichkeit der Entsendung von Anteilseignervertretern Argument dafür, dass sich die Zielvorgaben zumindest auch auf die Arbeitnehmervertreter beziehen können.

81 So auch: *Ihrig/Meder*, ZIP 2012, 1210 [1212], die eine alternative Auslegung für Ziff. 5.4.1 Abs. 3 Satz 1 DCGK anbieten, wonach der Aufsichtsrat als Gesamtorgan einen Apell hinsichtlich der Wahl der Arbeitnehmervertreter ausspricht; vgl auch *Klein*, AG 2012, 805 [809], der vorschlägt, die konkrete Zielvorgabe betreffend die Anzahl der Anteilseignervertreter mit einer Einschätzung zur Unabhängigkeit der Arbeitnehmervertreter zu verbinden; ähnlich *Ringleb/Kremer/Lutter/v. Werder*, NZG 2012, 1081 [1084].

82 Vgl *Klein*, AG 2012, 805 [810], der bei einer Zielbestimmung ausschließlich im Hinblick auf die Anteilseignervertreter kein Anfechtungsrisiko sieht; allein mit dem Hinweis darauf, dass nicht der Aufsichtsrat, sondern die Hauptversammlung Wahlorgan der Aufsichtsratsmitglieder ist und auch keine Bindung an die Wahlvorschläge des Aufsichtsrats besteht, wodurch der Aufsichtsrat die Erreichnung seiner Ziel nicht allein in der Hand hat, verkennt *Stephanblome*, ZIP 2013, 1411 [1413], dass im Unterschied zur Bestellung der Arbeitnehmervertreter der Aufsichtsrat im Zusammenhang mit der Bestellung der Anteilseignervertreter zumindest Beitrag leistet, der in der Paxis regelmäßig richtungsweisend ist.

83 Zum Streitstand im Hinblick auf die Zahl der unabhängigen Aufsichtsratsmitglieder vgl *Stephanblome*, ZIP 2013, 1411 [1413, Rn 19], der es dem Aufsichtsrat überlassen will, ob er seine Zielvorgabe auf Anteilseigner, Arbeitnehmervertreter oder das Gesamtorgan bezieht.

84 *Schulz*, BB 2010, 2390; *Ihrig/Meder*, ZIP 2012, 1210 [1212]; *Mense/Rosenhäger*, GWR 2010, 311.

85 *Sünner*, CCZ 2009, 185 [186]; *Kocher*, BB 2010, 264 [265]; *Ihrig/Meder*, ZIP 2012, 1210 [1213]; *Mense/Rosenhäger*, GWR 2010, 311; *Schulz*, BB 2010, 2390.

Das Verständnis, dass auch deutsche Staatsangehörige zum Kreis dieser Mitglieder gehören können, sollte ergänzend erwähnt werden.[86]

61 Um Ziele im Zusammenhang mit potenziellen Interessenkonflikten als einem „Kernthema" des DCGK[87] zu benennen, genügt es trotz der am 15.5.2012 erfolgten Änderung der Negativdefinition für die Unabhängigkeit von Aufsichtsratsmitgliedern gemäß Ziff. 5.4.2 Satz 2 DCGK nicht, pauschal auf die (fehlende) Unabhängigkeit von Aufsichtsratsmitgliedern zu verweisen.[88] Zwar lässt die Definition die Unabhängigkeit bereits bei einem potenziellen Interessenkonflikt entfallen („Interessekonflikt begründen kann"). Dieser muss aber „wesentlich" sein. Daher würde ein pauschaler Verweis in der Zielbenennung auf das Fehlen von Unabhängigkeit zwar wesentliche Interessenkonflikte erfassen, nicht aber auch unwesentliche, womit der Empfehlung in Ziff. 5.4.1 Abs. 2 DCGK nicht entsprochen würde.[89] Darüber hinaus erfasst die Negativdefinition der Unabhängigkeit in Ziff. 5.4.2 Satz 2 DCGK keine Beziehungen zu anderen als der Gesellschaft, ihren Organen, einem kontrollierenden Aktionär oder einem mit diesem verbundenen Unternehmen. Insofern besteht eine weitere Divergenz zwischen dem Fehlen von Unabhängigkeit und einem Interessenkonflikt.[90]

62 Die Festlegung einer Altersgrenze ist unumgänglich, soll sie doch dazu beitragen, dass keine Personen dem Aufsichtsrat angehören, die aufgrund ihres fortgeschrittenen Alters nicht mehr in der Lage sind, den hohen Anforderungen an die Überwachungstätigkeit gerecht zu werden.[91] Allerdings bedarf es keiner starren Grenze, um der Empfehlung zu genügen und auf eine Erläuterung in der Entsprechenserklärung verzichten zu können. Vielmehr genügt eine Regelaltersgrenze, welche die individuelle Situatiuon des einzelnen Aufsichtsratsmitglieds im Hinblick auf seine Alterserscheinungen berücksichtigt. Denn Ziff. 5.4.1 Abs. 2 Satz 1 DCGK macht keine Vorgaben zur konkreten Ausgestaltung der Altersgrenze.[92]

63 Auf das Merkmal Vielfalt (Diversity) wurde bereits an anderer Stelle (dazu Rn 47 ff) ausführlich eingegangen. Für die Zielbenennung kommt es insoweit nur auf die Aspekte Internationalität und Repräsentanz von Frauen an,[93] wobei konkrete Ziele im Sinne von (Mindest-) Mitgliederzahlen oder zumindest Relationen – zB Verhältnis von Frauen zu Männern im Aufsichtsrat entsprechend dem Verhältnis in der Belegschaft – zu benennen sind.[94]

64 Schließlich ist seit der Kodexnovelle vom 15.5.2012 das Ziel des Aufsichtsrats im Hinblick auf die Anzahl seiner unabhängigen Mitglieder zu benennen, wobei für die Beurteilung der Unabhängigkeit auf Ziff. 5.4.2 Satz 2 DCGK zu rekurrieren ist (dazu Rn 129 ff). Trotz dieser Klarstellung dürfte die Aufgabe für die Aufsichtsratsmitglieder schwierig zu bewältigen sein, da im Zusammenhang mit der Negativdefinition der Unabhängigkeit noch viele Fragen ungeklärt sind. Ob es jedoch sinnvoll ist, dass der Aufsichtsrat zur Sicherheit, um Anfechtungsklagen gegen Wahl- und/oder Entlastungsbeschlüsse vorzubeugen, für diesen Punkt eine Abweichung vom Kodex erklärt, wie es *Ihrig* u. *Meder* vorschlagen,[95] darf bezweifelt werden. Denn Restrisiken bei der Auslegung der Kodexempfehlungen bestehen auch an anderen Stel-

86 Vgl *Ihrig/Meder*, ZIP 2012, 1210 [1213], mit Formulierungsvorschlag.

87 Vgl *Ihrig/Meder*, ZIP 2012, 1210 [1213, Fn 30].

88 *Ihrig/Meder*, ZIP 2012, 1210 [1213].

89 So auch: *Ihrig/Meder*, ZIP 2012, 1210 [1214]; kritisch zur doppelten Erfassung potentieller Interessenkonflikte: *Klein*, AG 2012, 805 [808].

90 *Stephanblome*, ZIP 2013, 1411 [1412]; *ders.*, NZG 2013, 445 [446 f].

91 Vgl *Deilmann/Albracht*, AG 2010, 727 [730]; kritisch hierzu: *Ihrig/Meder*, ZIP 2012, 1210 [1214].

92 Vgl OLG München, Urt. v. 6.8.2008 – 7 U 5628/07 („MAN"), abgedruckt in: NZG 2009, 508 = ZIP 2009, 133 = BeckRS 2009, 00110; vgl auch *Ihrig/Meder*, ZIP 2012, 1210 [1214 f].

93 Vgl *Deilmann/Albracht*, AG 2010, 727 [728]; *Kocher*, BB 2010, 264 [264 f]; *Ihrig/Meder*, ZIP 2012, 1210 [1215].

94 Vgl *Ihrig/Meder*, ZIP 2012, 1210 [1216]; *Mense/Rosenhäger*, GWR 2010, 311 [312].

95 ZIP 2012, 1210 [1216].

len mit Bezug zu Aufsichtsratswahlen. Darüber hinaus ist nicht auszuschließen, dass auch unzureichende Erläuterungen von Abweichungen zur Anfechtbarkeit von Hauptversammlungsbeschlüssen führen (dazu Rn 757) und somit durch die Beseitigung eines Anfechtungsrisikos eine neues geschaffen wird.[96] Dieses Problem stellt sich, obwohl die avisierte Anzahl der unabhängigen Aufsichtsratsmitglieder iS von Ziff. 5.4.1 Abs. 2 Satz 1 DCGK nicht mit der vom Aufsichtsrat für angemessen befundenen Anzahl iS von Ziff. 5.4.2 Satz 1 DCGK übereinstimmen muss, da zuletzt genannte nur zu „berücksichtigen" ist.[97] Ob im Hinblick auf die avisierte Anzahl unabhängiger Aufsichtsratsmitglieder eine absolute Zahl zu nennen ist, oder ob es ausreicht, relative Angaben zu machen, aus denen sich absolute Zahlen rechnerisch ableiten lassen,[98] ist noch offen. Problematisch wird die Zielangabe zur Anzahl der unabhängigen Aufsichtsratsmitglieder immer dann, wenn die Kandidatenvorschläge des Aufsichtsrats an die Hauptversammlung gemäß § 124 Abs. 3 Satz 1 AktG hiermit nicht korrespondieren. Denn nach Ziff. 5.4.1 Abs. 3 Satz 1 DCGK sollen die Vorschläge die zuvor genannten Ziele für die Zusammensetzung des Aufsichtsrats „berücksichtigen". Hierfür reicht es nicht aus, dass sich der Aufsichtsrat vor Beschluss seiner Wahlvorschläge mit seinen eigenen Zielen bewusst und konkret auseinandersetzt. Vielmehr müssen sich die Ziele in den Wahlvorschlägen wiederspiegeln.[99] Tun sie dies nicht, muss der Aufsichtsrat zeitgleich eine Korrektur seiner Zielerklärung beschließen und veröffentlichen. Unterlässt er dies, riskiert er die Anfechtbarkeit der Wahlbeschlüsse.

3. Bestellung

a) Begriff

Die Mitglieder des Aufsichtsrats werden gemäß § 101 Abs. 1 Satz 1 AktG bzw von der Haupt- bzw gemäß § 36 Abs. 1 Satz 1 GenG von der Generalversammlung gewählt, soweit sie nicht in den Aufsichtsrat zu entsenden oder als Aufsichtsratsmitglieder der Arbeitnehmer nach dem MitbestG, dem MitbestErgG, dem DrittelbG oder dem MgVG zu wählen sind. Eine Entsendung von Aufsichtsratsmitgliedern ist nur bei der AG und KGaA, nicht aber bei der eG möglich.[100] 65

Bestellung ist Oberbegriff für die Wahl von Aufsichtsratsmitgliedern durch die General- bzw Vertreterversammlung oder die Hauptversammlung mit[101] und ohne Bindung an Wahlvorschläge, für die Entsendung[102] sowie für die Wahl durch Arbeitnehmer oder Delegierte.[103] Mit Einführung des MgVG ist eine weitere Art der Bestellung hinzukommen, nämlich die Wahl der Aufsichtsratsmitglieder der Arbeitnehmer durch ein besonderes Gremium.[104] 66

96 *Stephanblome*, ZIP 2013, 1411 [1415], schlägt anstatt dessen vor, die avisierte Anzahl unabhängiger Aufsichtsratsmitglieder möglichst klein anzusetzen, wohlwissend, dass diese Außendarstellung der Unternehmen regelmäßig nicht erwünscht ist; im Hinblick auf die Unwägbarkeiten bei der rechtlichen Einstufung von Arbeitnehmervertretern im Aufsichtsrat empfiehlt *Klein*, AG 2010, 805 [809], das Ziel ausdrücklich nur für die Anteilseignerseite zu formulieren für den Fall, dass sich die Bennenung konkreter Ziele iS von Ziff. 5.4.1 Abs. 2 Satz 1 DCGK auch auf Arbeitnehmervertreter erstrecken sollte.

97 Vgl hierzu sowie zu den Folgen, wenn die jeweilige Zahl unabhängiger Aufsichtsratsmitglieder verfehlt wird, *Stephanblome*, ZIP 2013, 1411 [1414].

98 Bejahend: *Klein*, AG 2010, 805 [808]; *Roth*, WM 2012, 1985 [1988]; vgl hierzu auch *Stephanblome*, ZIP 2013, 1411 [1412].

99 *Ihrig/Meder*, ZIP 2012, 1210 [1211].

100 Vgl *Beuthien*, in: Beuthien, GenG, § 36, Rn 2.

101 § 101 Abs. 1 Satz 2 AktG iVm §§ 6 u. 8 Montan-MitbestG.

102 § 101 Abs. 2 AktG.

103 Hüffer, AktG, 9. Auflage, 2010, § 101, Rn 1.

104 § 25 Abs. 3 MgVG.

Schließlich können Aufsichtsratsmitglieder unter bestimmten Voraussetzungen auch durch gerichtliche Entscheidung bestellt werden.[105]

b) Wahl durch Haupt-, General- oder Vertreterversammlung

aa) Wahlvorschläge bei AG und KGaA

(1) Gesetzliche Ausgangssituation

67 Die Wahl von Aufsichtsratsmitgliedern durch die Hauptversammlung ist gemäß § 124 Abs. 2 Satz 1 AktG als Gegenstand der Tagesordnung bekanntzumachen und zwar mit der Angabe, nach welchen gesetzlichen Vorschriften sich der Aufsichtsrat zusammensetzt, und ob die Hauptversammlung an Wahlvorschläge gebunden ist. Erfolgt diese Bekanntmachung nicht ordnungsgemäß, darf gemäß § 124 Abs. 4 Satz 1 AktG nicht gewählt, also kein Wahlbeschluss gefasst werden.

68 Der Aufsichtsrat, nicht aber auch der Vorstand, ist gemäß § 124 Abs. 3 Satz 1 AktG berechtigt und verpflichtet, in der Bekanntmachung zur Wahl von Aufsichtsratsmitgliedern – wie auch zur Wahl von Prüfern des Jahresabschlusses,[106] Sonderprüfern[107] sowie Prüfern für die Durchsicht von Halbjahresfinanzberichten[108] – Vorschläge zu unterbreiten. Der Vorstand soll nicht beeinflussen können, wer seine Tätigkeit überwacht.[109] Macht der Vorstand gleichwohl einen Vorschlag, hat dies die Anfechtbarkeit des Wahlbeschlusses der Hauptversammlung zur Folge.[110]

69 Bei seinen Wahlvorschlägen muss der Aufsichtsrat gemäß § 124 Abs. 3 Satz 4 AktG die Namen der vorgeschlagenen Personen, deren ausgeübte Berufe[111] und Wohnorte angeben. Angaben zur Ausbildung, insbesondere zu etwaigen Studienabschlüssen, oder zu sonstigen Qualifikationen der Kandidaten für den Aufsichtsrat sind im Regelfall nicht erforderlich. Etwas anderes kann nur bei Vorliegen von konkreten Anzeichen für eine mangelnde Eignung aufgrund fehlender beruflicher Qualifikation gelten.[112] Bei börsennotierten Gesellschaften sind gemäß § 125 Abs. 1 Satz 5 AktG[113] auch Angaben zur Mitgliedschaft des Kandidaten in anderen gesetzlich zu bildenden Aufsichtsräten zu machen. Diese sind jedoch nicht Teil des Wahlvorschlags iS von § 124 Abs. 3 Satz 1 AktG und somit nicht bereits mit der Einberufung der Hauptversammlung bekanntzumachen, sondern der Mitteilung iS von § 125 Abs. 1

105 § 104 AktG.

106 Vgl § 318 Abs. 1 HGB.

107 Vgl § 142 Abs. 1 AktG.

108 § 37 w Abs. 5 Satz 1 WpHG.

109 Hüffer, AktG, § 124, Rn 13 AktG.

110 BGH, Urt. v. 25.11.2002 – II ZR 49/01, abgedruckt in: BGHZ 153, 32 ff = NJW 2003, 970 ff, der über eine Bekanntmachung der Tagesordnung zur Hauptversammlung zu entscheiden hatte, in der Aufsichtsrat und Vorstand einen Vorschlag zur Wahl eines Sonderprüfers unterbreitet hatten, vor der Beschlussfassung in der Hauptversammlung jedoch klargestellt wurde, dass nur der Aufsichtsrat, nicht aber auch der Vorstand, die Wahl des Sonderprüfers vorschlage. Der BGH stellte klar, dass bereits in der gesetzeswidrigen Bekanntmachung eine inakzeptable Beeinflussung der Aktionäre liege. Gemäß § 124 Abs. 4 Satz 1 AktG hätte der Sonderprüfer wegen gesetzeswidriger Bekanntmachung des entsprechenden Tagesordnungspunktes nicht gewählt werden dürfen. Der Verstoß hiergegen führe zur Anfechtbarkeit des Hauptversammlungsbeschlusses; kritisch hierzu *Kocher*, AG 2013, 406 [413].

111 Vgl hierzu Hüffer, AktG, § 124, Rn 16 mwN.

112 OLG Düsseldorf, Urt. v. 22.11.2012 – I-6 U 18/12, abgedruckt in: NZG 2013, 178 [179]; OLG Düsseldorf, Beschl. v. 22.7.1986 – 19 W 2/86, abgedruckt in: AG 1987, 21 = ZIP 1986, 1557 = NJW-RR 1987, 551.

113 § 125 Abs. 1 Satz 5 AktG fand sich bis zum Wirksamwerden von Art. 1 ARUG zum 1.9.2009 in § 125 Abs. 1 Satz 3 AktG.

Satz 1 AktG beizufügen, die der Vorstand mindestens 21 Tage vor der Versammlung den Kreditinstituten u.a. zu machen hat.[114]

(2) Vorgaben des DCGK

Seit seiner Revision vom 15.5.2012 empfiehlt der DCGK unter Ziff. 5.4.1 Abs. 4, dass der Aufsichtsrat bei seinen Wahlvorschlägen an die Hauptversammlung die persönlichen und geschäftlichen Beziehungen eines jeden Kandidaten zum Unternehmen,[115] zu den Organen[116] der Gesellschaft und zu einem wesentlich an der Gesellschaft beteiligten Aktionär offenlegen soll.[117] Wesentlich beteiligt sind gemäß Ziff. 5.4.1 Abs. 6 DCGK hiernach Aktionäre, die direkt oder indirekt mehr als 10% der stimmberechtigten Aktien der Gesellschaft halten.[118] Indirekt meint in diesem Zusammenhang in Anlehnung an § 16 Abs. 4 AktG, dass jemand Aktien mittelbar über ein abhängiges Unternehmen oder einen Treuhänder und dessen abhängige Unternehmen hält.[119] Ziff. 5.4.1 Abs. 5 DCGK beschränkt die Empfehlung zur Offenlegung auf solche Umstände, die nach der Einschätzung des Aufsichtsrats ein objektiv urteilender Aktionär für seine Wahlentscheidung als maßgebend ansehen würde.[120] Zur Konkretisierung dieser Einschränkung kann sich an den Regelungen in §§ 131, 243 Abs. 4 AktG orientiert werden, die insofern als Vorbild dienten.[121] 70

Problematisch im Zusammenhang mit Abs. 5 ist, dass den Aufsichtsratsmitgliedern auf der einen Seite ein Beurteilungsspielraum eingeräumt und ihre Entscheidung somit weitestgehend gerichtlicher Überprüfung entzogen wird.[122] Andererseits stellt die Empfehlung auf die Beurteilung durch den objektiv urteilenden Aktionär ab, ein Tatbestandsmerkmal, das gerichtlich voll überprüfbar sein dürfte. Es ist zu befürchten, dass zuletzt erwähnter Aspekt den Beurteilungsspielraum des Aufsichtsrats weitestgehend zurückdrängt und somit die Entscheidungen über die Offenlegung und deren Reichweite trotz gegenteiliger Formulierung voll überprüft werden.[123] 71

---

114 Zur Anfechtbarkeit von Wahlbeschlüssen der Hauptversammlung bei Verstößen gegen § 125 Abs. 1 Satz 5 AktG, vgl *Marsch-Barner*, FS K. Schmidt, 2009, S. 1109 [1111 f mwN].

115 Im Gegensatz zur Unabhängigkeitsdefinition iS von Ziff. 5.4.2 Satz 2 DCGK ist somit eine Konzernbetrachtung erforderlich, vgl *Kremer/v. Werder*, AG 2013, 340 [346], da laut Präambel der Begriff „Unternehmen" statt „Gesellschaft" verwendet wird, wenn es „nicht nur um die Gesellschaft selbst, sondern auch [um] ihre Konzernunternehmen" geht.

116 Tatsächlich gemeint sein dürften Organmitglieder, wovon auch *Ringleb/Kremer/Lutter/v. Werder*, NZG 2012, 1081 [1086], ausgehen; vgl auch *de Raet*, AG 2013, 488 [494].

117 *Wilsing/v. der Linden*, DStR 2012, 1391 [1392], halten diese Empfehlung für zu unbestimmt, da nicht klar werde, wie detailliert über persönliche und geschäftliche Beziehungen einzugehen sei, und befürchten daher Beschlussmängelklagen von kritischen Aktionären.

118 Somit steht fest, dass es sich hierbei nicht um den kontrollierenden Aktionär iS von Ziff. 5.4.2 DCGK handelt, vgl auch *Kremer/v. Werder*, AG 2013, 340 [346].

119 *Stephanblome*, ZIP 2013, 1411 [1415]; *Paschos/Goslar*, NZG 2012, 1361 [1365], empfehlen vorsorglich, sämtliche gemäß § 22 WpHG zuzurechnenden Stimmrechte zu berücksichtigen.

120 Zur Historie der Empfehlungen unter Ziff. 5.4.1 Abs. 4 – 6 DCGK, vgl *de Raet*, AG 2013, 488 [488 f].

121 Vgl *Florstedt*, ZIP 2013, 337 [339].

122 *Roth*, WM 2012, 1985 [1988], betont, dass „eine gerichtliche Überprüfung freilich nicht ausgeschlossen" sei.

123 Ähnlich *Wilsing/v. der Linden*, DStR 2012, 1391 [1392]; aA: *de Raet*, AG 2013, 488 [496], der diese Einschränkung als erhebliche Enrleichterung für die Praxis wertet; ähnlich *Stephanblome*, ZIP 2013, 1411 [1416]; *Klein*, AG 2012, 805 [810 f], der davon spricht, dass hierdurch „ein doppeltes Netz gegen die … Anfechtung von Aufsichtsratswahlen … gespannt" wird.

72 Die in Abs. 4 genannten Umstände müssen nicht bereits in der Einladung zur Hauptversammlung dargelegt werden.[124] Zulässig ist es auch, sie erst in der Mitteilung des Vorstands gemäß § 125 Abs. 1 Satz 1 AktG bekanntzumachen, so dass ein Gleichlauf mit den Angaben zu Mitgliedschaften des Kandidaten in anderen Aufsichtsräten iS von § 125 Abs. 1 Satz 5 AktG besteht. Zulässig ist weiterhin eine Veröffentlichung alsbald nach Einberufung der Hauptversammlung auf der Internetseite der Gesellschaft in Anlehnung an § 124 a AktG.[125] Unabhängig davon ist die Frage, ob nach schriftlicher Offenlegung etwaige Änderungen der Umstände in der Person des Kandidaten in der Hauptversammlung mündlich mitzuteilen sind. Dies dürfte sich bereits aus dem Zweck der Empfehlung ergeben, die Aktionäre vor der Wahl über mögliche Konflikte während einer Amtzeit des Kandidaten zu informieren.[126]

73 Für die Auslegung der Begriffe „persönliche und geschäftliche Beziehungen" in Abs. 4 gilt nichts anderes als in Ziff. 5.4.2 Satz 2 DCGK.[127] (dazu Rn 140 ff) Noch völlig ungeklärt ist die Frage, ob auch mittelbare Beziehungen – also solche zwischen der Gesellschaft und einer anderen Gesellschaft, an welcher der Kandidat beteiligt oder deren Organmitglied er ist – offenzulegen sind, wenngleich dies dem Wortlaut der Empfehlung nicht zu entnehmen ist. Aufgrund der Rechtsprechung zu § 114 Abs. 1 AktG, die über den Wortlaut hinaus auch Verträge der Gesellschaft zu einer anderen Gesellschaften einbezieht, an der das Aufsichtsratsmitglied beteiligt ist (dazu Rn 289), kann eine solche Auslegung der Empfehlung zumindest nicht ausgeschlossen werden.[128]

74 Nicht eindeutig zu beantworten ist auch die Frage nach dem konkreten Inhalt der Offenlegung.[129] Zumindest zweifelhaft ist, ob bei Verwandtschaftsverhältnissen der Verwandtschaftsgrad anzugeben ist,[130] da dieser über die emotionale Nähe vielfach nichts oder zumindest nur wenig aussagt. Bei geschäftlichen Beziehungen ist vor dem Hintergrund von Ziff. 5.4.1 Abs. 5 DCGK zumindest anzugeben, welche Art von Verträgen bestehen und in welcher Größe sich Leistung und Gegenleistung bewegen.[131] Unzweifelhaft dürfte sein, dass keine Angaben zu Fragen zu machen sind, deren Beantwortung der Hauptversammlung gemäß § 131 Abs. 3 Satz 1 AktG verweigert werden dürfte.[132] Dasselbe gilt für Angaben, mit denen ein Berufsgeheimnisträgers gegen seine Verschwiegenheitsverpflichtung verstieße.[133] Neben der Empfehlung, diverse Beziehungen der Kandidaten offenzulegen, fehlt es an einer solchen, die Einstufung des jeweiligen Kandidaten durch den Aufsichtsrat als (un-) abhängig bekanntzumachen. Zweifelhaft ist, ob sich eine solche aus dem Zusammenhang zu Ziff. 5.4.2 DCGK ergibt.[134] Denn hierdurch würde dem Aufsichtsrat die abschließende Einstufung eines Kandidaten als abhängig bzw unabhängig bereits vor dessen Wahl in den Aufsichtsrat auferlegt.

124 Vgl *de Raet*, AG 2013, 488 [490]; *Paschos/Goslar*, NZG 2012, 1361 [1365]; *Stephanblome*, ZIP 2013, 1411 [1416]; *Wilsing/v. der Linden*, DStR 2012, 1391 [1392]; aA: *Ringleb/Kremer/Lutter/v. Werder*, NZG 2012, 1081 [1087]; *Kremer/v. Werder*, AG 2013, 340 [347], die zumindest einen Hinweis in der Einladung fordern, wenn der Weg des § 124 a AktG beschritten wird; vgl auch *Klein*, AG 2012, 805 [812], wonach sich aus praktischer Sicht die Veröffentlichung in der Einladung zur Hauptversammlung anbietet.

125 Vgl *de Raet*, AG 2013, 488 [490]; *Stephanblome*, ZIP 2013, 1411 [1417].

126 Ebenso *de Raet*, AG 2013, 488 [492]; *Zilles/Deutsch*, ZCG 2013, 69 [70].

127 Dies bezweifelnd *de Raet*, AG 2013, 488 [491].

128 Hierzu ausführlich *de Raet*, AG 2013, 488 [491 f]; vgl auch *Klein*, AG 2012, 805 [811].

129 Vgl *de Raet*, AG 2013, 488 [495]; *Stephanblome*, ZIP 2013, 1411 [1416], die insofern von „Detailtiefe" sprechen.

130 Befürwortend *de Raet*, AG 2013, 488 [495].

131 So auch *de Raet*, AG 2013, 488 [495]; *Paschos/Goslar*, NZG 2012, 1361 [1365]; *Wilsing/v. der Linden*, DStR 2012, 1391 [1393].

132 Vgl *de Raet*, AG 2013, 488 [495]; *Paschos/Goslar*, NZG 2012, 1361 [1365].

133 So auch *de Raet*, AG 2013, 488 [495 f].

134 In diesem Sinne *Roth*, WM 2012, 1985 [1988].

Aufgrund der rechtlichen Unsicherheiten, die bei der Auslegung von Ziff. 5.4.1 Abs. 4 – 6 DCGK bestehen, der Rechtsprechung, die vereinzelt bei fehlerhaften Entsprechenserklärungen Aufsichtsratswahlbeschlüsse für anfechtbar hält (dazu Rn 758), und nicht zuletzt wegen der Folgen, welche die Nichtigerklärung von Wahlbeschlüssen der Hauptversammlung aufgrund Anfechtungsklage hat (dazu Rn 112 ff), wird in der Literatur erörtert, ob der Praxis zu raten sei, für die neue Empfehlung zur Offenlegung pauschal eine Abweichung zu erklären.[135] Hiermit dürften sich die Probleme jedoch kaum lösen lassen.[136] Sinnvoll ist es hingegen, dass der Aufsichtsrat einen deatillierten Fragenbogen anhand der in Ziff. 5.4.1 Abs. 4 genannten Merkmale entwickelt und den Kandidaten rechtzeitig vorlegt,[137] um mit deren Angaben seiner eigenen Verpflichtung zur Offenlegung nachkommen zu können. Sofern die Gesellschaft Informationen zu dem Kandidaten zur Verfügung stellen kann, sind diese vom Aufsichtsrat bzw vom ausschließlich mit Anteilseignervertretern besetzten Nominierungsausschuss iS von Ziff. 5.3.3 DCGK einzuholen.[138] 75

(3) Praktische Handhabung

Von der Frage, wer der Hauptversammlung Wahlvorschläge unterbreiten darf, ist die Frage zu unterscheiden, von wem in der Praxis die Initiative zur Auswahl der später vom Aufsichtsrat der Hauptversammlung vorzuschlagenden Kandidaten ausgeht. Dies ist zumindest bei Großunternehmen regelmäßig der Vorstand und dort insbesondere der Vorsitzende bzw Sprecher. In dessen Überlegungen wird ggf noch der Aufsichtsratsvorsitzende einbezogen, zumindest dann, wenn es sich hierbei um ein ehemaliges Vorstandsmitglied der AG handelt.[139] 76

Neben dem Aufsichtsrat können auch Aktionäre Kandidaten für die Wahl in den Aufsichtsrat vorschlagen.[140] Dieser Möglichkeit kommt jedoch kaum praktische Bedeutung zu,[141] da Groß- oder gar Mehrheitsaktionäre ihre Vorschläge regelmäßig über die Anteilseignervertreter im Aufsichtsrat in die Hauptversammlung lancieren. Die Anteilseignervertreter haben bei diesem Vorgehen zu beachten, dass allein sie – und nicht der Aktionär, von dem die Wahlvorschläge de facto stammen – für Schäden haften, die der Gesellschaft durch Vorschlag und Wahl ungeeigneter Kandidaten entstehen.[142] 77

---

135 So ausdrücklich: *Wilsing/v. der Linden*, DStR 2012, 1391 [1392]; weitere Nachw. bei *de Raet*, AG 2013, 488 [489, Fn 6].

136 Näheres hierzu bei *de Raet*, AG 2013, 488 [489].

137 So auch *Raet*, AG 2013, 488 [496 f]; *Kremer/v. Werder*, AG 2013, 340 [347]; *Zilles/Deutsch*, ZCG 2013, 69 [70 f]; allgemeiner *Klein*, AG 2012, 805 [810], wonach die Gesellschaft auf die Mitwirkung der Kandidaten angewiesen ist.

138 *Kremer/v. Werder*, AG 2013, 340 [347].

139 Vgl *Semler*, FS Lutter, 2000, S. 721 [S. 725 f]; *Morner/Jansen/Reuter/Jünger/Barth*, Der Aufsichtsrat 2012, 98 [99], wonach bei dem Großteil der DAX30- und MDAX-Unternehmen ohne Mehrheitsaktionär der Nominierungsprozess traditionell als Angelegenheit von Aufsichtsrats- und Vorstandsvorsitzendem abläuft. Die beiden Protagonisten stimmten sich hierbei eng ab und griffen bei der Suche nach neuen Kandidaten vor allem auf ihre persönlichen Netzwerke zurück. Formale Kriterien der Personalauswahl oder ein Stellenprofil suche man vergebens.

140 Vgl § 127 AktG.

141 *Semler*, FS Lutter, 2000, S. 721 [S. 725].

142 *Semler*, FS Lutter, 2000, S. 721 [S. 725], geht davon aus, dass Anteilseignervertreter, die Vorschläge ungeeigneter Kandidaten von Vorstand oder Aktionären nicht sorgfältig prüfen, pflichtwidrig handeln und [S. 726] diese Pflichtwidrigkeit regelmäßig auch kausal für den später eingetretenen Schaden der Gesellschaft ist.

bb) Beschlussfassung, Annahme der Wahl und Wiederwahl

78 Die Hauptversammlung wählt[143] die vorgeschlagenen Personen mit einfacher Stimmenmehrheit, sofern die Satzung der Gesellschaft keine andere Mehrheit vorsieht.[144] Ein Minderheitenvotum genügt somit nicht.

79 Die Bestellung eines Aufsichtsratsmitglieds durch Wahl der Hauptversammlung ist nur wirksam, wenn der Gewählte die Wahl annimmt. Die Annahme kann auch bereits vor der Wahl erklärt werden.[145]

80 Die Möglichkeit der Wiederbestellung von Aufsichtsratsmitgliedern ist qua Gesetzes nicht eingeschränkt. Die Empfehlung der Europäischen Kommission (2005/162/EG) zur Unabhängigkeit von Aufsichts- und Verwaltungsratsmitgliedern vom 15.2.2005[146] sieht in Anhang II Ziff. 1 h) eine Beschränkung der Amtszeit von Aufsichtsratsmitglieder auf 12 Jahre vor, die in Deutschland jedoch nicht Gesetz geworden ist.[147]

cc) Besonderheiten bei der eG

81 Die Mitglieder des Aufsichtsrats einer eG werden durch die General- bzw Vertreterversammlung gewählt. Vorstandsmitglieder haben, obwohl sie gemäß § 9 Abs. 2 GenG selbst Genossen sind, aufgrund Interessenkollision in analoger Anwendung von § 43 Abs. 6 GenG kein Stimmrecht.[148]

82 Die – formlose – Annahme der Wahl durch den Gewählten ist Wirksamkeitsvoraussetzung der Bestellung. Sie erfolgt während der Versammlung gegenüber dem Versammlungsleiter, außerhalb der Versammlung gegenüber dem Vorstand. Regelmäßig genügt auch der Zugang der Annahmeerklärung beim Aufsichtsratsvorsitzenden.[149]

83 Die Versammlung wählt die vorgeschlagenen Personen wie bei AG und KGaA mit einfacher Stimmenmehrheit,[150] sofern die Satzung nichts anderes vorschreibt.[151] Die Kandidaten unterliegen insofern keinem Stimmverbot.[152]

84 Wahlvorschläge können, soweit die Satzung nichts anderes bestimmt, nicht nur innerhalb, sondern auch außerhalb der General- oder Vertreterversammlung von jedem Genossen sowie vom Aufsichtsrat gemacht werden.[153] Nicht vorschlagsberechtigt ist wie bei der AG der Vorstand, da dieser von den zu wählenden Aufsichtsratsmitgliedern überwacht werden soll und andernfalls dessen Befangenheit zu befürchten ist.[154] Dies gilt, obwohl die Mitglieder des Vorstands selbst Genossen bzw deren Mitglieder oder Vertretungsorgane sind.[155]

---

143 Zu den Wahlmodalitäten sowie der Möglichkeit von Global- oder Listenwahl, vgl Hüffer, AktG, § 101, Rn 5 f.

144 § 133 Abs. 1 u. 2 AktG.

145 Hüffer, AktG, § 101, Rn 7.

146 ABl. EU Nr. L 52 v. 25.2.2005, S. 51 [63]; zu Natur, Adressaten und Wirkungen dieser Empfehlung, vgl *Schüppen*, ZIP 2012, 1317 [1321 f]; vgl zu den Wirkungen auch BT-Drucks. 16/10067, S. 102.

147 Zu den zusätzlichen Hürden, die der UK Corporate Governance Code (UKCGC) im Hinblick auf die Ausdehnung der Amtszeit aufstellt, vgl *Langenbucher*, ZGR 2012, 314 [337].

148 *Holthaus*, NZG 2012, 292 [293].

149 Vgl *Beuthien*, in: Beuthien, GenG, § 36, Rn 2.

150 § 43 Abs. 2 Satz 1 GenG.

151 § 43 Abs. 2 Satz 2 GenG.

152 Vgl *Ulmer*, NJW 1982, 2288 [2290]; *Beuthien*, in: Beuthien, GenG, § 36, Rn 2 mwN.

153 *Beuthien*, in: Beuthien, GenG, § 36, Rn 2 mN zur Gegenansicht.

154 OLG Hamm, Entsch. v. 7.1.1985 – 8 U 47/84, abgedruckt in: ZIP 1985, 741; *Beuthien*, in: Beuthien, GenG, § 36, Rn 2; *Holthaus*, NZG 2012, 292 [293].

155 Vgl § 9 Abs. 2 GenG.

Zu wählen sind die einzelnen Aufsichtsratsmitglieder, nicht der Aufsichtsrat als Kollektivorgan. Deshalb ist eine Listenwahl unzulässig, bei der die Liste nur insgesamt angenommen oder abgelehnt werden kann.[156] 85

Wiederwahl ist zulässig, sofern die Satzung nichts Gegenteiliges bestimmt.[157] 86

c) Wahl der Arbeitnehmervertreter

aa) Allgemeines

Die Wahlvorschriften für die Arbeitnehmer sind sehr speziell und kompliziert, wodurch die Kosten des Wahlverfahrens für die Unternehmen beträchtlich sind. Sie tragen dem Umstand Rechnung, dass über den Einfluss im Aufsichtsrat nicht nur die Verteilung der Sitze entscheidet, sondern auch das Besetzungsverfahren.[158] Die grundlegenden Vorschriften für das Recht zur Unterbreitung von Vorschlägen und die Wahl selbst finden sich in den Mitbestimmungsgesetzen,[159] vgl §§ 9 ff. MitbestG u. §§ 5 ff. DrittebG, das genaue Procedere wird in Wahlordnungen geregelt, die aufgrund von Ermächtigungsnormen in den Mitbestimmungegesetzen erlassen wurden, vgl § 39 MitbestG u. § 13 DrittelbG. 87

bb) Erste, zweite und dritte Wahlordnung zum MitbestG

Die Arbeitnehmervertreter im Aufsichtsrat einer Gesellschaft, für die das MitbestG gilt, werden aufgrund der 3. WOMitbestG gewählt, die auf der Grundlage von § 39 MitbestG von der Bundesregierung erlassen wurde, es sei denn, es nehmen keine Arbeitnehmerinnen und Arbeitnehmer anderer Unternehmen an der Wahl teil. In diesem Fall gilt die 1. WOMitbestG, wenn das Unternehmen aus nur einem Betrieb, oder die 2. WOMitbestG, wenn es aus mehreren Betrieben besteht. Somit gilt die 3. WOMitbestG immer dann, wenn das Unternehmen persönlich haftender Gesellschafter einer in § 4 Abs. 1 Satz 1 MitbestG bezeichneten Kommanditgesellschaft – Mehrheit der Kommanditisten hat die Mehrheit der Stimmen in dem Unternehmen des persönlich haftenden Gesellschafters inne – oder herrschendes Konzernunternehmen ist oder gemäß § 5 Abs. 3 MitbestG als solches gilt. Letzteres ist der Fall bei Unternehmen, die zwar selbst abhängig sind, bei denen das herrschende Unternehmen jedoch die Leitungsmacht nicht ausübt, sondern sie dem abhängigen Unternehmen überlässt, das wiederum herrschendes Unternehmen ist und bei den von ihm abhängigen Unternehmen die Leitungsmacht einheitlich ausübt (sog. Konzern im Konzern).[160] 88

Exemplarisch soll nachfolgend das Procedere nach der 3. WOMitbestG skizziert werden.

Abhängig von der Zahl der Beschäftigten findet die Wahl durch Delegierte gemäß §§ 54 ff der 3. WOMitbestG oder unmittelbar durch sämtliche Arbeitnehmer statt. Gemäß § 9 Abs. 1 MitbestG werden die Aufsichtsratsmitglieder der Arbeitnehmer eines Unternehmens mit in der Regel mehr als 8.000 Arbeitnehmern durch Delegierte gewählt, bei in der Regel nicht mehr als 8.000 Arbeitnehmern gemäß § 9 Abs. 2 MitbestG unmittelbar. Auf Antrag, der mindestens von einem Zwanzigstel der wahlberechtigten Arbeitnehmer des Unternehmens unterzeichnet sein muss, können die Arbeitnehmer darüber abstimmen, ob die Aufsichtsratsmitglieder gemäß § 9 Abs. 3 MitbestG anstatt durch Delegierte unmittelbar bzw anstatt unmittelbar durch Delegierte gewählt werden. An einer solchen Abstimmung muss mindestens die Hälfte der Arbeitnehmer teilnehmen.[161] 89

156 *Beuthien*, in: Beuthien, GenG, § 36, Rn 2 mwN.
157 *Beuthien*, in: Beuthien, GenG, § 36, Rn 8.
158 *Raiser/Veil*, Recht der KapGes, § 15, Rn 39.
159 Ein Überblick findet sich bei *Raiser/Veil*, Recht der KapGes, § 15, Rn 40 f.
160 Vgl *Gach*, in: MünchKomm AktG^2, § 5 MitbestG, Rn 24 ff.
161 Näheres hierzu in §§ 13 ff der 3. WOMitbestG.

90 Das Wahlverfahren beginnt mit der schriftlichen Mitteilung des Unternehmens, in dessen Aufsichtsrat Mitglieder der Arbeitnehmerinnen und Arbeitnehmer zu wählen sind, an Konzernbetriebsrat und Konzernsprecherausschuss, Gesamtbetriebsräte und Gesamtsprecherausschüsse, Betriebsräte und Sprecherausschüsse in den einzelnen Unternehmen sowie den in den Unternehmen vertretenen Gewerkschaften, die spätestens 25 Wochen vor dem voraussichtlichen Beginn der Amtszeit der zu wählenden Aufsichtsratsmitglieder erfolgen muss (§ 2). Nach dieser Mitteilung, die in den Unternehmen allen Arbeitnehmern bekanntzumachen ist, werden unverzüglich Wahlvorstände gebildet (§ 3 Abs. 3). Der Hauptwahlvorstand, der aus drei oder einer größeren, ungeraden Zahl an Mitgliedern besteht (§ 4 Abs. 1), wird vom Konzernbetriebsrat, bei Fehlen eines solchen von dem Gesamtbetriebsrat des nach der Zahl der Wahlberechtigten größten Unternehmens bestellt (§ 4 Abs. 4). Dem Hauptwahlvorstand muss, wenn in den Unternehmen insgesamt mindestens fünf wahlberechtigte leitende Angestellte beschäftigt sind, mindestens einer von ihnen angehören (§ 4 Abs. 2). Dessen Bestellung erfolgt analog der Bestellungen durch den Konzern- bzw Gesamtbetriebsrat durch den Konzern- bzw Gesamtsprecherausschuss (§ 4 Abs. 5). Vergleichbar dem Hauptwahlvorstand werden von den Betriebsräten die Mitglieder des Betriebswahlvorstands bestellt (§ 5). Der Betriebswahlvorstand hat unverzüglich nach seiner Bildung eine Liste der Wahlberechtigten des Betriebs, die sog. Wählerliste, aufzustellen und diese, falls erforderlich, im weiteren Verlauf zu berichtigen und zu ergänzen (§ 8). Die Arbeitnehmer müssen bis zum Abschluss der Wahl der Aufsichtsratsmitglieder Einsicht in die Wählerliste nehmen können (§ 9). Der Betriebswahlvorstand übersendet dem Hauptwahlvorstand eine Kopie der Wählerliste und teilt ihm die Zahlen der in der Regel im Betrieb beschäftigten Arbeitnehmer und leitenden Angestellten sowie etwaige Berichtigungen und Ergänzungen mit (§ 11). Der Hauptwahlvorstand stellt die Verteilung der Sitze der unternehmensangehörigen Aufsichtsratsmitglieder der Arbeitnehmer auf die Arbeitnehmer und die leitenden Angestellten fest, die sich nach den Grundsätzen der Verhältniswahl errechnet (§ 25). Er erlässt eine Bekanntmachung über die Einreichung von Wahlvorschlägen für die Wahl der Aufsichtsratsmitglieder der Arbeitnehmer, welche er den Betriebswahlvorständen übersendet, die sie von einem von dem Hauptwahlvorstand bestimmten Zeitpunkt an in den Betrieben bekannt zu machen haben (§ 26). Wahlvorschläge können alle Wahlberechtigten innerhalb von sechs Wochen ab dem in der Bekanntmachung über die Einreichung von Wahlvorschlägen genannten Zeitpunkt machen. Die Wahlvorschläge müssen jedoch von mindestens 20% aller oder von 100 Wahlberechtigten unterzeichnet sein (§ 27). Zur Wahl von Aufsichtsratsmitgliedern, die Vertreterinnen oder Vertreter von Gewerkschaften sind, können die in dem Unternehmen repräsentierten Gewerkschaften Wahlvorschläge machen (§ 28). Sondervorschriften gelten für den Wahlvorschlag der leitenden Angestellten (§§ 30 ff). Die Wahlvorschläge werden von dem Hauptwahlvorstand geprüft (§§ 34 ff) und bekannt gemacht (§ 37). Die Wahl erfolgt durch Abgabe von Stimmzetteln, die der Hauptwahlvorstand den Betriebswahlvorständen zuvor übersendet hat (§ 40). Unverzüglich nach Abschluss der Stimmabgabe zählt der Betriebswahlvorstand öffentlich die Stimmen aus (§ 41), stellt das Ergebnis in einer Niederschrift fest und macht es bekannt (§ 42). Der Hauptwahlvorstand ermittelt anhand der Wahlniederschriften der Betriebswahlvorstände das Wahlergebnis (§ 43),[162] das er anschließend in einer Niederschrift feststellt (§ 51). Er übermittelt es und daneben die Namen der Gewählten den Betriebswahlvorständen. Außerdem benachrichtigt er die Gewählt schriftlich über ihre Wahl (§ 52).

162 Sondervorschriften bestehen für die Fälle, in denen mehrere Aufsichtsratsmitglieder der Arbeitnehmer in einem Wahlgang auf Grund nur eines Wahlvorschlags (§§ 44 ff) oder nur ein Aufsichtsratsmitglied der Arbeitnehmer in einem Wahlgang (§ 48) zu wählen sind.

cc) Montan-MitbestG

Von der Verordnungsermächtigung in § 15 Montan-MitbestG hat die Bundesregierung keinen Gebrauch gemacht.[163] Deshalb richtet sich das Vorschlagsrecht und das zu dessen Realisierung erforderliche Procedere ausschließlich nach den Bestimmungen des Montan-MitbestG, vgl §§ 6, 8. Gewählt werden die Aufsichtsratsmitglieder der Arbeitnehmer wie diejenigen der Anteilseigner gemäß §§ 5 f. Montan-MitbestG von der Haupt- oder Gesellschafterversammlung als Wahlorgan iS von § 5 Montan-MitbestG, wobei dieses an die Vorschläge der Betriebsräte gemäß § 6 Abs. 6 Montan-MitbestG (i. V. mit § 101 Abs. 1 Satz 2 AktG) gebunden ist. Vorschlagsberechtigt für zwei Arbeitnehmervertreter,[164] die in einem Betrieb des Unternehmens beschäftigt sein müssen, sind gemäß § 6 Abs. 1 Montan-MitbestG die Betriebsräte der Betriebe des Unternehmens nach Beratung mit den in den Betrieben des Unternehmens vertretenen Gewerkschaften und deren Spitzenorganisationen. Letztere haben gemäß § 6 Abs. 2 Montan-MitbestG die Möglichkeit, gegen die Wahlentscheidung der Betriebsräte Einspruch einzulegen. Tuen sie dies und lehnen die Betriebsräte den Einspruch mehrheitlich ab, können sie oder die Spitzenorganisation das Bundesministerium für Arbeit und Soziales anrufen, das dann zur endgültigen Entscheidung berufen ist. Zwei weitere Arbeitnehmervertreter sowie das weitere Mitglied iS von § 4 Abs. 1 lit. b Montan-MitbestG werden gemäß § 6 Abs. 3 u. Abs. 4 Montan-MitbestG von den Spitzenorganisationen nach vorheriger Beratung mit den im Betrieb vertretenen Gewerkschaften den Betriebsräten vorgeschlagen, die es gemäß § 6 Abs. 5 Montan-MitbestG in geheimer Wahl mit Stimmenmehrheit wählen. Das weitere Mitglied des Aufsichtsrats iS von § 4 Abs. 1 lit. c Montan-MitbestG wird gemäß § 8 Abs. 1 Montan-MitbestG von den übrigen Aufsichtsratsmitgliedern vorgeschlagen, wobei der Vorschlag sowohl von der Mehrheit der Anteileigner- als auch der Arbeitnehmervertreter gestützt werden muss. Kommt ein derartiger Vorschlag nicht zustande, wird ein Vermittlungsausschuss gebildet, der über den Vorschlag zur Wahl des elften Aufsichtsratsmitglieds zu befinden hat, vgl § 8 Abs. 2 bis 4 Montan-MitbestG. Auch das elfte Aufsichtsratsmitglied wird von dem Wahlorgan iS von § 5 Montan-MitbestG gewählt. 91

dd) DrittelbG

Die Arbeitnehmervertreter im Aufsichtsrat einer Gesellschaft, für die das DrittelbG gilt, werden aufgrund der WODrittelbG gewählt, die von der Bundesregierung erlassen wurde. 92

Wahlberechtigt sind sämtliche Arbeitnehmer der Gesellschaft sowie bei der Wahl in den Aufsichtsrat einer Konzernobergesellschaft die Arbeitnehmer der abhängigen Konzernunternehmen gemäß § 2 Abs. 1 DrittelbG iVm §§ 16 bis 18 AktG. Die Abhängigkeitsvermutung des § 17 Abs. 2 AktG greift bei einer GmbH & Co. KG als abhängigem Unternehmen, die nur die GmbH als persönlich haftende Gesellschafterin hat, bereits dann, wenn eine mehrheitliche Beteiligung an der Komplementär-GmbH besteht.[165] Zur Widerlegung der Konzernvermutung des § 18 Abs. 1 Satz 3 AktG bedarf es des Nachweises, dass das herrschende Unternehmen keine einheitliche Leitung ausübt und zwar in allen wesentlichen Bereichen der Unternehmenspolitik. Das abhängige Unternehmen muss somit ausschließlich und nachhaltig von seiner Geschäftsleitung entsprechend dem uneingeschränkten Eigeninteresse gesteuert werden.[166] Führen mehrere Gesellschaften, die jeweils dem DrittelbG unterliegen, einen (oder mehrere) Gemeinschaftsbetrieb(e), haben die mit einer Gesellschaft arbeitsvertraglich verbundenen Arbeitnehmer des gemeinsamen Betriebes (oder der gemeinsamen Betriebe) das 93

163 Vgl *Oetker*, in: GroßKomm AktG, § 15 Montan-MitbestG, Rn 1.

164 Im Folgenden wird vom gesetzlichen Regelfall des elfköpfigen Aufsichtsrats gemäß § 4 Abs. 1 Satz 1 Montan-MitbestG ausgegangen.

165 BAG, Beschl. v. 15.12.2011 – 7 ABR 56/10 [Rn 49], abgedruckt in: NZG 2012, 754 mwN.

166 BAG, Beschl. v. 15.12.2011 – 7 ABR 56/10 [Rn 52], abgedruckt in: NZG 2012, 754.

aktive Wahlrecht bei der Wahl der Arbeitnehmervertreter in den Aufsichtsrat bei jeder Trägergesellschaft. Sie sind iS von § 5 Abs. 2 Satz 1 DrittelbG (auch) Arbeitnehmer des oder der anderen Unternehmen, mit dem sie keinen Arbeitsvertrag geschlossen haben.[167]

94 Das Wahlverfahren beginnt mit der Mitteilung des zur gesetzlichen Vertretung des Unternehmens berufenen Organs an den Betriebsrat, die spätestens 14 Wochen vor dem voraussichtlichen Beginn der Amtszeit der zu wählenden Aufsichtsratsmitglieder erfolgen muss (§ 1). Im Anschluss bestellt der Betriebsrat die Mitglieder des normalerweise dreiköpfigen Betriebswahlvorstands, der die Wahl durchführt und das Wahlergebnis feststellt (§ 2). Der Betriebswahlvorstand stellt unmittelbar nach seiner Wahl die Liste der Wahlberechtigten, die sog. Wählerliste, auf und berichtigt bzw ergänzt sie, falls dies erforderlich wird. Denn wahlberechtigt ist nur, wer in der Wählerliste eingetragen ist (§ 4). Spätestens sechs Wochen vor dem ersten Tag der Stimmabgabe leitet der Betriebswahlvorstand durch Erlass des Wahlausschreibens die Wahl ein. Das Wahlausschreiben enthält zB Informationen zur Möglichkeit eines Einspruchs gegen die Wählerliste, zur Zahl der zu wählenden Arbeitnehmervertreter, zur Möglichkeit des Betriebsrats und der Arbeitnehmer, Wahlvorschläge einzureichen, sowie zu Ort, Tag und Zeit der Stimmabgabe und der öffentlichen Stimmauszählung (§ 5). Innerhalb von zwei Wochen nach Erlass des Wahlausschreibens sind die Vorschläge des Betriebsrats und der Arbeitnehmer zur Wahl von Arbeitnehmervertretern in den Aufsichtsrat und von Ersatzmitgliedern beim Betriebswahlvorstand schriftlich einzureichen (§§ 7 f). Dieser hat die Vorschläge anschließend auf ihre Gültigkeit zu prüfen (§§ 9 f). Spätestens eine Woche vor dem ersten Tag der Stimmabgabe macht der Betriebswahlvorstand die gültigen Wahlvorschläge bekannt (§ 12). Die Wahl erfolgt durch Abgabe des Stimmzettels, auf dem die Bewerber einschließlich der vorgeschlagenen Ersatzmitglieder aufgeführt sind. Gültig ist der abgegebene Stimmzettel nur, wenn nicht mehr Personen angekreuzt wurden, als Aufsichtsratsmitglieder zu wählen sind (§ 13). Die Wahl erfolgt geheim unter Aufsicht des Betriebswahlvorstands in einem Wahlraum, in dem sich eine oder mehrere Wahlurnen befinden, in welche die ausgefüllten Stimmzettel eingeworfen und bis zur Auszählung aufbewahrt werden (§ 14). Alternativ kommen elektronische Wahlgeräte zum Einsatz (§ 15). Zur Zeit der Wahl abwesende Arbeitnehmer können ihre Stimme auch schriftlich abgeben. Unter bestimmten Voraussetzungen kann der Betriebswahlvorstand sogar beschließen, dass alle Wahlberechtigten ihre Stimmen schriftlich abzugeben haben (§ 16). Die Auszählung der Stimmen erfolgt öffentlich unverzüglich nach Abschluss der Stimmabgabe durch den Betriebswahlvorstand (§ 18). Nach Auszählung der Stimmen stellt der Betriebswahlvorstand die Zahl der abgegebenen und die der gültigen bzw ungültigen Stimmen sowie die Namen der gewählten Aufsichtsratsmitglieder und Ersatzmitglieder u.a. in einer Niederschrift fest (§ 20). Anschließend macht der Betriebsvorstand das Wahlergebnis und die Namen der Gewählten für die Dauer von zwei Wochen bekannt und informiert die Gewählten sowie das Unternehmen hiervon schriftlich (§ 21). Das Unternehmen hat die von dem Betriebswahlvorstand geführten Wahlakten für die Dauer von mindestens fünf Jahren aufzubewahren (§ 22). Nehmen Arbeitnehmer mehrerer Betriebe oder mehrerer Unternehmen an der Wahl der Vertreter der Arbeitnehmer im Aufsichtsrat teil, so gelten einige Sonderregelungen (§§ 23 ff). So tritt für die Durchführung der Wahl und die Feststellung des Wahlergebnisses an die Stelle des Betriebswahlvorstandes bei der Wahl mehrerer Betriebe der Unternehmenswahlvorstand und bei der Wahl mehrerer Unternehmen der Hauptwahlvorstand (§ 25), während den Betriebswahlvorständen die Aufstellung und die Bekanntmachung der Wählerliste sowie die Entscheidung über Einsprüche hiergegen und die Bekanntmachung der Wahlvorschläge obliegt (§ 27).

167 BAG, Beschl. v. 13.3.2013 – 7 ABR 47/11, abgedruckt in: NZG 2013, 876 [877 f, Tz. 25 mwN] = NZA 2013, 853.

Die Wahl der Arbeitnehmervertreter in den Aufsichtsrat der Gesellschaft sowie der Ersatzmitglieder kann gemäß § 11 Abs. 1 DrittelbG angefochten werden, wenn gegen wesentliche Vorschriften über das Wahlrecht, die Wählbarkeit oder das Wahlverfahren verstoßen worden und eine Berichtigung nicht erfolgt ist, es sei denn, dass durch den Verstoß das Wahlergebnis nicht geändert oder beeinflusst werden konnte. Wesentliche Vorschriften des Wahlverfahrens sind zB die Darstellung der Wochenfrist für Einsprüche gegen die Wählerliste in dem Wahlausschreiben des zuständigen Wahlvorstands gemäß §§ 5 Abs. 2 Nr. 4, 6 Abs. 1 Satz 1 WODrittelbG[168] oder die Darstellung der zweiwöchigen Frist für Betriebsrat und Arbeitnehmer, Wahlvorschläge einzureichen, gemäß §§ 5 Abs. 2 Nr. 8, 7 Abs. 1 Satz 2 WODrittelbG.[169] Gemäß § 11 Abs. 2 Satz 1 DrittelbG sind zur Anfechtung 1.) mindestens drei Wahlberechtigte, 2.) die Betriebsräte und 3.) das zur gesetzlichen Vertretung des Unternehmens berufene Organ berechtigt. Die Anfechtung ist gemäß § 11 Abs. 2 Satz 2 DrittelbG nur binnen einer Frist von zwei Wochen, vom Tag der Veröffentlichung im elektronischen Bundesanzeiger an gerechnet, zulässig. 95

d) Entsendung

Sofern die Satzung der Gesellschaft dies vorsieht, sind einzelne Aktionäre[170] oder Inhaber bestimmter vinkulierter Namensaktien,[171] also solcher auf den Namen lautenden Aktien, deren Übertragung an die Zustimmung der Gesellschaft gebunden ist, berechtigt, Mitglieder in den Aufsichtsrat zu entsenden.[172] Das Gesetz unterscheidet insofern nicht zwischen Gesellschaften mit und ohne Börsenotierung.[173] 96

Als Sonderrecht iSv § 35 BGB kann dem Berechtigten das Entsenderecht nur durch Satzungsänderung und mit seiner Zustimmung entzogen werden,[174] weshalb dem Entsenderecht ein „Ewigkeitscharakter" zugebilligt wird.[175] 97

Die Zahl der durch Entsendung zu bestellenden Aufsichtsratsmitglieder ist begrenzt. Sie darf ein Drittel der Aufsichtsratsmitglieder der Aktionäre nicht übersteigen.[176] Eine anderslautende Satzungsbestimmung ist nichtig.[177] 98

Die Entsendung erfolgt durch Benennung der Person des zu entsendenden Aufsichtsratsmitglieds. Die Erklärung ist an die Gesellschaft, vertreten durch den Vorstand bzw den persönlichen haftenden Gesellschafter, zu richten. Wirksam wird die Bestellung durch Entsendung erst mit deren Annahme durch den Entsandten.[178] 99

168 BAG, Beschl. v. 15.12.2011 – 7 ABR 56/10 [Rn 26], abgedruckt in: NZG 2012, 754.

169 BAG, Beschl. v. 15.12.2011 – 7 ABR 56/10 [Rn 33 ff], abgedruckt in: NZG 2012, 754.

170 Vgl LG Essen, Urt. v. 29.6.2007 – 45 O 15/07, abgedruckt in: AG 2007, 797, das über Anfechtungsklagen von Aktionären gegen einen satzungsändernden Beschluss der Hauptversammlung zu entscheiden hatte, mittels dessen der Krupp-Stiftung das Entsenderecht für ein bis drei Mitglieder des 20köpfigen mitbestimmten Aufsichtsrats, abhängig vom Anteil gehaltener Stückaktien, eingeräumt wurde.

171 Vgl § 10 Abs. 1 AktG.

172 Vgl § 101 Abs. 2 Satz 1 u. 2 AktG.

173 Hüffer, AktG, § 101, Rn 8.

174 Hüffer, AktG, § 101, Rn 8.

175 Vgl LG Essen, Urt. v. 29.6.2007 – 45 O 15/07, abgedruckt in: AG 2007, 797.

176 Vgl § 101 Abs. 2 Satz 4 AktG. Bis zum Inkrafttreten des Gesetzes zur Änderung des Gesetzes über die Überführung der Anteilsrechte an der Volkswagenwerk Gesellschaft mit beschränkter Haftung in private Hand vom 8.12.2008 (BGBl. I S. 2369) sah § 101 Abs. 2 Satz 5 AktG aF hiervon noch eine Ausnahme für Volkswagen vor.

177 Hüffer, AktG, § 101, Rn 9.

178 Hüffer, AktG, § 101, Rn 10.

100 Das entsandte Aufsichtsratsmitglied hat die gleichen Rechte und Pflichten wie seine gewählten Kollegen. Weisungen des zur Entsendung berechtigten Aktionärs unterliegt es nicht.[179]

e) Bestellung durch das Gericht

aa) Einleitung

101 Um die Handlungs- und Funktionsfähigkeit des Aufsichtsrats von AG, KGaA mitbestimmter[180] GmbH und eG[181] – dies gilt gemäß § 52 Abs. 1 GmbHG nicht für den fakultativen Aufsichtsrat einer GmbH[182] – zu gewährleisten sowie den Bestand und die Vollständigkeit des Aufsichtsrats zu sichern,[183] sieht § 104 Abs. 1 bis 3 AktG die Möglichkeit der Bestellung von Aufsichtsratsmitgliedern durch das örtliche zuständige[184] Amtsgericht[185] vor, wenn der Aufsichtsrat gemäß § 104 Abs. 1 AktG nicht beschlussfähig oder gemäß § 104 Abs. 2 u. Abs. 3 AktG unterbesetzt ist.

102 Bereits aus § 104 Abs. 1 Satz 3 u. 4, Abs. 2 Satz 2, Abs. 3 u. Abs. 4 AktG ergibt sich, dass nicht nur das Fehlen von Anteilseignervertretern durch gerichtliche Bestellung kompensiert werden kann, sondern auch das Fehlen von Arbeitnehmervertretern. Dasselbe gilt für das Fehlen von zu entsendenden Aufsichtsratsmitgliedern.[186]

bb) Beschlussunfähigkeit

103 Beschlussunfähigkeit iS von § 104 Abs. 1 Satz 1 AktG liegt danach vor, wenn dem Aufsichtsrat weniger Mitglieder angehören, als nach Gesetz oder Satzung für die Beschlussfähigkeit erforderlich sind. Dem Fehlen eines oder mehrerer Mitglieder steht deren dauernde Verhinderung, das Amt auszuüben,[187] gleich.[188] Hierbei ist es unerheblich, ob die Verhinderung durch eine (schwere) Krankheit,[189] durch Koma, eine Entführung[190] oder Verschollensein[191] bedingt ist. Während schwere körperliche Beeinträchtigungen eine Wahrnehmung des Mandats regelmäßig absehbar zumindest für eine längere Zeit, wenn nicht gar für immer, unmöglich machen, lassen sich im Fall einer Entführung oder des Verschollenseins zur Dauer-

179 RGZ 165, 68 [79]; BGHZ 36, 296 [306 m. w. Nachw.]; *Hoffmann-Becking*, in: Münchener Handbuch GesR, Bd. 4, § 30, Rn 25.

180 Vgl § 6 Abs. 2 MitbestG.

181 Vgl § 6 Abs. 3 Satz 1 MitbestG.

182 Vgl OLG Hamm, Beschl. v. 20.1.2000 – 15 W 46/00, NZG 2000, 539 = AG 2000, 476 [477] = ZIP 2000, 927; Hüffer, AktG, § 104, Rn 1; *Bürgers/Israel*, in: Bürgers/Körber, AktG, § 104, Rn 1; *Simons*, in: Hölters, AktG, § 104, Rn 2.

183 Vgl BGH, Urt. 24.6.2002 – II ZR 296/01, abgedruckt in: NZG 2002, 916 = AG 2002, 676 [677] = ZIP 2002, 1619; BayVerfGH, Beschl. v. 24.8.2005 – Vf. 80-VI-04, abgedruckt in: AG 2006, 209 [210]; Hüffer, AktG, § 104, Rn 1.

184 Örtlich zuständig ist gemäß §§ 12, 17 Abs. 1 ZPO das Gericht, in dessen Bezirk sich der Sitz der Gesellschaft befindet.

185 § 23 a Abs. 1 Nr. 2, Abs. 2 Nr. 4 GVG nF.

186 Vgl *Habersack*, in: MünchKomm AktG[3], § 104, Rn 5; *Simons*, in: Hölters, AktG, § 104, Rn 4.

187 Vgl *Bürgers/Israel*, in: Bürgers/Körber, AktG, § 104, Rn 2; *Simons*, in: Hölters, AktG, § 104, Rn 4; *Reichard*, AG 2012, 359 [361], wonach ein solcher Fall regemäßig auch dann vorliegen soll, wenn ein Aufsichtsratsmitglied gemäß § 105 Abs. 2 AktG als Interimsvorstand tätig wird und sein Aufsichtsratsamt währenddessen ruht.

188 BayObLG, Beschl. v. 28.3.2003 – 3 Z BR 199/02, abgedruckt in: NZG 2003, 691 = AG 2003, 427 = DB 2003, 1265; Hüffer, AktG, § 104, Rn 2; *Drygala*, in: K. Schmidt/Lutter, AktG, § 104, Rn 3; *Habersack*, in: MünchKomm AktG[3], § 104, Rn 12; *Spindler*, in: Spindler/Stilz, AktG, § 104, Rn 11; *Fett/Theusinger*, AG 2010, 425 [426].

189 *Habersack*, in: MünchKomm AktG, § 104, Rn 12; *Spindler*, in: Spindler/Stilz, § 103, Rn 33.

190 *Krauel/Fackler*, AG 2009, 686 [688], im Zusammenhang mit einem „wegfallen“ iS von § 101 Abs. 3 AktG und dem Nachrücken eines bestellten Ersatzmitgliedes.

191 *Krauel/Fackler*, AG 2009, 686 [688].

haftigkeit der Verhinderung keine verlässlichen Prognosen anstellen.[192] Hierauf kommt es jedoch auch nicht an, da nicht die Dauer der Verhinderung entscheidend ist, sondern die Unabsehbarkeit deren Wegfalls. Andernfalls wäre der Aufsichtsrat auf die Mithilfe der möglicherweise erst in knapp einem Jahr tagenden Hauptversammlung angewiesen, die das verhinderte Mitglied abberufen müsste.[193] Denn eine gerichtliche Abberufung des entführten oder verschollenen Aufsichtsratsmitglieds aus wichtigem Grund[194] ist nicht möglich, da der Aufsichtsrat gemäß §§ 103 Abs. 3 Satz 2, 108 Abs. 2 Satz 3 AktG die Antragstellung nicht wirksam beschließen kann. Bei Gesellschaften, die keiner Mitbestimmung oder der Mitbestimmung nach dem DrittelbG unterliegen und deren Satzungen keine anderweitigen Regelungen enthalten, liegt Beschlussunfähigkeit vor, wenn der Aufsichtsrat weniger als halb so viele Mitglieder hat als vom Gesetz gefordert – vgl § 108 Abs. 2 Satz 2 AktG – oder ihm weniger als drei Mitglieder angehören, vgl § 108 Abs. 2 Satz 3 AktG. Für die anderen Formen der Mitbestimmung gelten insoweit Sonderreglungen.[195]

Der Vorstand einer AG ist bei Beschlussunfähigkeit des Aufsichtsrats gemäß § 104 Abs. 1 104
Satz 1 AktG berechtigt und gleichzeitig verpflichtet,[196] den Antrag auf Bestellung von Aufsichtsratsmitgliedern durch das Gericht zu stellen.[197] Darüber hinaus können auch jedes Mitglied des Aufsichtsrats und jeder Aktionär die Bestellung durch das Gericht beantragen.[198] Hierzu sind sie jedoch nicht verpflichtet. Bei mitbestimmten Gesellschaften können auch Betriebsräte, Gewerkschaften u.a. den Antrag stellen.[199] Anders als bei bloßer Unterbesetzung des Aufsichtsrats kann der Antrag stets sofort nach Eintritt der Beschlussunfägigkeit gestellt werden.

Sollte der Aufsichtsrat einer eG nicht beschlussfähig sein, haben dessen Mitglieder sowie der 105
Vorstand unverzüglich die Generalversammlung[200] bzw Vertreterversammlung[201] zwecks Ersatzwahl einzuberufen.[202] Eine registergerichtliche Notbestellung ist entsprechend § 29 BGB ebenfalls möglich, wobei neben den Mitgliedern von Vorstand und Aufsichtsrat auch sämtliche Genossen und Genossenschaftsgläubiger antragsberechtigt sind.[203] Das Notamt endet mit der jederzeit möglichen Ergänzungswahl, spätestens mit dem Ende der Amtszeit.[204]

---

192 Vgl auch *Krauel/Fackler*, AG 2009, 686 [686], die dieses Problem auch bei schwerer Krankheit und Koma sehen.

193 Die Hauptversammlung würde hierdurch die Voraussetzungen für eine gerichtliche Ersatzbestellung gemäß § 104 Abs. 1 AktG schaffen; regelmäßig würde sie jedoch unmittelbar im Anschluss an die Abberufung des verhinderten Aufsichtsratsmitglieds ein neues bestellen.

194 Hüffer, AktG, § 103, Rn 10, *Spindler*, in: Spindler/Stilz, AktG, § 103, Rn 32, wonach für den wichtigen Grund iS von § 103 Abs. 3 Satz 1 AktG dieselben Voraussetzungen gelten wie für den wichtigen Grund iS von § 84 Abs. 3 Satz 2 AktG und somit auch die Unfähigkeit zur Amtsausübung hierunter fällt.

195 Vgl § 28 MitbestG, § 10 Montan-MitbestG u. § 11 MitbestErgG.

196 § 104 Abs. 1 Satz 2 AktG fordert die unverzügliche – vgl § 121 Abs. 1 Satz 1 BGB – Antragstellung.

197 Ziff. 5.4.3 Satz 2 DCGK empfiehlt die Befristung der beantragten Bestellungsdauer bis zur nächsten Hauptversammlung. Gemäß § 104 Abs. 5 AktG verlieren gerichtlich bestellte Aufsichtsratsmitglieder ihr Amt automatisch, sobald der Mangel, der zur Notbestellung geführt hat, behoben ist, was die Annahme des Amtes durch die später gewählte oder entsendete Person voraussetzt (Hüffer, AktG, § 104, Rn 12). Einer Abberufung durch das Gericht bedarf es nicht (BayObLG, NZG 2004, 405 [406]). Eine solche ist jedoch unter den Voraussetzungen des § 103 Abs. 3 AktG möglich (Hüffer, AktG, § 104, Rn 12).

198 § 104 Abs. 1 Satz 1 AktG.

199 § 104 Abs. 1 Satz 3 Ziff. 1 bis 7 AktG.

200 Vgl § 43 GenG.

201 Vgl § 43 a GenG.

202 Vgl §§ 38 Abs. 2, 44 Abs. 2 GenG; *Beuthien*, in: Beuthien, GenG, § 36, Rn 1.

203 BayObLG, Beschl. v. 12.5.1971 – Breg. 2 Z 74/70, abgedruckt in: BayObLGZ 1971, 178 [180]; *Beuthien*, in: Beuthien, GenG, § 36, Rn 6 mwN.

204 *Beuthien*, in: Beuthien, GenG, § 36, Rn 6.

cc) Beschlussboykott

106 Der bloße dauerhafte Beschlussboykott des Mitglieds eines dreiköpfigen Aufsichtsrats fällt hingegen nicht unter § 104 Abs. 1 Satz 1 AktG,[205] wenngleich dessen Folgen für die Gesellschaft mit denjenigen einer dauerhaften Beschlussunfähigkeit des Aufsichtsrats wegen Fehlens von Mitgliedern oder deren dauerhafter Verhinderung vergleichbar sein können. Eine entsprechende Anwendung der Vorschrift ist mangels planwidriger Regelungslücke ebenfalls nicht möglich. Die bloße Orientierung am Normzweck[206] – Wiederherstellung der Handlungs- und Funktionsfähigkeit des Aufsichtsrats durch gerichtliche Entscheidung und somit ohne Hauptversammlungsbeschluss – genügt für eine über den Wortlauf hinausgehende Anwendung der Vorschrift nicht, zumal der Beschlussboykott trotz gegenteiliger Ankündigung des fraglichen Aufsichtsratsmitglieds kurzfristig beendet und somit die Beschlussfähigkeit wieder hergestellt werden kann, wohingegen bei Unterbesetzung und der dieser gleichgestellten dauerhaften Verhinderung der Amtsausübung dies ausgeschlossen ist.[207]

107 Zwar mag ein praktisches Bedürfnis dafür bestehen, § 104 Abs. 1 Satz 1 AktG in einem solchen Fall anzuwenden, da der Aufsichtsrat die gerichtliche Abberufung des die Abstimmungen regelmäßig boykottierenden Mitglieds trotz Vorliegens eines die Abberufung rechtfertigenden wichtigen Grundes mangels Beschlussfähigkeit und somit mangels wirksamen Aufsichtsratsbeschlusses nicht beantragen kann und somit nicht in der Lage ist, eine Vakanz und hiermit einhergehend Beschlussunfähigkeit als Voraussetzung für die Anwendbarkeit von § 104 Abs. 1 Satz 1 AktG zu schaffen.[208] Außerdem ist die Herbeiführung eines Hauptversammlungsbeschlusses mit dem Inhalt der Abberufung des boykottierenden Aufsichtsratsmitglieds oder gar der Vergrößerung des Aufsichtsrats zB von einem dreiköpfigen in ein sechs- oder neunköpfiges Organ, um dessen Beschlussfassungen vom Willen eines einzigen Aufsichtsratsmitglieds unabhängig zu machen, regelmäßig zu umständlich und zu zeitaufwendig.[209] Der unmittelbare Weg über die gerichtliche Bestellung eines neuen Aufsichtsratsmitglieds zur Herstellung der regelmäßigen Beschlussfähigkeit ist ihm jedoch versperrt.[210]

dd) Unterbesetzung

108 Der andere gesetzlich geregelte Anlass für die gerichtliche Bestellung von Aufsichtsratsmitgliedern ist die Unterbesetzung des Aufsichtsrats gemäß § 104 Abs. 2 Satz 1 AktG. Sie ist als Grundfall zu verstehen ist, während die Beschlussunfähigkeit gemäß Abs. 1 den Spezialfall bildet.[211]

---

205 Hierfür plädiert jedoch *Reichard*, AG 2012, 359 ff.

206 Ausschließlich hierauf stellt aber *Reichard*, AG 2012, 359 [361], ab.

207 **AA:** *Reichard*, AG 2012, 359 [362 ff], der als Kriterium für die erforderliche Dauerhaftigkeit des Beschlussboykotts § 104 Abs. 1 Satz 2 AktG entsprechend heranzieht, wonach eine solche zu verneinen ist, wenn der Boykott vor der nächsten Aufsichtsratssitzung beendet wird, andererseits aber in Anlehnung an § 104 Abs. 2 Satz 1 AktG einen Boykott von weniger als drei Monaten für ausreichend erachtet, wobei er für die konkrete Bestimmung des Zeitraums auf den Inhalt des konkret zu fassenden Beschlusses abstellt.

208 *Reichard*, AG 2012, 359 [359].

209 Zumal die Vergrößerung des Aufsichtsrats als Satzungsänderung gemäß § 181 Abs. 3 AktG erst mit Eintragung im Handelsregister wirksam wird, vgl hierzu auch: *Reichard*, AG 2012, 359 [360].

210 *Simons*, in: Hölters, AktG, § 104, Rn 7, scheint die Fälle, die von § 104 Abs. 1 Satz 1 AktG erfasst werden, und solche, die anderweitig zu lösen sind, anhand des Kriteriums der Freiwilligkeit bzw Unfreiwilligkeit der Entstehung der Beschlussunfähigkeit abzugrenzen; zu Recht wendet *Reichard*, AG 2012, 359 [362], hiergegen ein, dass auch die autonome Amtsniederlegung zur Anwendbarkeit von § 104 Abs. 1 Satz 1 AktG führen kann.

211 OLG Düsseldorf, Beschl. v. 28.1.2010 – I-3 Wx 3/10, abgedruckt in: NZG 2010, 313 = AG 2010, 750; Hüffer, AktG, § 104, Rn 2; *Simons*, in: Hölters, AktG, § 104, Rn 6; *Reichard*, AG 2012, 359 [363].

Unterbesetzung liegt vor, wenn die Unterschreitung der durch Gesetz oder Satzung festgelegten Mitgliederzahl länger als drei Monate andauert. Nur in dringenden Fällen[212] darf das Gericht die Bestellung vor Ablauf von drei Monaten vornehmen.[213] Gemäß § 104 Abs. 3 Nr. 2 AktG liegt bei mitbestimmten Gesellschaften stets ein dringender Fall vor. 109

ee) Prozessuale Aspekte

Das Gericht entscheidet durch Beschluss.[214] Es ist an den Vorschlag des Antragstellers, der zumindest schlüssig erkennen lassen muss, dass der vorgeschlagene Kandidat im Hinblick auf seine Kenntnisse, Fähigkeiten und Erfahrungen einem Mindestmaßstab genügt,[215] nicht gebunden, sondern hat nach pflichtgemäßem Ermessen zu entscheiden.[216] So kann es sich trotz fehlender gesetzlicher Grundlage auf den Aspekt der Diversity und insbesondere den der angemessenen Berücksichtigung von Frauen bei der Besetzung von Aufsichtsratspositionen stützen, sofern dies nicht der einzige oder zumindest der alles dominierende Beweggrund der Entscheidung ist.[217] Die Entscheidungsfreiheit des Gerichts ist jedoch bei mitbestimmten Aufsichtsräten dahin gehend eingeschränkt, dass mit der Ergänzung das gesetzlich vorgesehene Verhältnis zwischen Anteilseigner- und Arbeitnehmervertretern aufrechterhalten oder wiederhergestellt werden muss.[218] Außerdem muss das Gericht bei seiner Entscheidung berücksichtigen, dass es nur Personen bestellt, die auch wählbar wären.[219] Aus diesem Grund hat es die Ausschlussgründe in §§ 100 Abs. 2 Nr. 1 bis Nr. 3 u. 105 AktG im Hinblick auf die zu bestellende Person gewissenhaft zu prüfen.[220] Das Gericht hat seine Entscheidung im Übrigen an den Interessen der Gesellschaft auszurichten.[221] Der Umstand für sich, dass die als Aufsichtsratsmitglied vorgeschlagene Person Mitglied des Vorstands oder des Aufsichtsrats eines mit der Gesellschaft im Wettbewerb stehenden Unternehmens ist, macht deren gerichtliche Bestellung nicht unmöglich, da die gleichzeitige Zugehörigkeit zu den Organen konkurrierender Unternehmen nach geltendem Recht zulässig ist,[222] es sei denn, hierdurch würde eine dauerhafte und schwerwiegende Pflichtenkollision bei der Ausübung des Amts 110

212 Vgl hierzu § 104 Abs. 3 Ziff. 2 AktG, wonach stets ein dringender Fall vorliegt, wenn dem aufgrund des MitbestG, des Montan-MitbestG sowie des MontanMitbestErg gebildeten Aufsichtsrat nicht alle Mitglieder angehören, aus denen er nach Gesetz oder Satzung zu bestehen hat (sog. Störung der gesetzlichen Parität). Lediglich das Fehlen des weiteren Mitglieds iSd Montan-MitbestG sowie des MitbestErgG stellt keinen dringenden Fall dar.

213 Vgl § 104 Abs. 2 Satz 2 AktG.

214 Hüffer, AktG, § 104, Rn 5.

215 OLG Schleswig, Beschl. v. 26.4.2004 – 2 W 46/04, abgedruckt in: ZIP 2004, 1143 [1143 mwN] = NZG 2004, 669.

216 BayObLG, Beschl. v. 20.8.1997 – 3Z BR 193/97, abgedruckt in: BayObLGZ 1997, 262 [264]; OLG Schleswig, Beschl. v. 26.4.2004 – 2 W 46/04, abgedruckt in: ZIP 2004, 1143 [1143] = NZG 2004, 669; eine enge Ausnahme von diesem Grundsatz regelt § 104 Abs. 4 Satz 4 AktG, wonach das Gericht Vorschläge einer Spitzenorganisation der Gewerkschaften, einer Gewerkschaft oder des Betriebsrates berücksichtigen soll, wenn diese Stellen bei der Wahl des zu ersetzenden Aufsichtsratsmitglieds ein Vorschlagsrecht hätten.

217 Vgl zum Gesichtspunkt der Frauenförderung in diesem Zusammenhang *Paudtke/Glauer*, NJW-Spezial 2013, 719 [719 f].

218 § 104 Abs. 4 Sätze 1 u. 2 AktG. Zu beachten sind die Vorschriften über die Parität und diejenigen über den Gruppenproporz, vgl zB §§ 7 Abs. 1 u. Abs. 2, 15 Abs. 2 MitbestG.

219 § 104 Abs. 4 Satz 3 AktG. So sieht § 7 Abs. 2 MitbestG vor, dass ein Aufsichtsratsmitglied der Arbeitnehmer in einem Arbeitverhältnis zu dem mitbestimmten Unternehmen stehen muss.

220 Vgl OLG Schleswig, Beschl. v. 26.4.2004 – 2 W 46/04, abgedruckt in: ZIP 2004, 1143 [1143] = NZG 2004, 669.

221 OLG Hamm, Beschl. v. 28.05.2013 – 27 W 35/13, abgedruckt in: NZG 2013, 1099 [1099].

222 OLG Schleswig, Beschl. v. 26.4.2004 – 2 W 46/04, abgedruckt in: ZIP 2004, 1143 = NZG 2004, 669 [670], mit dem Hinweis auf einen früheren Vorsitzenden der IG Metall, der zeitgleich den Aufsichtsräten von Volkswagen und Daimler Benz angehörte.

hervorgerufen.[223] Die vom Gericht auserkorene Person kann die Übernahme des Amtes ablehnen.[224]

111 Das gerichtlich bestellte Aufsichtsratmitglied hat Anspruch gegen die Gesellschaft[225] auf Ersatz angemessener barer Auslagen (zB Reisekosten) sowie auf eine Vergütung, wenn eine solche den anderen Aufsichtsratsmitgliedern gewährt wird.[226] Auf seinen Antrag setzt das Gericht die Auslagen und die Vergütung durch Beschluss fest.[227] Eine Zahlungsklage gegen die Gesellschaft bei Ausbleiben der Zahlung von Auslagenersatzund Vergütung ist somit nicht möglich und erforderlich.

f) Fehlerhafte Bestellung

aa) Ausgangslage

112 Gemäß § 250 Abs. 1 AktG sind Beschlüsse der Hauptversammlung über die Wahl eines Aufsichtsratsmitglieds – sog. Wahlbeschlüsse – außer in den Fällen des § 241 Nr. 1 und 2 AktG nichtig, wenn der Aufsichtsrat unter Verstoß gegen § 96 Abs. 2 (Kontinuität in dem Sinne, dass für die Zusammensetzung des Aufsichtsrats grundsätzlich die zuletzt angewandten gesetzlichen Vorschriften gelten), § 97 Abs. 2 Satz 1 (Bekanntmachung des Vorstands im Bundesanzeiger wird nach einem Monat bestandskräftig, wenn nicht zuvor das zuständige Landgericht am Gesellschaftssitz angerufen wird) oder § 98 Abs. 4 AktG (Gerichtsbeschluss über die Anwendbarkeit der gesetzlichen Vorschriften zur Zusammensetzung des Aufsichtsrats) zusammengesetzt wird, trotz Vorliegens eines Wahlvorschlags nach §§ 6 u. 8 Montan-MitbestG eine nicht vorgeschlagene Person von der Hauptversammlung gewählt wird, durch die Wahl die gesetzliche Höchstzahl der Aufsichtsratsmitglieder gemäß § 95 AktG (neun, fünfzehn oder einundzwanzig Mitglieder, abhängig von der Höhe des Grundkapitals) überschritten wird oder die gewählte Person nach § 100 Abs. 1 u. Abs. 2 AktG bei Beginn der Amtszeit nicht Aufsichtsratsmitglied sein kann. § 250 Abs. 1 AktG wird analog für den Fall angewendet, dass das gewählte Aufsichtsratsmitglied zugleich Mitglied des Vorstands der Gesellschaft, dauernder Stellvertreter eines solchen, Prokurist oder zum gesamten Geschäftsbetrieb ermächtigter Handlungsbevollmächtigter ist, so dass ein Verstoß gegen § 105 Abs. 1 AktG vorliegt.[228]

113 Neben diesen Nichtigkeitsgründen gibt es für Wahlbeschlüsse der Hauptversammlung wie für deren sonstige Beschlüsse die Möglichkeit, dass das Gericht gemäß § 241 Nr. 5 AktG die Nichtigkeit durch rechtskräftiges Urteil aufgrund zulässiger und begründeter Anfechtungsklage gemäß §§ 243 ff, 251 AktG erklärt.[229] Problematisch im Fall der Anfechtungsklage gegen einen Wahlbeschluss ist, vergleichbar dem Fall der Erhebung einer Nichtigkeitsklage gegen Wahlbeschlüsse, dass das der Anfechtungsklage stattgebende Urteil auf den Zeitpunkt der Beschlussfassung zurückwirkt, der Beschluss mithin „von Anfang an" nichtig[230] ist –

223 Vgl OLG Schleswig, Beschl. v. 26.4.2004 – 2 W 46/04, abgedruckt in: ZIP 2004, 1143 [1143] = NZG 2004, 669 [669 f].

224 Hüffer, AktG, § 104, Rn 5.

225 Hüffer, AktG, § 104, Rn 14.

226 § 104 Abs. 6 Satz 1 AktG.

227 § 104 Abs. 6 Satz 2 AktG.

228 Hüffer, AktG, § 105, Rn 6 u. § 250, Rn 11; *ders.*, in: MünchKomm AktG[3], § 250, Rn 17 m. w N.; *Langenbucher*, ZGR 2012, 314 [314 m. w N.].

229 Zu den den Anfechtungsgründen bei Wahlbeschlüssen der Hauptversammlung, vgl *Vetter*, ZIP 2012, 701 [702].

230 OLG Köln, Beschl. v. 23.2.2011 – 2 Wx 41/11 („IVG"), abgedruckt in: ZIP 2011, 522 [523]; OLG Köln, Beschl. v. 21.6.1999 – 2 Wx 17/99, abgedruckt in: AG 1999, 471 = BeckRS 2000, 03386; *Hüffer*, in: MünchKomm AktG[3], § 248; Rn 14; *Schwab*, in: K. Schmidt/Lutter, AktG, § 252, Rn 3; *Dörr*, in: Spindler/Stilz, AktG, § 248, Rn 7; *Heidel*, in: Heidel, Aktien- und Kapitalmarktrecht, § 252, Rn 7; *Tielmann*, WM 2007, 1686 [1692]; *Vetter*, ZIP 2012, 701 [702 m. Nachw. auch für die Gegenansicht].

dies lässt sich zwar nicht aus dem Wortlaut des § 252 Abs. 2 AktG hierleiten, wohl aber aus der Möglichkeit, einen Bestätigungsbeschlusses gemäß § 244 AktG zu fassen[231] – und der Aufsichtsrat somit seit Beschlussfassung der Hauptversammlung fehlerhaft, namentlich unterbesetzt war, da das fragliche Aufsichtsratsmitglied dem Aufsichtsrat von Anfang an nicht angehörte.[232] Sämtliche Beschlüsse, die unter Mitwirkung des fraglichen Mitglieds gefasst wurden, wären fehlerhaft und müssten auf den „Prüfstand".[233] Problematisch ist die Situation in einem solchen Fall insbesondere bei Beschlüssen, bei denen es auf die Stimme des fehlerhaft bestellten Aufsichtsratsmitglieds entscheidend ankam,[234] entweder weil sie den Ausschlag gegeben hat oder weil der Aufsichtsrat ansonsten gemäß § 108 Abs. 2 Satz 2 u. Satz 3 AktG oder § 28 MitbestG beschlussunfähig gewesen wäre,[235] was auf dreiköpfige Aufsichtsräte stets zutrifft. Problematisch ist darüber hinaus der Fall der Anfechtung des Hauptversammlungsbeschlusses, mit dem der Aufsichtsratsvorsitzende gewählt wurde, wenn die Satzung der Gesellschaft dem Inhaber des Aufsichtsratsvorsitzes die Leitung der Hauptversammlung zuweist. Denn in einem solchen Fall wären bei rückwirkender Nichtigkeit des Wahlbeschlusses sämtliche Hauptversammlungsbeschlüsse von einer unzuständigen Person festgestellt worden.[236] Vor diesem Hintergrund ist fraglich, wie der Rechtsunsicherheit zu begegnen ist, die durch die Anfechtung von Wahlbeschlüssen der Hauptversammlung hervorgerufen wird.

bb) Vorsorgliche gerichtliche Bestellung von Aufsichtsratsmitgliedern

Für den Fall der Anfechtungsklage gegen einen Wahlbeschluss sieht das Gesetz keine Möglichkeit einer gerichtlichen Bestellung von Aufsichtsratsmitgliedern vor, weder unter der aufschiebenden Bedingung, dass der Anfechtungsklage stattgegeben wird und die Entscheidung in Rechtskraft erwächst, noch unbedingt mit der Folge, dass bei einer rechtskräftigen Abweisung der Anfechtungsklage dem Aufsichtsrat das gerichtlich bestellte Mitglied zuviel angehörte.[237] Insbesondere im Hinblick auf das Risiko, dass die Rechtsprechung angefochtene Wahlbeschlüsse wegen Verstoßes gegen § 161 AktG für nichtig erklärt, wird die Forderung nach Korrekturen durch den Gesetzgeber lauter.[238] 114

Da die von der Hauptversammlung gewählten Aufsichtsratsmitglieder bis zum rechtskräftigen Abschluss des Anfechtungsprozesses als im Amt zu behandeln sind, kommt eine unmittelbare Anwendung von § 104 Abs. 2 AktG mit dem Ziel direkter gerichtlicher Bestellung bereits deshalb nicht in Betracht, weil diese Vorschrift eine nicht vollständige Besetzung („… *weniger Mitglieder als …*") des Aufsichtsrats im Zeitpunkt der gerichtlichen Bestellung ver- 115

231 Vgl *Vetter*, ZIP 2012, 701 [702 mwN].

232 Hüffer, AktG, § 252, Rn 12; *ders.*, in: MünchKomm Akt[3], § 252, Rn 10; *Drygala*, in: K. Schmidt/Lutter, AktG, § 101, Rn 32; *Stilz*, in: Spindler/Stilz, AktG, § 252, Rn 6; Nachw. zur ehemaligen Gegenansicht: *Vetter*, ZIP 2012, 701 [702, Rn 10].

233 Vgl *Vetter*, ZIP 2012, 701 [702].

234 Vgl BGH, Urt. v. 17.4.1967 – II ZR 157/64, abgedruckt in: BGHZ 47, 341 ff = NJW 1967, 1711 ff; *Habersack*, in: MünchKomm Akt[3], § 108, Rn 75; *Spindler*, in: Spindler/Stilz, AktG, § 108, Rn 66.

235 *E. Vetter*, ZIP 2012, 701 [702 mwN]; *Rieckers*, AG 2013, 383 [386], wonach für die Nichtigkeit auf die „Kausalität" der Mitwirkung des Nichtmitglieds für Beschlussfähigkeit und Beschlussergebnis ankommt; nach BGH, Urt. v. 19.2.2013 – II ZR 56/12 („IKB Deutsche Industriebank AG"), abgedruckt in: NJW 2013, 1535 = NZG 2013, 456 = AG 2013, 387, trifft die Gesellschaft im Hinblick auf das Fehlen von Kausalität für Beschlussfähigkeit und Beschlussergebnis eine sekundäre Darlegungs- und Beweislast, wenn der Kläger als Aktionär einen Wahlbeschluss der Hauptversammlung angefochten hat.

236 Vgl *Vetter*, ZIP 2012, 701 [709], der als weiteres Beispiel die von dem Aufsichtsratsvorsitzenden unternzeichnete Niederschrift der Hauptversammlung einer nicht börsennotierten AG nennt, vgl § 130 Abs. 1 Satz 3 AktG.

237 OLG Köln, Beschl. v. 23.2.2011 – 2 Wx 41/11 („IVG"), abgedruckt in: ZIP 2011, 522 [523]; AG Bonn, Beschl. v. 21.12.2010 – HRB 4148, abgedruckt in: ZIP 2011, 177.

238 *Baums/Drinhausen/Keinath*, ZIP 2011, 2329 [2340]; vgl auch *Waclawik*, ZIP 2011, 885 [891 ff].

langt.[239] Eine analoge Anwendung von § 104 Abs. 2 AktG scheitert daran, dass keine planwidrigen Regelungslücke vorliegt.[240] Der Gesetzgeber hat trotz langjähriger Kenntnis von der Problematik der Rückwirkung einer erfolgreichen Anfechtungs- oder Nichtigkeitsklage gegen Beschlüsse der Hauptversammlung gemäß §§ 241 ff AktG zuletzt noch bei der Verabschiedung des ARUG davon abgesehen, diesem Problem durch eine Ausdehnung des Anwendungsbereichs von § 104 Abs. 2 AktG zu begegnen.[241]

116 Eine aufschiebend bedingte gerichtliche Bestellung, also ein Bestellung unter der Bedingung, dass die Wahl des Aufsichtsratsmitglieds bzw der Aufsichtsratsmitglieder durch die Hauptversammlung aufgrund der erhobenen Anfechtungsklage für nichtig erklärt wird, scheitert ebenfalls daran, dass im Zeitpunkt der gerichtlichen Bestellungsentscheidung keine Vakanz vorliegt und eine eventuelle zukünftige Vakanz mit Rückwirkung dem nicht gleichsteht.[242] Darüber hinaus würde die gerichtliche Entscheidung gegenstandslos, wenn die Anfechtungsklage rechtskräftig abgewiesen würde. Hätte die Anfechtungsklage aufgrund der fehlenden Eignung des gewählten Aufsichtsratsmitglieds Erfolg, handelte das Gericht bei seiner Entscheidung ermessensfehlerhaft, wenn es dasjenige Aufsichtsratsmitglied bestellte, dessen Eignung – zu denken ist an die gesetzlichen Bestellungshindernisse gemäß § 100 Abs. 1 u. Abs. 2 AktG sowie an das Fehlen statutarischer Anforderungen an die Person des Aufsichtsratsmitglieds gemäß § 100 Abs. 4 AktG – mittels Anfechtungsklage in Frage gestellt wird. Eine Bestellung unter aufschiebender Bedingung könnte, unabhängig von den sonstigen Einwänden, somit allenfalls dann in Betracht kommen, wenn die Anfechtungsklage gegen den Wahlbeschluss der Hauptversammlung auf formelle Gründe – zB Einberufungsmängel, unzureichende Information der Aktionäre, fehlerhafte Feststellung des Beschlussergebnisses – gestützt würde.[243]

cc) Bestätigungsbeschluss der Hauptversammlung

117 Ein anderer, im Gegensatz zur gerichtlichen Bestellung weiterer Aufsichtsratsmitglieder rechtlich zulässiger Weg, um langwierige Rechtsunsicherheit aufgrund angefochtener Wahlbeschlüsse zu verhindern, ist deren Bestätigung durch erneuten, identischen und fehlerfreien Hauptversammlungsbeschluss gemäß §§ 251 Abs. 1 Satz 3, 244 AktG.[244] Auf diese Weise können Verfahrensfehler wie zB Einberufungsmängel des ursprünglichen Beschlusses in der Gestalt geheilt werden, dass sie fortan nicht mehr gerügt werden können.[245] Diese Grundsät-

239 OLG Köln, Beschl. v. 23.2.2011 – 2 Wx 41/11, abgedruckt in: ZIP 2011, 522 [523]; *E. Vetter*, ZIP 2012, 701 [706 mwN]; aA: LG München I, Urt. v. 22.12.2005 – 5 HKO 9885/05 („HypoVereinsbank"), abgedruckt in: AG 2006, 762 [766]; *Kocher*, NZG 2007, 372 [373].

240 OLG Köln, Beschl. v. 29.3.2007 – 2 Wx 4/07, abgedruckt in: ZIP 2008, 508 = BeckRS 2007, 08237; *Drygala*, in: K. Schmidt/Lutter, § 104, Rn 16; *Fett/Theusinger*, AG 2010, 425 [429]; *Vetter*, ZIP 2012, 701 [706].

241 OLG Köln, Beschl. v. 23.2.2011 – 2 Wx 41/11, abgedruckt in: ZIP 2011, 522 [523].

242 OLG Köln, Beschl. v. 23.2.2011 – 2 Wx 41/11, abgedruckt in: ZIP 2011, 522 [523]; aA: *Fett/Theusinger*, AG 2010, 425 [430]; *Vetter*, ZIP 2012, 701 [706].

243 *E. Vetter*, ZIP 2012, 701 [706 f].

244 So zB praktiziert auf der außerordentlichen Hauptversammlung der Deutsche Bank Aktiengesellschaft am 11.4.2013 zur Bestätigung dreier Wahlbeschlüsse der ordentlichen Hauptversammlung vom 31.5.2012, vgl Einladung hierzu, abrufbar unter https://www.deutsche-bank.de/ir/de/download/aoHV_2013_Tagesordnung_de_0305.pdf.

245 BGH, Urt. v. 9.10.2006 – II ZR 46/05 („Massa"), abgedruckt in: NJW 2007, 300 [302] = NZG 2007, 26 = ZIP 2006, 2167 [2170]; BGH, Urt. v. 12.12.2005 – II ZR 253/03 („Webac Holding"), abgedruckt in: NZG 2006, 191 = ZIP 2006, 227 [228, Rn 12, 18]; BGH, Urt. v. 15.12.2003 – II ZR 194/01 („Sachsenmilch"), abgedruckt in: BGHZ 157, 206 [209] = NZG 2004, 235 = ZIP 2004, 310; *Hüffer*, in: MünchKomm AktG[3], § 244, Rn 5; *Würthwein*, in: Spindler/Stilz, AktG, § 244, Rn 16; *Heidel*, in: Heidel, Aktien- und Kapitalmarktrecht, § 244, Rn 2.

ze gelten auch für Wahlbeschlüsse der Hauptversammlung,[246] mit der Folge, dass mit Eintritt der Unanfechtbarkeit des Bestätigungsbeschlusses auch der ursprüngliche Wahlbeschluss nicht mehr angegriffen werden kann.[247] Inhaltliche Mängel wie zB das Vorliegen von Ausschlussgründen gemäß § 100 Abs. 2 u. Abs. 5 AktG in der Person des Gewählten[248] sind hingegen nicht durch Bestätigungsbeschluss heilbar.[249] Dasselbe gilt für nichtige Beschlüsse.[250]

Nicht zu verkennen ist, dass auch Bestätigungsbeschlüsse anfechtbar sind und sich das ur- 118
sprüngliche Problem mitunter nur verlagert, ohne dass für mehr Rechtssicherheit gesorgt wäre. Nichtsdestotrotz mag es ein probates Mittel sein, Verfahrensmängel zu korrigieren und somit eine rückwirkende Vernichtung von Wahlbeschlüssen zu verhindern.[251]

dd) Ausdehnung der Lehre vom fehlerhaft bestellten Organmitglied

Mit den Vertretern der Lehre vom fehlerhaft bestellten Organmitglied – auch Lehre vom feh- 119
lerhaften Bestellungsverhältnis – in Rechtsprechung[252] und Literatur[253] ließe sich fordern, dass die Bestellung des betroffenen Aufsichtsratsmitglieds bis zur rechtskräftigen Stattgabe einer Anfechtungs- oder Nichtigkeitsklage gegen den Wahlbeschluss als wirksam zu behandeln ist, wenn es die Bestellung angenommen und das Mandat tatsächlich wahrgenommen hat. Somit wäre diese Lehre[254] nicht nur auf Leitungsorgane wie Vorstandsmitglieder und Geschäftsführer anzuwenden, sondern auf Aufsichtsratsmitglieder auszudehnen.[255] Somit würden nicht nur diejenigen Organmitglieder erfasst, die in erheblichem Umfang mit Außenwirkung tätig sind, sondern auch diejenigen, die weitestgehend intern wirken.

Mit Einschränkung der Wirkungen des Anfechtungsurteils auf zukünftiges Geschehen und 120
somit ex nunc würde die aktiengesetzliche Konzeption, wie sie in §§ 250 Abs. 1, 241 Nr. 5

246 OLG Stuttgart, Urt. v. 10.11.2004 – 20 U 16/03 („Kässbohrer"), abgedruckt in: NZG 2005, 432 = ZIP 2004, 2232 [2240]; OLG Stuttgart, Beschl. v. 6.5.2004 – 20 U 16/03 („Kässbohrer"), abgedruckt in: NZG 2004, 822 = ZIP 2004, 1456 [1458].

247 Vgl *Vetter*, ZIP 2012, 701 [705 mwN].

248 Vgl *Vetter*, ZIP 2012, 701 [705].

249 Vgl nur BGH, Urt. v. 9.10.2006 – II ZR 46/05 („Massa"), abgedruckt in: NJW 2007, 300 [302, Tz. 25] = NZG 2007, 26 = ZIP 2006, 2167 [2170]; BGH, Urt. v. 12.12.2005 – II ZR 253/03 („Webac Holding"), abgedruckt in: NZG 2006, 191 = ZIP 2006, 227 [228, Tz. 12, 18].

250 BGH, Urt. v. 20.9.2004 – II ZR 288/02, abgedruckt in: BGHZ 160, 253 [256] = NZG 2004, 1109 = ZIP 2004, 2093; BGH, Urt. v. 15.12.2003 – II ZR 194/01 („Sachsenmilch"), abgedruckt in: BGHZ 157, 206 [212] = NZG 2004, 235 = ZIP 2004, 310.

251 Ähnlich *Vetter*, ZIP 2012, 701 [705].

252 OLG Frankfurt aM, Urt. v. 20.10.2010 – 23 U 121/08 („Deutsche Bank/Kirch"), abgedruckt in: NZG 2010, 1426 = AG 2011, 36 [39 ff] = ZIP 2011, 24 [27]; OLG Köln, Urt. v. 23.2.2011 – 2 Wx 41/11 („IVG Immobilien AG"), abgedruckt in: NZG 2011, 508 = AG 2011, 465 [467]; OLG Stuttgart, Urt. v. 10.11.2005 – 20 U 16/03, abgedruckt in: NZG 2005, 432 = ZIP 2004, 2232 [2240].

253 *Habersack*, in: MünchKomm Akt[3], § 108, Rn 69 ff; Hüffer, AktG, § 101, Rn 18; *Spindler*, in: Spindler/Stilz, AktG, § 101, Rn 112; *Drygala*, in: K. Schmidt/Lutter, AktG, § 101, Rn 36 f; *Grigoleit/Tomasic*, in: Grigoleit, AktG, § 102, Rn 33; *Bayer/Lieder*, NZG 2012, 1 [6]; *Rieckers*, AG 2013, 383 [384 f]; *Schürnbrand*, NZG 2008, 609 [610 f]; *ders.*, NZG 2013, 481; *Staake*, ZIP 2010, 1013 [1020]; *Zöllner*, AG 2004, 397 [403]; vgl auch *Vetter*, ZIP 2012, 701 [708], der die Grundsätze nur in besonderen Einzelfällen für anwendbar hält.

254 Als rechtsdogmatische Grundlagen dienen die arbeitsrechtliche Lehre vom fehlerhaften Anstellungsverhältnis und insbesondere die Lehre von der fehlerhaften Gesellschaft bzw vom fehlerhaften Verband, vgl C. Schäfer, Lehre vom fehlerhaften Verband, S. 473 ff.

255 So BGH, Urt. v. 3.7.2006 – II ZR 151/04, abgedruckt in: BGHZ 168, 188 (Tz. 14) = NZG 2006, 712 = AG 2006, 667 = ZIP 2006, 1529; Hüffer, AktG, § 101, Rn 18 mwN; *Habersack*, in: MünchKomm AktG[3], § 101, Rn 70; *Bayer/Lieder*, NZG 2012, 1 [6 f], die sich für eine sehr weitreichende Anwendung dieser Lehre aussprechen und die Grundsätze auch dort anwenden, wo bei der Bestellung die Inkompatibilitätsvorschriften der §§ 100 Abs. 2 und 105 AktG missachtet wurden oder Besetzungsmängel zu verzeichnen sind, die zur Nichtigkeit der Wahlbeschlüsse gemäß § 250 Abs. 1 Nr. 1 bis Nr. 3 AktG führen [7]; differenzierend: *E. Vetter*, ZIP 2012, 701 [707 ff].

AktG zum Ausdruck kommt, jedoch ausgeschaltet. Während des Anfechtungsprozesses gefasste Aufsichtsratsbeschlüsse könnten nicht erfolgversprechend angegriffen werden, auch wenn hierzu ein berechtigtes Interesse bestehen sollte.

121 Andererseits ermöglicht die Lehre vom fehlerhaft bestellten Organmitglied Differenzierungen im Hinblick auf Art und Gewicht des Bestellungsmangels, wodurch ein für jedermann nachvollziehbarer Interessenausgleich geschaffen werden kann. So sind auch hiernach Wahlbeschlüsse ex tunc unwirksam, wenn höherrangige rechtlich geschützte Interessen der Allgemeinheit[256] oder besonders schutzwürdiger Personen wie zB Minderjähriger entgegenstehen.[257] Zu ähnlichen Ergebnissen gelangt die sog. Lehre vom faktischen Organ.[258]

ee) Behandlung fehlerhafter Bestellung durch den BGH[259]

122 Der BGH billigt dem fehlerhaft bestellten Aufsichtsratsmitglied im Hinblick auf die Vergütung[260] Gleichbehandlung mit einem ordnungsgemäß bestellten Aufsichtsratsmitglied zu. Eine solche Gleichbehandlung bestehe darüber hinaus auch in Bezug auf seine Pflichten und Haftung.[261] Insofern tritt er denjenigen in der Literatur entgegen, die das fehlerhaft bestellte Aufsichtsratsmitglied wie einen Dritten behandeln möchten.[262]

123 Aufsichtsratsbeschlüsse könnten hingegen nicht ohne Berücksichtigung der Fehlerhaftigkeit der Bestellung des Aufsichtsratsmitglieds allesamt als wirksam (gefasst) angesehen werden.[263] Dem fehlerhaft bestellten Aufsichtsratsmitglied werden somit die Mitverwaltungsrechte seiner ordnungsgemäß bestellten Kollegen aberkannt. Denn der Zweck der Gleichbehandlung der fehlerhaften mit der ordnungsgemäßen Bestellung eines Organs, das Vertrauen unbeteiligter Dritter zu schützen[264] und den Schwierigkeiten bei einer Rückabwicklung von Dauerschuldverhältnissen zu begegnen, betreffe Aufsichtsratsbeschlüsse nicht in jedem Fall.[265] Bei deren Vollzug dürfe der gutgläubige Dritte auf die Handlungsbefugnis desjenigen Organmitglieds vertrauen, das den Beschluss vollzieht.[266] Außerdem müsse den ordnungsgemäß bestellten Organmitgliedern die Möglichkeit offenstehen, die Unwirksamkeit der Aufsichtsratsbeschlüsse geltend zu machen.[267]

256 Z. B. Verstöße gegen § 100 Abs. 1 u. Abs. 2, § 105 AktG oder gegen das im Statusverfahren bestimmte maßgabliche Aufsichtsratsstatut, vgl OLG Frankfurt, Urt. v. 7.9.2010 – 5 U 187/09 („Deutsche Bank/Kirch"), abgedruckt in: NZG 2011, 746 = AG 2011, 631 [635]; Hüffer, AktG, § 101, Rn 18; *Habersack*, in: MünchKomm AktG[3], § 101, Rn 72; *Drygala*, in: K. Schmidt/Lutter, AktG, § 101, Rn 37; *Schürnbrand*, NZG 2008, 609 [611]; *Staake*, ZIP 2010, 1013 [1020]; *E. Vetter*, ZIP 2012, 701 [704].

257 Vgl *Schürnbrand*, NZG 2013, 481 [483 mwN].

258 *Stein*, Das faktische Organ, S. 100 ff.

259 BGH, Urt. v. 19.2.2013 – II ZR 56/12 („IKB Deutsche Industriebank AG"), abgedruckt in: NJW 2013, 1535 = NZG 2013, 456 = AG 2013, 387; kritisch hierzu: *Rieckers*, AG 2013, 383 [384 f].

260 BGH, Urt. v. 3.7.2006 – II ZR 151/04 („IFA"), abgedruckt in: NZG 2006, 712 = AG 2006, 667 = ZIP 2006, 1529 [1532].

261 So bereits RG, Urt. v. 9.10.1936 – II 43/36, abgedruckt in: RGZ 152, 273 [278 ff].

262 *Hüffer*, in: MünchKomm AktG[3], § 250, Rn 21; *Mertens/Cahn*, in: KölnKomm AktG, § 101, Rn 111; *Bürgers/Israel*, in: Bürgers/Körber, AktG, § 101, Rn 3; *Spindler*, in: Spindler/Stilz, § 252, Rn 6; *Breuer/Fraune*, in: Heidel, Aktien- und Kapitalmarktrecht, § 101, Rn 24; *Simons*, in: Hölters, AktG, § 101, Rn 51; *Vetter*, ZIP 2012, 701 [707 f].

263 Kritisch hierzu *Schürnbrand*, NZG 2013, 481 [482 f].

264 *Vetter*, ZIP 2012, 701 [704 f], stellt darüber hinaus auf das „schützenswerte Vertrauen der Beteiligten" bzw das „Bestandsinteresse der Gesellschaft" ab, die sich die Kenntnis ihrer Organmitglieder zurechnen lassen muss, vgl aber auch [709 f], wo er ausdrücklich auf „den Rechtsverkehr mit Dritten" abstellt.

265 BGH, Urt. v. 19.2.2013 – II ZR 56/12(„IKB Deutsche Industriebank AG"), abgedruckt in: NZG 2013, 456 [458, Tz. 21].

266 BGH, Urt. v. 19.2.2013 – II ZR 56/12(„IKB Deutsche Industriebank AG"), abgedruckt in: NZG 2013, 456 [458, Tz. 22].

267 BGH, Urt. v. 19.2.2013 – II ZR 56/12(„IKB Deutsche Industriebank AG"), abgedruckt in: NZG 2013, 456 [458, Tz. 23].

Der BGH stellt heraus, dass die Anwendbarkeit der Lehre von der fehlerhaften Bestellung davon abhängt, ob außen stehende Dritte zu schützen sind.[268] Hiervon ist auszugehen, wenn Mitglieder von Leitungsorganen wie Vorstandsmitglieder und Geschäftsführer regelmäßig mit Außenwirkung tätig werden. Der Aufsichtsrat als Binnenorgan und seine Mitglieder wirken hingegen weitestgehend nur nach innen. Außenwirkung kommt ihrem Handeln zumeist nur dann zu, wenn ihre Beschlüsse durch den Vorstand umgesetzt werden. 124

Praktische wirkt sich diese Rechtsprechung des BGH nicht nur auf Klagen auf Feststellung der Nichtigkeit von Aufsichtsratsbeschlüssen aus, die unter Mitwirkung fehlerhaft bestellter Mitglieder getroffen wurden, sondern auch auf das Rechtsschutzbedürfnis von Anfechtungsklagen gegen Wahlbeschlüsse nach Ausscheiden des fraglichen Aufsichtsratsmitglieds aus dem Amt. Wäre bei fehlerhafter Bestellung von Aufsichtsratsmitgliedern die Lehre vom fehlerhaft bestellten Organmitglied vollumfänglich anzuwenden, entfiele das Rechtsschutzbedürfnis mit dem Ausscheiden des Aufsichtsratsmitglied aus dem Amt, da die Wirkungen einer erfolgreichen Anfechtungsklage auf die Zukunft beschränkt sind. Mit seinem Ausscheiden nähme das Aufsichtsratsmitglied sozusagen die Wirkungen des der Anfechtungsklage stattgebenden Urteils vorweg. Die Nichtigerklärung kann keine relevante Änderung der Rechtslage mehr bewirken. 125

4. Persönliche Voraussetzungen und Beschränkungen

a) Natürliche Person, Betreuung u. statutarische Vorgaben

Mitglied des Aufsichtsrats einer AG oder KGaA kann nur eine natürliche, unbeschränkt geschäftsfähige Person sein.[269] Ein Betreuter kann somit grundsätzlich auch Mitglied des Aufsichtsrates sein. Eine Ausnahme besteht jedoch dann, wenn er bei der Besorgung seiner Vermögensangelegenheiten ganz oder teilweise einem Einwilligungsvorbehalt unterliegt.[270] Grund für diese Einschränkungen ist, dass das Amt des Aufsichtsratsmitglieds die Übernahme persönlicher Verantwortung erfordert.[271] 126

Mitglieder des Aufsichtsrats einer eG müssen wie die Mitglieder der Aufsichtsräte von AG, KGaA und mitbestimmter GmbH natürliche Personen sein. Aufgrund des Grundsatzes der sog. Selbstorganschaft[272] müssen sie gleichzeitig Mitglieder der eG oder zumindest Genossen einer Mitgliedsgenossenschaft oder Vertretungsorgane einer juristischen Person sein, die Genosse ist.[273] Etwas anderes gilt nur für die Aufsichtsratsmitglieder der Arbeitnehmer, die nach MitbestG oder DrittelbG in den Aufsichtsrat gewählt werden.[274] 127

Wie bei AG und KGaA gemäß § 100 Abs. 4 AktG, wo dies nur selten praktisch relevant sein dürfte,[275] so kann auch bei der eG die Satzung besondere Voraussetzungen für das passive Wahlrecht von Genossen zum Aufsichtsrat aufstellen. Hierfür bedarf es jedoch eines sachlichen Grundes wie zB Lebensalter, Dauer der Mitgliedschaft, begrenzte Wiederwahl, kein Wechsel vom Vorstand in den Aufsichtsrat. Die Voraussetzungen dürfen keinesfalls so ge- 128

268 Vgl BGH, Beschl. v. 27.9.2011 – II ZR 225/08 („HVB/UniCredit"), abgedruckt in: NZG 2011, 1383 = ZIP 2011, 2195, wonach die Grundsätze des fehlerhaft bestellten Organs für den von der Hauptversammlung bestellten besonderen Vertreter gemäß § 147 AktG heranzuziehen sind.

269 § 100 Abs. 1 Satz 1 AktG.

270 Vgl § 100 Abs. 1 Satz 2 AktG.

271 *Raiser/Veil*, Recht der KapGes, § 15 Rn 31.

272 Vgl *Beuthien*, in: Beuthien, GenG, § 9, Rn 6; eine Durchbrechung dieses Grundsatzes und einen Einstieg in die sog. Dritt- oder Fremdorganschaft sieht *Beuthien*, in: Beuthien, GenG, § 39, Rn 3, in § 39 Abs. 3 GenG begründet, wonach die Genossenschaft in Prozessen gegen Aufsichtsratsmitglieder durch Bevollmächtigte vertreten wird, welche von der Generalversammlung gewählt werden.

273 Vgl § 9 Abs. 2 Satz 1 u. 2 GenG.

274 Vgl *Beuthien*, in: Beuthien, GenG, § 9, Rn 7.

275 Vgl *Wirth*, ZGR 2005, 327 [332].

fasst werden, dass sie nur von einem kleinen Kreis von Genossen erfüllt werden.[276] Insbesondere auch unter dem Gesichtspunkt der Haftung gilt, dass nicht jedes Mitglied des Aufsichtsrats über einen „umfassenden ökonomischen und juristischen, speziell bilanzrechtlichen Sachverstand" verfügen muss.[277]

b) Unabhängigkeit der Aufsichtsratsmitglieder

aa) Anknüpfungspunkte, Bedeutung und internationaler Vergleich

129 Die Frage nach der Unabhängigkeit eines Aufsichtsratsmitglieds als einem zentralen Element guter Corporate Governance[278] stellt sich in Deutschland nicht nur im Zusammenhang mit der Figur des unabhängigen Rechnungslegungs- und/oder Abschlussprüfungsexperten iS von §§ 100 Abs. 5, 107 Abs. 4 AktG sowie §§ 36 Abs. 4, 38 Abs. 1 a Satz 2 GenG, die durch das BilMoG vom 25.5.2009 in AktG und GenG aufgenommen wurde, sondern auch im Zusammenhang mit Ziff. 5.4.2 DCGK und zwar seit dessen erster Fassung vom 26.2.2002. In praktischer Hinsicht kommt ihr und der Frage nach dem Anteil an unabhängigen Aufsichtsratsmitgliedern vor allem im Hinblick auf die Anforderungen von internationalen Investoren und Stimmrechtsberatern,[279] sog. Proxy Advisors, Bedeutung zu. Denn diese machen diesbezüglich nicht selten feste Vorgaben aufgrund selbst aufgestellter Richtlinien.[280]

130 Im Rahmen der international und interdisziplinär geführten Corporate Governance Debatte ist zu beobachten, dass die Bedeutung des Themas Unabhängigkeit von Aufsichtsratsmitgliedern steigt.[281] Im Zuge dessen werden mitunter große Unterschiede zwischen einzelnen Industrieländern erkennbar. Einer Studie der Beratungsfirma *Heidrick & Struggles* aus dem Jahr 2011 zufolge sind bei den DAX-30-Unternehmen nur gut 20% aller Aufsichtsratsmitglieder unabhängig.[282] Diese Quote ist im internationalen Vergleich sehr gering.[283] In Frankreich lag der Anteil unabhängiger Mitglieder des Überwachungsorgans bei 40%, in Italien bei 48%, im Vereinigten Königreich bei 61% und in den Niederlanden sogar bei 75%. Gründe für diese großen Unterschiede sind neben den unterschiedlichen Definitionen von Unabhängigkeit – in der Schweiz und in den USA schließen zB die Aktionärseigenschaft sowie die Vertretung eines beherrschenden Aktionärs die Unabhängigkeit noch nicht aus, wäh-

276 *Beuthien*, in: Beuthien, GenG, § 36, Rn 2.

277 *Beuthien*, in: Beuthien, GenG, § 41, Rn 11.

278 Vgl nur *Kremer/v. Werder*, AG 2013, 340 [341].

279 Zu den Stimmrechtsberatern als „neuen" Akteuren, vgl *Bachmann*, WM 2011, 1301 [1307], zur Einführung von Verhaltenskodizes für und zur Registrierungspflicht von Stimmrechtsberatern; *Fleischer*, AG 2012, 1 [2 f]; *Klöhn/Schwarz*, ZIP 2012, 149; *Kocher/Heydel*, AG 2011, 543 [543 f], wonach § 22 Abs. 2 Satz 1 WpHG („acting in concert") auf Anteilseigner nicht anwendbar ist, die sich eines Stimmrechtsberaters bedienen, der gleichzeitig auch für mindestens einen weiteren Anteilseigner desselben Emittenten tätig ist; *Schneider/Anzinger*, NZG 2007, 88 [92], gegen eine Aufsicht für Stimmrechtsberater; *Seibert*, FS Hoffmann-Becking, 2013, S. 1101 [1112 ff], wonach die hohe Konzentration weniger Anbieter im Wettbewerb, die eine starke Akkumulation von Beratungsaufträgen bezüglich einzelner Emittenten zur Folge hat, die gleichzeitige Erbringung von Stimmrechtsausübungs- und Corporate Governance-Beratung für denselben Emittenten sowie der Umstand, dass ihnen ohne Kapitalbeteiligung und somit ohne Verlustrisiko faktische Stimmrechtsmacht zukommt, erhebliche Risiken in Form von Interessenkonflikten bergen; *Vaupel*, AG 2011, 63 [74 ff], zur Frage der Anwendbarkeit von § 22 Abs. 1 Satz 1 Nr. 6 WpHG („Bevollmächtigter") und § 22 Abs. 2 Satz 1 WpHG („acting in concert") im Zusammenhang mit der Mitwirkung von Stimmrechtsberatern; *Wilsing*, ZGR 2012, 292 [294 ff, 302 ff], der sich gegen eine Regulierung deren Tätigkeit ausspricht.

280 Näheres hierzu: *Roth*, WM 2012, 1985 [1988 f].

281 Hierzu: *Kremer/v. Werder*, AG 2013, 340 [340]; *Roth*, ZHR 175 (2011), 605 ff; *ders.*, WM 2012, 1985 [1985]; *ders.*, ZGR 2012, 343 [349 ff]; *Scholderer*, NZG 2012, 168 ff; vgl auch schon *Lieder*, NZG 2005, 569 [570 mwN].

282 Zitiert bei: *Roth*, ZHR 175 (2011), 605 [607]; *ders.*, ZGR 2012, 343 [351, 354, 356], und *ders.*, WM 2012, 1985 [1985 f].

283 Vgl *Roth*, ZHR 175 (2011), 605 [609].

rend nach dem UK Corporate Governance Code Vertreter eines wesentlichen Anteilseigners (*significant shareholder*) stets abhängig sind[284] – auch Vorhandensein und konkrete Ausgestaltung der Unternehmensmitbestimmung.[285] Darüber hinaus gibt es zB in den USA, anders als in Deutschland, auch konkrete gesellschafts- oder kapitalmarktrechtliche Vorgaben[286] für den Anteil der unabhängigen Überwacher im Aufsichtsrat.

bb) Zahl unabhängiger Mitglieder im Aufsichtsrat

Einer persönlichen Unabhängigkeit der Aufsichtsratsmitglieder bedarf es in Deutschland qua Gesetzes nicht.[287] Dennoch ist unbestritten, dass sie bei der Erfüllung ihrer Aufgaben zur ausschließlichen Wahrung des Unternehmensinteresses verpflichtet sind.[288] Im Sinne von Ziff. 4.1.1 DCGK, der die Mitglieder des Vorstands im Hinblick auf deren Aufgabe zur Leitung des Unternehmens adressiert, haben Aufsichtsratsmitglieder „unter Berücksichtigung der Belange der Aktionäre, seiner Arbeitnehmer und der sonstigen dem Unternehmen verbundenen Gruppen (Stakeholder) mit dem Ziel nachhaltiger Wertschöpfung“ ihr Amt wahrzunehmen. Unabhängigen Mitgliedern fällt diese Ausrichtung am Stakeholderinteresse – einer Ausrichtung allein am Shareholder Value tritt der Kodex somit entgegen – naturgemäß sehr viel leichter als ihren Kollegen, die nicht unvoreingenommen und stets geneigt sind, zumindest auch die Interessen derjenigen zu verfolgen, mit denen sie in enger Beziehung stehen.[289] 131

Da Unabhängigkeit eines Aufsichtsratsmitglieds jedoch nicht selten mit einem Defizit an Wissen über das Unternehmen und dessen Beziehungen einhergeht (dazu Rn 152) und die Anforderungen an die Besetzung des Aufsichtsrats im Hinblick auf die Unabhängigkeit dessen Mitglieder und deren Wissen über Unternehmensinterna von Unternehmen zu Unternehmen verschieden sind, verzichtet der Kodex darauf, Vorgaben zur Zahl unabhängiger Aufsichtsratsmitglieder zu machen. Ziff. 5.4.2 DCGK empfiehlt für börsennotierte Unternehmen hingegen, dass „dem Aufsichtsrat … eine nach seiner Einschätzung angemessene Anzahl unabhängiger Mitglieder angehören“ soll,[290] wobei Unabhängigkeit anhand objektiver Kriterien zu bemessen ist,[291] den Aufsichtsratsmitgliedern diesbezüglich somit kein nicht justizia- 132

284 Vgl *Roth*, ZHR 175 (2011), 605 [620]; gemäß Anhang II der EU-Empfehlung (2005/162/EG) sind Vertreter eines Mehrheitsaktionärs nicht unabhängig.

285 *Roth*, ZHR 175 (2011), 605 [639], fordert daher eine Fortentwicklung der unternehmerischen Mitbestimmung nach dem Unabhängigkeitsparadigma sowie [640 f] de lege ferenda die Möglichkeit einer Bestellung unabhängiger Arbeitnehmervertreter, also solcher, die nicht der Belegschaft des Unternehmens angehören.

286 Vgl *Roth*, WM 2012, 1985 [1985], zu den Börsenzulassungsbedingungen der New York Stock Exchange sowie der NASDAQ.

287 Vgl aber OLG Hamm, Beschl. v. 03.11.1986 – 8 U 59/86 („Banning“), abgedruckt in: NJW 1987, 1030 = ZIP 1986, 1554, wonach der Vorstand einer Gesellschaft im Mehrheitsbesitz im Aufsichtsrat wenigstens ein Mitglied vorfinden müsse, mit dem er sich frei von den Interessen des Mehrheitsaktionärs über die Angelegenheiten der Gesellschaft austauschen könne; zu den Gegenstimmen hierzu: *Hommelhoff*, ZIP 2013, 1645 [1646, Fn 12].

288 Vgl Lutter/Krieger, Aufsichtsrat, § 12, Rn 893 mwN; Marsch-Barner, in: Semler/v. Schenck, Aufsichtsrat, § 12, Rn 91 ff; *Kremer/v. Werder*, AG 2013, 340 [341].

289 Vgl *Kremer/v. Werder*, AG 2013, 340 [341 f], die insofern von „Partikularinteressen“ sprechen.

290 Zuzustimmen ist *Roth*, ZHR 175 (2011), 605 [636], darin, dass diese DCGK-Empfehlung zumindest für alle börsennotierten Gesellschaften dahin zu konkretisieren ist, dass jedenfalls ad hoc ein überwiegend mit unabhängigen Mitgliedern besetzter Aufsichtsratsausschuss gebildet werden kann, so dass dem Aufsichtsrat mindestens zwei unabhängige Mitglieder angehören müssen.

291 *Hecker/Peters*, BB 2012, 2639 [2644]; *Klein*, AG 2012, 805 [809, Fn 59]; *Paschos/Goslar*, NZG 2012, 1361 [1364]; *Scholderer*, NZG 2012, 168 [170]; *Stephanblome*, NZG 2013, 445 [451]; *Wilsing/v. der Linden*, DStR 2012, 1391 [1392].

bler[292] Beurteilungsspielraum zusteht.[293] Über einen solchen verfügen sie jedoch hinsichtlich der Frage, welche Anzahl an unabhängigen Mitgliedern angemessen ist.[294] *Roth* hält es hiernach bei im DAX und MDAX gelisteten Gesellschaften im Streubesitz in jedem Fall für ausreichend, wenn mindestens jeder zweite Anteilseignervertreter unabhängig ist. Bei abhängigen Konzerngesellschaften sowie Familienunternehmen soll schon genügen, wenn dies jeder dritte Anteilseignervertreter von sich behaupten kann.[295] *Florstedt* stellt bei der Frage nach den Kriterien für die zahlenmäßige Angemessenheit nicht nur auf die Anteilseignerstruktur ab, sondern auch noch auf die Art der Mitbestimmung und die Gremiengröße.[296]

cc) Negativdefinition der Unabhängigkeit – Überblick

133 Gemäß Ziff. 5.4.2 Satz 2 DCGK in der Fassung vom 15.5.2012 ist „ein Aufsichtsratsmitglied … insbesondere dann nicht als unabhängig anzusehen, wenn es in einer persönlichen oder einer geschäftlichen Beziehung zu der Gesellschaft, deren Organen, einem kontrollierenden Aktionär oder einem mit diesem verbundenen Unternehmen steht, die einen wesentlichen und nicht nur vorübergehenden Interessenkonflikt begründen kann." Die Unabhängigkeitsdefinition des Kodex bestimmt somit, welche Qualität und Intensität Eigen- und Drittinteressen eines Aufsichtsratsmitglieds haben müssen, um dessen Unabhängigkeit auszuschließen.[297] International ganz ungewöhnlich ist, dass es neben der Definition fehlender Unabhängigkeit keine Liste von Merkmalen, vergleichbar derjenigen in Anhang II der Empfehlung der Europäischen Kommission zur Unabhängigkeit von Aufsichts- und Verwaltungsratsmitgliedern vom 15.2.2005,[298] gibt, bei denen Unabhängigkeit regelmäßig zu verneinen ist.[299]

134 Mit der Verschärfung der Negativdefinition der Unabhängigkeit von Aufsichtsratsmitgliedern[300] im Zuge der Revision des DCGK v. 15.5.2012[301] ist die Stärkung einer ausschließlich am Unternehmensinteresse ausgerichteten Entscheidungsfindung im Aufsichtsrat bezweckt.[302]

---

292 *Wilsing/v. der Linden*, DStR 2012, 1391 [1392].

293 Etwas anderes soll nach den Vorstellungen der EU-Kommission gemäß Ziff. 13.2 sowie Erwägungsgrund (18) deren Empfehlung 2005/162/EG v. 15.2.2005 gelten.

294 *Hecker/Peters*, BB 2012, 2639 [2644]; *Stephanblome*, ZIP 2013, 1411 [1412], wonach dem Aufsichtsrat nicht bloß ein Beurteilungsspielraum zukommt, der gerichtlich daraufhin überprüft werden kann, ob er überschritten ist, sondern eine nicht überprüfbare Einschätzungsprärogative; *Wilsing/v. der Linden*, DStR 2012, 1391 [1392], begrüßen, dass den Aufsichtsratsmitgliedern hinsichtlich der konkreten Zahl unabhängiger Mitglieder eine Einschätzungsprärogative verbleibt und sie somit den spezifischen Gegebenheiten des jeweiligen Unternehmens Rechnung tragen können, ohne eine Abweichung vom Kodex erklären zu müssen.

295 *Roth*, WM 2012, 1985 [1988]; *ders.*, ZHR 175 (2011), 605 [636].

296 *Florstedt*, ZIP 2013, 337 [342]; ein Überblick über die in der Literatur diskutierten Kriterien mN findet sich bei *Stephanblome*, ZIP 2013, 1411 [1412].

297 *Stephanblome*, NZG 2013, 445 [445].

298 Empfehlung der Europäischen Kommission v. 15.2.2005 zur Unabhängigkeit von Aufsichtsratsmitgliedern, 2005/162/EG, ABl. vom 25.2.2005, L 52/51; hierzu ausführlich: *Langenbucher*, ZGR 2007, 571 [589 ff]; *Spindler*, ZIP 2005, 2033 [2033 ff]; vgl auch *Weber-Rey*, WM 2009, 2255 [2255], wonach für das Verständnis der Kodexregelungen das Verständnis deren Zusammenspiels mit nationalen Gesetzesregelungen und europäischen Regelungen und Empfehlungen erforderlich ist.

299 Vgl *Roth*, WM 2012, 1985 [1985, 1987], wonach es in Belgien, Dänemark, Frankreich, Italien, Niederlande, Österreich, Polen, Spanien, Schweden und Großbritannien eine solche Liste gibt, nicht aber Portugal und Bulgarien.

300 Vgl *Wilsing/v. der Linden*, DStR 2012, 1391 [1391]; *Langenbucher*, ZGR 2012, 314 [334], die von Unabhängigkeit als „Verhinderung des Anscheins von Befangenheit in der Person des Aufsichtsratsmitglieds spricht".

301 *Lagenbucher*, ZGR 2012, 314 [323], zum Problem des unterschiedlichen Inhalts des Begriffs „Unabhängigkeit" im Hinblick auf Aufsichtsratsmitglieder vor der Revision des DCGK.

302 *Stephanblome*, NZG 2013, 445 [445].

dd) Abhängigkeit von Gesellschaft, Organen und Kontrollaktionär

Erfasst sind in der neuen Kodex-Definition nur zwei als besonders schädlich empfundene Abhängigkeiten von Aufsichtsratsmitgliedern, namentlich diejenige vom Vorstand – entweder zu einem oder mehreren Vorstandsmitgliedern persönlich oder zu der durch den Vorstand vertretenen Gesellschaft, zum Ausdruck gebracht in den Bezeichnungen „Gesellschaft" und „deren Organe" – und diejenige vom kontrollierenden Aktionär oder einem mit diesem verbundenen Unternehmen.[303] Dies ist bereits dem Erwägungsgrund (3) der Empfehlung der Europäischen Kommission vom 15.2.2005 zu entnehmen, an der sich die aktuelle Kodexregelung maßgeblich orientiert,[304] wenngleich die Kommission bei ihrer Empfehlung vornehmlich outside directors monistischer Gremien vor Augen gehabt haben dürfte.[305] Der Unabhängigkeit vom Vorstand kommt insbesondere in Gesellschaften mit einem Großteil der Aktien im Streubesitz erhebliche Bedeutung zu.[306] Die Unabhängigkeit vom kontrollierenden Aktionär dient vor allem Minderheitsaktionären,[307] in deren Interessen der Aufsichtsrat den Vorstand zu überwachen hat,[308] ggf gegen die Interessen des kontrollierenden Aktionärs.[309] Es sollen hierdurch Vermögensverschiebungen und verdeckte Ausbeutung, also das sog. „tunneling" und die „related party transactions" erschwert werden.[310] Besondere Auswirkungen hat das Unabhängigkeitserfordernis auf Aufsichtsräte von faktisch konzernierten, börsennotierten Tochtergesellschaften und insbesondere dann, wenn diese partitätisch mitbestimmt sind. Denn hier schwächt die Empfehlung des Kodexes die „Personalschiene", das zentrale Konstruktionselement des faktischen AG-Konzerns und führt somit zu einer Fragilität.[311] Die Anteilseignerbank kann nicht ausschließlich mit Repräsentanten des Mehrheitsaktionärs besetzt werden,[312] was insbesondere auch bei Familienunternehmen den Einfluss 135

303 Kritisch hierzu insbesondere im Hinblick auf die Mitbestimmung und das berechtigte Konzernleitungsinteresse des herrschenden Aktionärs *Paschos/Goslar*, NZG 2012, 1361 [1362]; *Wilsing/v. der Linden*, DStR 2012, 1391 [1391 f]; zur Kodexfassung vom 2.6.2005 mit dem Hinweis auf die Eigentumsgarantie des Art. 14 GG, *Lieder*, NZG 2005, 569 [671]; positiv beurteilen *Bachmann*, AG 2012, 565 [573], („überzeugend") und *Scholderer*, NZG 2012, 168 [172], diese Ergänzung der Negativdefinition der Unabhängigkeit des Kodex.

304 Bericht der Regierungskommission Deutscher Corporate Governance Kodex an die Bundesregierung, November 2010, S. 28 (abrufbar unter http://www.corporate-governance-code.de/ger/download/16122010/Governance_Bericht_Nov_2010.pdf); vgl auch *Roth*, WM 2012, 1985 [1986].

305 Siehe hierzu nur *Spindler*, ZIP 2005, 2033 [2038 f].

306 Vgl *Florstedt*, ZIP 2013, 337 [337], zum „Vorstand/Aktionär-Konflikt".

307 Vgl *Hommelhoff*, ZIP 2013, 953 [956 f], zum Stakeholder- und insbesondere zum Minderheitenschutz als Motiv für das Unabhängigkeitspostulat; vgl. auch *Paschos/Goslar*, NZG 2012, 1361 [1363]; *Wettich*, AG 2012, 725 [726].

308 Vgl Bericht des Rechtsausschusses des Deutschen Bundestages, bei *Kropff*, Textausgabe des Aktiengesetzes vom 06.09.1965 (BGBl. I S. 1089), S. 140, wonach der Gesetzgeber einen obligatorischen Vertreter der Aktionärsminderheit im Aufsichtsrat ausdrücklich abgelehnt hat; zur Historie der Vorschläge auf Einführung einer gesetzlichen Regelung zur Schaffung eines Minderheitenvertreters, vgl *Hommelhoff*, ZIP 2013, 953 [960 f].

309 Zu Recht weist *Hommelhoff*, ZIP 2013, 953 [959], darauf hin, dass die unabhängigen Anteilseignervertreter vom Kontrollaktionär gewählt werden und somit von ihm legitimiert sind, zumindest wenn es sich hierbei um einen Mehrheitsaktionär handelt.

310 Vgl *Florstedt*, ZIP 2013, 337 [337], zum „Mehrheit/Minderheit-Konflikt" und [340] zur (fehlenden) Bedeutung der Besetzung des Aufsichtsrats des beherrschten Unternehmens mit unabhängigen Mitgliedern im Vertragskonzern und somit als typischer Abweichungsgrund.

311 Vgl BayObLG, Beschl. v. 24.03.1998 – 3Z BR 236/96, abgedruckt in: NZG 1998, 509 = AG 1998, 523 [524 f]; *Hommelhoff*, ZIP 2013, 1645 [1647 mwN].

312 Vgl *Hommelhoff*, ZIP 2013, 1645 [1649 f], mit der rechtspolitischen Forderung, wonach die Anteileignervertreter im Aufsichtsrat der börsennotierten Tochtergesellschaft, einschließlich der vom Mutterunternehmen unabhängigen Mitglieder, dem Konzerninteresse zu verpflichten seien mit der Folge, dass sie mithelfen müssten, die Einbindung der Gesellschaft in den Konzern zu bewerkstelligen.

der Familie reduzieren und bei paritätischer Mitbestimmung sogar gänzlich aufheben kann.[313]

136 An Unabhängigkeit fehlt es einem Aufsichtsratsmitglied auch dann, wenn die fragliche Beziehung nicht zu ihm persönlich besteht, sondern zu einer Gesellschaft, an der es mehrheitlich beteiligt ist oder die es repräsentiert.[314] Die bloße Mitgliedschaft im Aufsichtsrat einer solchen Gesellschaft dürfte für die Zurechnung allein regelmäßig nicht ausreichen.[315]

137 Ungeklärt ist, wann ein Aktionär die Gesellschaft kontrolliert.[316] Sicher ist, dass dem „anderen Unternehmen" im Rahmen eines Beherrschungsvertrages diese Eigenschaft stets zukommt bzw anhaftet.[317] Zudem dürfte es als gesicherte Erkenntnis gelten, dass § 29 Abs. 2 WpÜG, die einzige Gesetzesvorschrift, die den Begriff der „Kontrolle" verwendet und diese bei einer starren Grenze von 30% der Anteile festlegt, zur Auslegung von Ziff. 5.4.2 Satz 2 DCGK nicht oder zumindest nicht ausschließlich heranzuziehen ist.[318] Der kontrollierende Aktionär ist außerdem nicht mit dem wesentlich an der Gesellschaft beteiligten Aktionär zu verwechseln, der gemäß Ziff. 5.4.1 Abs. 6 DCGK direkt oder indirekt mehr als 10% der stimmberechtigten Aktien der Gesellschaft hält und dessen Beziehungen zu Kandidaten für die Wahl in den Aufsichtsrat gemäß Ziff. 5.4.1 Abs. 4 DCGK bei den entsprechenden Wahlvorschlägen an die Hauptversammlung offenzulegen sind.[319] Vielmehr dürfte an dieser Stelle des Kodex entweder auf den konzernrechtlichen Beherrschungsbegriff der §§ 16 ff AktG[320] oder auf den Kontrollbegriff der EU-Konzernbilanzrichtlinie[321] abzustellen sein,[322] der in § 290 HGB umgesetzt wurde.[323] Darüber hinaus ist fraglich, inwiefern eine Kontrolle iS von Ziff. 5.4.2 DCGK durch Zusammenwirken mehrere Aktionäre (acting in concert) vorliegen kann, die jeweils für sich keine Kontrollaktionäre der Gesellschaft sind, zusammen jedoch die Hauptversammlungsmehrheit haben.[324]

313 Vgl hierzu *Hommelhoff*, ZIP 2013, 953 ff.

314 *Kremer/v. Werder*, AG 2013, 340 [345]; *Stephanblome*, NZG 2013, 445 [447]; *Paschos/Goslar*, NZG 2012, 1361 [1365].

315 So auch *Kremer/v. Werder*, AG 2013, 340 [345], wonach für den Aufsichtsratsvorsitzenden jedoch anderes gelten kann.

316 Offengelassen von *Hecker/Peters*, BB 2012, 2639 [2644]; vgl auch *Hommelhoff*, ZIP 2013, 953 [955], der für die Zukunft ein Absinken der erforderlichen Beteiligungsquote des Aktionärs für die Annahme fehlender Unabhängigkeit des mit ihm in Beziehung stehenden Aufsichtsratsmitglieds prognostiziert.

317 Vgl nur *Kremer/v. Werder*, AG 2013, 340 [344].

318 Vgl *Kremer/v. Werder*, AG 2013, 340 [344]; *Ringleb/Kremer/Lutter/v. Werder*, NZG 2012, 1081 [1088]; vgl auch *Klein*, AG 2012, 805 [807], wonach Kontrolle Stimmenmehrheit auf der Basis der regelmäßigen Hauptversammlungspräsenz erfordert, wobei die Beteiligung hierfür oberhalb des Schwellenwerts des § 29 Abs. 2 WpÜG liegen kann.

319 Vgl *Kremer/v. Werder*, AG 2013, 340 [346]; *Roth*, WM 2012, 1985 [1986], zum doppelten Standard im Hinblick auf die Beurteilung der Unabhängigkeit von Aufsichtsratsmitgliedern gegenüber Aktionären.

320 Vgl *Paschos/Goslar*, NZG 2012, 1361 [1363]; *Ringleb/Kremer/Lutter/v. Werder*, NZG 2012, 1081 [1088].

321 Siebente Richtlinie 83/349/EWG des Rates v. 13.6.1983 auf Grund von Art. 54 Abs. 3 Satz 3 lit. g des Vertrages über den konsolidierten Abschluss, ABl. EG Nr. L 193 v. 18.7.1983, S. 1-17, zuletzt geändert durch Richtlinie 2009/49/EG des Europäischen Parlaments und des Rates v. 18.6.2009 zur Änderung der Richtlinien 78/660/EWG und 83/349/EWG des Rates im Hinblick auf bestimmte Angabepflichten mittlerer Gesellschaften sowie die Pflicht zur Erstellung eines konsolidierten Abschlusses, ABl. EG Nr. L 164 v. 26.6.2009, S. 42.

322 In diesem Sinne *Florstedt*, ZIP 2013, 337 [340]; *Roth*, WM 2012, 1985 [1986]; ausdrücklich offengelassen von *Klein*, AG 2012, 805 [807].

323 *Stephanblome*, NZG 2013, 445 [448], der insofern auf Abs. 1 der Präambel des DCGK abstellt, wonach die Regelungen des Kodex insbesondere den internationalen institutionellen Anleger im Fokus haben und eine Auslegung anhand einer EU-Richtlinie diesem deutlich leichter fallen dürfte als eine Auslegung anhand eines von nationaler Rechtsprechung und Literatur geformten Rechtsbegriffes.

324 Vgl *Florstedt*, ZIP 2013, 337 [341 f].

Nicht erfasst von der Unabhängigkeitsdefinition des Kodex sind hingegen sonstige Interessenkonflikte, denen Aufsichtsratsmitglieder ausgesetzt sein und welche die Effektivität der Überwachung beeinträchtigen können, wie zB der Interessenwiderstreit, dem der Bürgermeister im Aufsichtsrat ausgesetzt ist, wenn die Gesellschaft vorhat, einen in seiner Kommune befindlichen Standort zu schließen. Insofern ist Unabhängigkeit im Sinne des Kodex nicht als Freiheit von jeglichen signifikanten Interessenkonflikten zu verstehen.[325] Die Empfehlung der EU-Kommission postuliert jedoch genau dies in ihrem Erwägungsgrund Nr. 7. 138

Wenngleich in Ziff. 5.4.2 Satz 2 DCGK von Beziehungen zu Organen der Gesellschaft die Rede ist, schließt die Beziehung zu einem anderen Aufsichtsratsmitglied Unabhängigkeit nicht aus. Denn die „Blockbildung" unabhängiger Aufsichtsratsmitglieder innerhalb des Aufsichtsrats führt noch nicht zu einem Defizit im Hinblick auf die Kontrolle des Vorstands und seiner Amtsausübung.[326] Etwas anderes gilt nur, wenn das Aufsichtsratsmitglied, zu dem die Beziehung besteht, selbst nicht unabhängig ist.[327] 139

ee) Geschäftliche oder persönliche Beziehung

Die Abhängigkeiten müssen gemäß Ziff. 5.4.2 Satz 2 DCGK aufgrund geschäftlicher oder persönlicher Beziehung zu einem der zuvor bezeichneten Akteure bestehen, die einen wesentlichen und nicht nur vorübergehenden Interessenkonflikt begründen kann. 140

Geschäftliche Beziehungen zeichnen sich dadurch aus, dass die Beteiligten regelmäßig miteinander Geschäfte machen und abwickeln oder auf der Basis von Dauerschuldverhältnissen miteinander verbunden sind.[328] Einschränkungen im Hinblick auf die Art solcher Geschäfte bestehen nicht. Die geschäftlichen Beziehungen müssen einen bedeutenden Umfang haben, um dauerhafte Interessenkonflikte zu verursachen.[329] 141

Persönliche Beziehungen sind solche zu nahestehenden Personen.[330] Hierzu gehören Familienangehörige und somit verwandte und verschwägerte Personen, vgl §§ 1589, 1590 BGB, § 11 LPartG,[331] nicht jedoch auch Freunde, selbst wenn zu ihnen eine besonders enge emotionale Bindung besteht.[332] Der Grund für diese Abgrenzung liegt ausschließlich in dem Bedürfnis praktischer Handhabung. Denn der Grad emotionaler Bindung dürfte objektiv nicht nachvollziehbar bestimmt werden können.[333] Dies müssten die Aufsichtsratsmitglieder jedoch leisten, zählte man auch Beziehungen zu Freunden zu den persönlichen Beziehungen im Sinne der Kodex-Empfehlung. 142

---

325 So im Erg. auch *Stephanblome*, NZG 2013, 445 [446].

326 So bereits *Lieder*, NZG 2005, 569 [572], zur Kodexfassung vom 2.6.2005.

327 *Stephanblome*, NZG 2013, 445 [447 mwN].

328 *Lieder*, NZG 2005, 569 [570 f], nennt als typische Anwendungsfälle neben Großkunden und Hauptlieferanten insbesondere die (Haus-)Bank sowie „sonstige Anbieter von Dienstleistungen finanzieller, rechtlicher oder beratender Art", so dass auch ein Aufsichtsratsmitglied in geschäftlicher Beziehung zur Gesellschaft steht, mit dem diese einen lukrativen Beratervertrag unterhält.

329 *Stephanblome*, NZG 2013, 445 [446]; *Paschos/Goslar*, NZG 2012, 1361 [1365].

330 *Stephanblome*, NZG 2013, 445 [447], verweist hierzu auf vergleichbare Fälle in § 115 Abs. 2 AktG, § 15 a Abs. 3 WpHG, § 138 InsO; *Kremer/v. Werder*, AG 2013, 340 [343], ziehen neben § 15 a Abs. 3 WpHG auch § 15 AO heran; *Spindler*, ZIP 2005, 2033 [2042], zeigt eine Parallele zu den Zeugnisverweigerungsrechten nach § 383 ZPO und § 52 StPO; außerdem nennt er § 89 Abs. 3 AktG.

331 *Spindler*, ZIP 2005, 2033 [2042], hält Interessenkollisionen „nur bei direkter Verwandtschaft in erster Linie sowie bei Ehegatten oder eheähnlichen Lebensgemeinschaften" für möglich, während *Lieder*, NZG 2005, 569 [572], darüber hinaus Interessenkollisionen bis zum dritten Grad der Verwandtschaft für möglich hält.

332 Diese einbeziehend *Paschos/Goslar*, NZG 2012, 1361 [1365]; *Lieder*, NZG 2005, 569 [572] zur Kodexfassung vom 2.6.2005; *de Raet*, AG 2013, 488 [491], zu Ziff. 5.4.1 Abs. 4 DCGK.

333 So auch *Stephanblome*, NZG 2013, 445 [447], der jedoch als weiteres Argument für die eindeutige Abgrenzung anführt, dass Aufsichtsratsmitgliedern es zugetraut werden kann, dass sie freundschaftliche und sonstige persönliche Beziehungen bei Mandatsausübung hintanstellen.

ff) Wesentlicher und dauerhafter Interessenkonflikt

143 Neben der bloßen Existenz einer persönlichen oder geschäftlichen Beziehung muss diese auch das Potential haben, einen wesentlichen und nicht nur vorübergehenden Interessenkonflikt zu begründen. Ein Interessenkonflikt liegt vor, wenn bei dem Aufsichtsratsmitglied die konkrete Gefahr besteht, dass sein Eigeninteresse oder ein von ihm repräsentiertes Drittinteresse seine Mitwirkung an der Entscheidung in einer dem Unternehmensinteresse zuwiderlaufenden Weise beeinflussen könnte.[334] Dieser Konflikt darf auch nicht nur vorübergehend sein, was immer dann der Fall ist, wenn dem Aufsichtsratsmitglied die weitere pflichtgemäße Amtsausübung durch den Konflikt auf Dauer unmöglich gemacht wird, weil es bei einer Vielzahl zukünftiger Entscheidungen aufgrund des Interessenkonflikts nicht an Beratung und Abstimmung teilnehmen dürfte.[335] Wesentlich ist der Interessenkonflikt, wenn er die Urteilsfähigkeit des Aufsichtsratsmitglieds gefährdet,[336] wenn er sich also nicht dadurch lösen lässt, dass das Aufsichtsratsmitglied ihn offenlegt und bei der Abstimmung dem Unternehmensinteresse den Vorzug einräumt, sondern die Umstände es erfordern, dass das Mitglied Beratung und Abstimmung fernbleibt.[337] Im Hinblick auf die Wesentlichkeit ist „eine Verengung auf reine Umsatz- oder Einkommensrelationen zwischen Aufsichtsratsmitglied und Gesellschaft“ nicht angezeigt.[338] Ein wesentlicher und nicht nur vorübergehender Interessenkonflikt muss aber nicht vorliegen, um die Unabhängigkeit des Aufsichtsratsmitglieds auszuschließen. Es genügt vielmehr die Möglichkeit dessen Entstehung, sozusagen ein potenzieller Interessenkonflikt.[339] Da vermutlich bei jedem Aufsichtsratsmitglied zumindest theoretisch ein solcher auftreten könnte, bedarf es einer Einschränkung des Tatbestandsmerkmals „kann“. In diesem Zusammenhang wird gefordert, dass das Unternehmensinteresse aktuell bereits abstrakt gefährdet sein muss,[340] die Beziehung ihrer Art nach also erwarten lässt, dass sich das Aufsichtsratsmitglied bei einer Entscheidung des Organs bereits jetzt vorrangig nach Gesellschaft, Vorstandsmitglied oder kontrollierendem Aktionär richten würde.[341] Zu weit würde die Einschränkung gehen, forderte man, der Interessenkonflikt müsse mit hinreichender Wahrscheinlichkeit eintreten.[342] Denn dann würde den hohen Hürden von Wesentlichkeit und Dauerhaftigkeit des möglichen Interessenkonflikts noch eine dritte hohe Hürde hinzugefügt, die das Fehlen von Unabhängigkeit eines Aufsichtsratsmitglieds vermutlich zu einer rein wissenschaftlichen Frage machen würde. Offenbleiben kann in diesem Zusammenhang, ob Ziff. 5.4.1 Abs. 4 DCGK – Empfehlung zur Offenlegung persönlicher oder geschäftlicher Beziehungen im Zusammenhang mit den Vorschlägen an die Hauptversammlung zur Wahl von Kandidaten in den Aufsichtsrat unabhängig davon, ob sie einen Interessenkonflikt begründen können – ein Rückschluss auf die Reichweite der Einschränkung der bloßen Möglichkeit entnommen werden kann.[343]

---

334 Zum Begriff des Interessenkonflikts *Seibt*, FS Hopt, 2010, S. 1363 [1364 f].

335 *Habersack*, in: MünchKomm AktG³, § 100, Rn 72; *Stephanblome*, NZG 2013, 445 [449 mwN]; *Klein*, AG 2012, 805 [806], nennt M&A-Projekte, Beratungsmandate oder technische Machbarkeitsstudien als Beispiele für lediglich vorübergehende Interessenkonflikte.

336 *Klein*, AG 2012, 805 [807].

337 *Seibt*, FS Hopt, 2010, S. 1363 [1374 ff]; *Stephanblome*, NZG 2013, 445 [449].

338 *Kremer/v. Werder*, AG 2013, 340 [345].

339 *Kremer/v. Werder*, AG 2013, 340 [345]; *Klein*, AG 2012, 805 [806]; kritisch zu dieser Ausdehnung des Tatbestandes: *Ihrig/Meder*, ZIP 2012, 1210 [1214]; vgl auch *Scholderer*, NZG 2012, 168 [172], der diese Ausdehnung für richtig und konsequent hält.

340 *Stephanblome*, NZG 2013, 445 [449]; *Scholderer*, NZG 2012, 168 [171].

341 *Stephanblome*, NZG 2013, 445 [449 f], mit konkreten Beispielen hierzu.

342 *Stephanblome*, NZG 2013, 445 [450]; aA: *Scholderer*, NZG 2012, 168 [171]; so wohl auch *Paschos/Goslar*, NZG 2012, 1361 [1362 ff].

343 In diesem Sinne *Stephanblome*, NZG 2013, 445 [450].

gg) Unabhängigkeit bei Beziehung zum kontrollierenden Aktionär

Mit der am 15.5.2012 erfolgten Erweiterung der Negativdefinition der Unabhängigkeit in Ziff. 5.4.2 Satz 2 DCGK um persönliche oder geschäftliche Beziehungen zum kontrollierenden Aktionär oder einem mit diesem verbundenen Unternehmen wurde die bis dato umstrittene Frage zwischen denjenigen, die auf der Grundlage des deutschen Rechts zum faktischen Konzern Unabhängigkeit[344] des Aufsichtsratsmitglieds trotz Beziehung zum Mehrheitsaktionär bejahten, und denen, welche die fraglichen Aufsichtsratsmitglieder für abhängig hielten,[345] zugunsten Letzterer entschieden, sofern hierdurch die Möglichkeit eines wesentlichen und nicht nur vorübergehenden Interessenkonflikts begründet werden kann.[346] 144

Die Frage, ob der Kontrollaktionär selbst in der Rolle des Aufsichtsratsmitglieds als unabhängig einzustufen ist, dürfte praktisch von untergeordneter Bedeutung sein. Denn nur in seltenen Fällen wird es sich hierbei um eine natürliche Person handeln. Dem Gedanken der Neuregelung entsprechend wird man aber auch ihm die Unabhängigkeit absprechen müssen.[347] Die inhaltliche Ausdehnung der Negativdefinition bezweckt, im Sinne guter Corporate Governance die Interessen der Gesellschaft über diejengen der Aktionäre zu stellen. Es kann somit keinen Unterschied machen, ob ein Mitglied des Aufsichtsrats aufgrund seiner Beziehung zu einem Aktionär gefährdet ist, dessen Interessen gegenüber denjenigen der Gesellschaft zu bevorzugen oder ob dies der Aktionär selbst tut. Im Gegenteil wird wird man davon ausgehen müssen, dass ein Aufsichtsratsmitglied eigene Interessen noch stärker verfolgt als die anderer Personen, die es vertritt. 145

hh) Unabhängigkeit bei Beziehung zu Lieferanten, Dienstleistern und Kunden

Kreditgeber, Lieferanten und Kunden (einschließlich der Mitglieder deren Vertretungsorgane), die in wesentlichen Geschäftsbeziehungen zu der Gesellschaft stehen, sind als Aufsichtsratsmitglieder zumindest dann nicht unabhängig, wenn der Aufsichtsrat über Finanzierungsfragen oder die Zustimmung zu Geschäften mit größeren Volumina zu entscheiden hat. Dasselbe dürfte für Entscheidungen über die zukünftige Unternehmenspolitik gelten, wenn sich dies auf die Beziehung zum Kreditgeber, Lieferanten oder Kunden unmittelbar oder zumindest mittelbar auswirken würde.[348] 146

Ähnlich verhält es sich bei einem Aufsichtsratsmitglied, das Rechtsanwalt und/oder Steuerberater und Partner einer Sozietät ist, zu deren umsatzstärksten Mandanten die Gesellschaft gehört.[349] Ob der Rechtsanwalt, der gleichzeitig die Gesellschaft berät, unabhängiges Aufsichtsratsmitglied sein kann, hängt somit vom Einzelfall ab, insbesondere vom Umfang der anwaltlichen Tätigkeit für die Gesellschaft und von der Bedeutung des Mandats für den Rechtsanwalt bzw seine Sozietät.[350] Zwar werden sowohl Rechtsanwalt als auch Aufsichtsratsmitglied im Interesse der Gesellschaft tätig, so dass ein Konflikt auf den ersten Blick nicht anzunehmen ist. Während das Aufsichtsratsmitglied jedoch ohne Ansehung der Person 147

344 *Bürgers/Schilha*, AG 2010, 221 [227 ff]; *Diekmann/Bidmon*, NZG 2009, 1087 [1090]; *Gesell*, ZGR 2011, 361 [385]; *Lutter*, EuZW 2009, 799 [803 f]; *ders.*, EuZW 2010, 87.

345 *Habersack*, FS Goette, S. 121, [127 ff]; *Kropff*, FS K. Schmidt, 2009, S. 1023 [1026 f]; *Vetter*, ZGR 2010, 751 [783 f]; wohl auch *Roth*, ZHR 175 (2011), 605 [629 f].

346 Zur Forderung gegenteiliger Behandlung von Aufsichtsratsmitglieder, die in enger Beziehung zum kontrollierenden Aktionär stehen, vgl *Habersack*, Gutachten E zum 69. DJT, Bd. I, 2012, Empfehlung 13.

347 Offengelassen von *v. Falkenhausen*, ZIP 2013, 862 [865]; aA: *Florstedt*, ZIP 2013, 337 [339], wonach die Eigentümer (Aktionäre) im Aufsichtsrat „die richtigen Kontrolleure“ sind.

348 *Scholderer*, NZG 2012, 168 [173], zum Stakeholder-Ansatz der Unabhängigkeitsdefinition; vgl auch *Hoffmann*, WM 2012, 10 ff.

349 Ausdrücklich offen gelassen von OLG Köln, Urt. v. 31.1.2013 – 18 U 21/12 („Solarworld“), abgedruckt in: NZG 2013, 548 [550].

350 *v. Falkenhausen*, ZIP 2013, 862 [863].

den Vorstand und dessen Mitglieder zu kontrollieren hat, ist es als Rechtsanwalt von dessen Wohlwollen abhängig. Denn der Vorstand vertritt gemäß § 78 Abs. 1 Satz 1 AktG die Gesellschaft bei der Mandatierung des Rechtsanwalts bzw seiner Sozietät. Dieser Umstand wird regelmäßig dazu führen, dass das Aufsichtsratsmitglied gehemmt ist, bei der Abberufung von Vorstandsmitgliedern (dazu Rn 549 ff), die es als Rechtsanwalt mandatiert haben, oder gar bei deren Inanspruchnahme auf Schadensersatz mitzuwirken.[351] (dazu Rn 880 ff) Besteht ein Zustimmungsvorbehalt (dazu Rn 797 ff) und hält das anwaltliche Aufsichtsratsmitglied die vom Vorstand geplante Maßnahme für recht- aber unzweckmäßig, muss es als Aufsichtsratsmitglied gegen eine Erteilung der erforderlichen Zustimmung stimmen, gleichzeitig als Rechtsanwalt der Gesellschaft jedoch den Vorstand bei dessen Vorhaben konstruktiv unterstützen.[352] Außerdem kann es Situationen geben, in denen das Aufsichtsratsmitglied als Rechtsanwalt vom Vorstand Informationen erlangt, die es als Aufsichtsratsmitglied seinen Kollegen nicht vorenthalten dürfte, aufgrund der anwaltlichen Verschwiegenheit an einer Weitergabe jedoch gehindert ist. Wenn es dem anwaltlichen Aufsichtsratsmitglied in dieser Situation nicht gelingen sollte, den Vorstand zur Information des Aufsichtsrats in Gänze zu veranlassen, liegt ein Konflikt vor.[353]

ii) Unabhängigkeit von Arbeitnehmervertretern

148 Besonders kontrovers wird auch die Frage der Unabhängigkeit von Arbeitnehmervertretern im Aufsichtsrat diskutiert, da bei ihnen bereits aufgrund ihres Arbeitsverhältnisses zur Gesellschaft oder einer Konzerngesellschaft eine geschäftliche Beziehung besteht,[354] aufgrund deren sie eine Vergütung erhalten, die von der Vergütung für ihre Organtätigkeit unabhängig ist. Diejenigen, die deren grundsätzliche Unabhängigkeit bejahen,[355] argumentieren mit der Empfehlung der EU-Kommission sowie mit der SEC-Verordnung,[356] die auf Section 301 Sarbanes-Oxley Act basiert und wonach Arbeitnehmervertreter unter bestimmten Voraussetzungen als unabhängig anzusehen sind. Diejenigen, die Unabhängigkeit der Arbeitnehmervertreter im mitbestimmten Aufsichtsrat – zumindest bei im Unternehmen oder einem abhängigen Unternehmen tätigen Arbeitnehmern sowie bei Gewerkschaftsvertretern – verneinen,[357] argumentieren mit einem Vergleich zu den Vertretern der Konzernmutter im Aufsichtsrat und plädieren neben der Einteilung in abhängige und unabhängige Aufsichtsratsmitglieder für eine dritte, separate Kategorie der Arbeitnehmervertreter mit dem Hinweis da-

351 Vgl *v. Falkenhausen*, ZIP 2013, 862 [863].

352 Vgl *v. Falkenhausen*, ZIP 2013, 862 [863].

353 Vgl *v. Falkenhausen*, ZIP 2013, 862 [864], was zumindest dann gelten soll, wenn die Gesellschaft in diesem Fall vom Vorstand und nicht gemäß § 112 AktG analog vom Aufsichtsrat vertreten wird.

354 Vgl nur *Lieder*, NZG 2005, 569 [571].

355 *Paschos/Goslar*, NZG 2012, 1361 [1364]; *Ringleb/Kremer/Lutter/v. Werder*, NZG 2012, 1081 [1086]; *Lieder*, NZG 2005, 569 [571]; *Gruson/Kubicek*, AG 2003, 337 [351]; *Kersting*, ZIP 2003, 2010 [2015], jeweils im Hinblick auf den Sarbanes-Oxley Act; *Habersack*, ZHR 168 (2004), 373 [376 f]; *Spindler*, ZIP 2005, 2033 [2040]; offen gelassen von *Buhleier/Krowas*, DB 2010, 1165 [1166], welche die Frage im Zusammenhang mit dem unabhängigen Finanzexperten iS von §§ 100 Abs. 5, 107 Abs. 4 AktG stellen; die Entscheidung der Frage nach der Unabhängigkeit dem Aufsichtsrat überlassend: *Kremer/v. Werder*, AG 2013, 340 [344]; *Stephanblome*, ZIP 2013, 1411 [1412].

356 General Rules and Regulations promulgated under the Securities Exchange Act of 1934, Rule 10A-3 – Listing Standards Relating to Audit Committees, 68 Fed. Reg. 18788 ff, sec. (b) (1) (iv) (C); abrufbar unter: http://www.law.uc.edu/CCL/34ActRls/rule10A-03.html; Näheres hierzu bei *Kersting*, ZIP 2003, 2010 [2012].

357 *Habersack*, in: MünchKomm AktG³, § 100, Rn 55; *Börsig/Löbbe*, FS Hoffmann-Becking, 2013, S. 125 [135]; *Scholderer*, NZG 2012, 168 [173]; *Roth*, ZHR 175 (2011), 605 [630 f, 640], mit Verweis auf den Dutch Corporate Governance Code; *ders.*, WM 2012, 1985 [1987]; *Schwalbach*, AG 2004, 186 [187]; *Vetter*, BB 2005, 1689 [1691].

rauf, dass Aufsichtsrat und Hauptversammlung keinen Einfluss auf die Besetzung des Arbeitnehmerbank haben.[358]

Laut Anhang II Ziff. 1 lit. b) der Empfehlung der EU-Kommission vom 15.2.2005 sind Arbeitnehmervertreter im Aufsichtsrat unabhängig, wenn das Gesetz ihnen „einen angemessenen Schutz vor missbräuchlicher Entlassung und sonstiger ungerechter Behandlung bietet und es sich bei dem betreffenden Mitglied nicht um eine Führungskraft handelt. Hiernach dürfte der leitende Angestellte iS von § 15 Abs. 1 Satz 2 MitbestG nicht unabhängig sein, zumindest dann nicht, wenn sie dem Vorstand unmittelbar nachgeordnet sind.[359] Allen anderen Arbeitnehmervertretern im Aufsichtsrat dürfte hingegen allein wegen ihres Arbeitsverhältnisses die Unabhängigkeit nicht abgesprochen werden, da für sie das KSchG als Schutz vor missbräuchlicher Entlassung und § 26 MitbestG bzw § 9 DrittelbG als Schutz vor sonstiger ungerechter Behandlung gilt.[360] 149

Nichts anderes kann für die Unabhängigkeitsdefinition des Kodex gelten, denn das Arbeitsverhältnis dürfte bei den Arbeitnehmervertretern, die nicht leitende Angestellte sind, trotz bestehender Beziehung zur Gesellschaft im Regelfall keinen, insbesondere keinen dauerhaften Interessenkonflikt auslösen. Dies kann in Ausnahmesituationen anders sein, etwa wenn es über einen längeren Zeitraum um den Abbau von Arbeitsplätzen geht, den der Aufsichtsrat mittragen müsste. Auch den Gewerkschaftsvertretern im Aufsichtsrat dürfte regelmäßig die Unabhängigkeit nicht aufgrund deren Engagements für die Gewerkschaft abzusprechen sein. Zwar besteht eine geschäftliche Beziehung zwischen Gewerkschaft und Gesellschaft. Sie können jedoch regelmäßig keinen bestimmenden Einfluss auf die Gewerkschaft nehmen.[361] 150

Einen Sonderfall im Hinblick auf die Frage nach der Unabhängigkeit von Arbeitnehmern bilden die Gesellschaften, bei denen Mitarbeiter des Vorstandssekretariats[362] bzw Assistenten des Vorstands oder – im Fall der KGaA – der Geschäftleitung der persönlich haftenden Gesellschafterin Mitglieder des Aufsichtsrats der Gesellschaft sind. Bei kleineren Gesellschaften kommt dies mitunter vor, insbesondere dann, wenn den Aufsichtsratsmitgliedern keine Vergütung gewährt wird und aus diesem Grund Externe als Kandidaten für den Aufsichtsrat nicht zur Verfügung stehen. Diese Arbeitnehmer sind unter dem Gesichtspunkt der Unabhängigkeit mit den leitenden Angestellten im mitbestimmten Aufsichtsrat vergleichbar. Denn auch sie sind dem Vorstand bzw der Geschäftsleitung unmittelbar unterstellt. Hinzu kommt, dass persönliche Schreibkräfte und Assistenten aufgrund der räumlichen Nähe zu ihren Vorgesetzten und der vielfältigen Berührungspunkte mit diesen im Arbeitsalltag sich selbst ständig überwacht fühlen dürften. Eine Überwachung der Geschäftsleitung und somit des eigenen Überwachers dürfte somit praktisch kaum stattfinden, unabhängig davon, ob zugunsten dieser Arbeitnehmer ein § 26 MitbestG bzw § 9 DrittelbG vergleichbarer Schutz vor missbräuchlicher Entlassung und ungerechter Behandlung existiert. 151

358 *Florstedt*, ZIP 2013, 337 [339]; *Roth*, WM 2012, 1985 [1987]; in diese Richtung vermutlich auch *Ihrig/Meder*, ZIP 2012, 1210 [1212]; *Vetter*, BB 2005, 1689 [1691]; vgl auch *Bachmann*, AG 2012, 565 [574], wonach erhöhte Unabhängigkeitserfordernisse allein die Anteilseignerseite treffen, wodurch „bei mitbestimmten Unternehmen eine Gewichtsverschiebung zu Lasten des Großaktionärs droht".

359 Je direkter Leitungskräfte dem Vorstand nachgeordnet sind, desto größer ist die Gefahr, dass aus der Beziehung zur Unternehmensführung ein Interessenkonflikt resultiert, vgl *Lieder*, NZG 2005, 569 [571].

360 So auch *Stephanblome*, NZG 2013, 445 [450]; *Lieder*, NZG 2005, 569 [571].

361 So auch *Stephanblome*, NZG 2013, 445 [450 f].

362 Dies kann im Extremfall eine Teilzeit-Schreibkraft sein.

jj) Zielkonflikt zwischen Unabhängigkeit und Sachkunde

152 Die Forderungen nach Unabhängigkeit der Aufsichtsratsmitglieder auf der einen und deren Sachkunde – Qualität der Überwachung – auf der Seite bilden häufig einen Zielkonflikt.[363] Ehemalige Vorstandsmitglieder[364] oder Vertreter großer und einflussreicher Aktionäre bringen zwar zumeist die gewünschte Sachkunde mit, sind häufig jedoch nicht unabhängig. Hinzu kommt, dass die Leitung eines faktischen Konzerns mit einer AG als abhängigem Unternehmen die Vertretung des (beherrschenden) Aktionärs im Aufsichtsrat erforderlich macht.[365] Aufgrund dessen differenziert der französische Corporate Governance Kodex hinsichtlich der geforderten Anzahl unabhängiger Direktoren zwischen Unternehmen mit Streubesitz auf der einen sowie Familien- und Konzerngesellschaften auf der anderen Seite.[366] Die paritätische Mitbestimmung nach dem deutschen[367] MitbestG führt zwangsläufig dazu, dass zumindest die Belegschaftsvertreter der Arbeitnehmerbank zur Gesellschaft oder einem mit ihr verbundenen Unternehmen in einem arbeitsvertraglichen Verhältnis stehen und somit allein aufgrund dessen einem Interessenkonflikt ausgesetzt sein könnten, wenngleich dieser regelmäßig nicht zum Verlust der Unabhängigkeit im Sinne von DCGK und Empfehlung der EU-Kommission führen dürfte.[368] Andererseits sind die Arbeitnehmer im Aufsichtsrat regelmäßig bestens in der Belegschaft, die sie in den Aufsichtsrat gewählt hat, vernetzt, was häufig dazu führt, dass Fehlentwicklungen in vielen Bereichen des Unternehmens sehr früh erkannt werden.

c) Der unabhängige Finanzexperte iS von § 100 Abs. 5 AktG

aa) Voraussetzungen

153 Gesetzlich vorgeschrieben ist neben der bereichsspezifischen Sondervorschrift des § 6 Abs. 2 a Satz 1 InvG (vgl heute zB §§ 18 Abs. 3, 119 Abs. 3 Satz 2, 147 Abs. 3 Satz 2 KAGB) lediglich, dass bei kapitalmarktorientierten Gesellschaften und Genossenschaften iS von § 264 d HGB mindestens ein Aufsichtsratsmitglied – insofern handelt es sich nicht um die Regelung einer persönliche Voraussetzung, sondern wie bei § 6 Abs. 2 a Satz 1 InvG[369] (vgl heute zB §§ 18 Abs. 3, 119 Abs. 3 Satz 2, 147 Abs. 3 Satz 2 KAGB) um eine objektive Besetzungsregel[370] – unabhängig sein muss, das gemäß § 100 Abs. 5 AktG, § 36 Abs. 4 GenG zu-

363 *Florstedt*, ZIP 2013, 337 [343]; wonach ergänzend noch das sog. Formalisierungsproblem – Einschaltung von Strohleuten – und das sog. Anreizproblem – keine finanzielle Beteiligung der Kontrolleure am Unternehmne – zu nennen sind; *Hopt*, ZHR 175 (2011), 444 [475], im Zuge eines Rechtsvergleichs; hierzu auch: *Roth*, ZHR 175 (2011), 605 [625 ff].

364 Ehemalige Vorstandsmitglieder werden immer dann in einen Interessenkonflikt geraten, wenn im Aufsichtsrat die Frage nach Schadensersatzansprüchen der Gesellschaft gegen ehemalige oder amtierende Vorstandsmitglieder und deren Geltendmachung behandelt wird; selbst wenn sie nicht unmittelbar im Fadenkreuz der Ermittlungen stehen, werden sie sich regelmäßig Sorgen um die eigene Inanspruchnahme machen.

365 *Habersack*, ZHR 168 (2004), 373 [377], widersprach der seinerzeitigen Ansicht der EU-Kommission, der Kontrollaktionär und seine Repräsentanten befänden sich in einem ihre Unabhängigkeit beseitigenden Interessenkonflikt; *Wackerbarth*, ZGR 2005, 686, 717 ff, legt in Erwiderung auf die Vorschläge der EU-Kommission die Vorteile der Leitungsmacht des Groß- und Mehrheitsaktionärs durch die Repräsentanz im Aufsichtsrat aus ökonomischer Sicht dar, die unter anderem darin bestehen, dass das Management effizienter arbeitet, agency costs reduziert werden und das Management nicht zu mächtig wird, was insbesondere in den USA problematisch sei.

366 Nachweise bei *Roth*, ZHR 175 (2011), 605 [630, Fn 194].

367 Zur Situation in den Niederlanden, wo es ebenfalls eine Unternehmensmitbestimmung von Arbeitnehmern gibt, vgl *Roth*, ZHR 175 (2011), 605 [639].

368 Zur fehlenden Unabhängigkeit der Gewerkschaftsvertreter, vgl *Roth*, ZHR 175 (2011), 605 [630].

369 Anders vermutlich: *Bürgers/Schilha*, AG 2010, 221 [221], die § 6 Abs. 2 a InvG im Kontext des Fehlens einer „allgemeinen gesetzlichen Eignungsvoraussetzung" zitieren.

370 *Staake*, ZIP 2010, 1013 [1018]; zum Organ- anstatt eines Mandatsbezugs, vgl *Drygala*, in: K. Schmidt/Lutter, AktG § 100, Rn 42; *Windbichler*, NJW 2012, 2625 [2627].

dem über Sachverstand auf dem Gebiet der Rechnungslegung oder der Abschlussprüfung zu verfügen hat.[371] Dieselben Voraussetzungen gelten gemäß § 107 Abs. 4 AktG, § 38 Abs. 1 a Satz 2 GenG für mindestens ein Mitglied des Prüfungsausschusses in kapitalmarktorientierten Gesellschaften.[372] Es reicht also nicht aus, dass ein Mitglied des Aufsichtsrats bzw Prüfungsausschusses unabhängig und ein anderes sachverständig ist. Die Voraussetzungen müssen kumulativ in mindestens einer Person vorliegen, damit die vorhandene Finanzkompetenz unbeeinflusst zugunsten des Überwachungsgremiums genutzt werden kann.[373]

Als unabhängig[374] gilt ein Mitglied nach der Empfehlung der Europäischen Kommission vom 15.2.2005, die insoweit zur Auslegung heranzuziehen ist,[375] wenn es in keiner geschäftlichen, familiären oder sonstigen Beziehung zu der Gesellschaft, ihrem Mehrheitsaktionär[376] oder deren Geschäftsführung steht, die einen Interessenkonflikt begründet, der sein Urteilsvermögen beeinflussen könnte.[377] Unabhängigkeit ist danach zB zweifelhaft bei Personen, die geschäftsleitende Funktionen in der Gesellschaft oder verbundenen Unternehmen wahrnehmen oder in den letzten fünf Jahren wahrgenommen haben, die Anteilseigner mit einer Kontrollbeteiligung sind oder einen solchen vertreten, die in Geschäftsbeziehungen von bedeutendem Umfang mit der Gesellschaft stehen oder die enge Familienangehörige einer solchen Person sind.[378] Da der DCGK[379] keine Gesetzesqualität hat und auch keine verbindlichen Vorgaben für die Auslegung von gesetzlichen Vorschriften macht, kann Ziff. 5.4.2 Satz 2 DCGK in der Fassung vom 15.5.2012 nicht zur Auslegung des Tatbestandsmerkmals „unabhängig“ herangezogen werden, obwohl auch die Kodexkommission insofern auf die EU-Empfehlung rekurriert[380] und substantielle Unterschiede, wie sie einst zwischen Kommissions-Empfehlung und DCGK bestanden,[381] eingeebnet hat. Bei der Beantwortung der Frage nach der Unabhängigkeit seiner Mitglieder steht dem Aufsichtsrat ein weiter Beurteilungsspielraum zu.[382] 154

---

371 Hierzu *Buhleier/Krowas*, DB 2010, 1165 [1166]; *Langenbucher*, ZGR 2012, 314 [325 mwN], wonach im Aktienrecht bei der Gremienbesetzung das Prinzip der Qualifikation schwächer ausgeprägt ist als dasjenige der Unabhängigkeit.

372 § 107 Abs. 4 AktG i. V. mit § 100 Abs. 5 AktG i. V. mit § 264 d HGB.

373 *Staake*, ZIP 2010, 1013 [1014].

374 Mit der Aufnahme des Unabhängigkeitserfordernisses in §§ 100 Abs. 5, 107 Abs. 4 AktG wurde Art. 41 Abs. 1 Satz 2 u. 3 der Richtlinie 2006/43/EG des Europäischen Parlaments und des Rates vom 17. Mai 2006 über Abschlussprüfungen von Jahresabschlüssen und konsolidierten Abschlüssen, zur Änderung der Richtlinien 78/660/EWG und 83/349/EWG des Rates und zur Aufhebung der Richtlinie 84/253/EWG des Rates („Abschlussprüferrichtlinie“), ABl. Nr. L 157, S. 87, in deutsches Recht umgesetzt, wobei in diesen Bestimmungen Unabhängigkeit nicht definiert wird.

375 Vgl Erwägungsgrund 24 der Abschlussprüferrichtlinie; vgl aber auch die Eingeschränkungen hierzu in Begr. RegE, BT-Drucks. 16/10067, S. 101 f.

376 Kritisch hierzu *Kropff*, FS K. Schmidt, 2009, S. 1023 [1026 f], wonach dem Aufsichtsrat trotz Arbeitnehmermitbestimmung seine ursprüngliche Funktion als „Ausschuss der Aktionäre“ nicht gänzlich genommen werden darf; *Gesell*, ZGR 2011, 361 [385 f], hält es aus diesem Grund für möglich, dass der Mehrheitsaktionär oder sein Vertreter unabhängiger Rechnungslegungs- oder Abschlussprüfungsexperte iS von § 100 Abs. 5 AktG sein kann; abschließend hierüber zu entscheiden, habe der Aufsichtsrat selbst.

377 Nr. 13.1 der Empfehlung der Europäischen Kommission vom 15.2.2005 zu den Aufgaben von nicht geschäftsführenden Direktoren oder Aufsichtsratsmitgliedern börsennotierter Gesellschaften sowie zu den Ausschüssen des Verwaltungs-/Aufsichtsrats (2005/162/EG, ABl. EG Nr. L 52, S. 51).

378 Vgl Anhang II der Empfehlung der Europäischen Kommission vom 15.2.2005.

379 Zum Verhältnis der Unhabhängigkeitsbegriffe in Kodex und Gesetz, vgl *Stephanblome*, NZG 2013, 445 [451 f]; *Diekmann/Fleischmann*, AG 2013, 141 [144].

380 Vgl *Stephanblome*, NZG 2013, 445 [451], wonach der Unabhängigkeitsbegriff in Gesetz und Kodex jedoch „soweit möglich“ einheitlich auszulegen ist.

381 Vgl hierzu nur *Gesell*, ZGR 2011, 361 [384 f].

382 Vgl Hüffer, AktG, § 100, Rn 12; Spindler, in: Spindler/Stilz, AktG, § 100, Rn 44; *Diekmann/Fleischmann*, AG 2013, 141 [144]; *Diekmann/Bidmon*, NZG 2009, 1087 [1090]; aA: *Habersack*, AG 2008, 98 [105].

155 Der geforderte Sachverstand, der eine Auseinandersetzung mit Finanzvorstand und Abschlussprüfer in Fragen der Rechnungslegung „auf Augenhöhe" ermöglichen soll,[383] liegt regelmäßig vor, wenn das Aufsichtsratsmitglied beruflich mit Rechnungslegung und/oder Abschlussprüfung befasst ist oder war, was nicht nur aber dort stets bei Angehörigen der steuerberatenden oder wirtschaftsprüfenden[384] Berufe oder bei der Absolvierung einer speziellen beruflichen Ausbildung der Fall ist, sondern auch bei (ehemaligen) Finanzvorständen, fachkundigen Angestellten aus den Bereichen Rechnungswesen und Controlling, bei Analysten sowie bei langjährigen Mitgliedern in Prüfungsausschüssen.[385] Die jahrelange Befassung mit Jahresabschlüssen aus allegmeinen Management- und Geschäftsführungsaufgaben[386] reicht somit gewöhnlich aus. Zu berücksichtigen ist jedoch, dass die konkret zu fordernden Kenntnisse vom Umfang der Geschäftstätigkeit und den anzuwendenden Bilanzierungsregelungen – nur HGB oder auch IFRS und möglicherweise sogar US-GAAP, nur Einzelabschluss oder auch konsolidierter Abschluss – der Gesellschaft abhängen.[387] Diese Sachverstandsanforderung ist zunächst als Eintrittsvoraussetzung zu sehen, sollte darüber hinaus allerdings auch als Weiterbildungspflicht verstanden werden.[388] Die vom Gesetzgeber postulierte Alternativität („oder") im Hinblick auf den Sachverstand, der entweder auf dem Gebiet der Abschlussprüfung oder auf dem der Rechnungslegung vorliegen muss, verwundert zumindest insofern, als dass Sachverstand auf dem Gebiet der Abschlussprüfung ohne Sachverstand auf dem Gebiet der Rechnungslegung nicht denkbar ist.[389]

bb) Rechtsfolgen eines Verstoßes

156 Noch unklar ist, welche Rechtsfolgen daran anknüpfen, wenn kein unabhängiger Experte auf den Gebieten Rechnungslegung und/oder Abschlussprüfung in den Aufsichtsrat gewählt wird. Einigkeit scheint insofern zu bestehen, als dass Wahlbeschlüsse aufgrund Verstoßes gegen die objektive Besetzungsregelung des § 100 Abs. 5 AktG (dazu Rn 153) nicht nichtig sind, § 250 Abs. 1 AktG somit nicht entsprechend anzuwenden ist.

157 Zum Teil wird ein derartiger Verstoß zwar als Gesetzesverstoß aufgefasst, die Wirksamkeit und Unanfechtbarkeit des Wahlbeschlusses der Hauptversammlung jedoch nicht in Zweifel gezogen.[390] Begründet wird dies damit, dass die Missachtung einer geltenden Organisationsanforderung nicht auf die Wahl eines einzelnen Aufsichtsratsmitglieds durchschlage.[391] Dies ist zwar nachvollziehbar. Die Sanktionslosigkeit eines Verstoßes gegen § 100 Abs. 5 AktG wäre der Corporate Governance jedoch abträglich.

158 Andere lassen daher die Anfechtbarkeit von Wahlbeschlüssen nach § 251 Abs. 1 Satz 1 AktG in diesem Zusammenhang zu,[392] was im Einzelfall jedoch zu kaum nachvollziehbaren Ergeb-

383 *Gesell*, ZGR 2011, 361 [383 mwN].

384 Reg.-Begr. BilMoG, BR-Drucks. 344/08, S. 222 f.

385 Vgl Begr. RegE, BR-Drucks. 16/10067, S. 102; OLG München, Hinweisbeschl. V. 28.4.2010 – 23 U 5517/09, abgedruckt in: NZG 2010, 784 = ZIP 2010, 1082; hierzu *Knapp*, DStR 2011, 177 [179 f]; LG München I, Urt. v. 5.11.2009 – 5 HKO 15312/09, abgedruckt in: DB 2010, 888 ff; *Staake*, ZIP 2010, 1013 [1015]; *Buhleier/Krowas*, DB 2010, 1165 [1166].

386 Vgl *Schüppen*, ZIP 2012, 1317 [1320].

387 Hüffer, AktG, § 100, Rn 12; *v. Falkenhausen*, ZIP 2013, 862 [863], wonach uU auch ein Rechtsanwalt unabhängiger Rechnungslegungs- und/oder Abschlussprüfungsexperte sein kann.

388 Vgl *Buhleier/Krowas*, DB 2010, 1165 [1166].

389 So auch *Waclawik*, in: Hölters, AktG, § 171, Rn 10.

390 *Drygala*, in: K. Schmidt/Lutter, AktG, § 100, Rn 62; Hüffer, AktG, § 100, Rn 15; *Simon*, in: Hölters, AktG, § 100, Rn 56.

391 Vgl nur Hüffer, AktG, § 100, Rn 15.

392 LG München I, Urt. v. 26.2.2010 – 5 HKO 14083/09, abgedruckt in: NZG 2010, 621 = BeckRS 2010, 06551; *Breuer/Fraune*, in: Heidel, AktG, § 100, Rn 22; *Bürgers/Israel*, in: Bürgers/Körber, AktG, § 100, Rn 12 a; *Habersack*, FS Goette, 2011, S. 121 [127 ff]; *Buhleier/Krowas*, DB 2010, 1165 [1166]; *Langenbucher*, ZGR 2012, 314 [334].

nissen führt. Noch nachvollziebar ist die Anfechtbarkeit des Wahlbeschlusses in dem Fall, in dem bei Fehlen eines unabhängigen Experten in Rechnungslegungs- und/oder Abschlussprüfungsangelegenheiten im Aufsichtsrat nur ein Aufsichtsratsposten besetzt wird und der gewählte Kandidat nicht gleichzeitig über die erforderliche Unabhängigkeit und Qualifikation verfügt.[393] Hingegen gehen die Meinungen für den Fall auseinander, dass mehrere Kandidaten im Wege der Einzelwahl gewählt werden, ohne dass ein Kandidat oder eines der übrigen Aufsichtsratsmitglieder die persönlichen Voraussetzungen des § 100 Abs. 5 AktG erfüllt. Zum Teil wird eine Anfechtbarkeit des zuletzt gefassten Wahlbeschlusses befürwortet.[394] Andere halten zur Vermeidung eines solchen Zufallsergebnisses sämtliche zuletzt gefassten Wahlbeschlüsse für anfechtbar.[395] Hat der Aufsichtsrat einen bestimmten Kandidaten als unabhängigen Experten in Rechnungslegungs- und/oder Abschlussprüfungsangelegenheiten benannt und erfüllt diese Person die Anforderungen nicht, sei nur deren Wahlbeschluss anfechtbar, sofern nicht – zufällig – ein anderes Aufsichtsratsmitglied den Anforderungen des § 100 Abs. 5 AktG genüge.[396] Logische Konsequenz dessen ist, dass bei einer Listenwahl der einzige Wahlbeschluss und somit die Wahl sämtlicher Aufsichtsratsmitglieder der Liste anfechtbar ist.[397] Hierdurch wären sämtliche Kandidaten im Fall eines später der Anfechtungsklage stattgebenden Urteils nicht Mitglieder des Aufsichtsrats gewesen. (dazu Rn 113 ff)

Wahlen zum Aufsichtsrat sollen gemäß Ziff. 5.4.3 Satz 1 DCGK als Einzelwahl durchgeführt **159** werden. Wird diese Empfehlung beherzigt, stellt sich das Problem der Anfechtbarkeit eines Listenwahlbeschlusses mit seiner besonders großen Tragweite nicht. Die Empfehlung in Ziff. 5.4.3 Satz 3 DCGK, wonach Kandidatenvorschläge für den Aufsichtsratsvorsitz den Aktionären bekannt gegeben werden sollen, sollte auf den Kandidaten für die Position des unabhängigen Rechnungslegungs- und/oder Abschlussprüfungsexperten im Aufsichtsrat erstreckt werden. Das bedeutet, dass bei dem entsprechenden Wahlvorschlag darauf hinzuweisen wäre, dass der Kandidat für die in §§ 100 Abs. 5, 107 Abs. 4 AktG beschriebene Position vorgesehen ist. Geschieht dies, könnte dessen Wahl angefochten werden, sollte er nicht über die erforderliche Qualifikation verfügen. Andernfalls sind Wahlbeschlüsse wegen Verstoßes gegen § 100 Abs. 5 AktG nicht anfechtbar. Denn diese Vorschrift ist objektive Besetzungsregel und stellt gerade keine persönlichen und fachlichen Voraussetzungen für Aufsichtsratsmitglieder auf. Aufgrund dessen kann auch der einzige auf einer Hauptversammlung gefasste Einzelwahlbeschluss nicht angefochten werden, wenn der gewählte Kandidat nicht die Voraussetzungen des § 100 Abs. 5 AktG erfüllt und dies auch auf alle bereits früher gewählten Aufsichtsratsmitglieder zutrifft. Etwas anderes gilt nur, wenn der Kandidat den bisherigen unabhängigen Rechnungslegungs- oder Abschlussprüfungsexperten ersetzen soll und dies für alle Aktionäre problemlos erkennbar ist. Denn dieser Fall entspricht wertungsmäßig dem zuvor genannten Ausnahmefall. Sollte hingegen keines der bisherigen Aufsichtsratsmitglieder die Voraussetzungen des § 100 Abs. 5 AktG erfüllen und somit auch nicht das zuletzt ausgeschiedene, führt dies nicht zur Anfechtbarkeit des letzten Wahlbeschlusses. Denn in diesem Fall verstößt dieser Beschluss genauso viel und so wenig gegen § 100 Abs. 5 AktG wie die auf früheren Hauptversammlungen gefassten Wahlbeschlüsse.

---

393 *Jaspers*, AG 2009, 607 [613]; *Wind/Klie*, DStR 2010, 1339 [1341]; *Gesell*, ZGR 2011, 361 [392 ff], wonach sich die Anfechtbarkeit auf diesen „Ausnahmefall“ beschränkt.

394 *Langenbucher*, ZGR 2012, 314 [334 f].

395 *Deilmann/Albrecht*, AG 2010, 727 [732 f].

396 *Langenbucher*, ZGR 2012, 314 [335].

397 *Wind/Klie*, DStR 2010, 1339 [1341]; so wohl auch *Langenbucher*, ZGR 2012, 314 [335], wenngleich mit dem Hinweis auf die Unzuträglichkeit dieser Situation.

d) Besondere Sachkunde

aa) Gesamtkompetenz des Organs als Summe der Einzelkompetenzen

160 Über spezielles Wissen müssen Aufsichtsratsmitglieder grundsätzlich nicht verfügen.[398] Erforderlich sind lediglich bei ausnahmslos jedem Mitglied[399] diejenigen Mindestkenntnisse und -fähigkeiten, die es zur persönlichen und eigenverantwortlichen Amtsausübung und somit dazu benötigt, „um alle normalerweise anfallenden Geschäftsvorgänge auch ohne fremde Hilfe verstehen und sachgerecht beurteilen zu können."[400] (dazu Rn 917). Da die Aufgaben des Aufsichtsrats heute jedoch mehr denn je vielfältig und vielschichtig sind und das einzelne Mitglied allen Anforderungen in persona gar nicht gerecht werden kann, sollte der Aufsichtsrat im Idealfall so besetzt sein, dass mindestens ein Kenner[401] je Aufgabenfeld vertreten ist.[402] *Lutter* zählt daher zu einer Idealbesetzung eine(n) frühere(n) Unternehmensleiter(in), am besten mit Auslandserfahrung, eine(n) Produktionsfachfrau/-mann, eine(n) Entwicklungsfachfrau/-mann, eine(n) Finanzfachfrau/-mann, eine(n) unternehmensrechtlich und international erfahrene(n) Juristen/in, eine(n) Steuerfachfrau/-mann sowie eine(n) Rechnungsleger(in).[403] Es kommt demnach weniger darauf an, dass das einzelne Mitglied möglichst viele für die Aufsichtsratsarbeit erforderliche Fähigkeiten mitbringt, sondern vielmehr darauf, ob die „Mischung stimmt". Mit *Lutter* kann man daher sagen: „Es geht (...) weniger um Leuchttürme als um Arbeiter im Weinberg."

161 In dieselbe Richtung weist Ziff. 11.1 der Empfehlung der Europäischen Kommission zur Unabhängigkeit von Aufsichts- und Verwaltungsratsmitgliedern vom 15.2.2005. Hiernach „sollte [der Aufsichtsrat] im Hinblick auf Struktur und Tätigkeitsfeld der Gesellschaft seine Idealbesetzung festlegen und diese regelmäßig überprüfen, um eine ausgewogene Verteilung fachlicher Kompetenzen zu gewährleisten. Er sollte dafür sorgen, dass seine Mitglieder in ihrer Gesamtheit über die zur ordnungsgemäßen Wahrnehmung ihrer Aufgaben erforderlichen Fachkenntnisse, Urteilsfähigkeiten und Erfahrungen verfügen." Der EU-Kommission ging es somit weniger um die spezifische Fachkompetenz des einzelnen Aufsichtsratsmitglieds als vielmehr um eine Art Selbstevaluierung[404] des Gremiums mit dem Ziel, Kompetenzdefizite transparent zu machen, um sie beheben zu können. Hierzu passt die Empfehlung zu Ziff. 11.4, die sich mit dem Vorschlag des Aufsichtsrats zur Bestellung eines neuen Mit-

---

398 Vgl nur *Semler*, FS K. Schmidt, 2009, S. 1489 [1490]; *Buhleier/Krowas*, DB 2010, 1165 [1166].

399 *Semler*, FS K. Schmidt, 2009, S. 1489 [1495]; die Wahl eines fachlich ungeeigneten Kandidaten zum Aufsichtsrat ist jedoch selbst in krassen Fällen nicht anfechtbar, vgl *Simons*, in: Hölters, AktG, § 100, Rn 51 mwN; *Hoffmann-Becking*, in: Münchener Hdb GesR, Bd. 4, AG, § 30, Rn 2; wohl aA: *Spindler*, in: Spindler/Stilz, AktG, § 100, Rn 35, für „krasse Ausnahmefälle".

400 BGH, Urt. v. 15.11.1982 – II ZR 27/82 („Hertie"), abgedruckt in BGHZ 85, 293 = NJW 1983, 991 = AG 1983, 133 = ZIP 1983, 53.

401 *Altmeppen*, ZGR 2004, 390 [414], zitiert diesbezüglich die Forderung nach „Professionalität statt Prominenz" im Aufsichtsrat.

402 Auch *Hommelhoff*, ZGR 1983, 551 [572 f], hält neben den Mindestqualifikationen, über die jedes Aufsichtsrat in persona verfügen muss, „diverse Spezialkenntnisse einzelner Aufsichtsratsmitglieder" für zwingend erforderlich. „Erst das sinnvoll organisierte Zusammenspiel von Spezialisten und Generalisten im Aufsichtsrat" schaffe die „Voraussetzung für eine effektive Erfüllung der Aufsichtsratsaufgaben, namentlich im Bereich der Überwachung." Ähnlich *Semler*, AG 1983, 82 [84], der die Unterscheidung von Mindestqualifikation, über die jedes Aufsichtsratsmitglied verfügen muss, und „unternehmensspezifischem" Wissen und Können eines oder einzelner Aufsichtsratsmitglieder betont und es bei einem Kreditinstitut nicht für ausreichend erachtet, dass nur Fachleute für Kreditsicherung Mitglieder des Aufsichtsrats sind, nicht jedoch auch solche Personen, welche die zukünftige Entwicklung in verschiedenen Branchen und die Kreditwürdigkeit von Unternehmen einschätzen können; vgl auch *Langenbucher*, ZGR 2012 314 [315 ff], zu den „komparativen Vorteilen heterogen zusammengesetzter Gremien"; vgl auch *Weber-Rey*, NZG 2013, 766 [766 f], wonach nicht nur auf hard skills, sondern auch auf soft skills der Mitglieder abzustellen ist.

403 *Lutter*, DB 2009, 775 [779].

404 *Spindler*, ZIP 2005, 2003 [2039].

glieds befasst. Hiernach „sollten die besonderen Kompetenzen der betreffenden Person, die für ihre Tätigkeit als ... Aufsichtsratsmitglied relevant sind, offen gelegt werden." Es soll somit transparent werden, ob und ggf inwieweit das neue Mitglied aufgrund seiner spezifischen Fachkompetenz den Aufsichtsrat bereichern bzw ein bisheriges Kompetenzdefizit des Organs ausgleichen kann. Gemäß Ziff. 5.4.1 Abs. 1 DCGK ist „der Aufsichtsrat ... so zusammenzusetzen, dass seine Mitglieder insgesamt über die zur ordnungsgemäßen Wahrnehmung der Aufgaben erforderlichen Kenntnisse, Fähigkeiten und fachlichen Erfahrungen verfügen." Der DCGK lehnt sich in dieser Frage somit stark an die entsprechende Empfehlung aus Brüssel an. Dasselbe gilt für die empfohlene Selbstevaluierung. Denn gemäß Ziff. 5.4.1 Abs. 2 DCGK soll „der Aufsichtsrat ... für seine Zusammensetzung konkrete Ziele benennen, die unter Beachtung der unternehmensspezifischen Situation die internationale Tätigkeit des Unternehmens, potenzielle Interessenkonflikte, die Anzahl der unabhängigen Aufsichtsratsmitglieder ..., eine festzulegende Altersgrenze für Aufsichtsratsmitglieder und Vielfalt (Diversity) berücksichtigen. Diese konkreten Ziele sollen insbesondere eine angemessene Beteiligung von Frauen vorsehen."

Die vom BGH von jedem Aufsichtsratsmitglied geforderten Mindestkenntnisse und -fähigkeiten (dazu Rn 917), auf deren Vorliegen die Aufsichtsratsmitglieder im Rahmen ihrer Wahlvorschläge an die Hauptversammlung iS von § 124 Abs. 3 Satz 1 AktG achten müssen, wollen sie sich nicht des Vorwurfs einer Sorgfalspflichtverletzung aussetzen,[405] werden von Ziff. 5.4.1 Abs. 1 DCGK nicht thematisiert. Die Empfehlung betrifft somit nur darüber hinausgehende Kenntnisse und Fähigkeiten, die für die Arbeit im konkreten Aufsichtsrat jedoch von Bedeutung sind. Deren Vorhandensein insgesamt, und sei es nur in der Person eines einzigen Mitglieds, wird empfohlen. Ziff. 5.4.1 Abs. 1 DCGK offenbart somit das Verständnis, dass die unternehmensspezifischen Spezialkenntnisse, -fähigkeiten und -erfahrungen in der Person mindestens eines Aufsichtsratsmitglieds gesetzlich nicht gefordert sind, da die Empfehlung andernfalls überflüssig wäre. Den Schöpfern des Kodex ist diesbezüglich beizupflichten, da die Aufsichtsratsmitglieder anderfalls in vielen Fällen, insbesondere bei kleineren Aufsichtsräten, bei der Suche nach geeigneten Kandidaten vor eine unlösbare Aufgabe gestellt wären mit der Folge nahezu garantierter Haftung gemäß §§ 116 Satz 1, 93 Abs. 2 Satz 1 AktG. Die Folge, dass eine Abweichung von der Empfehlung in Ziff. 5.4.1 Abs. 1 DCGK nicht zum Zwecke guter Corporate Governance erfolgt, sondern allein dem Umstand geschuldet ist, dass die erforderlichen Kandidaten nicht zur Verfügung stehen, lässt sich hierbei verschmerzen. 162

bb) Unternehmensspezifische Mindestkompetenz

Weniger auf die Gesamtkompetenz des Organs und somit die Summe der Einzelkompetenzen seiner Mitglieder denn vielmehr auf die spezifischen Mindestkompetenzen jedes einzelnen Mitglieds zielt Ziff. 11.3 der Empfehlung der EU-Kommission vom 15.2.2005. Hiernach sollten „alle neuen Mitglieder ... bei ihrer Aufnahme in den ... Aufsichtsrat an einer unternehmensspezifischen Einführung über Aufbau und Aktivitäten des Unternehmens sowie die Aufgaben und Verantwortlichkeiten eines Mitglieds der Unternehmensleitung teilnehmen." 163

cc) Statutarische Anforderungen

Gemäß § 100 Abs. 4 AktG kann die Satzung persönliche Voraussetzungen und somit auch Kompetenzanforderungen für Anteilseignervertreter im Aufsichtsrat fordern. Erfüllt ein Aufsichtsratsmitglied diese offenkundig nicht, ist der Hauptversammlungbeschluss, mit dem es 164

405 *Drygala*, in: K. Schmidt/Lutter, AktG, § 100, Rn 19; *Semler*, in: MünchKomm AktG², § 100, Rn 71; *ders.*, FS K. Schmidt, 2009, S. 1489 [1495].

gewählt wurde, gemäß § 251 Abs. 1 Satz 1 AktG anfechtbar.[406] Dasselbe gilt für das auf krasse Ausnahmefälle beschränkte ganz offenkundige Fehlen der vom BGH geforderten Mindestkenntnisse und –fähigkeiten, weil hierin eine Verletzung der Gesellschaftsinteressen liegt.[407]

e) Branchenspezifische Voraussetzungen

165 Gemäß § 7 a Abs. 4 Satz 1 VAG müssen Mitglieder des Aufsichtsrats von Versicherungsunternehmen oder Pensionsfonds oder einer Versicherungs-Holdinggesellschaft zuverlässig sein und die zur Wahrnehmung der Kontrollfunktion sowie zur Beurteilung und Überwachung der Geschäfte, die das Unternehmen betreibt, erforderliche Sachkunde besitzen.

166 Dasselbe gilt nach § 25 d Abs. 1 Satz 1 KWG in der Fassung seit dem 01.01.2014[408] für die Mitglieder des Verwaltungs- oder Aufsichtsratsorgans eines Instituts iS von § 1 Abs. 1 b KWG – Kredit- und Finanzdienstleistungsinstitute iS von § 1 Abs. 1 u. Abs. 1 a KWG – oder einer Finanzholding-Gesellschaft oder einer gemischten Finanzholding-Gesellschaft. Über fachliche Eignung iS von § 25 c Abs. 1 KWG in der Fassung seit dem 01.01.2014[409], die ein ausreichendes Maß an theoretischen und praktischen Kenntnissen in den betreffenden Geschäften sowie Leitungserfahrung voraussetzt, müssen nur die Vorstandsmitglieder verfügen.[410] Unter „Sachkunde" iS von § 25 d Abs. 1 Satz 1 KWG ist zu verstehen, dass die betreffende Person über eine Eignung zum Verständnis der wirtschaftlichen und rechtlichen Abläufe im Tagesgeschehen des Kreditinstituts verfügt. Dies ist bei denjenigen Personen anzunehmen, die Erfahrungen im Bereich der Rechnungslegung oder Abschlussprüfung haben, ein Kreditinstitut oder ein Unternehmen geleitet haben oder an herausgehobener Stelle in einem Kreditinstitut oder einem Unternehmen tätig waren. Über die geforderte Sachkunde können aber auch diejenigen verfügen, die über berufliche Erfahrungen aus einer Tätigkeit in einer anderen Branche oder der öffentlichen Verwaltung verfügen oder sich durch berufsbezogene Weiterbildung die erforderlichen Kenntnisse angeeignet haben oder bereit sind, sich diese Kenntnisse nach ihrer Wahl in den Aufsichtsrat anzueignen.[411] Hierbei gilt ein flexibler Maßstab, der sich dem spezifischen Geschäftsmodell sowie Größe und Komplexität des fraglichen Kredit- oder Finanzdienstleistungsinstituts anpasst.[412] Wenn Tatsachen vorliegen, aus denen sich ergibt, dass ein Aufsichtsratsmitglied nicht zuverlässig ist oder die erforderliche Sachkunde nicht besitzt, kann die BaFin von dem betroffenen Unternehmen verlangen, dieses abzuberufen oder ihm die Ausübung der Tätigkeit zu untersagen, vgl § 36 Abs. 3 Satz 1 Ziff. 1 u. Ziff. 2 KWG in der Fassung seit dem 01.01.2014. Letzteres ist im deutschen Gesellschaftsrecht nicht vorgesehen.

167 Die Mitglieder des Aufsichtsrats einer Kapitalanlagegesellschaft sollen gemäß §§ 106 a Satz 1 u. 2, 6 Abs. 3 Satz 1 u. Abs. 4 InvG (vgl heute für Externe Kapitalverwaltungsgesellschaften § 18 Abs. 4 Satz 1 KAGB, für Investmentaktiengesellschaften mit veränderlichem Kapital § 119 Abs. 3 Satz 1 KAGB sowie für Investmentaktiengesellschaften mit fixem Kapital § 147 Abs. 3 Satz 1 KAGB) – bis einschließlich 31.12.2003 galt § 4 Abs. 1 Satz 1 KAGG –

406 *Habersack*, in: MünchKomm AktG[3], § 100, Rn 42; *Simon*, in: Hölters, AktG, § 100, Rn 51; *Langenbucher*, ZGR 2012, 314 [338].

407 *Semler*, FS K. Schmidt, 2009, S. 1489 [1496].

408 Vormals § 36 Abs. 3 KWG.

409 Vormals § 33 Abs. 2 KWG,

410 Anders noch Referenten- und Regierungsentwurf zum FMVAStärkG, vgl BT-Drucks. 16/12783, Seite 6: vgl hierzu auch *Dreher*, ZGR 2010, 496 [510]; *Leyens/Schmidt*, AG 2013, 533 [514].

411 BT-Drucks. 16/13684, Seite 29; BaFin-Merkblatt v. 22.2.2010, Nr. I 1.

412 BT-Drucks. 16/13684, Seite 30; BaFin-Merkblatt v. 22.2.2010, Nr. I 1; zur Einordnung dieser Anforderungen *Brandi/Gieseler*, NZG 2012, 1321 [1325].

ihrer Persönlichkeit und ihrer Sachkunde nach die Wahrung der Interessen der Aktionäre bzw Anleger gewährleisten.[413]

Die Mitglieder des Veraltungsrats einer Sparkasse müssen ebenfalls über „erforderliche Sachkunde“ verfügen. Gemäß § 12 Abs. 1 Satz 3 SpkG NW bedeutet Sachkunde zB „den Nachweis einer fachlichen Eignung zum Verständnis der wirtschaftlichen und rechtlichen Abläufe im Tagesgeschehen einer Sparkasse“. 168

f) Spezielle Hinderungsgründe

aa) Überblick

Um eine effektive Überwachungstätigkeit des Aufsichtsrats sicherzustellen und einer Konzentration von Aufsichtsratsmandaten auf einen kleinen Personenkreis entgegenzuwirken,[414] bestehen gemäß §§ 100 Abs. 2, 105 Abs. 1 AktG spezielle aktien- und gemäß § 37 GenG besondere genossenschaftsrechtliche Hinderungsgründe. Wie bereits dargelegt wurde, sind Wahlbeschlüsse der Hauptversammlung gemäß § 250 Abs. 1 Ziff. 4 AktG nichtig, wenn die gewählte Person gemäß § 100 Abs. 2 AktG bei Beginn ihrer Amtszeit nicht Aufsichtsratsmitglied sein konnte. Für einen Verstoß gegen § 105 Abs. 1 AktG gilt die Vorschrift entsprechend.[415] 169

Daneben gibt es für bestimmte Branchen – diese betreffen allesamt den Finanzsektor – auch noch spezifische Ausschlussgründe. Liegen diese bei der Wahl des Aufsichtsratsmitglieds vor, ist der entsprechende Beschluss gemäß § 251 Abs. 1 Satz 1 AktG wegen Gesetzesverletzung anfechtbar.[416] 170

bb) Zugehörigkeit zum Vorstand

So kann ein Vorstandsmitglied nicht zugleich Mitglied des Aufsichtsrats derselben Gesellschaft bzw Genossenschaft sein. Neben Vorstandsmitgliedern trifft diese Einschränkung auch dauernde Stellvertreter von Vorstandsmitgliedern, Prokuristen[417] und zum gesamten Geschäftsbetrieb ermächtigte Handlungsbevollmächtigte[418] der Gesellschaft gemäß § 105 Abs. 1 AktG bzw Genossenschaft gemäß § 37 Abs. 1 Satz 1 GenG. Bei Genossenschaften, für die das DrittelbG gilt, können auch betriebsangehörige leitende Angestellte der eG, die nicht mit Prokura oder Handlungsvollmacht ausgestattet sind, nicht Mitglied des Aufsichtsrats werden, zumindest nicht als Arbeitnehmervertreter.[419] Bei Genossenschaften, für die das MitbestG gilt, muss hingegen mindestens ein leitender Angestellter dem Aufsichtsrat angehören.[420] 171

Die Bestellung eines Vorstandsmitglieds zum Mitglied des Aufsichtsrats ist daher ebenso gemäß § 134 BGB nichtig wie die Bestellung eines Aufsichtsratsmitglieds zum Mitglied des Vorstands oder die Erteilung von Prokura oder Handlungsvollmacht.[421] Nur für einen im Voraus begrenzten Zeitraum, der bei der AG gemäß § 105 Abs. 2 Satz 1 u. 2 AktG maximal 172

413 Hierzu: *Dreher*, ZGR 2010, 496 [507 ff]; *Weber-Rey*, ZGR 2010, 543; *Hingst/Himmelreich/Krawinkel*, WM 2009, 2016.
414 Vgl Hüffer, AktG, § 100, Rn 1.
415 *Langenbucher*, ZGR 2012, 314 [334 mwN].
416 So auch *Langenbucher*, ZGR 2012, 314 [334].
417 Vgl §§ 48 ff HGB.
418 Vgl §§ 54 ff HGB.
419 Vgl § 1 Abs. 3 iVm § 3 Abs. 1 DrittelbG iVm § 5 Abs. 3 BetrVG.
420 Vgl §§ 6 Abs. 2 Satz 1, 15 Abs. 1 Satz 2 MitbestG.
421 *Beuthien*, in: Beuthien, GenG, § 37, Rn 2 u. 2 a, für die eG.

ein Jahr und bei der eG in Ausnahmefällen auch einen etwas längeren Zeitraum[422] betragen darf, kann der Aufsichtsrat einzelne seiner Mitglieder zu Stellvertretern von fehlenden oder verhinderten Vorstandsmitgliedern bestellen.

173 Verhinderung meint in diesem Zusammenhang das Unvermögen des Vorstandsmitglieds, sein Amt für einen nicht nur geringfügigen Zeitraum ganz oder in erheblichem Umfang nicht ausüben zu können. Kurzfristige Krankheit und ein längerer Erholungsurlaub reichen daher für eine Verhinderung in diesem Sinne nicht aus. Tod, Niederlegung des Amtes, vorläufige Abberufung gemäß § 40 GenG oder Ausscheiden aus der eG gemäß § 9 Abs. 2 Satz 1 GenG sind die eindeutigsten Verhinderungsfälle bei der eG.[423] Bei AG und eG gilt, dass die Verhinderung durch einen kurzfristig eingetretenen Umstand verursacht worden sein muss.[424] Sie muss bei der Bestellung des Aufsichtsratsmitglieds zum „Interimsvorstand" nicht zwingend bereits eingetreten sein. Es genügt, dass sie mit an Sicherheit grenzender Wahrscheinlichkeit unmittelbar bevorsteht.[425]

174 Ein Vorstandsmitglied fehlt, wenn die in Satzung oder Geschäftsordnung vorgeschriebene Zahl an Vorstandsmitgliedern unterschritten ist.[426] Da § 105 Abs. 2 AktG aber nur die Fälle erfasst, in denen das Vorstandsmitglied durch Tod, Niederlegung seines Amtes oder durch kurzfristige Abberufung durch den Aufsichtsrat ausgeschieden ist, handelt der Aufsichtsrat pflichtwidrig, wenn er ohne Not eines seiner Mitglieder zum Vorstandsmitglied bestellt oder wenn er die Notsituation durch sein Versäumnis, rechtzeitig einen Nachfolger für das scheidende Vorstandsmitglied auszuwählen, selbst ausgelöst hat.[427] Eine Interimsbestellung ist in diesen Fällen dennoch möglich.[428] Die Bestellung von Stellvertretern von Vorstandsmitgliedern aus dem Kreis der Aufsichtsratsmitglieder muss auch möglich sein, wenn amtierende Vorstandsmitglieder unvorhersehbar kurzfristig ausscheiden, die in Satzung oder Geschäftsordnung festgelegte Zahl an Vorstandsmitgliedern aber noch nicht unterschritten ist.[429] Andernfalls liefe die Gesellschaft Gefahr, ein oder mehrere Ressorts, die bislang von dem „zusätzlichen" und nun kurzfristig ausscheidenden Vorstandsmitglied betreut wurden, vorübergehend nicht angemessen besetzen zu können. Zum Schutz der Gesellschaft können die Aufsichtsratsmitglieder in einem solchen Fall nicht darauf beschränkt werden, die in Satzung oder Geschäftsordnung nicht vorgesehene Vorstandsposition mit einem Arbeitnehmer der Gesellschaft oder einem externen Dritten zu besetzen.

175 Während der Zeit der Stellvertretung und bei der eG gemäß § 37 Abs. 1 Satz 2 Hs 2 GenG sogar bis zur Erteilung der Entlastung als stellvertretendes Vorstandsmitglied[430] dürfen sie ihr Aufsichtsratsamt nicht ausüben.[431] Dieses Verbot erfasst nicht nur die aktive, sondern auch die passive Wahrnehmung von Funktionen eines Aufsichtsratsmitglieds mit der Folge, dass es nicht als Zustellungsempfänger für den Aufsichtsrat anzusehen ist.[432] Die Bestellung ist gemäß § 81 Abs. 1 AktG, § 28 Satz 1 GenG zur Eintragung ins Handels- bzw Genossen-

422 Rückschluss aus § 37 Abs. 1 Satz 2 GenG, wobei *Beuthien*, in: Beuthien, GenG, § 37, Rn 3, eine Höchstfrist von einem Jahr im Zweifel für geboten hält.

423 Vgl *Beuthien*, in: Beuthien, GenG, § 37, Rn 3, für die eG.

424 *Heidbüchel*, WM 2004, 1317 [1319].

425 *Beuthien*, in: Beuthien, GenG, § 37, Rn 3 mwN; *Heidbüchel*, WM 2004, 1317 [1319 mwN].

426 Hüffer, AktG, § 105, Rn 7 mwN.

427 *Heidbüchel*, WM 2004, 1317 [1318].

428 Hüffer, AktG, § 105, Rn 7.

429 *Heidbüchel*, WM 2004, 1317 [1318].

430 Bis zum Inkrafttreten des AktG 1937 galt für Aufsichtsratsmitglieder von AGs gemäß § 248 Abs. 2 Satz 1 HGB Entsprechendes.

431 § 105 Abs. 2 Satz 3 AktG.

432 BGH, Urt. v. 3.12.1973 – II ZR 85/70, abgedruckt in: NJW 1974, 278 [278], zu § 37 Abs. 1 Satz 2 GenG.

schaftsregister anzumelden. Dies dürfte aus Publizitätsgesichtspunkten auch für die Befristung gelten.[433]

cc) § 100 Abs. 2 AktG

(1) Zulässige Höchstzahl an Mandaten (Nr. 1)

Es kann gemäß § 100 Abs. 2 Satz 1 Nr. 1 AktG auch nicht Mitglied des Aufsichtsrats einer AG oder KGaA sein, wer bei geplantem Amtsantritt schon zehn Mandate in Aufsichtsräten von Handelsgesellschaften innehat, die gesetzlich einen Aufsichtsrat bilden müssen.[434] Hierbei werden Mandate in Beiräten, Verwaltungsräten oder ähnlichen Gremien ebenso wenig mitgezählt wie Mandate in ausländischen Gesellschaften.[435] Aufsichtsratsmandate zählen gemäß § 100 Abs. 2 Satz 3 AktG doppelt, wenn das Mitglied zum Vorsitzenden gewählt worden ist.[436] Andererseits besteht ein sog. Konzernprivileg, wonach bis zu fünf Aufsichtsratsmandate nicht anzurechnen sind, die ein gesetzlicher Vertreter – Mitglied des Vorstands oder Geschäftsführer – des herrschenden Unternehmens eines Konzerns in zum Konzern gehörenden Handelsgesellschaften, die gesetzlich einen Aufsichtsrat zu bilden haben, innehat.[437] Für die Mitgliedschaft im Aufsichtsrat einer eG gilt diese Einschränkung nicht.[438] 176

Spezialgesetzliche Regelungen existieren für Banken und Versicherungen. § 7 a Abs. 4 Satz 4 VAG[439] sieht für Versicherungen, Pensionsfonds und Versicherungs-Holdunggesellschaften vor, dass eine Person maximal fünf Kontrollmandate bei Unternehmen halten darf, die unter der Aufsicht der BaFin stehen. Gemäß § 36 Abs. 3 Satz 7 KWG aF galt dies bis zum 01.01.2014 auch für Kredit- und Finanzdienstleistungsinstitute. Seither begrenzt § 25 d Abs. 3 Satz 1 Ziff. 4 KWG die Zahl sogar auf vier Mandate. Nicht berücksichtigt werden allerdings Mandate in Unternehmen, die demselben institutsbezogenen Sicherungssystem (Banken) oder derselben Versicherungs- und Unternehmensgruppe (Versicherungen) angehören. 177

Ziff. 5.4.5 Satz 2 DCGK empfiehlt, dass Mitglieder des Vorstands einer börsennotierten Aktiengesellschaft nicht mehr als drei Aufsichtsratsmandate in konzernexternen börsennotierten Gesellschaften oder in Aufsichtsgremien von konzernexternen Gesellschaften wahrnehmen sollen, die vergleichbare Anforderungen stellen. 178

(2) Mitgliedschaft im Leitungsorgan eines abhängigen Unternehmens (Nr. 2)

Mitglied des Aufsichtsrats kann gemäß § 100 Abs. 2 Satz 1 Nr. 2 AktG ebenfalls nicht sein, wer im Zeitpunkt der geplanten Amtsübernahme gesetzlicher Vertreter eines von der Gesellschaft abhängigen Unternehmens ist, eine Einschränkung, die auch für die Mitgliedschaft im 179

---

433 So auch Hüffer, AktG, § 105, Rn 10 mwN auch für die Gegenansicht.

434 Zur rechtspolitischen Forderung, die Zahl von 10 auf sechs abzusenken, vgl *Habersack*, Gutachten E zum 69. DJT, Bd. I, 2012, E 83 und Empfehlung 17; diese Forderung ablehnend: *Bachmann*, AG 2012, 565 [572]; *Leyens/Schmidt*, AG 2013, 533 [541], wonach die Verpflichtung des Aufsichtsrats, der Hauptversammlung in pflichtgemäßer Ermessensausübung nur Kandidaten mit hinreichend zeitlicher Verfügbarkeit zur Wahl vorzuschlagen, ausreichend ist und der Aufsichtsrat vor Unterbreitung seines Wahlvorschlags ggf von dem Kandidaten eine Erklärung zum Ämterabbau einzuholen hat.

435 *Hoffmann-Becking*, in: Münchener Handbuch GesR, Bd. 4, § 30, Rn 7; *v. Caemmerer*, FS Geßler, 1971, S. 81 [83 ff]; Hüffer, AktG, § 100, Rn 3; aA: *Schütze*, AG 1967, 342; *Drygala*, in K. Schmidt/Lutter, AktG, § 100, Rn 6.

436 Zur rechtspolitischen Forderung, auch den Vorsitz im Prüfungsausschluss wie zwei Aufsichtsratsmandate zu zählen, vgl *Habersack*, Gutachten E zum 69. DJT, Bd. I, 2012, E 83 und Empfehlung 17.

437 § 100 Abs. 2 Satz 2 AktG.

438 *Beuthien*, in: Beuthien, GenG, § 36, Rn 1 mwN.

439 Zu § 25 Abs. 4 Satz 2 VAG-E, der unverändert fünf Aufsichtsratsmandate erlaubt, vgl *Leyens/Schmidt*, AG 2013, 533 [541].

Aufsichtsrat einer eG gilt.[440] Das abhängige Unternehmen kann auch ein ausländisches sein,[441] wenngleich sich in ausländischen Gesellschaften mit monistischer Leitungsstruktur, zB board of directors nach englischem oder US-amerikanischem Recht, die Unfähigkeit, Mitglied des Aufsichtsrats des herrschenden Unternehmens zu sein, zumindest dann auf die executive directors beschränken dürfte, wenn der board of directors Geschäftsführung und Vertretungsmacht umfassend und unter Verzicht auf seine eigenen Befugnisse auf diese übertragen hat. Denn in diesem Fall dürften die non-executive directors nicht als „gesetzliche Vertreter“ iSv § 100 Abs. 2 Satz 1 Ziff. 2 AktG einzustufen sein und somit einer Mitgliedschaft im Aufsichtsrat der herrschenden deutschen Gesellschaft nichts entgegenstehen.[442]

(3) Überkreuzverpflechtung (Nr. 3)

180 Eine sog. Überkreuzverflechtung ist ebenfalls nicht möglich, zumindest nicht bei Gesellschaften und Genossenschaften, die einen Aufsichtsrat bilden müssen.[443] Sie liegt gemäß § 100 Abs. 2 Satz 1 Nr. 3 AktG vor, wenn derjenige, der Aufsichtsratsmitglied werden soll, gesetzlicher Vertreter einer anderen Kapitalgesellschaft ist, deren Aufsichtsrat ein Vorstandsmitglied der Gesellschaft bzw Genossenschaft angehört. Dieser Regelung liegt der Gedanke zugrunde, dass nicht überwachen soll, wer in einer anderen Gesellschaft der Überwachung durch den Überwachten unterliegt.[444] Auch diese Einschränkung gilt für die Mitgliedschaft im Aufsichtsrat einer eG entsprechend.[445]

(4) Karenzzeit nach Ausscheiden aus dem Vorstand (Nr. 4)

181 Schließlich besteht seit Inkrafttreten des VorstAG und somit seit Mitte 2009 gemäß § 100 Abs. 2 Satz 1 Nr. 4 AktG[446] eine Karenzzeit von zwei Jahren für ausgeschiedene Vorstandsmitglieder bei der börsennotierten AG (sog. cooling-off-period).[447] Bis dato war es weit verbreitete Praxis in deutschen Aktiengesellschaften, dass Vorstandsmitglieder unmittelbar nach ihrem Ausscheiden aus dem Amt in den Aufsichtsrat der Gesellschaft wechselten.[448] Ein derartiger Wechsel ohne vorherige Prüfung durch die Aktionäre soll mit der neuen Gesetzesregelung vermieden und somit ein vermeintlich systematisches Kontrolldefizit ausgeräumt werden. Ein solches bestehe insbesondere bei Publikumsgesellschaften, deren Aktien sich ausnahmslos oder zumindest überwiegend im Streubesitz befinden und bei denen es an Hauptaktionären fehlt, welche die Verwaltung effektiv kontrollieren.[449] In diesen Gesellschaften finde bei der Besetzung des Aufsichtsrats eine „faktische Kooptation ... durch den Vorstand“ statt.[450] Denn die Vorschläge für die Wahl der Aufsichtsratsmitglieder würden von

---

440 *Beuthien*, in: Beuthien, GenG, § 36, Rn 1 mwN.

441 Hüffer, AktG, § 100, Rn 5 mwN.

442 *Engert/Herschlein*, NZG 2004, 459 [460 f].

443 Str., vgl Hüffer, AktG, § 100, Rn 7 mwN; vgl *Beuthien*, in: Beuthien, GenG, § 38, Rn 2, für die eG.

444 Hüffer, AktG, § 100, Rn 6.

445 *Beuthien*, in: Beuthien, GenG, § 36, Rn 1 mwN.

446 Angefügt durch Art. 1 VorstAG v. 31.7.2009 (BGBl. I S. 2509). Gemäß § 23 Abs. 2 EGAktG ist § 100 Abs. 2 Satz 1 Nr. 4 AktG nicht auf Aufsichtsratsmitglieder anzuwenden, die ihr Mandat am 5.8.2009, dem Tag des Inkrafttretens des VorstAG, bereits innehatten.

447 Zur rechtspolitischen Forderung nach einer Einschränkung des Anwendungsbereichs der Vorschrift auf die Mitgliedschaft im Prüfungsausschuss und den Aufsichtsratsvorsitz, vgl *Habersack*, Gutachten E zum 69. DJT, Bd. I, 2012, E 82 und Empfehlung 16; vgl auch die Kritik von *Roth*, ZGR 2012, 343 [364], u. *Weber-Rey*, NZG 2013, 766 [767], an § 100 Abs. 2 Satz 1 Ziff. 4 AktG.

448 Vgl empirische Studien hierzu bei *Velte*, WM 2012, 537 [539 ff].

449 Hierbei ist insbesondere an Familiengesellschaften zu denken, bei denen sich ein Großteil der Aktien in den Händen der Familienmitglieder befindet, vgl BT-Drucks. 16/13433, S. 11.

450 BT-Drucks. 16/13433, S. 11; vgl auch *Weber-Rey*, WM 2009, 2255 [2262]; *Lutter*, DB 2009, 775 [778], *Seibert*, DB 2009, 1167 [1171], der auch von „old-boys network“ spricht; *Peltzer*, NZG 2009, 1041 [1042 f].

den Aktionären, die ohnehin nur einen geringen Einfluss ausüben könnten, zu häufig ungeprüft übernommen. Ziel der neuen Regelung ist es zu verhindern, „dass das ehemalige Vorstandsmitglied den neuen Vorstand behindern und die Bereinigung strategischer Fehler oder die Beseitigung von Unregelmäßigkeiten aus der eigenen Vorstandszeit unterbinden" kann.[451]

Mit § 100 Abs. 2 Satz 1 Nr. 4 AktG wurde die ehemalige Empfehlung in Ziff. 5.4.4 DCGK 182
obsolet, die für einen Wechsel vom Vorstand in den Aufsichtsrat bei gleichzeitiger Übernahme dessen Vorsitzes galt. Die neue Empfehlung in Ziff. 5.4.4 Satz 2 DCGK betrifft zwar auch den Wechsel vom Vorstand an die Spitze des Aufsichtsrats. Sie baut jedoch auf § 100 Abs. 2 Satz 1 Nr. 4 AktG auf und fordert darüber hinaus, dass die Übernahme des Aufsichtsratsvorsitzes eine von der Hauptversammlung zu begründende Ausnahme sein soll. Ob das ehemalige Vorstandsmitglied Vorsitzender oder einfaches Mitglied des Aufsichtsrats werden soll, ist nach der gesetzlichen Regelung unerheblich.[452]

Die Karenzzeit entfällt, wenn Aktionäre das ausgeschiedene Vorstandsmitglied zur Wahl 183
vorschlagen (sog. opt-out), die allein oder zusammen mehr als 25% der Stimmrechte an der Gesellschaft halten.[453] Hierbei muss das Quorum im Zeitpunkt der Beschlussfassung durch die Hauptversammlung bestehen.[454] Eines Wahlvorschlages iS von § 127 AktG bedarf es grundsätzlich nicht. Vielmehr genügt es, wenn die Aktionäre ihren Vorschlag an den Aufsichtsrat richten, der sich diesen gegenüber der Hauptversammlung zueigen macht und ihn gemäß § 124 Abs. 3 Satz 1 AktG entsprechend unterbreitet.[455] Nur wenn der Vorschlag der Aktionäre nicht rechtzeitig vor der Einladung zur Hauptversammlung dem Aufsichtsrat zugeht, was nach den Gesetzesmaterialien jedoch für sinnvoll erachtet wird,[456] bedarf es eines eigenen Wahlvorschlags der Aktionäre gemäß § 127 AktG[457] als Gegenvorschlag zum Vorschlag des Aufsichtsrats,[458] der auch noch während der Hauptversammlung unterbreitet werden kann.[459] Das bedeutet zugleich, dass der Vorschlag der Aktionäre nicht darauf beschränkt ist, Anregung für den Vorschlag des Aufsichtsrats iS von § 124 Abs. 3 Satz 1 AktG zu sein.[460] Welche formalen Anforderungen an den Nachweis des Erreichens des Quorums zu stellen sind, ist noch nicht abschließend geklärt. Es dürfte zumindest nicht ausreichen, dass der Versammlungsleiter vor der Abstimmung über den Wahlvorschlag lediglich eine „kurze Abfrage" macht, ob Aktionäre mit mindestens 25% der Stimmrechte dem Vorschlag zustimmen.[461]

---

451 BT-Drucks. 16/13433, S. 11.

452 *Weber-Rey*, WM 2009, 2255 [2262].

453 *Annuß/Theusinger*, BB 2009, 2434 [2442], weisen mit Verweis auf BGH, Urt. v. 18.9.2006 – II ZR 137/05, abgedruckt in: NZG 2006, 945 = DStR 2006, 2042, zu Recht darauf hin, dass es sich bei einem gemeinsamen Vorschlag mehrerer Aktionäre „ohne weitere Umstände" nicht um ein „Acting in Concert" handelt, das bei Überschreiten der 30%-Schwelle zu einem Übernahmeangebot führen würde.

454 Hüffer, AktG, § 100, Rn 7 b; *Krieger*, FS Hüffer, 2010, S. 521 [526]; *Löbbe/Fischbach*, AG 2012, 580 [586].

455 *Krieger*, FS Hüffer, 2010, S. 521 [525]; *Annuß/Theusinger*, BB 2009, 2434 [2442], die jedoch betonen, dass hierin „rechtstechnisch" ein Vorschlag des Aufsichtsrats liegt.

456 BT-Drucks. 16/13422, S. 11.

457 Vgl Hüffer, AktG, § 100, Rn 7 b; *Bürgers/Israel*, in: Bürgers/Körber, AktG, § 100, Rn 6 a; *Löbbe/Fischbach*, AG 2012, 580 [584 f].

458 *Annuß/Theusinger*, BB 2009, 2434 [2442].

459 *Drygala*, in: K. Schmidt/Lutter, AktG, § 100, Rn 19; *Simons*, in: Hölters, AktG, § 100, Rn 29; *Krieger*, FS Hüffer, 2010, S. 521 [525 f]; *Sünner*, AG 2010, 111 [117]; *Löbbe/Fischbach*, AG 2012, 580 [585].

460 So aber *Schulenburg/Brosius*, WM 2011, 58 [61].

461 *Seibert*, WM 2009, 1489 [1493]; vgl auch *Krieger*, FS Hüffer, 2010, S. 521 [528 f], *Drygala*, in: K. Schmidt/Lutter, AktG, § 100, Rn 19, wonach der Versammlungsleiter förmlich festzustellen hat, dass das Quorum erreicht ist.

184 Es bedarf auch keiner besonderen Beziehung zwischen den Aktionären, deren Aktien gemeinsam mindestens 25% der Stimmrechte vermitteln, was sich bereits aus dem weit gefassten Wortlaut der Vorschrift ergibt.[462]

185 Mit der Einführung von § 100 Abs. 2 Satz 1 Nr. 4 AktG bestehen, entsprechend der Intention des Gesetzgebers, insbesondere bei Publikumsgesellschaften besondere Schwierigkeiten, das geforderte Quorum zu erreichen und auf diese Weise den direkten Wechsel eines Vorstandsmitglieds in den Aufsichtsrat zu ermöglichen.[463] Denn es bedarf regelmäßig einer Vielzahl von Aktionären mit gleichgelagerten Interessen, um das erforderliche Quorum zu erreichen. Diese zu erreichen und zum Mitmachen zu bewegen, ist trotz ausgeklügeltem Shareholder Relationship, moderner Kommunikationsmittel und Internetplattformen, die für einen solchen Zweck genutzt werden können, äußerst schwierig. Daher stellt sich die Frage nach der rechtlichen Zulässigkeit einer Initiative der Verwaltungsorgane,[464] die darauf abzielt, das Quorum für einen direkten Wechsel eines Vorstandsmitglieds in den Aufsichtsrat zu erreichen, und nach der Wirksamkeit eines später hierauf beruhenden Wahlbeschlusses der Hauptversammlung. Zum Teil wird diese Frage mit dem Hinweis auf den Wortlaut der Vorschrift verneint, wonach es sich um einen „Vorschlag von Aktionären" handeln und die Initiative daher originär von den Aktionären ausgehen müsse.[465] Hierfür spreche auch der Normzweck, wonach die „faktische Kooptation" durch den Vorstand gerade verhindert werden soll. Diejenigen, die eine Initiative der Verwaltungsorgane zur Erreichung des Quorums für zulässig halten,[466] führen den Charakter der Vorschrift als Bestellungshindernis an. Dessen Beseitigung sei den Verwaltungsorganen stets möglich. Außerdem genüge es zur Erreichung des gesetzgeberischen Ziels der Vermeidung von faktischer Kooptation durch den Vorstand, wenn den Aktionären deutlich erkennbar sei, dass der vorgeschlagene Wechsel vom Vorstand in den Aufsichtsrat einen Ausnahmefall darstelle und sie hierüber bewusst entscheiden müssten.[467] Es könne den Aktionären aber nicht verwehrt werden, von den Kenntnissen und Fähigkeiten des Vorstandsmitglieds auch zukünftig, wenngleich in anderer Position, zu profitieren.[468] Der zweiten Meinung ist zuzustimmen.[469] Denn der Wortlaut der Norm schließt eine Initiative der Verwaltungsorgane nicht aus, sondern erfordert lediglich, dass Aktionäre in ausreichender Zahl ihren, ggf adaptierten, Vorschlag an den Aufsichtsrat herantragen. Außerdem bestünde nach der zuerst dargestellten Ansicht ein gewisses Missbrauchspotential zugunsten des Aufsichtsrats und zulasten der Aktionäre. Denn der Auf-

462 *Drygala*, in: K. Schmidt/Lutter, AktG, § 100, Rn 18; *Fleischer*, NZG 2009, 801 [806]; *Thüsing*, AG 2009, 517 [528]; *Löbbe/Fischbach*, AG 2012, 580 [581].

463 *Löbbe/Fischbach*, AG 2012, 580 [580].

464 Regelmäßig wird die Initiative vom Aufsichtsrat stammen, da er gemäß § 124 Abs. 3 Satz 1 AktG dazu berufen ist, sich um Kandidaten für die freiwerdenden oder bereits vakanten Aufsichtsratsposten zu bemühen; das Organ Vorstand kommt als Initiator nicht in Betracht, da er andernfalls Einfluss auf seine künftigen Kontrolleure nehmen könnte; hiervon zu unterscheiden ist die Frage, ob von einzelnen Mitgliedern von Aufsichtsrat oder Vorstand die Initiative ausgehen darf; dies ist der Fall, solange die Mitglieder des Vorstands zukünftig nicht von dem vorzuschlagenden (Noch-)Vorstandsmitglied überwacht werden, womit auch das wechselwillige Vorstandsmitglied Initiator sein kann, ähnlich *Löbbe/Fischbach*, AG 2012, 580 [582 ff].

465 *Schulenburg/Brosius*, WM 2011, 58 [61].

466 *Löbbe/Fischbach*, AG 2012, 580 [581 f].

467 *Thüsing*, AG 2009, 517 [528]; *Löbbe/Fischbach*, AG 2012, 580 [582]; *Krieger*, FS Hüffer, 2010, S. 521 [527].

468 *Löbbe/Fischbach*, AG 2012, 580 [582].

469 Somit dürfte es auch zulässig sein, dass der Aufsichtsrat das Vorstandsmitglied als Kandidaten für den Aufsichtsrat vorschlägt und die Aktionäre gleichzeitig aufruft, in der Hauptversammlung den Vorschlag zur Umgehung der Karenzzeit zu machen, so auch *Drygala*, in: K. Schmidt/Lutter, AktG, § 100, Rn 19; *Simons*, in: Hölters, AktG, § 100, Rn 30; *Krieger*, FS Hüffer, 2010, S. 521 [532]; Hüffer, AktG, § 100, Rn 7 b; *Löbbe/Fischbach*, AG 2012, 580 [585 mN auch zur Gegenansicht], der dem Aufsichtsrat zur Sicherheit empfiehlt, zusätzlich zu dem Vorstandsmitglied einen „Hilfskandidaten" vorzuschlagen.

sichtsrat könnte, um den direkten Wechsel eines Vorstandsmitglieds in den Aufsichtsrat zu verhindern, alle Aktionäre adressieren und zur Unterbreitung des Vorschlags eben dieses Wechsels auffordern. Eine solche Möglichkeit kann aber nicht im Sinne der gesetzlichen Regelung sein.

dd) Karenzzeit für die Vorstandsmitglieder einer eG

Eine kürzere Karenzzeit als bei der börsennotierten AG gilt für die eG. Scheiden dort Mitglieder aus dem Vorstand aus, dürfen sie gemäß § 37 Abs. 2 GenG erst nach ihrer Entlastung in den Aufsichtsrat gewählt werden. Eine verfrühte Wahl ist nichtig und kann durch eine spätere Entlastung nicht geheilt werden, es sei denn, die Entlastung für die Vorstandstätigkeit erfolgt vor Annahme der Wahl zum Aufsichtsratsmitglied.[470] 186

ee) Rechtsformunabhängige Hinderungsgründe

Neben den aktien- und genossenschaftsrechtlichen Hinderungsgründen ergeben sich auch noch aus sonstigen Vorschriften Hinderungsgründe. So besteht zB die Pflicht zur Genehmigung einer Nebentätigkeit für Bundesbeamte gemäß § 65 Abs. 1 Bundesbeamtengesetz (BBG). 187

ff) Aufsichtsrechtliche Sonderbestimmungen

Über die aktienrechtlichen Vorgaben des § 100 Abs. 2 Satz 1 Nr. 1 AktG hinaus geht § 25 d Abs. 3 Satz 1 Nr. 2 u. Nr. 4 KWG in der Fassung seit dem 01.01.2014[471]. Hiernach kann der ehemalige Geschäftsleiter nicht zum Mitglied des Aufsichtsrats des von ihm einst geleiteten Unternehmens bestellt werden, wenn bereits zwei ehemalige Geschäftsleiter des Unternehmens dessen Mitglieder sind.[472] Es kann auch nicht bestellt werden, wer bereits mehr als drei[473] Kontrollmandate bei Unternehmen ausübt, es sei denn, diese Unternehmen gehören demselben institutsbezogenen Sicherungssystem an.[474] Einen weiteren Hinderungsgrund regelt nunmehr § 25 d Abs. 3 Satz 1 Nr. 3 KWG. Hiernach kann nicht Mitglied des Aufsichtsrats eines Kredit- oder Finanzdienstleistungsinstituts iS von § 1 Abs. 1 b KWG sein, wer bereits in einem anderen Unternehmen Geschäftsleiter und zugleich in mehr als zwei weiteren Unternehmen Mitglied des Verwaltungs- oder Aufsichtsorgans ist. 188

gg) Berater eines bedeutenden Anteilseigners

Der anwaltliche oder sonstige Berater des Groß- oder gar Mehrheitsaktionärs kann dem Aufsichtsrat der Beteiligungsgesellschaft ebenso angehören wie der Aktionär selbst.[475] Darauf, ob bei dem Berater die Gefahr einer dauerhaften Interessenkollision besteht,[476] kommt es insofern nicht an. 189

---

470 *Beuthien*, in: Beuthien, GenG, § 37, Rn 4 mwN.

471 Vormals in § 36 Abs. 3 Sätze 5 u. 6 KWG geregelt.

472 Dasselbe gilt für ehemalige Geschäftsleiter von Versicherungsunternehmen gemäß § 7 a Abs. 4 Satz 3 VAG.

473 Gemäß § 7 a Abs. 4 Satz 4 VAG darf ein Kandidat für den Aufsichtsrat einer Versicherungsgesellschaft nicht bereits fünf Kontrollmandate bei unter der Aufsicht der BaFin stehenden Unternehmen ausüben, wobei Mandate bei Unternehmen derselben Versicherungs- oder Unternehmensgruppe dabei außer Betracht bleiben.

474 Vgl § 25 d Abs. 3 Satz 2 Nr. 2 KWG; vgl auch die beiden Einschränkungen nach § 25 d Abs. 3 Satz 2 Nr. 1 u. Nr. 3 KWG.

475 *Hüffer*, ZIP 2010, 1979 [1982, 1984].

476 So LG Hannover, Urt. v. 17.3.2010 – 23 O 124/09 („Continental"), abgedruckt in: ZIP 2010, 833 [834]; aA: *Hüffer*, ZIP 2010, 1979 [1982].

g) Vermeidung von Interessenkonflikten, insbes. Wettbewerbsverbote

aa) Ausgangssituation

190 Neben den speziellen aktien- und genossenschaftsrechtlichen Hinderungsgründen gibt es keine gesetzlichen Vorschriften, die den Kandidaten für ein Aufsichtsratsmandat disqualifizieren. Zudem gibt es auch keine Vorschrift, die ein Wettbewerbsverbot für Aufsichtsratsmitglieder begründet.[477] § 88 AktG betrifft nur die Mitglieder des Vorstands.[478] Selbst Stellvertreter fehlender oder verhinderter Vorstandsmitglieder aus dem Kreis der Aufsichtsratsmitglieder, die für maximal ein Jahr in die Rechts- und Pflichtenstellung des von ihnen ersetzten Vorstandsmitglieds eintreten, während ihr Aufsichtsratsmandat ruht, unterliegen gemäß § 105 Abs. 2 Satz 4 AktG nicht dem Wettbewerbsverbot des § 88 AktG.[479]

191 Dennoch können auch bei Aufsichtsratsmitgliedern diejenigen Gefahren bestehen, deretwegen es für andere Funktionsträger Wettbewerbsverbote gibt. So können sich in der Person eines Aufsichtsratsmitglieds Informationen akkumulieren, die unmittelbar die Geschäftstätigkeit zweier Konkurrenzunternehmen betreffen, und für das Aufsichtsratsmitglied Anreize bestehen, diese Informationen missbräuchlich zugunsten des Wettbewerbers zu nutzen.[480] Bei solchen Wettbewerbssituationen unterscheidet man zwischen direkten und indirekten. Von sog. direkten Wettbewerbssituationen, die stets den Schutz der Gesellschaft erfordern, spricht man, wenn das Aufsichtsratsmitglied Geschäftsinhaber eines Konkurrenzunternehmens oder hieran persönlich in signifikanter Höhe beteiligt ist, wobei für die Höhe der Beteiligung allein maßgeblich ist, ob sie Sonderrechte bei der Erlangung von Informationen verschafft.[481] Außerdem besteht eine direkte Wettbewerbssituation, wenn das Aufsichtsratsmitglied eine Organfunktion[482] – insbesondere Mitglied des Vorstands oder der Geschäftsführung – bei dem Wettbewerber einnimmt.[483] Je nach Zuschnitt und Informationsfluss innerhalb des Konkurrenzunternehmens können auch bei leitenden Angestellten direkte Wettbewerbssituationen vorliegen.[484] Sog. indirekte Wettbewerbssituationen, welche die Gesellschaft ebenfalls schutzwürdig erscheinen lassen können, bestehen, wenn das Aufsichtsratsmitglied eine Geschäftsbeziehung zu einem Konkurrenzunternehmen pflegt, aufgrund deren es einen Zugang zu privilegierten Informationen hat.[485] Zu berücksichtigen ist, dass der privilegierte Zugang zu Informationen regelmäßig einen Interessengegensatz voraussetzt, aber nicht zwingend einen Interessenkonflikt.[486]

192 Teilweise wird zwischen „einfachen Interessenkonflikten“, bei denen Interessen des Unternehmens mit eigenen oder Drittinteressen kollidieren, und „Pflichtenkollisionen“ unterschieden, bei denen das Organmitglied aus einem anderen Rechtsverhältnis zu einem abweichen-

---

477 OLG Schleswig, Beschl. v. 26.4.2004 – 2 W 46/04, abgedruckt in: NZG 2004, 669 [670] = ZIP 2004, 1143 [1144]; *Langenbucher*, ZGR 2007, 571 [583].

478 Vgl *Hoffmann-Becking*, ZGR 2004, 355 [358].

479 Bedenkenswert ist jedoch die Forderung, wonach der „Vorstandsstellvertreter“ in dem Sinne Zurückhaltung üben soll, dass er im Zeitraum seiner Tätigkeit im Vorstand nicht beginnt, für einen Wettbewerber tätig zu werden, vgl *Heidbüchel*, WM 2004, 1317 [1321 mwN].

480 Vgl *Langenbucher*, ZGR 2007, 571 [574]; vgl auch *Bank*, NZG 2013, 801 [803 ff], aus dem Gesichtspunkt der Verschwiegenheitspflicht.

481 *Langenbucher*, ZGR 2007, 571 [580].

482 Ziff. 5.4.2 Satz 4 empfiehlt insofern: „Aufsichtsratsmitglieder sollen keine Organfunktion oder Beratungsaufgaben bei wesentlichen Wettbewerbern des Unternehmens ausüben.“.

483 *Langenbucher*, ZGR 2007, 571 [576 ff]. Vgl *Wirth*, ZGR 2005, 327 [343], der auf den Fall des ehemaligen IG-Metall-Vorsitzenden Steinkühler verweist, der gleichzeitig Mitglied in den Aufsichtsräten von Daimler-Benz und VW war.

484 Vgl *Langenbucher*, ZGR 2007, 571 [578 mwN].

485 Beispiel bei *Lüderitz*, FS Steindorff, S. 113 [S. 117 f].

486 Zur Abgrenzung zwischen bloßem Interessengegensatz und Interessenkonflikt vgl *Diekmann/Fleischmann*, AG 2013, 141 [142 f].

den Verhalten verpflichtet ist.[487] Diese Differenzierung mag einen Anhaltspunkt dafür bieten, welche Qualität die Interessenkollision in der Person des Organmitglieds hat. Es bedarf jedoch stets einer Einzelfallbetrachtung zur Beurteilung, welche Maßnahmen zum Umgang mit dem konkreten Interessenkonflikt ergriffen werden müssen.[488]

Darüber hinaus gibt es vielfach Interessenkonflikte in der Person der Aufsichtsratsmitglieder, die der Gesetzgeber selbst geschaffen hat bzw bewusst in Kauf nimmt, weshalb sie auch als „institutionalisierte Interessenkonflikte" bezeichnet werden.[489] So sitzen bei paritätisch mitbestimmten Gesellschaften und Genossenschaften, deren Aufsichtsrat aus 12 oder 16 Mitgliedern besteht, gemäß § 7 Abs. 2 Ziff. 1 u. 2 iVm Abs. 1 Satz 1 Ziff. 1 u. 2, Satz 2 MitbestG zwei, bei mitbestimmten Unternehmen mit einem 20köpfigen Aufsichtsrat gemäß § 7 Abs. 2 Ziff. 3 iVm Abs. 1 Satz 1 Ziff. 3, Satz 2 u. 3 MitbestG sogar drei „Vertreter von Gewerkschaften" auf der Arbeitnehmerseite. Auf diesem Weg werden regelmäßig Spitzenfunktionäre der für das jeweilige Unternehmen maßgeblichen, die Tarifpolitik bestimmenden Gewerkschaften in den Aufsichtsrat einbezogen, was zwangsläufig dazu führt, dass diese den Interessen beider Tarifvertragspartner verpflichtet sind.[490] Hinzu kommt, dass der im Aufsichtsrat der Gesellschaft sitzende Gewerkschaftsvertreter im Fall von Arbeitskampfmaßnahmen sehr gut über Pläne der Unternehmensleitung informiert ist, wie zB Streitfolgen gemindert werden sollen.[491] Da der Gesetzgeber durch die Schaffung des MitbestG[492] Arbeitnehmerinteressen schützen wollte, kann für die Gewerkschaftsvertreter im Aufsichtsrat nicht angenommen werden, dass sie bei Tarifverhandlungen, an denen die von ihnen vertretene Gewerkschaft beteiligt ist, ausschließlich dem Unternehmensinteresse verpflichtet sind.[493] 193

Eine besondere Situation besteht darüber hinaus auch dann, wenn die Gesellschaften, denen das Aufsichtsratsmitglied verpflichtet ist, einem Konzernverbund angehören. Denn in einem solchen darf das herrschende Unternehmen seinen Einfluss durch Entsendung oder Wahl seiner gesetzlichen Vertreter in den Aufsichtsrat der zum Konzern gehörenden Unternehmen geltend machen, wie sich bereits aus dem sog. Konzernprivileg des § 100 Abs. 2 Satz 2 AktG ergibt.[494] Den hierdurch hervorgerufenen Interessengegensätzen wird gemäß §§ 311 ff AktG durch das Verbot der Nachteilszufügung und durch die Verpflichtung zum Ausgleich eines etwaigen Nachteils durch das herrschende Unternehmen gegenüber den abhängigen Unternehmen begegnet.[495] Das herrschende Unternehmen darf im Konzern aber nicht nur seine 194

487 *Habersack*, in: MünchKomm AktG[3], § 100, Rn 61; Lutter/Krieger, Aufsichtsrat, § 12, Rn 896; *Marsch-Barner*, in: Semler/v. Schenck, Aufsichtsrat, § 12, Rn 96; *Priester*, ZIP 2011, 2081 [2082]; vgl auch *Seibt*, FS Hopt, 2010, S. 1363 [1364 f].

488 So auch *Diekmann/Fleischmann*, AG 2013, 141 [142].

489 Vgl *Diekmann/Fleischmann*, AG 2013, 141 [141].

490 Zwar ist umstritten, ob die von den zwei bzw drei Aufsichtsratsmitgliedern vertretenen Gewerkschaften tarifzuständig sein müssen, vgl hierzu: *Gach*, in: MünchKomm AktG, § 7 MitbestG, Rn 32 ff, ausgeschlossen ist dies jedoch bewusst nicht, so dass die Interessenkollision vom Gesetzgeber ganz bewusst in Kauf genommen wird.

491 *Schneider*, FS Goette, S. 475 [S. 476], führt den Fall Bsirske/Lufthansa als Beispiel hierfür an, in dem der Gewerkschaftsvertreter Ende 2002 in seiner Eigenschaft als Vorsitzender der Gewerkschaft Ver.di zum Warnstreik aufgerufen hatte, während er zeitgleich stellvertretender Vorsitzender des Aufsichtsrats der Lufthansa AG war.

492 Bsp. bei Ulmer, NJW 1980 1603 [1604].

493 *Bürgers/Schilha*, AG 2010, 221 [224], sprechen insofern davon, dass der „Interessenpluralismus" bei den Arbeitnehmer- und Gewerkschaftsvertretern im Aufsichtsrat „gesetzliches Programm" sei; vgl auch zu weiteren Konfliktsituationen, den Arbeitnehmervertreter ausgesetzt sind: *Pietzke*, BB 2012, 658 [662].

494 Vgl *Bürgers/Schilha*, AG 2010, 221 [225].

495 Im Erg. auch *Wilsing/v. der Linden*, DStR 2012, 1391 [1393]; aA: *Schneider*, FS Goette, S. 475 [S. 484], der für den Fall einer schweren Interessenkollision in der Person des Vorstandsmitglieds der Mutter- und gleichzeitigen Aufsichtsratsmitglieds der Tochtergesellschaft ein Stimmverbot befürwortet. Die hierdurch heraufbeschworene Rechtsunsicherheit wegen der Schwierigkeit der Beantwortung der Frage, wann ein Interessenkonflikt schwer ist, leugnet er nicht (aaO).

gesetzlichen Vertreter in die Aufsichtsratsräte der von ihm abhängigen Unternehmen entsenden, sondern auch seine Berater.[496] Eine Ausnahme hiervon bildet § 6 Abs. 2 a Satz 1 InvG (vgl heute §§ 18 Abs. 3 Satz 1, 119 Abs. 3 Satz 2, 147 Abs. 3 Satz 2 KAGB), wonach die Hauptversammlung von Kapitalanlagegesellschaften mindestens ein von den Aktionären sowie den mit ihr verbundenen Unternehmen und Geschäftspartnern unabhängiges Aufsichtsratsmitglied wählen muss.

bb) Transparenz statt Inkompatibilität

195 Zum Teil wird bei Bestehen einer Wettbewerbssituation „in zentralen Tätigkeitsbereichen" der Unternehmen von einer (ungeschriebenen) Inkompatibilität ausgegangen. Bestellung durch die Hauptversammlung und Annahme des Amtes durch das Aufsichtsratsmitglied wären hiernach aufgrund eines Bestellungshindernisses unwirksam.[497] Die Entstehung eines Interessenkonflikts würde bereits vermieden. Dessen Bewältigung während der Amtszeit des betroffenen Aufsichtsratsmitglieds in der Form, dass es sein Amt aufgeben muss, wie es in Ziff. 5.5.3 Satz 2 DCGK für wesentliche und nicht nur vorübergehende Interessenkonflikte in der Person eines Aufsichtsratsmitglieds empfohlen und nach allgemeinen aktienrechtlichen Grundsätzen zu fordern ist,[498] bedürfte es somit nicht.[499]

196 Dieser Auffassung dürfte durch die Entscheidung des Gesetzgebers für § 124 Abs. 3 Satz 4 AktG in der Fassung des KonTraG von 1998,[500] wonach der Vorschlag zur Wahl von Aufsichtsratsmitgliedern deren Namen, ausgeübten Beruf und Wohnort angeben muss, sowie für § 125 Abs. 1 Satz 5 AktG in der Fassung des KonTraG,[501] wonach bei börsennotierten Gesellschaften einem Vorschlag zur Wahl von Aufsichtsratsmitgliedern Angaben zu deren Mitgliedschaft in anderen gesetzlich zu bildenden Aufsichtsräten beizufügen ist und darüber hinaus Angaben zu ihrer Mitgliedschaft in vergleichbaren in- und ausländischen Kontrollgremien von Wirtschaftsunternehmen beigefügt werden sollen, der Boden entzogen sein.[502] Denn der Gesetzgeber hat sich hiermit im Grundsatz für Transparenz und somit gegen Inkompatibilität entschieden. Die für eine analoge Anwendung von Inkompatibilitätsregelungen erforderliche Regelungslücke besteht somit nicht.[503] Gegen die Annahme einer Inkompatibilität spricht auch, dass hierdurch eine erhebliche Rechtsunsicherheit hervorgerufen würde, da Aufsichtsratsbeschlüsse gerichtlich angreifbar wären, die mit Stimmen von inkompati-

---

496 Im Erg. LG Hannover, Beschl. v. 12.3.2009 – 21 T 2/09, abgedruckt in: ZIP 2009, 761 = AG 2009, 341, das jedoch fälschlicherweise die Zulässigkeit nur aufgrund des Vorliegens einer Investorenvereinbarung bejahte. Wie hier: *Bürgers/Schilha*, AG 2010, 221 [224 ff].

497 Lutter/Krieger, Aufsichtsrat, § 1, Rn 22; *Lutter*, ZHR 145 (1981), 224 [234 ff]; *ders.*, ZHR 159 (1995), 287 [303]; *Raiser*, NJW 1996, 2257 [2260]; *Schneider*, FS Goette, S. 475 [S. 480 f]; weitere Nachweise bei *Langenbucher*, ZGR 2007, 571 [583, Fn 36] u. *Schneider*, FS Gotte, S. 475 [S. 480, Fn 16]; aA: OLG Schleswig, Beschl. v. 26.4.2004 – 2 W 46/04 („Mobilcom"), abgedruckt in: NZG 2004, 669 [669 f mwN] = ZIP 2004, 1143, wonach in Ausnahmefällen, in denen „eine Konkurrenzsituation [besteht], welche dauerhaft die gesamte Tätigkeit und den wesentlichen Kernbereich der Unternehmen betrifft" und die dazu führen kann, dass das zu bestellende Aufsichtsratsmitglied „gehindert wäre, sein Amt überhaupt wahrzunehmen", es „sinnwidrig [wäre], einen Kandidaten zu wählen oder [vom Gericht] zu bestimmen." *Habersack*, in: MünchKomm AktG^3, § 100, Rn 53, 58 f; *Hoffmann-Becking*, in: Münchener Hdb GesR, Bd. 4, AG, § 30, Rn 3 u. § 33, Rn 63; *Langenbucher*, ZGR 2007, 571 [585].

498 OLG Schleswig, Beschl. v. 26.4.2004 – 2 W 46/04 („Mobilcom"), abgedruckt in: NZG 2004, 669 [670] = ZIP 2004, 1143; *Habersack*, in: MünchKomm AktG^3, § 100, Rn 72; *Semler/Stengel*, NZG 2003, 1 [6]; *Langenbucher*, ZGR 2012, 314 [337]; *Seibt*, FS Hopt, 2010, S. 1363 [1383].

499 Zur Unterteilung nach Vermeidung und Bewältigung von Interessenkonflikten, vgl *Schneider*, FS Goette, S. 475 [S. 478 ff].

500 KonTraG v. 27.4.1998 (BGBl. I S. 786). Durch das BilMoG v. 25.5.2009 (BGBl. I S. 1102) wurde die Vorschrift in § 124 Abs. 3 Satz 4 AktG verschoben.

501 Durch Art. 1 ARUG v. 30.7.2009 (BGBl. I S. 2479) wurde aus Satz 3 der heutige Satz 5.

502 Vgl hierzu *Florstedt*, ZIP 2013, 337 [338].

503 So auch: *Langenbucher*, ZGR 2007, 571 [585].

blen Mitgliedern zustande gekommen sind. Schließlich spricht für den Weg des Gesetzgebers, mehr Transparenz zu schaffen, dass hierdurch die Autonomie der Hauptversammlung gestärkt wird.[504]

Ebenfalls im Sinne der Schaffung von Transparenz empfiehlt Ziff. 5.5.2 DCGK für börsennotierte Gesellschaften, dass jedes Aufsichtsratsmitglied Interessenkonflikte, insbesondere solche, die aufgrund einer Beratung oder Organfunktion bei Kunden, Lieferanten, Kreditgebern oder sonstigen Dritten entstehen können, dem Aufsichtsrat gegenüber offenlegen soll.[505] Hierdurch wird die dem Konflikt immanente Gefahr einer Beeinträchtigung des Unternehmensinteresses erheblich reduziert oder gar ganz ausgeschlossen.[506] Dies gilt zumindest dann, wenn die betroffenen Mitglieder des Aufsichtsrats der ihnen zugebilligten Eigenverantwortung[507] gerecht werden, indem sie existente Interessenkonflikte auch tatsächlich offenlegen. Bis zu ihrer Änderung am 15.5.2012 stellte die Empfehlung – wenngleich durch exemplarische Aufzählung – lediglich auf geschäftliche Sonderbeziehungen von Aufsichtsratsmitgliedern ab, indem von „sonstigen Geschäftspartner[n]“ die Rede war. Seither werden allgemein „sonstige Dritte“ und somit vermutlich auch Beziehungen des Aufsichtsratsmitglieds zu Groß- und Mehrheitsaktionären von dieser Empfehlung erfasst.[508] Neben der Empfehlung zur Offenlegung, besteht als Ausfluss der organschaftlichen Treuepflicht auch eine entsprechende Pflicht hierzu,[509] allerdings nur im Hinblick auf tatsächlich bestehende Interessenkonflikte und nicht bereits im Hinblick auf potenzielle.[510] Die Offenlegung hat entgegen vereinzelter Stimmen in der Literatur[511] nicht nur gegenüber dem Aufsichtsratsvorsitzenden zu erfolgen, sondern gegenüber dem Gesamtorgan, was eine Vorabinformation des Vorsitzenden jedoch nicht ausschließt. Grund hierfür ist unter anderem, dass gemäß § 103 Abs. 3 Satz 1 AktG dem Gesamtorgan die Antragsbefugnis zur Abberufung des Aufsichtsratsmitglieds aus wichtigem Grund zusteht, nicht hingegen dem Vorsitzenden allein.[512] Ziff. 5.5.3 Satz 1 DCGK empfiehlt sogar eine Offenlegung von Interessenkonflikten und deren Behandlung im Bericht des Aufsichtsrats an die Hauptversammlung und somit über die Grenzen des Organs Aufsichtsrat hinaus.[513] 197

504 *Langenbucher*, ZGR 2007, 571 [585 f mwN].

505 Hierzu: *Langenbucher*, ZGR 2012, 314 [336 f mwN]; *Hopt*, ZGR 2004, 1 [25], wonach die Offenlegung als das flexiblere Instrument der Rechtsordnung an die Stelle ursprünglicher strikter Verbote getreten ist.

506 *Diekmann/Fleischmann*, AG 2013, 141 [144 mwN].

507 Vgl hierzu Lutter/Krieger, Aufsichtsrat, § 12, Rn 897 ff; *Marsch-Barner*, in: Semler/v. Schenck, Aufsichtsrat, § 12, Rn 102 ff; *Hoffmann-Becking*, in: Münchener Hdb GesR, Bd. 4, AG, § 33, Rn 63 ff.

508 *V. Werder/Bartz*, DB 2012, 1733 [1734]; in diesem Sinne auch *Wilsing/v. der Linden*, DStR 2012, 1391 [1393].

509 *Habersack*, in: MünchKomm AktG^3, § 100, Rn 69; *Drygala*, in: K. Schmidt/Lutter, AktG, § 116, Rn 14; *Fleischer*, WM 2003, 1045 [1050]; *Hopt*, ZGR 2004, 1 [25], mit Verweis auf den von The Company Law Review Steering Group in deren Abschlussbericht aus Juni 2001 ausformulierten Grundsatz der „no secret profits“ und dem allgemeinen „Grundsatz der ungefragten Offenlegung“.

510 So auch *Diekmann/Fleischmann*, AG 2013, 141 [145].

511 *Habersack*, in: MünchKomm AktG^3, § 100, Rn 69; vgl auch *Butzke*, FS Hoffmann-Becking, 2013, S. 229 [231, 234], der eine Offenlegung gegenüber dem Plenum nach Abstimmung mir dem Aufsichtsratsvorsitzenden lediglich für möglich möglich hält, hierin jedoch eine Ausnahme sieht.

512 So auch *Diekmann/Fleischmann*, AG 2013, 141 [145].

513 Zu Recht kritisch und wegen des zwingenden Charakters von § 116 Satz 2 AktG für eine enge Auslegung der Empfehlung *Butzke*, FS Hoffmann-Becking, 2013, S. 229 [234 mwN, 241 ff].

198 Außerdem kann die Pflicht zur Stimmenthaltung[514] und zur Nichtteilnahme an Sitzungen[515] in vereinzelten Fällen – kommen solche Situationen häufiger vor, stellt sich die Frage, ob mit dem betroffenen Mitglied die Gesamtverantwortung des Aufsichtsrats noch angemessen wahrgenommen werden kann[516] – bestehen. Daneben kann unter den Voraussetzungen des § 34 BGB, ergänzt um den Ausschluss in sonstigen Fällen des Richtens in eigener Sache,[517] ein Stimmverbot treten.[518] Verstöße hiergegen machen die Stimmabgabe des betroffenen Aufsichtsratsmitglieds ungültig, was in den Fällen von Bedeutung ist, in denen die Stimme ausschlaggebend war[519] (dazu Rn 353).

199 Im Hinblick auf das zuvor zur Wettbewerbssituation Gesagte kann es für das Organmitglied ausnahmsweise auch angezeigt sein, auf die Zusendung von Sitzungsunterlagen zu verzichten, um eine privilegierte Versorgung mit Informationen über das Unternehmen bewusst nicht zuzulassen.[520] In jedem Fall trifft die Mitglieder des Aufsichtsrats die Pflicht, mit dem Interessenkonflikt angemessen im Interesse der Gesellschaft umzugehen, was nur mittels konkreter Einzelfallbetrachtung geschehen kann. Diese Pflicht entspringt der Treuepflicht, die jedes Organmitglied seiner Gesellschaft gegenüber zu erfüllen hat.[521]

200 Nach alledem steht fest, dass in der engen Beziehung des Aufsichtsratsmitglieds zu einem Wettbewerber oder in einem sonstigen Interessenkonflikt grundsätzlich kein Hindernis zu dessen Bestellung und Amtsausübung liegt.[522] Sollte allerdings ausnahmsweise der Interessenkonflikt eines Mitglieds derart außergewöhnlich sein, dass er die Funktionsfähigkeit des Gesamtorgans gefährdet oder zumindest die betreffende Person für die Gesellschaft untragbar macht, weil sie die ihr gestellten Aufgaben nicht mehr pflichtgemäß zu erfüllen in der Lage ist,[523] kann aus der organschaftlichen Treuepflicht eine Verpflichtung zum vorübergehenden Ruhenlassen des Mandats oder im Extremfall, also bei einem wesentlichen und dau-

---

514 *Spindler*, in: Spindler/Stilz, AktG, § 116, Rn 67; *Hoffmann-Becking*, in: Münchener Hdb GesR, Bd. 4, AG, § 33, Rn 67; *Langenbucher*, ZGR 2012, 314 [337]; aA: *Habersack*, in: MünchKomm AktG^3, § 100, Rn 71, der eine Entlastungswirkung wegen der Gesamtverantwortung aller Mitglieder für die Willensbildung des Organs ablehnt.

515 Eine solche Pflicht ablehnend im Fall eines dreiköpfigen Aufsichtsrats im Hinblick auf § 108 Abs. 2 Satz 3 AktG: BGH, Urt. v. 2.4.2007 – II ZR 325/05, abgedruckt in: NZG 2007, 516 = AG 2007, 484; ebenfalls äußerst kritisch und auf Interessenkonflikte begrenzend, von denen nicht unwesentliche Beeinträchtigungen oder Gefährdungen des Unternehmensinteresses ausgehen: *Diekmann/Fleischmann*, AG 2013, 141 [146 f].

516 Vgl *Diekmann/Fleischmann*, AG 2013, 141 [146]; noch restriktiver: *Habersack*, in: MünchKomm AktG^3, § 100, Rn 52.

517 BayObLG, Beschl. v. 28.3.2003 – 3Z BR 199/02, abgedruckt in: NZG 2003, 691 = AG 2003, 427 = ZIP 2003, 1194, zum Antrag nach § 103 Abs. 3 AktG; *Drygala*, in: K. Schmidt/Lutter, AktG, § 108, Rn 15.

518 Vgl BGH, Urt. v. 2.4.2007 – II ZR 325/05, abgedruckt in: NZG 2007, 516 = AG 2007, 484; *Habersack*, in: MünchKomm AktG^3, § 100, Rn 70; *Langenbucher*, ZGR 2012, 314 [337].

519 *Habersack*, in: MünchKomm AktG^3, § 108, Rn 33; *Diekmann/Fleischmann*, AG 2013, 141 [150].

520 Vgl *Diekmann/Fleischmann*, AG 2013, 141 [143].

521 Vgl *Spindler*, in: Spindler/Stilz, AktG, § 116, Rn 67; Lutter/Krieger, Aufsichtsrat, § 12, Rn 900; *Diekmann/Fleischmann*, AG 2013, 141 [141].

522 RGZ 165, 68 [82]; BGHZ 39, 116 [123] = NJW 1963, 905; OLG München, WM 2009, 658 [660 f]; OLG Schleswig, FGPrax 2004, 244 [245 f]; *Dreher*, JZ 1990, 896 [898 f]; *Kübler*, FS Claussen, 1997, S. 239 [241 ff]; *Langenbucher*, ZGR 2007, 571 [585 f]; *U. H. Schneider*, BB 1995, 365 [366 ff]; *Ulmer*, NJW 1980, 1603 [1606 f]; *Wirth*, ZGR 2005, 327 [345 f]; Hüffer, AktG, § 100, Rn 2; aA: *Lutter*, ZHR 145 (1981), 224 [236 ff]; *ders.*, FS Beusch, 1993, S. 509 [511 ff]; *ders.*, ZHR 159 (1995), 287 [303]; *Reichert/Schlitt*, AG 1995, 241 [244 ff]; *Wardenbach*, AG 1999, 74 [76 f].

523 Lutter/Krieger, Aufsichtsrat, § 12, Rn 900; *Marsch-Barner*, in: Semler/v. Schenck, Aufsichtsrat, § 12, Rn 102; *Hopt*, ZGR 2004, 1 [34]; *Möllers*, ZIP 2006, 1615 [1619]; *Seibt*, FS Hopt, 2010, S. 1363 [1384].

erhaften Interessenkonflikt, zur Mandatsniederlegung erwachsen.[524] Hiermit korrespondierend sind die übrigen Mitglieder verpflichtet, den gerichtlichen Antrag nach § 103 Abs. 3 AktG auf Abberufung zu stellen.[525] Zu beachten ist jedoch, dass die Amtsniederlegung eines Aufsichtsratsmitglieds wegen eines Interessenkonflikts ultima ratio der Konfliktbewältigung ist[526] und regelmäßig nur bei Konflikten im Zusammenhang mit Hauptkunden bzw –lieferanten und in Fällen erheblicher Wettbewerbsverhältnisse in dem Kerngeschäftsfeld der Gesellschaft in Betracht kommt.[527]

5. Weisungsgebundenheit

a) Öffentlich-rechtliche Vorschriften

201 Als besonderer Gesichtspunkt der persönlichen (Un-)Abhängigkeit eines Aufsichtsratsmitglieds wird die Frage nach dessen Weisungsgebundenheit diskutiert. Dies betrifft insbesondere Aufsichtsratsmitglieder von Gesellschaften, an denen Bund, Länder oder Kommunen beteiligt sind.[528] Denn für die innere Organisation solcher Gesellschaften bestehen gesetzliche Vorgaben, die eine Einflussnahme der öffentlichen Hand sicherstellen sollen, wodurch sich ein Spannungsfeld zwischen Gesellschafts- und Verwaltungsrecht, insbesondere Kommunalrecht, ergibt.[529] So darf der Bund sich gemäß § 65 Abs. 1 Nr. 3 BHO „an der Gründung eines Unternehmens in einer Rechtsform des privaten Rechts nur beteiligen, wenn ... [er] einen angemessenen Einfluss, insbesondere im Aufsichtsrat oder in einem entsprechenden Überwachungsorgan erhält". Zudem soll gemäß § 65 Abs. 6 BHO „das zuständige Bundesministerium ... darauf hinwirken, dass die auf Veranlassung des Bundes gewählten oder entsandten Mitglieder der Aufsichtsorgane der Unternehmen bei ihrer Tätigkeit die besonderen Interessen des Bundes berücksichtigen."

202 Die Regelungen im kommunalen Bereich gehen hierüber sogar noch hinaus. So dürfen zB Gemeinden in Nordrhein-Westfalen gemäß § 108 Abs. 1 Nr. 6 GO NRW „Unternehmen und Einrichtungen in der Rechtsform des privaten Rechts nur gründen oder sich daran beteiligen, wenn die Gemeinde einen angemessenen Einfluss, insbesondere in einem Überwachungsorgan, erhält und dieser durch Gesellschaftsvertrag, Satzung oder in anderer Weise gesichert wird." Für den häufig anzutreffenden Fall der Beteiligung einer Gemeinde an einer GmbH, für die Mitbestimmungsgesetze nicht gelten, schreibt § 108 Abs. 5 Nr. 2 GO NRW vor, dass „durch die Ausgestaltung des Gesellschaftsvertrages sichergestellt ... [sein muss], dass der Rat den von der Gemeinde bestellten oder auf Vorschlag der Gemeinde gewählten Mitgliedern des Aufsichtsrats Weisungen erteilen kann". Regelungen wie sie in § 113 Abs. 1

524 Hüffer, AktG, § 116, Rn 5; *Habersack*, in: MünchKomm AktG^3, § 100, Rn 72; *Diekmann/Fleischmann*, AG 2013, 141 [147]; vgl auch *Seibt*, FS Hopt, 2010, S. 1363 [1368, 1372 ff]; *ders.*, FS Hoffmann-Becking, 2013, S. 1119 [1142], der einen „fünfstufigen Reaktionsmechanismus", auch als „pentalogisches Reaktionssystem bezeichnet, vorschlägt, der 1. Offenlegung des Interessenkonflikts, 2. Pflicht zur Stimmenthaltung bzw Stimmverbot, 3. Ausschluss von der Sitzungsteilnahme und von bestimmten Informationen, 4. Ruhenlassen des Mandant und 5. Amtsniederlegung vorsieht; vgl auch *v. Falkenhausen*, ZIP 2013, 862 [865], der einen dreistufigen Mechanismus, bestehend aus Stimmenthaltung/Stimmverbot, Ausschluss von Sitzungen und Mandatsniederlegung, vorschlägt.

525 OLG Hamburg, Beschl. v. 23.1.1990 – 1 WW 92/89, abgedruckt in: NJW-RR 1990, 673 = AG 1990, 218; *Diekmann/Fleischmann*, AG 2013, 141 [147].

526 Lutter/Krieger, Aufsichtsrat, § 12, Rn 900; *Seibt*, FS Hopt, 2010, S. 1363 [1384].

527 *Seibt*, FS Hopt, 2010, S. 1363 [1384], mit konkreten Praxisbeispielen.

528 Vgl BVerwG, Urt. v. 31.8.2011 – 8 C 16/10, abgedruckt in: NZG 2011, 1381; vgl hierzu nur: *Heidel*, NZG 2012, 48 ff.

529 Lutter/Krieger, Aufsichtsrat, § 20, Rn 1428; *Weckerling-Wilhelm/Mirtsching*, NZG 2011, 327 [328]; vgl auch *Altmeppen*, NJW 2003, 2561, zu den Vorteilen einer Privatisierung; *Pauly/Schüler*, DÖV 2012, 339 [340 mwN], zum Loyalitätskonflikt, in dem sich kommunale Aufsichtsratsmitglieder aufgrund ihrer „Doppelfunktion als Repräsentanten öffentlicher Interessen des Allgemeinwohls und als unternehmerisch denkende Kontrollinstanz" häufig befinden.

GO NRW anzutreffen sind, machen darüber hinaus unmittelbare Vorgaben für „die Vertreter der Gemeinde in … Aufsichtsräten oder entsprechenden Organen von juristischen Personen oder Personenvereinigungen, an denen die Gemeinde unmittelbar oder mittelbar beteiligt ist". Diese sind nämlich verpflichtet, „die Interessen der Gemeinde zu verfolgen." Die Normierung der Weisungsgebundenheit ergibt sich aus den folgenden Sätzen 2 und 3, wonach die Aufsichtsratsmitglieder „an die Beschlüsse des Rates und seiner Ausschüsse gebunden [sind und] … ihr Amt auf Beschluss des Rates jederzeit niederzulegen" haben.[530]

203 Beamtinnen und Beamte unterliegen einer Folgepflicht. Gemäß § 62 Abs. 1 Satz 2 BBG sind sie verpflichtet, die dienstlichen Anordnungen ihrer Vorgesetzten auszuführen und deren allgemeine Richtlinien zu befolgen, allerdings gemäß Satz 3 vorbehaltlich besonderer gesetzlicher Regelungen, nach denen sie nicht an Weisungen gebunden und nur dem Gesetz unterworfen sind.

b) Mitbestimmungsrechtliche Vorschriften

204 Eine ausdrückliche Normierung der Weisungsfreiheit von Aufsichtsratsmitgliedern findet sich im Rahmen der Mitbestimmungsgesetze lediglich in § 4 Abs. 3 Montan-MitbestG im Zusammenhang mit der Festschreibung der Gleichberechtigung aller Aufsichtsratsmitglieder.

205 Im MitbestG findet sich kein Pendant hierzu, obwohl der Referentenentwurf zum MitbestG in § 34 noch eine gleichlautende Regelung vorsah.[531]

c) Rechtsprechung

aa) Zivilgerichtliche Rechtsprechung

206 Der BGH geht heute ungeachtet bundes- und landesgesetzlicher Regelungen davon aus, dass Aufsichtsratsmitglieder im Rahmen der ihnen obliegenden Amtsführung keinen Weisungen unterworfen, sondern allein dem Unternehmensinteresse verpflichtet sind. Er stützt seine Einschätzung auf § 111 Abs. 5 AktG.[532] Jedoch auch schon zu Zeiten des AktG 1937 vertrat das Gericht die Auffassung, dass Aufsichtsratsmitglieder „als Angehörige eines Gesellschaftsorgans … den Belangen der Gesellschaft den Vorzug vor denen des Entsendungsberechtigten zu geben und die Interessen der Gesellschaft wahrzunehmen [haben], ohne an Weisungen des Entsendeberechtigten gebunden zu sein.[533] Bereits das Reichsgericht hatte in diesem Sinne entschieden.[534]

207 Problematisch erscheint insbesondere die heutige Anknüpfung der Weisungsfreiheit von Aufsichtsratsmitgliedern an § 111 Abs. 5 AktG, da die Vorschrift ihrem Wortlaut nach nur ein an diese gerichtetes Verbot der Delegation von Aufgaben an Dritte beinhaltet. Auch der Zweck dieser Vorschrift geht bei isolierter Betrachtung der Gesetzesmaterialien hierüber nicht hinaus.[535]

---

530 Nachweise zu vergleichbaren Regelungen in Gemeindeordnungen anderer Bundesländer finden sich bei *Heidel*, NZG 2012, 48 [49, Fn 16].

531 Vgl hierzu un zu den Rückschlüssen, die seither hieraus gezogen wurden, *Heidel*, NZG 2012, 48 [51 f] mwN.

532 BGH, Urt. v. 18.9.2006 – II ZR 137/05 („WMF"), abgedruckt in: BGHZ 169, 98 [Tz. 18] = NZG 2006, 945 = AG 2006, 883; BGH, Urt. v. 26.3.1984 – II ZR 171/83 („BuM/WestLB"), abgedruckt in: BGHZ 90, 381 [398] = NJW 1984, 1893 = ZIP 1984, 572; BGH, Urt. v. 29.1.1962 – II ZR 1/61, abgedruckt in: BGHZ 36, 296 [306] = NJW 1962, 864.

533 BGH, Urt. v. 29.1.1962 – II ZR 1/61 („HEW"), abgedruckt in: BGHZ 36, 296 [306] = NJW 1962, 864 [866].

534 RG, Urt. v. 12.10.1940 – II 33/40, abgedruckt in: RGZ 165, 68 [79].

535 Der heutige § 111 Abs. 5 AktG 1965 sollte lediglich eine „sprachliche Verbesserung" der bis dato geltenden Vorschrift des § 95 Abs. 6 AktG 1937 darstellen, vgl Begr. RegE bei *Kropff*, AktG 1965, S. 154; hierzu überblicksartig: *Heidel*, NZG 2012, 48 [52].

bb) Verwaltungsgerichtliche Rechtsprechung

In der verwaltungsgerichtlichen Rechtsprechung stellt sich das Bild etwas anders dar, vor allem deshalb, weil es hier vornehmlich nicht um Aufsichtsräte von AGs oder mitbestimmten, sondern von nicht der gesetzlichen Mitbestimmung unterworfenen GmbHs geht. 208

Das OVG Münster bejahte mit dem Hinweis auf § 113 Abs. 1 Satz 2 GO NRW und das Fehlen eines „ungeschriebenen Rechtsgrundsatzes genereller Weisungsfreiheit von Aufsichtsratsmitgliedern“ die Möglichkeit, bei GmbHs mit fakultativem Aufsichtsrat, an denen eine Kommune beteiligt ist, durch entsprechende Satzungsbestimmungen dessen Mitglieder an Weisungen zu binden. Bei Aktiengesellschaften und GmbHs mit obligatorischem Aufsichtsrat sei dies aufgrund der Regelungen in §§ 111 Abs. 5, 116, 93 AktG jedoch nicht möglich, so dass sich in diesem Fällen der Einfluss der Kommune auf den personellen Besetzungsakt beschränke.[536] In einer früheren Entscheidung hatte das Gericht entschieden, dass die gesellschaftsrechtliche Verpflichtung auf das Wohl der Gesellschaft die Weisungsgebundenheit der vom Rat entsandten Vertreter im Aufsichtsrat einer Kapitalgesellschaft gemäß § 113 Abs. 1 Satz 2 GO NRW begrenze.[537] 209

Das BVerwG hat sich jüngst dem OVG Münster insofern angeschlossen, als dass die Satzung von Gesellschaften mit fakultativem Aufsichtsrat Weisungsrechte der Gesellschafter gegenüber den Aufsichtsratsmitgliedern vorsehen kann.[538] Anders als das OVG Münster[539] ist es sogar der Auffassung, dass ein statutarischer Ausschluss der Anwendbarkeit aktiengesetzlicher Vorschriften ohne gleichzeitige Regelung dessen, was an deren Stelle treten soll, im Wege der Auslegung für die Annahme spricht, dass die von der Kommune entsandten Aufsichtsratsmitglider weisungsgebunden sind. Denn es sei zu vermuten, dass „die Gemeinde die gesetzlichen Voraussetzungen für ihre Beteiligung an einer derartigen Gesellschaft einhalten wollte und will.“[540] Eine dieser Voraussetzungen liegt gemäß § 108 Abs. 5 Ziff. 2 GO NRW darin sicherzustellen, dass der Rat den Aufsichtsratsmitgliedern der Gemeinde „Weisungen erteilen kann.“ 210

d) Meinungsstand in der Literatur

In der Literatur wird die Zulässigkeit von Regelungen, die Weisungsgebundenheit von Aufsichtsratsmitgliedern begründen (sollen), unterschiedlich beurteilt. 211

Zum Teil wird eine solche bestritten und herausgestellt, dass Aufsichtsratsmitglieder ausschließlich dem Unternehmenswohl verpflichtet sind,[541] was wegen des Grundsatzes der Gleichheit aller Aufsichtsratsmitglieder unabhängig davon gelten soll, ob es gewählt oder 212

536 OVG Münster, Urt. v. 24.4.2009 – 15 A 2592/07, abgedruckt in: AG 2009, 840 = ZIP 2009, 1718 = GmbHR 2010, 92, das über einen Fall zu entscheiden hatte, in dem die Satzung der Gesellschaft, an der die Kommune mehrheitlich beteiligt war, die Bildung eines Aufsichtsrats vorschrieb, die aktienrechtlichen Vorschriften jedoch für nicht anwendbar erklärte; hierzu auch: *Pauly/Schüler*, DÖV 2012, 339 [344 f].

537 OVG Münster, Beschl. v. 12.12.2006 – 15 B 2625/06, abgedruckt in: NVwZ 2007, 609 = JA 2008, 239.

538 Vgl BVerwG, Urt. v. 31.8.2011 – 8 C 16/10, abgedruckt in: NZG 2011, 1381 = ZIP 2011, 2054; vgl hierzu: *Heidel*, NZG 2012, 48 ff.

539 OVG Münster, Urt. v. 24.4.2009 – 15 A 2592/07, abgedruckt in: AG 2009, 840 = ZIP 2009, 1718 = GmbHR 2010, 92.

540 BVerwG, Urt. v. 31.8.2011 – 8 C 16/10, abgedruckt in: NZG 2011, 1381 = ZIP 2011, 2054 [2057].

541 *Drygala*, in: K. Schmidt/Lutter, AktG, § 101, Rn 22, für die AG; *Schürnbrand*, in: MünchKomm AktG[3], § 394, Rn 40 ff; Hüffer, AktG, § 101, Rn 10, für die AG; *Hoffmann-Becking*, in: Münchener Hdb GesR, Bd. 4, AG, § 30, Rn 25; *Bormann*, NZG 2011, 926 [928], für die AG; Lutter/Krieger, Aufsichtsrat, § 6, Rn 273; *Spindler*, ZIP 2011, 689 [694]; *Pauly/Schüler*, DÖV 2012, 339 [341 mwN], für die AG und mitbestimmte GmbH; *Bäcker*, FS Schwark, 101 [103 ff]; *Keßler*, GmbHR 2000, 71 [76 ff]; *Thümmel*, DB 1999, 1891 [1892 f]; weitere Nachw. auch zum öffentlich-rechtlichen Schrifttum bei *Heidel*, NZG 2012, 48 [52, Fn 63].

entsandt wurde. Eines der Kernelemente des deutschen Aufsichtsratsrechts[542] sei die eigenverantwortliche und somit weisungsunabhängige Wahrnehmung des Mandats, § 111 Abs. 5 AktG. Für eine – partielle – Durchbrechung dieses Prinzips und somit der Einräumung eines Weisungsrechts zugunsten des Aktionärs bedarf es einer ausdrücklichen Regelung, wie sie sich in § 308 AktG findet.[543] Sie sei nicht Angelegenheit der Aktionäre, nicht einmal diejenige des Alleinaktionärs.[544]

213 Die meisten Vertreter dieser Ansicht differenzieren danach, ob es sich einerseits um Aufsichtsratsmitglieder einer AG oder mitbestimmten GmbH oder andererseits um Mitglieder eines fakultativen Aufsichtsrats handelt.[545] In zuletzt genanntem Fall bestehe aufgrund der Disponibilität von § 52 Abs. 1 GmbHG für die Gesellschafter die Möglichkeit, mit entsprechender Satzungsbestimmung die Aufsichtsratsmitglieder an Weisungen zu binden.[546] Das Hauptargument dieser Ansicht besteht darin, dass im Fall des fakultativen Aufsichtsrats freiwillig Kompetenzen der Gesellschafterversammlung auf der Grundlage deren Allzuständigkeit auf den Aufsichtsrat übertragen werden. Daher muss auch der Umfang dieser Übertragung von den Gesellschaftern frei wählbar sein, was anstatt einer unabhängigen Rechtsstellung der Aufsichtsratsmitglieder wie beim obligatorischen Aufsichtsrat Gebundenheit an Weisungen der Gesellschafter bedeuten kann.[547] Werden bei einer nicht mitbestimmten GmbH die aktienrechtlichen Regelungen zum Aufsichtsrat jedoch lediglich abbedungen, stattdessen aber keine Weisungsrechte in die Satzung der Gesellschaft aufgenommen, gelte für die Rechtsstellung der Aufsichtsratsmitglieder der „Normalzustand" des AktG, der deren Weisungsungebundenheit vorsehe.[548] Die Grenze der Gestaltungsfreiheit bestehe allerdings dort, wo der Aufsichtsrat entgegen dem gesetzlichen Leitbild nicht mehr – wozu naturgemäß ein eigenständiger weisungsfreier Autonomiebereich gehört[549] – Überwachungs-, sondern nur noch wie ein „Beirat" Beratungsorgan oder Personalunion mit der Geschäftsführung möglich ist. Denn in diesem Fall sei die Verwendung der Bezeichung „Aufsichtsrat" für den Rechtsverkehr irrführend.[550] Schließlich habe die Kommune die Möglichkeit, über die Gesellschafterversammlung den bezweckten Einfluss auf die Geschäftsführung zu nehmen und

542 Nachw. zur Weisungsungebundenheit von Aufsichtsratsmitgliedern als „Wesensmerkmal" oder „tragendes Prinzip", vgl *Weckerling-Wilhelm/Mirtsching*, NZG 2011, 327 [329].

543 Vgl *Schürnbrand*, in: MünchKomm AktG³, Vor § 394, Rn 40; *Spindler*, ZIP 2011, 689 [694].

544 *Altmeppen*, FS U. H. Schneider, 2011, S. 1 [5 f], mit dem Hinweis auf die Unverzichtbarkeit von Haftungsansprüchen der Gesellschaft gegen Organmitglieder.

545 Zur Notwendigkeit der Differenzierung, vgl Lutter/Krieger, Aufsichtsrat, § 20, Rn 1428; *Altmeppen*, FS U. H. Schneider, 2011, S. 1 [3, 6 ff]; *ders.*, NJW 2003, 2561 [2563 ff].

546 *Altmeppen*, NJW 2003, 2561 [2565 f]; *ders.*, FS U. H. Schneider, 2011, S. 1 [3 ff]; *Kiethe*, NZG 2006, 45 [49]; *Spindler*, ZIP 2011, 689 [694 mwN]; *Weckerling-Wilhelm/Mirtsching*, NZG 2011, 327 [329]; weitere Nachw. bei *Heidel*, NZG 2012, 48 [52, Fn 65].

547 *Altmeppen*, FS U. H. Schneider, 2011, S. 1 [8 f]; *Pauly/Schüler*, DÖV 2012, 339 [342]; *Spindler*, ZIP 2011, 689 [694].

548 Lutter/Krieger, Aufsichtsrat, § 20, S. 491 f; *Weckerling-Wilhelm/Mirtsching*, NZG 2011, 327 [330], die hierfür auch landesrechtliche Regelungen wie § 108 Abs. 5 GO NRW anführen, denen zu entnehmen sei, dass Weisungsgebundenheit von Aufsichtsratsmitgliedern nur mittels Satzungsbestimmung erzielt werden könne.

549 Vgl *Schodder*, EWiR 2009, 715 [716], wonach Weisungsungebundenheit im Rahmen ungeschriebenen Bundesrechts zum „Wesenskern" des Aufsichtsrats gehört.

550 *Spindler*, ZIP 2011, 689 [695]; *Banspach/Nowak*, Der Konzern 2008, 195 [198]; vgl auch: *Zöllner/Noack*, in: Baumbach/Hueck, GmbHG, § 52, Rn 28; *Keßler*, GmbHR 2000, 71 [77], wonach die Pflichtenstellung der Aufsichtsratsmitglieder aufgrund einer funktionalen Betrachtung aus der gesellschaftsrechtlichen Aufgabenzuweisung herzuleiten ist; *Pauly/Schüler*, DÖV 2012, 339 [344], halten es aufgrund der kommunalrechtlichen Vorgaben für unzulässig, wenn der Aufsichtsrat durch Satzungsbestimmung um seine Kernkompetenzen iS von § 111 AktG gebracht würde („gesellschaftsvertragliche Gestaltungsgrenzen aus kommunalrechtlichen Vorgaben"); aA: Lutter/Krieger, Aufsichtsrat, § 20, 1428; *Altmeppen*, FS U. H. Schneider, 2011, S. 1 [9], wonach insofern nur „eine folgenlose Falschbezeichnung" vorliege.

die Geschäftspolitik des Unternehmens zu bestimmen.[551] Denkbar ist auch, dass die Gemeinde in der Gesellschafterversammlung darauf hinwirkt, den Gesellschaftszweck bzw Unternehmensgegenstand um öffentliche Belange oder das Gemeinwohl zu ergänzen, um auf diesem Weg den Inhalt der Überwachungspflichten der Aufsichtsratsmitglieder in ihrem Sinne zu beeinflussen.[552] Andere lehnen diese Grenze aufgrund der uneingeschränkten Disponibilität von § 52 Abs. 1 GmbHG insbesondere bei der Ein-Personen-GmbH ab und sehen in der Bezeichnung des der Überwachungskompetenz entzogenen Gremiums als Aufsichtsrat eine rechtlich folgenlose falsa demonstratio.[553] Der Aufsichtsrat könne wegen § 52 Abs. 1 GmbHG „bis zu seiner Begriffshülle entkernt werden".[554]

Eine vermeintlich vermittelnde Ansicht differenziert bei der AG danach, ob Weisungen für **214** die Gesellschaft nachteilhaft sind bzw das Gesellschaftsinteresse berühren. Ist dies nicht der Fall, soll eine Bindung der Aufsichtsratsmitglieder eintreten.[555]

Die Gegenansicht räumt öffentlichen-rechtlichen Vorschriften, die Weisungsabhängigkeit **215** von Aufsichtsratsmitgliedern begründen, stets den Vorrang ein, so dass Aufsichtsratsmitglieder auch dann an Weisungen gebunden sind, wenn die angewiesenen Maßnahmen nachteilige Wirkung für die Gesellschaft haben und somit dem Unternehmenswohl widersprechen.[556]

e) Stellungnahme

Mitglieder des Aufsichtsrats einer AG oder mitbestimmten GmbH unterliegen keinerlei Wei- **216** sungen der Anteilseigner, unabhängig davon, ob sie gewählt oder entsandt wurden. Für die Arbeitnehmervertreter folgt dieses Ergebnis bereits aus dem Zweck der Mitbestimmung, wonach sie an der Überwachung der Geschäftsleitung beteiligt sein sollen, was Unabhängigkeit und Eigenverantwortung erfordert. Aber auch die Anteilseignervertreter sind ausschließlich dem Gesellschafts- und Unternehmensinteresse verpflichtet und unterliegen somit keinen Weisungen der Gesellschafter. Denn andernfalls bestünde eine wesentliche Ungleichbehandlung von Arbeitnehmer- und Anteilseignervertretern und demzufolge ein Verstoß gegen den Grundsatz gleicher Rechte und Pflichten sämtlicher Mitglieder ein und desselben Aufsichtsrats. Bei der mitbestimmten GmbH kann hingegen nicht darauf abgestellt werden, dass bei Weisungsgebundenheit die Funktionsfähigkeit der Kapitalgesellschaft, die im Interesse des Rechtsverkehrs und somit der Gläubiger eine unabhängige und für Manipulationen unanfällige Kontrollfunktion benötige, nicht gewährleistet sei.[557] Denn anders als bei der AG ist bei der GmbH kein von dem Interesse der Gesellschafter abstraktes Gesellschaftsinteresse anzuerkennen.[558] Allerdings spricht für eine Uneinschränkbarkeit der Weisungsungebundenheit auch der Mitglieder des Aufsichtsrats einer mitbestimmten GmbH, dass eine Gebietskörperschaft, wenn sie sich an einer solchen Gesellschaft beteiligt, weiß, worauf sie sich einlässt und die gesellschaftsrechtlichen Vorgaben hinnehmen muss.[559] Hinzukommt, dass die landesgesetzlichen Regelungen bereits aufgrund von Art. 31 GG („Bundesrecht bricht Landesrecht") hinter die bundesgesetzlichen Vorschriften des AktG sowie der Mitbestimmungsge-

---

551 *Lutter*, ZIP 2007, 1991 [1992]; *Schodder*, EWiR 2009, 715 [716].

552 *Pauly/Schüler*, DÖV 2012, 339 [345], darüber hinaus mit anderen Gestaltungsvarianten.

553 Lutter/Krieger, Aufsichtsrat, § 20, Rn 1428; *Altmeppen*, FS U. H. Schneider, 2011, S. 1 [9 f].

554 *Pauly/Schüler*, DÖV 2012, 339 [343].

555 *Mertens*, in: KölnKomm AktG², § 101, Rn 147 u. 149; *Kropff*, FS Huber, 2006, S. 841 [849 ff]; *Schwintowski*, NJW 1995, 1316 [1319].

556 *Lohl*, AG 1970, 159 [162]; *Stober*, NJW 1984, 449 [455 ff]; weitere Nachw. bei *Heidel*, NZG 2012, 48 [52, Fn 64].

557 Vgl *Pauly/Schüler*, DÖV 2012, 339 [341], wonach die Aufgabenstellung des Aufsichtsrats dessen Weisungsungebundenheit impliziert.

558 Vgl *Altmeppen*, FS U. H. Schneider, 2011, S. 1 [6 ff].

559 So auch: *Schwintowski*, NJW 1995, 1316 [1319]; *Püttner*, DVBl. 1986, 748 [751].

setze zurücktritt.[560] Im Ergebnis nichts anderes gilt für die Fälle, in denen sich Bund oder Land an einer Gesellschaft beteiligen. Auch hier muss deren Interesse hinter demjenigen des Rechtsverkehrs zurücktreten. Denn der Staat ist nicht gezwungen, auf einen privatrechtlichen Regelungsrahmen zur Erfüllung seiner Aufgaben zurückzugreifen. Tut er dies dennoch, muss er sich den Gegebenheiten anpassen.

217 Anders verhält es sich bei der GmbH mit fakultativem Aufsichtsrat. Hier kann der Rechtsverkehr nicht erwarten, dass die Mitglieder deren Aufsichtsrats weisungsungebunden sind, da § 52 Abs. 1 GmbHG dies nicht zwingend vorschreibt, sondern eine anderweitige Gestaltung ermöglicht. Es ist daher zulässig, den Aufsichtsratsmitgliedern die Unabhängigkeit gänzlich zu nehmen und sie somit uneingeschränkt den Weisungen der Gesellschafter zu unterstellen, zumal anders als bei den Aktionären der AG die Gesellschafter der GmbH „Bezugspunkt des Unternehmensinteresses“ sind[561] und auch den Geschäftsführern Weisungen erteilen können.[562] Die Aufsichtsratsmitglieder sind somit – überspitzt formuliert – nicht dem Gesellschaftsinteresse, sondern dem Gesellschafterinteresse verpflichtet.[563] Sie unterliegen aufgrund ihrer Weisungsgebundenheit auch keiner „personalen Verantwortung“, weshalb ihnen ein weisungsfreier Autonomiebereich belassen werden müsste.[564] Denn Haftung setzt einen Pflichtverstoß voraus, der bei Handeln gemäß einer Weisung gerade nicht vorliegt, unabhängig davon, ob der Gesellschaft aus der weisungsgemäßen Handlung ein Schaden erwächst.[565] Die Verwendung des Begriffs „Aufsichtsrat“ steht dem nicht entgegen.[566] Der Hinweis darauf, dass Satzungen objektiv auszulegen[567] und somit die vertragsrechtlichen Grundsätze[568] nicht anwendbar sind,[569] verfängt insofern nicht, da der Satzung nicht nur die Bezeichnung des Gesellschaftsorgans als Aufsichtsrat zu entnehmen ist, sondern auch noch dessen nähere Ausgestaltung.[570] Die Verwendung der Bezeichnung „Aufsichtsrat“ auf Geschäftsbriefen einer mitbestimmungsfreien GmbH, vgl § 35 a Abs. 1 GmbHG, weckt anderes als bei AG und mitbestimmter GmbH bei den sonstigen Teilnehmern des Rechtsverkehrs auch nicht die Erwartung, die Gesellschaft habe ein Organ, das weitestgehend unabhängig von den Gesellschaftern und deren Interessen die Geschäftsführung überwacht.[571] Schließlich sind die Mitglieder eines nicht mitbestimmten Aufsichtsrats auch nicht deshalb weisungsungebunden, weil sie dem Gesellschaftsinteresse bzw Unternehmenswohl verpflichtet sind und es unantastbare „Kernbereiche“ des Eigeninteresses der werbenden Gesellschaft

560 Vgl Lutter/Krieger, Aufsichtsrat, § 20, Rn 1427; *Bormann*, NZG 2011, 926 [928]; *Ganzer/Tremmel*, GewArch 2010, 141 [146].

561 So auch: *Altmeppen*, FS U. H. Schneider, 2011, S. 1 [7]; *Weckerling-Wilhelm/Mirtsching*, NZG 2011, 327 [329].

562 Vgl § 45 Abs. 1 GmbHG; *Weckerling-Wilhelm/Mirtsching*, NZG 2011, 327 [330], wonach „die Gesellschafterversammlung im Grundsatz alle Entscheidungen an sich ziehen darf“.

563 *Weckerling-Wilhelm/Mirtsching*, NZG 2011, 327 [330].

564 *Altmeppen*, NJW 2003, 2561 [2564]; *Pauly/Schüler*, DÖV 2012, 339 [342].

565 Statt aller: *Pauly/Schüler*, DÖV 2012, 339 [344].

566 *Altmeppen*, FS U. H. Schneider, 2011, S. 1 [9].

567 BGH, Urt. v. 11.10.1993 – II ZR 155/92, abgedruckt in: NJW 1994, 51 = AG 1994, 78 = ZIP 1993, 1709; *Pentz*, in: MünchKomm AktG³, § 23, Rn 47 ff.

568 BGH, Urt. v. 18.1.2008 – V ZR 174/06, abgedruckt in: NJW 2008, 1658 = WM 2008, 1037, zu notariell beurkundeten Grundstückskaufverträgen; BGH, Urt. v. 7.12.2001 – V ZR 65/01, abgedruckt in: NJW 2002, 1038 = MDR 2002, 510 zur Auflassung; BGH, Urt. v. 8.3.1991 – V ZR 25/90, abgedruckt in: NJW 1991, 1730 = BB 1991, 936, zu einem In-sich-Geschäft; BGH, Urt. v. 12.10.1959 – II ZR 49/59, abgedruckt in: WM 1959, 1396.

569 *Spindler*, ZIP 2011, 689 [695].

570 Vgl auch *Altmeppen*, NJW 2003, 2561 [2565], wonach der Rechtsverkehr bei der Ein-Personen-GmbH generell nicht davon ausgehen darf, dass Gläubigerschutzregeln eingehalten werden, so dass die Verwendung der Bezeichnung Aufsichtsrat keinen Rückschluss auf die Existenz eines unabhängigen Kontrollgremiums zulässt, dessen Mitglieder Weisungen nicht unterworfen sind.

571 So aber *Spindler*, ZIP 2011, 689 [695].

wie Kapitalaufbringung und Kapitalerhaltung gibt.[572] Richtig ist zwar, dass §§ 30 f, 43 Abs. 3 GmbHG indisponibel sind. Die Mitglieder des Aufsichtsrats sind aber ebenso wenig wie die der Geschäftsführung daran gehindert, ihre Ämter bei Weisungen der Gesellschafter mit dem Inhalt eines Verstoßes gegen derlei Kapitalerhaltungsvorschriften niederzulegen. Die Organmitglieder sind somit nicht bloßes Instrument bzw „schlichtes Werkzeug"[573] der Gesellschafter, sondern sie handeln stets selbstbestimmt. Sie haben aber keinen Anspruch auf ihr Amt bzw auf eine konkrete Ausgestaltung ihres Amtes, wenn es ihnen von den Gesellschaftern nicht gewährt wird.

6. Amtszeit

a) Mitglieder des ersten Aufsichtsrats

Die Mitglieder des ersten Aufsichtsrats, die gemäß § 30 Abs. 1 AktG von den Gründern der 218
Gesellschaft zu bestellen sind, also gemäß § 28 AktG von denjenigen Aktionären, welche die Satzung festgestellt haben, können nicht für längere Zeit als bis zur Beendigung der Hauptversammlung bestellt werden, die über die Entlastung für das erste Voll- oder Rumpfgeschäftsjahr beschließt.[574] Somit ist deren Amtszeit ohne erneute Bestellung auf maximal 20 Monate begrenzt.[575] Dem ersten Aufsichtsrat gehören ausschließlich Aktionärsvertreter an. Mitbestimmungsrechtliche Regelungen greifen insoweit noch nicht.[576] Besonderheiten gelten bei der Gründung einer AG, bei der als Sacheinlage ein Unternehmen einzubringen oder zu ein solches zu übernehmen ist. Hierbei haben die Gründer gemäß § 31 Abs. 1 Satz 1 u. Satz 2 AktG zwar ebenfalls sämtliche Mitglieder des Aufsichtsrats zu bestellen. Kurz darauf, namentlich unverzüglich nach der Einbringung oder Übernahme des Unternehmens, enden gemäß § 31 Abs. 3 AktG jedoch bereits die Amtszeiten der Aufsichtsratsmitglieder, wenn der Aufsichtsrat auch aus Arbeitnehmervertretern zu bestehen hat. Für die dann zu wählenden Arbeitnehmervertreter gilt gemäß § 31 Abs. 5 AktG die Begrenzung der Amtszeit iS von § 30 Abs. 3 Satz 1 AktG nicht,[577] wohl aber für die Anteilseignervertreter.[578] § 31 AktG ist gemäß § 197 Satz 3 UmwG auch für den Fall des Formwechsels eines Rechtsträgers in eine AG anzuwenden, es sei denn, bei der AG wird der Aufsichtsrat in gleicher Weise gebildet und zusammengesetzt wie bei dem formwechselnden Rechtsträger,[579] sog. Amtskontinuität. In diesem Fall – beispielhaft hierfür ist eine drittelmitbestimmte GmbH,[580] nicht aber eine GmbH mit fakultativem Aufsichtsrat[581] – bleiben die bereits vor dem Rechtsformwechsel amtierenden Aufsichtsratsmitglieder für den Rest ihrer Wahlperiode im Amt.

572 So aber *Spindler*, ZIP 2011, 689 [696].

573 *Spindler*, ZIP 2011, 689 [696].

574 § 30 Abs. 3 Satz 1 AktG.

575 Vgl § 120 Abs. 1 Satz 1 AktG, wonach die Hauptversammlung in den ersten acht Monaten des Geschäftsjahrs über die Entlastung der Aufsichtsratsmitglieder zu beschließen hat. Nach § 240 Abs. 2 Satz 2 HGB darf die Dauer des Geschäftsjahrs 12 Monate nicht überschreiten; vgl hierzu auch BT-Drucks. 12/6721, S. 7.

576 Vgl § 30 Abs. 2 AktG.

577 Mit dieser Regelung sollen unnötige Kosten vermieden werden, die durch eine zweite Wahl von Arbeitnehmervertretern in den Aufsichtsrat kurz nach der ersten entstehen würden, vgl BT-Drucks. 12/6721, S. 7.

578 So ausdrücklich die Begr. BT-Drucks. 12/6721, S. 7.

579 § 203 Satz 1 UmwG.

580 Vgl *Leßmann/Glattfeld*, ZIP 2013, 2390 [2393], wonach die Bildung des Aufsichtsrats iS von § 203 Satz 1 UmwG nicht nur iS einer Anwendbarkeit derselben Gesetzesnormen bei formwechselndem Rechtsträger sowie Rechtsträger neuer Rechtsform zu verstehen ist; Zusammensetzung iS von § 203 Satz 1 UmwG bezieht sich laut BT-Drucks. 12/6699, S. 145, auf die Zahl der Aufsichtsratsmitglieder.

581 Vgl *Leßmann/Glattfeld*, ZIP 2013, 2390 [2394], weil die Bildung iS von § 203 Satz 1 UmwG des fakultativen Aufsichtsrats auf einer Satzungsbestimmung beruht, diejenige des Aufsichtsrats der AG hingegen auf gesetzlicher Regelung.

b) Mitglieder späterer Aufsichtsräte

aa) Gesetzliche Höchstdauer bei AG und KGaA

219 Die Mitglieder jedes späteren Aufsichtsrats von AG und KGaA einschließlich der Arbeitnehmervertreter, vgl § 15 Abs. 1 Satz 1 MitbestG u. § 5 Abs. 1 DrittelbG, können gemäß § 102 Abs. 1 Satz 1 AktG nicht für längere Zeit als bis zur Beendigung der Hauptversammlung bestellt werden, die über die Entlastung für das vierte Geschäftsjahr nach Beginn der Amtszeit beschließt, wobei nach Satz 2 das Geschäftsjahr nicht mitgerechnet wird, in dem die Amtszeit beginnt. Die Amtszeit beträgt, vorbehaltlich abweichender Hauptversammlungsbeschlüsse oder Satzungsbestimmungen, die eine kürzere Amtszeit vorschreiben, somit exakt fünf Jahre, wenn die Hauptversammlung, in der das Aufsichtsratsmitglied bestellt wird, und diejenige, mit deren Beendigung das Mandat endet, am gleichen Kalendertag des Jahres stattfinden.[582]

220 Dieser idealtypische Fall wird regelmäßig nicht vorliegen, was jedoch grundsätzlich unproblematisch ist, da die gesetzliche Konzeption vorsieht, dass das Ende der Amtszeit nicht mit einem bestimmten Datum oder dem Verstreichen eines bestimmten Zeitraums verknüpft ist, sondern von einem eindeutig definierten Ereignis – Hauptversammlungbeschluss über die Entlastung des Aufsichtsratsmitglieds – abhängt. Aus diesem Grund sind auch Fälle geringfügig verspäteter Einberufung der Hauptversammlung rechtlich unbedenklich.

221 Anders ist die Situation zu beurteilen, in der die Abstimmung über die Entlastung des Aufsichtsratsmitglieds vertagt wird, was regelmäßig dann der Fall sein dürfte, wenn eine Sonderprüfung gemäß § 142 Abs. 1 AktG zu dessen Verantwortlichkeit im Zeitpunkt der ordentlichen Hauptversammlung noch nicht abgeschlossen ist.[583] Dasselbe gilt, wenn es aus einem anderen Grund zu einer erheblichen Verzögerung der Beschlussfassung über die Entlastung des scheidenden Aufsichtsratsmitglieds kommt. Im Hinblick auf die rechtliche Beurteilung derartiger Fälle besteht Uneinigkeit.

222 Nach einer älteren Auffassung,[584] die heute immer noch Anhänger hat,[585] endet die Amtszeit des Aufsichtsratsmitglieds unter allen Umständen erst dann, wenn die Hauptversammlung tatsächlich über seine Entlastung für das vierte Geschäftsjahr beschließt. Begründet wird dies mit dem Wortlaut von § 102 Abs. 1 Satz 1 AktG, wonach die Hauptversammlung über die Entlastung für das vierte Geschäftsjahr nach dem Beginn der Amtszeit „beschließt" und gerade nicht „beschließen soll". Es sei ein tatsächlich gefasster Beschluss erforderlich. Außerdem lasse sich für dieses Verständnis der Vorschrift die Vorgängervorschrift des § 87 AktG 1937 anführen.[586] Hiernach könnte sich die Amtszeit des Aufsichtsratsmitglieds über einen Zeitraum von erheblich mehr als fünf Jahren erstrecken. Denn aufgrund des mitunter großen Zeit- und Kostenaufwandes, der im Zusammenhang mit der Vorbereitung und Durchführung einer (außerordentlichen) Hauptversammlung entsteht, ist es durchaus denkbar, dass erst auf der nächsten ordentlichen Hauptversammlung über die Entlastung beschlossen wird.

223 Im Jahr 2002 hat der BGH dahin gehend entschieden, dass die Amtszeit der Aufsichtsratsmitglieder ipso iure in dem Augenblick endet, in dem die Hauptversammlung spätestens

582 Beispiele hierzu bei Hüffer, AktG, § 102, Rn 2.

583 BGH, Urt. v. 24.6.2002 – II ZR 296/01, abgedruckt in: AG 2002, 676 [677] = NZG 2002, 916 [917] = ZIP 2002, 1619; so auch *Gärtner*, NZG 2013, 652 [652].

584 AG Essen, Beschl. v. 4.6.1969 – HRB 400, abgedruckt in: MDR 1970, 336; Nachw. aus der Lit. bei *Gärtner*, NZG 2013, 652 [652, Fn 1].

585 *Simons*, in: Hölters, AktG, § 102, Rn 7; *Wolff*, in: Henn/Frodermann/Janontt, Hdb AktienR, Kap. 8, IV. 2., Rn 48 m. Nachw. für die Gegenansicht.

586 AG Essen, Beschl. v. 4.6.1969 – HRB 400, abgedruckt in: MDR 1970, 336.

über die Entlastung für das vierte Geschäftsjahr hätte entscheiden müssen.[587] Da gemäß § 120 Abs. 1 Satz 1 AktG der Entlastungsbeschluss innerhalb der ersten acht Monate des Geschäftsjahrs zu fassen ist, endet die Amtszeit ohne vorherigen Beschluss am letzten Tag dieser Frist, also am 31.08. in dem Fall, in dem das Geschäftsjahr dem Kalenderjahr entspricht. Hiernach ist eine geringfügige Verschiebung der ordentlichen Hauptversammlung und somit der Beschlussfassung über die Entlastung für das Ende der Amtszeit ohne Einfluss. Eine Vertagung der Beschlussfassung zB wegen einer noch laufenden Sonderprüfung würde hingegen regelmäßig dazu führen, dass die Amtszeit des Aufsichtsratsmitglieds endet, bevor über dessen Entlastung beschlossen wurde.

In Rechtsprechung[588] und Literatur[589] fand die Linie des BGH viele Befürworter. Sie stützt 224 sich insbesondere auf drei Argumente, (1.) die haftungsrechtliche Irrelevanz der aktienrechtlichen Entlastung gemäß § 120 Abs. 2 Satz 2 AktG, die eine Verknüpfung von Ausscheiden und Entlastung entbehrlich mache, (2.) die generelle Intention des Gesetzes im Zusammenhang mit der Begrenzung der Amtszeit von Aufsichtsratsmitgliedern, die darin besteht, die Hauptversammlung zu veranlassen, ihren einstigen Wahlbeschluss betreffend das Aufsichtsratsmitglied zu überdenken, sowie (3.) das Bedürfnis nach Rechtssicherheit, das keine willkürliche Verschiebung des Entlastungsbeschlusses zulasse.

Die Kritiker führen neben dem eindeutigen Gesetzeswortlaut an, dass eine geringfügige 225 Überschreitung der Achtmonatsfrist bereits zur Unterbesetzung des Aufsichtsrats führe, im schlimmsten Fall sogar zu dessen Beschlussunfähigkeit. Eine dann erforderlich werdende gerichtliche Notbestellung gemäß § 104 Abs. 1 AktG könnte vermieden werden. Erst wenn das gesetzliche Leitbild einer fünfjährigen Amtszeit erheblich verfehlt werde, müsse die Amtszeit des Aufsichtsratsmitglieds ipso iure enden, wobei insofern in Anlehnung an die Dreimonatsfrist des § 104 Abs. 2 Satz 1 AktG ein Ausscheiden zum Ende des 11. Monats des Geschäftsjahrs[590] oder auch zum Beginn des fünften Geschäftsjahrs[591] befürwortet wird.

Wieder andere[592] lehen mit dem BGH die Verknüpfung von Beendigung der Amtszeit und 226 Entlastungsbeschluss iS von § 120 Abs. 1 Satz 1 AktG ab, halten den fixen Zeitpunkt des Ausscheidens des Aufsichtsratsmitglieds zum Ende des achten Monats des Geschäftsjahrs jedoch in den Fällen für unangemessen, in denen der Hauptversammlung der Jahresabschluss entgegen den Vorgaben des § 175 Abs. 1 Satz 2 AktG in diesem Zeitpunkt noch nicht vorgelegt werden kann,[593] zB weil ein in Kürze zu erwartendes Grichtsurteil ein für die Rechnungslegung erhebliches Risiko aufhellen wird. Insofern soll bei kurzfristigen Verzögerungen die Abwägung zwischen dem Interesse an recht- und ordnungsmäßiger Rechnungslegung einerseits und demjenigen an zeitnaher Information der Aktionäre andererseits zugunsten des zuerst genannten Aspekts ausfallen mit der Folge, dass die ordentliche Hauptversammlung erst nach Ablauf der Achtmonatsfrist einberufen wird. Im Zuge von § 175 Abs. 1 Satz 2 AktG ist dies nachvollziehbar. Eine zwingende Verknüpfung mit dem Ausscheiden des Auf-

587 BGH, Urt. v. 24.6.2002 – II ZR 296/01, abgedruckt in: AG 2002, 676 [677] = NZG 2002, 916 [917] = ZIP 2002, 1619.

588 OLG München, Beschl. v. 9.11.2009 – 31 Wx 136/09, abgedruckt in: NZG 2009, 1430 [1431] = WM 2010, 357.

589 Vgl nur *Habersack*, in: MünchKomm AktG[3], § 1002, Rn 18; *Spindler*, in: Spindler/Stilz, AktG, § 102, Rn 8; *Drygala*, in: K. Schmidt/Lutter, AktG, § 102, Rn 6; *Breuer/Fraune*, in: Heidel, AktG, § 102, Rn 7; *Bürgers/Israel*, in: Bürgers/Körber, AktG, § 102, Rn 3; *Hoffmann-Becking*, in: Münchener Hdb GesR, Bd. 4, AG, § 30, Rn 40.

590 Hüffer, AktG, § 102, Rn 3.

591 *Raiser*, in: Raiser/Veil, MitbestG u. DrittelbG, § 6 MitbestG, Rn 31 mwN.

592 *Gärtner*, NZG 2013, 652 [653 ff].

593 *Hennrichs/Pöschke*, in: MünchKomm AktG[3], § 175, Rn 18; *Ekkenga*, in: KölnKomm AktG, § 175 Rn 11; *Euler/Müller*, in: Spindler/Stilz, AktG, § 175, Rn 15; *Drinhausen*, in: Hölters, AktG, § 175, Rn 12; *Reger*, in: Bürgers/Körber, § 175, Rn 5.

sichtsratsmitglieds ergibt sich hieraus jedoch nicht, wenngleich die Prüfung der Rechnungslegung zu den Kernaufgaben des Aufsichtsrats zählt und deren Abschluss vor Ausscheiden des Aufsichtsratsmitglieds ein berechtigtes Anliegen ist. Denn der Aufsichtsrat kann effektiv nur in der Besetzung die Prüfung erfolgreich abschließen, in der er die unterjährigen Vorstandsberichte iS von § 90 Abs. 1 u. Abs. 3 AktG entgegengenommen und ausgewertet sowie die Prüfung der Vorstandsvorlagen begonnen hat.[594] Gegen ein flexibles Datum des Ausscheidens spricht jedoch insbesondere der vom BGH angeführte Gedanke der Rechtssicherheit, weshalb eine zeitliche Verschiebung des Zeitpunkts des Ausscheidens absoluten Ausnahmefällen vorbehalten bleiben muss. Nur wenn es um ganz wesentliche Fragen der Rechnungslegung geht, auf deren Beantwortung weder die an der Rechnungslegung noch die an der Abschlussprüfung beteiligten Personen Einfluss haben, ist eine Verschiebung denkbar. In den meisten Fällen von Unsicherheiten bei Rechnungslegung und Abschlussprüfung wird man das Vorliegen eines solchen Falles somit verneinen müssen, so dass die Amtszeit des Aufsichtsratsmitglieds automatisch mit Ablauf des achten Monats nach Beginn des Geschäftsjahres endet.

bb) Gesetzliche Höchstdauer bei eG

227 § 102 Abs. 1 AktG gilt für Aufsichtsratsmitglieder einer eG nicht, so dass ihre Amtszeit länger sein kann als diejenige ihrer Kollegen in AG und KGaA.[595] Allerdings ist eine Wahl auf unbestimmte Zeit auch für Aufsichtsratsmitglieder von Genossenschaften unzulässig.[596]

cc) Unterschiedlich lange Amtszeiten und Wiederbestellung

228 Die Amtszeit muss nicht für alle Aufsichtsratsmitglieder gleichlang sein.[597] Bei einer Differenzierung muss jedoch dem Grundsatz Rechnung getragen werden, dass die Rechtsstellung aller Aufsichtsratsmitglieder gleichwertig ist.[598] Hiermit verträgt sich insbesondere keine Regelung, welche für Arbeitnehmervertreter generell eine kürzere Amtszeit als für Anteilseignervertreter bestimmt.[599] Möglich sind zudem Satzungsbestimmungen, wonach ein Aufsichtsratsmitglied bei Erreichen einer bestimmten Altersgrenze ausscheidet.[600]

229 Die Wiederbestellung von Aufsichtsratsmitgliedern ist zulässig. Unzulässig ist jedoch die vorzeitige Wiederwahl. Die Hauptversammlung kann das Aufsichtsratsmitglied somit nicht vor Ablauf dessen Amtszeit für eine volle Wahlperiode wiederwählen,[601] wohl aber unter Einbeziehung des Rests der noch laufenden Amtszeit für die Berechnung der gesetzlichen Höchstdauer.[602]

---

594 Vgl *Gärtner*, NZG 2013, 652 [654].

595 BGH, Urt. v. 15.12.1951 – II ZR 137/51, abgedruckt in: BGHZ 4, 224 [227]; s.a. *Beuthien*, in: Beuthien, GenG, § 36, Rn 21 mN auch zur Gegenauffassung.

596 *Beuthien*, in: Beuthien, GenG, § 36, Rn 21.

597 BGH, Urt. v. 15.12.1986 – II ZR 18/86, abgedruckt in: BGHZ 99, 211 [215] = NJW 1987, 902 [903]; OLG Frankfurt, Urt. v. 19.11.1985 – 5 U 30/85, abgedruckt in: AG 1987, 159 [160] = NJW-RR 1987, 158.

598 BGH, Urt. v. 15.12.1986 – II ZR 18/86, abgedruckt in: BGHZ 99, 211 [215] = NJW 1987, 902 [903]; Hüffer, AktG, § 102, Rn 4 mwN; für die eG, vgl *Beuthien*, in: Beuthien, GenG, § 36, Rn 21.

599 *Raiser/Veil*, Recht der KapGes, § 15, Rn 45.

600 Vgl *Beuthien*, in: Beuthien, GenG, § 36, Rn 21, für die eG.

601 RG, Urt. v. 3.6.1930 – II 105/30, abgedruckt in: RGZ 129, 180 [183 f]; RG, Urt. v. 28.2.1941 – II 89/40, abgedruckt in: RGZ 166, 175 [187]; *Raiser/Veil*, Recht der KapGes, § 15, Rn 45.

602 *Hoffmann-Becking*, in: Münchener Handbuch GesR, Bd. 4, § 30, Rn 43; Hüffer, AktG, § 102, Rn 6 mwN.

7. Abberufung

a) Zuständigkeit, Voraussetzungen und Wirksamwerden

Aufsichtsratsmitglieder der (Kommandit-)Aktionäre und der Genossen, die von der Haupt-, General bzw Vertreterversammlung gewählt worden sind,[603] können von dieser vor Ablauf ihrer Amtszeit abberufen werden, wobei es hierzu gemäß § 103 Abs. 1 Satz 1 AktG, § 36 Abs. 3 Satz 1 GenG keines sachlichen oder gar wichtigen Grundes bedarf. Die bloße Verweigerung der Entlastung führt nicht zur Abberufung.[604] Über die Abberufung kann nur die Haupt-, General- bzw Vertreterversammlung beschließen. Satzungsbestimmungen, die einem anderen Organ oder gar einem Dritten die Befugnis zur Abberufung von Aufsichtsratsmitgliedern einräumen oder die Wirksamkeit der Abberufung von der Zustimmung eines anderen Organs oder eines Dritten abhängig machen, sind unwirksam.[605] 230

Allerdings kann die BaFin gemäß § 36 Abs. 3 Satz 1 Ziff. 1 und Ziff. 2 KWG in der Fassung seit dem 01.01.2014 die Abberufung von Aufsichtsratsmitgliedern von Bankgesellschaften und Kreditgenossenschaften – Instituten iS von § 1 Abs. 1 b KWG oder Finanzholding-Gesellschaften – verlangen, wenn Tatsachen vorliegen, aus denen sich ergibt, dass sie nicht zuverlässig sind oder nicht über die geforderte Sachkunde verfügen. Die Beweislast für das Vorliegen derartiger Defizite bei Aufsichtsratsmitgliedern trägt die BaFin.[606] Abberufungen wegen Unzuverlässigkeit können sofort verlangt werden. Bei der Feststellung fehlender Sachkunde wird die BaFin hingegen regelmäßig einige Zeit zuwarten müssen, bevor sie die Abberufung des betroffenen Aufsichtsratsmitglieds verlangt, damit diesem die Aneignung der erforderlichen Kenntnisse möglich ist.[607] Gemäß § 36 Abs. 3 Satz 1 Ziff. 4 KWG kann die BaFin von dem betroffenen Unternehmen auch dann die Abberufung eines Aufsichtsratsmitglieds verlangen, wenn diesem wesentliche Verstöße des Unternehmens gegen die Grundsätze einer ordnungsgemäßen Geschäftsführung wegen sorgfaltswidriger Ausübung seiner Überwachungs- und Kontrollfunktion verborgen geblieben sind und es dieses sorgfaltswidrige Verhalten trotz Verwarnung durch die BaFin fortsetzt. Dasselbe gilt gemäß § 36 Abs. 3 Ziff. 5 KWG, wenn das Aufsichtsratsmitglied nicht alles Erforderliche zur Beseitigung festgestellter Verstöße veranlasst hat und dies trotz Verwarnung durch die BaFin auch weiterhin unterlässt. In beiden Fällen muss einem Abberufungsverlangen somit eine fruchtlose Verwarnung vorausgegangen sein. Alternativ zur Abberufung kann die BaFin von dem betroffenen Institut auch die Verhängung eines Tätigkeitsverbots gegen das Aufsichtsratsmitglied verlangen.[608] 231

Das abzuberufende Aufsichtsratmitglied ist vor der Abberufung nicht zwingend anzuhören.[609] 232

Der Abberufungsbeschluss muss gemäß § 103 Abs. 1 Satz 2 AktG bzw § 36 Abs. 3 Satz 2 GenG mit einer Mehrheit von mindestens drei Vierteln der abgegebenen Stimmen getroffen werden. Bei AG und KGaA kann die Satzung gemäß § 103 Abs. 1 Satz 3 AktG eine andere Mehrheit und ggf weitere Erfordernisse vorsehen. Abberufung durch eine Minderheit ist so- 233

603 Aufsichtsratsmitglieder, die entsandt worden sind, und solche der Arbeitnehmer können somit nicht nach § 103 Abs. 1 AktG abberufen werden.

604 Hüffer, AktG, § 103, Rn 3.

605 Vgl *Beuthien*, in: Beuthien, GenG, § 36, Rn 23, für die eG.

606 *Brandi/Gieseler*, NZG 2012, 1321 [1327 mwN].

607 Vgl BT-Drucks. 16/13684, Seite 29; *Brandi/Gieseler*, NZG 2012, 1321 [1327].

608 Zur Streitfrage, ob die Vorschrift der BaFin die Möglichkeit zur unmittelbaren Verhängung eines Tätigkeitsverbots gegen das betroffene Aufsichtsratsmitglied einräumt oder nur die Möglichkeit zur Anweisung der Organe des Unternehmens *Brandi/Gieseler*, NZG 2012, 1321 [1327].

609 Vgl BGH, Urt. v. 4.7.1960 – II ZR 168/58, abgedruckt in: NJW 1960, 1861, zur Abberufung und frsitlosen Entlassung eines Vorstandsmitglieds durch die Generalversammlung.

mit nicht möglich, wohl aber durch einfache Stimmenmehrheit,[610] wobei insofern eine allgemein gehaltene Satzungsbestimmung genügt, wonach für sämtliche Beschlüsse der Hauptversammlung die einfache Mehrheit stets ausreicht, wenn das Gesetz nicht zwingend eine größere Mehrheit vorschreibt.[611] Ein statutarisches Mehrheitserfordernis muss alle Aufsichtsratsmitglieder gleichbehandeln.[612] Das abzuberufende Aufsichtsratsmitglied ist als Aktionär berechtigt, an der Beschlussfassung teilzunehmen, unterliegt somit keinem Stimmverbot, wenngleich es bei der Abstimmung um sein eigenes Schicksal geht und es somit als „Richter in eigener Sache" tätig wird.[613] Bei der eG ist die gesetzlich geforderte drei Viertel-Mehrheit zwingend.[614] Der von der Abberufung betroffene Genosse ist wie der betroffene (Kommandit-)Aktionär stimmberechtigt, weil § 43 Abs. 6 GenG die Abberufung nicht erwähnt und gesetzliche Stimmverbote aufgrund ihres einschneidenden Charakters für den Betroffenen restriktiv auszulegen sind.[615]

234 Wirksam wird die Abberufung erst, wenn der Beschluss dem abberufenen Aufsichtsratsmitglied durch den Vorstand mitgeteilt wird,[616] was in Fällen bedeutsam ist, in denen das abberufenen Aufsichtsratsmitglied an der Haupt-, General- bzw Vertreterversammlung nicht teilgenommen hat. Mit Wirksamwerden der Abberufung endet das Amt. Das abberufene Aufsichtsratsmitglied verliert seine organschaftlichen Rechte und Pflichten, soweit diese nicht fortwirken wie zB die Verpflichtung zur Verschwiegenheit.[617]

b) Abberufung entsandter Aufsichtsratsmitglieder

235 Ein Aufsichtsratsmitglied, das von einem Aktionär entsandt wurde, kann gemäß § 103 Abs. 2 Satz 1 AktG nur von diesem abberufen werden. Die Hauptversammlung kann dessen Abberufung gemäß § 103 Abs. 2 Satz 2 AktG nur beschließen, wenn das Entsenderecht inzwischen entfallen ist.

c) Abberufung durch gerichtliche Entscheidung

236 Sämtliche Aufsichtsratsmitglieder, also auch solche der Arbeitnehmer, können gemäß § 103 Abs. 3 Satz 1 u. Satz 3, Abs. 4 AktG auf Antrag des Aufsichtsrats durch gerichtliche Entscheidung abberufen werden. Sachlich[618] und örtlich[619] zuständig ist insofern das Amtsgericht des Sitzes der Gesellschaft.

237 Gemäß § 103 Abs. 3 Satz 1 AktG ist Voraussetzung für die Abberufung, dass in der Person des abzuberufenden Aufsichtsratsmitglieds ein wichtiger Grund besteht. Früher wurde das Vorliegen eines solchen wichtigen Grundes nur bejaht, wenn sich das abzuberufende Aufsichtsratsmitglied krass gesellschaftswidrig verhalten hatte oder schlechthin untragbar ge-

610 BGH, Urt. v. 15.12.1986 – II ZR 18/86, abgedruckt in: BGHZ 99, 211 [215 f] = NJW 1987, 902 [903]; Hüffer, AktG, § 103, Rn 4.

611 *Semler*, in: Semler/v. Schenck, Aufsichtsrat, § 1, Rn 19, Fn 43.

612 BGH, Urt. v. 15.12.1986 – II ZR 18/86, abgedruckt in: BGHZ 99, 211 [215 f] = NJW 1987, 902 [903].

613 Hüffer, AktG, § 103, Rn 4 mwN, mit dem Hinweis darauf, dass § 136 Abs. 1 AktG die Abberufung nicht ausdrücklich nennt.

614 § 18 Satz 2 GenG; vgl auch *Beuthien*, in: Beuthien, GenG, § 36, Rn 23.

615 AA: *Beuthien*, in: Beuthien, GenG, § 36, Rn 23, der § 43 Abs. 6 GenG insoweit extensiv auslegt.

616 Hüffer, AktG, § 103, Rn 5 mwN, mit dem Hinweis darauf, dass zT vertreten wird, dass der Aufsichtsratsvorsitzende dem abberufenen Aufsichtsratsmitglied das Abstimmungsergebnis mitzuteilen hat.

617 Hüffer, AktG, § 103, Rn 6.

618 § 23 a Abs. 2 Nr. 2, Abs. 2 Nr. 4 GVG iVm § 375 Nr. 3 FamFG.

619 § 14 AktG.

worden war.[620] Inzwischen wird das Vorliegen eines wichtigen Grundes iSv § 84 Abs. 3 Satz 1 u. 2 AktG als ausreichend erachtet,[621] so dass ein gewisser Gleichlauf zwischen den Voraussetzungen für den Widerruf der Bestellung von Vorstands- und Aufsichtsratsmitgliedern besteht. Danach ist unter Würdigung aller Umstände des Einzelfalls zu entscheiden, ob die Fortsetzung des Amtsverhältnisses bis zum Ablauf der Amtszeit des Aufsichtsratsmitglieds für die Gesellschaft zumutbar ist oder nicht.[622] So können Verletzungen der Vertraulichkeit durch Aufsichtsratsmitglieder der Arbeitnehmer gegenüber Betriebsratsmitgliedern oder Teilen der Belegschaft zur Abberufung aus wichtigem Grund führen.[623] Ein wichtiger Grund liegt auch dann vor, wenn die vertrauensvolle Zusammenarbeit im Aufsichtsrat aufgrund fehlender Offenheit eines oder mehrerer Mitglieder nicht möglich ist. Denn jedes Aufsichtsratsmitglied muss sich darauf verlassen können, dass es von jedem anderen Mitglied über dessen Schritte und Maßnahmen im Zusammenhang mit der Aufsichtsratstätigkeit informiert wird.[624] Vertrauensvolle Zusammenarbeit ist auch dann nicht möglich, wenn einzelne Mitglieder ihre Entscheidungen nicht eigenverantwortlich treffen, sondern sich von Dritten instrumentalisieren lassen.[625] Nicht zuletzt wiederholte, unentschuldigte Nichtteilnahme an Beschlussfassungen des Gremiums stellen einen wichtigen Grund iS von § 103 Abs. 3 Satz 1 AktG dar, wenn aufgrund ordnungsgemäßer Einladung Teilnahmepflicht bestand.[626] Dies gilt unabhängig davon, ob es sich um einen dreiköpfigen Aufsichtsrat handelt, bei dem die Nichtteilnahme an der Beschlussfassung unweigerlich wegen § 108 Abs. 2 Satz 3 AktG zur Beschlussunfähigkeit führt.

Ist das abzuberufende Aufsichtsratsmitglied in den Aufsichtsrat entsandt worden, können neben dem Aufsichtsrat auch Aktionäre, deren Anteile zusammen den zehnten Teil des Grundkapitals oder den anteiligen Betrag von einer Million Euro erreichen, den Antrag auf gerichtlichen Widerruf der Bestellung stellen.[627] 238

620 Vgl BGH, Urt. v. 21.2.1963 – II ZR 76/62, abgedruckt in: BGHZ 39, 116 [123] = NJW 1963, 905, zum AktG 1937, das eine § 103 Abs. 3 AktG 1965 vergleichbare Regelung nicht kannte; der BGH, aaO, verneinte zumindest eine automatische Abberufung des betriebsangehörigen Aufsichtsratsmitglieds bei gerechtfertigter fristloser Kündigung wegen Beleidigung.

621 Vgl Hüffer, AktG, § 103, Rn 10.

622 OLG Frankfurt/Main, Beschl. v. 1.10.2007 – 20 W 141/07, abgedruckt in: AG 2008, 456 = NZG 2008, 272; OLG Stuttgart, Beschl. v. 7.11.2006 – 8 W 388/06 („Carl Zeiss SMT AG"), abgedruckt in: AG 2007, 218 = NZG 2007, 72; OLG Hamburg, Beschl. v. 23.1.1990 – 11 W 92/89, abgedruckt in: AG 1990, 218 = NJW-RR 1990, 673; OLG Zweibrücken, Beschl. v. 28.5.1990 – 3 W 93/90, abgedruckt in: AG 1991, 70 = DB 1990, 1401; LG Frankfurt/Main, Beschl. v. 14.10.1986 – 3/11 T 29/85, abgedruckt in: NJW 1987, 505 f; Hüffer, AktG, § 103, Rn 10 mwN; *Habersack*, in: MünchKomm AktG^3, § 103, Rn 39; *Eckardt*, NJW 1967, 1010 [1011]; *Hofmann*, FS Westenberger, 1973, S. 27.

623 Vgl OLG Stuttgart, Beschl. v. 7.11.2006 – 8 W 388/06 („Carl Zeiss SMT AG"), abgedruckt in: AG 2007, 218 = NZG 2007, 72.

624 LG Frankfurt/Main, Beschl. v. 14.10.1986 – 3/11 T 29/85, abgedruckt in: NJW 1987, 505 [506]; in dem der Entscheidung zugrundeliegenden Sachverhalt hatten die beiden Arbeitnehmervertreter im Aufsichtsrat an das BKartA geschrieben und sich gegen eine geplante Fusion gewandt, wobei sie die Beamten zum Stillschweigen gegenüber der Gesellschaft und deren Gesellschafterin aufgefordert hatten, um ihre Petition geheim zu halten.

625 LG Frankfurt/Main, Beschl. v. 14.10.1986 – 3/11 T 29/85, abgedruckt in: NJW 1987, 505 [506], hält „fremdbestimmte" oder „fremdbestimmbare" Aufsichtsratsmitglieder für untragbar.

626 *Habersack*, in: MünchKomm AktG^3, § 103, Rn 41; *Spindler*, in: Spindler/Stilz, AktG, § 103, Rn 35; *Simons*, in: Hölters, AktG, § 103, Rn 36; *Scholz*, in: Semler/v. Schenck, Aufsichtsrat, § 11, Rn 63.

627 § 103 Abs. 3 Satz 3 AktG.

d) Sonderfälle der Abberufung von Arbeitnehmervertretern

239 Aufsichtsratsmitglieder der Arbeitnehmer können zwar nicht von der Haupt-, General- bzw Vertreterversammlung abberufen werden,[628] wohl aber von anderen Gremien und Personen.[629]

240 So können Arbeitnehmervertreter im Aufsichtsrat einer Gesellschaft oder Genossenschaft, für die das DrittelbG gilt, auch auf Antrag eines Betriebsrates oder von mindestens einem Fünftel der wahlberechtigten Arbeitnehmer[630] von Letzteren durch Beschluss mit Mehrheit von mindestens drei Vierteln der abgegebenen Stimmen abberufen werden.[631] Der Beschluss ist in allgemeiner, geheimer, gleicher und unmittelbarer Abstimmung zu fassen.[632]

241 Arbeitnehmer- und Gewerkschaftsvertreter im Aufsichtsrat einer Gesellschaft oder Genossenschaft, für die das MitbestG gilt, können ebenfalls vor Ablauf der Amtszeit abberufen werden. Dies geschieht durch Beschluss der Delegierten bei Aufsichtsratsmitgliedern, die durch die Delegierten gewählt wurden,[633] und durch Beschluss der wahlberechtigten Arbeitnehmer, wenn das Aufsichtsratsmitglied von diesen gewählt wurde.[634][635] Den Antrag auf Widerruf der Bestellung eines Aufsichtsratsmitglieds der Arbeitnehmer können drei Viertel der wahlberechtigten Arbeitnehmer stellen, den Antrag auf Abberufung eines Aufsichtsratsmitglieds der leitenden Angestellten drei Viertel der wahlberechtigten leitenden Angestellten und den Antrag auf Widerruf der Bestellung eines Gewerkschaftsvertreters die Gewerkschaft, die das Mitglied vorgeschlagen hat.[636]

242 Weitere Sonderregeln bestehen für Gesellschaften, für die das Montan-MitbestG, das MitbestErgG sowie das MgVG gelten.[637]

e) Ausscheiden des Aufsichtsratsmitglieds aus der eG

243 Mit dem Ausscheiden eines Aufsichtsratsmitglieds aus der eG endet seine Organstellung, sofern es von der General- bzw Vertreterversammlung in den Aufsichtsrat bestellt worden ist. Es verliert seine organschaftlichen Befugnisse. Nachwirkende Pflichten aufgrund des Aufsichtsratsmandats wie zB die Pflicht zur Verschwiegenheit bleiben bestehen.[638]

244 Selbst wenn der Vorstand gemäß Satzung der eG uneingeschränkt zum Ausschluss von Genossen berufen ist, ist es ihm nicht möglich, Genossen während ihrer Amtszeit als Aufsichtsratsmitglied auszuschließen. Andernfalls wäre eine ungestörte und somit ordnungsgemäße Überwachung des Vorstands durch den Aufsichtsrat nicht gewährleistet.[639]

---

628 Vgl § 103 Abs. 1 Satz 1 AktG.
629 Vgl § 103 Abs. 4 AktG.
630 Vgl § 5 Abs. 2 DrittelbG.
631 Vgl § 12 Abs. 1 Satz 1 u. 2 Hs 2 DrittelbG.
632 § 12 Abs. 1 Satz 2 Hs 1 DrittelbG.
633 Gemäß § 9 Abs. 1 MitbestG werden bei Unternehmen mit mehr als 8.000 Arbeitnehmern die Arbeitnehmervertreter im Aufsichtsrat regelmäßig durch Delegierte gewählt.
634 Gemäß § 9 Abs. 2 MitbestG werden bei Unternehmen mit nicht mehr als 8.000 Arbeitnehmern die Arbeitnehmervertreter im Aufsichtsrat regelmäßig unmittelbar durch die wahlberechtigten Arbeitnehmer gewählt.
635 Vgl § 23 Abs. 2 u. Abs. 3 MitbestG.
636 Vgl § 23 Abs. 1 Satz 2 Ziff. 1 bis 3 MitbstG.
637 § 11 Montan-MitbestG; § 10 m MitbestErgG, § 26 Abs. 1 MgVG.
638 Vgl *Beuthien*, in: Beuthien, GenG, § 9, Rn 10.
639 BGH, Urt. v. 23.11.1956 – II ZR 193/57, abgedruckt in: BGHZ 31, 192 [194].

8. Amtsniederlegung und sonstige Beendigungsgründe

aa) Amtsniederlegung

Neben Abberufung und Tod[640] des Aufsichtsratsmitglieds, der Rechtskraft des erfolgreichen Anfechtungsurteils gegen die Wahl durch die Haupt-, General- bzw Vertreterversammlung, Gründen, die sich aus dem Gesellschafts- oder Genossenschaftsverhältnis ergeben,[641] Fortfall der Geschäftsfähigkeit,[642] Eintritt eines in § 100 Abs. 1 Satz 1 u. Abs. 2 AktG normierten Hinderungsgrundes und bei Genossenschaften dem Verlust der Mitgliedschaft in der eG gemäß §§ 65 ff. GenG kann das Amt auch durch Amtsniederlegung iS einer Kündigung enden.[643] 245

Eines wichtigen Grundes hierfür bedarf es nicht, wenngleich eine Niederlegung zur Unzeit – zB in einer wirtschaftlichen Krise des Gesellschaftsunternehmens[644] – unwirksam ist.[645] Niederlegung erfolgt durch formlose Willenserklärung, die bei Fehlen anderweitiger Satzungsreglung der Gesellschaft oder Genossenschaft, vertreten durch den Vorstand oder den oder die persönlich haftenden Gesellschafter, zugehen muss.[646] Darüber hinaus dürfte mangels anderweitiger Satzungsbestimmung auch der Aufsichtsratsvorsitzende und die Haupt-, General- bzw Vertreterversammlung als Wahlorgan empfangszuständig sein.[647] Nicht ausreichend ist hingegen die Erklärung der Amtsniederlegung gegenüber einem anderen einfachen Mitglied des Aufsichtsrats bei gleichzeitiger Bekanntgabe dieses Schrittes gegenüber dem zur Vertretung der Gesellschaft berufenen Organ.[648] 246

bb) Sonstige Beendigungsgründe

Das Aufsichtsratsmandat erlischt, wenn die gesetzlichen Wählbarkeitsvoraussetzungen wegfallen. Dies ist der Fall, wenn die Gesellschaft aufhört zu existieren, wie gemäß § 20 Abs. 1 Nr. 2 UmwG mit der Eintragung einer Verschmelzung in das Register des Sitzes des übernehmenden Rechtsträgers oder gemäß § 131 Abs. 1 Nr. 2 UmwG mit der Eintragung der Aufspaltung in das Register des übertragenden Rechtsträgers. Hiervon zu unterscheiden ist der Fall des Formwechsels gemäß §§ 190 ff UmwG. Zwar endet auch hierbei mit dessen Eintragung in das Handelsregister das Amt der Aufsichtsratsmitglieder, wenn gemäß § 203 Satz 1 UmwG bei dem Rechtsräger neuer Rechtsform nicht in gleicher Weise wie bei dem formwechselnden Rechtsträger ein Aufsichtsrat gebildet und zusammengesetzt wird oder wenn gemäß § 203 Satz 2 UmwG bei dem Rechtsräger neuer Rechtsform zwar in gleicher Weise wie bei dem formwechselnden Rechtsträger ein Aufsichtsrat gebildet und zusammengesetzt wird, die Anteilseigner im Rahmen des Umwandlungsbeschlusses jedoch ausdrücklich bestimmt haben, dass das Amt der Aufsichtsratsmitglieder endet. Von den Fällen der 247

640 *Drygala*, in: K. Schmidt/Lutter, AktG, § 103, Rn 23.

641 Vollbeendigung, Verschmelzung auf übernehmenden Rechtsträger und wohl auch Rechtsformwechsel, soweit § 203 UmwG nicht einschlägig ist, vgl *Hoffmann-Becking*, AG 1980, 269 f; *Zöllner*, DB 1973, 2077 [2078]; aA: *Heinsius*, FS Stimpel, 1985, S. 571 [S. 575 ff]; Auflösung und Insolvenz führen genauso wenig zur Beendigung des Mandats wie eine Verschmelzung für die Mitglieder des Aufsichtsrats des übernehmenden Rechtsträgers, vgl *Beuthien*, in: Beuthien, GenG, § 36, Rn 24 f.

642 Vgl § 100 Abs. 1 Satz 1 AktG.

643 Vgl *Drygala*, in: K. Schmidt/Lutter, AktG, § 103, Rn 23, für AG u. KGaA; *Beuthien*, in: Beuthien, GenG, § 36, Rn 22, für die eG.

644 Vgl *Deilmann*, NZG 2005, 54 [54 mwN].

645 Hüffer, AktG, § 103, Rn 17 m. w. N; *Deilmann*, NZG 2005, 54 [55], weist jedoch zurecht daraufhin, dass das Vorliegen eines wichtigen Grundes von Bedeutung sein kann, und zwar insbesondere dann, wenn die Satzung der Gesellschaft Fristen für das Wirksamwerden der Amtsniederlegung vorsieht oder die Niederlegung zur Unzeit erfolgt und somit ansonsten unzulässig wäre.

646 So auch: Hüffer, AktG, § 103, Rn 17 mwN.

647 Vgl *Beuthien*, in: Beuthien, GenG, § 36, Rn 22, für die eG.

648 Vgl LG Flensburg, Urt. v. 7.4.2004 – 6 O 17/03, abgedruckt in: DB 2004, 1253 [1254 f].

Verschmelzung und Aufspaltung unterscheidet sich der Fall des Formwechsels jedoch dadurch, dass der Rechtsträger, also die Gesellschaft, mit derselben Identität fortbesteht. Daher bleiben die Aufsichtsratsmitglieder im Amt, wenn gemäß § 203 Satz 1 UmwG bei dem Rechtsträger neuer Rechtsform ein Aufsichtsrat in gleicher Weise wie bei dem formwechselnden Rechtsträger gebildet und zusammengesetzt wird.[649] Außerdem erlischt das Amt des Arbeitnehmervertreters mit Ausscheiden aus dem Unternehmen, vgl § 24 Abs. 1 iVm § 7 Abs. 2 MitbestG und § 1 Abs. 1 iVm § 3 Abs. 1 DrittelbG iVm § 5 Abs. 1 BetrVG.

9. Vergütung

a) AG und KGaA

aa) Voraussetzungen für Gewährung

248 Den Mitgliedern des Aufsichtsrats kann[650] gemäß § 113 Abs. 1 Satz 1 AktG für ihre Tätigkeit eine Vergütung gewährt werden,[651] wobei die Höhe der Gesamtbezüge aller Aufsichtsratsmitglieder Pflichtangabe im Anhang gemäß § 285 Nr. 9 lit. a HGB und ggf im Konzernanhang gemäß § 314 Abs. 1 Nr. 6 lit. a HGB ist. Eine individualisierte Darlegung der Bezüge ist, anders als für die Mitglieder des Vorstands,[652] gesetzlich nicht vorgeschrieben. Allerdings empfiehlt[653] Ziff. 5.4.6 Abs. 3 Satz 1 DCGK für die börsennotierte AG nicht nur eine Individualisierung der Vergütung in Anhang oder Lagebericht,[654] sondern zudem deren Ausweisung nach Bestandteilen[655] und schließlich gemäß Ziff. 5.4.6 Abs. 3 Satz 2 DCGK eine individualisierte Angabe der vom Unternehmen an die Mitglieder des Aufsichtsrats gezahlten Vergütungen oder gewährten Vorteile für persönlich erbrachte Leistungen, insbesondere Beratungs- und Vermittlungsleistungen. Drittvergütungen, also Zuwendungen, welche die Aufsichtsratsmitglieder ggf. neben einer Vergütung iS von § 113 AktG für ihre Mandatstätigkeit von anderen Personen als der Gesellschaft erhalten,[656] sind nicht offenzulegen. Dies ergibt sich zum einen aus einem Rückschluss aus §§ 285 Nr. 9 lit. a Satz 7, 314 Abs. 1 Nr. 6 lit. a Satz 7 HGB, wonach Leistungen, die dem einzelnen Vorstandsmitglied von einem Dritten im Hinblick auf seine Tätigkeit als Vorstandsmitglied zugesagt oder gewährt worden sind, angegeben werden müssen. Eine entsprechende Vorschrift für Aufsichtsratsmitglieder existiert nicht. Zum anderen dient die individualisierte Offenlegung der Vorstandsbezüge einschließlich etwaiger Drittvergütungen der erleichterten Kontrolle durch die Aktionäre. Denn während diese gemäß § 113 Abs. 1 Satz 1 AktG selbst über die Höhe der Aufsichtsratsvergütung

---

649 Zum Zweck der Vorschrift vgl Begr. RegE, BT-Drucks 12/6699, S. 144 f, wonach für den Grundsatz, dass bei einer formwechselnden Umwandlung das Amt des Aufsichtsratsmitglieds endet, eine Ausnahme normiert werden soll, die zur Vereinfachung und Kostenersparnis beitragen kann; hierzu auch *Leßmann/Glattfeld*, ZIP 2013, 2390 [2391 f].

650 Einen gesetzlichen Anspruch haben die Aufsichtsratsmitglieder somit nicht, vgl Hüffer, AktG, § 113, Rn 1; *Habersack*, in: MünchKomm AktG[3], § 113, Rn 1; *Bürgers/Israel*, in: Bürgers/Körber, AktG, § 113 AktG, Rn 1; *Mertens/Cahn*, in: KölnKomm AktG, § 113, Rn 43; *Semler/Wagner*, in: Semmler/v. Schenck, Aufsichtsrat, § 10, Rn 1.

651 Zum Anstieg der Vergütung der Aufsichtsratsmitglieder der DAX-30-Unternehmen in 2013, vgl die DSW-Aufsichtsratsstudie bei *Kurz*, AG 2013, R 358 [R 358].

652 Vgl §§ 285 Nr. 9 lit. a Sätze 5 bis 8, 314 Abs. 1 Nr. 6 lit. a Sätze 5 bis 8 HGB.

653 Vgl *Wandt*, ZIP 2012, 1443 ff, wonach die Fassung der Kodex-Kommission vom 15.5.2012 noch eine Darstellung des vermeintlich geltenden Rechts vorgesehen hatte, während die im Bundesanzeiger nach Prüfung durch das BMJ am 15.6.2012 veröffentlichte Fassung hieraus eine Empfehlung gemacht hat.

654 Zur Möglichkeit des DCGK den gesetzlich vorgegebenen Inhalt von Rechnungslegungsunterlagen beliebig fortzuschreiben, vgl *Wandt*, ZIP 2012, 1443 [1444 f].

655 Nach *Maser/Göttle*, NZG 2013, 201 [203], wird diese Empfehlung von allen DAX-30-Gesellschaften erfüllt.

656 Zur Definition der „Drittvergütung" vgl *Neuhaus/Gellißen*, NZG 2011, 1361 [1361].

entscheiden, ist für die Vorstandsvergütung gemäß § 87 Abs. 1 AktG der Aufsichtsrat zuständig[657] (dazu Rn 484 ff).

Voraussetzung für die Gewährung einer Vergütung ist aus Gründen der Publizität und zum Schutz der Gesellschaftsgläubiger und (Kommandit-) Aktionäre vor Selbstbedienung durch Aufsichtsratsmitglieder bzw vor unzulässiger Einflussnahme des Vorstands auf die Mitglieder des ihn überwachenden Organs[658] eine entsprechende Satzungsregelung oder die Bewilligung durch Hauptversammlungsbeschluss gemäß § 113 Abs. 1 Satz 2 AktG. Es genügt nicht, wenn eine derartige Satzungsklausel oder ein Hauptversammlungsbeschluss nur das „Ob" der Vergütung festsetzt. Vielmehr müssen sie den auszuzahlenden Betrag konkret beziffern.[659] Fehlt es an einer entsprechenden Satzungsklausel bzw einem entsprechenden Bewilligungsbeschluss der Hauptversammlung, sind zwischen Aufsichtsratsmitglied und Gesellschaft getroffene Vergütungsabreden gemäß § 134 BGB nichtig.[660] 249

Da Satzungsklausel oder Hauptversammlungsbeschluss Voraussetzung für eine Vergütung ist, besteht zwischen Aufsichtsratsmitglied und Gesellschaft – zumindest hinsichtlich der Vergütung – kein Vertrag, so dass bei Fehlen der Voraussetzungen des § 113 Abs. 1 Satz 2 AktG die Aufsichtsratsmitglieder keinen Anspruch auf Vergütung haben und § 612 BGB somit nicht greift, wonach eine Vergütung (Abs. 1) und deren übliche Höhe (Abs. 2) als stillschweigend vereinbart anzusehen wären.[661] Auch die Möglichkeit der Herabsetzung der Vergütung iS von § 113 Abs. 1 Satz 4 AktG ohne Zustimmung der betreffenden Aufsichtsratsmitglieder, wie sie bei einer Vertragsänderung gemäß §§ 145, 147 BGB erforderlich wäre, lässt nur den Schluss zu, dass hinsichtlich der Vergütung zwischen Aufsichtsratsmitglied und Gesellschaft kein Vertragsverhältnis besteht.[662] Etwas anderes gilt für Aufsichtsratsmitglieder einer GmbH, bei der aufgrund Satzungsbestimmung § 52 Abs. 1 GmbHG dahingehend abbedungen ist, dass § 113 AktG nicht gilt und stattdessen das Rechtsverhältnis zwischen Aufsichtsratsmitgliedern und Gesellschaft im Hinblick auf Vergütung und ggf auch andere Aspekte schuldrechtlich ausgestaltet sein kann.[663] 250

Erfolgt die Festsetzung der Vergütung aufgrund eines Hauptversammlungsbeschlusses, so kann die Vergütung jährlich neu beschlossen werden, was jedoch unüblich ist.[664] Darüber hinaus kann sie mittels eines sog. Grundsatzbeschlusses bis zur nächsten Änderung festgelegt werden.[665] 251

657 *Neuhaus/Gellißen*, NZG 2011, 1361 [1364 f].

658 Vgl Hüffer, AktG, § 113, Rn 1; *Mertens*, FS Steindorff, 1990, S. 173 [S. 174]; *Maser/Göttle*, NZG 2013, 201 [201].

659 Nach RG, Urt. v. 22.2.1911 – I 580/09, abgedruckt in: RGZ 75, 308 [308, 311]; *Spindler*, in: Spindler/Stilz, AktG, § 113, Rn 23, genügt es, wenn in Satzung oder Hauptversammlungsbeschluss der Gesamtbetrag angegeben ist, den die Aufsichtsratsmitglieder unter sich aufzuschlüsseln haben. Hüffer, AktG, § 113, Rn 3 und *Mertens*, in: KölnKomm AktG, § 113, Rn 30, fordern zusätzlich eine Bestimmung, welche die Zuständigkeit des Aufsichtsrats zur Verteilung dieses Gesamtbetrages begründet.

660 BGH, Urt. v. 2.4.2007 – II ZR 325/05, abgedruckt in: NZG 2007, 516 = AG 2007, 484 [485]; BGH, Urt. v. 20.11.2006 – II ZR 279/05, abgedruckt in: NJW 2007, 298 = NZG 2007, 103 = AG 2007, 80 [81 f]; BGH, Urt. v. 3.7.2006 – II ZR 151/04, abgedruckt in: NZG 2006, 712 = AG 2006, 667 [670]; BGH, Urt. v. 25.3.1991 – II ZR 188/89, abgedruckt in: NJW 1991, 1830 [1831] = ZIP 1991, 653; *Habersack*, in: MünchKomm AktG[3], § 114, Rn 22 mwN; *Spindler*, in: Spindler/Stilz, AktG, § 113, Rn 62 mwN.

661 LG München I, Urt. v. 27.12.2012 – 5 HK O 9109/12, abgedruckt in: NZG 2013, 182.

662 Vgl hierzu *Semler*, FS Claussen, 1997, S. 381 [383 mwN], wonach es sich bei dem Verhältnis der Aufsichtsratsmitglieder zur Gesellschaft „nicht um ein schuldrechtliches Vertragsverhältnis, sondern um ein Amtsverhältnis handelt.".

663 Vgl *Zöllner/Noack*, in: Baumbach/Hueck, GmbHG, § 52, Rn 59; *Schneider*, in: Scholz, GmbHG, § 52, Rn 355; aA: Lutter/Krieger, Aufsichtsrat, Rn 1212.

664 *Maser/Göttle*, NZG 2013, 201 [201].

665 *Habersack*, in: MünchKomm AktG[3], § 113, Rn 35.

252 Soll die Vergütung in der Satzung festgesetzt werden, bedarf es hierzu eines die Satzung ändernden Beschlusses, der gemäß § 181 Abs. 3 AktG erst wirksam wird, wenn die Änderung in das Handelsregister eingetragen worden ist.

bb) Höhe, Bestandteile und Berechnungsgrundlagen der Vergütung

253 Die Höhe der Vergütung soll gemäß § 113 Abs. 1 Satz 3 AktG in einem angemessenen Verhältnis zu den Aufgaben des Aufsichtsratsmitglieds und zur Lage der Gesellschaft stehen.[666] Zuletzt genannte Vorgabe erschwert es sanierungsreifen Gesellschaften regelmäßig, kompetente, erfahrene und engagierte Personen als Aufsichtsratsmitglieder für sich zu gewinnen, obwohl gerade für solche Gesellschaften die Unterstützung qualifizierter Mitglieder im Aufsichtsrat von besonders großem Nutzen wäre.[667] Ziff. 5.4.6 Abs. 2 Satz 1 DCGK übernimmt den gesetzlichen Leitgedanken wortwörtlich.[668] Bis Mitte 2012 umschrieb der DCGK in Ziff. 5.4.6 Abs. 1 Satz 1 den Anknüpfungspunkt für die Aufgaben des Aufsichtsratsmitglieds mit dessen „Verantwortung" und dem „Tätigkeitsumfang". Anstatt von der Lage der Gesellschaft war von „der wirtschaftlichen Lage und dem Erfolg des Unternehmens" die Rede, dem die Vergütung Rechnung tragen müsse.

254 Differenzierungen im Hinblick auf die Höhe der Vergütung und somit Durchbrechungen des allgemeinen Grundsatzes der Gleichbehandlung aller Mitglieder sind möglich, allerdings nur nach der Funktion des einzelnen Mitglieds innerhalb des Gremiums, also danach, ob jemand Vorsitzender, Stellvertreter, Ausschussvorsitzender oder nur einfaches Aufsichtsratsmitglieder ist.[669] Eine Differenzierung nach persönlichen Qualifikationen ist hingegen nicht zulässig,[670] wie sich bereits aus dem Wortlaut des § 113 Abs. 1 Satz 1 AktG ergibt, der die Vergütung nur in Beziehung zur „Tätigkeit" des Aufsichtsratsmitglieds setzt.

255 Es ist möglich, den Aufsichtsratsmitgliedern neben oder auch anstatt einer festen eine variable Vergütung zu gewähren.[671] Die feste Vergütung ist als Entgelt für die geleistete Arbeit zu verstehen, so dass bei Untätigkeit eines Aufsichtsratsmitglieds deren Kürzung oder gänzliche Streichung denkbar ist, was insbesondere bei mehrmaligem, unentschuldigtem Fernbleiben von Aufsichtsratssitzungen erwogen werden sollte.[672] Aufgrund der Tatsache, dass zwischen Gesellschaft und Aufsichtsratsmitglied kein Dienst- oder Geschäftsbesorgungsvertrag gemäß §§ 611 ff, 675 BGB existiert, kommt die Geltendmachung der Einrede des nichterfüllten Vertrages gemäß § 320 Abs. 1 BGB durch die Gesellschaft nicht in Betracht. Variable Vergütungen oder zumindest Vergütungsbestandteile dürften zukünftig seltener werden, nachdem

666 Zum Vorschlag von *Theisen*, wonach die Hauptversammlung ein Budget für die Vergütung der Aufsichtsratsmitglieder beschließt und es Aufgabe des Aufsichtsratsvorsitzenden ist, die Details festzulegen, vgl zuletzt Theisen/Probst, DB 2012, 1553 [1557].

667 Zur Drittvergütung als möglichem Ausweg aus dem Dilemma fehlender Angemessenheit der Aufsichtsratsvergütung, vgl *Neuhaus/Gellißen*, NZG 2011, 1361 [1362 f].

668 Vgl *Theisen/Probst*, DB 2012, 1553 [1556], wonach die Vergütung des Aufsichtsrats seit Jahren unverändert das Thema ist, zu dem amtierende und potenzielle Aufsichtsratsmitglieder am häufigsten Informationen nachfragen.

669 Ziff. 5.4.6 Abs. 1 Satz 2 DCGK empfiehlt die Berücksichtung dieser Funktionen bei der Festsetzung der Vergütungshöhe. Ziff. 5.4.6 Abs. 2 Satz 1 u. 2 DCGK empfiehlt zudem, dass die Vergütung neben einem festen auch einen am langfristigen Unternehmens orientierten Bestandteil umfassen soll (kritisch hierzu: *Bischof*, BB 2006, 2627 [2631 f]).

670 *Habersack*, in: MünchKomm AktG, 3. Aufl., 2011, § 113, Rn 39; *Hamblock-Gesinn/Gesinn*, in: Hölters, AktG, 2011, § 113, Rn 33; *Drygala*, in: K. Schmidt/Lutter, AktG, 2. Aufl., 2010, § 113, Rn 14; aA: *Maser/Göttle*, NZG 2013, 201 [205 f], unter Bezugnahme auf *Lutter*.

671 Für *Marsch-Barner*, FS Röhricht, 2005, 401 [415], entspricht eine feste Vergütung der Kontrollfunktion des Aufsichtsrats eher als eine variable. Für *Bürgers*, NJW 2004, 3022 [3025], rechtfertigt bereits das gemeinschaftliche Interesse von Vorstand und Aufsichtsrat eine variable, am Unternehmenserfolg orientiere Vergütung der Aufsichtsratsmitglieder.

672 Vgl *Hamblock-Gesinn/Gesinn*, in: Hölters, AktG, 2011, § 113, Rn 16.

der DCGK seit Mitte 2012 derartige Vergütungsbestandteile nicht mehr empfiehlt,[673] sondern sich nunmehr unter Ziff. 5.4.6 Abs. 2 Satz 2 darauf beschränkt, im Fall einer variablen Vergütung deren Ausrichtung auf eine nachhaltige Unternehmensentwicklung zu empfehlen.[674] Dies dürfte auch der aktuellen Entwicklung entsprechen, wie sie sich zumindest bei den DAX-30-Unternehmen zeigt,[675] deren Hauptversammlungen zum Teil reine Festvergütungen für ihre Aufsichtsratsmitglieder beschlossen haben.[676]

Der Begriff der nachhaltigen Unternehmensentwicklung iS von Ziff. 5.4.6 Abs. 2 Satz 2 DCGK findet sich auch in § 87 Abs. 1 Satz 2 AktG, der eine Ausrichtung hiernach für die Struktur der Vergütung der Vorstandsmitglieder bei börsennotierten Gesellschaften fordert.[677] Die dort geltenden Grundsätze können auf die Vergütung der Aufsichtsratsmitglieder leicht modifiziert übertragen werden, so dass auch § 87 Abs. 1 Satz 3 AktG, wonach für variable Vergütungsbestandteile eine mehrjährige Bemessungsgrundlage gelten soll, für die Auslegung von Ziff. 5.4.6 Abs. 2 Satz 2 DCGK entsprechend heranzuziehen ist.[678] 256

Erhalten die Aufsichtsratsmitglieder einen Anteil am Jahresgewinn der Gesellschaft als Vergütung oder Vergütungsbestandteil, ist gemäß § 113 Abs. 3 Satz 1 AktG der Bilanzgewinn,[679] vermindert um einen Betrag von mindestens 4% der auf den geringsten Ausgabebetrag der Aktien geleisteten Einlagen, Berechnungsgrundlage. Durch den Abzug von 4% der geleisteten Einlagen soll eine Mindestverzinsung für die Aktionäre sichergestellt werden. Verbleibt hiernach kein Gewinn mehr, können die Aufsichtsratmitglieder eine variable Vergütung somit nicht beanspruchen.[680] Die Regelung ist aus mehreren Gründen problematisch. Zum einen ist der Begriff „Jahresgewinn“ unklar.[681] Offen ist beispielsweise, ob hierunter auch dividenden-[682] und umsatzabhängige Tantiemen fallen,[683] zumal der Aufsichtsrat regelmäßig gemäß § 172 Satz 1 AktG den Jahresabschluss feststellt und somit Einfluss auf die Höhe der auszuschüttenden Dividende nehmen kann.[684] Dasselbe gilt für andere betriebswirtschaftliche Kennzahlen wie zB Cash Flow, EBT, EBIT und EBITDA.[685] Eine Vergütung der Aufsichtsratsmitglieder auf deren Basis für unzulässig zu erklären und somit die Möglichkeit variabler und somit erfolgsabhängiger Vergütung erheblich einzuschränken, dürfte der Verpflichtung des Aufsichtsrats zur Beratung des Vorstands und insbesondere zur Schaf- 257

673 Vgl *Roth*, WM 2012, 1985 [1989], der diese Kodexänderung begrüßt.

674 Vgl *Klein*, AG 2012, 805 [812], der die Offenheit des Kodex begrüßt, wonach ohne Abweichung frei zwischen variabler und fester Vergütung gewählt werden kann.

675 Vgl hierzu Protokoll der Presskonferenz zur DSW-Aufsichtsratsstudie 2012, Beitrag von *Christiane Hölz*, abrufbar unter www.dsw-info.de; vgl auch DSW-Aufsichtsratsstudie bei *Kurz*, AG 2013, R 358 [R 358 f].vgl auch *Maser/Göttle*, NZG 2013, 201 [205]; *Klein*, AG 2012, 805 [812].

676 Vgl *Wilsing/v. der Linden*, DStR 2012, 1391 [1393], die dies auf die Erkenntnis zurückführen, dass Arbeitsbelastung und Haftungsrisiko der Aufsichtsratsmitglieder sich in der Regel gegenläufig zum Erfolg des Unternehmens entwickeln; gerade in Krisenzeiten sei der Aufsichtsrat gefordert.

677 Vgl hierzu *Roth*, WM 2012, 1985 [1989].

678 So auch *Roth*, WM 2012, 1985 [1989].

679 Der Bilanzgewinn ergibt sich aus dem Jahresüberschuss/-fehlbetrag unter Hinzu-/Abrechnung des Gewinn- oder Verlustvortrags, der Entnahmen aus offenen Rücklagen und den Einstellungen aus dem Jahresüberschuss in offene Rücklagen, vgl § 158 Abs. 1 Satz 1 Nr. 5 AktG.

680 Vgl Begr. RegE bei *Kropff*, AktG, 1965, S. 157.

681 Vgl *Krieger*, FS Röhricht, 2005, S. 349 [S. 352].

682 Nachweise hierzu finden sich bei *Krieger*, FS Röhricht, 2005, S. 349 [S. 354 Fn 23 – 27]; deren Zulässigkeit bejahend *Habersack*, ZGR 2004, 721 [732 mwN]; hierzu ebenfalls *Maser/Göttle*, NZG 2013, 201 [204].

683 *Krieger*, FS Röhricht, 2005, S. 349 [S. 357], versucht eine Beantwortung dieser Frage anhand des Gesetzeszwecks, den er in der Auflösung eines Spannungsverhältnisses zwischen dem Dividendenanspruch der Aktionäre, dessen Höhe anhand des Bilanzgewinns berechnet wird, und dem Anspruch der Aufsichtsratsmitglieder auf variable Vergütung zugunsten der Aktionäre sieht.

684 Vgl *Marsch-Barner*, FS Röhricht, 2005, 401 [415]; *Habersack*, ZGR 2004, 721 [732].

685 Vgl *Krieger*, FS Röhricht, 2005, S. 349 [S. 358 f].

fung von Zustimmungsvorbehalten gemäß § 111 Abs. 4 Satz 2 AktG zuwiderlaufen.[686] Es dürfte lediglich feststehen, dass der Begriff des Jahresgewinns weiter gefasst ist als derjenige des Bilanzgewinns.[687] Darüber hinaus ist fraglich, ob § 113 Abs. 3 AktG auch anwendbar ist, wenn Ergebniskennzahlen des Konzerns für die Berechnung der Tantiemen der Aufsichtsratsmitglieder der Obergesellschaft herangezogen werden.[688] Konzernkennzahlen als Berechungsgrundlage für Tantiemen heranzuziehen, liegt auf der Hand, da sich auch die Überwachungsaufgabe des Aufsichtsrats auf die konzernweite Geschäftsführung durch den Vorstand erstreckt. Schließlich stellt sich die Frage, ob auch solche Vergütungsregelungen von § 113 Abs. 3 AktG erfasst werden, die an eine längerfristige Entwicklung des Unternehmenserfolgs anknüpfen.[689]

258 Aktienoptionsprogramme zugunsten von Aufsichtsratsmitgliedern sind unzulässig und zwar nicht nur bei einer Unterlegung mit bedingtem Kapital gemäß § 192 Abs. 2 Nr. 3 AktG, sondern auch bei Unterlegung mit zurückgekauften eigenen Aktien der Gesellschaft gemäß § 71 Abs. 1 Nr. 8 AktG.[690] Rechtssystematisch stützt sich dieses Verbot darauf, dass in der Verweisung des § 71 Abs. 1 Nr. 8 Satz 5 Hs 2 AktG auf § 193 Abs. 2 Nr. 4 AktG, der seinerseits auf § 192 Abs. 2 Nr. 3 AktG verweist, wonach die Schaffung bedingten Kapitals nur zur Gewährung von Bezugsrechten an Arbeitnehmer und Mitglieder der Geschäftsführung, nicht jedoch auch an Mitglieder des Aufsichtsrats zulässig ist, eine Rechtsgrundverweisung zu sehen ist.[691] Teleologisch wird das Verbot von der Befürchtung getragen, die Kontrollfunktion des Aufsichtsrats könnte beeinflusst werden, wenn die Vergütungsinteressen seiner Mitglieder und diejenigen der Vorstandsmitglieder angeglichen würden, was insbesondere durch Einbeziehung der Aufsichtsratsmitglieder in Aktienoptionsprogramme geschähe.[692] Dasselbe dürfte für Aktienoptionsprogramme gelten, bei denen Wandel- oder Optionsanleihen nach § 221 AktG an die Aufsichtsratsmitglieder begeben werden, da hierbei dieselbe Gefahr besteht.[693] Schließlich dürften auch sog. Phantom Stocks und Stock Appreciation Rights, also Vereinbarungen, durch welche Aufsichtsratsmitglieder schuldrechtlich so gestellt werden, als ob sie Optionen auf Aktien oder Aktien erhalten hätten,[694] aus den selben Gründen wie Aktienoptionen unzulässig sein.[695] Grund hierfür ist die Befürchtung des Gesetzgebers, eine Angleichung der Vergütungsinteressen von Vorstand und Aufsichtsrat könne der Kontrollfunk-

686 Ähnlich *Habersack*, ZGR 2004, 721 [733 f].

687 *Krieger*, FS Röhricht, 2005, S. 349 [S. 355]; vgl auch *Hoffmann-Becking*, ZHR 169 (2005), 155 [176], der eine weite Auslegung des Begriffs „Jahresgewinn" für zwingend geboten hält, da ansonsten die Berechnungsregel des § 113 Abs. 3 Satz 1 AktG zu leicht umgangen werden kann.

688 Gegen eine derart extensive Anwendbarkeit von § 113 Abs. 3 AktG spricht sich *Krieger*, FS Röhricht, 2005, S. 349 [S. 360], mit dem Hinweis darauf aus, dass die Vorschrift „rechtspolitisch endgültig überholt" sei.

689 Vgl *Krieger*, FS Röhricht, 2005, S. 349 [S. 361 ff].

690 BGH, Urt. v. 16.2.2004 – II ZR 316/02 („*Mobilcom AG*"), abgedruckt in: BGHZ 158, 122 [125 ff] = NJW 2004, 1109 [1109 f].

691 Vgl auch *Bürgers*, NJW 2004, 3022 [3023]; *Habersack*, ZGR 2004, 721 [726].

692 *Habersack*, ZGR 2004, 721 [725].

693 *Habersack*, ZGR 2004, 721 [728 f].

694 *Hoffmann-Becking*, ZHR 169 (2005), 155 [178], spricht bei derlei kursorientierten Barvergütungen von „virtuellen" Aktienoptionsprogrammen für Aufsichtsratsmitglieder.

695 Vgl *Habersack*, ZGR 2004, 721 [731]; *ders.*, in: MünchKomm AktG, 3. Aufl., 2011, § 113, Rn 19; *Hamblock-Gesinn/Gesinn*, in: Hölters, AktG, 2011, § 113, Rn 22; *Hoffmann-Becking*, ZHR 169 (2005), 155 [178]; *Marsch-Barner*, FS Röhricht, 2005, 401 [417]; hierzu insgesamt äußerst kritisch: *Henze*, BB 2005, 165 [172 f]; kritisch auch: *Vetter*, AG 2004, 234 [236], wonach „sich aus den Bestimmungen des AktG ein umfassendes Verbot von Aktienoptionsprogrammen für Aufsichtsratsmitglieder bei kongruenten Vergütungsregelungen für Vorstand und Aufsichtsrat nicht entnehmen lässt." Ablehnend auch *Maser/Göttle*, NZG 2013, 201 [205], die jedoch aufgrund der derzeit unsicheren Rechtslage dazu raten, von derartigen Regelungen Abstand zu nehmen.

tion des Aufsichtsrats unter Umständen abträglich sein.[696] Möglicherweise ist bei jungen Gesellschaften und in Sanierungsfällen zur Schonung von Liquidität und Ertrag die Ausgabe von Stock Options für Aufsichtsratsmitglieder für einen begrenzten Zeitraum zulässig.[697] Ein dauerhaftes Instrument darf hiermit jedoch nicht geschaffen werden.

Denkbar und nicht ausgeschlossen sind Rentenzusagen an Aufsichtsratsmitglieder als Bestandteil deren Vergütung. Solche sind jedoch unüblich und außerdem, anders als bei Vorstandsmitgliedern, nicht sinnvoll. Denn während die Vorstandsmitglieder ihr Amt regelmäßig hauptberuflich ausüben und daher aufgrund dessen eine Absicherung für das Alter erstreben, ist das Aufsichtsratsamt als Nebentätigkeit ausgestaltet, mit dem lediglich Nebeneinkünfte erzielt werden. Einen Teil dieser Nebeneinkünfte für die Alterversorgung anzusparen, dürfte kaum Verhalten lenkende Wirkung entfalten.[698] 259

Gemäß § 113 Abs. 3 Satz 2 AktG führen Verstöße gegen das Gebot in Satz 1 zur Nichtigkeit der Festsetzung. Diese Folge tritt allerdings nur dann ein, wenn die unzulässige Regelung zu einer Besserstellung der Aufsichtsratsmitglieder führt.[699] Zudem beschränkt sich die Nichtigkeitsfolge auf den „überschießenden“ Teil der Festsetzung.[700] 260

Aufsichtsratsmitglieder der Arbeitnehmer haben die gleichen Vergütungsansprüche wie Vertreter der Aktionäre, unterliegen jedoch als Gewerkschaftsmitglieder aufgrund gesonderter Vereinbarung oder Gewerkschaftssatzung einer gestaffelten Abführungspflicht zugunsten der Hans-Böckler-Stiftung.[701] 261

cc) Herabsetzung und Erhöhung

(1) Quorum für den Herabsetzungsbeschluss der Hauptversammlung

Eine Satzungsänderung, durch welche die Vergütung herabgesetzt und die gemäß § 181 Abs. 3 AktG erst mit Eintragung im Handelsregister wirksam wird,[702] kann in Abweichung von dem in § 179 Abs. 2 Satz 1 u. 2 AktG geregelten Erfordernis der Dreiviertel-Kapitalmehrheit für Satzungsänderungen mit einfacher Stimmenmehrheit beschlossen werden, § 113 Abs. 1 Satz 4 AktG. Die Vorschrift ist zwingend, so dass die Satzung keine Erschwerung der Beschlussfassung wirksam vorsehen kann.[703] Diese Ausnahmevorschrift soll eine flexible Reaktion auf etwaige Veränderungen der Umstände des Gesellschaftsunternehmens ermöglichen und steht somit in engem Zusammenhang mit § 113 Abs. 1 Satz 3 AktG, wonach die Vergütung in einem angemessenen Verhältnis zu den Aufgaben der Aufsichtsratsmitglieder und zur Lage der Gesellschaft stehen muss.[704] 262

(2) Möglichkeit der Rückwirkung des Herabsetzungsbeschlusses

Da Hauptversammlungsbeschlüsse ihre Kraft insofern nicht rückwirkend entfalten, ist eine Herabsetzung der Vergütung der Aufsichtsratsmitglieder für bereits abgelaufene Geschäftsjahre – echte Rückwirkung[705] – nicht möglich.[706] 263

696 Vgl Stellungnahme des DAV, ZIP 1997, 163 [173].
697 Vgl *Vetter*, AG 2004, 234 [238 mwN].
698 Hierzu *Roth*, WM 2012, 1985 [1989].
699 Nachweise bei *Krieger*, FS Röhricht, 2005, S. 349 [S. 363, Fn 49].
700 Hüffer, AktG, § 113, Rn 9.
701 Hüffer, AktG, § 113, Rn 2 mwN zur Problematik solcher Abführungspflichten.
702 Hüffer, § 113, Rn 6.
703 *Semler*, in: MünchKomm AktG^2, § 113, Rn 148.
704 *Habersack*, in: MünchKomm AktG^3, § 113, Rn 33.
705 Zur Terminologie: LG München I, Urt. v. 27.12.2012 – 5 HK O 9109/12, abgedruckt in: NZG 2013, 182 [183].
706 *Semler*, in: MünchKomm AktG^2, § 113, Rn 150; *Habersack*, in: MünchKomm AktG^3, § 113, Rn 34 mwN.

264 Fraglich ist, ob eine unterjährige Herabsetzung mit Wirkung für das laufende Geschäftsjahr möglich ist. Zum Teil wird dies mit dem Argument des Vertrauensschutzes und deshalb abgelehnt, weil der Anspruch bereits mit Beginn des Geschäftsjahres entstehe.[707] Die unterjährige Herabsetzung sei ein unzulässiger Eingriff in eine verfestigte Rechtsposition des Aufsichtsratsmitglieds. Folge dessen ist, dass die Herabsetzung der Vergütung erst für das folgende Geschäftsjahr wirksam wird.[708]

265 Andere bejahen eine solche Möglichkeit für eine Festvergütung mit Wirkung ab dem Zeitpunkt der Eintragung des Beschlusses und somit nicht mit Wirkung für den bereits abgelaufenen Teil des Geschäftsjahres.[709] Hierbei wird der Vertrauensschutzgesichtspunkt ebenfalls berücksichtigt. Es wird aber auch nicht außer Acht gelassen, dass Vertrauensschutz für den Zeitraum nach dem Wirksamwerden des Änderungsbeschlusses durch dessen Eintragung ins Handelsregister nicht besteht, da der Vergütungsanspruch erst mit Ablauf des Geschäftsjahres fällig wird[710] und die Aufsichtsratsmitglieder jederzeit mit abändernden Beschlüssen rechnen müssen.[711]

266 Schließlich gibt es Stimmen, die eine unterjährige Herabsetzung der Aufsichtsratsvergütung für das gesamte laufende Geschäftsjahr – unechte Rückwirkung[712] – für zulässig halten, jedoch nur, soweit es sich um eine variable Vergütung oder einen variablen Vergütungsbestandteil handelt.[713] Für Festvergütungen oder feste Vergütungsbestandteile gelte dies nicht.[714] Begründet wird dies damit, dass die Aufsichtsratsmitglieder unterjährig noch nicht ermessen können, wie hoch die variable Vergütung bzw der variable Vergütungsbestandteil werden wird und somit kein schutzwürdiges Vertrauen entstehen könne.[715] Bei der Festvergütung sei hingegen bereits zu Beginn des Geschäftsjahres eine verfestigte Rechtsposition zugunsten der Aufsichtsratsmitglieder entstanden.[716]

267 Von besonderer Bedeutung ist die Entscheidung dieses Meinungsstreits für die Vorstandsmitglieder, die einen Hauptversammlungsbeschluss umzusetzen haben, der lediglich die Herabsetzung der Aufsichtsratsvergütung zum Inhalt hat, jedoch keine Angaben zum Zeitpunkt des Wirkungseintritts macht. In einem solchen Fall laufen sie Gefahr, wegen Verstoßes gegen § 113 AktG ihrer Gesellschaft gemäß § 93 Abs. 2 Satz 1, Abs. 3 Ziff. 7 AktG auf Schadensersatz in Höhe der etwaig überzahlten Aufsichtsratsvergütung zu haften. Andernfalls störten sie die vertrauensvolle Zusammenarbeit mit dem Aufsichtsrat und dessen Mitgliedern, wenn

---

707 *Habersack*, in: MünchKomm AktG³, § 113, Rn 34; *Hamblock-Gesinn/Gesinn*, in: Hölters, AktG, 2011, § 113, Rn 29; *Mertens/Cahn*, in: KölnKomm AktG, § 113, Rn 52.

708 LG München I, Urt. v. 30.8.2012 – 5 HK O 1378/12, abgedruckt in: NZG 2012, 1310 [1312] = AG 2013, 138 [140], für eine reine Festvergütung.

709 *Spindler*, in: Spindler/Stilz, AktG, § 113, Rn 36; *Drygala*, in: K. Schmidt/Lutter, AktG, 2. Aufl., 2010, § 113, Rn 20; *Maser/Göttle*, NZG 2013, 201 [202]; *Buckel*, AG 2013, 451 [454].

710 Zur Differenzierung zwischen der Entstehung des Vergütungsanspruchs am Beginn und dessen Fälligwerden zum Ende des Geschäftsjahrs, vgl *Habersack*, in: MünchKomm AktG³, § 103, Rn 44.

711 So zB *Maser/Göttle*, NZG 2013, 201 [202].

712 Zur Terminologie: LG München I, Urt. v. 27.12.2012 – 5 HK O 9109/12, abgedruckt in: NZG 2013, 182 [183], in Anlehnung an die verfassungsrechtliche Dogmatik zur Rückwirkung von Gesetzen, vgl BVerfG, Beschl. v. 7.7.2010 – 2 BvL 14/02, abgedruckt in: NJW 2010, 3629 [3630 f] = NZG 2010, 1200 (LS) = DStR 2010, 1727.

713 LG München I, Urt. v. 27.12.2012 – 5 HK O 9109/12, abgedruckt in: NZG 2013, 182 [183]; *Spindler*, in: Spindler/Stilz, AktG, § 113, Rn 36; Hüffer, AktG, § 113, Rn 6; *Hoffmann-Becking*, in: Müchener Hdb GesR, Bd. 4, AG, § 33, Rn 23; *Semler/Wagner*, in: Aufsichtsrat, § 10, Rn 21.

714 LG München I, Urt. v. 30.8.2012 – 5 HK O 1378/12, abgedruckt in: NZG 2012, 1310 [1312] = AG 2013, 138 [140], für den Fall einer Festvergütung.

715 LG München I, Urt. v. 27.12.2012 – 5 HK O 9109/12, abgedruckt in: NZG 2013, 182 [183], für den Fall einer dividendenabhängigen Vergütung des Aufsichtsrats.

716 LG München I, Urt. v. 27.12.2012 – 5 HK O 9109/12, abgedruckt in: NZG 2013, 182 [183].

sie diesen (zu Unrecht) die Differenz zwischen ursprünglicher und herabgesetzter Vergütung für die bereits verstrichene Zeit des Geschäftsjahres verenthielten.[717]

Der zuvor dargestellte Meinungsstreit ist dahin gehend zu entscheiden, dass eine Herabsetzung der Vergütung der Aufsichtsratsmitglieder nicht rückwirkend zum Beginn des Geschäftsjahres, aber auch nicht erst zum Beginn des folgenden Geschäftsjahres wirksam wird, sondern im Zeitpunkt der Eintragung des entsprechenden Hauptversammlungsbeschlusses in das Handelsregister. Zwischen Fest- und variabler[718] Vergütung ist insofern nicht zu unterscheiden, da es bei dem entscheidenden Argument des Vertrauensschutzes keinen Unterschied macht, ob das Aufsichtsratsmitglied auf einen fest bezifferten Betrag oder eine eindeutig definierte Bemessungsgrundlage vertraut hat.[719] Unstreitig steht dem unterjährig aus dem Aufsichtsrat ausscheidenden Mitglied eine zeitanteile Vergütung zu.[720] Dieser Umstand setzt voraus, dass die Vergütung zu diesem Zeitpunkt bereits entstanden ist. Fällig wird sie jedoch erst später, was für Festvergütungen der Regelfall sein dürfte und bei variablen Vergütungen aufgrund der noch fehlenden Bezugsgrößen – diese dürften zumindest die Feststellung des Jahresabschlusses erfordern – gar nicht anders denkbar ist. Würde man eine Herabsetzung mit Wirkung zum Beginn des Geschäftsjahres für möglich halten, läge hierin ein Eingriff in eine aufgrund der Entstehung des Anspruchs in ursprünglicher Höhe verfestigte Rechtsposition der Aufsichtsratsmitglieder.[721] Andererseits besteht Vertrauensschutz zu deren Gunsten nur solange, wie der Hauptversammlungsbeschluss nicht in das Handelsregister eingetragen ist. Danach müssen sie sich mit einem „Weniger“ an Vergütung zufriedengeben. Für dieses Ergebnis spricht auch die Vergleichbarkeit mit der Situation bei den Vorstandsmitgliedern gemäß § 87 Abs. 2 Satz 1 AktG[722] sowie die Vergleichbarkeit von unterjähriger Herabsetzung der Vergütung und unterjähriger Abberufung des Aufsichtsratsmitglieds,[723] die ihre Wirkungen mangels Erfordernisses einer Satzungsänderung und somit einer konstitutiven Handelsregistereintragung sogar mit Feststellung des Beschlusses durch den Versammlungsleiter entfaltet. Da die Herabsetzung der Vergütung wichtiger Grund für die Amtsniederlegung ist[724] – unterstellt, einer solchen bedürfe es für deren Wirksamkeit ohne Haftungsfolgen –, kann dem auch nicht entgegengehalten werden, dass das Aufsichtsratsmitglied bei seiner Abberufung zumindest nicht gehalten ist, für weniger Geld als geplant sein Amt auszuüben.[725] Schließlich spricht auch der Normtelos, der Gesellschaft bei schlechter wirtschaftlicher Lage eine kurzfristige Kostenreduzierung zu ermöglichen, gegen ein Wirksamwerden der Herabsetzung der Vergütung erst zum Beginn des nächsten Geschäftsjahres.[726] 268

717 Vgl *Buckel*, AG 2013, 451 [451].

718 Zu berücksichtigen ist, dass die variable Vergütung praktisch kaum eine Rolle spielen dürfte, wenn die Voraussetzungen für eine Herabsetzung der Vergütung der Aufsichtsratsmitglieder vorliegen, vgl auch *Buckel*, AG 2013, 451 [455].

719 So im Erg. auch: *Buckel*, AG 2013, 451 [455].

720 *Mertens/Cahn*, in: KölnKomm AktG, § 84, Rn 37; *Hoffmann-Becking*, in: Müchener Hdb GesR, Bd. 4, AG, § 33, Rn 21; *Buckel*, AG 2013, 451 [453].

721 Ausführlich hierzu: *Buckel*, AG 2013, 451 [455].

722 So auch: *Buckel*, AG 2013, 451 [454].

723 Zwar unterscheiden sich die gesetzlich geforderten Mehrheiten – ¾-Mehrheit für die Abberufung gemäß § 103 Abs. 1 Satz 2 AktG und einfache Stimmenmehrheit für die Herabsetzung der Vergütung gemäß § 113 Abs. 1 Satz 4 AktG – für die jeweiligen Beschlüsse, was jedoch durch die Öffnungsklausel in § 103 Abs. 1 Satz 3 AktG stark relativiert wird.

724 Vgl nur *Spindler*, in: Spindler/Stilz, AktG, § 113, Rn 37.

725 So auch: *Buckel*, AG 2013, 451 [454].

726 So auch: *Buckel*, AG 2013, 451 [454].

(3) Möglichkeit der Rückwirkung eines Erhöhungsbeschlusses

269 Eine Erhöhung der Vergütung ist auch mit Rückwirkung – zumindest für das laufende und das abgelaufene Geschäftsjahr – möglich, da sie ausschließlich begünstigende Wirkung für die Aufsichtsratsmitglieder hat.[727]

(4) Besonderheiten der Vergütung der Mitglieder des ersten Aufsichtsrats

270 Den Mitgliedern des ersten Aufsichtsrats iS von § 30 AktG kann nur die Hauptversammlung eine Vergütung für ihre Tätigkeit bewilligen, wobei der entsprechende Beschluss gemäß § 113 Abs. 2 Satz 1 u. 2 AktG erst nachträglich in der Hauptversammlung gefasst werden kann, die über die Entlastung der Mitglieder des ersten Aufsichtsrats beschließt. Zweck dieser Regelung ist es, jeglichen Einfluss der Gründer auf die Festlegung der Vergütungshöhe auszuschließen.[728]

dd) Nebenleistung als Vergütungsbestandteile

271 Auch Nebenleistungen der Gesellschaft sind Bestandteile der Vergütung.

272 Nach der wohl (noch) hM gehören hierzu Zahlungen der Prämien einer D&O-Versicherung,[729] die von der Gesellschaft als Versicherungsnehmerin zugunsten der Mitglieder des Aufsichtsrats – neben den Mitgliedern des Vorstands und weiterer Beschäftigter in leitender Funktion – als versicherte Personen abgeschlossen ist (dazu Rn 1012). Bei Fehlen einer Satzungsgrundlage wäre nach dieser Auffassung hierfür somit ein Hauptversammlungsbeschluss erforderlich.[730] Nach anderer Ansicht ist die Prämienzahlung nicht als Vergütungsbestandteil zu beurteilen, da sie in erster Linie dem Eigeninteresse der Gesellschaft als Versicherungsnehmerin dient, in einem Haftungsfall eine vollständige Kompensation des entstandenen Schadens zu erreichen und nicht auf das mitunter geringe Privatvermögen des Organmitglieds beschränkt zu sein. Erst in zweiter Linie diene die D&O-Versicherung dem Interesse des Aufsichtsratsmitglieds, das eigene Vermögen zu schützen.[731] Zuletzt genannte Auffassung wird zunehmend von der Entwicklung in DAX-30-Unternehmen gestützt. Wo das durchaus stattliche Privatvermögen eines Organmitglieds mitunter nicht einmal 1% des Schadens der Gesellschaft erreicht, für den es in Regress genommen werden kann, und darüber hinaus weniger als 5% der Deckungssumme der D&O-Versicherung ausmacht, wird das Privatvermögen und dessen Schutz zum Randaspekt. Die Prämien zahlt die Gesellschaft daher vornehmlich im eigenen Interesse. Hinzu kommt, dass die Prämien keinen synallagmatischen Bezug zur Aufsichtsratstätigkeit aufweisen.[732]

---

727 *Habersack*, in: MünchKomm AktG, 3. Aufl., 2011, § 113, Rn 32.

728 *Habersack*, in: MünchKomm AktG, 3. Aufl., 2011, § 113, Rn 54; Hüffer, AktG, § 113, Rn 8.

729 *Thüsing/Veil*, AG 2008, 359 [360 m. umfangreichen Nachw. zur Lit. um das Jahr 2000], beurteilen das Verhältnis von herrschender und Mindermeinung gegenwärtig genau umgekehrt, was im Ergebnis jedoch ohne Belang ist.

730 *Drygala*, in: K. Schmidt/Lutter, AktG, § 113, Rn 12; *Feddersen*, AG 2000, 385 [394]; Hüffer, AktG, § 113, Rn 2 a; *Kästner*, AG 2000, 113 [118]; aA: *Hoffmann-Becking*, in: Münchener Handbuch GesR, Bd. 4, § 33, Rn 17; *Dreher*, ZGR 2009, 31 [48 ff]; *Lange*, ZIP 2001, 1524 [1526 ff]; *ders.*, DB 2003, 1833 [1844]; *Mertens*, AG 2000, 447 [451]; *Notthoff*, NJW 2003, 1350 [1354]; *Vetter*, AG 2000, 453 [457].

731 *Hamblock-Gesinn/Gesinn*, in: Hölters, AktG, 2011, § 113, Rn 23; *Maser/Göttle*, NZG 2013, 201 [206].

732 Vgl *Thüsing/Veil*, AG 2008, 359 [360 mwN].

Sitzungsgelder sind Bestandteil der Vergütung der Aufsichtsratsmitglieder.[733] Sie vergüten deren Zeiteinsatz,[734] so dass eine zeitliche Staffelung durchaus angebracht sein kann und zum Teil praktiziert wird. Streit besteht hinsichtlich der Frage, ob eine Telefon- oder Videokonferenz eine „Sitzung"[735] und somit die Teilnahme der Aufsichtsratsmitglieder hieran zu vergüten ist, wenn Satzung der Gesellschaft oder Hauptversammlungsbeschluss (§ 113 Abs. 1 Satz 2 AktG) zwar Sitzungsgelder als Teil der festen Vergütung vorsehen, jedoch nicht erläutern, was konkret unter einer Sitzung zu verstehen und ob auch eine Teilnahme hieran via Telekommunikationsmitteln möglich ist.[736] Bedeutsam ist die Beantwortung dieser Frage nicht zuletzt deshalb, weil Vorstandsmitglieder gemäß § 93 Abs. 3 Nr. 7 AktG der Gesellschaft auf Schadensersatz haften und sich unter Umständen sogar wegen des Vorwurfs der Untreue verantworten müssen, wenn sie Zahlungen an Aufsichtsratsmitglieder freigeben, obwohl diese kein entsprechenden Anspruch hierauf haben, weil eine Telesitzung keine Sitzung iS der Satzung ist.[737] Der Begriff der Sitzung findet sich an zahlreichen Stellen im AktG, vgl §§ 107 Abs. 2, 108 Abs. 3 Satz 3, 110 Abs. 1 Satz 2 u. Abs. 3, 171 Abs. 2 Satz 2 AktG, sowie in Ziff. 5.4.7 DCGK, ohne dort jedoch einen einheitlichen Inhalt zu haben. Daher dürfte die Auslegung des Begriffs der Sitzung in der jeweiligen Satzung bzw im jeweiligen Hauptversammlungsbeschluss[738] kaum anhand der Auslegung aktienrechtlicher Vorschriften zu bewerkstelligen sein.[739] Vielmehr wird man bei Fehlen konkreter Anhaltspunkte in der Satzung[740] allgemeine Grundsätze für die Auslegung heranzuziehen haben. Insbesondere der Grundsatz der Gleichbehandlung aller Aufsichtsratsmitglieder[741] sollte für eine weite Auslegung des Begriffs der Sitzung streiten und auch Fälle einbeziehen, in denen einzelne Aufsichtsratsmitglieder mittels Telekommunikationsmitteln zugeschaltet werden oder sogar alle Mitglieder sich via Video- oder Telefonkonferenz austauschen.[742] Im zuerst genannten Fall wären sonst die am weitesten entfernt residierenden Mitglieder benachteiligt, da sie stets die längste Reisezeit für den gleichen Betrag an Sitzungsgeld aufwenden müssten. Für den zweiten Fall gilt, dass es nicht sein kann, dass einzelne Mitglieder das Privileg genießen, immer zugeschaltet zu werden, während andere mit einem kürzeren Anreiseweg stets am Ort der 273

733 Hüffer, AktG, § 113, Rn 4; *Drygala*, in: K. Schmidt/Lutter, AktG, § 113, Rn 11 u. Rn 21; *Fonk*, NZG 2009, 761 [767]; *Reichard/Kaubisch*, AG 2013, 150 [150]; vgl auch *Simons*, AG 2013, 547 ff.

734 Vgl *Zilles/Deutsch*, Der Aufsichtsrat 2013, 73 [74], die insofern noch zwischen Zeit der Sitzung auf der einen und Zeit für An- und Abreise auf der anderen Seite differenzieren; *Reichard/Kaubisch*, AG 2013, 150 [151], differenzieren zwischen Sitzungsgeld in Form pauschaler Kostenerstattung und dem über die Kosten hinausgehenden Betrag mit Vergütungscharakter.

735 Zur Frage, ob Telefon- oder Videokonferenzen Pflichtsitzungen iS von § 110 Abs. 3 AktG sein können, vgl BT-Drucks. 14/8769, S. 17; Hüffer, AktG, § 110, Rn 11; *Habersack*, in: MünchKomm AktG3, § 110, Rn 45 mwN; *Spindler*, in: Spindler/Stilz, AktG, § 110, Rn 35, 48; *Seibel*, in: Semler/v. Scheck, Aufsichtsrat, § 5, Rn 1.

736 Vgl *Reichard/Kaubisch*, AG 2013, 150 [151], wonach in den meisten Satzungen eine derartige Differenzierung fehlt.

737 Vgl *Simons*, AG 547 [548].

738 Dass es allein hierauf ankommt und nicht auf die Auslegung gesetzlicher Vorschriften, erkennen auch *Zilles/Deutsch*, Der Aufsichtsrat 2013, 73 [74 f].

739 **A. A.:** *Reichard/Kaubisch*, AG 2013, 150 [152], die § 113 Abs. 1 Satz 1 u. 2 AktG als Ausgangsprunkt für die Auslegung der Satzungsbestimmung zum Sitzungsgeld sehen; vgl auch [154 ff], zu §§ 107 Abs. 2, 108 Abs. 3 u. Abs. 4, 110 Abs. 1 u. Abs. 3, 171 Abs. 2 Satz 2 AktG sowie Ziff. 5.4.7 DCGK.

740 *Hönsch*, Der Aufsichtsrat 2013, 78, empfiehlt daher, möglichst konkret zu regeln, ob Sitzungsgelder nur für physische Treffen gewährt werden sollen oder auch für Video- und Telefonkonferenzen und für Mitglieder, die per Telefon oder Video zu einem physischen Treffen zugeschaltet werden; zu konkreten Anwendungsfällen vgl *Simons*, AG 2013, 547 [547 f].

741 *Zilles/Deutsch*, Der Aufsichtsrat 2013, 73 [74].

742 Vgl zur Gleichstellung von Präsenzsitzungen und Videokonferenzen: Hüffer, AktG, § 108, Rn 16; *Habersack*, in: MünchKomm AktG[3], § 108, Rn Rn 16; *Mertens/Cahn*, in: KölnKomm AktG, § 108, Rn 20 f; auch Telefonkonferenzen einbeziehend: *Hoffmann-Becking*, in: Münchener Hdb GesR, Bd. 4, AG, § 31, Rn 90; aA: *Drygala*, in: K. Schmidt/Lutter, AktG, § 108, Rn 24; *Spindler*, in: Spindler/Stilz, AktG, § 108, Rn 58.

Sitzung präsent sein müssen. Aufgrund dessen sind regelmäßig auch als Video- oder Telefonkonferenz abgehaltene Besprechungen „Sitzungen“ im Sinne von Satzungsklauseln und Hauptversammlungsbeschlüssen, die den Aufsichtsratsmitgliedern Sitzungsgeld zubilligen. Zudem nehmen Aufsichtsratsmitglieder, die via Telekommunikationsmittel zugeschaltet werden, an der Sitzung des Aufsichtsrats teil.[743] Um Auslegungsschwierigkeiten zu vermeiden und die Mitglieder des Vorstands vor persönlicher Haftung gemäß § 93 Abs. 2 u. Abs. 3 Ziff. 7 AktG zu bewahren, sollte die Hauptversammlung Beschlüsse mit eindeutigen Formulierungen treffen. So sollte ergänzend darauf hingewiesen werden, dass auch Video- und Telefonkonferenzen Sitzungen im Sinne der Beschlussvorlage sind.[744]

274 Die Frage, ob Sitzungsgelder noch zeitgemäß sind, da sie für verhältnismäßig geringe Beträge hohen administrativen Aufwand verursachen,[745] ist eine, die möglicherweise auf den Hauptversammlungen der nächsten Jahre gestellt wird und dann zu beantworten ist. Hierbei darf bei aller Kritik der Vorteil von Sitzungsgeldern nicht übersehen werden. Sie honorieren den zeitlichen Einsatz der Aufsichtsratsmitglieder für ihr Amt und erhöhen damit regelmäßig die Wahrscheinlichkeit einer besseren Überwachung der Geschäftsleitung. Mit Fixvergütungen, die letztlich nur die Bestellung und anschließende Mitgliedschaft im Aufsichtsrat gutieren, lässt sich dieser positive Effekt nicht erzielen. Eine variable Vergütung kann sogar das Gegenteil bewirken, namentlich dann, wenn Aufsichtsratsmitglieder sich passiv verhalten, um der Geschäftsleitung möglichst viel Handlungsspielraum einzuräumen, den diese nutzen soll, um mit riskanten Maßnahmen ein möglichst positives Ergebnis zu erwirtschaften.

275 Gewerkschaftsvertreter im Aufsichtsrat müssen Sitzungsgelder im Gegensatz zur sonstigen Vergütung nicht an die Hans-Böckler-Stiftung abführen.[746]

ee) Ersatz angemessener Auslagen

276 Kein Vergütungsbestandteil ist der Ersatz angemessener Auslagen, wie Kosten für Fahrt und Unterkunft im Zusammenhang mit der Teilnahme an Aufsichtsrats- und Ausschusssitzungen sowie an Hauptversammlungen.[747]

ff) Steuerliche Aspekte

277 Die Vergütung unterliegt bei dem Aufsichtsratsmitglied der Einkommen-[748] und in der Regel auch der Umsatzsteuer. Das Organmitglied kann von der Gesellschaft Umsatzsteuer verlangen, auch wenn dies in der Satzung bzw im Bewilligungsbeschluss der Hauptversammlung nicht vorgesehen ist.[749]

b) eG

278 Die Vergütung der Mitglieder des Aufsichtsrats einer eG legt entsprechend § 113 Abs. 1 Satz 2 AktG die General- bzw Vertreterversammlung durch Satzungsbestimmung oder Be-

---

743 **AA:** *Reichard/Kaubisch*, AG 2013, 150 [152], die aufgrund der „Alleinzuständigkeit der Hauptversammlung“ eine restriktive Auslegung der Satzung im Hinblick auf Ansprüche der Aufsichtsratsmitglieder auf Vergütung für geboten halten und nur bei ausdrücklicher Einbeziehung von Telefon- und Videokonferenzen hierfür Sitzungsgeld gewähren wollen.

744 Vgl *Reichard/Kaubisch*, AG 2013, 150 [157], auch mit einem Formulierungsvorschlag für unterschiedlich hohe Sitzungsgelder je nach Art der Teilnahme an der Sitzung (physisch oder telekommunikativ).

745 Vgl *Zilles/Deutsch*, Der Aufsichtsrat 2013, 73 [75].

746 *Marsch-Barner*, FS Röhricht, 2005, 401 [415 mwN]; vgl auch *Maser/Göttle*, NZG 2013, 201 [203 mwN].

747 Hierzu unter II. 11.

748 Einkünfte aus selbständiger Tätigkeit.

749 *Habersack*, in: MünchKomm AktG^3, § 113, Rn 52; *Hoffmann-Becking*, in: Münchener Hdb GesR, Bd. 4, AG, § 33, Rn 34.

schluss fest. Sie kann den in der Satzung festgesetzten Betrag entsprechend § 113 Abs. 1 Satz 4 AktG mit einfacher Mehrheit herabsetzen und gemäß § 16 Abs. 4 GenG mit einer Mehrheit von mindestens drei Viertel der Stimmen erhöhen.[750]

Die Vergütung der Aufsichtsratsmitglieder darf sich gemäß § 36 Abs. 2 GenG keinesfalls am Geschäftsergebnis der eG bemessen, da die Mitglieder des Aufsichtsrats nicht für ihre Leistung entlohnt, sondern nur für ihren Zeitaufwand entschädigt werden sollen.[751] 279

In puncto Vergütungshöhe und dahin gehende Gleichbehandlung aller Aufsichtsratsmitglieder gilt nichts anderes als bei AG und KGaA. Eine Differenzierung ist zwar hinsichtlich der wahrgenommenen Aufgaben (Aufsichtsratsvorsitzender, Stellvertreter, ständiges Ausschussmitglied), nicht aber im Hinblick auf persönliche Fähigkeiten oder Dienstalter des einzelnen Aufsichtsratsmitglieds zulässig.[752] 280

10. Verträge mit Aufsichtsratsmitgliedern

a) Dienst- und Werkverträge

aa) Einleitung

Aufsichtsratsmitglieder einer AG, KGaA sowie einer eG[753] können außerhalb ihrer Tätigkeit im Aufsichtsrat auf der Basis eines Dienst- oder Werkvertrages zur Erbringung einer Tätigkeit höherer Art[754] – im Regelfall handelt es sich hierbei um Berater- oder Gutachtertätigkeiten – entgeltlich für die Gesellschaft bzw Genossenschaft tätig werden. Die Wirksamkeit eines solchen Vertrages hängt jedoch gemäß § 114 Abs. 1 AktG von der vorherigen – Einwilligung iS von § 183 BGB – oder nachträglichen – Genehmigung iS von § 184 BGB[755] – Zustimmung[756] des Aufsichtsrats ab. 281

Neben der Frage nach der Wirksamkeit des Beratungsvertrages zwischen Aufsichtsratsmitglied und Gesellschaft bzw Genossenschaft stellt sich die Frage, ob die Mitglieder des Vorstands gegen ihre Sorgfaltspflichten verstoßen, wenn sie ohne vorherige Zustimmung des Aufsichtsrats – nach ggf bereits teilweiser oder gesamter Erbringung der geschuldeten Leistung – Zahlungen an das dienstverpflichtete Aufsichtsratsmitglied leisten. Dies wird zum Teil und neuerdings auch vom BGH bejaht,[757] und zwar unter Hinweis darauf, dass § 114 Abs. 1 AktG nicht nur als eine verfügungswirksame Bestimmung zu verstehen, sondern auch Verhaltensnorm sei. Konsequenterweise kommt es nach dieser Ansicht nicht mehr darauf 282

750 *Beuthien*, in: Beuthien, GenG, § 36, Rn 10.

751 Kritisch hierzu: *Beuthien*, in: Beuthien, GenG, § 36, Rn 10, der diese Reglungen in Anbetracht von § 87 AktG für nicht mehr zeitgemäß erachtet.

752 *Beuthien*, in: Beuthien, GenG, § 36, Rn 10.

753 *Beuthien*, in: Beuthien, GenG, § 36, Rn 11.

754 Hiervon erfasst ist zumindest jede Beratung oder Geschäftsbesorgung, die sich aus dem Alltäglichen heraushebt, weil sie besondere Kenntnisse oder ein besonderes Vertrauensverhältnis voraussetzt (vgl auch Hüffer, AktG, § 114, Rn 3.).

755 Insofern ist die Handhabe nicht so restriktiv wie bei der Kreditgewährung an Vorstands- und Aufsichtsratsmitglieder gemäß §§ 89, 115 AktG, die zwingend eine Einwilligung voraussetzt.

756 Hüffer, AktG, § 114, Rn 6 mwN; *Habersack*, in: MünchKomm AktG[3], § 114, Rn 27; *Drygala*, in: K. Schmidt/Lutter, AktG, § 114, Rn 17; *Hambloch-Gesinn/Gesinn*, in: Hölters, AktG, § 114, Rn 4; *Breuer/Fraune*, in: Heidel, Aktien- und Kapitalmarktrecht, § 114, Rn 8 a; zur Zustimmung in Form einer Auftragserteilung durch den Aufsichtsrat auf der Grundlage eines förmlichen Beschlusses gemäß § 108 AktG, vgl Vgl *Lutter/Drygala*, FS Ulmer, 2003, S. 381 [395 mwN].

757 BGH, Urt. v. 10.7.2012 – II ZR 48/11 („Fresenius"), abgedruckt in: NZG 2012, 1064 ff = NJW 2012, 3235 ff; OLG Frankfurt/Main, Urt. v. 15.2.2011 – 5 U 30/10, abgedruckt in: NJW 2011, 1231 = NZG 2011, 350 = ZIP 2011, 425; insofern ablehnend: *Drygala*, ZIP 2011, 425; *Habersack*, NJW 2011, 1234; *Lorenz/Pospiech*, NZG 2011, 81 [85]; *Müller/König*, CCZ 2011, 116; *Pietzke*, BB 2012, 658 ff, im Anschluss an die Stattgabe der Nichtzulassungsbeschwerde durch den BGH.

an, ob der Vertrag später vom Aufsichtsrat genehmigt wird.[758] Vereinzelte Stimmen in der Literatur halten es für ausreichend, wenn das Vorstandsmitglied gemäß § 93 Abs. 3 Ziff. 7 AktG im Fall mangelnder Durchsetzbarkeit des Rückzahlungsanspruchs persönlich in Höhe des an das Aufsichtsratsmitglied ausgezahlten Betrages haftet.[759] Als Konsequenz der jüngsten Rechtsprechung wird befürchtet, dass insbesondere in größeren Unternehmen Aufträge nicht mehr an Berater vergeben werden, die Mitglieder dessen Aufsichtsrats sind, was zur Folge haben dürfte, dass mit dem Unternehmen eng verbundene Berater bald nicht mehr für dessen Aufsichtsrat zur Verfügung stehen werden, um die zumeist lukrativeren Beratungsmandate nicht zu verlieren.[760]

bb) Inhaltliche Anforderungen

283 Beratungsverträge der Gesellschaft mit einem Mitglied ihres Aufsichtsrats, die sich auf Tätigkeiten beziehen, welche bereits von der zur Überwachungsaufgabe des Aufsichtsrats gehörenden Beratungspflicht (dazu Rn 602) umfasst werden, sind nichtig[761] und somit auch nicht genehmigungsfähig,[762] wenn der Vertrag während der Amtszeit des betreffenden Aufsichtsratsmitglieds geschlossen wird,[763] und für die Dauer dessen Amtszeit unwirksam, wenn er vor deren Beginn abgeschlossen wurde.[764] Andernfalls könnte dem Aufsichtsratsmitglied unter Umgehung der Entscheidungskompetenz der Hauptversammlung nach § 113 AktG durch den Vorstand, der bei Abschluss des Beratungsvertrages die Gesellschaft vertritt, eine verdeckte Sonderzuwendung für seine Organtätigkeit gewährt werden. Dies würde das Risiko einer unsachlichen Beeinflussung seiner Kontrolltätigkeit bergen.[765] Wenngleich dem Aufsichtsratsvorsitzenden häufig qua Satzung der Gesellschaft die Leitung der Hauptversammlung obliegt, gehört diese Aufgabe nicht zu seiner Überwachungsaufgabe und somit nicht zu seiner Organtätigkeit. Die Verpflichtung zur Anfertigung eines „Leitfadens“ für die Hauptversammlung als Orientierungshilfe für den Versammlungsleiter kann somit Inhalt eines zustimmungsfähigen Geschäfts zwischen Gesellschaft und deren Aufsichtsratsvorsitzenden gemäß § 114 Abs. 1 AktG sein.[766]

758 BGH, Urt. v. 10.7.2012 – II ZR 48/11 („Fresenius“), abgedruckt in: NZG 2012, 1064 ff = NJW 2012, 3235 ff; OLG Frankfurt/Main, Urt. v. 15.2.2011 – 5 U 30/10, abgedruckt in: ZIP 2011, 425 [426]; ablehnend: *Drygala*, ZIP 2011, 427 [428], mit dem Hinweis darauf, dass für Steuerberater und erfahrene Wirtschaftsanwälte zukünftig nur noch die Wahl zwischen Aufsichtsratsmandat auf der einen und Beratungsmandat auf der anderen Seite bestehe; ablehnend auch: *Pietzke*, BB 2012, 658 [660 f], der hierin auch eine Kompetenzbeschneidung des Aufsichtsrats sieht.

759 *Pietzke*, BB 2012, 658 [661]; ähnlich *Drygala*, ZIP 2011, 429.

760 Ausführlich hierzu: *Pietzke*, BB 2012, 658 [662], wonach Berater vor die Wahl gestellt sind, Berater oder Aufsichtsratsmitglied zu sein; vgl auch *Müller*, NZG 2002, 797 [802], wonach dies ein Problem für die Qualität der Aufsichtsratsarbeit werden könne.

761 Insofern ist der durch § 10 Nr. 4 KStG – nur hälftiger Abzug der den Aufsichtsratsmitgliedern gewährten Vergütung – vorgezeichnete Weg verstellt, den Aufsichtsratsmitgliedern eine geringe Vergütung auszuzahlen und diese durch ein flankierendes Beratungsentgelt aufzubessern.

762 Vgl BGH, Urt. v. 20.11.2006 – II ZR 279/05, abgedruckt in: BGHZ 170, 60 = NZG 2007, 103 = NJW 2007, 298; *Bosse*, NZG 2007, 172 [174], nennt als einzige Möglichkeit der „Heilung“ eines gegen § 114 Abs. 1 AktG verstoßenden und daher nichtigen Aufsichtsratsbeschlusses die Zustimmung der Hauptversammlung, so dass dem Aufsichtsratsmitglied anstatt des Beratungshonorars gemäß § 113 Abs. 1 Satz 2 AktG nur eine Sondervergütung in gleicher Höhe gewährt werden kann, wobei der Grundsatz der Gleichbehandlung der Aufsichtsratsmitglieder zu beachten ist.

763 Vgl nur *Semler*, FS Claussen, 1997, S. 381 [381].

764 BGH, Urt. v. 4.7.1994 – II ZR 197/93, abgedruckt in: BGHZ 126, 340 ff = NJW 1994, 2484 [2485]; *Semler*, FS Claussen, 1997, S. 381 [382], wonach das Vertragsverhältnis für die Dauer des Aufsichtsratsmandats ruht; in diesem Sinne auch schon *Lutter/Kremer*, ZGR 1992, 87 [99].

765 BGH, Urt. v. 3.7.2006 – II ZR 151/04, Rn 9, abgedruckt in: BGHZ 168, 188 ff = NZG 2006, 712; *Bosse*, NZG 2007, 172 [172].

766 **AA:** OLG Köln, Urt. v. 31.1.2013 – 18 U 21/12 („Solarworld“), abgedruckt in: NZG 2013, 548 [551], ohne jegliche Begründung hierfür.

Zulässig, aber in ihrer Wirksamkeit von der Zustimmung des Aufsichtsrats abhängig,[767] sind Verträge über Dienstleistungen im Zusammenhang mit einem besonderen bzw speziellen Fachgebiet,[768] also solche, die das Aufsichtsratsmitglied nur „kraft seiner professionellen Expertise"[769] erfüllen kann. Zu nennen sind hierbei vor allem wirtschaftliche, technische oder juristische Aufgabenstellungen.[770] Allerdings werden von einem Aufsichtsratsmitglied Grundkenntnisse und –fähigkeiten in eben diesen Disziplinen verlangt, so dass zB nicht jeder Vertrag, mittels dessen die Erbringung juristischen Rates geschuldet wird, zustimmungsfähig ist. Unzweifelhaft dürfte Prozessführung für die Gesellschaft bei einem Rechtsanwalt außerhalb dessen liegen, was er aufgrund seiner Organstellung schuldet.[771] Bei einfacher Rechtsberatung ist die Frage schon nicht mehr so leicht zu beantworten. Hier wird man auf die „Beratungstiefe" abzustellen haben. Hiernach sind nur spezielle Fragen eines besonderen Fachgebiets nicht Gegenstand der organschaftlichen Beratungspflicht des Aufsichtsratsmitglieds, Verträge mit diesem Inhalt somit zustimmungsfähig.[772] Verträge über die Beratung in allgemeinen Fragen der Unternehmenspolitik fallen nicht unter die Beratung in einem speziellen Fachgebiet.[773] Denn hierzu ist jedes Aufsichtsratsmitglied im Rahmen seiner Überwachungsaufgabe[774] gemäß § 111 Abs. 1 AktG ohnehin verpflichtet, da sich die von ihm über die Geschäftsführung des Vorstands auszuübende Kontrolle nicht auf abgeschlossene Sachverhalte und eine Rechtmäßigkeitsprüfung beschränkt, sondern auch die Zweckmäßigkeit und Wirtschaftlichkeit der Geschäftsführung[775] umfasst. Die Beratung ist somit das vorrangige Mittel der in die Zukunft gerichteten Kontrolle des Vorstands[776] (dazu Rn 602). 284

Untauglich als Abgrenzungsmaßstab für die grundsätzliche Zustimmungsfähigkeit von Beratungsverträgen ist der Umfang der übernommenen und ausgeübten Tätigkeit.[777] Denn es kann nicht darauf ankommen, ob diese das Maß überschreitet, in dem ein Aufsichtsratsmitglied üblicherweise tätig zu werden hat. Erfordern die besonderen Verhältnisse der Gesell- 285

767 Fraglich ist, ob – so das OLG Frankfurt aM, Urt. v. 21.9.2005 – 1 U 14/05, abgedruckt in: NZG 2006, 29 [31] = AG 2005, 925 – das Aufsichtsratsmitglied, das beabsichtigt, mit der Gesellschaft einen Beratungsvertrag zu schließen, oder dies bereits getan hat, bei der Abstimmung des Aufsichtsrats über die Zustimmung zu diesem Vertrag einem Stimmverbot unterliegt mit der Folge, dass ein dreiköpfiger Aufsichtsrat wegen § 108 Abs. 2 Satz 3 AktG aufgrund Handlungsunfähigkeit derartige Beschlüsse gar nicht fassen kann. Hiergegen wendet *Bosse*, NZG 2007, 172 [175], zu Recht ein, dass der Sinn und Zweck eines Stimmverbots lediglich darin besteht, dass das betroffene Organmitglied mit seiner Stimme das Abstimmungsergebnis nicht beeinflussen darf. Der Zweck des Stimmverbots liege jedoch nicht darin, das Organ zu blockieren. Außerdem sei ein derartiges Stimmverbot gesetzlich nicht vorgesehen und der dreiköpfige Aufsichtsrat der gesetzliche Regelfall.

768 BGH, Urt. v. 25.3.1991 – II ZR 188/89, abgedruckt in: BGHZ 114, 127 ff = NJW 1991, 1830 [1831]; OLG Köln, Urt. v. 27.5.1994 – 19 U 289/93, abgedruckt in: AG 1995, 90 [91], wo ein Aufsichtsratsmitglied ein umfassendes Controlling-Konzept, das die Bereiche Liquiditäts- und Finanzierungsplanung, Gewinn- und Verlustrechnung, Bilanzanalyse und Bilanzplanung, Ergebnis- und Erfolgsplanung, Renditeberechnungen und Investitionsrechnungen sowie Investitionsplanung und Unternehmensbewertung umfasste, und hierauf aufbauend ein entsprechendes EDV-Programm entwickelt hat; zustimmend *Lutter/Kremer*, ZGR 1992, 87 [95 mwN].

769 *Mertens*, FS Steindorff, 1990, S. 178 [182].

770 Vgl *Lutter/Kremer*, ZGR 1992, 87 [93 mwN].

771 *Wissmann/Ost*, BB 1998, 1957 [1958].

772 *Lutter/Kremer*, ZGR 1992, 87 [107 f], wonach die „Grenzlinie" zwischen zustimmungsfähigen und zustimmungsunfähigen Verträgen unscharf ist; so auch *Wissmann/Ost*, BB 1998, 1957 [1958].

773 BGH, Urt. v. 4.7.1994 – II ZR 197/93, abgedruckt in: BGHZ 126, 340 ff = NJW 1994, 2484 [2485].

774 Vgl § 111 Abs. 1 AktG.

775 Vgl *Henze*, BB 2005, 165 [165].

776 BGH, Urt. v. 25.3.1991 – II ZR 188/89, abgedruckt in: BGHZ 114, 127 ff = NJW 1991, 1830 [1831 mwN].

777 Dieser Gedanke geht zurück auf *Lehmann*, DB 1966, 1757 (1757), der ihn im Zusammenhang mit der Frage nach der Zulässigkeit von Satzungsbestimmungen vorgestellt hat, die es dem Aufsichtsrat ermöglichen, einzelnen seiner Mitglieder eine Sondervergütung für die Erfüllung von Sonderaufträgen zu gewähren; vgl *Lutter/Kremer*, ZGR 1992, 87 [93].

schaft einen über den normalen Rahmen hinausgehenden Einsatz, muss das Aufsichtsratsmitglied ihn gleichwohl leisten[778] (dazu Rn 603 ff). Die erforderliche Abgrenzung kann daher nur nach der Art der Tätigkeit in ihrer durch den konkreten Vertrag individualisierten Gestalt erfolgen.[779]

286 Damit der Aufsichtsrat angemessen iS von verantwortlich, sachgerecht und nachvollziehbar[780] über die Zustimmungsfähigkeit eines Beratungsvertrags befinden kann, muss das entsprechende Dokument eindeutige Feststellungen darüber ermöglichen, ob die zu erbringende Leistung außer- oder innerhalb der organschaftlichen Pflichten des Aufsichtsratsmitglieds liegt und ob die Gegenleistung angemessen ist. Dazu gehört, dass die speziellen Beratungsgegenstände und das dafür zu entrichtende Entgelt so konkret bezeichnet werden, dass sich der Aufsichtsrat ein eigenständiges Urteil über Art[781] und Umfang[782] der Leistung sowie über die Höhe und Angemessenheit der Vergütung bilden kann.[783] Insofern besteht neben dem inhaltlichen Erfordernis der Zustimmungsfähigkeit der Vertragsgegenstände und -konditionen noch ein formelles.[784] Ein als Rahmenvereinbarung ausgestalteter Beratervertrag wird diesen Anforderung ebenso wenig gerecht[785] wie ein Vertrag, der nur beispielhaft Beratungsgegenstände aufzählt.[786] Pauschale Bezeichnungen des Beratungsgegenstandes wie zB „ausgelagerte (Konzern-) Rechtsabteilung“ lassen nicht erkennen, ob nur Detailfragen im Tagesgeschäft des Vorstands erfasst sein sollen – dann zustimmungsfähig – oder auch zur Kontroll- und Beratungsaufgabe des Aufsichtsrats gehörende Tätigkeiten.[787] Zum Teil wird eine nachträgliche Konkretisierung des Vertragsinhalts durch das Aufsichtsratsmitglied für ausreichend erachtet.[788] Ein erneuter Abschluss des Vertrages sei überflüssiger Formalismus.[789] Bis zur Genehmigung durch Beschluss des Aufsichtsrats sei der Vertrag schwebend unwirksam und das beratende Aufsichtsratsmitglied arbeite auf eigenes Risiko, dass der Aufsichtsrat dem Vertrag später die Genehmigung verweigert.[790] Zuletzt genannter Aspekt gilt jedoch unabhängig davon, ob man eine Konkretisierung nach Vertragsschluss, aber vor Zustimmungsbeschluss des Aufsichtsrats zulässt. Voraussetzung muss jedoch auch in diesem Fall sein, dass die Beratungsgegenstände in ausreichendem Maße konkretisiert werden, bevor der Aufsichtsrat über die Zustimmung iS einer Genehmigung beschließt. Denn andernfalls könnte

778 BGH, Urt. v. 25.3.1991 – II ZR 188/89, abgedruckt in: BGHZ 114, 127 ff = NJW 1991, 1830 [1831].

779 Hüffer, AktG, § 113, Rn 5 mwN.

780 Vgl *Vetter*, AG 2006, 173 [178].

781 Vgl *Lutter/Drygala*, FS Ulmer, 2003, S. 381 [395], wonach die Art maßgeblich von der Beratungstiefe abhängen soll.

782 Vgl *Lutter/Drygala*, FS Ulmer, 2003, S. 381 [394], wonach vor allem der Umfang der Leistung im Vorhinein schwer zu bestimmen sein soll.

783 BGH, Urt. v. 20.11.2006 – II ZR 279/05, abgedruckt in: BGHZ 170, 60 = NZG 2007, 103 = NJW 2007, 298; BGH, Urt. v. 3.7.2006 – II ZR 151/04, Rn 16, abgedruckt in: BGHZ 168, 188 ff = NZG 2006, 712; vgl auch OLG Köln, Urt. v. 31.1.2013 – 18 U 21/12 („Solarworld“), abgedruckt in: NZG 2013, 548 [550]; OLG Köln, AG 1995, 90 [91 f]; OLG Köln, Urt. v. 27.5.1994 – 19 U 289/93, abgedruckt in: AG 1995, 90 [91].

784 Zum „Doppelerfordernis“ vgl auch *Lutter/Drygala*, FS Ulmer, 2003, S. 381 [390].

785 Vgl LG Stuttgart, Urt. v. 27.5.1998 – 27 O 7/98, abgedruckt in: BB 1998, 1549 ff; *Bosse*, NZG 2007, 172 [172]; aA: *Müller*, NZG 2002, 797 [801], der eine „abstrakt-generelle“ Beschreibung des Leistungsprogramms für ausreichend erachtet.

786 BGH, Urt. v. 20.11.2006 – II ZR 279/05, abgedruckt in: BGHZ 170, 60 = NZG 2007, 103 [104] = NJW 2007, 298 [299]; *Spindler*, NZG 2012, 1161 [1163].

787 OLG Köln, Urt. v. 31.1.2013 – 18 U 21/12 („Solarworld“), abgedruckt in: NZG 2013, 548 [550 f].

788 LG Stuttgart, Urt. v. 27.5.1998 – 27 O 7/98, abgedruckt in: BB 1998, 1549 ff; zustimmend *Wissmann/Ost*, BB 1998, 1957 [1958]; *Müller*, NZG 2002, 797 [801], im Hinblick auf den detaillierten Tätigkeitsnachweis eines Rechtsanwalts; vgl auch *Vetter*, AG 2006, 173 [178]; *Krüger/Thonfeld*, EWiR 2006, 385 [386].

789 *Wissmann/Ost*, BB 1998, 1957 [1958].

790 *Lutter/Drygala*, FS Ulmer, 2003, S. 381 [397]; *Vetter*, AG 2006, 173 [178], spricht davon, dass der Beratungsvertrag durch Zustimmung des Aufsichtsrats „geheilt“ werde.

der Aufsichtsrat nicht bemessen, ob der Vertrag seinem Beratungsgegenstand zufolge zustimmungsfähig ist und die Konditionen angemessen sind.[791]

Im Regelfall wird man für den Beratungsvertrag auch Schrift- oder zumindest Textform fordern müssen,[792] da sich die Aufsichtsratsmitglieder andernfalls nur „auf Zuruf" der Vertragschließenden über die Vertragskonditionen informieren könnten, was insbesondere bei komplexeren Beratungsgegenständen für eine angemessene Beratung des Gremiums und dessen Entscheidung für oder gegen eine Zustimmung nicht ausreichen kann. 287

Wurden zustimmungsfähige Beratungsverträge geschlossen, bevor der Berater zum Aufsichtsratsmitglied bestellt wurde, müssen sie vor Antritt des Amtes dem Aufsichtsrat zur Erteilung dessen Zustimmung vorgelegt werden. Denn dem Aufsichtsrat muss es möglich sein, den vom Vorstand für die Gesellschaft geschlossenen Vertrag präventiv darauf zu prüfen, ob er tatsächlich nur Dienstleistungen außerhalb der organschaftlichen Tätigkeit zum Gegenstand hat. Verweigert der Aufsichtsrat seine Zustimmung, so verliert der Beratungsvertrag wie der nicht zustimmungsfähige Vertrag für die Dauer des Bestehens des Aufsichtsratsmandats seine Wirkung und lebt erst nach dessen Beendigung wieder auf. Dasselbe gilt, wenn der Vertrag dem Aufsichtsrat nicht zur Zustimmung vorgelegt wird.[793] 288

cc) Personelle Aspekte

Beratungsverträge mit (Beratungs-)Gesellschaften, an denen das Aufsichtsratsmitglied als Alleingesellschafter beteiligt ist, sind so zu behandeln wie Beratungsverträge mit dem Aufsichtsratsmitglied selbst.[794] Dasselbe gilt für den Fall, dass die Beratungsgesellschaft vom Aufsichtsratsmitglied abhängig iS von § 17 Abs. 1 AktG ist.[795] Verträge mit einer Beratungsgesellschaft bedürfen, soweit es sich nicht um Bagatellvergütungen handelt oder die Vergütung im Vergleich zu der gemäß § 113 Abs. 1 Satz 2 AktG von der Hauptversammlung durch Satzungsbestimmung oder durch Einzelbeschluss festgesetzten Aufsichtsratsvergütung einen vernachlässigenswerten Umfang hat,[796] schließlich auch dann der Zustimmung des Aufsichtsrats, wenn das von der Gesellschaft zu zahlende Beratungshonorar dem Aufsichtsratsmitglied kraft seiner Beteiligung an der Beratungsgesellschaft zumindest anteilig zukommt.[797] Einer Mindestbeteiligung[798] zB in Höhe von 10% bedarf es somit für die An- 289

791 So wohl auch *Lutter/Drygala*, FS Ulmer, 2003, S. 381 [396 f]; *Vetter*, AG 2006, 173 [178].

792 Vgl *Habersack*, MünchKomm AktG^3, § 114, Rn 25 mN auch für die Gegenansicht, der dies ausnahmslos fordert; offen gelassen von OLG Köln, Urt. v. 31.1.2013 – 18 U 21/12 („Solarworld"), abgedruckt in: NZG 2013, 548 [550].

793 BGH, Urt. v. 4.7.1994 – II ZR 197/93, abgedruckt in: BGHZ 126, 340 ff = NJW 1994, 2484 [2486 mwN].

794 BGH, Urt. v. 3.7.2006 – II ZR 151/04, Rn 12, abgedruckt in: BGHZ 168, 188 ff = NZG 2006, 712.

795 *Lutter/Drygala*, FS Ulmer, 2003, S. 381 [384 f]; Hüffer, AktG, § 114, Rn 2 a.

796 BGH, Urt. v. 10.7.2012 – II ZR 48/11, abgedruckt in: NZG 2012, 1064 = NJW 2012, 3235 [3236, Rn 14] = BB 2012, 2522 = DStR 2012, 1973; BGH, Urt. v. 20.11.2006 – II ZR 279/05, abgedruckt in: BGHZ 170, 60 = NZG 2007, 103 = NJW 2007, 298 mit Nachw. aus der Lit. u. zur Gegenansicht.

797 BGH, Urt. v. 10.7.2012 – II ZR 48/11, abgedruckt in: NZG 2012, 1064 = NJW 2012, 3235 [3236, Rn 15] = BB 2012, 2522 = DStR 2012, 1973, wonach eine das beachtliche Eigeninteresse begründende rechtlich relevante Beteiligung vorliegt, wenn bei einem vertraglichen Vergütungsvolumen von 1 Mio. EUR der auf das Aufsichtsratsmitglied entfallende Anteil sich auf ca. 10 TEUR beläuft, wobei dessen Jahresvergütung als Aufsichtsratsmitglied 149 TEUR betrug; BGH, Urt. v. 20.11.2006 – II ZR 279/05, abgedruckt in: BGHZ 170, 60 = NZG 2007, 103 = NJW 2007, 298; BGH, Urt. v. 2.4.2007 – II ZR 325/05, abgedruckt in: AG 2007, 484 = NZG 2007, 516; OLG Frankfurt/Main, Urt. v. 21.9.2005 – 1 U 14/05, abgedruckt in: AG 2005, 925 [926] = NZG 2006, 29; *Bosse*, NZG 2007, 172 [173]; *Goette*, DStR 2007, 124; *Lutter*, FS Westermann, 2008, S. 1171 [S. 1180 f]; *Müller*, NZG 2002, 797 [798]; *Peltzer*, ZIP 2007, 305 [306]; *Rellermeyer*, ZGR 1993, 77 [86 f]; *Vetter*, AG 2006, 173 [176 f]; *Weiss*, BB 2007, 1853 [1854 f]; *Werner*, DB 2006, 935 [936]; kritisch, wenngleich zustimmend: *Pietzke*, BB 2012, 658 [660].

798 So aber: *v. Schenk*, DStR 2007, 396; ähnlich *Kort*, ZIP 2008, 717 [723].

wendbarkeit von § 114 AktG nicht.[799] Denn auch bei einer geringeren Beteiligung besteht die Gefahr, dass die Unabhängigkeit des Aufsichtsratsmitglieds vom Vorstand beeinträchtigt ist.[800] Zudem korrespondiert dieses Ergebnis mit dem Erfordernis nach Transparenz hinsichtlich etwaiger Interessenkonflikte von Aufsichtsratsmitgliedern. Entgegen der Auffassung des OLG Frankfurt aM ist das Kriterium des Ansehens (Standings) eines Gesellschafters innerhalb seiner Beratungsgesellschaft, das aufgrund des von der Gesellschaft insgesamt gezahlten Honorars gestiegen sein könnte, für die Frage der Anwendbarkeit von § 114 AktG untauglich. Denn es dürfte im Regelfall kaum justitiabel sein.[801]

290 Schließt anstelle der AG, KGaA oder eG eine von ihr beherrschte Gesellschaft den Beratungsvertrag mit dem Aufsichtsratsmitglied oder dessen Beratungsgesellschaft, und könnte oder sollte dieser Vertrag seinem Inhalt nach mit der herrschenden Gesellschaft geschlossen werden, weil es um Bereiche deren Geschäftsführung geht, hat der Aufsichtsrat der herrschenden Gesellschaft über den Wortlaut von § 114 AktG hinaus ebenfalls zuzustimmen.[802] Denn dann liegt ein Fall unmittelbarer Umgehung von § 114 AktG vor. Außerdem kann der Vorstand des herrschenden Unternehmens, der von dem fraglichen Aufsichtsratsmitglied überwacht wird, als Vertreter der Mehrheits- oder Alleinaktionärin bei faktischer Konzernierung oder gar aufgrund eines Beherrschungsvertrages Einfluss auf die Geschicke in Tochter- und Enkelgesellschaften nehmen und dem beratenden Aufsichtsratsmitglied auf diese Weise eine Sondervergütung zukommen lassen. Hierdurch kann in dessen Person ein Interessenkonflikt entstehen.[803] Mit zuletzt genanntem Argument lässt sich § 114 AktG auch auf Fälle anwenden, in denen der Beratungsvertrag seinem Gegenstand nach nicht ebenso gut mit der herrschenden Gesellschaft hätte abgeschlossen werden können. Denn auch in diesen Fällen kann der Vorstand aufgrund seiner Einflussnahmemöglichkeiten bei dem abhängigen Unternehmen dem Aufsichtsratsmitglied eine Sondervergütung ermöglichen, ohne dass dies kontrolliert würde.[804]

291 Eine analoge Anwendung von § 114 Abs. 1 AktG auf Beratungsverträge zwischen Aufsichtsratsmitgliedern des abhängigen Unternehmens und dem herrschenden Unternehmen kommt nicht in Betracht. Grund hierfür ist, dass der Vorstand des abhängigen Unternehmens keinen Einfluss auf die Geschäftspolitik des herrschenden Unternehmens hat.[805] Die Befürworter einer entsprechenden Anwendung argumentieren, die Aufsichtsratsmitglieder des abhängigen Unternehmens hätten darauf zu achten, dass sich die Einflussnahme des herrschenden Unternehmens im zulässigen Rahmen bewegt. Der Abschluss gut dotierter Beraterverträge könnte die betreffenden Aufsichtsratsmitglieder hiervon abhalten oder zumindest nachsichtiger stimmen.[806] Hiergegen ist einzuwenden, dass § 114 AktG nicht zu den konzernrechtlichen Schutzvorschriften gehört und somit nicht bezweckt, die Unabhängigkeit der Aufsichts-

---

799 Kritisch zur Anwendbarkeit von § 114 AktG bei großen Sozietäten *Hoffmann-Becking*, FS K. Schmidt, 2009, S. 657 [664].

800 Vgl *Hoffmann-Becking*, FS K. Schmidt, 2009, S. 657 [665], wonach der Anwendungsbereich des § 114 AktG nur zum Zwecke des Umgehungsschutzes ausgedehnt werden darf nicht aber auch zur Sicherung der Unabhängigkeit des Aufsichtsratsmitglieds.

801 *Bürgers/Israel*, in: Bürgers/Körber, AktG, § 114, Rn 6; *Spindler*, NZG 2011, 334 [336].

802 Hüffer, AktG, § 114, Rn 2 b mwN sowie Fallkonstellationen, in denen eine entsprechende Anwendung von § 114 AktG erwogen wird; *Pietzke*, BB 2012, 658 [659].

803 Vgl *Habersack*, in: MünchKomm AktG³, § 114, Rn 17; *Drygala*, in: K. Schmidt/Lutter, AktG, § 114, Rn 14; *Pietzke*, BB 2012, 658 [659].

804 Im Erg. ebenso *Hoffmann-Becking*, FS K. Schmidt, 2009, S. 657 [665], allerdings mit dem Argument der Umgehung von § 114 AktG.

805 OLG Hamburg, Urt. v. 17.1.2007 – 11 U 48/06, abgedruckt in: AG 2007, 404 [408] = NZG 2007, 470 = ZIP 2007, 814; Nachw. aus der Literatur bei *Hoffmann-Becking*, FS K. Schmidt, 2009, S. 657 [666].

806 Vgl *Habersack*, in: MünchKomm AktG³, § 114, Rn 17; *Spindler*, in: Spindler/Stilz, AktG, § 114, Rn 7.

ratsmitglieder vor Einflussnahmen des herrschenden Unternehmens zu sichern.[807] Darüber hinaus hätte dessen Vorstand die Möglichkeit, einen Hauptversammlungsbeschluss in dem abgängigen Unternehmen herbeizuführen, mittels dessen den dortigen Aufsichtsratsmitgliedern eine höhere Vergütung iS von § 113 AktG gewährt wird.[808]

dd) Rechtsfolgen

Gewährt die Gesellschaft oder Genossenschaft ihrem Aufsichtsratsmitglied aufgrund eines Dienst- oder Werkvertrages zur Erbringung von Tätigkeiten höherer Art eine Vergütung, ohne dass der Aufsichtsrat dem Vertrag zugestimmt hat, so hat das Aufsichtsratsmitglied die Vergütung zurückzugewähren, es sei denn, dass der Aufsichtsrat den Vertrag genehmigt.[809] Eine Genehmigung des Aufsichtsrats kann weder dadurch ersetzt werden, dass sämtliche Aktionäre den Vertrag mit dem Aufsichtsratsmitglied unterzeichnen, noch durch einen Hauptversammlungsbeschluss, mittels dessen das fragliche Aufsichtsratsmitglied entlastet wird und den die Aktionäre in Kenntnis des Vertrages getroffen haben.[810] Zur Zurückgewährung der erhaltenen Vergütung ist das Aufsichtsratsmitglied auch dann verpflichtet, wenn der Vertrag bereits aufgrund seines Inhalts – das Aufsichtsratsmitglied verpflichtet sich zur Erbringung von Leistungen, die es bereits aufgrund seiner organschaftlichen Pflichten zu erbringen hat – nicht genehmigungsfähig ist.[811] 292

Hat das Aufsichtsratsmitglied seine Beratungsleistung bereits erbracht, und verweigert der Aufsichtsrat die zur Auszahlung der vereinbarten Vergütung erforderliche Zustimmung,[812] so kann es gemäß § 114 Abs. 2 Satz 1 Hs 1 AktG einen Bereicherungsanspruch gemäß §§ 812 ff BGB – zT wir eine Leistungskondiktion gemäß § 812 Abs. 1 Satz 1 Alt. 1 BGB (condictio indebiti), zT eine Zweckverfehlungskondiktion gemäß § 812 Abs. 1 Satz 2 Alt. 2 BGB (condiction causa data causa non secuta) angenommen – in Form von Wertersatz iS von § 818 Abs. 2 BGB gegen die Gesellschaft bzw Genossenschaft geltend machen.[813] Nach der Rechtsprechung ist auch ein Anspruch des beratenden Aufsichtsratsmitglieds aus Geschäftsführung ohne Auftrag gemäß §§ 677 ff BGB denkbar.[814] Sollte das Aufsichtsratsmitglied gewusst haben, dass der Aufsichtsrat dem Vertrag nicht zustimmen wird, steht ihm 293

807 *Hoffmann-Becking*, FS K. Schmidt, 2009, S. 657 [666].

808 Vgl auch *Hoffmann-Becking*, FS K. Schmidt, 2009, S. 657 [667], wonach ansonsten der Aufsichtsrat der Tochter den Anstellungsvertrag des Vorstandsmitglieds der Mutter genehmigen müsste, wenn dieses Mitglied des Aufsichtsrats der Tochter wird.

809 Vgl § 114 Abs. 2 Satz 1 AktG.

810 OLG Köln, Urt. v. 27.5.1994 – 19 U 289/93, abgedruckt in: AG 1995, 90 [92].

811 Hüffer, AktG, § 114, Rn 7; *Bosse*, NZG 2007, 172 [174], der diese Analogie für einen „Erst recht Schluss" hält: Ein Aufsichtsratsmitglied, das eine von § 113 AktG verbotene Sonderzuwendung erhalten hat, kann nicht besser gestellt werden als ein Aufsichtsratsmitglied, zu dessen (wirksamen) Beratervertrag der Aufsichtsrat endgültig seine Zustimmung verweigert hat.

812 Sollte der Vertrag zwischen Aufsichtsratsmitglied und Gesellschaft aufgrund seines Beratungsgegenstandes nicht genehmigungsfähig sein, hat das Aufsichtsratsmitglied keinen Bereicherungsanspruch, da es mit Rechtsgrund, namentlich aufgrund des organschaftlichen Verhältnisses, beraten und somit geleistet hat, vgl BGH, Beschl. v. 27.4.2009 – II ZR 160/08, abgedruckt in: NZG 2009, 1027 [1028, Tz. 6] = AG 2009, 661 = ZIP 2009, 1661; *Spindler*, in: Spindler/Stilz, AktG, § 114, Rn 26; *Drygala*, in: K. Schmidt/Lutter, AktG, § 114, Rn 21; *Kanzler*, AG 2013, 554 [556].

813 Vgl hierzu *Kanzler*, AG 2013, 554 ff.

814 Vgl BGH, Beschl. v. 27.4.2009 – II ZR 160/08, abgedruckt in: NZG 2009, 1027 [1028, Tz. 4] = AG 2009, 661 = ZIP 2009, 1661; BGH, Urt. v. 2.4.2007 – II ZR 325/05, abgedruckt in: NZG 2007, 516 [518, Tz. 20] = AG 2007, 484 = ZIP 2007, 1056; Nachw. zur Gegenauffassung in der Lit. vgl *Kanzler*, AG 2013, 554 [555, Fn 3].

überhaupt keine Vergütung zu.[815] Dies gilt allerdings nicht, wenn das Aufsichtsratsmitglied in berechtigter Erwartung auf die Zustimmung vertraut hat.[816]

294 Andererseits kann sich das Aufsichtsratsmitglied, das die vertraglich vereinbarte Vergütung bereits erhalten hat, gegenüber der wegen Fehlens der Zustimmung des Aufsichtsrats Rückzahlung fordernden Gesellschaft nicht auf Entreicherung gemäß § 818 Abs. 3 BGB berufen.[817]

b) Darlehens- und sonstige Kreditverträge

295 Gesellschaft und Aufsichtsratsmitglied können Verträge schließen, mittels derer dem Aufsichtsratsmitglied Kredit gewährt wird. Wirksam sind solche Verträge jedoch nur, wenn der Aufsichtsrat hierin einwilligt,[818] also vorab seine Zustimmung erteilt.[819] Ähnlich wie bei den zwischen Aufsichtsratsmitglied und Gesellschaft geschlossenen Beratungsverträgen bezwecken auch die Regelungen zur Kreditgewährung an Aufsichtsratsmitglieder, deren unangemessene Beeinflussung durch den zu überwachenden Vorstand bzw persönlich haftenden Gesellschafter vorzubeugen.[820]

296 Unter Krediten sind neben Darlehen auch unübliche Stundungen sowie Bereitstellungen von Sicherungsmitteln bei Kreditgewährung durch Dritte zu verstehen.[821] Nicht erfasst werden hingegen von der Gesellschaft dem Aufsichtsratsmitglied gewährte Warenkredite, sofern die Waren für dessen einzelkaufmännisch betriebenes Handelsgewerbe geliefert werden.[822]

297 Die Einwilligung des Aufsichtsrats kann nur für bestimmte Kreditgeschäfte oder Arten von Kreditgeschäften und nicht für länger als drei Monate im Voraus erteilt werden. Außerdem hat der Beschluss über die Einwilligung die Verzinsung und Rückzahlung des Kredits zu regeln.[823] Der Beschluss des zuständigen Ausschusses genügt, sofern die Angelegenheit wirksam auf diesen übertragen wurde.[824] Das betroffene Aufsichtsratsmitglied ist bei der Beschlussfassung nicht stimmberechtigt.[825]

298 Als Kreditnehmer werden neben Aufsichtsratsmitgliedern persönlich auch deren Ehe- oder Lebenspartner und minderjährige Kinder erfasst sowie Dritte, die für Rechnung der vorgenannten Personen handeln.[826] Außerdem bedarf die Gewährung von Kredit an juristische Personen und Personengesellschaften der Einwilligung des Aufsichtsrats, wenn ein Aufsichtsratsmitglied gesetzlicher Vertreter der fraglichen juristischen Person oder Gesellschafter der Personengesellschaft ist.[827] Hierdurch sollen Umgehungen verhindert und andere Konstellationen erfasst werden, in denen gleichfalls die Gefahr unangemessener Beeinflussung von Aufsichtsratsmitgliedern droht.[828]

815 Dieses Ergebnis leiten die Befürworter einer condictio indebiti aus § 814 BGB her und die Befürworter einer condictio causa data causa non secuta bereits aus dem Fehlen einer Zweckverfehlung.
816 *Happ*, FS Priester, 2007, 175 [198].
817 OLG Köln, Urt. v. 27.5.1994 – 19 U 289/93, abgedruckt in: AG 1995, 90 [92].
818 Vgl § 115 Abs. 1 Satz 1 AktG.
819 *Drygala*, in: K. Schmidt/Lutter, AktG, § 115, Rn 8 mwN.
820 Vgl Begr. RegE bei *Kropff*, Aktiengesetz 1965, S. 160.
821 *Drygala*, in: K. Schmidt/Lutter, AktG, § 115, Rn 3.
822 Vgl § 115 Abs. 1 Satz 5 AktG.
823 § 115 Abs. 1 Satz 3 u. 4 AktG.
824 So im Erg. Hüffer, AktG, § 115, Rn 2 und *Drygala*, in: K. Schmidt/Lutter, AktG, § 115, Rn 8 m. Hinw. § 107 AktG.
825 Für eine analoge Anwendung von § 34 BGB, *Drygala*, in: K. Schmidt/Lutter, AktG, § 115, Rn 8 mwN.
826 Vgl § 115 Abs. 2 AktG.
827 Vgl § 115 Abs. 1 AktG. Die Ausnahmen hiervon (Satz 1) erfassen Konzernfälle und solche, in denen es um Warenkredite geht.
828 *Drygala*, in: K. Schmidt/Lutter, AktG, § 115, Rn 5.

Das Fehlen einer ordnungsgemäßen Einwilligung führt zwar nicht zur Unwirksamkeit des Kreditgeschäfts.[829] Der Kredit ist jedoch ohne Rücksicht auf entgegenstehende Vereinbarungen sofort zurückzugewähren, wenn nicht der Aufsichtsrat nachträglich zustimmt.[830] Durch die Genehmigung wird jedoch der Verstoß gegen das Einwilligungserfordernis nicht geheilt, so dass etwaige Schadensersatzansprüche gegen den Kredit gewährenden Vorstand[831] oder das Aufsichtsratsmitglied,[832] dem Kredit gewährt wurde, unberührt bleiben.[833] 299

11. Kostenerstattung

a) Allgemeines zum Auslagenersatz

Unabhängig davon, ob das Aufsichtsratsmitglied für seine Tätigkeit eine Vergütung erhält, kann es nach den nachfolgend skizzierten Grundsätzen Erstattung seiner bei Wahrnehmung des Mandats gemachten Aufwendungen (Auslagen) verlangen.[834] Einer entsprechenden Satzungsklausel als Anspruchsgrundlage bedarf es hierzu ebenso wenig wie eines Hauptversammlungsbeschlusses.[835] Wo sich in Satzungen jedoch derartige Klauseln finden, beschränken sie sich zumeist darauf, den Aufsichtsratsmitgliedern einen Anspruch auf Ersatz von angemessenen Auslagen zu gewähren.[836] 300

Das gerichtlich bestellte Aufsichtsratsmitglied hat Anspruch auf Ersatz angemessener barer Auslagen gemäß § 104 Abs. 6 Satz 1 AktG. Ein Rückgriff auf die allgemein zivilrechtlichen – auftrags- bzw geschäftsbesorgungsvertragsrechtlichen – Vorschriften der §§ 675 Abs. 1, 670 BGB ist insofern versperrt.[837] Fraglich ist, ob dies auch für die von der Hauptversammlung bestellten Aufsichtsratsmitglieder und diejenigen der Arbeitnehmer gilt.[838] Die Frage ist bedeutsam, da § 670 BGB neben der objektiven Voraussetzung, dass die Aufwendungen zum Zweck der Ausführung des Auftrags gemacht wurden,[839] lediglich verlangt, dass der Beauftragte sie nach den Umständen für erforderlich halten durfte, es somit auf einen subjektiven Umstand ankommt.[840] Währenddessen stellt § 104 Abs. 6 Satz 1 AktG auf die objektive Angemessenheit der Auslagen ab. Zudem wird über den Wortlaut hinaus für die Erstattungsfähigkeit ein Zusammenhang mit der Tätigkeit als Aufsichtsratsmitglied verlangt.[841] Die entsprechende Anwendbarkeit von § 670 BGB oder § 104 Abs. 6 Satz 1 AktG kann in Einzelfällen einen praktischen Unterschied machen, zB dann, wenn das Aufsichtsratsmitglied vor 301

829 § 115 Abs. 1 bis 3 AktG sind keine Verbotsgesetze iS von § 134 BGB.

830 Vgl § 115 Abs. 4 AktG.

831 § 93 Abs. 3 Nr. 8 AktG.

832 § 116 AktG.

833 *Drygala*, in: K. Schmidt/Lutter, AktG, § 115, Rn 10.

834 Konkrete Beispiele hierzu bei *Semler*, FS Claussen, 1997, S. 381 [382 ff].

835 *Hoffmann-Becking*, in: Münchener Handbuch GesR, Bd. 4, AG, § 33, Rn 13; Hüffer, AktG, § 113, Rn 2 b.

836 Vgl *Fonk*, NZG 2009, 761 [761].

837 *Bosse/Malchow*, NZG 2010, 972 [972].

838 Bejahend *Bosse/Malchow*, NZG 2010, 972 [972]; *Fonk*, NZG 2009, 761 [762]; aA: Hüffer, AktG, § 113, Rn 2 b; *Habersack*, in: MünchKomm AktG^3, § 113, Rn 21; *Reichard/Kaubisch*, AG 2013, 150 [151]; *Semler*, FS Claussen, 1997, S. 381 [382, 383 mwN].

839 *Semler*, FS Claussen, 1997, S. 381 [384], fordert objektive Erforderlichkeit im Zusammenhang mit der Erstattungsfähigkeit von Auslagen, die Aufsichtsratsmitgliedern im Zuge ihrer Amtsausübung entstanden sind, womit er § 670 BGB deutlich überdehnt, vgl *Sprau*, in: Palandt, BGB, § 670, Rn 4, der entsprechend dem Wortlaut der Vorschrift lediglich eine subjektive Prüfung der Erforderlichkeit der Aufwendungen durch den Beauftragten mit positivem Ergebnis verlangt und als Korrektiv genügen lässt, dass der Beauftragte sorgfältig und für die Umständ angemessen geprüft hat.

840 Zum objektiven Maßstab mit subjektivem Einschlag, vgl *Semler*, FS Claussen, 1997, S. 381 [384], im Zusammenhang mit dem Auslagenersatz von Aufsichtsratsmitgliedern, und *Sprau*, in: Palandt, BGB, § 670, Rn 4, im allgemeinen, schuldrechtlichen Verhältnis.

841 *Habersack*, in: MünchKomm AktG^3, § 113, Rn 22.

Entstehung der Auslagen deren spätere Erstattung durch die Gesellschaft und somit deren Erstattungsfähigkeit nicht abklären konnte oder wollte und irrtümlich davon ausging, dass die verauslagten Kosten erforderlich sind. Für eine analoge Anwendung[842] der aktienrechtlichen Spezialregelung spricht die größere Sachnähe. Denn die Situation eines gerichtlich bestellten Aufsichtsratsmitglieds unterscheidet sich im Hinblick auf den Ersatz von Auslagen nicht von der Situation eines anderweitig bestellten Aufsichtsratsmitglieds, während die Situation eines Beauftragten hiervon erheblich abweichen kann.[843] Hinzukommen dürfte, dass eine Ungleichbehandlung von Aufsichtsratsmitgliedern eines nachvollziehbaren Grundes bedarf, der im vorliegenden Fall nicht erkennbar ist. Dem Aufsichtsratsmitglied können somit entstandene Auslagen nur ersetzt werden, wenn sie notwendig und angemessen sind.[844] Angemessenheit als unbestimmter Rechtsbegriff wirft viele ungeklärte Fragen auf. Bezugspunkt hierfür dürfte – neben anderen – die „Lage der Gesellschaft" sein.[845] Insofern bestünde ein Gleichlauf mit dem entsprechenden Bemessungskriterien für die Vergütung von Vorstandsmitgliedern gemäß § 87 Abs. 1 Satz 1 AktG. Möglicherweise liefert auch der Markt Anhaltspunkte dafür, was angemessen ist, wenngleich es für den Auslagenersatz an Transparenz und somit an einer Vergleichsmöglichkeit mit anderen Unternehmen und deren Gepflogenheiten fehlt.[846] Zu denken ist auch an interne Gepflogenheiten, insbesondere an die Standards für Auslagenersatz bei den Vorstandsmitgliedern[847] oder an die persönliche Lebensführung des einzelnen Aufsichtsratsmitglieds als Bemessungskriterien.[848] Letzteres würde jedoch zu einer Ungleichbehandlung der Aufsichtsratsmitglieder führen und diejenigen benachteiligen, die bescheidener leben als ihre Kollegen. Eine Rechtfertigung hierfür ist nicht ersichtlich.[849]

302 Erstattung von Auslagen in Form einer Pauschale wird in engen Grenzen als zulässig erachtet. Jedoch müsse sichergestellt sein, dass die Pauschale nicht zu hoch angesetzt ist und somit de facto eine (verdeckte) Vergütung gewährt wird.[850] Wie dies konkret zu bewerkstelligen ist, wird nur ansatzweise thematisiert, so dass *Fonk* darin Recht zu geben ist, in der Praxis, falls eine Pauschale gewünscht wird, zu empfehlen, einen Beschluss der Hauptversammlung herbeizuführen oder eine entsprechende Satzungsklausel zu schaffen, um den Voraussetzungen des § 113 Abs. 1 Satz 2 AktG zu genügen.[851]

842 Die für eine analoge Anwendbarkeit erforderliche planwidrige Regelungslücke dürfte vorliegen, da der Gesetzgeber im Zusammenhang mit der Erstattung von Auslagen nicht zwischen einerseits gerichtlich und andererseits durch Hauptversammlung, einzelne Aktionäre, Belegschaft oder Gewerkschaften bestellten Aufsichtsratsmitgliedern unterscheiden wollte, vgl hierzu *Fonk*, NZG 2009, 761 [762].

843 So auch *Fonk*, NZG 2009, 761 [762]; *Bosse/Malchow*, NZG 2010, 972 [972].

844 *Bosse/Malchow*, NZG 2010, 972 [972].

845 *Maser/Göttle*, NZG 2013, 201 [206]; *Fonk*, NZG 2009, 761 [764].

846 Hierzu *Fonk*, NZG 2009, 761 [764].

847 Nachweise bei *Fonk*, NZG 2009, 761 [764, Fn 52].

848 Nachweise bei *Fonk*, NZG 2009, 761 [765, Fn 56].

849 So auch *Fonk*, NZG 2009, 761 [765].

850 *Habersack*, in: MünchKomm AktG^{3}, , § 113, Rn 21; *Spindler*, in: Spindler/Stilz, AktG, § 113, Rn 12; *Fonk*, NZG 2009, 761 [767 f]; *Maser/Göttle*, NZG 2013, 201 [206]; *Hönsch*, Der Aufsichtsrat 2013, 78.

851 So zB *Fonk*, NZG 2009, 761 [768]; *Hönsch*, Der Aufsichtsrat 2013, 78.

b) Einzelne Arten von Auslagen

aa) Reisekosten

Reisekosten, zu denen neben den Fortbewegungs- auch diejenigen Kosten zählen, die typischerweise[852] während einer Reise anfallen wie Übernachtungs- und Verpflegungskosten, sind in angemessener Höhe regelmäßig dann erstattungsfähig, wenn Anlass der Reise eine Sitzung oder ein sonstiges Zusammentreffen aller Aufsichtsrats- oder Ausschussmitglieder[853] bzw in mitbestimmten Gesellschaften aller Arbeitnehmer- und aller Anteilseignervertreter[854] oder eine Hauptversammlung der Gesellschaft[855] ist. Dies gilt zumindest dann, wenn das Aufsichtsratsmitglied von seinem Wohn- oder gewöhnlichen Aufenthaltsort anreist. Nimmt ein Aufsichtsratsmitglied als Gast an einer Ausschusssitzung teil, sind die ihm hierdurch entstehenden Kosten von der Gesellschaft grundsätzlich nicht zu erstatten.[856] Dass § 109 Abs. 2 AktG jedem Aufsichtsratsmitglied die Teilnahme an den Ausschusssitzungen zubilligt, wenn nicht der Aufsichtsratsvorsitzende etwas anderes bestimmt, ändert hieran nichts. Denn das Aufsichtsratsmitglied erfüllt bei der Sitzung für die Gesellschaft keine Funktion, so dass seine Teilnahme und die hiermit verbundenen Kosten nicht erforderlich sind. Etwas anderes gilt nur dann, wenn der Gast von den übrigen Aufsichtsratsmitgliedern zur Teilnahme an der Ausschusssitzung bestimmt wurde, zB weil er über Spezialkenntnisse oder sonstige Informationen verfügt, die für die Ausschussarbeit erforderlich oder zumindest nützlich sind. Bei reinen Informationsreisen[857] ist zu unterscheiden: Nimmt der Aufsichtsrat sie in seiner Gesamtheit – nicht zwingend alle Aufsichtsratsmitglieder zeitgleich – wahr, dürfte zumindest die Besichtigung einer Betriebsstätte o. Ä. der Gesellschaft vom Einsichts- und Prüfungsrecht gemäß § 111 Abs. 2 Satz 1 AktG gedeckt und somit die Kosten der Reise erstattungsfähig sein.[858] Reisen nur einzelne oder gar nur ein Mitglied des Aufsichtsrats,[859] ohne vom Gremium hierzu bestimmt worden zu sein, dürften die Kosten, unabhängig von deren Höhe, von der Gesellschaft nicht erstattet werden können.[860] Denn die Rechte aus § 111 Abs. 2 Satz 1 AktG stehen dem Aufsichtsrat als Ganzes zu, nicht jedoch einzelnen seiner Mitglieder.[861] Er kann lediglich einzelne seiner Mitglieder durch Beschluss iS von § 108 Abs. 1 AktG mit deren Wahrnehmung beauftragen.[862] Insofern genügt das Vorliegen sog. Amtsbezogenheit, eingeschränkt durch die Voraussetzung der Angemessenheit, für die Erstattungsfähigkeit von Kosten nicht aus.[863] Bei Reisen vom und zurück zum Urlaubsort dürfte zwischen bereits seit längerer Zeit geplanten ordentlichen und kurzfristig einberufenen außerordentlichen Auf- 303

852 Vielfach werden in diesem Zusammenhang auch Telefon- und sonstige Kommunikationskosten erwähnt, die jedoch im Zeitalter von Flatrates für Mobilfunk und Internet zumindest bei Inlandsreisen nicht gesondert ausgewiesen werden dürften und daher von der Gesellschaft auch nicht zu erstatten sind.

853 So auch *Fonk*, NZG 2009, 761 [766].

854 *Semler*, FS Claussen, 1997, S. 381 [385], der solche Zusammentreffen zu Recht als „Bestandteil der allgemeinen Amtsführung eines Aufsichtsratsmitgliedes“ bezeichnet.

855 *Semler*, FS Claussen, 1997, S. 381 [385].

856 **AA:** *Semler*, FS Claussen, 1997, S. 381 [385], mit Hinw. auf § 109 Abs. 2 AktG.

857 Hierzu ausführlich *Thüsing/Veil*, AG 2008, 359 ff.

858 Zu berücksichtigen ist, dass § 111 Abs. 2 Satz 1 AktG nur die Gesellschaft selbst, nicht aber verbundene Unternehmen betrifft, vgl Hüffer, AktG, § 111, Rn 11; Lutter/Krieger, Aufsichtsrat, § 6, Rn 244.

859 *Semler*, FS Claussen, 1997, S. 381 [394], hält es für zulässig, dass sich der Aufsichtsratsvorsitzende bei größeren Investitionsvorhaben an Ort und Stelle einen Eindruck von den Gegebenheiten macht und die ihm hierdurch entstehenden Kosten von der Gesellschaft erstattet werden.

860 **AA:** *Hopt/Roth*, in: Großkomm AktG, § 113, Rn 19, welche die Zustimmung des Aufsichtsratsvorsitzenden genügen lassen wollen.

861 Lutter/Krieger, Aufsichtsrat, § 6, Rn 240; *Fonk*, NZG 2009, 761 [767].

862 Hüffer, AktG, § 111, Rn 12; *Mertens*, in: KölnerKomm AktG, § 111, Rn 46; *Fonk*, NZG 2009, 761 [767].

863 **AA:** *Thüsing/Veil*, AG 2008, 350 [364 f], begründen dies mit der Aufgabe des Aufsichtsrats, den Vorstand zu beraten, was nur mit entsprechender Informationsversorgung möglich sei.

sichtsrats- oder Ausschusssitzungen zu unterscheiden sein. Während bei den zuerst genannten Sitzungen eine Erstattung nur in Höhe der Kosten möglich ist, die für die An- und Abreise vom Wohnsitz oder gewöhnlichen Aufenthaltsort angefallen wären, sind im Regelfall bei den zuletzt genannten Sitzungen die Kosten in voller Höhe erstattungsfähig.[864] Dasselbe dürfte für ordentliche und außerordentliche Hauptversammlungen gelten, da das Aufsichtsratsmitglied regelmäßig bereits lange Zeit im Voraus den Zeitraum bestimmen kann, in dem die ordentliche Hauptversammlung stattfindet, und hiernach seinen Urlaub zu planen hat.

304 Im Hinblick auf die Angemessenheit von Reisekosten bestehen keine einheitlichen Standards.[865]

305 Unumstritten erstattungsfähig sind Taxifahrten im Nahbereich, Bahnfahrten erster Klasse,[866] Fahrscheine für den öffentlichen Personennahverkehr und die Kosten für die Nutzung des eigenen Pkw[867] sowohl in Höhe der steuerlich zulässigen Pauschale als auch zu den nachgewiesenen, tatsächlich entstandenen Kosten sein.[868] Sollte der Aufsichtsratsvorsitzendehäufig für die Gesellschaft tätig sein und hierbei viel Zeit aufwenden, was insbesondere bei großen Gesellschaften der Fall ist, mag auch die Stellung eines Dienstwagens mit Fahrer auf Kosten der Gesellschaft und somit als Sachleistung[869] rechtlich zulässig und sinnvoll sein. Die private Nutzung dieses Fahrzeugs kann ihm jedoch weder der Vorstand noch der Aufsichtsrat gestatten, sondern nur die Hauptversammlung, da es sich hierbei um eine Vergütung handeln würde,[870] vgl § 113 Abs. 1 Satz 1 u. 2 AktG. Erstattungsfähig dürften darüber hinaus die Kosten für die Nutzung des Flugzeugs sein und zwar nicht nur bei grenzüberschreitenden, sondern auch bei nationalen Verbindungen. Zweifelhaft ist jedoch, ob Kosten für Business-Class-Inlandsflüge[871] und First-Class-Tickets[872] oder gar Charterflüge des Aufsichtsratsvorsitzenden[873] für internationale oder zumindest interkontinentale Verbindungen von der Gesellschaft zu erstatten sind. M. E. können die für hochpreisige Flugtickets angeführten Argumente nicht überzeugen. Wenn auf die Strapazen einer Reise abgestellt wird,[874] so trifft dies alle Mitarbeiter des Unternehmens gleichermaßen. Der Großteil der Geschäftsreisenden fliegt jedoch zumindest innerdeutsch Economy-Class. Es ist nicht einzusehen, warum Aufsichtsratsmitgliedern diese „Strapazen" nicht auch zugemutet werden können. Die Vorteile der Business-Class im Vergleich zur Economy-Class im Hinblick auf die Möglichkeit, vertraulich zu sprechen,[875] dürften kaum messbar sein. Schließlich sollte der

864 Ähnlich *Fonk*, NZG 2009, 761 [768 mwN].

865 Vgl *Semler*, FS Claussen, 1997, S. 381 [386 f mwN].

866 *Semler*, FS Claussen, 1997, S. 381 [389].

867 Ob die Kosten eines von dem Aufsichtsratsmitglied beschäftigten Fahrers erstattungsfähig sind, wie *Semler*, FS Claussen, 1997, S. 381 [389], meint, dürfte von den Umständen des Einzelfalles abhängen und somit keinem Regel-/Ausnahmeverhältnis folgen.

868 FS Claussen, 1997, S. 381 [389].

869 *Hönsch*, Der Aufsichtsrat 2013, 78.

870 FS Claussen, 1997, S. 381 [396].

871 *Semler*, FS Claussen, 1997, S. 381 [388], und *Semler/Wagner*, in: Semler/v. Schenk, Aufsichtsrat, § 10, Rn 76, halten die Kosten für Business-Class-Flugreisen innerhalb Europas für erstattungsfähig.

872 Eine Erstattungsfähigkeit bejahend *Fonk*, NZG 2009, 761 [767]; *Semler/Wagner*, in: Semler/v. Schenk, Aufsichtsrat, § 10, Rn 76, machen dies für Überseereisen von den Gepflogenheiten der Gesellschaft, insbesondere davon abhängig, ob die Mitglieder des Vorstands entsprechende Tickets buchen.

873 *Semler/Wagner*, in: Semler/v. Schenk, Aufsichtsrat, § 10, Rn 87, die insofern die übrigen Aufsichtsratsmitglieder dem Vorsitzenden nicht gleichstellen; vgl aber auch *Semler*, FS Claussen, S. 381 [396], der betont, dass der Aufsichtsratsvorsitzende trotz seiner herausgehobenen Stellung innerhalb des Aufsichtsrats keine Ansprüche stellen kann, die nicht unmittelbar aus seiner Tätigkeit erwachsen, so dass die Grundregeln für die Erstattung von Reisekosten für ihn und die anderen Aufsichtsratsmitglieder gleichermaßen gelten.

874 *Fonk*, NZG 2009, 761 [767].

875 *Fonk*, NZG 2009, 761 [767].

besonders gedrängte Terminkalender des Aufsichtsratsvorsitzenden[876] weniger Anlass zu der Frage geben, ob er ein Flugzeug auf Kosten der Gesellschaft für sich chartern darf, als vielmehr dazu, ob er aufgrund Zeitmangels seine Aufgabe überhaupt angemessen und im Unternehmensinteresse erfüllen kann.

Übernachtungskosten sind erstattungsfähig, falls eine Anreise am Vortag erforderlich oder 306
eine Abreise erst am Folgetag möglich ist. Bei der Auswahl des Hotels darf das Aufsichtsratsmitglied den üblichen Komfort für Geschäftsreisende in Anspruch, wozu heute auch ein Internetanschluss zählen dürfte. Die Kosten für eine Übernachtung in einem Luxushotel zu den dort üblichen Konditionen dürften nicht erstattungsfähig sein, genauso diejenigen für die Übernachtung in einer Suite. Letzteres kann in absoluten Ausnahmefällen anders zu beurteilen sein, wenn dort zwingend vertrauliche Gespräche mit mehreren Personen zu führen sind, die anderswo nicht geführt werden können.[877] Verpflegungskosten des einzelnen Aufsichtsratsmitglieds sind entgegen verbreiteter Meinung[878] nicht erstattungsfähig, da sie dem Aufsichtsratsmitglied ohnehin entstanden wären. Dies schließt jedoch nicht aus, dass die Kosten eines gemeinsamen Essens der Aufsichtsratsmitglieder, ggf zusammen mit den Mitgliedern des Vorstands, von der Gesellschaft übernommen werden.

bb) Aus- und Fortbildungskosten

Außerdem kann das Aufsichtsratsmitglied Erstattung der Kosten seiner Fortbildung verlan- 307
gen, sofern diese den Erwerb von Fachkenntnissen betrifft, die über die von jedem Aufsichtsratsmitglied bei Amtsantritt zu erwartenden Mindestkenntnisse[879] hinausgehen.[880] Für die Kosten der Grundausbildung eines Aufsichtsratsmitglieds hat die Gesellschaft hingegen nicht aufzukommen. Diese Kosten hat das Aufsichtsratmitglied selbst zu tragen.[881] Dasselbe gilt für die Fortbildungskosten, die aufzuwenden sind, damit das Aufsichtsratsmitglied auf dem Stand der Dinge bleibt.[882] Hierzu gehören der Besuch von unternehmerischen Informationsveranstaltungen, die Teilnahme an Schulungen sowie der Erwerb von Fachliteratur.[883] Aufgrund dessen ist die Empfehlung gemäß Ziff. 5.4.5 Abs. 2 DCGK, wonach die Gesellschaft ihre Aufsichtsratsmitglieder bei deren eigenverantwortlicher Wahrnehmung von für ihre Aufgaben erforderlichen Aus- und Fortbildungsmaßnahmen angemessen zu unterstützen hat, einschränkend dahin gehend zu verstehen, dass diese Unterstützung sich, sofern es um

876 *Semler/Wagner*, in: Semler/v. Schenk, Aufsichtsrat, § 10, Rn 87.

877 So auch *Semler/Wagner*, in: Semler/v. Schenk, Aufsichtsrat, § 10, Rn 77; *Semler*, FS Claussen, 1997, S. 381 [389]; *Fonk*, NZG 2009, 761 [767].

878 *Semler/Wagner*, in: Semler/v. Schenk, Aufsichtsrat, § 10, Rn 78; *Fonk*, NZG 2009, 761 [767].

879 Hierzu ausführlich unter V. 3. a.

880 *Habersack*, in: MünchKomm AktG³, § 113, Rn 24; *Drygala*, in: K. Schmidt/Lutter, AktG, § 113, Rn 21; *Leyendecker-Langner/Huthmacher*, NZG 2012, 1415 [1416]; *Bosse/Malchow*, NZG 2010, 972 [973].

881 *Hoffmann-Becking*, in: Münchener Hdb GesR, Bd. 4, AG, § 33, Rn 14; Lutter/Krieger, Aufsichtsrat, § 7 Rn 449 u. § 12 Rn 846; *Bosse/Malchow*, NZG 2010, 972 [973]; *Ringleb/Kremer/Lutter/v. Werder*, NZG 2010, 1161 [1166]; *Leyendecker-Langner/Huthmacher*, NZG 2012, 1415 [1416]; *Fonk*, NZG 2009, 761 [763 mwN]; aA: Köstler//Müller/Zachert, Aufsichtsratspraxis, Rn 714 u. Rn 750.

882 *Habersack*, in: MünchKomm AktG³, § 113, Rn 24; Hüffer, AktG, § 113, Rn 2 a; *Lutter/Krieger*, Aufsichtsrat, § 10, Rn 716; *Ringleb/Kremer/Lutter/v. Werder*, NZG 2010, 1161 [1166]; *Bosse/Malchow*, NZG 2010, 972 [973].

883 *Bosse/Malchow*, NZG 2010, 972 [973].

Kostenerstattung geht,[884] auf Maßnahmen beschränkt, die Kenntnisse und Fähigkeiten vermitteln, die über die geforderten Mindestkenntnisse und Mindestfähigkeiten hinausgehen.[885]

308 Umstritten ist, ob Kosten des Erwerbs sog. nachgeschalteter Mindestkenntnisse erstattungsfähig sind. Hierbei handelt es sich um Fortbildungskosten, die einem Mandatsträger aufgrund grundlegender Änderung der Rechtslage[886] sowie erheblicher Veränderungen des Unternehmens oder der wirtschaftlichen Rahmenbedingungen[887] entstehen können. Der Fortbildungsaufwand ist in solchen Fällen weit größer als üblich, also wenn sich das Aufsichtsratsmitglied nur auf dem Stand der Dinge halten muss. Andererseits erwirbt es keine Spezialkenntnisse, sondern lediglich Mindestkenntnisse, über die es bei einer Neubestellung verfügen müsste.[888] Wer solche Kosten denjenigen für den Erwerb der unverzichtbaren Mindestkenntnisse und –fähigkeiten gleichstellt,[889] muss deren Erstattungsfähigkeit konsequenterweise verneinen. Andererseits sprechen die fehlende Vorhersehbarkeit solcher Kosten und somit der Gesichtspunkt des Vertrauensschutzes sowie das Interesse der Gesellschaft an effektiver Überwachung der Geschäftsleitung durch die Mitglieder des Aufsichtsrats[890] dafür, die nachgeschalteten Mindestfähigkeiten den Spezialkenntnissen gleichzustellen.[891]

309 Bei der Erstattungsfähigkeit der Kosten von Fortbildungsmaßnahmen – hierzu dürften insbesondere interne und externe Schulungen[892] zählen – wird man jedoch Einschränkungen zum Schutz des Gesellschaftsvermögens machen müssen, wenngleich Ziff. 5.4.5 Abs. 2 Satz 2 DCGK ausdrücklich vorsieht, dass Aufsichtsratsmitglieder bei der Wahrnehmung der für ihre Aufgaben erforderlichen Aus- und Weiterbildungsmaßnahmen von der Gesellschaft angemessen unterstützt werden.[893] Zum einen müssen die Fähigkeiten und Kenntnisse, die im Rahmen der Maßnahme vermittelt werden, für die Aufsichtsratsarbeit in der betreffenden Gesellschaft von Nutzen sein.[894] Zum anderen kommt eine Erstattung der Fortbildungskosten nicht in Betracht, wenn diese unangemessen waren. Dies ist jedoch nur dann der Fall,

---

884 *Ringleb/Kremer/Lutter/v. Werder*, NZG 2010, 1161 [1166], nennen als Beispiele für eine Unterstützung durch die Gesellschaft: Qualitätskontrolle bei Fortbildungsmaßnahmen, Workshops für neue Aufsichtsratsmitglieder, in denen sich das Unternehmen oder einzelne Bereiche vorstellen einschließlich einer Werksbesichtigung, sowie die Verteilung von Informationsunterlagen und die Ermöglichung von E-Learning Programmen zur Geschäftstätigkeit des Unternehmens oder zu fachspezifischen Themen; vgl hierzu auch *Fonk*, NZG 2009, 761 [763], der von der Gesellschaft verlangt, dass sie auf eigene Kosten ihren Aufsichtsratsmitgliedern Informationen zu speziellen, das Arbeitsgebiet der Gesellschaft betreffenden Themen bereitstellt, welche die Aufsichtsratsmitglieder (nur noch) lesen müssen.

885 *Bosse/Malchow*, NZG 2010, 972 [973], schlagen insofern für börsennotierte Gesellschaften vor, den Text der Entsprechenserklärung dahingehend zu konkretisieren, dass Ausbildungsmaßnahmen für die Mitglieder des Aufsichtsrats nur „im gesetzlich zulässigen Umfang" unterstützt wurden.

886 Vgl *Spindler*, in: Spindler/Stilz, AktG, § 113, Rn 10; *Leyendecker-Langner/Huthmacher*, NZG 2012, 1415 [1416].

887 Vgl *Semler/Wagner*, in: Semler/v. Schenck, Aufsichtsrat, § 2, Rn 82; *Leyendecker-Langner/Huthmacher*, NZG 2012, 1415 [1416].

888 *Leyendecker-Langner/Huthmacher*, NZG 2012, 1415 [1416] mwN.

889 *Habersack*, in: MünchKomm AktG^3, § 113, Rn 24; Hüffer, AktG, § 113, Rn 2 c; *Bosse/Malchow*, NZG 2010, 972 [973].

890 Wenn Aufsichtsratsmitglieder Fortbildungskosten in nicht unbeträchtlicher Höhe selber tragen müssten, besteht insbesondere bei geringer Vergütung die Gefahr, dass sie an den erforderlichen Maßnahmen nicht teilnehmen und stattdessen das erhöhte Haftungsrisiko aufgrund unzureichender Kenntnisse und Fähigkeiten in Kauf nehmen.

891 So im. Erg. auch *Leyendecker-Langner/Huthmacher*, NZG 2012, 1415 [1417].

892 *Hoffmann-Becking*, ZGR 2011, 136 [142], unterscheidet zwischen internen Schulungen, die der Aufsichtsrat selbst initiiert, was ihm als „Hilfsgeschäft" zur verbesserten Erfüllung seiner Aufgaben möglich sein soll, und externen, über deren Kostenerstattung der Vorstand bei jedem einzelnen Aufsichtsratsmitglied zu entscheiden hat.

893 Vgl *Mutter*, AG Report 2010, R 410 [R 412], der in dem Bemühen der Gesellschaft, auf eigene Kosten ein auf ihre Verhältnisse und die spezifischen Bedürfnisse der Aufsichtsratsmitglieder zugeschnittenes Aus- und Fortbildungsprogramm durchzuführen, die Umsetzung der Empfehlung des DCGK erblickt.

894 *Leyendecker-Langner/Huthmacher*, NZG 2012, 1415 [1416].

wenn Kosten und Nutzen der konkreten Maßnahme außer Verhältnis standen, also wenn zB die Fortbildungsveranstaltung vornehmlich Erholungs- oder Vergnügungscharakter hatte oder besonders hohe Kosten für Unterbringung und Verköstigung der Veranstaltungsteilnehmer entstanden sind und die Kosten für die Vermittlung von Wissen und Fähigkeiten im Vergleich hierzu gering waren.[895] Zu einem Vergleich der Preise für die am Markt angebotenen Fortbildungsveranstaltungen sind die Aufsichtsratsmitglieder nicht gezwungen, wenn ein konkretes Missverhältnis von Leistung und Gegenleistung nicht offenkundig ist.[896] Andernfalls müssten die Aufsichtsratsmitglieder persönliche Präferenzen zurückstellen, was negative Auswirkungen auf ihren Lernerfolg und somit auf die Qualität der Überwachung haben könnte.

cc) Sonstige Kosten

Neben Reise- und Fortbildungskosten entstehen einem Aufsichtsratsmitglied im Zusammenhang mit der Erfüllung seiner Aufgaben unter Umständen auch Kosten für einen Dolmetscher und/oder Übersetzer,[897] die im Bedarfsfall ebenfalls von der Gesellschaft zu ersetzen sind.[898] Denn mit der Wahl eines jeden Aufsichtsratsmitglieds durch die Hauptversammlung verpflichten die Aktionäre die Gesellschaft, alle notwendigen Mittel zur Verfügung zu stellen, damit das Aufsichtsratsmitglied sein Amt ordnungsgemäß im Interesse der Gesellschaft ausüben kann.[899] 310

Personalkosten und Kosten für die Anmietung und Ausstattung eines Büros sind, sofern die Gesellschaft dem Aufsichtsratsvorsitzenden nicht von sich aus ein Büro mit Personal zur Verfügung stellt,[900] allenfalls anteilig erstattungsfähig,[901] da die Aufsichtsratstätigkeit Nebentätigkeit ist und Büro und Personal auch noch für einen anderen Zweck genutzt werden können und müssen. Eine Ausnahme hiervon kann in größeren Gesellschaften allenfalls für den Aufsichtsratsvorsitzenden gelten.[902] 311

895 Vgl *Leyendecker-Langner/Huthmacher*, NZG 2012, 1415 [1417], die aber zu Unrecht auch dann von einer Unangemessenheit ausgehen, wenn Art und Weise von Unterbringung und Verpflegung abstrakt geeignet sind, die Fokussierung auf die inhaltliche Wissensvermittlung zu beeinträchtigen.

896 **AA:** *Leyendecker-Langner/Huthmacher*, NZG 2012, 1415 [1417], mit dem Verweis auf die Grundsätze zur Kostenerstattung von Fortbildungsmaßnahmen für Betriebsräte gemäß § 40 Abs. 1 iVm § 37 Abs. 4 BetrVG.

897 Vgl *Semler*, FS Claussen, S. 381 [395], im Hinblick auf Kosten, die dem Aufsichtsratsvorsitzenden entstehen, um Berichte, Briefe und sonstige Schriftstücke in die Sprache eines Aufsichtsratsmitglieds übersetzen zu lassen, das nicht einwandfrei Deutsch versteht und nur auf diese Weise seiner Aufgabe gerecht werden kann.

898 *Hamblock-Gesinn/Gesinn*, in: Hölters, AktG, 2011, § 113, Rn 25.

899 *Semler*, FS Claussen, S. 381 [392].

900 Bei großen börsennotierten Gesellschaften ist dies üblich und zur ordnungsgemäßen Wahrnehmung des Amtes regelmäßig auch nicht anders möglich, vgl. *Spindler*, in: Spindler/Stilz, AktG, § 113, Rn 11; *Semler/Wagner*, in: Semler/v. Schenck, Aufsichtsrat, § 10, Rn 84 f; *Börsig/Löbbe*, FS Hoffmann-Becking, 2013, S. 125 [146 mwN].

901 *Semler*, FS Claussen, S. 381 [395], der im Hinblick auf Miet- und Personalkosten, die dem Vorsitzenden in Ausübung seines Amtes erwachsen, deren anteilige Erstattung durch angemessene Pauschalbeträge befürwortet.

902 So im Erg. wohl auch *Fonk*, NZG 2009, 761 [768 f]; kritisch hierzu Lutter/Krieger, Aufsichtsrat, § 12, Rn 845.

312 Kosten, die dem Aufsichtsratsmitglied im Zusammenhang mit der Honorierung von Hilfskräften[903] entstehen, sind nicht erstattungsfähig. Die von ihnen erbrachten Arbeiten fallen in den Verantwortungsbereich des einzelnen Aufsichtsratsmitglieds und nicht in den der Gesellschaft.[904]

313 Anders verhält es sich bei Kosten, die dem Aufsichtsrat bei dessen Suche nach neuen Vorstandsmitgliedern entstehen, wie zB Kosten für ein Zeitungs- oder Onlineinserat, für einen Personalvermittler (head hunter), für Reise und Aufenthalt der Kandidaten und für Psychologen.[905] Diese Kosten muss die Gesellschaft tragen, die bei der Beauftragung der kostenträchtigen Maßnahmen wirksam vom Aufsichtsrat vertreten wird. Nur äußerst selten dürfte ein Aufsichtsratsmitglied derartige Kosten verauslagen und später erstattet verlangen.

314 Die Vergütung von Aufsichtsratsmitgliedern ist grundsätzlich der Umsatzsteuer unterworfen. Daher finden sich in einigen Satzungen und Hauptversammlungsbeschlüssen Regelunge, wonach dem Aufsichtsratsmitglied die auf seine Vergütung zu zahlende Umsatzsteuer von der Gesellschaft erstattet wird, so dass sich die Vergütung auf den Umsatzsteueranteil des Bruttobetrages erstreckt.[906]

315 Schließlich können einem Aufsichtsratsmitglied auch dadurch Kosten entstehen, dass es gegen die Gesellschaft einen Zivilprozess, zB auf Feststellung der Nichtigkeit eines Aufsichtsratsbeschlusses, führt. Zu erstatten sind diese immer dann, wenn die Klage objektiv nicht als von vornherein aussichtslos erscheint[907] – auf die Einschätzung des betreffenden Aufsichtsratsmitglieds kommt es entgegen mancher Stimmen in der Literatur[908] insofern nicht an, da die gesetzliche Grundlage des Kostenerstattungsanspruch nicht § 670 BGB, sondern § 104 Abs. 6 Satz 1 AktG (analog) ist – und im Erfolgsfall den Interessen der Gesellschaft entspricht. Letzteres dürfte regelmäßig der Fall sein, da es dem objektiven Interesse der Gesellschaft entspricht, dass ihre Organe rechtskonform handeln.[909] Dasselbe gilt somit für das Statusverfahren gemäß §§ 98 f AktG,[910] das gemäß § 98 Abs. 2 Satz 1 Ziff. 2 von jedem Aufsichtsratsmitglied initiiert werden kann und bei dem die Kosten – hierbei dürfte es sich insbesondere um die Kosten des eigenen Rechtsanwalts handeln – der Beteiligten und somit auch des Aufsichtsratsmitglieds gemäß § 99 Abs. 6 Satz 9 AktG nicht erstattet werden.[911]

c) Kompetenz zur Entscheidung über die Erstattungsfähigkeit

316 Regelmäßig buchen Aufsichtsratsmitglieder ihre Fortbildungsmaßnahmen, Flugtickets, Bahnfahrscheine, Hotelzimmer u.a. selbst und legen die Kosten hierfür aus. Ihnen steht in diesen Fällen unter den zuvor skizzierten Voraussetzungen ein Kostenerstattungsanspruch

903 Zu beachten ist im Zusammenhang mit dem Einsatz von Hilfskräften außerdem das gesetzliche Gebot persönlicher Wahrnehmung des Aufsichtsratsamtes gemäß § 111 Abs. 5 AktG, vgl BGH, Urt. v. 15.11.1982 – II ZR 27/82 („Hertie"), abgedruckt in BGHZ 85, 293 = NJW 1983, 991; *Schlitt*, DB 2005, 2007 [2009], spricht von der Organisation der Amtsausübung, zu deren Zweck Dritte zulässigerweise eingebunden werden können, da es sich hierbei nicht um die Ausübung des Mandats selbst handelt, sondern nur um dessen Vorbereitung. Die Sekretärin bzw der Sekretär darf Arbeitunterlagen verwalten und Termine koordinieren. Ein Assistent bzw eine Assistentin darf mit Rechercheaufgaben oder der Aufbereitung des vom Vorstand überlassenen Zahlenmaterials betraut werden.

904 *Fonk*, NZG 2009, 761 [770 mwN]; ähnlich *Semler*, FS Claussen, 1997, S. 381 [396].

905 *Semler*, FS Claussen, 1997, S. 381 [398].

906 Vgl *Hönsch*, Der Aufsichtsrat 2013, 78.

907 Ähnlich Lutter/Krieger, Aufsichtsrat, § 10, Rn 845, welche die Kosten nur im Fall mutwilliger Prozessführung für nicht erstattungsfähig erachten.

908 *Semler/Wagner*, in: Semler/v. Schenck, Aufsichtsrat, § 10, Rn 81; *Semler*, FS Claussen, S. 381 [390 ff]; *Hopt/Roth*, in: Großkomm AktG, § 113, Rn 24.

909 *Fonk*, NZG 2009, 761 [771]; *Semler*, FS Claussen, S. 381 [391].

910 Weiteres Beispiel ist der Antrag des einzelnen Aufsichtsratsmitglieds auf gerichtliche Bestellung von Aufsichtsratsmitgliedern, vgl § 104 Abs. 1 Satz 1, Abs. 2 Satz 3 AktG.

911 Vgl hierzu und zu anderen Gerichtsverfahren *Semler*, FS Claussen, 1997, S. 381 [390 ff].

gegen die Gesellschaft zu.[912] Fraglich ist, wer das Vorliegen der Voraussetzungen eines solchen Anspruchs zu prüfen und hierüber zu entscheiden hat. Dieselbe Frage stellt sich, wenn das Aufsichtsratsmitglied eine Verauslagung von Fortbildungs- oder sonstigen Kosten scheut und daher vorab eine Zusage für deren Übernahme durch die Gesellschaft einholen möchte.

Zum Teil wird die Kompetenz zur Entscheidung über die Erstattungsfähigkeit von Auslagen, 317
die ein Aufsichtsratsmitglied macht, dem Vorstand als gesetzlichem Geschäftsführungs- und Vertretungsorgan der Gesellschaft zugebilligt, so dass eine Erstattung nur erfolgen darf, wenn der Vorstand oder eines seiner Mitglieder zuvor die Auslagen geprüft und für erstattungsfähig, also notwendig und angemessen, erachtet hat.[913] Die Befürworter der Entscheidungskompetenz des Vorstands führen § 93 Abs. 3 Nr. 7 AktG an.[914] Hiernach haften Mitglieder des Vorstands, wenn entgegen der aktienrechtlichen Regelung Vergütungen gewährt bzw unzulässigerweise Auslagen[915] erstattet werden. Darüber hinaus wird einer Entscheidungskompetenz des Aufsichtsrats entgegengehalten, dass das Organ nicht über die Erstattungsfähigkeit der Auslagen seiner Mitglieder soll entscheiden können.[916]

Andererseits beeinträchtigt es die Unabhängigkeit des Aufsichtsrats und seiner Mitglieder, 318
wenn der Vorstand über die Erstattungsfähigkeit von Auslagen zu entscheiden hat, die im Zusammenhang mit seiner Überwachung entstanden sind oder gar die Voraussetzung hierfür erst geschaffen haben.[917] Dies kann in manchen Fällen zu einem gestörten Verhältnis zwischen den beiden Organen führen. Außerdem ist zu befürchten, dass Aufsichtsratsmitglieder allein aufgrund der vom Vorstand vorzunehmenden Prüfung an erforderlichen und angemessenen Fortbildungsmaßnahmen nicht teilnehmen, worunter die Überwachungsqualität des Gremiums regelmäßig leiden dürfte.[918] Aufgrund dessen liegt die alleinige Entscheidungskompetenz für die Kostenerstattung bei Fortbildungsmaßnahmen und auch bei allen sonstigen Auslagen beim Aufsichtsrat.[919] Ob diese als Annexkompetenz zur Überwachungs-

912 Z. T. wird auch dieser Erstattungsanspruch aus § 670 BGB (*Lutter/Krieger*, Aufsichtsrat, Rn 846; *Ringleb/Kremer/Lutter/v. Werder*, NZG 2010, 1161 [1166]) hergeleitet, zT aus einer entsprechenden Anwendung von § 104 Abs. 6 Satz 1 Akt (*Fonk*, NZG 2009, 761 [762]; *Bosse/Malchow*, NZG 2010, 972 [972]).

913 Hüffer, AktG, § 113, Rn 2 b; *Spindler*, in: Spindler/Stilz, AktG, § 113, Rn 9; *Hoffmann-Becking*, in: Münchener Hdb GesR, Bd. 4, AG, § 33, Rn 15; *ders.*, ZGR 2011, 136 [142]; *Bosse/Malchow*, NZG 2010, 972 [974]; aA: *Thüsing/Veil*, AG 2008, 359 [365].

914 *Fonk*, NZG 2009, 761 [765]; *Hoffmann-Becking*, in: Münchener Hdb Ges, Bd. 4, AG, § 33, Rn 15.

915 Zur Abgrenzung von Vergütung und Auslagen bzw Aufwand vgl *Fonk*, NZG 2009, 761 [763], wonach Vergütung Gegenleistung für die Aufsichtsratstätigkeit ist, während Aufwand diese erst ermöglicht oder zumindest erleichtert.

916 *Fonk*, NZG 2009, 761 [766].

917 Hüffer, AktG, § 113, Rn 2 b; *Spindler*, in: Spindler/Stilz, AktG, § 113, Rn 9; *Thüsing/Veil*, AG 2008, 359 [365]; vgl hierzu auch *Knoll/Zachert*, AG 2011, 309 [310], wonach es nicht seltene Praxis sein soll, dass der Aufsichtsratsvorsitzende mit dem Vorstand bzw dessen Vorsitzenden oder Sprecher Kosten auslösende Maßnahmen des Aufsichtsrats vorher bespricht und der Vorstand schon im Vorfeld seine Haltung gegenüber der beabsichtigten Maßnahme des Aufsichtsrats einbringt.

918 *Knoll/Zachert*, AG 2011, 309 [310], gehen sogar noch weiter und sehen in der „alleinige[n] Kontrolle über die Finanzmittel der Gesellschaft … ein denkbares Druckmittel für den Vorstand.“.

919 *Habersack*, in: MünchKomm AktG, § 113, Rn 26; *Maser/Göttle*, NZG 2013, 201 [207 mwN]; aA: *Thüsing/Veil*, AG 2008, 359 [365 f], wonach neben Erforderlichkeit und Angemessenheit keine weiteren Voraussetzungen für die Erstattungsfähigkeit bestünden und weder § 113 AktG (Erfordernis eines Hauptversammlungsbeschlusses) noch § 114 AktG (Erfordernis eines Aufsichtsratsbeschlusses) entsprechend anzuwenden seien.

aufgabe zu verstehen ist,[920] kann offen bleiben,[921] wenngleich hierin eine rechtsdogmatisch plausible Erklärung läge. Konsequenterweise kommt insoweit eine Haftung der Vorstandsmitglieder gemäß § 93 Abs. 3 Nr. 7 AktG nicht in Betracht, da sie andernfalls für fremde Pflichtverletzungen und fremdes Verschulden haften würden.[922] Eine unabhängig von der Entscheidungskompetenz bestehende Prüfungskompetenz des Vorstands besteht ebenfalls nicht.[923]

319 Entgegen geäußerter Zweifel muss sich nicht das Aufsichtsratsplenum mit der Frage des Auslagenersatzes beschäftigen, wenngleich die Verantwortung für eine ordnungsgemäße Gestaltung und Abwicklung der Auslagenerstattung beim Aufsichtsrat liegt.[924] Vielmehr genügt es, wenn der Aufsichtsratsvorsitzende nach Vorlage der entsprechenden Zahlungsbelege und der Begründung für den Erstattungsvorgang hierüber entscheidet[925] und anschließend den im Unternehmen zuständigen Sacharbeiter, dem inhaltlich keinerlei Prüfungskompetenz zusteht, zur Erstattung des geltend gemachten Betrages auffordert.[926] Ihm steht es jedoch frei, die Entscheidung in Zweifelsfällen dem Plenum zu übertragen. Empfehlenswert dürfte sein, dass der Aufsichtsrat eine Reisekosten- oder gar eine Auslagenerstattungsordnung beschließt, soweit nicht die Satzung der Gesellschaft Bestimmungen hierzu enthält.[927] In einer solchen Ordnung können alle regelmäßig in diesem Zusammenhang aufkommenden Fragen zu Erstattungsfähigkeit und deren Umfang beantwortet werden. Allerdings ist zu beachten, dass hierdurch erstattungsunfähige Auslagen nicht zu erstattungsfähigen gemacht werden können, da § 104 Abs. 6 Satz 1 AktG (analog) nicht zur Disposition des Aufsichtsrats steht.

320 Eines eigenen Budgetrechts des Aufsichtsrats bedarf es hingegen nicht, wenngleich einem solchen die Verteilung der Kompetenzen zwischen den Organen in der AG nicht entgegenstünde. Denn die Zuweisung der Kompetenz zur Geschäftsleitung und somit einhergehend zur Finanzplanung an den Vorstand, womit dessen Berichtspflicht gegenüber dem Aufsichtsrat gemäß § 90 Abs. 1 Nr. 1 AktG korrespondiert, schließt eine Finanzplanung des Aufsichtsrats in eigenen Angelegenheit nicht aus.[928] Dadurch, dass die Kosten der Aufsichtsratsarbeit nur einen verschwindend geringen Teil der Gesamtkosten des Unternehmens ausmachen,[929] können sie den Vorstand bei dessen Finanzplanung nicht erheblich beeinträchtigen. Vielmehr dürfte es dem Vorstand regelmäßig, selbst wenn der Aufsichtsrat umfangreichere Sachver-

920 Vgl *Knoll/Zachert*, AG 2011, 309 [311], die eine solche für das von ihnen favorisierte eigene Budgetrecht des Aufsichtsrats annehmen; vielfach ist auch von „Hilfsgeschäften" die Rede, vgl *Semler*, FS Claussen, 1997, S. 381 [398 mwN].

921 Im Erg. *Semler*, FS Claussen, 1997, S. 381 [397], wonach der Vorstand nicht berechtigt ist, die Notwendigkeit der zu Zahlungsverpflichtungen führenden Vorgänge zu überprüfen oder die Angemessenheit der Zahlung zu kontrollieren, da er andernfalls den Aufsichtsrat in dessen Amtsführung unzulässigerweise kontrollieren würde.

922 Diesen Schluss zieht auch *Fonk*, NZG 2009, 761 [766], wenngleich er die Entscheidungskompetenz dem Vorstand zubilligt; *Semler*, FS Claussen, 1997, S. 381 [402], hält den Vorstand in Sonderfällen für berechtigt und verpflichtet, Auslagenabrechnungen der Aufsichtsratsmitglieder zu prüfen und zwar dann, wenn „die begründete Vermutung besteht, dass entweder der angegebene Anlass für die Aufwendungen nicht bestanden hat oder die Höhe der Aufwendungen nicht gerechtfertigt ist.

923 Näheres zur Prüfungskompetenz des Vorstands bei *Fonk*, NZG 2009, 761 [765]; *Hoffmann-Becking*, in: Münchener Hdb GesR, Bd. 4, AG, § 33, Rn 15.

924 *Semler*, FS Claussen, 1997, S. 381 [402].

925 *Hopt/Roth*, in: Großkamm AktG, § 113, Rn 27.

926 Ähnlich *Semler*, FS Claussen, 1997, S. 381 [402].

927 So auch *Semler*, FS Claussen, 1997, S. 381 [387].

928 So im Ergebnis auch *Knoll/Zachert*, AG 2011, 309 [311], die zur Begründung auf die Beratungs- und somit auf die präventive Überwachungspflicht des Aufsichtsrats abstellen und in der Finanzplanung des Aufsichtsrats in eigenen Belangen dessen Beitrag zur Gesamtplanung des Vorstands sehen.

929 *Knoll/Zachert*, AG 2011, 309 [311], sprechen davon, dass der Aufsichtsrat mit einer Budgetierung „nicht in das Planungsrecht des Vorstands für das Unternehmen insgesamt eingreifen" würde.

ständigengutachten in Auftrag gibt,[930] möglich sein, die etwaigen Kosten dessen Überwachungstätigkeit zu schätzen und in seine Gesamtplanung einzubeziehen. Abweichungen diesbezüglich dürften weit geringer ausfallen als Abweichungen zwischen kalkulierten und tatsächlich entstandenen Kosten in anderen Bereichen wie zB im Einkauf oder beim Personal. Gegen ein eigenes Budgetrecht des Aufsichtsrats spricht zudem, dass selbst dessen Verfechter dem Aufsichtsrat die Freiheit zubilligen, hiervon „aus gegebenem Anlass positions- und betragsmäßig abzuweichen".[931] Denn hierdurch sind Abweichungen zwischen geplanten und tatsächlich entstehenden Kosten der Aufsichtsratsarbeit auch bei einem eigenen Budgetrecht des Aufsichtsrats üblich, wodurch der Vorstand keine verlässlichere Grundlage für seine Gesamtplanung hat, als wenn der Aufsichtsrat die entstehenden Kosten ohne vorherige Budgetierung erstattet verlangen kann.

Abzulehnen ist der Vorschlag von *Theisen*, wonach die Hauptversammlung dem Aufsichts- 321
rat in entsprechender Anwendung von § 113 AktG ein „beziffertes" Budget für dessen Überwachungstätigkeit durch Beschluss oder Satzungsregelung zubilligen könne.[932] Denn hierdurch würde die Unterscheidung zwischen Vergütung auf der einen und Kostenerstattung bzw Auslagenersatz auf der anderen Seite aufgehoben. Darüber hinaus würde mit der Hauptversammlung ein Organ zur Entscheidung über den Auslagenersatz und dessen Höhe berufen, das hierüber regelmäßig gar nicht ausreichen informiert sein dürfte.

930 Wenn Prüfungsfrage nicht persönliche Versäumnisse oder sonstige Pflichtverletzungen von Vorstandsmitgliedern sind, dürfte regelmäßig nichts dagegensprechen, dass der Aufsichtsrat vor Einschaltung eines Sachverständigen den Vorstand in seine Überlegungen einbezieht.

931 *Knoll/Zachert*, AG 2011, 309 [311], nennen als Situationen, in denen eine Abweichung vom Budget veranlasst sein kann, Veränderungen der Gesellschafts- und Beteiligungsstruktur und die Notwendigkeit, aufgrund der Verdachts von Compliance-Verstößen Sonderuntersuchungen in Auftrag zu geben.

932 *Theisen*, Der Aufsichtsrat 2011, S. 1; kritisch hierzu *Knoll/Zachert*, AG 2011, 309 [311], die jedoch eine Satzungsregelung für die Befugnis des Aufsichtsrats zur Einstellung eines eigenen Budgets für denkbar halten; insgesamt ablehnend *Leyendecker-Langner/Huthmacher*, NZG 2012, 1415 [1418], mit dem Hinweis auf Interessendivergenzen zwischen den Organen und die Gefahr einer Mittelverschwendung.

III. Innere Ordnung

1. Vorsitz

a) Allgemeines

322 Der Aufsichtsrat einer AG und KGaA hat gemäß § 107 Abs. 1 Satz 1 AktG aus seiner Mitte einen Vorsitzenden[1] und mindestens einen Stellvertreter zu wählen. Anders als der Vorstandsvorsitzende iS von § 84 Abs. 2 AktG ist der Aufsichtsratsvorsitzende somit gesetzlich vorgeschriebener Funktionsträger der Gesellschaft.[2] In Gesellschaften, für die das MitbestG gilt, hat er ein Zweitstimmrecht[3] und ist zudem „geborenes Mitglied" des Vermittlungsausschusses iS von § 27 Abs. 3 iVm § 31 Abs. 3 Satz 1 MitbestG.

323 Der Vorstand bzw Vorstandsmitglieder in vertretungsberechtigter Zahl haben die Gewählten gemäß § 107 Abs. 1 Satz 2 AktG zum Handelsregister anzumelden. Da keine Anmeldung „zur Eintragung" vorgesehen ist, genügt hierbei Einhaltung der Schriftform. Einer notariellen Beglaubigung der Namensunterschriften der Vorstandsmitglieder bedarf es somit nicht.[4] Außerdem muss der Aufsichtsratsvorsitzende gemäß § 80 Abs. 1 Satz 1 AktG neben sämtlichen Mitgliedern des Vorstands auf allen Geschäftsbriefen der Gesellschaft mit Familien- und mindestens einem ausgeschriebenen Vornamen angegeben werden.

324 In der Praxis lassen die gesetzlich festgelegten Kompetenzen des Aufsichtsratsvorsitzenden einer AG keinen tatsächlichen Schluss auf die Bedeutung seiner Funktion zu. Denn Erfolg und Misserfolg in der Entwicklung eines Unternehmens werden häufig entscheidend von der Person des Aufsichtsratsvorsitzenden mit bestimmt. Nicht selten hängt die langfristige Zukunft eines Unternehmens mehr von ihm als von der Person des Vorstandsvorsitzenden ab, auf dessen Bestellung der Aufsichtsratsvorsitzende zumeist entscheidenden Einfluss hat.[5] Die Bedeutung des Aufsichtsratsvorsitzenden einer KGaA ist im Vergleich hierzu deutlich kleiner, da auch dessen Einfluss auf die Gesellschaft viel geringer ist. Personalkompetenz im Hinblick auf das Leitungs- und Vertretungsorgan hat der Aufsichtsrat einer KGaA ebenso wenig wie die Möglichkeit, durch Billigung gemäß § 172 Satz 1 AktG den Jahresabschluss festzustellen. Denn Letzteres ist bei der KGaA gemäß § 286 Abs. 1 AktG der Hauptversammlung mit Zustimmung des persönlich haftenden Gesellschafters vorbehalten.

325 Der Aufsichtsrat einer eG braucht nicht zwingend einen Vorsitzenden,[6] wenngleich er in § 57 Abs. 2 Satz 1 u. Abs. 3 GenG und in vielen Satzungen fest vorgesehen ist. Sieht die Satzung keinen Aufsichtsratsvorsitzenden vor, müssen die Mitglieder von Fall zu Fall einen Sitzungsleiter wählen.[7] Sieht sie einen Aufsichtsratsvorsitzenden und ggf einen Stellvertreter vor, ist er von den Mitgliedern des Aufsichtsrats zu wählen. Satzungsbestimmungen, welche die Zustimmungen eines anderen Genossenschaftsorgans oder eines Dritten vorschreiben, sind genauso unwirksam wie Beschränkungen des passiven Wahlrechts einzelner Mitglieder.[8]

---

1 Zum senior bzw lead independent director als angelsächsischem Pendant des Aufsichtsratsvorsitzenden, vgl *Roth*, ZGR 2012, 343 [362, 364].

2 Hüffer, AktG, § 107, Rn 3.

3 §§ 29 Abs. 2 Satz 1, 31 Abs. 4 Satz 1 MitbestG.

4 Vgl KG, JW 1938, 2281; Hüffer, AktG, § 107, Rn 8 mwN.

5 *Semler*, in: Semler/v. Schenck, Aufsichtsrat, § 4, Rn 1, S. 137.

6 Rückschluss aus § 25 a Abs. 1 GenG.

7 *Beuthien*, in: Beuthien, GenG, § 36, Rn 26.

8 *Beuthien*, in: Beuthien, GenG, § 36, Rn 26 mwN.

b) Wahl, Dauer der Amtszeit und Abberufung

aa) Wahl und gerichtliche Ersatzbestellung

Für die Wahl zum Vorsitzenden genügt die einfache Stimmenmehrheit,[9] wenn die Satzung nicht ein anderes bestimmt.[10] Insofern kann die Hauptversammlung das Recht, aber auch die Pflicht des Aufsichtsrats zu Selbstorganisation[11] beschränken. Das zu wählende Aufsichtsratsmitglied darf mit abstimmen. Eine Satzungsklausel, die das passive Wahlrecht beschränkt, ist unwirksam. Wirksam wird die Bestellung erst mit Annahme durch den Gewählten.[12] Umstritten ist, ob eine gerichtliche Ersatzbestellung analog zu § 104 Abs. 2 AktG für den Fall zuzulassen ist, dass die Wahl eines Vorsitzenden mangels Kandidaten oder erforderlicher Mehrheit scheitert.[13] 326

Der Fall gerichtlicher Ersatzbestellung eines Aufsichtsratsvorsitzenden dürfte in der Praxis nahezu bedeutungslos sein. Denn regelmäßig hat sich die Mehrheit der Aktionäre bereits vor der Wahl der Aufsichtsratsmitglieder durch die Hauptversammlung darauf verständigt, welcher Kandidat nach der Wahl zum Aufsichtsratsvorsitzenden gewählt werden soll. Dasselbe dürfte in Gesellschaften, auf die das MitbestG anzuwenden ist, für den stellvertretenden Vorsitzenden gelten, der gemäß § 27 Abs. 1 u. Abs. 2 MitbestG von den Arbeitnehmervertretern zu wählen ist, sofern der Kandidat im ersten Wahlgang keine Zweidrittelmehrheit erreicht.[14] 327

bb) Dauer der Amtszeit und Abberufung

Die Dauer der Amtszeit bestimmt sich nach dem Wahlbeschluss, wobei von einer Bestellung für die Dauer der Mitgliedschaft im Aufsichtsrat auszugehen ist.[15] Eine Wiederwahl als Aufsichtsratsmitglied durch die Hauptversammlung führt jedoch nicht zur automatischen Verlängerung der Amtszeit als Vorsitzender bzw Stellvertreter, es sei denn, Satzung, Geschäftsordnung des Aufsichtsrats oder Wahlbeschluss sehen dies vor.[16] 328

Die Abberufung eines Aufsichtsratsmitglieds als Vorsitzender ist möglich. Sie erfolgt durch Beschluss des Aufsichtsrats und wird wirksam mit dessen Bekanntgabe gegenüber dem Abberufenen.[17] Sie bedarf bei AG und KGaA derselben Mehrheit wie die Wahl zum Vorsitzenden, bei einer eG genügt stets einfache Mehrheit.[18] Eine Abberufung aus wichtigem Grund ist bei AG und KGaA stets mit einfacher Stimmenmehrheit möglich,[19] wobei der Betroffene 329

---

9 Aufsichtsrat entscheidet durch sog. Wahlbeschluss, vgl § 108 Abs. 1 AktG. Eine Besonderheit besteht gemäß § 27 Abs. 1 u. 2 MitbestG. Hiernach ist ein zweiter Wahlgang mit geringerem Mehrheitserfordernis vorgesehen für den Fall, dass im ersten Wahlgang die erforderliche Mehrheit nicht erreicht wurde.

10 Die Satzung kann bei einer Abstimmung zwischen mehreren Kandidaten die relative Mehrheit ausreichen lassen oder auch ein höheres Stimmenquorum als die einfache Mehrheit verlangen, Hüffer, AktG, § 107, Rn 3 mwN; vgl *Beuthien*, in: Beuthien, GenG, § 36, Rn 26, für die eG.

11 Vgl *Semler*, in: Semler/v. Schenck, Aufsichtsrat, § 1, Rn 33 ff, S. 11 f.

12 Hüffer, AktG, § 107, Rn 3.

13 In diesem Sinne: *Drygala*, in: K. Schmidt/Lutter, AktG, § 107, Rn 12; *Rittner*, FS Fischer, 1979, S. 627 [S. 632]; *Hoffmann-Becking*, in: Münchener Handbuch GesR, Bd. 4, § 31, Rn 8; Hüffer, AktG, § 107, Rn 3 b; *Manz*, in: Manz/Mayer/Schröder, AG, Rn 974.

14 *Semler*, in: Semler/v. Schenck, Aufsichtsrat, § 4, Rn 5, S. 138.

15 Vgl *Beuthien*, in: Beuthien, GenG, § 36, Rn 26, für die eG.

16 Umstritten, in diesem Sinne: Hüffer, AktG, § 107, Rn 4.

17 Hüffer, AktG, § 107, Rn 4.

18 *Beuthien*, in: Beuthien, GenG, § 36, Rn 26.

19 Vgl BGH, Urt. v. 20.12.1982 – II ZR 10/82, abgedruckt in: BGHZ 86, 177 ff = NJW 1983, 938 ff (zur Möglichkeit der Abberufung eines GmbH-Geschäftsführers) und BGH, Urt. v. 9.11.1987 – II ZR 100/87, abgedruckt in: BGHZ 102, 172 ff = NJW 1988, 969 ff (zur Abberufung des Geschäftsführers einer Publikumspersonengesellschaft).

kein Stimmrecht hat.[20] Der Vorsitzende und sein(e) Stellvertreter dürfen ihr Amt auch – ohne wichtigen Grund, aber nicht zur Unzeit[21] – niederlegen, ohne dass dies zwingend mit der Niederlegung des Aufsichtsratsmandats verbunden wäre.[22]

c) Aufgaben und Funktion

aa) Aufsichtsratsinterne Tätigkeit und Repräsentation

330 Der Vorsitzende des Aufsichtsrats hat dessen Sitzungen einzuberufen, vorzubereiten, zu leiten und deren Ergebnisse zu protokollieren, ggf unter Hinzuziehung eines Protokollführers.[23] Faktisch ist er derjenige, der die Arbeit des Aufsichtsrats organisiert.[24] Ziff. 5.2 Abs. 1 DCGK spricht davon, dass der Aufsichtsratsvorsitzende die Arbeit des Aufsichtsrats „koordiniert". Aufgrund seiner für die Aufsichtsratsarbeit überragenden Bedeutung ließe sich der in den Niederlanden geprägte Satz „the chairman makes or breakes the board" adaptieren.[25] Dieser Bedeutung kann er insbesondere bei großen Gesellschaften nur mit erheblichem Zeiteinsatz gerecht werden, wodurch seine Tätigkeit nur noch schwer mit dem gesetzlichen Leitbild des Nebenamtes in Einklang zu bringen ist.[26]

331 Der Aufsichtsratsvorsitzende ist Repräsentant[27] des Gremiums, insbesondere gegenüber dem Vorstand und dessen Mitgliedern.[28] Er sollte in regelmäßigem Austausch mit den Vorstandsmitgliedern stehen, um sich ein Bild von deren Ressorts zu machen. Dieses Erfordernis setzt Tätigwerden vor allem auch zwischen den Sitzungen des Aufsichtsrats voraus.[29] Die Gespräche mit den Vorstandsmitgliedern können in Gegenwart des Vorstandsvorsitzenden stattfinden. Sinnvoll erscheint es jedoch, zumindest gelegentlich mit den Vorstandsmitgliedern allein zu sprechen.[30]

332 Gemäß Ziff. 5.2 Abs. 1 DCGK nimmt der Aufsichtsratsvorsitzende die Belange des Aufsichtsrats nach außen wahr, womit unter anderem die Erläuterung des Aufsichtsratsberichts im Rahmen der Hauptversammlung gemäß § 176 Abs. 1 Satz 2 Hs 2 AktG angesprochen wird. Fraglich ist jedoch, ob er im Rahmen seiner Repräsentationsfunktion auch Kontakte zum Vorstand vermitteln und Beziehungen zu wichtigen Geschäftspartnern und Investoren der Gesellschaft in deren Interesse pflegen darf[31] und wenn ja, in welchem Umfang und in welcher Art und Weise. Denn der Aufsichtsratsvorsitzende repräsentiert nicht die Gesell-

20 Vgl BGH, Urt. v. 20.12.1982 – II ZR 10/82, abgedruckt in: BGHZ 86, 177 ff = NJW 1983, 938 ff.

21 Vgl *Beuthien*, in: Beuthien, GenG, § 36, Rn 26, für die eG.

22 *Manz*, in: Manz/Mayer/Schröder, AG, Rn 974.

23 Vgl § 107 Abs. 2 Satz 1 u. 2 AktG; *Manz*, in: Manz/Mayer/Schröder, AG, Rn 977; *Schlitt*, DB 2005, 2007 [2008]; *Semler*, FS Claussen, 1997, S. 381 [395], für die AG; *Beuthien*, in: Beuthien, GenG, § 36, Rn 26, für die eG.

24 *Schlitt*, DB 2005, 2007 [2007].

25 *Roth*, ZGR 2012, 343 [362].

26 *Börsig/Löbbe*, FS Hoffmann-Becking, 2013, S. 125 [143 ff].

27 *Manz*, in: Manz/Mayer/Schröder, AG, Rn 975; *Leyendecker-Langner*, NZG 2012, 721 [721]; *Beuthien*, in: Beuthien, GenG, § 36, Rn 26.

28 Hüffer, AktG, § 107, Rn 5; *Schlitt*, DB 2005, 2007 [2008].

29 Vgl *Semler*, in: MünchKomm AktG^2, § 107, Rn 93; *Roth*, ZGR 2012, 343 [363, 366 f], wonach bei DAX 30-Gesellschaften ein ausführliches Gespräch pro Woche erwartet werden darf, bei kleineren Gesellschaften Gespräche in größeren Abständen.

30 Vgl *Semler*, NZG 2013, 771 [776], der derartige Vieraugengespräche jährlich für erforderlich hält.

31 Bejahend: *Leyendecker-Langner*, NZG 2012, 721 [721]; dagegen *Roth*, ZGR 2012, 343 [370], wonach dies nur auf Aufforderung durch den Vorstand möglich sein soll; *Börsig/Löbbe*, FS Hoffmann-Becking, 2013, S. 125 [145], konstatieren, dass heute von ihm erwartet wird, dass er neben und gemeinsam mit dem Vorstandsvorsitzenden Kontakte zu institutionellen Anlegern und wichtigen aktuellen und potentiellen Investoren pflegt.

schaft im Ganzen, sondern nur deren Aufsichtsrat, der als sog. Binnenorgan[32] ausgestaltet ist und entsprechend dem gesetzlichen Leitbild nur in wenigen Fällen nach außen in Erscheinung tritt.[33] Gesetzliche Anknüpfungspunkte hierfür sind neben der allgemeinen Befugnis zur Vertretung der Gesellschaft gegenüber Vorstandsmitgliedern gemäß § 112 AktG die Mitwirkungsbefugnis im Hinblick auf die Entsprechenserklärung gemäß § 161 AktG. Aus dem Geschäftsführungsinitiativrecht des Vorstands folgt in jedem Fall, dass der Aufsichtsratsvorsitzende nicht eigenmächtig das Gespräch mit einem Mitbewerber der Gesellschaft suchen darf, um sachliche Einzelheiten der Geschäftsbeziehung zu erörtern oder Vereinbarungen im Hinblick auf die strategische Ausrichtung der Gesellschaft(en) zu treffen.[34] Ein eigenständiger nach außen wirkender Funktionsbereich ist ihm nicht zuzubilligen.[35] Ein Sonderfall kann sich in sog. Tendenzunternehmen ergeben, für die trotz ausreichender Zahl an Arbeitnehmern die Mitbestimmungsgesetze nicht gelten, vgl § 1 Abs. 4 MitbestG und § 1 Abs. 2 Satz 1 Ziff. 2 und Satz 2 DrittelbG. Denn in solchen Unternehmen soll nach Intention des Gesetzgebers der Aufsichtsrat eigene Vorstellungen über die allgemeinen geschäftlichen Grundsätze entwickeln.[36] In Folge dessen kann der Aufsichtsratsvorsitzende berechtigt und verpflichtet sein, diese Vorstellungen nach außen zu vertreten.[37]

Er nimmt die vom Vorstand zu erstattenden Berichte iS von § 90 Abs. 1 AktG entgegen und 333
leitet sie gemäß § 90 Abs. 5 Satz 3 AktG an die anderen Aufsichtsratsmitglieder weiter.[38] Außerdem hat er die Umsetzung der in den Aufsichtsratssitzungen getroffenen Entscheidungen in Form von Beschlüssen zu kontrollieren, Empfehlungen und Hinweise während der Sitzung zusammenstellen zu lassen und sich zu überlegen, ob weitere Erörterungen mit dem Vorstand angebracht erscheinen.[39] Die Tätigkeit etwaiger Ausschüsse[40] hat er zu koordinieren.[41] Gemäß Ziff. 5.2 Abs. 2 DCGK soll der Aufsichtsratsvorsitzende jedoch nicht den Vorsitz im Prüfungsausschuss (Audit Committee) iS von § 107 Abs. 3 Satz 2 AktG innehaben, da nicht ausgeschlossen werden kann, dass ihm aufgrund seines intensiven Austausches mit den Mitgliedern des Vorstands die für die ordnungsgemäße Erfüllung der Aufgaben dieses Ausschusses erforderlich Distanz und es ihm selbst somit an Unabhängigkeit fehlt[42] (dazu Rn 135).

Neben seinen organisatorischen Fähigkeiten ist insbesondere sein Verhältnis zu den Mitglie- 334
dern des Vorstands von großer Bedeutung. Als dessen „Ansprechpartner“[43] muss er eine

32 *Schlitt*, DB 2005, 2007 [2007], bezeichnet ihn als Bindeglied zwischen Vorstand und Aufsichtsrat; *Semler*, FS Claussen, 1997, S. 381 [393], spricht vom „Innenorgan“.

33 Vgl *Semler*, FS Claussen, 1997, S. 381 [393]; wonach im Allgemeinen die repräsentative Vertretung der Gesellschaft allein Aufgabe des Vorstandes ist.

34 OLG Zweibrücken, Beschl. v. 28.5.1990 – 3 W 93/90, abgedruckt in: AG 1991, 70 = DB 1990, 1401 m.Anm. Theisen, hat in dieser Weise über das Vorgehen von zwei gewöhnlichen Aufsichtsratsmitgliedern entschieden, jedoch klargestellt, dass dies für alle Aufsichtsratsmitglieder und somit auch für den Aufsichtsratsvorsitzenden gelten muss, da Vertragsverhandlungen mit (potentiellen) Geschäftspartnern nur vom Vorstand zu führen sind; *Leyendecker-Langner*, NZG 2012, 721 [721 f].

35 Lutter/Krieger, Aufsichtsrat, § 11, Rn 675; *Leyendecker-Langner*, NZG 2012, 721 [722]; aA: *Peus*, Der Aufsichtsratsvorsitzende, S. 213.

36 *Semler*, FS Claussen, 1997, S. 381 [393 mwN].

37 *Semler*, FS Claussen, 1997, S. 381 [393], der dem Aufsichtsratsvorsitzenden in diesen Fällen der Repräsentation auch einen Anspruch auf Erstattung der ihm hierdurch entstandenen Kosten zubilligt.

38 *Schlitt*, DB 2005, 2007 [2008], nennt ihn daher auch Informationsvermittler zwischen Vorstand und Aufsichtsrat.

39 Vgl *Semler*, FS Claussen, 1997, S. 381 [395], wonach der Aufsichtsratsvorsitzende sicherstellen muss, dass rechtlich begründete Einflussnahmen des Aufsichtsrats zu entsprechenden Reaktionen des Vorstands führen.

40 Vgl § 107 Abs. 3 AktG.

41 *Manz*, in: Manz/Mayer/Schröder, AG, Rn 978.

42 *Roth*, ZGR 2012, 343 [357].

43 *Manz*, in: Manz/Mayer/Schröder, AG, Rn 980; *Schlitt*, DB 2005, 2007 [2008].

ständige Kommunikationsverbindung sicherstellen.[44] Dieser Aufgabe wird er nicht bereits dadurch gerecht, dass er für die Vorstandsmitglieder, wie von § 90 Abs. 1 Satz 3 AktG vorausgesetzt, stets ansprechbar ist. Ziff. 5.2 Abs. 3 Satz 1 DCGK empfiehlt vielmehr, dass „der Aufsichtsratsvorsitzende ... zwischen den Sitzungen mit dem Vorstand, insbesondere mit dem Vorsitzenden bzw Sprecher des Vorstands, regelmäßig Kontakt halten und mit ihm Fragen der Strategie, der Geschäftsentwicklung, der Risikolage, des Risikomanagements und der Compliance des Unternehmens beraten" soll. *Lutter* weist darauf hin, dass in nicht wenigen Gesellschaften das Gespräch zwischen Aufsichtsrats- und Vorstandsvorsitzenden zum „eisernen Bestand ihrer Corporate Governance" gehört, in manchen Gesellschaften sogar die Büros der beiden Vorsitzenden unmittelbar nebeneinander liegen.[45]

335 Im Rahmen der Hauptversammlung hat der Vorsitzende den schriftlichen Bericht des Aufsichtsrats über Jahresabschluss, Lagebericht und Vorschlag zur Gewinnverwendung zu erläutern, vgl §§ 171 Abs. 2, 176 Abs. 1 Satz 2 AktG.

bb) Der Aufsichtsratsvorsitzende und die Hauptversammlung

336 Über Person, Aufgaben und Befugnisse des Leiters einer Hauptversammlung macht das AktG keine klaren Aussagen. Vielmehr enthält es nur bruchstückhafte Regelungen hierzu, vgl §§ 118 Abs. 4, 130 Abs. 2, 131 Abs. 2 AktG, welche die Existenz eines Versammlungsleiters lediglich voraussetzen.[46] Typischerweise[47] sehen Satzungen einer AG oder KGaA vor, dass der Aufsichtsratsvorsitzende und im Fall seiner Verhinderung dessen Stellvertreter die Hauptversammlung leitet. Hierdurch werden Aufsichtsratsmandat und Versammlungsleitung rechtlich jedoch nicht miteinander verknüpft.[48] Vielmehr sind beide Aufgaben streng voneinander zu trennen.[49] Als Aufsichtsratsmitglied ist der Vorsitzende Mitglied eines dauerhaft existenten Organs. Die Tätigkeit als Leiter der Hauptversammlung ist hingegen sachlich und zeitlich eng begrenzt. Schäden verursachende Fehler bei der Leitung der Hauptversammlung – aufgrund des weiten Ermessensspielraums des Versammlungsleiters dürften solche nur bei der Verletzung des Gebots der Verhältnismäßigkeit sowie der Gleichbehandlung aller Aktionäre gemäß § 53 a AktG in Betracht kommen[50] – lösen daher auch keine Ansprüche der Gesellschaft auf Schadensersatz aus §§ 116 Satz 1, 93 Abs. 2 AktG aus, sondern allenfalls aus § 280 Abs. 1 Satz 1 BGB.[51] Schließt der Aufsichtsratsvorsitzende im Zusammenhang mit seiner Tätigkeit als Versammlungsleiter einen Vertrag – zB einen solchen, in dem er sich gegen Entgelt zur Erstellung eines „Leitfadens" als Orientierungshilfe für den Versammlungsleiter verpflichtet –, ist dieser demzufolge zustimmungsfähig iS von §§ 113, 114 AktG.[52]

337 Dem Aufsichtsratsvorsitzenden steht es trotz Satzungsregelung, die ihn zum Versammlungsleiter bestimmt, frei, die Versammlungsleitung zu einzelnen Punkten der Tagesordnung abzugeben.[53]

---

44 Ähnlich *Lutter*, DB 2009, 775 [778]; *Schlitt*, DB 2005, 2007 [2010], spricht von „Kontaktpflege".

45 DB 2009, 775 [778, Fn 39].

46 *Von der Linden*, NZG 2013, 208 [209 mwN].

47 Vgl *Bayer/Hoffmann*, AG 2012, R339 [R340], wonach die Satzungen von über 96% der Unternehmen, deren Aktien im Dax, MDax und TecDax notiert sind, derartiges regeln.

48 *Von der Linden*, NZG 2013, 208 [210], spricht insofern von einer Verschränkung der „beiden Rechts- und Pflichtenkreise".

49 Vgl OLG Frankfurt/Main, NZG 2009, 1066 [1067]; Hüffer, AktG, § 129, Rn 18; *Kubis*, in: Münch-Komm-AktG, 3. Aufl., 2013, § 119, Rn 108; *Ziemons*, in: K. Schmidt/Lutter, AktG, § 129, Rn 38.

50 *Von der Linden*, NZG 2013, 208 [211].

51 *Von der Linden*, NZG 2013, 208 [209 f].

52 **AA:** OLG Köln, Urt. v. 31.1.2013 – 18 U 21/12 („Solarworld"), abgedruckt in: NZG 2013, 548 [551].

53 Vgl LG Frankfurt/Main, Urt. v. 19.6.2008 – 3-5 O 158/07, abgedruckt in: NZG 2009, 149 [150].

Unabhängig davon, ob der Vorsitzende des Aufsichtsrats die Hauptversammlung leitet, soll er gemäß § 176 Abs. 1 Satz 2 Hs 2 AktG den schriftlichen Bericht des Aufsichtsrats iS von §§ 171 Abs. 2, 314 Abs. 2 AktG „zu Beginn der Verhandlung" mündlich erläutern. Im Fall seiner Verhinderung tritt für ihn gemäß § 107 Abs. 1 Satz 3 AktG sein Vertreter auf.[54] Inhalt und Umfang seiner Erläuterungen bestimmt er selbst nach pflichtgemäßem Ermessen, da es sich hierbei um seine persönliche Amtspflicht und Verantwortung handelt. Vorgaben hierzu kann ihm der Aufsichtsrat nicht machen.[55] Seine Erläuterungen sollten sich nicht auf die bloße Wiedergabe des schriftlichen Berichts beschränken. Grund hierfür ist, dass dieser den Aktionären bereits vorlag und sie dessen Inhalt im Idealfall bereits zur Kenntnis genommen haben. Vielmehr sollte die Erläuterung des Berichts durch den Aufsichtsratsvorsitzenden zusätzliche Informationen enthalten.[56] Allerdings haben sich Inhalt und Wertungen im Rahmen der Erläuterung auf der einen und Inhalt des schriftlichen Berichts auf der anderen Seite zu entsprechen. Diese Vorgabe schließt jedoch die ausdrückliche Erwähnung der eigenen abweichenden Meinung aus begründetem Anlass nicht aus.[57] 338

Unterbleibt die mündliche Erläuterung des schriftlichen Aufsichtsratsberichts an die Hauptversammlung, führt dies nicht zur Anfechtbarkeit der davon betroffenen Beschlüsse.[58] Denn bei § 176 Abs. 1 Satz 2 Hs 2 AktG handelt es sich lediglich um eine „Soll"-Vorschrift. Allerdings kann deren Missachtung „Anlass zu Zweifeln an der Qualität des Verwaltungsmanagements" geben, was die Verweigerung der Entlastung zu begründen vermag.[59] 339

Eine ganz andere, viel gravierendere Frage stellt sich im Zusammenhang mit der Beantwortung von Fragen der Aktionäre in der Hauptversammlung durch den Aufsichtsratsvorsitzenden. Entgegen zahlreicher Stimmen im Schrifttum[60] steht ihm kein Ermessen dahin gehend zu, ob er diese beantwortet. Vielmehr ist er hierzu gezwungen, soweit er das Beratungsgeheimnis iS von § 116 Satz 2 AktG nicht verletzt. Für den Aufsichtsratsvorsitzenden gilt somit – wie auch für die Mitglieder des Vorstands – § 131 Abs. 3 AktG im Hinblick auf sein Auskunftsverweigerungsrecht gegenüber dem Auskunftsrecht der Aktionäre.[61] 340

cc) Mitwirkung bei Handelsregisteranmeldungen

Darüber hinaus hat er neben dem Vorstand als Kollektivorgan bei diversen Anmeldungen zum Handelsregister mitzuwirken.[62] 341

---

54 *Ekkenga*, in: KölnKomm AktG, § 176, Rn 13.

55 Hüffer, AktG, § 176, Rn 10; *Ekkenga*, in: KölnKomm AktG, § 176, Rn 13; *Vetter*, ZIP 2006, 257 [263 mwN].

56 Hüffer, AktG, § 176, Rn 4; *Vetter*, ZIP 2006, 257 [263 mwN]; *Strieder*, AG 2006, 363 [366 mwN].

57 *Kropff*, in: MünchKomm AktG², § 176, Rn 17; *Ekkenga*, in: KölnKomm AktG, § 176, Rn 13.

58 Hüffer, AktG, § 176, Rn 6; *Drygala*, in: K. Schmidt/Lutter, AktG, § 176, Rn 16; *Ekkenga*, in: KölnKomm AktG, § 176, Rn 15; *Kropff*, in: MünchKomm AktG², § 176, Rn 20 f.

59 *Ekkenga*, in: KölnKomm AktG, § 176, Rn 15.

60 *Kropff*, in: MünchKomm AktG², § 171, Rn 167; *Trescher*, DB 1989, 1981 [1983]; *Baums*, ZIP 2004, 1877 ff.

61 Zu Recht hält *Drygala*, AG 2007, 381 [385], denjenigen Widersprüchlichkeit vor, die für den Inhalt der öffentlich zugänglichen Berichte gemäß §§ 171 Abs. 2, 314 Abs. 2 AktG auf § 131 Abs. 3 AktG rekurrieren, dem Aufsichtsratsvorsitzenden gegenüber den Aktionären jedoch ein Ermessen im Hinblick auf die Verweigerung der Auskunft einräumen.

62 So gemäß § 184 Abs. 1 Satz 1 AktG bei der Anmeldung des Hauptversammlungsbeschlusses über eine Kapitalerhöhung gegen Einlagen, gemäß § 188 Abs. 1 AktG der Durchführung der Erhöhung des Grundkapitals, gemäß § 195 Abs. 1 Satz 1 AktG des Hauptversammlungsbeschlusses über eine bedingte Kapitalerhöhung, gemäß § 207 Abs. 2 Satz 1 iVm § 184 Abs. 1 Satz 1 AktG des Hauptversammlungsbeschlusses über eine nominelle Kapitalerhöhung, gemäß § 223 AktG des Hauptversammlungsbeschlusses über die Herabsetzung des Grundkapitals, gemäß § 229 Abs. 3 iVm § 223 AktG des Hauptversammlungsbeschlusses über eine vereinfachte Kapitalherabsetzung sowie gemäß § 237 Abs. 2 Satz 1 iVm § 223 AktG bei der Anmeldung des Hauptversammlungsbeschlusses über die Einziehung von Aktien.

dd) Konflikt zwischen Vorstand und Aufsichtsratsvorsitzenden

342 Weitgehend ungeklärt ist die Frage, ob und in welcher Form sich der Vorstand gegen ein „Hineinregieren" des Aufsichtsratsvorsitzenden in Form einer Verletzung des Geschäftsführungsverbots und somit einer unzulässigen Durchbrechung des aktienrechtlichen Kompetenzgefüges zur Wehr setzen kann. *Leyendecker-Langner* plädiert zB dafür, dem Vorstand, vergleichbar den Organen im Rahmen des Kommunalverfassungsstreits, eine eigenständige Klagemöglichkeit zuzubilligen, um somit zu seinen Gunsten eine wehrfähige Innenrechtsposition zu schaffen. Er spricht insofern auch von „Kompetenzschutzklage".[63]

d) Stellvertreter und Ehrenvorsitzender

343 Der Aufsichtsrat muss gemäß § 107 Abs. 1 Satz 1 AktG mindestens einen Stellvertreter für seinen Vorsitzenden wählen. Bei mitbestimmten Gesellschaften und Genossenschaften kann gemäß § 27 Abs. 1 MitbestG ein Stellvertreter nur mit Dreiviertelmehrheit gewählt werden. Fehlt es in einem ersten Wahlgang an der erforderlichen Mehrheit, wählen gemäß § 27 Abs. 2 Satz 2 MitbestG in einem zweiten Wahlgang nur noch die Arbeitnehmervertreter den stellvertretenden Aufsichtsratsvorsitzenden, weshalb dieser stets aus ihren Reihen stammt. Neben dem aufgrund von § 27 Abs. 1 u. 2 MitbestG gewählten Stellvertreter können, zB aufgrund Satzungs- oder Geschäftsordnungsbestimmung, noch weitere Stellvertreter gewählt werden. Diese üben die Leitungsfunktion im Verhältnis zum mitbestimmungsrechtlichen Stellvertreter jedoch immer nur subsidiär und zudem interimistisch aus.[64]

344 Der stellvertretende Vorsitzende nimmt die Aufgaben des Vorsitzenden somit nur wahr, wenn dieser verhindert ist, zB wegen Krankheit, Urlaub, beruflichen Gründen oder Interessenkollisionen.[65] Für die Dauer des Vertretungsfalls hat er alle Rechte und Pflichten des Vorsitzenden.[66]

345 Der Titel „Ehrenvorsitzender", der vorzugsweise von der Haupt- General- oder Vertreterversammlung an ehemalige Aufsichtsratsvorsitzende verliehen wird, begründet regelmäßig keinerlei Rechte und Pflichten. Der Ehrenvorsitzende oder auch Ehrenmitglied darf aber ausnahmsweise[67] an Sitzungen des Aufsichtsrats teilnehmen, wobei er jedoch keine Sonderstellung im Hinblick auf die Verschwiegenheitsverpflichtung der Aufsichtsratsmitglieder[68] einnimmt,[69] so dass sie auch ihm keine Informationen über Betriebs- und Geschäftsgeheimnissen gewähren dürfen.

2. Beschlüsse

a) Beschlussfassung

346 Der Aufsichtsrat entscheidet gemäß § 108 Abs. 1 AktG durch Beschluss. Erforderlich ist eine ausdrückliche Beschlussfassung,[70] da ansonsten die Einhaltung der wesentlichen Modalitä-

63 NZG 2012, 721 ff.

64 OLG Hamburg, Urt. v. 23.7.1982 – 11 U 179/80, abgedruckt in: WM 1982, 1090 [1092].

65 Vgl *Beuthien*, in: Beuthien, GenG, § 36, Rn 26, für den Aufsichtsratsvorsitzenden einer eG.

66 Vgl § 107 Abs. 1 Satz 3 AktG.

67 Vgl § 109 Abs. 1 AktG, wonach Personen, die weder dem Vorstand noch dem Aufsichtsrat angehören, nicht an dessen Sitzungen oder an Sitzungen seiner Ausschüsse teilnehmen sollen. Zur eG vgl *Beuthien*, in: Beuthien, GenG, § 36, Rn 5, der Ehrenvorsitzenden und Ehrenmitglied als „jederzeit ausschließbare Gäste" bezeichnet.

68 Vgl § 116 Satz 1 iVm § 93 Abs. 1 Satz 3 sowie § 116 Satz 2 AktG.

69 Hüffer, AktG, § 107, Rn 9 mwN.

70 BGH, Urt. v. 11.7.1953 – II ZR 126/52, abgedruckt in BGHZ 10, 187 [194] = NJW 1953, 1465; BGH, Urt. v. 6.4.1964 – II ZR 75/62, abgedruckt in: BGHZ 41, 282 = NJW 1964, 1367; OLG Köln, Urt. v. 27.5.1994 – 19 U 289/93, abgedruckt in: AG 1995, 90 [91], zur Zustimmung gemäß § 114 Abs. 1 AktG; Hüffer, AktG, § 108, Rn 4.

ten wie Vorliegen eines Beschlussantrags, Beschlussfähigkeit sowie die Stimmenverhältnisse – Zustimmung, Ablehnung und Stimmenthaltung – nicht festgestellt werden können.[71] Eine nur stillschweigende Zustimmung sämtlicher Aufsichtsratsmitglieder zu Maßnahmen des Vorstandes genügt somit nicht.[72] Es reicht mangels erforderlichen Beschlussantrags noch nicht einmal aus, dass sämtliche Aufsichtsratsmitglieder unabhängig voneinander eine Maßnahme fordern oder begrüßen, da eine „Beschlussfassung des Aufsichtsrats als Organ [...] qualitativ etwas anderes als die Willenerklärungen der einzelnen Mitglieder" ist.[73]

Geheime Abstimmungen sind möglich[74] und können vom Aufsichtsratsvorsitzenden kraft seiner Leitungsbefugnis angeordnet oder von der Mehrheit der Aufsichtsratsmitglieder mittels Verfahrensantrags erzwungen werden.[75] Zumindest in der eG sind auch namentliche Abstimmungen bei entsprechender Satzungs- und Geschäftsordnungsbestimmung zulässig.[76] 347

Möglich ist gemäß § 108 Abs. 3 AktG auch die Teilnahme an der Beschlussfassung im Rahmen einer Präsenzsitzung durch schriftliche Stimmabgabe. Diese muss vom sog. Stimmboten, einem anwesenden Aufsichtsratsmitglied oder einer sonstigen zur Teilnahme an der Aufsichtsratssitzung qua Satzung zugelassenen Person, überreicht werden.[77] Wirksam ist die schriftliche Stimmabgabe, wenn das überbrachte Dokument vollständig vom abwesenden Aufsichtsratsmitglied ausgefüllt und unterschrieben ist. Ob die Ausfüllung des Stimmzettels durch den Boten auch während der Sitzung auf Weisung des abwesenden Aufsichtsratsmitglieds möglich ist, ist gerichtlich noch nicht geklärt.[78] Umstritten ist außerdem, ob der gesetzlichen Vorgabe der Schriftlichkeit bereits durch Übermittlung der Stimmabgabe per Telegramm oder Telefax genügt ist.[79] Unzulässig sind in jedem Fall offene Stimmvollmachten für andere Mitglieder,[80] da jedes Aufsichtsratsmitglied seine Aufgaben nicht durch andere Personen wahrnehmen lassen kann.[81] *Semler* empfiehlt jedem Aufsichtsratsmitglied in Vorbereitung der Sitzung, zu allen Punkten der Tagesordnung schriftliche Stimmabgaben zu übermitteln, um auf diese Weise sicherzustellen, dass auch bei überraschendem Fernbleiben seine Stimme gewichtet werden kann.[82] 348

Schließlich kann der Aufsichtsrat auch ohne Sitzung und somit ggf ohne vorherige Aussprache Beschlüsse fassen. Dies kann schriftlich, einschließlich Telefax und unsignierter Email, (sog. schriftliches Umlaufverfahren), regelmäßig durch Abgabe von vorbereiteten Abstimmungsformularen,[83] fernmündlich oder in vergleichbarer Form[84] (sog. Telesitzungen) ge- 349

71 BGH, Urt. v. 6.4.1964 – II ZR 75/62, abgedruckt in: BGHZ 41, 282 [286] = NJW 1964, 1367; BGH, Urt. v. 19.12.1988 – II ZR 74/88, abgedruckt in: BGH, NJW 1989, 1928 [1929]; vgl auch *Goette*, DStR 2010, 2579 [2585].

72 Hüffer, AktG, § 108, Rn 1.

73 OLG Köln, Urt. v. 27.5.1994 – 19 U 289/93, abgedruckt in: AG 1995, 90 [92].

74 Hüffer, AktG, § 108, Rn 5 mwN auch zur Gegenauffassung, welche die Unzulässigkeit geheimer Abstimmungen damit begründet, dass für die Inanspruchnahme auf Schadensersatz gemäß §§ 93, 116 AktG persönliche Verantwortlichkeit der Aufsichtsratsmitglieder geklärt sein müsse.

75 Hüffer, AktG, § 108, Rn 5.

76 Vgl *Beuthien*, in: Beuthien, GenG, § 36, Rn 17, der sogar eine namentliche Abstimmung für möglich hält, wenn sie nur vom Aufsichtsratsvorsitzenden angeordnet wird.

77 Hüffer, AktG, § 108, Rn 14.

78 Hüffer, AktG, § 108, Rn 14 mN zu beiden Auffassungen.

79 **Dagegen:** *Miettinen/Villeda*, AG 2007, 346 [349]; **dafür:** KG, JW 1938, 1824; **differenzierend:** Lutter/Krieger, Aufsichtsrat, § 9, Rn 601.

80 Zur eG, vgl *Beuthien*, in: Beuthien, GenG, § 36, Rn 17.

81 § 111 Abs. 5 AktG, § 38 Abs. 4 GenG.

82 *Semler*, FS Claussen, 1997, S. 381 [384].

83 Vgl. *Simons*, AG 2013, 547 [547].

84 Z. B. mittels Videokonferenz, vgl BT-Drucks. 14/4051, S. 12, und *Beuthien*, in: Beuthien, GenG, § 36, Rn 17; Str. ist hingegen, ob eine Telefonkonferenz ebenfalls dazuzuzählen ist, vgl Hüffer, AktG, § 108, Rn 16 mN zu den unterschiedlichen Auffassungen.

schehen. Allerdings ist vorbehaltlich anderslautender Regelungen in Satzung oder Geschäftsordnung[85] das Einverständnis sämtlicher Mitglieder hierzu erforderlich.[86]

350 Entscheiden muss der Aufsichtsrat, wenn es um die Abgabe von Willenserklärungen für die Gesellschaft oder sonstige vom Aufsichtsrat abzugebende Erklärungen[87] geht. Außerdem muss er durch Beschluss entscheiden, wenn eines seiner Mitglieder dies beantragt.[88]

351 Ein Antrag ist angenommen, wenn der entsprechende Beschluss mit einfacher Mehrheit gefasst wird, also wenn die Zahl der Ja-Stimmen diejenige der Nein-Stimmen übersteigt. Bei Stimmengleichheit ist der Antrag abgelehnt. Stimmenthaltungen werden nicht mitgezählt.[89] Etwas anderes, zB dass die Stimme des Aufsichtsratsvorsitzenden bei einem Patt den Ausschlag gibt oder in solchen Fällen – Wahlen sind insofern ausgenommen – das Los entscheidet,[90] kann sich aus Gesetz oder Satzung ergeben. Ein Vetorecht für den Aufsichtsratsvorsitzenden wäre als unzulässige Satzungsbestimmung jedoch unwirksam.[91] Einfache Mehrheit reicht trotz entgegenstehender Satzungsbestimmung aus, wenn der Aufsichtsrat Entscheidungen zu treffen hat, die ihm qua Gesetz aufgegeben sind.[92]

352 Jedes Aufsichtsratsmitglied hat das gleiche Stimmrecht, soweit nicht mitbestimmungsrechtliche Vorschriften Ausnahmen hiervon vorsehen. Ein Mitglied unterliegt jedoch in entsprechender Anwendung von § 34 BGB[93] dann einem Stimmverbot, wenn über Rechtsgeschäfte abgestimmt wird, an denen es beteiligt ist, oder wenn über die Einleitung oder Erledigung eines Rechtsstreits zwischen diesem Mitglied und der Gesellschaft zu beschließen ist.[94] Kein Stimmverbot gilt bei Wahlen, so dass sich ein Aufsichtsratsmitglied selbst zum Vorsitzenden[95] oder bei einer eG, deren Satzung abweichend von § 24 Abs. 2 Satz 1 GenG die Bestellung des Vorstands nicht durch die General- bzw Vertreterversammlung, sondern durch den

---

85 Vorbehalt zugunsten von Satzung und Geschäftsordnung bedeutet, dass Widerspruchsrecht des einzelnen Aufsichtsratsmitglieds hinter eine derartige autonome Regelung zurücktritt, vgl *Kindl*, ZHR 166 (2002), 335 [338 ff], oder eine Beschlussfassung ohne Präsenzsitzung erschwert oder ausgeschlossen werden kann.

86 Vgl § 108 Abs. 4 AktG, der entsprechend auch für eG gilt, vgl *Beuthien*, in: Beuthien, GenG, § 36, Rn 17.

87 Z. B. §§ 59 Abs. 3 (Zustimmung des Aufsichtsrats zur Zahlung eines Abschlags an die Aktionäre auf den voraussichtlichen Bilanzgewinn nach Ablauf des Geschäftsjahres), 88 Abs. 1 (Einwilligung des Aufsichtsrats in diverse Nebentätigkeiten eines Vorstandsmitglieds), 89 AktG (Einwilligung des Aufsichtsrats in die Gewährung von Kredit an Vorstandsmitglieder [Abs. 1], Prokuristen und Handlungsbevollmächtigte [Abs. 2] sowie deren Ehegatten, Lebenspartner und minderjährige Kinder [Abs. 3]).

88 Hüffer, AktG, § 108, Rn 2.

89 Hüffer, AktG, § 108, Rn 6; vgl *Beuthien*, in: Beuthien, GenG, § 36, Rn 14, für die eG; Müller, GenG, § 36, Rn 99, hält aber auch Satzungsbestimmungen bei der eG für zulässig und wirksam, wonach Stimmenthaltungen in die Berechnung der Beschlussmehrheit einzubeziehen sind und sich somit wie Nein-Stimmen auswirken.

90 *Beuthien*, in: Beuthien, GenG, § 36, Rn 14, für den Aufsichtsrat der eG; aA: Müller, GenG, § 36, Rn 99, der einen Losentscheid in Pattsituationen für unzulässig hält, da das Los kein sachliches Entscheidungskriterium darstelle.

91 *Habersack*, in: MünchKomm AktG, § 108, Rn 25.

92 Hüffer, AktG, § 108, Rn 6 mwN auch für die Gegenauffassung; vgl *Beuthien*, in: Beuthien, GenG, § 36, Rn 14, für die eG.

93 Vgl BayObLG, Beschl. v. 28.3.2003 – 3Z BR 199/02, abgedruckt in: BayObLGZ 2003, 89 [92]; OLG Stuttgart, Urt. v. 30.5.2007 – 20 U 14/06, abgedruckt in: AG 2007, 873 [876] = NZG 2007, 549 = ZIP 2007, 1217; aA: *Wilhelm*, NJW 1983, 912 [913].

94 Müller, GenG, § 36 Rn 101, für die eG, der nicht nur aus § 34 BGB, sondern auch aus § 43 Abs. 6 GenG als genossenschaftsrechtlichem Spezialtatbestand einen allgemeinen Grundsatz ableitet, wonach ein Stimmverbot immer dann besteht, wenn ein echter Widerstreit eigener Interessen des Aufsichtsratsmitglieds mit den Interessen der eG existiert.

95 Hüffer, AktG, § 108, Rn 9 mwN.

Aufsichtsrat vorsieht, zum Vorstandsmitglied wählen kann.[96] Ferner besteht kein Stimmverbot im Zusammenhang mit der gerichtlichen Überprüfung eines Beschlusses, den das betreffende Aufsichtsratsmitglied mit seinem vormaligen Abstimmungsverhalten getragen hat.[97]

Soweit ein Aufsichtsratsmitglied zu Unrecht an der Beschlussfassung teilnimmt, wirkt sich dies auf den Bestand des Beschlusses nur aus, wenn sich ohne die Stimme des betreffenden Aufsichtsratsmitglieds die Beschlussmehrheit verändert hätte. Wenn umgekehrt ein Aufsichtsratsmitglied zu Unrecht von der Beschlussfassung, nicht aber auch von der vorausgegangenen Beratung ausgeschlossen wurde, ist dies für die Wirksamkeit des Beschlusses ebenfalls nur relevant, wenn sich die Beteiligung des betreffenden Aufsichtsratsmitglieds auf die Beschlussmehrheit hätte auswirken können[98] (dazu Rn 364 u. Rn 368). Zwar mag im Einzelfall die zu Unrecht unterbliebene bzw zu Unrecht erfolgte Stimmabgabe eines Aufsichtsratsmitglieds andere Aufsichtsratsmitglieder in ihrer Stimmabgabe beeinflusst und somit mehr Einfluss auf das Abstimmungsergebnis gehabt haben als die eine Stimme des betroffenen Aufsichtsratsmitglieds. Jedoch kann bereits aus dem Gesichtspunkt der Rechtssicherheit nichts anderes gelten. 353

Der getroffene Beschluss wird erst mit seiner Feststellung wirksam und zwar so, wie er verkündet wird, auch wenn die Verkündung von der tatsächlichen Beschlussfassung abweicht.[99] 354

b) Beschlussfähigkeit

Für die Beschlussfähigkeit gelten die Regelungen der Satzung, sofern gesetzliche Bestimmungen keine anderweitigen Vorgaben machen.[100] § 36 Abs. 1 Satz 2 GenG sieht für Aufsichtsräte von Genossenschaften ausdrücklich vor, dass die Satzung die Beschlussfähigkeit zu regeln hat. Tut sie dies nicht, was zur Ablehnung der Eintragung führen kann, dürfte zumindest § 108 Abs. 2 Satz 3 AktG, wonach zur Beschlussfähigkeit mindestens drei Mitglieder an der Abstimmung teilnehmen müssen, analog anzuwenden sein.[101] Zum Teil wird auch die analoge Anwendbarkeit von § 108 Abs. 2 Satz 2 AktG bejaht.[102] 355

Aktienrechtlich wird die Gestaltungsfreiheit nur durch die Untergrenze von drei Mitgliedern beschränkt,[103] wobei an der Beschlussfassung teilnimmt, wer sich der Stimme enthält, nicht aber derjenige, welcher der Aufsichtsratssitzung lediglich beiwohnt,[104] selbst wenn er im Vorfeld der Abstimmung Fragen gestellt, Wortbeiträge geliefert oder gar den Antrag gestellt hat, über den abzustimmen ist. Da das Amt eines Aufsichtsratsmitglieds, das gemäß § 105 Abs. 2 AktG bzw § 37 Abs. 2 GenG ein fehlendes oder verhindertes Vorstandsmitglied vertritt, ruht, kann es an einer Abstimmung des Aufsichtsrats nicht teilnehmen. Andererseits behält es sein Aufsichtsratsmandat, so dass im Aufsichtsrat keine Vakanz besteht. Dies führt 356

---

96 *Beuthien*, in: Beuthien, GenG, § 36, Rn 15 mwN; aA: Müller, GenG, § 36, Rn 101, der ein Stimmverbot für den Fall bejaht, dass das Vorstandsamt besoldet ist; bei der Wahl zum unbesoldeten Vorstandsmitglied bestehe hingegen kein Stimmverbot, da das ideelle Interesse eines Aufsichtsratsmitglieds, als Genosse ein Organamt in der eG zu übernehmen, keinen Interessenkonflikt zwischen Individualinteressen des Aufsichtsratsmitglieds und Genossenschaftsinteressen begründen könne.

97 Vgl BGH, Beschl. v. 14.5.2013 – II ZB 1/11, abgedruckt in: NZG 2013, 792 [794]; ähnlich *Habersack*, in: MünchKomm AktG³, § 108, Rn 32; Lutter/Krieger, Aufsichtsrat, § 11, Rn 728; *Fischer/Hoffmann*, NZG 2013, 1419 [1420].

98 Müller, GenG, § 36, Rn 101, für die eG.

99 Vgl *Beuthien*, in: Beuthien, GenG, § 36, Rn 18, zur eG.

100 Vgl § 108 Abs. 2 Satz 1 AktG.

101 *Beuthien*, in: Beuthien, GenG, § 36, Rn 13, geht im Fall fehlender Satzungsregelung zur Beschlussfähigkeit davon aus, dass die eG gemäß § 11 a Abs. 1 Satz 2 GenG nicht eingetragen werden darf; ebenso Müller, GenG, § 36, Rn 96 mwN.

102 Müller, GenG, § 36, Rn 96 mN auch zur Gegenansicht, wonach bei fehlender Satzungsbestimmung sämtliche Aufsichtsratsmitglieder bei der Beschlussfassung anwesend sein müssen.

103 Vgl § 108 Abs. 2 Satz 3 AktG.

104 Hüffer, AktG, § 108, Rn 10 mwN.

zu dem unbefriedigenden Zustand, dass ein dreiköpfiger Aufsichtsrat während der Zeit, in der eines seiner Mitglieder ein Vorstandsmitglied vertritt, und somit für einen Zeitraum von bis zu einem Jahr (§ 105 Abs. 2 Satz 1 u. 2 AktG) stets beschlussunfähig ist.[105]

357 Bei Gesellschaften, für die das Montan-MitbestG oder das MitbestErgG gilt, ist der Aufsichtsrat zwingend beschlussfähig, wenn mindestens die Hälfte der Mitglieder, aus denen er zu bestehen hat, an der Beschlussfassung teilnimmt. Auf das Größenverhältnis zwischen der Gruppe der Arbeitnehmer und derjenigen der Anteilseigner kommt es insoweit nicht an.[106] Bei Gesellschaften, die dem MitbestG[107] unterliegen, kann die Satzung für die Beschlussfähigkeit zwar verlangen, dass mehr als die Hälfte der Mitglieder, aus denen der Aufsichtsrat zu bestehen hat, an der Abstimmung teilnehmen müssen. Eine Abweichung nach unten ist jedoch nicht möglich.[108]

358 Enthält die Satzung von AG und KGaA keine Regelungen zur Beschlussfähigkeit und sind auch keine mitbestimmungsrechtlichen Vorschriften anzuwenden, ist der Aufsichtsrat beschlussfähig, wenn mindestens die Hälfte der Mitglieder, aus denen er nach Gesetz oder Satzung insgesamt zu bestehen hat, an der Abstimmung teilnimmt,[109] mindestens jedoch drei Mitglieder.[110] Zahlreiche Satzungen von Genossenschaften sehen eine § 108 Abs. 2 Satz 2 AktG vergleichbare Regelung vor. In diesen Fällen ist die geforderte Hälfte anhand der statutarischen Mitgliederzahl zu beurteilen, nicht anhand der Zahl der Mitglieder im Zeitpunkt der Beschlussfassung, die ggf durch Tod, Ausscheiden oder Ausschluss einzelner Aufsichtsratsmitglieder aus der eG kleiner ist.[111] Wird die gesetzliche oder statutarische Mindestzahl an Mitgliedern für die Beschlussfähigkeit unterschritten, ist der Aufsichtsrat nicht mehr beschlussfähig. Dennoch gefasste Beschlüsse sind nichtig.[112] Besteht für ein Mitglied eines dreiköpfigen Aufsichtsrats ein Stimmverbot, so führt dies nicht zur Beschlussunfähigkeit. Vielmehr kann und muss das betroffene Mitglied an der Abstimmung teilnehmen und sich enthalten.[113]

359 Der Beschlussfähigkeit steht nicht entgegen, dass dem Aufsichtsrat einer AG oder KGaA weniger Mitglieder als die durch Gesetz oder Satzung festgesetzte Zahl angehören, auch wenn das für seine Zusammensetzung maßgebende zahlenmäßige Verhältnis nicht gewahrt ist.[114]

360 Die Satzung einer eG kann die Beschlussfähigkeit des Aufsichtsrats an weitere Voraussetzungen knüpfen. Diese müssen jedoch mit der grundsätzlichen Gleichheit aller Aufsichtsratsmitglieder zu vereinbaren sein. Unzulässig ist es daher, die Anwesenheit des Aufsichtsratsvorsitzenden zur Voraussetzung der Beschlussfähigkeit zu machen, da dieser ansonsten durch gezieltes Nichterscheinen Beschlüsse des Gremiums verhindert könnte,[115] wodurch die Bedeutung der übrigen Aufsichtsratmitglieder stark herabgesetzt würde.

---

105 *Heidbüchel*, WM 2004, 1317 [1321 mwN].

106 Vgl § 10 Montan-MitbestG, § 11 MitbestErgG.

107 Vgl § 28 MitbestG.

108 OLG Hamburg, OLGZ 1984, 307 [312 ff]; LG Frankfurt, NJW 1978, 2398; LG Mannheim, NJW 1980, 236; aA: OLG Karlsruhe, NJW 1980, 2137 [2139]; *Geitner*, AG 1982, 212 [217]; *Martens*, ZGR 1983, 237 [255].

109 Vgl § 108 Abs. 2 Satz 2 AktG.

110 Es genügt somit nicht, wenn nur zwei Mitglieder eines dreiköpfigen Aufsichtsrats an der Abstimmung teilnehmen, vgl LG Karlsruhe, AG 1994, 87.

111 BGH, Urt. v. 15.12.1951 – II ZR 137/51, abgedruckt in: BGHZ 4, 224.

112 BGH, Urt. v. 15.12.1951 – II ZR 137/51, abgedruckt in: BGHZ 4, 224; *Beuthien*, in: Beuthien, GenG, § 36, Rn 1 u. 13.

113 BGH, Urt. v. 2.4.2007 – II ZR 325/05, abgedruckt in: AG 2007, 484 ff mwN; Hüffer, AktG, § 108, Rn 10 mwN auch zur Gegenansicht, die in einem solchen Fall Beschlussunfähigkeit annimmt.

114 § 108 Abs. 2 Satz 4 AktG.

115 Müller, GenG, § 36, Rn 97 b; *Beuthien*, in: Beuthien, GenG, § 36, Rn 13 mwN auch zur Gegenansicht.

c) Beschlussinhalt

Beschlüsse können auch unter aufschiebender Bedingung iS von § 158 Abs. 1 BGB[116] oder auflösender Bedingung iS von § 158 Abs. 2 BGB gefasst werden. In solchen Fällen hängt ihre Wirksamkeit vom Bedingungseintritt bzw davon ab, dass die auflösende Bedingung nicht eintritt. 361

Trotz des Gebots ausdrücklicher Beschlussfassung sind Beschlüsse inhaltlich auslegungsfähig.[117] Allerdings sind der Auslegung sehr enge Grenzen gesetzt, da andernfalls das durch das Erfordernis ausdrücklicher Beschlussfassung verfolgte Ziel von Rechtssicherheit und -klarheit gefährdet würde.[118] So kann unter besonderen Umständen eine als „Vollmachtsurkunde" bezeichnete und von sämtlichen Aufsichtsratsmitgliedern unterschriebene Urkunde im Wege der Auslegung nicht nur Vollmachtserteilung an den Aufsichtsratsvorsitzenden als Erklärungsvertreter,[119] sondern auch als ausdrücklich gefasster Beschluss des Aufsichtsrats angesehen werden.[120] Das mit der Erklärung betraut Aufsichtsratsmitglied würde in einem solchen Fall regelmäßig als Erklärungsbote auftreten.[121] 362

d) Fehlerhafte Beschlüsse

aa) Rechtsfolge

Es ist in § 108 Abs. 1 AktG zwar geregelt, dass der Aufsichtsrat durch Beschluss entscheidet. Welche Rechtsfolgen sich an fehlerhafte Beschlüsse knüpfen, lässt sich dem Gesetz hingegen nicht entnehmen.[122] 363

Ein Aufsichtsratsbeschluss ist fehlerhaft, wenn er fehlerhaft zustande gekommen ist[123] oder sein Inhalt gegen Gesetz oder Satzung verstößt[124] und somit bei Vorliegen von Verfahrens- oder Inhaltsmängeln.[125] Mängel der einzelnen Stimmabgabe[126] führen nur dann zur Fehlerhaftigkeit des Aufsichtsratsbeschlusses, wenn das Abstimmungsergebnis ohne die fragliche Stimme anders ausgefallen wäre. Handelt es sich hierbei um eine Ja-Stimme, so liegt nur dann ein den Antrag annehmender Aufsichtsratsbeschluss vor, wenn auch ohne diese Stimme die erforderliche Mehrheit erreicht wurde[127] (dazu bereits Rn 353). 364

Bloße Ordnungsverstöße, wie zB die entgegen § 109 Abs. 1 AktG erfolgende und somit unzulässige Teilnahme Dritter an Aufsichtsratssitzungen[128] und die fehlende Protokollierung des Beschlusses gemäß § 107 Abs. 2 Satz 3 AktG,[129] beeinträchtigen dessen Wirkung nicht.[130] 365

Folge schwerwiegender Beschlussmängel ist die (unheilbare) Nichtigkeit des Beschlusses, unabhängig davon, ob es sich bei dem beschließenden Organ um den Aufsichtsrat einer AG, 366

---

116 Vgl OLG München, Urt. v. 19.12.2012 – 7 U 1711/12, abgedruckt in: NZG 2013, 97 [97].
117 Vgl BGH, Urt. v. 19.12.1988 – II ZR 74/88, abgedruckt in: NJW 1989, 1928 [1929].
118 *Spindler*, in Spindler/Stilz, AktG, § 108, Rn 11.
119 *Drygala*, in: Lutter/K. Schmidt, AktG, § 112, Rn 14.
120 Vgl OLG München, Urt. v. 19.12.2012 – 7 U 1711/12, abgedruckt in: NZG 2013, 97 [97].
121 Vgl *Drygala*, in: Lutter/K. Schmidt, AktG, § 112, Rn 14.
122 *Semler*, in: Semler/v. Schenck, Aufsichtsrat, § 1, Rn 199.
123 *Semler*, in: Semler/v. Schenck, Aufsichtsrat, § 1, Rn 200; hierzu ausführlich *Panetta*, NJOZ 2008, 4294 ff; *Beuthien*, in: Beuthien, GenG, § 36, Rn 20 a, für die eG.
124 Vgl Hüffer, AktG, § 108, Rn 17; *Semler*, in: Semler/v. Schenck, Aufsichtsrat, § 1, Rn 200.
125 Vgl *Fleischer*, Der Aufsichtsrat 2013, 8 [8].
126 Solche können zB vorkommen bei einem Verstoß gegen § 108 Abs. 3 AktG.
127 So im Erg. auch Hüffer, AktG, § 108, Rn 17, für die AG; *Beuthien*, in: Beuthien, GenG, § 36, Rn 20 a u. 31, für die eG.
128 Vgl BGH, Urt. v. 17.4.1967 – II ZR 157/64, abgedruckt in: BGHZ 47, 341 [349 f] = NJW 1967, 1711.
129 Diese Verstöße bezeichnet *Panetta*, NJOZ 2008, 4294 [4294], als „kleine Verstöße".
130 *Drygala*, in: K. Schmidt/Lutter, AktG, § 108, Rn 31 mwN.

KGaA oder eG handelt.[131] Dies gilt zum einen für Verstöße gegen unverzichtbare Form- und Verfahrensvorschriften wie zB Beschlussfassung trotz Unzuständigkeit des Aufsichtsrats,[132] dessen nicht ordnungsgemäße Besetzung oder Teilnahme von nicht stimmberechtigten Personen an der Beschlussfassung,[133] dessen Beschlussunfähigkeit[134] im Zeitpunkt der Beschlussfassung, Beschlussfassung im schriftlichen Umlaufverfahren trotz Widerspruchs[135] oder die unterbliebene Einladungen einzelner seiner Mitglieder. Zum anderen sind aber auch alle Beschlüsse nichtig, die ihrem Inhalt nach gegen Gesetz oder zwingendes Satzungsrecht verstoßen[136] wie zB die Bestellung eines Vorstandsmitglieds, dem gesetzliche Eignungsvoraussetzungen fehlen[137] bzw bei dem Ausschlussgründe iS von §§ 100 Abs. 2, 105 Abs. 1 AktG vorliegen, die Verletzung mitbestimmungsrechtlicher Regelungen,[138] Geschäftsführungsentscheidungen, die gemäß §§ 76 f AktG dem Vorstand vorbehalten sind,[139] oder Ermessensentscheidungen, welche die Grenzen des Vertretbaren überschreiten.[140]

367 Bei Einladungsmängeln – Einberufung erfolgt nicht form- und/oder fristgerecht oder durch einen Unbefugten – liegt regelmäßig keine Nichtigkeit des bei der Sitzung gefassten Beschlusses vor, wenn alle Mitglieder des Aufsichtsrats an der Beschlussfassung teilgenommen und davon abgesehen haben, den Verstoß zu rügen.[141] Aufgrund dessen werden solche Mängel auch als „minderschwere" bezeichnet.[142]

368 Umstritten ist, welche Folgen der unzulässige Ausschluss einzelner Aufsichtsratsmitglieder von Beratung und Abstimmung hat.[143] M. E. liegt hierin ein gravierender Verfahrensverstoß, der einen schwerwiegenden Beschlussmangel zur Folge hat. Denn der unzulässige Ausschluss einzelner Mitglieder ist von seiner Wirkung mit dem Unterbleiben deren Einladung vergleichbar und diese führt – soweit ersichtlich – unstreitig zu einem schwerwiegenden Beschlussmangel. Mit dem Fall fehlerhafter Stimmabgabe ist der unzulässige Ausschluss hingegen nicht gleichzusetzen, da die Abwesenheit einzelner Aufsichtsratsmitglieder bei Beratung und Abstimmung per Akklamation immer auch Einfluss auf das (Abstimmungs-) Verhalten der anwesenden Mitglieder hat und deren Wirkung somit nicht auf die Stimme des unzulässig ausgeschlossenen Mitglieds beschränkt werden kann.[144] Das abwesende Mitglied hätte in der Beratung mit Argumenten andere Mitglieder in deren Abstimmungsverhalten beeinflussen können, was aufgrund der Abwesenheit unterblieben ist. Auch das Abstimmungsverhal-

131 Vgl *Beuthien*, in: Beuthien, GenG, § 36, Rn 31, zur eG.

132 *Beuthien*, in: Beuthien, GenG, § 36, Rn 31.

133 Vgl *Panetta*, NJOZ 2008, 4294 [4294].

134 Hüffer, AktG, § 108, Rn 18.

135 *Beuthien*, in: Beuthien, GenG, § 36, Rn 31.

136 BGH, Urt. v. 21.4.1997 – II ZR 175/95 („ARAG/Garmenbeck"), abgedruckt in: BGHZ 135, 244 [247] = NJW 1997, 1926 [1926]; BGH, Urt. v. 17.5.1993 – II ZR 89/92, abgedruckt in: BGHZ 122, 342 [347 ff] = NJW 1993, 2307 f aA: OLG Hamburg, Urt. v. 6.3.1992 – 11 U 134/01, abgedruckt in: AG 1992, 197 f = DB 1992, 774 [775] = ZIP 1992, 1310, wonach Nichtigkeit des Aufsichtsratsbeschlusses nur in den Fällen gegeben sein soll, in denen gemäß § 241 AktG auch Hauptversammlungsbeschlüsse nichtig sind. In allen anderen Fällen soll analog § 243 AktG bzw § 51 GenG Anfechtungsklage erhoben werden müssen. In diesem Sinne auch: *Baums*, ZGR 1983, 300 [305 ff]; *Rellermeyer*, ZGR 1993, 77 [101].

137 Vgl *Fleischer*, Der Aufsichtsrat 2013, 8 [8].

138 Vgl Lutter/Krieger, Aufsichtsrat, § 10, Rn 612; *Semler*, in: Semler/v. Schenck, Aufsichtsrat, § 1, Rn 201.

139 *Semler*, in: Semler/v. Schenck, Aufsichtsrat, § 1, Rn 201.

140 BGH, Urt. v. 17.5.1993 – II ZR 89/92 („Hamburg-Mannheimer"), abgedruckt in: BGHZ 122, 342 = NJW 1993, 2307.

141 Zur eG OLG Stuttgart, Urt. v. 12.2.2003 – 3 U 142/02, abgedruckt in: DB 2003, 932 [933] = BeckRS 2003, 30306473; *Beuthien*, in: Beuthien, GenG, § 36, Rn 31.

142 *Fleischer*, Der Aufsichtsrat 2013, 8 [8].

143 *Fleischer*, Der Aufsichtsrat 2013, 8 [8].

144 Der Verstoß kann mithin nicht dadurch ungeschehen gemacht werden, dass die nicht abgegebene Stimme des unzulässig ausgeschlossenen Mitglieds später den Ja- oder Nein-Stimmen hinzugerechnet wird.

ten selbst hätte andere Aufsichtsratsmitglieder dazu veranlassen können, sich anders als geschehen zu entscheiden.

bb) Rechtsschutz

Ebenso wenig wie zur Rechtsfolge eines fehlerhaften Aufsichtsratsbeschlusses äußert sich das AktG zu den Rechtsschutzmöglichkeiten hiergegen.[145] 369

Ein Aufsichtsratsmitglied kann und muss zur gerichtlichen Überprüfung eines Aufsichtsratsbeschlusses Feststellungsklage gemäß § 256 Abs. 1 ZPO gegen die Gesellschaft als Passivlegitimierte – eine Klage gegen den Aufsichtsrat wäre unzulässig –, vertreten durch den Vorstand,[146] erheben, wobei die für die Nichtigkeit von Hauptversammlungsbeschlüssen geltenden Einschränkungen iS von §§ 241 ff AktG nicht greifen.[147] Grund hierfür ist, dass es anders als bei Hauptversammlungsbeschlüssen bei Aufsichtsratsbeschlüssen nicht darum geht, das Vertrauen der Öffentlichkeit oder zumindest einer unbestimmten Vielzahl gegenwärtiger und künftiger Anleger in den Bestand grundlegender, mit erheblicher Außenwirkung und Publizität ausgestatteter Entscheidungen der Gesellschaft vor zeitlich unbegrenzten Angriffen aus einem großen, weitgehend anonymen Kreis von Aktionären mit häufig nur geringer Kapitalbeteiligung und Bindung an die Gesellschaft zu gewährleisten. Im Gegensatz zur Hauptversammlung besteht der Aufsichtsrat aus einer verhältnismäßig kleinen Anzahl von Mitgliedern, die einander kennen und von vornherein kraft Amtes zu vertrauensvoller Zusammenarbeit im Gesellschaftsinteresse verpflichtet sind.[148] Ob dem stattgebenden Feststellungsurteil gemäß § 248 Abs. 1 Satz 1 AktG Wirkung für und gegen alle Aktionäre und die Mitglieder des Vorstands und des Aufsichtsrats zukommt, dürfte noch offen sein.[149] 370

Zulässig ist eine solche Klage gegen Aufsichtsratsbeschlüsse, die an schwerwiegenden Beschlussmängeln leiden und daher nichtig sein könnten, nur bei Vorliegen des sog. Feststellungsinteresses, also dann, wenn ein rechtliches Interesse an der gerichtlichen Feststellung besteht. Hiermit soll der Kreis der zur Klageerhebung befugten Personen sachgerecht eingegrenzt werden. 371

Ein Feststellungsinteresse besteht zugunsten des Aufsichtsratsmitglieds, das zur Zeit der fehlerhaften Beschlussfassung Mitglied des Gremiums war, bereits aufgrund dessen Organstellung und der sich daraus ergebenden gemeinsamen Verantwortung für die Rechtmäßigkeit der vom Aufsichtsrat getroffenen Beschlüsse. Der konkreten Gefahr einer persönlichen Inanspruchnahme auf Schadensersatz durch die Gesellschaft bedarf es insofern nicht.[150] Das erforderliche Feststellungsinteresse besteht darüber hinaus auch dann noch, wenn das Aufsichtsratsmitglied bereits aus dem Organ ausgeschieden ist, der Beschluss aber noch unter 372

145 Anders als das deutsche Recht sieht sowohl das spanische als auch das italienische eine Regelung zur Anfechtung von Organbeschlüssen vor, vgl *Fleischer*, Der Aufsichtsrat 2013, 8 [9].

146 BGH, Urt. v. 17.5.1993 – II ZR 89/92 („Hamburg-Mannheimer"), abgedruckt in: BGHZ 122, 342 [344] = NJW 1993, 2307 = ZIP 1993, 1079; BGH, Urt. v. 25.2.1982 – II ZR 174/80, abgedruckt in: BGHZ 83, 144 [146] = NJW 1982, 1703 = AG 1982, 221 [222] = ZIP 1982, 568.

147 BGH, Urt. v. 21.4.1997 – II ZR 175/95 („ARAG/Garmenbeck"), abgedruckt in: BGHZ 135, 244 [247] = NJW 1997, 1926 [1926]; BGH, Urt. v. 17.5.1993 – II ZR 89/92 („Hamburg-Mannheimer"), abgedruckt in: BGHZ 122, 342 [347 ff] = NJW 1993, 2307 f; OLG Hamburg, Urt. v. 6.3.1992 – 11 U 134/01, abgedruckt in: AG 1992, 197 f = DB 1992, 774 [775] = ZIP 1992, 1310.

148 BGH, Urt. v. 17.5.1993 – II ZR 89/92 („Hamburg-Mannheimer"), abgedruckt in: BGHZ 122, 342 = NJW 1993, 2307 [2308].

149 Befürwortend ohne Begründung zB Hüffer, AktG, § 108, Rn 20; *Semler*, in: MünchKomm AktG², § 108, Rn 278 mN auch zur Gegenauffassung.

150 BGH, Urt. v. 21.4.1997 – II ZR 175/95 („ARAG/Garmenbeck"), abgedruckt in: BGHZ 135, 244 [247] = NJW 1997, 1926 [1926]; BGH, Urt. v. 17.5.1993 – II ZR 89/92, abgedruckt in: BGHZ 122, 342 [347 ff] = NJW 1993, 2307 f.

seiner Ägide gefasst wurde.[151] Denn auch in diesem Fall trägt es noch Verantwortung für die Rechtmäßigkeit der von dem Aufsichtsrat gefassten Beschlüsse, an denen es als dessen Mitglied beteiligt war. Aufsichtsratsmitglieder, die zur Zeit der fraglichen Beschlussfassung dem Gremium noch nicht angehörten, haben zumindest dann ebenfalls ein rechtliches Interesse an der gerichtlichen Feststellung, wenn der vor Beginn ihrer Amtszeit gefasst Beschluss noch während ihrer Amtszeit Wirkungen entfaltet.[152] Dies kann bei Beschlüssen zur Bestellung amtierender Vorstandsmitglieder der Fall sein.[153]

373 Neben den einzelnen Aufsichtsratsmitgliedern sind aber auch Gesellschaft[154] bzw Genossenschaft[155] zur Erhebung einer Feststellungsklage befugt. Bei der eG ist darüber hinaus noch jeder Genosse klagebefugt, da er ein schutzwürdiges Interesse an der ordnungsgemäßen Gestaltung der Rechtsverhältnisse der eG hat.[156] Einzelne Aktionäre können grundsätzlich keine zulässige Feststellungsklage gegen Aufsichtsratsbeschlüsse erheben, da sie nicht zur allgemeinen Rechtmäßigkeitskontrolle berufen sind. Etwas anderes gilt nur dann, wenn pflichtwidrige Kompetenzüberschreitungen des Aufsichtsrats die Aktionäre in ihren Mitgliedschaftsrechten beschränken, was zB bei der Ausnutzung eines genehmigten Kapitals unter Bezugsrechtsausschluss gemäß §§ 203, 204 AktG der Fall sein kann.[157]

374 Dem praktischen Bedürfnis, die Nichtigkeitsfolge im Interesse der Rechtssicherheit zurückzudrängen, ist mit den flexiblen und der Ausgestaltung des Aufsichtsrats als Überwachungsorgan angepassten Rechtsinstituten des Rechtsschutzbedürfnisses sowie der Verwirkung Rechnung zu tragen. Mithilfe des Rechtsschutzbedürfnisses als allgemeiner Zulässigkeitsvoraussetzung eines jeden gerichtlichen Rechtsbehelfs kann der Kreis der zur Klage berechtigten Personen[158] eingeschränkt werden, während mittels der Verwirkung die zeitliche Beschränkung der Geltendmachung minderschwerer Beschlussmängel möglich ist.[159] Entsprechend § 203 BGB, der die Hemmung der Verjährung im Fall von Verhandlungen anordnet, tritt Verwirkung nicht ein, solange Vergleichsverhandlungen über die Bereinigung des fehlerhaften Beschlusses stattfinden.[160]

375 Während Aktionäre gemäß § 245 Ziff. 1 AktG nur dann befugt sind, Anfechtungsklage gegen Hauptversammlungsbeschlüsse zu erheben, wenn sie Widerspruch zur Niederschrift erhoben haben, gilt ein entsprechendes Erfordernis für Aufsichtsratsmitglieder bei deren Feststellungsklagen gegen Aufsichtsratsbeschlüsse nicht.[161]

151 OLG Stuttgart, Urt. v. 30.5.2007 – 20 U 14/06 („Züblin AG/Strabag AG"), abgedruckt in: NZG 2007, 549 = AG 2007, 873 [876].

152 Ähnlich restriktiv für den Fall nachträglicher Amtsübernahme *Fleischer*, Der Aufsichtsrat 2013, 8 [9].

153 BGH, Urt. v. 17.7.2012 – II ZR 55/11, abgedruckt in: NZG 2012, 1027 [1028]; hierzu: *Bürgers/Theusinger*, NZG 2012, 1218 [1219].

154 BGH, Urt. v. 17.5.1993 – II ZR 89/92, abgedruckt in: BGHZ 122, 342 [352] = NJW 1993, 2307 [2309].

155 Vgl *Beuthien*, in: Beuthien, GenG, § 36, Rn 31, zur eG.

156 *Beuthien*, in: Beuthien, GenG, § 36, Rn 31 mwN.

157 BGH, Urt. v. 10.10.2005 – II ZR 90/03, abgedruckt in: BGHZ 164, 249 = NJW 2006, 374 = NZG 2006, 20 = ZIP 2005, 2207.

158 BGH, Urt. v. 17.5.1993 – II ZR 89/92, abgedruckt in: BGHZ 122, 342 [352] = NJW 1993, 2307 [2309].

159 BGH, Urt. v. 17.5.1993 – II ZR 89/92, abgedruckt in: BGHZ 122, 342 [351 f] = NJW 1993, 2307 [2309], wonach die Geltendmachung von Verfahrensfehlern, die zur Beeinträchtigung verzichtbarer Mitwirkungsrechte von Aufsichtsratsmitgliedern geführt haben, verwirkt sein kann, wenn sie nicht mit aller unter den gegebenen Umständen zumutbaren Beschleunigung beanstandet wird; BayObLG, Beschl. v. 28.03.2003 – 3 Z BR 199/02, abgedruckt in: NZG 2003, 691 [693 f] = ZIP 2003, 1194.

160 BGH, Urt. v. 17.5.1993 – II ZR 89/92, abgedruckt in: BGHZ 122, 342 [352] = NJW 1993, 2307 [2309]; *Fleischer*, Der Aufsichtsrat 2013, 8 [9].

161 So auch *Fleischer*, Der Aufsichtsrat 2013, 8 [9].

3. Sitzungen

a) Turnus und Einberufung

Der Aufsichtsrat einer börsennotierten Gesellschaft iS von § 3 Abs. 2 AktG muss mindestens[162] zweimal im Kalenderhalbjahr tagen, wobei in Ausnahmefällen[163] auch Telefon- und Videokonferenzen zulässig sind.[164] Bei Gesellschaften, die nicht börsennotiert sind, kann der Aufsichtsrat mit einfacher Mehrheit[165] beschließen, dass nur eine ordentliche Sitzung im Kalenderhalbjahr abzuhalten ist.[166] Andernfalls müssen auch bei diesen Gesellschaften mindestens zwei ordentliche Aufsichtsratssitzungen pro Kalenderhalbjahr stattfinden. Bei Genossenschaften, für die das DrittelbG[167] nicht gilt, ist keine Anzahl an abzuhaltenden Sitzungen vorgeschrieben. Sollte auch die Satzung keine diesbezügliche Regelung enthalten, hängt die Zahl vom Überwachungsbedarf und somit von einer pflichtgemäßen Ermessensentscheidung des Aufsichtsrats ab.[168] 376

Es ist Aufgabe des Vorsitzenden bzw im Fall seiner Verhinderung die seines Stellvertreters,[169] ordentliche Aufsichtsratssitzungen einzuberufen.[170] Dies gilt entsprechend bei Genossenschaften, sofern deren Satzung oder die Geschäftsordnung des Aufsichtsrats nichts anderes bestimmt.[171] Die Einberufung erfolgt als innergesellschaftliche Verfahrenshandlung[172] im eigenen Namen, nicht im Namen der Gesellschaft, wenngleich diese neben Ort, Tag und Uhrzeit benannt werden muss.[173] Die Modalitäten der Einberufung können mangels gesetzlicher Vorgaben in Satzung der Gesellschaft und Geschäftsordnung des Aufsichtsrats frei geregelt sein.[174] Fehlt eine entsprechende Regelung, genügt mündliche Einberufung. Die Frist bis zum Sitzungstag muss lediglich angemessen sein.[175] Andernfalls sind die in der Sitzung getroffenen Beschlüsse fehlerhaft und somit ggf nichtig, es sei denn, sämtliche Aufsichtsratsmitglieder sind erschienen und haben an der Abstimmung teilgenommen.[176] Nach hM muss auch die Tagesordnung – zumindest im Sinne einer Aufzählung der Beschlussgegenstände – im Rahmen der Einberufung bekannt gemacht werden.[177] 377

Auf Verlangen eines jeden Aufsichtsratsmitglieds oder des Vorstands, jeweils unter Angabe des Zwecks und der Gründe, muss der Aufsichtsratsvorsitzende unverzüglich[178] eine außerordentliche Aufsichtsratssitzung einberufen, die innerhalb von zwei Wochen nach der Einberufung stattzufinden hat, vgl § 110 Abs. 1 AktG. Bei Genossenschaften können einzelne Auf- 378

162 Die Satzung kann eine höhere nicht jedoch niedrigere Zahl von ordentlichen Aufsichtsratssitzung vorsehen, Hüffer, AktG, § 110, Rn 1.

163 Vgl *Simons*, AG 2013, 547 ff.

164 RegBegr., BT-Drucks. 14/8769, S. 17, linke Spalte.

165 Vgl Hüffer, AktG, § 110, Rn 10 mwN.

166 Vgl § 110 Abs. 3 Satz 1 u. 2 AktG.

167 § 1 Abs. 1 Nr. 5 letzter Satz DrittelbG, wonach der Aufsichtsrat zwei Sitzungen im Kalenderhalbjahr abhalten muss.

168 *Beuthien*, in: Beuthien, GenG, § 36, Rn 19 aE, § 38, Rn 5 mwN auch für die Gegenansicht, die eine entsprechende Anwendung von § 110 Abs. 3 Satz 1 AktG befürwortet.

169 § 107 Abs. 1 Satz 3 AktG.

170 Vgl hierzu Hüffer, AktG, § 110, Rn 1.

171 *Beuthien*, in: Beuthien, GenG, § 36, Rn 12.

172 BGH, Urt. v. 30.3.1987 – II ZR 180/86, abgedruckt in: BGHZ 100, 264 [267] = NJW 1987, 2580 zur Einladung einer Gesellschafterversammlung einer GmbH.

173 Hüffer, AktG, § 110, Rn 4.

174 Hüffer, AktG, § 110, Rn 3.

175 Lutter/Krieger, Aufsichtsrat, § 9, Rn 569; für die eG, vgl *Beuthien*, in: Beuthien, GenG, § 36, Rn 13 mwN.

176 Vgl Hüffer, AktG, § 110, Rn 5.

177 Hüffer, AktG, § 110, Rn 4 mwN auch zur Gegenansicht; vgl *Beuthien*, in: Beuthien, GenG, § 36, Rn 13, für die eG.

178 Vgl § 121 Abs. 1 Satz 1 BGB.

sichtsratsmitglieder die Einberufung nur dann verlangen, wenn Satzung oder Geschäftsordnung dies ausdrücklich vorsehen.[179] Mit dem Verlangen müssen keine Beschlussvorschläge verbunden sein. Es genügt, wenn über Angelegenheiten der Gesellschaft beraten werden soll. Der Vorschlag einer Tagesordnung reicht stets aus, um den Zweck der Sitzung darzulegen.[180] Gründe für die Einberufung betreffen Notwendigkeit und Zeitpunkt der Sitzung.[181] In Missbrauchsfällen darf der Aufsichtsratsvorsitzende die verlangte Einberufung ablehnen.[182]

379 Entspricht der Vorsitzende dem Verlangen nicht, was auch dann der Fall ist, wenn die Sitzung zu einem anderen als dem im Verlangen angegebenen Zweck[183] oder ohne Einverständnis des die Einberufung verlangenden Aufsichtsratsmitglieds eine Beschlussfassung ohne Präsenzsitzung[184] – zB eine Telefon- oder Videokonferenz – einberufen wurde, so kann das Aufsichtsratsmitglied – bei Genossenschaften allerdings nur, wenn dies in Satzung oder Geschäftsordnung ausdrücklich vorgesehen ist[185] – oder der Vorstand unter Mitteilung des Sachverhalts[186] und Angabe der Tagesordnung selbst den Aufsichtsrat einberufen.[187] Selbst einberufen kann also nur das Aufsichtsratsmitglied, welches auch das Verlangen an den Aufsichtsratsvorsitzenden herangetragen hat. Dasselbe gilt für den Vorstand als Kollektivorgan.[188]

b) Teilnahme

aa) Aufsichtsratsmitglieder

380 Aufsichtsratsmitglieder von AG und KGaA[189] sind kraft Amtes zur Teilnahme an den Sitzungen des Aufsichtsrats berechtigt und verpflichtet. Dies ergibt sich aus einem Umkehrschluss aus § 109 Abs. 1 Satz 1 AktG, wonach Personen, die dem Aufsichtsrat nicht angehö-

179 § 110 Abs. 1 Satz 1 Fall 1 AktG wird bei Genossenschaften nicht entsprechend angewendet, vgl *Beuthien*, in: Beuthien, GenG, § 36, Rn 12.

180 Vgl Hüffer, AktG, § 110, Rn 6.

181 Es ist darzulegen, warum die Sitzung überhaupt und gerade jetzt stattfinden soll, Hüffer, AktG, § 110, Rn 6.

182 *Hoffmann-Becking*, in: Münchener Handbuch GesR, Bd. 4, § 31, Rn 43; Lutter/Krieger, Aufsichtsrat, § 9, Rn 573.

183 BGH, Urt. v. 28.1.1985 – II ZR 79/84, abgedruckt in: WM 1985, 567 [568] betreffend eine GmbH.

184 Vgl Hüffer, AktG, § 110, Rn 7; *Habersack*, in: MünchKomm AktG^3, § 110, Rn 13; *Drygala*, in: K. Schmidt/Lutter, AktG, § 110, Rn 6; *Bürgers/Israel*, in: Bürgers/Körber, AktG, § 110, Rn 7.

185 Vgl *Beuthien*, in: Beuthien, GenG, § 36, Rn 12.

186 Im Rahmen dessen müssen die subjektiven Voraussetzungen des Selbsthilferechts – vergebliches Einberufungsverlangen, Untätigkeit des Vorsitzenden u.a. – dargelegt werden, vgl Hüffer, AktG, § 110, Rn 9.

187 Vgl § 110 Abs. 2 AktG (sog. Recht auf Selbsthilfe).

188 Hüffer, AktG, § 110, Rn 8, spricht von Identität von Antragsteller und Einberufendem.

189 Zur Anwendbarkeit der Vorschriften über die innere Ordnung der AG gemäß § 278 Abs. 3 AktG auf die KGaA, vgl *Habersack*, in: Münchener Kommentar AktG^3, § 109, Rn 5; *Mertens/Cahn*, in: KölnKomm AktG, § 109, Rn 4 u. § 287, Rn 11; *Hambloch-Gesinn/Gesinn*, in: Hölters, AktG, § 109, Rn 2; speziell zum Recht zur Teilnahme an Aufsichtsratssitzungen, vgl *Schlitt*, Satzung der KGaA, S. 182.

ren, an dessen Sitzungen nicht teilnehmen „sollen".[190, 191] Das Teilnahmerecht kann den Aufsichtsratsmitgliedern nicht entzogen werden. Nur in besonderen Einzelfällen und unter sehr engen Voraussetzungen darf einem Aufsichtsratsmitglied die Ausübung dieses Rechts durch den Aufsichtsrat untersagt werden. Dieser entscheidet hierüber durch Beschluss (dazu Rn 198 ff).

Ein solcher Einzelfall liegt namentlich bei der konkret belegbaren Befürchtung vor, dass 381 durch die Teilnahme des fraglichen Mitglieds wichtige Gesellschaftsbelange gefährdet werden.[192] Zu denken ist hierbei an den erhärteten Verdacht eines Geheimnisverrats.[193] Allerdings ist in solchen Fällen äußerste Zurückhaltung geboten, da die Aufsichtsratsmitglieder zur Verschwiegenheit verpflichtet sind und ihnen nur unter ganz engen Voraussetzungen unterstellt werden kann, gegen diese Pflicht zu verstoßen, zumal sie sich hierdurch haftbar machten, vgl § 116 Satz 2 AktG.

Ein Aufsichtsratsmitglied kann analog zur Ausschließung eines Aktionärs von der Hauptver- 382 sammlung durch den Versammlungsleiter[194] während der Sitzung von dieser durch den Vorsitzenden ausgeschlossenen werden, wenn andernfalls ein ordnungsgemäßer Ablauf der Sitzung nicht herbeigeführt werden kann.[195]

bb) Vorstandsmitglieder

Mitglieder des Vorstands sind zwar gemäß § 109 Abs. 1 Satz 1 AktG nicht grundsätzlich von 383 der Teilnahme an Aufsichtsratssitzungen ausgeschlossen. Das Gesetz verleiht ihnen andererseits aber auch kein Teilnahmerecht.[196] Viele Satzungen sehen daher eine Teilnahmebefugnis zu ihren Gunsten mit der Maßgabe vor, dass entweder der Aufsichtsratsvorsitzende durch Ausübung seiner Leitungsmacht oder der Aufsichtsrat als Kollektivorgan durch Beschluss im Einzelfall einem oder sämtlichen Vorstandsmitgliedern die Teilnahme verwehren kann.[197] Sinnvoll und mitunter erforderlich im Sinne einer Pflicht, ohne den Vorstand zu tagen,[198] dürfte eine solche Entscheidung sein, wenn der Aufsichtsrat über Vorstandspersonalien ab-

190 Zum Charakter von § 109 Abs. 1 Satz 1 AktG als reiner Ordnungsvorschrift, deren Nichtbeachtung die Unwirksamkeit anlässlich der Sitzung getroffener Beschlüsse nicht zur Folge hat, vgl BGH, Urt. v. 17.4.1967 – II ZR 157/64, angedruckt in: BGHZ 47, 341 [349 f] = NJW 1967, 1711; LG München I, Urt. v. 9.6.2005 – 5 HKO 10154/04, abgedruckt in: DB 2005, 1617 [1619]; Hüffer, AktG, § 109, Rn 4; *Mertens/Cahn*, in: KölnKomm AktG, § 109, Rn 5; *Hambloch-Gesinn/Gesinn*, in: Hölters, AktG, § 109, Rn 7; *Breuer/Fraune*, in: Heidel, Aktien- u. Kapitalmarktrecht, § 109, Rn 1; *Schnorbus/Ganzer*, AG 2013, 445 [447]; zur Haftung der Aufsichtsratsmitglieder für Schäden, die der Gesellschaft aufgrund der unbefugten Teilnahme Dritter entstehen, vgl *Habersack*, in: MünchKomm, AktG³, § 109, Rn 3; *Mertens/Cahn*, in: KölnKomm AktG, § 109, Rn 5; Kindl, Teilnahme an Aufsichtsratssitzung, S. 192; *Schnorbus/Ganzer*, AG 2013, 445 [448].

191 Vgl BGH, Beschl. v. 30.1.2012 – II ZB 20/11, abgedruckt in: AG 2012, 248 = NZG 2012, 347 = GmbHR 2012, 391 [392], zum Normzweck von § 109 AktG, die Funktionsfähigkeit des Organs unter Verhinderung einer Umgehung von § 95 Satz 4 AktG und die Vertraulichkeit der Beratungen zu schützen sowie den faktischen Einfluss von Personen, die nicht nach §§ 116, 93 AktG haften, auf die Geschicke der Gesellschaft zu verhindern.

192 Hüffer, AktG, § 109, Rn 2.

193 *Drygala*, in: K. Schmidt/Lutter, AktG, § 109, Rn 4.

194 BGH, Urt. v. 11.11.1965 – II ZR 122/63, abgedruckt in: BGHZ 44, 245 ff = NJW 1966, 43 ff.

195 In diesem Sinne auch: Hüffer, AktG, § 109, Rn 2.

196 Hüffer, AktG, § 109, Rn 3; vgl *Beuthien*, in: Beuthien, GenG, § 36, Rn 16, für die eG.

197 Vgl *Habersack*, in: MünchKomm AktG³, § 109, Rn 14.

198 Vgl *Roth*, WM 2012, 1985 [1990 mwN]; *ders.*, ZGR 2012, 343 [361], zur Notwendigkeit sog. executive sessions ohne das Management und zu den Statuten der NASDAQ, wonach zwei solcher Sitzungen im Kalenderjahr verlangt werden.

zustimmen hat. Soweit er die Teilnahme von Vorstandsmitgliedern an seinen Sitzungen verlangt, sind diese hierzu verpflichtet.[199]

384 Ziff. 3.6 Abs. 2 DCGK sieht vor, dass der Aufsichtsrat bei Bedarf ohne den Vorstand tagen soll. Diese ehemalige Anregung („sollte“) ist seit Mitte 2012 als Empfehlung („soll“) ausgestaltet und somit in ihrer Bedeutung „heraufgestuft“ worden.[200] Wenn bei Bedarf ohne den Vorstand getagt werden soll, folgt hieraus, dass die Kodex-Kommission davon ausgeht, dass die Vorstandsmitglieder normalerweise an den Sitzungen des Aufsichtsrats teilnehmen. Dies dürfte auch der üblichen Praxis in der Mehrzahl der Gesellschaften entsprechen. Denn zumeist beginnen die Aufsichtsratssitzungen mit einem Bericht des Vorstandsvorsitzenden über die Geschäftsentwicklung, dem Fragen der Aufsichtsratsmitglieder und deren Beantwortung durch den Vorstand folgen.[201]

cc) Sachverständige, Boten und sonstige Personen

385 Wer weder Vorstands- noch Aufsichtsratsmitglied ist, hat kein Recht auf Teilnahme an den Sitzungen des Aufsichtsrats[202] und es kann ihm auch nicht qua Satzungsbestimmung verliehen werden.[203] Somit kann auch dem Hauptaktionär und dem Ehrenvorsitzenden kein Teilnahmerecht eingeräumt werden.[204] Grund hierfür ist die berechtigte Befürchtung, dass allein aufgrund der Anwesenheit eines Ehrenvorsitzenden Diskussion und Stimmrechtsausübung der bestellten Organmitglieder beeinflusst werden können. Die Möglichkeit jedes einzelnen Mitglieds, die verdiente Persönlichkeit von der Sitzung auszuschließen, genügt nicht, um diese Gefahr auszuschalten. Denn jedes Aufsichtsratsmitglied wird naturgemäß davor zurückscheuen, einen derartigen Antrag zu stellen, dürfte er doch als Misstrauensvotum gegenüber dem Ehrenvorsitzenden verstanden werden.[205] Eine Sonderbestimmung gilt gemäß § 109 Abs. 1 Satz 2 AktG für Sachverständige und Auskunftspersonen, die zur Beratung über einzelne Gegenstände zugezogen werden können. Einer Satzungsbestimmung bedarf es hierzu nicht. Die Entscheidung über die Hinzuziehung obliegt dem Aufsichtsratsvorsitzenden oder im Fall dessen Verhinderung seinem Stellvertreter,[206] sofern nicht der Aufsichtsrat hierüber

199 *Hoffmann-Becking*, in: Münchener Handbuch GesR, Bd. 4, AG, § 31, Rn 49; Lutter/Krieger, Aufsichtsrat, § 9, Rn 580.

200 Vgl *Roth*, WM 2012, 1985 [1990], der diese Aufwertung begrüßt; vgl auch *v. Werder/Bartz*, DB 2012, 1733 [1734].

201 *U. H. Schneider*, FS Konzen, 2006, S. 881 [883 mwN].

202 Vgl Hüffer, AktG, § 109, Rn 4; *Drygala*, in: K. Schmidt/Lutter, AktG, § 109, Rn 7; *Spindler*, in: Spindler/Stilz, AktG, § 109, Rn 27; *Bürgers/Israel*, in: Bürgers/Körber, AktG, § 109, Rn 1; *Mertens/Cahn*, in: KölnKomm AktG, § 109, Rn 7; *Hambloch-Gesinn/Gesinn*, in: Hölters, AktG, § 109, Rn 7; *Breuer/Fraune*, in: Heidel, Aktien- u. Kapitalmarktrecht, § 109, Rn 5; *Tomasic*, in Grogoleit, § 109, Rn 1; *Siebel/v. Schenck*, in: Semler/v. Schenck, Aufsichtsrat, § 5, Rn 111; Lutter/Krieger, Aufsichtsrat, § 11, Rn 702; *Schnorbus/Ganzer*, AG 2013, 445 [446].

203 BGH, Beschl. v. 30.1.2012 – II ZB 20/11, abgedruckt in: AG 2012, 248 = NZG 2012, 347; Hüffer, AktG, § 109, Rn 1; *Drygala*, in: K. Schmidt/Lutter, AktG, § 109, Rn 1; *Spindler*, in: Spindler/Stilz, AktG, § 109, Rn 4; *Habersack*, in: MünchKomm AktG^3, § 109, Rn 3; *Mertens/Cahn*, in: KölnKomm AktG, § 109, Rn 5; *Hambloch-Gesinn/Gesinn*, in: Hölters, AktG, § 109, Rn 21; *Breuer/Fraune*, in: Heidel, Aktien- u. Kapitalmarktrecht, § 109, Rn 1; *Tomasic*, in Grogoleit, § 109, Rn 10; *Schnorbus/Ganzer*, AG 2013, 445 [446]; *Janberg/Oesterlink*, AG 1960, 240.

204 Hüffer, AktG, § 109, Rn 4; *Drygala*, in: K. Schmidt/Lutter, AktG, § 109, Rn 7; *Bürgers/Israel*, in: Bürgers/Körber, AktG, § 107, Rn 11; *Hambloch-Gesinn/Gesinn*, in: Hölters, AktG, § 107, Rn 27; *U. H. Schneider*, FS Konzen, 2006, S. 881 [886]; aA: *Johannsen-Roth/Kießling*, NZG 2013, 972 [975 ff].

205 Diesen Aspekt ausblendend *Johannsen-Roth/Kießling*, NZG 2013, 972 [976].

206 Vgl § 107 Abs. 1 Satz 3 AktG.

durch Beschluss entscheidet.[207] Der vom Sitzungsleiter hinzugezogene Protokollführer darf ohne Rücksicht auf das Teilnahmeerfordernis der Organmitgliedschaft anwesend sein, es sei denn, ein Aufsichtsratsmitglied widerspricht.[208] Dasselbe gilt für einen legal counsel, der während der gesamten Sitzung und nicht nur anlässlich einzelner Gegenstände, wie in § 109 Abs. 1 Staz 2 AktG vorgesehen, der Sitzung beiwohnen darf.[209]

Zumindest entsprechend dürfte § 109 Abs. 1 Satz 2 AktG in Fällen anwendbar sein, in denen sich der Aufsichtsrat freiwillig einer unabhängig-objektiven Effizienzprüfung durch einen externen Experten unterzieht, der sich in Einzelgesprächen mit Vorstands- und Aufsichtsratsmitgliedern sowie ggf mit Führungskräften der zweiten Ebene ein Bild von der Situation im Unternehmen macht, Protokolle von Aufsichtsrats- und Ausschusssitzungen durchsieht und als Gast an einer Aufsichtsratssitzung teilnimmt.[210] 386

Die Satzung von AG und KGaA kann gemäß § 109 Abs. 3 AktG zulassen, dass an den Sitzungen des Aufsichtsrats und seiner Ausschüsse Personen, die dem Aufsichtsrat nicht angehören, an Stelle der verhinderten Aufsichtsratsmitglieder teilnehmen können, wenn diese sie hierzu in Textform[211] ermächtigt haben. Durch einfache Entscheidung des Sitzungsleiters kann Dritten dieses Recht nicht eingeräumt werden.[212] Den auf diese Weise zur Teilnahme an den Aufsichtsratssitzungen zugelassenen Personen steht kein eigenes Rede- und Antragsrecht zu. Aufgrund ihrer einem Boten vergleichbaren Stellung[213] dürfen sie nur Erklärungen des verhinderten Aufsichtsratsmitglieds vortragen und dessen Anträge stellen.[214] Die Mitglieder des Aufsichtsrats einer eG müssen ihr Rede-, Antrags- und Stimmrecht hingegen stets persönlich ausüben, selbst wenn die Satzung eine § 109 Abs. 3 AktG vergleichbare Regelung enthält.[215] 387

Schließlich vermitteln aufsichtsrechtliche Sonderbestimmungen[216] zugunsten von Vertretern der Aufsichtsbehörden ein Teilnahmerecht an Aufsichtsratssitzungen. 388

dd) Sonderfall: fakultativer Aufsichtsrat einer GmbH

§ 52 Abs. 1 GmbHG verweist nicht auf § 109 AktG, so dass bei Fehlen einer abweichenden Satzungsbestimmung die zuvor dargestellten Restriktionen im Hinblick auf die zur Teilnahme an den Aufsichtsratssitzungen berechtigten Personen dem ersten Anschein nach nicht gelten und somit auch öffentliche Sitzungen des Gremiums möglich sind mit allen Konsequenzen für die Verschwiegenheit. Zu Recht zieht die wohl hM diese Schlussfolgerung nicht, sondern stellt auf § 116 AktG (und somit auch auf dessen Satz 2) ab, auf den § 52 Abs. 1 GmbHG vollumfänglich Bezug nimmt. Aufgrund dessen wendet sie auch § 109 AktG für 389

207 Vgl Hüffer, AktG, § 109, Rn 5; *Habersack*, in: MünchKomm AktG[3], § 109, Rn 20; *Mertens/Cahn*, in: KölnKomm AktG, § 109, Rn 28; *Spindler*, in: Spindler/Stilz, AktG, § 109, Rn 26; *Hambloch-Gesinn/Gesinn*, in: Hölters, AktG, § 109, Rn 9; *Breuer/Fraune*, in: Heidel, Aktien- u. Kapitalmarktrecht, § 109, Rn 7; Lutter/Krieger, Aufsichtsrat, § 11, Rn 702; *Hoffmann-Becking*, in: Münchener Hdb GesR, Bd. 4, AG, § 31, Rn 47.

208 Hüffer, AktG, § 109, Rn 5, der hierin eine Reduktion von § 109 Abs. 1 AktG sieht.

209 *Roth*, ZGR 2012, 343 [362].

210 Hierzu *Mahlert*, Der Aufsichtsrat 2013, 6 [7].

211 Vgl § 126 b BGB, wonach auch unterschriftslose Erklärungen genügen, so dass Telefax oder E-Mail ausreichend sind.

212 Hüffer, AktG, § 109, Rn 7 mwN auch zur Gegenauffassung.

213 Vgl § 108 Abs. 3 AktG, wonach sie die schriftlichen Stimmabgaben der abwesenden Aufsichtsratsmitglieder zu überreichen haben.

214 Hüffer, AktG, § 109, Rn 7.

215 *Beuthien*, in: Beuthien, GenG, § 36, Rn 9 aE, mit dem Verweis auf § 38 IV GenG, der nahezu wortgleich mit § 111 Abs. 5 AktG ist.

216 Vgl § 109 Abs. 4 AktG iVm § 44 Abs. 4 Gesetz über das Kreditwesen (KWG).

den fakultativen Aufsichtsrat entsprechend an.[217] Täte sie dies nicht, würde sie die Aufsichtsratsmitglieder in ein Dilemma in Form einer unablösbaren Pflichtenkollision stürzen. Denn diese sind auf der einen Seite verpflichtet, sich an der Diskussion im Aufsichtsrat und somit an der Meinungs- und Willensbildung des Organs zu beteiligen, was nahezu ausnahmslos die Bezugnahme auf vertrauliche Informationen voraussetzt. Andererseits unterliegen sie der Verschwiegenheitspflicht und müssten bei öffentlichen Sitzungen immer dann schweigen, wenn sie eigentlich als Überwacher der Geschäftsführung besonders gefordert sind.

390 Soweit es an einer Satzungsbestimmung fehlt, dürfen somit selbst in einer GmbH, deren einzige Gesellschafterin eine Kommune ist, keine öffentlichen Aufsichtsratssitzungen stattfinden. Als „Herr[in] des Geheimnisses" kann die Gebietskörperschaft als Gesellschafterin jedoch eine Satzungsregelung schaffen, welche die Aufsichtsratsmitglieder von ihrer Verschwiegenheitsverpflichtung befreit und in einer weiteren Ausbaustufe öffentliche Aufsichtsratssitzungen zulässt oder gar anordnet.[218] Abzulehnen ist hingegen die Ansicht, wonach Satzungsbestimmungen nur insoweit zulässig sind, als sie die Teilnahme der Öffentlichkeit auf solche Sitzungen oder Aussprachen zu Tagesordnungspunkten beschränken, bei denen auch nach aktienrechtlicher Regelung keine Vertraulichkeit bestünde.[219] Bei sämtlichen Fragen der Überwachung einschließlich der zu diskutierenden Personalangelegenheiten dürfte hiernach die Öffentlichkeit nicht zugelassen werden.[220] Praktisch würde dies dazu führen, dass zwar vereinzelt öffentliche Sitzungen abgehalten werden (können), das Interesse der Öffentlichkeit hieran jedoch wegen Inhaltsarmuts oder gar inhaltlicher Bedeutungslosigkeit verschwindend gering wäre. Der Gewinn an Transparenz dürfte kaum messbar sein. Der Zusatzaufwand insbesondere für den Aufsichtsratsvorsitzenden bei der Vorbereitung der Sitzungen könnte hingegen beträchtlich ausfallen. Insbesondere dürften Ratsmitglieder und Beschäftigte der Kommunalverwaltung nicht darauf bedacht sein, an Sitzungen des Aufsichtsrats einer GmbH teilzunehmen, an der die Kommune beteiligt ist.

391 Anders als bei der AG[221] ist die Situation bei der GmbH schließlich auch im Hinblick auf die Verschwiegenheitspflicht der Aufsichtsratsmitglieder gegenüber den Anteilseignern. Während die Aktionäre als Dritte keinen allgemeinen Informationsanspruch gegen die Aufsichtsratsmitglieder haben, sondern sich mit dem Bericht des Gesamtorgans gemäß § 171 Abs. 2 AktG (dazu Rn 654 ff) begnügen müssen, gibt es zwischen Gesellschafterversammlung und Aufsichtsrat keinerlei Verschwiegenheitspflichten, da nicht nur die Aufsichtsratsmitglieder, sondern auch die Gesellschafter als Organmitglieder Dritten gegenüber grundsätzlich zur Verschwiegenheit verpflichtet sind.[222] Hieraus folgt, dass der oder die Gesellschafter unter

217 *Zöllner/Noack*, in: Baumbach/Hueck, GmbHG, § 52, Rn 87; *Spindler*, in: MünchKomm GmbHG, § 52, Rn 539 ff; *Schnorbus/Ganzer*, AG 2013, 445 [450 mwN]; *Spindler*, ZIP 2011, 689 [691]; *Wilhelm*, DB 2009, 944; aA: VG Regensburg, Urt. v. 2.2.2005 – 3 K 04.01408, abgedruckt in: LKV 2005, 365 [369 ff], wonach der gesellschaftsrechtliche Grundsatz der Verschwiegenheitspflicht von Aufsichtsratsmitgliedern in kommunalen GmbHs aus staatsrechtlichen Gründen, insbesondere aufgrund des Demokratie- und Rechtsstaatsprinzips, erheblich eingeschränkt und nicht nur einschränkbar sei.

218 *Altmeppen*, FS U. H. Schneider, 2011, S. 1 [11 ff]; *Spindler*, ZIP 2011, 689 [692 f]; aA: *Wilhelm*, DB 2009, 944 ff.

219 *Lohner/Zieglmeier*, BayVerwBl. 2007, 581 [584].

220 Ebenso *Spindler*, ZIP 2011, 689 [691 f].

221 Zu § 394 AktG-E des noch nicht verabschiedeten Gesetzes zur Änderung des Aktiengesetzes, der für Unternehmen, an denen eine Gebietskörperschaft beteiligt ist, vorsieht, dass die Satzung die „Verschwiegenheitspflicht der Aufsichtsratsmitglieder und die Öffentlichkeit der Sitzungen regeln" kann, vgl *Bormann*, NZG 2011, 926 ff; *Bungert/Wettich*, ZIP 2011, 160 [164]; *Diekmann/Nolting*, NZG 2011, 6 [10].

222 Vgl BGH, Beschl. v. 6.3.1997 – II ZB 4/96, abgedruckt in: BGHZ 135, 48 = NJW 1997, 1985 = GmbHR 1997, 705 = ZIP 1997, 978; *Keßler*, GmbHR 2000, 71 [78]; *Spindler*, ZIP 2011, 689 [692 mwN auch für die Gegenansicht].

dem Gesichtspunkt der Verschwiegenheit nicht von den Sitzungen des Aufsichtsrats ausgeschlossen werden können und müssen.

ee) Rechtsfolge von Verstößen gegen § 109 Abs. 1 AktG

Bei § 109 Abs. 1 Satz 1 AktG handelt es sich um eine Ordnungsvorschrift, was der Wortlaut („sollen") bereits andeutet.[223] Außerdem wird hierin lediglich ein relatives (und kein absolutes) Teilnahmeverbot normiert, so dass Beschlüsse des Aufsichtsrats trotz unzulässiger Anwesenheit Dritter grundsätzlich wirksam sind[224] (dazu Rn 365). Etwas anderes kann nur dann gelten, wenn die Teilnahme des Dritten nachweisbar Einfluss auf das Stimmverhalten eines, einiger oder sogar aller Aufsichtsratsmitglieder gehabt hat. 392

c) Gemeinsame Sitzungen mehrerer Organe

aa) Vorstand und Aufsichtsrat

Viele Genossenschaftssatzungen sehen gemeinsame Sitzungen von Vorstand und Aufsichtsrat vor, insbesondere bei anstehenden Entscheidungen über Grundstücks- und Beteiligungsgeschäfte, Errichtung und Schließung von Zweigniederlassungen, Aufnahme und Aufgabe von Geschäftsbereichen, Beitritt zu Verbänden, Verwendung von Rücklagen, Erteilung von Prokura sowie bei Geschäften, welche für die eG von besonderer Bedeutung sind. 393

Vorstand und Aufsichtsrat bilden hierdurch kein eigenständiges Gemeinschaftsorgan nach Vorbild des angelsächsischen „board" oder des kontinentaleuropäischen Verwaltungsrats. Vielmehr handelt es sich lediglich um zeit- und ortsgleich stattfindende Vorstands- und Aufsichtsratssitzungen. Daher stimmen auch beide Organe getrennt voneinander ab. Ein Antrag ist abgelehnt, wenn er nicht sowohl im Vorstand als auch im Aufsichtsrat eine eigenständige Mehrheit erhält.[225] 394

bb) Aufsichtsräte mehrerer Konzerngesellschaften

Gründe der Zeitersparnis – einzelne Mitglieder gehören den Aufsichtsorganen mehrerer Konzerngesellschaften an[226] – und der besseren Koordination mehrerer Konzernebenen – einzelne Themen der Tagesordnung sind wie bei Großprojekten für mehrere Konzerngesellschaften von Bedeutung[227] – können dafür sprechen, zu inhaltlich eindeutig begrenzten Fragen gemeinsame Sitzungen von Aufsichtsorganen unterschiedlicher Konzerngesellschaften abzuhalten. In der Praxis sollen solche Sitzungen stattfinden, wenn sich die Mitglieder der jeweiligen Aufsichtsgremien hierfür aussprechen.[228] Hiermit ist jedoch noch nichts über die rechtliche Zulässigkeit eines solchen Vorgehens gesagt. 395

Wie bereits ausgeführt wurde, ist der Kreis derer, die an Sitzungen eines Aufsichtsrats teilnehmen dürfen, für den § 109 Abs. 1 Satz 1 AktG gilt, derart eng gefasst (dazu Rn 383 ff), dass eine gemeinsame Sitzungmehrerer Aufsichtsorgane nur möglich erscheint, wenn die jeweiligen Gremien personenidentisch sind.[229] Dies gilt namentlich für den Aufsichtsrat der 396

---

223 Hüffer, AktG, § 109, Rn 4; *U. H. Schneider*, FS Konzen, 2006, S. 881 [885 mwN].

224 BGH, Urt. v. 17.4.1967 – II ZR 157/64, abgedruckt in: BGHZ 47, 341 [349 f] = NJW 1967, 1711; Hüffer, AktG, § 109, Rn 4; *Habersack*, in: MünchKomm AktG^3, § 109, Rn 3 u. 8; *U. H. Schneider*, FS Konzen, 2006, S. 881 [886].

225 Vgl hierzu auch: *Beuthien*, in: Beuthien, GenG, § 36, Rn 16.

226 Vgl *Schnorbus/Ganzer*, AG 2013, 445 [445]; vgl auch *U. H. Schneider*, FS Konzen, S. 881 [881].

227 Vgl *Schnorbus/Ganzer*, AG 2013, 445 [445].

228 *Siebel/v. Schenck*, in: Semler/v. Schenck, Aufsichtsrat, § 5, Rn 112.

229 Gegen die Zulässigkeit der ständigen Zusammenlegung von Sitzungen verschiedener Aufsichtsorgane, was den Fall personenidentischer Bestzung nicht ausschließen dürfte: *Mertens/Cahn*, in: KölnKomm AktG, § 109, Rn 25; *U. H. Schneider*, FS Konzen, 2006, S. 881 [887 f]; *Schnorbus/Ganzer*, AG 2013, 445 [447].

AG und der mitbestimmten GmbH, nicht aber auch für den fakultativen Aufsichtsrat einer mitbestimmungsfreien GmbH, wenn deren Satzung nicht ausnahmsweise abweichend von § 52 Abs. 1 GmbHG auch die Vorschrift des § 109 Abs. 1 AktG für anwendbar erklärt[230] (dazu Rn 389). Neben dem Wortlaut – „sollen" ist hier nicht als Empfehlung iS des DCGK zu verstehen, sondern als verbindliche Vorgabe – lassen auch Sinn und Zweck von § 109 Abs. 1 AktG gemeinsame Sitzungen von AG- und mitbestimmten GmbH-Aufsichtsräten nicht zu. Zwar wird die Vertraulichkeit regelmäßig gewahrt sein, weil alle Sitzungsteilnehmer als Mitglied mindestens eines Aufsichtsrats gegenüber ihrer jeweiligen Gesellschaft hierzu haftungsbewährt verpflichtet sind.[231] Im Hinblick auf die Funktionsfähigkeit des Aufsichtsrats ist die Situation hingegen ambivalent. Während gemeinsame Sitzungen mehrerer Aufsichtsräte zu insgesamt weniger Aufsichtsratssitzungen im Konzern führen dürften, wird aufgrund der regelmäßig großen Zahl an Teilnehmern und Wortbeiträgen die Handhabung der einzelnen Sitzung und somit die Ausübung der Überwachungsaufgabe erheblich erschwert. Allerdings ist zu differenzieren: Während die gemeinsame Sitzung von zwei oder drei dreiköpfigen Aufsichtsräten insofern unproblematisch sein dürfte, wird die Sitzung mehrerer 12-, 16- oder gar 20-köpfiger Gremien in Vorbereitung und Durchführung unbeherrschbar, zumindest aber furchtlos sein.[232] Eindeutig gegen eine Reduktion von § 109 Abs. 1 AktG im Hinblick auf gemeinsame Sitzungen von Aufsichtsräten mehrerer Konzerngesellschaften spricht der Aspekt der individuellen Haftung. Dies gilt selbst dann, wenn nur die Diskussion gemeinsam, die Abstimmung hingegen getrennt erfolgte. Denn die Sitzungsteilnehmer verfügen, abhängig davon, welchem Aufsichtsrat sie angehören, über unterschiedliches Hintergrundwissen. Aufgrund dessen gilt für die einen bei unternehmerischen Entscheidungen die Business Judgement Rule iS von §§ 116 Satz 1, 93 Abs. 1 Satz 2 AktG (dazu Rn 933 ff), während die anderen noch haftbar wären. Außerdem unterscheiden sich ihre Motive, je nachdem, ob die geplante Maßnahme für ihre Gesellschaft nachteilhaft ist oder Vorteile bringt. Es ist daher anzunehmen, dass diejenigen, die dem Aufsichtsrat einer begünstigten Gesellschaft angehören, die anderen Sitzungsteilnehmer unmittelbar oder auch nur subtil – Letzteres dürfte im Hinblick auf die individuelle Haftung der Aufsichtsratsmitglieder besonders problematisch sein – beeinflussen werden. Während für die zuerst genannten Sitzungsteilnehmer keine Haftungsgefahren bestehen, verletzen die zuletzt erwähnten und insofern fremdgesteuerten Sitzungsteilnehmer als Mitglieder ihres Aufsichtsrats ihre Pflichten. Eine Exkulpation mit Hinweis auf die Beeinflussung durch Mitglieder anderer Aufsichtsräte während der Diskussion ist ihnen verwehrt.[233] Während demnach regelmäßige gemeinsame Sitzungen nicht zulässig sind, ist eine gemeinsame Beratung mehrerer Aufsichtsräte zu einzelnen Punkten der Tagesordnung unter den Voraussetzungen von § 109 Abs. 1 Satz 2 AktG – die Mitglieder des einen Aufsichtsrats sind Auskunftspersonen für den anderen Aufsichtsrat – durchaus möglich,[234] wenngleich aber nur selten zielführend oder gar erforderlich. Regelmäßig wird es ausreichen, wenn der Aufsichtsratsvorsitzende an der Sitzung des Aufsichtsrats einer anderen Konzerngesellschaft teilnimmt.[235] Rechtlich unbedenklich erscheint auch der Fall, dass die Mitglieder der Aufsichtsräte von Tochter- und Enkelgesellschaften im Rahmen einer gemeinsamen Sitzung, ggf zusammen mit den Mitgliedern des Aufsichtsrats der Muttergesellschaft, vom Vorstand der Obergesellschaft über die Konzern-

230 Vgl *Zöllner/Noack*, in: Baumbach/Hueck, GmbHG, § 52, Rn 31; *Spindler*, in: MünchKomm GmbHG, § 52, Rn 526; *Witte*, ZGR 1998, 151 [159].
231 *Schnorbus/Ganzer*, AG 2013, 445 [445 f]; vgl auch *Kindl*, Teilnahme an Aufsichtsratssitzung, S. 20.
232 Vgl auch *Schnorbus/Ganzer*, AG 2013, 445 [447].
233 Ähnlich *Schnorbus/Ganzer*, AG 2013, 445 [447].
234 So auch *U. H. Schneider*, FS Konzen, 2006, S. 881 [887 f]; *Schnorbus/Ganzer*, AG 2013, 445 [448].
235 So wohl auch: *Schnorbus/Ganzer*, AG 2013, 445 [448].

strategie und etwaige konzernweite Maßnahmen unterrichtet werden,[236] ohne dass anschließend eine gemeinsame Diskussion oder gar Beschlussfassung stattfindet. Denn die zuvor geschilderten Gefahren, die § 109 Abs. 1 AktG ausschließen will, entstehen bei einer reinen Entgegennahme von Informationen nicht.

Anders als bei AG, KGaA und mitbestimmter GmbH stellt sich die Situation bei der mitbestimmungsfreien GmbH mit fakultativem Aufsichtsrat dar. Gemeinsame Sitzungen sind dort, zumindest dem Wortlaut der gesetzlichen Regelung nach zu urteilen, nicht verboten, da § 52 Abs. 1 GmbHG gerade nicht auf 109 Abs. 1 AktG verweist. Allerdings gilt hier nichts anderes als das, was bereits zur Zulässigkeit öffentlicher Sitzungen gesagt wurde. Ohne anderslautende Satzungsregelung ist § 109 Abs. 1 AktG auch hier anzuwenden, da die Aufsichtsratsmitglieder gemäß § 116 Satz 2 AktG iVm § 52 Abs. 1 GmbHG zur Verschiegenheit verpflichtet sind und § 109 Abs. 1 AktG sie vor einer unauflösbaren Pflichtenkollision zwischen Mitwirkungs- und Verschwiegenheitspflicht bewahrt (dazu Rn 389 f). 397

d) Sitzungsniederschrift

Über die Sitzungen des Aufsichtsrats ist eine Niederschrift anzufertigen, die der Vorsitzende zu unterzeichnen hat. Hierin sind Ort und Tag der Sitzung, die Teilnehmer, die Gegenstände der Tagesordnung, der wesentliche Inhalt der Verhandlungen und die Beschlüsse des Aufsichtsrats anzugeben, vgl § 107 Abs. 2 Satz 1 u. 2 AktG. Entsprechendes gilt für den Aufsichtsrat einer eG, wenngleich eine gesetzliche Regelung hierzu fehlt. Daher verpflichten vielfach Satzung oder Geschäftsordnung zur Protokollierung. Wo derartige Bestimmungen fehlen, dürfte sich die Pflicht aus der ordnungsgemäßen Amtsführung gemäß §§ 41, 34 Abs. 1 GenG ergeben.[237] 398

Der Aufsichtsratsvorsitzende muss das Sitzungsprotokoll zwingend selbst unterschreiben, da er dessen inhaltliche Richtigkeit zu verantworten hat.[238] Er muss es aber grundsätzlich nicht selbst fertigen, sondern darf, sofern kein Aufsichtsratsmitglied widerspricht, hierzu einen Protokollführer hinzuziehen, der weder dem Aufsichtsrat noch dem Vorstand der AG oder KGaA angehören muss.[239] Delegiert der Vorsitzende die Protokollführung nicht oder ist der auserkorene Protokollführer zur Sitzung nicht zugelassen, muss der Vorsitzende die Niederschrift selbst fertigen.[240] Die Mitglieder des Aufsichtsrats müssen das Protokoll erst zu Beginn der nächsten Sitzung genehmigen. Ein Widerspruch ist dem Protokoll beizufügen.[241] 399

Die Beschlüsse müssen vollständig und genau erfasst werden, da sie die widerlegbare Vermutung der inhaltlichen Richtigkeit und Vollständigkeit begründen.[242] Sollten sie nicht einstimmig ergangen sein, müssen Ja- und Nein-Stimmen sowie Enthaltungen protokolliert werden.[243] 400

„Wesentliche(r) Inhalt der Verhandlungen" meint alle Aspekte, die zum Verständnis der Beschlussgegenstände beitragen. Dem Protokoll muss darüber hinaus der Gang der Verhandlungen zu entnehmen sein.[244] Diese Punkte sind deshalb wichtig, weil die Niederschrift nicht nur der Dokumentation des Geschehenen, sondern auch den Aufsichtsratsmitgliedern zur 401

236 *U. H. Schneider*, FS Konzen, 2006, S. 881 [886].
237 *Beuthien*, in: Beuthien, GenG, § 36, Rn 19; Müller, GenG, § 36, Rn 103.
238 Aus diesem Grund entscheidet auch allein der Vorsitzende über Berichtigungswünsche von Aufsichtsratsmitgliedern, *Habersack*, in: MünchKomm AktG[3], § 107, Rn 76.
239 *Habersack*, in: MünchKomm AktG[3], § 107, Rn 76; ähnlich: *Hoffmann-Becking*, in: Münchener Hdb GesR, Bd. 4, AG, § 31, Rn 51.
240 Hüffer, AktG, § 107, Rn 12.
241 *Beuthien*, in: Beuthien, GenG, § 36, Rn 19.
242 Vgl *Beuthien*, in: Beuthien, GenG, § 36, Rn 19, mit Verweis auf § 292 ZPO.
243 Hüffer, AktG, § 107, Rn 12.
244 Hüffer, AktG, § 107, Rn 12.

Vorbereitung auf die nächste Sitzung dient. Mit ihrer Hilfe können sie sich am raschesten in die bestehenden Problemfelder einarbeiten. Sie können feststellen, welche Problemfelder noch nicht abschließend geklärt und erledigt sind und so bei der bevorstehenden Sitzung an bisherige Erörterungen anknüpfen.[245]

402 Die Wirksamkeit von Aufsichtsratsbeschlüssen hängt nicht von deren ordnungsgemäßer Protokollierung ab.[246] Es wird lediglich vermutet, dass der Aufsichtsrat entsprechend der Niederschrift beschlossen hat.[247]

403 Jedem Mitglied des Aufsichtsrats ist auf Verlangen eine Abschrift der Sitzungsniederschrift auszuhändigen.[248] Weder Satzung noch Geschäftsordnung können Abweichendes wirksam regeln.[249] Sollte sich der Vorsitzende weigern, einem Mitglied des Aufsichtsrats eine Abschrift auszuhändigen, kann es aus eigenem Recht auf Aushändigung klagen.[250] Beklagte ist die Gesellschaft, vertreten durch den Vorstand.[251]

e) Vorbesprechungen von Anteilseigner- und Arbeitnehmervertretern

404 Zumindest in Aufsichtsräten von Gesellschaften, für die das MitbestG gilt, ist es üblich, dass im Vorfeld einer Aufsichtsratssitzung sowohl die Anteilseigner- als auch die Arbeitnehmervertreter separate Vorbesprechungen abhalten.[252]

405 Es lässt sich darüber streiten, ob dieses Vorgehen Ausdruck guter oder, aufgrund der hierdurch genährten Befürchtung einer Verfestigung des Denkens in Bänken, eher schlechter Corporate Governance ist.[253] Ziff. 3.6 Abs. 1 DCGK erwähnt jedenfalls die Möglichkeit, dass die Vertreter der Aktionäre und der Arbeitnehmer die Sitzungen des Aufsichtsrats jeweils gesondert, ggf mit Mitgliedern des Vorstands, vorbereiten. Um eine Anregung („sollte") handelt es sich hierbei seit der Kodex-Fassung vom 15.5.2012 nicht mehr.[254]

4. Ausschüsse

a) Bestellung, Zusammensetzung und Arbeitsweise

aa) Bestellung und Zusammensetzung von Ausschüssen

406 Der Aufsichtsrat einer AG oder KGaA kann gemäß § 107 Abs. 3 Satz 1 AktG aus seiner Mitte einen oder mehrere Ausschüsse bestellen. Seit dem 01.01.2014 sieht § 25 d Abs. 7 Satz 1 KWG eine Pflicht der Aufsichtsräte von Kredit- und Finanzdienstleistungsinstituten zur Bildung von Ausschüssen vor, die allerdings von der Größe, der internen Organisation und der Art, des Umfangs, der Komplexität und dem Risikogehalt der Geschäfte des Unternehmens

245 *Semler*, NZG 2013, 771 [774].

246 Vgl § 107 Abs. 2 Satz 3 AktG.

247 Hüffer, AktG, § 107, Rn 13.

248 § 107 Abs. 2 Satz 4 AktG.

249 Hüffer, AktG, § 107, Rn 14, der zu Recht darauf hinweist, dass sich ein Aufsichtsratsmitglied mit bloßer Einsichtnahme nicht zufrieden geben muss. Zur Situation in der eG, vgl *Beuthien*, in: Beuthien, GenG, § 36, Rn 19.

250 Hüffer, AktG, § 107, Rn 14; BGH, Urt. v. 28.11.1988 – II ZR 57/88, abgedruckt in: BGHZ 106, 54 [62] = NJW 1989, 979 [981], für die insofern vergleichbaren Rechte des einzelnen Aufsichtsratsmitglieds auf Kenntnisnahme der von dem Vorstand erstatteten Berichte gemäß § 90 Abs. 5 AktG.

251 Vgl BGH, Urt. v. 15.11.1982 – II ZR 27/82, abgedruckt in: BGHZ 85, 293 [295] = NJW 1983, 991 [991], generell zu Klagen eines Aufsichtsratsmitglieds gegen Maßnahmen des Aufsichtsratsvorsitzenden; *v. Schenck*, in: Semler/v. Schenck, Aufsicht, § 7, Rn 269; Hüffer, AktG, § 90, Rn 22, jeweils für Klagen von Aufsichtsratsmitgliedern auf Kenntnisnahme der von dem Vorstand erstatteten Berichte gemäß § 90 Abs. 5 AktG.

252 Vgl *Semler*, FS Claussen, 1997, S. 381 [385].

253 Vgl *Roth*, WM 2012, 1985 [1990 mwN].

254 Hierzu sowie zur Kritik an der Praxis getrennter Vorbesprechungen, vgl *v. Werder/Bartz*, DB 2012, 1733 [1733 mwN].

abhängt. Zu bilden sind hiernach Risiko- (Abs. 8), Prüfungs- (Abs. 9), Nominierungs- (Abs. 11) und Vergütungskontrollausschuss (Abs. 12), wobei gemäß Abs. 10 ein gemeinsamer Prüfungs- und Risikoausschuss gebildet werden kann.[255] Für den sog. Einsetzungbeschluss bedarf es der einfachen Mehrheit, ein Erfordernis, das durch die Satzung der Gesellschaft aufgrund des Selbstorganisationsrechts des Aufsichtsrats nicht modifiziert werden kann.[256] Mitglied eines Ausschusses kann somit nur sein, wer amtierendes Mitglied des Aufsichtsrats ist. Letzteres gilt entsprechend für die eG.[257] Ausschussmitglieder, deren Amtszeit im Aufsichtsrat abläuft, scheiden auch aus dem Ausschuss aus. Dies gilt selbst dann, wenn sie von der Hauptversammlung wiedergewählt werden, so dass sie vom Aufsichtsratsgremium erneut in den Ausschuss gewählt werden müssen.[258] Es besteht auch die Möglichkeit, dass Ausschussmitglieder abberufen werden, was parallel zur Bestellung einen Beschluss des Gremiums voraussetzt.[259]

Ein Ausschuss muss mindestens aus zwei Mitgliedern bestehen.[260] Sofern er dazu berufen ist, 407
auch Beschlüsse zu fassen, die für den gesamten Aufsichtsrat verbindlich sind, müssen ihm in analoger Anwendung von § 108 Abs. 2 Satz 3 AktG mindestens drei Mitgliedern angehören.[261] Denn die Delegation von Aufgaben an einen Ausschuss kann nicht dazu führen, dass die zwingende gesetzliche Regelung, vgl § 23 Abs. 5 AktG, unterlaufen wird.[262] Für Beschlussfähigkeit[263] und Beschlussfassung[264] gelten ansonsten dieselben Grundsätze wie im Plenum.[265]

Ungeklärt ist die Frage, ob ein Ausschuss zwingend einen Vorsitzenden benötigt.[266] Hierfür 408
spricht die aktiengesetzliche Konzeption, wonach Gremien stets einen Vorsitzenden haben. Zudem erleichtert es die Koordination und steigert somit die Effizienz der Ausschussarbeit, wenn ein Mitglied den Vorsitz innehat.[267] Der Vorsitzende kann aus der Mitte des Ausschusses gewählt werden, wenn er nicht zuvor durch das Aufsichtsratsplenum bestimmt

---

255 Ähnlich ist die Situation bei den Sparkassen, der Kontrollgremien nach den Sparkassengesetzen der Länder mitunter bestimmte Ausschüsse bilden müssen; so sieht § 10 SpkG Rheinland-Pfalz vor, dass der Verwaltungsrat aus seiner Mitte einen Kreditausschuss (Abs. 1 u. 2) und unter bestimmten Umständen auch zwingend einen Prüfungsausschuss (Abs. 3 u. 4) zu bilden hat.

256 *Habersack*, in: MünchKomm AktG[3], § 107, Rn 117 mwN.

257 *Beuthien*, in: Beuthien, GenG, § 36, Rn 27; Müller, GenG, § 36, Rn 108 a.

258 Lutter/Krieger, Aufsichtsrat, § 11, Rn 761; *Hasselbach/Seibel*, AG 2012, 114 [118 mwN].

259 Vgl hierzu nur *Hasselbach/Seibel*, AG 2012, 114 [118 f].

260 *Hoffmann-Becking*, in: Münchener Hdb GesR, Bd. 4, AG, § 32, Rn 16; *Beuthien*, in: Beuthien, GenG, § 36, Rn 30, lässt für die Aufsichtsratsausschüsse einer eG sogar ein Mitglied genügen, gesteht jedoch ein, dass der Begriff Ausschuss ein Mehrpersonengremium bezeichnet; vgl auch *Semler*, NZG 2013, 771 [775], zur Aufteilung der Überwachungsarbeit dergestalt, dass jedes Aufsichtsratsmitglied anstelle eines Ausschusses ein Ressort – aufgeteilt zB nach regionalen Absatzmärkten oder Produkten bzw Produktfamilien – übernimmt und dem Gesamtorgan von seinen Überwachungsaktivitäten berichtet.

261 BGH, Urt. v. 19.12.1988 – II ZR 74/88, abgedruckt in: NJW 1989, 1928 [1929]; Hüffer, AktG, § 107, Rn 17 mwN; *Beuthien*, in: Beuthien, GenG, § 36, Rn 30, für die eG.

262 *Habersack*, in: MünchKomm AktG[3], § 107, Rn 151; Hüffer, AktG, § 107, Rn 19.

263 Vgl Lutter/Krieger, Aufsichtsrat, § 11, Rn 767, zur entsprechenden Anwendbarkeit von § 108 Abs. 2 Satz 2 AktG.

264 Vgl *Habersack*, in: MünchKomm AktG[3], § 107, Rn 153; Hüffer, AktG, § 107, Rn 19; *Hasselbach/Seibel*, AG 2012, 114 [120], zur entsprechenden Anwendung des allgemeinen Grundsatzes, wonach ein Beschluss grundsätzlich die Mehrheit der abgegebenen Stimmen benötigt.

265 Vgl § 108 Abs. 2 bis 4 AktG; zur Arbeitsweise in den Ausschüssen des Aufsichtsrats: Hüffer, AktG, § 107, Rn 19.

266 **Bejahend:** *Hoffmann-Becking*, in: Münchener Handbuch GesR, Bd. 4, AG, § 32, Rn 26 mwN. **Verneinend:** Hüffer, AktG, § 107, Rn 19; *Hasselbach/Seibel*, AG 2012, 114 [119].

267 *Hasselbach/Seibel*, AG 2012, 114 [119].

wurde.[268] Bei der eG kann die Satzung hierzu nähere Vorgaben machen.[269] Dies ist bei AG und KGaA aufgrund des Selbstorganisationsrechts des dortigen Aufsichtsrats nicht möglich.

bb) Arbeit im Ausschuss und Berichterstattung an das Plenum

409 Der Vorsitzende des Ausschusses leitet üblicherweise dessen Sitzungen,[270] die er zuvor einberufen hat.[271] Gemäß § 110 Abs. 1 Satz 1 u. Abs. 2 AktG analog kann jedes Ausschussmitglied unter Angabe des Zwecks und der Gründe verlangen, dass der Ausschussvorsitzende den Ausschuss unverzüglich einberuft. Für den Fall, dass dieser dem Verlangen nicht entspricht, kann das Ausschussmitglied unter Mitteilung des Sachverhalts und der Angabe einer Tagesordnung den Ausschuss selbst einberufen.[272]

410 Der Ausschussvorsitzende unterschreibt darüber hinaus das Sitzungsprotokoll,[273] das er zuvor selbst gefertigt hat oder hat fertigen lassen.

411 Ihm kann durch Satzung[274] oder zumindest bei AG und KGaA auch durch Geschäftsordnung[275] ein Zweitstimmrecht bei Beschlüssen des Ausschusses eingeräumt werden.

412 Die Ausschüsse haben gemäß § 107 Abs. 3 Satz 4 AktG dem Plenum regelmäßig über ihre Arbeit zu berichten, eine Aufgabe, die der Ausschussvorsitzende zu organisieren hat.[276] Ziff. 5.3.1 Satz 2 DCGK, wonach dem Ausschussvorsitzenden die Pflicht zur regelmäßigen Berichterstattung obliegt, geht sogar noch einen Schritt weiter. Der Bericht kann, im Gegensatz zum Bericht des Aufsichtsrats an die Hauptversammlung gemäß § 171 Abs. 2 AktG (iVm § 314 Abs. 2 u. Abs. 3 AktG), mündlich erstattet werden.[277] Im Hinblick auf den Umfang der Informationsversorgung ist jedoch zu differenzieren: Während ein lediglich vorbereitender Ausschuss dem Plenum im Rahmen seiner Berichterstattung stets unaufgefordert sämtliche für dessen Entscheidungsfindung relevanten Informationen zukommen lassen muss,[278] ist dies bei einem entscheidenden Ausschuss nur dann der Fall, wenn das Gesamtorgan dies auf der Grundlage eines entsprechenden Beschlusses verlangt.[279] Andernfalls genügt ein knapper Ergebnisbericht, also eine Zusammenfassung dessen, womit sich der Ausschuss beschäftigt und worüber er aufgrund welcher Erkenntnisse entschieden hat.[280] Die Preisgabe von vertraulichen Informationen schließt diese Zusammenfassung regelmäßig nicht ein.[281] Vertrauliche Informationen sind dem Plenum auf dessen Anforderungsbeschluss jedoch stets

268 *Gittermann*, in: Semler/v. Schenck, Aufsichtsrat, § 6, Rn 76; Lutter/Krieger, Aufsichtsrat, § 11, Rn 764.

269 Vgl *Beuthien*, in: Beuthien, GenG, § 36, Rn 27; Müller, GenG, § 36, Rn 109.

270 *Spindler*, in: Spindler/Stilz, AktG, § 107, Rn 107; Lutter/Krieger, Aufsichtsrat, § 11, Rn 764; *Hasselbach/Seibel*, AG 2012, 114 [119].

271 *Hasselbach/Seibel*, AG 2012, 114 [119].

272 Hüffer, AktG, § 107, Rn 19; Lutter/Krieger, Aufsichtsrat, § 11, Rn 764; *Hasselbach/Seibel*, AG 2012, 114 [119 mwN].

273 Vgl § 107 Abs. 2 Satz 1 AktG als Regelung für den Aufsichtsrat in seiner Gesamtheit.

274 BGH, Urt. v. 25.2.1982 – II ZR 123/81, abgedruckt in: BGHZ 83, 106 [117] = NJW 1982, 1525 [1527].

275 BGH, Urt. v. 25.2.1982 – II ZR 102/81, abgedruckt in: BGHZ 83, 144 [147 ff] = NJW 1982, 1528 [1529 f].

276 *Spindler*, in: Spindler/Stilz, AktG, § 107, Rn 107; Lutter/Krieger, Aufsichtsrat, § 11, Rn 764; *Hasselbach/Seibel*, AG 2012, 114 [119].

277 Vg. Begr. RegE zum TransPuG, BT-Drucks. 14/8769, S. 16.

278 *Beuthien*, in: Beuthien, GenG, § 36, Rn 29, spricht für den Aufsichtsratsauschuss einer eG insofern von der Pflicht zur umfassenden und rückhaltlosen Unterrichtung des Gesamtorgans.

279 Vgl *Hoffmann-Becking*, Münchener Hdb GesR, Bd. 4, AG, § 32, Rn 23.

280 Vgl *Drygala*, in: K. Schmidt/Lutter, AktG, § 107, Rn 53; Hüffer, AktG, § 107, Rn 22 a; Lutter/Krieger, Aufsichtsrat, § 11, Rn 751, 783; *Hasselbach/Seibel*, AG 2012, 114 [122 mwN].

281 Hüffer, AktG, § 107, Rn 22 a; *Hasselbach/Seibel*, AG 2012, 114 [122 mwN].

zu offenbaren,[282] da die Organmitglieder zur Verschwiegenheit verpflichtet sind, eine pflichtgemäße Amtsführung zunächst zu unterstellen ist und die Unterstellung des Gegenteils das Vertrauensverhältnis unter den Aufsichtsratsmitgliedern erheblich beeinträchtigen dürfte mit uU weitreichenden negativen Konsequenzen für die Arbeit des Aufsichtsrats.[283] Eines Aufsichtsratsbeschlusses als Grundlage für eine weitergehende Informationsversorgung des Plenums durch einen entscheidenden Ausschuss bedarf es deshalb, weil § 90 Abs. 3 Satz 2 AktG, wonach jedes einzelne Aufsichtsratsmitglied vom Vorstand einen Bericht an das Plenum verlangen kann, eine Ausnahmevorschrift für das Verhältnis von Vorstand und Aufsichtsrat ist und somit nicht verallgemeinerungsfähig für organinterne Vorgänge,[284] so dass der allgemeine Grundsatz des § 108 Abs. 1 AktG gilt.[285] Es empfiehlt sich, die regelmäßige Berichterstattung über die Arbeit in den Ausschüssen zum Tagesordnungspunkt einer jeden ordentlichen Aufsichtsratssitzung zu machen.[286]

cc) Rechte der nicht dem Ausschuss angehörenden Aufsichtsratsmitglieder

Aufsichtsratsmitglieder, die einem Ausschuss nicht angehören, können gemäß § 109 Abs. 2 AktG an dessen Sitzungen teilnehmen, wenn der Aufsichtsratsvorsitzende nichts anderes bestimmt.[287] Im Umkehrschluss bedeutet dies, dass dem Ausschussvorsitzenden, wenn er nicht zugleich Aufsichtsratsvorsitzender ist, keine Befugnis zum Ausschluss von Nichtausschussmitgliedern von Sitzungen des Ausschusses zusteht. Denn seine Kompetenz in personeller Hinsicht beschränkt sich auf den Ausschuss und dessen Mitglieder. Den übrigen Aufsichtsratsmitgliedern kann er als (lediglich) Vorsitzender des Ausschusses hingegen keine Vorgaben machen. Mit dem Ausschluss von der Ausschusssitzung ist den betroffenen Aufsichtsratsmitgliedern auch die Einsicht in die Sitzungsunterlagen und -protokolle verwehrt.[288] Bei seiner Entscheidung über den Ausschluss von Nichtmitgliedern von den Ausschusssitzungen unterliegt der Aufsichtsratsvorsitzende pflichtgemäßem Ermessen, wodurch ihm ein grundloser Ausschluss verboten ist.[289] Insbesondere hat er den Grundsatz der Gleichbehandlung aller Aufsichtsratsmitglieder zu beachten, weshalb er sich auch selbst ausschließen und somit die Einsicht in Sitzungsunterlagen und –protokoll verbieten muss, wenn in seiner Person ein Ausschlussgrund besteht.[290] Häufigster Grund für einen Ausschluss dürfte der Schutz der 413

282 Vgl LG München I, Urt. v. 23.8.2007 – 12 O 8466/07, abgedruckt in: NZG 2008, 348 [349] = DStR 2007, 2178 = BeckRS 2007, 16066; *Habersack*, in: MünchKomm AktG³, § 107, Rn 156; *Drygala*, in: K. Schmidt/Lutter, AktG, § 107, Rn 53; *Hasselbach/Seibel*, AG 2012, 114 [123].

283 Vermeintlich zu restriktiv: *Hasselbach/Seibel*, AG 2012, 114 [122], die den Aufsichtsratsvorsitzenden in der Verantwortung für die Entscheidung über die Offenlegung vertraulicher Informationen im Rahmen der Berichterstattung des Ausschusses an das Plenum sehen, unter Bezugnahme auf *Gittermann*, in: Semler/v. Schenck, Aufsichtsrat, § 6, Rn 125, der die Entscheidungsbefugnis des Aufsichtsratsvorsitzenden jedoch nur für den Fall der Weitergabe von Informationen durch ein Ausschussmitglied an ein Nichtausschussmitglied annimmt, unter anderem mit dem berechtigten Hinweis darauf, dass hierdurch ein Infomrationsvorsprung einzelner Aufsichtsratsmitglieder gegenüber anderen entstehen kann.

284 Vgl *Hasselbach/Seibel*, AG 2012, 114 [123 m. Verw. auf *Leyens*, Information des Aufsichtsrats, Univers. Diss. Hamburg 2006, S. 281], wonach der Anspruch aus § 90 Abs. 3 Satz 2 AktG „inter- und nicht intraorganschaftlicher Natur" sei.

285 LG München I, Urt. v. 23.8.2007 – 12 O 8466/07, abgedruckt in: NZG 2008, 348 [348 f] = DStR 2007, 2178 = BeckRS 2007, 16066.

286 Hüffer, AktG, § 107, Rn 22 a; *Maser/Bäumker*, AG 2005, 906 [910].

287 Müller, GenG, § 36, Rn 108 a, bejaht eine entsprechende Anwendung der Vorschrift auf die eG.

288 Lutter/Krieger, Aufsichtsrat, § 11, Rn 785; *Hasselbach/Seibel*, AG 2012, 114 [120].

289 Vgl LG München I, Urt. v. 23.8.2007 – 12 O 8466/07, abgedruckt in: NZG 2008, 348 = DStR 2007, 2178 = BeckRS 2007, 16066; *Habersack*, in: MünchKomm AktG³, § 109, Rn 25; *Hasselbach/Seibel*, AG 2012, 114 [120 mwN].

290 Vgl *Hasselbach/Seibel*, AG 2012, 114 [121 mwN], die de lege ferenda ein Ausschlussrecht der übrigen Aufsichtsratsmitglieder im Fall der Betroffenheit des Aufsichtsratsvorsitzenden bejahen.

Vertraulichkeit und somit die Sorge vor Verletzung der Verschwiegenheitspflicht sein.[291] Allerdings hat der Aufsichtsratsvorsitzende auch diesbezüglich gewissenhaft die Voraussetzung für einen Ausschluss zu prüfen, da alle Aufsichtsratsmitglieder zur Verschwiegenheit verpflichtet sind und Verstöße hiergegen gemäß § 116 Satz 2 AktG sowie §§ 116 Satz 1, 93 Abs. 1 Satz 2 AktG, jeweils iVm § 93 Abs. 2 Satz 1 AktG, sanktioniert werden.

414 Die Nichtausschussmitglieder haben darüber hinaus das Recht, sich an der Diskussion im Ausschuss zu beteiligen. Schließlich können sie verlangen, dass ihnen Einsicht in die Sitzungsunterlagen des Ausschusses gewährt wird und ihre Meinungsäußerungen in das Sitzungsprotokoll aufgenommen werden.[292] Denn mittels dessen können sie belegen, dass sie ihre Kontrollfunktion im Hinblick auf den Ausschuss und dessen Arbeit ordnungsgemäß ausgeübt haben. Antrags- und stimmberechtigt sind die übrigen Aufsichtsratsmitglieder, die nicht Mitglieder des Ausschusses sind, hingegen nicht. Ihnen steht auch das Recht nicht zu, vom Ausschussvorsitzenden die Einberufung zu verlangen und im Fall dessen Weigerung den Ausschuss selbst einzuberufen, vgl § 110 Abs. 1 Satz 1 u. Abs. 2 AktG analog.[293]

415 Sollte der Aufsichtsrat einer eG ausnahmsweise keinen Vorsitzenden haben, kann nur der Leiter der letzten Aufsichtsratssitzung die übrigen Aufsichtsratsmitglieder von der Teilnahme an der Ausschusssitzung ausschließen, wenn die Satzung keine anderslautende Regelung enthält. Das Recht zur Teilnahme schließt das Recht zur Einsichtnahme in Unterlagen, die dem Ausschuss als Grundlage seiner Arbeit dienen, und in das Sitzungsprotokoll[294] ebenso ein wie das Rederecht.[295] Sofern der Aufsichtsratsvorsitzende bzw Sitzungsleiter Teilnahmeverbote ausspricht, hat er sich hierbei am Interesse der Gesellschaft bzw Genossenschaft, zB zur Wahrung von Vertraulichkeit, auszurichten.[296] Aufgrund der Tatsache, dass die Verletzung der Geheimhaltungspflicht gemäß § 404 Abs. 1 u. Abs. 2 AktG strafbewehrt ist und ggf zu einer Schadensersatzpflicht[297] des sie verletzenden Aufsichtsratsmitglieds führt, dürfte ein Teilnahmeverbot wegen befürchteten Geheimnisverrats jedoch nur in Ausnahmefällen gerechtfertigt sein.

b) Aufgaben und Kompetenzen

416 Die den Ausschüssen von AG und KGaA in § 107 Abs. 3 Satz 1 AktG zugewiesene Aufgabe besteht darin, Verhandlungen und Beschlüsse des Aufsichtsrats vorzubereiten und die Ausführung seiner Beschlüsse zu überwachen. Neben dieser unterstützenden Tätigkeit können Ausschüsse anstelle des Aufsichtsrats auch abschließend durch Beschluss entscheiden.[298] (dazu Rn 407) Hierdurch ist es möglich, Interessenkonflikte zu vermeiden.[299] Dies geschieht, indem man zu einzelnen Themen Ausschüsse einsetzt, die ausschließlich mit unabhängigen oder solchen Mitgliedern besetzt sind, die im Hinblick auf die zu entscheidende Frage keinem Interessenkonflikt ausgesetzt sind. Die Mitglieder, deren Interessen in der konkreten Situation mit denen der Gesellschaft konfligieren könnten, sind somit nicht an der Willensbildung des Aufsichtsrats beteiligt. Dies kommt der Gesellschaft und darüber hinaus den befan-

291 Konkrete Anwendungsfälle bei *Hasselbach/Seibel*, AG 2012, 114 [121].

292 Vgl nur *Hasselbach/Seibel*, AG 2012, 114 [120].

293 *Hasselbach/Seibel*, AG 2012, 114 [120].

294 Lutter/Krieger, Aufsichtsrat, § 9, Rn 642; *Habersack*, in: MünchKomm AktG^3, § 109, Rn 23.

295 Müller, GenG, § 36, Rn 108 a, für die eG.

296 Hüffer, AktG, § 109, Rn 6, zur Situation in AG und KGaA.

297 Vgl § 116 Satz 1 iVm § 93 Abs. 1 Satz 3 AktG und § 116 Satz 2 AktG.

298 Rückschluss aus § 107 Abs. 3 Satz 3 AktG; *Beuthien*, in: Beuthien, GenG, § 36, Rn 28, spricht insofern vom Ausschuss als Teilorgan, der im Rahmen der ihm zugewiesenen Zuständigkeit endgültig anstelle des Gesamtorgans entscheidet.

299 *Semler*, in: MünchKomm AktG^2, § 100, Rn 158; *Roth*, ZGR 2012, 343 [353], wonach hierin international der Hauptgrund zur Ausschussbildung liegt, zumal Ausschüsse mit ausschließlich unabhängigen Mitglieder an einigen Börsen zwingende Zulassungsvoraussetzung sind.

genen Aufsichtsratsmitgliedern zugute, da sie auf diese Weise vor Haftung geschützt werden.[300]

Inwiefern eine abschließende Entscheidung auch bei Aufsichtsratsausschüssen von Genossenschaften möglich ist, bedarf noch der abschließenden Klärung.[301] Zum Teil wird mit Hinweis auf § 18 Satz 2 GenG davon ausgegangen, dass der Aufsichtsrat bei der Erfüllung der ihm qua Gesetzes zugewiesenen Aufgaben stets als Gesamtorgan zuständig ist. Satzungsbestimmungen, wonach anstatt seiner ein Ausschuss entscheiden kann, änderten hieran nichts. Für die Möglichkeit einer Verlagerung der Beschlusszuständigkeit vom Gesamtaufsichtsrat auf einen Ausschuss bedürfe es einer ausdrücklichen oder schlüssigen gesetzlichen Öffnungsklausel, vergleichbar § 107 Abs. 3 Satz 3 AktG. Ein solche enthalte das GenG jedoch nicht.[302] Insofern sei insbesondere bei der Ausführung von Beschlüssen des Aufsichtsrats durch einen Ausschuss sorgfältig darauf zu achten, dass diesem keine eigene Willensbildung zukomme.[303] Die wohl hM beurteilt dies anders. Sie billigt dem Aufsichtsrat, unabhängig vom Fehlen einer ausdrücklichen gesetzlichen Vorschrift, eine nicht zu entziehende Organisationsautonomie zu, in deren Rahmen er einzelne Befugnisse einschließlich der Beschlusskompetenz auf Ausschüsse delegieren kann.[304] Gestützt wird diese Auffassung durch § 38 Abs. 1 a GenG, der durch das BilMoG eingeführt wurde und von der grundsätzlichen Zulässigkeit beschließender Ausschüsse ausgeht.[305] 417

c) Delegationsverbot bzw Plenumsvorbehalt

aa) Aufsichtsratsvorsitz u. Abschlagszahlung auf Bilanzgewinn

Es ist nicht möglich, dass ein Ausschuss des Aufsichtsrats einer AG oder KGaA den Vorsitzenden des Aufsichtsrats und dessen Stellvertreter wählt[306] oder abberuft.[307] Ebenfalls dem Gremium vorbehalten ist die Zustimmung zur Zahlung eines Abschlags auf den voraussichtlichen Bilanzgewinn nach Ablauf des Geschäftsjahres an die Aktionäre[308] und der Erlass einer Geschäftsordnung für den Vorstand, und zwar gemäß § 77 Abs. 2 Satz 1 AktG unabhängig davon, ob die Satzung diese Aufgabe dem Aufsichtsrat übertragen hat oder nicht.[309] 418

bb) Bestellung und Abberufung der Vorstandsmitglieder

Für AG und eG[310] gilt gleichermaßen, dass die erstmalige[311] oder wiederholte[312] Bestellung von Vorstandsmitgliedern von einem Ausschuss genauso wenig vorgenommen werden kann wie die Ernennung eines Mitglieds des Vorstands zu dessen Vorsitzenden.[313] Dasselbe gilt 419

300 *Roth*, ZHR 76 (2011), 605 [632 f]; *ders.*, ZGR 2012, 343 [353].

301 *Beuthien*, in: Beuthien, GenG, § 36, Rn 28, spricht von Ausschüssen als „Organteil“, die innerhalb des Aufsichtsrats nur dienende Funktion haben, wenn ihre Aufgabe sich darauf beschränkt, vorbereitend tätig zu sein. Überwachende und beschließende Organausschüsse würden hingegen als Teilorgan eigenverantwortlich anstelle des Gesamtorgans tätig, vgl *Beuthien*, NZG 2010, 333 [333].

302 *Beuthien*, NZG 2010, 333 [334]; Müller, GenG, § 36, Rn 108.

303 Müller, GenG, § 36, Rn 108.

304 *Heutz*, NZG 2013, 611 [612 mN].

305 *Scholderer*, NZG 2011, 528 [529 f].

306 Vgl § 107 Abs. 1 Satz 1 u. Abs. 3 Satz 3 AktG.

307 Hüffer, AktG, § 107, Rn 18 mwN für die AG; *Beuthien*, in: Beuthien, GenG, § 36, Rn 28, für die eG.

308 Vgl § 107 Abs. 3 Satz 3 iVm § 59 Abs. 3 AktG.

309 Vgl § 107 Abs. 3 Satz 3 iVm § 77 Abs. 2 Satz 1 AktG.

310 *Beuthien*, in: Beuthien, GenG, § 39, Rn 2, der insofern eine entsprechende Anwendung von § 107 Abs. 3 Satz 3 AktG befürwortet.

311 Vgl § 107 Abs. 3 Satz 3 iVm § 84 Abs. 1 Satz 1 AktG.

312 Vgl § 107 Abs. 3 Satz 3 iVm § 84 Abs. 1 Satz 3 AktG.

313 Vgl § 107 Abs. 3 Satz 3 iVm § 84 Abs. 2 AktG.

für den Widerruf von Bestellung und Ernennung aus wichtigem Grund.[314] Ein Ausschuss, dem die Regelung der Anstellungsverhältnisse der Vorstandsmitglieder übertragen ist, darf daher auch nicht durch den verfrühten Abschluss eines Anstellungsvertrages oder dessen vorzeitige Kündigung einer Entscheidung des Aufsichtsratsgremiums über die Bestellung und deren Widerruf vorgreifen.[315] Wirksam sind hingegen Beschlüsse von Ausschüssen, mit denen Stellvertreter von fehlenden oder verhinderten Vorstandsmitgliedern aus dem Kreis der Mitglieder des Aufsichtsrats gemäß § 105 Abs. 2 AktG bestellt werden, wenn dem jeweiligen Ausschuss die Kompetenz hierfür zB durch Bestimmung in der Geschäftsordnung eingeräumt ist.[316] Grund hierfür ist, dass § 107 Abs. 3 Satz 3 AktG diese Vorschrift anders als § 84 Abs. 1 AktG nicht erwähnt und eine Analogie bereits mangels planwidriger Regelungslücke ausscheiden dürfte.

cc) Entscheidung über Vergütung des Vorstands

420 Bei AG und KGaA ist dem Gesamtorgan, unabhängig von einer etwaigen Börsennotierung der Gesellschaft, ferner die Festsetzung der Gesamtbezüge des einzelnen Vorstandsmitglieds einschließlich dessen Ruhegehalts und von Hinterbliebenenbezügen gemäß § 107 Abs. 3 Satz 3 iVm § 87 Abs. 1 Sätze 1 u. 4 AktG, die Festlegung der Vergütungsstruktur gemäß § 87 Abs. 1 Sätze 2 u. 3 AktG sowie die angemessene Herabsetzung von Vorstandsbezügen bei Verschlechterung der wirtschaftlichen Lage der Gesellschaft gemäß § 87 Abs. 2 Satz 1 AktG und eingeschränkt von Ruhegehältern und Hinterbliebenenbezügen gemäß § 87 Abs. 2 Sätze 1 u. 2 AktG vorbehalten.[317] Festsetzung meint in diesem Kontext nur den Beschluss an sich, nicht hingegen auch dessen Vorbereitung einschließlich der Erarbeitung eines Beschlussvorschlags, eine Aufgabe, die auch von einem Ausschuss erledigt werden kann, vgl hierzu Ziff. 4.2.2 Abs. 1 DCGK.[318] Außer Frage steht, dass dieser Ausschuss dem Plenum hierbei seine zugrundegelegten Gedanken mitteilen muss.[319] Denn andernfalls könnten die Nichtausschussmitgleider sich keine eigene Meinung zu dem Vorschlag des Ausschusses bilden und dürften bereits aus dem Gesichtspunkt der Haftung keine abschließende Entscheidung treffen.

421 Einer Festsetzung bedarf es nicht, wenn sich eine Festvergütung des Vorstandsmitglieds entsprechend der anstellungsvertraglichen Regelung automatisch anpasst,[320] inhaltlich jedoch keine neue oder geänderte Regelung zur Vergütung getroffen wird. Zu der vertraglichen Vergütungsregelung gehören neben dem Gehalt auch noch alle sonstigen Klauseln mit Vergütungscharakter wie Sachbezüge, Gewährung von Versicherungen, Zusage der Fortzahlung der Bezüge im Krankheits- oder Todesfall, Versorgungszusagen, Karenzentschädigungen in nachvertraglichen Wettbewerbsvereinbarungen oder Regelungen zur Abfindung.[321] Soweit bei derartigen Gegenständen eine nicht durch objektiv feststellbare Parameter determinierte

314 Vgl § 107 Abs. 3 Satz 3 iVm § 84 Abs. 3 Satz 1 AktG.

315 BGH, Urt. v. 24.11.1980 – II ZR 182/79, abgedruckt in: BGHZ 79, 38 [40 ff] = NJW 1981, 757 [758 f], wonach Abschluss, Änderung und Aufhebung des Anstellungsvertrages zwar grundsätzlich einem Ausschuss übertragen werden können, dessen Befugnisse jedoch seine Grenzen haben, wo eine solche Regelung in die ausschließliche Bestellungs- und Abberufungszuständigkeit des Aufsichtsrats eingreift. *Beuthien*, in: Beuthien, GenG, § 24, Rn 23, u. § 39, Rn 2, für die eG.

316 *Heidbüchel*, WM 2004, 1317 [1319 f mwN].

317 Dem Plenum ist allerdings nur die Beschlussfassung, nicht aber auch die Vorbereitung derselben vorbehalten, so dass diese von einem Personalausschuss geleistet werden kann, vgl Hüffer, AktG, § 107, Rn 18; *Seibert*, WM 2009, 1489 [1491].

318 Vgl nur *Annuß/Theusinger*, BB 2009, 2434 [2439]; *Thüsing*, AG 2009, 517 [524].

319 Vgl *Habersack*, in: MünchKomm AktG^3, § 107, Rn 156; *Spindler*, in: Spindler/Stilz, AktG, § 107, Rn 114; *Wettich*, AG 2013, 374 [380].

320 Vgl nur *Wettich*, AG 2013, 374 [378].

321 *Wettich*, AG 2013, 374 [378].

Ermessensentscheidung zu treffen ist, ist diese nach den vorherigen Ausführungen dem Plenum vorbehalten. Geht es hingegen lediglich um das Ergebnis einer Rechenoperation, die anstellungsvertraglich eindeutig vorgegeben ist, genügt es, wenn ein Ausschuss tätig wird.[322] Für eine Zielvereinbarung betreffend eine variable Vergütungskomponente bedeutet dies, dass die jährliche Überprüfung deren Erfüllung von einem Ausschuss vorgenommen werden kann, Änderungen der Zielvorgaben, seien sie nicht bereits vertraglich zu bestimmten Zeitpunkten eindeutig vorgegeben, jedoch nur vom Plenum selbst.[323] Die Entscheidung darüber, ob, unter welchen Voraussetzungen und in welcher Höhe den Vorstandsmitgliedern Long Term Incentives in Form von (virtuellen) Aktienoptionen angeboten werden, hat das Plenum zu befinden.[324] Die Entscheidung, ob die vertraglich verbindlichen Voraussetzungen vorliegen, kann auch ein Ausschuss treffen, da es sich hierbei um eine gebundene und keine Ermessensentscheidung handelt.

Nicht empfehlenswert ist es, das Plenum über die Eckdaten der Vorstandsvergütung ent- 422
scheiden, anschließend jedoch die vertragliche Regelung zur Vorstandsvergütung von einem Ausschuss ausformulieren zu lassen.[325] Dieses Procedere erscheint zwar praktisch, wird vom Wortlaut des § 87 Abs. 1 Satz 1 AktG, auf den § 107 Abs. 3 Satz 3 AktG verweist, jedoch nicht gestützt.[326] Es ist somit nicht ausgeschlossen, dass ein Gericht auf Klage zB eines Aufsichtsratsmitglieds, das nicht Mitglied des fraglichen Ausschusses ist, dessen Beschluss zu den konkreten Formulierungen des Anstellungsvertrages als Festsetzung der Vergütung und somit als unheilbar nichtig wegen Verstoßes gegen das Delegationsverbot einstuft.[327] Wird die AG durch ihren Aufsichtsrat gemäß § 112 AktG wirksam gegenüber dem Vorstandsmitglied vertreten, hat dies trotz des nichtigen Aufsichtsratsbeschlusses keinen Einfluss auf die Wirksamkeit des Anstellungsvertrages. Etwas anderes kann jedoch gelten, wenn der Aufsichtsratsvorsitzende den Vertrag für den Aufsichtsrat geschlossen hat und es ihm mangels eines wirksamen Aufsichtsratsbeschlusses an der erforderlichen Vertretungsmacht fehlte.[328] Ein Haftungsrisiko für die Ausschuss- und die übrigen Aufsichtsratsmitglieder besteht bei einem Verstoß gegen § 107 Abs. 3 Satz 3 AktG im Zusammenhang mit der Festsetzung der Vergütung zwar theoretisch, praktisch dürfte es jedoch an einem Schaden für die Gesellschaft fehlen, da das Plenum im Zweifel keine andere Entscheidung als der Ausschuss getroffen hätte.[329]

Bei der eG ist die abschließende Festsetzung der Vorstandsvergütung durch einen Aufsichts- 423
ratsausschuss möglich, da § 107 Abs. 3 Satz 3 AktG mit seiner durch das VorstAG eingefügten Bezugnahme auf § 87 Abs. 1 AktG mangels planwidriger Regelungslücke und Vergleichbarkeit der Interessenlage mit der bei der AG nicht entsprechend anwendbar ist.[330] Denn der Gesetzgeber hatte unter dem Eindruck der Finanzmarktkrise bei der Schaffung des VorstAG

322 Vgl *Hambloch-Gesinn/Gesinn*, in: Hölters, AktG, § 107, Rn 100; *Annuß/Theusinger*, BB 2009, 2434 [2439]; *Wettich*, AG 2013, 374 [379 f]; aA: *Fonk*, NZG 2011, 321 [323], der auch hierfür einen Beschluss des Plenums verlangt.

323 Vgl hierzu: *Bosse*, BB 2009, 1650 [1651]; *Fonk*, NZG 2011, 321 [322]; *Wettich*, AG 2013, 374 [379]; aA: *Bauer/Arnold*, AG 2009, 717 [724], wonach eine Zielvereinbarung keine „Festsetzung" der Vergütung darstellt.

324 Hierzu: *Wettich*, AG 2013, 374 [380].

325 Dieses Vorgehend für zulässig erachtend: *Hambloch-Gesinn/Gesinn*, in: Hölters, AktG, § 107, Rn 100; *Fleischer*, NZG 2009, 801 (804); *Thüsing*, AG 2009, 517 [524]; aA: *Spindler*, NJOZ 2009, 3282 [3288 f].

326 Vgl *Wettich*, AG 2013, 374 [378], mit Verweis auf die frühere Fassung von Ziff. 4.2.2 DCGK, worin von Vergütungssystem einschließlich der „wesentlichen Vertragselemente" die Rede war.

327 Vgl *Habersack*, in: MünchKomm AktG[3], § 107, Rn Rn 146; *Wettich*, AG 2013, 374 [380].

328 Vgl LG München I, Urt. v. 27.12.2012 – 5 HK O 20845/11, abgedruckt in: NZG 2013, 260 [261]; *Wettich*, AG 2013, 374 [381].

329 Im Erg. ebenso: *Wettich*, AG 2013, 374 [382].

330 *Scholderer*, NZG 2011, 528 [530]; *Heutz*, NZG 2013, 611 [613].

vor allem börsennotierte Aktiengesellschaften im Blick.[331] Da Genossenschaftsanteile weder an der Börse noch andernorts gehandelt werden können, bedurfte es für den Aufsichtsrat einer eG folglich keines Delegationsverbotes im Hinblick auf die Festsetzung der Vorstandsvergütung.[332]

dd) Einberufung der Versammlung der Anteilseigner

424 Nicht ein Ausschuss, sondern nur der Aufsichtsrat als Kollektivorgan kann die Haupt-, General- bzw Vertreterversammlung wirksam einberufen, wenn das Wohl der Gesellschaft bzw das Interesse der Genossenschaft es erfordert.[333]

ee) Kreditgewährung an Vorstandsmitglieder

425 Während bei einer AG die vom Aufsichtsrat zu erteilende Zustimmung zur Gewährung von Krediten an Vorstandsmitglieder, Prokuristen, Handlungsbevollmächtigte sowie deren Ehegatten, Lebenspartnern und minderjährigen Kindern[334] auch von einem Ausschuss erteilt werden kann,[335] gilt dies für die vom Aufsichtsrat einer eG zu erteilende Genehmigung für die Gewährung von Kredit an ein Mitglied des Vorstands iS von § 39 Abs. 2 Satz 1 GenG und die Annahme eines Vorstandsmitglieds als Bürgen für eine Kreditgewährung gemäß § 39 Abs. 2 Satz 2 GenG nicht,[336] so dass auch der Kreditausschuss einer Kreditgenossenschaft diese Entscheidung dem Plenum überlassen muss.

ff) Prüfung der Vorstandsvorlagen zu Jahresabschluss u.a.

426 Der Aufsichtsrat als Organ einer AG oder KGaA in seiner Gesamtheit hat den Jahresabschluss, den Lagebericht und den Vorschlag für die Verwendung des Bilanzgewinns zu prüfen[337] und über das Ergebnis seiner Prüfung der Hauptversammlung zu berichten und hierbei zu erklären, ob Einwendungen zu erheben sind und ob er den vom Vorstand aufgestellten Jahresabschluss billigt.[338] Ebenso verhält es sich bei dem Bericht des Vorstands über die Beziehungen zu verbundenen Unternehmen.[339] Der Aufsichtsrat einer eG hat ebenfalls den Jahresabschluss, den Lagebericht und den Vorschlag für die Verwendung des Jahresüberschusses oder die Deckung des Jahresfehlbetrages zu prüfen und über das Ergebnis seiner Prüfung der General- bzw Vertreterversammlung zu berichten. Dies hat jedoch, anders als bei der AG, bei der der vom Vorstand erstellte Jahresabschluss regelmäßig mit Billigung durch den Aufsichtsrat festgestellt ist,[340] vor der Feststellung des Jahresabschlusses zu geschehen,[341] da dies bei der eG Aufgabe der General- bzw Vertreterversammlung ist. Ähnlich wie bei der eG verhält es sich bei der KGaA, bei der die Hauptversammlung den Jahresabschluss mit Zustimmung der persönlich haftenden Gesellschafter feststellt.[342]

---

331 Vgl BT-Drucks. 16/12278, S. 6.

332 Vgl *Heutz*, NZG 2013, 611 [613], der noch weitere Argumente für das Fehlen einer planwidrigen Regelungslücke und einer Vergleichbarkeit der Interessenlagen anführt.

333 Vgl § 107 Abs. 3 Satz 3 iVm § 111 Abs. 3 AktG; § 38 Abs. 2 Satz 1 GenG.

334 Vgl § 89 Abs. 1 bis 3 AktG.

335 Rückschluss aus § 107 Abs. 3 Satz 3 AktG.

336 *Beuthien*, in: Beuthien, GenG, § 36, Rn 28; aA: *Schaffland*, in: Lang/Weidmüller, GenG, § 39, Rn 36, der lediglich eine Übertragung auf einzelne Aufsichtsratsmitglieder für unzulässig hält.

337 Vgl § 107 Abs. 3 Satz 3 iVm § 171 Abs. 1 AktG.

338 Vgl § 107 Abs. 3 Satz 3 iVm § 171 Abs. 2 AktG.

339 Vgl § 107 Abs. 3 Satz 3 iVm § 314 Abs. 2 iVm § 171 Abs. 2 u. § 314 Abs. 3 AktG.

340 Vgl § 172 Satz 1 AktG.

341 § 38 Abs. 1 Satz 5 GenG.

342 § 286 Abs. 1 Satz 1 u. 2 AktG.

gg) Begründung von Zustimmungsvorbehalten

Schließlich kann nur der Aufsichtsrat in seiner Gesamtheit beschließen, dass bestimmte Arten von Geschäften nur mit seiner Zustimmung vorgenommen werden dürfen.[343] Die Entscheidung über Erteilung oder Versagung der vorbehaltenen Zustimmung kann hingegen einem Ausschuss übertragen werden.[344] 427

d) Informationsanspruch des Ausschusses gegen den Vorstand

Solange das Plenum eine auf den Ausschuss übertragene Angelegenheit nicht wieder an sich zieht und die Arbeit des Ausschusses nicht abgeschlossen ist, können ausschließlich der Ausschuss und seine Mitglieder entsprechend § 90 Abs. 3 AktG vom Vorstand zu Angelegenheiten aus dem Zuständigkeitsbereich des Ausschusses Berichterstattung, und zwar an den Ausschuss, verlangen. Unerheblich ist insoweit, ob es sich um einen rein vorbereitenden oder abschließend entscheidenden Ausschuss handelt.[345] Im Umkehrschluss bedeutet dies, dass weder der Aufsichtsrat als Kollektivorgan noch seine Mitglieder, die nicht zugleich Mitglieder des fraglichen Ausschusses sind, einen Informationsanspruch aus § 90 Abs. 3 AktG haben.[346] Ist ein (Ad hoc-) Ausschuss in einem Übernahmeverfahren zB für die gemäß § 111 Abs. 4 Satz 2 AktG dem Aufsichtsrat vorbehaltene Entscheidung über die Zustimmung zu Verteidigungsmaßnahmen des Vorstands zuständig, kann dieser Auskünfte über die geplanten Maßnahmen gegenüber dem Plenum und den Nicht-Ausschuss-Mitgliedern verweigern.[347] 428

e) Autonomie des Aufsichtsrats bei der Bildung von Ausschüssen

aa) Grundsätzliches zu AG, KGaA und eG

Regelungen in der Satzung einer AG oder KGaA, wonach der Aufsichtsrat Ausschüsse zu bilden hat, oder Hauptversammlungsbeschlüsse, die dem Aufsichtsrat dahin gehend Vorgaben machen, sind unwirksam.[348] Der Aufsichtsrat, sofern es sich nicht um einen solchen eines Kredit- oder Finanzdienstleistungsinstitutes handelt (Verweis), entscheidet autonom über die von ihm zu bildenden Ausschüsse, deren Aufgaben und personelle Besetzung durch Beschluss[349] mit einfacher Mehrheit.[350] Es empfiehlt sich regelmäßig, teilweise drängt es sich geradezu auf, bei einem mitgliederstarken Aufsichtsrat Ausschüsse zu bilden. Ziff. 5.3.1 Satz 1 DCGK empfiehlt, dass der Aufsichtsrat abhängig von den spezifischen Gegebenheiten des Unternehmens und der Anzahl seiner Mitglieder fachlich qualifizierte Ausschüsse bilden soll, da diese der Steigerung der Effizienz der Aufsichtsratsarbeit und der Behandlung komplexer Sachverhalte dienen. 429

Anders als bei AG und KGaA ist bei der eG die General- bzw Vertreterversammlung als oberstes Organisationsorgan insoweit vorrangig zuständig. Sie kann durch Satzungsbestimmung oder Organisationsbeschluss die Bildung von Ausschüssen vorschreiben oder verbie- 430

343 Vgl § 107 Abs. 3 Satz 3 AktG.

344 Siehe nur *Grooterhorst*, NZG 2011, 921 [921].

345 Vgl *Habersack*, in: MünchKomm AktG³, § 107, Rn 157; *Drygala*, in: K. Schmidt/Lutter, AktG, § 107, Rn 51; Lutter/Krieger, Aufsichtsrat, § 11, Rn 782; *Hasselbach/Seibel*, AG 2012, 114 [122 mwN].

346 Lutter/Krieger, Aufsichtsrat, § 11, Rn 782; *Hasselbach/Seibel*, AG 2012, 114 [122]; *Semler*, AG 1988, 60 [65].

347 Beispiel nach *Hasselbach/Seibel*, AG 2012, 114 [122].

348 BGH, Urt. v. 25.2.1982 – II ZR 123/81, abgedruckt in: BGHZ 83, 106 ff = NJW 1982, 1525 ff; vgl aber die Forderung von *Habersack*, Gutachten E zum 69. DJT, Bd. I, 2012, E 84 f und Empfehlung 18, dem Satzungsgeber zu gestatten die Einrichtung bestimmter Ausschüsse vorzuschreiben; ebenso *Bachmann*, AG 2012, 565 [575].

349 Vgl § 108 Abs. 1 AktG.

350 BGH, Urt. v. 17.5.1993 – II ZR 89/92, abgedruckt in: BGHZ 122, 342 [355] = NJW 1993, 2307 [2310].

ten. Außerdem kann sie verbindliche Vorgaben im Hinblick auf Größe, Besetzung, interne Willensbildung und Zuständigkeiten der Ausschüsse machen. Nur soweit die Satzung schweigt und die General- bzw Vertreterversammlung nichts anderes beschließt, darf der Aufsichtsrat wie bei AG und KGaA nach pflichtgemäßem Ermessen selbst entscheiden, ob und welche Ausschüsse er auf Dauer oder für bestimmte Anlässe bilden will.[351]

bb) Besonderheiten bei mitbestimmten Rechtsträgern

431 Ein Gebot, wonach das im Plenum aufgrund mitbestimmungsrechtlicher Vorschriften bestehende Verhältnis von Anteilseigner- und Arbeitnehmervertretern auch in den Ausschüssen zu wahren wäre, besteht entgegen anderslautender Stimmen in der Literatur[352] nicht, wenngleich eine willkürliche Benachteiligung der Arbeitnehmervertreter oder gar deren völliger Ausschluss von der Mitarbeit in den Ausschüssen unzulässig ist.[353] Für den Fall, dass ein Ausschuss ohne Arbeitnehmervertreter gebildet wird, besteht eine widerlegliche Vermutung für deren Diskriminierung.[354] Folge dessen ist, dass bei einer Klage der Arbeitnehmervertreter auf Feststellung der Nichtigkeit des Beschlusses zur Einsetzung des Ausschusses die beklagte Gesellschaft darlegen und beweisen muss, dass es sachliche Gründe für den Verzicht auf Arbeitnehmer als Ausschussmitglieder gibt. Eine willkürliche Benachteiligung liegt insbesondere dann vor, wenn die Arbeitnehmervertreter grundlos im Personalausschuss, der auch als Vorstands-[355] oder Präsidialausschuss[356] bezeichnet wird und in dem insbesondere Bestellungen und Abberufungen von Vorstandsmitgliedern sowie deren Anstellungsverträge vorbereitet werden, nicht vertreten sind.[357] Mit Einräumung eines reinen Besucherstatus zugunsten der Arbeitnehmervertreter kann eine willkürliche Benachteiligung nicht abgewendet werden.[358]

432 Der Gesetzgeber des MitbestG von 1976 hielt eine „schematische Gleichbehandlung" der Ausschüsse im Hinblick auf deren Besetzung mit Anteilseigner- und Arbeitnehmervertretern nicht für sachgerecht. Außerdem maß er der Frage nach der Besetzung der Ausschüsse aufgrund des weitgehenden Entscheidungsvorbehalts zugunsten des Gesamtaufsichtsrats[359] nur eine untergeordnete Bedeutung bei, so dass er von einer diesbezüglichen Regelung bewusst absah.[360] Von einer planwidrigen Regelungslücke, die zB mit einer entsprechenden Anwen-

351 Vgl *Beuthien*, NZG 2010, 333 [334]; *Beuthien*, in: Beuthien, GenG, § 36, Rn 27 mwN auch zur Gegenansicht, die ein uneingeschränktes Selbstorganisationsrecht des Aufsichtsrats vergleichbar demjenigen in AG und KGaA für gegeben hält.

352 *Naendrup*, in: GK-MitbestG, § 25, Rn 34 f; *Nagel*, DB 1979, 1799 [1801]; *ders.*, DB 1982, 26 [27]; *Geitner*, AG 1976, 210 [211 f].

353 BGH, Urt. v. 25.2.1982 – II ZR 102/81, abgedruckt in: BGHZ 83, 144 [148] = NJW 1982, 1528 [1529]; BGH, Urt. v. 17.5.1993 – II ZR 89/92, abgedruckt in: BGHZ 122, 342 [355 ff] = NJW 1993, 2307 [2310 ff]; *Beuthien*, in: Beuthien, GenG, § 36, Rn 30, für die mitbestimmte eG.

354 *Habersack*, in: MünchKomm AktG³, § 107, Rn 128; *Spindler*, in: Spindler/Stilz, AktG, § 107, Rn 95; aA: *Hasselbach/Seibel*, AG 2012, 114 [118], mit Verweis darauf, dass es an einer gesetzlichen Grundlage für eine derartige Vermutung fehlt.

355 Zur Terminologie: BGH, Urt. v. 17.5.1993 – II ZR 89/92, abgedruckt in: BGHZ 122, 342 ff = NJW 1993, 2307 ff = ZIP 1993, 1079 ff, für einen in der Gesellschaft als „Vorstandsausschuss" bezeichneten Ausschuss; *Altmeppen*, ZGR 2004, 390 [401]; Hüffer, AktG, § 107, Rn 16 u. 21.

356 Vgl *Lutter*, DB 2009, 775 [777]; als Präsidialausschuss wird andernorts derjenige Ausschuss bezeichnet, der die Sitzuungen des Plenums vorbereitet, vgl *Handelsrechtsausschuss des DAV*, NZG 2013, 419 [421].

357 BGH, Urt. v. 17.5.1993 – II ZR 89/92, abgedruckt in: BGHZ 122, 342 ff = NJW 1993, 2307 ff = ZIP 1993, 1079 ff, zur alten Rechtslage, wonach die Entscheidungen gemäß § 87 Abs. 1 AktG noch nicht zwingend vom Gesamtaufsichtsrat zu treffen waren, vgl § 107 Abs. 3 Satz 2 AktG aF.

358 BGH, Urt. v. 17.5.1993 – II ZR 89/92, abgedruckt in: BGHZ 122, 342 ff = NJW 1993, 2307 ff = ZIP 1993, 1079 ff.

359 Vgl § 107 Abs. 3 Satz 3 AktG.

360 BGH, Urt. v. 25.2.1982 – II ZR 102/81, abgedruckt in: BGHZ 83, 144 [148] = NJW 1982, 1528 [1529].

dung von § 27 Abs. 3 MitbestG zu schließen wäre, kann daher nicht ausgegangen werden. Vielmehr handelt es sich bei dieser Vorschrift um eine Sonderregelung,[361] wonach Aufsichtsräte von Gesellschaften, für die das MitbestG gilt, verpflichtend einen Ausschuss bilden müssen, dem der Aufsichtsratsvorsitzende, sein Stellvertreter sowie je ein von den Aufsichtsratsmitgliedern der Arbeitnehmer und von den Aufsichtsratsmitgliedern der Anteilseigner mit der Mehrheit der abgegebenen Stimmen gewähltes Mitglied angehören[362] und dessen Aufgabe darin besteht, dem Aufsichtsratsplenum Personalvorschläge zu unterbreiten, falls die für Bestellung und Abberufung von Vorstandsmitgliedern grundsätzlich erforderliche Zweidrittelmehrheit nicht erreicht worden ist.[363]

cc) Prüfungsausschuss

Der Aufsichtsrat einer AG, KGaA oder eG kann – dies folgt bereits aus seinem Selbstorganisationsrecht – einen Prüfungsausschuss (Audit Committee)[364] einrichten, der sich mit der Überwachung des Rechnungslegungsprozesses, der Wirksamkeit des internen Kontrollsystems, des Risikomanagementsystems,[365] des internen Revisionssystems (dazu Rn 631) sowie der Abschlussprüfung – hier insbesondere der Unabhängigkeit des Abschlussprüfers[366] und der vom Abschlussprüfer zusätzlich erbrachten Leistungen[367] – befasst, vgl § 107 Abs. 3 Satz 2 AktG[368] bzw § 38 Abs. 1 a Satz 1 GenG.[369], [370] Es ist möglich, dass der Prüfungsausschuss nur einen Teil dieser Aufgaben wahrnimmt. Die Wahrnehmung der restlichen Aufgaben mass dann jedoch dem Plenum vorbehalten sein. Eine Aufteilung der Aufgaben auf verschiedene Ausschüsse ist ausgeschlossen.[371] Gemäß § 124 Abs. 3 Satz 2 AktG ist bei kapitalmarktorientierten Gesellschaften iS von § 264 d HGB der Vorschlag des Aufsichtsrats zur Wahl des Abschlussprüfers auf die Empfehlung des Prüfungsausschusses zu stützen, so dass etwaige Ausschreibungen der Abschlussprüfung oder die Wahlempfehlung vorbereitende Gespräche (Interviews) mit einzelnen potenziellen oder aktuell zur Wiederwahl anstehenden Abschlussprüfern nach der gesetzlichen Vorstellung in der Hand des Prüfungsausschusses liegen.[372] Zur Sicherung der Qualität der Abschlussprüfung – maßgebende Kriterien für deren Berurteilung sind fachliche Kompetenz, Integrität und Urteilsvermögen der Prüfer, Pla- 433

361 BGH, Urt. v. 17.5.1993 – II ZR 89/92, abgedruckt in: BGHZ 122, 342 [355] = NJW 1993, 2307 [2310].

362 Vgl § 27 Abs. 3 MitbestG.

363 Vgl § 31 Abs. 2, 3 u. 5 MitbestG.

364 Vgl Ziff. 5.3.2 Satz 1 DCGK; trotz Verwendung des aus dem monistischen Board-System stammenden Begriffs des Audit Committees für den deutschen Prüfungsausschuss ist eine funktionelle Vergleichbarkeit beider Gremien allenfalls partiell möglich, vgl hierzu *Börsig/Löbbe*, FS Hoffmann-Becking, 2013, S. 125 [148 f].

365 Die Erwähnung des allgemeinen Risikomanagementsystems zwingt nicht zur Einrichtung eines solchen. Es gilt insofern § 91 Abs. 2 AktG, wonach der Vorstand geeignete Maßnahmen zu treffen hat, damit den Fortbestand der Gesellschaft gefährdende Entwicklungen früh erkannt werden. Vgl Hüffer, AktG, § 107, Rn 17 c mwN.

366 Vgl hierzu *Nonnenmacher/Pohle/v. Werder*, DB 2009, 1447 [1450 f].

367 Der Aufsichtsrat einer eG hat zwar gemäß § 38 Abs. 1 Satz 5 GenG den Jahresabschluss zu prüfen. Die Überwachung des Abschlussprüfung sowie des Abschlussprüfers ist jedoch Aufgabe Prüfungsverbandes. Insofern misst der Gesetzgeber der diesbezüglichen Überwachung durch den Aufsichtsrat ein geringes Gewicht bei als bei der AG, vgl BT-Drucks. 16/10067, S. 107; Näheres hierzu, vgl *Beuthien*, in: Beuthien, GenG, § 38, Rn 6.

368 Eingefügt durch Art. 5 Nr. 4 BilMoG v. 25.5.2009 (BGBl. I S. 1102).

369 Eingefügt durch Art. 10 Nr. 5 BilMoG v. 25.5.2009 (BGBl. I S. 1102).

370 Kritisch hierzu *Theisen*, Der Aufsichtsrat 2013, 3 [5], der die Adaption des Audit Committee aus dem Board-System in das deutsche Aktienrecht, forciert durch Aktivitäten der Europäischen Kommission zur Erreichung von Konvergenz, für eine Systemvermengung hält, die zu einer funktionellen und persönlichen Überforderung der nicht hauptberuflich tätigen Aufsichtsratsmitgliedern führt.

371 *Börsig/Löbbe*, FS Hoffmann-Becking, 2013, S. 126 [147].

372 *Schüppen*, ZIP 2012, 1317 [1323 f], auch zum faktischen Einfluss des Finanzvorstands auf diesen Prozess.

nung und Kontrolle der Prüfungshandlungen, System der Qualitätssicherung sowie Berichterstattung an den Prüfungsausschuss[373] – sollte sich der Prüfungsausschuss stets vor Unterbreitung seines Vorschlags an den Aufsichtsrat die Bescheinigung über den Peer Review[374] vorlegen lassen.[375]

434 Eine gesetzliche Pflicht zur Einrichtung eines Prüfungsausschusses besteht somit nicht,[376] wenngleich ein solcher an einer Reihe von Börsen zu den Zulassungsbedingungen gehört[377] und darüber hinaus international agierende Investoren neben anderen Vorgaben zur Corporate Governance die Einrichtung eines Prüfungsausschusses im Rahmen von Empfehlungen praktisch zur Voraussetzung eines Engagements machen.[378] Richtet der Aufsichtsrat einen Prüfungsausschuss ein, muss bei kapitalmarkorientierten[379] Gesellschaften und Genossenschaften[380] gemäß § 107 Abs. 4[381] iVm § 100 Abs. 5 AktG mindestens ein Mitglied dieses Ausschusses unabhängig und auf den Gebieten Rechnungslegung oder Abschlussprüfung sachverständig sein.[382] Welche Kompetenzanforderungen an dieses Ausschussmitglied konkret zu stellen sind, ist noch nicht abschließend geklärt. Bereits vor Bestehen der Vorschrift wurde auf den „Rechnungsleger" iS von § 342 HGB Bezug genommen.[383] (dazu auch Rn 160) Anders als in vielen anderen Industrieländern, wo dem Prüfungsausschuss nur unabhängige Mitglieder (dazu Rn 129 ff) angehören dürfen, besteht eine derartige Restriktion in Deutschland nicht.[384]

435 *Altmeppen* hielt es bereits im Jahr 2004 und somit fünf Jahre vor Einführung der §§ 100 Abs. 5, 107 Abs. 4 AktG sowie §§ 36 Abs. 4, 38 Abs. 1 a Satz 2 GenG für unzureichend, dass die Mitglieder des Prüfungsausschusses – zumindest in börsennotierten Gesellschaften – lediglich über die allumfassenden Mindestkompetenzen verfügen, welche für die Aufsichtsratsmitglieder der Anteilseignerseite obligatorisch sind.[385] *Lutter* empfiehlt den Mitgliedern des Prüfungsausschusses im Hinblick auf ihre Pflicht zur Überwachung des Risikomanagements des Vorstandes, mit dem Leiter der diese Aufgabe erfüllenden Abteilung engen Kontakt zu pflegen.[386] Hierbei ist allerdings zu beachten, dass Mitarbeiter des Unternehmens vom Aufsichtsrat nur angehört werden sollten, wenn dies zuvor mit dem Vorstand abgesprochen wurde.

373 *Nonnenmacher/Pohle/v. Werder*, DB 2009, 1447 [1450].

374 Vgl hierzu *Niehus*, DB 2000, 1133 ff.

375 *Nonnenmacher/Pohle/v. Werder*, DB 2009, 1447 [1450].

376 Zur Vereinbarkeit von § 107 Abs. 3 Satz 2 AktG mit Art. 41 Abs. 5 der Abschlussprüfer-RL, vgl Hüffer, AktG, § 100, Rn 11; *Habersack*, AG 2008, 98 [101]; *Schüppen*, ZIP 2012, 1317 [1319].

377 Vgl *Ranzinger/Blies*, AG 2001, 455 [456 f], zur London Stock Exchange (LSE), New York Stock Exchange (NYSE) sowie zur Technologiebörse NASDAQ.

378 Vgl *Ranzinger/Blies*, AG 2001, 455 [456].

379 Kapitalmarktorientierung liegt gemäß § 264 d HGB vor, wenn die Gesellschaft einen organisierten Markt iSv § 2 Abs. 5 des Wertpapierhandelsgesetzes (WpHG) durch von ihr ausgegebene Wertpapiere iSv § 2 Abs. 1 Satz 1 WpHG in Anspruch nimmt oder die Zulassung solcher Wertpapiere zum Handel an einem organisierten Markt beantragt hat.

380 Da es bei einer eG keine handelbaren Geschäftsanteile gibt, kann diese nur iS von § 2 Abs. 1 Satz 1 Nr. 3 lit. a WpHG kapitalmarktorientiert sein. Dafür müssen die ausgegebenen Schuldtitel – insbesondere Genussscheine, Inhaberschuldverschreibungen, Orderschuldverschreibungen und Zertifikate, die Schuldscheine vertreten – zum Handel in einem organisierten Markt iS von § 264 d HGB iVm § 2 Abs. 5 WpHG zugelassen sein.

381 Eingefügt durch BilMoG v. 25.5.2009, BGBl. I S. 1102 §§ 38 Abs. 1 a Satz 2, 36 Abs. 4 GenG.

382 Vgl § 107 Abs. 4 (eingefügt durch BilMoG v. 25.5.2009, BGBl. I S. 1102) iVm § 100 Abs. 5 AktG; §§ 38 Abs. 1 a Satz 2, 36 Abs. 4 GenG.

383 Vgl zur alten Rechtslage, *Altmeppen*, ZGR 2004, 390 [412].

384 Vgl *Roth*, ZGR 2012, 343 [357 mwN].

385 *Altmeppen*, ZGR 2004, 390 [410].

386 *Lutter*, DB 2009, 775 [776], empfiehlt die Anhörung des Abteilungsleiters mindestens einmal im Jahr.

Der Prüfungsausschuss entscheidet nicht anstelle des Aufsichtsrats, sondern hat diesem nach seinem gesetzlichen Leitbild nur zu berichten.[387] Wie bei allen anderen Ausschüssen so können auch dem Prüfungsausschuss nur Aufsichtsratsmitglieder angehören.[388] 436

Nach Ziff. 5.3.2 DCGK soll der Aufsichtsrat „einen Prüfungsausschuss (Audit Committee) einrichten, der sich insbesondere mit der Überwachung des Rechnungslegungsprozesses, der Wirksamkeit des internen Kontrollsystems, des Risikomanagementsystems und des internen Revisionssystems(dazu Rn 631), der Abschlussprüfung, hier insbesondere der Unabhängigkeit des Abschlussprüfers, der vom Abschlussprüfer zusätzlich erbrachten Leistungen,[389] der Erteilung des Prüfungsauftrags an den Abschlussprüfer, der Bestimmung von Prüfungsschwerpunkten und der Honorarvereinbarung sowie – falls kein anderer Ausschuss damit betraut ist – der Compliance, befasst." Im Verhältnis zur fakultativen gesetzlichen Regelung des § 107 Abs. 3 Satz 2 AktG geht die Empfehlung des DCGK somit weiter, indem sie die Befassung mit der Abschlussprüfung konkretisiert und zusätzlich die Compliance umfasst. 437

„Der Vorsitzende des Prüfungsausschusses soll über besondere Kenntnisse und Erfahrungen in der Anwendung von Rechnungslegungsgrundsätzen und internen Kontrollverfahren verfügen. Er „soll" gemäß Ziff. 5.2 Abs. 2 Satz 2 DCGK nicht zugleich Vorsitzender des Aufsichtsrats sein. Grund hierfür ist, dass der Aufsichtsratsvorsitzende aufgrund seines engen Kontakts zum Vorstand vielfach nicht mehr als unabhängig eingestuft werden kann.[390] (Vdazu Rn 333) Gemäß Ziff. 5.3.2 Satz 3 DCGK „soll" der Prüfungsausschussvorsitzende jedoch unabhängig[391] und kein ehemaliges Vorstandsmitglied der Gesellschaft sein, dessen „Bestellung"[392] vor weniger als zwei Jahren endete.[393] 438

dd) Typische Ausschüsse

Aufsichtsräte börsennotierter Gesellschaften bilden heute idR drei Ausschüsse und intensivieren auf diese Weise ihre Arbeit nachdrücklich.[394] Neben dem Prüfungsausschuss ist dies zumeist noch der Personalausschuss, der die Neu- und Wiederbesetzung der Vorstandsposten vorbereit und die Anstellungsverträge mit den Vorstandsmitgliedern aushandelt, ggf sogar anstelle des Gesamtaufsichtsrats schließt,[395] sowie der Nominierungsausschuss, der die Vorschläge des Aufsichtsrats zur Wahl bzw Wiederwahl von Aufsichtsratsmitgliedern durch die Hauptversammlung vorbereitet.[396] 439

Gemäß Ziff. 5.3.3 DCGK „soll" der Nominierungsausschuss ausschließlich mit Vertretern der Anteilseigner besetzt sein. Hierin liegt keine Diskriminierung der Arbeitnehmervertreter, wenngleich diese im Verhältnis zur Besetzung des Gesamtorgans nicht nur unter-, sondern überhaupt nicht repräsentiert sind. Grund hierfür ist, dass die Erarbeitung von Vorschlägen 440

387 *Beuthien*, in: Beuthien, GenG, § 38, Rn 6, für die eG.

388 Vgl § 107 Abs. 3 Satz 1 AktG; *Beuthien*, in: Beuthien, GenG, § 38, Rn 6, für die eG.

389 *Schüppen*, ZIP 2012, 1317 [1324], kritisiert das diesbezügliche Fehlen der Konkretisierung der Kodexempfehlung.

390 *Roth*, ZGR 2012, 343 [357].

391 Vgl *Florstedt*, ZIP 2013, 337 [339 f], wonach das Unabhängigkeitspostulat für den Ausschussvorsitzenden international selten und Ausgleich dafür ist, dass der international häufigen Forderung nach einer Besetzung mit mehrheitlich unabhängigen Mitgliedern nicht gefolgt wird.

392 Gemeint ist das „Amt" bzw die „Amtszeit", zumindest dann, wenn man „Bestellung" iS von §§ 101, 104 AktG als Vorgang versteht, durch den ein Kandidat ins Amt gelangt.

393 Zur „Hochstufung" der ehemaligen Anregungen („sollte") in Empfehlungen („soll"), vgl *v. Werder/ Bartz*, DB 2012, 1733 [1734].

394 Zur Terminologie: *Lutter*, DB 2009, 775 [775].

395 Eine Delegation ist gemäß §§ 107 Abs. 3 Satz 3, 84 Abs. 1 Satz 5 AktG insoweit möglich, allerdings nur dann, wenn keine Vergütungsfragen iS von § 87 Abs. 1 AktG betroffen sind; daher kann von einem Vergütungsausschuss (remuneration committee) keine Rede sein, hierzu *Roth*, ZGR 2012, 343 [345].

396 Hierzu auch: *Lutter*, DB 2009, 775 [777]; *Roth*, ZGR 2012, 343 [345].

für die Wahl von Anteilseignervertretern in den Aufsichtsrat keine Aufgabe der Arbeitnehmer-, sondern ausschließlich eine solche der Anteilseignerbank ist. Dies lässt sich bereits § 124 Abs. 3 Satz 5 Hs 1 AktG entnehmen, wonach Beschlüsse des Aufsichtsrats über Vorschläge zur Wahl von Aufsichtsratsmitgliedern nur der Mehrheit der Stimmen der Aufsichtsratsmitglieder der Aktionäre bedürfen.[397]

441 Besteht ein Ausschuss – Personalausschuss –, der die Vorstandsverträge behandelt, unterbreitet er gemäß Ziff. 4.2.2 Abs. 1 Satz 2 DCGK dem Aufsichtsratsplenum seine Vorschläge für die jeweilige Gesamtvergütung der einzelnen Vorstandsmitglieder iS von Satz 1.

442 Nach internationalem Vorbild werden zur Absicherung von nicht unabhängigen Aufsichtsratsmitgliedern auch sog. litigation committees mit ausschließlich unabhängigen Mitgliedern eingesetzt, sollte ein Fall der Inanspruchnahme von Vorstandsmitgliedern wegen Fehlverhaltens in Betracht kommen.[398] Auch Antikorruptionsausschüsse kommen vor, insbesondere bei an der New York Stock Exchange (NYSE) gelisteten Gesellschaften.[399] Ob das Beispiel des Aufsichtsrats der Deutsche Bank AG Schule machen wird, der in seiner konstituierenden Sitzung im Mai 2013 einen Ausschuss für Integirtät eingesetzt hat, bleibt abzuwarten. Gemäß seiner Geschäftsordnung ist dieser Ausschuss zuständig für Fragen der Unternehmenskultur und berät und überwacht den Vorstand im Hinblick auf eine wirtschaftlich tragfähige, nachhaltige Entwicklung des Unternehmens unter Schonung der Ressourcen der natürlichen Umwelt, unter Beibehaltung sozialer Verantwortung sowie unter Beachtung der Grundsätze einer guten und verantwortungsvollen Unternehmensverfassung und im Hinblick auf Maßnahmen der Integration dieser Aspekte in die konventionelle betriebswirtschaftliche Unternehmensführung.[400]

ee) Ad hoc Ausschüsse

443 In wirtschaftlichen Krisen des Gesellschaftsunternehmens oder bei Sonderthemen wie zB der Abwehr einer feindlichen Übernahme auf der Grundlage des WpÜG,[401] groß angelegten behördlichen Untersuchungen oder großvolumigen Investitions- und Akquisevorhaben[402] werden neben den ständigen Ausschüssen, die mit ihrem routinemäßigen Arbeitsprogramm zumeist weitgehend ausgelastet sind, immer häufiger Ad-hoc-Ausschüsse eingerichtet, die sich mit speziellen Aspekten der Krise bzw dem Sonderthema beschäftigen und mit denjenigen Aufsichtsratsmitgliedern besetzt werden, die im Hinblick auf die fragliche Materie besonders fachkundig sind.[403] Unter bestimmten Umständen, insbesondere dann, wenn eine Bewältigung der sich kurzfristig stellenden Aufgaben des Aufsichtsrats anderweitig nicht möglich ist, kann die Einrichtung solcher Ausschüsse sogar rechtlich geboten sein.[404]

444 Vor Einrichtung des Ad hoc Ausschusses müssen sich die Aufsichtsratsmitglieder darüber verständigen, welche konkreten Aufgaben dieser zu erfüllen hat sowie welche Kompeten-

---

397 Vgl auch *Roth*, ZGR 2012, 343 [359].

398 Vgl *Roth*, ZGR 2012, 343 [360 f].

399 *Dreher*, FS Goette, 2011, S. 43 ff.

400 Hierzu ausführlich mit Nachw *Plagemann*, NZG 2013, 1293 ff.

401 Hier geht es um die Erarbeitung der gemeinsamen Stellungnahme von Vorstand und Aufsichtsrat der Zielgesellschaft zu dem Übernahmeangebot gemäß § 27 WpÜG, um die Zustimmung des Aufsichtsrats der Zielgesellschaft gemäß § 33 Abs. 1 Satz 2 Var. 3 WpÜG zu Handlungen deren Vorstands, durch die der Erfolg des Angebots verhindert werden könnte, sowie um die Zustimmung des Aufsichtsrats der Zielgesellschaft gemäß § 33 Abs. 2 Satz 4 iVm Satz 1 WpÜG zur Vornahme von Handlungen durch deren Vorstand, um den Erfolg von Übernahmeangeboten zu verhindern, aufgrund der Ermächtigung der Hauptversammlung; zur Zulässigkeit der Delegation dieser Aufgaben auf einen Ausschuss vgl *Seibt*, FS Hoffmann-Becking, 2013, S. 1119 [1124 mwN].

402 Konkrete Beispiele aus der Praxis finden sich bei *Hasselbach/Seibel*, AG 2012, 114 [115].

403 *Hasselbach/Seibel*, AG 2012, 114 [114].

404 Vgl *Drygala*, in: K. Schmidt/Lutter, AktG, § 107, Rn 32; *Spindler*, in: Spindler/Stilz, AktG, § 107, Rn 81.

zen[405] und wie viele und welche Mitglieder[406] er hierzu benötigt.[407] Soll er anstelle des Plenums den Vorstand hinsichtlich eines eindeutig definierten Aspekts überwachen, hat er regelmäßig Beschlüsse zu fassen, weshalb er wegen § 108 Abs. 2 Satz 3 AktG mindestens drei Mitglieder haben muss. Beschränkt sich seine Aufgabe darauf, einen Sachverhalt aufzuklären, kommt er ggf ohne Beschlussfassungen aus, so dass keine Mindestzahl an Mitgliedern besteht. Von großer Bedeutung ist somit die Frage, ob der Ausschuss abschließend entscheiden soll oder ob sich der Aufsichtsrat dieses Recht vorbehält. Bei Übernahmeangeboten dürfte eine Letztentscheidungsbefugnis des sog. Verteidigungsausschusses sinnvoll sein, wenn Repräsentanten des Bieters Mitglieder des Aufsichtsrats (der Zielgesellschaft) sind, dem Ad hoc Ausschuss jedoch – sinnvollerweise – nicht angehören.[408] Eine abschließende Entscheidung durch den Ad hoc Ausschuss anstelle des Gremiums ist auch rechtlich zulässig und wirksam und zwar sowohl im Hinblick auf die Stellungnahme iS von § 27 WpÜG[409] als auch auf die Zustimmungen zu Maßnahmen des Vorstands iS von § 33 Abs. 1 u. Abs. 2 WpÜG.[410] Die Tätigkeit dieser Ausschüsse endet automatisch durch Zeitablauf, vollständige Erledigung seiner Aufgaben oder durch Beschluss des Gesamtaufsichtsrats.[411]

Eine Delegation dieser grundlegenden Entscheidung über innere Organisation und Arbeits- 445
weise des Aufsichtsrats auf einen Ausschuss ist nicht möglich. Denn hierbei handelt es sich in Ergänzung zu den Fällen des § 107 Abs. 3 Satz 3 AktG um ein ungeschriebenes Delegationsverbot, das allgemein anerkannt ist.[412] Anders verhält es sich bei Fragen der konkreten Organisation und Ausgestaltung der Ausschussarbeit. Soweit Geschäftsordnung und Einsetzungsbeschluss des Aufsichtsrats hierzu keine Vorgaben machen, kann der Ausschuss sich autonom Regelungen zu Organisation und Verfahren geben[413] mit dem Ziel, möglichst effizient zu arbeiten. Hierzu gehört zB die Entscheidung darüber, ob der Ausschuss einen Vorsitzenden haben soll.[414]

5. Geschäftsordnung

aa) Rechtssetzungsbefugnis des Aufsichtsrats und Verhältnis zur Satzung

§ 82 Abs. 2 AktG geht nicht nur von der Existenz einer Geschäftsordnung des Vorstands,[415] 446
sondern auch von einer solchen des Aufsichtsrats aus, trifft hierzu jedoch keine Regelungen.

405 Vgl *Hasselbach/Seibel*, AG 2012, 114 [117], zu dem Fall, dass Kompetenzen eines ständigen Ausschusses bei entsprechendem Inhalt des Einsetzungsbeschlusses auf den Ad hoc Ausschuss übertragen werden.

406 Die Auswahl hat danach zu erfolgen, welche Mitglieder zur Bewältigung der Aufgaben des Ausschusses am geeignetsten erscheinen, wobei dem Gremium bei seinem Einsetzungsbeschluss insofern ein weiter Ermessensspielraum einzuräumen ist, vgl *Drygala*, in: K. Schmidt/Lutter, AktG, § 107, Rn 42; *Hasselbach/Seibel*, AG 2012, 114 [118 mwN].

407 Möglich und bei zu erwartender Eilbedürftigkeit im Anwendungsfalls ggf sinnvoll ist die Einrichtung eines Ad hoc Ausschusses „auf Vorrat“, was voraussetzt, dass dessen konkrete Aufgaben antizipierbar sind, wie es für Übernahmesituationen der Fall ist, vgl *Hasselbach/Seibel*, AG 2012, 114 [119], die dem jedoch aufgrund des hohen administrativen Aufwands sowie des Signals, das mit der Einrichtung eines solchen Ausschusses an den Kapitalmarkt gesendet wird, ablehnend gegenüberstehen.

408 Vgl hierzu auch *Hasselbach/Seibel*, AG 2012, 114 [116].

409 *Hirte*, in: KölnKomm WpÜG, § 27, Rn 20; *Hasselbach/Seibel*, AG 2012, 114 [117 mwN].

410 *Hirte*, in: KölnKomm WpÜG, § 33, Rn 87; *Seibt*, DB 2002, 529 [531]; *Hasselbach/Seibel*, AG 2012, 114 [117 mwN auch für die Gegenansicht].

411 Vgl *Habersack*, in: MünchKomm AktG³, § 107, Rn 160; *v. Schenck*, in: Semler/v. Scheck, Aufsichtsrat, § 6, Rn 74; *Hasselbach*, NZG 2012, 41 [46].

412 *Habersack*, in: MünchKomm AktG³, § 107, Rn 134; *Spindler*, in: Spindler/Stilz, AktG, § 107, Rn 90; *Hasselbach/Seibel*, AG 2012, 114 [116], im Hinblick auf Ad hoc Ausschüsse.

413 *Gittermann*, in: Semler/v. Schenck, Aufsichtsrat, § 6, Rn 70 ff.

414 *Gittermann*, in: Semler/v. Schenck, Aufsichtsrat, § 6, Rn 76; Lutter/Krieger, Aufsichtsrat, § 11, Rn 763; *Hasselbach/Seibel*, AG 2012, 114 [119].

415 § 77 Abs. 2 AktG trifft lediglich Regelungen für die Geschäftsordnung des Vorstands.

Als wesentliches Instrument seiner Selbstorganisation[416] kann sie vom Aufsichtsrat auch ohne Satzungsermächtigung[417] beschlossen[418] werden und zwar mit einfacher Stimmenmehrheit.[419] Bei nicht paritätisch mitbestimmten Gesellschaften darf die Satzung auch eine qualifizierte Mehrheit vorsehen.[420] Sofern die Satzung zulässige Bestimmungen zur Aufsichtsratsarbeit enthält, gehen diese etwaig entgegenstehenden Geschäftsordnungsbestimmungen vor.[421] Hierbei ist allerdings zu berücksichtigen, dass aufgrund des Bedürfnisses nach zumindest einem Kernbereich organisatorischer Flexibilität dem Aufsichtsrat hinsichtlich solcher Regelungen eine satzungsfeste Kompetenz zusteht.[422]

447 Dasselbe gilt für die Geschäftsordnung des Aufsichtsrats einer eG. Auch diese kann nicht nur vom Aufsichtsrat selbst, sondern auch von der General- bzw Vertreterversammlung beschlossen werden. Die Satzung kann zudem vorsehen, dass der Aufsichtsrat sich selbst eine Geschäftsordnung gibt, jedoch zuvor ein anderes Genossenschaftsorgan anhören oder sogar dessen Zustimmung einholen muss.[423]

bb) Keine Geltung des Grundsatzes der Diskontinuität

448 Der Grundsatz der Diskontinuität gilt für die Geschäftsordnung des Aufsichtsrats nicht, so dass sie die Amtsperiode der Aufsichtsratsmitglieder überdauert[424] und von neuen Aufsichtsratsmitgliedern nicht zu bestätigen ist.[425] Dies muss bereits deshalb gelten, weil nicht alle Mitglieder des Aufsichtsrats stets auf derselben Hauptversammlung gewählt werden müssen, so dass es eine konstituierende Sitzung wie zB bei deutschen Parlamenten nicht gibt. Die Verwendung des Begriffs für die jeweils erste Aufsichtsratssitzung im Anschluss an die ordentliche Hauptversammlung oder zumindest für die erste Sitzung im Anschluss an eine Hauptversammlung, auf der Aufsichtsratswahlen stattgefunden haben,[426] steht dem nicht entgegen, da an dieser Sitzung regelmäßig Aufsichtsratsmitglieder teilnehmen, die bereits zuvor Aufsichtsratsmitglieder waren und auf der zurückliegenden Hauptversammlung auch nicht wiedergewählt wurden. Mittels Mehrheitsbeschlusses kann der Aufsichtsrat die Geschäftsordnung dauerhaft oder im Einzelfall ändern.[427]

---

416 Hüffer, AktG, § 107, Rn 23; *Mutter/Kinne*, Der Aufsichtsrat 2013, 76 [76], sprechen von der Geschäftsordnung des Aufsichtsrats als „Instrument zur Festlegung und Ausgestaltung der eigenen Organisation".

417 *Heim*, AG 1972, 229.

418 Vgl § 108 Abs. 1 AktG.

419 *Habersack*, in: MünchKomm AktG³, § 107, Rn 163, der § 77 Abs. 2 Satz 3 AktG insofern für nicht (analog) anwendbar hält.

420 *Mutter/Kinne*, Der Aufsichtsrat 2013, 76 [76].

421 BGH, Urt. v. 5.6.1975 – II ZR 156/73, abgedruckt in: BGHZ 64, 325 [327 f] = NJW 1975, 1412 [1412], wonach „das Recht des Aufsichtsrats, seine innere Ordnung durch eine mit Mehrheit beschlossene Geschäftsordnung selbst zu gestalten, … nur in den Grenzen von Gesetz und Satzung besteht".

422 Hüffer, AktG, § 77, Rn 20 mN auch zur Gegenansicht; *Spindler*, in: MünchKomm AktG³, § 77, Rn 52; *Hoffmann-Becking*, ZGR 1998, 497 [505].

423 *Beuthien*, in: Beuthien, GenG, § 36, Rn 13 mN zur Gegenansicht.

424 OLG Hamburg, Urt. v. 23.7.1982 – 11 U 179/80, abgedruckt in: WM 1982, 1090 [1092]; *Habersack*, in: MünchKomm AktG³, § 107, Rn 164; *Hoffmann-Becking*, in: Münchener Handbuch GesR, Bd. 4, AG, § 31, Rn 5; *ders.*, ZGR 1998, 497 [500]; aA: *Säcker*, DB 1977, 2031 [2035 f].

425 OLG Hamburg, Urt. v. 23.7.1982 – 11 U 179/80, abgedruckt in: WM 1982, 1090 [1092]; Hüffer, AktG, § 107, Rn 24, hält einen Bestätigungsbeschluss jedoch für unschädlich.

426 Vgl zB *Habersack*, in: MünchKomm AktG³, § 110, Rn 44; *Siebel/v. Schenck*, in: Semler/v. Schenk, Aufsichtsrat, § 3, Rn 114 f.

427 *Hoffmann-Becking*, in: Münchener Handbuch GesR, Bd. 4, AG, § 31, Rn 4, verweist darauf, dass der Aufsichtsrat sich mit der Verabschiedung einer Geschäftsordnung nicht selbst bindet, da Geschäftsordnungsbeschlüsse keinen höheren Rang haben als sonstige Beschlüsse des Gremiums.

cc) Zweck und typischer Inhalt

449 Kernaufgabe der Geschäftsordnung des Aufsichtsrats ist die Erleichterung der Erfüllung von Aufgaben, die Gesetz, DCGK und Satzung der Gesellschaft dem Organ zuweisen[428] und vor allem dessen Selbstorganisation, um sicherzustellen, dass Arbeitsweise und Entscheidungsprozesse so transparent strukturiert sind, dass nur äußerst selten um Verfahrensfragen, sondern stattdessen um die Sache gerungen werden kann.[429] Geregelt werden in ihr daher zumeist Turnus der Sitzungen, Einladung hierzu einschließlich dazugehöriger Fristen und Formerfordernisse sowie Bekanntmachung der Tagesordnung, Teilnahmeberechtigungen, Modalitäten der Beschlussfassung, Sitzungsniederschrift, Einsetzung, Besetzung und Arbeitsweise von Ausschüssen sowie ein etwaiges Zweitstimmrecht des Ausschussvorsitzenden.[430]

450 Hinsichtlich der Verschwiegenheitspflicht der Aufsichtsratsmitglieder darf sie nur eine „Präzisierung“ der ohnehin gesetzlich begründeten Schweigepflicht im Sinne bloßer Erläuterungen oder allgemeiner Richtlinien enthalten.[431]

451 Die Schöpfer einer Geschäftsordnung sollten immer darauf bedacht sein, Regelungen zu treffen, die nicht nur rechtlich einwandfrei sind, sondern auch keinerlei Spielraum für Auslegung, Fehldeutung oder gar Verwirrung lassen. Unbestimmte – zB „regelmäßig“, „zeitnah“ oder „umfassen“ – und Auffangbegriffe – zB „gebräuchlich“ oder „sonstige“ – sind daher zu vermeiden. Stattdessen sollten detailliert zB die zulässigen Möglichkeiten der Zustellung von Einladungen zu einer Sitzung benannt werden, selbst wenn dies dazu führt, dass die Geschäftsordnung in kurzen Abständen aufgrund des technischen Fortschritts laufend geändert werden muss.[432]

452 Gemäß Ziff. 5.1.3 DCGK soll sich der Aufsichtsrat eine Geschäftsordnung geben. Zweck dieser Empfehlung ist die Professionalisierung der Aufsichtsratsarbeit durch eine gewisse Standardisierung. In der Geschäftsordnung des Aufsichtsrats wird ein geeignetes Mittel gesehen, Empfehlungen und Anregungen des DCGK, die den Aufsichtsrat betreffen, umzusetzen.[433]

428 Vgl *Kremer*, in: Ringleb/Kremer/Lutter/v. Werder, DCGK^3, Rn 959.

429 *Mutter/Kinne*, Der Aufsichtsrat 2013, 76 [76].

430 Vgl *Hoffmann-Becking*, in: Beck'sches Formularbuch, X. 17 u. X. 18.

431 BGH, Urt. v. 5.6.1975 – II ZR 156/73, abgedruckt in: BGHZ 64, 325 [328] = NJW 1975, 1412 [1412], wonach die Verschwiegenheitspflicht der Aufsichtsratsmitglieder in §§ 116, 93 Abs. 1 Satz 3 AktG (= § 93 Abs. 1 Satz 2 AktG aF) abschließend geregelt ist und diese gemäß § 23 Abs. 5 AktG durch Satzung oder Geschäftsordnung weder gemildert noch verschärft werden kann.

432 Hierzu mit konkreten Beispielen *Mutter/Kinne*, Der Aufsichtsrat 2013, 76 [77].

433 Vgl *Kremer*, in: Ringleb/Kremer/Lutter/v. Werder, DCGK^3, Rn 959.

IV. Aufgaben des Aufsichtsrats, Rechte und Pflichten seiner Mitglieder

1. Einleitung

453 Die gesetzlichen Aufgaben des Aufsichtsrats einer AG lassen sich als Überwachung der Geschäftsleitung iS von § 111 Abs. 1 AktG und als Besetzung des Vorstands iS von § 84 AktG kategorisieren.

454 Je nach Zuschnitt der Gesellschaft können diese Aufgaben ganz unterschiedliche ausgeprägt sein. *Wirth* formuliert es plakativ so: „Bei der Publikumsgesellschaft muss der Aufsichtsrat die Gesellschaft vor dem Vorstand schützen. (...), bei der Gesellschaft mit einem Großaktionär, muss der Aufsichtsrat dafür sorgen, dass die Interessen der Minderheitsaktionäre geschützt werden."[1] Zuletzt Erwähntes ist nur möglich, da die Mitglieder des zumindest obligatorischen[2] Aufsichtsrats keinen Weisungen der Gesellschafter unterliegen und nur dem Unternehmensinteresse verpflichtet sind. Gestützt wird dieser Grundsatz auf § 111 Abs. 5 bzw §§ 116, 93 AktG.[3]

455 Bei einer KGaA gibt es keinen Vorstand, sondern nur einen oder mehrere persönlich haftende Gesellschafter (Komplementär), die zur Geschäftsführung und Vertretung der Gesellschaft berufen sind.[4] Der Aufsichtsrat hat somit keinen Einfluss auf die Besetzung der Geschäftsführung.[5] Dies mag seine Überwachungsaufgabe mitunter erschweren, da ihm das (Druck-)Mittel der Abberufung[6] nicht zur Verfügung steht.

456 Bei der eG wird der Vorstand von der General- bzw Vertreterversammlung gewählt und abberufen,[7] sofern die Satzung keine andere Art der Bestellung und Abberufung, zB durch den Aufsichtsrat,[8] bestimmt.[9] Bei einer mitbestimmten eG ist der Aufsichtsrat gemäß § 31 Abs. 1 Satz 1 MitbestG zwingend zur Bestellung und Abberufung der Vorstandsmitglieder berufen.

2. Personalangelegenheiten

a) Personalkompetenz des Aufsichtsrats

457 Der Aufsichtsrat einer AG sowie einer GmbH und eG, für die das MitbestG gilt,[10] hat die ausschließliche Personalkompetenz im Hinblick auf die Mitglieder des Vorstandes bzw der Geschäftsführung, die ihm durch anderslautende Satzungsbestimmung nicht, auch nicht nur teilweise, entzogen werden kann.[11] Der Aufsichtsrat einer GmbH, für die das DrittelbG gilt,

1 *Wirth*, ZGR 2005, 327 [329 f].

2 Vgl BVerwG, Urt. v. 31.8.2011 – 8 C 16.10, BeckRS 2011, 55139, wonach eine Ausnahme von diesem Grundsatz bei einem fakultativen Aufsichtsrat besteht, bei dem § 52 GmbHG durch Satzungsbestimmung vollständig abbedungen wurde und durch Auslegung der Satzung eine Weisungsabhängigkeit der – von der mehrheitsbeteiligten Kommune entsandten – Aufsichtsratsmitglieder zu entnehmen war. Das BVerwG, aaO, unterstellte im Rahmen seiner Auslegung, dass die Gemeinde ihrer Verpflichtung aus § 108 Abs. 5 Nr. 2 GO NRW gerecht werden wollte, wonach sie sich nur an Unternehmen in der Rechtsform einer GmbH beteiligen darf, wenn der Rat den von der Gemeinde bestellten oder auf Vorschlag der Gemeinde ausgewählten Mitgliedern des Aufsichtsrats Weisungen erteilen kann.

3 BGH, Urt. v. 18.9.2006 – II ZR 137/05, abgedruckt in: BGHZ 169, 98 Rn 18.

4 Vgl § 278 Abs. 2 AktG iVm §§ 161 Abs. 2, 164, 170, 114 ff, 125 ff HGB.

5 Vgl § 31 Abs. 1 Satz 2 MitbestG.

6 Vgl § 84 Abs. 3 AktG.

7 § 24 Abs. 1 Satz 1 GenG.

8 *Beuthien*, in: Beuthien, GenG, § 24, Rn 10 mwN.

9 § 24 Abs. 1 Satz 2 GenG.

10 § 31 Abs. 1 MitbestG iVm § 84 AktG.

11 *Spindler*, in: MünchKomm AktG, § 84, Rn 1; Hüffer, AktG, § 84, Rn 1, mit Verweis auf § 23 Abs. 5 AktG.

hat hingegen keine Personalkompetenz im Hinblick auf die Geschäftführer.[12] Diese liegt vielmehr bei der Gesellschafterversammlung.[13]

Die Aufgabe des Aufsichtsrats besteht darin, Vorstandsmitglieder bzw Geschäftsführer nach § 84 Abs. 1 Satz 1 bis 4 AktG zu bestellen und gemäß § 84 Abs. 3 Satz bis 4 AktG abzuberufen sowie Anstellungsverträge[14] im Namen der Gesellschaft bzw Genossenschaft mit ihnen zu schließen und diese ggf zu kündigen. Hierin liegt nach Ansicht *Lutters* das „Herzstück" der Aufsichtsratspflichten.[15] Andere bezeichnen es als „Königsthema"[16] oder wichtigste Aufgab.[17] Seine Mitglieder sind somit verpflichtet, das Personal im eigenen Unternehmen sowie auf dem freien Markt für Führungskräfte zu sondieren, um die geeigneten Kandidaten ausfindig zu machen.[18] Bei der Kandidatensuche soll der Aufsichtsrat gemäß Ziff. 5.1.2 Abs. 1 Satz 2 DCGK auf Vielfalt (Diversity) achten. Er soll insbesondere eine angemessene Berücksichtigung von Frauen anstreben. Außerdem soll er nach Ziff. 5.1.2 Abs. 1 Satz 3 DCGK „gemeinsam mit dem Vorstand für eine langfristige Nachfolgeplanung sorgen." 458

Neben der Personalkompetenz im Hinblick auf die Mitglieder des Vorstands sind die Aufsichtsratsmitglieder gemäß § 124 Abs. 3 Satz 1 Hs 2 AktG auch aufgerufen, der Hauptversammlung Vorschläge zur Wahl von Aufsichtsratsmitgliedern zu machen, wobei auch ein Ausschuss hierüber entscheiden kann.[19] Allerdings steht in Abweichung von § 108 Abs. 1 AktG nur den Anteilseignervertretern[20] dieses sog. Sonderbeschlussrecht zu. Die Arbeitnehmervertreter dürfen nicht einmal an den Beratungen hierzu teilnehmen, um keinen Einfluss auf die Besetzung der Anteilseignerseite ausüben zu können.[21] Da die Hauptversammlung selbst zu einer Auswahl fähiger Kandidaten nicht oder zumindest nicht in dem Maße wie der Aufsichtsrat selbst in der Lage ist, wird diesen Vorschlägen regelmäßig entsprochen.[22] Es liegt somit bei den Anteilseignervertretern im Aufsichtsrat, darüber zu entscheiden, welche Kompetenzen im Gremium vertreten sein müssen und durch welche geeigneten Personen diese abgedeckt werden sollen. Ihr Sonderbeschlussrecht beinhaltet somit zugleich eine wesentliche Pflicht, deren unsachgemäße Wahrnehmung gravierende Auswirkungen auf die zukünftige Arbeit des Überwachungsorgans haben kann. 459

12 In § 1 Abs. 1 Ziff. 3 DrittelbG fehlt ein entsprechender Verweis auf § 84 AktG.

13 Vgl § 46 Nr. 5 GmbHG.

14 § 84 Abs. 1 Satz 5 u. Abs. 3 Satz 5 AktG.

15 *Lutter*, DB 2009, 775 [776 mwN].

16 *Mahlert*, Der Aufsichtsrat 2013, 6 [6].

17 Vgl nur *Semler*, NZG 2013, 771 [772].

18 *Lutter*, DB 2009, 775 [776], führt die Pflicht zur Sondierung des gesamten Marktes für Führungskräfte darauf zurück, dass viele „Begabte von Unternehmen zu Unternehmen [springen], um ihre Karriere zu beschleunigen.".

19 § 107 Abs. 3 Satz 3 AktG verweist nicht auf § 124 Abs. 3 AktG, vgl auch Hüffer, AktG, § 124, Rn 13 mwN.

20 Vgl § 124 Abs. 3 Satz 5 AktG, der auf § 35 Abs. 1 Nr. 10 MitbestG zurückgeht. Diese Vorschrift wurde durch das BetrVerfReformG v. 23.7.2001 (BGBl. I S. 1852) aufgehoben.

21 Hüffer, AktG, § 124, Rn 17 mwN.

22 *Lutter*, DB 2009, 775 [778], geht sogar soweit zu sagen, dass die Hauptversammlung überhaupt nicht in der Lage sei, geeignete Kandidaten vorzuschlagen. Außerdem werde den Vorschlägen stets entsprochen, so dass de facto eine Art Kooptation vorliege.

b) Bestellung der Vorstandsmitglieder

460 Die Bestellung umfasst nicht nur den Beschluss[23] des Aufsichtsrats als Kollegialorgan,[24] eine natürliche Person[25] zum Mitglied des Vorstands zu machen, sondern auch die Bekanntgabe dessen Inhalts gegenüber dem zukünftigen Vorstandsmitglied, wozu der Aufsichtsrat seinen Vorsitzenden, ein anderes seiner Mitglieder oder einen Dritten ermächtigen kann,[26] und schließlich die Entgegennahme von dessen Einverständniserklärung,[27] wobei zuletzt genannte zeitlich auch vor dem Bestellungsbeschluss des Aufsichtsrats liegen kann.[28] Kein Bestandteil der Bestellung ist die Zuweisung eines bestimmten Geschäftsbereichs. Diese hat in der Geschäftsordnung zu erfolgen.[29] Nur der Arbeitsdirektor in mitbestimmten Gesellschaften iS von § 33 MitbestG wird mit der Kernzuständigkeit für Arbeit und Soziales bestellt.[30]

461 Der Aufsichtsrat entscheidet souverän und übt mit seiner Personalentscheidung eigenes unternehmerisches Ermessen aus.[31] Verträge und sonstige rechtsgeschäftliche Absprachen, welche die Entschließungsfreiheit seiner Mitglieder einschränken, sind nichtig.[32] Dasselbe gilt für Satzungsbestimmungen, die hierauf abzielen. Mittels Satzungsbestimmung kann noch nicht einmal ein Vorschlagsrecht des Vorstands eingeführt werden.[33]

462 Der Vorstand kann jedoch aus eigener Initiative oder nach Aufforderung durch den Aufsichtsrat Vorschläge machen, solange dessen Entscheidungsfreiheit erhalten bleibt.[34] Der Aufsichtsrat begibt sich dieser, wenn er einen als geeignet eingeschätzten Kandidaten nur wegen der ablehnenden Haltung der Vorstandsmitglieder nicht bestellt, andererseits aber einen vom Vorstand vorgeschlagenen Kandidaten bestellt, obwohl dies der Überzeugung seiner Mitglieder widerspricht.[35] In großen Unternehmen ist es gängige Praxis, dass Vorstandsmitglieder im engen Einvernehmen mit dem Vorstand vom Aufsichtsrat bestellt werden. Bei unternehmensangehörigen Personen ist dies nur zu verständlich, da allein der Vorstand über sie bis zu deren Bestellung die Personalhoheit hat.[36] Die Aufsichtsratsmitglieder müssen sich jedoch stets von der Eignung des zu bestellenden Vorstandsmitglieds selbst überzeugen. Unterlassen sie dies, verletzen sie ihre Sorgfaltspflicht und laufen Gefahr, für einen aus der mangelnden Eignung des Vorstandsmitglieds herrührenden Schaden der AG verantwortlich gemacht zu werden.[37] Insofern ist es jedem Aufsichtsratsmitglied allein aus dem Grund der Haftungsprävention zu empfehlen, neben dem intensiven Studium von in- und externen Re-

23 Vgl § 108 AktG; BGH, Urt. v. 6.4.1964 – II ZR 75/62, abgedruckt in: BGHZ 41, 282 [286] = NJW 1964, 1367 [1367], verweist darauf, dass der einheitliche Wille der Aufsichtsratsmitglied nur durch Beschluss zum Ausdruck gebracht werden kann, nicht jedoch stillschweigend oder durch schlüssiges Verhalten.

24 § 107 Abs. 3 Satz 3 AktG; BGH, Urt. v. 24.11.1980 – II ZR 182/79, abgedruckt in: BGHZ 79, 38 [42 f] = NJW 1981, 757 [758] Hüffer, AktG, § 84, Rn 5; *Spindler*, in: MünchKomm AktG³, § 84, Rn 12 f. Lutter/Krieger, Aufsichtsrat, § 7, Rn 332.

25 § 76 Abs. 3 Satz 1 AktG.

26 *Hefermehl/Spindler*, in: MünchKomm AktG², § 84, Rn 14.

27 Hüffer, AktG, § 84, Rn 3.

28 Hüffer, AktG, § 84, Rn 4.

29 Hüffer, AktG, § 84, Rn 3; *Mertens*, ZGR 1983, 189 [196 ff]; aA: Lutter/Krieger, Aufsichtsrat, § 7, Rn 430.

30 *Gach*, in: MünchKomm AktG², § 33 MitbestG. Rn 6 mwN; Hüffer, AktG, § 84, Rn 3.

31 BGH, Urt. v. 21.4.1997 – II ZR 175/95 („ARAG/Garmenbeck"), abgedruckt in: BGHZ 135, 244 [254 f]; *Goette*, FS 50 Jahre BGH, 2000, S. 123 [S. 129].

32 *Spindler*, in: MünchKomm AktG³, § 84, Rn 14; Hüffer, AktG, § 84, Rn 5.

33 Hüffer, AktG, § 84, Rn 5.

34 Vgl auch OLG Stuttgart, Urt. v. 30.5.2007 – 20 U 14/06, abgedruckt in: AG 2007, 873 [876] = NZG 2007, 549 = ZIP 2007, 1217 (LS), wonach sich aus unverbindlichen Vorschlägen von Vertretern der Mehrheitsaktionärin im Aufsichtsrat keine unzulässige Einflussnahme der übrigen Aufsichtsratsmitglieder ableiten lasse.

35 *Semler*, FS Lutter, 2000, S. 721 [S. 723].

36 Vgl *Semler*, NZG 2013, 771 [772].

37 *Semler*, FS Lutter, 2000, S. 721 [S. 722].

ferenzen von der Möglichkeit des persönlichen Kennenlernens des Kandidaten Gebrauch zu machen.[38] Zudem werden vielfach qualifizierte Personalberater, sog. Headhunter, zur Unterstützung in den Auswahlprozess des Aufsichtsrats eingeschaltet.[39] Sie unterstützen diesen bei der Erarbeitung von klaren Anforderungsprofilen und bei der Suche.

Besonderheiten gelten bei der Bestellung von Vorstandsmitgliedern bzw Geschäftsführern in Gesellschaften, für die das MitbestG gilt. Hier bedarf es gemäß § 31 Abs. 2 MitbestG eines Aufsichtsratsbeschlusses mit einer Mehrheit, die mindestens zwei Drittel der Stimmen seiner Mitglieder umfasst. Bei einem 20-köpfigen Aufsichtsrat müssen somit mindestens 14 Mitglieder der Bestellung zustimmen, unabhängig davon, wie viele Mitglieder des Aufsichtsrats an der Abstimmung teilnehmen. Kommt die erforderliche Mehrheit nicht zustande, muss gemäß § 31 Abs. 3 MitbestG der Vermittlungsausschuss iS von § 27 Abs. 3 MitbestG innerhalb eines Monats einen Kandidaten vorschlagen, zu dessen Wahl ein Beschluss genügt, der mit der Mehrheit der Stimmen der Aufsichtsratsmitglieder getroffen wird. Bei einem 20-köpfigen Aufsichtsrat würde somit ein mit elf Stimmen gefasster Beschluss – zB alle zehn Stimmen der Anteilseignervertreter und eine Stimme aus dem Lager der Arbeitnehmer – genügen. Kommt diese Mehrheit nicht zustande, so stimmt der Aufsichtsrat erneut ab. Bei dieser dritten Abstimmung, bei der ebenfalls die Mehrheit der Stimmen der Aufsichtsratsmitglieder ausreicht, hat der Vorsitzende gemäß § 31 Abs. 4 MitbestG zwei Stimmen. Dem Anteilseignerlager ist es somit aus eigener Kraft möglich, in der finalen Beschlussfassung die Bestellung der Mitglieder des Vertretungsorgans der Gesellschaft entsprechend der eigenen Vorstellung durchzusetzen. 463

Für die Bestellung von Stellvertretern für fehlende oder verhinderte Vorstandsmitglieder aus dem Kreis der Aufsichtsratsmitglieder gemäß § 105 Abs. 2 AktG gilt § 31 Abs. 2 bis 4 MitbestG nicht.[40] Die Beschlüsse hierüber werden gemäß § 29 Abs. 1 MitbestG vielmehr mit der Mehrheit der abgegebenen Stimmen gefasst. Bei Stimmengleichheit wird gemäß § 29 Abs. 2 MitbestG erneut abgestimmt, wobei der Vorsitzende des Aufsichtsrats zwei Stimmen hat. Anders als bei dem Verfahren gemäß § 31 Abs. 2 bis 4 MitbestG bedarf es somit keines Einschreitens des Vermittlungsausschusses, wodurch kostbare Zeit eingespart wird. Gerade dieser Aspekt ist bei der Bestellung von Stellvertretern für Vorstandsmitglieder, die aufgrund kurzfristig eingetretener Umstände fehlen oder verhindert sind, besonders wichtig. Bestünde kein Zeitdruck, könnte der Aufsichtsrat einen geeigneten Ersatzkandidaten suchen, den er anschließend gemäß § 84 Abs. 1 AktG bzw § 31 Abs. 2 bis 4 MitbestG bestellt. 464

Die Bestellung von Vorstandsmitgliedern kann auch aufschiebend bedingt erfolgen.[41] Der Zeitraum bis zum Eintritt der Bedingung darf dem Rechtsgedanken des § 84 Abs. 1 Satz 3 AktG entsprechend jedoch nicht mehr als ein Jahr betragen.[42] Andernfalls könnte sich der Aufsichtsrat bei der Bestellung eines Vorstandsmitglieds für volle fünf Jahre für mehr als sechs Jahre im Voraus binden, was der Gesetzgeber jedoch gerade ausschließen wollte. 465

c) Amtszeit der Vorstandsmitglieder

aa) Höchstdauer

Der Aufsichtsrat bestellt Vorstandsmitglieder gemäß § 84 Abs. 1 Satz 1 AktG auf höchstens fünf Jahre. Ziff. 5.1.2 Abs. 2 Satz 1 DCGK empfiehlt bei Erstbestellungen, die maximal mög- 466

38 Vgl *Semler*, FS Lutter, 2000, S. 721 [S. 724].

39 *Mahlert*, Der Aufsichtsrat 2013, 6 [6], hält die Einschaltung von qualifizierten Personalberatern stets für angezeigt.

40 *Heidbüchel*, WM 2004, 1317 [1319 mwN auch zur Gegenansicht].

41 Hüffer, AktG, § 84, Rn 4; *Seibt*, in: K. Schmidt/Lutter, AktG, § 84, Rn 13.

42 *Seibt*, in: K. Schmidt/Lutter, AktG, § 84, Rn 13; Lutter/Krieger, Aufsichtsrat, § 7, Rn 358; *Krieger*, Personalentscheidungen des Aufsichtsrats, S. 127 f; *Heidbüchel*, WM 2004, 1317 [1323].

liche Bestelldauer von fünf Jahren regelmäßig nicht auszuschöpfen. Der Aufsichtsrat soll das neue Vorstandsmitglied zunächst über einen kürzeren Zeitraum testen können. Hierdurch soll die Gesellschaft zum einen davor bewahrt werden, ein Vorstandsmitglied mit entsprechender Leitungskompetenz und Vertretungsmacht fünf Jahre lang dulden zu müssen, das die Erwartungen nicht erfüllt, wodurch der Gesellschaft wirtschaftlicher Schaden entstehen und sie einen Verlust an Reputation in der Öffentlichkeit erleiden kann. Zum anderen soll der Gesellschaft bei vorzeitigem Ausscheiden des neuen Vorstandsmitglieds eine Vergütung ohne adäquate Gegenleistung erspart bleiben. Denn zeitgleich mit der Bestellung des Vorstandsmitglieds für fünf Jahre wird regelmäßig ein Anstellungsvertrag mit fünfjähriger Laufzeit abgeschlossen. Sollte dieser nicht außerordentlich fristlos gekündigt werden können, stünde dem neuen Vorstandsmitglied bis zum Ablauf der fünf Jahre die vereinbarte Vergütung zu[43] (dazu 484 ff).

bb) Mindestdauer

467 Eine Mindestdauer für ihre Amtszeit ist gesetzlich nicht vorgesehen, wenngleich der intendierten Unabhängigkeit des Vorstands vom Aufsichtsrat bei der Leitung der Gesellschaft auch bei der Bemessung der Amtszeiten der Vorstandsmitglieder Rechnung zu tragen ist. Somit gilt, dass, wenn kein Fall bloßer Überbrückung – Interimmanagement[44] – vorliegt, die Amtszeit mindestens ein Jahr betragen muss.[45] Aus demselben Grund hält *Semler* es bei wiederholter Bestellung für grundsätzlich angezeigt, wenn diese für fünf Jahre erfolgt.[46] Missbraucht der Aufsichtsrat seine Kompetenz, indem er Vorstandsmitglieder für eine unangemessen kurze Zeit bestellt, handelt er pflichtwidrig, was jedoch keinen Einfluss auf die Wirksamkeit der Befristung hat[47] und somit auch nicht zu einer angemessenen Verlängerung der Amtszeit führt.[48]

cc) Wiederholte Bestellung

468 Eine wiederholte Bestellung oder Verlängerung der Amtszeit, jeweils für höchstens fünf Jahre, ist zulässig.[49] Unzulässig wegen Vorstoßes gegen ein gesetzliches Verbot gemäß § 134 BGB[50] ist hingegen eine automatische Verlängerung der Amtszeit über die Fünfjahresgrenze hinaus.[51] Hierdurch soll sichergestellt werden, dass sich der Aufsichtsrat nach spätestens fünf Jahren in verantwortlicher Beratung über die Weiterbeschäftigung des Vorstandsmitglieds schlüssig wird.[52] Zulässig ist es daher, eine automatische Verlängerung der Amtszeit, also eine solche ohne erneuten Aufsichtsratsbeschluss, innerhalb des Fünfjahreszeitraums bis spätestens zu dessen Ende zu vereinbaren.[53]

---

43 Vgl nur *Hoffmann-Becking*, ZHR 169 (2005), 155 [169].

44 Die Bestellung eines Interimsvorstands erfolgt entweder gemäß § 84 Abs. 1 AktG, wenn der Kandidat Mitarbeiter des Unternehmens, eines Konzernunternehmens oder ein Dritter ist, oder gemäß § 105 Abs. 2 AktG, wenn der Kandidat für das Amt amtierendes Aufsichtsratsmitglied ist.

45 Vgl *Spindler*, in: MünchKomm AktG³, § 84, Rn 30; *Heidbüchel*, WM 2004, 1317 [1318].

46 *Semler*, NZG 2013, 771 [771].

47 Hüffer, AktG, § 84, Rn 7.

48 *Hefermehl/Spindler*, in: MünchKomm AktG², § 84, Rn 30 mwN.

49 § 84 Abs. 1 Satz 2 AktG.

50 BGH, Urt. v. 11.7.1953 – II ZR 126/52, abgedruckt in: BGHZ 10, 187 [194 f] = NJW 1953, 1465.

51 Hüffer, AktG, § 84, Rn 6, u. *Hefermehl/Spindler*, in: MünchKomm AktG², § 84, Rn 32, nennen beispielhaft Absprachen im Zuge der Bestellung, wonach sich die Amtszeit über den Fünfjahreszeitraum verlängert, wenn keine Abberufung erfolgt.

52 BGH, Urt. v. 11.7.1953 – II ZR 126/52, abgedruckt in: BGHZ 10, 187 [194 f] = NJW 1953, 1465.

53 Vgl § 84 Abs. 1 Satz 4 AktG.

Wie die erstmalige, so bedarf auch die erneute Bestellung eines ausdrücklichen[54] Aufsichtsratsbeschlusses, der gemäß § 84 Abs. 1 Satz 3 AktG frühestens ein Jahr vor Ablauf der bisherigen Amtszeit gefasst werden kann. Wird er früher gefasst, so ist er unwirksam und begründet keine wirksame Amtszeitverlängerung.[55] Die zeitliche Eingrenzung für die Beschlussfassung über die wiederholte Bestellung bzw Verlängerung der Amtszeit soll eine Umgehung der Bestellungsbefristung auf fünf Jahre verhindern.[56] Denn könnte der Aufsichtsrat unmittelbar nach der Bestellung des Vorstandsmitglieds für fünf Jahre dieses für weitere fünf Jahre, die sich unmittelbar an die erste Amtszeit anschließen, bestellen, wäre eine Bestellung für zehn Jahr möglich, was der Intention des Gesetzgebers zuwider liefe. 469

dd) Neufestsetzung der Amtszeit als Sonderfall der wiederholten Bestellung

Anders verhält es sich im Fall der sog. Neufestsetzung der Amtszeit.[57] Hierbei wird die Bestellung des Vorstandsmitglieds während dessen Amtszeit einvernehmlich aufgehoben, damit der Aufsichtsrat es anschließend (erneut) für eine volle Amtszeit von fünf Jahren bestellt. Dieser Fall ist dem Wortlaut[58] des Gesetzes nach, insbesondere in § 84 Abs. 1 Satz 3 AktG, nicht geregelt und somit nicht ausdrücklich untersagt, weshalb ein solches Vorgehen vielfach in der Literatur[59] und neuerdings auch vom BGH[60] als grundsätzlich[61] zulässig erachtet wird. Hierfür spricht neben der Entstehungsgeschichte der Norm[62] auch, dass der Aufsichtsrat sein freies Entschließungsermessen über die Dauer von fünf Jahren hinaus nicht beschränkt, womit der Intention des Gesetzgebers[63] Genüge getan ist.[64] Der Zweck von § 84 Abs. 1 Satz 3 AktG besteht auch nicht darin, dass sich der Aufsichtsrat bei seiner Entscheidung über die erneute Bestellung eines Vorstandsmitgliedes auf die Erkenntnisse aus einem 470

54 *Hefermehl/Spindler*, in: MünchKomm AktG², § 84, Rn 33, m. Nachw. zur Rspr des BGH.

55 *Hefermehl/Spindler*, in: MünchKomm AktG², § 84, Rn 34.

56 Hüffer, AktG, § 84, Rn 6; *Hefermehl/Spindler*, in: MünchKomm AktG², § 84, Rn 34.

57 Zum Begriff, vgl Hüffer AktG, § 84, Rn 7; *Seibt*, in: K. Schmidt/Lutter, AktG, § 84, Rn 16; *Priester*, ZIP 2012, 1781 [1781 mwN].

58 Vgl hierzu aber: *Priester*, ZIP 2012, 1781 [1783].

59 *Weber*, in: Hölters, AktG, § 84, Rn 26 f; *Bürgers/Israel*, in: Bürgers/Körber, AktG § 84, Rn 11; *Wiesner*, in: Münchener Handbuch Ges., Bd. 4, AG, § 20, Rn 32; *Bauer/Krets*, DB 2003, 811 [817]; *Bosse/Hinderer*, NZG 2011, 605 [607]; *Fleischer*, DB 2011, 861 [863 ff]; *Hölters/Weber*, AG 2005, 629 [631 ff]; *Seibt*, AG 2003, 465 [474]; *Selter*, NZG 2011, 897 [898]; *Werner*, AG 1990, 1 [19]; *Willemer*, AG 1977, 130 [133]; aA: *Mertens/Cahn*, in: KölnKomm AktG, § 84, Rn 23; *Spindler*, in: MünchKomm AktG³, § 84, Rn 44; *Brammsen*, ZIP 2009, 1504 [1509]; *Götz*, AG 2002, 305 [306]; *Peltzer*, FS Priester, 2007, S. 573 [590 f]; *ders.*, NZG 2002, 593 [596].

60 BGH, Urt. v. 17.7.2012 – II ZR 55/11, abgedruckt in: NZG 2012, 1027 = AG 2012, 677 = ZIP 2012, 1750 = BB 2012, 2455 = WM 2012, 1724, hierzu: *Paschos/von der Linden*, AG 2012, 736; *Priester*, ZIP 2012, 1781; unter der Einschränkung, dass besondere Gründe für diese Vorgehen vorliegen, bereits LG Frankenthal, Urt. v. 22.4.2010 – 2 HKO 89/09, abgedruckt in: BB 2010, 1626 m. zust. Anm. *Bastian*; aA: OLG Zweibrücken, Urt. v. 3.2.2011 – 4 U 76/10, abgedruckt in: NZG 2011, 433 = BeckRS 2011, 04921.

61 Das Verhältnis von Regel und Ausnahme umkehrend und daher über den generellen Maßstab eines am Unternehmenswohl orientierten Handelns hinaus einschränkend dahingehend, dass zusätzlich das Vorliegen besonderer oder rechtfertigender Gründe im konkreten Fall verlangt wird: Hüffer, AktG, § 84, Rn 23; *Seibt*, in: K. Schmidt/Lutter, AktG, § 84, Rn 16; Lutter/Krieger, Aufsichtsrat, § 7, Rn 358; *Priester*, ZIP 2012, 1781 [1785]; *Leuchten*, NZG 2005, 909 [911].

62 Hierzu: BGH, Urt. v. 17.7.2012 – II ZR 55/11, abgedruckt in: NZG 2012, 1027 [1029, Tz. 24] = AG 2012, 677 = ZIP 2012, 1750; *Paschos/von der Linden*, AG 2012, 736 [738 f]; *Priester*, ZIP 2012, 1781 [1783 f].

63 Vgl BGH, Urt. v. 17.7.2012 – II ZR 55/11, abgedruckt in: NZG 2012, 1027 = AG 2012, 677 [679, Tz. 25] = ZIP 2012, 1750; zustimmend *Paschos/von der Linden*, AG 2012, 736 [738]; vgl auch *Willemer*, AG 1977, 130 [131]; *Werner*, AG 1990, 1 [19]; *Hölters/Weber*, AG 2005, 629 [632]; aA: *Götz*, AG 2002, 305 [306], der auch den Aspekt, dass im Zeitpunkt des Verlängerungsbeschlusses der größte Teil der regelmäßig fünf Jahre währenden Amtszeit des Vorstandsmitglieds bereits abgelaufen sein muss, als vom Gesetzeszweck voll umfasst betrachtet.

64 Vgl BGH, Urt. v. 17.7.2012 – II ZR 55/11, abgedruckt in: NZG 2012, 1027 = AG 2012, 677 [678, Tz. 16].

gewissen (Mindest-) Zeitraum stützen kann, in dem sich das betreffende Vorstandsmitglied bewährt hat.[65] Darüber hinaus ist der Aufsichtsrat nach der aktiengesetzlichen Konzeption – die Anregung in Ziff. 5.1.2 Abs. 2 Satz 1 DCGK, wonach „bei Erstbestellungen ... die maximal mögliche Bestelldauer von fünf Jahren nicht die Regel sein" soll, hat weder Gesetzesqualität noch ist eine abweichende Praxis in die Entsprechenserklärung der Gesellschaft iS von § 161 AktG aufzunehmen – nicht daran gehindert, das Vorstandsmitglied bereits beim ersten Mal und somit ohne vorherige Erkenntnisse über dessen Eignung für volle fünf Jahre zu bestellen und die Gesellschaft somit für den gesetzlichen Maximalzeitraum an das Vorstandsmitglied zu binden.[66] Es ist jedoch nicht ersichtlich, warum insoweit zwischen erstmaliger und erneuter Bestellung zu unterscheiden sein soll.

471 Bedenken bestehen jedoch, wenn der Aufsichtsrat seine Personalkompetenz bewusst nicht auf sachliche Erwägungen[67] wie zB die Bestellung eines Vorstandsmitglieds während dessen Amtszeit zum Vorstandsvorsitzenden gemäß § 84 Abs. 2 AktG stützt,[68] sondern im eigenen oder im Interesse Dritter, insbesondere des vorzeitig erneut zu bestellenden Vorstandsmitglieds, ausnutzt. Hierin kann eine – dann zumeist vorsätzliche – Pflichtverletzung der Aufsichtsratsmitglieder mit der Folge einer möglichen Haftung gemäß §§ 116 Satz 1, 93 Abs. 2 Satz 1 AktG liegen.[69] Darüber hinaus ist fraglich, ob[70] und ggf unter welchen Voraussetzungen die einvernehmliche vorzeitige Aufhebung und gleichzeitige Neubestellung der Vorstandsmitglieder durch Aufsichtsratsbeschluss auch nichtig sein kann. Mit dem BGH ist von der Nichtigkeit des Aufsichtsratsbeschlusses auszugehen, wenn die Aufsichtsratsmitglieder bei ihrer Beschlussfassung Motive verfolgen, die sich vor dem Hintergrund ihrer Treuepflicht der Gesellschaft gegenüber als rechtsmissbräuchlich erweisen.[71] Dies ist zB der Fall, wenn sie kollusiv mit den vorzeitig erneut zu bestellenden Vorstandsmitgliedern zum Nachteil der Gesellschaft zusammenwirken, um diesen eine höhere Abfindung für den Fall vorzeitiger Aufhebung deren Anstellungsverträge zu ermöglichen.[72] Denkbar ist zudem Nichtigkeit wegen der Umgehung eines gesetzlichen Verbots.[73] An die Nichtigkeit, unerheblich aus welchem der beiden Gründe, sind hohe Anforderungen zu stellen,[74] da die vorzeitige einvernehmliche Aufhebung der Bestellung bei gleichzeitiger Neubestellung für fünf Jahre gerade

65 So aber ausdrücklich: OLG Zweibrücken, Urt. v. 3.2.2011 – 4 U 76/10, abgedruckt in: NZG 2011, 433 = BeckRS 2011, 04921.

66 So im Erg. auch *Priester*, ZIP 2012, 1781 [1784].

67 *Semler*, in: MünchKomm AktG², § 116, Rn 312, fordert sogar einen wichtigen Grund für die Zulässigkeit der vorzeitigen Beendigung der Bestellung im gegenseitigen Einvernehmen. Ein solcher liege nicht vor, wenn lediglich der Wunsch bestehe, ein Vorstandsmitglied während dessen Amtszeit ad hoc für fünf Jahre zu bestellen.

68 Im Ergebnis auch *Fonk*, in: Semler/v. Schenk, Aufsichtsrat, § 9, Rn 50, der die Bestellung zum Vorstandsvorsitzenden jedoch als „besonderen Grund" für eine aus seiner Sicht grundsätzlich unzulässige vorzeitige Aufhebung der Bestellung mit anschließender Bestellung für fünf Jahre wertet.

69 So auch *Hölters/Weber*, AG 2005, 629 [634]; *Priester*, ZIP 2012, 1781 [1785].

70 *Holters/Weber*, AG 2005, 629 [634], wollen Missbrauchsfälle allein über die Haftung der Aufsichtsratsmitglieder lösen.

71 BGH, Urt. v. 17.7.2012 – II ZR 55/11, abgedruckt in: NZG 2012, 1027 [1030, Rn 31] = AG 2012, 677 [679 f]; vgl hierzu auch *Fleischer*, AG 2006, 429 [437].

72 Fleischer, in: Spindler/Stilz, AktG, § 84, Rn 19; *ders.*, AG 2006, 429 [437]; *ders.*, DB 2011, 861 [864]; *Holters/Weber*, AG 2005, 629 [631].

73 Vgl *Fleischer*, AG 2006, 429 [437], wonach das Vorliegen einer Gesetzesumgehung von der Eingriffs- und Toleranzschwelle des § 84 Abs. 1 Satz 3 AktG abhängt und eine Umgehung noch nicht vorliegt, wenn der Aufsichtsrat durch seine Entscheidung die Gesellschaft eines gesteigerten finanziellen Risikos wegen zu erwartender Abfindungszahlungen bei vorzeitigem Ausscheiden des Vorstandsmitglieds aussetzt.

74 So auch *Paschos/von der Linden*, AG 2012, 736 [739].

keine Umgehung von § 84 Abs. 1 Satz 3 AktG darstellt,[75] sondern sich innerhalb der gesetzlichen Grenzen abspielt. So hat der BGH klargestellt, dass ein Beschluss zulässig ist, mit dem der Aufsichtsrat am Tag vor der Hauptversammlung „Tatsachen" schaffe, da ein zukünftiger Aufsichtsrat den Vorstand so hinzunehmen habe, wie ihn der alte Aufsichtsrat hinterlasse.[76] Die Vorschrift schützt somit nicht die Personalhoheit eines zukünftigen Aufsichtsrats.[77] Die Darlegungs- und Beweislast für das Vorliegen eines Umstandes, aufgrund dessen der Aufsichtsratsbeschluss zur vorzeitigen Wiederbestellung eines Vorstandsmitglieds nichtig ist, trägt derjenige, der sich hierauf beruft.[78]

Gemäß Ziff. 5.1.2 Abs. 2 Satz 2 DCGK soll „eine Wiederbestellung vor Ablauf eines Jahres 472 vor dem Ende der Bestelldauer bei gleichzeitiger Aufhebung der laufenden Bestellung ... nur bei Vorliegen besonderer Umstände erfolgen."[79] Neben dem bereits erwähnten Fall der Bestellung eines Vorstandsmitglieds während dessen Amtszeit zum Vorstandsvorsitzenden gemäß § 84 Abs. 2 AktG dürfte ein solcher besonderer Umstand auch dann vorliegen, wenn die Abwerbung des fraglichen Vorstandsmitglieds durch einen Dritten droht.[80] Dasselbe gilt für den Fall, dass ein erfahrenes Vorstandsmitglied das Gesellschaftsunternehmen sanieren, eine Verschmelzung, den Erwerb eines Unternehmens oder einer Beteiligung und die anschließende Integration oder einen Börsengang zu Ende führen und daher längerfristig an die Gesellschaft gebunden werden soll.[81] Zumindest zweifelhaft erscheint, ob die Änderung der Geschäftsverteilung (vgl § 77 Abs. 1 Satz 2 Hs 1 AktG) ebenfalls ein besonderer Umstand iS der Kodex-Empfehlung ist.[82] Liegen derartige Umstände nicht vor, ist zwar die Abweichung von der Kodex-Empfehlung in der Entsprechenserklärung iS von § 161 AktG offenzulegen. Auf die Wirksamkeit des Aufsichtsratsbeschlusses über die vorzeitige Aufhebung und Neubestellung hat dies jedoch keinen Einfluss.[83]

ee) Berechnung der Frist und Befristung

Maßgeblich für die Berechnung der Fünfjahresfrist sowie einer entsprechend der jeweiligen 473 Bestellung kürzeren Frist ist der Beginn der Amtszeit des Vorstandsmitglieds.[84] Diese muss nicht im Zeitpunkt der Bestellung, also mit Abgabe der Einverständniserklärung durch den Bestellten oder in Fällen vorheriger Einverständniserklärung mit Mitteilung des Aufsichtsratsbeschlusses gegenüber dem Bestellten, beginnen. Die Bestellung kann vielmehr (aufschiebend) befristet sein.[85] Allerdings darf der Bestellungsbeschluss des Aufsichtsrats nicht länger

75 **AA:** OLG Zweibrücken, Urt. v. 3.2.2011 – 4 U 76/10, abgedruckt in: NZG, 2011, 433 = BeckRS 2011, 04921; *Mertens/Cahn*, in: KölnKomm AktG, § 84, Rn 23; *Spindler*, in: MünchKomm AktG^3, § 84, Rn 44; *Peltzer*, NZG 2002, 593 [596], der von einem „Trick" spricht, „mit dem Vorstände im Amt gehalten werden sollen.".

76 BGH, Urt. v. 17.7.2012 – II ZR 55/11, abgedruckt in: NZG 2012, 1027 = AG 2012, 677 [679, Tz. 29 ff] = ZIP 2012, 1750; Werner, AG 1990, 1 [19]; *Priester*, ZIP 2012, 1781 [1784]; aA: OLG Zweibrücken, Urt. v. 3.2.2011 – 4 U 76/10, abgedruckt in: NZG, 2011, 433 = BeckRS 2011, 04921.

77 *Holters/Weber*, AG 2005, 629 [631]; *Paschos/von der Linden*, AG 2012, 736 [739].

78 *Paschos/von der Linden*, AG 2012, 736 [740].

79 Kritisch gegenüber dieser Kodex-Empfehlung: *Mertens/Cahn*, in: KölnKomm AktG, § 84, Rn 23; *Bernhardt*, BB 2008, 1686 [1687]; *Peltzer*, FS Priester, 2007, S. 573 [591], der sogar dessen Abschaffung fordert.

80 *Spindler*, in: MünchKomm AktG^3, § 84, Rn 44; Lutter/Krieger, Aufsichtsrat, § 7, Rn 358; *Seibt*, AG 2003, 465 [474 f]; vgl auch *Priester*, ZIP 2012, 1781 [1785], der derartige Umstände für die rechtliche Zulässigkeit der Neufestsetzung fordert.

81 *Leuchten*, NZG 2005, 909 [911].

82 Vgl *Paschos/von der Linden*, AG 2012, 736 [740 mwN], die ein restriktives Verständnis der „besonderen Umstände" ablehnen.

83 BGH, Urt. v. 17.7.2012 – II ZR 55/11, abgedruckt in: NZG 2012, 1027 [1030, Rn 31] = AG 2012, 677.

84 Hüffer, AktG. § 84, Rn 7, grenzt ab zur zeitlich vorausgehenden Bestellungserklärung und zur nachfolgenden Registereintragung.

85 *Hefermehl/Spindler*, in: MünchKomm AktG^2, § 84, Rn 28.

als ein Jahr vor Beginn der Amtszeit gefasst werden,[86] was mittelbar aus § 84 Abs. 1 Satz 3 AktG folgt. Zulässig ist auch die Eintragung der befristeten Bestellung in das Handelsregister.[87]

d) Anstellungsvertrag

aa) Abgrenzung von Bestellung und Zuständigkeiten

474 Zu unterscheiden von der organschaftlichen Bestellung des Vorstandsmitglieds ist der Abschluss des Anstellungsvertrages zwischen ihm und der Gesellschaft bzw Genossenschaft, worin zB dessen Vergütung geregelt ist und für den allgemeine zivilrechtliche Vorschriften gelten. Der Anstellungsvertrag ist Dienstvertrag gemäß §§ 611 ff BGB, der eine Geschäftsbesorgung iS von § 675 BGB zum Gegenstand hat.[88] Es handelt sich bei ihm nicht um einen Arbeitsvertrag, wenngleich die Geltung einzelner arbeitsschutzrechtlicher Vorschriften nicht ausgeschlossen ist.[89]

475 Ausschließlich zuständig für den Abschluss des Anstellungsvertrages ist bei der AG der Aufsichtsrat,[90] der die Gesellschaft gemäß § 112 Satz 1 AktG vertritt. Dies gilt auch für Vertragsänderungen, zB für die nachträgliche Gewährung von Aktienoptionen (sog. Stock Options).[91] Der Aufsichtsrat einer eG vertritt diese gemäß § 39 Abs. 1 Satz 1 GenG gegenüber deren Vorstandsmitgliedern, so dass auch er für Abschluss, Änderung und einvernehmliche Aufhebung des Anstellungsvertrages zuständig ist.[92] Im Gegensatz zum Aufsichtsrat der AG steht dem Aufsichtsrat der mitbestimmungsfreien eG jedoch nicht das Recht zur fristlosen Kündigung des Anstellungsverhältnisses eines Vorstandsmitglieds zu, sofern ihm die Satzung gemäß § 24 Abs. 2 Satz 2 GenG diese Aufgabe nicht ausdrücklich auferlegt.[93] Die Entscheidung hierüber ist gemäß § 40 GenG, der wie auch § 24 Abs. 2 GenG entgegen seinem Wortlaut nicht nur die Abberufung, sondern auch die einseitige Beendigung des Anstellungsverhältnisses durch die eG betrifft, ausschließlich der General- bzw Vertreterversammlung vorbehalten.[94] Zweck dieses Vorbehalts ist nicht zuletzt der Schutz der Vorstandsmitglieder. Sie sollen nicht ohne Willensbildung der eG auf breiter Basis einem solch schweren Eingriff durch den Aufsichtsrat in ihre Rechte ausgesetzt sein.[95]

86 *Hefermehl/Spindler*, in: MünchKomm AktG², § 84, Rn 28 mwN.

87 *Hefermehl/Spindler*, in: MünchKomm AktG², § 84, Rn 28 mwN.

88 *Seibt*, in: K. Schmidt/Lutter, AktG, § 84, Rn 23.

89 Vgl Hüffer, AktG, § 84, Rn 11 mwN aus Rspr u. Lit.; *Beuthien*, in: Beuthien, GenG, § 24, Rn 14 ff, für die eG.

90 Vg. § 84 Abs. 1 Satz 5 iVm Satz 1 AktG.

91 *Hüffer*, ZHR 161 (1997), 214 [232 ff].

92 OLG Jena, Urt. v. 15.1.2003 – 7 U 489/01, abgedruckt in: NZG 2003, 232 [234]; *Beuthien*, in: Beuthien, GenG, § 24, Rn 14, u. § 39, Rn 4.

93 Vgl *Schaffland*, in: Lang/Weidmüller, GenG, § 40, Rn 1; aA: *Beutien*, in: Beuthien, GenG, § 24, Rn 22 u. § 40, Rn 1, wonach die Vertretungsmacht des Aufsichtsrats gegenüber den Mitgliedern des Vorstands zur außerordentlich fristlosen Kündigung deren Anstellungsverträge sich bereits aus § 39 Abs. 1 Satz 1 GenG ergibt.

94 Jeweils zur Rechtslage bis 2006: BGH, Urt. v. 3.3.1960 – VIII ZR 40/59, abgedruckt in: BGHZ 32, 114 [122] = NJW 1960, 1006 [1008]; BGH, Urt. v. 29.3.1973 – II ZR 20/71, abgedruckt in: BGHZ 60, 333 [335] = NJW 1973, 1122 [1123]; BGH, Urt. v. 18.6.1984 – II ZR 221/83, abgedruckt in: NJW 1984, 2689 [2689]; OLG Jena, Urt. v. 15.1.2003 – 7 U 489/01, abgedruckt in: NZG 2003, 232 [234]; OLG Oldenburg, Urt. v. 18.4.1991 – 1 U 174/90, abgedruckt in: DB 1992, 1179 [1180], in Abgrenzung zur einvernehmlichen Aufhebung des Dienstvertrages.

95 OLG Oldenburg, Urt. v. 18.4.1991 – 1 U 174/90, abgedruckt in: DB 1992, 1179 [1180], zu § 40 GenG in der bis zum 18.8.2006 geltenden Fassung, die durch Art. 3 des Gesetzes zur Einführung der Europäischen Genossenschaft und zur Änderung des Genossenschaftsrechts vom 14.8.2006 (BGBl. I S. 1911) geändert wurde.

Dem Vertragsschluss mit dem Vorstandsmitglied geht ein Aufsichtsratsbeschluss[96] voraus, mit dem der Vertragsinhalt einschließlich Vergütungsregelung abgesegnet wird. Über die Vergütungsregelungen muss zwingend der Aufsichtsrat der AG oder eG als Kollektivorgan befinden.[97] Die Vorbereitung des Vertrages kann hingegen einem Ausschuss übertragen werden. Dasselbe gilt für den Beschluss über den Abschluss des Anstellungsvertrages vorbehaltlich der Vergütungsentscheidungen.[98] Der Ausschuss darf durch sein Tun die Entscheidung des Gesamtaufsichtsrats im Hinblick auf die Bestellung des fraglichen Vorstandsmitglieds jedoch nicht präjudizieren.[99] Er kann auch keine Ressortzuweisung vornehmen, da diese als Teil der Geschäftsordnungskompetenz dem Gesamtaufsichtsrat vorbehalten ist.[100] Einem Ausschuss, der über den Abschluss von Anstellungsverträgen beschließt, müssen mindestens drei Mitglieder angehören. Allein der Aufsichtsratsvorsitzende und sein Stellvertreter können Anstellungsverträge somit nicht wirksam abschließen oder über deren Abschluss verbindlich entscheiden.[101] 476

Für Rechtsstreitigkeiten zwischen Vorstandsmitgliedern und der Gesellschaft bzw Genossenschaft aus deren Anstellungsverträgen sind die ordentlichen Gerichte zuständig, da Organmitglieder keine Arbeitnehmer iS von §§ 2, 5 ArbGG sind.[102] 477

bb) Konzernanstellungsverträge u.a.

Der Aufsichtsrat einer Konzernobergesellschaft kann zwar die Vorstandsmitglieder einer Tochtergesellschaft nicht bestellen. Er kann jedoch Anstellungsverträge als Vertreter der Obergesellschaft mit ihnen abschließen (sog. Konzernanstellungsvertrag).[103] Dies gilt zumindest dann, wenn zwischen den Gesellschaften ein Beherrschungsvertrag besteht, aufgrund dessen die Obergesellschaft dem Vorstand der Untergesellschaft hinsichtlich der Leitung der Gesellschaft Weisungen erteilen kann[104] und der Vorstand der Untergesellschaft verpflichtet ist, diese zu befolgen.[105] 478

Dasselbe gilt für den Aufsichtsrat einer Hauptgesellschaft im Hinblick auf die Vorstandsmitglieder der eingegliederten Gesellschaft.[106] Denn in diesen Fällen sind die Vorstandsmitglieder dem ansonsten virulenten Konflikt zwischen eigenverantwortlicher Leitung der eigenen 479

96 Vgl § 108 Abs. 1 AktG.

97 §§ 107 Abs. 3 Satz 3 iVm 87 Abs. 1 u. Abs. 2 Satz 1 u. 2 AktG; *Beuthien*, in: Beuthien, GenG, § 39, Rn 2, für die eG.

98 Vgl BGH, Urt. v. 6.4.1964 – II ZR 75/62, abgedruckt in: BGHZ 41, 282 [285] = NJW 1964, 1367 [1367]; BGH, Urt. v. 23.10.1975 – II ZR 90/73, abgedruckt in: BGHZ 65, 190 ff = NJW 1976, 145 ff. Die Einschränkung der Delegationsmöglichkeit hinsichtlich der Vergütungsregelungen gründet auf der entsprechenden Ergänzung von § 107 Abs. 3 Satz 3 AktG durch Art. 1 Nr. 4 VorstAG vom 31.7.2009 (BGBl. I S. 2509).

99 Hüffer, AktG, § 84, Rn 12 mwN.

100 Vgl § 77 Abs. 2 Satz 1 AktG; Hüffer, AktG, § 84, Rn 12.

101 BGH, Urt. v. 23.10.1975 – II ZR 90/73, abgedruckt in: BGHZ 65, 190 ff = NJW 1976, 145 ff, wonach § 108 Abs. 2 Satz 3 AktG über die Beschlussfähigkeit nicht nur für Entscheidungen des Aufsichtsrats als Kollektivorgan gilt.

102 Vgl *Beuthien*, in: Beuthien, GenG, § 39, Rn 11, für die eG.

103 Vgl *Reuter*, AG 2011, 274.

104 Vgl § 308 Abs. 1 Satz 1 AktG.

105 Vgl § 308 Abs. 2 Satz 1 AktG.

106 § 323 Abs. 1 Satz 1 u. Satz 2 iVm § 308 Abs. 2 Satz 1 AktG.

Gesellschaft[107] auf der einen und anstellungsvertraglicher Gebundenheit gegenüber einer anderen Gesellschaft nicht ausgesetzt.[108]

cc) Überlassung von Vorstandsmitgliedern

480 Gemäß §§ 84 Abs. 1 Satz 5 iVm Abs. 1 Satz 1, 112 Satz 1 AktG ist der Aufsichtsrat der AG auch ausschließlich zuständig für den Abschluss von sog. Verträgen zur Überlassung von Vorstandsmitgliedern. Dies gilt nicht nur für den Fall, dass das überlassene Vorstandsmitglied zugleich an dem Verleiher – zumeist eine Personen- oder Kapitalgesellschaft – beteiligt ist und diesen vertritt.[109]

481 Überlassung eines Vorstandsmitglieds liegt vor, wenn die Gesellschaft als Entleiher mit dem Verleiher vereinbart, dass eine bei dem Verleiher unter Vertrag stehende Person entgeltlich für einen bestimmten Zeitraum Vorstandstätigkeit bei ihr ausübt. Honoriert wird diese Person ausschließlich von ihrem Vertragspartner, dem Verleiher. Vertragsbeziehungen zwischen ihr und dem Entleiher bestehen hingegen nicht.

482 Zur Beantwortung der Frage, ob der Aufsichtsrat anstelle des Vorstands[110] im Fall des Abschlusses eines Überlassungsvertrags die Gesellschaft als Entleiher gegenüber dem Verleiher zu vertreten hat, kommt es nicht darauf an, ob in der Person des überlassenen Vorstandsmitglieds ein Interessenkonflikt besteht, da sie als Gesellschafter des Verleihers mittelbar von dem Vertragsschluss profitiert.[111] Ausschlaggebend für die Zuständigkeit und die Vertretungsmacht des Aufsichtsrats ist wie stets bei § 84 Abs. 1 Satz 5 iVm Abs. 1 Satz 1 AktG die Tatsache, dass die Mitglieder des Vorstands der entleihenden Gesellschaft mit dem zu überlassenen Vorstandsmitglied zukünftig zusammenarbeiten müssen. Eine vergleichbare Konfliktsituation ergibt sich im Zusammenhang mit der Vertretung der Gesellschaft gegenüber ausgeschiedenen Vorstandsmitgliedern. Auch in diesen Fällen sollen nicht die ehemaligen Vorstandskollegen die Gesellschaft vertreten, sondern der insofern „unvoreingenommene“ und von „sachfremden Erwägungen unbeeinflusste“ Aufsichtsrat.[112]

dd) Laufzeit

483 Die Höchstdauer von fünf Jahren gilt nicht nur für den Bestellungszeitraum, sondern auch für die Laufzeit des Anstellungsvertrages.[113] Zulässig ist jedoch eine Vereinbarung, wonach der Anstellungsvertrag für den Fall einer Verlängerung der Amtszeit bis zu deren Ablauf weiter gilt.[114] Aufgrund der rechtlichen Differenzierung zwischen Bestellung auf der einen und Anstellung auf der anderen Seite ist es möglich, das Anstellungsverhältnis die Amtszeit überdauern zu lassen. Wird der Anstellungsvertrag auf unbestimmte Zeit geschlossen, ist er zwar nicht unwirksam, jedoch auf die Höchstfrist von fünf Jahren zu begrenzen.[115]

107 Vgl § 76 Abs. 1 AktG.

108 *Seibt*, in: K. Schmidt/Lutter, AktG § 84, Rn 26, der Konzernanstellungsverhältnisse für generell zulässig hält, versucht die Entstehung dieses Konflikts durch eine Verpflichtung der Obergesellschaft auszuschließen, die Überlagerung der Pflichten aus dem Anstellungsvertrag durch die zwingenden aktienrechtlichen Pflichten des Vorstandsmitglieds gegenüber der Bestellungsgesellschaft, also der Untergesellschaft, zu akzeptieren.

109 So lag der Fall, den das KG, Urt. v. 28.6.2011 – 19 U 11/11, zu entscheiden hatte.

110 Vgl § 78 Abs. 1 Satz 1 AktG.

111 Hierauf stellt das KG, Urt. v. 28.6.2011 – 19 U 11/11, abgedruckt in: NZG 2011, 865 = ZIP 2011, 2059, zumindest auch ab.

112 BGH, Urt. v. 16.2.2009 – II ZR 282/07, abgedruckt in: NZG 2007, 31; BGH, Urt. v. 1.12.2003 – II ZR 161/02, abgedruckt in: BGHZ 157, 151 [153] = NJW 2004, 1528 [1528].

113 Vgl § 84 Abs. 1 Satz 5 Hs 1 AktG, der auf Satz 1 verweist.

114 Vgl § 84 Abs. 1 Satz 5 Hs 2 AktG.

115 BAG, Urt. v. 26.8.2009 – 5 AZR 522/08, abgedruckt in: NZA 2009, 1205.

ee) Vergütung – Überblick

Der Aufsichtsrat einer AG, und in entsprechender Anwendung der aktienrechtlichen Vorschriften auch derjenige einer eG,[116] hat gemäß § 87 Abs. 1 Satz 1 AktG[117] bei der Festsetzung der Gesamtbezüge des einzelnen Vorstandsmitglieds dafür zu sorgen, dass diese in einem angemessenen Verhältnis zu den Aufgaben und Leistungen des Vorstandsmitglieds sowie zur Lage der Gesellschaft bzw Genossenschaft stehen und die übliche Vergütung nicht ohne besondere Gründe übersteigen.[118] Ziff. 4.2.3 Abs. 2 Satz 5 DCGK geht mit seiner Empfehlung hierüber noch hinaus. Hiernach muss nicht nur die Vergütung insgesamt angemessen sein, sondern auch jeder einzelne Vergütungsbestandteil für sich. Ein angemessenes Verhältnis von fixen zu variablen Vergütungsbestandteilen soll angemessene Risikoanreize setzen. Zu hohe variable Vergütungsbestandteile können zur Eingehung größerer Risiken verleiten. Der Aufsichtsrat hat sich somit nicht nur um eine angemessene Höhe der Gesamtvergütung zu bemühen. Er muss auch die Struktur der Vergütung mit ihren unterschiedlichen Vergütungsbestandteilen in ein ausgewogenes Verhältnis setzen.[119] Diese Schlussfolgerung kommt auch im zweiten Satzteil von Ziff. 4.2.3 Abs. 2 Satz 5 DCGK zum Ausdruck, wonach Vergütungsbestandteile „insbesondere nicht zum Eingehen unangemessener Risiken verleiten" dürfen. 484

Die Vorstandsvergütung ist somit in erheblichem Maße verrechtlicht, was auf die Arbeit des Aufsichtsrats erhebliche Auswirkungen hat, da ihre Bemessung regelmäßig viel Zeit und Energie binden dürfte.[120] Zu den Gesamtbezügen zählen gemäß § 87 Abs. 1 Satz 1 AktG Gehalt, Gewinnbeteiligungen, Aufwandsentschädigungen, Versicherungsentgelte, Provisionen, anreizorientierte Vergütungszusagen[121] wie zB Aktienbezugsrechte und Nebenleistungen jeder Art. 485

ff) Vergütung – Folgen von Verstößen gegen § 87 Abs. 1 AktG

(1) Zivil- und strafrechtliche Haftung der Aufsichtsratsmitglieder

Die Vereinbarung überhöhter Bezüge, worin ein Verstoß gegen § 87 Abs. 1 AktG liegt, kann gemäß §§ 116 Satz 1, 93 Abs. 2 Satz 1 AktG zu einer Schadensersatzpflicht der Aufsichtsratsmitglieder gegenüber ihrer AG und gemäß §§ 41, 34 Abs. 2 Satz 1 GenG gegenüber ihrer 486

116 *Beuthien*, in: Beuthien, GenG, § 24, Rn 14.

117 Vorgängervorschrift war § 78 AktG 1937; zur Entstehungsgeschichte vgl *Spindler*, in: MünchKomm AktG³, § 87, Rn 6; *Fleischer*, in: Spindler/Stilz, AktG, § 87, Rn 2.

118 *Dauner-Lieb/v. Preen/Simon*, DB 2010, 377 [377], sehen in der Vergütung das zentrale Instrument der Steuerung des Vorstandshandelns.

119 *Weber-Rey*, WM 2009, 2255 [2258].

120 Vgl *Weber-Rey*, WM 2009, 2255 [2257], zur „Umwandlung" der Empfehlungen zu Ziff. 4.2.2 Abs. 2 DCGK aF durch das VorstAG in Gesetzesrecht; vgl auch *Dauner-Lieb/v. Preen/Simon*, DB 2010, 377 [380], die eine weitergehende Verrechtlichung in der Einführung der Gebote der Nachhaltigkeit und der mehrjährigen Bemessungsgrundlage durch das VorstAG sehen; vgl auch *Theisen/Probst*, DB 2012, 1553 [1554 f], wonach im Rahmen einer empirischen Untersuchung mehr als 71% der befragten Aufsichts-, Verwaltungs- und Beiratsmitglieder von organisatorischen und inhaltlichen Veränderungen bei der Behandlung der Fragen zur Vorstandsvergütung im Aufsichtsrat berichteten.

121 Ergänzt durch das VorstAG v. 31.7.2009, wenngleich eine materielle Änderung hiermit nicht verbunden war, da auch bis dato Einigkeit darüber bestand, dass die gsamte Vergütung inkl. aller Nebenleistungen und Sondervergütungen den Anforderungen des § 87 Abs. 1 AktG zu genügen habe, vgl *Annuß/Theusinger*, BB 2009, 2434 [2434 m. w N.].

eG führen[122] und im Extremfall sogar zu einer strafrechtlichen Verfolgung wegen Untreue gemäß § 266 StGB,[123] da die Bemessung der Vorstandsvergütung gemäß § 87 Abs. 1 AktG neben anderen Aufgaben des Aufsichtsrats als untreuespezifische Vermögensbetreuungspflicht zu qualifizieren ist.[124] Zu berücksichtigen ist jedoch, dass die Festsetzung der Vorstandsvergütung trotz aller Verrechtlichung, die insbesondere das VorstAG hervorgerufen hat,[125] eine unternehmerische Entscheidung der Aufsichtsratsmitglieder ist[126] und somit zu ihren Gunsten die „Business Judgement Rule" des § 93 Abs. 1 Satz 2 AktG greift.[127]

(2) Konsequenzen für die Vorstandsmitglieder

487 Neben dem Gesichtspunkt der zivil- und strafrechtlichen Haftung der Aufsichtsratsmitglieder stellen sich bei Verstößen gegen § 87 Abs. 1 AktG auch noch die Fragen nach der Wirksamkeit des zwischen der Gesellschaft, gemäß § 112 AktG vertreten durch den Aufsichtsrat, und dem Vorstandsmitglied geschlossenen Anstellungsvertrags bzw dessen Vergütungsregelung sowie nach einem etwaigen Schadensersatzanspruch der Gesellschaft gegen das überbezahlte Vorstandsmitglied gemäß § 93 Abs. 2 Satz 1 AktG.[128] Diese Fragen sind nicht nur für die unmittelbar betroffenen, weil ggf zur Rück- bzw Kompensationszahlung verpflichteten Vorstandsmitglieder relevant, sondern auch für die Aufsichtsratsmitglieder. Denn ein erfolgreich durchgesetzter Rückforderungsanspruch gegen das Vorstandsmitglied in Gestalt eines Bereicherungs- oder Schadensersatzanspruchs[129] würde den Schaden der Gesellschaft entfallen lassen, für den ansonsten die Aufsichtsratsmitglieder gemäß § 116 Satz 3 AktG einstehen müssten.

488 Trotz gewichtiger Gegenstimmen in der Literatur[130] verletzen Vorstandsmitglieder ihre organschaftlichen Treue- und Sorgfaltspflichten regelmäßig[131] nicht, wenn sie eine Vergütung aushandeln, die der Aufsichtsrat nur unter Verstoß gegen § 87 Abs. 1 AktG festsetzen kann. Denn das Vorstandsmitglied darf bei den Vertragsverhandlungen mit dem Aufsichtsrat seine

122 § 116 Satz 3 AktG hat nur deklaratorischen Charakter und soll das Bewusstsein der Aufsichtsratsmitglieder für die Möglichkeit der Haftung wegen Vereinbarung unangemessener Vorstandsvergütung schärfen, vgl *Nikolay*, NJW 2009, 2640 [2645]; *Annuß/Theusinger*, BB 2009, 2434 [2440]; *Eichner/Delahaye*, ZIP 2010, 2082 [2085]; *Fleischer*, NZG 2009, 801 [804]; *Marsch-Barner*, ZHR 173 (2009), 723 [723]; *Beuthien*, in: Beuthien, GenG, § 24, Rn 14, für die eG; vgl aber *Schüppen*, ZIP 2010, 905 [908 mwN], der eine „Akzentverschiebung" und damit ein faktisch erhöhtes Haftungsrisiko erwartet.

123 Näheres bei *Poguntke*, ZIP 2011, 893 ff; *Seibt/Schwarz*, AG 2010, 301 ff.

124 BGH, Urt. v. 6.12.2001 – 1 StR 215/01 („SSV Reutlingen"), abgedruckt in: AG 2002, 347 = NJW 2002, 1585; BGH, Urt. v. 21.12.2005 – 3 StR 470/04 („Mannesmann/Vodafone"), abgedruckt in: AG 2006, 110 = NJW 2006, 522 (523); BGH, Urt. v. 17.9.2009 – 5 StR 521/08 („VW"), abgedruckt in: ZIP 2009, 2110.

125 *Dauner-Lieb/v. Preen/Simon*, DB 2010, 377 [379 f].

126 BGH, Urt. v. 21.12.2005 – 3 StR 470/04 („Mannesmann/Vodafone"), abgedruckt in: NJW 2006, 522 = NZG 2006, 141 = AG 2006, 110; *Bauer/Arnold*, AG 2009, 717 [718 mwN]; *Annuß/Theusinger*, BB 2009, 2434 [2440]; *v. Kann/Keiluweit*, DStR 2009, 1587 [1587].

127 *Fleischer*, in: Spindler/Stilz, AktG, § 87, Rn 15; *Spindler*, in: MünchKomm AktG[3], § 87, Rn 20; *Fonk*, in: Semler/v. Schenck, Aufsichtsrat, § 9, Rn 121; *Annuß/Theusinger*, BB 2009, 2434 [2440]; *Hohenstatt*, ZIP 2009, 1349 [1354]; *v. Kann/Keiluweit*, DStR 2009, 1587 [1587].

128 Vgl hierzu *Brandes*, ZIP 2013, 1107.

129 Für den Fall des Bestehens eines Schadensersatzanspruchs der Gesellschaft gegen das Vorstandsmitglied dürfte dieses im Wege des Gesamtschuldnerinnenausgleichs (§ 426 BGB) teilweisen Regress bei den Aufsichtsratsmitgliedern nehmen können, die wegen Verletzung ihrer Pflichten aus § 87 Abs. 1 AktG der Gesellschaft ebenfalls auf Schadensersatz haften.

130 *Habersack*, in: MünchKomm AktG[3], § 87, Rn 79 f; *Fleischer*, in: Spindler/Stilz, AktG, § 87, Rn 58 u. § 93, Rn 120; *Ziemons*, FS Huber, 2006, S. 1035 [1044]; *Peltzer*, FS Lutter, 2000, S. 571 [577 ff]; *Lutter*, ZIP 2006, 733 [735].

131 Zu den Ausnahmefällen unzulässiger Einflussnahme durch Vorstandsmitglieder, vgl Hüffer, AktG, § 87, Rn 9; *Mertens/Cahn*, in: KölnKomm AktG, § 87, Rn 5 u. § 93, Rn 108; für den Fall, dass die Vorstandsmitglieder die Nichtigkeit des Aufsichtsratsbeschlusses ohne Nachprüfung erkennen mussten und diesen somit nicht ausführen durften, vgl *Brandes*, ZIP 2013, 1107 [1109].

eigenen Interessen vorrangig wahrnehmen[132] und zwar nicht nur dann, wenn es noch nicht bestellt und somit noch nicht an organschaftliche Pflichten gebunden ist.[133] Andernfalls müsste es den Aufsichtsrat in dessen exklusivem Kompetenzbereich zum eigenen Nachteil überwachen, was im Gesetz keine Stütze findet[134] und der aktienrechtlichen Kompetenzverteilung zuwiderliefe. Dass die begünstigten Vorstandsmitglieder die sie zu Unrecht begünstigenden Aufsichtsratsmitglieder auf Leistung von Schadensersatz an die Gesellschaft in Anspruch nehmen müssen, ist entgegen *Lutter* auch keine „grotesk“ anmutende Situation,[135] zumindest nicht grotesker als diejenige, die sich aufgrund der Gegenansicht ergäbe. Hierbei könnten die selbst der Gesellschaft gegenüber zum Schadensersatz verpflichteten Aufsichtsratsmitglieder die Vorstandsmitglieder in Anspruch nehmen, im Erfolgsfall auf diese Weise den Schaden der Gesellschaft kompensieren und somit dem gegen sie selbst gerichteten Anspruch die Grundlage entziehen.

Der zwischen Gesellschaft und Vorstandsmitglied geschlossene Anstellungsvertrag ist trotz 489
eines Verstoßes des Aufsichtsrats gegen § 87 Abs. 1 AktG im Regelfall[136] wirksam,[137] so dass kein Bereicherungsanspruch der Gesellschaft gegen das von dem Verstoß profitierende Vorstandsmitglied besteht. Denn bei § 87 Abs. 1 AktG handelt es sich nicht um ein Verbotsgesetz iS von § 134 BGB.[138] Außerdem infiziert der Mangel des Aufsichtsratsbeschlusses über die Festsetzung der Vorstandsvergütung das schuldrechtliche Rechtsgeschäft nicht. Aus § 87 Abs. 1 AktG folgt keine Beschränkung der sich aus § 112 AktG ergebenden Vertretungsmacht mit der Folge, dass der Aufsichtsrat unter Verstoß gegen die dortigen Vorgaben kein Rechtsgeschäft mit Wirkung für und gegen die Gesellschaft schließen kann.[139] Denn das rechtliche „Dürfen“ des Aufsichtsrats im Innenverhältnis, das durch § 87 Abs. 1 AktG beschränkt ist, und das rechtliche „Können“ im Außenverhältnis, das sich ausschließlich an den Vorgaben des § 112 AktG zu orientieren hat, sind zum Schutz des Dritten, der in der Regel nicht beurteilen kann, ob der Vertreter pflichtgemäß handelt, abstrakt voneinander zu beurteilen.[140] Schließlich dürfte regelmäßig auch kein Fall des Missbrauchs der sich aus § 112 AktG ergebenden Vertretungsmacht des Aufsichtsrats vorliegen,[141] da das Vorstandsmitglied nicht ohne eigene Prüfung und weitergehende Informationen des Aufsichtsrats wird

---

132 Hüffer, AktG, § 87, Rn 9; *Mertens/Cahn*, in: KölnKomm AktG, § 87, Rn 4; *Brandes*, ZIP 2013, 1107 [1108]; vgl auch BGH, Urt. v. 21.12.2005 – 3 StR 470/04 („Mannesmann/Vodafone“), abgedruckt in: NJW 2006, 522 = NZG 2006, 141 = AG 2006, 110 = ZIP 2006, 72 [81].

133 Vgl *Langenbucher*, FS Huber, 2006, S. 861 [864], die das Vorstandsmitglied bereits vor dessen Bestellung für verpflichtet hält, „die Angemessenheit seiner Vereinbarung mit der Gesellschaft zu wahren“, und bei Verhandlungen über eine Vertragsverlängerung „die organschaftliche Treuepflicht verstärkend hinzu[treten]“ sieht; zum Zeitpunkt der Entstehung der Treubindung, vgl Hüffer, AktG, § 84, Rn 9; *Fleischer*, in: Spindler/Stilz, AktG, § 93, Rn 117.

134 Ähnlich *Brandes*, ZIP 2013, 1107 [1109], der von einer Überhöhung der „Pflicht zur Sicherstellung rechtmäßigen Verwaltungshandelns zu einer allgemeinen Überwachungspflicht des Vorstands gegenüber dem Aufsichtsrat“ spricht.

135 *Lutter*, ZIP 2006, 733 [735].

136 Von einer Unwirksamkeit ist nur bei Vorliegen der Voraussetzungen von § 138 BGB auszugehen, vgl Hüffer, AktG, § 87, Rn 9; *Seibt*, in: K. Schmidt/Lutter, AktG, § 87, Rn 17; *Spindler*, in: MünchKomm AktG[3], § 87, Rn 80.

137 Hüffer, AktG, § 87, Rn 9; *Seibt*, in: K. Schmidt/Lutter, AktG, § 87, Rn 17; *Mertens/Cahn*, in: KölnKomm AktG, § 87, Rn 4; *Spindler*, in: MünchKomm AktG[3], § 87, Rn 80.

138 Hüffer, AktG, § 87, Rn 9; *Seibt*, in: K. Schmidt/Lutter, AktG, § 87, Rn 17; *Mertens/Cahn*, in: KölnKomm AktG, § 87, Rn 4; *Spindler*, in: MünchKomm AktG[3], § 87, Rn 80; aA: *Oltmanns*, in: Heidel, Aktien- und Kapitalmarktrecht, § 87, Rn 6.

139 So aber: *Fleischer*, in: Spindler/Stilz, AktG, § 87, Rn 58.

140 *Brandes*, ZIP 2013, 1107 [1110 mwN], mit Verweis auf § 82 Abs. 1 AktG, wonach die Vertretungsbefugnis des Vorstands nicht beschränkt werden kann.

141 Dasselbe gilt für die Annahme kollusiven Zusammenwirkens zwischen Vorstandsmitglied und Aufsichtsrat, an das noch höhere Anforderungen zu stellen sind als an den Missbrauch der Vertretungsmacht.

beurteilen können, ob ein Verstoß gegen § 87 Abs. 1 AktG vorliegt.[142] Es kann somit unter normalen Umständen keine Rede davon sein, dass das Vorstandsmitglied den Pflichtverstoß des Aufsichtsrats kannte oder sich dieser ihm aufdrängen musste.[143] Regelmäßig zum selben Ergebnis gelangt man mit einer Auffassung im Schrifttum,[144] die aufgrund des angeblichen Fehlens des Verkehrsschutzbedürfnisses die strengen subjektiven Anforderungen an den Missbrauch der Vertretungsmacht auf Seiten des Vertragspartners, also des Vorstandsmitglieds, aufgibt und es ausreichen lässt, wenn es die Pflichtwidrigkeit im Handeln des Vertreters, also des Aufsichtsrats, hätte erkennen können.[145] Denn erkennen kann das Vorstandsmitglied die Pflichtwidrigkeit, wenn sie offensichtlich ist, weil zB ein evidentes Missverhältnis zwischen geforderter Leistung und festgesetzter Vergütung besteht oder grundlos ganz erheblich von der marktüblichen Vergütung abgewichen wird.[146] Für diesen Fall bedarf es jedoch keiner Entschärfung der subjektiven Voraussetzungen an den Missbrauch der Vertretungsmacht, um einen solchen anzunehmen.[147] Erkennen kann das Vorstandsmitglied den Verstoß des Aufsichtsrats gegen § 87 Abs. 1 AktG üblicherweise auch dann, wenn es dezidiert in die Umstände der Festsetzungsentscheidung des Aufsichtsrats eingebunden[148] oder zumindest eingeweiht war, was grundätzlich nur bei Vertragsverlängerungen möglich ist.[149] Auch in diesem Fall dürften die allgemeinen Voraussetzungen für einen Missbrauch der Vertretungsmacht vorliegen, da das Vorstandsmitglied den Missbrauch nicht nur hätte erkennen können, sondern dieser Missbrauch sich ihm geradezu aufgedräng hat.

490 (Schwebend) unwirksam ist der Anstellungsvertrag zwischen Vorstandsmitglied und Gesellschaft im Hinblick auf seine Vergütungsregelungen auch nicht deswegen, weil der Aufsichtsratsvorsitzende ihn für den Aufsichtsrat und somit letzlich für die Gesellschaft geschlossen hat[150] und hierzu in demselben Beschluss bevollmächtigt – der Aufsichtsratsvorsitzende wird hierdurch jedoch nicht zum Stellvertreter, sondern zum sog. Erklärungsvertreter, dem keinerlei eigenes Entschließungsermessen zusteht – wurde, mit dem das Gremium die Vergütung fehlerhaft festgesetzt hat.[151] Denn die praktische Handhabe, diese beiden Beschlussgegenstände, namentlich Bevollmächtigung und Festsetzung der Vergütung, zu verbinden, verknüpft noch nicht deren rechtliches Schicksal miteinander.[152] Darüber hinaus gibt es wirksame Bestimmungen in Geschäftsordnungen und Satzungen, die den Aufsichtsratsvorsitzenden zum Erklärungsvertreter des Aufsichtsrats bestimmen.[153] Es kann wertungsmäßig nicht sein, dass der Anstellungsvertrag im Fall der Existenz solcher Klauseln trotz Verstoßes gegen § 87

---

142 Zur grundsätzlichen Anwendbarkeit der Grundsätze auf die Vertretung der Gesellschaft durch den Aufsichtsrat gemäß § 112 AktG, vgl *Martens*, ZHR 169 (2005), 124 [135 f]; *Langenbucher*, FS Huber, 2006, S. 861 [863 ff].

143 Zu den Voraussetzungen für einen Missbrauchs der Vertretungsmacht, vgl BGH, Urt. v. Urt. v. 25.10.1994 – XI ZR 239/93, abgedruckt in: BGHZ 127, 239 [241] = NJW 1995, 250 = ZIP 1994, 1843.

144 *Martens*, ZHR 169 (2005), 124 [135 f]; *Langenbucher*, FS Huber, 2006, S. 861 [864].

145 Ähnlich: *Mertens/Cahn*, in: KölnKomm AktG, § 87, Rn 4; *Brandes*, ZIP 2013, 1107 [1110].

146 Beispiele bei: *Brandes*, ZIP 2013, 1107 [1111].

147 Vgl *Brandes*, ZIP 2013, 1107 [1110].

148 Nichts anderes kann für den Fall gelten, dass das Vorstandsmitglied den Aufsichtsrat bei dessen Entscheidung über die Festsetzung der Vergütung unzulässigerweise – zB durch Übermittlung flascher Zahlen – beeinflusst, vgl *Mertens/Cahn*, in: KölnKomm AktG, § 87, Rn 4.

149 Hierzu ausführlich: *Brandes*, ZIP 2013, 1107 [1112].

150 Vgl OLG Karlsruhe, Urt. v. 13.10.1995 – 10 U 51/95, abgedruckt in: AG 1996, 224 = WM 1996, 161 = BeckRS 1996, 224.

151 **AA:** *Wettich*, AG 2013, 374 [381], der zudem von einer „Ermächtigung" des Aufsichtsratsvorsitzenden zur Vertretung der Gesellschaft spricht und somit an die Terminologie des HGB, vgl §§ 49 Abs. 1, 54 Abs. 1, 56, 125 Abs. 1, anknüpft.

152 *Brandes*, ZIP 2013, 1107 [1111], wonach „der Mangel des Beschlusses des Aufsichtsrats über die Vergütungsentscheidung" die „Bevollmächtigung des Aufsichtsratsvorsitzenden" nicht „infiziert".

153 Vgl nur *Habersack*, in: MünchKomm Akt^{3}, § 112, Rn 28.

Abs. 1 AktG wirksam ist, ihm bei deren Fehlen hingegen die Wirksamkeit abgesprochen und schwebende Unwirksamkeit angenommen wird.[154]

(3) Sonderfall unverhältnismäßig geringer Vergütung

Die Vereinbarung einer unverhältnismäßig geringen Vergütung für die Tätigkeit eines Vorstandsmitglieds kann dazu führen, dass AG bzw eG als Drittschuldner im Wege der Einziehungsklage eines privaten Gläubigers ihres Vorstandsmitglieds erfolgreich in Anspruch genommen werden.[155] Denn in einem solchen Fall leistet das Vorstandsmitglied als Schuldner einem Dritten, der Gesellschaft, in einem ständigen Verhältnis Arbeiten oder Dienste, die nach Art und Umfang üblicherweise vergütet werden, gegen eine unverhältnismäßig geringe Vergütung, so dass gemäß § 850 h Abs. 2 ZPO im Verhältnis zwischen Gläubiger und dem Empfänger der Arbeiten und Dienste, also der Gesellschaft, eine angemessene Vergütung als geschuldet gilt. Der Gesellschaft dürfte gegen ihre Aufsichtsratsmitglieder hieraus regelmäßig kein Ersatzanspruch erwachsen, da diese durch Vereinbarung einer unverhältnismäßig geringen Vergütung unter gewöhnlichen Umständen keine Pflichten verletzen. 491

gg) Vergütung – Bemessung anhand von Angemessenheit u. Üblichkeit

Mit der Einführung der Voraussetzung, dass die Gesamtbezüge in einem angemessenen Verhältnis zu den Aufgaben und **Leistungen** des Vorstandsmitglieds – vormals waren nur dessen Aufgaben gesetzlicher Bezugspunkt; außerdem durften Qualifikation, Kenntnisse, Fähigkeiten und Erfahrungen des Vorstandsmitglieds u.a. berücksichtigt werden[156] – zu stehen haben,[157] werden die Aufsichtsratsmitglieder bei dem erstmaligen Abschluss des Anstellungsvertrages mit einem Vorstandsmitglied[158] vor eine schwierige Aufgabe gestellt, da die Vergütung regelmäßig für künftig erwartete Leistungen festgesetzt wird und für die Vergangenheit kaum brauchbare Referenzgrößen zur Verfügung stehen.[159] Zwar kann bei einer internen Besetzung auf die Leistungen des Vorstandsmitglieds in seiner bisherigen Position im Unternehmen und somit auf die Beurteilung des bislang vorgesetzten Vorstandsmitglieds abgestellt werden. Diese sind aber nur begrenzt tauglich, seine zukünftigen Leistungen als Vorstandsmitglied zu antizipieren, zumal der Inhalt des Begriffs der „Leistung" problematisch ist. Zum Teil wird unter „Leistung" iS von § 87 Abs. 1 AktG nur die Verbesserung wirtschaftlicher Kennzahlen verstanden, andere verstehen hierunter auch Erfolge im Bereich der „soft skills".[160] Nach der betriebswirtschaftlichen Prinzipal-Agenten-Theorie sind Leistung und Erfolg nicht deckungsgleich. Vielmehr besteht hiernach der Erfolg aus einer Kumulation von Leistung und positiven – zB Konjunkturaufschwung – und/oder negativen – Finanzkrise – Zufallseinflüssen.[161] Das Problem der Beurteilung eines Kandidaten besteht auch bei der Be- 492

154 *Brandes*, ZIP 2013, 1107 [1111], spricht diesbezüglich von reiner Willkür.

155 Vgl OLG Karlsruhe, Urt. v. 24.11.2011 – 9 U 18/11, abgedruckt in: NZG 2012, 299.

156 Ein Überblick findet sich bei *Lingemann*, BB 2009, 1918 [1918]; vgl auch *Hohaus/Weber*, DB 2009, 1515 [1515].

157 Art. 1 Nr. 1 lit. a VorstAG; kritische Anmerkungen zur Begründung der durch das VorstAG neu geschaffenen Regelungen bei *Fleischer*, NZG 2009, 801 [801 f], mit dem Hinweis darauf, dass der Leistungsbezug schon bisher allgemein anerkannt war; vgl hierzu auch *Suchan/Winter*, DB 2009, 2531 [2533 mwN].

158 Unzweifelhaft wurden bei dem Vertragsabschluss im Zuge einer erneuten Bestellung auch bereits vor Inkrafttreten des VorstAG auf die Leistungen des Vorstandsmitglieds in der Vergangenheit abgestellt, vgl *Bauer/Arnold*, AG 2009, 717 [718]; vgl auch *Annuß/Theusinger*, BB 2009, 2434 [2435].

159 *Bauer/Arnold*, AG 2009, 717 [718].

160 *Annuß/Theusinger*, BB 2009, 2434 [2434], plädieren für ein weites Verständnis dieses Begriffes.

161 Hierzu *Suchan/Winter*, DB 2009, 2531 [2532 f], die zur Beurteilung die Leistung in Abgrenzung zum Erfolg „Entscheidungs- und Umsetzungsqualität" vorschlagen, die Probleme deren Beurteilung im aktienrechtlichen Gefüge aufzeigen und daher dafür plädieren, anstatt auf die Leistung ausschließlich auf den Erfolg abzustellen.

setzung des Vorstandspostens mit einem externen Kandidaten. Zwar mögen dessen Erfolge und ggf auch Leistungen in einer vergleichbaren Position im Einzelfall einen Gradmesser für seine zukünftigen Leistungen sein,[162] dies ist aber aufgrund der häufig sehr unterschiedlichen Kulturen selbst in den Unternehmen derselben Branche keinesfalls zwingend.[163]

493 Außerdem müssen die Gesamtbezüge in einem angemessenen Verhältnis „zur Lage der Gesellschaft" stehen. Hiermit ist die Gesamtsituation des Unternehmens und nicht nur die finanzielle Lage zu verstehen.[164]

494 Die Vorgabe, dass die Gesamtbezüge die **übliche Vergütung**[165] nicht ohne besondere Gründe übersteigen sollen,[166] stellt auf Branchen-, Größen- und Landesüblichkeit („horizontale Vergleichbarkeit") ab[167] und hat zu einer allgemeinen Praxis in börsennotierten Unternehmen geführt, wonach vor einer Festsetzung der Vergütung Benchmark-Studien eingeholt werden.[168] In die Bemessung der Vergütung müssen die Mitglieder des Aufsichtsrats mithin die Vergleichswerte aus Unternehmen derselben Branche mit ähnlicher Größe und Komplexität einbeziehen, die ihren Sitz im Geltungsbereich des AktG[169] haben.[170] Somit ist der angloamerikanische Vergleich zukünftig nicht mehr möglich,[171] was im Hinblick auf Unterschiede des Rechtsrahmens für die Tätigkeit der Mitglieder des Leitungsorgans, insbesondere im Hinblick auf die Haftung, durchaus gerechtfertigt ist.[172] Problematisch dürfte diese Restriktion insbesondere[173] für internationale Großkonzerne sein, die keine vergleichbaren Konkurrenten auf nationaler Ebene haben.[174]

162 *Annuß/Theusinger*, BB 2009, 2434 [2435].

163 Vgl *Nikolay*, NJW 2009, 2640 [2641].

164 *V. Kann/Keiluweit*, DStR 2009, 1587 [1587].

165 Kritisch hierzu *Suchan/Winter*, DB 2009, 2531 [2534 f], die diese Voraussetzung in den Zusammenhang mit der Selektionsfunktion der Vergütung stellen und zu dem Ergebnis gelangen, dass hierin eine Nivellierungstendenz bewirkt werde, die der Bestenauslese zuwiderlaufe; zudem komme die sog. Turniertheorie zu dem Ergebnis, dass eine absichtliche, drastische Überbezahlung von Vorstandspositionen für die Unternehmen zweckdienlich sein könne, da die Mitarbeiter auf den nachfolgenden Ebenen maximal motiviert würden, zumindest dann, wenn man die Vorstandsmitglieder aus dem eigenen Unternehmen rekrutiere.

166 In § 87 Abs. 1 Satz 1 AktG eingefügt durch Art. 1 Nr. 1 lit. a VorstAG.

167 BT-Drucks. 16/13433, S. 15.

168 *Börsig/Löbbe*, FS Hoffmann-Becking, 2013, S. 125 [151].

169 *Fleischer*, NZG 2009, 801 [802], lässt hiervon eine Ausnahme in den Fällen zu, in denen ein Vorstandsmitglied ein Auslandsangebot vorweisen kann. Auch vom Maßstab der Branchenüblichkeit sei abzurücken, wenn ein branchenfremder Bewerber in einer anderen Branche lukrativere Verdienstmöglichkeiten hat; ähnlich restriktiv *Suchan/Winter*, DB 2009, 2531 [2535].

170 Korts, BB 2009, 1876 [1879], hält einen horizontalen Vergleich für schwierig und befürwortet stattdessen die Bezugnahme auf die individuellen Verhältnisse im Unternehmen.

171 *Hohaus/Weber*, DB 2009, 1515 [1516]; kritisch hierzu *Wagner/Wittgens*, BB 2009, 906 [907].

172 Im Erg. ebenso: *Annuß/Theusinger*, BB 2009, 2434 [2435].

173 *Annuß/Theusinger*, BB 2009, 2434 [2435], erwähnen darüber hinaus Unternehmen, die in Nischenmärkten tätig und dort Weltmarktführer sind.

174 Vgl *Nikolay*, NJW 2009, 2640 [2641 f], mit Verweis auf die Stellungnahme des BDI zum VorstAG im Rahmen der Anhörung des Rechtsausschusses des Bundestages; vgl auch *Spindler*, NJOZ 2009, 3282 [3283].

Außerdem ist auch das „Lohn- und Gehaltsgefüge im Unternehmen" bei der Beurteilung der üblichen iS einer angemessenen Vergütung[175] zu berücksichtigen[176] („vertikale Vergleichbarkeit"),[177] wenngleich bei Verfügbarkeit von „horizontalen Orientierungsmarken" diese den Vorzug gegenüber den vertikalen genießen.[178] Daher ist das von *Thüsing* postulierte Erfordernis einer detaillierten Darlegung zur Rechtfertigung abzulehnen, wenn sich herausstellt, dass das Gehalt des Vorstandsmitglieds zwar nicht unüblich hoch im Vergleich zu dem seiner Kollegen in anderen Gesellschaften ist, wohl aber zur Vergütungspraxis der eigenen Gesellschaft.[179] Die sog. „Vertikalität" führt zudem zu einer Verzerrung der Vorstandsvergütung aufgrund starker Branchenunterschiede. So wären bei Vorstandsmitgliedern von Großbanken aufgrund der exorbitant hohen Gehälter von Investment-Bankern um ein Vielfaches höhere Vergütungen zulässig als zB bei Vorstandsmitgliedern von Einzelhandelsunternehmen, deren Mitarbeiter zumeist weit weniger verdienen.[180] In enger Abstimmung mit den durch das VorstAG geschaffenen Änderungen des § 87 Abs. 1 AktG schreibt Ziff. 4.2.2 Abs. 2 Satz 2 DCGK seit dem 18.6.2009 vor, dass die „Vergütungsstruktur, die ansonsten in der Gesellschaft gilt", bei der Üblichkeit der Vorstandsvergütung zu berücksichtigen ist. Ergänzt wurde Ziff. 4.2.2. Abs. 2 DCGK im Zuge der Revision des Kodex vom 13.5.2013 um eine Empfehlung in Satz 3, wonach „der Aufsichtsrat das Verhältnis der Vorstandsvergütung zur Vergütung des oberen Führungskreises und der Belegschaft insgesamt auch in der zeitlichen Entwicklung berücksichtigen soll", hierbei aber selbst zu entscheiden hat, „wie der obere Führungskreis und die relevante Belegschaft abzugrenzen sind." Auf eine Empfehlung betreffend das zahlenmäßige Verhältnis zwischen der Vergütung der Vorstandsmitglieder und derjenigen sonstiger Mitarbeiter im Unternehmen verzichtet der Kodex jedoch. Schließlich fordert auch die ergänzende Empfehlung der EU-Kommission vom 15.5.2009[181] in Ziff. 9.3 eine vertikale Vergleichbarkeit der Vorstandsvergütung. 495

Überschreitet die Vergütung der Vorstandsmitglieder die horizontal und vertikal übliche, führt dies nicht zwangsläufig zu einem Verstoß gegen § 87 Abs. 1 Satz 1 AktG. Denn der Aufsichtsrat hat bei der Bemessung der Vergütung einen Gestaltungsspielraum. So kann er 496

175 *Bauer/Arnold*, AG 2009, 717 [719], zur Üblichkeit als Obergrenze für die Angemessenheit, nachdem der Gesetzgeber befürchtete, es könne ein „Aufschaukelungseffekt" eintreten.

176 BT-Drucks. 16/13433, Begr. zu Art. 1 Nr. 1 lit. a VorstAG; hierzu *Thüsing*, AG 2009, 517 [518], mit Verweis auf die Stellungnahme des DGB v. 22.5.2009 gegenüber dem Rechtsausschuss, S. 6, in der gefordert wurde, die vertikale Vergleichbarkeit in den Gesetzestext einfließen zu lassen, worauf der Gesetzgeber jedoch verzichtet hat; kritisch hierzu *Wagner/Wittgens*, BB 2009, 906 [907], wonach es der Vorstand durch entsprechende Veränderungen des Lohn- und Gehaltsgefüges im Unternehmen in der Hand habe, unmittelbar und zum Nachteil der Gesellschaft auf die Angemessenheit seiner Vergütung Einfluss zu nehmen; *Suchan/Winter*, DB 2009, 2531 [2534], sehen sogar das Risiko, dass die Bestimmung einer vertikalen Üblichkeit die inhaltlich ungerechtfertigte Übertragung von Bedingungen eines Marktes auf einen anderen zur Folge haben; *Weber-Rey*, WM 2009, 2255 [2258], wonach der vertikale und somit unternehmensinterne Vergleich „von großer Bedeutung ist, da hierdurch der häufig kritisierten Entkopplung der Organvergütung von der Vergütung der übrigen Mitarbeiter entgegengewirkt werden soll"; *Annuß/Theusinger*, BB 2009, 2434 [2435], bezweifeln, dass die Vergütung der sonstigen Belegschaft ein Gradmesser für die Höhe der Vorstandsvergütung werden wird.

177 Kritisch hierzu aufgrund der erschwerten Nachprüfbarkeit der Aufsichtsratsentscheidungen *Spindler*, NJOZ 2009, 3282 [3284].

178 *Fleischer*, NZG 2009, 801 [802]; *Annuß/Theusinger*, BB 2009, 2434 [2435], halten einen vertikalen Vergleich für untauglich, da die Vergütung der Vorstandsmitglieder typischerweise nicht in einer bestimmten Relation zu der für die restliche Belegschaft maßgeblichen Vergütungsstruktur steht; aA: *Suchan/Winter*, DB 2009, 2531 [2535], die zwar am wirtschaftlichen Sinn eines vertikalen Vergleichs zweifeln, ihn jedoch die Gesetzeslage dahingehend für zwingend halten, dass ein solcher Vergleich als Korrektiv zur Vermeidung von Vergütungsexzessen zwingend anzuwenden ist.

179 *Thüsing*, AG 2009, 517 [519].

180 *Lingemann*, BB 2009, 1918 [1919 mwN].

181 Empfehlung der Europäischen Kommission zur Ergänzung der Empfehlung 2004/913/EG und 2005/162/EG zur Regelung der Vergütung von Mitgliedern der Unternehmensleitung börsennotierter Gesellschaften, 2009/385/EG, Abl. EG Nr. L 120 v. 15.5.2009, 28 ff.

bei Vorliegen besonderer Gründe, zB besonderes hoher Anforderungen oder einer besonderen Qualifikation,[182] dem Vorstandsmitglied eine höhere als die übliche Vergütung zubilligen.

497 Nur wenn die zuvor dargestellten Voraussetzungen – Angemessenheit und fehlende Unüblichkeit der Vergütung bzw Vorliegen eines sachlichen Grundes für die Überschreitung der üblichen Vergütung – kumulativ vorliegen, haben die Aufsichtsratsmitglieder pflichtgemäß gehandelt. Zu berücksichtigen ist hierbei, dass die Üblichkeit der Vergütung deren Angemessenheit nicht indiziert, während die Unüblichkeit der Vergütung ohne Vorliegen eines sachlichen Grundes hierfür deren Unangemessenheit vermuten lässt.[183] Daher ist den Mitgliedern des Aufsichtsrats dringend anzuraten, trotz ausreichender Dokumentation der Daten, die für die Üblichkeit der Vergütung sprechen, auch noch stichhaltige Gründe festzuhalten, welche die übliche Vergütung angemessen erscheinen lassen.[184] Besonders akribisch sollten die Aufsichtsratsmitglieder eine Überschreitung der üblichen Vergütung begründen,[185] da diese die Ausnahme darstellt und im Streitfall dezidiert belegt werden muss.

hh) Vergütung – Bemessung anhand der Nachhaltigkeit

498 Börsennotierte Unternehmen müssen ihre Vergütungsstruktur gemäß § 87 Abs. 1 Satz 2 AktG auf eine **nachhaltige Unternehmensentwicklung**[186] ausrichten.[187] Für nicht börsennotierte Unternehmen gilt dies nicht zwingend. Es wird jedoch empfohlen.[188] Welche Aspekte dies umfasst, ist zweifelhaft. Während hierbei überwiegend ausschließlich auf den langfristigen Erhalt des Unternehmens abgestellt wird, wozu gesundes Wachstum und auskömmliche Erträge ebenso gehören wie die Vermeidung Existenz gefährdender Risiken und Eigenkapi-

182 Vgl *Annuß/Theusinger*, BB 2009, 2434 [2435].

183 *Hohaus/Weber*, DB 2009, 1515 [1516].

184 Ähnlich *Hohaus/Weber*, DB 2009, 1515 [1516]; *Wagner/Wittgens*, BB 2009, 906 [907]; zum Erfordernis der sorgfältigen Dokumentation des Entscheidungsprozesses und der Erwägungen für die Festsetzung der Vergütung insgesamt, vgl *Annuß/Theusinger*, BB 2009, 2434 [2440]; allgemein zur schriftlichen Dokumentation durch Aufsichtsratsmitglieder zum Schutz vor Inanspruchnahme, *Hoffmann*, AG 478 [484].

185 Vgl *Annuß/Theusinger*, BB 2009, 2434 [2435].

186 So wörtlich auch Ziff. 4.2.3 Abs. 2 Satz 1 DCGK.

187 Nicht nachvollziehbar ist die Kritik von *Wagner/Wittgens*, BB 2009, 906 [907], hiergegen, die zwar zu Recht darauf abstellt, dass die Gesellschaft nicht notwendig auf unbestimmte Dauer angelegt sein muss, jedoch außer Acht lässt, dass dies bei den hier allein in Rede stehenden börsennotierten Gesellschaften die absolute Ausnahme sein dürfte und den Gesetzgeber insofern nicht von einer Regelung abhalten sollte; vgl auch *Weber-Rey*, WM 2009, 2255 [2258], wonach „zwischen der Unternehmensstrategie und dem Risikoappetit einerseits und dem Vergütungs- und Anreizsystem andererseits … eine Zielkongruenz hergestellt werden" muss.

188 BT-Drucks. 16/13433, S. 16 (Begr. zu Art. 1 Nr. 1 lit. a.); vgl auch *Bauer/Arnold*, AG 2009, 717 [721]; *v. Kann/Keiluweit*, DStR 2009, 1587 [1588], sehen sogar eine Pflicht nichtbörsennotierter Gesellschaften zur Beachtung des Nachhaltigkeitsgrundsatzes; aA: *Spindler*, NJOZ 2009, 3282 [3284], der die Differenzierung mit der besseren Einflussmöglichkeit der Aktionäre nicht börsennotierter auf das Geschehen im Aufsichtsrat begründet.

talvorsorge für schlechte Zeiten,[189] wird von Seiten der Gewerkschaften[190] und anderer[191] das sog. Drei-Säulen-Konzept bemüht, wonach neben ökonomischen auch ökologische[192] und soziale[193] Aspekte bei der Bemessung der Vorstandsvergütung zu berücksichtigen sind.[194] Zuletzt genannte Ansicht mag vor dem Hintergrund der Entstehung der Vorschrift[195] zwar nachvollziehbar sein, die praktische Umsetzung erscheint jedoch kaum realisierbar. Es ist schon schwierig genug, in Unternehmenskennzahlen manifestierte Erfolge oder Misserfolge den einzelnen Vorstandsmitgliedern zuzuordnen und hierfür eine angemessene Vergütung auszumachen. Bei der Beurteilung der Verwirklichung sozialer und ökologischer Ziele kommt noch hinzu, dass sich diese nur äußerst begrenzt anhand von Zahlen bestimmen lassen. Die Reduktion von CO2-Ausstoß oder der Rückgang an Fällen von Mobbing[196] mag zwar quantifizierbar sein. Welche Auswirkungen dies für die Bemessung der Vorstandsvergütung hat, dürfte jedoch häufig purer Willkür unterliegen. Daher wissen sich die Vertreter dieser Auffassung auch nicht anders zu helfen, als die betroffenen Aufsichtsratsmitglieder auf die Hinzuziehung externen Sachverstands zu verweisen.[197]

Unzweifelhaft dürfte in diesem Zusammenhang sein, dass Nachhaltigkeit aufgrund der Be- 499
messung variabler Vergütungsbestandteile ohne vorherige Festlegung und ständige Anpassung und Entwicklung einer qualifizierten Unternehmensstrategie – ergänzt um eine konsistente Risikostrategie[198] – nicht möglich ist. Denn diese definiert die Erfolgsziele, zu deren Erreichung variable Vergütungsbestandteile motivieren sollen.[199] Problematisch dürfte sein, dass die Unternehmensstrategie vom Vorstand als eigenverantwortlichem Leitungsorgan der Gesellschaft gemäß § 76 Abs. 1 AktG festgelegt wird, während der Aufsichtsrat als zuständiges Organ für die Bemessung der Vorstandsvergütung in dessen Realisierung Anreize für nachhaltiges Wirtschaften zu setzen hat. Es liegt somit im Hinblick auf die Festlegung der

---

189 *Seibert*, WM 2009, 1489 [1490], der den Begriff „Nachhaltigkeit" zwar als schillernd bezeichnet, jedoch klarstellt, dass er im vorliegenden Kontext nichts mit nachwachsenden Rohstoffen zu tun hat; kritisch zum „ursprünglich aus der Forstwirtschaft stammenden" und in der Betriebswirtschaftslehre mit anderem Aussagegehalt („Sustainable Development") verwandten Begriff der Nachhaltigkeit in diesem Zusammenhang *Fleischer*, NZG 2009, 801 [802]; zustimmend *Dauner-Lieb/v. Preen/Simon*, DB 2010, 377 [379]; *Bauer/Arnold*, AG 2009, 717 [721], wonach der Gesetzgeber nicht nur „Kurzfristigkeit", sondern vor allem auch „Kurzsichtigkeit" verhindern wollte; vgl auch *Suchan/Winter*, DB 2009, 2531 [2536], zum zentralen Kriterium der sog. Anreizkompatibilität für die Eignung einer Bemessungsgrundlage; vgl auch *Annuß/Theusinger*, BB 2009, 2434 [2435], welche „die langfristige Bestands- und Ertragssicherung des Unternehmens" als „Nachhaltigkeit … im weitesten Sinne" verstehen; *v. Kann/Keiluweit*, DStR 2009, 1587 [1588].

190 Vgl nur *Evers/Köstler/Weckes*, in: Arbeitshilfen für Aufsichtsräte der Hans-Böckler-Stiftung, Bd. 14, Angemessene Vorstandsvergütung, 2010, S. 15 ff, 38 ff.

191 *Röttgen/Kluge*, NJW 2013, 900 [901 f].

192 Z. B. Ressourcenschonung.

193 Z. B. Arbeitsschutz u. Mitarbeiterzufriedenheit.

194 *Dauner-Lieb/v. Preen/Simon*, DB 2010, 377 [379], konstatieren, dass im Hinblick auf „Nachhaltigkeit" neue Parameter zur Bemessung der variablen Bestandteile der Vorstandsvergütung geschaffen wurden, namentlich individuelle und/oder kollektive Managementleistungen, Integrationserfolge, Fortschritte bei der Führungskultur, Fortschritte bei der Unternehmensentwicklung, wie auch Parameter aus den Bereichen F&E, Corporate-Social-Responsibility, Innovation, Schadstoffausstoß, Energieeffizienz, Kundenbindung, Mitarbeiterzufriedenheit, durchschnittliches Lohnniveau sowie die Erfüllung von Compliance-Vorgaben.

195 Hierzu *Röttgen/Kluge*, NJW 2013, 900 [901 ff].

196 Weitere Beispiele finden sich bei *Röttgen/Kluge*, NJW 2013, 900 [904], die insofern aus dem Deutschen Nachhaltigkeitskodex (DNK), 2012, S. 12 f zitieren.

197 *Röttgen/Kluge*, NJW 2013, 900 [904].

198 *Weber-Rey*, WM 2009, 2255 [2258].

199 *Dauner-Lieb/v. Preen/Simon*, DB 2010, 377 [379].

Unternehmensstrategie, die zu den Kernkompetenzen des Vorstandsstands gehört, eine Verwischung der herkömmlichen Kompetenzverteilung vor.[200]

500 Variable Bestandteile der Vergütung[201] sollen gemäß § 87 Abs. 1 Satz 3 Hs 1 AktG, um das Postulat der Nachhaltigkeit zu verwirklichen,[202] eine mehrjährige Bemessungsgrundlage[203] haben. Noch offen im diesem Zusammenhang dürfte sein, ab wie vielen Jahren hiervon gesprochen werden kann.[204] Grundsätzlich dürfte ein Bemessungszeitraum von zwei[205] bis drei Jahren ausreichen.[206] Kaum angemessen und praktisch handhabbar dürfte es sein, die Bemessungsgrundlage der Vergütung auf einen gesamten Konjunkturzyklus, also auf Aufschwung und anschließenden Abschwung bis zum erneuten Aufschwung in der betreffenden Branche auszudehnen, wenngleich nur ein solch langer Zeitraum etwaige systemische Risiken vollständig aufdecken würde.[207] Denn ein Konjunkturzyklus ist je nach Geschäftszweig unterschiedlich lang. Außerdem variieren systemische Risiken je nach Branche und Risikogeneigtheit.[208] Die ergänzende[209] Empfehlung der EU-Kommission 2009/385/EG aus dem Jahr 2009 nennt in Erwägungsgrund 6) exemplarisch einen Zeitraum von drei bis fünf Jahren. Bei einem virtuellen Aktienoptionsprogramm („Phantom Stock Options"), das sich darauf beschränkt, ein reales Aktienoptionsprogramm nachzubilden,[210] wird der Bemessungszeitraum für variable Vergütungen hingegen entsprechend § 193 Abs. 2 Nr. 4 AktG vier Jahre betragen müssen.[211] Eine mehrjährige Bemessungsgrundlage liegt nicht bereits dann vor, wenn die Auszahlung der Vergütung hinausgeschoben ist. Vielmehr müssen die variablen Vergütungsbestandteile auch an der negativen Entwicklung im gesamten Bemessungszeitraum partizipieren.[212]

---

200 *Dauner-Lieb/v. Preen/Simon*, DB 2010, 377 [381], die das VorstAG als „Sprengsatz für das AktG" bezeichnen und hierin die „schleichende Annäherung der deutschen Aktienrechtsverfassung an eine monistische Board-Verfassung" erblicken.

201 *Suchan/Winter*, DB 2009, 2531 [2534], zur Motivationsfunktion der Vergütung, wobei mangels hierarchischer Aufstiegsmöglichkeiten für Vorstandsmitglieder im Unternehmen nur die Variabilität der Vergütung als Reaktion auf Verhaltensänderungen motivierend wirken kann; *Dauner-Lieb/v. Preen/Simon*, DB 2010, 377 [378 f], zu den tiefgreifenden Veränderungen bei der Formulierung der Erfolgsziele und Erfolgsparameter, die der variablen Vergütung zugrunde liegen.

202 *Thüsing*, AG 2009, 517 [519], zur klaren Trennung zwischen dem Ziel einer nachhaltigen Unternehmensentwicklung und den Vorgaben für einzelne hierzu dienende Mittel.

203 Gemeint ist ein mehrjähriger Bemessungszeitraum, wie es sich aus der Beschlussempfehlung des Rechtsausschusses des Bundestages ergibt, vgl BT-Drucks. 16/13433, S. 16.

204 Zum Streitstand vgl *Eichner/Delahaye*, ZIP 2010, 2082 [2082 f]; vgl auch *Spindler*, NJOZ 2009, 3282 [3284], wonach die gewählten Zeithorizonte nur eingeschränkt überprüfbar sind.

205 Als zu kurz ablehnend *Weber-Rey*, WM 2009, 2255 [2259].

206 *Annuß/Theusinger*, BB 2009, 2434 [2436]; aA: *Thüsing*, AG 2009, 517 [521], der als Richtschnur für die Praxis eine Frist von fünf Jahren und somit für den maximalen Bestellungszeitraum gemäß § 84 Abs. 1 Satz 1 AktG nennt; vgl auch *Gaul/Janz*, NZA 2009, 809 [810]; *Spindler*, NJOZ 2009, 3282 [3285], die von in der Regel vier Jahren ausgehen und für eine kürzere Laufzeit eine Begründung fordern.

207 *Roth*, WM 2012, 1985 [1989].

208 *Roth*, WM 2012, 1985 [1989].

209 Ergänzung zu den Empfehlungen 2004/913/EG und 2005/162/EG.

210 Z. T. wird hierfür eine Entscheidungskompetenz der Hauptversammlung angenommen, vgl Nachw. bei *Schüppen*, ZIP 2010, 905 [910, Fn 63].

211 *Gaul/Janz*, NZA 2009, 809 [810]; *Hohenstatt/Kuhnke*, ZIP 2009, 1981 [1985 mwN]; *Fleischer*, NZG 2009, 801 [803]; *Hohaus/Weber*, DB 2009, 1515 [1517]; Seibert, WM 2009, 1489 [1490]; *Suchan/Winter*, DB 2009, 2531 [2537]; *Thüsing*, AG 2009, 517 [521]; einschränkend: *Lingemann*, BB 2009, 1918 [1920]; aA: *Annuß/Theusinger*, BB 2009, 2434 [2436], wonach mangels planwidriger Regelungslücke lediglich die Voraussetzungen des § 87 Abs. 1 AktG vorliegen müssen, eine „verbindliche" Mindestfrist hingegen nicht besteht.

212 BT-Drucks. 16/13433, Begr. zu Art. 1 Nr. 1 lit. a VorstAG; zur Performancebetrachtung über einen Mehrjahreszeitraum und zu sog. Claw-back-Klauseln, wonach bereits vor Ablauf der mehrjährigen Laufzeit der „long term incentives" einzelne Tranchen ausgezahlt werden, vgl *Eichner/Delahaye*, ZIP 2010, 2082 [2086 f].

Eine Verpflichtung des Aufsichtsrats, mit den Vorstandsmitgliedern variable Vergütungsbestandteile ausschließlich auf mehrjähriger Bemessungsgrundlage zu vereinbaren, besteht nicht.[213] Vielmehr ist eine Mischung aus „kurzfristigen und längerfristigen Anreizen" möglich, wenn im Ergebnis ein langfristiger Verhaltensanreiz erzeugt wird.[214] Trotz grundsätzlicher Zulässigkeit ist jedoch Vorsicht geboten vor einer allzu freigiebigen Gewährung von Jahresboni.[215] 501

Besonders tauglich zur Erzeugung langfristiger Verhaltensanreize erscheinen Performance-Messungen über die Gesamtlaufzeit des Vorstandsanstellungsvertrages[216] oder Bonus-Malus-Systeme,[217] wie sie auch in Ziff. 4.2.3 Abs. 2 Satz 4 DCGK empfohlen werden, wonach „sowohl positiven als auch negativen Entwicklungen ... bei der Ausgestaltung der variablen Vergütungsteile Rechnung getragen werden" soll. Im Verhältnis von variablen Vergütungsbestandteilen zueinander sowie zum Fixum muss hierbei eine spürbare Minderung der Gesamtvergütung bei Schlechtleistung möglich sein, um das Ziel der Schaffung langfristiger Verhaltensanreize effektiv durchzusetzen.[218] Gemäß Ziff. 3.1 Satz 2 der ergänzenden Empfehlung der EU-Kommission 2009/385/EG aus dem Jahr 2009 soll die fixe Vergütungskomponente zu diesem Zweck hoch genug sein, damit die Gesellschaft im Fall der Schlechtleistung des Vorstandsmitglieds die gesamte variable Vergütungskomponente zurückhalten kann. Da das vollständige Zurückhalten der variablen Vergütung bis zum Ende des Anstellungsverhältnisses bzw zumindest bis zum Ende des Referenzzeitraums – „mehrjährige Bemessungsgrundlage" – für Vorstandsmitglieder unattarkiv ist,[219] dürfte deren (teilweise) Auszahlung unter Vorbehalt der Rückforderung[220] häufig der einzig gangbare Weg sein.[221] Zum Teil wird diesbezüglich von jährlichen Gewinnbeteiligungen als „Abschlagszahlungen" gesprochen.[222] Dieses Vorgehen ist zulässig,[223] wenngleich die Gesellschaft hierdurch für eine gewisse Zeit das Risiko der Insolvenz des Vorstandsmitglieds und somit dasjenige des 502

213 *Eichner/Delahaye*, ZIP 2010, 2082 [2083]; *Gaul/Janz*, NZA 2009, 809 [810]; *Nikolay*, NJW 2009, 2640 [2642]; *Hohenstatt/Kuhnke*, ZIP 2009, 1981 [1986 f]; *Lingemann*, BB 2009, 1918 [1919]; *Hohaus/Weber*, DB 2009, 1515 [1518]; Annuß/Theusinger, BB 2009, 2434 [2436]; *Weber-Rey*, WM 2009, 2255 [2259], mit Verweis auf Ziff. 3.3 der ergänzenden Empfehlung der EU-Kommission von 2009; so wohl auch *Thüsing*, AG 2009, 517 [519].

214 BT-Drucks. 16/31443, S. 15; *Hohaus/Weber*, DB 2009, 1515 [1517]; *Thüsing*, AG 2009, 517 [520]; *Annuß/Theusinger*, BB 2009, 2434 [2436], mit ausführlicher Begründung; vgl auch *Lingemann*, BB 2009, 1918 [1919], wonach auch weiterhin die Gewährung einer reinen Fixvergütung und somit der gänzliche Verzicht auf variable Bestandteile zulässig ist; *Spindler*, NJOZ 2009, 3282 [3285].

215 *Nikolay*, NJW 2009, 2640 [2642]; *Lingemann*, BB 2009, 1918 [1919], hält ein Verhältnis von 40% fix, 20% Jahresboni, 20% langfristig ausgerichteter Boni und 20% aktienbasierter Vergütung für zulässig; vgl auch *v. Kann/Keiluweit*, DStR 2009, 1587 [1588].

216 Hierzu mit der beispielhaften Entwicklung eines Bonusbank-Kontos und entsprechender Erläuterung, einem Vortrag von Rapp/Wolff entlehnt, *Weber-Rey*, WM 2009, 2255 [2259 f].

217 Vgl BT-Drucks. 16/13433, S. 10.

218 *Weber-Rey*, WM 2009, 2255 [2259].

219 *Wettich*, AG 2013, 374 [375].

220 Beispiele für die konkrete Ausgestaltung eines Bonus-Malus-Systems mit (teilweisem) Rückforderungsvorbehalt finden sich bei *Wettich*, AG 2013, 374 [375 f].

221 Zur Vereinbarkeit solcher Bonus-Malus-Systeme mit claw-back-Klausel mit § 87 Abs. 1 Satz 2 u. 3 AktG, vgl *Fleischer*, in: Spindler/Stilz, AktG, § 87, Rn 32; *Weber*, in: Hölters, AktG, § 87, Rn 36; *Hohenstatt/Kuhnke*, ZIP 2009, 1981 [1985]; *Lingemann*, BB 2009, 1918 [1919]; *Rieckhoff*, AG 2010, 617 [618]; *Wettich*, AG 2013, 374 [376], mit dem Hinweis auf die Entstehungsgeschichte der Vorschrift und die Sicherung der Gesellschaft durch Aufrechnungsmöglichkeiten gegen Ansprüche des Vorstandsmitglieds auf Vergütung und Ruhegelder.

222 *Thüsing*, AG 2009, 517 [521].

223 *Annuß/Theusinger*, BB 2009, 2434 [2436]; *Bauer/Arnold*, AG 2009, 717 [723], jeweils mit der Forderung, dass die Voraussetzungen für die Rückforderung spätestens mit der Abschlagszahlung vereinbart werden müssen.

Ausfalls mit ihrem Rückforderungsanspruch trägt[224] und für eine teilweise Auszahlung unter dem Vorbehalt der Rückforderung überzahlter Beträge, je nach konkreter Ausgestaltung,[225] zu fordern ist, dass die Voraussetzungen für die Kreditgewährung in Form der „Gestattung der Entnahme von Vorschüssen auf Bezüge" gemäß § 89 Abs. 1 Satz 4 AktG vorliegen.[226] Ziff. 3.4 der ergänzenden Empfehlung der EU-Kommission 2009/385/EG aus dem Jahr 2009 empfiehlt in diesem Sinne, dass für den Fall teilweiser Auszahlung variabler Komponenten der Vergütung auf der Grundlage von Daten, die sich im Nachhinein als offenkundig falsch erwiesen haben, eine Rückforderungsmöglichkeit zugunsten der Gesellschaft (sog. claw back) vereinbart werden soll. Gewinne, die auf einem auf Kosten der nachhaltigen Entwicklung entfachten „Strohfeuer" beruhen,[227] dürften bei einer deratigen Gestaltung der Vergütungsabrede im Anstellungsvertrag in den Folgejahren regelmäßig nahezu vollständig zurückzuzahlen sein.

503 Neben Performance-Messungen und Bonus-Malus-Systemen gehören auch sog. share-ownership-guidelines, welche die Vorstandsmitglieder verpflichten, Aktien am eigenen Unternehmen zu erwerben und dauerhaft zu halten, der Gruppe der tauglichen Instrumente zur Erzeugung langfristiger Verhaltensanreize an.[228]

504 Für eine „zielgenaue Anreizvergütung"[229] ist zu beachten, dass neben den variablen Bestandteilen, die in „schlechten Zeiten" sogar vollständig entfallen können, ein ausreichend hohes Fixgehalt die Funktion einer Grundvergütung und Basisabsicherung des Vorstandsmitglieds erfüllt.[230] Außerdem sind bei rein volumenabhängigen Vergütungen wie Provisionen oder Umsatzbeteiligungen geeignete Gegensteuerungsinstrumente zu vereinbaren, um die gesetzlich geforderte Nachhaltigkeit im Hinblick auf die Profitabilität und somit auch im Hinblick auf die Entwicklung der Ausgaben des Gesellschaftsunternehmens erzielen zu können.[231]

505 In Ausnahmefällen kann der Aufsichtsrat gänzlich davon absehen, die variablen Vergütungsbestandteile von einer mehrjährigen Bemessungsgrundlage abhängig zu machen, nämlich immer dann, wenn dies unangemessen oder unzweckmäßig wäre. Dies ist zB bei Interim-Vorständen, die nur für wenige Monate bestellt werden, der Fall oder auch bei sog. Turnaround–Prämien, also solchen Prämien, die bei dem Erfordernis einer raschen Sanierung des Gesellschaftsunternehmens ganz bewusst ausgelobt werden.[232]

506 Den Mitgliedern des Aufsichtsrats ist zu empfehlen, im Rahmen ihrer Sitzungsniederschriften ausführlich zu begründen, aufgrund welcher Erwägungen die Vergütungsstruktur im konkreten Fall gewählt wurde und dass diese an einer nachhaltigen Unternehmensentwicklung ausgerichtet ist.[233]

224 *Bauer/Arnold*, AG 2009, 717 [723], halten solche Regelungen daher für unzulässig; *Weber*, in: Hölters, AktG, § 87, Rn 36; *Hohenstatt/Kuhnke*, ZIP 2009, 1981 [1985], raten von einer solchen Gestaltung zumindest ab.

225 § 89 Abs. 1 Satz 4 AktG ist anwendbar, wenn die Zahlung eine Entnahme und somit noch nicht fällig ist, was bei einem reinen Vorschuss der Fall ist, vgl *Wettich*, AG 2013, 374 [377].

226 Hierzu: *Wettich*, AG 2013, 374 [377].

227 *Thüsing*, AG 2009, 517 [521].

228 Vgl *Fleischer*, NZG 2009, 801 [803]; vgl hierzu auch: *Hohaus/Weber*, DB 2009, 1515 [1519], die im „Eigeninvestment" einen „der entscheidenden Erfolgsfaktoren eines anreizorientierten Vergütungsmodells" sehen.

229 *Thüsing*, in: Fleischer, Vorstandsrecht, § 6, Rn 52.

230 *Hohenstatt/Kuhnke*, ZIP 2009, 1981 [1982].

231 Vgl *Hohenstatt/Kuhnke*, ZIP 2009, 1981 [1984].

232 Vgl *Hohenstatt/Kuhnke*, ZIP 2009, 1981 [1987]; weitere Beispiele bei *Gaul/Janz*, NZA 2009, 809 [811].

233 *Eichner/Delahaye*, ZIP 2010, 2082 [2085]; *Wettich*, AG 2013, 374 [378].

ii) Vergütung – Begrenzungsmöglichkeit für außerordentliche Entwicklungen

Neben der Verpflichtung, bei der Vereinbarung von variablen Vergütungsbestandteilen zumindest überwiegend solche mit mehrjähriger Bemessungsgrundlage einzubeziehen, soll der Aufsichtsrat gemäß § 87 Abs. 1 Satz 3 Hs 2 AktG mit den Vorstandsmitgliedern für außerordentliche Entwicklungen eine Begrenzungsmöglichkeit im Hinblick auf die variablen Vergütungsbestandteile vereinbaren, um ungerechtfertigte Zahlungen (sog. windfall profits oder übermäßige Mitnahmeeffekte) zu verhindern.[234] Diese Gesetzesregelung war bis zur Verabschiedung des VorstAG in Ziff. 4.2.3 Abs. 3 DCGK als Empfehlung enthalten. Seit der Revision des Kodex vom 13.5.2013, die mit Bekanntmachung im Bundesanzeiger am 10.6.2013 wirksam wurde, wird den Aufsichtsräten von börsennotierten Gesellschaften in Ziff. 4.2.3 Abs. 2 Satz 6 empfohlen, dass die Vergütung unabhängig von außerordentlichen Entwicklungen „insgesamt und hinsichtlich ihrer variablen Vergütungsteile betragsmäßige Höchstgrenzen aufweisen“ soll.[235] Eine außerordentliche Entwicklung liegt konkret unter anderem bei Unternehmensübernahmen, Veräußerungen von Unternehmensteilen, Hebung stiller Reserven sowie externer Einflüsse vor. Abstrakt lässt sich als „außerordentliche Entwicklung“ jede Entwicklung beschreiben, die zu einem erheblichen Anstieg der Vergütung des Vorstandsmitgliedes führt, aber erkennbar nicht mit seiner Leistung in Zusammenhang steht, sondern andere Ursachen hat.[236] 507

Nicht nur bei börsennotierten, sondern auch bei sonstigen Gesellschaften ist es sinnvoll, dass die maximal zulässige Gesamtvergütung eines Jahres im Anstellungsvertrag fixiert ist.[237] 508

Die konkrete Ausgestaltung der gesetzlich geforderten Begrenzungsmöglichkeit ist dem Aufsichtsrat überlassen.[238] Er ist nicht auf die Vereinbarung einer starren Begrenzung der variablen Vergütung („Cap“) festgelegt.[239] Vielmehr kann er sich auch die Begrenzung durch eine ad hoc Ermessensentscheidung während der Laufzeit des Anstellungsverhältnisses vorbehalten. Nicht ausreichend ist gemäß § 87 Abs. 1 Satz 3 Hs 2 AktG hingegen die Vereinbarung einer sog. reinen Sprechklausel. Hierbei sind die Parteien bei Eintritt einer außergewöhnlichen Entwicklung lediglich verpflichtet, über eine Anpassung der variablen Vergütung zu verhandeln. Erforderlich ist stets, dass der Aufsichtsrat eine Begrenzung zur Not einseitig vornehmen kann.[240] 509

jj) Vergütung – Antritts-, Halte-, Beendigungs- u. Anerkennungsprämien

Ob Antritts-, Halte- und Beendigungsprämien auch in Zukunft mit Vorstandsmitgliedern zulässigerweise vereinbart werden können, ist offen.[241] 510

234 Vgl *Weber-Rey*, WM 2009, 2255 [2260]; *Annuß/Theusinger*, BB 2009, 2434 [2437].

235 Die Begrenzungsmöglichkeit sollte der Aufsichtsrat vereinbaren, um den Vorgaben des § 87 Abs. 1 Satz 3 AktG zu entsprechen und nicht gesetzes- und somit pflichtwidrig zu handeln, wenngleich sie bei starren Vergütungshöchstgrenzen überflüssig sein dürfte, da solche Grenzen Auswirkungen von außerordentlichen Entwicklungen auf die variable Vergütung bereits ausschließen.

236 *Thüsing*, AG 2009, 517 [522]; *v. Kann/Keiluweit*, DStR 2009, 1587 [1588]; vgl auch *Seibert*, WM 2009, 1489 [1490].

237 So auch *Semler*, NZG 2013, 771 [772].

238 BT-Drucks. 16/13433, Begr. zu Art. 1 Nr. 1 lit. a VorstAG.

239 Vgl *Hohenstatt/Kuhnke*, ZIP 2009, 1981 [1988].

240 *Hohenstatt/Kuhnke*, ZIP 2009, 1981 [1989].

241 Bejahend: *Fleischer*, NZG 2009, 801 [803]; *Eichner/Delahaye*, ZIP 2010, 2082 [2087]; verneinend: *Thüsing*, AG 2009, 517 [520].

511 Insbesondere bei Antrittsprämien, also solchen Prämien, die einem Vorstandsmitglied gewährt werden, um einen zusätzlichen Anreiz zu schaffen, sich für das Unternehmen zu entscheiden,[242] ist dies fraglich, da ihre Wirkung sogleich verpufft.[243]

512 Aber auch Beendigungsprämien, also solche Prämien, welche die vorzeitige Beendigung des Dienstverhältnisses fördern, können der Kontinuität im Unternehmen und somit der Nachhaltigkeit entgegenwirken, weshalb sie unter dem Regime des neuen § 87 Abs. 1 AktG gewissen Bedenken begegnen.[244]

513 Ausschließlich Halteprämien, die das Vorstandsmitglied für eine Vertragsverlängerung belohnen[245] und die personelle Kontinuität innerhalb des Unternehmens fördern, dürften mit § 87 Abs. 1 AktG uneingeschränkt vereinbart sein.[246]

514 Strafrechtlich relevant aus dem Gesichtspunkt der Untreue iS von § 266 Abs. 1 StGB sind sog. kompensationslose Anerkennungsprämien. Hierbei handelt es sich um Sonderzahlungen, die anstellungsvertraglich nicht vereinbart wurden und ausschließlich belohnenden Charakter haben, für AG bzw eG jedoch keinen zukunftsorientierten Nutzen stiften. Zukunftsorientierter Nutzen ist bereits dann zu bejahen, wenn Nutznießer der Zahlung ein in Kürze ausscheidendes oder sogar bereits ausgeschiedenes Vorstandsmitglied ist und durch die Zahlung der Prämie für das Unternehmen vorteilhafte Anreizwirkung für Dritte geschaffen wird. Aufsichtsratsmitglieder veruntreuen Vermögen ihrer AG bzw eG durch Zustimmung zur Gewährung von kompensationslosen Anerkennungsprämien nur dann nicht, wenn die Haupt- bzw Generalversammlung zuvor durch entsprechenden Beschlusses über die Verwendung des Bilanzgewinns gemäß § 174 Abs. 1 Satz 1 AktG bzw § 48 Abs. 1 Satz 2 GenG ihr Einverständnis erklärt.[247]

515 Ebenfalls problematisch sind Anerkennungsprämien, die zwar im Vorfeld des Eintritts des konkreten Umstandes, weswegen sie gezahlt werden, vereinbart wurden, jedoch an den Tätigkeitsbereich des Vorstandsmitglieds – zu denken ist an (De-) Investitionen, Entwicklungen von Produkten, Erschließung neuer Märkte – anknüpfen, so dass sie Vorstandstätigkeit in doppelter Weise honorieren. Zum Teil werden solche Prämien als unzulässig erachtet, da sie eine ungerechtfertigte Freigiebigkeit darstellten. Vereinbarungen hierüber seien missbräuchlich. Außerdem würde der Aufsichtsrat mit der Vereinbarung solcher Prämien Einfluss auf die Geschäftspolitik nehmen und somit in den Kompetenzbereich des Vorstands eingreifen.[248] Zuletzt genannter Aspekt kann aber kein Kriterium für Zulässigkeit oder Unzulässigkeit sein, da der Aufsichtsrat auch zwangsläufig bei der Gewährung variabler Vergütungsbestandteile Anreize setzt und auf diese Weise mittelbar Einfluss auf die Geschäftspolitik nimmt oder zumindest nehmen könnte.

---

242 *Eichner/Delahaye*, ZIP 2010, 2082 [2087], beurteilen eine solche Prämie zB als Kompensation für eine variable Vergütung, die dem avisierten Vorstandsmitglied in seinem bisherigen Unternehmen durch den Wechsel entgeht, und den Umstand, dass es in dem neuen Unternehmen wegen der mehrjährigen Laufzeit der variablen Vergütungskomponente zunächst eine Wartezeit überbrücken muss.

243 *Hanau*, NJW 2009, 1652 [1653].

244 So im Erg. *Hanau*, NJW 2009, 1652 [1653].

245 *Eichner/Delahaye*, ZIP 2010, 2082 [2087], hält solche für sinnvoll, wenn der Aufsichtsrat eine lange vertragliche Bindung an das betroffene Vorstandsmitglied vermeiden und deshalb keine langfristigen Verträge abschließenmöchte.

246 So im Erg. auch *Hanau*, NJW 2009, 1652 [1653]; *Eichner/Delahaye*, ZIP 2010, 2082 [2087].

247 BGH, Urt. v. 21.12.2005 – 3 StR 470/04 („Mannesmann/Vodafone“), abgedruckt in: BGHSt 50, 331 = NJW 2006, 522 = NZG 2006, 141 = DB 2006, 323 = ZIP 2006, 72.

248 Vgl *Martens*, ZHR 169 (2005), 124 [141 f].

kk) Vergütung – bereichsspezifische Sonderregelungen

Sonderreglungen für die Vergütung von Vorständen gibt es zB für Kredit- und Finanzdienstleistungsinstitute. Diese unterliegen § 25 a Abs. 1 Satz 3 Nr. 6 KWG in der Fassung seit dem 01.01.2014, wonach die Vergütungssysteme angemessen, transparent und auf eine nachhaltige Entwicklung des Instituts ausgerichtet sein müssen. Detaillierte Vorgaben zum Verhältnis von variablen Vergütungsbestandsteilen und Fixum enthält § 25 a Abs. 5 KWG.[249] Eine Vielzahl weiterer Vorgaben für die Bemessung der Vergütung von Geschäftsleitern von Kredit- und Finanzdienstleistungsinstituten finden sich in den §§ 3 bis 16 InstitutsVergV, die auf der Grundlage von § 25 a Abs. 6 KWG erlassen wurde. So müssen zB gemäß § 4 Satz 1 InstitutsVergV die Vergütungssysteme einschließlich der Vergütungsstrategie auf die Erreichung der Ziele ausgerichtet sein, die in den Geschäfts- und Risikostrategien des jeweiligen Instituts niedergelegt sind. Im Falle von Änderungen der Geschäfts- und Risikostrategie sind die Vergütungsstratie und die Ausgestaltung der Vergütungssysteme gemäß § 12 InstitutsVergV zu überprüfen und erforderlichenfalls anzupassen. Gemäß § 5 Abs. 1 Ziff. 1 InstitutsVergV gelten Vergütungssysteme als angemessen ausgestaltet, wenn Anreize für Geschäftsleiter vermieden werden, unverhältnismäßig hohe Risiken einzugehen, was gemäß Abs. 3 Ziff. 1 insbesondere dann gegeben ist, wenn eine signifikante Abhängigkeit der Geschäftsleiter von der variablen Vergütung besteht. Bei einer risikoorientierten Vergütung darf die Risikoorientierung gemäß § 8 Abs. 1 InstitutsVergV nicht durch Absicherungs- oder sonstige Gegenmaßnahmen eingeschränkt werden. Die Vergütung muss gemäß § 10 Abs. 4 InstitutsVergV abschließend in dem mit dem Geschäftsleiter geschlossenen Anstellungsvertrag festgelegt sein, wobei dieser und etwaige spätere Änderungen der Schriftform bedürfen. Die spätere Gewährung einer nicht vereinbarten und schriftlich zugesicherten Prämie ist somit unzulässig.[250] Für bedeutende Institute iS von § 17 InstitutsVergV, also grundsätzlich solche, deren Bilanzsumme im Durchschnitt der letzten drei abgeschlossenen Geschäftsjahre 15 Mrd. EUR erreicht oder überschritten hat, gelten darüber hinaus die §§ 19 bis 22 InstitutsVergV. Gemäß § 19 Abs. 1 InstitutsVergV ist zB bei der Ermittlung der variablen Vergütung neben dem Gesamterfolg des Instituts auch der individuelle Erfolgsbeitrag angemessen zu berücksichtigen, der gemäß Abs. 2 Satz 1 anhand der Erreichung von vereinbarten Zielen zu bestimmen ist. Gemäß § 20 Abs. 2 InstitutsVergV sind darüber hinaus mindestens 60 % der variablen Vergütung über einen Zurückbehaltenszeitraum von mindestens fünf Jahren zu strecken. Gemäß Abs. 4 muss mindestens die Hälfte der variablen Vergütung von einer nachhaltigen Wertentwicklung des Instituts abhängen. Gemäß Abs. 5 müssen negative Erfolge des Geschäftsleiters und des Instituts die Höhe der variablen Vergütung verringern oder zum vollständigen Verlust derselben führen. 516

ll) Hauptversammlungsvotum zum Vergütungssystem

(1) Gesetzliche Ausgangssituation

Seit dem VorstAG von 2009 besteht gemäß § 120 Abs. 4 Satz 1 AktG[251] für die Hauptversammlung börsennotierter Aktiengesellschaften die Möglichkeit, über die Billigung des Sys- 517

249 Vgl ergänzend hierzu § 6 InstitutsVergV.

250 *Poguntke*, ZIP 2011, 893 [898].

251 Eingefügt durch Art. 1 Nr. 6.

tems der Vergütung der Vorstandsmitglieder zu beschließen (sog. Say-on-Pay-Votum),[252] was im Gesetzgebungsverfahren und auch im Anschluss zu Recht daran als „Systembruch" bezeichnet wurde.[253] Für einen das System billigenden Hauptversammlungsbeschluss bedarf es gemäß § 133 Abs. 1 AktG der einfachen Stimmenmehrheit.[254]

518 Die Aufnahme eines entsprechenden Beschlussgegenstandes auf die Tagesordnung der Hauptversammlung, ohne die gemäß § 124 Abs. 4 Satz 1 AktG kein Beschluss gefasst werden darf,[255] können Aktionäre unter den Voraussetzungen des § 122 Abs. 2 Satz 1 AktG verlangen.[256] Der Vorstand kann einem solchen Verlangen zuvorkommen, was sich aus der allgemeinen Regelung des § 121 Abs. 3 Satz 2 AktG ergibt.[257] Verpflichtet ist er hierzu jedoch nicht, selbst dann nicht, wenn in der Vergangenheit bereits votiert wurde.[258] Aufsichtsrat und Vorstand[259] dürfen gemeinsam einen Beschlussvorschlag formulieren. Entgegen § 124 Abs. 3 Satz 1 AktG sind sie hierzu jedoch nicht verpflichtet.[260]

519 Der Beschluss[261] begründet gemäß Satz 2 Hs 1 weder Rechte noch Pflichten, weshalb § 120 Abs. 4 AktG auch als „zahnloser Tiger"[262] oder „platonische Vertrauensbekundung"[263] bezeichnet wurde. Insbesondere lässt er gemäß Satz 2 Hs 2 die Verpflichtungen des Aufsichtsrats nach § 87 Abs. 1 AktG (dazu Rn 492 ff) unberührt. Dies hat zur Konsequenz, dass §§ 116 Satz 1, 93 Abs. 4 Satz 1 AktG, wonach gegenüber der Gesellschaft eine Ersatzpflicht nicht eintritt, wenn die Handlung auf einem gesetzmäßigen Beschluss der Hauptversammlung beruht, zugunsten der Aufsichtsratsmitglieder nicht greift. Im Anschluss an ein negatives Votum der Hauptversammlung kann regelmäßig auch nicht in die bereits geschlossenen und noch gültigen Anstellungsverträge der Vorstandsmitglieder eingegriffen werden.[264] Etwas anderes gilt nur dann, wenn sich der Aufsichtsrat mittels entsprechender Vertragsklauseln ausdrücklich vorbehalten hat, die Konditionen im Anschluss an ein negatives Votum nach im Voraus exakt festgelegten Maßstäben einseitig zu verändern, den Anstellungsvertrag zu widerrufen oder zumindest von den betroffenen Vorstandsmitgliedern Nachverhandlung verlangen zu können.[265]

---

252 Hierzu *Annuß/Theusinger*, BB 2009, 2434 [2439]; *Begemann/Laue*, BB 2009, 2442 ff; *Binz*, Der Aufsichtsrat 2013, 69; *Bosse*, BB 2009, 1650 [1653]; *Deilmann/Otte*, DB 2010, 545; *Döll*, WM 2010, 103 ff; *v. Falkenhausen/Kocher*, AG 2010, 623; *Fleischer/Bedkowski*, AG 2009, 677 ff; *Fleischer*, NZG 2009, 801 [804 f]; *Hanau*, NJW 2009, 1652 [1653]; *Hohenstatt*, ZIP 2009, 1349 [1355 f]; *Nicolay*, NJW 2009, 2640 [2645]; *Schmidt-Bendun/Prusko*, NZG 2010, 1128 [1129]; *Schüppen*, ZIP 2010, 905 [908]; *Seibert*, WM 2009, 1489 [1491 f]; *Thüsing*, AG 2009, 517 [524 f]; *v. Kann/Keiluweit*, DStR 2009, 1587 [1588 f]; *Vetter*, ZIP 2009, 2136 ff; *Weber-Rey/Buckel*, NZG 2010, 761 [765 f].

253 Vgl *Hohenstatt*, ZIP 2009, 1349 [1356]; *Nicolay*, NJW 2009, 2640 [2645]; *Vetter*, ZIP 2009, 1307 [1308]; *v. Kann/Keiluweit*, DStR 2009, 1587 [1588], wonach hiermit die „Gewaltenteilung zwischen Aktionären, Vorstand unde Aufsichtsrat" als Grundprinzip der AG „aufgegeben" werde.

254 *Döll*, WM 2010, 103 [109].

255 Hierzu *Fleischer/Bedkowski*, AG 2009, 677 [681]; *Vetter*, ZIP 2009, 2136 [2138].

256 BT-Drucks. 16/13433, S. 12; vgl auch *Fleischer/Bedkowski*, AG 2009, 677 [681].

257 *Fleischer/Bedkowski*, AG 2009, 677 [680].

258 Vgl BT-Drucks. 16/13433, S. 12; kritisch hierzu: *Döll*, WM 2010, 103 [108].

259 Für ein isoliertes Vorschlagsrecht des Aufsichtsrats *Bosse*, BB 2009, 1650 [1653].

260 Vgl BT-Drucks. 16/13433, S. 18; *Fleischer/Bedkowski*, AG 2009, 677 [680]; aA: *Vetter*, ZIP 2009, 2136 [2139].

261 *Begemann/Laue*, BB 2009, 2442 [2444], zu den Zwiefeln daran, ob das Votum der Hauptversammlung iS von § 120 Abs. 4 AktG überhaupt ein Beschluss im aktienrechtlichen Sinne ist.

262 *Begemann/Laue*, BB 2009, 2442 [2443].

263 *Fleischer*, NZG 2009, 801 [805].

264 *Fleischer*, NZG 2009, 801 [805]; *Vetter*, ZIP 2009, 2136 [2142].

265 Vgl *Döll*, WM 2010, 103 [110 mwN].

Der Ausgestaltung des Beschlusses als reine Meinungsäußerung der Aktionäre mit Appellcharakter[266] wird zudem in § 120 Abs. 4 Satz 3 AktG dadurch Nachdruck verliehen, dass er nicht gemäß § 243 AktG anfechtbar ist[267] und aufgrund des Normzwecks auch nicht nichtig und mittels Nichtigkeitsklage angreifbar sein kann.[268] Etwas anderes gilt nur dann, wenn kein Say-on-Pay-Votum beschlossen wurde, sondern die durch § 87 Abs. 1 AktG dem Aufsichtsrat vorbehaltenen Kompentenzen verletzt wurden.[269] Trotz seines lediglich beratenden Charakters fassen die Hauptversammlungen vieler börsennotierter Gesellschaften bereits heute derartige Beschlüsse[270] mit der vereinzelten Folge, dass ein negatives Votum[271] den Aufsichtsrat dazu veranlasst, hieraus Konsequenzen zu ziehen.[272] Daher ist auch von einer „starken faktischen Bindungswirkung für den Aufsichtsrat" die Rede.[273] 520

Gegenstand des Beschlusses ist das „System zur Vergütung der Vorstandsmitglieder" als abstraktes und generelles Gesamtkonzept,[274] wenngleich ein solches nicht zwingend existieren muss, da der Aufsichtsrat für die Vorstandsmitglieder auch unterschiedliche Vergütungen und Vergütungsstrukturen festsetzen kann.[275] Abzustellen ist insofern auf den Vergütungsbericht iS von Ziff. 4.2.3 Abs. 6[276] und Ziff. 4.2.5 DCGK in der Fassung vom 6.6.2008,[277] der die gemäß § 285 Ziff. 9 a Satz 5 HGB im Anhang des Jahresabschlusses offenzulegenden Bezüge der Vorstandsmitglieder und somit die „harten Zahlen"[278] einbezieht.[279] Da über ein System abgestimmt werden kann, kommt eine Beschlussfassung über einzelne Vergütungsbestandteile oder die Vergütung einzelner Vorstandsmitglieder entgegen anderslautender Stimmen in der Literatur[280] nicht in Betracht.[281] 521

---

266 *Schüppen*, ZIP 2010, 905 [908], spricht von „symbolische[r] Funktion"; *Fleischer/Bedkowski*, AG 2009, 677 [682], und *Döll*, WM 2010, 103 [103, 109], bezeichnen ihn als „beratenden" Hauptversammlungsbeschluss; vgl auch BT-Drucks. 16/13433, S. 12, zur Erwartung positiver Rückwirkungen auf die Wahrnehmung der Verpflichtungen des Aufsichtsrates aus § 87 AktG zur angemessenen Vergütungsfestsetzung.

267 Aus verfassungsrechtlicher Sicht kritisch hierzu *Döll*, WM 2010, 103 [110 f].

268 *Annuß/Theusinger*, BB 2009, 2434 [2439]; offengelassen: *Fleischer*, NZG 2009, 801 [805]; aA: *Döll*, WM 2010, 103 [110]; *Fleischer/Bedkowski*, AG 2009, 677 [685].

269 Ebenso *Vetter*, ZIP 2009, 2136 [2140].

270 Vgl *Theisen/Probst*, DB 2012, 1553 [1557].

271 Eigene Anträge im Hinblick auf die Vergütung der Vorstandsmitglieder können die Aktionäre nicht stellen, da der Hauptversammlung insofern die Beschlusskompetenz fehlt; durch die Reduktion auf Billigung oder Missbilligung wird der Hauptversammlung eine „passive Rolle" zugewiesen, vgl *Annuß/Theusinger*, BB 2009, 2434 [2439].

272 *Binz*, Der Aufsichtsrat 2013, 69, mit Verweis auf den Fall der HeidelbergerCement AG; vgl auch BT-Drucks. 16/13433, S. 12; *Deilmann/Otte*, DB 2010, 545; *Schmidt-Bendun/Prusko*, NZG 2010, 1128 [1129]; *Schüppen*, ZIP 2010, 905 [908]; *Weber-Rey/Buckel*, NZG 2010, 761 [765 f]; vgl auch *Fleischer/Bedkowski*, AG 2009, 677 [678], zu Fällen im Vereinigten Königreich, zB GlaxoSmithKline im Mai 2003, aufgrund der dortigen Regelungen in den Directors' Remuneration Report Regulations (Sec. 420 u. 439 CA 2006).

273 *Döll*, WM 2010, 103 [110 mwN]; vgl auch BT-Drucks. 16/13433, S. 12.

274 *Fleischer/Bedkowski*, AG 2009, 677 [682], wonach hierzu in Anlehnung nach den entsprechenden Publizitätsvorschriften des HGB unter anderem Form (Geldleistungen, Sachbezüge) und Struktur (fest, variabel) der Vergütung gehören sowie Gewichtung der verschiedenen Vergütungsbestandteile und die damit verbundene Inzentivierung; ähnlich *Vetter*, ZIP 2009, 2136 [2138]; kritisch wegen Fehlens fester Konturen des Begriffs *Hohenstatt*, ZIP 2009, 1349 [1356].

275 *Annuß/Theusinger*, BB 2009, 2434 [2439]; vgl auch *Schüppen*, ZIP 2010, 905 [907], wonach die Existenz eines solchen Systems vorausgesetzt wird.

276 Vgl BT-Drucks. 16/13433, S. 19.

277 BT-Drucks. 16/13433, S. 18.

278 *Döll*, WM 2010, 103 [108].

279 Vgl *Fleischer/Bedkowski*, AG 2009, 677 [682]; *Vetter*, ZIP 2009, 2136 [2137 f].

280 *Thüsing*, AG 2009, 517 [525]; *Vetter*, ZIP 2009, 2136 [2139].

281 *V. Falkenhausen/Kocher*, AG 2010, 623 [627]; *Fleischer/Bedkowski*, AG 2009, 677 [683].

522 Ziff. 2.2.1 Abs. 2 Satz 2 DCGK, wonach die Hauptversammlung „über die Billigung des Systems der Vergütung der Vorstandsmitglieder beschließen“ kann, stellt keine Anregung der Kodex-Kommission dar, sondern gibt lediglich die aktuelle Gesetzeslage wieder.[282] Zum Teil wird gefordert, § 120 Abs. 4 AktG auf nicht börsennotierte Gesellschaften auszudehnen.[283] Weitergehend wird angeregt, die Satzungsautonomie der Hauptversammlung auf Fragen der Vergütung der Vorstandsmitglieder auszudehnen.[284] Zum Teil wird sogar angenommen, dass die Hauptversammlung bereits aufgrund heutiger Gesetzeslage Rahmenbedingungen für die Vorstandsvergütung statuieren kann, sofern dem Aufsichtsrat ein Ermessensspielraum verbleibt.[285] In dieselbe Richtung geht der Vorschlag, der Aufsichtsrat müsse gemäß § 119 Abs. 2 AktG analog von der Hauptversammlung verlangen können, dass sie über die Vergütung der Vorstanndsmitglieder entscheidet.[286]

(2) Rechtsvergleichende Verortung des deutschen Say-on-Pay Votums

523 Vorbild für § 120 Abs. 4 AktG war das Vergütungsvotum des englischen Rechts für Publikumsgesellschaften, wonach Anteilseignern durch die Direktoren Gelegenheit zur Stellungnahme und Abstimmung über einen Vergütungsbericht gegeben werden muss. Der Beschluss der Anteilseigner ist im Gegensatz zum deutschen Recht mithin obligatorisch, wenngleich ebenfalls nicht bindend.[287]

524 § 120 Abs. 4 AktG weist zudem gewisse Parallelen zu einer Regelung[288] des Securities Exchange Act von 1934 auf (SEA 1934), die durch Section 951 des Dodd-Frank Wall Street Reform and Consumer Protection Act von 2010 (Dodd Frank Act)[289] und somit zeitlich nach der deutschen Regelung eingeführt wurde. Im Gegensatz zur deutschen Regelung ist das Say on pay in den USA – Shareholder Vote on Executive Compensation Disclosures – verpflichtend, das Votum der Aktionäre für den Board wie in Deutschland jedoch unverbindlich, wodurch das jeweils zur Entscheidung über die Vergütung berufene Organ verantwortlich bleibt.[290] Im dualistischen System ist mit dem Aufsichtsrat ein anderes Organ für die Vergütung der Mitglieder des Vorstands verantwortlich, während im angelsächsisch monistischen System der Board in Vergütungsfragen betreffend die eigenen Mitglieder zuständig ist. Insofern ist im Hinblick auf die Vergütung der Vorstandsmitglieder / executive officers der Prinzipal-Agent-Konflikt in den USA naturgemäß stärker ausgeprägt als in Deutschland, weshalb dort ein verpflichtendes „Say on pay“ erforderlicher scheint als hierzulan-

282 Bewusst offenlassend *Krieger*, ZGR 2012, 202 [214].

283 *Schüppen*, ZIP 2010, 905 [911]; *Döll*, WM 2010, 103 [106], der zumindest die Beschränkung des Anwendungsbereichs von § 120 Abs. 4 AktG auf börsennotierte Gesellschaften kritisiert.

284 Vgl *Jaspers*, ZRP 2010, 8 [10 f], der unter der verwirrenden Überschrift “Mehr Demokratie wagen?” zugunsten „einflussreicher Investoren“ ein verbindliches Votum der Hauptversammlung zu Rahmenbedingungen der Vergütung befürwortet; vgl auch *Schüppen*, ZIP 2010, 905 [911]; ablehnend *v. Falkenhausen/Kocher*, AG 2010, 623 [628].

285 Vgl zur statutarischen Festlegung der Höchstgrenze für die Vergütung von Vorstandsmitgliedern der SolarWorld AG, Bonn, Lutter, Handelsblatt v. 5.5.2009; vgl auch *Bürgers/Israel*, in: Bürgers/Körber, AktG, § 87, Rn 2; *Körner*, NJW 2004, 2697 [2701]; weitere Nachw. bei *Fleischer/Bedkowski*, AG 2009, 677 [683, Fn 79], die zu Recht aufgrund der gesetzlichen Regelung in §§ 84 Abs. 1 Satz 5, 87 Abs. 1 AktG iVm § 23 Abs. 5 AktG dies für unzulässig halten; ebenso *Vetter*, ZIP 2009, 2136 [2140, 2143 mwN].

286 Vgl *Schüppen*, ZIP 2010, 905 [909 f].

287 Vgl Hierzu nur *Fleischer/Bedkowski*, AG 2009, 677 [678]; *Begemann/Laue*, BB 2009, 2442 [2443].

288 Sec. 14A (Shareholder approval of executive compensation).

289 Pub. L. No. 111-203; zur Entstehungsgeschichte, vgl *Schmidt-Bendun/Prusko*, NZG 2010, 1128 [1128]; vgl auch *Heppe/Tielmann*, WM 2011, 1883 [1890].

290 Zum Gleichlauf der Rechtsfolgen von deutscher und US-amerikanischer Regelung zum Say on Pay, vgl *Schmidt-Bendun/Prusko*, NZG 2010, 1128 [1129]; vgl auch *Heppe/Tielmann*, WM 2011, 1883 [1890], zur Möglichkeit der Aktionärsversammlung, über den Turnus der „say-on-pay votes“ zu entscheiden (sog. say-on-frequency votes).

de.[291] Der persönliche Anwendungsbereicht beider Regelung ist sehr ähnlich. Erfasst sind jeweils nur börsennotierte Gesellschaften. Während in Deutschland über das Vergütungssystem sämtlicher Vorstandsmitglieder befunden wird, geht es in den USA nur um die Vergütung der top executives, mithin neben der des CEO und des CFO noch um diejenige von drei weiteren executive officers.[292] Allerdings sind in den USA Gegenstand der Beschlussfassung die konkrete Höhe der Vergütung und darüber hinaus sogar vereinbarte Abfindungszahlungen für den Fall einer Unternehmensübernahme,[293] während in Deutschland nur über das System zur Vergütung der Vorstandsmitglieder und somit über das „abstrakte und generelle Gesamtkonzept" beschlossen wird.[294] Der Angabe der konkreten Höhe bedarf es entgegen § 285 Nr. 9 HGB nicht.[295]

mm) Herabsetzung von Vorstandsbezügen und Versorgungsleistungen

(1) Handlungsoptionen des Aufsichtsrats und praktische Restriktionen

Der Aufsichtsrat soll gemäß § 87 Abs. 2 Satz 1 Alt. 1 AktG die Bezüge der Vorstandsmitglieder auf die angemessene Höhe herabsetzen, wenn sich die Lage der AG nach der Festsetzung so verschlechtert, dass die Weitergewährung der Bezüge für die Gesellschaft unbillig wäre.[296] Es besteht somit keine Verpflichtung des Aufsichtsrats („soll"). Andererseits kann er nach dem Willen des Gesetzgebers nur bei Vorliegen besonderer Umstände von einer Herabsetzung absehen, wenn die Voraussetzungen hierfür vorliegen.[297] Die Vorschrift kann weder in der Satzung noch im Vorstandsanstellungsvertrag abbedungen, sondern lediglich verschärft werden.[298] 525

Mit der Möglichkeit des Aufsichtsrats, einseitig in den Vorstandsanstellungsvertrag einzugreifen, wird vom Grundsatz „pacta sunt servanda" abgewichen,[299] weshalb die Regelung gemeinhin als Sonderregelung eines Wegfalls der Geschäftsgrundlage in Form einer für die Gesellschaft unzumutbaren Störung des Äquivalenzverhältnisses zwischen Leistung und Gegenleistung verstanden wird.[300] Bereits konkret entstandene Ansprüche auf fixe oder variable Vergütung für erbrachte Leistungen können hingegen nicht herabgesetzt oder deren Auszahlung verweigert werden.[301] Ohne entsprechende vertragliche Regelung ebenfalls nicht möglich ist ein sog. claw back, wie ihn Ziff. 3.4 der ergänzenden Empfehlung der EU-Kom- 526

291 So auch *Siefer*, NZG 2013, 691 [692].

292 Rule 14a-21 (a) 17 C. F. R. § 240 der U. S. Securities and Exchange Commission (SEC) iVm item 402 (a) (3) 17 C. F. R. § 229.

293 Sec. 14A(b) SEA 1934; vgl zum „say-on-golden parachute vote" *Heppe/Tielmann*, WM 2011, 1883 [1890].

294 Vgl *Fleischer*, AG 2009, 667 [682]; *Schüppen*, ZIP 2010, 905 [907].

295 Vgl *v. Falkenhausen/Kocher*, AG 2010, 623 [625]; *Fleischer*, AG 2009, 667 [682]; *Schmidt-Bendun/Prusko*, NZG 2010, 1128 [1130].

296 Zur Kritik an der durch das VorstAG 2009 geänderten Regelung, vgl *Klöhn*, ZGR 2012, 1 [4 f mwN].

297 BT-Drucks. 16/13433, Begr. zu Art. 1 Nr. 1 lit. b VorstAG; *Annuß/Theusinger*, BB 2009, 2434 [2437]; *Seibert*, WM 2009, 1489 [1491], spricht von einer „Reduzierung des Ermessens auf Null" in klaren Fällen; vgl auch *Klöhn*, ZGR 2012, 1 [4]; *Gaul/Janz*, NZA 2009, 809 [811].

298 *Fleischer*, in: Spindler/Stilz, AktG, § 87, Rn 61; *Mertens/Cahn*, in: KölnKomm AktG, § 87, Rn 96; *Klöhn*, ZGR 2012, 1 [3, 17].

299 *Annuß/Theusinger*, BB 2009, 2434 [2437]; vgl auch *Hohenstatt*, ZIP 2009, 1349 [1352], wonach aufgrund der entschärften Voraussetzungen des § 87 Abs. 2 AktG ein unzulässiger Eingriff in Art. 14 GG und eine Verletzung des Grundsatzes des Vertrauensschutzes als Ausfluss des Rechtsstaatsprinzips vorliegen könne.

300 *Fleischer*, in: Spindler/Stilz, AktG, § 87, Rn 60; *Mertens/Cahn*, in: KölnKomm AktG, § 87, Rn 94; *Dauner-Lieb/Friedrich*, NZG 2010, 688 [691 f]; *Diller*, NZG 2009, 1006; *Fleischer*, NZG 2009, 801 [804]; *Klöhn*, ZGR 2012, 1 [3 mwN] u. [5 mwN], wonach die Rechtsfolge über das hinausgeht, was bei den Grundsätzen des Wegfalls der Geschäftsgrundlage anerkannt ist; *Thüsing*, AG 2009, 517 [523]; *Wagner/Wittgens*, BB 2009, 906 [910]; *Weller*, NZG 2010, 7 [8].

301 *Weber-Rey*, WM 2009, 2255 [2260]; *Annuß/Theusinger*, BB 2009, 2434 [2438].

mission 2009/385/EG aus dem Jahr 2009 vorsieht. Hiernach sollen bereits ausgezahlte variable Vergütungsbestandteile zurückgefordert werden können, wenn die Auszahlung auf der Grundlage von Daten erfolgt ist, „die sich im Nachhinein als offenkundig falsch" erwiesen haben. (dazu Rn 502)

527 Die Mitglieder des Aufsichtsrats haben bei ihrer Herabsetzungsentscheidung, die sie gemäß § 107 Abs. 3 Satz 3 AktG, der auf § 87 Abs. 2 Satz 1 und 2 AktG verweist, als Gesamtorgan treffen müssen, jedoch stets zu beachten, dass die Motivation der Vorstandsmitglieder regelmäßig unter einer Herabsetzung der Bezüge leidet, auf deren Einsatz es aber gerade in schwierigen Zeiten besonders ankommt. Zudem besteht gemäß § 87 Abs. 2 Satz 3 AktG im Falle der Herabsetzung ein Sonderkündigungsrecht zu deren Gunsten. Im Extremfall führen Herabsetzungen bei den Bezügen zu Kündigungen der Vorstandsmitglieder und somit zur Führungslosigkeit der Gesellschaft, wodurch ein weit größerer Schaden verursacht würde, als wenn der Aufsichtsrat vermeintlich überhöhte Vorstandsbezüge zulasten des Gesellschaftsvermögens zuließe.[302] Schließlich können bei wesentlicher Verschlechterung der Lage der Gesellschaft die Anforderungen an die Vorstandsmitglieder derart steigen, dass die Herabsetzung bereits aus diesem Grund nicht gerechtfertigt ist.[303]

(2) Verschlechterung der Lage der Gesellschaft

528 Eine Verschlechterung[304] der Lage der Gesellschaft – Konzernentwicklungen bleiben unberücksichtigt[305] – liegt zB vor, wenn Entlassungen oder Lohnkürzungen vorgenommen werden oder vorzunehmen sind und gemäß § 57 Abs. 3 AktG keine Gewinne mehr an die Aktionäre ausgeschüttet werden können.[306] Allerdings ist für § 87 Abs. 2 AktG kein Raum, wenn Entlassungen oder Lohnkürzungen Bestandteil einer langfristigen Strategie zur kontinuierlichen Verbesserung bzw Sanierung des Unternehmens im Hinblick auf mehr Wettbewerbsfähigkeit sind oder die Thesaurierung von Gewinnen der Finanzierung künftiger Investitionen dient.[307] Ebenfalls nicht ausreichend für die Annahme einer Verschlechterung der Lage der Gesellschaft iS von § 87 Abs. 2 AktG dürfte die Veräußerung sämtlicher Werksanlagen nach gescheiterten Kooperations- oder Fusionsverhandlungen und die anschließende Auflösung der Gesellschaft sein, wenn eine gute Gesamterlöslage besteht, so dass die Aktionäre nicht nur nicht ihr Aktienkapital verlieren, sondern mit einem guten Erlös ihrer Aktienanlage rechnen können.[308] Drohende Insolvenz und unmittelbare Krise[309] des Unternehmens erfüllen stets die Voraussetzungen für eine Herabsetzung der Vorstandsvergütung. Ihr Vorliegen ist „aber nicht notwendig".[310] Andererseits ist eine nur geringfügige Verschlechterung der

302 So im Erg. auch *Diller*, NZG 2009, 1006 [1007]; *Annuß/Theusinger*, BB 2009, 2434 [2438]; hierzu auch *Thüsing*, AG 2009, 517 [523].

303 Vgl *Annuß/Theusinger*, BB 2009, 2434 [2438], iS einer Kompensation.

304 Zu dem Versuch einer extensiven Auslegung von § 87 Abs. 2 AktG aF, der eine „wesentliche Verschlechterung" verlangte, vgl *Wilsing/Kleißl*, BB 2008, 2422 [2423].

305 *Diller*, NZG 2009, 1006 [1006].

306 Vgl BT-Drucks. 16/12278, Begr. zu Art. 1 Nr. 1 lit. b VorstAG; *Lingemann*, BB 2009, 1918 [1920], weist auf das Erfordernis der Kumulation von Entlassungen und Lohnkürzungen bei gleichzeitiger Unmöglichkeit, Gewinne auszuschütten, hin. Eine pflichtgemäße Entscheidung des Vorstandes zur Thesaurierung von Gewinnen reiche noch nicht aus; ebenso *Gaul/Janz*, NZA 2009, 809 [812]; kritisch zu dieser Voraussetzung wegen des fehlenden Zusammenhangs zwischen Entlassungen bzw Lohnkürzungen und der Vorstandsvergütung *Hohenstatt*, ZIP 2009, 1349 [1352].

307 *Diller*, NZG 2009, 1006 [1006]; ähnlich *Annuß/Theusinger*, BB 2009, 2434 [2438].

308 So LG Duisburg, Urt. v. 20.11.1970 – 12 O 163/70, abgedruckt in: BB 1971, 145 [145] m. zust. Anm. *Hartstang*, zu § 87 Abs. 2 AktG aF, wonach noch eine „wesentliche" Verschlechterung in den Verhältnissen der Gesellschaft und eine „schwere" Unbilligkeit für die Gesellschaft gefordert wurde.

309 Vgl hierzu *Annuß/Theusinger*, BB 2009, 2434 [2438], die insofern auf die Definition zu § 32 a GmbHG aF abstellen.

310 BT-Drucks. 16/12278, S. 7, Begr. zu Art. 1 Nr. 1 lit. b VorstAG.

Lage der Gesellschaft, wie sie bei jeder konjunkturellen Delle vorkommen kann, nicht ausreichend, da sie kaum eine Unbilligkeit zulasten der Gesellschaft hervorrufen wird. Vielmehr müssen die wirtschaftlichen Schwierigkeiten „einschneidend" sein, da die vertraglichen Absprachen zulasten des betreffenden Vorstandsmitglieds andernfalls Makulatur wären.[311]

Ausgangspunkt für die Prüfung der Verschlechterung der Lage der Gesellschaft ist der Zeitpunkt der jeweiligen Festsetzung der Bezüge. Beurteilungszeitpunkt ist der Augenblick der Herabsetzungsentscheidung des Aufsichtsrats.[312] 529

(3) Unbilligkeit der Weitergewährung für die Gesellschaft

Die Weitergewährung der bisherigen Bezüge ist nach der Gesetzesbegründung für die Gesellschaft unbillig,[313] wenn der Vorstand pflichtwidrig gehandelt hat oder sich die Verschlechterung der Lage der Gesellschaft zumindest zurechnen lassen muss.[314] Bei pflichtwidrigem Handeln des Vorstandsmitglieds steht der Gesellschaft gemäß § 93 Abs. 2 Satz 1 AktG ein Schadensersatzanspruch zu, mit dem sie – gemäß § 112 AktG vertreten durch den Aufsichtsrat – gegenüber dem Vergütungsanspruch des Vorstandsmitglieds aufrechnen kann. Einer Herabsetzung nach § 87 Abs. 2 AktG bedarf es in einem solchen Fall nicht. Wenn es für die Herabsetzung der Bezüge nach Vorstellung des Gesetzgebers aber bereits ausreicht, dass die Verschlechterung der Lage der Gesellschaft dem Vorstandsmitglied zurechenbar ist, dann erweitert § 87 Abs. 2 AktG die verschuldensabhängige Haftung für Pflichtverletzungen des § 93 Abs. 2 Satz 1 AktG auf unglückliche Managemententscheidungen und konterkariert somit zumindest teilweise seine eigene Entscheidung für die Business Judgement Rule in § 93 Abs. 1 Satz 2 AktG. *Diller* spricht insofern vom Versuch des Gesetzgebers, „mit der Neuregelung letztlich eine `kalte´ Weiterentwicklung des § 93 AktG in Richtung einer Garantiehaftung" zu schaffen. Zurecht fordert er, dass „die wirtschaftlichen Schwierigkeiten so einschneidend und die Unbilligkeit so offensichtlich sein [muss], dass es mit der Treuepflicht des Vorstandsmitglieds gegenüber der Gesellschaft gemäß § 76 AktG unvereinbar wäre, wenn ... [es] auf Weiterzahlung der vereinbarten Vorstandsbezüge pochen würde".[315] 530

Dem Wortlaut von § 87 Abs. 2 Satz 1 AktG zufolge kommt es auf die persönliche Leistung des einzelnen Vorstandsmitglieds nicht an, so dass Wortlaut und Gesetzesbegründung (dazu Rn 530) divergieren. Entsprechend seinem Wortlaut müssten alle Vorstandsmitglieder gleichermaßen von § 87 Abs. 2 Satz 1 AktG betroffen sein,[316] es sei denn, es gibt sachliche Gründe für eine Ungleichbehandlung. Zu denken ist hierbei an Unterschiede bei der Verantwortlichkeit der Vorstandsmitglieder im Hinblick auf die wirtschaftlichen Schwierigkeiten der Gesellschaft oder an große Unterschiede bei der Vergütung der einzelnen Vorstandsmitglieds. 531

Mit dem Verweis darauf, dass die Bezüge „für die Gesellschaft" unbillig sein müssen, ist klargestellt, dass allgemeine Wertungen und Stimmungen in der Bevölkerung nicht maßgeblich sind.[317] Bei der Auslegung des Tatbestandsmerkmals ist zudem darauf zu achten, dass 532

---

311 Ähnlich *Hohenstatt*, ZIP 2009, 1349 [1352 mwN].

312 *Diller*, NZG 2009, 1006 [1006].

313 Zu dem Versuch einer extensiven Auslegung von § 87 Abs. 2 AktG aF, der eine „schwere Unbilligkeit" verlangte, vgl *Wilsing/Kleißl*, BB 2008, 2422 [2423 f].

314 BT-Drucks. 16/12278, Begr. zu Art. 1 Nr. 1 lit. b VorstAG.

315 *Diller*, NZG 2009, 1006 [1007]; ähnlich *Hohenstatt*, ZIP 2009, 1349 [1352]; weniger kritisch *Annuß/Theusinger*, BB 2009, 2434 [2438], wonach jedoch dem Aufsichtsrat aufgrund der „Weite des Tatbestandes" ein weiter Beurteilungsspielraum zuzubilligen ist.

316 *Hohenstatt*, ZIP 2009, 1349 [1353] mN zu § 87 Abs. 2 AktG aF.

317 *Wagner/Wittgens*, BB 2009, 906 [910]; *Hohenstatt*, ZIP 2009, 1349 [1353].

§ 87 Abs. 2 AktG kein Instrument dafür sein kann, das wirtschaftliche Risiko der Gesellschaft und ihrer Aktionäre auf die Vorstandsmitglieder abzuwälzen.[318]

(4) Herabsetzung auf angemessene Höhe

533 Mit der Herabsetzung soll nicht nur die Unbilligkeit der Höhe der Bezüge im Verhältnis zur Lage der Gesellschaft beseitigt, sondern es sollen gemäß § 87 Abs. 2 Satz 1 aE AktG Bezüge in angemessener Höhe herbeigeführt werden. Insofern knüpft § 87 Abs. 2 Satz 1 AktG nahtlos an § 87 Abs. 1 AktG an. Hierbei ist jedoch zu beachten, dass zwischen den in Abs. 1 und. 2 geregelten Situationen der Abschluss eines Vertrages liegt, dessen Wirksamkeit unter dem Schutz der Rechtsordnung steht.[319]

534 Der Aufsichtsrat kann die Herabsetzung der Bezüge von vornherein befristen.[320] Tut er dies nicht, muss er die Vergütung wieder auf das ursprüngliche Niveau – ggf schrittweise – anheben, sobald und soweit eine Unbilligkeit nicht mehr vorliegt.[321]

(5) Herabsetzung von Rehegehältern und Hinterbliebenenbezügen

535 Neben der Herabsetzung der Bezüge für aktive Vorstandsmitglieder besteht seit dem Inkrafttreten des VorstAG am 5.8.2009[322] gemäß § 87 Abs. 2 Satz 2 AktG auch die Möglichkeit zur Kürzung von Ruhegehältern und Hinterbliebenenbezügen in den ersten drei Jahren nach Ausscheiden des Vorstandsmitglieds aus der Gesellschaft, wobei mit Ausscheiden nicht die Beendigung des Vorstandsamtes, sondern das Ende des Dienstverhältnisses gemeint sein dürfte, was deutlich später als das Ausscheiden aus dem Organ liegen kann.[323] Damit können den ehemaligen Vorstandsmitgliedern bereits verdiente Versorgungsleistungen streitig gemacht werden. Vertrauensschutz wird nur insofern gewährt, als eine Befristung der Kürzungsmöglichkeit auf drei Jahre besteht,[324] mehr als drei Jahre nach dem Ausscheiden somit kein wirksamer Eingriff in die Versorgungszusagen mehr möglich ist.

536 Problematisch[325] erscheint § 87 Abs. 2 AktG auch vor dem Hintergrund der Regelungen in §§ 1 – 16 BetrAVG, die über § 17 Abs. 1 Satz 2 BetrAVG auch für Vorstandsmitglieder gelten und der Rechtsprechungspraxis der Bundesarbeitsgerichts (BAG), wonach Eingriffe in Versorgungszusagen nur äußerst eingeschränkt zulässig sind.[326] Nach der sog. Drei-Stufen-Theorie[327] kommen Eingriffe in Versorgungsbestandteile, die bereits in der Vergangenheit

318 *Gaul/Janz*, NZA 2009, 809 [812].

319 *Diller*, NZG 2009, 1006 [1007], verweist in diesem Zusammenhang zu Recht auf den Grundsatz „pacta sunt servanda"; *Fleischer*, NZG 2009, 801 [804], spricht von einer „beträchtliche[n] Aufweichung des Grundsatzes der Vertragsstabilität"; kritisch auch *Thüsing*, AG 2009, 517 [523], der die Willkür der Regelung kritisiert, da die Anpassung auf das gewünschte – angemessene – Maß nur vorgenommen werden könne, wenn zufällig eine Verschlechterung der Lage eingetreten sei.

320 *Diller*, NZG 2009, 1006 [1008 mwN].

321 *Spindler*, in: MünchKomm AktG³, § 87, Rn 99; *Diller*, NZG 2009, 1006 [1008 mwN]; *Annuß/Theusinger*, BB 2009, 2434 [2438].

322 *Thüsing*, AG 2009, 517 [523], zum historischen Vorbild des § 78 Abs. 2 AktG 1937.

323 *Diller*, NZG 2009, 1006 [1008]; *Lingemann*, BB 2009, 1918 [1921]; *Spindler*, NJOZ 2009, 3282 [3286].

324 Hierzu: *Nikolay*, NJW 2009, 2640 [2643].

325 *Fleischer*, NZG 2009, 801 [804], sieht keine „durchgreifende[n] verfassungsrechtliche[n] Bedenken" gegen die Vorschrift und begrüßt, dass ein Rückgriff auf § 242 BGB – vgl LG Essen, Urt. v. 10.2.2006 – 45 O 88/05, abgedruckt in: NZG 2006, 356 [357], das in dem Zusammenhang betont, dass zwischen dem ausgeschiedenen Vorstandsmitglied und der AG ein „lockeres" Treueverhältnis bestehe – insoweit nunmehr entbehrlich ist.

326 *Lingemann*, BB 2009, 1918 [1921]; *Spindler*, NJOZ 2009, 3282 [3287], sehen in § 87 Abs. 2 Satz 1 AktG ein lex specialis zu den Vorschriften des BetrAVG; vgl zu Betriebsrenten auch *Gaul/Janz*, NZA 2009, 809 [812].

327 Vgl BAG, Entsch. v. 17.4.1985 – 3 AZR 72/83, abgedruckt in: NZA 1986, 57.

„erdient" wurden, grundsätzlich nicht in Betracht. Eingegriffen werden darf allenfalls in künftig zu erdienende Zuwächse sowie in die Dynamisierung der bereits erdienten Besitzstände.[328]

(6) Rechtsschutz gegen die Herabsetzung

Gegen eine ungerechtfertigte Herabsetzung von Bezügen und Versorgungsleistungen kann das betroffene (ehemalige) Vorstandsmitglied Leistungsklage nach § 315 Abs. 3 Satz 2 BGB auf Weitergewährung in bisheriger Höhe erheben.[329] Sollte es hiermit erfolgreich sein, wodurch nicht die Herabsetzungsentscheidung des Aufsichtsrats kassiert, sondern die angemessene Vergütung gerichtlich festgesetzt würde, wären der Gesellschaft zumindest die Prozesskosten als Schaden entstanden. Die Mitglieder des Aufsichtsrats müssen daher bei einer Entscheidung über die Herabsetzung von Bezügen und Versorgungsleistungen besondere Sorgfalt an den Tag legen. Denn bei dem Verzicht auf eine gebotene Herabsetzung verursachen sie ebenso einen Schaden der Gesellschaft wie bei einer ungerechtfertigten Herabsetzung, gegen die das betroffene Vorstandsmitglied erfolgreich gerichtlich vorgeht. Ihrer Haftung entgehen sie nur, wenn man ihnen keine Verletzung ihrer Sorgfaltspflichten vorwerfen kann. Dies setzt voraus, dass sie auf angemessener Tatsachengrundlage die richtigen rechtlichen Schlussfolgerungen gezogen haben. Erschwerend kommt hinzu, dass die Herabsetzung nicht nur dem Anlass – Verschlechterung der Lage der Gesellschaft – entsprechen, sondern auch nach Höhe und Dauer angemessen sein muss. Außerdem sind die persönlichen Verhältnisse des Vorstandsmitglieds zu berücksichtigen.[330] 537

nn) Besondere vertragliche Zusagen

Im Rahmen des Anstellungsvertrages kann dem Vorstandsmitglied der Schutz durch eine D&O-Versicherung – Directors' and Officers' Liability Insurance – zugesagt werden, deren Prämien von der Gesellschaft zu zahlen sind.[331] Hierin liegt trotz anstellungsvertraglicher Zusage jedoch kein Vergütungsbestandteil. (dazu Rn 272 sowie Rn 1011 ff) Vertragliche Zusagen, das Vorstandsmitglied bei Verurteilung zur Zahlung einer Geldstrafe oder Geldbuße hiervon freizustellen oder geleistete Beträge zu erstatten, sind unwirksam.[332] Zulässig sind hingegen Regelungen im Anstellungsvertrag, wonach sich die Gesellschaft zur Übernahme der Kosten einer Strafverteidigung oder zivilprozessualen Vertretung des Vorstandsmitglieds verpflichtet.[333] 538

Nicht selten werden sog. Change-of- bzw Chance-in-Control-Klauseln[334] zwischen Gesellschaft und Vorstandsmitglied im Rahmen des Anstellungsvertrages vereinbart. Sie beinhalten, dass an das Vorstandsmitglied für den Fall der Beendigung dessen Anstellungsverhältnisses im Zuge eines Kontrollwechsels bzw erstmaligen Kontrollerwerbs eine Abfindung zu zahlen ist.[335] Diese besteht zumeist aus einer pauschalen Abgeltung der kapitalisierten Bezü- 539

328 Hierzu: *Diller*, NZG 2009, 1006 [1008] u. *Lingemann*, BB 2009, 1918 [1921 f].

329 Vgl Hüffer, AktG, § 87, Rn 10 mwN auch für andere Ansichten.

330 Hüffer, AktG, § 87, Rn 9 mwN.

331 Näheres bei Hüffer, AktG, § 84, Rn 16.

332 Eine solche Absprache wäre, zumindest wenn sich das Vorstandsmitglied durch sein Verhalten auch gegenüber der Gesellschaft schadensersatzpflichtig gemacht hat, mit § 93 Abs. 4 Satz 3 AktG unvereinbar, vgl *Seibt*, in: K. Schmidt/Lutter, AktG, § 84, Rn 34; *Hefermehl/Spindler*, MünchKomm AktG^2, § 84, Rn 74.

333 BAG, Urt. v. 28.5.1960 – 2 AZR 548/59, abgedruckt in: BAGE 9, 243 [249].

334 *Hoffmann-Becking*, ZHR 169 (2005), 155 [170], wonach durch diese Bezeichnung der Klausel verdeutlicht werden soll, dass sie nicht nur für den Fall des Kontrollwechsels, sondern auch für den der erstmaligen Kontrollbegründung einer bis dahin unabhängigen Gesellschaft gelten soll.

335 *Korts*, BB 2009, 1876 [1876 f].

ge für die restliche Vertragslaufzeit sowie einer zusätzlichen Leistung,[336] bemessen nach Alter des Vorstandsmitglieds und Dauer dessen Zugehörigkeit zum Leitungsorgan der Gesellschaft.[337] Zur Definition des Kontrollwechsels oder des erstmaligen Kontrollerwerbs kann bei Gesellschaften, deren Aktien an einem organisierten Markt gehandelt werden, zB auf die Überschreitung der 30%-Schwelle des § 29 Abs. 2 WpÜG abgestellt werden. Möglich ist auch, sich insofern auf den Abhängigkeitsbegriff des § 17 AktG zu beziehen. Außerdem ist in solchen Klauseln geregelt, unter welchen Voraussetzungen das Ausscheiden des Vorstandsmitglieds tatsächlich auf dem Kontrollwechsel bzw -erwerb beruht und somit der Sicherungsfall eintritt. Hierfür werden regelmäßig widerlegliche oder unwiderlegliche Vermutungen bemüht, wonach dies bei einem Ausscheiden innerhalb zB eines Jahres nach der Veränderung der Beteiligungsverhältnisse der Fall ist.[338] Trotz Gegenstimmen in der Literatur[339] dürfte an der grundsätzlichen Zulässigkeit solcher Klauseln nicht zu zweifeln sein.[340] Denn sie können bewirken, dass die zu gewährenden Leistungen die betreffenden Vorstandsmitglieder trotz einer anstehenden Kontrollbegründung oder eines zu erwartenden Kontrollwechsels mit der Folge deren Ausscheidens aus dem Amt dazu anhalten, ausschließlich im Unternehmensinteresse zu agieren und sich nicht von der Sorge um persönliche Nachteile leiten zu lassen.[341] Allerdings sind auch bei Chance-of/in-Control-Klauseln die Vorgaben des § 87 Abs. 1 AktG einzuhalten.[342] Das bedeutet unter anderem, dass die gesamte Vergütung, einschließlich der im Rahmen der Kontrollwechselklausel vereinbarten Vergütung, und darüber hinaus auch jedes einzelne Element der Vergütung für sich[343] angemessen sein muss.[344] Ziff. 4.2.3 Abs. 5 DCGK empfiehlt, dass eine Zusage für Leistungen aus Anlass der vorzeitigen Beendigung der Vorstandstätigkeit infolge eines Kontrollwechsels (Change of Control) 150% des Abfindungs-Caps (dazu Rn 542) nicht übersteigen soll. *Korts* empfiehlt bei weit gefassten Leistungszusagen im Fall eines vorzeitigen Ausscheidens, einen Angemessenheitsvorbehalt einzufügen, wonach die Gesellschaft bei Fälligkeit der versprochenen Leistungen nach § 242 BGB („Treu und Glauben") die Zusage auf ein angemessenes Maß herabsetzen oder vollends verweigern kann.[345] Sollte die Leistungszusage unangemessen hoch sein und der Aufsichtsrat sich auch nicht vorbehalten haben, die Abfindung anpassen zu können, dürfte hierin regelmäßig eine Pflichtverletzung der Aufsichtsratsmitglieder mit der Folge persönlicher Haftung gemäß §§ 116 Satz 1, 93 Abs. 2 Satz 1 AktG liegen.[346] Dasselbe gilt für den Fall, dass sich der Aufsichtsrat zwar die Möglichkeit späterer Anpassung der Leistungszusage vorbehalten hat, hiervon jedoch keinen Gebrauch macht und somit eine unangemessen hohe Abfindungszahlung an das ausscheidende bzw ausgeschiedene Vorstandsmitglied ermöglicht. Unwirksam dürfte die Klausel – insofern gilt nichts anderes als bei allen anderen Vereinbarungen zur Vergütung der Vorstandsmitglieder – nur in den Fällen von Kollusion

336 *Martens*, ZHR 169 (2005), 124 [141], hält derartige Bestandteile im Rahmen von Abfindungen generell für unzulässig.
337 Vgl *Hoffmann-Becking*, ZHR 169 (2005), 155 [168, 171].
338 Vgl hierzu sowie zu der Einräumung eines Sonderkündigungsrecht zugunsten des betroffenen Vorstandsmitglieds *Hoffmann-Becking*, ZHR 169 (2005), 155 [171].
339 *Martens*, ZHR 169 (2005), 124 [142 f], der solche Klauseln ausschließlich unter dem Aspekt der Prämierung der Vorstandsmitglieder beurteilt.
340 *Dreher*, AG 2002, 214 [216 ff]; *Bauer/Krets*, DB 2003, 811 [816]; *Hoffmann-Becking*, ZHR 169 (2005), 155 [170]; *Korts*, BB 2009, 1876 [1877].
341 *Hoffmann-Becking*, ZHR 169 (2005), 155 [170].
342 *Hoffmann-Becking*, ZHR 169 (2005), 155 [170]; *Korts*, BB 2009, 1876 [1878].
343 *Körner*, NJW 2004, 2697 [2698].
344 *Korts*, BB 2009, 1876 [1879].
345 *Korts*, BB 2009, 1876 [1880].
346 *Korts*, BB 2009, 1876 [1880 mwN].

und Missbrauch der Vertretungsmacht gemäß § 138 Abs. 1 BGB sein, also nur dann wenn Aufsichtsrat und Vorstandsmitglied gezielt zum Nachteil der Gesellschaft handeln.[347]

oo) Abfindung

Mit der Abfindung dürfen lediglich bestehende und sicher entstehende – fixe Bestandteile 540
der Vergütung – sowie aufgrund vertraglicher Regelung zu erwartende Ansprüche des Vorstandsmitglieds – voraussichtliche varibable Bestandteile der Vergütung[348] – pauschal abgegolten werden, so dass sich das Verhalten der Aufsichtsratsmitglieder gerade nicht anhand von § 87 Abs. 1 AktG bemisst. Denn die Entscheidung über die Abfindung basiert auf der Entscheidung über die Festsetzung der Gesamtbezüge des Vorstandsmitglieds. Sie ist aber kein Teil von ihr und auch nicht mit ihr gleichzusetzen.[349] Eine Gewährung zusätzlicher Zahlungen aus Dankbarkeit, wie sie bei Anerkennungsprämien (dazu Rn 514 f) praktiziert werden, ist unzulässig.[350] Somit sind Abfindungen, zumindest soweit es nicht um die pauschale Abgeltung von Pensionsansprüchen geht,[351] nur bei vorzeitiger Beendigung des Anstellungsverhältnisses denkbar, wenn hierfür kein wichtiger Grund zur außerordentlich fristlosen Kündigung besteht und die Gesellschaft daher gezwungen ist, mit dem Vorstandsmitglied einen Aufhebungsvertrag zu schließen. Alternativ kann das Anstellungsverhältnis zu den geltenden Konditionen bis zum vereinbarten Beendigungszeitpunkt fortgesetzt werden, wobei sich das aus dem Amt ausgeschiedene Vorstandsmitglied auf seine Bezüge anrechnen lassen muss, was es iS von §§ 326 Abs. 2 Satz 2, 615 Satz 2 BGB während der Restlaufzeit des Vertrages durch anderweitige Verwendung seiner Dienste erworben oder zu erwerben „böswillig" unterlassen hat.[352]

Die Herausforderung für die Aufsichtsratsmitglieder bei der Bemessung der Abfindung be- 541
steht zum einen darin, die Höhe der variablen Vergütung zu antizipieren, die das Vorstandsmitglied während der Restlaufzeit des Anstellungsvertrages verdient hätte. Zum anderen müssen sie die Bezüge des Vorstandsmitglieds in ihre Berechnung einbeziehen, die es aufgrund des vorzeitigen Ausscheidens andernorts verdienen wird.[353] In beiden Fällen handelt es sich um Prognoseentscheidungen, die gut begründet und plausibel sein müssen. Andernfalls laufen die Aufsichtsratsmitglieder Gefahr, wegen Verstoßes gegen Ihre Amtspflichten gemäß §§ 116 Satz 1, 93 Abs. 2 Satz 1 AktG der Gesellschaft auf Schadensersatz zu haften. Da es sich bei der Entscheidung über die Bemessung einer Abfindung ebenso wie bei derjenigen nach § 87 Abs. 1 AktG um eine unternehmerische handelt, kann bei Vorliegen der übrigen Voraussetzungen § 93 Abs. 1 Satz 2 AktG zugunsten der Aufsichtsratsmitglieder anwendbar sein (dazu Rn 933 ff). Die Gewährung einer Abfindung in voller Höhe der für die restliche Vertragslaufzeit zu erwartenden Bezüge dürfte jedoch nur sorgfaltsgemäß sein, wenn das aus dem Amt scheidende oder bereits ausgeschiedene Vorstandsmitglied mit an Sicherheit grenzender Wahrscheinlichkeit aufgrund seines Alters, seines Gesundheitszustandes oder anderer Faktoren keine adäquate oder zumindest annehmbare Beschäftigung mehr finden wird. Die Gewährung einer Abfindung in voller Höhe allein zu dem Zweck, ein „geräuschloses" Ausscheiden des Vorstandsmitglieds zu ermöglichen, ist hingegen immer sorg-

347 Vgl Hüffer, AktG, § 87, Rn 8.

348 Hierzu *Hoffmann-Becking*, ZHR 169 (2005), 155 [169].

349 *Hoffmann-Becking*, ZHR 169 (2005), 155 [169]; aA: *Körner*, NJW 2004, 2697 [2699], wonach die Zulässigkeit der Abfindung andernfalls nur anhand von § 138 Abs. 1 BGB bemessen werden könnte und somit faktisch ins Leere liefe.

350 *Hoffmann-Becking*, ZHR 169 (2005), 155 [168].

351 *Hoffmann-Becking*, ZHR 169 (2005), 155 [169].

352 Vgl BGH, Urt. v. 28.10.2002 – II ZR 146/02, abgedruckt in: NZG 2003, 84 = ZIP 2003, 28 [29], bei Abberufung eines GmbH-Geschäftsführers; *Hoffmann-Becking*, ZHR 169 (2005), 155 [169 mwN].

353 Vgl *Hoffmann-Becking*, ZHR 169 (2005), 155 [169].

faltswidrig, da sie nicht im Interesse des Unternehmens liegt.[354] Andernfalls hätte es das Vorstandsmitglied weitestgehend selbst in der Hand, die Voraussetzungen für die Zulässigkeit der Gewährung der vollen Abfindung zu schaffen. Man würde es quasi dazu ermuntern, sich renitent und aufmüpfig zu gerieren und auf diese Weise die Gesellschaft als Abfindungsschuldnerin zu „erpressen", ein Verhalten, das für die Aufsichtsratsmitglieder haftungsbefreiend wirkte.

542 Ziff. 4.2.3 Abs. 4 Satz 1 DCGK empfiehlt, bei Abschluss von Vorstandsverträgen darauf zu achten, dass Zahlungen an ein Vorstandsmitglied bei vorzeitiger Beendigung der Vorstandstätigkeit einschließlich Nebenleistungen den Wert von zwei Jahresvergütungen nicht überschreiten (Abfindungs-Cap) und nicht mehr als die Restlaufzeit des Anstellungsvertrages vergüten. Wenngleich diese Empfehlung dem Wortlaut nach nur für den Abschluss des Anstellungsvertrages zu Beginn des Vertragsverhältnisses mit dem Vorstandsmitglied zu gelten scheint, so ist sie doch auch bzw gerade bei einer Aufhebungsvereinbarung zu beachten. Denn die Abfindungsbegrenzung im Anstellungsvertrag wird eine spätere Änderung im Rahmen der Aufhebungsvereinbarung nicht verhindern können, so dass sie faktisch nur unverbindliche Absichtserklärung sein kann.[355]

pp) Hinzuziehung von Vergütungsberatern

543 Aufgrund der vielfältigen Anforderungen, denen Aufsichtsratsmitglieder gerecht werden müssen und die mit Inkrafttreten des VorstAG im Jahr 2009 insbesondere im Hinblick auf die Bemessung der Vergütung noch erheblich gestiegen sind,[356] greifen Aufsichtsräte bei der Festsetzung einer angemessenen Vergütung für die Vorstandsmitglieder der Gesellschaft immer häufiger auf externe Berater zurück.[357] Diese schaffen einen wesentlichen Teil der Informationsgrundlage, aufgrund deren die Aufsichtsratsmitglieder ihre Vergütungsentscheidung treffen, für die zu ihren Gunsten § 93 Abs. 1 Satz 2 AktG gilt[358] (dazu Rn 933 ff). Gemäß §§ 109 Abs. 1 Satz 2, 111 Abs. 2 Satz 2 AktG ist ihnen dies grundsätzlich auch möglich und zum Ausschluss der eigenen Haftung mitunter auch sinnvoll.[359] Eine Pflicht hierzu besteht jedoch nicht,[360] es sei denn, keines der Aufsichtsratsmitglieder verfügte über eigene Sachkunde zur Bestimmung einer angemessenen Vergütung, was aufgrund der Möglichkeit der Einsichtnahme in die veröffentlichten Vergütungsberichte, vgl §§ 285 Nr. 9 lit. a), 314 Abs. 1 Nr. 6 lit. a) HGB, und somit der Ermittlung einer horizontalen Üblichkeit der Vergütung jedoch regelmäßig nicht der Fall ist.[361]

544 Die Mitglieder des Aufsichtsrats haben bei der Auswahl des Vergütungsberaters zu beachten, dass dieser von Vorstand und Unternehmen unabhängig ist. Eine entsprechende Emp-

354 AA: *Hoffmann-Becking*, ZHR 169 (2005), 155 [169]; wohl auch: *Hefermehl/Spindler*, in: MünchKomm AktG², § 87, Rn 15, wonach die volle Vergütung gewährt werden darf, eine darüber hinausgehende „Anerkennungsprämie" aber anhand von § 87 Abs. 1 AktG aF zu bemessen ist.

355 Vgl *Gaul/Janz*, NZA 2009, 809 [811].

356 Vgl *Weber-Rey*, WM 2009, 2255 [2262, 2263]; *dies./Buckel*, NZG 2010, 761 [762], insbesondere im Hinblick auf das Kriterium der „Üblichkeit" der Vorstandsvergütung.

357 Dies wurde bereits kurz nach Inkrafttreten des VorstAG von zahlreichen Autoren prognostiziert, vgl *Fleischer*, BB 2010, 67 [67 mwN]; kritisch hierzu *Theisen*, Der Aufsichtsrat 2013, 3 [5]; vgl auch *Theisen/Probst*, DB 2012, 1553 [1555], wonach im Rahmen einer Befragung der Mitglieder von Aufsichtsorganen mehr als die Hälfte von ihnen erklärt haben, dass sie sich eine Hinzuziehung von Vergütungsberatern vorstellen können, wobei als Motive hierfür zum einen die Überprüfung der bestehenden Vergütungsstruktur aus dem Gesichtspunkt der eigenen Haftung genannt wurden und zum anderen das Bemühen, die Vergütung marktrelevant und –gerecht auszugestalten.

358 *Weber-Rey/Buckel*, NZG 2010, 761 [766].

359 Vgl *Annuß/Theusinger*, BB 2009, 2434 [2440].

360 *Fleischer*, BB 2010, 67 [70]; *Weber-Rey/Buckel*, NZG 2010, 761 [762].

361 *Weber-Rey/Buckel*, NZG 2010, 761 [762 mwN].

fehlung enthält Ziff. 4.2.2 Abs. 3 DCGK.[362] Hierzu muss der Aufsichtsrat die erforderlichen Informationen über den potenziellen Berater einholen, ggf vergleichbar dem Procedere, das Ziff. 7.2.1 Abs. 1 DCGK in Form der sog. Unabhängigkeitserklärung für den Abschlussprüfer empfiehlt.[363] Aufgrund dieser Informationen muss der Aufsichtsrat beurteilen, ob die Angaben des potenziellen Beraters aus der Sicht eines „vernünftigen und objektiv denkenden Dritten" Interessenkonflikte befürchten oder gar erwarten lassen, die quantitativ und qualitativ von gewisser Erheblichkeit sind, so dass sie dessen Unabhängigkeit entgegenstehen können.[364] Bei dieser Entscheidung handelt es sich um eine Ermessensentscheidung. Es ist den Aufsichtsratsmitgliedern anzuraten, deren tragende Gründe genauso zu dokumentieren wie die Bemühungen des Gremiums, die zugrundeliegenden Informationen von dem potenziellen Berater einzuholen.[365]

Art. 9 Abs. 2 der Empfehlung der Europäischen Kommission zur Vergütung von Mitgliedern 545
der Unternehmensleitung vom 30.4.2009[366] fordert, dass der Berater nicht gleichzeitig die Personalabteilung, die geschäftsführenden Direktoren oder Vorstandsmitglieder berät.[367] Hier schadet bereits eine Beratung zu „vergütungsfremden" Themen wie zB zur Unternehmensstrategie.[368] Auch die Beratung durch andere Berater desselben Beratungsunternehmens kann die Unabhängigkeit des potenziellen Vergütungsberaters entfallen lassen.[369] Somit steht die Empfehlung in einer Linie mit Erwägungsgrund 12), der insbesondere die gleichzeitige Beratung von Aufsichtsrat und Vorstand durch dieselben Personen – sog. Doppelberatung – unterbinden will. Neben einer Beratung sind aber auch andere Beziehungen des Vergütungsberaters zum Unternehmen wie zB eine Kapitalbeteiligung[370] oder zum Vorstand[371] denkbar, die dessen Unabhängigkeit ausschließen können.

e) Ernennung zum Vorstandsvorsitzenden

Werden mehrere Personen zu Vorstandsmitgliedern bestellt, so kann der Aufsichtsrat ein 546
Mitglied zum Vorsitzenden des Vorstands ernennen,[372] verpflichtet ist er hierzu jedoch nicht. Unterlässt es der Aufsichtsrat, ein Vorstandsmitglied zum Vorsitzenden zu ernennen, kann der Vorstand kraft seiner Geschäftsordnungskompetenz gemäß § 77 Abs. 2 Satz 1 AktG aus seiner Mitte einen Sprecher bestimmen.[373] Dieser kann jedoch nicht wirksam zur sachlichen Führung der Vorstandsarbeit berufen werden, da sich der Vorstand ansonsten eine Kompetenz anmaßen könnte, die kraft Gesetzes nur dem Aufsichtsrat zukommt.[374]

---

362 Eingefügt im Zuge der Revision vom 18.6.2009, bekanntgemacht im elektronischen Bundesanzeiger am 5.9.2009.

363 *Fleischer*, BB 2010, 67 [71]; *Weber-Rey/Buckel*, NZG 2010, 761 [762 f], wonach auch die sog. Sozietätsklausel des § 319 Abs. 3 Satz 1 HGB für die Auswahl eines Vergütungsberaters entsprechend heranzuziehen ist.

364 BGH, Urt. v. 25.11.2002 – II ZR 49/01, abgedruckt in: NZG 2003, 216 [219] = GmbHR 2003, 408 = ZIP 2003, 290, zur Frage der Unabhängigkeit des Abschlussprüfers; vgl auch *Weber-Rey/Buckel*, NZG 2010, 761 [762].

365 *Weber-Rey/Buckel*, NZG 2010, 761 [762].

366 2009/385/EG, ABl. Nr. L 120/28.

367 Eine überblicksartig vergleichende Darstellung zu den rechtlichen Rahmenbedingungen für Vergütungsberater in Großbritannien, Kanada, den Vereinigten Staaten und der Schweiz einschließlich der Ergebnisse empirischer Untersuchungen findet sich bei *Fleischer*, BB 2010, 67 [69 ff].

368 *Weber-Rey/Buckel*, NZG 2010, 761 [763].

369 *Weber-Rey/Buckel*, NZG 2010, 761 [763 f].

370 Vgl *Weber-Rey/Buckel*, NZG 2010, 761 [764 f].

371 Vgl *Weber-Rey/Buckel*, NZG 2010, 761 [765].

372 § 84 Abs. 2 AktG.

373 Vgl Hüffer, AktG, § 84, Rn 22; Lutter/Krieger, Aufsichtsrat, § 7, Rn 442.

374 Vgl *Hoffmann-Becking*, ZGR 1998, 497 [517].

547 Zur Ernennung des Vorstandsvorsitzenden ist ein Beschluss des Gesamtaufsichtsrats erforderlich.[375] Wie bei der Bestellung von Vorstands- und Aufsichtsratsmitgliedern bedarf auch die Ernennung zum Vorstandsvorsitzenden des Einverständnisses des Ernannten.[376]

548 Anders als bei der Bestellung zum Vorstandsmitglied und deren Widerruf[377] beschließt der Aufsichtsrat einer Gesellschaft, für die das MitbestG gilt, insoweit mit einfacher Mehrheit.[378]

f) Widerruf der Bestellung und Kündigung des Anstellungsvertrages

aa) Kündigungsberechtigter und Kündigungserklärung

549 Mit dem Widerruf der Bestellung gemäß § 84 Abs. 3 Satz 1 bis 4 AktG endet die Organstellung, nicht jedoch auch der Anstellungsvertrag. In der Erklärung des Widerrufs kann jedoch gleichzeitig die Erklärung der außerordentlichen Kündigung des Anstellungsverhältnisses liegen.[379]

550 Die Kündigung muss gemäß § 626 Abs. 2 Satz 1 u. 2 BGB innerhalb von zwei Wochen seit Erlangung der Kenntnis von den für die Kündigung maßgeblichen Tatsachen durch den Kündigungsberechtigten erklärt werden. Bei dieser Frist handelt es sich um eine Ausschlussfrist mit der Folge, dass eine verspätete Erklärung zur Unwirksamkeit der Kündigung führt.[380] Umstritten ist, wer Kündigungsberechtigter in diesem Sinne ist, auf wessen Tatsachenkenntnis es bei der Frage nach der Fristwahrung also ankommt.[381] Zum Teil wird die Kenntnis nur eines Mitglieds des Aufsichtsrats für ausreichend erachtet.[382] Andere verlangen zu Recht, dass sämtliche Mitglieder über die Kenntnis verfügen müssen.[383] Wieder andere stellen auf die Kenntnis des Aufsichtsratsvorsitzenden ab. § 107 Abs. 3 Satz 3 AktG normiert das Verbot der Delegation des Widerrufs der Bestellung eines Vorstandsmitglieds gemäß § 84 Abs. 3 Satz 1 AktG an einen Ausschuss. Somit muss zwingend der Aufsichtsrat als Gremium über die Abberufung eines Vorstandsmitglieds entscheiden. Dies setzt jedoch voraus, dass sämtliche seiner Mitglieder über den Sachverhalt, den wichtigen Grund für die Abberufung des Vorstandsmitglieds betreffend, informiert sind. Dasselbe muss für die außerordentliche Kündigung des Anstellungsvertrages gelten, wenngleich hierfür kein Delegationsverbot besteht. Andernfalls wären die Mitglieder des Aufsichtsrats wegen § 626 Abs. 2 BGB gezwungen, auf unzureichender Tatsachengrundlage eine Kündigung auszusprechen auf die Gefahr hin, dass sich später herausstellt, dass kein wichtiger Grund für eine Abberufung vorliegt. Dies dürfte regelmäßig zur Folge haben, dass das gekündigte Vorstandsmitglied zum Schaden der Gesellschaft sein Amt niederlegt.

---

375 § 107 Abs. 3 Satz 3 iVm § 84 Abs. 2 AktG.

376 Hüffer, AktG, § 84, Rn 20.

377 § 31 Abs. 2 MitbestG.

378 Es gilt insofern § 29 Abs. 1 MitbestG, vgl *Gach*, in: MünchKomm AktG², § 29 MitbestG, Rn 5.

379 Vgl BGH, Urt. v. 24.2.1954 – II ZR 88/53, abgedruckt in: BGHZ 12, 337 [340] = NJW 1954, 799; BGH, Urt. v. 26.10.1955 – VI ZR 90/54, abgedruckt in: BGHZ 18, 334 = NJW 1955, 1917, jeweils zur konkludenten Beschlussfassung über die Kündigung.

380 OLG München, Urt. v. 14.3.2012 – 7 U 681/11, abgedruckt in: NZG 2012, 1152 (LS) = AG 2012, 753 = ZIP 2012, 1671; Hüffer, AktG, § 84, Rn 41.

381 Hierzu Hüffer, AktG, § 84, Rn 42 m. Nachw. für alle Ansichten.

382 Verallgemeinernd BGH, Urt. v. 6.4.1964 – II ZR 75/62, abgedruckt in: BGHZ 41, 282 [287] = NJW 1964, 1367 [1367], wonach „das Wissen schon eines Mitglieds des in der Angelegenheit vertretungsberechtigten Organs […] das Wissen der Gesellschaft“ ist.

383 BGH, Urt. v. 10.9.2001 – II ZR 14/00, abgedruckt in: NZG 2002, 46 = GmbHR 2001, 1158 = ZIP 2001, 1957, zur fristlosen Kündigung des Anstellungsvertrages eines GmbH-Geschäftsführers; BAG, Urt. v. 5.5.1977 – 2 AZR 297/76, abgedruckt in: BAGE 29, 158 [164 ff] = NJW 1978, 723 [724], für den Fall einer eG, bei der nur die Generalversammlung das Recht zur außerordentlichen Kündigung hat und der Aufsichtsrat somit nicht Kündigungsberechtigter iSv § 626 Abs. 2 BGB ist; OLG München, Urt. v. 14.3.2012 – 7 U 681/11, abgedruckt in: NZG 2012, 1152 (LS) = AG 2012, 753 = ZIP 2012, 1671.

Das über den Widerruf der Bestellung befindende Aufsichtsratsgremium entscheidet gemäß § 108 Abs. 1 AktG durch Beschluss und erklärt anschließend seine Entscheidung dem betroffenen Vorstandsmitglied gegenüber. Zur Abgabe dieser Erklärung kann der Aufsichtsrat eines seiner Mitglieder, zB den Vorsitzenden, bevollmächtigen.[384] Denkbar ist auch, dass der Vorstand die Erklärung des Aufsichtsrats als dessen Bote dem betroffenen Vorstandsmitglied überbringt.[385] Wie die Abberufung so ist auch die Kündigung des Anstellungsvertrages ohne vorausgehenden Aufsichtsratsbeschluss unwirksam.[386] Anders als bei der Abberufung kann jedoch auch ein Ausschuss des Aufsichtsrats über die Kündigung beschließen.[387] 551

In Gesellschaften und Genossenschaften, für die das MitbestG gilt, muss der Beschluss über den Widerruf der Bestellung eines Vorstandsmitglieds gemäß § 31 Abs. 5 iVm Abs. 2 MitbestG mit einer Mehrheit gefasst werden, die mindestens zwei Drittel der Stimmen seiner Mitglieder umfasst. Wird diese verfehlt, so hat der Vermittlungsausschuss (§ 27 Abs. 3 MitbestG) innerhalb eines Monats nach der Abstimmung dem Aufsichtsrat einen Vorschlag zu unterbreiten, über den dann mit der Mehrheit der Stimmen seiner Mitglieder zu befinden ist.[388] 552

bb) Wichtiger Grund

(1) Inhalt der Interessenabwägung bei Abberufung und Kündigung

Anders als bei der nicht mitbestimmten eG[389] bedarf der Widerruf der Bestellung bei der AG – genauso wie die außerordentliche Kündigung des Anstellungsverhältnisses gemäß § 626 Abs. 1 BGB – stets eines wichtigen Grundes.[390] Ein solcher liegt vor, wenn aufgrund einer Einzelfallbeurteilung die Fortsetzung des Organverhältnisses bis zum Ende der Amtszeit für die Gesellschaft unzumutbar ist.[391] Anders als bei der außerordentlichen Kündigung des Anstellungsvertrages, bei der die Unzumutbarkeit anhand einer Abwägung ermittelt wird, in die nahezu alle Interessen beider Seiten, also sowohl der Gesellschaft bzw mitbestimmten eG als auch des Organmitglieds, einbezogen werden, werden bei der Frage nach der Unzumutbarkeit im Zusammenhang mit der Wirksamkeit des Widerrufs der Bestellung auf Seiten des Vorstandsmitglieds nur die sog. amtsbezogenen Interessen bei der Abwägung berücksichtigt, nicht aber auch Vermögens- und Versorgungsinteressen, während auf Seiten der Gesellschaft 553

384 Hüffer, AktG, § 84, Rn 25.

385 Vgl BGH, Urt. v. 24.2.1954 – II ZR 63/53, abgedruckt in: BGHZ 12, 327 [334] = NJW 1954, 797; OLG Stuttgart, Urt. v. 13.3.2002 – 20 U 59/01, abgedruckt in: AG 2003, 211 [212] = NZG 2002, 971.

386 BGH, Urt. v. 17.3.2008 – II ZR 239/06, abgedruckt in: AG 2008, 894 [895] = NZG 2008, 471.

387 Vgl § 107 Abs. 3 Satz 3 AktG, der nicht auf § 84 Abs. 3 Satz 5 AktG verweist; vgl auch BGH, Urt. v. 23.10.1975 – II ZR 90/73, abgedruckt in: BGHZ 65, 190 [193] = NJW 1976, 145.

388 § 31 Abs. 5 iVm Abs. 3 MitbestG. Umstritten ist, wie die Zwei-Wochen-Frist gemäß § 626 Abs. 2 Satz 2 BGB für die außerordentliche Kündigung und die Monatsfrist des § 31 Abs. 3 Satz 1 MitbestG zueinanderstehen, vgl hierzu: Hüffer, AktG, § 84, Rn 25 m. Nachw. zu den unterschiedlichen Auffassungen.

389 Vgl § 24 Abs. 2 Satz 1 GenG; *Beuthien*, in: Beuthien, GenG, § 24, Rn 20; für die mitbestimmte eG gilt § 31 Abs. 1 u. Abs. 5 MitbestG.

390 Vgl § 84 Abs. 3 Satz 1 AktG. Durch dieses Erfordernis soll die Abhängigkeit der Vorstandsmitglieder vermieden werden, die ihrer eigenverantwortlichen Leitungsfunktion gemäß § 76 Abs. 1 AktG nicht entspräche, vgl Begr. RegE bei *Kropff*, AktG 1965, S. 106.

391 BGH, Urt. v. 23.10.2006 – II ZR 298/05, abgedruckt in: AG 2007, 125 = NZG 2007, 189; OLG Stuttgart, Urt. v. 13.3.2003 – 20 U 59/01, abgedruckt in: AG 2003, 211 [212] = NZG 2002, 971; *Tschöpe/Wortmann*, NZG 2009, 161 [161].

sämtliche Interessen in die Abwägung einbezogen werden.[392] Das bedeutet, dass bei Vorliegen eines wichtigen Grundes zur Kündigung des Anstellungsverhältnisses gleichzeitig immer auch ein wichtiger Grund zum Widerruf der Bestellung des Vorstandsmitglieds der AG oder mitbestimmten eG vorliegt. Bedeutsam wird diese Differenzierung zwischen Widerruf der Bestellung und außerordentlicher Kündigung des Anstellungsvertrages insbesondere in den Fällen, in denen sog. Gleichlauf- oder Kopplungsklauseln im Anstellungsvertrag des betroffenen Vorstandsmitglieds vereinbart wurden. Hierbei handelt es sich um Klauseln, welche die Abberufung, also den Widerruf der Bestellung, zum Grund für die Kündigung des Anstellungsvertrages[393] oder zu dessen auflösender Bedingung[394] erklären. Bei Vorliegen solcher Klauseln findet im Zuge der Prüfung der Wirksamkeit der außerordentlichen Kündigung des Anstellungsvertrages entgegen der gesetzlichen Ausgangssituation nach § 626 Abs. 1 BGB keine Abwägung unter Berücksichtigung sämtlicher Interessen des Vorstandsmitglieds statt.[395]

554 § 84 Abs. 3 Satz 2 AktG nennt beispielhaft grobe Pflichtverletzung, Unfähigkeit zur ordnungsgemäßen Geschäftsführung und Vertrauensentzug durch die Hauptversammlung als wichtige Gründe zur Abberufung. Daneben gibt es zahlreiche weitere Fälle, in denen ein wichtiger Grund angenommen wurde.

(2) Verhaltungsbedingte Gründe

555 Praktisch von großer Bedeutung[396] sind Fälle, in denen das Verhalten des Vorstandsmitglieds – zumeist handelt es sich hierbei um grobe Pflichtverletzungen iSv § 84 Abs. 3 Satz 2 AktG – den Anlass zum Widerruf seiner Bestellung bzw zur außerordentlichen Kündigung des mit ihm bestehenden Anstellungsverhältnisses gibt.

556 Hierzu gehört die Schädigung des Gesellschaftsvermögens, die, insbesondere wenn sie zum eigenen Vorteil geschieht, regelmäßig einen wichtigen Grund darstellt.[397] Ausnahmsweise reicht die falsche Abrechnung von Spesen für einen wichtigen Grund nicht aus, wenn das

392 KG, Urt. v. 3.5.2007 – 23 U 102/06, abgedruckt in: AG 2007, 745 [746 f]; Hüffer, AktG, § 84, Rn 26 mwN; *Janzen*, NZG 2003, 468 [470]; *Tschöpe/Wortmann*, NZG 2009, 161 [162]; aA: *Fleischer*, in: Spindler/Stilz, AktG, § 84, Rn 100 f; *Spindler* in: MünchKomm AktG³, § 84, Rn 117; *Wiesner*, in: Münchener Handbuch Ges., Bd. 4, AG, § 20, Rn 44, die bei der Frage nach der Unzumutbarkeit ausschließlich die Interessen der Gesellschaft und die Interessen des Vorstandsmitglieds erst im Zusammenhang mit der außerordentlichen Kündigung des Anstellungsvertrages berücksichtigen; offen gelassen in OLG München, Urt. v. 14.3.2012 – 7 U 681/11, abgedruckt in: NZG 2012, 1152 (LS) = BeckRS 2012, 13795.

393 Vgl OLG Saarbrücken, Urt. v. 8.5.2013 – 1 U 154/12-43, abgedruckt in: NZG 2013, 784 [785]; OLG Düsseldorf, Urt. v. 20.2.1992 – 6 U 118/91, abgedruckt in: DStR 1992, 1139; *Jaeger*, in: MünchKomm GmbHG, § 35, Rn 392; *Hoffmann-Becking*, ZHR 169 (2005), 155 [169 f].

394 *Hohenstatt/Naber*, ZIP 2012, 1989 [1993 mwN].

395 Diesen Umstand führen *Tschöpe/Wortmann*, NZG 2009, 161 [162], als Argument für die auch hier vertretene Auffassung an, wonach auch bei der Abberufung Interessen des Vorstandsmitglieds in die Interessenabwägung einzubeziehen sind.

396 *Tschöpe/Wortmann*, NZG 2009, 161 [162], sprechen dahingehend sogar von der „quantitativ bedeutsamste(n) Fallgruppe“.

397 Vgl OLG Hamm, Urt. v. 24.6.1994 – 25 U 149/90, abgedruckt in: GmbHR 1995, 732, welches das Vorliegen eines wichtigen Grundes für die Kündigung des Anstellungsvertrages in einem Fall bejahte, in dem ein GmbH-Geschäftsführer ohne den erforderlichen Gesellschafterbeschluss vorzeitig Tantiemen an sich auszahlen ließ; vgl auch BGH, Urt. v. 2.6.1997 – II ZR 101/96, abgedruckt in: DStR 1997, 1338; wonach auch die Inanspruchnahme von Arbeitsnehmern der Gesellschaft zum Bau des eigenen Familieneigenheims einen wichtigen Grund – in diesem Fall zur Kündigung des Anstellungsvertrages – darstellt.

Organmitglied transparent abgerechnet hat und davon ausgegangen ist, pflichtgemäß zu handeln.[398]

Neben der Schädigung des Gesellschaftsvermögens begründen regelmäßig auch Verstöße gegen Amtspflichten aus Gesetz und Anstellungsvertrag wichtige Gründe zur Abberufung und Vertragskündigung. Hierzu zählen neben dem Verstoß des Vorstandsmitglieds gegen das Gebot der unbedingten Offenheit gegenüber dem Aufsichtsrat,[399] der regelmäßig eine Beschädigung oder gar Zerstörung des Vertrauensverhältnisses zur Folge hat,[400] Verletzungen der Pflicht zur Offenbarung von besonderen Geschäftsrisiken für die Gesellschaft bzw mitbestimmte Genossenschaft gegenüber Vorstandskollegen und Aufsichtsrat[401] sowie ein unzureichendes Risikomanagement.[402] Auch die Entgegennahme oder Gewährung von Bestechungsgeldern gehört hierzu.[403] Nicht zuletzt die Weigerung, bei Vorliegen von Insolvenzreife, Insolvenzantrag zu stellen, stellt einen wichtigen Grund dar, der regelmäßig sogar die Aufsichtsratsmitglieder verpflichten dürfte, die hierfür verantwortlichen Vorstandsmitglieder abzuberufen.[404] Verletzungen von Nebenpflichten, wie zB das Unterlassen der Einholung einer Nebentätigkeitsgenehmigung,[405] reichen regelmäßig nicht aus, um einen wichtigen Grund zur Abberufung oder gar zur Kündigung des Anstellungsvertrages zu begründen. Dasselbe gilt für den Fall, dass ein Organmitglied ein Bundestagsmandat ausübt, selbst wenn es hierdurch zeitlich stark beansprucht wird und deshalb seinen organschaftlichen und anstellungsvertraglichen Verpflichtungen nur teilweise nachkommen kann.[406] Für die Übernahme ehrenamtlicher Funktionen im privaten Bereich dürfte dies jedoch nicht gelten, wenn diese das Organmitglied von der Wahrnehmung seiner Dienstpflichten zumindest zu einem nicht unwesentlichen Teil abhalten.[407] 557

Ein wichtiger Grund zur Abberufung oder außerordentlichen Kündigung des Anstellungsvertrages kann auch in einer Kompetenzüberschreitung begründet sein. So liegt der Fall, wenn Vorstandsmitglieder die Gesellschaft gegenüber Dritten verpflichten und dabei anstellungsvertragliche oder in der Geschäftsordnung verankerte Vorschriften über die Beteiligung der übrigen Vorstandsmitglieder und/oder des Aufsichtsrats sowie Beschränkungen im Hinblick 558

---

398 BGH, Urt. v. 28.10.2002 – II ZR 353/00, abgedruckt in: NZG 2003, 86 = NJW 2003, 431; wonach ein wichtiger Grund für die außerordentliche Kündigung des Anstellungsvertrages eines GmbH-Geschäftsführers nicht bereits dann anzunehmen ist, wenn sich das Organmitglied offen ausgewiesene Spesen erstatten lässt, welche er im Gegensatz zur Alleingesellschafterin nach den einschlägigen Bestimmungen des Geschäftsführeranstellungsvertrages für erstattungsfähig hält.

399 BGH, Urt. v. 26.3.1956 – II ZR 57/55, abgedruckt in: BGHZ 20, 239 ff = NJW 1956, 906; jüngst auch OLG München, Urt. v. 14.3.2012 – 7 U 681/11, abgedruckt in: NZW 2012, 1152 (LS).

400 Vgl OLG München, Urt. v. 14.3.2012 – 7 U 681/11, abgedruckt in: NZG 2012, 1152 (LS) = AG 2012, 753 = ZIP 2012, 1671.

401 Vgl KG, Urt. v. 11.3.2005 – 14 U 137/03, BeckRS 2005, 05973; wonach ein wichtiger Grund vorliegt, wenn ein Vorstandsmitglied aus seinem privaten Umfeld Informationen über die wirtschaftliche Schieflage eines Vertragspartners der Gesellschaft erhält und diese seinen Vorstandskollegen vorenthält.

402 Vgl *Tschöpe/Wortmann*, NZG 2009, 161 [164 mwN].

403 Vgl OLG München, Urt. v. 7.2.2007 – 7 U 4952/06, abgedruckt in: NJOZ 2007, 2520.

404 BGH, Urt. v. 16.9.2009 – II ZR 280/07, abgedruckt in: NJW 2009, 2454 = NZG 2009, 550.

405 Vgl KG, Urt. v. 3.5.2007 – 23 U 102/06, BeckRS 2007, 12065; in diesem Fall hätte das abberufenen Vorstandsmitglied Anspruch auf Erteilung der Nebentätigkeitsgenehmigung gehabt, so dass lediglich ein formaler Verstoß seinerseits vorlag.

406 Der BGH, Urt. v. 6.5.1965 – II ZR 82/63, abgedruckt in: BGHZ 43, 384 = NJW 1965, 1958, stellt klar, dass die Ausübung eines Bundestagsmandats durch den geschäftsführenden Gesellschafter einer Kommanditgesellschaft (KG) wegen der verfassungsrechtlichen Regelung in Art. 48 abs. 2 Satz 1 GG selbst dann nicht zu einer Schadensersatzpflicht führt, wenn er vertraglich der Gesellschaft gegenüber verpflichtet ist, seine Arbeitskraft ausschließlich der Geschäftführung zu widmen. Entsprechend dürfte die Frage nach dem Vorliegen eines wichtigen Grundes für eine Abberufung gemäß § 84 Abs. 3 AktG zu beantworten sein.

407 Vgl *Fleischer*, NJW 2006, 3239 [3240 mwN].

auf die Volumina der in Eigenregie zu tätigen Geschäfte missachten.[408] Auch in dem Umstand, dass ein Vorstandsmitglied seinen Kollegen verschweigt, dass einem wichtigen Mitarbeiter – namentlich einem Buchhalter – außerordentlich gekündigt wurde, kann ein wichtiger Grund liegen.[409]

559 Beleidigungen von Aufsichtsrats- und Vorstandsmitgliedern oder Aktionären der eigenen Gesellschaft dürften regelmäßig einen wichtigen Grund zur Abberufung und Kündigung des Anstellungsvertrages liefern.[410]

560 Dasselbe gilt für außerdienstliches Verhalten, das die Gesellschaft bzw Genossenschaft schädigt. Hierzu zählen die Fälle, in denen ein Vorstandsmitglied Geschäftschancen der Gesellschaft bzw Genossenschaft missbräuchlich zum eigenen Vorteil ausnutzt,[411] und zwar unabhängig davon, auf welchem Weg – dienstlich oder außerdienstlich – es hiervon erfahren hat.[412] Insofern ist ein Organmitglied auch außerhalb seines Dienstes seiner Gesellschaft bzw Genossenschaft zur Loyalität verpflichtet.[413] Nicht in diese Kategorie fallen Sachverhalte, in denen ein Organmitglied als „bloße Anlage eigenen Vermögens“ in Werte investiert, mit denen auch seine Gesellschaft handelt.[414] Die Schädigung des Rufs der Gesellschaft durch außerdienstliches Verhalten kann ebenfalls einen wichtigen Grund zur Abberufung und außerordentlichen Kündigung des Anstellungsvertrages darstellen.[415]

561 Sofern die Gesellschaft bzw mitbestimmte Genossenschaft die Abberufung eines Vorstandsmitglieds oder die Kündigung des mit ihm geschlossenen Anstellungsvertrages auf dessen Verhalten stützt, trägt sie für das Vorliegen eines wichtigen Grundes die Darlegungs- und Beweislast.[416] Gründe, die das fragliche Verhalten des Vorstandsmitglieds rechtfertigen, sind

408 Vgl OLG München, Urt. v. 14.7.2005 – 6 U 5444/04, BeckRS 2005, 09690.

409 Vgl OLG Düsseldorf, Urt. v. 2.7.2007 – 9 U 3/07, BeckRS 2007, 15477; in dem der Entscheidung zugrund liegenden Sachverhalt hatte ein geschäftsführendes Vorstandsmitglied einer eG auf einer Vorstandssitzung u.a. verschwiegen, dass einem Buchhalter kurz zuvor fristlos gekündigt worden war.

410 Vgl *Tschöpe/Wortmann*, NZG 2009, 161 [164 mwN].

411 *Tschöpe/Wortmann*, NZG 2009, 161 [164], sprechen diesbezüglich um „Abgreifen“ von Geschäftschance, „um eigenen Profit zu erzielen.

412 Der BGH, Urt. v. 23.9.1986 – II ZR 246/84, abgedruckt in: NJW 1986, 585 [586], hatte über folgenden Sachverhalt zu entscheiden: Der Fremdgeschäftsführer einer GmbH, die Druckmittelzylinder herstellte, hatte privat von einem neuartigen Zylinder mit einem kostengünstigeren Dichtungssystem erfahren. Er kündigte daraufhin sein Dienstverhältnis und gründete eine eigene Gesellschaft, die den patentierten neuen Druckmittelzylinder herstellte und vertrieb. Die GmbH verklagte ihren ehemaligen Fremdgeschäftsführer wegen Verletzung der organschaftlichen Treuepflicht. Der BGH gab ihr Recht und ließ den Einwand des Geschäftsführers, die Geschäftschance sei an ihn persönlich herangetragen worden, nicht gelten. Die Sorgfalts- und Treuepflicht des Geschäftsführers gegenüber seiner Gesellschaft sei „unteilbar“, vgl *Fleischer*, NJW 2006, 3239 [3239 f].

413 *Tschöpe/Wortmann*, NZG 2009, 161 [164]; ausführlich hierzu: *Fleischer*, NJW 2006, 3239 [3239 f].

414 Der BGH, Urt. v. 17.2.1997 – II ZR 278/95, abgedruckt in: NJW 1997, 2055 (2056), hat im Zusammenhang mit der Auslegung des Wettbewerbsverbots für Vorstandsmitglieder gemäß § 88 Abs. 1 AktG entschieden, dass der persönliche Erwerb von Immobilien durch den Geschäftsführer einer gemeinnützigen Wohnungsgesellschaft mbH zur ausschließlichen Befriedigung eigener privater Bedürfnisse kein „Geschäftemachen“ darstellt und somit keine außerordentliche Kündigung des Anstellungsvertrages rechtfertigt. Etwas anderes würde nur gelten, wenn das Organmitglied seine Organstellung zum Zwecke des Erwerbs unter grobem Verstoßes gegen die gesellschaftliche Treuepflicht ausnutzen würde.

415 Der BGH, WM 1956, 865, stellt in diesem Zusammenhang heraus, dass es insofern nicht auf einen greifbaren Vermögensschaden der Gesellschaft ankomme, sondern ein Ansehensverlust in der Öffentlichkeit aufgrund der Verfehlungen des Vorstandsmitglieds ausreiche, vgl hierzu auch *Fleischer*, NJW 2006, 3239 [3240], der die gegenwärtige Bedeutung des Rufs der Aktiengesellschaft als „good corporate citizen“ herausstellt.

416 *Tschöpe/Wortmann*, NZG 2009, 161 [162].

von diesem vorzutragen.[417] Es ist jedoch Aufgabe der abberufenden bzw kündigenden Gesellschaft, diese zu widerlegen.[418] Ein Bestreiten mit Nichtwissen reicht insofern nicht aus.[419]

Einer Abmahnung wie bei abhängig Beschäftigten bedarf es bei Organmitgliedern nicht, da diese Arbeitgeberfunktionen wahrnehmen.[420] Dasselbe gilt für eine vorherige Anhörung des Organmitglieds. Auch eine solche ist grundsätzlich entbehrlich. Nur in Fällen einer Verdachtskündigung oder -abberufung und dann, wenn eine sog. Anhörungsklausel[421] Inhalt des Anstellungsvertrages ist, kann hierauf nicht wirksam verzichtet werden.[422] 562

(3) Personenbezogene Gründe

Ein wichtiger Grund für die Abberufung eines Vorstandsmitglieds kann auch in dessen Person liegen, was mit Unfähigkeit zur ordnungsgemäßen Geschäftsführung in § 84 Abs. 3 Satz 2 AktG angedeutet wird. 563

Hierhin gehören fachliche Unzulänglichkeiten des Vorstandsmitglieds, dessen Unfähigkeit zur ordnungsgemäßen Unternehmensführung in der Krise und dessen Unzuverlässigkeit im gewerberechtlichen Sinn,[423] die eine Tätigkeit für die Gesellschaft ausschließt.[424] Doch nicht nur bei der Versagung einer gewerberechtlichen Erlaubnis wegen „ungeordneter Vermögensverhältnisse",[425] sondern auch allgemein beim Vorliegen eines Vermögensverfalls kann aufgrund des Verlusts von Ansehen und Akzeptanz des Vorstandsmitglieds ein wichtiger Grund in dessen Person vorliegen, zumindest dann, wenn ein geordneter Schuldendienst nicht zu erkennen ist.[426] 564

(4) Betriebsbedingte Gründe einschließlich Vertrauensentzug durch die Hauptversammlung

Der Vertrauensentzug durch die Hauptversammlung iSv § 84 Abs. 3 Satz 2 AktG, der einen wichtigen Grund für die Abberufung eines Vorstandsmitglieds schafft, sofern er nicht aus offenbar unsachlichen Gründen erfolgte, lässt sich als betriebsbedingter Grund entsprechend 565

---

417 Der BGH, Urt. v. 28.10.2002 – II ZR 353/00, abgedruckt in: NZG 2003, 86 = NJW 2003, 431, stellt in diesem zusammen klar, dass hierdurch die Darlegungs- und Beweislast nicht umgekehrt wird, sondern lediglich vermieden werden soll, dass die Beweislast des Kündigenden (bzw Abberufenden) nicht überspannt wird.

418 BGH, Urt. v. 28.10.2002 – II ZR 353/00, abgedruckt in: NZG 2003, 86 = NJW 2003, 431 mwN.

419 *Tschöpe/Wortmann*, NZG 2009, 161 [163].

420 BGH, Beschl. v. 2.7.2007 – II ZR 71/06, abgedruckt in: NZG 2007, 674 = NJW-RR 2007, 1520 = DStR 2007, 1640.

421 Zur Zulässigkeit solcher Klauseln, vgl KG, Urt. v. 27.9.2004 – 2 U 191/02 („Bankgesellschaft Berlin"), abgedruckt in: NZG 2004, 1165 = AG 2005, 205.

422 *Tschöpe/Wortmann*, NZG 2009, 161 [163], sprechen zu Recht davon, dass sich Anhörungsklauseln in der Praxis als „Stolperstein" erweisen können.

423 Vgl hierzu OLG Stuttgart, Urt. v. 13.3.2002 – 20 U 59/01, abgedruckt in: AG 2003, 211, welches das Vorliegen eines wichtigen Grundes als Voraussetzung für eine außerordentliche Kündigung des Anstellungsvertrages in dem Fall bejaht hat, in welchem dem betroffenen Vorstandsmitglied die zur Ausübung seiner Tätigkeit erforderliche Unbedenklichkeitsbescheinigung gemäß § 34 b Abs. 4 GewO versagt wurde.

424 *Tschöpe/Wortmann*, NZG 2009, 161 [164].

425 Vgl zB §§ 34 b Abs. 4 Ziff. 2, 34 c Abs. 2 Ziff. 2, 34 d Abs. 2 Satz 2 GewO.

426 Das OLG Köln, Urt. v. 20.9.2007 – 18 U 248/05, BeckRS 2008, 01839, hat entschieden, dass allein die erhebliche Verschuldung eines Vorstandsmitglieds keinen wichtigen Grund für die außerordentliche Kündigung des mit ihm geschlossenen Anstellungsvertrages darstellt. Selbst eine ganz erhebliche Verschuldung biete für sich allein keinen Anlass für Zweifel an der Fähigkeit und Zuverlässigkeit einer Person, ihre wirtschaftliche Situation zu ordnen und sie geordnet zu halten. Sie stelle daher auch bei Vorstandsmitgliedern keinen Umstand dar, der geeignet sei, ihren Vorbildcharakter und die Akzeptanz der von ihnen ausgehenden und/oder verantworteten Führungsmaßnahamen zu beschädigen. Es sei vielmehr maßgeblich darauf abzustellen, ob die Rückführung der Schulden in einer Weise organisiert und durchgeführt werde, dass von einem geordneten Schuldendienst gesprochen werden könne.

der Systematik der arbeitsrechtlichen Kündigungsgründe[427] verstehen. Die Hauptversammlung entscheidet über den Vertrauensentzug durch Beschluss, der keiner ausdrücklichen Begründung bedarf.[428] Seine Wirksamkeit ist unabhängig vom Vorliegen eines Pflichtenverstoßes des betreffenden Vorstandsmitglieds.[429] Der Beschluss ist nur dann keine taugliche Grundlage für eine Abberufung,[430] wenn er nur zum Vorwand, willkürlich oder unredlich getroffen wurde, etwa dann, wenn hierdurch eine Schädigung der Gesellschaft bezweckt ist, der sich das fragliche Vorstandsmitglied trotz Drängens des Mehrheitsaktionärs widersetzt hat.[431] Der Vertrauensentzug der Hauptversammlung stellt regelmäßig keinen wichtigen Grund zur außerordentlichen Kündigung des Anstellungsvertrages dar.[432] Etwas anderes gilt, wenn der Anstellungsvertrag eine Gleichlaufklausel enthält (dazu Rn 553).

566 Ebenfalls als betriebsbedingter Grund wird die Stilllegung des Unternehmens bzw die Einstellung des Betriebs verstanden. Diese rechtfertigt zwar regelmäßig die Abberufung des Vorstandsmitglieds,[433] nicht jedoch auch die Kündigung dessen Anstellungsvertrages. Eine solche ist nur im Fall des wirtschaftlichen Niedergangs der Gesellschaft bzw Genossenschaft gerechtfertigt,[434] nicht jedoch auch dann, wenn die Einstellung des Betriebs aus geschäftspolitischen Gründen erfolgt.[435]

567 Ein wichtiger Grund für die Abberufung eines Vorstandsmitglieds aus betrieblicher Veranlassung liegt uU auch dann vor, wenn ein außen stehender Dritter auf die Abberufung eines Organmitglieds drängt – sog. Druck-Abberufung[436] – und für den Fall deren Unterbleibens Nachteile für das Unternehmen androht. Diese Nachteile müssen jedoch so beschaffen sein, dass ohne Widerruf der Bestellung die Existenz des Unternehmens unmittelbar gefährdet ist.[437] Die Frage, ob auch die Gefahr des unmittelbaren Eintritts eines schweren Schadens für das Unternehmen[438] ausreicht, um die Abberufung eines Organmitglieds auf Druck eines Dritten zu rechtfertigen, kann nur nach Abwägung sämtlicher Umstände des Einzelfalls beantwortet werden. Feststeht jedoch, dass die Abberufung des Organmitglieds zur Schadens-

427 Gemäß § 1 Abs. 2 Kündigungsschutzgesetz (KSchG) sind Kündigungen sozial ungerechtfertigt und somit unwirksam, wenn sie nicht durch Gründe, die in der Person (*personenbedingt*) oder in dem Verhalten des Arbeitnehmers (*verhaltensbedingt*) liegen, oder durch dringende betriebliche Erfordernisse, die einer Weiterbeschäftigung des Arbeitnehmers in diesem Betrieb entgegenstehen (*betriebsbedingt*), bedingt sind.

428 Hüffer, AktG, § 84, Rn 29 mwN.

429 Hüffer, AktG, § 84, Rn 29.

430 Der Hauptversammlungsbeschluss muss der Abberufung durch den Aufsichtsrat zwingend vorausgehen. Eine Genehmigung der Abberufung durch die Hauptversammlung ist nicht möglich, Hüffer, AktG, § 84, Rn 30 mwN.

431 Vgl KG, Beschl. v. 3.12.2002 – 1 W 363/02, abgedruckt in: ZIP 2003, 1042 [1046 f]; allgemein: *Tschöpe/Wortmann*, NZG 2009, 161 [166].

432 *Tschöpe/Wortmann*, NZG 2009, 161 [166].

433 *Tschöpe/Wortmann*, NZG 2009, 161 [165].

434 BGH, Urt. v. 21.4.1975 – II ZR 2/73, abgedruckt in: WM 1975, 761; vgl auch BGH, Urt. v. 7.10.2004 – I ZR 18/02; hiernach berechtigt die wirtschaftliche Notlage eines Unternehmens dieses grundsätzlich nicht zur außerordentlichen Kündigung bestehender Verträge aus wichtigem Grund. Eine Ausnahme hiervon bildet die Kündigung des Geschäftsführeranstellungsvertrages.

435 BGH, Urt. v. 28.10.2002 – II ZR 353/00, abgedruckt in: NZG 2003, 86 = NJW 2003, 431; in dem Fall, den der BGH entscheiden musste, hatte die Muttergesellschaft, eine Aktiengesellschaft, entschieden, den Betrieb der Tochtergesellschaft, einer GmbH, einzustellen. Der Geschäftsführer der Tochtergesellschaft war abberufen und der mit ihm bestehende Anstellungsvertrag aus betriebsbedingten Gründen außerordentlich gekündigt worden. Dieses Vorgehen hielt der BGH für unzulässig.

436 Zur Begrifflichkeit in Anlehnung an die Rechtsprechung der Arbeitsgerichtsbarkeit, vgl *Tschöpe/Wortmann*, NZG 2009, 161 [165].

437 BGH, Beschl. v. 23.10.2006 – II ZR 298/05, abgedruckt in: NZG 2007, 189 = NJW-RR 2007, 389; hiernach ist die Forderung der Hausbank, ein bestimmtes Vorstandsmitglied abzuberufen, andernfalls eine für die Aktiengesellschaft lebenswichtige Kreditlinie nicht zu verlängern, jedenfalls bei bestehender Insolvenzreife der Gesellschaft ein wichtiger Grund für eine Abberufung iSv § 84 Abs. 3 Satz 1 AktG.

438 *Tschöpe/Wortmann*, NZG 2009, 161 [165].

abwendung alternativlos sein muss.[439] Wegen der Berücksichtigung privater Interessen des Organmitglieds sind die Anforderungen an die Kündigung des Anstellungsverhältnisses höher als diejenigen an eine Abberufung (dazu Rn 553). Aus diesem Grund ist eine außerordentliche Druckkündigung zumeist unwirksam.[440] Hinzukommt, dass mit der Abberufung des Vorstandsmitglieds die Forderung des Druck ausübenden Dritten regelmäßig bereits erfüllt ist, so dass kein Druck von dritter Seite zur Vertragskündigung besteht.[441]

Neben außen stehenden Dritten können auch Mitarbeiter des Unternehmens Druck zur Abberufung eines Vorstandsmitglieds aufbauen. Dies geschieht regelmäßig in der Form, dass sie die Zusammenarbeit mit diesem verweigern. In solchen Fällen muss sich der Aufsichtsrat grundsätzlich zunächst vor das kritisierte Vorstandsmitglied stellen und versuchen, die aufbegehrenden Mitarbeiter zur Zusammenarbeit mit diesem zu bewegen. Erst bei einer irreparablen Zerstörung deren Vertrauensverhältnisses kommt eine Abberufung aus wichtigem, betriebsbedingtem Grund in Betracht.[442] 568

Das von Aktionären geäußerte Abberufungsverlangen stellt keinesfalls einen wichtigen Grund dar, weil diese dem fraglichen Vorstandsmitglied in der Hauptversammlung das Vertrauen entziehen und somit dessen Abberufung ermöglichen können.[443] Außerdem würde man andernfalls die gesetzliche Einschränkung[444] umgehen, wonach der Vertrauensentzug aus offenbar unsachlichen Gründen keinen wichtigen Grund darstellt. 569

Zerwürfnisse zwischen einzelnen Vorstandsmitgliedern[445] oder mit dem Aufsichtsrat[446] stellen grundsätzlich keine wichtigen Gründe für Abberufungen dar. Ihnen gehen zumeist harte Auseinandersetzungen über die Unternehmenspolitik voraus, bei denen mitunter miteinan- 570

439 *Tschöpe/Wortmann*, NZG 2009, 161 [165].

440 Vgl OLG Frankfurt/Main, Urt. v. 12.12.1997 – 10 U 188/96, abgedruckt in: DStR 1999, 1537 [1538], das die Voraussetzungen für das Vorliegen eines wichtigen Grundes für die außerordentlich fristlose Kündigung des Anstellungsvertrages eines GmbH-Geschäftsführers verneinte, nachdem ein Kunde in Aussicht gestellt hatte, mit dem Geschäftsführer nicht weiter arbeiten zu wollen und sich einen anderen Lieferanten zu suchen. *Goette* weist in seiner Besprechung der Entscheidung – der BGH, Beschl. v. 3.5.1999 – II ZR 35/98, hat die Revision nicht zur Entscheidung angenommen – darauf hin, dass selbst „in extremen Ausnahmefällen" die Druckkündigung nicht zulässig sein dürfte, da das Existenzrecht der Gesellschaft sich gegenüber den gleich gelagerten Interessen des Geschäftsführers nicht wird durchsetzen können, da die Gesellschaft ihre Belange dadurch wahren kann, dass sie nur Geschäftsführer beruft und anstellt, die sich mit einer Kopplung von Organ- und Anstellungsverhältnis einverstanden erklären, also damit, dass mit Widerruf der Bestellung gleichzeitig das Anstellungsverhältnis endet.

441 So im Ergebnis auch *Tschöpe/Wortmann*, NZG 2009, 161 [165].

442 Vgl LG Köln, Urt. v. 21.11.2003 – 87 O 182/02, abgedruckt in: AG 2004, 570 [570], zu einem gestörten Vertrauensverhältnis zwischen einem mit dem Vorwurf der Steuerhinterziehung belasteten Vorstandsmitglied und der ihm „nachgeordneten Führungsebene".

443 *Tschöpe/Wortmann*, NZG 2009, 161 [165].

444 Vgl § 84 Abs. 3 Satz 2 AktG.

445 Vgl BGH, Urt. v. 23.10.1995 – II ZR 130/94, abgedruckt in: NJW-RR 1996, 156 = DStR 1995, 1926; wonach ein tiefgründiges Zerwürfnis mit den übrigen Organmitgliedern und Kollegen erforderlich ist, zu dem der Dienstverpflichtete beigetragen haben muss; vgl hierzu auch LG Stuttgart, Urt. v. 23.10.2001 – 31 KfH O 62/01, abgedruckt AG 2003, 53 [54].

446 OLG Frankfurt/Main, Urt. v. 3.4.2006 – 18 U 4/05, BeckRS 2006, 10069; hiernach rechtfertigt „eine endgültige Zerrüttung bzw Zerstörung des Vertrauensverhältnisses zwischen Vorstand und Aufsichtsrat" eine Abberufung, wenn das Zerwürfnis auf ein vorwerfbares Verhalten des abberufenen Vorstandsmitglieds – im vorliegenden Fall hatte das abberufene Vorstandsmitglied sich „in unsachlicher, abfälliger und insgesamt beleidigender Weise" gegenüber Dritten über ein Aufsichtsratsmitglied geäußert – zurückzuführen ist.

der nicht zu vereinbarende Positionen vertreten werden.[447] Konflikte zwischen Vorstand und Aufsichtsrat sind aufgrund der unterschiedlichen Funktionen beider Organe zudem systemimmanent.[448] Eine betriebsbedingte Abberufung kommt überhaupt erst dann in Betracht, wenn hierdurch eine Blockadesituation zum Schaden des Gesellschaftsunternehmens entsteht.[449] Voraussetzung ist jedoch immer, dass das abzuberufende Organmitglied den Konflikt vorwerfbar herbeigeführt oder verschärft hat, wodurch der wichtige Grund weniger als betriebsbedingt denn vielmehr als verhaltensbedingt zu kategorisieren ist. Ohne eine derartige Vorwerfbarkeit scheidet eine außerordentliche Kündigung des Anstellungsvertrages aufgrund der insoweit erhöhten Anforderung ohnehin aus, es sei denn, der Anstellungsvertrag enthält eine Gleichlaufklausel (dazu Rn 553).[450]

cc) Rechtsfolgen und Rechtsbehelfe

571 Der Widerruf der Bestellung ist gemäß § 84 Abs. 3 Satz 4 AktG wirksam, bis seine Unwirksamkeit rechtskräftig festgestellt ist. Aufgrund dieser Fiktion[451] gilt das Vorstandsmitglied mit Beschluss des Aufsichtsrats über den Widerruf der Bestellung und Zugang der Widerrufserklärung zunächst als abberufen, auch wenn ein wichtiger Grund für seine Abberufung nicht vorgelegen hat. Anders verhält es sich jedoch, wenn der Widerruf der Bestellung an Verfahrensfehlern oder Beschlussmängeln leidet, also der Beschluss des Aufsichtsrats formell nicht ordnungsgemäß zustande gekommen ist.[452] In solchen Fällen ist die Abberufung von Anfang an nichtig.[453] In diesem Fall gilt die Fiktion des § 84 Abs. 3 Satz 4 AktG nicht. Dessen Wortlaut ist somit „zu weit geraten“.[454]

572 Das Vorstandsmitglied kann auf Feststellung der Nichtigkeit seiner Abberufung klagen. Trotz des Feststellungsantrags handelt es sich insofern um eine Gestaltungsklage, da mit Rechtskraft des beantragten Urteils die Fiktionswirkung des § 84 Abs. 3 Satz 4 AktG aufgehoben wird.[455] Die Abberufung wird ex nunc unwirksam und es kommt zu einem „Wiederaufleben des Organverhältnisses“.[456] Um seinen Status kurzfristig gerichtlich klären zu lassen, kann das Vorstandsmitglied auch den Erlass einer einstweiligen Verfügung auf Feststellung der Nichtigkeit seiner Abberufung beantragen, dies aufgrund der eindeutigen gesetzgeberischen Entscheidung in § 84 Abs. 3 Satz 4 AktG jedoch nur, soweit es seinen Antrag auf formelle Gründe stützt.[457] Einstweiliger Rechtsschutz wegen angeblichen Fehlens eines wich-

---

447 Vgl LG Stuttgart, Urt. v. 23.10.2001 – 31 KfH O 62/01, abgedruckt AG 2003, 53 [54 f], das zurecht fordert, dass in Fällen, in denen weder dauernder Unfriede zwischen den Vorstandsmitgliedern herrscht noch ein unheilbares Zerwürfnis festzustellen ist, sondern lediglich „inhaltlich tiefgreifende und unüberbrückbare Auffassungen zu grundlegenden Angelegenheiten der Geschäftspolitik vertrete[n]“ würden, es dem Aufsichtsrat der Gesellschaft obliegt, den Sachverhalt der Hauptversammlung vorzutragen und dieser Gelegenheit zum Vertrauensentzug gemäß § 84 Abs. 3 Satz 2 AktG zu geben. Diese habe zu entscheiden, welcher im Vorstand vertretenen Position mehr Vertrauen geschenkt werde.

448 Vgl OLG Hamm, Urt. v. 7.1.1991 – 8 U 155/90, abgedruckt in: AG 1991, 399, das einen wichtigen Grund zur Abberufung aus eben diesem Grund verneint hat.

449 Vgl Lutter/Krieger, Aufsichtsrat, § 7, Rn 365.

450 So auch *Tschöpe/Wortmann*, NZG 2009, 161 [166].

451 *Tschöpe/Wortmann*, NZG 2009, 161 [166].

452 OLG Stuttgart, Beschl. v. 15.4.1985 – 2 U 57/85 („Dornier“), abgedruckt in: AG 1985, 193 [193].

453 *Hefermehl/Spindler*, in: MünchKomm AktG², § 84, Rn 109; *Seibt*, in: K. Schmidt/Lutter, AktG, § 84, Rn 52.

454 Vgl Hüffer, AktG, § 84, Rn 31; OLG Köln, Urt. v. 28.2.2008 – 18 U 3/08, abgedruckt in: NZG 2008, 635 = AG 2008, 458; in dem dieser Entscheidung zugrunde liegenden Sachverhalt waren beschließende Aufsichtsratsmitglieder fehlerhaft bestellt worden; aA: *Schürnbrand*, NZG 2008, 609 [611].

455 Vgl OLG Stuttgart, Urt. v. 13.3.2002 – 20 U 59/01, abgedruckt in: AG 2003, 211 [212].

456 Vgl Hüffer, AktG, § 84, Rn 31; *Seibt*, in: K. Schmidt/Lutter, AktG, § 84, Rn 52 f; *Hefermehl/Spindler*, in: MünchKomm AktG², § 84, Rn 110.

457 Hüffer, AktG, § 84, Rn 32 mwN; *Seibt*, in: K. Schmidt/Lutter, AktG, § 84, Rn 54; *Hefermehl/Spindler*, in: MünchKomm AktG², § 84, Rn 117.

tigen Grundes für die Abberufung kann nicht gewährt werden, da es insofern bereits an einem Rechtsschutzbedürfnis fehlt. Denn gemäß § 84 Abs. 3 Satz 4 AktG heben nur rechtskräftige Endurteile im Hauptsacheverfahren die Wirkung des Widerrufs auf, nicht jedoch auch rechtskräftige Beschlüsse im einstweiligen Verfügungsverfahren.[458]

Neben dem betroffenen Vorstandsmitglied können trotz § 84 Abs. 3 Satz 4 AktG auch Auf- 573
sichtsratsmitglieder den Erlass einer einstweiligen Verfügung beantragen, wenn zu besorgen ist, dass ihre Mitwirkungsrechte beim Widerruf der Bestellung des Vorstandsmitglieds vereitelt werden, falls die Rechtmäßigkeit des Abberufungsbeschlusses nur im ordentlichen Verfahren geklärt werden könnte, das möglicherweise durch alle Instanzen geführt werden und somit jahrelang dauern kann.[459]

Der Aufsichtsrat kann in einem erneuten Beschluss Widerrufsgründe nachschieben, und 574
zwar selbst dann, wenn sie bereits bei der Erklärung des Widerrufs der Bestellung gegenüber dem fraglichen Vorstandsmitglied vorlagen, seine Mitglieder sie jedoch nicht kannten. Andernfalls dürfte sein Widerrufsrecht regelmäßig verwirkt sein.[460] Zur Abberufung berechtigende wichtige Gründe, die erst nach der Erklärung des Widerrufs der Bestellung entstanden sind, können nur geltend gemacht werden, wenn der Widerruf neu ausgesprochen und auf diese neuen Gründe gestützt wird.[461]

Gegen die außerordentliche Kündigung des Anstellungsvertrages kann das Vorstandsmit- 575
glied zweierlei unternehmen. Zum einen kann es, ohne hierfür eine Frist einhalten zu müssen, Klage auf Feststellung deren Unwirksamkeit erheben.[462] Zum anderen kann es auf Zahlung der ihm vertraglich zugesicherten Vergütung klagen. Hierzu steht ihm sogar der Urkundenprozess offen,[463] in dem die Verteidigung der Gesellschaft erheblich eingeschränkt ist, da nur durch Urkunden belegter oder unstreitiger Vortrag zugelassen ist.[464]

g) AGG und Altersdiskriminierung

aa) Zugang zur Erwerbtätigkeit und Entlassungsbedingungen

Der Aufsichtsrat muss sich bei der Ausübung seiner Personalkompetenz dessen bewusst sein, 576
dass neben den aktienrechtlichen Gesetzesvorschriften, insbesondere §§ 84 u. 87 AktG, und den Empfehlungen unter Ziff. 5.1.2 DCGK unter Umständen auch Diskriminierungsverbote des AGG zu berücksichtigen sind, und zwar sowohl im Hinblick auf die Organstellung als auch auf das Anstellungsverhältnis.[465] Hierbei dürfte es sich vor allem um Diskriminierungen aufgrund des Alters von Vorstandsmitgliedern bzw Geschäftsführern handeln.

---

458 *Seibt*, in: K. Schmidt/Lutter, AktG, § 84, Rn 52 mwN.

459 OLG Stuttgart, Beschl. v. 15.4.1985 – 2 U 57/85 („Dornier"), abgedruckt in: AG 1985, 193 [193], das den Arbeitnehmervertretern eines mitbestimmten Aufsichtsrats Recht gab, die von den Vertretern der Anteilseigner praktisch von Beratung und Entscheidung über die Abberufung zweier Mitglieder der Geschäftsführung ausgeschlossen worden waren.

460 Vgl BGH, Urt. v. 28.4.1954 – II ZR 211/53, abgedruckt in: BGHZ 13, 188 [194 f] = NJW 1954, 998.

461 Hüffer, AktG, § 84, Rn 34.

462 *Tschöpe/Wortmann*, NZG 2009, 161 [167].

463 *Fischer*, NJW 2003, 333 [334].

464 *Tschöpe/Wortmann*, NZG 2009, 161 [167].

465 BGH, Urt. v. 23.4.2012 – II ZR 163/10, abgedruckt in: NJW 2012, 2346 = NZG 2012, 777 [778] = NZA 2012, 797; *Hohenstatt/Naber*, ZIP 2012, 1989 [1992 f]; *Kort*, NZG 2013, 601 [601 f]; *Wilsing/Meyer*, NJW 2012, 3211 [3211]; zu dem in der Literatur geführten Streit über die Frage, ob auch dem Akt der Bestellung zum „Zugang zur Erwerbstätigkeit" iS von § 6 Abs. 3 AGG zählt oder nur der Abschluss des Anstellungsvertrages, vgl *Bauer/Arnold*, NZG 2012, 921 [922]; *Lingemann/Weingarth*, DB 2012, 2325 [2327], welche diesbezüglich die Bedeutung der Vergütungsansprüche des Organmitglieds betonen und daher die Einbeziehung der Bestellung ablehnen.

577 Während Ziff. 5.1.2 Abs. 2 Satz 3 DCGK zumindest für die börsennotierte AG ausdrücklich empfiehlt, eine Altergrenze für Vorstandsmitglieder festzulegen,[466] und ein Unterbleiben dessen in der Entsprechenserklärung (§ 161 AktG) genannt werden muss, verbieten §§ 1, 6 Abs. 3, 7 Abs. 1 AGG dem Aufsichtsrat eine Ungleichbehandlung von Organmitgliedern wegen des Alters, zumindest soweit es den Zugang zur Erwerbstätigkeit und den beruflichen Aufstieg betrifft.[467] In diesem Spannungsverhältnis haben die Mitglieder des Aufsichtsrats zu agieren. Dem Wortlaut von § 6 Abs. 3 AGG zufolge besteht der Diskriminierungsschutz des Gesetzes bei „Entlassungsbedingungen" sowie bei „Beschäftigungs- und Arbeitsbedingungen" iS von § 2 Abs. 1 Nr. 2 AGG nicht.[468] Demzufolge könnte der Aufsichtsrat die Vorgaben des AGG unberücksichtigt lassen, sofern er den befristeten Anstellungsvertrag eines Geschäftsführers oder Vorstandsmitglieds aus Altersgründen nicht verlängert und die Stelle zugleich aufgrund personeller Verkleinerung des Vertretungsorgans nicht neu besetzt.[469] Sollte der Vorstands- oder Geschäftsführerposten jedoch erneut besetzt werden, ginge es nicht nur um die Entlassung des ehemaligen Organmitglieds, sondern auch um dessen Zugang zur Erwerbstätigkeit iS von § 2 Abs. 1 Nr. 1 AGG.[470] Denn das ehemalige Organmitglied könnte sich nach seinem altersbedingten Ausscheiden auf seine eigene Nachfolge bewerben.[471] Würde es hieran gehindert, könnte ihm Schutz vor Diskriminierung durch das AGG gewährt werden. Der persönliche Anwendungsbereich des Gesetzes wäre im Umkehrschluss zu § 6 Abs. 3 AGG zumindest eröffnet. Hiergegen wird eingewandt, dass die Entscheidung, einen befristeten Vertrag nicht zu verlängern, näher an einer Entscheidung über die Entlassung liege als an einer solchen über den Zugang zur Erwerbstätigkeit.[472] Darüber hinaus müsse der Geschäftsführer nach der erneuten Berufung nur sofort wieder abberufen werden, um sich vermeintlich AGG-konform von ihm trennen zu können.[473] Der Umstand, dass zuletzt genanntes Vorgehen regelmäßig rechtsmissbräuchlich und somit wegen Verstoßes gegen § 138 Abs. 1 BGB unwirksam ist,[474] kann dieses Argument nur teilweise entkräften. Denn im Fall von § 138 Abs. 1 BGB träfe das Organmitglied die volle Darlegungs- und Beweislast, während bei Einschlägigkeit des AGG dessen § 22 dem Organmitglied eine Beweiserleichterung[475] dahin gehend verschaffte, dass bereits der Vortrag und Beweis von Indizien für eine

466 Nach allgemeiner Ansicht genügt die Festlegung einer Höchstgrenze. Die Festlegung eines Mindestalters für Vorstandsmitglieder ist hingegen nicht erforderlich, um der DCGK-Empfehlung zu entsprechen, vgl *Bauer/Arnold*, ZIP 2012, 597 [600].

467 Vgl BGH, Urt. v. 23.4.2012 – II ZR 163/10, abgedruckt in: NZG 2012, 777 [778, Rn 17 f] = NJW 2012, 2346 = NZA 2012, 797; *Bauer/Arnold*, ZIP 2012, 597 [597]; *Wilsing/Meyer*, NJW 2012, 3211 [3211 f]; *Kort*, NZG 2013, 601 [602].

468 BGH, Urt. v. 23.4.2012 – II ZR 163/10, abgedruckt in: NZG 2012, 777 = DB 2012, 1499 [1501]; *Lingemann/Weingarth*, DB 2012, 2325 [2326], zur Relevanz des Ausschlusses des AGG bei Entlassungsbedingungen von Organmitgliedern.

469 Vgl *Bauer/Arnold*, NZG 2012, 921 [923]; *Hohenstatt/Naber*, ZIP 2012, 1989 [1990].

470 Hierbei handelt es sich tatsächlich um eine Frage des Zugangs zur Erwerbstätigkeit und nicht nur um den sog. „fortgesetzten Zugang", also um den Versuch, durch Überdehnung des Wortlauts von §§ 2 Abs. 1 Nr. 1, 6 Abs. 3 AGG einen Fall von Entlassungsbedingungen iS von § 2 Abs. 1 Nr. 2 AGG als Zugang zur Erwerbstätigkeit zu deklarieren, vgl hierzu *Hohenstatt/Naber*, ZIP 2012, 1989 [1991].

471 BGH, Urt. v. 23.4.2012 – II ZR 163/10, abgedruckt in: NZG 2012, 777 [778, Rn 20]; *Bauer/Arnold*, ZIP 2012, 597 [598, 600, 603]; *Hohenstatt/Naber*, ZIP 2012, 1989 [1990]; *Lingemann/Weingarth*, DB 2012, 2325 [2326].

472 *Eßer/Baluch*, NZG 2007, 321 [329].

473 *Lutter*, BB 2007, 725 [728 f].

474 BGH, Urt. v. 23.4.2012 – II ZR 163/10, abgedruckt in: NZG 2012, 777 = DB 2012, 1499.

475 Zur Anwendbarkeit von § 22 AGG auch auf Organmitglieder, vgl BGH, Urt. v. 23.4.2012 – II ZR 163/10, abgedruckt in: NZG 2012, 777 = DB 2012, 1499; *Bauer/Arnold*, ZIP 2008, 993 [997, 1001]; *Lingemann/Weingarth*, DB 2012, 2325 [2328]; **ablehend:** *Eßer/Baluch*, NZG 2007, 321 [325 f].

Benachteiligung[476] der Gesellschaft den Beweis auferlegte, dass kein Verstoß gegen die Bestimmungen zum Schutz vor Benachteiligung vorgelegen hat.[477]

Unproblematisch ist der Fall, in dem die Altersgrenze – in Form eines vom Aufsichtsrat allgemein für das Unternehmen festgesetzten Alters, das sowohl bei Bestellung als auch bei Gestaltung des Anstellungsvertrages derart zu berücksichtigen ist, dass die Organmitglieder es als Beschäftigte der Gesellschaft nicht erreichen bzw überschreiten – sowohl für den Zugang als auch für die Beendigung der Organtätigkeit dem gesetzlichen Renteneintrittsalter entspricht.[478] In einem solchen Fall liegt keine Diskriminierung des betroffenen Organmitglieds nach dem AGG vor. Ob und inwieweit eine Unterschreitung des Renteneintrittsalters als Altersgrenze zulässig ist, kann derzeit noch nicht abschließend beantwortet werden, nachdem der EuGH die Rechtsprechung des BAG, wonach betriebs- und unternehmensbezogene Interessen als legitime Ziele für die Anknüpfung an das Alter in Betracht kommen,[479] infrage gestellt hat, indem er als Rechtfertigung für Ausnahmen vom Grundsatz des Verbots von Diskriminierung aus Gründen des Alters lediglich sozialpolitische Ziele sowie solche aus den Bereichen Beschäftigungspolitik, Arbeitsmarkt und berufliche Bildung zugelassen hat.[480] Hierbei geht es nicht nur um die Frage, wann Organmitglieder aus ihrem Amt ausscheiden müssen,[481] sondern auch um eine Altershöchstgrenze für die Erst- oder erneute Bestellung und somit für einen Fall des § 2 Abs. 1 Nr. 1 AGG. 578

bb) Vorhandensein AGG-widriger Motive bei Aufsichtsratsentscheidungen

Ist der persönliche Anwendungsbereich aufgrund von § 6 Abs. 3 AGG eröffnet, weil es für das fragliche Organmitglied – Vorstandsmitglied oder Geschäftsführer – nicht um „Entlassungsbedingungen" iS von § 2 Abs. 1 Ziff. 2 AGG, sondern um den Zugang zur Erwerbstätigkeit iS von § 2 Abs. 1 Ziff. 1 AGG geht, stellt sich die Frage, ob AGG-widrige Motive, insbesondere das Lebensalter des Organmitglieds, die Entscheidung des Aufsichtsrats beeinflusst haben. Dieser entscheidet gemäß § 108 Abs. 1 AktG stets durch Beschluss und zwar gemäß §§ 107 Abs. 3 Satz 3, 84 Abs. 1 Satz 1 u. 3 AktG durch Beschluss des Plenums und somit idealtypisch durch sämtliche seiner Mitglieder. Fraglich ist daher, wie sich AGG-widrige Motive eines oder einiger weniger Aufsichtsratsmitglieder auf die Entscheidung des Gesamtorgans auswirken, also ob die diskriminierenden Motive einzelner Mitglieder die Entscheidung des Organs infizieren. 579

476 Nach ArbG Berlin, Urt. v. 12.11.2007 – 86 Ca 4035/07, abgedruckt in: NJW 2008, 1401 = NZA 2008, 492 = BeckRS 2008, 50552, sind die Indizien von dem Organmitglied sogar nur vorzutragen, so dass das Gericht mit „überwiegender Wahrscheinlichkeit" von einer Benachteiligung ausgeht; nicht hingegen erforderlich sind hiernach Glaubhaftmachung iS von § 294 ZPO oder gar Vollbeweis; aA: *Lingemann/Weingarth*, DB 2012, 2325 [2328], die entsprechend dem Wortlaut von § 22 AGG einen Beweis der Indizien fordern; die Erleichterung, die § 22 AGG dem betroffenen Arbeitnehmer (Organmitglied) zuteil werden lasse, betreffe allein die Kausalität zwischen Indizien und Benachteiligung.

477 *Lingemann/Weingarth*, DB 2012, 2325 [2327].

478 EuGH, Urt. v. 12.10.2010 – C-45/09 („Gisela Rosenbladt/Oellerking Gebäudereinigungsgesellschaft mbH"), abgedruckt in: NJW 2010, 3767 = NZA 2010, 1167 = ZIP 2010, 2418 (LS); BAG, Urt. v. 18.6.2008 – 7 AZR 116/07, abgedruckt in: NZA 2008, 1302, jeweils zu Arbeitnehmern, für die § 10 Satz 3 Ziff. 5 AGG dies für den Fall der Beendigung des Beschäftigungsverhältnisses ohne Kündigung vorsieht.

479 BAG, Urt. v. 22.1.2009 – 8 AZR 906/07, abgedruckt in: NZA 2009, 945 [949] = NJW 2009, 3522 (LS) = BeckRS 2009, 69262.

480 EuGH, Urt. v. 13.9.2011 – C-447/09 („Reinhard Prigge, Michael Fromm, Volker Lambach/Deutsche Lufthansa AG"), abgedruckt in: NJW 2011, 3209 = ZIP 2011, 1882 = NZA 2011, 1039, der die tarifvertragliche Altersgrenze für Piloten von 60 Jahren als europarechtswidrig eingestuft hat; vgl hierzu auch *Bauer/Arnold*, ZIP 2012, 597 [600 f]; *Hohenstatt/Naber*, ZIP 2012, 1989 [1992, 1995 f]; *Lingemann/Weingarth*, DB 2012, 2325 [2330].

481 Hier ist der persönliche Anwendungsbereich des § 6 Abs. 3 AGG nicht eröffnet.

580 Regelmäßig wird man entgegen der Ansicht des BGH[482] aufgrund der Aussage des Aufsichtsratsvorsitzenden als dem Repräsentanten des Organs nicht auf die Motive aller Aufsichtsratsmitglieder schließen können, es sei denn, der Beschlussinhalt umfasst die diskriminierenden Motive. Tut er dies nicht, was der absolute Regelfall ist, lässt die Darlegung von AGG-widrigen Motiven durch den Aufsichtsratsvorsitzenden nur Rückschlüsse auf dessen eigene Motive zu.[483]

581 Unzweifelhaft genügt das Vorliegen bloß eines benachteiligenden Motivs, um eine Benachteiligung iS von § 22 AGG anzunehmen, selbst wenn die Entscheidung von einem ganzen „Motivbündel" getragen wird.[484] Ließe man es nun außerdem noch ausreichen, dass dieses eine Motiv bei nur einem Mitglied eines mehrköpfigen Gremiums vorhanden ist,[485] würde man den Schutzgedanken des AGG überspannen. Daher muss das diskriminierende Motiv bei denjenigen Mitgliedern des Aufsichtsrats vorhanden sein, die mit ihren Stimmen den Beschluss tragen, indem sie zusammen die geforderte Mehrheit erreichen. Denn nicht ein oder einige wenige Mitglieder, sondern die Mehrheit seiner Mitglieder bildet den Willen des Aufsichtsrats als Kollektivorgan.[486] Der Umstand, dass das Stimmergebnis von Aufsichtsratsbeschlüssen der Geheimhaltung unterliegt,[487] vgl § 116 Satz 2 AktG, und somit für Außenstehende nicht zu ermitteln ist, ob die Mitglieder mit bekanntermaßen benachteiligenden Motiven auch entsprechend abgestimmt haben, ändert hieran nichts. Insbesondere steht dem abgelehnten Bewerber kein Anspruch auf Auskunft gegen die Aufsichtsratsmitglieder zu.[488]

cc) Unionsrechtlicher Arbeitnehmerbegriff

582 Erschwerend kommt hinzu, dass der persönliche und sachliche Geltungsbereich des AGG für Organmitglieder noch immer nicht endgültig geklärt sein dürfte mit der Folge, dass GmbH-Geschäftsführer, die nicht oder zumindest nicht mit bestimmendem Einfluss an der Gesellschaft beteiligt sind, möglicherweise sogar unter den unionsrechtlichen Arbeitnehmerbegriff des EuGH fallen,[489] weil sie von Weisungen der Gesellschafter abhängig sind und jederzeit grundlos abberufen werden können. Folge dessen wäre, dass die Restriktion des § 6 Abs. 3 AGG für sie nicht gilt, sondern bei ihnen sämtliche Benachteiligungsverbote des AGG einschließlich § 6 Abs. 1 AGG griffen.[490] Zu berücksichtigen ist in diesem Zusammenhang je-

482 BGH, Urt. v. 23.4.2012 – II ZR 163/10, abgedruckt in: NZG 2012, 777 = DB 2012, 1499; ähnlich *Bauer/Arnold*, ZIP 2008, 993 [1001].

483 Ähnlich *Lingemann/Weingarth*, DB 2012, 2325 [2328]; *Thüsing/Stiebert*, NZG 2011, 641 [642].

484 BAG, Urt. v. 22.1.2009 – 8 AZR 906/07, abgedruckt in: NZA 2009, 945 = NJW 2009, 3522 (LS.) = BeckRS 2009, 69262; *Bauer/Arnold*, ZIP 2008, 993 [1000 mwN].

485 So *Eßer/Baluch*, NZG 2007, 321 [327].

486 Vgl *Thüsing/Stiebert*, NZG 2011, 641 [642 f]; *Bauer/Arnold*, ZIP 2008, 993 [1001]; *Lingemann/Weingarth*, DB 2012, 2325 [2328].

487 Vgl *Hoffmann-Becking*, in: Münchener Hdb GesR, Bd. 4, AG, § 31, Rn 51, wonach das Beratungsgeheimnis unter anderem gewährleisten soll, „dass die Aufsichtsratsmitglieder ihre Aufgaben unbeeinflusst von außen, insbesondere ohne Druck von Dritten oder Rechtsfertigungszwang gegenüber Dritten, wahrnehmen können.".

488 EuGH, Urt. v. 19.4.2012 – Rs. C-415/10, abgedruckt in: NJW 2012, 2497 = NZA 2012, 493 = DB 2012, 980; *Lingemann/Weingarth*, DB 2012, 2325 [2329].

489 **Bejahend:** *Esser/Baluch*, NZG 2007, 321 [324]; wohl auch *Hohenstatt/Naber*, ZIP 2012, 1989 [1989 f]; wohl **verneinend:** *Bauer/Arnold*, ZIP 2012, 597 [599]; **offen lassend:** *Lingemann/Weingarth*, DB 2012, 2325 [2326].

490 Bewusst offen gelassen durch BGH, Urt. v. 23.4.2012 – II ZR 163/10, abgedruckt in: NZG 2012, 777 [778, Rn 17]; *Bauer/Arnold*, ZIP 2012, 597 [598 f], unter Bezugnahme auf die Rechtsprechung des EuGH, Urt. v. 11.11.2010 – C-232/09 („Dita Danosa/LKB Lizings SIA"), abgedruckt in: NJW 2011, 2343 = AG 2011, 165 = NZA 2011, 143 = ZIP 2010, 2414, zur Richtlinie 92/85/EWG des Rates vom 19.10.1992 über die Durchführung von Maßnahmen zur Verbesserung der Sicherheit und des Gesundheitsschutzes von schwangeren Arbeitnehmerinnen, Wöchnerinnen und stillenden Arbeitnehmerinnen am Arbeitsplatz.

doch, dass sich die spezifisch arbeitsrechtliche Weisungsgebundenheit, wie sie sich aus § 106 Satz 1 GewO oder einem Umkehrschluss aus § 84 Abs. 1 Satz 2 HGB ergibt, von derjenigen im Gesellschaftsrecht unterscheidet,[491] die das Verhältnis der Organe zueinander und somit das System der checks and balances betrifft.[492]

Vorstandsmitglieder einer AG – nichts anderes gilt im Ergebnis für Geschäftsführer einer GmbH mit beherrschender Stellung – dürften im Gegensatz zu Geschäftsführern einer GmbH mit unmaßgeblicher oder ohne Kapitalbeteiligung die Voraussetzungen des unionsrechtlichen Arbeitnehmerbegriffs unter keinen Umständen erfüllen,[493] da sie gemäß § 76 Abs. 1 AktG die Gesellschaft unter eigener Verantwortung leiten und somit nicht weisungsgebunden sind und darüber hinaus gemäß § 84 Abs. 3 Satz 1 AktG nur bei Vorliegen eines wichtigen Grundes und somit nicht jederzeit ohne Einschränkung von ihrem Amt abberufen werden können.[494] Die Tatsachen, dass der „wichtige Grund" zur Abberufung iS von § 84 Abs. 3 AktG an geringere Voraussetzungen als derjenigen für die außerordentlich fristlose Kündigung des Anstellungsvertrages gemäß § 626 Abs. 2 BGB geknüpft ist (dazu Rn 553), und auch der Umstand, dass der Entzug des Vertrauens durch die Hauptversammlung gemäß § 84 Abs. 3 Satz 2 Var. 3 AktG wichtiger Grund für eine Abberufung sein kann, ändert hieran ebenso wenig wie § 84 Abs. 3 Satz 4 AktG, wonach die Abberufung bis zur rechtskräftigen Feststellung ihrer Unwirksamkeit wirksam ist. Denn die Abberufung ist nicht bloß formal an das Vorliegen eines wichtigen Grundes gebunden,[495] sondern ein komplexer Vorgang,[496] welcher der uneingeschränkten gerichtlichen Überprüfung unterliegt. Der EuGH hingegen bejaht die Arbeitnehmereigenschaft von Organmitgliedern nur bei „jederzeitige(r) Abrufbarkeit ohne Einschränkung".[497] Darüber hinaus liegt bei Vorstandsmitgliedern einer deutschen AG auch die vom EuGH für die Arbeitnehmereigenschaft geforderte Weisungsgebundenheit nicht vor, selbst dann nicht, wenn es sich um Mitglieder des Vorstands einer abhängigen AG in einem Vertragskonzern handelt, die gemäß § 308 Abs. 1 Satz 1 AktG den Weisungen des herrschenden Unternehmens unterliegen.[498] Denn für die Arbeitnehmereigenschaft kommt es nur auf das Weisungsrecht des konkreten Prinzipals aufgrund dessen Rechtsbeziehung zum Organmitglied an, nicht hingegen auf etwaige Weisungsbefugnisse Dritter aufgrund sonstiger Rechtsbeziehungen. 583

h) Suspendierung

aa) AG

Eine Suspendierung, also eine vorläufige Amtsenthebung bis zur Klärung einer bestimmten Angelegenheit,[499] sieht das Gesetz für Vorstandsmitglieder einer nicht vor. Daher ist streitig, ob sie ohne Vorliegen eines wichtigen Grundes, der auch den Widerruf der Bestellung ermöglichen würde, überhaupt zulässig ist.[500] Nach Ansicht der Befürworter der Zulässigkeit 584

491 *Kort*, NZG 2013, 601 [602 f]; *Preis/Sagan*, ZGR 2013, 26 [28], im Hinblick auf § 106 Satz 1 GewO.

492 *Windbichler*, FS Hoffmann-Becking, 2013, S. 1413 [1422 f].

493 *Bauer/Arnold*, ZIP 2012, 597 [599]; *Hohenstatt/Naber*, ZIP 2012, 1989 [1990]; *Kort*, NZG 2013, 601 [605]; *Lingemann/Weingarth*, DB 2012, 2325 [2326].

494 Vgl *Bauer/Arnold*, ZIP 2012, 597 [598 f]; *Lingemann/Weingarth*, DB 2012, 2325 [2326].

495 So aber *Ziemons*, KSzW 2013, 19 [20].

496 *Kort*, NZG 2013, 601 [605 f].

497 EuGH, Urt. v. 11.11.2010 – C-232/09 („Dita Danosa/LKB Lizings SIA"), abgedruckt in: NJW 2011, 2343 = AG 2011, 165 = NZA 2011, 143 [143, Rn 51] = ZIP 2010, 2414.

498 *Kort*, NZG 2013, 601 [606]; aA: *Ziemons*, KSzW 2013, 19 [20]; *Oberthür*, NZA 2011, 253 [254].

499 Vgl *Hefermehl/Spindler*, in: MünchKomm AktG², § 84, Rn 121 f.

500 Zum Meinungsstand: Hüffer, AktG, § 84, Rn 35. Für unzulässig halten *Hefermehl/Spindler*, in: MünchKomm AktG², § 84, Rn 121 f, eine Suspendierung ohne Vorliegen eines wichtigen Grundes, verweisen aber darauf, dass der starke Verdacht einer unerlaubten Handlung, zB eines Geheimnisverrats, eine Vertrauenserschütterung bewirken kann, welche den Widerruf einer Bestellung rechtfertigt.

einer Suspendierung soll die Bestellung eines „suspendierten" Vorstandsmitglieds nicht widerrufen sein, sondern es nur seine Geschäftsführungs- und Vertretungsbefugnisse nicht mehr ausüben dürfen.[501] Verstößt es hiergegen, macht es sich ggf gegenüber der Gesellschaft schadensersatzpflichtig. Von ihm für die Gesellschaft getätigte Geschäfte bleiben gleichsam wirksam.[502]

585 Aufgrund derzeit fehlender Rechtssicherheit sollte darauf verzichtet werden, Vorstandsmitglieder einer AG zu suspendieren.[503] Vielmehr ist anzuraten, exakt zu prüfen, ob ein wichtiger Grund zur Abberufung sowie zur Kündigung des Anstellungsvertrages vorliegt. Ist dies der Fall sein, dürften die Mitglieder des Aufsichtsrats das Vorstandsmitglied regelmäßig abberufen und den Anstellungsvertrag kündigen müssen, um nicht selbst Gefahr zu laufen, sich schadensersatzpflichtig zu machen.[504]

bb) eG

586 § 40 GenG sieht die Möglichkeit der vorläufigen Amtsenthebung von Vorstandsmitgliedern vor. Hiernach ist der Aufsichtsrat befugt, nach seinem Ermessen von der General- bzw Vertreterversammlung abzuberufende Mitglieder des Vorstands vorläufig, bis zur Entscheidung der unverzüglich einzuberufenden General- bzw Vertreterversammlung, von ihren Geschäften zu entheben.

587 Anders als bei der AG gemäß § 84 Abs. 3 AktG ist bei der eG nach dem gesetzlichen Leitbild des § 24 Abs. 2 Satz 1 GenG nicht der Aufsichtsrat für die Abberufung und somit für „die endgültige Absetzung" deren Vorstandsmitglieder zuständig, sondern die General- bzw Vertreterversammlung.[505] Seit Inkrafttreten des EGSCE am 18.8.2006 kann jedoch die Satzung der eG die Kompetenz zur Abberufung eines Vorstandsmitglieds einem anderen Organ als der General- bzw Vertreterversammlung und somit insbesondere dem Aufsichtsrat zuordnen.[506] Fehlt es an einer derartigen Satzungsbestimmung, steht dem Aufsichtsrat wie bislang lediglich die Befugnis zur Amtsenthebung als unaufschiebbarer Eilmaßnahme zu, deren Ausübung mit der Verpflichtung zur gleichzeitigen Einberufung der General- bzw Vertreterversammlung verbunden ist. Der Aufsichtsrat kann nicht nur einzelne, sondern sogar sämtliche Vorstandsmitglieder vorläufig des Amts entheben. Darüber hinaus kann er Geschäftsführung und Vertretung einstweilen neu regeln. Dasselbe gilt, wenn für die endgültige Abberufung gemäß § 24 Abs. 2 Satz 2 GenG laut Satzung weder die General- bzw Vertreterversammlung noch der Aufsichtsrat, sondern stattdessen ein anderes Genossenschaftsorgan wie zB ein Beirat zuständig ist.[507] Ob der Aufsichtsrat auch von der Möglichkeit der vorläufigen Amtsenthebung Gebrauch machen darf, wenn er qua Satzung zur endgültigen Abberufung der Vorstandsmitglieder berufen ist, ist zweifelhaft.[508] Diese Frage ist mit derjenigen nach der Zulässigkeit einer Suspendierung von Vorstandsmitgliedern einer AG durch den Aufsichtsrat vergleichbar.

---

501 KG, Urt. v. 8.7.1983 – 14 U 259/83, abgedruckt in: AG 1984, 24 [25]; OLG München, Beschl. v. 17.9.1985 – 7 W 1933/85, abgedruckt in: AG 1986, 234 [235].

502 Vgl § 82 Abs. 1 AktG.

503 So auch: Hüffer, AktG, § 84, Rn 35.

504 Vgl §§ 116, 93 AktG.

505 Vgl zu § 24 Abs. 2 GenG aF, RG, Urt. v. 21.12.1926 – II 126/26, abgedruckt in: RGZ 115, 351 [355 f].

506 Zuvor war eine derartige Satzungsregelung nur im Hinblick auf die Bestellung, nicht aber auch auf die Abberufung von Vorstandsmitgliedern möglich; nach OLG Stuttgart, Urt. v. 12.2.2003 – 3 U 142/02, abgedruckt in: DB 2003, 932 [933 f], konnte faktisch jedoch eine Abberufung von Vorstandsmitgliedern durch den Aufsichtsrat erreicht werden, wenn dem Aufsichtsrat die Kompetenz zur Kündigung des Anstellungsverhältnis eingeräumt war und die Satzung daneben bei Wirksamwerden der Kündigung die gleichzeitige Beendigung des Amts vorsah.

507 *Beuthien*, in: Beuthien, GenG, § 40, Rn 1.

508 Vgl *Beuthien*, in: Beuthien, GenG, § 40, Rn 1 mwN.

Die vorläufige Amtsenthebung eins Vorstandsmitglieds kann nur der Gesamtaufsichtsrat wirksam beschließen, nicht hingegen ein Ausschuss oder gar ein einzelnes Aufsichtsratsmitglied.[509] Der Aufsichtsrat hat sich bei seiner Entscheidung am Interesse der eG auszurichten.[510] Ob dem Vorstandsmitglied zuvor Gelegenheit zur Stellungnahme zu geben ist, dürfte eine Frage des Einzelfalls, insbesondere der Eilbedürftigkeit der Entscheidung, sein.[511] Wirksam wird die vorläufige Amtsenthebung erst durch Mitteilung gegenüber dem betroffenen Vorstandsmitglied. Danach hat der Aufsichtsrat sie zur Eintragung in das Genossenschaftsregister anzumelden, um dessen Publizitätswirkung im Hinblick auf die Vertretungsmacht des betroffenen Vorstandsmitglieds gemäß § 29 Abs. 1 GenG schnellstmöglich zu beseitigen und somit etwaigen Schaden von der eG abzuwenden. Trotz Amtsenthebung hat das Vorstandsmitglied Anspruch auf Fortzahlung seiner Vergütung aus dem Anstellungsvertrag. Dieser erlischt erst mit wirksamer (außerordentlicher) Kündigung des Anstellungsvertrages im Wege des General- oder Vertreterversammlungsbeschlusses.[512] Denn das durch den Aufsichtsrat seines Amtes enthobene Vorstandsmitglied muss sich trotz seiner Enthebung bis zur endgültigen Entscheidung durch General- bzw Vertreterversammlung zur Verfügung halten und darf solange keine anderweitige Erwerbstätigkeit aufnehmen.[513] 588

Unverzüglich nach Mitteilung der vorläufigen Amtsenthebung gegenüber dem betroffenen Vorstandsmitglied muss der Aufsichtsrat gemäß §§ 38 Abs. 2, 44 GenG die General- bzw Vertreterversammlung einberufen. Dass eine Einberufungspflicht nicht besteht, solange Vorstandsmitglied und Aufsichtsrat sich um eine Bereinigung der Angelegenheit bemühen,[514] darf bezweifelt werden. Anerkannt ist zwar, dass die Verpflichtung zur Einberufung entfällt, wenn die vorläufige Amtsenthebung aufgehoben wird.[515] Andererseits kann aber die General- bzw Vertreterversammlung über die Amtsenthebung entscheiden, selbst wenn sie zuvor vom Aufsichtsrat aufgehoben wurde.[516] Der Tagesordnungspunkt, unter dem die Abberufung des Vorstandsmitglieds nach vorheriger vorläufiger Amtsenthebung behandelt werden soll, ist derart zu konkretisieren, dass Angaben dazu zu machen sind, welche Maßnahmen zur Beratung und Beschlussfassung gestellt werden und gegen welche Personen sie sich richten sollen. Die maßgeblichen Gründe hierfür sind hingegen nicht anzugeben. Nicht ausreichend ist der Hinweis auf „Vorstandsangelegenheiten“.[517] 589

i) Amtsniederlegung

Mit der einseitigen Erklärung des Vorstandsmitglieds, aus dem Organverhältnis ausscheiden zu wollen, legt es sein Amt nieder. Die Erklärung ist formlos wirksam[518] und an die Gesell- 590

509 *Beuthien*, in: Beuthien, GenG, § 40, Rn 1.

510 Ähnlich: *Beuthien*, in: Beuthien, GenG, § 40, Rn 4.

511 Das Erfordernis, dem betroffenen Vorstandsmitglied Gelegenheit zur Stellungnahme zu geben, grundsätzlich bejahend: *Beuthien*, in: Beuthien, GenG, § 40, Rn 4; verneinend im Vorfeld der Kündigung des Anstellungsvertrages: BGH, Urt. v. 29.3.1973 – II ZR 20/71, abgedruckt in: NJW 1973, 1122 [1123].

512 RG, Urt. v. 21.12.1926 – II 126/26, abgedruckt in: RGZ 115, 351 [357], unter Hinweis darauf, dass „der Generalversammlungsbeschluss nicht zurückwirkt auf den Zeitpunkt der vorläufigen Dienstenthebung durch den Aufsichtsrat“.

513 RG, Urt. v. 21.12.1926 – II 126/26, abgedruckt in: RGZ 115, 351 [357].

514 BGH, Urt. v. 18.6.1984 – II ZR 221/83, abgedruckt in: NJW 1984, 2689 [2690], zu § 40 GenG aF; die Übertragbarkeit dieser Rechtsprechung auf § 40 GenG nF bejahend: *Beuthien*, in: Beuthien, GenG, § 40, Rn 5.

515 *Schaffland*, in: Lang/Weidmüller, GenG, § 40, Rn 7 mwN.

516 *Schaffland*, in: Lang/Weidmüller, GenG, § 40, Rn 7 mwN.

517 OLG Stuttgart, Urt. v. 12.2.2003 – 3 U 142/02, abgedruckt in: DB 2003, 932 [932 f], wobei das beschließende Organ nicht die General- bzw Vertreterversammlung, sondern der Aufsichtsrat war; BGH, Urt. v. 29.5.2000 – II ZR 47/99, abgedruckt in: NJW-RR 2000, 1278 = ZIP 2000, 1336, zu § 51 Abs. 2 GmbHG.

518 *Hefermehl/Spindler*, in: MünchKomm AktG², § 84, Rn 124.

schaft, vertreten durch den Aufsichtsrat,[519] zu richten. Über die Zulässigkeit eines derartigen Ausscheidens aus dem Organverhältnis besteht trotz Fehlens einer gesetzlichen Grundlage kein Streit.[520] Streitig ist lediglich, ob für die Amtsniederlegung ein wichtiger Grund vorliegen muss, der es dem Vorstandsmitglied unzumutbar macht, sein Amt weiterhin auszuüben.[521]

591 Darüber hinaus ist regelmäßig fraglich, inwieweit das Vorstandsmitglied sein Amt niederlegen kann, ohne zugleich einen wichtigen Grund zur Kündigung des Anstellungsvertrages zu liefern oder sich seiner anstellungsvertraglichen Rechte, insbesondere des Anspruchs auf Zahlung der vereinbarten Vergütung, zu begeben. Eine unberechtigte Verweigerung der Entlastung durch die Hauptversammlung[522] dürfte regelmäßig nicht nur einen wichtigen Grund für die Amtsniederlegung des Vorstandsmitglieds darstellen, sondern ihm auch seine Rechte aus dem Anstellungsvertrag wahren.[523] Inwiefern auch Maßnahmen des Aufsichtsrats das Vorstandsmitglied zur Amtsniederlegung bei gleichzeitiger Wahrung seiner vertraglichen Rechte berechtigen, lässt sich nur im konkreten Einzelfall beurteilen.[524]

592 Die bloße Mitteilung eines Vorstandsmitglieds gegenüber Mitgliedern des Aufsichtsrats, sein Amt niederlegen zu wollen, ist zivilrechtlich belanglos, kann jedoch eine publizitätspflichtige Insiderinformation[525] darstellen.[526]

j) Einvernehmliches Ausscheiden

593 Schließlich kann das Organverhältnis auch im Einvernehmen von Vorstandsmitglied und AG beendet werden, wozu es nicht einmal eines wichtigen Grundes bedarf.[527] Allerdings muss auf Seiten der Gesellschaft, da es sich um das Organverhältnis und nicht bloß um den Anstellungsvertrag handelt, der Gesamtaufsichtsrat handeln. Die Delegation der Entscheidung über das einvernehmliche Ausscheiden eines Vorstandsmitglieds an einen Aufsichtsratausschuss ist somit nicht möglich.[528]

594 Auch das Vorstandsmitglied einer eG kann einvernehmlich aus seiner Organstellung ausscheiden. Bei diesem zweiseitigen Organisationsakt ist auf Seiten der eG der Aufsichtsrat zuständig, wenn er gemäß § 24 Abs. 2 Satz 2 GenG qua Satzungsbestimmung mit der Bestellung von Vorstandsmitgliedern und deren Widerruf betraut ist.[529] Dasselbe gilt unabhängig von den Vorgaben der Satzung bei Genossenschaften, für die das MitbestG gilt.[530]

519 § 112 AktG.

520 Hüffer, AktG, § 84, Rn 36 m. Nachw. aus der Rspr zu GmbH und eG.

521 *Hefermehl/Spindler*, in: MünchKomm AktG^2, § 84, Rn 124, sowie *Seibt*, in: K. Schmidt/Lutter, AktG, § 84, Rn 56, halten einen wichtigen Grund für verzichtbar, wenn kein Fall des Rechtsmissbrauchs, zB Amtsniederlegung zur Unzeit oder zum alleinigen Zweck einer vorzeitigen Neubestellung, vorliegt; i. Erg. auch *Hefermehl/Spindler*, MünchKomm AktG^2, § 84, Rn 124; aA: Hüffer, AktG, § 84, Rn 36; *Deilmann*, NZG 2005, 54 [55].

522 Vgl § 120 AktG.

523 *Hefermehl/Spindler*, in: MünchKomm AktG^2, § 84, Rn 124; Hüffer, AktG, § 84, Rn 36 mwN.

524 Zur Vorenthaltung des Schutzes durch eine D&O-Versicherung in diesem Zusammenhang, vgl *Deilmann*, NZG 2005, 54, [55 f].

525 Vgl §§ 13, 15 WpHG.

526 OLG Frankfurt aM, Beschl. v. 12.2.2009 – 2 Ss-O Wi 514/08, abgedruckt in: NJW 2009, 1520 [1521], sieht eine Publizitätspflicht bereits dann gegeben, wenn „der Bereich interner Willensbildung sich zu einer konkreten Tatsache verdichtet hat und das Ergebnis dieses Willensbildungsprozesses gegenüber einem Entscheidungsträger des Unternehmens als konkrete Tatsache objektiv nach außen tritt".

527 OLG Karlsruhe, Urt. v. 13.10.1995 – 10 U 51/95, abgedruckt in: AG 1996, 224 [227].

528 Vgl BGH, Urt. v. 24.11.1980 – II ZR 182/79, abgedruckt in: BGHZ 79, 38 [43 f] = NJW 1981, 757 [758].

529 *Beuthien*, in: Beuthien, GenG, § 24, Rn 21.

530 Vgl § 31 Abs. 1 MitbestG.

3. Überwachung der Geschäftsführung

a) Umfang, Inhalt und Intensität

aa) Umfang der Überwachungsaufgabe (Wen oder was?)

Der Aufsichtsrat hat gemäß § 111 Abs. 1 AktG bzw § 38 Abs. 1 Satz 1 GenG die Geschäftsführung zu überwachen, wobei zur Geschäftsführung alle Entscheidungen in Bezug auf Kunden, Lieferanten und Geldgeber, Arbeitnehmer – der Aufsichtsrat hat jedoch aufgrund fehlender Sachnähe die Arbeitnehmer nicht selbst zu überwachen,[531] sondern lediglich die diesbezügliche Überwachung durch den Vorstand, was insbesondere für die Führungsebene unterhalb des Vorstands gilt, auf der nicht selten Entscheidungen mit wesentlichen Risiken für den Bestand des gesamten Unternehmens getroffen werden[532] – und Öffentlichkeit, ihre Umsetzung durch Vertretung der Gesellschaft nach außen sowie interne Maßnahmen wie Organisation des Unternehmens, Planung und Durchführung von Investitionen und die Errichtung und Auflösung von Betrieben gehören.[533] Diese Aufgabe kann ihm durch anderslautende Satzungsbestimmung nicht entzogen werden.[534] Er muss sie als Kollegialorgan wahrnehmen.[535] Eine Delegation an einen oder mehrere Ausschüsse ist nicht möglich.[536] Möglich und sinnvoll ist es jedoch, sich zur Wahrnehmung dieser Pflicht eines oder mehrerer Ausschüsse zu bedienen,[537] ohne dass dies Einfluss auf die Gesamtverantwortung und die Haftung sämtlicher Mitglieder des Aufsichtsrats[538] hätte. Die Arbeit in den Ausschüssen kann insoweit lediglich als Hilfstätigkeit verstanden werden, die vom Plenum überprüft werden muss.[539] 595

Da Geschäftsführung und Leitung der Gesellschaft bzw der Genossenschaft dem Vorstand obliegen,[540] hat der Aufsichtsrat diesen bzw dessen Arbeit zu überwachen.[541] Jedoch sind nicht alle Maßnahmen der Geschäftsführung durch den Vorstand hiervon betroffen, sondern nur dessen Leitungsmaßnahmen,[542] wozu Unternehmensplanung, -koordinierung und -kontrolle sowie die Besetzung der dem Vorstand nachgeordneten Führungspositionen,[543] die Einrichtung eines Überwachungssystems zur Früherkennung von den Fortbestand der Gesellschaft gefährdenden Entwicklungen[544] sowie die Einrichtung und Kontrolle einer den Verhältnissen des Gesellschaftsunternehmens entsprechenden Compliance-Organisation gehören.[545] Zu den zu überwachenden Leitungsmaßnahmen zählen auch wesentliche Einzel- 596

531 Vgl *Beuthien*, in: Beuthien, GenG, § 38, Rn 4 mwN, für die eG.

532 *Leyens/Schmidt*, AG 2013, 533 [543], bezeichnen diese als „terra incognita" für die allgemeine Corporate Govenance.

533 *Kropff*, in: Semler/v. Schenck, Aufsichtsrat, § 8, Rn 1.

534 Hüffer, AktG, § 111, Rn 1.

535 RG, Urt. v. 4.10.1918 – II 498/17, abgedruckt in: RGZ 338 [340], zu § 246 Abs. 1 HGB aF für die AG; *Beuthien*, in: Beuthien, GenG, § 38, Rn 7, für die eG.

536 Hüffer, AktG, § 111, Rn 9, für die AG; *Beuthien*, in: Beuthien, GenG, § 38, Rn 7, für die eG.

537 Bis zur Änderung des DCGK am 13.5.2013 enthielt dieser zu Ziff. 5.3.4 die Anregung, der Aufsichtsrat könne weitere Sachthemen zur Behandlung in einen oder mehrere Ausschüsse verweisen. Hierzu gehörten u.a. die Strategie des Unternehmens, die Vergütung der Vorstandsmitglieder, Investitionen und Finanzierungen.

538 Vgl § 116 AktG.

539 Vgl RG, Urt. v. 4.10.1918 – II ZR 498/17, abgedruckt in: RGZ 93, 338 [340].

540 Vgl §§ 76 Abs. 1, 77 Abs. 1 AktG, § 27 Abs. 1 Satz 1 GenG.

541 Im Ergebnis unerheblich ist, ob es sich hierbei um eine sog. Organ- oder Funktionskontrolle handelt, vgl Hüffer, AktG, § 111, Rn 2.

542 Lutter/Krieger, Aufsichtsrat, § 3, Rn 63.

543 *Henze*, NJW 1998, 3309 [3309].

544 § 91 Abs. 2 AktG, Lutter/Krieger, Aufsichtsrat, § 3, Rn 82.

545 *Lutter*, FS Hüffer, 2010, S. 617 [S. 618 ff].

maßnahmen sowie Maßnahmen nachgeordneter Ebenen, soweit dort Führungsentscheidungen getroffen oder wesentliche Einzelmaßnahmen ergriffen werden.[546]

597 Zumindest bei der eG hat der Aufsichtsrat außerdem üblicherweise zu überprüfen, ob der Vorstand ordnungsgemäß besetzt und die Geschäftsverteilung innerhalb des Vorstands zweckmäßig ist. Darüber hinaus muss er prüfen, ob die Vorstandssitzungen gehörig einberufen wurden und werden und deren Anzahl angemessen ist.[547] Außerdem muss der Aufsichtsrat sich vergewissern, dass der Förderzweck iS von § 1 GenG eingehalten und erfüllt wird.[548]

598 Bei Bankgesellschaften und Kreditgenossenschaft hat der Aufsichtsrat außerdem die Einhaltung der Mindestanforderungen an das Risikomanagement (MaRisk) als Konkretisierung von § 25 a Abs. 1 KWG zu prüfen.

bb) Inhalt der Überwachungsaufgabe (Wie?)

(1) Vergangenheitsbezug

599 Inhalt der Überwachungspflicht ist zunächst die vergangenheitsbezogene oder auch reaktive[549] Kontrolle,[550] also die Kontrolle der bereits vom Vorstand entfalteten Tätigkeit.[551] Wesentlich sind hierbei die Prüfung des Jahresabschlusses gemäß § 171 Abs. 1 Satz 1 AktG sowie der Vorstandsberichte zur Rentabilität der Gesellschaft gemäß § 90 Abs. 1 Satz 1 Ziff. 2 AktG und zum Gang der Geschäfte einschließlich der Umsatzentwicklung gemäß § 90 Abs. 1 Satz 1 Ziff. 3 AktG.[552]

600 Der Aufsichtsrat muss prüfen, ob sich der Vorstand regelkonform verhalten hat und verhält, und bei rechtswidrigen Maßnahmen einschreiten.[553] Darüber hinaus muss der Aufsichtsrat die vom Vorstand zu initiierende und zu unterhaltende Kontrolle sämtlicher Mitarbeiter des Unternehmens im Hinblick auf deren regelkonformes Verhalten überwachen.[554] Beide Aspekte betreffen die Corporate Compliance, für die der Vorstand gemäß § 93 Abs. 1 AktG verantwortlich ist[555] und auf die sich somit auch die Überwachungspflicht des Aufsichtsrats erstreckt. Das Ziel seiner Maßnahmen muss es sein, Fehlentwicklungen aufzudecken und durch Wiederherstellung eines rechtmäßigen, ordnungs- und zweckmäßigen Zustands zu beenden sowie etwaige Schäden der Gesellschaft bzw Genossenschaft möglichst zu begrenzen.[556] Die Bedeutung dieser Aufgabe wird deutlich, wenn man sich die Ausmaße der Kartell- und Bestechungsfälle der letzten Jahre vergegenwärtigt.[557]

601 Welche konkreten Pflichten den Aufsichtsrat im Zusammenhang mit Compliance treffen, ist noch nicht abschließend geklärt. Dasselbe gilt für die vorgelagerte Frage, ob vom Vorstand zwingend eine Compliance-Organisation einzurichten ist – oder nur, wenn es in der Vergan-

546 Vgl BGH, Urt. v. 12.7.1979 – III ZR 154/77, abgedruckt in: BGHZ 75, 120 [133] = NJW 1979, 1879 [1881 f], wonach der Aufsichtsrat überprüfen kann, „ob die Überwachung der Angestellten in ordnungsgemäßer Weise vom Vorstand besorgt wurde". Der BGH geht davon aus, dass dem Aufsichtsrat das „umfassende Recht der Überwachung aller Zweige der Verwaltung" zusteht, wie es § 246 HGB bis zum AktG 1937 vorsah. Vgl auch Hüffer, AktG, § 111, Rn 3 mwN auch zur Gegenansicht.

547 *Beuthien*, in: Beuthien, GenG, § 38, Rn 5, der insoweit von der Organisation der eG spricht.

548 *Beuthien*, in: Beuthien, GenG, § 38, Rn 5.

549 Zum Begriff vgl *Henze*, BB 2005, 165 [165].

550 *Hüffer*, NZG 2007, 47 [47], spricht insofern von der „eigentlichen" Kontrolle.

551 Hüffer, AktG, § 111, Rn 4.

552 Hüffer, AktG, § 111, Rn 4.

553 *Winter*, FS Hüffer, 2010, S. 1103 [S. 1109].

554 Vgl Hüffer, AktG, § 111, Rn 4.

555 *Winter*, FS Hüffer, 2010, S. 1103 [S. 1104]; vgl auch Ziff. 4.1.3 DCGK.

556 *Hüffer*, NZG 2007, 47 [47 mwN].

557 Vgl *Lutter*, DB 2009, 775 [776]; *Winter*, FS Hüffer, 2010, S. 1103 [S. 1103].

genheit zu Schadensfällen durch Compliance-Verstöße gekommen ist[558] – und wenn ja, wie diese konkret ausgestaltet sein muss.[559] Feststehen dürfte hingegen, dass es kein uniformes Compliance-Modell für alle Unternehmen, unabhängig von ihrer Art, Größe und Branchenzugehörigkeit geben kann.[560] Es gibt branchenspezifische Regelungen wie § 33 Abs. 1 Satz 1 WpHG für Wertpapierdienstleistungsunternehmen, wonach diese verpflichtet sind, angemessene Grundsätze aufzustellen, Mittel vorzuhalten und Verfahren einzurichten, die darauf ausgerichtet sind sicherzustellen, dass das Unternehmen selbst und seine Mitarbeiter den Verpflichtungen des WpHG nachkommen, wobei insbesondere eine dauerhafte und wirksame Compliance-Funktion einzurichten ist, die ihre Aufgaben unabhängig wahrnehmen kann. Darüber hinaus verpflichtet § 25 d Abs. 6 Satz 1 KWG in der Fassung seit dem 01.01.2014 den Aufsichtsrat von Kredit- und Finanzdienstleistungsinstituten, „die Geschäftsleiter auch im Hinblick auf die Einhaltung der einschlägigen bankaufsichtsrechtlichen Regelungen [zu] überwachen." Hierbei handelt es sich zwar nur um eine Klarstellung, da für aufsichtsrechtliche Vorschriften nichts anderes gelten kann als für sonstige gesetzliche Regelungen.[561] Sie kann jedoch dazu dienen, die Bedeutung der Compliance im Hinblick auf aufsichtsrechtliche Vorschriften zu unterstreichen.

(2) Zukunftsgerichtetheit und Prävention

Die Überwachung des Vorstands durch den Aufsichtsrat muss auch präventiv-zukunftsge- 602
richtet erfolgen.[562] Klar zum Ausdruck kommt dies in § 90 Abs. 1 Satz 1 Ziff. 1 AktG, wonach der Vorstand zur Berichterstattung über die beabsichtigte Geschäftspolitik und andere grundsätzliche Fragen der Unternehmensplanung verpflichtet ist.[563] Dies geschieht durch Beratung,[564] wodurch seitens des Aufsichtsrats Einfluss auf die künftige Geschäftspolitik des Vorstands genommen wird.[565] Hierbei erschöpft sich die Überwachung durch den Aufsichtsrat nicht in einer bloßen Rechtmäßigkeitsprüfung. Vielmehr hat er auch Zweck- und Ordnungsmäßigkeit[566] und somit auch die Wirtschaftlichkeit der Geschäftsführung in den Blick zu nehmen.[567] Zur Ordnungsmäßigkeit gehört insbesondere eine sinnvolle Organisation un-

558 In solchen Fällen dürfte regelmäßig eine Pflicht zur Einrichtung einer Compliance-Organisation und zur anschließenden Überwachung deren Effektivität durch den Vorstand bestehen, vgl *Winter*, FS Hüffer, 2010, S. 1103 [S. 1105]; für eine grundsätzliche Pflicht mit Ausnahme von extrem kleinen Organisationen: *Fleischer*, in: Spindler/Stilz, AktG, § 93, Rn 69; *Grunewald*, NZG 2013, 841 [842].

559 Zu den besonderen Anforderungen an eine Compliance-Funktion in kommunalen Unternehmen, vgl *Otto/Fonk*, CCZ 2012, 161 [164 ff].

560 *Winter*, FS Hüffer, 2010, S. 1103 [S. 1105].

561 Vgl *Leyens/Schmidt*, AG 2013, 533 [540].

562 *Götz*, AG 1995, 337 [350], wonach die Überwachung durch den Aufsichtsrat „in gleicher Weise" vergangenheits- und zukunftsorientiert zu sein hat; *Hüffer*, NZG 2007, 47 [47]; *Lutter/Kremer*, ZGR 1992, 87 [88 f], wonach die Überwachungsaufgabe „nicht nur abgeschlossene Sachverhalte" erfasst, sondern sich auch „auf laufende Sachverhalte und das beabsichtigte Tun des Vorstands" bezieht; *Rürup*, FS Budde, S. 543 [549], spricht von „vorausschauender und vorbeugender Überwachung"; *Vetter*, ZIP 2006, 257 [258], nennt die „nachträglich kontrollierende", „begleitende" und „vorausschauende" Überwachung; *Beuthien*, in: Beuthien, GenG, § 38, Rn 2, für die eG.

563 *Lutter/Kremer*, ZGR 1992, 87 [89]; zur entsprechenden betriebswirtschaftlichen Forderung auf Erweiterung der reinen auf Recht- und Ordnungsmäßigkeit zielenden ex-post- um eine beratend unternehmerische ex-ante-Kontrolle, vgl *Bea/Scheurer*, DB 1994, 2145 [2152].

564 BGH, Urt. v. 25.3.1991 – II ZR 188/89, abgedruckt in BGHZ 114, 127 ff = NJW 1991, 1830 ff; Hüffer, AktG, § 111, Rn 5 mwN; *Schlitt*, DB 2005, 2007 [2007].

565 Vgl Ziff. 5.1.1 Satz 2 DCGK, wonach der Aufsichtsrat in Entscheidungen von grundlegender Bedeutung für das Unternehmen einzubinden ist.

566 Hüffer, AktG, § 111, Rn 6.

567 BGH, Urt. v. 25.3.1991 – II ZR 188/89, abgedruckt in BGHZ 114, 127 [129 f] = NJW 1991, 1830 [1831]; *Henze*, BB 2005, 165 [165]; Hüffer, AktG, § 111, Rn 6 mwN a. Rspr u. Lit. für die AG, *Beuthien*, in: Beuthien, GenG, § 41, Rn 10, für die eG.

ter Betonung des Planungs- und Rechnungswesens.[568] Zweckmäßigkeit ist ergebnisorientiert in dem Sinne zu verstehen, dass der Aufsichtsrat darüber zu wachen hat, dass der Vorstand seiner Pflicht nachkommt, für den Bestand des Gesellschaftsunternehmens und für dauerhafte Rentabilität zu sorgen.[569] Bei der eG kommt hinzu, dass der Vorstand bei seiner Geschäftspolitik den Förderzweck[570] wahrt.[571]

cc) Intensität der Überwachung (Wie viel?)

603 Die Intensität der vom Aufsichtsrat zu erfüllenden Überwachungspflicht richtet sich nach der Lage des Gesellschafts- bzw Genossenschaftsunternehmens. Im Regelfall darf sich der Aufsichtsrat der AG darauf beschränken, die Berichte des Vorstands gemäß § 90 Abs. 1 AktG zu prüfen und ggf gemäß § 90 Abs. 3 AktG ergänzende Berichte anzufordern,[572] Schwerpunkte für eigene Überwachungsinitiativen zu bilden und den Vorstand mit Gegenvorstellungen zu konfrontieren.[573] Der Aufsichtsrat muss jedoch nicht iS einer sog. Totalkontrolle jeden einzelnen Akt der Geschäftsführung überprüfen. Es reicht eine regelmäßige und weitgespannte Stichprobenkontrolle.[574] Stets zu unterbinden sind Pflichtverstöße des Vorstands iS von § 93 Abs. 3 AktG.[575]

604 Ist die Lage der Gesellschaft angespannt oder bestehen sonstige außergewöhnliche Risiken, so muss die Intensität der Überwachungstätigkeit des Aufsichtsrats erhöht und somit der Situation angepasst werden.[576] Dies kann im Fall der Notwendigkeit des Austausches von Vorstandsmitgliedern[577] vorübergehend sogar bis hin zur Übernahme der Unternehmensführung durch einzelne Mitglieder des Aufsichtsrats reichen.[578] Im Fall eines bevorstehenden Kontrollwechsels ist der Aufsichtsrat als Kontrollorgan ganz besonders gefordert, da davon auszugehen ist, dass bei den Mitgliedern des Vorstands besondere Interessenkonflikte bestehen. Sollten sie die Übernahme befürworten, was insbesondere bei einem Management Buy Out (MBO) der Fall ist, dürften sie kein Interesse daran haben, auf eine Maximierung des Angebotspreises hinzuwirken, was zulasten der veräußerungswilligen Aktionäre ginge. Lehnen die Vorstandsmitglieder eine Übernahme ab, um ihr Amt nicht zu gefährden, werden sie

568 *Semler*, ZGR 1983, 1 [16 ff].

569 Hüffer, AktG, § 111, Rn 6.

570 Vgl §§ 1 Abs. 1, 6 Nr. 2 GenG.

571 *Beuthien*, in: Beuthien, GenG, § 38, Rn 2.

572 *Hüffer*, ZGR 1980, 320 [335], zum Pflichtenprogramm des fakultativen Aufsichtsrats einer Publikumsgesellschaft in der Rechtsform der KG: „Ein generelles Misstrauen in die Maßnahmen der Geschäftsführer ist nicht geeignet, die notwendige Zusammenarbeit zur fördern, und gelegentliche Stichproben ohne konkrete Anhaltspunkte werden nur selten zu verwertbaren Ergebnissen führen. Im Regelfall ist deshalb von den Mitgliedern des Aufsichtsrats nicht zu erwarten, dass sie bei der Überwachung der Geschäftsführung selbst initiativ werden. Sie dürfen vielmehr die Berichte und Vorlagen der Geschäftsführer abwarten und diese ihrer Prüfung zugrunde legen.“.

573 Lutter/Krieger, Aufsichtsrat, § 3, Rn 86.

574 *Beuthien*, in: Beuthien, GenG, § 38, Rn 5, § 41. Rn 10, für die eG.

575 BGH, Urt. v. 16.3.2009 – II ZR 280/07, abgedruckt in: NJW 2009, 2454 [2455 f, Tz. 14 ff] = NZG 2009, 550 = WM 2009, 851; OLG Brandenburg, Urt. v. 17.2.2009 – 6 U 102/07, abgedruckt in: CCZ 2009, 117 = ZIP 2009, 866 [869 f]; Hüffer, AktG, § 111, Rn 7 m. Nachw. z. Rspr des BGB u. des OLG Brandenburg; ähnlich *Vetter*, DB 2004, 2623 [2626 mwN], wonach bei Gesetzesverstößen des Vorstandes eine Pflicht zum Einschreiten des Aufsichtsrats und seiner Mitglieder nur besteht, wenn diese schwerwiegend sind und der Gesellschaft ein erheblicher Schaden droht.

576 OLG Stuttgart, Beschl. v. 19.06.2012 – 20 W 1/12, abgedruckt in: NZG 2012, 1150 = AG 2012, 762 = ZIP 2012, 1965 = DB 2012, 2332 [2335]; OLG Stuttgart, Urt. v. 20.02.2012 – 20 U 3/11, abgedruckt in: NZG 2012, 425 = AG 2012, 298 [300 f] = ZIP 2012, 625; *Habersack*, in: MünchKomm AktG[3], § 111, Rn 44 ff; Lutter/Krieger, Aufsichtsrat, § 3, Rn 86 f; *Semler*, AG 1983, 141 f.

577 Bestellung und Abberufung iSv § 84 AktG.

578 Hüffer, AktG, § 111, Rn 7.

versuchen, die Übernahme zu vereiteln, selbst wenn diese im wohlverstandenen Interesse des Unternehmens ist.[579]

Zu beachten ist jedoch stets, dass es sich bei der Aufsichtsratstätigkeit um eine Nebentätigkeit handelt, so dass der vom jeweiligen Mitglied zu erwartende Zeiteinsatz und somit der Umfang der zu beschaffenden und zu verarbeitenden Informationen begrenzt ist. Eine Präzisierung des Ausmaßes der gebotenen Selbstinformation, also die Beantwortung der Frage, wie viel Information für die konkrete Entscheidung in der Beschlusssituation angemessen und somit rechtlich notwendig ist, kann nur im Einzelfall geschehen, da „Angemessenheit" immer mit Rücksicht auf die Bedeutung der Entscheidung für das Unternehmen zu beurteilen ist. Je bedeutender die Entscheidung ist, desto größer ist das Ausmaß der gebotenen Informationsbeschaffung.[580] Dasselbe gilt für das Risiko des vom Vorstand geplanten Geschäfts. Je riskanter dies ist, desto höher sind die Anforderungen an das Aufsichtsratsmitglied, was regelmäßig die Verarbeitung einer größeren Informationsfülle zur Folge hat.[581] Als gesetzlicher Hinweis an die an den Aufsichtsrat gestellten Prüfungsanforderungen in Nicht-Krisensituationen wird daher zu Recht § 90 Abs. 2 Nr. 4 AktG angeführt.[582] Hiernach sind die Berichte über Geschäfte, die für die Rentabilität und Liquidität der Gesellschaft von erheblicher Bedeutung sein können (§ 90 Abs. 1 Nr. 4 AktG), möglichst so rechtzeitig vom Vorstand zu erstatten, dass der Aufsichtsrat vor deren Vornahme Gelegenheit zur Stellungnahme hat. Die übrigen Berichte nach § 90 Abs. 1 AktG sind hingegen in einem festen Turnus gemäß § 90 Abs. 2 Nrn. 1 – 3 AktG zu erstatten mit der Folge, dass die Aufsichtsratsmitglieder von deren Inhalt erst Kenntnis erlangen, wenn die zugrundliegenden Geschäfte und sonstigen Maßnahmen bereits vollzogen wurden. (dazu Rn 733 ff) Hieraus ergibt sich, dass der Gesetzgeber eine Abstufung im Hinblick auf die konkreten Überwachungsmöglichkeiten des Aufsichtsrats in Bezug auf die Bedeutung der vom Vorstand avisierten Geschäfte intendiert hat. 605

b) Prüfung von Jahresabschluss u.a.

aa) Einleitung – Beauftragung und Funktion des Abschlussprüfers

Gemäß § 318 Abs. 1 Satz 4 HGB sowie § 111 Abs. 2 Satz 3 AktG hat der Aufsichtsrat einer AG, KGaA und mitbestimmten[583] GmbH, sofern es sich nicht um eine kleine Kapitalgesellschaft iS von § 267 Abs. 1 HGB[584] handelt, die nicht freiwillig ihren Jahresabschluss extern prüfen lässt,[585] als Vertreter der Gesellschaft dem Abschlussprüfer – gemäß § 319 Abs. 1 Satz 1 HGB einem Wirtschaftsprüfer oder einer Wirtschaftsprüfungsgesellschaft[586] – den Prüfungsauftrag für den Jahres- und, sofern es sich um den Aufsichtsrat einer Konzernober- 606

579 Vgl *Seibt*, FS Hoffmann-Becking, 2013, S. 1119 [1119].

580 *Seibt*, FS Hoffmann-Becking, 2013, S. 1119 [1120 f], wonach es in solchen Situationen vor allem darauf ankommt, dass die Berichterstattung durch den Vorstand ihrer Funktion, Risiken aufzudecken, die zB durch Interessenkonflikte in der Person eines Vorstandsmitglieds betstehen, gerecht wird.

581 Hierzu ausführlich im Hinblick auf Entscheidungen des Aufsichtsrats bei zustimmungspflichtigen Geschäften: *Fonk*, ZGR 2006, 841 [860].

582 Vgl *Hoffmann*, AG 2012, 478 [483].

583 § 25 Abs. 1 Ziff. 2 MitbestG bzw § 1 Abs. 1 Ziff. 3 Satz 2 DrittelbG jeweils iVm § 111 Abs. 2 Satz 3 AktG.

584 Zu den geplanten Differenzierungen bei den Anforderungen an die Abschlussprüfung aufgrund der Unternehmensgröße, vgl *Schüppen*, ZIP 2012, 1317 [1318].

585 Vgl § 316 Abs. 1 Satz 1 HGB.

586 Nur in absoluten Ausnahmefällen dürften gemäß § 319 Abs. 1 Satz 2 HGB auch vereidigte Buchprüfer und Buchprüfungsgesellschaften als Abschlussprüfer von Gesellschaften in Betracht kommen, die qua Gesetzes einen Aufsichtsrat bilden müssen.

gesellschaft handelt, den Konzernabschluss,[587] zu erteilen,[588] unverzüglich nachdem dieser auf Vorschlag des Aufsichtsrats gemäß § 124 Abs. 3 Satz 1 AktG von der Hauptversammlung bzw der Gesellschafterversammlung gewählt wurde.[589] Mit der Verlagerung dieser Kompetenz vom Vorstand auf den Aufsichtsrat durch das KonTraG im Jahr 1998[590] ist zuletzt genanntes Organ heute für den ganzen Komplex der Abschlussprüfung allein verantwortlich.[591] Es ist seither nicht nur Aufgabe des Aufsichtsrats bzw dessen Prüfungsausschusses einen Prüfer auszusuchen, der neben allgemeinen Kenntnissen und Erfahrungen in der Abschlussprüfung im Idealfall auch spezifische in der Branche des konkret zu prüfenden Unternehmen gesammelt hat,[592] sondern auch, wie in Ziff. 5.3.2 Satz 1 DCGK empfohlen, Schwerpunkte der Prüfung zu setzen.[593] Der Abschlussprüfer wird besonders darauf bedacht sein, den Vorgaben des Aufsichtsrats gerecht zu werden, zumindest dann, wenn er an einer erneuten Beauftragung interessiert ist. *Theisen* sieht daher in der Verlagerung der Kompetenz zur Beauftragung des Abschlussprüfers vom Vorstand auf den Aufsichtsrat die „Wiederherstellung des Check-and-Balances-Grundsatzes des deutschen Corporate Governance-Systems".[594]

607 Der Abschlussprüfer hat zwei Funktionen:[595] (1.) Er soll den Aufsichtsrat durch seine Tätigkeit bei dessen Überwachungsaufgabe unterstützen.[596] *Wirth* bedauert insofern, dass „leider ... immer noch viel zu wenige Aufsichtsräte begriffen [hätten], dass er eines ihrer wichtigsten Prüfungsinstrumente zur Überwachung des Vorstands ist."[597] Unterstützung ist der Abschlussprüfer dem Aufsichtsrat jedoch nur, wenn er vom Vorstand unabhängig und somit im Rahmen seiner Prüfung unbefangen ist. Andernfalls mag er die Vorstandsmitglieder ungerechtfertigterweise bei seiner Beurteilung deren Handelns verschonen und auf diese Weise das Überwachungsorgan in die Irre leiten.[598] (2.) Außerdem ist er Garant für Anleger und Öffentlichkeit, dass die seiner Prüfung unterliegende Rechnungslegung den gesetzlichen Anforderungen entspricht (sog. Garantiefunktion).[599]

---

587 Vgl §§ 290 ff HGB, der ausschließlich der Information dient, vgl *Buhleier/Krowas*, DB 2010, 1165 [1165].

588 Während es Aufgabe des Aufsichtsrats ist, dem Abschlussprüfer den Prüfungsauftrag zu erteilen, obliegt es dem Vorstand, den Prüfer im Hinblick auf sämtliche prüfungsfremde Leistungen zu beauftragen, vgl hierzu *Hommelhoff*, FS Hoffmann-Becking, 2013, S. 547 [556 ff].

589 § 119 Abs. 1 Ziff. 4 AktG iVm § 318 Abs. 1 Satz 1 u. 4 HGB; sollte durch die Hauptversammlung kein Prüfer für den Konzernabschluss bestellt worden sein, gilt gemäß § 318 Abs. 2 Satz 1 HGB derjenige Prüfer als bestellt, der für die Prüfung des in den Konzernabschluss einbezogenen Jahresabschlusses des Mutterunternehmens bestellt worden ist.

590 Bevor § 111 Abs. 2 Satz 3 AktG durch Art. 1 Nr. 12 KonTraG v. 5.3.1998 zum 1.5.1998 eingefügt wurde, war es gemäß § 318 Abs. 1 Satz 4 HGB iVm § 78 AktG Aufgabe des Vorstands, dem Abschlussprüfer den Auftrag zur Prüfung zu erteilen.

591 *Lutter*, DB 2009, 775 [775]; vgl auch *Theisen*, Der Aufsichtsrat 2013, 3 [3].

592 Darüber hianusgehend *Hommelhoff*, FS Hoffmann-Becking, 2013, S. 547 [552 ff], zum „Gebot einer konkret unternehmensbezogenen Abschlussprüfung", wonach ein Verbot simultaner Beratungsleistungen ebenso abzulehnen ist wie das Gebot reiner Prüfungsgesellschaften.

593 *Buhleier/Krowas*, DB 2010, 1165 [1168].

594 Vgl *Theisen*, Der Aufsichtsrat, 2013, 3 [3].

595 Zu den Vorschägen für eine „Verordnung des europäischen Parlaments und des Rates über spezifische Anforderungen an die Abschlussprüfung bei Unternehmen von öffentlichem Interesse" und für eine „Richtlinie des europäischen Parlaments und des Rates zur Änderung der RL 2006/43/EG über Abschlussprüfungen von Jahresabschlüssen und konsolidierten Abschlüssen", vgl *Schüppen*, ZIP 2012, 1317 ff.

596 Vgl Reg. Begr., BT-Drucks. 13/9712, S. 16; vgl auch *Velte*, AG 2009, 102 [102 ff], zur „Gehilfenfunktion des Abschlussprüfers" und deren Begrenzung zB im Hinblick auf den Prüfungsmaßstab.

597 ZGR 2005, 327 [337].

598 *Hommelhoff*, FS Hoffmann-Becking, 2013, S. 547 [548 ff].

599 *Drygala*, in: K. Schmidt/Lutter, AktG, § 111, Rn 29 mwN; vgl auch *Velte*, AG 2009, 102 [106], zum Abschlussprüfer als „Element der internen ... (= Gehilfe des Aufsichtsrats) ... [und] externen Corporate Governance ... (= Prüfer im öffentlichen Interesse)".

Bei der Auftragserteilung, also beim Abschluss des Prüfungsvertrages, vertritt der Aufsichtsrat, der hierfür zuständige Ausschuss oder ein vom Aufsichtsrat bevollmächtigtes Aufsichtsratsmitglied,[600] namentlich dessen Vorsitzender, die Gesellschaft gegenüber dem Prüfer, nachdem Aufsichtsrat oder Ausschuss[601] zuvor über die Auftragserteilung durch Beschluss entschieden haben. Die Vertragsverhandlungen mit dem Abschlussprüfer führt der Aufsichtsratsvorsitzende, wobei er sich die Sachkunde des Vorstandes oder einzelner seiner Mitglieder zunutze machen darf.[602] Es ist jedoch darauf zu achten, dass die Garantiefunktion des Abschlussprüfers nicht durch unsachgemäße Einflussnahme des Vorstands beeinträchtigt wird.[603] 608

Der Prüfungsvertrag bedarf keiner besonderen Form. Er kann auch durch schlüssiges Verhalten des zum Abschluss bevollmächtigten Aufsichtsratsmitglieds oder Ausschusses wirksam geschlossen werden.[604] Der Prüfungsvertrag enthält mangels gesetzlicher Gebühren[605] eine Honorarvereinbarung, die ebenfalls vom Aufsichtsrat zu treffen ist.[606] 609

Nach Bestellung durch die Hauptversammlung, Auswahl durch den Aufsichtsrat und vor Abschluss des Prüfungsvertrages haben Gesellschaften, die den Vorschriften des KWG unterliegen, der BaFin und der Deutschen Bundesbank den Prüfer anzuzeigen, damit die BaFin, falls dies zur Erreichung des Prüfungszwecks geboten erscheint, die Bestellung eines anderen Prüfers verlangen kann.[607] Dieselbe Verpflichtung trifft Versicherungsgesellschaften, bei denen die BaFin als Aufsichtsbehörde, falls sie Bedenken gegen den Prüfer hat, ebenfalls verlangen kann, dass ein anderer Prüfer bestimmt wird.[608] 610

bb) Gegenstände, Ziele und Umfang der Prüfung

Der Aufsichtsrat einer AG, KGaA und mitbestimmten[609] GmbH hat das Recht und die Pflicht (§ 171 Abs. 1 Satz 1 AktG), den vom Vorstand gemäß § 170 Abs. 1 AktG aufgestellten Jahresabschluss, bestehend aus Bilanz sowie Gewinn- und Verlustrechnung gemäß § 242 Abs. 3 HGB und Anhang mit Erläuterungen gemäß § 264 Abs. 1 Satz 1 HGB, Lagebericht[610] iS von § 289 HGB und Gewinnverwendungsvorschlag iS von § 170 Abs. 2 Satz 1 AktG sowie bei einem herrschenden Unternehmen iS von § 17 Abs. 1 AktG Konzernabschluss und Konzernlagebericht gemäß § 290 Abs. 1 Satz 1 HGB im Hinblick auf Recht-, Ordnungs- und 611

600 Vgl Hüffer, AktG, § 111, Rn 12 c.

601 Da § 107 Abs. 3 Satz 3 AktG die Vorschrift des § 111 Abs. 2 Satz 3 AktG nicht erwähnt, dürfte die Delegation dieser Aufgabe auf einen Ausschuss zulässig sein; so auch: *Habersack*, MünchKomm AktG[3], § 111, Rn 82 u. 86; *Spindler*, in Spindler/Stilz, AktG, § 111, Rn 54; *Altmeppen*, ZGR 2004, 390 [405 f]; *Kersting*, ZIP 2003, 233 [239]; aA: *Drygala*, in: K. Schmidt/Lutter, AktG, § 111, Rn 31; *Hommelhoff*, BB 1998, 2567 [2570]; *Theisen*, DB 1999, 341 [345].

602 Hüffer, AktG, § 111, Rn 12 d; *Drygala*, in: K. Schmidt/Lutter, AktG, § 111, Rn 32.

603 *Drygala*, in: K. Schmidt/Lutter, AktG, § 111, Rn 32.

604 Hüffer, AktG, § 111, Rn 12 c.

605 Hüffer, AktG, § 111, Rn 12 d.

606 Reg. Begr., BT-Drucks. 13/9712, S. 16.

607 Vgl § 28 Abs. 1 Satz 1 u. 2 KWG.

608 Vgl § 58 Abs. 2 Satz 1 u. 2 Versicherungsaufsichtsgesetz (VAG).

609 § 25 Abs. 1 Ziff. 2 MitbestG bzw § 1 Abs. 1 Ziff. 3 Satz 2 DrittelbG jeweils iVm §§ 170, 171 AktG.

610 Kleine Kapitalgesellschaft iS von § 267 Abs. 1 HGB brauchen den Lagebericht gemäß § 264 Abs. 1 Satz 4 Hs 1 HGB nicht aufzustellen.

Zweckmäßigkeit zu prüfen.[611] Die Prüfung kann weitere Gegenstände wie zB Rentabilitäts- und Abhängigkeitsbericht umfassen.[612]

612 Primäres Ziel dieser Prüfung ist die Herbeiführung eines Beschlusses über Billigung bzw Missbilligung zuvor genannter Vorlagen nach Maßgabe von § 108 AktG, der gemäß § 107 Abs. 3 Satz 3 AktG zwingend durch den Gesamtaufsichtsrat zu fassen, einem Ausschuss und somit auch dem (fakultativen) Prüfungsausschuss iS § 107 Abs. 3 Satz 2 AktG mithin vorenthalten ist. Die Billigung des Jahresabschlusses zieht gemäß § 172 Satz 1 AktG im Regelfall dessen Feststellung und somit dessen erstmalige Ausstattung mit Bindungswirkung nach sich. Der Aufsichtsrat einer AG kann bei durchgreifenden Bedenken hinsichtlich der Recht-, Ordnungs- und/oder Zweckmäßigkeit der Vorstandsvorlagen, die bis zur Beschlussfassung nicht ausgeräumt wurden, seine Billigung verweigern, wodurch es nicht zur Feststellung des Jahresabschlusses kommt. Dem Aufsichtsrat einer KGaA kommt im Hinblick auf die Feststellung keine Bedeutung zu, da gemäß § 286 Abs. 1 AktG hierüber die Hauptversammlung mit Zustimmung der persönlich haftenden Gesellschafter durch Beschluss entscheidet.

613 Neben der Herbeiführung eines Beschlusses über Billigung bzw Missbilligung der Vorstandsvorlagen soll deren Prüfung der Erarbeitung einer Grundlage für den Bericht des Aufsichtsrats an die Hauptversammlung gemäß § 171 Abs. 2 AktG dienen. Schließlich zielt die Prüfung des Gewinnverwendungsvorschlags auf die Schaffung einer Grundlage für den eigenen Gewinnverwendungsvorschlag, den der Aufsichtsrat gemeinsam mit dem Vorstand der Hauptversammlung gemäß § 124 Abs. 3 Satz 1 AktG unterbreiten muss.[613] Der Gewinnverwendungsvorschlag ist somit kein Objekt der Billigung, wenngleich der Beschluss des Aufsichtsrats, sich dem Vorschlag des Vorstands anzuschließen, in der Öffentlichkeit regelmäßig wie eine Billigung aufgefasst wird.[614]

614 Der Prüfungsauftrag des Aufsichtsrats ist umfassend. Er erstreckt sich auf sämtliche der in § 171 Abs. 1 Satz 1 AktG genannten Objekte und Verfahren der Rechnungslegung. Somit geht er gegenständlich über den Auftrag des Abschlussprüfers[615] hinaus. Eine Eingrenzung, wie sie § 317 Abs. 1 Satz 1 HGB für dessen Prüfung vornimmt, besteht nicht.[616] Dabei hat der Aufsichtsrat allerdings nicht so intensiv[617] zu prüfen wie der Wirtschaftsprüfer.[618] So hat er den Einzelabschluss zB lediglich einer ergebnisbezogenen Plausibilitätsprüfung zu unterziehen, die bei den Tatsachenfeststellungen im Prüfungsbericht des Wirtschaftsprüfers iS von § 321 HGB ansetzt.[619] Andernfalls käme die Prüfung für dessen Mitglieder einem „Ding der Unmöglichkeit" gleich,[620] da der Aufsichtsrat weder eine eigene Buchhaltung noch eine Bilanzabteilung unterhält[621] und seine Mitglieder regelmäßig nicht über die erforderlichen Kompetenzen – der unabhängige Finanzexperte iS von §§ 100 Abs. 5, 107 Abs. 4 AktG dürfte hierfür in großen und mittelgroßen Gesellschaften fraglos nicht ausreichen – und zeitli-

611 Bei den vom Vorstand aufgestellten und dem Aufsichtsrat zugeleiteten Vorlagen handelt es sich um Entwürfe, die im Zuge der späteren Prüfung geändert werden können, vgl *Euler*, in: Spindler/Stilz, AktG, § 171, Rn 40; *Lutter*, AG 2008, 1 [3]; *Ekkenga*, in: KölnKomm AktG, § 171, Rn 15, spricht von „unverbindlichen Interna ohne Bestandskraft nach außen".

612 *Ekkenga*, in: KölnKomm AktG, § 171, Rn 15, mit weiteren Beispielen; *Hennrichs/Pöschke*, in: MünchKomm AktG³, § 171, Rn 79.

613 Zu den drei Zielen der Prüfung vgl nur *Ekkenga*, in: KölnKomm AktG, § 171, Rn 13.

614 *Kropff*, in: MünchKomm AktG², § 171, Rn 56; *Ekkenga*, in: KölnKomm AktG, § 171, Rn 41.

615 Zur Geschichte der Pflichtprüfung durch externe Wirtschaftsprüfer bzw Wirtschaftsprüfungsgesellschaften, vgl *Selter*, AG 2013, 14 [14 f].

616 Vgl *Ekkenga*, in: KölnKomm AktG, § 171, Rn 22, der insofern auch von Prüfungsradius spricht.

617 *Ekkenga*, in: KölnKomm AktG, § 171, Rn 22, gebraucht die Begriff Prüfungstiefe bzw –intensität.

618 Vgl nur *Forster*, ZfB 58 (1988), 789 [765].

619 *Drygala*, in: K. Schmidt/Lutter, AktG, § 171, Rn 7; *Waclawik*, in: Hölters, § 171, Rn 11; Lutter/Krieger, Aufsichtsrat, § 5, Rn 180; *Lutter*, AG 2008, 1 [4]; *Forster*, ZfB 58 (1988), 789 [797].

620 *Wirth*, ZGR 2005, 327 [337].

621 *Lutter*, AG 2008, 1 [2].

chen Ressourcen verfügen. Vielmehr leistet der Abschlussprüfer mit seiner Jahresabschlussprüfung und seinem Bericht hierüber regelmäßig die Vorarbeit für die Prüfung des Jahresabschlusses durch den Aufsichtsrat.[622] Daher ist dessen Prüfungsbericht[623] nicht Prüfungsgegenstand, sondern Prüfungshilfsmittel.[624]

Der Abschlussprüfer hat gemäß § 317 Abs. 1 Satz 1 u. 2 HGB unter Einbeziehung der Buch- 615
führung zu prüfen, ob bei der Aufstellung des Jahresabschlusses die gesetzlichen Vorschriften und sie ergänzende Bestimmungen des Gesellschaftsvertrages beachtet worden sind. Diese Prüfung erfolgt aufgrund beschränkter Zeit und Ressourcen mittels Stichproben, so dass Rechtsverstöße bei der Aufstellung des Jahresabschlusses durch den Vorstand unerkannt bleiben können.[625] Der Aufsichtsrat ist dazu berufen, sich ein Bild von dem Abschlussprüfer und der Qualität dessen Leistungen zu machen, um ihm für die nächste Abschlussprüfung ggf keinen Prüfungsauftrag mehr zu erteilen.[626] Einer tatsächlichen und weitreichenden Überwachung des Abschlussprüfers und seiner Prüfungstätigkeit bedarf es hingegen nicht.[627]

Bei einem abhängigen Unternehmen iS von § 17 Abs. 1 AktG hat der Aufsichtsrat gemäß 616
§ 314 Abs. 2 Satz 1 AktG darüber hinaus das Recht und die Pflicht, den Bericht des Vorstands über die Beziehungen zu verbundenen Unternehmen (sog. Abhängigkeitsbericht) zu prüfen.

cc) Prüfung bei der eG

Der Aufsichtsrat einer eG hat gemäß § 38 Abs. 1 Satz 5 Hs 1 GenG ebenfalls Jahresabschluss 617
und Lagebericht sowie darüber hinaus den Vorschlag des Vorstands zur Verwendung des Jahresüberschusses oder die Deckung des Jahresfehlbetrags zu prüfen.[628] Dies setzt zumindest Grundkenntnisse der Mitglieder von den anzuwendenden Rechnungslegungsstandards[629] voraus.

622 *Ekkenga*, in: KölnKomm AktG, § 171, Rn 14, weist mit Hinweis auf § 172 Abs. 2 Satz 2 Hs 1 AktG darauf hin, dass der Aufsichtsrat auch „während des Geschäftsjahres" und somit vor Zuleitung der Vorlagen durch den Vorstand oder des Prüfungsberichts durch den Wirtschaftsprüfer Prüfungshandlungen vorzunehmen hat.

623 Zur Bedeutung des Prüfungsberichts als Informationsquelle für den Aufsichtsrat betreffend einen umfangreichen Bestand ungesicherter Darlehensforderungen der Gesellschaft gegen einen Gesellschafter, vgl. BGH, Urt. v. 01.12.2008 – II ZR 102/07 („MPS"), abgedruckt in: BGHZ 179, 71 = NJW 2009, 850 = NZG 2009, 107 [110, Tz. 21] = AG 2009, 81 = ZIP 2009, 70.

624 *Ekkenga*, in: KölnKomm AktG, § 171, Rn 16; *Hennrichs/Pöschke*, in: MünchKomm AktG[3], § 171, Rn 11, 15, 97, 100 ff; *Kuhner*, ZGR 2010, 980 [998 f]; aA: *Lutter*, AG 2008, 1 [4], der auf der einen Seite vom Aufsichtsrat lediglich verlangt, dass er den Prüfungsbericht des Abschlussprüfers bei seiner eigenen Abschlussprüfung zu Rate zieht, Kritikpunkte des Jahres-/Konzernabschlussprüfers sorgfältig zur Kenntnis nimmt und mit diesem erörtern und schließlich dessen Hinweisen „auf das Genaueste" nachgeht; auf der anderen Seite bezeichnet er den Aufsichtsrat als „erste(n) Kontrolleur der Arbeit von Abschlussprüfer und Konzern-Abschlussprüfer", der in seinem Bericht an die Hauptversammlung auch darüber zu berichten hat, ob der Prüfungsbericht den gesetzlichen Anforderungen von § 321 HGB entspricht.

625 Vgl *Kuhner*, ZGR 2010, 980 [984 f].

626 *Buhleier/Krowas*, DB 2010, 1165 [1169].

627 Die Intention des Bilanzrichtlinienmodernisierungsgesetzgebers im Jahr 2009 scheint eine andere gewesen zu sein, vgl BT-Drucks. 16/10067, S. 103.

628 Uu den inhaltlichen Anforderungen an die Prüfung, vgl *Beuthien*, in: Beuthien, GenG, § 38, Rn 5., wonach die Überprüfung des Jahresabschlusses sich nicht auf die rechnerische Richtigkeit beschränken darf, sondern auch die sachliche und rechtliche – gesetzliche und statutarische – einzuschließen hat. Bei der „Prüfung des Gewinnverwendungs- bzw Verlustdeckungsvorschlags" müsse der Aufsichtsrat den Prüfungsbericht des Prüfungsverbandes kritisch auswerten.

629 Einzelabschlüsse werden nach §§ 238 ff HGB bilanziert, Konzernabschlüsse von kapitalmarktorientierten Unternehmen nach IFRS (International Financial Reporting Standards) gemäß der Verordnung (EG) Nr. 1606/2002 vom 19.7.2002 (ABl. EG L 243/1 v. 11.9.2002). Schließlich gibt es Unternehmen, die aufgrund einer Börsennotierung außerhalb der EU verpflichtet sind, ihren Konzernabschluss nach US-GAAP (Generally Accepted Accounting Principles) aufzustellen.

618 Anders als bei AG, KGaA und GmbH wird der Abschluss nicht extern durch einen Wirtschaftsprüfer geprüft, sondern durch den Prüfungsverband iS von § 54 GenG, dem eG angehört, vgl § 55 Abs. 1 Satz 1 GenG. Diese Prüfung beinhaltet gemäß § 53 Abs. 1 Satz 1 GenG auch die Prüfung der Geschäftsführung der eG zwecks Feststellung deren „Ordnungsmäßigkeit". Insofern geht sie über die Prüfung durch den Abschlussprüfer bei AG, KGaA und GmbH gemäß §§ 316 ff HGB hinaus.[630]

dd) Prüfungsmaßstäbe

619 Der Aufsichtsrat hat den Jahresabschluss ebenso wie der Wirtschaftsprüfer auf Recht- und Ordnungsmäßigkeit zu prüfen.[631] Bei der Prüfung der *Rechtmäßigkeit* geht es um die Einhaltung der Regelungen des HGB sowie der §§ 150 bis 160 AktG für den (Konzern-)[632] Abschluss sowie die statutarischen Vorgaben zur Bildung von Rücklagen und schließlich um die Vollständigkeit der Angaben im (Konzern-) Lagebericht.[633] Hierbei können die Aufsichtsratsmitglieder unter anderem die Ausführungen im Hauptteil des Berichts des Abschlussprüfers (vgl § 321 Abs. 2 Satz 1 HGB) zur Grundlage ihrer Prüfung machen.[634] Sollte der Bericht des Abschlussprüfers Hinweise auf besondere Risiken oder gar Unregelmäßigkeiten enthalten, ist von den Aufsichtsratsmitgliedern eine Intensivierung der Prüfung zu verlangen. Dasselbe gilt, wenn der Bestätigungsvermerk gemäß § 322 Abs. 2 Ziff. 2 HGB nur eingeschränkt erteilt wird.[635] Der Prüfungsumfang bei Konzernabschlüssen reicht über denjenigen bei Einzelabschlüssen hinaus. So hat der Aufsichtsrat die gesetzlichen Voraussetzungen für die Pflicht zu dessen Aufstellung gemäß §§ 290 ff HGB ebenso zu prüfen wie den Konsolidierungskreis iS von §§ 294, 296 HGB, also den Kreis der einzubeziehenden Unternehmen, und Fragen der Konsolidierungstechnik.[636] Die Prüfungsaufgabe des Aufsichtsrats im Hinblick auf die Lageberichte zu Einzel- und Konzernabschluss iS von §§ 289, 315 HGB besteht vor allem darin, die dortigen Darstellungen des Vorstands zu bisherigem Geschäftsverlauf und voraussichtlicher Entwicklung von Unternehmen und Markt hinsichtlich Chancen und Risiken mit den unterjährigen Vorstandsberichten iS von § 90 Abs. 1 u. Abs. 3 AktG zu vergleichen und Differenzen aufzuzeigen.[637] Einen Verzicht des Vorstands auf die Prognoseberichterstattung darf der Aufsichtsrat selbst dann nicht hinnehmen, wenn es aufgrund einer globalen Krise an einer verlässlichen Beurteilungsgrundlage fehlt.[638] Gegenüber dem Abschlussprüfer dürfte der Aufsichtsrat aufgrund seiner unterjährigen Kontrolle der Geschäftsleitung bei der Beurteilung des Lageberichts einen gewissen Informationsvorsprung

630 Vgl *Strieder*, AG 2006, 363 [365].

631 Vgl nur Hüffer, AktG, § 171, Rn 4; *Hennrichs/Pöschke*, in: MünchKomm AktG³, § 171, Rn 32 f.

632 Wenn Konzernabschlüsse nach IFRS oder US-GAAP aufgestellt sind, bezieht sich die Prüfung auf die Vereinbarkeit mit diesen Rechnungslegungsstandards.

633 *Drygala*, in: K. Schmidt/Lutter, AktG, § 171, Rn 4.; *Euler*, in: Spindler/Stilz, AktG, § 171, Rn 42; *Lutter*, AG 2008, 1 [2].

634 *Ekkenga*, in: KölnKomm AktG, § 171, Rn 23, weist zu Recht darauf hin, dass es bei der Rechtmäßigkeitsprüfung nicht darum gehen kann, dass der Aufsichtsrat „unter Inkaufnahme erheblicher Zusatzkosten in eine weitgehend zweckfreie Simultanprüfung einzuspannen [ist], die sich unkoordiniert neben der des Wirtschaftsprüfers als des besser geeigneten Spezialisten bespielt"; **aA:** *Velte*, NZG 2010, 930 [932].

635 Vgl *Euler*, in: Spindler/Stilz, AktG, § 171, Rn 11; *Drygala*, in: K. Schmidt/Lutter, AktG, § 171, Rn 7; *Ekkenga*, in: KölnKomm AktG, § 171, Rn 25; *Lutter*, AG 2008, 1 [3]; *Selter*, AG 2013, 14 [15, Fn 20] mwN auch zur Gegenansicht.

636 *Ekkenga*, in: KölnKomm AktG, § 171, Rn 26.

637 *Ekkenga*, in: KölnKomm AktG, § 171, Rn 27.

638 Vgl OLG Frankfurt aM, Beschl. v. 24.11.2009 – WpÜG 11 u. 12/09, abgedruckt in: BeckRS 2009, 87746 = BB 2010, 111 [112] m.Anm. *Dzulko*, wonach der vollständige Verzicht auf einen Prognosebericht im (Konzern-) Lagebericht eines kapitalmarktorientierten Unternehmens trotz Finanzkrise ein im Enforcementverfahren zu beanstandender Fehler ist.

haben.[639] Bereits aus diesem Grund darf er sich nicht „blind" auf die Vorarbeit des Abschlussprüfers bei seiner Prüfung des Lageberichts verlassen.[640] Eine Rechtmäßigkeitsprüfung im Hinblick auf den Gewinnverwendungsvorschlag des Vorstands iS von § 170 Abs. 2 AktG findet nur sehr eingeschränkt statt. Vorwiegend geht es hierbei um Zweckmäßigkeitserwägungen.

Die Frage nach der *Ordnungsmäßigkeit* ist vor allem danach zu beantworten, ob alle erfor- 620
derlichen Angaben und Dokumente übersichtlich gestaltet und vollständig sind.[641] *Sünner* bezeichnet die Ordnungsmäßigkeit daher auch als kleinere und filigranere Schwester der Rechtmäßigkeit.[642]

Über den gesetzlichen Prüfungsauftrag des Wirtschaftsprüfers hinaus[643] hat der Aufsichtsrat 621
auch noch die *Zweckmäßigkeit* der vom Vorstand ergriffenen Maßnahmen zu prüfen.[644] Insofern stellt er das „Vieraugenprinzip" sicher.[645] Im Zuge dessen sind die Ausübung von Bilanzierungs- und Bewertungswahlrechten, die Festlegung von Abschreibungsmethoden sowie die Rücklagen- und Ausschüttungspolitik des Vorstands im Zuge der Aufstellung der Bilanz zu hinterfragen.[646] Die Überwachung durch den Aufsichtsrat folgt hierbei nicht bilanz-, sondern gesellschaftsrechtlichen Direktiven, namentlich der Bindung der Verwaltungsorgane an das Wohl der Gesellschaft,[647] konkret an deren Finanzierungsinteresse.[648] Die Pflicht zur Prüfung der Zweckmäßigkeit führt im Fall der Billigung des Jahresabschlusses dazu, dass der Aufsichtsrat Mitverantwortung für die Bilanzpolitik des Vorstands und somit für dessen unternehmerische Entscheidung übernimmt.[649] Bei der Frage der Ergebnisverwendung können zwischen Vorstand und Aufsichtsrat Meinungsverschiedenheiten darüber entstehen, ob eine weitgehende Thesaurierung oder eher eine erhöhte Ausschüttung dem Wohl der Gesellschaft dient.[650] Während eine Verbesserung der Eigenkapitalquote und die damit nicht selten einhergehende Verbesserung des Ratings für die Thesaurierung streiten, spricht insbesondere bei börsennotierten Gesellschaften die Signalwirkung auf Investoren für eine möglichst hohe Ausschüttung. Denn letztendlich dürfte eine hohe Ausschüttung dazu führen, dass der Börsenkurs steigt und sich somit die Aussichten für effektive Kapitalerhöhungen und sonsti-

639 *Kropff*, in: MünchKomm AktG², § 171, Rn 12, 150; *Ekkenga*, in: KölnKomm AktG, § 171, Rn 27; *Buhleier/Krowas*, DB 2010, 1165 [1165 mwN].

640 Vgl *Buhleier/Krowas*, DB 2010, 1165 [1165].

641 *Lutter*, AG 2008, 1 [2].

642 *Sünner*, AG 2008, 411 [412].

643 Vgl hierzu nur *Ekkenga*, in: KölnKomm AktG, § 171, Rn 22; *Hennrichs/Pöschke*, in: MünchKomm AktG³, § 171, Rn 36.

644 Für den von *Lutter*, AG 2008, 1 [2], angeführten Prüfungsmaßstab der Wirtschaftlichkeit, der im Zusammenhang mit der Überwachung der laufenden Geschäftsführung durch den Vorstand gemäß § 111 Abs. 1 AktG von erheblicher Bedeutung ist, dürfte für die Prüfung des aufgestellten Jahres- und Konzernabschlusses gemäß § 171 Abs. 1 AktG kein Raum sein, da die Aufstellung des Jahresabschlusses die Rentabilität des Unternehmens allenfalls mittelbar tangiert, ähnlich *Sünner*, AG 2008, 411 [413]; *Strieder*, AG 2006, 363 [364], spricht von der „Sinnhaftigkeit" der jeweiligen Bilanzansätze.

645 Vgl *Buhleier/Krowas*, DB 2010, 1165 [1168].

646 Vgl *Kropff*, in: MünchKomm AktG², § 171, Rn 28 ff; *Drygala*, in: K. Schmidt/Lutter, AktG, § 171, Rn 4.; *Buhleier/Krowas*, DB 2010, 1165 [1165]; *Sünner*, AG 2008, 411 [412]; *Vetter*, ZIP 2006, 257 [259]; *Lutter*, AG 2008, 1 [2], der nicht nur von „Zweckmäßigkeit", sondern hiervon unabhängig auch von „Wirtschaftlichkeit" spricht; *Selter*, AG 2013, 14 [15, Fn 18 mwN].

647 *Ekkenga*, in: KölnKomm AktG, § 171, Rn 19; *Drygala*, in: K. Schmidt/Lutter, AktG, § 171, Rn 4; *Waclawik*, in: Hölters, AktG, § 171, Rn 9.

648 *Lutter*, AG 2008, 1 [2 mwN].

649 Hüffer, AktG, § 171, Rn 7; *Lutter*, AG 2008, 1 [3].

650 *Lutter*, AG 2008, 1 [2]; *Sünner*, AG 2008, 411 [412], wonach der Aufsichtsrat konkret zu prüfen hat, ob die Bilanzpolitik des Vorstands mit den Finanzierungsinteressen der Gesellschaft in Einklang steht; ähnlich *Kropff*, in: MünchKomm AktG², § 171, Rn 44, der dem Aufsichtsrat eine eigene Beurteilungspflicht im Hinblick auf die Zweckmäßigkeit der bilanzpolitischen Entscheidungen des Vorstands zuweist.

ge Maßnahmen am Kapitalmarkt in Form von Finanzierungen über Fremd- und Mezzaninkapital verbessern.[651] Sollte die Gesellschaft ein Aktienoptionsprogramm für Führungskräfte aufgelegt haben, hat der Aufsichtsrat zu berücksichtigen, dass der Vorstand bei seinem Gewinnverwendungsvorschlag Eigeninteressen verfolgen dürfte.[652] Die Bilanzpolitik des Vorstands beschränkt sich nicht nur auf die Durchführung der Rechnungslegung. Sie kann schon früher ansetzen, etwa bei der Entscheidung, ob die Konzernbilanz nach HGB oder IFRS erstellt oder ob das Bewertungsergebnis der eigenen Muttergesellschaft gemäß § 300 Abs. 2 Satz 2 HGB übernommen werden soll.[653] Schließlich sollte der Aufsichtsrat bei sachverhaltsgestaltenden Maßnahmen des Vorstands, vgl § 321 Abs. 2 Satz 4 HGB, auf den Plan treten, also immer dann, wenn der Vorstand durch temporäre Veränderungen das Abschlussergebnis kurz vor dem Bilanzstichtag kurzfristig aufzubessern versucht („Window Dressing"),[654] die Maßnahmen für sich jedoch buchhalterisch nicht zu beanstanden und die zugrundeliegenden Verträge rechtswirksam sind.

622 Im Zusammenhang mit der Prüfung des vom Vorstand unterbreiteten Gewinnverwendungsvorschlags hat sich der Aufsichtsrat mit der Liquidität der Gesellschaft, ihrer Finanz- und insbesondere ihrer Investitionsplanung zu befassen. Nur wenn die vorgeschlagene Gewinnverteilung die Liquidität der Gesellschaft nicht strapaziert, die Finanzierung der geplanten Investitionen nicht infragestellt und auch die Auswirkungen am Kapitalmarkt bedacht sind, kann sich der Aufsichtsrat dem Vorschlag des Vorstands anschließen. Hierbei gilt, dass eine konservative Bilanzpolitik des Vorstands Räume für eine großzügige Dividende schafft.[655]

623 Trotz der Bedeutung und des Nutzens einer Zweckmäßigkeitsprüfung besteht zwischen Recht- und Ordnungsmäßigkeit auf der einen und Zweckmäßigkeit auf der anderen Seite ein klares Rangverhältnis zugunsten von Recht- und Ordnungsmäßigkeit. Soweit zwingendes Recht betroffen ist, gilt dieses uneingeschränkt.[656]

ee) Intensität der Prüfung und praktische Umsetzung der Prüfungspflicht

624 Die Abschlussprüfung durch den Aufsichtsrat beschränkt sich in der Mehrzahl der Fälle – wie bereits erwähnt – auf gewissenhafte Durchsicht des vom Vorstand aufgestellten und gemäß § 170 Abs. 1 Satz 1 AktG vorgelegten Jahresabschlusses, dessen intensive, ergebnisbezogene Plausibilitätsprüfung anhand des Berichts des Abschlussprüfers, ggf Nachfragen bei Vorstand[657] und Prüfer im Fall von Unklarheiten und Prüfung der Zweckmäßigkeit der vom Vorstand ergriffenen bilanzpolitischen Maßnahmen.[658] Nur in den zuvor beschriebenen Fällen, in denen Bericht und/oder Bestätigungsvermerk des Abschlussprüfers Hinweise auf Unzulänglichkeiten des Jahresabschlusses enthalten,[659] ist eine intensivere Prüfung durch die Aufsichtsratsmitglieder erforderlich und dann, wenn der Bericht des Abschlussprüfers lü-

651 Vgl hierzu *Ekkenga*, in: KölnKomm AktG, § 171, Rn 20; vgl auch *Lutter*, AG 2008, 1 [4].

652 Vgl *Ekkenga*, in: KölnKomm AktG, § 171, Rn 28.

653 Hierzu *Ekkenga*, in: KölnKomm AktG, § 171, Rn 19 mwN.

654 Beispiele hierzu bei *Ekkenga*, in: KölnKomm AktG, § 171, Rn 21.

655 *Lutter*, AG 2008, 1 [4]; vgl auch *Hennrichs/Pöschke*, in: MünchKomm AktG[3], § 171, Rn 64.

656 *Sünner*, AG 2008, 411 [412], mit der Einschränkung für „rein ordnungsrechtliche Ausweisvorschriften".

657 Beispiele für Geschäftsjahr übergreifende – Änderungen von Rechnungslegungsgrundsätzen im Vergleich zum Vorjahr und deren Auswirkungen u.a. – und den aktuellen Abschluss betreffende Ansätze – Werthaltigkeit von Goodwill, immateriellen Werten u.a., Vorgehensweite bei Abwertungen, Existenz außerbilanzieller Geschäfte u.a. – für Diskussionen mit dem Vorstand bei *Buhleier/Krowas*, DB 2010, 1165 [1168].

658 Vgl *Buhleier/Krowas*, DB 2010, 1165 [1168], wonach grundsätzlich vom Aufsichtsrat keine Prüfung gefordert wird, die so intensiv durchgeführt wird wie die Abschlussprüfung gemäß § 317 HGB.

659 *Kropff*, in: MünchKomm AktG[2], § 171, Rn 38; *Schulz*, in: Bürgers/Körber, AktG, § 171, Rn 3 b; *Ekkenga*, in: KölnKomm AktG, § 171, Rn 25; *Lutter*, AG 2008, 1 [3]; *Kuhner*, ZGR 2010, 980 [1000]; Vgl *Buhleier/Krowas*, DB 2010, 1165 [1168].

ckenhaft, ungenau, widersprüchlich oder anderweitig unzureichend und somit keine Grundlage für die eigene Beurteilung ist[660] oder den Mitgliedern des Aufsichtsrats aufgrund ihrer unterjährigen Tätigkeit für die Gesellschaft und ihrer Kommunikation mit den Mitgliedern des Vorstands Umstände bekannt sind, von denen der Abschlussprüfer als Externer keine Kenntnis hat[661] und die Einfluss auf die Rechtmäßigkeit des Jahresabschlusses haben können.[662] Sollten sich aus dem Prüfungsbericht Mängel im Zusammenhang mit der Buchhaltung ergeben, muss der Aufsichtsrat Stichproben vornehmen und ggf Bücher und Belege selbst prüfen oder sich sachverständiger Hilfe bedienen.[663] Andererseits hat der Aufsichtsrat bei konkretem Anlass die Feststellungen im Prüfungsbericht des Abschlussprüfers einer kritischen Gegenprüfung zu unterziehen. Ein solcher dürfte bestehen, wenn es in der Vergangenheit Beanstandungen gegeben hat, ein neuer Wirtschaftsprüfer erstmalig den Abschluss geprüft oder der Vorstand dem Prüfer gegenüber nur unzulänglich Auskunft erteilt hat.[664] *Ekkenga* empfiehlt den Mitgliedern des Aufsichtsrats darüber hinaus, sich routinemäßig ein Bild davon zu machen, „ob und in welchem Ausmaß Vorstand und Abschlussprüfer schon im Vorfeld kooperiert haben – sei es, dass der Prüfer auf die Aufstellung des Jahresabschlusses gestaltend eingewirkt hat,[665] sei es, dass es zwischen ihm und dem Vorstand zu Meinungsverschiedenheiten gekommen ist, die schließlich ‚still' beigelegt wurden."[666] Zwar liegt es in der Hand des Aufsichtsrats, mittels seiner Kompetenz zum Abschluss des Vertrages mit dem Abschlussprüfer gemäß § 111 Abs. 2 Satz 3 AktG die Schwerpunkte der Prüfung festzulegen. Darüber hinaus schafft der Umstand, dass gemäß § 321 Abs. 5 Satz 2 HGB der Prüfungsbericht unmittelbar vom Abschlussprüfer dem Aufsichtsrat zugeleitet wird, Distanz zwischen Vorstand und Abschlussprüfer und entlastet Letzteren „von all' den subtilen Abhängigkeiten".[667] Etwaige Verstöße gegen § 319 Abs. 3 Satz 1 Ziff. 3 lit. a) HGB oder sonstige Vorschriften, welche die Unabhängigkeit der Prüfers sichern sollen und die in der Praxis nicht selten sind, werden hierdurch jedoch weder offenbar noch gar verhindert.

Unabhängig von konkreten Mängeln, die eine Intensivierung seiner Prüfung erfordern, sollte der Aufsichtsrat hierfür aufgrund seiner Unternehmenskenntnisse und somit aufgrund des Wissens über aktuelle Entwicklungen und Schwachstellen eigene Schwerpunkte setzen.[668] Anlass hierfür können außer Verhältnis stehende Beträge bei einzelnen Bilanzpositionen sein wie zB bei den Immaterialgütern des Anlagevermögens, bei Geschäfts- und Firmenwert sowie Pensionsrückstellungen, deren Bewertung subjektiv geprägt ist.[669] Aber auch besondere Geschäftsvorfälle wie zB solche, die außerhalb der Bilanz stattfinden (sog. Off-Balance-Sheet-Geschäfte), der gehäufte und großvolumige Einsatz von Finanzderivaten oder die auffällige Häufung von Pensionsgeschäften am Ende der Abrechnungsperiode zwecks Aufsto- 625

660 *Kropff*, in: MünchKomm AktG², § 171, Rn 13, 27, 34; *Schulz*, in: Bürgers/Körber, AktG, § 171, Rn 3 a; *Ekkenga*, in: KölnKomm AktG, § 171, Rn 25.

661 Vgl *Buhleier/Krowas*, DB 2010, 1165 [1168].

662 Vgl hierzu *Selter*, AG 2013, 14 [16 mwN].

663 Vgl hierzu nur *Ekkenga*, in: KölnKomm AktG, § 171, Rn 9.

664 *Kropff*, in: MünchKomm AktG², § 171, Rn 90; *Ekkenga*, in: KölnKomm AktG, § 171, Rn 25.

665 Dies kann bereits zum Ausschluss des Wirtschaftsprüfers gemäß § 319 Abs. 3 Ziff. 3 lit. a) HGB führen.

666 *Ekkenga*, in: KölnKomm AktG, § 171, Rn 25, mit dem Hinweis auf das „Anhörungsrecht" des Vorstands gemäß § 321 Abs. 5 Satz 2 Hs 2 HGB, das die „Chemie" zwischen Vorstand und Abschlussprüfer im Interesse der künftigen Zusammenarbeit bewahren soll, jedoch faule Kompromisse begünstigt; vgl hierzu auch *Escher-Weingart*, NZG 1999, 909 [912].

667 Vgl *Hommelhoff/Mattheus*, AG 1998, 249 [257 f].

668 Diese Schwerpunktsetzung ist nicht zu verwechseln mit derjenigen im Zusammenhang mit der Beauftragung des Abschlussprüfers, wenngleich die Schwerpunkte der Prüfung des Abschlussprüfers von großer Bedeutung für die eigene Prüfung des Aufsichtsrats sind, vgl *Buhleier/Krowas*, DB 2010, 1165 [1168 f].

669 Näher hierzu: *Ekkenga*, in: KölnKomm AktG, § 171, Rn 24.

ckung der liquiden Mittel sollten den Aufsichtsrat zur entsprechenden Schwerpunktsetzung veranlassen.[670]

626 Um die Prüfung der Vorstandsvorlagen, insbesondere des Jahresabschlusses, möglichst effektiv zu gestalten, sollte der Aufsichtsrat Aufgabenbereiche eindeutig definieren und einzelnen seiner Mitglieder, entsprechend deren Qualifikation und Erfahrung,[671] zuweisen (Aufbauorganisation) sowie den zeitlichen Rahmen der einzelnen Prüfungsmaßnahmen einschließlich Zwischen- und Abschlussbesprechungen genau abstecken (Ablauforganisation),[672] um zeitliche Engpässe frühzeitig zu erkennen und durch entsprechende Maßnahmen, zB durch Simultanprüfungen, zu überbrücken.[673] Zweckdienlich ist es, Vorstand bzw persönlich haftendem Gesellschafter die Pläne über Aufbau- und Ablauforganisation frühzeitig zur Kenntnis zubringen, damit dieser sich auf die zu erwartenden Prüfungsmaßnahmen einstellen kann.[674] Zudem sollte sich der Aufsichtsrat mit dem Wirtschaftsprüfer bzw den Vertretern der Wirtschaftsprüfungsgesellschaft sowie sonstigen Auskunftspersonen im Hinblick auf den zeitlichen Ablaufplan seiner Prüfung abstimmen.[675] Aufgrund der knappen Prüfungsdauer von nur einem Monat gemäß § 171 Abs. 3 Satz 1 iVm § 170 Abs. 1 Satz 1 AktG – Zeitraum zwischen Vorlage von Jahresabschluss und Lagebericht durch den Vorstand und Übergabe des Aufsichtsratsprüfungsberichts an den Vorstand – muss der Aufsichtsrat darauf hinwirken, den Bericht des Wirtschaftsprüfers, ggf als Entwurf, möglichst frühzeitig, am Besten vor Zugang der Vorstandsvorlagen zu erhalten, um sich vorab hiermit befassen zu können.[676] Neben der Prüfung des Abschlussprüfers parallel zur Aufstellung von Jahresabschluss und Lagebericht durch den Vorstand ist auch eine Parallelprüfung durch den Aufsichtsrat denkbar, mitunter sogar angezeigt.[677] Die erstmalige Auseinandersetzung der Aufsichtsratsmitglieder mit Vorstandsvorlagen und Prüfungsbericht des Wirtschaftsprüfers wenige Tage vor der Bilanzsitzung iS von § 171 Abs. 1 Satz 2 u. 3 AktG ist unzureichend, insbesondere bei größeren Gesellschaften, wenngleich dies in der Unternehmenspraxis keine Seltenheit zu sein scheint.[678] Unzureichend ist es auch, wenn der Leiter der Innenrevision erstmalig in der Bilanzsitzung befragt wird.[679] Sinnvoll erscheint es, Auskunftspersonen, Vorstand und Wirtschaftsprüfer einen Fragen- und Diskussionskatalog rechtzeitig vor der Bilanzsitzung zuzuleiten,[680] anstatt sie unvermittelt in dieser mit Verständnis- und Kontrollfragen zu konfrontieren.[681]

670 Näher hierzu: *Ekkenga*, in: KölnKomm AktG, § 171, Rn 24.

671 Hierbei ist zunächst an die Mitglieder des (fakultativen) Prüfungsausschusses iS von § 107 Abs. 3 Satz 2 AktG und vor allem an den unabhängigen Rechungslegungs- oder Abschlussprüfungsexperten iS von §§ 107 Abs. 4, 100 Abs. 5 AktG zu denken.

672 *Buhleier/Krowas*, DB 2010, 1165 [1167], verwenden insofern den Terminus „Zeitmanagement".

673 Vgl *Ekkenga*, in: KölnKomm AktG, § 171, Rn 34 ff; *Buhleier/Krowas*, DB 2010, 1165 [1167], die von einer Gradwanderung zwischen der persönlichen Prüfungspflicht des Einzelnen und der effizienten Nutzung der unterschiedlichen Fähigkeiten der einzelnen Mitglieder sprechen.

674 Vgl *Ekkenga*, in: KölnKomm AktG, § 171, Rn 34.

675 Vgl *Ekkenga*, in: KölnKomm AktG, § 171, Rn 36; *Buhleier/Krowas*, DB 2010, 1165 [1167], wonach mit Vorstand und Abschlussprüfer im Vorfeld feste Termine zur Vorlage von Unterlagen abgestimmt werden sollten.

676 *Vetter*, ZGR 2010, 751 [763 mwN].

677 *Ekkenga*, in: KölnKomm AktG, § 171, Rn 36.

678 *Buhleier/Krowas*, DB 2010, 1165 [1167], wonach bei großen Kapitalgesellschaften IFRS-Abschluss und Lagebericht durchaus 200, HGB-Abschluss 100 und der Prüfungsbericht 50 Seiten stark sein kann; *Fischer/Beckmann*, DB 2009, 1661 [1668].

679 *Ekkenga*, in: KölnKomm AktG, § 171, Rn 38.

680 Vgl hierzu *Buhleier/Krowas*, DB 2010, 1165 [1169].

681 *Ekkenga*, in: KölnKomm AktG, § 171, Rn 39, der dieses Vorgehen zu Recht als unprofessionell und darüber hinaus noch als „vertrauenszersetzend" bezeichnet.

Im Anschluss an die Durchführung von Prüfungsmaßnahmen bedarf es deren ausführlicher Dokumentation.[682] Ergeben sich hieraus Beanstandungen, können diese regelmäßig von dem prüfenden Aufsichtsratsmitglied gegenüber dem Vorstand angebracht werden. Etwas anderes gilt nur dann, wenn sie derart gewichtig sind, dass ein Organwille gebildet werden muss. In solchen Fällen unterliegt die Beanstandung dem Beschlussvorbehalt gemäß § 108 Abs. 1 AktG.[683] 627

Seiner Pflicht zur Prüfung des vom Vorstand aufgestellten Abhängigkeitsberichts gemäß § 314 Abs. 2 Satz 1 AktG kommt der Aufsichtsrat ordnungsgemäß nach, wenn er ihn aufmerksam studiert und anschließend, sofern vorhanden, mit dem Abschlussprüfer erörtert. Hierbei hat er nach Ansicht *Lutters*[684] insbesondere drei Fragen nachzugehen: 628

- Sind alle Rechtsgeschäfte zwischen herrschendem Unternehmen und der eigenen, abhängigen Gesellschaft sowie alle Maßnahmen des herrschenden Unternehmens iS von § 312 Abs. 1 Satz 2 AktG erfasst?
- Sind die Rechtsgeschäfte at arm's lenght, also zu verkehrs- bzw branchenüblichen Konditionen, erfolgt?
- Sind Rechtsgeschäfte oder Maßnahmen auf Veranlassung des herrschenden Unternehmens für das abhängige Unternehmen nachteilig gewesen und wurde der Nachteil vollständig und vor Ende des Geschäftsjahres ausgeglichen?

Wie bei der Prüfung von Jahres- und Konzernabschluss auf deren Recht- und Ordnungsmäßigkeit hat der Aufsichtsrat auch den Abhängigkeitsbericht des Vorstands mithilfe des Berichts des Abschlussprüfers iS von § 313 Abs. 2 Satz 1 AktG lediglich auf Plausibilität zu prüfen,[685] es sei denn, der Prüfungsbericht deutet auf Unzulänglichkeiten des Abhängigkeitsberichts hin und gibt somit Anlass zu vertiefter Prüfung, und/oder der Aufsichtsrat hegt selbst Zweifel an Aussagen in Abhängigkeits- oder Prüfungsbericht.[686] 629

ff) Verfahrensprüfungen

Neben der Prüfung der Vorstandsvorlagen als Ergebnis der Rechnungslegung hat der Aufsichtsrat gemäß § 171 Abs. 1 Satz 2 AktG das Risikomanagementsystem und hierbei im Besonderen das interne Kontrollsystem[687] (IKS) – soweit vorhanden – bezogen auf den Rechnungslegungsprozess auf wesentliche Schwächen und somit Verfahrensabläufe im Unternehmen zu prüfen. Es handelt sich hierbei somit um die Prüfung der Funktionsfähigkeit des Systems,[688] das als Inbegriff aller Grundsätze, Verfahren und Maßnahmen, die auf die organisatorische Umsetzung der Entscheidungen zur Sicherung der Wirksamkeit und Wirtschaftlichkeit der Geschäftstätigkeit einschließlich Schutz des Vermögens, zur Herstellung einer ordnungsgemäßen und verlässlichen Rechnungslegung nach innen (betriebliches Rechnungswesen) und außen (Buchführung und Bilanzierung) sowie zur Einhaltung der rechtlichen Vor- 630

682 *Buhleier/Krowas*, DB 2010, 1165 [1167].

683 *Ekkenga*, in: KölnKomm AktG, § 171, Rn 42.

684 *Lutter*, AG 2008, 1 [7].

685 **AA:** *Lutter*, AG 2008, 1 [7], für den der Prüfungsbericht des Abschlussprüfers nicht nur Hilfsmittel, sondern Gegenstand der Prüfung des Aufsichtsrats ist.

686 Vgl *Lutter*, AG 2008, 1 [7].

687 Der Anwendungsbereich des fakultativen internen Kontrollsystems (IKS) geht weit über denjenigen des obligatorischen Risikofrüherkennungssystems – Überwachungssystem iS von § 91 Abs. 2 AktG – hinaus, vgl nur *Dörner*, DB 2000, 101 [103 f]; zum internen Überwachungssystem, gestützt auf das interne Kontrollsystem (IKS) und die interne Revision (IR), vgl *Wiedemann/Menk*, in: Hölscher/Altenhain, Hdb Aufsichtsrat in Kreditinstituten, S. 85 [87 f].

688 *Lanfermann/Röhricht*, BB 2009, 887 [889]; *Vetter*, ZGR 2010, 751 [768 f].

schriften gerichtet sind.[689] Der Umfang der Prüfung ist „umfassend". Sie ist insbesondere nicht auf diejenigen Abläufe beschränkt, die mit der Rechnungslegung in unmittelbarer oder auch nur mittelbarer Beziehung stehen.[690] Im Hinblick auf die Intensität der Systemprüfung gilt, dass sich der Aufsichtsrat von der internen Kontrolle des externen Rechnungswesens einen eigenen Eindruck zu verschaffen und hierauf aufbauend Vorschläge für Prüfungsschwerpunkte zu erarbeiten hat. Diese Vorschläge hat er bei der Auftragserteilung gemäß § 318 Abs. 1 Satz 4 HGB dem Abschlussprüfer zu unterbreiten.[691] Nach Auffassung von *Ekkenga* haben Schwerpunkte primär bei den Schwächen des IKS anzusetzen.[692] Hat die Gesellschaft kein internes Kontrollsystem (IKS) implementiert, muss der Aufsichtsrat prüfen, ob sie hierauf verzichten kann oder eines solchen bedarf.[693]

631 In funktionalem Zusammenhang mit dem IKS steht neben der internen Revision (IR), die sich unabhängig und objektiv im Wege vergangenheitsbezogener Prüfung der Ordnungsmäßigkeit mit der Funktionsfähigkeit des IKS und anderer Betriebsabläufe befasst,[694] auch das Risikomanagementsystem,[695] mittels dessen Gefahrenquellen identifiziert und kommuniziert werden sollen, wodurch eine Verknüpfung zwischen IKS und Management erreicht wird.[696] Stellt der Aufsichtsrat fest, dass IKS und IR störungsfrei arbeiten, so darf er auch von der Ordnungsmäßigkeit des Verfahrens der Rechnungslegung, insbesondere der Inventarisierung und der laufenden Buchführung ausgehen.[697]

632 Verfügt die Gesellschaft über ein Compliance–System, hat der Aufsichtsrat auch dieses auf seine Funktionsfähigkeit zu überprüfen.[698] Compliance betrifft zwar ein Verfahren. Sie steht jedoch nicht im unmittelbaren Zusammenhang zur Rechnungslegung, so dass an dieser Stelle nicht näher darauf einzugehen ist.

gg) Bilanzsitzung mit dem Abschlussprüfer

633 Gemäß § 171 Abs. 1 Satz 2 AktG hat[699] der Abschlussprüfer an den Verhandlungen des Aufsichtsrats oder des Prüfungsausschusses iS von § 107 Abs. 3 Satz 2 AktG[700] über die Vorstandsvorlagen von Jahres- und Konzernabschluss teilzunehmen und über die wesentlichen Ergebnisse seiner Prüfung (mündlich) zu berichten. Darüber hinaus hat er gemäß § 171 Abs. 1 Satz 3 AktG den Aufsichtsrat über Umstände zu informieren, die seine Befangenheit besorgen lassen und über Leistungen, die er zusätzlich zu den Abschlussprüferleistungen er-

689 IDW PS 261 v. 6.9.2006, WPg 2006, 1433 [1437]; *Ekkenga*, in: KölnKomm AktG, § 171, Rn 29, formuliert: „Das IKS soll gewährleisten, dass betriebswirtschaftliche Leistungsprogramme nach ihrer Planung und Anordnung auch tatsächlich durchgeführt werden".

690 Vgl BT-Drucks. 16/10067, S. 102; *Ekkenga*, in: KölnKomm AktG, § 171, Rn 29; *Withus*, DB 2009, 82 [83].

691 Hüffer, AktG, § 111, Rn 12 d; Lutter/Krieger, Aufsichtsrat, § 5, Rn 173; vgl auch Begr. RegE zum KonTraG, BT-Drucks. 13/9712, S. 16 f; *Habersack*, in: MünchKomm AktG³, § 111, Rn 78, 84.

692 *Ekkenga*, in: KölnKomm AktG, § 171, Rn 30.

693 *Ekkenga*, in: KölnKomm AktG, § 171, Rn 29; *Vetter*, ZGR 2010, 751 [769].

694 Vgl IDW PS 261 v. 6.9.2006, WPg 2006, 1433 [1437]; vgl auch *Zieske/Zenkic*, Der Konzern, 2011, 163 ff; hierzu auch *Fritzel*, in: Hölscher/Altenhain, Hdb Aufsichtsrat in Kreditinstituten, S. 179 [180 ff].

695 Der Anwendungsbereich des fakultativen Risikomanagementsystems geht über denjenigen des obligatorischen Risikoüberwachungssystems iS von § 91 Abs. 2 AktG hinaus, das nur Bestand gefährdende Entwicklungen erfasst, vgl *Ekkenga*, in: KölnKomm AktG, § 171, Rn 31.

696 *Vetter*, ZGR 2010, 751 [770 f].

697 *Ekkenga*, in: KölnKomm AktG, § 171, Rn 31.

698 *Ekkenga*, in: KölnKomm AktG, § 171, Rn 18; *Nonnenmacher/Pohle/v. Werder*, DB 2009, 1447 [1451 f].

699 Mit Einführung des AktG 1965 wurde die Verpflichtung des Wirtschaftsprüfers zur Teilnahme an den Verhandlungen des Aufsichtsrats über den Jahresabschluss festgeschrieben, bis zum KonTraG von 1998 allerdings nur „auf Verlangen des Aufsichtsrats". Mit dem TransPuG von 2002 wurde der Konzernabschluss in das Procedere einbezogen.

700 Über die Ausübung des Wahlrechts entscheidet der Aufsichtsrat als Gremium, *Ekkenga*, in: KölnKomm AktG, § 171, Rn 52 mwN.

bracht hat. Bei diesen zusätzlichen Leistungen handelt es sich um Beratungsleistungen.[701] Diese werden, weil § 111 Abs. 2 Satz 3 AktG insofern nicht zum Tragen kommt, nicht vom Aufsichtsrat, sondern gemäß § 78 Abs. 1 Satz 1 AktG vom Vorstand in Vertretung der Gesellschaft in Auftrag gegeben werden.[702]

Die Pflicht des Abschlussprüfers zur Teilnahme an der Bilanzsitzung ist indisponibel[703] und somit weder individualvertraglich noch statutarisch abdingbar, unabhängig davon, dass sie nicht gesellschafts-, sondern rein schuldrechtlicher Natur ist.[704] Die Aufgabe des Aufsichtsrats – insofern hat § 171 Abs. 1 Satz 2 AktG korporativen Charakter mit der Folge, dass § 23 Abs. 5 AktG gilt[705] – besteht darin, die Mitwirkung des Abschlussprüfers im Rahmen der Bilanzsitzung zu organisieren.[706] Zur physischen[707] Teilnahme des Wirtschaftsprüfers an der Bilanzsitzung von Gesamtorgan oder Prüfungsausschuss bedarf es keines vorausgegangenen Beschlusses des Aufsichtsrats. Allerdings steht das Gesamtorgan in der Verantwortung einer rechtzeitigen Abstimmung des Termins mit dem Abschlussprüfer bzw dem Prüfungsleiter der beauftragten Wirtschaftsprüfungsgesellschaft.[708] Nimmt der Wirtschaftsprüfer an der Sitzung des Prüfungsausschusses teil, sind die Berichts- und Befragungsergebnisse in geeigneter Form an die Nichtausschussmitglieder weiterzuleiten,[709] sofern sie nicht als Gast an der Sitzung des Ausschusses teilgenommen haben. Der Aufsichtsrat kann von dem Abschlussprüfer aus aktienrechtlichen Gesichtspunkten – § 171 Abs. 1 Satz 2 AktG setzt Ausschuss- und Plenarsitzung ausdrücklich in ein Alternativverhältnis („oder") – nicht verlangen, dass dieser sowohl an der Sitzung des Ausschusses als auch an einer weiteren Sitzung des Gesamtorgans teilnimmt.[710] Eine Teilnahme des Abschlussprüfers an beiden Sitzungen ist jedoch sinnvoll, da im Prüfungsausschuss ggf andere Fragen gestellt werden als im Plenum.[711] 634

Worin „die wesentlichen Ergebnisse seiner Prüfung" gemäß § 171 Abs. 1 Satz 2 AktG bestehen und somit der Inhalt der Berichterstattung des Abschlussprüfers an den Aufsichtsrat 635

701 Vgl. *Hommelhoff*, FS Hoffmann-Becking, 2013, S. 547 [549 ff]; *Velte*, NZG 2013, 1332 [1333], über die Diskussion auf EU-Ebene, die Möglichkeiten von Abschlussprüfern einzuschränken oder ihnen die Möglichkeit gar gänzlich zu nehmen, bei den geprüften Unternehmen zusätzlich Beratungsleistungen zu erbringen.

702 Vgl *Velte*, NZG 2013, 1332 [1333 f], der in Anlehnung an den Bericht des Rechtsausschusses des EU-Parlaments vom 20.05.2013 – European Parliament, Report on the proposal for a regulation of the European Parliament and of the Council on specific requirements regarding statutory audit of public-interest entities (COM [2011] 0779 – C7-0470/2011, – 2011/0359 [COD]) einen Zustimmungsvorbehalt des Aufsichtsrats für derartige Beratungsleistungen befürwortet.

703 Vgl nur Hüffer, AktG, § 171, Rn 11 a; *Kropff*, in: MünchKomm AktG², § 171, Rn 101.

704 Vgl *Ekkenga*, in: KölnKomm AktG, § 171, Rn 49.

705 Vgl *Hommelhoff*, BB 1998, 2625 [2626].

706 *Kropff*, in: MünchKomm AktG², § 171, Rn 101; *Ekkenga*, in: KölnKomm AktG, § 171, Rn 49 mN auch zur Gegenansicht, der davon spricht, dass es dem Aufsichtsrat untersagt ist, die Mitwirkung des Wirtschaftsprüfers zu behindern oder gar zu blockieren, er vielmehr verpflichtet ist, dessen Mitwirkung aktiv zu betreiben; vgl auch *Schüppen*, ZIP 2012, 1317 [1324], der neben der „Bringschuld" des Abschlussprüfers eine „Holschuld" des Aufsichtsratsgremiums und seiner Mitglieder herausstellt.

707 Laut Begr. RegE KonTraG, BR-Drucks. 13/9712, S. 22, sollen sich die Aufsichtsratsmitglieder ein „persönliches Bild vom Prüfer machen" können, was dessen körperliche Anwesenheit voraussetzen dürfte; gegen die Zulässigkeit der Einbeziehung des Wirtschaftsprüfers mittels Telefon- oder Videokonferenzschaltung, *Habersack*, in: MünchKomm AktG³, § 110, Rn 45; *Ekkenga*, in: KölnKomm AktG, § 171, Rn 51 mwN auch zur Gegenansicht; *Hachmeister*, DStR 1999, 1453 [1454], der von einer „persönlichen Fühlungnahme" spricht.

708 *Ekkenga*, in: KölnKomm AktG, § 171, Rn 50 mwN und konkreten Pflichten des Aufsichtsrats wie ordnungsgemäße Einladung zur Bilanzsitzung, Information des Prüfers über wesentliche Details der Tagesordnung u.a.; vgl *Velte*, AG 2009, 102 [108], wonach nur der verantwortliche Prüfungsleiter einer Wirtschaftsprüfungsgesellschaft den Aufsichtsratsmitgliedern die notwendigen Auskünfte wird geben können.

709 *Ekkenga*, in: KölnKomm AktG, § 171, Rn 52.

710 Ebenso *Ekkenga*, in: KölnKomm AktG, § 171, Rn 52; aA: *Lutter*, AG 2008, 1 [3].

711 Vgl *Velte*, AG 2009, 102 [108 mwN].

bzw den Prüfungsausschuss, ist abhängig von den konkreten Umständen des Einzelfalls.[712] Regelmäßig ist es sinnvoll, dass der Abschlussprüfer zumindest die Teile seines Prüfungsberichts mündlich zusammenfasst und erläutert, bei denen er aufgrund seiner Erfahrung befürchten muss, dass sie für die Mehrzahl der Mitglieder des Aufsichtsrats schwer verständlich und im Hinblick auf ihre rechtliche und wirtschaftliche Tragweite kaum nachvollziehbar sind.[713] Kontraproduktiv wäre es hingegen, wenn er den gesamten Inhalt seines schriftlichen Prüfungsberichts gleichförmig ohne Schwerpunktsetzung mündlich zusammenfassen[714] und auf diese Weise die Sitzungsteilnehmer ermüden würde. Denn der Abschlussprüfer hat davon auszugehen, dass die Aufsichtsratsmitglieder sich pflichtgemäß auf die Bilanzsitzung vorbereitet und hierbei intensiv seinen Bericht studiert haben.[715] Sollte dies nicht geschehen sein, ist es gleichwohl nicht Aufgabe des Abschlussprüfers, Versäumnisse einzelner Aufsichtsratsmitglieder zu kompensieren, zumal dies regelmäßig auf Kosten der pflichtgemäß handelnden Kollegen und nicht zuletzt der Prüfungsqualität insgesamt ginge. Regelmäßig wird der Abschlussprüfer bei seinen mündlichen Ausführungen auf den Lagebericht und hierbei insbesondere auf die Zukunftsperspektive und somit auf „Chancen und Risiken der künftigen Entwicklung“ des Unternehmens einzugehen haben, mit der er sich im Rahmen seiner Abschlussprüfung gemäß § 317 Abs. 2 Satz 2 HGB intensiv zu beschäftigen hatte.[716] Denn dieser Teil des Lageberichts und der korrespondierende Teil des Prüfungsberichts werfen erfahrungsgemäß zahlreiche Fragen auf. Insbesondere geht es hierbei um die tatsächlichen Grundlagen der Beurteilung und die Gewichtung von einzelnen Indikatoren. Auf Nachfragen der Sitzungsteilnehmer hat der Abschlussprüfer, soweit ihm dies möglich ist, alle Auskünfte zu erteilen, die von seinem Prüfungsauftrag umfasst sind und auch darüber hinausgehende Auskünfte, sofern er sich hiermit nicht in Widerspruch zum Vorstand setzt.[717]

636 Praktisch sinnvoll dürften Fragen der Aufsichtsratsmitglieder[718] danach sein,

- ob und in welchen Punkten der Abschlussprüfer Mühe hatte, den Ansichten des Vorstands zu folgen bzw wo er dem Vorstand definitiv widersprechen musste;
- ob es im Prüfungsverlauf zu „Überraschungen“ gekommen ist, worin diese bestanden und wie diese geklärt wurden;
- ob der Abschlussprüfer die Rechnungslegungspolitik des Vorstands eher als aggressiv oder als konservativ empfunden habe;
- ob dem Abschlussprüfer vom Vorstand ungehinderter Zugang zu den angeforderten Unterlagen gewährt worden sei und man ihm Nachfragen ausführlich und gewissenhaft beantwortet habe;
- wie der Vorstand mit den Empfehlungen des Abschlussprüfers umgegangen sei.

637 Teil der „wesentlichen Ergebnisse“ der Prüfung des Abschlussprüfers sind – soweit vorhanden – auch wesentliche Schwächen des internen Kontroll- und des Risikomanagementsystems bezogen auf den Rechnungslegungsprozess.

---

712 *Ekkenga*, in: KölnKomm AktG, § 171, Rn 56, unter kritischer Auseinandersetzung mit IDW/HFA, EPS 470, Anm. 12 ff, WPg Supplement 4/2009; *Hommelhoff*, BB 1998, 2625 [2626].

713 Vgl *Kropff*, in: MünchKomm AktG², § 171, Rn 114; *Ekkenga*, in: KölnKomm AktG, § 171, Rn 56 f, der auch von der „Ergänzungsfunktion“ des mündlichen Berichts spricht.

714 Eine Zusammenfassung des gesamten schriftlichen Berichts gleichwohl verlangend *Forster*, AG 1999, 193 [197]; ähnlich wie hier: *Hommelhoff*, BB 1998, 2625 [2626].

715 *Ekkenga*, in: KölnKomm AktG, § 171, Rn 56; *Kropff*, in: MünchKomm AktG², § 171, Rn 115.

716 Zur besonderen Bedeutung dieses Berichtsteils, vgl *Ekkenga*, in: KölnKomm AktG, § 171, Rn 57; *Kropff*, in: MünchKomm AktG², § 171, Rn 132.

717 *Ekkenga*, in: KölnKomm AktG, § 171, Rn 57; *Kropff*, in: MünchKomm AktG², § 171, Rn 134; *Hommelhoff*, BB 1998, 2567 [2572].

718 Fragenkatalog in Anlehnung an *Buhleier/Krowas*, DB 2010, 1165 [1169].

Mit dem Bericht des Wirtschaftsprüfers über Umstände iS von § 171 Abs. 1 Satz 3 AktG, welche seine Befangenheit besorgen lassen, ist zunächst eine Hilfestellung zugunsten des Aufsichtsrats bei dessen Vorbereitung des nächsten Vorschlags an die Hauptversammlung zur Wahl eines Abschlussprüfers iS von § 124 Abs. 3 Satz 1 AktG bezweckt. Denn die Besorgnis der Befangenheit ist gemäß § 319 Abs. 2 HGB Ausschlussgrund, wenn sie aufgrund von dort näher genannten Beziehungen (geschäftlicher, finanzieller oder persönlicher Art) besteht.[719] Zwar wäre der Prüfer auch auf zivilrechtlicher Grundlage verpflichtet, den Aufsichtsrat über seine Befangenheit aufzuklären, dies jedoch erst im Zuge des (Prüfungs-) Vertragsschlusses und somit möglicherweise, nachdem die Hauptversammlung auf Vorschlag des Aufsichtsrats den befangenen Abschlussprüfer gewählt hat.[720] Ziff. 7.2.1 Abs. 1 Satz 1 DCGK empfiehlt daher auch, dass der Aufsichtsrat bzw der Prüfungsausschuss eine Erklärung des vorgesehenen Prüfers einholen soll, ob und ggf welche geschäftlichen, finanziellen, persönlichen oder sonstigen Beziehungen zwischen ihm und seinen Organen und Prüfungsleitern einerseits und dem Unternehmen und dessen Organmitgliedern andererseits bestehen, die Zweifel an seiner Unabhängigkeit begründen können.[721] 638

Ein weiterer Zweck des Berichts des Abschlussprüfers gemäß § 171 Abs. 1 Satz 3 AktG liegt darin, dass der Aufsichtsrat im Fall der Befangenheit des Prüfers in die gerichtliche Prüfung eines Prüferwechsels gemäß § 318 Abs. 3 HGB eintreten, um ggf sodann den Widerruf des laufenden Prüfungsauftrags nach § 318 Abs. 1 Satz 5 HGB wirksam erklären kann.[722] Hieraus ergibt sich, dass die Berichterstattung des Abschlussprüfers über die Besorgnis seiner Befangenheit nicht erst in der Bilanzsitzung erfolgen darf, da ansonsten ein Prüferwechsel hierauf basierend nicht herbeigeführt werden könnte. Vielmehr hat der Abschlussprüfer den Aufsichtsrat bereits in dem Augenblick zu informieren, in dem er von dem Ausschlussgrund oder den sonstigen entscheidungsrelevanten Umständen erfahren hat.[723] 639

Schließlich wird der Aufsichtsrat durch die Erklärung des Abschlussprüfers im Fall von dessen Befangenheit in die Lage versetzt, dessen Prüfungsbericht als Hilfsmittel für die eigene Prüfung kritisch zu hinterfragen und ggf Schlüsse für die eigene Entscheidung über Billigung oder Missbilligung der Vorstandsvorlagen hieraus zu ziehen. Für die Leistungen iS von § 171 Abs. 1 Satz 3 AktG, die der Abschlussprüfer zusätzlich zu den Abschlussprüfungsleistungen erbracht hat, gilt das zur Besorgnis der Befangenheit Gesagte entsprechend.[724] Als Leitfaden zur Konkretisierung der Inhalte, über die der Abschlussprüfer zu berichten hat, dient die Empfehlung der Europäischen Kommission vom 16.5.2002 zu den Grundprinzipien über die Unabhängigkeit des Abschlussprüfers in der EU.[725] Hiernach hat er über Honorare, aufgeschlüsselt nach Hauptleistungskategorien, über personelle Verflechtungen zwischen ihm und der Prüfungsgesellschaft auf der einen und dem Prüfungsmandanten und dessen verbunde- 640

719 Andere Umstände, als die in § 319 Abs. 2 HGB genannten Beziehungen, muss der Abschlussprüfer dem Aufsichtsrat allerdings auch mitteilen, denn der Tatbestand des § 171 Abs. 1 Satz 3 AktG geht insofern über die formalen Ausschlussgründe hinaus, vgl *Ekkenga*, in: KölnKomm AktG, § 171, Rn 60.

720 Hierzu *Ekkenga*, in: KölnKomm AktG, § 171, Rn 59.

721 Vgl *Nonnenmacher/Pohle/v. Werder*, DB 2009, 1447 [1450 f].

722 *Ekkenga*, in: KölnKomm AktG, § 171, Rn 59; vgl auch *Forster*, FS Kropff, 1997, S. 71 [77], zur Beschränkung des Widerrufs des Prüfungsauftrags gemäß § 318 Abs. 3 iVm Abs. 1 Satz 5 HGB auf Gründe in der Person des Prüfers und somit zum früher möglichen Widerruf bei Divergenzen in der Beurteilung der Gesetzmäßigkeit des Jahresabschlusses.

723 Vgl *Ekkenga*, in: KölnKomm AktG, § 171, Rn 62, der zudem darauf hinweist, dass Satz 3 im Gegensatz zu Satz 2 von § 171 Abs. 1 AktG keinen Informationsadressanten nennt, so dass auch die neben dem Aufsichtsrat in § 318 Abs. 3 HGB genannten Personen als solche in Betracht kommen.

724 Auch im Hinblick auf die Sonderleistungen geht der Tatbestand des § 171 Abs. 1 Satz 3 AktG inhaltlich über die formalen Ausschlussgründe gemäß § 319 a Abs. 1 Satz 1 Ziff. 2 u. 3 HGB hinaus, da dort die Art der Sonderleistungen benennt werden, während § 171 Abs. 1 Satz 3 AktG insofern keine Einschränkungen trifft, vgl *Ekkenga*, in: KölnKomm AktG, § 171, Rn 60.

725 Abl. L 191 v. 19.7.2002, S. 22.

nen Unternehmen auf der anderen Seite sowie über Schutzmaßnahmen zur Sicherung der Unabhängigkeit zu berichten, wenngleich zuletzt genannter Aspekt sich in der deutschen Aktiengesetzvorschrift nicht findet.[726]

hh) Beschluss über Billigung bzw Missbilligung

641 Die Beschlüsse iS von § 108 Abs. 1 AktG, mit denen die Jahresabschlüsse, namentlich Einzel-[727] und Konzernabschluss, gebilligt werden,[728] sind im Anschluss an deren Erörterung in der Bilanzsitzung des Aufsichtsrats von dem gesamten Gremium zu fassen. Eine Delegation dieser Entscheidung auf den Prüfungs- oder einen sonstigen Ausschuss, der sich mit Rechnungslegung und/oder Jahresabschlussprüfung befasst, scheidet gemäß § 107 Abs. 3 Satz 3 AktG aus. Ebenso scheidet eine schriftliche oder fernmündliche Beschlussfassung des Aufsichtsrats iS von § 108 Abs. 4 AktG aus oder eine solche im Email-Umlaufverfahren, selbst wenn Satzung der Gesellschaft oder Geschäftsordnung des Aufsichtsrats dies zuließen.[729] Denn es muss sichergestellt sein, dass jedes Mitglied des Gremiums bis unmittelbar vor der Abstimmung (Nach-)Fragen stellen kann. Außerdem muss es jedem Mitglied möglich sein, seine Aufsichtsratskollegen bis zuletzt von seiner eigenen Position zu überzeugen, was bei gleichzeitiger physischer Anwesenheit am Leichtesten fallen dürfte. Und schließlich muss garantiert sein, dass alle an der Abstimmung teilnehmenden Aufsichtsratsmitglieder auf Grundlage des jüngsten Informationsstandes abstimmen, was insbesondere bei einer schriftlichen Beschlussfassung oder einer solchen im Email-Umlaufverfahren nicht zwingend gewährleistet wäre.

642 Der Aufsichtsrat muss ausdrücklich – konkludente Aufsichtsratsbeschlüsse gibt es nicht![730] (dazu Rn 346) – über Billigung oder Missbilligung von Einzel- und ggf Konzernabschluss beschließen, auch wenn er die Vorstandsvorlagen hierzu nicht billigt.[731] So ist er verpflichtet, seine Billigung zu verweigern, wenn die Vorlagen Rechtsverstöße enthalten und der Vorstand es abgelehnt hat, diese bis zur Beschlussfassung rechtskonform zu ändern.[732] Ähnlich verhält es sich, wenn der Aufsichtsrat der vom Vorstand vorgeschlagenen Dotierung einer freiwilligen Gewinnrücklage gemäß § 58 Abs. 2 Satz 1 AktG nicht zustimmt,[733] der Vorstand den Ausweis des Ergebnisses anschließend nicht korrigiert, sondern seine Vorlage mit unverändertem Ergebnisausweis zur Billigung des Aufsichtsrats stellt.[734] Der Aufsichtsrat ist auch

726 Näheres hierzu bei *Ekkenga*, in: KölnKomm AktG, § 171, Rn 61.

727 Hiervon zu unterscheiden ist der Einzelabschluss gemäß § 325 Abs. 2 a Satz 1 HGB, der nach den in § 315 a Abs. 1 HGB bezeichneten internationalen Rechnungslegungsstandards aufgestellt worden ist.

728 *Buhleier/Krowas*, DB 2010, 1165 [1165], bezeichnen die eigentliche Prüfung durch den Aufsichtsrat als „vorbereitende Maßnahme“ für dessen Beschluss.

729 *Neuling*, AG 2002, 610 [614]; aA: *Ekkenga*, in: KölnKomm AktG, § 171, Rn 40, der dies lediglich als Regelfall ansieht, bei ausreichender Gelegenheit zur Erörterung im Vorfeld der Sitzung aber auch eine Beschlussfassung gemäß § 108 Abs. 4 AktG für möglich hält; restriktiver *Habersack*, in: MünchKomm AktG^3, § 110, Rn 45, wonach die Bilanzsitzung des Aufsichtsrats als Videokonferenz zulässig ist, wenn der Abschlussprüfer zuvor gemäß § 171 Abs. 1 Satz 2 AktG an der Sitzung des Bilanzausschusses teilgenommen hat und auch dann „nur ganz ausnahmsweise“.

730 BGH, Urt. v. 6.4.1964 – II ZR 75/62, abgedruckt in: BGHZ 41, 282 [285 f] = NJW 1964, 1367; *Habersack*, in: MünchKomm AktG^3, § 108, Rn 17.

731 *Ekkenga*, in: KölnKomm AktG, § 171, Rn 40.

732 *Drygala*, in: K. Schmidt/Lutter, AktG, § 171, Rn 5.

733 Anders als beim Gewinnverwendungsvorschlag des Vorstands gemäß § 170 Abs. 2 AktG geht es bei § 58 Abs. 2 Satz 1 AktG nicht um die Verwendung des Bilanzgewinns, sondern um die vorgelagerte Frage der Verwendung des positiven Ergebnisses (Jahresüberschuss), also darum, ob ein Teil dessen in eine andere Gewinnrücklage gemäß § 158 Abs. 1 Ziff. 4 lit. d) AktG eingestellt (thesauriert) werden soll, vgl hierzu *Strieder*, AG 2006, 363 [364].

734 Vgl *Ekkenga*, in: KölnKomm AktG, § 171, Rn 41 mN auch zur Gegenansicht, der eine Verpflichtung des Aufsichtsrats zur Missbilligung des Jahresabschlusses auch für den gegenteiligen Fall der Auflösung von Gewinn- und Kapitalrücklagen bejaht.

dann zur Versagung der Billigung verpflichtet, wenn bei einer gemäß § 316 Abs. 1 Satz 1 HGB zur externen Jahresabschlussprüfung verpflichteten Gesellschaft bis zur Beschlussfassung kein Prüfungsbericht vorgelegen hat, der den Mindestanforderungen genügt.[735] Andererseits kann der Aufsichtsrat im Fall eines nur eingeschränkten Bestätigungsvermerks iS von § 322 HGB die Vorstandsvorlage dennoch billigen und bei uneingeschränktem Testat aufgrund durchgreifender rechtlicher Bedenken seine Billigung versagen. Er ist also an die rechtliche Einschätzung des Abschlussprüfers nicht gebunden.[736] Falls der Aufsichtsrat Ermessensentscheidungen des Vorstands im Rahmen der Abschlussaufstellung für unzweckmäßig hält, kann er ebenfalls seine Billigung versagen,[737] was jedoch praktisch nicht vorkommen dürfte, da sich der Vorstand mit dem Aufsichtsrat vor dessen Billigungsbeschluss diesbezüglich ins Benehmen setzen und eine (ggf Kompromiss-) Lösung finden wird. Denn andernfalls würde der Vorstand die Meinungsverschiedenheit mit dem Aufsichtsrat publik machen, was die Chancen der Vorstandsmitglieder auf erneute Bestellung erheblich beeinträchtigen und auch Aufsichtsräte von anderen Gesellschaften nicht vorborgen bleiben dürfte.

Soweit der Aufsichtsrat trotz gegenteiliger Verpflichtung – Beispiele hierfür finden sich im 643
vorangegangenen Absatz – die Vorlage des Vorstands billigt, wodurch der Jahresabschluss gemäß § 172 Satz 1 AktG festgestellt ist, stellt sich die Frage nach dem Schicksal des mängelbehafteten Billigungsbeschlusses. Dessen Nichtigkeit ist nur anzunehmen, wenn die einschränkenden Voraussetzungen des § 256 AktG vorliegen, welche die Nichtigkeit des festgestellten Jahresabschlusses regeln.[738] Daher ist ein Billigungsbeschluss nichtig, wenn trotz gesetzlicher Prüfungspflicht gemäß § 316 Abs. 1 HGB oder bei nachträglicher Änderung gemäß § 316 Abs. 3 HGB der Jahresabschluss nicht oder nicht rechtzeitig vor Beschlussfassung des Aufsichtsrats geprüft und der gemäß § 321 Abs. 5 Satz 1 HGB unterschriebene und mit ordnungsgemäß nach § 322 Abs. 7 HGB ausgefertigtem Bestätigungsvermerk[739] versehene Prüfungsbericht[740] vom Wirtschaftsprüfer dem Aufsichtsrat zugeleitet wurde, vgl § 256 Abs. 1 Ziff. 2 AktG. Denn in einem solchen Fall lägen nicht einmal die gesetzlichen Mindestanforderungen an die Abschlussprüfung durch den externen Prüfer vor. Der Umstand, dass der Prüfungsbericht dem Aufsichtsrat zunächst nur als Entwurf und daher ohne Unterschrift vorgelegen hat, vor dessen Billigungsbeschlussfassung ohne zwischenzeitliche Änderungen jedoch von dem Abschlussprüfer unterzeichnet wurde, führt im Umkehrschluss nicht zu dessen Nichtigkeit,[741] zumindest dann nicht, wenn kein Aufsichtsratsmitglied der Beschlussfassung widerspricht.[742] Denn mit Unterzeichnung und willentlicher Entäußerung wird aus

735 Vgl OLG Stuttgart, Urt. v. 1.7.2009 – 20 U 8/08 („Hugo Boss"), abgedruckt in: NZG 2009, 951 (LS) = DB 2009, 1521 [1525] = BeckRS 2009, 18606, wonach die Feststellung des Jahresabschlusses gemäß § 256 Abs. 1 Ziff. 2 AktG nichtig ist, wenn dem Aufsichtsrat bei seinem Billigungsbeschluss ein Prüfungsbericht ohne Unterschrift oder/und ohne Bestätigungsvermerk vorgelegen hat.

736 *Kropff*, in: MünchKomm AktG², § 171, Rn 39, 41; *Ekkenga*, in: KölnKomm AktG, § 171, Rn 40.

737 *Kropff*, in: MünchKomm AktG², § 171, Rn 45; *Ekkenga*, in: KölnKomm AktG, § 171, Rn 40 mN auch zur Gegenansicht.

738 *Ekkenga*, in: KölnKomm AktG, § 171, Rn 43, der dies mit der engen rechtlichen Kopplung der Feststellung an die Billigung durch den Aufsichtsrat begründet.

739 Das Fehlen der Siegelung des Prüfungsberichts führt nicht zur Nichtigkeit des Billigungsbeschlusses, da eine Siegelung gemäß §§ 321, 322 HGB weder für Bestätigungsvermerk noch für Prüfungsbericht verlangt wird und § 48 Abs. 1 Satz 1 WPO als berufsrechtliche Ordnungsvorschrift im Verhältnis zu den zu prüfenden Unternehmen keine Wirkung entfaltet, vgl *Bormann*, DStR 2011, 368 [368].

740 Vgl OLG Stuttgart, Urt. v. 1.7.2009 – 20 U 8/08 („Hugo Boss"), abgedruckt in: NZG 2009, 951 [Ls.] = DB 2009, 1521 [1525] = BeckRS 2009, 18606; vgl auch BGH, Beschl. v. 21.6.2010 – II ZR 166/09, worin die Nichtzulassungsbeschwerde gegen das Urteil des OLG Stuttgart zurückgewiesen wurde.

741 OLG Stuttgart, Urt. v. 1.7.2009 – 20 U 8/08 („Hugo Boss"), abgedruckt in: NZG 2009, 951 [Ls.] = DB 2009, 1521 [1525] = BeckRS 2009, 18606; kritisch hierzu *Bormann*, DStR 2011, 368 [368].

742 Für den Fall eines Widerspruchs nimmt *Bormann*, DStR 2011, 368 [369], zu Recht die Nichtigkeit des Billigungsbeschlusses und somit die Nichtigkeit der Feststellung gemäß § 256 Abs. 2 AktG an.

dem Entwurf der Prüfungsbericht,[743] der den Aufsichtsratsmitgliedern vor ihrer Beschlussfassung vorgelegen hat.[744] Unerheblich für die Frage der Nichtigkeit ist der Umstand, ob der Aufsichtsrat den Prüfungsbericht unmittelbar vom Abschlussprüfer, wie in § 321 Abs. 5 Satz 2 Hs 1 HGB vorgesehen, oder vom Vorstand erhält. Denn dem Vorstand ist gemäß § 321 Abs. 5 Satz 2 Hs 2 HGB vor Zuleitung des Berichts an den Aufsichtsrat Gelegenheit zur Stellungnahme zu geben.[745] Daher erhält der Vorstand den Bericht, bevor der Abschlussprüfer ihn an den Aufsichtsrat versenden darf. Die gesetzliche Regelung schafft somit die Möglichkeit, dass der Vorstand anstelle des Abschlussprüfers oder zumindest zeitlich vor ihm den Prüfungsbericht an den Aufsichtsrat versendet. Zudem ist kein Grund ersichtlich, warum trotz dieser praktischen Möglichkeit der Aufsichtsrat den Bericht vom Abschlussprüfer als dessen Urheber und nicht vom Vorstand erhalten muss.[746] Ebenfalls nicht nichtig ist der Billigungsbeschluss, wenn diesem keine Prüfung der Vorstandsvorlagen durch den Aufsichtsrat vorausgegangen ist. Grund hierfür ist, dass in einem solchen Fall der einzig in Betracht kommende Nichtigkeitsgrund nicht ordnungsgemäßer Mitwirkung des Aufsichtsrats bei der Feststellung des Jahresabschlusses iS von § 256 Abs. 2 AktG nicht eingreift, da die Prüfung des Abschlusses durch den Aufsichtsrat nicht Bestandteil der Billigung des Jahresabschlusses ist.[747] Allein aus § 316 Abs. 1 Satz 2 HGB, wonach ohne vorherige Prüfung der Jahresabschluss nicht festgestellt werden kann, und somit ohne die Einschränkungen von § 256 AktG lässt sich die Nichtigkeitsfolge des Billigungsbeschlusses nicht herleiten. Anders verhält es sich bei der wortgleichen Vorschrift des § 316 Abs. 2 Satz 2 HGB für den Konzernabschluss. Da es insofern an einer § 256 AktG vergleichbaren Vorschrift fehlt, unterliegt der diesbezügliche Billigungsbeschluss der vollen Überprüfung.[748]

644 Beschließt der Aufsichtsrat die Missbilligung des vom Vorstand aufgestellten Jahresabschlusses, hat die Hauptversammlung gemäß § 173 Abs. 1 Satz 1 Alt. 2 AktG den Jahresabschluss festzustellen. Dasselbe gilt gemäß § 173 Abs. 1 Satz 2 AktG für den Konzernabschluss. Der Aufsichtsrat ist in einem solchen Fall gemäß § 124 Abs. 3 Satz 1 AktG verpflichtet, der Hauptversammlung einen eigenen Vorschlag zu unterbreiten.[749] Diesen muss das Aufsichtsratsgremium beschließen, da auch hierfür § 107 Abs. 3 Satz 3 AktG gilt.[750]

645 Bis zuletzt verbliebene Bedenken gegen den Inhalt des (Konzern-) Lageberichts oder gegen die Ordnungsmäßigkeit des Rechnungslegungsverfahrens oder sonstiger Verfahren lösen für den Aufsichtsrat lediglich eine Pflicht zur Mitteilung an die Hauptversammlung gemäß § 171 Abs. 2 AktG aus.[751]

743 *Bormann*, DStR 2011, 368 [368].

744 Grundsätzlich hat der Prüfungsbericht des Abschlussprüfers den Aufsichtsratsmitgliedern vorzuliegen, wenn der Aufsichtsrat seine eigene Prüfung des Jahresabschlusses beginnt. Andernfalls kann der Prüfungsbericht seiner Funktion als Hilfsmittel für den Aufsichtsrat nicht gerecht werden. Wenn aus organisatorischen Gründen den Aufsichtsratsmitglieder zu deren Prüfungsbeginn nur ein Entwurf des Prüfungsberichts vorgelegt werden kann, so genügt dies, wenn der Entwurf ohne (wesentliche) Änderungen später unterschrieben und somit zum Prüfungsbericht iS von § 321 HGB wird, vgl hierzu *Bormann*, DStR 2011, 368 [369], der es für unzumutbar hält, dass die Aufsichtsratsmitglieder unter Zuhilfenahme des Entwurfs die Vorstandsvorlagen prüfen sollen, da sie bei späteren Änderungen erneut prüfen müssten; zudem sei es nicht unwahrscheinlich, dass bei der Versendung eines Entwurfs später noch wesentliche Änderungen vorgenommen werden, da andernfalls der Entwurf unterschrieben und als finaler Prüfungsbericht hätte versandt werden können.

745 Kritisch hierzu: *Velte*, AG 2009, 102 [107].

746 OLG Stuttgart, Urt. v. 1.7.2009 – 20 U 8/08 („Hugo Boss"), abgedruckt in: NZG 2009, 951 [Ls.] = DB 2009, 1521 [1525] = BeckRS 2009, 18606; *Bormann*, DStR 2011, 368 [370].

747 *Bormann*, DStR 2011, 368 [369].

748 Vgl OLG Frankfurt aM, Urt. v. 21.11.2006 – 5 U 115/05, abgedruckt in: AG 2007, 282 = BeckRS 2007, 016532.

749 *Kropff*, in: MünchKomm AktG², § 171, Rn 40; *Ekkenga*, in: KölnKomm AktG, § 171, Rn 42.

750 Vgl *Ekkenga*, in: KölnKomm AktG, § 171, Rn 42.

751 Vgl *Euler*, in: Spindler/Stilz, AktG, § 171, Rn 48.

ii) Prüfung von Quartals- und Halbjahresfinanzberichten nach WpHG

Die kapitalmarktrechtlichen Halbjahresfinanzberichte iS von § 37 w WpHG, die gemäß Abs. 1 für die ersten sechs Monate eines jeden Geschäftsjahres zu erstellen und spätestens zwei Monate nach Ablauf des Berichtszeitraums der Öffentlichkeit zur Verfügung zu stellen sind und die gemäß Abs. 2 mindestens einen verkürzten Abschluss (vgl Abs. 3), einen Zwischenlagebericht (vgl Abs. 4) und die Erklärung gemäß § 264 Abs. 2 Satz 3 bzw § 289 Abs. 1 Satz 5 HGB enthalten müssen, werden in § 171 Abs. 1 AktG zwar nicht als Prüfungsobjekt genannt. Der Aufsichtsrat dürfte jedoch bereits aufgrund seiner allgemeinen Pflicht zur Überwachung der Geschäftsleitung gemäß § 111 Abs. 1 AktG zur kritischen Durchsicht auch dieser Berichte verpflichtet sein.[752] Nichts anderes gilt für die Quartalsfinanzberichte der inländischen Aktienemittenten iS von § 37 x Abs. 3 WpHG, die gemäß § 37 w Abs. 2 Nr. 1 u. N. 2, Abs. 3 u. Abs. 4 WpHG aus einem verkürzten Abschluss und einem Zwischenlagebericht bestehen, zu veröffentlichen sind,[753] und an die Stelle der Zwischenmitteilungen der Geschäftsführung iS von § 37 x Abs. 1 u. Abs. 2 WpHG[754] treten.[755] 646

Ziff. 7.1.2 Satz 2 DCGK empfiehlt seit 2008 eine „Erörterung" der Berichte durch Aufsichtsrat oder Prüfungsausschuss mit dem Vorstand vor deren Veröffentlichung. Zum Teil wird hierin durch die frühzeitige Sensibilisierung der Aufsichtsratsmitglieder für wichtige Themen und deren Abbildung in der Rechnungslegung ein probates Mittel zur Steigerung der Effizienz deren Prüfung des Jahresabschlusses gesehen.[756] Fraglich ist in diesem Zusammenhang, ob für die Erörterung der Bericht mit dem Vorstand der Gremienvorbehalt des § 107 Abs. 3 Satz 3 AktG gilt, wonach die abschließende Delegation auf den Prüfungsausschuss unzulässig wäre. Befürworter dieser Restriktion argumentieren mit der inhaltlich unmittelbaren Verknüpfung von Prüfung des Halbjahresfinanzberichts sowie der Quartalsberichte mit der Prüfung der jährlichen Rechnungslegungsinstrumente iS von § 171 Abs. 1 AktG, die § 107 Abs. 3 Satz 3 AktG ausdrücklich erwähnt.[757] Diejenigen, die eine solche Restriktion ablehnen, argumentieren mit dem Wortlaut des § 107 Abs. 3 Satz 3 AktG, der die Prüfung von Halbjahres- und Quartalsfinanzberichten nicht erwähnt.[758] 647

Anders als bei dem Jahresabschluss, der gemäß § 316 Abs. 1 Satz 1 HGB zumindest bei mittelgroßen und großen Gesellschaften iS von § 267 HGB durch einen externen Wirtschaftsprüfer bzw eine Wirtschaftsprüfergesellschaft zu prüfen ist, besteht gemäß § 37 w Abs. 5 WpHG zugunsten der Gesellschaft ein Wahlrecht im Hinblick auf die Prüfung von verkürztem Abschluss und Zwischenlagebericht durch einen Abschlussprüfer. Findet keine Prüfung und auch keine „prüferische Durchsicht" – hierbei handelt es sich um eine betriebswirtschaftliche Prüfung und nicht um eine reduzierte Abschlussprüfung, so dass von einer geringeren Prüfungsintensität auszugehen ist[759] – statt, so ist dies gemäß § 37 w Abs. 5 Satz 6 WpHG im Halbjahresfinanzbericht anzugeben, was der Kapitalmarkt regelmäßig mit Skep- 648

752 *Velte*, NZG 2013, 289 [290].
753 Zur Veröffentlichung solcher Berichte, vgl *Hönsch*, in: Assmann/Schneider, WpHG, § 37 x, Rn 24 ff; vgl auch Ziff. 7.1.2 Satz 4 DCGH zur empfohlenen Veröffentlichungsfrist von 45 Tagen nach Ende des Berichtszeitraums.
754 Vgl hierzu *Hönsch*, in: Assmann/Schneider, WpHG, § 37 x, Rn 1 ff.
755 Dieser Umstand ist insbesondere für die Aktienemittenten mit Zulassung zum „Prime Standard" der Frankfurter Wertpapierbörse bedeutsam, da nach § 66 Abs. 1 der dortigen Börsenordnung Quartalsberichte iS von § 37 x Abs. 3 Satz 1 erstellt werden müssen, vgl *Hönsch*, in: Assmann/Schneider, WpHG, § 37 x, Rn 20.
756 *Buhleier/Krowas*, DB 2010, 1165 [1167].
757 *Velte*, NZG 2013, 289 [290, Fn 15].
758 Nachw. bei *Velte*, NZG 2013, 289 [290, Fn 15].
759 Vgl *Velte*, NZG 2013, 289 [290], mit Hinwies auf die insoweit zu verwendenden Formulierungen der IDW PS 900 für die Bescheinigung der prüferischen Durchsicht und die Beschränkung „der Prüfung" auf Plausibilitätsbeurteilungen nach IDW PS 900.6.

sis und demnach mit Investitionszurückhaltung beantworten dürfte.[760] Soll eine prüferische Durchsicht erfolgen, gelten gemäß § 37 w Abs. 5 Satz 2 WpHG die Vorschriften über die Bestellung des Abschlussprüfers gemäß § 318 HGB entsprechend.

649 Quartalsfinanzberichte iS von § 37 x Abs. 3 Satz 1 WpHG können ebenfalls einer prüferischen Durchsicht durch einen Abschlussprüfer unterzogen werden, wie sich aus § § 37 x Abs. 3 Satz 3 WpHG ergibt. Den Auftrag hierzu sollte der Aufsichtsrat bzw Prüfungsausschuss erteilen.[761] Mangels Verweises auf § 37 w Abs. 5 Satz 6 WpHG ist das Unternehmen, anders als bei den Halbjahresfinanzberichten, nicht verpflichtet, im Quartalsfinanzbericht anzugeben, wenn der verkürzte Abschluss und der Zwischenlagebericht keiner prüferischen Durchsicht unterzogen wurden.[762]

jj) Individuelle Sorgfaltspflichten u. nicht prüfungspflichtige Gesellschaften

650 „Die gesetzliche Prüfungspflicht stellt hohe Anforderungen an jedes einzelne Aufsichtsratsmitglied. ... Neben der zunehmend komplexeren Geschäftstätigkeit sowie der Internationalisierung der Unternehmen tragen umfangreiche Gesetzesänderungen und Neuerungen der Rechnungslegungsstandards dazu bei, dass die fachlichen und persönlichen Anforderungen an die Aufsichtsratsmitglieder ständig steigen."[763]

651 Im Grundsatz unbestritten muss „ein Aufsichtsratsmitglied diejenigen Mindestkenntnisse und -fähigkeiten besitzen oder sich aneignen ..., die es braucht, um alle normalerweise anfallenden Geschäftsvorgänge auch ohne fremde Hilfe verstehen und sachgerecht beurteilen zu können."[764] Das Prüfungsprogramm des § 171 Abs. 1 AktG hat der Aufsichtsrat alljährlich zu bewältigen, so dass kein Zweifel daran besteht, dass es sich hierbei um normalerweise anfallende Geschäftsvorgänge handelt. Ebenso unbestritten dürfte sein, dass es sorgfaltswidrig ist, sich nicht mit der Abschlussprüfung zu befassen.[765] Dies dürfte sich bereits aus § 170 Abs. 3 AktG ergeben, wonach jedes Aufsichtsratsmitglied das Recht hat, von den Vorlagen des Vorstands und den Prüfungsberichten Kenntnis zu nehmen (Satz 1), und jedem Aufsichtsratsmitglied die Vorlagen und Prüfungsberichte zu übermitteln sind, soweit der Aufsichtsrat dies beschlossen hat (Satz 2).[766] Ebenso unbestritten handeln die Aufsichtsratsmitglieder pflichtwidrig, wenn sie den Abschlussprüfer nicht zur Bilanzsitzung zulassen.[767] Fraglich ist jedoch, welche Anforderungen im Zusammenhang mit der Prüfung nach § 171 Abs. 1 AktG an diejenigen Mitglieder des Aufsichtsrats zu stellen sind, die weder die Voraussetzungen von § 100 Abs. 5 AktG erfüllen noch Mitglied im Prüfungsausschuss sind. Bei ihnen wird man es mit einer verbreiteten Literaturmeinung[768] ausreichen lassen müssen, dass

760 Vgl zum Zweck der Vertrauensbildung am Kapitalmarkt *Hönsch*, in: Assmann/Schneider, WpHG, § 37 w, Rn 38.

761 Mangels Verweises auf § 318 HGB bzw § 37 w Abs. 5 Satz 2 WpHG ist der Abschlussprüfer zur prüferischen Durchsicht der Quartalsfinanzberichte nicht zu bestellen, vgl *Hönsch*, in: Assmann/Schneider, WpHG, § 37 x, Rn 27.

762 *Hönsch*, in: Assmann/Schneider, WpHG, § 37 x, Rn 27.

763 So ausdrücklich *Buhleier/Krowas*, DB 2010, 1165 [1165].

764 BGH, Urt. v. 15.11.1982 – II ZR 27/82 („Hertie"), abgedruckt in: BGHZ 85, 293 [295 f] = NJW 1983, 991 [991]; zu den zustimmenden Stimmen in der Lit. vgl nur *Euler*, in: Spindler/Stilz, AktG, § 171, Rn 10; *Ekkenga*, in: KölnKomm AktG, § 171, Rn 45.

765 Lutter/Krieger, Aufsichtsrat. § 5, Rn 180; *Buhleier/Krowas*, DB 2010, 1165 [1166], wonach jedes Mitglied des Aufsichtsrats verpflichtet ist, den Abschluss persönlich zu prüfen.

766 Vgl *Buhleier/Krowas*, DB 2010, 1165 [1165].

767 *Ekkenga*, in: KölnKomm AktG, § 171, Rn 50, mit dem Hinweis auf den zwingenden Charakter von § 171 Abs. 1 Satz 2 AktG und die sich aus einem Verstoß ergebenden Rechtsfolgen für die Aufsichtsratsmitglieder (§§ 116 Satz 1, 93 Abs. 2 Satz 1 AktG).

768 Hüffer, § 171, Rn 5; *Kropff*, in: MünchKomm AktG², § 171, Rn 86; *Euler*, in: Spindler/Stilz, AktG, § 171, Rn 22; *Drygala*, in: K. Schmidt/Lutter, AktG, § 171, Rn 7; *Ekkenga*, in: KölnKomm AktG, § 171, Rn 45 mwN; ähnlich *Hennrichs/Pöschke*, in: MünchKomm AktG³, § 171, Rn 94.

sie die von Vorstand, Abschlussprüfer und den Mitgliedern des Prüfungsausschusses bereitgestellten Informationen entgegennehmen, sich diese kritisch vergegenwärtigen und aufgrund dessen eine eigene Meinung bilden. Besonders zu berücksichtigen für die Frage nach der Rechtmäßigkeit von Einzel- und Konzernabschluss sowie (Konzern-) Lagebericht dürften die Ausführungen des Abschlussprüfers in dessen Prüfungsbericht[769] sein. Zur Beurteilung der Zweckmäßigkeit der Ermessensentscheidungen im Jahresabschluss werden sich die zuvor genannten Aufsichtsratsmitglieder regelmäßig auf die Ausführungen der Mitglieder des Prüfungsausschusses und des unabhängigen Finanzexperten zu stützen haben, für die höhere Anforderungen gelten.[770] Inwiefern sich die in Sachen Rechnungslegung und Abschlussprüfung nicht besonders versierten Aufsichtsratsmitglieder auf der Grundlage dieser Informationen eine eigene Meinung bilden und ggf sogar gegen anderslautende Einschätzungen ihrer Kollegen behaupten können, dürfte von einer Reihe von Faktoren abhängen, insbesondere von deren Vorbildung und Erfahrung und der Komplexität des Zahlenwerks, aber auch von der Ausführlichkeit und Verständlichkeit der jeweiligen Ausführungen. Im Ergebnis wird man die Sorgfaltsanforderungen an diese Aufsichtsratsmitglieder nicht zu hoch schrauben dürfen, da andernfalls zu befürchten ist, dass sie mit ihrem „Halbwissen" die Prüfungsarbeiten eher behindern, anstatt sie zu fördern. Im schlimmsten Fall können sogar wesentliche Versäumnisse des Vorstands dadurch unerkannt bleiben, dass die weniger befähigten Aufsichtsratsmitglieder im Rahmen der gebotenen Arbeitsteilung Prüfungsaufgaben übernehmen und fehlerhaft ausführen, während eine Nachprüfung durch ihre fähigeren Kollegen nicht mehr stattfindet.[771] Behauptet oder zumindest suggeriert ein Aufsichtsratsmitglied nicht vorhandene Fähigkeiten und Kenntnisse und führt dies dazu, dass ihm exklusive Prüfungsaufgaben übertragen werden, die es realistischerweise nicht fehlerfrei bewältigen kann, und treten in Folge dessen Fehler auf, so handelt das Aufsichtsratsmitglied pflichtwidrig.[772] Regelmäßig nicht pflichtwidrig handelt hingegen ein in Sachen Rechnungslegung und Abschlussprüfung wenig versiertes Aufsichtsratsmitglied, dem ein Fehler – zB Übersehen eines Widerspruchs im Prüfungsbericht – unterläuft, wenn ihm die Prüfungsaufgabe vom für Aufbau- und Ablauforganisation aufsichtsratsintern verantwortlichen Aufsichtsratsvorsitzenden bzw vom Vorsitzenden des Prüfungsausschusses in Kenntnis dessen Defizite erteilt wurde.

Besonders problematisch gestaltet sich die Situation für die Mitglieder des Aufsichtsrats bei 652
Aktiengesellschaften, die als kleine Kapitalgesellschaften iS von § 267 Abs. 1 HGB[773] nicht verpflichtet sind, ihren Jahresabschluss durch einen externen Wirtschaftsprüfer prüfen zu lassen, vgl § 316 Abs. 1 Satz 1 HGB, und dies auch nicht freiwillig tun. Denn bei diesen Gesellschaften kann der Aufsichtsrat weder bei seiner eigenen Jahresabschlussprüfung auf den Prüfungsbericht rekurrieren noch den Wirtschaftsprüfer in seiner Bilanzsitzung befragen. Entgegen der derzeit (noch) hM führt dieses Dilemma jedoch nicht zu einer „weitergehenden Sorgfaltspflicht"[774] oder „erhöhten Prüfungsverantwortung"[775] der Aufsichtsratsmitglieder. Auch „erhöhte Anforderungen" an deren Sachkenntnis[776] können nicht gefordert werden.

---

769 Gemäß § 322 Abs. 7 Satz 2 HGB ist der Bestätigungsvermerk Teil des Prüfungsberichts iS von § 321 HGB.

770 Vgl *Hennrichs/Pöschke*, in: MünchKomm AktG³, § 171, Rn 95.

771 Ähnlich *Ekkenga*, in: KölnKomm AktG, § 171, Rn 45 f.

772 Ähnlich *Ekkenga*, in: KölnKomm AktG, § 171, Rn 46 mwN.

773 Kapitalmarktorientierte Gesellschaften iS von § 264 d HGB gelten unabhängig von ihrer Bilanzsumme, der Höhe ihrer Umsatzerlöse und Zahl ihrer Arbeitnehmer stets als große Kapitalgesellschaft iS von § 267 Abs. 3 HGB, so dass für sie Prüfungspflicht besteht.

774 *Kropff*, in: MünchKomm AktG², § 171, Rn 88 ff.

775 *Forster*, FS Kropff, 1997, S. 71 [78]; *ders.*, ZfB 1988 (58. Jg.), 789 [801]; vgl auch *Hennrichs/Pöschke*, in: MünchKomm AktG³, § 171, Rn 98; Lutter/Krieger, Aufsichtsrat, § 5, Rn 189.

776 *Euler*, in: Spindler/Stilz, AktG, § 171, Rn 12.

Schließlich besteht auch kein „erhöhtes Haftungsrisiko“[777] zu ihren Lasten. Vielmehr hat das Fehlen der Prüfung gemäß §§ 316 ff HGB keinen Einfluss auf das Anforderungsprofil der Aufsichtsratsmitglieder. Sie treten nicht an die Stelle des fehlenden Wirtschaftsprüfers iS eines „Ersatz-Revisors“.[778] Stattdessen muss eine „kleine“ Aktiengesellschaft mit dem sich aus der gesetzlichen Konzeption ergebenden Prüfungsdefizit leben.[779]

653 Während die auf dem Gebiet von Rechnungslegung und Abschlussprüfung weniger versierten Mitglieder des Aufsichtsrats ihre Pflichten nicht verletzen, wenn ihnen – ohne dass sie sich und ihre Fähigkeiten überschätzt und entsprechend in die Aufbau- und Ablauforganisation eingegliedert haben – bei der Prüfung von Vorstandsvorlagen oder unternehmensinternen Kontrollverfahren Fehler unterlaufen, gilt für diejenigen Mitglieder etwas anderes, denen im Aufsichtsrat nach dem Prinzip der organinternen Arbeitsteilung besondere Aufgaben und Funktionen anvertraut sind. Sie müssen ihrer jeweiligen Funktion entsprechenden Standards genügen.[780] Neben dem Aufsichtsratsvorsitzenden als dem Koordinator der Arbeit im Gremium sowie in den Ausschüssen sind hier der unabhängige Finanzexperte iS von § 100 Abs. 5 AktG sowie die (sonstigen) Mitglieder des Prüfungsausschusses zu nennen.[781] Für diese Akteure kann jedoch trotz vertiefter Kenntnisse und Fähigkeiten nicht der Sorgfaltsmaßstab gelten, der bei dem Abschlussprüfer anzulegen ist.[782] Denn an dessen Qualifikation werden nicht nur die höchsten Anforderungen gestellt.[783] Vermehr führt er nach der gesetzlichen Konzeption die Prüfung auch im Hauptberuf durch, während die Aufsichtsratsmitglieder allesamt nur im Rahmen einer ggf von mehreren Nebentätigkeiten Vorstandsvorlagen und unternehmensinterne Kontrollverfahren prüfen. An dieser Differenzierung ändert auch, unabhängig von dessen Charakter als bloße Empfehlung, Ziff. 5.3.2 Satz 2 DCGK nichts, wonach der Vorsitzende des Prüfungsausschusses über besondere Kenntnisse und Erfahrungen in der Anwendung von Rechnungslegungsgrundsätzen und internen Kontrollverfahren verfügen soll.

c) Bericht an die Hauptversammlung

aa) Überblick – Berichtsgegenstände und Entwicklung

654 Der Aufsichtsrat einer AG oder KGaA hat die Hauptversammlung im Rahmen eines schriftlichen Berichts iS von § 171 Abs. 2 Satz 1 AktG über das Ergebnis seiner Prüfung von Jahres- und Konzernabschluss sowie (Konzern-) Lagebericht zu informieren. Gefordert ist mithin Schriftform gemäß § 126 BGB, so dass Textform iS von § 126 b BGB nicht genügt.[784] Der Bericht ist vom Aufsichtsratsvorsitzenden oder im Verhinderungsfall von dessen Stellvertre-

---

777 *Kropff*, in: MünchKomm AktG², § 171, Rn 80; *Euler*, in: Spindler/Stilz, AktG, § 171, Rn 12.

778 *Ekkenga*, in: KölnKomm AktG, § 171, Rn 46.

779 *Ekkenga*, in: KölnKomm AktG, § 171, Rn 46, der von „Niveaugefälle“ spricht; *Selter*, AG 2013, 14 [17 ff], mit ausführlicher Begründung.

780 Zum hierin liegenden allgemeinen Grundsatz, vgl nur Hüffer, AktG, § 116, Rn 3 mwN; zun den unterschiedlichen Sorgfaltsanforderungen im Kontext der Prüfung gemäß § 171 Abs. 1 AktG, vgl *Ekkenga*, in: KölnKomm AktG, § 171, Rn 47.

781 Diesen Mitgliedern billigt man „financial literacy“ zu, also Kenntnisse in und Verständnis für Fragen der Rechnungslegung und interner Kontrollverfahren, vgl *Habersack*, in: MünchKomm AktG³, § 107, Rn 110; *Ekkenga*, in: KölnKomm AktG, § 171, Rn 47; *Lanfermann/Röhricht*, BB 2009, 887 [888].

782 So aber wohl *Buhleier/Krowas*, DB 2010, 1165 [1166], vgl auch *Drygala*, in: K. Schmidt/Lutter, AktG, § 171, Rn 5.

783 Der unabhängige Finanzexperte iS von § 100 Abs. 5 AktG muss gerade kein Wirtschaftsprüfer sein. Außerdem muss er sich keiner Qualitätskontrolle unterziehen, was der Abschlussprüfer gemäß § 319 Abs. 1 Satz 3 HGB iVm § 57 a WPO jedoch muss.

784 Vgl BGH, Urt. v. 21.6.2010 – II ZR 24/08, abgedruckt in: NZG 2010, 943 [944 f, Tz. 16 f] = DStR 2010, 1681 [1683]; *Peltzer*, NZG 2010, 976 f.

ter zu unterschreiben.[785] Regelmäßig datiert der Bericht auf den Tag der Bilanzsitzung, wobei ein späteres Datum möglich ist, wenn die Freigabe des Berichts vom Eintritt einer Bedingung – Änderungen des vom Vorstand aufgestellten Jahresabschlusses – abhängt und dieser somit auch erst nach deren Eintritt vom Aufsichtsratsvorsitzenden unterschrieben werden darf. Unzulässig ist in jedem Fall wegen § 175 Abs. 2 AktG die Datierung auf den Tag der Hauptversammlung.[786] Dasselbe gilt gemäß § 314 Abs. 2 Satz 1 AktG für den Aufsichtsrat einer abhängigen Gesellschaft, die mit dem herrschenden Unternehmen nicht durch einen Beherrschungsvertrag iS von § 291 Abs. 1 Satz 1 Alt. 1 AktG verbunden ist, im Hinblick auf die Ergebnisse seiner Prüfung des vom Vorstand gemäß § 312 AktG zu erstatteten Abhängigkeitsberichts.

Neben seinem Bericht zu den Ergebnissen seiner Prüfung des Jahresabschlusses hat der Auf- 655
sichtsrat gemäß § 171 Abs. 2 Satz 2 Hs 1 AktG der Hauptversammlung auch Bericht darüber zu erstatten, in welcher Art und in welchem Umfang er die Geschäftsführung der Gesellschaft im Geschäftsjahr geprüft hat. Bei börsennotierten Gesellschaften hat er gemäß § 171 Abs. 2 Satz 2 Hs 2 AktG dabei sogar zwingend anzugeben, welche Ausschüsse gebildet worden sind, sowie die Zahl seiner Sitzungen und die der Ausschüsse.

Am Schluss seines Berichts muss der Aufsichtsrat gemäß §§ 171 Abs. 2 Sätze 4 u. 5 AktG 656
etwaig bestehende Einwendungen erheben, die seine Prüfung von Jahres- und Konzernabschluss abschließend ergeben haben. Dasselbe gilt gemäß § 314 Abs. 3 AktG im Hinblick auf die Erklärung des Vorstands am Schluss des Abhängigkeitsberichts.

Die Berichterstattung des Aufsichtsrats gemäß § 171 Abs. 2 AktG an die Hauptversammlung 657
ist in den letzten 15 Jahren in der Praxis beständig ausgeweitet worden.[787] Hiermit einher geht der Umstand, dass „die Vertreter einer extensiven Auslegung des Begriffsinhalts ersichtlich an Boden“ gewonnen haben.[788] Vormals kurze und formale Berichte von weniger als einer Seite Text, die allgemein gehalten und mit Ausnahme der Zahlen und Daten oft über Jahre hinweg nahezu unverändert fortgeführt wurden,[789] sind seither zu sorgfältigen, umfangreichen und informativen Darstellungen angewachsen.[790] Dies wird auch von den Gegnern einer inhaltlichen Ausdehnung der Berichtspflicht anerkannt.[791] Das Verdienst für diese Entwicklung wird *Theisen* zugeschrieben,[792] der bereits 1988 auf den seinerzeit bestehenden Missstand hingewiesen und Abhilfe gefordert hat.[793]

785 *Kropff*, in: MünchKomm AktG², § 171, Rn 169; *Liese/Theusinger*, BB 2007, 2528 [2531]; *Vetter*, ZIP 2006, 257 [263 mwN].

786 Vgl LG München I, Urt. v. 10.3.2005 – 5 HK O 18110/04 („Para“), abgedruckt in: ZIP 2005, 1031 [1032]; *Vetter*, ZIP 2006, 257 [263]; *Liese/Theusinger*, BB 2007, 2528 [2531].

787 *Sünner*, AG 2008, 411 [411]; *Vetter*, ZIP 2006, 257 [259], macht erste Schritte dieser Entwicklung bereits vor dem In-Kraft-Treten der ersten Fassung des DCGK aus.

788 *Drygala*, AG 2007, 381 [381].

789 *Theisen*, BB 1988, 705 [710]; *Vetter*, ZIP 2006, 257 [259]; *Maser/Bäumker*, AG 2005, 906 [906]; vgl auch *Drygala*, AG 2007, 381 [390]; *Voßen*, DStR 2006, 1287 [1287], wonach die Aufsichtsratsberichte ein „Schattendasein“ geführt hätten.

790 *Lutter*, AG 2008, 1 [1]; *ders.*, DB 2009, 775 [775 f]; *Sünner*, AG 2008, 411 [411].

791 Vgl *Drygala*, AG 2007, 381 [390], der insofern darauf abstellt, dass „das Bewusstsein für die eigene Verantwortung „ geschärft und „eingefahrene Verfahrensweisen einer kritischen Prüfung“ unterzogen werden.

792 *Sünner*, AG 2008, 411 [411]; *Drygala*, AG 2007, 381 [381]; *Liese/Theusinger*, BB 2007, 2528 [2528].

793 *Theisen*, BB 1988, 705 [710], kam insbesondere zu dem Ergebnis, dass die Aufsichtsratsberichte in den 50 umsatzstärksten Industrieunternehmen in der Rechtsform der AG inhaltlich weitgehend identisch waren und sich teilweise nur durch das Datum der Berichterstattung voneinander unterschieden.

bb) Inhalt und Tiefe sowie Geheimhaltungsinteressen der Gesellschaft

(1) Ausführlichkeit des Berichts

658 Der Bericht des Aufsichtsrats muss in Sprache und Aufbau[794] klar, inhaltlich wahr und nicht zuletzt vollständig sein.[795] Über die geforderte Ausführlichkeit besteht insbesondere im Hinblick auf die Überwachungstätigkeit im Berichtszeitraum Streit.[796]

659 Nach hM genügen in Geschäftsjahren mit gewöhnlichem Verlauf formale Hinweise darauf, dass der Aufsichtsrat die Geschäftsführung aufgrund der Vorstandsberichte und deren mündlichen Erläuterungen sowie aufgrund weiterer Gespräche mit den Vorstandsmitgliedern laufend überwacht und keinerlei Grund zur Beanstandung gefunden habe.[797] In Geschäftsjahren, in denen der Aufsichtsrat seine Überwachungstätigkeit zu intensivieren hatte, weil sich das Gesellschaftsunternehmen in wirtschaftlichen Schwierigkeiten befand oder risikoträchtige und wesentliche Entscheidungen zu treffen waren, genüge ein kurzer und bloß formelhafter Bericht[798] nicht. Vielmehr habe der Aufsichtsrat in solchen Jahren ausführlich über seine Aktivitäten zu berichten.[799]

660 *Hüffer* verlangt über die von der hM aufgestellten Erfordernisse hinaus, dass der Bericht des Aufsichtsrats auch die „tatsächliche Struktur“ der Gesellschaft zu berücksichtigen habe.[800] Hiernach dürfte bei kleinen Gesellschaften der Bericht kurz ausfallen, während er bei großen Gesellschaften[801] mit vielschichtigem Produktportfolio, großer Verwaltung, internationaler Ausrichtung und Börsenzulassung[802] ausführlich und aufschlussreich zu sein habe.[803]

---

794 Detaillierte Gliederungsvorschläge bei *Theisen*, Information und Berichterstattung, S. 215 u. S. 254 ff.

795 Vgl LG München I, Urt. v. 5.4.2007 – 5 HKO 15964/06, abgedruckt in: NZG 2008, 319 = AG 2007, 417 [418] = ZIP 2007, 1951; *Ekkenga*, in: KölnKomm AktG, § 171, Rn 67; *Kropff*, in: MünchKomm AktG², § 171, Rn 166; *Hennrichs/Pöschke*, in: MünchKomm AktG³, § 171, Rn 209; *Lutter*, AG 2008, 1 [10].

796 Zur Historie dieses Meinungsstreits vgl *Drygala*, AG 2007, 381 [381 mN].

797 Nach Auffassung des LG Krefeld, Urt. v. 20.12.2006 – 11 O 70/06, abgedruckt in: BeckRS 2007, 06566, begründet selbst ein formelhafter Aufsichtsratsbericht die Anfechtbarkeit eines Entlastungsbeschlusses jedenfalls dann nicht, wenn das Geschäftsjahr entsprechend den Planungen verlaufe, selbst wenn dies bedeute, dass die Gesellschaft nach wie vor „erhebliche“ Bilanzverluste aufweise.

798 In dem vom OLG Stuttgart, Urt. v. 15.3.2006 – 20 U 25/05 („RTV Family Entertainment“), abgedruckt in: ZIP 2006, 756 = NZG 2006, 472 = BB 2006, 1019 = AG 2006, 379, zu entscheidenden Fall enthielt der Aufsichtsratsbericht zur Überwachung der Geschäftsführung folgende – in der konkreten, wirtschaftlich angespannten Situation des Unternehmens unzureichende – Formulierung: „Der Aufsichtsrat hat sich in fünf Sitzungen sowie regelmäßig anhand schriftlicher und mündlicher Berichte des Vorstands eingehend über die Unternehmensstrategie, den Gang der Geschäfte und die Lage des Unternehmens sowie über wesentliche Programm- Investitionen infomriert.“.

799 OLG Stuttgart, Urt. v. 15.3.2006 – 20 U 25/05 („RTV Family Entertainment“), abgedruckt in: ZIP 2006, 756 = NZG 2006, 472 = BB 2006, 1019 = AG 2006, 379 [382]; OLG Hamburg, Urt. v. 12.1.2001 – 11 U 162/00 („Spar Handels-AG“), abgedruckt in: AG 2001, 359 [362] = NZG 2001, 513 = DB 2001, 583; *Kropff*, in: MünchKomm AktG², § 171, Rn 156; *Hennrichs/Pöschke*, in: MünchKomm AktG³, § 171, Rn 187, 197 ff; *Ekkenga*, in: KölnKomm AktG, § 171, Rn 68; *Schulz*, in: Bürgers/Körber, AktG, § 171, Rn 10; Lutter/Krieger, Aufsichtsrat, § 9, Rn 596; *Maser/Bäumker*, AG 2005, 906 [908]; *Lutter*, AG 2008, 1 [3 f]; *Sünner*, AG 2008, 411 [411]; *Voßen*, DStR 2006, 1287 [1288]; *Vetter*, ZIP 2006, 257 [262]; aA: *Drygala*, AG 2007, 381 [387 f], der stets Angaben über die routinemäßig eingesetzten Überwachungsmittel hinaus fordert.

800 Hüffer, AktG, § 171, Rn 13.

801 Gegen eine Verschärfung der Berichtspflicht aufgrund der Größe der Gesellschaft OLG Stuttgart, Urt. v. 15.3.2006 – 20 U 25/05, abgedruckt in: AG 2006, 379 [382] = NZG 2006, 472; *Maser/Bäumker*, AG 2005, 906 [908].

802 Gegen eine Verschärfung der Berichtspflicht aufgrund einer Öffnung der Gesellschaft für das Anlegerpublikum *Ekkenga*, in: KölnKomm AktG, § 171, Rn 68.

803 *Hennrichs/Pöschke*, in: MünchKomm AktG³, § 171, Rn 196 mwN, stellen neben der wirtschaftlichen Lage der Gesellschaft zwar auch auf deren Struktur und die daraus folgenden Anforderungen an eine sachgemäße Wahrnehmung der Überwachungspflichten durch den Aufsichtsrat ab, halten die Größe des Unternehmens jedoch für grundsätzlich irrelevant.

Drygala erachtet das Informationsinteresse der Hauptversammlung im Bereich von § 171 Abs. 2 AktG einerseits und die im Aufsichtsrat geltende Vertraulichkeit andererseits als gleichrangige Prinzipien, die bei jeder Maßnahme nach den Geboten praktischer Konkordanz zum Ausgleich zu bringen seien. Abhängig vom Grad der Vertraulichkeit der Maßnahme und somit von der Eignung einer Information hierüber an die Hauptversammlung, die offene Diskussion im Aufsichtsrat zukünftig zu beeinträchtigen, habe dieser jeweils zu entscheiden, ob er die Hauptversammlung unterrichtet oder nicht.[804] Der Einsatz außerordentlicher Überwachungsmittel wie Einsicht in Bücher und Schriften und Verlangen nach Sonderberichten lasse regelmäßig Misstrauen des Aufsichtsrats in die Amtsführung des Vorstandes erkennen, so dass eine Berichterstattung an die Hauptversammlung regelmäßig ausscheide. Dies gelte insbesondere dann, wenn die Maßnahme durchgeführt wurde, aber nichts zutage gefördert hat.[805] 661

Schließlich gibt es Stimmen, die jeden Aufsichtsrat, unabhängig von Größe und Struktur der Gesellschaft, in der Pflicht zur ausführlichen Berichterstattung über Gegenstand, Art – „Methode" – und Umfang – „Häufigkeit der Prüfung" – der Überwachungstätigkeit iS von § 171 Abs. 2 Satz 2 Hs 1 AktG sehen.[806] Es müsse stets über die Zahl der Aufsichtsrats- und Ausschusssitzungen berichtet werden, über konkrete Gründe und Häufigkeit einzelner Prüfungsmaßnahmen, wie zB die Anforderung besonderer Vorstandsberichte[807] oder Sonderprüfungen durch Sachverständige und deren Verlauf, über den Katalog zustimmungspflichtiger Geschäfte und dessen Anwendung sowie über Einzelheiten der Zusammenarbeit zwischen Vorstand und Aufsichtsrat.[808] Eine „testatartige Minimalform" der Formulierung, die „stereotyp für jedes Unternehmen verwendbar" sei, genüge den Anfordungen nicht. Vielmehr müsse mit der inhaltlichen Berichterstattung über die Überwachungsarbeit der qualitative Bezug zum Unternehmenserfolg und -ergebnis hergestellt werden.[809] Der Aufsichtsrat als Repräsentativorgan sei zur Übermittlung bzw Weitergabe der durch die Überwachung gewonnenen Erkenntnisse und Ergebnisse verpflichtet. Er habe über Umfang, Ausmaß und Thematik seiner Überwachungsaktivitäten zu berichten.[810] 662

Zur Beantwortung der Frage nach dem geforderten Berichtsumfang im Hinblick auf die Überwachungsaktivitäten des Aufsichtsrats lässt sich der Gesetzestext nur schwer heranziehen. Während der Bericht über die Prüfung von (Konzern- und) Jahresabschluss, (Konzern-) Lagebericht und Vorschlag für die Gewinnverwendung iS von § 171 Abs. 1 Satz 1 AktG gemäß § 171 Abs. 2 Satz 1 AktG lediglich deren „Ergebnis" darzustellen hat, was für geringe Anforderungen an Umfang in Intensität des Berichts spricht, lässt Satz 2 Hs 1 in Bezug auf die Überwachungsaktivitäten eher eine ausgedehnte Berichtspflicht vermuten. Denn hiernach ist vom Aufsichtsrat darüber zu berichten, „in welcher Art und in welchem Umfang er die Geschäftsführung während des Geschäftsjahrs geprüft hat" und somit über die vorgenommenen Prüfungshandlungen bzw -maßnahmen. Der Aufsichtsrat einer nicht börsennotierten Gesellschaft muss im Rückschluss aus § 171 Abs. 2 Satz 2 Hs 2 AktG weder über Zahl und Art seiner Ausschüsse noch über die Zahl von Ausschuss- und Plenarsitzungen berichten,[811] wenngleich ihm dies nicht verwehrt ist und es keine plausiblen Gründe gibt, es nicht zu tun. 663

804 *Drygala*, AG 2007, 381 [387]; ähnlich *Hennrichs/Pöschke*, in: MünchKomm AktG^3, § 171, Rn 195.

805 *Drygala*, AG 2007, 381 [388].

806 LG München I, Urt. v. 5.4.2007 – 5 HKO 15964/06, abgedruckt in: AG 2007, 417 [418] = NZG 2008, 319 = BB 2007, 2170; LG München I, Urt. v. 10.3.2005 – 5 HKO 18110/04 („Para"), abgedruckt in: AG 2005, 408 [409] = DB 2005, 878 = ZIP 2005, 1031; *Waclawik*, in: Hölters, AktG, § 171, Rn 18 f.

807 Kritisch hierzu: *Drygala*, AG 2007, 381 [388], unter dem Gesichtspunkt der Vertraulichkeit, da derartige Maßnahmen Misstrauen in die Amtsführung des Vorstands erkennen ließen.

808 *Theisen/Linn/Schöll*, DB 2007, 2493 [2497 mwN].

809 *Theisen/Linn/Schöll*, DB 2007, 2493 [2497].

810 *Theisen*, BB 1988, 705 [711].

811 Ähnlich *Ekkenga*, in: KölnKomm AktG, § 171, Rn 68; aA: *Drygala*, AG 2007, 381 [387 mwN].

Sowohl nach Wortlaut als auch Sinn und Zweck der Vorschrift hat das Organ regelmäßig über besondere Maßnahmen der Überwachung und deren Ergebnis zu berichten. Das eher theoretische Risiko, dass das Vertrauensverhältnis zwischen den Mitgliedern des Vorstands und des Aufsichtsrats hierdurch Schaden nimmt, hat insoweit hinter dem Recht der Aktionäre auf Information zurückzustehen. Denn für sie ist der Bericht erforderlich, um beurteilen zu können, ob der Aufsichtsrat seiner Überwachungspflicht sachgemäß nachgekommen ist,[812] was für Entlastungs- und Wiederwahlentscheidungen unerlässlich ist. Mittels standardisierter Formulierungen ist ihnen dies nicht möglich.

(2) Kollsion mit Geheimhaltungsinteressen der Gesellschaft

664 Der Bericht des Aufsichtsrats gemäß § 171 Abs. 2 AktG darf sich nicht auf Umstände erstrecken, die im Interesse der Gesellschaft geheim zu halten sind,[813] da sich die Aufsichtsratsmitglieder andernfalls gemäß § 116 Satz 2 AktG und zumindest theoretisch gemäß §§ 116 Satz 1, 93 Abs. 1 Satz 3 AktG schadensersatzpflichtig machen könnten.[814]

665 Zu weit geht es allerdings, Beratungshergang, Beratungsergebnis und somit den Einsatz von außerordentlichen Überwachungsmaßnahmen stets allein deshalb als geheimhaltungsbedürftig iS von § 116 Satz 2 AktG einzustufen, weil die abstrakte Gefahr besteht, dass ein Bekanntwerden der Beratungsinhalte die zukünftige offene Diskussion im Gremium beeinträchtigen könnte.[815] Denn hierdurch würde dem Aufsichtsratsbericht die Funktion als Rechenschaftsbericht für die Aktionäre im Wesentlichen genommen. § 171 Abs. 2 Satz 2 AktG liefe weitestgehend ins Leere.[816] Daher ist es auch kein gangbarer Weg, den Abschlussprüfer zusätzlich mit der Prüfung der Überwachung des Vorstands durch den Aufsichtsrat zu beauftragen und der Hauptversammlung anschließend über die Ergebnisse auch dieser Prüfung berichten zu lassen.[817] Zwar wäre hiermit sichergestellt, dass keine Geheimhaltungsinteressen der Gesellschaft verletzt würden, da der Abschlussprüfer Berufsgeheimnisträger ist und nur darüber berichten dürfte, was nicht der Geheimhaltung unterliegt. Für die Aktionäre würde sich das Zusammenspiel von Vorstand, Aufsichtsrat und Abschlussprüfer bei einem solchen Szenario jedoch als „black box“ darstellen, was § 171 Abs. 2 AktG gerade verhindern soll. Zudem müsste der Abschlussprüfer die Amtsführung desjenigen Organs beurteilen, das ihm gemäß § 111 Abs. 2 Satz 3 AktG den Prüfungsauftrag erteilt hat, was der aktienrechtlichen Konzeption – vgl zB § 124 Abs. 3 Satz 1 AktG – widersprechen dürfte.

666 Maßstab für die Geheimhaltung ist vielmehr der Katalog der Gründe in § 131 Abs. 3 Satz 1 AktG, aus denen der Vorstand den Aktionären die Auskunft in der Hauptversammlung ver-

---

812 Vgl nur *Hennrichs/Pöschke*, in: MünchKomm AktG[3], § 171, Rn 196.

813 *Ekkenga*, in: KölnKomm AktG, § 171, Rn 69; *Lutter*, AG 2008, 1 [10]; *Maser/Bäumker*, AG 2005, 906 [910].

814 *Drygala*, AG 2007, 381 [382], spricht vom „Spannungsverhältnis zwischen Berichtspflicht und Vertraulichkeit“.

815 So aber *Drygala*, AG 2007, 381 [384, 387, 390], der zwar das Informationsinteresse der Hauptversammlung und die Vertraulichkeit im Aufsichtsrat als gleichrangige Prinzipien ausmacht und – wie auch *Liese/Theusinger*, BB 2007, 2528 [2530] – deren Verwirklichung im Wege praktischer Konkordanz zu verwirklichen sucht; aber nur bei Angaben über routinemäßige Überwachungsmaßnahmen sowie über Sitzungsfrequenz, über den Kontakt von Aufsichtsratsvorsitzendem und Vorstandsmitgliedern u.a. der Auffassung ist, es bestünde keine abstrakte Gefahr einer Beeinträchtigung der offenen Diskussion im Aufsichtsrat, so dass hierbei das Informationsinteresse der Hauptversammlung Vorrang habe.

816 Vgl *Drygala*, AG 2007, 381 [385 f], der die Frage aufwirft, ob § 171 Abs. 2 AktG lex specialis zu § 116 Satz 2 AktG ist.

817 In diesem Sinne aber wohl *Drygala*, AG 2007, 381 [391].

weigern darf.[818] Nichts anderes muss im Interesse der Gesellschaft für den Bericht des Aufsichtsrats gelten. Denn andernfalls könnte und müsste der Vorstand Geheimnisse der Gesellschaft den Aktionären vorenthalten, während sie, wenngleich aus einem anderen Blickwinkel, durch den Bericht des Aufsichtsrats sogar der Öffentlichkeit bekannt gemacht würden, da dieser gemäß § 325 Abs. 1 Satz 3 HGB für jedermann einsehbar im elektronischen Bundesanzeiger offenzulegen und bei börsennotierten Gesellschaften gemäß § 124 a Abs. 1 Ziff. 3 AktG darüber hinaus auf deren Internetseite zugänglich zu machen ist.[819]

Nicht ersichtlich ist, warum das für den Vorstand normierte Auskunftsverweigerungsrecht 667 zur Wahrung der Vertraulichkeit im Aufsichtsrat nicht ausreichen soll, wie von *Drygala* behauptet wird. Zwar ist ihm zuzubilligen, dass die nebenamtlich tätigen Mitglieder des Aufsichtsrats unterschiedliche, mitunter sogar gegensätzliche Interessen verfolgen können, während dies bei den hauptamtlichen Mitgliedern des Vorstand regelmäßig nicht darf Fall sein dürfte, und hierdurch die abstrakte Gefahr von Vertraulichkeitsverstößen im Aufsichtsrat größer ist als im Vorstand.[820] Dieser Umstand hat jedoch keinerlei Bedeutung für die Auslegung von § 131 Abs. 3 AktG und eine etwaige Sanktionierung gemäß § 116 Satz 2 AktG. Oder anders ausgedrückt: Ein abstrakt höheres Risiko der Preisgabe von Geheimnissen erfordert keine Restriktion von Inhalt und Umfang der Berichtspflicht. Andernfalls würde man unterstellen, dass der Aufsichtsrat seine Pflicht zur Verschwiegenheit im Rahmen seiner Berichterstattung an die Hauptversammlung üblicherweise verletzt, dies aber aufgrund der inhaltlich starken Einschränkung seiner Berichtspflicht für das Unternehmen unschädlich ist. Zwischen dem, worüber der Aufsichtsrat berichten darf, und dem, was die Gesellschaft an Informationspreisgabe vertragen kann, ohne Schaden zu nehmen, bestünde somit ein Puffer.[821]

Im Ergebnis haben die Mitglieder des Aufsichtsrats im Zuge der Abfassung des Berichts an- 668 hand der Sitzungsprotokolle als Informationsquelle bei jedem in Betracht kommenden Berichtsgegenstand zu prüfen, ob diesbezüglich im Interesse der Gesellschaft Vertraulichkeit zu wahren ist. Sie haben sich somit jeweils zu vergewissern, dass die Voraussetzungen von § 116 Satz 2 AktG nicht vorliegen.[822]

cc) Beschlussfassung über Berichtsinhalt

Über den Inhalt seines schriftlichen Berichts, der gemäß § 175 Abs. 2 Sätze 1 u. 2 AktG von 669 der Einberufung der Hauptversammlung an in den Geschäftsräumen der Gesellschaft zur Einsicht der Aktionäre auszulegen und von dem jedem Aktionär auf Verlagen unverzüglich eine Abschrift zu erteilen ist, hat der Aufsichtsrat förmlich gemäß § 108 Abs. 1 AktG und

818 *Ekkenga*, in: KölnKomm AktG, § 171, Rn 69; *Kropff*, in: MünchKomm AktG², § 171, Rn 167; aA: *Drygala*, AG 2007, 381 [385], der für das Verhältnis von Vorstand zur Hauptversammlung die Offenheit als Regel und die Verschwiegenheit als Ausnahme sieht, während es beim Verhältnis zwischen Aufsichtsrat und Hauptversammlung genau umgekehrt sei.

819 *Drygala*, AG 2007, 381 [386], ist darin Recht zu geben und der hier angeführte Erst-Recht-Schluss insofern zu relativieren, als dass die strenge Unterscheidung zwischen Hauptversammlung einerseits und Öffentlichkeit andererseits sich zumindest bei einem größeren Aktionärskreis nicht durchhalten lässt, zumal bei größeren Gesellschaften und solchen von öffentlichem Interesse auch Journalisten, Analysten u.a. der Hauptversammlung als Gäste beiwohnen.

820 Vgl *Drygala*, AG 2007, 381 [386 f].

821 *Drygala*, AG 2007, 381 [389, 390], lässt mit Verweis auf die Praxis der Berichte zu § 8 UmwG und § 27 WpÜG erkennen, dass seine Betonung der Vertraulichkeit und somit seine Forderung nach inhaltlicher Restriktion der Berichtspflicht in der Befürchtung wurzelt, der Aufsichtsrat könnte durch Preisgabe von vertraulichen Informationen seine Verschwiegenheitsverpflichtung verletzen, um dem Risiko der Anfechtung von Entlastungsbeschlüssen zu entgegen, das aufgrund eines unzureichenden Berichts besteht (Stichwort „lieber zuviel als zuwenig“ berichten).

822 *Liese/Theusinger*, BB 2007, 2528 [2530].

somit in aller Regel auf entsprechenden Antrag[823] ausdrücklich[824] zu beschließen.[825] Das den Beschluss dokumentierende Papier muss die Unterschrift des amtierenden Aufsichtsratsvorsitzenden tragen.[826] Es soll das Zustandekommen eines Beschlusses im Hinblick auf die Gesichtspunkte Beschlussfähigkeit, Zustimmung, Ablehnung und Stimmenthaltungen rechtssicher schriftlich fixieren.[827] Erst hierdurch übernimmt der Aufsichtsrat die Verantwortung für den Inhalt des Berichts und gibt ihm seine Funktion als wesentliche Informationsgrundlage für die Aktionäre im Hinblick auf deren Vorbereitung und Ausübung der Rechte in der Hauptversammlung,[828] wozu in diesem Kontext insbesondere die Entlastung der Aufsichtsratsmitglieder hinsichtlich deren Überwachungstätigkeit, aber auch die Entlastung der Mitglieder des überwachten Vorstands gehören.[829] Die schlüssige Erklärung der Aufsichtsratsmitglieder, mit dem Inhalt des Berichts einverstanden zu sein, genügt ebenso wenig[830] wie der Beschluss des Prüfungs- oder eines sonstigen Ausschusses, der federführend mit der Abschlussprüfung befasst war. Zuletzt genannter Aspekt ist dem Gremienvorbehalt bzw Delegationsverbot des § 107 Abs. 3 Satz 3 AktG geschuldet. Abweichende Ansichten einzelner Aufsichtsratsmitglieder sind nicht in Bericht aufzunehmen, sondern in der Sitzungsniederschrift festzuhalten.[831] Der Bericht des Aufsichtsrats ist auf den Tag dessen Beschlussfassung hierüber zu datieren, die regelmäßig am Ende bzw im Anschluss an die Bilanzsitzung erfolgt, ggf auf einen späteren Tag, wenn der Aufsichtsratsvorsitzende den Bericht wegen einer Bedingung nicht unmittelbar, sondern erst nach Bedingungseintritt unterschreiben darf.[832] Fehlerhaft ist die Datierung auf den Tag der Hauptversammlung, da dies mit § 175 Abs. 2 Satz 1 AktG unvereinbar wäre.[833]

dd) Bericht an General- bzw Vertreterversammlung

670 Der Aufsichtsrat einer eG hat in seinem gegenüber der General- bzw Vertreterversammlung zu erstattenden schriftlichen[834] Prüfbericht iS von § 38 Abs. 1 Satz 5 Hs 2 GenG mit Rücksicht auf deren Wahlrechte gemäß § 24 Abs. 2 Satz 1 u. Abs. 3 Satz 2 GenG – diese bestehen nur, sofern nicht der Aufsichtsrat den Vorstand zu bestellen und abzuberufen hat – auch die unternehmerische und förderwirtschaftliche Leistung des Vorstands zu würdigen. Der Bericht ist in der General- bzw Vertreterversammlung ganz oder zumindest in wesentlichen Teilen zu verlesen und auf Antrag zusätzlich zu erläutern. Er muss das Ergebnis der Prüfung

823 *Peltzer*, NZG 2010, 976 [976], wonach „spontane Beschlüsse" zwar möglich sind, in derartigen Fällen der Aufsichtsratsvorsitzende aber gut beraten ist, dem Protokollführer den Inhalt des geplanten Beschlusses genau vorzugeben und diesen zu veranlassen, den geplanten Beschlussinhalt noch einmal zu verlesen.

824 Konkret zum Beschluss betreffend den Bericht des Aufsichtsrats gemäß § 171 Abs. 2 AktG: *Peltzer*, NZG 2010, 976 [976]; allgemein zu Beschlüssen des Aufsichtsrats: *Habersack*, in: MünchKomm AktG^3, § 108, Rn 17.

825 Vgl zum Erfordernis eines Beschlusses BGH, Urt. v. 21.6.2010 – II ZR 24/09, abgedruckt in: NZG 2010, 943 = DStR 2010, 1681; hierzu *Peltzer*, NZG 2010, 976 f.

826 BGH, Urt. v. 21.6.2010 – II ZR 24/08, abgedruckt in: NZG 2010, 943 = DStR 2010, 1681; hierzu *Peltzer*, NZG 2010, 976 [976], wonach „Textform" iS von § 126 b BGB – keine eigenhändige Unterschrift erforderlich – nicht genügt.

827 Vgl *Peltzer*, NZG 2010, 976 [976].

828 BGH, Urt. v. 21.6.2010 – II ZR 24/08, abgedruckt in: NZG 2010, 943 [944, Tz. 16 f] = DStR 2010, 1681, spricht daher auch davon, dass der Aufsichtsrat seinen Bericht durch Beschluss „feststellt".

829 *Kropff*, in: MünchKomm AktG^2, § 171, Rn 166; *Peltzer*, NZG 2010, 976 [977].

830 BGH, Urt. v. 21.6.2010 – II ZR 24/08, abgedruckt in: NZG 2010, 943 [944, Tz. 16 f] = DStR 2010, 1681; Hüffer, AktG, § 171, Rn 12; *Ekkenga*, in: KölnKomm AktG, § 171, Rn 71; *Kropff*, in: MünchKomm AktG^2, § 171, Rn 170; *Schulz*, in: Bürgers/Körber, AktG, § 171 Rn 8; *Euler/Müller*, in: Spindler/Stilz, AktG, § 171, 71; *Lutter*, AG 2008, 1 [10]; *Vetter*, ZIP 2006, 257 [263].

831 *Ekkenga*, in: KölnKomm AktG, § 171, Rn 71; *Kropff*, in: MünchKomm AktG^2, § 171, Rn 170.

832 *Vetter*, ZIP 2006, 257 [263].

833 So auch *Ekkenga*, in: KölnKomm AktG, § 171, Rn 71; *Vetter*, ZIP 2006, 257 [263].

834 Vgl § 48 Abs. 3 GenG.

unter exakter Beschreibung von Gegenstand und Methode und die Meinung des Aufsichtsrats hierzu eindeutig zum Ausdruck bringen.[835]

ee) Konkreter Inhalt des Berichts

(1) Bericht „über das Ergebnis der Prüfung" gemäß § 171 Abs. 2 Satz 1 AktG

Gegenstand des Berichts nach § 171 Abs. 2 Satz 1 AktG ist das „Ergebnis der Prüfung", wobei dies entgegen vereinzelter Äußerungen[836] nicht derart eng zu verstehen ist, dass über die „Art der Prüfung" und somit der Ergebnissuche und -findung nicht zu berichten wäre. So hat der Aufsichtsrat der Hauptversammlung zu berichten, wenn er entgegen § 171 Abs. 1 Satz 2 AktG den Abschlussprüfer zu seiner Bilanzsitzung nicht einlädt oder ihn ausschließt,[837] wenngleich zu befürchten ist, dass diese Verpflichtung niemals erfüllt wird. Denn wenn ein Aufsichtsrat den Abschlussprüfer von seinen Beratungen über Jahresabschluss und Prüfungsbericht ausschließt, worin ein Pflichtverstoß seiner Mitglieder liegt, wird er auch die sich hieraus ergebenden erweiterten Berichtspflichten nicht erfüllen. Detailliert zu berichten ist auch über Anlässe für besondere Prüfungsmaßnahmen, über die Maßnahmen selbst, deren Umsetzung und Ergebnis.[838] Sollte sich später herausstellen, dass sich der zunächst gehegte Verdacht von Unregelmäßigkeit nicht bewahrheitet hat, kann der Aufsichtsrat darauf verzichten, über Anlass der Prüfungsmaßnahme und deren Umsetzung zu berichten. Hierzu ist er sogar verpflichtet, wenn andernfalls Vorstand oder Abschlussprüfer in ein falsches Licht gerückt würden.[839] 671

Der Aufsichtsrat hat auch über die Ergebnisse seiner Prüfung des vom Vorstand unterbreiteten Gewinnverwendungsvorschlags gemäß § 170 Abs. 2 AktG zu berichten. Hierbei hat er seine Überlegungen zur Liquiditätssituation der Gesellschaft unter Berücksichtigung der Bilanzpolitik des Vorstands genauso darzulegen wie seine Annahmen betreffend etwaige Auswirkungen auf die Situation der Gesellschaft am Kapitalmarkt.[840] 672

Die Berichtstiefe[841] hängt von den konkreten Umständen der Prüfung ab,[842] wobei dem Aufsichtsrat insoweit ein gewisser Beurteilungsspielraum zuzubilligen ist.[843] Es genügt jedoch unter keinen Umständen aus, wenn er lediglich bestätigt, dass er die Vorstandsvorlagen gemäß § 170 Abs. 1 Satz 1 AktG vorgelegt bekommen, zur Kenntnis genommen und geprüft hat.[844] Vielmehr muss der Aufsichtsrat kurz über die Art seiner Prüfung dieser Dokumente 673

835 *Beuthien*, in: Beuthien, GenG, § 38, Rn 5.
836 *Sünner*, AG 2008, 411 [413 f].
837 *Vetter*, ZIP 2006, 257 [263], zur Rechtslage vor Inkrafttreten des BilMoG in 2009.
838 Vgl OLG Stuttgart, Urt. v. 15.3.2006 – 20 U 25/05 („RTV Family Entertainment"), abgedruckt in: ZIP 2006, 756 = NZG 2006, 472 = BB 2006, 1019 = AG 2006, 379 [382]; *Schulz*, in: Bürgers/Körber, AktG, § 171, Rn 13; *Lutter*, AG 2008, 1 [4]; *Voßen*, DStR 2006, 1287 [1288 f].
839 *Ekkenga*, in: KölnKomm AktG, § 171, Rn 73; *Vetter*, ZIP 2006, 257 [262]; zum selben Ergebnis gelangt *Drygala*, AG 2007, 381 [388].
840 *Lutter*, AG 2008, 1 [4].
841 *Lutter*, AG 2008, 1 [3], bezeichnet dies als „Ausführlichkeit und Detailliertheit".
842 OLG Hamburg, Urt. v. 12.1.2001 – 11 U 162/00 („Spar Handels-AG"), abgedruckt in: AG 2001, 359 [362] = NZG 2001, 513 = DB 2001, 583; *Vetter*, ZIP 2006, 257 [262].
843 *Ekkenga*, in: KölnKomm AktG, § 171, Rn 74, billigt dem Aufsichtsrat insoweit zwar einen weiten Beurteilungsspielraum zu, sieht jedoch durchaus die Möglichkeit einer Pflichtverletzung wegen unzureichender Berichterstattung.
844 So aber wohl *Maser/Bäumker*, AG 2005, 906 [907].

berichten.[845] Sollte der Aufsichtsrat diese missbilligen, muss er dies kundtun und seine Gründe hierfür eingehend darlegen.[846] Denn in diesem Fall hat die Hauptversammlung gemäß § 173 Abs. 1 Satz 1 Alt. 2 AktG den Jahresabschluss festzustellen, was nur auf der Grundlage einer dezidierten Stellungnahme des Aufsichtsrats über Verstöße gegen Recht-, Ordnungs- und/oder Zweckmäßigkeit möglich ist. Nicht nur Dichte und Intensität der Prüfung der fraglichen Dokumente hängen von der Lage der Gesellschaft bzw des Konzerns oder vom Vorliegen besonderer Umstände ab, sondern auch Ausführlichkeit und Detailliertheit des Berichts des Aufsichtsrats hierüber an die Hauptversammlung.[847] Besondere Umstände als Gründe für die Intensivierung der Berichterstattung sind zB:

- Meinungsunterschiede zwischen Aufsichtsrat einerseits und Vorstand bzw Abschlussprüfer andererseits, die über den Berichtszeitraum hinaus fortbestehen[848] oder beigelegt wurden, ohne dass der der Jahresabschluss geändert worden wäre;[849]
- Abweichungen der Informationen im Jahresabschluss, insbesondere im (Konzern-) Lagebericht gemäß §§ 289, 315 HGB von den Darstellungen in den Vorstandsberichten nach § 90 Abs. 1 u. Abs. 3 AktG;[850]
- Unterbreitung eines Vorschlags zur Gewinnverwendung, der von demjenigen des Vorstands gemäß § 170 Abs. 2 AktG abweicht;[851]
- Betrauung der Hauptversammlung mit der Feststellung des Jahresabschlusses durch Beschluss oder wegen Versagung dessen Billigung gemäß § 173 Abs. 1 Satz 1 AktG;[852]
- Einschränkung oder Versagung des Bestätigungsvermerk iS von § 322 HGB durch den Abschlussprüfer[853] sowie
- Aufdeckung wirtschaftlicher Schwierigkeiten, sofern die Geheimhaltungsinteressen der Gesellschaft nicht entgegenstehen.[854]

(2) Bericht „über das Ergebnis der Prüfung" gemäß § 314 Abs. 2 Satz 1 AktG

674 Die Berichtspflicht im Hinblick auf die Prüfung des nicht öffentlichen und auch den Aktionären nicht zugänglichen Abhängigkeitsberichts orientiert sich an den Grundsätzen der Be-

845 *Lutter*, AG 2008, 1 [3 mwN], schlägt hierzu folgende Formulierung vor: „Der zuständige Ausschuss habe die Unterlagen unter Berücksichtigung des Prüfungsberichts des (Konzern-) Abschlussprüfers und im Gespräch mit diesen vorbereitet und darüber dem Gesamtaufsichtsrat berichtet. Dieser habe in Kenntnis und unter Berücksichtigung dieses Berichts seines Ausschusses sowie des Berichts des (Konzern-) Abschlussprüfers sowie in Gespräch und Diskussion mit diesen die fraglichen Unterlagen geprüft und gebilligt.".

846 *Lutter*, AG 2008, 1 [3]; *Drygala*, AG 2007, 381 [388 mwN]; vgl auch *Kropff*, in: MünchKomm AktG², § 171, Rn 163 f; *Maser/Bäumker*, AG 2005, 906 [907]; *Sünner*, AG 2008, 411 [413], wonach folgende Relation gilt: „Je größer die Meinungsunterschiede zwischen Vorstand und Aufsichtsrat sind und je gravierender sich diese auf Unterschiede auf Jahresabschluss und Lagebericht auswirken, umso deutlicher ist die im Bericht über das Ergebnis der Prüfung festzuhalten.".

847 *Lutter*, AG 2008, 1 [3 f]; vgl hierzu auch *Maser/Bäumker*, AG 2005, 906 [907].

848 *Ekkenga*, in: KölnKomm AktG, § 171, Rn 74; *Sünner*, AG 2008, 411 [413], wonach die Erzielung von Einvernehmen noch im Berichtszeitraum kein besonderer Umstand ist, der eine Intensivierung der Berichterstattung erfordert.

849 *Ekkenga*, in: KölnKomm AktG, § 171, Rn 74; *Lutter*, AG 2008, 1 [5].

850 *Ekkenga*, in: KölnKomm AktG, § 171, Rn 74; *Lutter*, AG 2008, 1 [5].

851 *Ekkenga*, in: KölnKomm AktG, § 171, Rn 74; *Vetter*, ZIP 2006, 257 [262], wonach die Abweichung stets ausführlich zu begründen ist.

852 *Ekkenga*, in: KölnKomm AktG, § 171, Rn 74; *Kropff*, in: MünchKomm AktG², § 171, Rn 149; *Drygala*, AG 2007, 381 [388]; *Maser/Bäumker*, AG 2005, 906 [907]; *Vetter*, ZIP 2006, 257 [262], wonach die Entscheidung des Aufsichtsrats in seinem Bericht insoweit „eingehend und differenzierend nach Einwendungen zur Rechtmäßigkeit und Zweckmäßigkeit zu begründen" ist.

853 *Ekkenga*, in: KölnKomm AktG, § 171, Rn 74; *Vetter*, ZIP 2006, 257 [262].

854 *Ekkenga*, in: KölnKomm AktG, § 171, Rn 74; Vgl OLG Stuttgart, Urt. v. 15.3.2006 – 20 U 25/05 („RTV Family Entertainment"), abgedruckt in: ZIP 2006, 756 = NZG 2006, 472 = BB 2006, 1019 = AG 2006, 379 [382]; *Schulz*, in: Bürgers/Körber, AktG, § 171, Rn 9; *Maser/Bäumker*, AG 2005, 906 [908].

richtspflicht gemäß § 171 Abs. 2 Satz 1 AktG.[855] Daher genügt keinesfalls die Erklärung, den Bericht des Abschlussprüfers gemäß § 313 Abs. 2 AktG zur Kenntnis genommen zu haben, zumal dies nicht auf eine eigenständige Prüfung des Vorstandsberichts durch den Aufsichtsrat im Hinblick auf Vollständigkeit und Richtigkeit schließen lässt.[856]

Das Ergebnis dieser Prüfung darf nicht bloß in das allgemeine Feststellungsergebnis einbezogen werden. Vielmehr ist separat hierüber zu berichten.[857] Denn durch seine Prüfungs- und Berichtspflicht wird der Aufsichtsrat zum „Treuhänder" der abhängigen Gesellschaft und ihrer Minderheitsaktionäre, die keine Einsicht in den Abhängigkeitsbericht erhalten.[858] Aus diesem Grund hat er diese Aufgabe mit ganz besonders großer Sorgfalt zu erfüllen. 675

Notwendige Berichtsbestandteile sind die Stellungnahme zum Prüfungsbericht des Abschlussprüfers iS von § 314 Abs. 2 Satz 2 AktG und die wörtliche Wiedergabe seines Bestätigungsvermerks oder die ausdrückliche Mitteilung über die Versagung des Bestätigungsvermerks gemäß § 314 Abs. 2 Satz 3 AktG.[859] 676

Berichtsfehler machen Hauptversammlungsbeschlüsse, mit denen die Aufsichtsratsmitglieder entlastet wurden, anfechtbar.[860] 677

(3) Stellungnahme zu dem Ergebnis der Prüfung durch den obligatorischen (Konzern-) Abschlussprüfer gemäß § 171 Abs. 2 Satz 3 (iVm Satz 5) AktG

Gemäß § 171 Abs. 2 Satz 3 AktG hat der Aufsichtsrat einer prüfungspflichtigen Gesellschaft iS von § 316 Abs. 1 HGB zu dem Ergebnis der Prüfung des Jahresabschlusses und gemäß § 171 Abs. 2 Satz 5[861] iVm Satz 3 AktG zu dem Ergebnis der Prüfung des Konzernabschlusses durch den Abschlussprüfer, die sich in dessen Bestätigungsvermerk iS von § 322 HGB widerspiegeln,[862] Stellung zu nehmen. Diese Stellungnahme ergänzt den Bericht des Aufsichtsrats über das eigene Prüfungsergebnis gemäß § 171 Abs. 2 Satz 1 AktG und ist diesem gegenüber zu stellen, um ggf Unterschiede erkennbar zu machen.[863] Es ist nicht Aufgabe des Aufsichtsrats, zum Prüfungsbericht des Abschlussprüfers Stellung zu nehmen oder gar die Beanstandungen in dessen Bericht in seinen eigenen Bericht zu integrieren. Denn der Prüfungsbericht des Abschlussprüfers ist Hilfsmittel für die Prüfung des Aufsichtsrats, nicht hingegen Prüfungsgegenstand und somit auch nicht Gegenstand dessen Berichterstattung gegenüber der Hauptversammlung.[864] Zudem ist der Prüfungsbericht des Abschlussprüfers nicht 678

855 Vgl *Lutter*, AG 2008, 1 [7], wonach die Aufgabenstellung des Aufsichtsrats im Hinblick auf den Abhängigkeitsbericht des Vorstands „seiner Pflicht zur Prüfung des Jahresabschlusses nachgebildet" ist.

856 LG Berlin, Urt. v. 13.12.2004 – 101 O 124/04, abgedruckt in: DB 2005, 1320; *Vetter*, ZIP 2006, 257 [259].

857 BGH, Urt. v. 25.11.2002 – II ZR 133/01 („Macrotron"), abgedruckt in: BGHZ 153, 47 [52 f] = NJW 2003, 1032 = ZIP 2003, 387 = AG 2003, 273; *Ekkenga*, in: KölnKomm AktG, § 171, Rn 73.

858 *Lutter*, AG 2008, 1 [7].

859 BGH, Urt. v. 25.11.2002 – II ZR 133/01 („Macrotron"), abgedruckt in: BGHZ 153, 47 [53] = NJW 2003, 1032 = NZG 2003, 280 = ZIP 2003, 387; OLG Dresden, Urt. v. 23.4.2003 – 18 U 1976/02, abgedruckt in: AG 2003, 433 [436], jeweils zur Unverzichtbarkeit der wörtlichen Wiedergabe; OLG Düsseldorf, Urt. v. 22.11.2012 – I.6 U 18/12, abgedruckt in: NZG 2013, 178 [179 f], wonach die Berichtspflicht in dem Fall, in dem weder Abschlussprüfer noch Aufsichtsratsmitglieder Einwände haben, jedoch nicht überspannt werden darf.

860 BGH, Urt. v. 25.11.2002 – II ZR 133/01 („Macrotron"), abgedruckt in: BGHZ 153, 47 [50 ff] = NJW 2003, 1032 = NZG 2003, 280 = ZIP 2003, 387; vgl auch OLG Düsseldorf, Urt. v. 22.11.2012 – I.6 U 18/12, abgedruckt in: NZG 2013, 178 [179 f]; Hüffer, AktG, § 314, Rn 5.

861 Angefügt im Jahr 2002 durch Art. 1 TransPuG.

862 *Kropff*, in: MünchKomm AktG², § 171, Rn 162; *Ekkenga*, in: KölnKomm AktG, § 171, Rn 80; *Sünner*, AG 2008, 411 [414].

863 *Ekkenga*, in: KölnKomm AktG, § 171, Rn 80, spricht davon, dass sich die Stellungnahme des Aufsichtsrats auf das Ergebnis seiner Stimmigkeitsprüfung bezieht; so auch *Sünner*, AG 2008, 411 [414].

864 *Ekkenga*, in: KölnKomm AktG, § 171, Rn 16, 59, 80; aA: *Lutter*, AG 2008, 1 [4].

öffentlich[865] und somit den Aktionären als Adressaten des Aufsichtsratsberichts nicht bekannt und auch nicht bekannt zu machen.[866]

679 Welchen Umfang die Stellungnahme haben muss, hängt von den konkreten Umständen des Einzelfalles ab. Hat der Abschlussprüfer einen uneingeschränkten Bestätigungsvermerk gemäß § 322 Abs. 2 Satz 1 Ziff. 1, Abs. 3 HGB erteilt, wird sich der Aufsichtsrat, sollte er dessen Einschätzung teilen, mit der üblichen Formulierung begnügen dürfen, wonach die Prüfung zu keinerlei Beanstandungen geführt hat.[867] Sollte der Aufsichtsrat hingegen anderer Auffassung als der Abschlussprüfer sein – der Abschlussprüfer erteilt einen uneingeschränkten Bestätigungsvermerk, während der Aufsichtsrat die Rechtmäßigkeit des aufgestellten Jahresabschlusses infrage stellt; oder der Aufsichtsrat sieht trotz Einschränkung (§ 322 Abs. 2 Satz 1 Ziff. 2, Abs. 4 HGB) oder Versagen (§ 322 Abs. 2 Satz 1 Ziff. 3, Abs. 4 HGB) des Bestätigungsvermerks keine rechtlichen Einwendungen –, muss er unter konkreter Bezeichnung der Ursachen der Meinungsverschiedenheiten[868] umfassend Stellung nehmen, um den Aktionären eine tragfähige Beurteilungsgrundlage zu verschaffen.[869] Hierbei hat er die Vertraulichkeit des Prüfungsberichts zu wahren.[870] In dem Fall, in dem der Abschlussprüfer den Bestätigungsvermerk eingeschränkt oder versagt hat und der Aufsichtsrat dessen Auffassung teilt, muss er seine Kritikpunkte bereits in seinem Bericht zu den Ergebnissen seiner Prüfung iS von § 171 Abs. 2 Satz 1 AktG darlegen. Einer umfassenden Stellungnahme iS von § 171 Abs. 2 Satz 3 AktG bedarf es daher nicht. Eine solche würde vielmehr den Aufsichtsrat dazu zwingen, Teile des Prüfungsberichts zumindest inhaltlich wiederzugeben, wozu er jedoch gerade nicht verpflichtet ist und was die Vertraulichkeit des Prüfungsberichts unnötig gefährden würde.

680 Im Hinblick auf die Berichtspflicht des Aufsichtsrats betreffend die Prüfung des Konzernabschlusses gilt § 131 Abs. 3 Satz 1 Ziff. 1 AktG, wonach der Vorstand gegenüber den Aktionären in der Hauptversammlung die Auskunft verweigern kann, soweit deren Erteilung nach vernünftiger kaufmännischer Beurteilung geeignet ist, der Gesellschaft oder einem verbundenen Unternehmen einen nicht unerheblichen Nachteil zuzufügen, zumindest sinngemäß. Geschützte Interna von Tochtergesellschaften dürfen somit nicht in den Bericht einfließen.[871]

(4) Stellungnahme zu dem Ergebnis der Prüfung durch den obligatorischen Abschlussprüfers gemäß § 314 Abs. 2 Satz 2 u. 3 AktG und Schlusserklärung gemäß § 314 Abs. 3 AktG[872]

681 Der Aufsichtsrat hat gemäß § 314 Abs. 2 Satz 2 AktG zum Ergebnis der Prüfung des Abhängigkeitsberichts durch den Abschlussprüfer Stellung zu nehmen, sofern die Voraussetzungen für eine Pflichtprüfung gemäß § 313 Abs. 1 Satz 1 AktG iVm § 316 Abs. 1 Satz 1 HGB vorliegen. Im Hinblick auf Umfang und Intensität des Berichts gelten die zu § 171 Abs. 2 Satz 1

865 Eine Übersicht über die Fälle, in denen der Prüfungsbericht des Wirtschaftsprüfers Dritten wie zB der BaFin zugänglich zu machen ist, findet sich bei *Schüppen*, ZIP 2012, 1317 [1325].

866 *Ekkenga*, in: KölnKomm AktG, § 171, Rn 80; *Kropff*, in: MünchKomm AktG², § 171, Rn 162; *Sünner*, AG 2008, 411 [414]; *Liese/Theusinger*, BB 2007, 2528 [2531]; aA: *Lutter*, AG 2008, 1 [4].

867 Hüffer, AktG, § 171, Rn 13 b mwN.

868 **AA:** Hüffer, AktG, § 171, Rn 13 b, der bei Einschränkung oder Verweigerung des Bestätigungsvermerks den Aufsichtsrat für verpflichtet hält, ausführlich Stellung zu nehmen, unabhängig davon, wie der Aufsichtsrat die Rechtmäßigkeit des Jahresabschlusses beurteilt.

869 *Ekkenga*, in: KölnKomm AktG, § 171, Rn 81; *Kropff*, in: MünchKomm AktG², § 171, Rn 164; *Sünner*, AG 2008, 411 [414 f]; *Maser/Bäumker*, AG 2005, 906 [909].

870 *Maser/Bäumker*, AG 2005, 906 [909].

871 *Ekkenga*, in: KölnKomm AktG, § 171, Rn 83.

872 Hierzu überblicksartig *Vetter*, ZIP 2006, 257 [259 f].

AktG aufgezeigten Grundsätze entsprechend, so dass Ausführlichkeit iS einer genauen Spezifizierung nur dort erforderlich ist, wo Anlass zu Beanstandungen besteht.[873]

Gemäß § 314 Abs. 2 Satz 3 AktG ist der von dem Abschlussprüfer erteilte Bestätigungsvermerk „in den Bericht [des Aufsichtsrats] aufzunehmen", eine Versagung des Bestätigungsvermerks ausdrücklich mitzuteilen.[874] Insofern unterscheidet sich die Berichterstattung über den Abhängigkeitsbericht von derjenigen über den Jahresabschluss, bei dem gemäß § 171 Abs. 2 Satz 3 AktG die Integration des Bestätigungsvermerks in den Aufsichtsratsbericht gerade nicht vorgesehen ist. 682

Gemäß § 314 Abs. 3 AktG hat der Aufsichtsrat am Schluss seines Berichts zu erklären, „ob nach dem abschließenden Ergebnis seiner Prüfung Einwendungen gegen die Erklärung des Vorstands am Schluss des Berichts über die Beziehungen zu verbundenen Unternehmen zu erheben sind". 683

Das Zitat aus dem Bericht des Abschlussprüfers (Abs. 2 Satz 3) und die Schlusserklärung (Abs. 3) sind unabdingbar. Fehlen sie im Bericht des Aufsichtsrats an die Hauptversammlung, scheidet eine Entlastung der Aufsichtsratsmitglieder aus. Erfolgt sie dennoch, kann der Entlastungsbeschluss wirksam angefochten werden.[875] 684

(5) Bericht über Art und Umfang der Prüfung der Geschäftsführung gemäß § 171 Abs. 2 Satz 2 Hs 1 AktG

Der Aufsichtsrat hat gegenüber der Hauptversammlung unabhängig von der Größe des Gesellschaftsunternehmens[876] umfassend Rechenschaft über seine Wahrnehmung der Überwachungsaufgabe gemäß § 111 Abs. 1 AktG abzulegen.[877] Er hat – wie es das Gesetz ausdrückt – mitzuteilen, in welcher Art und in welchem Umfang er die Geschäftsführung der Gesellschaft während des Geschäftsjahrs geprüft hat. Dies hat in Anlehnung an denjenigen Maßstab zu geschehen, den der Vorstand bei seinen Berichten an den Aufsichtsrat gemäß § 90 Abs. 1 u. Abs. 3 AktG anzulegen hat, namentlich die Einhaltung der Grundsätze einer gewissenhaften und getreuen Rechenschaft gemäß § 90 Abs. 4 Satz 1 AktG.[878] Die konkrete Ausgestaltung dieser Pflicht hängt, vergleichbar der Berichtspflicht betreffend die Prüfung der Vorstandsvorlagen gemäß § 171 Abs. 2 Satz 1 AktG, vom jeweiligen Kontrollbedarf ab.[879] 685

873 *Maser/Bäumker*, AG 2005, 906 [910], die jedoch stets einen informativen Sachbericht verlangen; vgl hierzu auch OLG Düsseldorf, Urt. v. 22.11.2012 – I.6 U 18/12, abgedruckt in: NZG 2013, 178 [179 f].

874 Vgl hierzu BGH, Urt. v. 25.11.2002 – II ZR 133/01 („Macrotron"), abgedruckt in: BGHZ 153, 47 [52] = NJW 2003, 1032 = ZIP 2003, 387 = AG 2003, 273.

875 BGH, Urt. v. 25.11.2002 – II ZR 133/01 („Macrotron"), abgedruckt in: BGHZ 153, 47 [52] = NJW 2003, 1032 = ZIP 2003, 387 = AG 2003, 273; LG Berlin, Urt. v. 13.12.2004 – 101 O 124/04, abgedruckt in: DB 2005, 1320; *Lutter*, AG 2008, 1 [8].

876 OLG Stuttgart, Urt. v. 15.3.2006 – 20 U 25/05 („RTV Family Entertainment"), abgedruckt in: ZIP 2006, 756 [761] = NZG 2006, 472 = BB 2006, 1019 = AG 2006, 379.

877 OLG München, Beschl. v. 13.9.2005 – 7 U 2759/05, abgedruckt in: AG 2006, 592; *Lutter*, AG 2008, 1 [5]; *Maser/Bäumker*, AG 2005, 906 [907], sehen hierin die bedeutendste Berichtspflicht des Aufsichtsrats.

878 *Vetter*, ZIP 2006, 257 [259 mwN]; *Maser/Bäumker*, AG 2005, 906 [908]; aA: *Drygala*, AG 2007, 381 [385], lehnt es aufgrund der Unterschiede bei den Interessenlagen zwischen Vorstand und Aufsichtsrat auf der einen und Aufsichtsrat und Hauptversammlung bzw Öffentlichkeit auf der anderen Seite ab, § 90 Abs. 4 AktG insoweit heranzuziehen.

879 *Maser/Bäumker*, AG 2005, 906 [908]; *Lutter*, AG 2008, 1 [5], ist hingegen zu widersprechen, der die Formulierung „Der Aufsichtsrat hat aufgrund der Berichte des Vorstands mit diesem die Entwicklung der Gesellschaft regelmäßig erörtert und sich ein eigenes Bild von der Lage der Gesellschaft verschafft" unter keinen Umständen als genügend ansieht.

Bestand im Berichtszeitraum konkreter Anlass für außergewöhnliche Überwachungsmaßnahmen[880] wird der Aufsichtsrat hierüber zu berichten haben.[881] Beispiele hierfür[882] sind:

- wirtschaftliche Schieflage des Gesellschaftsunternehmens;
- „sonstige wichtige Anlässe", deretwegen der Vorstand dem Aufsichtsratsvorsitzenden gemäß § 90 Abs. 1 Satz 3 AktG zu berichten hat, wozu auch geschäftliche Vorgänge bei einem verbundenen Unternehmen gehören, die auf die Lage der Gesellschaft von erheblichem Einfluss sein können;
- nennenswerte Veränderungen in der Kapitalstruktur;
- Erwerb und/oder Veräußerung wesentlicher Beteiligungen;
- Investitionen von großer finanzieller Tragweite und/oder erheblichen strategischen Auswirkungen;
- Strukturentscheidungen von einigem Gewicht, sei es, ob in gegenständlicher oder zeitlicher Hinsicht;[883]
- Kartellverfahren oder Korruptionsfälle.[884]

686 Darüber hinaus wird der Aufsichtsrat der Hauptversammlung darüber berichten müssen, wenn er im Berichtszeitraum gemäß § 90 Abs. 3 Satz 1 AktG vom Vorstand einen Bericht verlangt hat über Angelegenheiten der Gesellschaft, über ihre rechtlichen und geschäftlichen Beziehungen zu verbundenen Unternehmen sowie über geschäftliche Vorgänge bei diesen Unternehmen, die auf die Lage der Gesellschaft von erheblichem Einfluss sein können.[885] Dasselbe gilt, wenn er die Bücher und Schriften der Gesellschaft sowie deren Vermögensgegenstände gemäß § 111 Abs. 2 Satz 1 AktG eingesehen und geprüft[886] oder gemäß § 111 Abs. 2 Satz 2 AktG besondere Sachverständige hiermit oder mit der Erstellung von Gutachten beauftragt hat, ggf um eine unternehmerische Entscheidung abzusichern.[887]

687 Aufgrund seiner in §§ 202 Abs. 3 Satz 2, 204 Abs. 1 Satz 2 AktG vorgesehenen Beteiligung an der Ausnutzung eines genehmigten Kapitals ggf unter Ausschluss des Bezugsrechts der Aktionäre gemäß §§ 203 Abs. 2, 186 Abs. 3 u. Abs. 4 AktG hat der Aufsichtsrat auch hierüber an die Hauptversammlung zu berichten.[888]

688 Da sich die Leitungsaufgabe des Vorstands auf den Konzern und somit auf Schwester-, Tochter und Enkelgesellschaften erstreckt, hat der Aufsichtsrat auch diesbezüglich an die

---

880 *Vetter*, ZIP 2006, 257 [262], erwähnt in diesem Zusammenhang auch außerordentliche Aufsichtsrats- oder Ausschusssitzungen, über die zu berichten sei.

881 LG München I, Urt. v. 5.4.2007 – 5 HKO 15964/06, abgedruckt in: AG 2007, 417 = NZG 2008, 319 = BB 2007, 2170.

882 *Ekkenga*, in: KölnKomm AktG, § 171, Rn 75; vgl auch *Vetter*, ZIP 2006, 257 [262].

883 *Ekkenga*, in: KölnKomm AktG, § 171, Rn 75; *Lutter*, AG 2008, 1 [6]; *Nonnenmacher/Pohle/v. Werder*, DB 2009, 1447 [1451], nennen beispielhaft die Einrichtung einer Compliance-Abteilung oder von Überwachungssystemen zur Vorbeugung gegen betriebliche Korruption.

884 *Liese/Theusinger*, BB 2007, 2528 [2531].

885 OLG Stuttgart, Urt. v. 15.3.2006 – 20 U 25/05 („RTV Family Entertainment"), abgedruckt in: ZIP 2006, 756 = NZG 2006, 472 = BB 2006, 1019 = AG 2006, 379 [382]; vgl auch LG München I, Urt. v. 10.3.2005 – 5HK O 18110/04 („Para"), abgedruckt in: ZIP 2005, 1031 [1032 f]; *Ekkenga*, in: KölnKomm AktG, § 171, Rn 75; *Vetter*, ZIP 2006, 257 [259]; *Maser/Bäumker*, AG 2005, 906 [910]; *Lutter*, AG 2008, 1 [5 f], ausdrücklich zur Erstreckung auf Vorgänge in Tochtergesellschaften.

886 OLG Stuttgart, Urt. v. 15.3.2006 – 20 U 25/05 („RTV Family Entertainment"), abgedruckt in: ZIP 2006, 756 = NZG 2006, 472 = BB 2006, 1019 = AG 2006, 379; LG München I, Urt. v. 10.3.2005 – 5HK O 18110/04 („Para"), abgedruckt in: ZIP 2005, 1031 [1032 f] = AG 2005, 408 = DB 2005, 878; LG München I, Urt. v. 5.4.2007 – 5 HKO 15964/06, abgedruckt in: AG 2007, 417 = NZG 2008, 319 = BB 2007, 2170; *Vetter*, ZIP 2006, 257 [259]; *Liese/Theusinger*, BB 2007, 2528 [2531]; *Maser/Bäumker*, AG 2005, 906 [910].

887 LG München I, Urt. v. 5.4.2007 – 5 HKO 15964/06, abgedruckt in: AG 2007, 417 [418] = NZG 2008, 319 = BB 2007, 2170; *Vetter*, ZIP 2006, 257 [262]; *Liese/Theusinger*, BB 2007, 2528 [2531]; *Maser/Bäumker*, AG 2005, 906 [910].

888 *Vetter*, ZIP 2006, 257 [259].

Hauptversammlung zu berichten, entgegen der Ansicht *Lutters*[889] aber nur, soweit er im Berichtszeitraum außergewöhnliche Überwachungsmaßnahmen ergriffen hat. Denn auf Konzernebene kann kein strengerer Maßstab gelten als auf Gesellschaftsebene.

Der Aufsichtsrat hat gemäß § 111 Abs. 2 Satz 3 AktG iVm § 318 Abs. 1 Satz 4 HGB dem Abschlussprüfer den Prüfungsauftrag für den Jahres- und Konzernabschluss zu erteilen und wird hierbei regelmäßig Prüfungsschwerpunkte mit diesem vereinbaren. Diese sind nicht in den Bericht an die Hauptversammlung aufzunehmen.[890] Denn die Preisgabe der Prüfungsschwerpunkte kann unter Umständen zur Offenlegung wichtiger Geschäftsgeheimnisse führen, worin ein Widerspruch zum Unternehmensinteresse läge, dem die Aufsichtsratsmitglieder verpflichtet sind.[891] So wird der gut arbeitende Aufsichtsrat dort Schwerpunkte setzen, wo die mittel- und langfristige Entwicklung des Unternehmens betroffen ist.[892] 689

Ebenfalls nicht zu berichten hat der Aufsichtsrat über Unternehmens- und Branchenkennzahlen, da diese dem Jahresabschluss und dem Lagebericht zu entnehmen und außerdem nicht von ihm, sondern – soweit das Unternehmen betroffen ist – vom Vorstand zu verantworten sind. Der Aufsichtsrat hat ausschließlich über seine Überwachungsmaßnahmen und deren Ergebnisse Rechenschaft abzulegen,[893] sofern kein vorrangiges Geheimhaltungsinteresse der Gesellschaft besteht. Nicht in seinen Bericht gehört aus diesem Grund der Ausdruck des Bedauerns oder der Freude über Änderungen der Beteiligungsstruktur. Dasselbe gilt für die Verärgerung einzelner Aufsichtsratsmitglieder über Klagen von Aktionären mit dem Zweck, die übrigen Aktionäre gegen die Kläger aufzuwiegeln. 690

Regelmäßig wird der Aufsichtsrat jedoch darüber zu berichten haben, ob und ggf wie er die Sicherstellung der Compliance im Unternehmen kontrolliert hat,[894] also zB über sein Gespräch mit dem Compliance–Beauftragten des Unternehmens oder sonstigen Mitarbeitern der verantwortlichen Abteilung. 691

Schließlich ist auch über die Begründung von Zustimmungsvorbehalten für bestimmte Arten von Geschäften / Maßnahmen gemäß § 111 Abs. 4 Satz 2 AktG zu berichten.[895] Fraglich ist, ob auch über Entscheidungen des Aufsichtsrats betreffend Erteilung oder Verweigerung der Zustimmung aufgrund eines statutarisch oder andernorts bereits vor dem Berichtszeitraum bestehenden Vorbehalts zu berichten ist.[896] 692

Vom Gesetz nicht gefordert wird eine Standardisierung des Berichts dahin gehend, dass ein fester Kern von Themen mit der Folge abzuhandeln ist, dass der Bericht über eine ereignisarme Periode eine Reihe von „Negativbescheidungen"[897] aufweist.[898] Mit einigen Stimmen in 693

889 *Lutter*, AG 2008, 1 [6].

890 **AA:** *Lutter*, AG 2008, 1 [9].

891 *Vetter*, ZIP 2006, 257 [262], der nur in Ausnahmefällen und nach Abwägung von Informationsinteresse der Aktionäre auf der einen und den für das Unternehmen drohenden Nachteilen auf der anderen Seite eine Preisgabe der vereinbarten Prüfungsschwerpunkte nicht für ausgeschlossen hält; *Liese/Theusinger*, BB 2007, 2528 [2531], definieren das Regel-/Ausnahmeverhältnis genau umgekehrt.

892 *Drygala*, AG 2007, 381 [389 mwN].

893 *Lutter*, AG 2008, 1 [6].

894 Vgl *Lutter*, AG 2008, 1 [6].

895 OLG Stuttgart, Urt. v. 15.3.2006 – 20 U 25/05 („RTV Family Entertainment"), abgedruckt in: ZIP 2006, 756 = NZG 2006, 472 = BB 2006, 1019 = AG 2006, 379 [381]; LG München I, Urt. v. 5.4.2007 – 5 HKO 15964/06, abgedruckt in: AG 2007, 417 = NZG 2008, 319 = BB 2007, 2170; *Lutter*, AG 2008, 1 [6]; *Maser/Bäumker*, AG 2005, 906 [910]; *Vetter*, ZIP 2006, 257 [259].

896 Hierzu *Ekkenga*, in: KölnKomm AktG, § 171, Rn 75; bejahend: *Lutter*, AG 2008, 1 [6].

897 *Ekkenga*, in: KölnKomm AktG, § 171, Rn 75.

898 Vgl Begr. KonTraG, BT-Drucks. 13/9712, S. 22, wonach das Berichtswesen von überflüssiger Bürokratie freigehalten werden soll.

der Literatur[899] kann es im Einzelfall jedoch für den Aufsichtsrat empfehlenswert sein, den Bericht derart anzureichern, um die Zahl der Fragen der Aktionäre während der Hauptversammlung nicht unnötig zu erhöhen.[900]

694 Der Umfang der Berichtspflicht hängt nicht von Größe des Unternehmens ab, so dass auch bei kleinen Kapitalgesellschaften iS von § 267 Abs. 1 HGB die hier dargelegten Standards uneingeschränkt zu erfüllen sind. Allerdings wird zwangsläufig mit steigender Komplexität des Gesellschaftsunternehmens aufgrund zunehmender Größe – zunehmende Zahl an relevanten Märkten, an Sparten, Betrieben und Abteilungen, Tochter- und Enkelgesellschaften u.a. – die Zahl der außerordentlichen Prüfungsmaßnahmen steigen und der Bericht des Aufsichtsrats hierdurch anwachsen.[901]

(6) Personalien betreffend den Vorstand

695 Personelle Veränderungen im Vorstand sind aufgrund der diesbezüglichen Personalkompetenz des Aufsichtsrats gemäß § 84 AktG in dessen Bericht aufzunehmen,[902] wozu grundsätzlich auch die Gründe für ein vorzeitiges Ausscheiden eines Vorstandsmitglieds gehören.[903] Der Umstand, dass Bestellung und Ausscheiden von Vorstandsmitgliedern ebenso wie Veränderungen bei deren Vertretungsmacht gemäß § 81 Abs. 1 AktG zum Handelsregister anzumelden und einzutragen sind und dort von jedermann eingesehen werden können, ändert hieran nichts.[904] Nicht erforderlich und darüber hinaus regelmäßig den Aufsichtsratsmitgliedern wegen deren Geheimhaltungspflicht iS von § 116 Satz 2 AktG untersagt ist der Hinweis darauf, dass „der Stuhl eines bestimmten Vorstandsmitglieds wackelt". Müsste dies der Hauptversammlung berichtet werden, bestünde die abstrakte Gefahr, dass über bestimmte Dinge im Aufsichtsrat nicht mehr gesprochen werden kann.[905]

696 Angaben zu den Konditionen der Anstellungsverträge der Vorstandsmitglieder im Bericht des Aufsichtsrats bedarf es hingegen nicht, da insofern die Information der Aktionäre gemäß §§ 285 Ziff. 9, 314 Abs. 1 Ziff. 6 HGB sichergestellt ist und die HGB-Regelungen zum Anhang als abschließende zu verstehen sind.[906] Wenn zB gemäß § 285 Ziff. 9 lit. a) HGB[907] bei nicht börsennotierten Gesellschaften im Anhang des Jahresabschlusses nur die Summe der für die Tätigkeit aller Vorstandsmitglieder gewährten Gesamtbezüge anzugeben ist, so stellt dies eine Grenze der Offenlegungspflicht dar, die der Aufsichtsrat iS der Diskretion nicht

899 *Kropff*, in: MünchKomm AktG², § 171, Rn 155; *Ekkenga*, in: KölnKomm AktG, § 171, Rn 75; *Lutter*, AG 2008, 1 [6].

900 Bei der hier ausgesprochenen Empfehlung darf jedoch nicht unberücksichtigt bleiben, dass der „Auskunftsbetrieb" während der Hauptversammlung vor allem von Aktionären verursacht wird, die spezielle Fragen an die Verwaltung richten, die ohnehin nicht im Bericht des Aufsichtsrats behandelt werden.

901 *Maser/Bäumker*, AG 2005, 906 [908].

902 *Ekkenga*, in: KölnKomm AktG, § 171, Rn 76; *Liese/Theusinger*, BB 2007, 2528 [2532]; *Lutter*, AG 2008, 1 [8], der dies mit der Verknüpfung von Bestellung und Abberufung mit der Überwachung begründet; *Vetter*, ZIP 2006, 257 [260], der dies unter anderem damit begründet, dass die Bestellung und Abberufung von Vorstandsmitgliedern zu den wichtigsten Aufgaben der Überwachung durch den Aufsichtsrat zählt.

903 *Ekkenga*, in: KölnKomm AktG, § 171, Rn 76; *Lutter*, AG 2008, 1 [8], unter dem Vorbehalt, dass Persönlichkeitsrecht der betroffenen Personen zu wahren sind; ablehnend *Drygala*, AG 2007, 381 [384 f].

904 *Lutter*, AG 2008, 1 [8]; *Vetter*, ZIP 2006, 257 [260]; *Liese/Theusinger*, BB 2007, 2528 [2532].

905 *Drygala*, AG 2007, 381 [384]; vgl auch *Lutter*, AG 1994, 176 [176 f], wonach bereits innerhalb des mitbestimmten Aufsichtsrats nicht mehr „offen, frei und vertrauensvoll" diskutiert und beratschlagt werden könne.

906 *Vetter*, ZIP 2006, 257 [260]; *Lutter*, AG 2008, 1 [8]; vgl auch *Annuß/Theusinger*, BB 2009, 2434 [2440].

907 Neugefasst durch Art. 1 VorstOG von 2005.

überschreiten muss, selbst wenn die Adressatenkreise von Jahresabschluss und Aufsichtsratsbericht nicht identisch sind.[908]

Über Veränderungen der Ressortzuständigkeit im Vorstand hat der Aufsichtsrat an die Hauptversammlung zu berichten,[909] unabhängig davon, ob er über die Geschäftsordnung des Vorstands hieran mitgewirkt hat. Keine Informationen muss der Aufsichtsrat der Hauptversammlung hingegen hinsichtlich der Gründe für die Bestellung von neuen Vorstandsmitgliedern erteilen, wohl aber über die Gründe für die Abberufung eines Vorstandsmitglieds aus wichtigem Grund.[910] Denn hierin liegt eine außergewöhnliche Überwachungsmaßnahme, über welche die Hauptversammlung zu unterrichten ist, was sich bereits aus dem Wortlaut von § 171 Abs. 2 Satz 2 Hs 1 AktG ergibt. Darüber hinaus dürfte die Abberufung wegen der Wirkung von § 84 Abs. 3 Satz 4 AktG eine Feststellungsklage des abberufenen Vorstandsmitglieds zur Folge haben, worüber die Hauptversammlung auch zu informieren wäre.[911] 697

Zu berichten ist auch über die Fälle, in denen der Aufsichtsrat amtierende (Ausnahme) oder ehemalige (Regelfall) Vorstandsmitglieder – ggf anonymisiert – namens der Gesellschaft auf Schadensersatz in Anspruch nimmt oder ausnahmsweise hiervon absieht.[912] Letzteres ist detailliert zu begründen,[913] da sich die Aktionäre nur auf diese Weise ein Bild von der Situation machen und die Entscheidung des Aufsichtsrats nachvollziehen können. Zudem lässt sich so am Besten eine Sonderprüfung gemäß §§ 142 ff AktG vermeiden. Sollte der Aufsichtsrat ein (ehemaliges) Vorstandsmitglied in Anspruch genommen haben, hat er darüber hinaus zu berichten, ob außergerichtlich Vergleichsverhandlungen geführt werden oder wurden und ggf mit welchem Inhalt, ob bereits ein Rechtsanwalt mit der Klageerhebung beauftragt und ob bei Bestehen einer D&O-Versicherung zugunsten des Vorstandsmitglieds diese bereits informiert und zum Ausgleich des Schadens aufgefordert wurde, worin eine Obliegenheit der Gesellschaft als Versicherungsnehmerin liegt.[914] 698

(7) Personalien betreffend den Aufsichtsrat

Schließlich muss der Aufsichtsrat auch über personenbezogene Ereignisse in den eigenen Reihen und zwar sowohl auf Anteilseigner- als auch auf Arbeitnehmerseite berichten,[915] welche die Hauptversammlung nicht durch Bestellung gemäß § 101 AktG oder deren Widerruf gemäß § 103 AktG selbst herbeigeführt hat oder für die es gemäß §§ 285 Ziff. 9, 314 Abs. 1 Ziff. 6 HGB speziellere Vorschriften gibt. Somit ist insbesondere zu berichten über neue Mitglieder, die gemäß § 104 AktG gerichtlich bestellt wurden, sowie über den Amtsantritt von Ersatzmitgliedern, sofern diese bis zum Beschluss über den Bericht des Aufsichtsrats (Stichtag) erfolgt sind.[916] Auch wenn der Vorstand eine aktuelle Liste mit den Veränderungen in den Personen der Aufsichtsratsmitglieder gemäß § 106 AktG unverzüglich zum Handelsre- 699

908 Im Erg. ebenso *Vetter*, ZIP 2006, 257 [260], der dies als Spezialität der handelsrechtlichen Vorschriften zum Anhang gegenüber § 171 Abs. 2 Satz 2 AktG beschreibt.

909 *Ekkenga*, in: KölnKomm AktG, § 171, Rn 76; *Lutter*, AG 2008, 1 [8].

910 Vgl OLG Stuttgart, Urt. v. 15.3.2006 – 20 U 25/05 („RTV Family Entertainment"), abgedruckt in: ZIP 2006, 756 = NZG 2006, 472 = BB 2006, 1019 = AG 2006, 379 [381]; *Lutter*, AG 2008, 1 [8].

911 *Lutter*, AG 2008, 1 [8].

912 *Vetter*, ZIP 2006, 257 [260]; *Lutter*, AG 2008, 1 [8]; *Liese/Theusinger*, BB 2007, 2528 [2531].

913 *Ekkenga*, in: KölnKomm AktG, § 171, Rn 76; *Lutter*, AG 2008, 1 [8]; aA: OLG Stuttgart, Urt. v. 15.3.2006 – 20 U 25/05 („RTV Family Entertainment"), abgedruckt in: ZIP 2006, 756 = NZG 2006, 472 = BB 2006, 1019 = AG 2006, 379 [381 f].

914 Ähnlich *Lutter*, AG 2008, 1 [8].

915 *Ekkenga*, in: KölnKomm AktG, § 171, Rn 77; *Vetter*, ZIP 2006, 257 [260]; *Liese/Theusinger*, BB 2007, 2528 [2532]; aA: OLG Stuttgart, Urt. v. 15.3.2006 – 20 U 25/05 („RTV Family Entertainment"), abgedruckt in: ZIP 2006, 756 = NZG 2006, 472 = BB 2006, 1019 = AG 2006, 379 [381].

916 *Vetter*, ZIP 2006, 257 [260].

gister einreicht und sie dort ordnungsgemäß bekanntgemacht wird, besteht die entsprechende Berichtspflicht des Aufsichtsrats nicht.[917]

700 Die persönliche Qualifikation der einzelnen Aufsichtsratsmitglieder ist kein Berichtsinhalt,[918] bei kapitalmarktorientierten Gesellschaften iS von § 264 d HGB jedoch der Name der Person des unabhängigen Rechnungslegung- und/oder Abschlussprüfungsexperten iS von § 100 Abs. 5 AktG.[919]

701 Über den Umstand, dass einzelne Mitglieder an weniger als der Hälfte der Sitzungen des Aufsichtsrats teilgenommen haben, sollte zur Schaffung von Transparenz und Vertrauen der Aktionäre[920] nicht nur bei börsennotierten Gesellschaften berichtet werden,[921] für die dies in Ziff. 5.4.7 DCGK empfohlen wird.

702 Auch über Interessenkonflikte der Aufsichtsratsmitglieder ist nicht nur in börsennotierten Gesellschaften zu berichten, für die dies gemäß Ziff. 5.5.3 Satz 1 DCGK empfohlen wird, sondern auch in solchen, die lediglich iS von § 264 d HGB kapitalmarktorientiert sind oder den Kapitalmarkt überhaupt nicht in Anspruch nehmen. Hierbei sind jedoch die Verhältnismäßigkeit und das Beratungsgeheimnis, das durch § 116 Satz 2 AktG geschützt wird, zu beachten.[922] *Eberhard Vetter* weist zu Recht darauf hin, dass die zuvor genannte Kodex-Bestimmung und die durch das TransPuG aus dem Jahr 2002 eingeführte Haftungsregelung, die nur für Aufsichtsratsmitglieder gilt, gegenläufige Tendenzen aufweisen. Während § 116 Satz 2 AktG die Vertraulichkeit der Sitzungen des Aufsichtsrats verbessern möchte, führt Ziff. 5.5.3 Satz 1 DCGK zu einer partiellen Aufgabe der Vertraulichkeit im Hinblick auf Interna des Aufsichtsrats und fördert zwangsläufig, dass jeder dem Aufsichtsrat mitgeteilte Interessenkonflikt in die Öffentlichkeit getragen wird.[923] Regelmäßig wird der Aufsichtsrat seiner Berichtspflicht gerecht, wenn er den Konflikt und die gezogenen Konsequenzen – zB Teilnahmeverzicht des betroffenen Aufsichtsratsmitglieds an Beratungen und Beschlussfassungen[924] – beschreibt,[925] ohne das betreffende Mitglied beim Namen zu nennen.[926] Die Namensnennung ist auch auf Nachfrage eines Aktionärs in der Hauptversammlung nicht erforderlich, wenn der Aufsichtsrat der Auffassung ist, dass der Interessenkonflikt des betroffenen Mitglieds die Beratungen und Beschlüsse des Organs im abgelaufenen Geschäftsjahr nicht beeinträchtigt hat.[927] Dauert der Interessenkonflikt hingegen noch an, werden die Aktionäre konkrete Angaben hierzu vom Aufsichtsrat verlangen können.[928]

917 *Ekkenga*, in: KölnKomm AktG, § 171, Rn 77.

918 Vgl OLG Stuttgart, Urt. v. 15.3.2006 – 20 U 25/05 („RTV Family Entertainment"), abgedruckt in: ZIP 2006, 756 = NZG 2006, 472 = BB 2006, 1019 = AG 2006, 379 [381].

919 So auch *Ekkenga*, in: KölnKomm AktG, § 171, Rn 77.

920 Der Disziplinierungsgedanke, vgl *Vetter*, ZIP 2006, 257 [261], welcher der Kodex-Empfehlung zugrunde liegt, steht hier nicht im Vordergrund.

921 AA: *Ekkenga*, in: KölnKomm AktG, § 171, Rn 77, der mit Verweis auf die Begr. RegE KonTraG, BT-Drucks. 13/9712, S. 22, Auskünfte zur Sitzungsteilnahme dem Fragerecht der Aktionäre im Einzelfall überlassen möchte.

922 Vgl OLG München, Urt. v. 24.9.2008 – 7 U 4230/07, abgedruckt in: WM 2009, 265 [268] = BeckRS 2008, 21816; vgl auch OLG Frankfurt aM, Urt. v. 5.7.2011 – 5 U 104/10, abgedruckt in: NZG 2011, 1029 = BeckRS 2011, 17968; *Ekkenga*, in: KölnKomm AktG, § 171, Rn 77; ähnlich *Vetter*, ZIP 2006, 257 [261].

923 *Vetter*, ZIP 2006, 257 [261].

924 *Vetter*, ZIP 2006, 257 [261].

925 *Ekkenga*, in: KölnKomm AktG, § 171, Rn 77; *Lutter*, AG 2008, 1 [9], mit Beispielen hierzu aus der 2002er Berichtspraxis der DAX-30-Gesellschaften.

926 *Vetter*, ZIP 2006, 257 [261]; *Lutter*, AG 2008, 1 [9], wonach auch über den Grund des Konflikts nicht berichtet werden muss.

927 *Vetter*, ZIP 2006, 257 [261].

928 *Vetter*, ZIP 2006, 257 [261].

Schließlich ist auch über Unstimmigkeiten unter den Aufsichtsratsmitgliedern zu berichten, insbesondere dann, wenn diese gerichtlich, regelmäßig mittels Klage auf Feststellung der Nichtigkeit von Aufsichtsratsbeschlüssen, ausgetragen werden. Denn derartige Auseinandersetzungen lassen die Gefahr entstehen, dass der Aufsichtsrat seine Überwachungspflicht iS von § 111 Abs. 1 AktG als Organ nicht mehr einwandfrei erfüllen kann.[929] 703

(8) **Bericht zu Ausschüssen u. Sitzungen gemäß § 171 Abs. 2 Satz 2 Hs 2 AktG**

Der Bericht des Aufsichtsrats einer börsennotierten Gesellschaft muss gemäß § 171 Abs. 2 Satz 2 Hs 2 AktG auch Fragen der organinternen Organisation beantworten.[930] 704

So muss er angeben, welche Ausschüsse gebildet worden sind, damit die Hauptversammlung erfährt, welche Aufgaben nicht vom Aufsichtsrat als Gremium wahrgenommen werden, sondern von einem Ausschuss.[931] Sollte die Bezeichnung des jeweiligen Ausschusses nicht hinreichend präzise dessen Zuständigkeiten beschreiben – was sogar bei einem Bilanzausschuss der Fall ist, wenn dort nicht ausschließlich die Rechnungslegung des Unternehmens überwacht wird, oder bei einem Personalausschuss, wenn dieser sich nicht darauf beschränkt, Bestellung und Abberufung der Vorstandsmitglieder und die Anstellungsverträge mit diesen vorzubereiten – müssen diese ergänzend genannt werden.[932] Da in § 171 Abs. 2 Satz 2 Hs 2 AktG unterstellt wird, dass Ausschüsse existieren, und Ziff. 5.3.1 Satz 1 DCGK die Bildung von fachlich qualifizierten Ausschüssen, abhängig von den spezifischen Gegebenheiten des Unternehmens und der Anzahl der Aufsichtsratsmitglieder, empfiehlt, ist es im Sinne einer Negativmeldung ausdrücklich im Bericht zu erwähnen, wenn keine Ausschüsse bestehen oder vormals existierende Ausschüsse aufgelöst worden sind. Die jeweiligen Gründe hierfür sind zu nennen. Andererseits ist es grundsätzlich nicht erforderlich, die Ausschussmitglieder namentlich zu erwähnen.[933] Eine Ausnahme dürfte für den unabhängigen Rechnungslegungs- und Abschlussprüfungsexperten iS von § 100 Abs. 5 AktG als Mitglied des Bilanzausschusses gelten.[934] Denn ohne seine namentliche Nennung wäre es den Aktionären nicht möglich, einen etwaigen Verstoß gegen die Besetzungsregelung des § 107 Abs. 4 AktG zu ermitteln. Entsprechendes gilt für den Vorsitzenden des Prüfungsausschusses, der gemäß Ziff. 5.3.2 Satz 2 DCGK über besondere Kenntnisse und Erfahrungen in der Anwendung von Rechnungslegungsgrundsätzen und internen Kontrollverfahren verfügen soll.[935] 705

Darüber hinaus hat der Aufsichtsrat gemäß § 171 Abs. 2 Satz 2 Hs 2 AktG die Zahl seiner Sitzungen und die der Ausschüsse mitzuteilen.[936] Das bedeutet, dass sich im Bericht eine Zahl für die Sitzungen des Gesamtorgans sowie jeweils eine Zahl im Hinblick darauf finden muss, wie oft jeder Ausschuss getagt hat.[937] „Sitzung" meint in diesem Zusammenhang physische Zusammenkünfte der Aufsichtsratsmitglieder sowie Zusammenschaltungen mittels Telefon- oder Videotechnik zum Zwecke des Informationsaustauschs und der Beratung.[938] Nicht erforderlich ist, dass am Ende der Beratung eine Entscheidung in Form eines Beschlus- 706

929 *Lutter*, AG 2008, 1 [9].
930 Vgl *Ekkenga*, in: KölnKomm AktG, § 171, Rn 78.
931 *Vetter*, ZIP 2006, 257 [260].
932 *Ekkenga*, in: KölnKomm AktG, § 171, Rn 78; *Kropff*, in: MünchKomm AktG², § 171, Rn 158; *Lutter*, AG 2008, 1 [10]; *Vetter*, ZIP 2006, 257 [260].
933 *Ekkenga*, in: KölnKomm AktG, § 171, Rn 78; *Lutter*, AG 2008, 1 [10]; *Vetter*, ZIP 2006, 257 [260]; aA: Adler/Düring/Schmaltz, Ergänzungsband 2001, § 171 AktG, Rn 47.
934 *Vetter*, ZIP 2006, 257 [260 f]; so wohl auch *Ekkenga*, in: KölnKomm AktG, § 171, Rn 78.
935 *Ekkenga*, in: KölnKomm AktG, § 171, Rn 78; *Vetter*, ZIP 2006, 257 [260 f].
936 Regelmäßig stehen die Angaben zur Anzahl der Sitzungen neben einem Überblick über die Tätigkeit des Aufsichtsrats am Anfang dessen Berichts, vgl *Liese/Theusinger*, BB 2007, 2528 [2531].
937 *Kropff*, in: MünchKomm AktG², § 171, Rn 160; *Ekkenga*, in: KölnKomm AktG, § 171, Rn 79.
938 So im Erg. auch *Ekkenga*, in: KölnKomm AktG, § 171, Rn 79; *Lutter*, AG 2008, 1 [10];.

ses, vgl § 108 Abs. 1 AktG, getroffen wird.[939] Auch die Beschlussfähigkeit des Aufsichtsrats während des physischen oder telekommunikativen Zusammentreffens seiner Mitglieder ist nicht Voraussetzung für eine „Sitzung“ iS von § 171 Abs. 2 Satz 2 Hs 2 AktG.[940] Denn andernfalls liefe der Bericht Gefahr, ein stark verzerrtes Bild von dem Engagement der Aufsichtsratsmitglieder zu zeichnen. Ein Grund hierfür ist, dass bei dreiköpfigen Aufsichtsräten gemäß § 108 Abs. 2 Satz 3 AktG bereits die Abwesenheit eines Mitglieds zum Verlust der Beschlussfähigkeit führt. Andererseits dürfte heute unstreitig sein, dass Beschlussfassungen im Umlaufverfahren gemäß § 108 Abs. 4 AktG keine Sitzungen sind.[941] Unterstellte man vor diesem Hintergrund, dass Beschlussfähigkeit Voraussetzung einer „Sitzung“ ist, könnte im Bericht an die Hauptversammlung über keine einzige Sitzung berichtet werden, obwohl zahlreiche Zusammentreffen der übrigen Aufsichtsratsmitglieder stattgefunden haben, wenn Beschlüsse erst im Anschluss hieran durch alle Mitglieder im Umlaufverfahren gefasst worden sind. Keine Stütze im Gesetz findet zudem die Forderung,[942] wonach über zeitliche Daten (Sitzungsdatum und -dauer) zu informieren ist. Finden Ausschuss- und Plenumssitzung am selben Tag – ggf unmittelbar aufeinanderfolgend im selben Raum – statt, sind sie als zwei Sitzungen zu zählen und entsprechend im Bericht aufzuführen. Nur eine Sitzung iS von § 171 Abs. 2 Satz 2 Hs 2 AktG ist die mehrtägige Klausurtagung,[943] es sei denn, es finden während der Zeit auch Ausschusssitzungen statt.

(9) Erklärung über Einwendungen gegen Jahres- und Konzernabschluss sowie über die Billigung des Jahresabschlusses gemäß § 171 Abs. 2 Satz 4 f AktG (sog. Schlusserklärung)[944]

707 Schließlich hat der Aufsichtsrat gemäß § 171 Abs. 2 Satz 4 AktG „am Schluss seines Berichts zu erklären, ob nach dem abschließenden Ergebnis seiner Prüfung Einwendungen zu erheben sind und ob er den vom Vorstand aufgestellten Jahresabschluss billigt.“ Gemäß § 171 Abs. 2 Satz 5 iVm Satz 4 AktG gilt dasselbe für den Konzernabschluss.

708 Über den Wortlaut hinaus hat der Aufsichtsrat aber nicht nur das Bestehen von Einwendungen zu bejahen oder zu verneinen,[945] sondern im zuerst genannten Fall auch noch zusammenfassend darzulegen, worin diese bestehen.[946] Zu weit geht die Forderung, der Aufsichtsrat müsse im Rahmen der Schlusserklärung auch noch die Gründe für die erhobenen Einwendungen nennen,[947] da die Erklärung den Charakter einer Zusammenfassung hat und nicht wiederholen soll, was bereits an anderer Stelle im Bericht dargelegt ist. Einwendungen können sich nicht nur auf Jahres- und/oder Konzernabschluss, (Konzern-) Lagebericht und Gewinnverwendungsvorschlag beziehen, sondern auch auf die Geschäftsführung.[948] Denn auch deren Prüfung ist gemäß § 171 Abs. 2 Satz 2 Hs 1 AktG Gegenstand des Berichts an die

939 **AA:** *Ekkenga*, in: KölnKomm AktG, § 171, Rn 79.

940 **AA:** *Ekkenga*, in: KölnKomm AktG, § 171, Rn 79, der Beschlussfähigkeit verlangt, es jedoch gleichzeitig ausreichen lässt, wenn ein Mitglied sich „direkt nach der Sitzung telefonisch zuschaltet, um die Beschlussfähigkeit herzustellen.“ *Lutter*, AG 2008, 1 [10], verlangt Beschlussfähigkeit zumindest für Video- oder Telefonkonferenzen.

941 *Kropff*, in: MünchKomm AktG², § 171, Rn 160; *Ekkenga*, in: KölnKomm AktG, § 171, Rn 79.

942 *Ekkenga*, in: KölnKomm AktG, § 171, Rn 79.

943 *Kropff*, in: MünchKomm AktG², § 171, Rn 160; *Ekkenga*, in: KölnKomm AktG, § 171, Rn 79.

944 Vgl *Sünner*, AG 2008, 411 [415]; *Lutter*, AG 2008, 1 [5].

945 *Ekkenga*, in: KölnKomm AktG, § 171, Rn 82, wonach der Aufsichtsrat auch mitzuteilen hat, dass keine Einwendungen bestehen.

946 *Ekkenga*, in: KölnKomm AktG, § 171, Rn 82; *Maser/Bäumker*, AG 2005, 906 [910].

947 *Sünner*, AG 2008, 411 [415].

948 *Ekkenga*, in: KölnKomm AktG, § 171, Rn 82; *Sünner*, AG 2008, 411 [415]; aA: Hüffer, AktG, § 171, Rn 14; *Kropff*, in: MünchKomm AktG², § 171, Rn 152, mit dem Hinweis auf die Entstehungsgeschichte der Norm.

Hauptversammlung. Bei Unstimmigkeiten im Hinblick auf bilanzpolitische Entscheidungen des Vorstands und somit hinsichtlich der Zweckmäßigkeit von Jahres- und/oder Konzernabschluss wird der Aufsichtsrat kritisch prüfen müssen, ob diese so gravierend sind, dass eine „echte" Einwendung vorliegt. Hierbei hat er die öffentliche Wirkung von Einwendungen zu berücksichtigen und zwischen diesen und seinen Interessen an der Durchsetzung seiner Beurteilung der Zweckmäßigkeit abzuwägen. Eine Einwendung iS von § 171 Abs. 2 Satz 4 AktG liegt in diesem Kontext immer nur dann vor, wenn der Vorstand mit seinen bilanzpolitischen Entscheidungen das ihm eingeräumt Ermessen überschreitet, was zB dann der Fall ist, wenn diese den Finanzierungsinteressen der Gesellschaft widersprechen.[949] Einwendungen können sich darüber hinaus auch auf die Recht- und Ordnungsmäßigkeit des Jahresabschlusses sowie auf Lagebericht und Gewinnverwendungsvorschlag des Vorstands beziehen.[950]

Des Weiteren hat der Aufsichtsrat über die Billigung von Jahres- und Konzernabschluss zu berichten – denkbar ist somit, dass der Aufsichtsrat Einwendungen gegen Lagebericht und/oder Gewinnverwendungsvorschlag erhebt, den Jahresabschluss aber billigt[951] – und gemäß § 172 Satz 2 AktG über seinen etwaig getroffenen Beschluss und den entsprechenden Beschluss des Vorstands gemäß § 172 Satz 1 Alt. 2 AktG, die Feststellung des Jahresabschlusses der Hauptversammlung zu überlassen. Nicht zu berichten bzw aufzuklären hat der Aufsichtsrat darüber, dass durch seine Billigung des Jahresabschlusses und mangels Überlassungsbeschlusses gemäß § 172 Satz 1 Alt. 1 AktG der Jahresabschluss festgestellt ist.[952] 709

ff) Rechtsfolgen bei Verstößen gegen die Berichtspflicht

(1) Anfechtbarkeit von Hauptversammlungsbeschlüssen

Ein Verstoß gegen die Berichtspflicht des Aufsichtsrats aus § 171 Abs. 2 AktG und aus § 314 Abs. 2 AktG, sei er dergestalt, dass die Form des Berichts ungenügend ist,[953] die erforderliche Berichtstiefe in Zeiten wirtschaftlicher Schwierigkeiten fehlt,[954] wesentliche Ergebnisse der Prüfung unerwähnt bleiben[955] oder ein schriftlicher Bericht gänzlich fehlt, stellt regelmäßig einen Verstoß gegen eine wesentliche Informationspflicht des Aufsichtsrats gegenüber den Aktionären der Gesellschaft dar. Ein solcher ist so schwerwiegend, dass ein anschließender Hauptversammlungsbeschluss, mittels dessen die Mitglieder es Aufsichtsrats entlastet 710

---

949 *Sünner*, AG 2008, 411 [412, Fn 19]; vgl auch [415], wonach kleinere Beanstandungen keine Einwendungen iS von § 171 Abs. 2 Satz 4 AktG und somit in der Schlusserklärung weder berichtspflichtig noch -fähig sind.

950 Vgl *Sünner*, AG 2008, 411 [415], der sich zugleich gegen vereinzelte Stimmen in der älteren Literatur wendet, wonach Einwendungen nur solche sind, die zu einer Einschränkung oder Versagung des Bestätigungsvermerks des Abschlussprüfers geführt haben oder hätten führen müssen oder zumindest dessen Einschränkung oder Versagung rechtfertigen würden.

951 Vgl *Sünner*, AG 2008, 411 [415].

952 *Ekkenga*, in: KölnKomm AktG, § 171, Rn 82.

953 Z. B. wurde dem Schriftformerfordernis nicht genügt.

954 OLG Stuttgart, Urt. v. 15.3.2006 – 20 U 25/05 („RTV Family Entertainment"), abgedruckt in: ZIP 2006, 756 [759] = NZG 2006, 472 = BB 2006, 1019 = AG 2006, 379 [383]; LG München I, Urt. v. 5.4.2007 – 5 HK O 15964/06, abgedruckt in: AG 2007, 417 [418] = NZG 2008, 319, zur unterbliebenen Dokumentation eines Risikofrüherkennungssystems.

955 Die Unvollständigkeit der Darstellung von Anzahl, Art und Sitzungspraxis der Ausschüsse im Aufsichtsratsbericht soll hingegen die Anfechtung von Entlastungsbeschlüssen nicht ermöglichen, vgl OLG Hamburg, Urt. v. 12.1.2001 – 11 U 162/00, abgedruckt in: AG 2001, 359 [362] = NZG 2001, 513; *Kropff*, in: MünchKomm AktG², § 171, Rn 178.

werden, gemäß §§ 243 ff AktG anfechtbar ist.[956] Dasselbe gilt für Wahlbeschlüsse der Hauptversammlung, mittels derer der Aufsichtsrat mit denselben Mitgliedern wiederbesetzt wird.[957] Denn vornehmlicher[958] Sinn und Zweck der Berichterstattung des Aufsichtsrats ist die Information der Anteilseigner als deren Wahl- (soweit es sich um Anteilseignervertreter handelt) und Kontrollorgan[959] iS eines Rechenschaftsberichts.[960] Die Aktionäre sollen sich ein Bild davon machen können, ob und inwieweit der Aufsichtsrat im abgelaufenen Geschäftsjahr seiner Aufgabe, insbesondere zur Überwachung der Tätigkeit des Vorstands, erfolgreich nachgekommen ist.[961] Der Bericht dient als Ergänzung zum Lagebericht des Vorstands und somit als Entscheidungsgrundlage für die Ausübung des Stimmrechts der Aktionäre in der Hauptversammlung zu Wahl, Entlastung oder Abberufung von Aufsichtsratsmitgliedern[962] sowie für Beschlüsse zur Durchführung von Sonderprüfungen gemäß §§ 142 ff AktG.[963]

711 Eine Heilung des Berichtsmangels durch ergänzende mündliche Erläuterung oder Korrektur durch den Aufsichtsratsvorsitzenden gemäß § 176 Abs. 1 Satz 2 AktG scheidet aus, da der ordnungsgemäß erstellte Aufsichtsratsbericht gemäß § 175 Abs. 2 Sätze 1 u. 2 AktG rechtzeitig ausgelegt bzw den Aktionären auf Verlangen in Kopie zugestellt werden muss. Dies kann nicht nachgeholt werden.[964] Darüber hinaus belegt auch das Schriftformerfordernis iS von § 171 Abs. 2 Satz 1 AktG, dass es nicht ausreicht, dass nur die an der Hauptversammlung teilnehmenden Aktionäre in die Lage versetzt werden, eine informierte Entscheidung über die Entlastung der Organmitglieder treffen zu können.[965] Vielmehr müssen sämtliche Aktionäre der Gesellschaft bereits vor Beginn der Hauptversammlung eine tragfähige Informati-

956 Vgl BGH, Urt. v. 21.6.2010 – II ZR 24/08, abgedruckt in: NZG 2010, 943 [944, Tz. 23 ff] = DStR 2010, 1681 [1684]; BGH, Urt. v. 25.11.2002 – II ZR 133/01 („Macrotron"), abgedruckt in: BGHZ 153, 47 = NJW 2003, 1032 = ZIP 2003, 387, zur Berichtspflicht gemäß § 314 Abs. 2 AktG; OLG Stuttgart, Urt. v. 15.3.2006 – 20 U 25/05 („RTV Family Entertainment"), abgedruckt in: ZIP 2006, 756 [759] = NZG 2006, 472 = BB 2006, 1019 = AG 2006, 379 [382 f]; zustimmend *Voßen*, DStR 2006, 1287 [1288 f]; OLG München, Beschl. v. 13.9.2005 – 7 U 2759/05, abgedruckt in: AG 2006, 592; *Vetter*, ZIP 2006, 257 [264]; *Drygala*, AG 2007, 381 [382]; kritisch zur Anfechtbarkeit von Entlastungsbeschlüssen aufgrund von Verletzungen der Berichtspflicht des Aufsichtsrats angesichts der beschränkten Rechtswirkung solcher Beschlüsse: *Liese/Theusinger*, BB 2007, 2528 [2529].

957 BGH, Urt. v. 21.6.2010 – II ZR 24/08, abgedruckt in: NZG 2010, 943 [944, Tz. 27 f] = DStR 2010, 1681 [1684]; *Goette*, DStR 2010, 2579 [2586]; vgl auch *Liese/Theusinger*, BB 2007, 2528 [2528], zur relativen Häufigkeit von Wahl- und Entlastungsbeschlüssen betreffend Organmitglieder als Gegenstand von Anfechtungsklagen.

958 *Drygala*, AG 2007, 381 [382 f], misst dem Bericht darüber hinaus noch eine Präventionsfunktion zu, da durch ihn Rechtfertigungsdruck auf die Aufsichtsratsmitglieder aufgebaut werde und eine solche Funktion den Pflichtberichten auch andernorts im Kapitalgesellschaftsrecht wie in §§ 186 Abs. 4 Satz 2, 312 AktG und § 8 UmwG zukomme.

959 *Lutter*, AG 2008, 1 [1 mwN],.

960 Vgl *Kropff*, in: MünchKomm AktG², § 171, Rn 146; *Peltzer*, NZG 2010, 976 [976]; *Vetter*, ZIP 2006, 257 [258]; *Voßen*, DStR 2006, 1287 [1287, 1289]; *Maser/Bäumker*, AG 2005, 906 [907 mwN], die dessen Rechenschafts- und Informationsfunktion hervorheben.

961 Hüffer, AktG, § 171, Rn 12; *Drygala*, AG 2007, 381 [382]; *Voßen*, DStR 2006, 1287 [1287]; *Liese/Theusinger*, BB 2007, 2528 [2530].

962 OLG Stuttgart, Urt. v. 15.3.2006 – 20 U 25/05 („RTV Family Entertainment"), abgedruckt in: ZIP 2006, 756 [758] = NZG 2006, 472 = BB 2006, 1019 = AG 2006, 379; *Vetter*, ZIP 2006, 257 [258]; vgl auch *Lutter*, AG 2008, 1 [1], wonach neben der Fremdkontrolle durch die Hauptversammlung auch noch die Selbstkontrolle der Aufsichtsratsmitglieder als Funktion der Berichtspflicht besteht.

963 *Vetter*, ZIP 2006, 257 [258].

964 BGH, Urt. v. 21.6.2010 – II ZR 24/08, abgedruckt in: NZG 2010, 943 [944] = DStR 2010, 1681 [1684]; Goette, DStR 2010, 2579 [2586]; *Vetter*, ZIP 2006, 257 [264]; aA: *Liese/Theusinger*, BB 2007, 2528 [2532], wonach „sich [die Entscheidung über die Möglichkeit der Heilung] am Sinn und Zweck der Berichterstattung nach § 171 Abs. 2 AktG zu orientieren und die Schwere des Berichtsmangels zu berücksichtigen hat".

965 So aber *Liese/Theusinger*, BB 2007, 2528 [2532].

onsgrundlage für ihre Entscheidung über die Entlastung der Aufsichtsratsmitglieder vorfinden.

Andererseits führen Verstöße gegen die Berichtspflicht gemäß § 171 Abs. 2 AktG nicht zur Nichtigkeit der Feststellung des Jahresabschlusses.[966] Grund hierfür ist, dass der Bericht des Aufsichtsrats seinem Billigungsbeschluss und somit der Feststellung des Jahresabschlusses gemäß § 172 Satz 1 AktG zeitlich nachgelagert und eine Rückwirkung von Berichtsmängeln gesetzlich nicht vorgesehen ist. 712

Die Verletzung der Berichtspflicht kann uU jedoch die Anfechtbarkeit von Hauptversammlungsbeschlüssen wegen Gesetzesverletzung gemäß § 243 Abs. 1 AktG – über die unmittelbar den Status der Aufsichtsratsmitglieder betreffenden Gründe hinaus – begründen, und zwar dann, wenn die Beschlüsse Umstände zum Gegenstand haben, die aus dem Berichtszeitraum herrühren. Bei Umständen aus einem Geschäftsjahr, über das nicht berichtet wird, fehlt es am Sachzusammenhang zwischen Pflichtverletzung der Aufsichtsratsmitglieder und Inhalt des Hauptversammlungsbeschlusses, so dass dessen Anfechtung aufgrund des Berichts von vornherein ausscheidet. Bei Umständen aus dem Berichtszeitraum ist der Beschluss nur anfechtbar, wenn er mit einem Legitimationsdefizit behaftet ist, das bei wertender Betrachtung seine Anfechtbarkeit rechtfertigt (sog. Relevanztheorie).[967] Dies dürfte zB bei dem Beschluss über die Gewinnverwendung der Fall sein,[968] da außen stehende Aktionäre zum Verständnis des zugrundeliegenden Vorschlags von Vorstand und Aufsichtsrat verlässliche Informationen über die aktuelle Eigenkapitalausstattung des Unternehmens und eine Prognose über deren zukünftige Entwicklung u.a. benötigen[969] und die Zweckmäßigkeitsprüfung des Aufsichtsrats die erforderliche Verlässlichkeit der hierzu im Jahresabschluss enthaltenen Informationen bewerkstelligen soll. Werden die Aktionäre jedoch über die Ergebnisse der Prüfung des Aufsichtsrats nicht informiert, muss ihr Gewinnverwendungsbeschluss zumindest zum Teil auf Spekulationen gründen, was ihn anfechtbar macht. 713

Ohne vorausgegangenen Aufsichtsratsbeschluss oder bei Verstoß gegen das Schriftformerfordernis liegt überhaupt kein Bericht im Rechtssinne vor.[970] Ein gravierender Verstoß gegen § 171 Abs. 2 AktG liegt somit auf der Hand, der die Mitgliedschafts- in Form der Mitwirkungsrechte des Aktionärs nach Ansicht eines objektiv urteilenden Aktionärs maßgeblich beeinträchtigt.[971] Bei gravierenden inhaltlichen Mängeln wird dies regelmäßig genauso sein, denn ein Aktionär wird seine Teilnahme an der Hauptversammlung regelmäßig vom Inhalt der Vorlagen einschließlich des Aufsichtsratsberichts abhängig machen.[972] 714

Unterlässt es der Aufsichtsratsvorsitzende, gemäß § 176 Abs. 1 Satz 2 AktG den Bericht des Aufsichtsrats ordnungsgemäß zu erläutern, führt dies nicht zur Anfechtbarkeit von später 715

966 OLG Stuttgart, Urt. v. 1.7.2009 – 20 U 8/08 („Hugo Boss"), abgedruckt in: NZG 2009, 951 [Ls.] = DB 2009, 1521 [1525] = BeckRS 2009, 18606; *Ekkenga*, in: KölnKomm AktG, § 171, Rn 72; *Bormann*, DStR 2011, 368 [370].

967 Vgl BGH, Urt. v. 21.6.2010 – II ZR 24/08, abgedruckt in: NZG 2010, 943 [944, Tz. 20] = DStR 2010, 1681 [1683], hierzu *Goette*, DStR 2010, 2579 [2585 f]; BGH, Urt. v. 18.10.2004 – II ZR 250/02 („Thyssen Krupp"), abgedruckt in: BGHZ 160, 385 [392 mwN] = NZG 2005, 77 [79] = ZIP 2004, 2428; BGH, Urt. v. 2.7.2007 – II ZR 111/05, abgedruckt in: BGH, NJW 2008, 69 = NZG 2007, 826 [830, Tz. 44], zum Vereinsrecht; vgl auch *Ekkenga*, in: KölnKomm AktG, § 171, Rn 72.

968 *Vetter*, ZIP 2006, 257 [264].

969 Vgl auch § 243 Abs. 4 Satz 1 AktG.

970 BGH, Urt. v. 21.6.2010 – II ZR 24/08, abgedruckt in: NZG 2010, 943 [944, Tz. 20] = DStR 2010, 1681 [1682, Tz. 12].

971 Vgl BGH, Urt. v. 21.6.2010 – II ZR 24/08, abgedruckt in: NZG 2010, 943 [944, Tz. 20] = DStR 2010, 1681 [1683].

972 Vgl BGH, Urt. v. 2.7.2007 – II ZR 111/05, abgedruckt in: BGH, NJW 2008, 69 = NZG 2007, 826 [830, Tz. 44], wonach das Vereinsmitglied seine Teilnahme an der Mitgliederversammlung regelmäßig vom Inhalt der Tagesordnung abhängig macht.

gefassten Hauptversammlungsbeschlüssen, da es sich insofern lediglich um eine Sollvorschrift handelt.[973]

(2) **Zivil- und strafrechtliche Haftung**

716 Schließlich kann eine fehlerhafte Berichterstattung gemäß § 171 Abs. 2 AktG zur Haftung der Aufsichtsratsmitglieder gemäß § 116 Satz 1 AktG führen. Für die Pflicht zur Erstattung des Abhängigkeitsberichts gemäß § 314 Abs. 2 AktG gilt gemäß § 318 Abs. 2 AktG dasselbe.[974]

717 Auch eine Strafbarkeit der Aufsichtsratsmitglieder wegen unrichtiger Darstellung gemäß § 400 Abs. 1 Ziff. 1 AktG ist denkbar.[975]

d) Zuleitung des Prüfungsberichts an den Vorstand

718 Gemäß § 171 Abs. 3 Satz 1 AktG hat der Aufsichtsrat seinen schriftlichen Bericht innerhalb eines Monats, nachdem ihm die Vorlagen des Vorstands iS von § 170 Abs. 1 u. Abs. 2 AktG zugegangen sind, dem Vorstand zuzuleiten, der gemäß § 175 Abs. 1 Satz 1 AktG unverzüglich nach dessen Eingang die Hauptversammlung einzuberufen und gemäß § 175 Abs. 2 Satz 1 AktG den Aufsichtsratsbericht neben den anderen im Zuge von Aufstellung und Prüfung entstandenen Dokumenten in dem Geschäftsraum der Gesellschaft zur Einsicht der Aktionäre auszulegen hat. Die Zuleitung des Berichts durch den Aufsichtsrat hat unaufgefordert zu geschehen. Einer Aufforderung hierzu durch den Vorstand bedarf es somit nicht.[976] Sollte dem Aufsichtsrat im Zeitpunkt des Zugangs der Vorstandsvorlagen der Prüfungsbericht des Abschlussprüfers, den er bzw sein Vorsitzender[977] gemäß § 321 Abs. 5 Satz 2 Hs 1 AktG iVm § 111 Abs. 2 Satz 3 AktG unmittelbar von diesem erhält, noch nicht vorliegen, verzögert sich der Beginn der Monatsfrist bis zu dem Zeitpunkt, in welchem dem Aufsichtsrat auch dieses – letzte – Dokument zugeht.[978] Denn der Bericht des Abschlussprüfers ist ganz wesentliches Hilfsmittel und somit regelmäßig Ausgangspunkt[979] für die Prüfung des Aufsichtsrats.[980] Ohne ihn kann er nur ganz eingeschränkt Recht- und Ordnungsmäßigkeit der Vorstandsvorlagen prüfen. Da das Gesetz dem Aufsichtsrat insoweit jedoch eine tragende Rolle zuschreibt, muss ihm die vom Gesetzgeber als angemessen eingestufte Prüfungsfrist in vollem Umfang und mit allen gesetzlich vorgesehenen Hilfsmitteln zur Verfügung stehen.[981] Hinzukommt, dass das Gesetz in § 171 Abs. 3 Satz 1 AktG nur von „Vorlagen“, nicht hingegen von Vorstandsvorlagen spricht und insoweit auch nicht auf § 170 Abs. 1 u. Abs. 2 AktG Bezug nimmt. Es legt sich somit im Hinblick auf den Beginn des Fristlaufs weder auf Art noch Herkunft der „Vorlagen“ fest.[982] Schließlich spricht auch der Umstand, dass sich die Intensität der Prüfung des Aufsichtsrats anhand des Bestätigungsvermerks des

---

973 *Vetter*, ZIP 2006, 257 [264 mwN auch für die Gegenauffassung].

974 Hüffer, AktG, § 171, Rn 12; *Ekkenga*, in: KölnKomm AktG, § 171, Rn 72; *Kropff*, in: MünchKomm AktG², § 171, Rn 178; *Vetter*, ZIP 2006, 257 [264].

975 *Vetter*, ZIP 2006, 257 [264 mwN].

976 *Ekkenga*, in: KölnKomm AktG, § 171, Rn 84.

977 *Strieder*, AG 2006, 363 [363, 365].

978 *Ekkenga*, in: KölnKomm AktG, § 171, Rn 84; *Drygala*, K. Schmidt/Lutter, AktG, § 171, Rn 18; *Schulz*, in: Bürgers/Körber, AktG, § 171, Rn 13; *Strieder*, AG 2006, 363 [366]; aA: *Kropff*, in: MünchKomm AktG², § 171, Rn 172; *Euler*, in: Spindler/Stilz, AktG, § 171, Rn 79; *Hennrichs/Pöschke*, in: MünchKomm AktG³, § 171, Rn 217, mit Hinweis auf die Möglichkeit des Aufsichtsrats bei der Beauftragung des Abschlussprüfers sicherzustellen, dass ihm dessen Bericht rechtzeitig zugeht.

979 So ausdrücklich *Strieder*, AG 2006, 363 [366].

980 *Clemm*, ZGR 1980, 455 [457]; *Hommelhoff*, ZGR 1983, 552; *Hüffer*, ZGR 1980, 320 [321]; *Lutter*, ZHR 159 (1995), 287 [293].

981 Ähnlich *Strieder*, AG 2006, 363 [366].

982 *Ekkenga*, in: KölnKomm AktG, § 171, Rn 84.

Abschlussprüfers bemisst, dafür, dass die Monatsfrist erst mit Zugang dessen Prüfungsberichts beim Aufsichtsrat zu Laufen beginnt. Gemäß § 322 Abs. 7 Satz 2 HGB ist der Bestätigungsvermerk in den Prüfungsbericht aufzunehmen. Somit erlangt der Aufsichtsrat erst mit dessen Zugang hiervon Kenntnis. Wird der Bestätigungsvermerk nur eingeschränkt erteilt oder gar versagt, hat der Aufsichtsrat Jahres- und Konzernabschluss sowie (Konzern-) Lagebericht viel intensiver auf Recht- und Ordnungsmäßigkeit zu prüfen, als dies bei einem uneingeschränkt erteilten Bestätigungsvermerk der Fall wäre (dazu Rn 619). Hierauf muss sich der Aufsichtsrat einstellen, wofür ein Monat sehr wenig ist. Ein noch kürzerer Zeitraum dürfte dieses Unterfangen unmöglich machen.[983]

Seiner Verpflichtung zur fristgemäßen Zuleitung des Prüfungsberichts – einschließlich Nie- 719
derschrift betreffend den Beschluss über (Miss-) Billigung von Jahres- und Konzernabschluss sowie (Konzern-) Lagebericht[984] – an den Vorstand kommt der Aufsichtsrat nur nach, wenn der Bericht ordnungsgemäß ist.[985] Mit der Zuleitung eines unzureichenden Berichts innerhalb der Monatsfrist verstoßen die Aufsichtsratsmitglieder somit ebenso gegen ihre Pflichten, als wenn sie die Frist verstreichen ließen, ohne dem Vorstand überhaupt einen Bericht zuzuleiten.[986]

Unabhängig davon, ob die Aufsichtsratsmitglieder pflichtgemäß gehandelt haben mit etwai- 720
gen sich hieraus für sie persönlich ergebenen Konsequenzen im Hinblick auf Entlastung iS von § 120 Abs. 1, 2 u. 3 AktG und Inanspruchnahme auf Schadensersatz gemäß §§ 116 Satz 1, 93 Abs. 2 Satz 1 AktG, ist zu klären, welche Rechtsfolgen sich aus der Zuleitung eines unzureichenden Aufsichtsratsberichts an den Vorstand für die Gesellschaft ergeben. Denn gemäß § 171 Abs. 3 Satz 3 Hs 1 AktG knüpft sich an den Fall des Ausbleibens der geforderten Zuleitung des Berichts die Fiktion, dass der Jahresabschluss vom Aufsichtsrat nicht gebilligt wurde und dessen Feststellung demzufolge gemäß § 173 Abs. 1 Satz 1 Alt. 2 AktG durch die Hauptversammlung zu erfolgen hat. Wird aber der Aufsichtsratsbericht dem Vorstand fristgemäß, ggf innerhalb der Nachfrist des § 171 Abs. 3 Satz 2 AktG, zugeleitet, müsste Letzterer entscheiden, ob der Bericht ordnungsgemäß, der Jahresabschluss folglich gebilligt und gemäß § 172 Satz 1 Alt. 1 AktG festgestellt ist oder ob ein nicht ordnungsgemäßer Aufsichtsratsbericht vorliegt, der eine Feststellung des Jahresabschlusses durch die Hauptversammlung erfolderlich macht. Im Interesse der Rechtssicherheit sind dem Vorstand für die Beurteilung dieser Frage eindeutige Kriterien an die Hand zu geben. *Ekkenga* hält eine fristwahrende Berichtersattung bzw –zuleitung für gegeben, wenn der Aufsichtsratsbericht mit einem „ordnungsgemäßen Billigungsbeschluss ausgestattet" ist.[987] Für den Vorstand schwieriger zu beurteilen ist, entsprechend der von *Schulz* präferierten Abgrenzung, ob dem Mangel ein solches Gewicht zukommt, als läge gar kein Bericht vor, was bei Fehlen wichtiger Bestandteile der Fall sein könne.[988]

Die bereits angesprochene Nachfrist iS von § 171 Abs. 3 Satz 2 AktG darf nicht mehr als 721
einen Monat betragen und muss zumindest so lang sein, dass die Regelung des § 171 Abs. 3 Satz 2 AktG faktisch nicht abbedungen wird.[989] Sie ist dem Aufsichtsrat z. Hd. dessen Vor-

983 Im Erg. auch *Strieder*, AG 2006, 363 [366].

984 Vgl *Ekkenga*, in: KölnKomm AktG, § 171, Rn 85.

985 Nach *Ekkenga*, in: KölnKomm AktG, § 171, Rn 85, mit Verweis auf LG Karlsruhe, Urt. v. 11.5.2000 – O 88/99 KfH IV, abgedruckt in: AG 2001, 204 = DB 2000, 1608, steht die „Schlechtleistung" der „Nichtleistung" gleich.

986 *Kropff*, in: MünchKomm AktG^2, § 171, Rn 173; *Ekkenga*, in: KölnKomm AktG, § 171, Rn 86.

987 *Ekkenga*, in: KölnKomm AktG, § 171, Rn 85.

988 *Schulz*, in: Bürgers/Körber, AktG, § 171, Rn 13, wonach ein solch schwerer Mangel aber nicht vorliege, wenn der Bericht auslegungsfähig sei; *Hennrichs/Pöschke*, in: MünchKomm AktG^3, § 171, Rn 222.

989 Zur möglichen Motivation des Vorstands für ein solch missbräuchliches Vorgehen, vgl *Ekkenga*, in: KölnKomm AktG, § 171, Rn 87.

sitzenden[990] vom Vorstand unverzüglich[991] nach fruchtlosem Verstreichen der Regelfrist des § 171 Abs. 3 Satz 1 AktG zu setzen.[992] Abweichende Satzungsbestimmungen[993] sind gemäß § 23 Abs. 5 AktG unwirksam. Leitet der Aufsichtsrat innerhalb dieser „weitere(n) Frist" dem Vorstand seinen ordnungsgemäßen Bericht zu, wird hierdurch der Verstoß gegen die Pflicht aus § 171 Abs. 3 Satz 1 AktG zwar nicht geheilt.[994] Mit Einhaltung dieser Frist kann der Aufsichtsrat der AG jedoch mit Billigung des Jahresabschlusses gemäß § 172 Abs. 1 Satz 1 Alt. 1 AktG dessen Feststellung bewirken. Außerdem kann er, sollte es sich um den Aufsichtsrat eines Mutterunternehmens iS von § 290 Abs. 1 u. 2 HGB handeln, den Konzernabschluss selbst billigen und der Hauptversammlung somit die Möglichkeit dessen (Miss-) Billigung vorenthalten. Schließlich steht mit fruchtlosem Ablauf der Nachfrist endgültig[995] fest, dass die Hauptversammlung den Jahresabschluss festzustellen und den Konzernabschluss zu billigen hat, so dass der Vorstand diese ohne weiteren Zeitverlust gemäß §§ 175 Abs. 3 Satz 1, Abs. 1 Satz 1 AktG einberufen kann und muss.[996]

722 Regelmäßig dürfte die Verletzung der Pflicht aus § 171 Abs. 3 Satz 1 AktG mangels Schaden nicht zur Haftung der Aufsichtsratsmitglieder gegenüber der Gesellschaft aus §§ 116 Satz 1, 93 Abs. 2 Satz 1 AktG führen. Dies gilt zumindest für den Fall, dass dem Vorstand innerhalb der Regelfrist überhaupt kein Bericht zugeleitet wurde. Denn dann ist er ohne nähere Prüfung der Voraussetzungen des § 171 Abs. 3 Satz 2 AktG zur Setzung einer Nachfrist verpflichtet. Handelt er bei deren Bemessung ermessensfehlerhaft, wird dies dem Aufsichtsrat regelmäßig nicht als Mitverschulden iS von § 254 Abs. 1 BGB angelastet werden können. Anders könnte sich die Situation darstellen, wenn der Aufsichtsrat dem Vorstand innerhalb der Regelfrist einen unzureichenden Bericht zuleitet. Denn in diesem Fall müsste der Vorstand prüfen, ob die „Schlechleistung" der „Nichtleistung" gleichsteht und dem Aufsichtsrat daher eine Nachfrist zu setzen ist. Sollten ihm hierbei Fehler unterlaufen, aus denen der Gesellschaft später zB Prozesskosten erwachsen, wird die Aufsichtsratsmitglieder hieran regelmäßig ein Mitverschulden treffen. Aus diesem Grund ist dem Aufsichtsrat regelmäßig zu empfehlen, dem Vorstand seinen Bericht erst nach ordnungsgemäßer Fertigstellung zuzuleiten.

723 Für den Fall, dass auch die Nachfrist ergebnislos verstrichen und somit die Fiktionswirkung des § 171 Abs. 3 Satz 3 AktG irreversibel[997] eingetreten ist, wodurch die Hauptversammlung gemäß § 173 Abs. 1 Satz 1 Alt. 2 u. Satz 2 AktG über die Feststellung des Jahresabschlusses und die Billigung des Konzernabschlusses zu entscheiden hat, ist der Aufsichtsrat von seiner

990 *Kropff*, in: MünchKomm AktG², § 171, Rn 173; *Ekkenga*, in: KölnKomm AktG, § 171, Rn 87.

991 Zu dem von § 121 Abs. 1 Satz 1 BGB abweichenden Verständnis sowie zur konkreten Berechnung der Frist, vgl *Ekkenga*, in: KölnKomm AktG, § 171, Rn 87; für das Verständnis von „unverzüglich" als „ohne schuldhaftes Zögern" gemäß § 121 Abs. 1 Satz 1 BGB, vgl *Strieder*, AG 2006, 363 [365].

992 Der Vorstand hat über die Länge der Nachfrist nach fristgemäßem Ermessen zu entscheiden, vgl *Ekkenga*, in: KölnKomm AktG, § 171, Rn 87.

993 Zu denken ist an die Statuierung einer Prüfungsfrist zugunsten des Vorstands für den Fall der Zuleitung eines Aufsichtsratsberichts innerhalb der Regelfrist des § 171 Abs. 3 Satz 1 AktG, an eine Verlängerung der Nachfrist über einen Monat hinaus sowie an an eine Satzungsbestimmung, die eine Nachfrist für entbehrlich erklärt, vgl hierzu auch *Ekkenga*, in: KölnKomm AktG, § 171, Rn 86.

994 *Kropff*, in: MünchKomm AktG², § 171, Rn 173; *Ekkenga*, in: KölnKomm AktG, § 171, Rn 86.

995 *Kropff*, in: MünchKomm AktG², § 173, Rn 21; *Schluz*, in: Bürgers/Körber, AktG, § 171, Rn 13; *Ekkenga*, in: KölnKomm AktG, § 171, Rn 89 mN auch für die Gegenansicht, wonach die Verwaltung die Feststellungskompetenz auch für den Fall nicht zurückholen kann, dass die Maximaldauer von einem Monat für die Nachfrist noch nicht ausgeschöpft ist; eine rechtzeitige Verlängerung der einst festgesetzten Anschlussfrist bis zu insgesamt maximal einem Monat soll hingegen möglich sein.

996 Zur Schaffung von „Rechtsklarheit", vgl *Kropff*, in: MünchKomm AktG², § 171, Rn 173; *Ekkenga*, in: KölnKomm AktG, § 171, Rn 86.

997 Vgl *Hennrichs/Pöschke*, in: MünchKomm AktG³, § 171, Rn 221.

Verpflichtung zur Berichterstattung gemäß § 171 Abs. 2 AktG dennoch nicht befreit. Diese besteht vielmehr unverändert fort.[998]

e) Sonstige Instrumente zur Überwachung und konkrete Pflichten

aa) § 111 Abs. 2 Satz 1 u. 2 AktG, § 38 Abs. 1 Satz 2 GenG

(1) Einsichtnahme in Bücher und Schriften der Gesellschaft

Zur Wahrnehmung seiner Überwachungsaufgabe kann der Aufsichtsrat gemäß § 111 Abs. 2 Satz 1 AktG und § 38 Abs. 1 Satz 2 GenG die Bücher und Schriften – erfasst sind neben den physischen Aufzeichnungen auch elektronisch gespeicherte Daten[999] – der Gesellschaft bzw Genossenschaft sowie die Vermögensgegenstände, namentlich die Gesellschaftskasse, bzw den Bestand der Genossenschaftskasse, und die Bestände an Wertpapieren und Waren, einsehen und prüfen. Über den Warenbestand hinaus kann sich der Aufsichtsrat auch über Art und Zustand des Anlagevermögens, insbesondere Gebäude und Maschinen, unterrichten.[1000] Dieses Prüfungsrecht des Aufsichtsrats wird in der Praxis auch als Recht zur „besonderen Prüfung“ bezeichnet.[1001] Es besteht nicht nur für die Aufsichtsräte von AG und KGaA, sondern auch für den Aufsichtsrat einer GmbH, für die das MitbestG[1002] oder das DrittelbG[1003] gilt. Durch die Satzung können dem Aufsichtsrat diese Befugnisse nicht entzogen werden.[1004] Sie stehen ihm zu, da er andernfalls ausschließlich auf die vom Vorstand überlassenen Informationen angewiesen wäre.[1005] Ob der Aufsichtsrat zur Wahrnehmung seiner Überwachungsaufgabe Vorstandsprotokolle einsehen darf, ist äußerst fraglich, da seinen Mitgliedern zum einen die Teilnahme an Vorstandssitzungen verwehrt ist und eine solche Einsichtsmöglichkeit zum anderen die unabhängige Meinungsbildung im Vorstandskollegium behindern könnte.[1006] Allerdings wird der Aufsichtsrat in Situationen, in denen etwaige Pflichtverletzungen von Vorstandsmitgliedern aufzudecken sind, darauf angewiesen sein, den Inhalt dieser Protokolle in Erfahrung zu bringen. Denn andernfalls wird er seine eigene Prüfungsfrage nicht beantworten können. Somit ist immer dann, wenn „konkrete Notwendigkeiten der Kontrolle diese Einsicht verlangen, also insbesondere im Zusammenhang mit der Klärung von etwaigen Pflichtwidrigkeiten des Vorstands“ die Einsichtnahme des Aufsichtsrats in Vorstandsprotokolle zulässig.[1007] 724

Anders als dem von der Hauptversammlung nach § 142 Abs. 1 AktG oder vom Gericht gemäß § 142 Abs. 2 AktG bestellten Sonderprüfer hat der Aufsichtsrat keinen Zugriff auf Informationsgrundlagen aus Konzerngesellschaften, da eine § 145 Abs. 3 AktG vergleichbare Regelung in § 111 Abs. 2 AktG fehlt.[1008] Vielmehr ist der Aufsichtsrat darauf beschränkt, die Dokumente u.a. zu sichten, die in der eigenen Gesellschaft über Vorgänge in anderen Konzerngesellschaften – hierbei dürfte es vor allem um Tochtergesellschaften handeln – vorhanden sind. Ob diese Überwachungslücke mittels Begründung einer Pflicht des Vorstands 725

998 *Ekkenga*, in: KölnKomm AktG, § 171, Rn 88 mwN; *Hennrichs/Pöschke*, in: MünchKomm AktG³, § 171, Rn 221.

999 *Beuthien*, in: Beuthien, GenG, § 38, Rn 5, für die eG.

1000 *Hoffmann-Becking*, ZGR 2011, 136 [149], für die AG; *Beuthien*, in: Beuthien, GenG, § 38, Rn 5, für die eG.

1001 *Hoffmann-Becking*, ZGR 2011, 136 [138].

1002 § 25 Abs. 1 Ziff. 2 MitbestG verweist auf § 111 AktG.

1003 § 1 Abs. 1 Ziff. 3 Satz 2 DrittelbG verweist auf § 111 AktG.

1004 Hüffer, AktG, § 111, Rn 1.

1005 *Habersack*, in: MünchKomm AktG³, § 111, Rn 61.

1006 *Habersack*, in: MünchKomm AktG³, § 111, Rn 28 mwN.

1007 *Lutter*, Information und Vertraulichkeit im Aufsichtsrat, Rn 297, S. 109 f; *Habersack*, in: MünchKomm AktG³, § 111, Rn 63; *Hoffmann-Becking*, ZGR 2011, 136 [149].

1008 *Hoffmann-Becking*, ZGR 2011, 136 [150], spricht insofern von der „fehlenden Konzerndimension“.

zur kooperativen Zusammenarbeit mit dem Aufsichtsrat zu schließen ist, aufgrund deren der Vorstand bei der fraglichen Konzerngesellschaft die benötigten Informationen anzufordern hat, ist fraglich. Denn auch der Vorstand ist in seinen Informations- und Einsichtsrechten gegenüber Tochtergesellschaften beschränkt, insbesondere wenn lediglich eine faktische Konzernierung besteht.[1009]

726 Der Aufsichtsrat ist als Kollektivorgan[1010] Gläubiger des Einsichtsrechts, der Vorstand dessen Schuldner. Der Aufsichtsrat kann somit nicht eigenmächtig auf die gesammelten Daten der Gesellschaft bzw Genossenschaft zugreifen, sondern ist darauf angewiesen, vom Vorstand ggf auf entsprechende Nachfrage[1011] insoweit mit den gewünschten Informationen versorgt zu werden.[1012] Grundsätzlich erstreckt sich sein Recht auf Einsichtnahme und Prüfung auf den gesamten Datenbestand des Gesellschafts- bzw Genossenschaftsunternehmens,[1013] nicht jedoch auch auf Daten von abhängigen Unternehmen, vgl § 17 Abs. 1 AktG (dazu auch Rn 725). [1014]

(2) Besondere Prüfung durch Sachverständige

727 Zur Wahrnehmung bestimmter Aufgaben kann der Aufsichtsrat gemäß § 111 Abs. 2 Satz 2 Hs 2 AktG besondere Sachverständige, zB einen Wirtschaftsprüfer oder Rechtsanwalt, beauftragen[1015] und die Gesellschaft bzw Genossenschaft aufgrund bestehender Vertretungsmacht zur Zahlung des entsprechenden Dienstleistungshonorars verpflichten.[1016] Der Aufsichtsrat entscheidet hierüber gemäß § 108 Abs. 1 AktG durch Beschluss. Als Teil des Rechts zur „besonderen Prüfung" gilt das zum Recht des Aufsichtsrats auf Einsichtnahme in Bücher und Schriften der Gesellschaft entsprechend, soweit es die erfassten Gesellschaftsformen und die Unentziehbarkeit dieses Rechts anbelangt (dazu Rn 724).

728 Der einem Sachverständigen zu erteilende Prüfungsauftrag muss eine konkrete Angelegenheit – die Untersuchung selbst nicht aber zwangsläufig nur Teile des Unternehmens – betreffen und somit eindeutig sachlich und zeitlich[1017] begrenzt sein.[1018] Grund hierfür ist, dass Aufsichtsratsmitglieder ihre Aufgaben nicht durch andere Personen wahrnehmen lassen können.[1019] Die Bandbreite der denkbaren Angelegenheiten, bei denen Sachverständige beauftragt werden können, dürfte hingegen nahezu alle Bereiche des Unternehmens und seiner operativen Tätigkeit betreffen wie zB Einkauf, Produktion, Vertrieb, Steuern, Personal, Rechnungslegung und Compliance.[1020] Allerdings ist nicht bei jeder Beauftragung eine inter-

---

1009 *Hoffmann-Becking*, ZGR 2011, 136 [150].

1010 OLG Stuttgart, Urt. v. 30.5.2007 – 20 U 14/06, abgedruckt in: NZG 2007, 549 = AG 2007, 873 [877]; *Hoffmann-Becking*, in: Münchener Handbuch GesR, Bd. 4, AG, § 29, Rn 34; Lutter/Krieger, Aufsichtsrat, § 6, Rn 240.

1011 Vgl Ziff. 3.4 DCGK.

1012 *Spindler*, FS Hüffer, 2010, S. 985 [S. 997 f].

1013 *Hüffer*, NZG 2007, 47 [53].

1014 Vgl Lutter/Krieger, Aufsichtsrat, § 6, Rn 244.

1015 Für eine entsprechende Anwendung von § 111 Abs. 2 Satz 2 AktG auf die eG und somit für die Möglichkeit der Beauftragung von Sachverständigen zur Einsichtnahme, wo dies sachlich geboten ist: *Beuthien*, in: Beuthien, GenG, § 38, Rn 5 mwN auch zur Gegenansicht.

1016 *Beuthien*, in: Beuthien, GenG, § 39, Rn 5, der dem Aufsichtsrat spiegelbildlich zu dessen Aufgaben Vertretungsmacht im Zusammenhang mit sog. Hilfsgeschäften (Ankauf von Arbeitsmitteln, Dienstvertrag mit Sachverständigem und Rechtsanwalt u.a.).

1017 *Hoffmann-Becking*, ZGR 2011, 136 [148].

1018 BGH, Urt. v. 15.11.1982 – II ZR 27/82 („Hertie"), abgedruckt in: BGHZ 85, 293 [296] = NJW 1983, 991 [991], wonach es nicht zulässig ist, dass der Aufsichtsrat oder eines seiner Mitglieder „seine Aufgaben oder einen wesentlichen teil davon laufend einem Außenstehenden zu selbständigen Erledigung überträgt".

1019 Vgl § 111 Abs. 5 AktG; § 38 Abs. 4 GenG.

1020 Konkrete Beispiele finden sich bei *Hoffmann-Becking*, ZGR 2011, 136 [139].

ne Prüfung durch den Sachverständigen erforderlich, so dass auch nicht immer zwingend § 111 Abs. 2 Satz 2 AktG heranzuziehen ist. Ob stattdessen auf § 109 Abs. 1 Satz 2 AktG abgestellt werden kann, der eine Öffnung des Teilnehmerkreises von Aufsichtsratssitzungen um einen oder mehrere Sachverständige erlaubt, oder die Annexkompetenz des Aufsichtsrats zu seiner Überwachungsaufgabe[1021] zu bemühen ist, kann an dieser Stelle offenbleiben.

Aufsichtsrat oder Prüfungsausschuss müssen nicht unmittelbar selbst den Sachverständigen 729 im Namen der Gesellschaft oder Genossenschaft beauftragen, die ihrerseits zur Zahlung dessen Honorars verpflichtet ist.[1022] Sie können ihre Bitte um Prüfung durch einen Sachverständigen auch an den Vorstand der AG bzw persönlich haftenden Gesellschafter der KGaA herantragen, der dann seinerseits dem Sachverständigen den Prüfungsauftrag im Namen der Gesellschaft erteilt.[1023] Auf diesem Wege lassen sich Spannungen zwischen Vorstand und Aufsichtsrat vermeiden, da der vom Aufsichtsrat erteilte Prüfungsauftrag vom Vorstand nicht selten als Misstrauensbekundung aufgefasst werden dürfte.[1024] Eine die allgemeine Vertretungsmacht des Vorstands gemäß § 78 AktG verdrängende Exklusivvertretungsmacht des Aufsichtsrats iS von § 112 AktG existiert für dessen Hilfsgeschäfte nicht,[1025] so dass es zumindest aus rechtlicher Sicht unerheblich ist, ob Vorstand, Aufsichtsrat oder beide gemeinsam[1026] den Sachverständigen im Namen der Gesellschaft beauftragen.

Das Recht des Aufsichtsrats zur besonderen Prüfung durch Sachverständige gewinnt in der 730 Praxis immer mehr an Bedeutung, was nicht zuletzt auch darauf zurückzuführen sein dürfte, dass die Mitglieder des Aufsichtsrats im Anschluss an die Entscheidung des BGH in Sachen ARAG/Garmenbeck[1027] aus dem Jahr 1997 zur Vermeidung eigener Haftung gezwungen sind, etwaige Schadensersatzansprüche der Gesellschaft gegen ihre (ehemaligen) Vorstandsmitglieder und deren Durchsetzbarkeit zu prüfen.[1028] Aufgrund dieser Entwicklung stellt sich vermehrt die Frage, ob der Aufsichtsrat bei jeder Gelegenheit gemäß § 111 Abs. 2 Satz 2 AktG besondere Sachverständige zur Erlangung von Informationen beauftragen darf[1029] oder ob er vornehmlich den Vorstand zur Bereitstellung der benötigten Informationen zu veranlassen hat,[1030] namentlich durch Nachfragen zu dessen Berichten gemäß § 90 Abs. 1 AktG oder durch Verlangen nach einem Vorstandsbericht gemäß § 90 Abs. 3 AktG. In den Fällen der Informationsbeschaffung zur Prüfung etwaiger Haftung von Vorstandsmitgliedern muss der Aufsichtsrat unmittelbar besondere Sachverständige beauftragen dürfen. Denn es ist nicht zu erwarten, dass der Vorstand dem Aufsichtsrat die Informationen liefern

1021 Hierzu *Fleischer/Wedemann*, GmbHR 2010, 449 [457].

1022 Hüffer, AktG, § 111, Rn 12 mwN auch für die Gegenansicht; *Beuthien*, in: Beuthien, GenG, § 38, Rn 10, für die eG.

1023 Hüffer, AktG, § 111, Rn 12, hält dieses Vorgehen in der Regel für angezeigt. Bei großen Publikumsgesellschaften ist ihm hierin zuzustimmen. Dagegen kommt es bei kleinen Gesellschaften, insbesondere bei solchen, bei denen Vorstandsmitglieder oder persönlich haftende Gesellschafter Großaktionäre sind, nicht selten vor, dass dem Aufsichtsrat die Prüfung durch sachverständige Dritte versagt oder seinen Mitgliedern die Pflicht zur Kostentragung für die Prüfung in Aussicht gestellt wird.

1024 So auch *Hoffmann-Becking*, ZGR 2011, 136 [138].

1025 *Hoffmann-Becking*, ZGR 2011, 136 [141 mwN].

1026 Zur Vertretungsmacht des Aufsichtsratsvorsitzenden in diesem Zusammenhang *Hoffmann-Becking*, ZGR 2011, 136 [141 mwN].

1027 BGH, Urt. v. 21.4.1997 – II ZR 175/95 („ARAG/Garmenbeck"), abgedruckt in: BGHZ 135, 244 = NJW 1997, 1926.

1028 *Hoffmann-Becking*, ZGR 2011, 136 [138]; kritisch hierzu *Theisen*, Der Aufsichtsrat 2013, 3 [4 f], der diese Entwicklung darauf zurückführt, dass unverzichtbare Handlungselemente des Board-Systems systemwidrig in das dualistische System des AktG mit nebenberuflich tätigen Aufsichtsratsmitgliedern adaptiert werden, was diese in jüngerer Zeit zunehmend dazu verleitet habe, „Vorratsgutachten" in Auftrag zu geben, um im Fall einer späteren Inanspruchnahme auf Schadensersatz sich hiermit verteidigen zu können.

1029 So *Roth*, AG 2004, 1 [7].

1030 *Lutter*, Information und Vertraulichkeit im Aufsichtsrat, Rn 303 ff.

wird, welche die eigene Inanspruchnahme ermöglichen. Vielmehr ist ein Vorenthalten wichtiger Informationen durch die Vorstandsmitglieder aus Gründen des Selbstschutzes zu befürchten.[1031] Anders dürfte sich die Situation in den Fällen darstellen, in denen die Vorstandsmitglieder kein Eigeninteresse daran haben sollten, dem Aufsichtsrat Informationen vorzuenthalten.. In diesen Fällen ist es zunächst Aufgabe des Vorstands, den Aufsichtsrat mit den erforderlichen Informationen zur Erfüllung dessen Überwachungsaufgabe zu versorgen. Genügt der Vorstand seiner Verpflichtung nicht, ist der Aufsichtsrat aufgefordert, den Vorstand durch Nachfragen und Anfordern von zusätzlichen Berichten zu dessen ordnungsgemäßer Pflichterfüllung zu bewegen. Erst wenn auch dies zu unzureichenden Ergebnissen führt, darf der Aufsichtsrat besondere Sachverständige mit der Informationsbeschaffung beauftragen.[1032] Dieses gestufte Modell entbindet den Aufsichtsrat jedoch nicht von seiner ureigenen Pflicht zur Informationsbeschaffung. Sollte es Anzeichen dafür geben, dass der Vorstand dem Aufsichtsrat wissentlich oder auch nur leicht fahrlässig wesentliche Informationen vorenthält, muss der Aufsichtsrat selbst auf den Plan treten, um sich im Fall etwaiger Schäden nicht haftbar zu machen.[1033]

bb) § 90 Abs. 1 bis 3 AktG

(1) Informationelle „Holschuld“ des Aufsichtsrats

731 Der Aufsichtsrat kann die Mitglieder des Vorstands um mündliche oder auch schriftliche[1034] Auskunft ersuchen. Darüber hinaus kann er in die Geschäftsordnung des Vorstandes Berichtspflichten aufnehmen, die über diejenigen in § 90 Abs. 1 AktG (dazu Rn 733 ff) hinausgehen.[1035] Der Aufsichtsrat kann die Mitglieder des Vorstands zu seinen Sitzungen oder zu den Sitzungen seiner Ausschüsse einladen, damit sie dort Rede und Antwort stehen und ihre schriftlichen Berichte mündlich erläutern.[1036]

732 Risikogeschäfte oder problematische Beteiligungen können als regelmäßige Punkte vom Vorsitzenden des Aufsichtsrats auf die Tagesordnung dessen Sitzungen genommen werden. Hierdurch wird der Vorstand verpflichtet, zu jeder Sitzung über den Stand der Dinge zu berichten. Dies gilt zumindest dann, wenn der Aufsichtsrat zuvor einen Beschluss iS von § 90 Abs. 3 Satz 1 AktG gefasst hat. Aufgrund dieser Vorschrift kann er vom Vorstand jederzeit einen Bericht verlangen über Angelegenheiten der Gesellschaft, über ihre rechtlichen und geschäftlichen Beziehungen zu verbundenen Unternehmen sowie über geschäftliche Vorgänge bei diesen Unternehmen, die auf die Lage der Gesellschaft von erheblichem Einfluss sein können.[1037] Die Mitglieder des Aufsichtsrats werden auf diese Weise kontinuierlich informiert und haben Gelegenheit nachzufragen, ihre Meinung zu äußern und Empfehlungen auszusprechen.[1038] Gemäß § 90 Abs. 3 Satz 2 AktG, § 38 Abs. 1 Satz 4 GenG steht das Recht, vom Vorstand einen Bericht bzw Auskünfte zu verlangen, sogar jedem einzelnen Aufsichtsratsmitglied zu. Der Bericht bzw die Auskunft ist jedoch dem Aufsichtsrat als Kollektivorgan

1031 So im Erg. auch *Hoffmann-Becking*, ZGR 2011, 136 [147].

1032 So im Erg. auch *Hoffmann-Becking*, ZGR 2011, 136 [147 f].

1033 Vgl hierzu *Hüffer*, NZG 2007, 47 [48 ff].

1034 Vgl Ziff. 3.4 Abs. 3 Satz 2 DCGK, wonach der Aufsichtsrat festlegen soll, dass Berichte des Vorstands an ihn in der Regel in Textform zu erstatten sind.

1035 Vgl Ziff. 3.4 DCGK; *Börsig/Löbbe*, FS Hoffmann-Becking, 2013, S. 125 [137 mwN].

1036 *Hüffer*, NZG 2007, 47 [50], spricht insofern von den „Redepflichten der Organmitglieder“; zur eG, vgl insofern *Beuthien*, in: Beuthien, GenG, § 38, Rn 5.

1037 Zu restriktiv *Schlitt*, DB 2005, 2007 [2010], der den Anspruch des Aufsichtsrats bzw jedes seiner Mitglieder gegen den Vorstand auf Informationsversorgung von vornherein dahingehend beschränken möchte, dass Berichte nur in dem Umfang verlangt werden können, wie dies zur sachgerechten Funktionsausübung erforderlich ist und Detailinformationen grundsätzlich nicht verlangt werden können.

1038 *Hüffer*, NZG 2007, 47 [50], spricht insofern von einem einfachen aber nicht wirkungslosen Überwachungsmittel.

zu erstatten. Mit diesem Individualanspruch korrespondiert aber auch die Pflicht eines jeden Aufsichtsratsmitglieds, für die ausreichende Information des Überwachungsgremiums zu sorgen.[1039] *Altmeppen* tritt in diesem Zusammenhang der „Fehlvorstellung auch professioneller Aufsichtsräte" entgegen, wonach den Vorstand hinsichtlich der Versorgung des Aufsichtsrats und seiner Mitglieder mit Informationen eine „Bringschuld" treffe. Er stellt klar, dass zulasten des Aufsichtsrats notfalls eine „Holschuld" bestehe und er wie ein Wirtschaftsprüfer tätig werden müsse.[1040]

(2) Inhalt und Turnus der Erstattung der Berichte gemäß § 90 Abs. 1 AktG

Das AktG schreibt darüber hinaus in § 90 Abs. 1 Satz 1 Ziff. 1 bis 4 vor,[1041] dass der Vorstand einer AG bzw der persönlich haftende Gesellschafter einer KGaA dem Aufsichtsrat bestimmte Berichte zu erstatten hat,[1042] welche dieser spiegelbildlich berechtigt[1043] und sogar verpflichtet ist, vom Vorstand bzw persönlich haftenden Gesellschafter einzufordern (dazu auch Rn 732).[1044] 733

Hierbei handelt es sich gemäß § 90 Abs. 1 Satz 1 Ziff. 1 AktG um Berichte über die beabsichtigte Geschäftspolitik und andere grundsätzliche Fragen der Unternehmensplanung (insbesondere die Finanz-, Investitions- und Personalplanung), wobei auf Abweichungen der tatsächlichen Entwicklung von früher berichteten Zielen unter Angabe von Gründen einzugehen ist.[1045] Solche Berichte sind gemäß § 90 Abs. 2 Ziff. 1 AktG mindestens jährlich zu erstatten.[1046] Seit Mitte 2012 nimmt der DCGK in Ziff. 3.4 Abs. 2 diese Regelungen auf und ergänzt sie dahin gehend,[1047] dass der Vorstand den Aufsichtsrat regelmäßig, zeitnah und umfassend über alle für das Unternehmen relevanten Fragen der Strategie, der Planung, der Geschäftsentwicklung, der Risikolage, des Risikomanagements und der Compliance informiert. 734

Außerdem hat der Vorstand in der Bilanzsitzung, also in der Aufsichtsratssitzung, in der über den Jahresabschluss verhandelt wird,[1048] einen Bericht über die Rentabilität der Gesellschaft, insbesondere die Rentabilität des Eigenkapitals zu erstatten, vgl § 90 Abs. 1 Satz 1 Ziff. 2 AktG. 735

1039 *Lutter*, DB 2009, 775 [775].

1040 *Altmeppen*, ZGR 2004, 390 [390 f]; vgl auch *Börsig/Löbbe*, FS Hoffmann-Becking, 2013, S. 125 [137].

1041 Die Geschäftsführer von GmbHs, für die das MitbestG oder das DrittelbG gilt, müssen ihren Aufsichtsräten keine entsprechenden Berichte erstatten, da entsprechende Verweise auf § 90 Abs. 1 AktG in § 25 Abs. 1 Ziff. 2 MitbestG und § 1 Abs. 1 Ziff. 3 Satz 2 DrittelbG fehlen.

1042 Auch die vom Vorstand einer eG dem Aufsichtsrat zu erstattenden Bericht orientieren sich inhaltlich an § 90 Abs. 1 AktG, vgl *Beuthien*, in: Beuthien, GenG, § 38, Rn 5 mwN.

1043 § 95 Abs. 2 AktG 1937 als Vorgängernorm von § 111 AktG 1965 hatte die heutige Berichtspflicht des Vorstands noch als Anspruch des Aufsichtsrats formuliert und entsprechend verortet; die Neuausrichtung sollte die Beratung des Vorstands durch den Aufsichtsrat ermöglichen, vgl BT-Drucks. 4/171, S. 121.

1044 *Semler*, in: MüchKomm AktG², § 111, Rn 164; *Hüffer*, NZG 2007, 47 [49 mwN], sieht den Aufsichtsrat sogar verpflichtet, auf Vollständigkeit, inhaltliche Richtigkeit und Rechtzeitigkeit zu drängen.

1045 § 90 Abs. 1 Satz 1 Ziff. 1 AktG, neugefasst durch Art. 1 Nr. 8 KonTraG v. 27.4.1998 (BGBl. I S. 786), geändert durch Art. 1 Nr. 5 TransPuG v. 19.7.2002 (BGBl. I S. 2681). *Lutter*, DB 2009, 775 [775], sieht hierin die Erhebung der Unternehmensplanung zur gemeinsamen Aufgabe von Vorstand und Aufsichtsrat, wodurch „der Aufsichtsrat vom (nur) Kontrolleur zum (auch) Mitunternehmer" geworden sei; ähnlich *Semler*, NZG 2013, 771 [775].

1046 Empirische Ergebnisse zur Rechtzeitigkeit der Regelberichtersattung des Vorstands an den Aufsichtsrat bei im DAX, MDAX, SDAX und TecDAX gelisteten Aktiengesellschaften finden sich bei *Fischer/Beckmann*, DB 2009, 1661 [1667 f].

1047 Vgl *Roth*, WM 2012, 1985 [1990].

1048 § 90 Abs. 2 Ziff. 2 AktG.

736 Darüber hinaus ist vom Vorstand gemäß § 90 Abs. 1 Satz 1 Ziff. 3 AktG regelmäßig, jedoch mindestens vierteljährlich,[1049] über den Gang der Geschäfte, insbesondere den Umsatz, und die Lage der Gesellschaft zu berichten.

737 Schließlich hat der Vorstand gemäß § 90 Abs. 1 Satz 1 Ziff. 4 AktG über Geschäfte, die für die Rentabilität oder Liquidität der Gesellschaft von erheblicher Bedeutung sein können wie Erwerb oder Veräußerung eines Betriebes oder die Übernahme eines wesentlichen Auftrags,[1050] möglichst so rechtzeitig zu berichten, dass der Aufsichtsrat vor deren Vornahme Gelegenheit zur Stellungnahme hat.[1051] Dem Aufsichtsratsvorsitzenden ist außerdem stets aus sonstigen wichtigen Anlässen wie der Gefährdung größerer Außenstände oder absehbarer Liquiditätsprobleme[1052] zu berichten.[1053]

738 Dadurch, dass die Berichte des Vorstands einer Konzernobergesellschaft an den Aufsichtsrat dieser Gesellschaft gemäß § 90 Abs. 1 Satz 2 AktG nunmehr auch auf Tochter- und Gemeinschaftsunternehmen iS von § 310 Abs. 1 HGB einzugehen haben,[1054] hat der Aufsichtsrat auch die Konzernleitung durch den Vorstand zu überwachen.[1055]

739 Der Vorstand der eG hat dem Aufsichtsrat und zwar allen seinen Mitgliedern sämtliche Vorstandsprotokolle und Feststellungen der internen Revision zugänglich zu machen. Den Bericht des Prüfungsverbandes iS von § 58 GenG hat er dem Aufsichtsrat hingegen nicht zuzuleiten, da der Vorsitzende des Aufsichtsrats diesen unmittelbar von dem Prüfungsverband vorgelegt bekommt[1056] und ihn an die Aufsichtsratskollegen weiterzuleiten hat, damit diese ihn zur Kenntnis nehmen können.[1057]

(3) Unbeschränkte Verpflichtung des Vorstands zur Offenheit gegenüber dem Aufsichtsrat

740 Die Mitglieder des Vorstands sind nicht berechtigt, gegenüber dem Aufsichtsrat zu schweigen. Vielmehr trifft sie eine Verpflichtung zur Offenheit.[1058] Dies gilt selbst für den Fall, dass Anlass zu der Befürchtung besteht, einzelne Mitglieder des Aufsichtsrats könnten gegen ihre Pflicht zur Verschwiegenheit[1059] verstoßen und die Gesellschaft hierdurch Ansehensverluste erleiden.[1060] Der Vorstand handelt auch dann pflichtgemäß, wenn er trotz Missbräuchlichkeit und somit Unzulässigkeit des Informationsverlangens den Aufsichtsrat mit den verlangten Informationen und Berichten versorgt und hierdurch eine Beeinträchtigung seiner eigenen Aufgabenerfüllung riskiert.[1061]

(4) Auskunftsanspruch des Aufsichtsrats gegen Arbeitnehmern

741 Sofern der Aufsichtsrat Auskünfte von Arbeitnehmern der Gesellschaft oder Genossenschaft – häufig dürfte es sich hierbei um Beschäftigte der Internen Revision (dazu Rn 631) handeln

1049 § 90 Abs. 2 Ziff. 3 AktG.
1050 Begr. RegE bei *Kropff*, AktG 1965, S. 117.
1051 § 90 Abs. 2 Ziff. 4 AktG.
1052 Begr. RegE bei *Kropff*, AktG 1965, S. 117.
1053 § 90 Abs. 1 Satz 3 AktG.
1054 § 90 Abs. 1 Satz 2 AktG, eingefügt durch Art. 1 Nr. 5 a bb TransPuG v. 19.7.2002 (BGBl. I S. 2681).
1055 Vgl hierzu *Lutter*, DB 2009, 775 [775 u. 776], der in diesem Zusammenhang mit Verweis auf die Hypo Real Estate und deren irische Tochter Depfa Plc. darauf verweist, dass die meisten Unternehmenskrisen von Tochtergesellschaften ausgelöst werden.
1056 Vgl § 58 Abs. 3 Satz 1 GenG.
1057 **AA:** *Beuthien*, in: Beuthien, GenG, § 38, Rn 5.
1058 § 93 Abs. 1 Satz 3 AktG ist insofern nicht anwendbar, vgl *Hüffer*, NZG 2007, 47 [50 mwN].
1059 § 116 Satz 2 AktG.
1060 *Hüffer*, NZG 2007, 47 [50], der dies damit begründet, dass ansonsten die Funktionsgrundlage für die Überwachungsaufgabe des Aufsichtsrats „erschüttert" würde.
1061 So im Erg. auch *Schlitt*, DB 2005, 2007 [2010].

– wünscht, hat der Vorstand nach althergebrachter Meinung zu vermitteln.[1062] Eine Ausnahme hiervon soll nur gelten, wenn der begründete Verdacht besteht, dass der Vorstand den Aufsichtsrat unrichtig informiert oder wesentliche Umstände verschweigt, sog. Eskalationsrecht.[1063] Eine jüngere Ansicht hält es für generell zulässig, dass sich der Aufsichtsrat zwecks Informationsgewinnung zur ordnungsgemäßen Überwachung an die Mitarbeiter des Unternehmens wendet.[1064] Unabhängig von der Frage der rechtlichen Zulässigkeit eines eigenmächtigen Vorgehens des Aufsichtsrats wird ein solches das Verhältnis zum Vorstand derart stark belasten, dass hiervon auf alle Fälle abzuraten ist. Denn der Vorstand muss die eigenmächtige Informationsbeschaffung des Aufsichtsrats bei den Mitarbeitern des Unternehmens und somit quasi „hinter seinem Rücken" als Misstrauensvotum auffassen.[1065] Die Vertrauensbasis würde beschädigt, im schlimmsten Fall sogar zerstört, ein zu hoher Preis für die vage Aussicht auf zusätzliche Informationen.[1066] Damit ein solches Szenario erst gar nicht entsteht, sollte – wie dies bereits auch schon praktiziert wird – zwischen Aufsichtsrat und Vorstand vereinbart werden, dass dem Aufsichtsrat Zugang zu den für die Kontrolltätigkeit wesentlichen Abteilungen wie Innenrevision, Compliance, Buchhaltung und auch der Rechtsabteilung gewährt wird.[1067] Im Bereich des Aufsichtsrechts ist dies zum Teil bereits gesetzlich verankert. So kann der Vorsitzende des Risikoausschusses des Aufsichtsrats eines Kredit- oder Finanzdienstleistungsinstituts bzw der Aufsichtsratsvorsitzende für den Fall, dass ein solcher Ausschuss nicht existiert, gemäß § 25 d Abs. 8 Satz 7 und Satz 8 KWG in der Fassung seit dem 01.01.2014 unmittelbar beim Leiter der Internen Revision und beim Leiter des Risikocontrollings Auskünfte einholen, wobei die Geschäftsleitung hierüber zu unterrichten ist. Dadurch, dass das Aufsichtsratsmitglied bereits im Vorfeld die anstehende Informationsbeschaffung bei Mitarbeitern des Unternehmens zu erkennen gibt, wird das Vertrauensverhältnis zwischen Vorstand, dem das Direktionsrecht im Hinblick auf die Mitarbeiter zusteht, und Aufsichtsrat nicht gestört.[1068]

(5) Keine Recht auf Beschaffung von Informationen bei außen stehenden Dritten

Anders als bei der umstrittenen Frage, ob die Aufsichtsratsmitglieder sich eigenmächtig – al- 742
so ohne zuvor Rücksprache mit dem Vorstand gehalten zu haben – bei der Belegschaft zum Zwecke einer effizienteren Überwachung informieren dürfen (dazu Rn 741), besteht seit Längerem Einigkeit hinsichtlich der Frage, ob sie sich bei außen stehenden Dritten, insbesondere bei Geschäftspartnern der Gesellschaft über deren Beziehungen zur Gesellschaft, Kenntnis verschaffen dürfen. Auch wenn der Aufsichtsrat zur ordnungsgemäßen Erfüllung seiner Überwachungsaufgabe nach § 111 Abs. 1 AktG ein „Informationsniveau" erreichen muss, das demjenigen der Geschäftsleitung entspricht[1069] oder diesem bei wesentlichen Fragen das Unternehmen betreffend zumindest nahekommt, darf dies nicht mittels Informationsversor-

1062 *Beuthien*, in: Beuthien, GenG, § 38, Rn 5, für die eG; vgl auch *Semler*, NZG 2013, 771 [775 f].

1063 OLG Stuttgart, Beschl. v. 19.06.2012 – 20 W 1/12, abgedruckt in: AG 2012, 762 [764, Tz 77] = ZIP 2012, 1965 [1968] = BeckRS 2012, 14126; Hüffer, AktG, § 90, Rn 11; weitere Nachw. bei *Hoffmann-Becking*, ZGR 2011, 136 [153, Fn 46]; vgl hierzu auch *Leyens/Schmidt*, AG 2013, 533 [542 f].

1064 *Ekkenga*, in: Kölner Komm. AktG, 3. Aufl., § 171, Rn 10 mwN, der die immer noch hM als „hartnäckige These" bezeichnet; *Habersack*, in: MünchKomm AktG^3, § 109, Rn 19 mwN; *Leyens/Schmidt*, AG 2013, 533 [542 mwN].

1065 So auch *Roth*, ZGR 2012, 343 [373]; *Hoffmann-Becking*, ZGR 2011, 136 [147].

1066 Vgl auch *Roth*, ZGR 2012, 343 [371], wonach ein Aufsichtsratsbüro bzw ein company secretary die angemessene Informationsversorgung des Aufsichtsrats sicherstellen kann, ohne „dass das Management gleichsam das Gesicht verliert".

1067 Vgl *Roth*, ZGR 2012, 343 [357 f].

1068 Vgl *Leyens/Schmidt*, AG 2013, 533 [543 mwN].

1069 OLG Zweibrücken, Beschl. v. 28.5.1990 – 3 W 93/90, abgedruckt in: AG 1991, 70 = DB 1990, 1401, mit zust. Anm. Theisen.

gung durch die Geschäftspartner der Gesellschaft geschehen. Vielmehr hat der Vorstand durch seine schriftlichen Berichte sowie mündlichen Erläuterungen und ggf Ergänzungen das erforderliche Informationsniveau bei den Aufsichtsratsmitgliedern zu schaffen. Sollte dies nicht der Fall sein, ist es Aufgabe des Aufsichtsrats, den Vorstand hierzu anzuhalten.[1070] Tut er dies nicht, droht seinen Mitgliedern persönliche Haftung gemäß §§ 116 Satz 1, 93 Abs. 2 Satz 1 AktG (bei Aufsichtsratsmitgliedern einer GmbH iVm § 52 Abs. 1 GmbHG).[1071]

(6) Vorbereitung auf Aufsichtsratssitzungen anhand von Vorstandsberichten

743 Voraussetzung für ein hohes Informationsniveau der Aufsichtsratsmitglieder ist ein gründliches Durcharbeiten der Vorstandsberichte, was in Ruhe geschehen sollte und daher regelmäßig, abhängig von Größe und Situation des Unternehmens, mehrere Tage Zeit in Anspruch nimmt. Vor den Sitzungen sollten sich Aufsichtsratsmitglieder deshalb ein Zeitfenster hierfür schaffen, zumal gute Vorstandsberichte ausführlich und daher regelmäßig umfangreich sind.[1072] Bei deren konkreter Prüfung ist vor allem auf Konsistenz, also Widerspruchslosigkeit, und Plausibilität zu achten. Ziel der Durchsicht ist es, etwaigen Handlungsbedarf des Vorstands zu erkennen.[1073]

cc) § 91 Abs. 2 AktG

744 Mit Einführung der Pflicht des Vorstands zur Errichtung eines Überwachungssystems zur Früherkennung von den Fortbestand der Gesellschaft gefährdenden Entwicklungen[1074] in § 91 Abs. 2 AktG durch das KonTraG wurde gleichzeitig die Überwachungspflicht des Aufsichtsrats gemäß § 111 Abs. 1 AktG entsprechend ausgedehnt.[1075] Ihr wird er nicht schon dadurch gerecht, dass er sich davon überzeugt, dass ein solches System besteht. Ihm muss nach entsprechender Prüfung vielmehr dessen Tauglichkeit plausibel erscheinen.[1076] Identifizieren muss dieses System frühzeitig bestandsgefährdende Entwicklungen.[1077] Dies meint die Verfestigung von aufgrund unternehmerischer Tätigkeit ohnehin bestehenden Risiken[1078] betreffend mögliche Insolvenzreife der Gesellschaft in Form von Zahlungsunfähigkeit (§ 17 InsO)[1079] oder Überschuldung (§ 19 InsO). Praktisch ist somit als geeignete Maßnahme zur Früherkennung von Liquiditätsproblemen vom Vorstand ein Liquiditätsplan zu erstellen.[1080] Da dieser ein Überwachungssystem einzurichten hat, wird er seine Maßnahmen auch zu dokumentieren haben, was bereits die interne Koordination verlangen dürfte.[1081] Maßnahmen der Risikobewältigung wie zB solche zur Bewältigung von Liquiditätsschwierigkeiten[1082]

1070 OLG Zweibrücken, Beschl. v. 28.5.1990 – 3 W 93/90, abgedruckt in: AG 1991, 70 = DB 1990, 1401, mit zust. Anm. Theisen; so auch *Otto/Fonk*, CCZ 2012, 161 [169].

1071 *Otto/Fonk*, CCZ 2012, 161 [169].

1072 Vgl *Semler*, NZG 2013, 771 [774].

1073 Vgl *Semler*, NZG 2013, 771 [774].

1074 Vgl *Bunting*, ZIP 2012, 357 ff; *Otto/Fonk*, CCZ 2012, 161 [162].

1075 Zur Erstreckung der Überwachungspflicht des Aufsichtsrats gemäß § 111 Abs. 1 AktG im Hinblick auf ein Informationssystem für Darlehensrückzahlungsforderungen gegen einen Gesellschafter, vgl BGH, Urt. v. 01.12.2008 – II ZR 102/07 („MPS“), abgedruckt in: BGHZ 179, 71 = NJW 2009, 850 = NZG 2009, 107 [110, Tz. 21] = AG 2009, 81 = ZIP 2009, 70.

1076 *Lutter*, DB 2009, 775 [775 mwN].

1077 *Spindler*, in: MünchKomm AktG^3, § 91, Rn 27; Hüffer, AktG, § 91, Rn 8; *Mertens/Cahn*, in: KölnKomm AktG, § 91, Rn 20; *Baums*, ZGR 2011, 218 [250 f]; *Bunting*, ZIP 2012, 357 [358]; *Dreher*, FS Hüffer, 2010, S. 161 [162].

1078 *Spindler*, in: MünchKomm AktG^3, § 91, Rn 20; Hüffer, AktG, § 91, Rn 6.

1079 So auch *Bunting*, ZIP 2012, 357 [360 f], der insofern den IDW PS 340 kritisiert, der die Liquiditätssteuerung und somit die Gefahr einer Zahlungsunfähigkeit ausblendet.

1080 Näheres hierzu bei *Bunting*, ZIP 2012, 357 [361].

1081 Vgl *Bihr/Kalinowski*, DStR 2008, 620 [623]; *Bunting*, ZIP 2012, 357 [362].

1082 Vgl *Baums*, ZGR 2011, 218 [274].

werden hingegen nicht von § 91 Abs. 2 AktG erfasst. Sie hat der Vorstand vielmehr aufgrund seiner Leitungsverantwortung nach § 76 Abs. 1 AktG zu ergreifen.[1083]

Das Risikofrüherkennungssystem,[1084] das ständig Einzelrisiken zu erfassen und auszuwerten hat, beleuchtet einen Teilaspekt des gesamten Risikomanagementsystems,[1085] dessen Schwächen bezogen auf den Rechnungslegungsprozess der Abschlussprüfer dem Aufsichtsrat im Rahmen der Bilanzsitzung gemäß § 171 Abs. 1 Satz 2 AktG offenbaren muss. Der Umstand, dass bei der börsennotierten AG gemäß § 317 Abs. 4 HGB somit auch der Abschlussprüfer zu beurteilen hat, ob das Überwachungssystem seine Aufgaben erfüllen kann,[1086] und bei Verletzung seiner Verpflichtungen der Gesellschaft ggf gemäß § 323 Abs. 1 Satz 3 HGB auf Schadensersatz haftet, entlastet die Mitglieder des Aufsichtsrat nicht, wird ihnen aber die Prüfungsarbeit erheblich erleichtern. 745

dd) § 111 Abs. 3 AktG, § 38 Abs. 2 GenG

Der Aufsichtsrat der AG kann und muss eine Hauptversammlung einberufen, wenn das Wohl der Gesellschaft es erfordert.[1087] Dies ist zB dann der Fall,[1088] wenn der Hauptversammlung die Gelegenheit gegeben werden soll, dem Vorstand, einem oder mehreren seiner Mitglieder das Vertrauen zu entziehen,[1089] damit der Aufsichtsrat auf Grundlage dieses Beschlusses das oder die Vorstandsmitglieder abberufen kann.[1090] Darüber hinaus darf der Aufsichtsrat in Ausnahmefällen die Hauptversammlung zur Erörterung von geplanten Geschäftsführungsmaßnahmen einberufen.[1091] Schließlich kann er anstelle des Vorstands[1092] die Hauptversammlung einberufen, wenn über Geschäftsführungsmaßnahmen zu entscheiden ist, für die eine ungeschriebene Hauptversammlungszuständigkeit[1093] besteht.[1094] 746

Recht und Pflicht zur Einberufung der Hauptversammlung steht dem Aufsichtsrat nur als Organ zu. Ein Ausschuss kann hierüber nicht rechtswirksam entscheiden.[1095] Für den zu treffenden Einberufungsbeschluss genügt die einfache Mehrheit.[1096] 747

1083 *Bunting*, ZIP 2012, 357 [358 mwN].

1084 Zur Missverständlichkeit dieser Bezeichnung im Zusammenhang mit § 91 Abs. 2 AktG, vgl *Baums*, ZGR 2011, 218 [272]; *Bunting*, ZIP 2012, 357 [359].

1085 Vgl *Bunting*, ZIP 2012, 357 [357], im Hinblick auf IDW PS 340; vgl auch *Wiedemann/Menk*, in: Hölscher/Altenhain, Hdb Aufsichtsrat in Kreditinstituten, S. 85 [87 f].

1086 Für Abschlussprüfer besteht mit IDW PS 340 ein Prüfungsstandard des Instituts der Wirtschaftsprüfer.

1087 Vgl § 111 Abs. 3 Satz 1 AktG.

1088 *Drygala*, K. Schmidt/Lutter, AktG, § 111, Rn 33; *Semler*, in: Münchener Hdb GesR, Bd. 4, AG, § 35, Rn 9; Lutter/Krieger, Aufsichtsrat, § 3, Rn 123.

1089 Vgl § 84 Abs. 3 Satz 2 AktG.

1090 § 84 Abs. 3 Satz 1 AktG.

1091 *Drygala*, in: K. Schmidt/Lutter, AktG, § 111, Rn 34, der in einer Erörterung geplanter Geschäftsführungsmaßnahmen die Chance sieht, der etwaigen Sanktion des Vertrauensentzugs vorzubeugen; ähnlich: *Semler*, in: Münchener Handbuch GesR, Bd. 4, § 35, Rn 9; Lutter/Krieger, Aufsichtsrat, § 3, Rn 123; aA: *Kubis*, in: MünchKomm AktG, § 121, Rn 19; *Spindler*, in: Spindler/Stilz, AktG, § 111, Rn 62; Hüffer, AktG, § 111, Rn 14, mit dem Hinweis auf die Zuständigkeit des Vorstands zur Einberufung der Hauptversammlung gemäß § 121 Abs. 2 Satz 1 AktG und dessen Aufgabe nach § 76 Abs. 1 AktG, die Geschäfte des Gesellschaftsunternehmens eigenverantwortlich zu führen, während die Hauptversammlung gemäß § 119 Abs. 2 AktG nur dann zur Geschäftsführung berufen ist, wenn es der Vorstand von ihr verlangt.

1092 § 121 Abs. 2 Satz 1 AktG.

1093 Sog. Holzmüller-Doktrin, vgl BGH, Urt. v. 25.2.1982 – II ZR 174/80 („Holzmüller"), abgedruckt in: BGHZ 83, 122 ff = NJW 1982, 1703 ff.

1094 Hüffer, AktG, § 111, Rn 14.

1095 § 107 Abs. 3 Satz 3 AktG.

1096 § 111 Abs. 3 Satz 3 AktG.

748 Die Einberufung der Hauptversammlung durch den Aufsichtsrat folgt denselben Bestimmungen[1097] wie die Einberufung durch den Vorstand. Liegen die Voraussetzungen für die Einberufung der Hauptversammlung durch den Aufsichtsrat nicht vor, kann dies dazu führen, dass dessen Mitglieder der Gesellschaft für die durch Einberufung und Durchführung der Hauptversammlung entstandenen Kosten Ersatz zu leisten haben.[1098]

749 Auch der Aufsichtsrat einer eG hat das nicht entzieh- und einschränkbare Recht – die Satzung kann dieses Recht lediglich erweitern – und ggf die Pflicht, anstelle des Vorstands[1099] die General- bzw Vertreterversammlung einzuberufen.[1100] Es gelten wie bei der AG bei der Einberufung durch den Aufsichtsrat dieselben Voraussetzungen wie bei der Einberufung durch den Vorstand.[1101] Sofern der Aufsichtsrat von seinem Recht zur Einberufung der General- bzw Vertreterversammlung Gebrauch macht, muss er an dieser teilnehmen, begründen, warum diese stattfinden muss, die erforderlichen Anträge stellen und die Ausführung getroffener Beschlüsse überwachen. Für den Einberufungsbeschluss bedarf es entsprechend § 111 Abs. 3 Satz 2 AktG der einfachen Mehrheit, sofern die Satzung keine andere Mehrheit vorschreibt. Dem Aufsichtsrat steht bei seiner Entscheidung ein weiter Beurteilungsspielraum zu.[1102] Allerdings müssen wie bei der AG die zu erörternden Tagesordnungspunkte und die zu fassenden Beschlüsse von großer Tragweite für die eG sein wie zB bei der Maßnahmen zur Deckung von Verlusten durch Verpflichtung der Genossen zur Einzahlung der noch offenen Beträge auf den Geschäftsanteil.[1103]

ee) § 77 Abs. 2 AktG

750 Der Aufsichtsrat einer AG kann gemäß § 77 Abs. 2 Satz 1 AktG für den Vorstand unter Beachtung der Formvorschriften in § 107 Abs. 2 AktG[1104] eine Geschäftsordnung erlassen.[1105] Diese Möglichkeit besteht selbst dann, wenn der Vorstand sich bereits eine eigene Geschäftsordnung gegeben hat. Grund hierfür ist, dass der Aufsichtsrat gegenüber dem Vorstand insoweit das vorrangige Recht hat.[1106] Hat sich der Vorstand selbst eine Geschäftsordnung gegeben, tritt diese mit Erlass der Geschäftsordnung durch den Aufsichtsrat außer Kraft.[1107] Verpflichtet zum Erlass einer Geschäftsordnung für den Vorstand ist der Aufsichtsrat grundsätzlich nicht.[1108] Ziff. 4.2.1 Satz 2 DCGK empfiehlt zwar den Erlass einer solchen und skizziert

1097 §§ 121 Abs. 3 u. 4, 123 ff AktG.

1098 Den Aufsichtsratmitgliedern kann in diesem Fall eine Gesetzverletzung zur Last gelegt werden, die bei Vorliegen der übrigen Voraussetzungen der §§ 116, 93 AktG einen Schadensersatzanspruch der Gesellschaft auslöst.

1099 Vgl § 44 Abs. 1 GenG.

1100 Vgl § 38 Abs. 2 Satz 1 GenG.

1101 Vgl §§ 46, 6 Nr. 4 GenG; *Beuthien*, in: Beuthien, GenG, § 38, Rn 8.

1102 Vgl *Beuthien*, in: Beuthien, GenG, § 38, Rn 8.

1103 Vgl § 87 a GenG.

1104 *Spindler*, in: MünchKomm AktG³, § 77, Rn 55; *Fleischer*, in: Spindler/Stilz, AktG, § 77, Rn 67, wonach auch § 107 Abs. 2 Satz 3 AktG gilt, so dass ein Formverstoß den Beschluss, mit dem die Geschäftsordnung für den Vorstand erlassen wurde, nicht unwirksam macht.

1105 Eine solche Möglichkeit, auf die Zusammenarbeit der Geschäftsführer untereinander und im Verhältnis zum Aufsichtsrat einzuwirken, hat der Aufsichtsrat einer GmbH, die dem MitbestG oder dem DrittelbG unterliegt, mangels entsprechender Verweise in § 25 Abs. 1 Ziff. 2 MitbestG bzw § 1 Abs. 1 Ziff. 3 Satz 2 DrittelbG auf § 77 Abs. 2 Satz 1 AktG nicht.

1106 Begr. RegE bei *Kropff*, AktG 1965, S. 99; *Spindler*, in: MünchKomm AktG³, § 77, Rn 47; *Hoffmann-Becking*, ZGR 1998, 497 [501].

1107 Begr. RegE bei *Kropff*, AktG 1965, S. 99; Hüffer, AktG, § 77, Rn 22; *Spindler*, in: MünchKomm AktG³, § 77, Rn 49; *Fleischer*, in: Spindler/Stilz, AktG, § 77, Rn 63; *Hoffmann-Becking*, ZGR 1998, 497 [501].

1108 Eine Ausnahme von diesem Grundsatz besteht immer dann, wenn die Satzung keinerlei Zustimmungsvorbehalte enthält. Denn dann ist der Aufsichtsrat gemäß § 111 Abs. 4 Satz 2 AktG zu deren Begründung verpflichtet, was sinnvollerweise in einer Geschäftsordnung für den Vorstand geschieht.

deren Mindestinhalt. Eine Empfehlung oder auch nur Anregung, dass der Aufsichtsrat diese erlassen soll, findet sich dort jedoch nicht. Die Kompetenz des Aufsichtsrats zum Erlass einer Geschäftsordnung für den Vorstand ist nur insoweit eingeschränkt, als die Satzung gemäß § 77 Abs. 2 Satz 2 AktG Einzelfragen bindend regelt.[1109]

Zumeist enthält eine Geschäftsordnung für den Vorstand zur Vermeidung von Leitungsfehlern oder wenigstens zur Begrenzung ihrer nachteiligen Auswirkungen Grundsätze über die Zusammenarbeit im Organ und somit auch Aussagen zur Geschäftsverteilung.[1110] Zu beachten ist hierbei, dass ein Vorstandsmitglied, das anstellungsvertraglich ausschließlich zur Bearbeitung eines bestimmten Aufgabenbereichs innerhalb des Vorstands berechtigt und verpflichtet ist, durch eine hiervon abweichende Geschäfts- bzw. Ressortverteilung in der Geschäftsordnung nicht gebunden wird, sofern der Anstellungsvertrag keine Öffnungsklausel enthält. Es liegt zudem kein wichtiger Grund zur Abberufung und Kündigung des Anstellungsvertrages vor, sollte die Geschäftsordnung nach dessen Abschluss mit der Folge geändert werden, dass die Aufgabenverteilung in Geschäftsordnung und Anstellungsvertrag divergiert.[1111] In einem solchen Fall liegt vielmehr ein wichtiger Grund zur Kündigung des Anstellungsvertrages durch das Vorstandsmitglied und zu dessen Amtsniederlegung vor.[1112] Darüber hinaus können Geschäftsordnungen des Vorstandes Regelungen enthalten, die sicherstellen sollen, dass Geschäfte ab einem bestimmten Volumen oder einer bestimmten Risikoträchtigkeit nur vom Gesamtvorstand oder zumindest einem besonderen Ausschuss des Organs vorgenommen werden.[1113] Schließlich kann die Geschäftsordnung allgemeine Bestimmungen über die Sitzungen des Vorstands wie zB zu Sitzungsterminen, Formen der Einberufung, Leitung der Sitzung, Abstimmungsmodalitäten sowie Führung von Protokollen enthalten.[1114] Neben Grundsätzen über die Zusammenarbeiten im Vorstand sind in dessen Geschäftsordnung regelmäßig Grundsätze über die Zusammenarbeit zwischen Vorstand und Aufsichtsrat niedergelegt. Sie konkretisieren regelmäßig die Berichtspflichten des Vorstands gegenüber dem Aufsichtsrat[1115] gemäß § 90 Abs. 1 u. Abs. 2 AktG in dem Sinne, dass die Berichtsgegenstände, insbesondere die Unternehmensplanung, exakt bezeichnet oder Informationsintervalle festgelegt werden.[1116] Außerdem gehört hierzu ein Katalog zustimmungspflichtiger Geschäfte und sonstiger Maßnahmen iS von § 111 Abs. 4 Satz 2 AktG (dazu Rn 797 ff). 751

1109 *Spindler*, in: MünchKomm AktG³, § 77, Rn 52.

1110 *Spindler*, in: MünchKomm AktG³, § 77, Rn 34, wonach eine Verteilung der Geschäfte des Vorstands auf einzelne Mitglieder nach regionalen, organisatorischen, fachlichen und personellen Gesichtspunkten in der Praxis, vor allem bei größeren Gesellschaften, zumeist unerlässlich ist.

1111 *Spindler*, in: MünchKomm AktG³, § 77, Rn 41; *Wiesner*, in: Münchener Hdb GesR, Bd. 4, AG, § 22, Rn. 18.

1112 Eine solche Kündigung wird regelmäßig zu einem Anspruch auf Schadensersatz des (ehemaligen) Vorstandsmitglieds gegen die Gesellschaft führen, so dass die Aufsichtsratsmitglieder vor Erlass der Geschäftsordnung mit geänderter Ressortverteilung die Anstellungsverträge der Vorstandsmitglieder auf etwaige Öffnungsklauseln hin untersuchen sollten.

1113 *Hüffer*, NZG 2007, 47 [51], verweist insofern auf das Risiko, dass ein einzelnes Vorstandsmitglied aufgrund fehlender Distanz zum Geschäftspartner der Gesellschaft oder anderen handelnden Personen oder wegen eines übertriebenen Ressortehrgeizes seine eigenen Entscheidungen nicht genügend hinterfragen oder wenigstens absichern könnte.

1114 *Spindler*, in: MünchKomm AktG³, § 77, Rn 37.

1115 Ziff. 3.4 Abs. 3 Satz 1 DCGK empfiehlt ausdrücklich, dass der Der Aufsichtsrat die Informations- und Berichtspflichten des Vorstands näher festlegen soll.

1116 Vgl *Hüffer*, NZG 2007, 47 [51].

ff) § 161 Abs. 1 AktG – Entsprechenserklärung

(1) Konzept des Comply or Explain und Anwendungsbereich von § 161 AktG

752 Zusammen mit dem Vorstand hat der Aufsichtsrat[1117] von Gesellschaften, die den Kapitalmarkt in Anspruch nehmen,[1118] gemäß § 161 Abs. 1 AktG[1119] jährlich zu erklären, dass sämtlichen Empfehlungen des DCGK[1120] in der jeweils aktuellen Fassung[1121] entsprochen wurde und wird[1122] oder welche Empfehlungen nicht angewendet wurden oder werden und warum nicht.[1123] Man spricht insofern vom Grundsatz des „comply or explain",[1124] vgl Präambel unter Ziff. 1 DCGK,[1125] einem für das deutsche Recht ungewöhnlichen Konzept.[1126] Offen ist noch die Frage, welche Anforderungen an die Begründung der Abweichung von einer Kodex-Empfehlung[1127] zu stellen sind, der es seit BilMoG und somit seit 2009 bedarf. Es dürfte feststehen, dass der Hinweis nicht ausreicht, die Empfehlung überzeuge Vorstand und Aufsichtsrat nicht, da sich dies bereits aus der Tatsache der Ablehnung ergebe. Andererseits dürfen hieran keine zu hohen Anforderungen gestellt werden, da das Comply or Explain ansonsten zu einer Befolgungspflicht gemacht würde.[1128]

1117 Es handelt sich nicht um eine Pflicht der Gesellschaft, vertreten durch Vorstand und Aufsichtsrat, vgl *Goette*, in: MünchKomm AktG^3, § 161, Rn 57; *Spindler*, in: K. Schmidt/Lutter, AktG, § 161, Rn 18; *Lutter*, in: KölnKomm AktG, § 161, Rn 38.

1118 *Goette*, in: MünchKomm AktG^3, § 161, Rn 59 ff, zum sachlichen Anwendungsbereich.

1119 Zur rechtspolitischen Forderung, § 161 AktG in § 289 a HGB aufgehen zu lassen, vgl *Habersack*, Gutachten E zum 69. DJT, Bd. I, 2012, E 67 ff und Empfehlung 11; *Bachmann*, AG 2012, 565 [568]; *Waclawik*, ZIP 2011, 885 [891].

1120 Zur Corporate Governance Diskussion in Europa, die Anfang der 1990er Jahre begann, sowie zur Entstehung und Entwicklung des DCGK, vgl *Krieger*, ZGR 2012, 202 [203 ff]; zum vielfach beklagten Legitimationsdefizit des DCGK, vgl Hüffer, AktG, § 161, Rn 4; *Sester*, in: Spindler/Stilz, AktG, § 161, Rn 4; *Spindler*, in: K. Schmidt/Lutter, AktG, § 161, Rn 11; *Krieger*, ZGR 2012, 202 [216 f]; *Tröger*, ZHR 175 (2011), 746 [758 ff]; *Hoffmann-Becking*, FS Hüffer, S. 337 [341 ff]; *ders.*, ZIP 2011, 1173 [1174]; *Wernsmann/Gatzka*, NZG 2011, 1001 ff; aA: *Lutter*, in: KölnKomm AktG, § 161, Rn 12, 23; *Bachmann*, WM 2002, 2137 [2142].

1121 Vgl *Lieder*, NZG 2005, 569 [570].

1122 Zur Befolgungsquote, die seit 2003 vom Berlin Center of Corporate Governance im Auftrag der Kodex-Kommission erhoben wird, vgl *Krieger*, ZGR 2012, 202 [208 f mN].

1123 Zu der Kritik an der Kodexkommission, auf Begründungen der Empfehlungen und Anregungen zu verzichten und den Unternehmen somit eine sachgerechte Auseinandersetzung mit den Empfehlungen und die Formulierung der von § 161 AktG vorgeschriebenen Begründung im Falle von Abweichungen zu erschweren, vgl *Krieger*, ZGR 2012, 202 [214 f]; vgl zur rechtspolitischen Diskussion *Goette*, in: MünchKomm AktG^3, § 161, Rn 19 ff.

1124 OLG München, Urt. v. 6.8.2008 – 7 U 5628/07 („MAN"), abgedruckt in: NZG 2009, 508 = ZIP 2009, 133, spricht insofern von einer vergangenheits- und gleichzeitig zukunftsbezogenen „Absichtserklärung".

1125 Bis zur Fassung v. 15.5.2012 unter Ziff. 3.10 DCGK ohne ausdrückliche Bezeichnung des „comply or explain"; vgl auch *v. Werder/Bartz*, DB 2012, 1733 [1733 mwN], zur ausdrücklichen Verankerung des Gedankens einer „sinnvollen Abweichungskultur" im Kodex; vgl *Baums*, Bericht der Regierungskommission Corporate Governance, 2001, Rn 7 ff, zum Grundgedanken des comply or explain im Zusammenhang mit dem DCGK.

1126 *Krieger*, ZGR 2012, 202 [215 f], der es bedauert, dass die vielseits gewünschte „Abweichungskultur", nach den Befolgungsquoten zu urteilen, in weite Ferne rückt; vgl auch *Bachmann*, AG 2012, 565 [567 mwN], wonach die Kodex-Empfehlungen „keine subsumtions- und exekutionsfähigen Tatbestände liefern, sondern lediglich vorschläge und Denkanstöße, an denen man sich orientieren mag oder auch nicht"; vgl zur Möglichkeit der Abweichung als Kerngedanken des Comply-or-explain-Prinzips auch *Florstedt*, ZIP 2013, 337 [340].

1127 Zur sog. Begründungstiefe, vgl *Goette*, in: MünchKomm AktG^3, § 161, Rn 53 ff.

1128 Vgl Hüffer, AktG, § 161, Rn 17 a; *Sester*, in: Spindler/Stilz, AktG, § 161, Rn 51; Lutter, in: KölnKomm AktG, § 161, Rn 87; *v. Falkenhausen/Kocher*, ZIP 2009, 1149 [1150]; vgl auch *Bachmann*, AG 2012, 565 [569]; *Krieger*, ZGR 2012, 202 [218]; zur rechtspolitischen Forderung nach einer Verpflichtung zur Erläuterung der abweichenden Governance-Strategie, vgl *Habersack*, Gutachten E zum 69. DJT, Bd. I, 2012, E 57 und Empfehlung 9.

Da es sich bei der Entsprechenserklärung um eine „Dauererklärung" mit Zukunftsbezug handelt, die gemäß § 161 Abs. 2 AktG für Aktionäre und Kapitalmarkt dauerhaft zugänglich zu machen ist, muss sie über die Erneuerung binnen Jahresfrist hinaus im Fall vorheriger, also unterjähriger Abweichung von den Empfehlungen des DCGK umgehend berichtigt werden.[1129] Im Gegensatz hierzu wurde früher häufig davon ausgegangen, dass es sich bei der Entsprechenserklärung um eine statische Erklärung handelt, die bei unterjährigen Änderungen nicht ständig aktualisiert werden muss.[1130] Hiervon zu unterscheiden ist der Fall, dass unterjährig Bestimmungen des Kodex geändert werden. Solche Änderungen entfalten keine unmittelbare Wirkung und sind daher in dem Jahr, in dem sie von der Kommission beschlossen und durch Veröffentlichung im elektronischen Bundesanzeiger wirksam werden, nur für diejenigen Unternehmen relevant, welche die Entsprechenserklärung iS von § 161 Abs. 1 AktG erst nach Wirksamwerden der Neufassung abzugeben haben bzw noch abgeben werden. Ist die Kodexerklärung bereits abgegeben worden, besteht erst für das nächste Kalenderjahr Handlungsbedarf.[1131] 753

Zu den betroffenen Gesellschaften gehören gemäß § 161 Abs. 1 Satz 1 AktG börsennotierte Gesellschaften iS von § 3 Abs. 2 AktG, also solche, deren Aktien zu einem Markt zugelassen sind, der von staatlich anerkannten Stellen geregelt und überwacht wird, regelmäßig stattfindet und für das Publikum mittelbar oder unmittelbar zugänglich ist. Darüber hinaus sind gemäß § 161 Abs. 1 Satz 2 AktG auch Vorstand und Aufsichtsrat von Gesellschaften zur Abgabe einer Entsprechenserklärung verpflichtet, die ausschließlich andere Wertpapiere als Aktien zum Handel an einem organisierten Markt iS von § 2 Abs. 5 WpHG ausgegeben haben und deren ausgegebene Aktien auf eigene Veranlassung über ein multilaterales Handelssystem iS von § 2 Abs. 3 Satz 1 Nr. 8 WpHG gehandelt werden. Dies betrifft zB Unternehmen, deren Aktien lediglich im Freiverkehr – an den von der Deutsche Börse AG betriebenen Handelsplätzen, der Frankfurter Wertpapierbörse und dem Xetra-System, wird der Freiverkehr als Open Market bezeichnet, wobei der Entry Standard ein Teilsegment hiervon bildet; das entsprechende Freiverkehrssegment an der Börse München heißt M:access – gehandelt werden, die aber Schuldverschreibungen zum Handel an einem organisierten Markt zugelassen haben.[1132] 754

(2) Angaben im Anhang zur Entsprechenserklärung

Vorstand und Aufsichtsrat handeln ordnungswidrig mit der etwaigen Folge eines Bußgeldes, wenn sie die Angabe im Anhang unterlassen, dass sie die gemäß § 161 AktG vorgeschriebene Erklärung abgegeben haben und wie sie öffentlich zugänglich gemacht worden ist, vgl § 334 Abs. 1 Ziff. 1 lit. d) i. V m. § 285 Ziff. 16 HGB.[1133] 755

1129 BGH, Urt. v. 16.2.2009 – II ZR 185/07 („Kirch/Deutsche Bank"), abgedruckt in: BGHZ 180, 9 = NJW 2009, 2207 = NZG 2009, 342 [345] = ZIP 2009, 460 m.Anm. *Mutter*; Hüffer, AktG, § 161, Rn 15, 20; *Goette*, in: MünchKomm AktG³, § 161, Rn 35; *Runte/Eckert*, in: Bürgers/Körber, AktG, § 161, Rn 31; *Lutter*, in: KölnKomm AktG, § 161, Rn 98; zur rechtspolitischen Abschaffung der Aktualisierungspflicht der Entsprechenserklärung, vgl *Habersack*, Gutachten E zum 69. DJT, Bd. I, 2012, E 68 und Empfehlung 11; *Bachmann*, AG 2012, 565 [569]; *Deilmann/Albrecht*, AG 2010, 727 [732]; *Goslar/v. d. Linden*, DB 2009, 1691 [1694]; *Knapp*, DStR 2011, 177 [178 f]; weitere Nachw. bei *Tröger*, ZHR 175 (2011), 746 [766, Fn 83].

1130 *Ederle*, NZG 2010, 655 ff; *Fischer*, BB 2006, 337 [339]; *Heckelmann*, WM 2008, 2146 [2148 f]; *Kocher/Bedkowski*, BB 2009, 235; *Kuthe/Geiser*, NZG 2008, 172 [173 mwN].

1131 *Roth*, WM 2012, 1985 [1985 mwN]; *Theusinger/Liese*, DB 2008, 1419 [1421 f].

1132 Hüffer, AktG, § 161, Rn 15; *Spindler*, in: K. Schmidt/Lutter, AktG, § 161, Rn 40; *Goslar/v. d. Linden*, DB 2009, 1691 [1694 f]; *Kuthe/Geiser*, NZG 2008, 172 [172]; *Theusinger/Liese*, DB 2008, 1419 [1421 f].

1133 Vgl auch *Schaal*, in: MünchKomm AktG³, § 161, Rn 113.

(3) Haftungsrechtliche Folgen eines Verstoßes gegen § 161 AktG

756 Die Verletzung der Erklärungspflichten aus § 161 AktG kann dem Grunde nach gemäß §§ 116 Satz 1, 93 Abs. 2 Satz 1 AktG zur Haftung der Mitglieder von Vorstand und Aufsichtsrat führen,[1134] ohne dass ihnen die Business Judgement Rule des § 93 Abs. 1 Satz 2 AktG zugute käme. Denn hierin liegt eine Verletzung der Legalitätspflicht, die ohne unternehmerisches Ermessen einzuhalten ist.[1135] Praktisch dürfte eine Inanspruchnahme der Organmitglieder aufgrund eines Verstoßes gegen § 161 AktG jedoch daran scheitern, dass die Gesellschaft als Gläubigerin den Ursachenzusammenhang zwischen Pflichtverletzung der Organmitglieder und ihrem Schaden in Form einer Erhöhung der Kapitalkosten aufgrund Kursverlustes der Aktie und somit die haftungsausfüllende Kauslität ihres Schadensersatzanspruchs nicht wird beweisen können.[1136]

(4) Anfechtbarkeit von Hauptversammlungsbeschlüssen aufgrund Vorstoßes gegen § 161 AktG

757 Ist die Entsprechenserklärung von Vorstand und Aufsichtsrat wegen verschwiegener Abweichung von Ziff. 5.5.3 DCGK – es wurde nicht über das Vorliegen und/oder die praktische Behandlung eines Interessenkonflikts in der Person eines Organmitglieds berichtet – von Anfang an unrichtig oder später unrichtig geworden und nicht berichtigt worden, führt dies wegen der darin liegenden Verletzung von Organpflichten nach Ansicht des BGH zur Anfechtbarkeit gleichwohl gefasster Entlastungsbeschlüsse (dazu Rn 988 ff), soweit die Organmitglieder die Unrichtigkeit kannten oder kennen mussten.[1137] Aufgrund dieser Einschränkung dürfte eine Anfechtbarkeit ausscheiden, wenn die Auslegung einer Kodexempfehlung noch nicht höchstrichterlich geklärt und die Entsprechenserklärung hierzu nach zumindest teilweise vertretener Ansicht einwandfrei ist. Das *OLG Frankfurt aM* hat in einem Fall sogar die angeblich fehlende Detailliertheit der Ausführungen über Interessenkonflikte von Aufsichtsratsmitgliedern iS von Ziff. 5.5.3 DCGK im Bericht des Aufsichtsrats an die Hauptversammlung bei gleichzeitiger Erklärung, dass der Kodexempfehlung entsprochen worden sei, für die Anfechtbarkeit der Entlastungsbeschlüsse ausreichen lassen.[1138] Dem ist der *BGH* jedoch entgegengetreten. Es reiche aus, wenn der Aufsichtsratsbericht die Aufsichtsratsmitglieder benennt, bei denen Interessenkonflikte aufgetreten sind und die Behandlung

1134 Hüffer, AktG, § 161, Rn 25; *Spindler*, in: Spindler/Stilz, AktG, § 161, Rn 64 ff; *Sester*, in: Spindler/Stilz, AktG, § 161, Rn 82; *Lutter*, FS Hopt, 2010, S. 1025 [1026]; *Tröger*, ZHR 175 (2011), 746 [767 mwN].

1135 Vgl *Fleischer*, in: Spindler/Stilz, AktG, § 93, Rn 24, 36; *Mertens/Cahn*, in: KölnKomm AktG, § 93, Rn 71; *Bayer*, FS K. Schmidt, 2009, S. 85 [91]; *Lutter*, FS Hopt, 2010, S. 1025 [1026]; *Tröger*, ZHR 175 (2011), 746 [768].

1136 Vgl *Tröger*, ZHR 175 (2011), 746 [768 mwN], wonach es nicht möglich ist, den Kursverlust eindeutig entweder der Verletzung der in § 161 AktG normierten Transparenzpflicht oder der Abweichung von der Empfehlung des DCGK als Zurückbleiben hinter materiellen Standards zuzuordnen, wodurch den Organmitgliedern stets der Einwand rechtmäßigen Alternativverhaltens offensteht.

1137 BGH, Urt. v. 16.2.2009 – II ZR 185/07 („Kirch/Deutsche Bank"), abgedruckt in: BGHZ 180, 9 = NJW 2009, 2207 = NZG 2009, 342 [345 f, Tz. 19] = ZIP 2009, 460; Hüffer, AktG, § 161, Rn 31; *Spindler*, in: K. Schmidt/Lutter, AktG, § 161, Rn 61 f, 65; vgl auch *Goslar/v. d. Linden*, DB 2009, 1691 [1692 ff], wonach bei der Frage der Anfechtbarkeit von Entlastungsbeschlüssen im Zusammenhang mit den Empfehlungen des DCGK und § 161 AktG zwischen fünf Fallgruppen zu differenzieren ist: (1.) Nichtabgabe der Entsprechenserklärung, (2.) inhaltlich falsche Entsprechenserklärung, (3.) fehlende unterjährige Aktualisierung, (4.) fehlende Begründung von Abweichungen und (5.) fehlender Zugang zur Entsprechenserklärung.

1138 OLG Frankfurt aM, Urt. v. 15.5.2012 – 5 U 66/11 („Deutsche Bank"), abgedruckt in: ZIP 2011, 1613 = BeckRS 2013, 10348; aA: *Goslar/v. d. Linden*, DB 2009, 1691 [1695], wonach es nicht Aufgabe des Beschlussmängelrechts, sondern allein Aufgabe des Kapitalmarkts ist, nicht tragfähige Begründungen für die Abweichungen von Kodexempfehlungen zu sanktionieren; kritisch auch *Priester*, ZIP 2011, 2081; *Knapp*, DStR 2012, 364 [369].

der Interessenkonflikte unter Darstellung der jeweiligen Beratungsgegenstände offenlege. Ziff. 5.5.3 DCGK verlange nicht, dass der Interessenkonflikt im Aufsichtsratsbericht im Einzelnen dargelegt werde. Außerdem stehe es dem Aktionär frei in der Hauptversammlung vom Vorstand Auskunft hierüber zu verlangen.[1139] Voraussetzung für die Anfechtbarkeit ist, dass die unterbliebene Information[1140] über den (verschwiegenen) Interessenkonflikt bzw dessen praktische Behandlung für einen objektiv urteilenden Aktionär zur sachgerechten Wahrnehmung seiner Teilnahme- und Mitgliedschaftsrechte relevant ist.[1141] Insofern ist die Wertung des § 243 Abs. 4 Satz 1 AktG zu beachten, wonach die Relevanz für den Aktionär fehlen kann, wenn der Interessenkonflikt und seine Behandlung bereits aus allgemeinen Quellen bekannt oder nicht geeignet ist, die Entscheidungen eines objektiv urteilenden Aktionärs zu beeinflussen.[1142]

Während der *BGH* bislang nur über die Anfechtbarkeit von Beschlüssen über die Entlastung 758 von Vorstands- und Aufsichtsratsmitgliedern zu entscheiden hatte, haben einige Instanzgerichte bereits die Anfechtbarkeit anderer Hauptversammlungbeschlüsse wegen vermeintlich unzureichender Entsprechenserklärungen bejaht. So hat das *OLG München* die Anfechtbarkeit eines Wahlbeschlusses für einen Fall angenommen, bei dem die gemäß Ziff. 5.4.1 Abs. 2 DCGK festgelegte Altergrenze für Aufsichtsratsmitglieder nicht beachtet wurde. Der Aufsichtsratsbeschluss, der den Vorschlag an die Hauptversammlung zur Wahl des Aufsichtsratsmitglieds iS von § 124 Abs. 3 Satz 1 AktG zum Gegenstand hat, leide unter einem inhaltlichen Mangel und sei somit nichtig, da er einer vom Aufsichtsrat anerkannten Empfehlung des DCGK widerspreche, wodurch gegen § 161 Abs. 1 AktG verstoßen werde. Dies sei nur anders zu beurteilen, wenn zeitgleich die Abweichung von der bisher abgegebenen Entsprechenserklärung und deren Bekanntmachung beschlossen würde. Ein Wahlbeschluss der Hauptversammlung sei gemäß §§ 243, 251 AktG anfechtbar, wenn er aufgrund eines Vorschlags gefasst werde, der auf einem nichtigen Aufsichtsratsbeschluss beruht.[1143] Auch das *LG Hannover* hat einen Wahlbeschluss der Hauptversammlung wegen einer Unrichtigkeit in der Entsprechenserklärung für anfechtbar gehalten. In diesem Fall ging es wie in den Fällen, über die der *BGH* zu entscheiden hatte, darum, dass über mögliche Interessenkonflikte nicht informiert wurden.[1144]

In der Literatur wird diese Rechtsprechung unterschiedlich beurteilt. Zum Teil wird eine An- 759 fechtbarkeit von Hauptversammlungsbeschlüssen jeglicher Art wegen fehlerhafter bzw un-

1139 BGH, Beschl. v. 14.5.2013 – II ZR 196/12, abgedruckt in: NZG 2013, 783 [784] = BeckRS 2013, 10327.

1140 Vgl *Kiefner*, NZG 2011, 201 [202 f], der die Abgrenzung von formeller und materieller Rechtwidrigkeit von Hauptversammlungsbeschlüssen herausstellt und betont, dass das Relevanzerfordernis nur bei formeller Rechtswidrigkeit, insbesondere bei Informationsdefiziten greift.

1141 BGH, Beschl. v. 14.5.2013 – II ZR 196/12, abgedruckt in: NZG 2013, 783 [783] = BeckRS 2013, 10327; BGH, Urt. v. 10.7.2012 – II ZR 48/11 („Fresenius"), abgedruckt in: BGHZ 194, 14 = NJW 2012, 3235 [Tz. 28] = NZG 2012, 1064; BGH, Urt. v. 21.9.2009 – II ZR 174/08 („Unschreibungsstopp"), abgedruckt in: BGHZ 182, 272 = NZG 2009, 1270 [1272, Tz. 16 ff] = DStR 2009, 2207.

1142 BGH, Urt. v. 21.9.2009 – II ZR 174/08 („Umschreibungsstopp"), abgedruckt in: BGHZ 182, 272 = NZG 2009, 1270 [1272, Tz. 18]; vgl *Kiefner*, NZG 2011, 201 [207], wonach dem Aktionär bei sachgerechter Anwendung der Relevanzkriterien gewisse Mitwirkungs- und Nachfrageobliegenheiten aufzubürden sind.

1143 OLG München, Urt. v. 6.8.2008 – 7 U 5628/07 („MAN"), abgedruckt in: NZG 2009, 508 = ZIP 2009, 133; ausdrücklich offengelassen von BGH, Beschl. v. 9.11.2009 – II ZR 14/09 (zur Nichtzulassungsbeschwerde gegen OLG München, Urt. v. 6.8.2008), abgedruckt in: BeckRS 2010, 14150; ebenfalls offengelassen von BGH, Urt. v. 16.2.2009 – II ZR 185/07 („Kirch/Deutsche Bank"), abgedruckt in: BGHZ 180, 9 = NJW 2009, 2207 = NZG 2009, 342 [347, Tz. 32].

1144 LG Hannover, Urt. v. 17.3.2010 – 23 O 124/09 („Schaeffler/Continental"), abgedruckt in: NZG 2010, 744 [748] = ZIP 2010, 833; hierzu *Lutter*, BB 2010, 2267; *Knapp*, DStR 2011, 177 [178 f].

richtig gewordener Entsprechenserklärungen gleich aus welchem Grund abgelehnt.[1145] Denn der für die Anfechtbarkeit von Entlastungsbeschlüssen von der Rechtsprechung geforderte eindeutige und schwerwiegende Gesetzes- oder Satzungsverstoß,[1146] der die gesamte Amtsführung des Organmitglieds im Entlastungszeitraum überschatte und die Entlastungsentscheidung der Mehrheit der Aktionäre als Treuepflichtverletzung gegenüber der Minderheit qualifiziere, sei bei Verstößen gegen § 161 AktG nicht vorstellbar.[1147] Zum Teil wird auch eine analoge Anwendung von § 30 g WpHG befürwortet, wonach die Anfechtung ausgeschlossen ist.[1148]

760 Zum Teil wird unabhängig von der Anfechtbarkeit von Entlastungsbeschlüssen die Anfechtbarkeit anderer Hauptversammlungsbeschlüsse, insbesondere Wahlbeschlüsse, nicht für möglich gehalten.[1149] Für die Anfechtbarkeit solcher Beschlüsse könne nicht auf die fehlerhafte Information der Hauptversammlung als formellem Gesichtspunkt abgestellt werden, wenn die entsprechend Ziff. 5.4.1 DCGK veröffentlichten konkreten Ziele mit den Wahlvorschlägen nicht übereinstimmten. Denn die Abweichungen seien aufgrund der allgemein zugänglichen Informationen für die Aktionäre, vgl §§ 124 Abs. 3 Satz 4, 125 Abs. 1 Satz 5, 171 Abs. 2 Satz 1, 175 Abs. 2 AktG, offensichtlich.[1150] Zudem sei als Informationsrecht der Aktionäre § 131 AktG spezieller, so dass nur dessen Verletzung unter den einschränkenden Voraussetzungen des § 243 Abs. 4 Satz 1 AktG Hauptversammlungsbeschlüsse unter dem Gesichtspunkt der Verletzung des Informationsrechts der Aktionäre anfechtbar mache.[1151] Im Hinblick auf Wahlbeschlüsse fehle darüber hinaus der erforderliche Zusammenhang zwischen dem Beschluss des Aufsichtsrats über den Wahlvorschlag auf der einen und dem Ver-

1145 *Krieger*, ZGR 2012, 202 [221 ff], der [227] eine entsprechende Gesetzesvorschrift fordert; ebenso *Kremer*, ZIP 2010, 1177 [1179 f], mit dem Vorschlag, eine § 120 Abs. 4 Satz 3 AktG vergleichbare Regelung für § 161 AktG zu schaffen; weitere Nachw. bei *Bachmann*, AG 2012, 565 [570, Fn 62].

1146 Vgl hierzu: BGH, Urt. v. 21.9.2009 – II ZR 174/08 („Umschreibungsstopp"), abgedruckt in: BGHZ 182, 272 = NZG 2009, 1270 [1272, Tz. 18]; BGH, Beschl. v. 14.05.2013 – II ZR 196/12, abgedruckt in: NZG 2013, 783 [783]; insgesamt kritisch zur Anfechtbarkeit von Entlastungsbeschlüssen: *Krieger*, ZGR 2012, 202 [221 f], mit Verweis auf OLG Düsseldorf, Urt. v. 22.2.1996 – 6 U 20/95, abgedruckt in: NJW-RR 1996, 1252 = ZIP 1996, 503 = DB 1996, 615 (keine Teilentlastung unter Ausklammerung von Teilbereichen), und BGH, Urt. v. 30.3.1967 – II ZR 245/63, abgedruckt: NJW 1967, 1462 = WM 1967, 503 (Aktionär soll den übrigen Aktionären nicht mittels Anfechtungsklage im Hinblick auf die Entlastung seinen Willen aufzwingen können); vgl auch *Spindler*, NZG 2011, 1007 [1011], der als Kriterium für die Schwere der Verletzung von § 161 AktG die Frage ansieht, ob eine Berichts- und Prüfungspflicht strafbewehrt ist.

1147 *Krieger*, ZGR 2012, 202 [222]; vgl auch *Marsch-Barner*, FS K. Schmidt, 2009, S. 1109 [1113], der die Anfechtbarkeit bei Fehlen dieser Voraussetzung im Zusammenhang mit der Versäumung der unterjährigen Anpassung der Entsprechenserklärung zumindest bezweifelt; vgl auch *Kiefner*, NZG 2011, 201 [205], wonach regelmäßig keine schwerwiegende Gesetzesverletzung vorliegen dürfte, wenn die Entsprechenserklärung richtig abgegeben, später nach Abweichung von einer Empfehlung aber nicht unmittelbar angepasst wurde, da der Zeitraum, in dem die Erklärung falsch war, nicht lang genug gewesen sei; vgl auch *Tröger*, ZHR 175 (2011), 746 [778], wonach das Gewicht der einzelnen Kodex-Empfehlungen darüber entscheidet, ob ein Verstoß gegen § 161 AktG ein schwerwiegender Gesetzesverstoß sein kann, was nur selten der Fall sein dürfte.

1148 *Leuering*, DStR 2010, 2255 [2257 f].

1149 ZB *Simons*, in Hölters, AktG, § 100, Rn 52.

1150 Vgl *Sester*, in: Spindler/Stilz, AktG, § 161, Rn 69; *Goette*, in: MünchKomm AktG^3, § 161, Rn 91 f, 94 ff; *Krieger*, ZGR 2012, 202 [222 f]; *Schubert/Jacobsen*, WM 2011, 726 [733]; vgl auch *Kocher/Bedkowski*, BB 2009, 235; *Tröger*, ZHR 175 (2011), 746 [779], der dies Argument im Hinblick auf die Anfechtbarkeit von Entlastungsentscheidungen bemüht.

1151 *Schubert/Jacobsen*, WM 2011, 726 [733 f]; *Rieder*, NZG 2010, 737 [738 f]; aA: *Goslar/v. d. Linden*, DB 2009, 1691 [1696], und wohl auch *Spindler*, NZG 20011, 1007 [1012], die einen Anfechtungsgrund durch mangelnde Information der Hauptversammlung im Zusammenhang mit der Entsprechenserklärung für möglich halten.

stoß gegen § 161 AktG auf der anderen Seite.[1152] Andere halten den Aufsichtsratsbeschluss als zeitlich vorausgehendes Ereignis sogar für rechtmäßig. Er verliere seine Rechtmäßigkeit nicht dadurch, dass durch ihn und somit denklogisch zeitlich erst anschließend gegen § 161 Abs. 1 AktG und zwar durch Unterlassen verstoßen werde.[1153] § 161 AktG sei keine Verfahrensvorschrift für die Beschlussfassung des Aufsichtsrats, so dass dessen Verletzung auch nicht zur Unwirksamkeit des Aufsichtsratsbeschlusses und somit zur Anwendbarkeit von § 124 Abs. 4 Satz 1 AktG führen könne.[1154] Der Hauptversammlungsbeschluss leide bei einem Verstoß gegen § 161 AktG auch nicht an einem Inhaltsmangel, da der DCGK weder Vorgaben für das Ob noch den Inhalt eines Hauptversammlungsbeschlusses mache.[1155] § 161 AktG verbiete keine Wahl von Kandidaten.[1156] Vielmehr zielen diese Vorschrift und sämtliche Empfehlungen des DCGK auf Transparenz zugunsten des Kapitalmarkts und somit zugunsten sowohl der Aktionäre als auch potenzieller Investoren[1157] ab.[1158] In das Innenrecht der AG und somit die Verfassung des Aufsichtsrats greifen sie nicht ein.[1159] Hinzu kommt, dass das Anfechtungsrecht nur Aktionären zusteht, während der Kreis der von § 161 AktG geschützten Personen größer ist, wodurch eine nicht zu rechtfertigende Inkongruenz entstünde.[1160] Darüber hinaus seien die Empfehlungen viel zu vage formuliert, als dass hierauf aufbauend Hauptversammlungsbeschlüsse angefochten werden dürften.[1161] Außerdem sei „nicht recht einsichtig, wieso ein Organ (Hauptversammlung) durch andere Organe soll gebunden werden können, ohne dass es einen direkten Einfluss auf die Abgabe der Erklärung hätte".[1162] Schließlich kenne das AktG keine allgemeine Aktionärsklage zur Überprüfung der Rechtmäßigkeit des Organhandelns, so dass eine solche auch nicht auf dem Umweg der Anfechtbarkeit von Hauptversammlungsbeschlüssen wegen fehlerhafter Entsprechenserklärungen geschaffen werde dürfe.[1163]

Andere halten neben der Anfechtbarkeit von Entlastungsbeschlüssen sogar die Anfechtbarkeit von Wahlbeschlüssen der Hauptversammlung bei einem Verstoß gegen § 161 Abs. 1 AktG und somit wegen Verletzung des Gesetzes iS von §§ 251 Abs. 1 Satz 1, 243 Abs. 1 **761**

1152 *Goslar/v. d. Linden*, DB 2009, 1691 [1696]; *Schubert/Jacobsen*, WM 2011, 726 [733], wonach es an der „unmittelbaren Relevanz des § 161 AktG für den Beschluss über den Wahlvorschlag" fehle; ebenso *Marsch-Barner*, FS K. Schmidt, 2009, S. 1109 [1113]; *Spindler*, NZG 20011, 1007 [1011]; im Erg. auch *Tröger*, ZHR 175 (2011), 746 [773 f], wonach durch „nicht ordnungsgemäß publizierte Kodexabweichung begangene Pflichtwidrigkeit ... normativ auf einer anderen Ebene" liege.

1153 *Goslar/v. d. Linden*, DB 2009, 1691 [1696]; *Marsch-Barner*, FS K. Schmidt, 2009, S. 1109 [1112 f]; *Rieder*, GWR 2009, 25 [28]; *ders.*, NZG 2010, 737 [738]; *Thümmel*, CCZ 2008, 141 [142 f].

1154 *Schubert/Jacobsen*, WM 2011, 726 [732].

1155 *Schubert/Jacobsen*, WM 2011, 726 [732]; vgl zur Unterscheidung von Verfahrens- und inhaltlichen Mängeln von Hauptversammlungsbeschlüssen auch *Kiefner*, NZG 2011, 201 [202 ff].

1156 *Krieger*, ZGR 2012, 202 [223 f].

1157 *Schubert/Jacobsen*, WM 2011, 726 [733]; vgl auch *Hecker/Peters*, BB 2010, 2251 [2257]; *Schäfer*, NJW 2008, 2536 [2538]; *Weber-Rey/Handt*, NZG 2011, 1 [5], zum Ziel, die Unternehmen durch Selbstbindung iS eines „reputationsbasierten Sanktionsmechanismus" zu disziplinieren; vgl auch *Kiefner*, NZG 2011, 201 [204], wonach jedoch § 161 AktG nicht zu den kapitalmarktrechtlichen Informationspflichten zählt, so dass auch der in § 30 g WpHG angeordnete Anfechtungsausschluss nicht gilt; aA: *Leuering*, DStR 2010, 2255 [2255], der sich zudem für eine analoge Anwendung von § 30 g WpHG ausspricht.

1158 Allgemein zum Zweck von § 161 AktG, vgl *Goette*, in: MünchKomm AktG^3, § 161, Rn 37.

1159 *Schubert/Jacobsen*, WM 2011, 726 [733]; vgl auch *Kocher/Bedkowski*, BB 2009, 235.

1160 *Schubert/Jacobsen*, WM 2011, 726 [734]; vgl auch *Leuering*, DStR 2010, 2255 [2255 f], zu den unterschiedlichen Adressatenkreisen kapitalmarkt- und verbrandsrechtlicher Vorschriften.

1161 *Krieger*, ZGR 2012, 202 [224].

1162 *Spindler*, NZG 20011, 1007 [1011].

1163 *Krieger*, ZGR 2012, 202 [224].

AktG für möglich.[1164] Begründet wird dies mit der Nichtigkeit – inhaltlicher Mangel aufgrund Verstoßes gegen Selbstbeschränkung und nicht bloßer Verfahrensverstoß[1165] – des Beschlusses des Aufsichtsrats, der Grundlage dessen Wahlvorschlags an die Hauptversammlung iS von § 124 Abs. 3 Satz 1 AktG ist.[1166] Daher liege ein Verstoß gegen § 124 Abs. 4 Satz 1 AktG vor, wonach über Gegenstände der Tagesordnung, die nicht ordnungsgemäß bekanntgemacht sind, keine Beschlüsse gefasst werden dürfen. Ein Wahlbeschluss der Hauptversammlung aufgrund eines nichtigen Wahlvorschlags des Aufsichtsrats und somit eines Verfahrensverstoßes sei daher anfechtbar.[1167] Andere halten eine Anfechtbarkeit von Wahlbeschlüssen der Hauptversammlung aus dem verfahrensrechtlichen Gesichtspunkt des Informationsdefizits der Aktionäre für dankbar.[1168]

762 Im Ergebnis wird man sich trotz guter Argumente für eine Analogie zu § 30 g WpHG und gegen das Vorliegen eines eindeutigen und schwerwiegenden Gesetzesverstoßes darauf einstellen müssen, dass der BGH seine bereits bestätigte Rechtsprechung zur Anfechtbarkeit von Entlastungsbeschlüssen wegen Verstoßes gegen § 161 AktG auch in Zukunft beibehalten wird und sich viele Instanzgerichte daran orientieren werden. Die höchstrichterlich noch ungeklärte Frage nach der Anfechtbarkeit von Wahlbeschlüssen aus demselben Grund ist zu verneinen. Gute Argumente hierfür gibt es – wie dargelegt – reichlich. Bei nachträglich aufgrund eines Wahlvorschlags des Aufsichtsrats unrichtig werdender Entsprechenserklärung dürfte jede gegenteilige Entscheidung darüber hinaus unbegründbar sein, es sei denn, man würde Gesetzesverstößen Rückwirkung im Hinblick auf zuvor getroffene Aufsichtsratsbeschlüsse zubilligen. Denn zunächst beschließt der Aufsichtsrat über seinen Wahlvorschlag. Erst hierdurch wird die Pflicht zur Korrektur der Entsprechenserklärung begründet. Es kann auch keine Rede davon sein, dass bereits im Augenblick der Beschlussfassung gegen § 161 AktG verstoßen wird. Vielmehr muss dem Gremium zunächst Zeit zur Korrektur der Entsprechenserklärung eingeräumt werden.

(5) Gerichtliche Feststellung eines Verstoßes gegen § 161 AktG

763 Zum Teil wird angenommen, dass sowohl der einzelne Aktionär als auch die Gesellschaft Anspruch auf gerichtliche Feststellung iS von § 256 ZPO mit dem Inhalt haben, dass die Mitglieder von Vorstand und Aufsichtsrat ihre Organpflichten mittels Verstoßes gegen § 161 AktG verletzt haben.[1169] Praktisch dürfte die Frage kaum werden, solange die Rechtsprechung zumindest die Anfechtbarkeit von Entlastungsbeschlüssen bejaht.

1164 *Deilmann/Albrecht*, AG 2010,727 [732 f]; *Vetter*, NZG 2008, 121 [123 f], einschränkend auf Verstöße gegen § 161 AktG im Zusammenhang mit Empfehlungen über die Zusammensetzung des Aufsichtsrats; *Habersack*, FS Goette, 2011, S. 121 [124, 132 f], mit Einschränkungen bei den Rechtsfolgen – Lehere vom fehlerhaften Organ – erfolgreichen Anfechtung des Wahlbeschlusses; *Weber-Rey/Handt*, NZG 2011, 1 [5], wonach im Hinblick auf Ziff. 5.4.1 DCGK jedoch erhebliche Probleme bestehen dürften, das fehlende Bemühen des Aufsichtsrats im Hinblick auf den Vorschlag eines Kandidaten nachzuweisen, der zur Verwirklichung der selbstgesteckten Ziele geeignet ist; ablehnend *Hoffmann-Becking*, ZIP 2011, 1173 [1175].

1165 *Deilmann/Albrecht*, AG 2010,727 [732]; *Vetter*, NZG 2008, 121 [123]; *Weber-Rey/Handt*, NZG 2011, 1 [5]; aA: Hüffer, AktG, § 161, Rn 31; *ders.*, ZIP 2010, 1979 [1980]; *Goslar/v. d. Linden*, DB 2009, 1691 [1696]; *Kiefner*, NZG 2011, 201 [203]; *Kocher/Bedkowski*, BB 2009, 235.

1166 Vgl *Kirschbaum*, ZIP 2007, 2362 [2364], mit dem Hinweis darauf, dass ein Verstoß gegen § 161 Abs. 1 AktG „nicht folgenlos bleiben“ könne; *Vetter*, NZG 2008, 121 [123]; *ders.*, FS U. H. Schneider, 2011, S. 1345 [1351].

1167 *Vetter*, NZG 2008, 121 [124].

1168 *Goslar/v. d. Linden*, DB 2009, 1691 [1696].

1169 Hierzu: *Tröger*, ZHR 175 (2011), 746 [782 ff].

gg) § 289 a HGB – Erklärung zur Unternehmensführung

(1) Überblick und Publikationsanforderungen

Seit Inkrafttreten des BilMoG[1170] sind gemäß § 289 a Abs. 1 Satz 1 HGB diejenigen Unternehmen, die eine Entsprechenserklärung gemäß § 161 Abs. 1 Satz 1 und Satz 2 AktG abzugeben haben,[1171] auch verpflichtet, eine sog. „Erklärung zur Unternehmensführung" – auch Corporate Governance Statement genannt[1172] – abzugeben. Hierdurch sollen den Adressaten Schlüsselinformationen über die im Unternehmen vorherrschenden Praktiken und Methoden der Unternehmensführung leichter zugänglich gemacht werden.[1173] Eine solche Erklärung enthält gemäß § 289 a Abs. 2 Ziff. 1 bis 3 HGB drei Elemente, die Entsprechenserklärung gemäß § 161 AktG, relevante Angaben zu Unternehmensführungspraktiken (zB ethische Standards),[1174] die über die gesetzlichen Anforderungen hinaus angewandt werden, sowie eine Beschreibung der Arbeitsweise von Vorstand und Aufsichtsrat sowie der Zusammensetzung und Arbeitsweise von deren Ausschüssen.[1175] 764

Welche Anforderungen an die Erklärung hinsichtlich der Elemente zwei und drei zu stellen sind[1176] – Näheres hierzu unter (4) –, ist derzeit noch ebenso offen wie die Frage, wer zu deren Abgabe verpflichtet ist – Näheres hierzu unter (2)[1177] – und welche Rechtsfolgen sich bei Verstößen gegen die Erklärungspflicht ergeben.[1178] 765

Fest steht, dass sich die Erklärung zur Unternehmensführung gemäß § 289 a Abs. 1 Satz 1 AktG in einem gesonderten Abschnitt im Lagebericht enthalten sein muss, wenn sie nicht gemäß § 289 a Abs. 1 Satz 2 AktG auf der Internetseite der Gesellschaft öffentlich zugänglich gemacht wird. Denn in diesem Fall genügt gemäß § 289 a Abs. 1 Satz 3 AktG die ausdrückliche Bezugnahme im Lagebericht auf die Veröffentlichung im Internet. Fest steht ferner, dass in der Erklärung zur Unternehmensführung ein Hinweis auf die Angaben zu den Unternehmensführungspraktiken (Abs. 2 Ziff. 2) bzw ein Verweis auf die Beschreibung von Arbeitsweise und Zusammensetzung der Organe und deren Ausschüssen (Abs. 2 Ziff. 3) genügt, wenn diese Informationen „öffentlich zugänglich" sind. Bei dieser Vorgehensweise ist es möglich, den „Volltext" der Erklärung zur Unternehmensführung von bereits auf der Internetseite der Gesellschaft zur Verfügung stehenden Informationen zu entlasten.[1179] Ungeklärt ist noch, was geschieht, wenn die angegebene Internetadresse[1180] zB wegen eines Relaunch der Internetseite[1181] nicht mehr aktuell ist und somit das elektronische Dokument, das die Erklärung zur Unternehmensführung enthält, hierüber nicht mehr eingesehen werden kann. In einem solchen Fall ist die Erklärung entgegen gesetzlicher Vorgabe nicht „zugänglich", woraus man eine Pflichtverletzung der verantwortlichen Organwalter mit Konsequenzen für deren Haftung und Entlastung ableiten könnte.[1182] Andererseits ist in § 289 a Abs. 1 Satz 2, 766

1170 Das BilMoG enthält somit nicht nur Regelung zur Rechnungslegung, sondern auch zur Corporate Governance, vgl auch *Kuthe/Geiser*, NZG 2008, 172 [172].

1171 Ausführlich hierzu *Lange*, in: MünchKomm HGB, § 289 a, Rn 3.

1172 Vgl nur *Bredol/Schäfer*, NZG 2013, 568 [569].

1173 *Lange*, in: MünchKomm HGB, § 289 a, Rn 1 mwN.

1174 Vgl *Ekkenga*, in: KölnKomm AktG, § 171, Rn 27 mwN.

1175 *Langenbucher*, ZGR 2012, 314 [341], schlägt vor, die Erklärung zur Unternehmensführung um eine Erklärung über die Ziele der Besetzung des Aufsichtsrats im Hinblick auf die Verwirklichung der Prinzipien Unabhängigkeit, Qualifikation und Heterogenität zu ergänzen.

1176 Vgl *Bachmann*, ZIP 2010, 1517 [1518 – 1520].

1177 Vgl *Bachmann*, ZIP 2010, 1517 [1521 f].

1178 *Kuthe/Geiser*, NZG 2008, 172 [175], mit dem Vergleich zur Entsprechenserklärung iS von § 161 AktG.

1179 *Kruchen*, ZIP 2012, 62.

1180 Zweifelhaft ist hierbei, ob mit „Internetadresse" nur die Angabe von Top- und Second-Level-Domain oder ob auch die genaue Angabe der Seite unterhalb der jeweiligen Domain gemeint ist.

1181 *Kruchen*, ZIP 2012, 62 [62].

1182 Vgl *Kocher*, DStR 2010, 1034 [1035].

Abs. 2 Ziff. 2 u. Ziff. 3 HGB nicht davon die Rede, dass die Erklärung zur Unternehmensführung „dauerhaft" öffentlich zugänglich sein muss, wie es in § 161 Abs. 2 AktG für die Entsprechenserklärung vorgesehen ist.[1183] Aufgrund der technischen Möglichkeiten moderner Internetsuchmaschinen dürften die Erklärung bzw die fraglichen Teile hiervon für jeden Interessierten ohne nennenswerten Aufwand auffindbar sein, so dass es aus rechtlichen Gesichtspunkten zu vernachlässigen ist, wenn die angegebenen Internetadressen ins Leere gehen.[1184] Eine Pflichtverletzung der Organmitglieder mit Auswirkungen auf deren Haftung und Entlastung[1185] steht somit nicht im Raum. Unabhängig davon sind im Hinblick auf die Verantwortlichkeit der Gesellschaften und ihrer Organmitglieder weder vorübergehende Störungen des Internets noch kurzfristige Unterbrechungen schädlich, die auf eigenes Betreiben zurückgehen wie eine Systemwartung.[1186]

(2) Rolle des Aufsichtsrats bei Erstellung und Veröffentlichung

767 Zum Teil wird angenommen, dass die Erklärung zur Unternehmensführung vergleichbar der Entsprechenserklärung gemäß § 161 AktG gemeinsam von Vorstand und Aufsichtsrat abzugeben ist, was man mit deren in § 289 a Abs. 2 HGB vorgegebenen Inhalt begründen kann, der vermuten lässt, dass sowohl Vorstand als auch Aufsichtsrat entsprechend ihren Zuständigkeitsbereichen zu berichten haben.[1187] Andere halten nur den Vorstand für verpflichtet, während der Aufsichtsrat lediglich im Innenverhältnis bei Erstellung der Erklärung einzubeziehen sei. Hierfür spricht, dass die Erklärung zur Unternehmensführung Bestandteil des Lageberichts ist und der Vorstand diesen aufzustellen, während der Aufsichtsrat ihn nur gemäß § 171 Abs. 1 Satz 1 AktG zu prüfen hat.[1188] Unabhängig davon, welcher Ansicht der Vorzug zu geben ist, hat der Aufsichtsrat zumindest an der Erstellung der Erklärung zur Unternehmensführung mitzuwirken und im Rahmen seiner Überwachungsaufgabe dafür Sorge zu tragen, dass diese gesetzeskonform veröffentlicht wird.[1189] Andernfalls drohen der Gesellschaft zB in Form einer Einschränkung des Bestätigungsvermerks des Abschlussprüfers[1190] und den Aufsichtsratsmitgliedern zB in Gestalt der Anfechtbarkeit von Entlastungsbeschlüssen zumindest bei gänzlichem Fehlen der Erklärung[1191] erhebliche Nachteile.[1192]

1183 Vgl *Bachmann*, ZIP 2010, 1517 [1522].

1184 *Kruchen*, ZIP 2012, 62 [63 mwN].

1185 Eine Anfechtbarkeit der Entlastung, die einen Verstoß gegen § 120 Abs. 1 Satz 1 AktG erfordert, kommt bereits deshalb nicht in Betracht, da hierfür nach st. Rspr des BGH ein schwerwiegender und eindeutiger Gesetzes- oder Satzungsverstoß vorliegen muss, die Rechtslage mangels obergerichtlicher oder gar höchstrichterlicher Entscheidungen jedoch noch ungeklärt und somit keinesfalls „eindeutig" ist, vgl BGH, Urt. v. 10.7.2012 – II ZR 48/11 („Fresenius"), abgedruckt in: NZG 2012, 1064 [1064]; BGH, Urt. v. 18.10.2004 – II ZR 250/02 („Thyssen Krupp"), abgedruckt in: BGHZ 160, 385 [388] = NZG 2005, 77 = NJW 2005, 828 = ZIP 2004, 2428; BGH, Urt. v. 25.11.2002 – II ZR 133/01, abgedruckt in: BGHZ 153, 47 [51] = NZG 2003, 280 = NJW 2003, 1032 = ZIP 2003, 387; vgl auch *Kruchen*, ZIP 2012, 62 [66], zur Anfechtbarkeit von Entlastungsbeschlüssen trotz zeitweiliger Unzugänglichkeit der Internetseite, unter der die elektronischen Dokumente einzusehen sind.

1186 Zu Art. 1 ARUG v. 2009, durch den § 124 a AktG eingefügt wurde, vgl BT-Drucks. 16/11642, S. 30; vgl auch *Kruchen*, ZIP 2012, 62 [64 f], zur Frage der zeitlichen Grenze.

1187 *Merkt*, in: Baumbach/Hopt, HGB, § 289 a, Rn 1.

1188 *Lange*, in: MünchKomm HGB^3, § 289 a, Rn 6 ff; *Bachmann*, ZIP 2010, 1517 [1521 mwN].

1189 *Lange*, in: MünchKomm HGB^3, § 289 a, Rn 8, wonach sich Vorstand und Aufsichtsrat vor der Veröffentlichung der Erklärung „abstimmen" müssen.

1190 Vgl § 322 HGB.

1191 *Kocher*, DStR 2010, 1034 [1037]; *Kuthe/Geiser*, NZG 2008, 172 [175], die andererseits zu Recht den Nachweis eines Schadens durch die Gesellschaft für nahezu ausgeschlossen halten, so dass Aufsichtsratsmitglieder unter normalen umständen keine Inanspruchnahme auf Schadensersatz zu befürchten haben.

1192 *Bachmann*, ZIP 2010, 1517 [1522 – 1526].

(3) Erklärung auf den Stichtag

Entgegen der Entsprechenserklärung gemäß § 161 Abs. 1 AktG, die bei Bedarf unterjährig geändert werden muss,[1193] ist die Erklärung zur Unternehmensführung auf den Stichtag des Jahresabschlusses abzugeben. Eine Pflicht zur Aktualisierung besteht somit nicht,[1194] und zwar unabhängig davon, ob sie vollständig im Lagebericht enthalten oder auf der Internetseite des Unternehmens abrufbar ist.[1195] 768

(4) Inhalt der Erklärung

Zu den relevanten[1196] Angaben zu den Unternehmensführungspraktiken iS von § 289 a Abs. 2 Ziff. 2 HGB zählen solche, die in einem unternehmensinternen Kodex formuliert sind oder aufgrund von Satzungsvorgaben gelten.[1197] Hierzu dürften Angaben zu einer internen Compliance-Richtlinie zählen, da deren Schaffung über die gesetzlichen Anforderungen hinausgeht.[1198] Auch unternehmensweit gültige ethische Standards wie Arbeits- und Sozialstandards sind hier zu nennen.[1199] Hinzukommen unternehmensinterne Regelungen, die Anforderungen an die Mitglieder von Gesellschaftsorganen zB im Hinblick auf Unabhängigkeit und Qualifikation beschreiben.[1200] ZT wird auch angenommen, dass an dieser Stelle auch auf den Umgang mit den Anregungen des DCGK einzugehen ist,[1201] wenngleich dessen Ziff. 3.10 Satz 2 eine Stellungnahme hierzu im Corporate Governance Bericht anregt. 769

Gemäß § 289 a Abs. 2 Ziff. 3 HGB bedarf es einer Beschreibung der Arbeitsweise von Vorstand und Aufsichtsrat sowie der Zusammensetzung und Arbeitsweise deren Ausschüsse. Angaben zur Zusammensetzung von Vorstand und Aufsichtsrat und somit Angaben zu den Mitgliedern der beiden Organe bedarf es hingegen nicht, da solche Angaben bereits nach § 285 Nr. 10 HGB im Anhang zum Jahresabschluss zu machen sind.[1202] Ebenfalls ist kein „Kurzlehrbuch über die Corporate Governance des deutschen Aktienrechts“ gefordert.[1203] Ob eine kurze Einleitung zu erstellen ist, in der die Leitungsfunktion des Vorstands einerseits und die Überwachungsfunktion des Aufsichtsrats andererseits zu erläutern ist,[1204] dürfte zweifelhaft sein. Darzustellen sind in jedem Fall Strukturen und praktische Arbeitsabläufe, für die es keine gesetzlichen Vorgaben gibt und die regelmäßig in der Geschäftsordnung des jeweiligen Organs festgeschrieben sind.[1205] Außerdem soll der Aufsichtsrat sich selbst beurteilen, indem er Kompetenz und Leistung jedes einzelnen Mitglieds bewertet, was im Rahmen seines Berichts an die Hauptversammlung gemäß § 171 Abs. 2 AktG nicht offenzulegen ist. (dazu Rn 654 ff) Flankierend ist darzulegen, auf welcher Grundlage die Selbstbeurteilung 770

1193 BGH, Urt. v. 16.2.2009 – II ZR 185/07 („Kirch/Deutsche Bank“), abgedruckt in: BGHZ 180, 9 = NJW 2009, 2207 = NZG 2009, 342 = ZIP 2009, 460 m.Anm. *Mutter*; Hüffer, AktG, § 161, Rn 15, 20.

1194 *Kocher*, DStR 2010, 1034 [1035]; *Bachmann*, ZIP 2010, 1517 [1522]; *Kruchen*, ZIP 2012, 62 [62].

1195 Vgl *Bachmann*, ZIP 2010, 1517 [1522].

1196 Hierdurch kommt zum Ausdruck, dass nur über solche Unternehmensführungspraktiken zu berichten ist, die eine „gewisse Bedeutung für das ganze Unternehmen haben“, vgl RegE BilMoG, BT-Drucks. 16/10067, S. 78.

1197 *Lange*, in: MünchKomm HGB³, § 289 a, Rn 10, wonach solche Unterlagen offenzulegen sind, die im Unternehmen bereits vorhanden sind und die eine bestimmte Führungspraxis belegen.

1198 *Kuthe/Geiser*, NZG 2008, 172 [173]; *Strieder*, BB 2009, 1003 [1005]; *Bachmann*, ZIP 2010, 1517 [1519]; *Drinhausen/Keinath*, BB 2010, 3 [9].

1199 RegE BilMoG, BT-Drucks. 16/10067, S. 78.

1200 *Merkt*, in: Baumbach/Hopt, HGB, § 289 a, Rn 3; *Lange*, in: MünchKomm HGB³, § 289 a, Rn 10; weitere Nachw. bei *Bredol/Schäfer*, NZG 2013, 568 [570, Fn 14].

1201 *Bachmann*, ZIP 2010, 1517 [1519]; aA: *Lange*, in: MünchKomm HGB³, § 289 a, Rn 11.

1202 Vgl *Lange*, in: MünchKomm HGB³, § 289 a, Rn 15, zum Verhältnis von § 289 a Abs. 2 Ziff. 3 HGB zur Berichtspflicht des Aufsichtsrats gemäß § 171 Abs. 2 Satz 2 Hs 2 AktG.

1203 *Kuthe/Geiser*, NZG 2008, 172 [174].

1204 *Kuthe/Geiser*, NZG 2008, 172 [174], empfehlen dies zumindest.

1205 So auch *Kuthe/Geiser*, NZG 2008, 172 [174].

erfolgt ist und inwieweit aufgrund dessen konkrete Veränderungen vorgenommen worden sind.[1206] Darüber hinaus ist der Umgang mit Interessenkonflikten innerhalb des Organs zu erläutern.[1207]

771 Bei der Beschreibung der Zusammensetzung der Aufsichtsratsausschüsse ist die Einstufung jedes einzelnen Ausschussmitglieds durch den Aufsichtsrat als unabhängig oder abhängig und somit das Verhältnis zwischen unabhängigen und abhängigen Mitgliedern darzulegen.[1208] Denn Sinn und Zweck der Regelungen des § 289 a HGB ist die Förderung von Transparenz im Hinblick auf die Corporate Governance im Unternehmen und somit auch auf die Effizienz der Überwachung durch den Aufsichtsrat. Diese hängt nach allgemeinem Verständnis sowohl von der Befähigung seiner Mitglieder als auch von deren Unabhängigkeit ab. Dass der Wortlaut der Vorschrift dieses Verständnis der Regelung nicht eindeutig zutage fördert,[1209] ändert hieran nichts.

772 Im Hinblick auf die Arbeitsweise der Ausschüsse ist zu beschreiben, welche Ausschüsse über welche Fragen verbindlich für das Gesamtorgan entscheiden können und bei welchen Gegenständen die Ausschüsse nur vorbereitend tätig werden und somit das Ergebnis ihrer Arbeit in einer Empfehlung an das Gremium besteht. Darüber hinaus ist mitzuteilen, ob Sachverständige hinzugezogen wurden.[1210] Die Anforderungen an die Darstellung sind jedoch nicht zu überspannen, da entsprechend allgemeinem aktienrechtlichen Grundsatz Details über konkrete Abläufe von Aufsichtsratssitzungen den Aktionären nicht offenzulegen sind.[1211]

(5) Rechtsfolgen einer Verletzung der Pflichten aus § 289 a HGB

773 Ein Verstoß gegen die Pflicht zur ordnungsgemäßen Erklärung zur Unternehmensführung stellt eine Ordnungswidrigkeit gemäß § 334 Abs. 1 Ziff. 3 HGB dar. Werden die Verhältnisse der Gesellschaft im Lagebericht unrichtig wiedergegeben oder verschleiert, liegt gemäß § 331 Ziff. 1 HGB sogar eine Straftat vor. Völlig offen ist derzeit, welche Auswirkungen Verstöße gegen die Offenlegungspflicht aus § 289 a HGB in zivilrechtlicher Hinsicht haben.[1212] Es ist zumindest vorerst nicht davon auszugehen, dass siebis auf den gänzlichen Verzicht auf die Erklärung und fehlerhafte Angaben in der Entsprechenserklärung (dazu Rn 752 ff) dazu führen, dass Entlastungsbeschlüsse der Hauptversammlung wirksam angefochten werden können.[1213] Denn hierzu bedürfte es eines Verstoßes gegen § 120 Abs. 2 Satz 1 AktG, der nur dann zu bejahen ist, wenn das mit der Entlastung gebilligte Verhalten

1206 *Lange*, in: MünchKomm HGB³, § 289 a, Rn 12; *Lentfer/Weber*, DB 2006, 2357 [2361]; *Kuthe/Geiser*, NZG 2008, 172 [174].

1207 *Lentfer/Weber*, DB 2006, 2357 [2361]; *Kuthe/Geiser*, NZG 2008, 172 [174].

1208 Ebenso *Lentfer/Weber*, DB 2006, 2357 [2361]; aA: *Kuthe/Geiser*, NZG 2008, 172 [174], wonach die Darlegungspflicht auf Name und Qualifikation des Mitglieds beschränkt ist und nicht einmal Angaben zu Fachkenntnissen, Urteilsfähigkeiten und Erfahrungen zu machen sind.

1209 Mit diesem Argument lehnen *Kuthe/Geiser*, NZG 2008, 172 [174], die Pflicht zur Mitteilung der Einschätzung des Aufsichtsrats von der (fehlenden) Unabhängigkeit der Ausschussmitglieder ab.

1210 *Kuthe/Geiser*, NZG 2008, 172 [174].

1211 BVerfG, Beschl. v. 20.9.1999 – 1 BvR 636/95, abgedruckt in: NJW 2000, 349 = NZG 2000, 192 [194] = ZIP 1999, 1798; *Kuthe/Geiser*, NZG 2008, 172 [174 f].

1212 Vgl *Lange*, in: MünchKomm HGB³, § 289 a, Rn 17, zu Fällen, in denen der Bestätigungsvermerk des Abschlussprüfers eingeschränkt oder gar ganz versagt werden kann.

1213 *Kuthe/Geiser*, NZG 2008, 172 [173]; aA: *Lange*, in: MünchKomm HGB³, § 289 a, Rn 18, wonach auch inhaltliche Fehler der Erklärung zur Anfechtung der Entlastungsbeschlüsse führen können, sofern es sich hierbei um „wesentliche Angaben" handelt, die für die Entlastungsentscheidung des Aktionärs von Bedeutung sind.

einen schwerwiegenden und eindeutigen Gesetzes- oder Satzungsverstoß darstellt.[1214] Von Eindeutigkeit kann jedoch nur ausgegangen werden, wenn die Rechtslage eindeutig ist, was aufgrund der unbestimmten Rechtsbegriffe „Unternehmensführungspraktiken“ und „relevant“ im Hinblick auf die zu machenden Angaben ohne höchstrichterliche Rechtsprechung kaum denkbar ist.

hh) Ziff. 3.10 DCGK – Corporate Governance Bericht

(1) Abgrenzung zu § 289 a HGB

Neben den drei in § 289 a Abs. 2 HGB genannten Elementen – Entsprechenserklärung, relevante Angaben zu Unternehmensführungspraktiken und Beschreibung der Arbeitsweise von Vorstand und Aufsichtsrat sowie der Zusammensetzung und Arbeitsweise von deren Ausschüssen – haben börsennotierte Gesellschaften noch weitere Angaben zu machen, die in den sog. Corporate Governance Bericht iS von Ziff. 3.10 DCGK[1215] aufzunehmen und im Zusammenhang mit der Erklärung gemäß § 289 a HGB[1216] zu veröffentlichen sind.[1217] 774

Ob es über die nachfolgend genannten „ausdrücklichen“ Berichtsinhalte hinaus noch Informationen gibt, die in den Corporate Governance Bericht aufzunehmen sind, dürfte nach Inkrafttreten des BilMoG und somit auch von § 289 a HGB in 2009 fraglich geworden sein. Zwar soll im Corporate Governance Bericht über die „Governancesituation insgesamt“ berichtet werden. Es wird jedoch zugestanden, dass der konkrete Berichtsinhalt im Ermessen der Verwaltungsmitglieder liegt.[1218] Hinzu kommt, dass seit der jüngsten Änderung von Ziff. 3.10 DCGK am 13.5.2013 nicht mehr von einem Bericht über die Corporate Governance des „Unternehmens“ die Rede ist, wobei diese Bezeichnung in Abgrenzung zu derjenigen der „Gesellschaft“ die Konzerndimensionalität des Berichts verdeutlichte. Verstünde man diese Streichung als inhaltliche Änderung iS einer Einschränkung,[1219] wäre ein wesentlicher Unterschied zwischen Corporate Governance Bericht und Erklärung zur Unternehmensführung aufgehoben. Dies hätte eine erhebliche Einschränkung des Berichtsinhalts zur Folge. 775

(2) Konkreter Mindestinhalt des Berichts

Ziff. 5.4.1 Abs. 3 Satz 2 DCGK empfiehlt, dass die Zielsetzung des Aufsichtsrats im Hinblick auf die in Ziff. 5.4.1 Abs. 2 DCGK erwähnten Kriterien und der Stand der Umsetzung im Corporate Governance Bericht veröffentlicht werden sollen. Ob diese Kodex-Empfehlung dahin gehend zu verstehen ist,[1220] dass unabhängige Aufsichtsratmitglieder namentlich zu 776

1214 Hierzu BGH, Urt. v. 10.7.2012 – II ZR 48/11 („Fresenius“), abgedruckt in: NZG 2012, 1064 [1064]; BGH, Urt. v. 18.10.2004 – II ZR 250/02 („Thyssen Krupp“), abgedruckt in: BGHZ 160, 385 [388] = NZG 2005, 77 = NJW 2005, 828 = ZIP 2004, 2428; BGH, Urt. v. 25.11.2002 – II ZR 133/01, abgedruckt in: BGHZ 153, 47 [51] = NZG 2003, 280 = NJW 2003, 1032 = ZIP 2003, 387.

1215 Die Bezeichnung „Corporate Governance Bericht“ wird seit der Fassung des DCGK vom 2.6.2005 verwendet; zur rechtspolitischen Forderung, diesen Bericht in der Erklärung nach § 289 a HGB aufgehen zu lassen, vgl *Bachmann*, AG 2012, 565 [568 mwN].

1216 Bis zur Kodex-Revision v. 15.5.2012 lautete die Empfehlung noch dahingehend, dass im Geschäftsbericht über die Corporate Governance Bericht des Unternehmens berichtet werden soll, vgl hierzu *v. Werder/Bartz*, DB 2012, 1733 [1734]; *Klein*, AG 2012, 805 [813].

1217 Da bis zur Änderung des DCGK am 13.5.2013 der Corporate Governance Bericht im Geschäftsbericht veröffentlicht werden sollte, stellt die Neuregung, wonach eine Veröffentlichung „im Zusammenhang“ mit der Erklärung zur Unternehmensführung empfohlen wird, eine Flexibilisierung der Publikationspflicht dar, vgl *Bredol/Schäfer*, NZG 2013, 568 [569].

1218 *V. Werder*, Ringleb/Kremer/Lutter/v. Werder, DCGK[4], Nr. 3.10, Rn 539 a.

1219 *Ringleb/Kremer/Lutter/v. Werder*, NZG 2012, 1081 [1084], geben hierüber keinen Aufschluss; vgl auch *Bredol/Schäfer*, NZG 2013, 568 [571].

1220 In diesem Sinne *Roth*, WM 2012, 1985 [1988].

benennen sind, dürfte zweifelhaft sein. Denn die einzelnen Ziele, die in Ziff. 5.4.1 Abs. 2 DCGK genannt sind, beziehen sich immer nur auf den Aufsichtsrat als Organ, nicht jedoch auf dessen einzelne Mitglieder als Organwalter. Es ist nicht von öffentlichem Interesse, welches Mitglied des Aufsichtsrats unabhängig ist, sondern nur, wie viele von ihnen im Vergleich zu den selbst gesetzten Zielen.

777 Ziff. 6.3 DCGK[1221] empfiehlt, dass über die gesetzliche Pflicht zur unverzüglichen Mitteilung und Veröffentlichung von Geschäften in Aktien der Gesellschaft hinaus der Besitz von Aktien der Gesellschaft oder sich darauf beziehender Finanzinstrumente in der Hand von Vorstands- und Aufsichtsratsmitgliedern angegeben werden soll, wenn er direkt oder indirekt größer als 1% der von der Gesellschaft ausgegebenen Aktien ist. Übersteigt der Gesamtbesitz aller Vorstands- und Aufsichtsratsmitglieder 1% der von der Gesellschaft ausgegeben Aktien soll der Gesamtbesitz getrennt nach Vorstand und Aufsichtsrat im Corporate Governance Bericht angegeben werden.

778 Nach Ziff. 7.1.3 DCGK soll der Corporate Governance Bericht konkrete Angaben über Aktienoptionsprogramme und ähnliche wertpapierorientierte Anreizsysteme der Gesellschaft enthalten, soweit diese Angaben nicht bereits im Jahresabschluss, Konzernabschluss oder Vergütungsbericht gemacht werden.

779 Schließlich „sollte" gemäß Ziff. 3.10 Satz 2 DCGK im Rahmen des Berichts auch zu den Anregungen im Kodex Stellung genommen werden. Hierbei handelt es sich somit selbst nur um eine Anregung und nicht etwa um eine Empfehlung.[1222]

ii) § 15 a Abs. 3 InsO

780 Im Fall der Führungslosigkeit einer AG oder eG, also immer dann, wenn kein Vorstand vorhanden ist, ist auch jedes Mitglied des Aufsichtsrats verpflichtet, ohne schuldhaftes Zögern, spätestens aber drei Wochen nach Eintritt der Zahlungsunfähigkeit[1223] oder Überschuldung,[1224] einen Insolvenzantrag zu stellen.[1225] Unterlässt es dies, macht es sich regelmäßig wegen sog. Insolvenzverschleppung schadensersatzpflichtig,[1226] nicht selten auch strafbar.[1227]

781 Anders verhält es sich, wenn zwar Vorstandsmitglieder bestellt sind, diese sich jedoch zu Unrecht weigern, Insolvenz zu beantragen. In solchen Fällen wird der Aufsichtsrat regelmäßig keine andere Möglichkeit haben, als die Vorstandsmitglieder gemäß § 84 Abs. 3 AktG aus wichtigem Grund abzuberufen, wodurch deren Amt gemäß § 84 Abs. 3 Satz 4 AktG unmittelbar endet, und mindestens ein Mitglieder aus seiner Mitte gemäß § 105 Abs. 2 AktG zum Interimsvorstand zu bestellen, damit dieses den erforderlichen Antrag stellt.

jj) § 204 Abs. 1 AktG

782 Schließlich ist noch das Mitwirkungsrecht des Aufsichtsrats bei der Festlegung des Inhalts der Aktienrechte und der Bedingungen der Aktienausgabe unter Ausnutzung genehmigten Kapitals[1228] zu erwähnen. Zwar entscheidet der Vorstand hierüber. Dessen Entscheidung bedarf jedoch der Zustimmung des Aufsichtsrats. Entsprechendes gilt für die Entscheidung des

1221 Ziff. 6.6 bis zur Fassung des DCGK vom 13.5.2013.

1222 Zur Aufwertung dieser Anregung von einer „Kann"- und eine"Sollte"-Anregung im Zuge des Kodexrevision v. 15.5.2012, vgl nur *v. Werder/Bartz*, DB 2012, 1733 [1733].

1223 § 17 Abs. 2 InsO; vgl *Leithaus*, in: Andres/Leithaus, InsO, § 17, Rn 2.

1224 § 19 Abs. 2 InsO; vgl *Leithaus*, in: Andres/Leithaus, InsO, § 19, Rn 4 ff.

1225 § 15 a Abs. 3 iVm Abs. 1 Satz 1 InsO.

1226 § 823 Abs. 2 BGB iVm § 15 a Abs. 1 u. Abs. 3 InsO.

1227 § 15 a Abs. 4 u. Abs. 5 InsO.

1228 § 204 Abs. 1 Satz 2 Hs 1 AktG.

Vorstands über den Ausschluss des Bezugsrechts der Altaktionäre,[1229] sofern der Ermächtigungsbeschluss der Hauptversammlung dem Vorstand eine Entscheidung hierüber zubilligt.

kk) § 124 Abs. 3 S 1 u. 2 AktG

Gemeinsam mit dem Vorstand hat der Aufsichtsrat gemäß § 124 Abs. 3 Satz 1 AktG zu jedem Gegenstand der Tagesordnung, über den die Hauptversammlung beschließen soll, in der Bekanntmachung Vorschläge zur Beschlussfassung zu machen. Eines Vorschlags bedarf es nicht, wenn die Hauptversammlung gemäß § 6 Montan-MitbestG an Wahlvorschläge gebunden ist oder der Tagesordnungspunkt nicht von der Verwaltung stammt, sondern auf ein Minderheitsverlangen iS von § 122 Abs. 2 AktG hin aufgenommen wurde, § 124 Abs. 3 Satz 3 AktG. Über die Beschlussvorschläge entscheiden beide Organe getrennt voneinander durch Beschluss, vgl § 108 Abs. 1 AktG,[1230] wobei für den Aufsichtsrat kein Delegationsverbot iS von § 107 Abs. 3 Satz 2 AktG besteht.[1231] 783

Eine Ausnahme von dem Grundsatz, dass die Verwaltung – Vorstand und Aufsichtsrat – den Aktionären gemeinsame Beschlussvorschläge macht, besteht gemäß § 124 Abs. 3 Satz 1 AktG für die Wahl von Aufsichtsratsmitgliedern (dazu Rn 67 ff) und Prüfern, also Jahres- und Konzernabschluss- sowie Sonderprüfern. Diesbezüglich hat nur der Aufsichtsrat der Hauptversammlung Vorschläge zu unterbreiten. 784

Zum Teil wird der Zweck der Beschlussvorschläge darin gesehen, die Aktionäre zusammen mit der Mitteilung der Tagesordnungspunkte rechtzeitig und sachgemäß zu informieren, damit sie entscheiden können, ob eine Teilnahme an der Hauptversammlung für sie sinnvoll ist, und damit sie sich auf diese rechtzeitig vorbereiten und ihre Rechte sinnvoll ausüben können.[1232] Andere stellen darauf ab, dass mittels der Beschlussvorschläge die einzelnen Tagesordnungspunkte konkretisiert und ausgelegt werden können, wodurch die Aktionäre vor Überraschungen geschützt würden.[1233] 785

Gemäß § 124 Abs. 3 Satz 2 AktG ist bei kapitalmarktorientierten Gesellschaften iS von § 264 d HGB der Vorschlag des Aufsichtsrats zur Wahl des Abschlussprüfers auf die Empfehlung des Prüfungsausschusses zu stützen. Für börsennotierte Gesellschaften empfiehlt Ziff. 5.4.3 Satz 3 DCGK zudem, dass Kandidatenvorschläge für den Aufsichtsratsvorsitz bekannt gemacht werden. Auch die Empfehlungen in Ziff. 5.4.1 Abs. 2 u. Abs. 3 DCGK (dazu Rn 54 ff) beziehen sich auf die Beschlussvorschläge des Aufsichtsrats zur Wahl von Aufsichtsratsmitgliedern. 786

Die Hauptversammlung darf von Beschlussvorschlägen der Verwaltung in einem gewissen Maße abweichen.[1234] Auch die Verwaltung selbst darf davon absehen, ihren Beschlussvorschlag als Antrag in der Hauptversammlung einzubringen.[1235] Sie darf auch von ihren veröffentlichten Vorschlägen abweichen, wenngleich die Voraussetzungen hierfür umstritten sind. Unzweifelhaft darf sie bei Abweichungen nicht missbräuchlich handeln. Zum Teil wird als Grenze, innerhalb derer Abweichungen als zulassig erachtet werden, lediglich § 124 Abs. 4 787

1229 Vgl § 204 Abs. 1 Satz 2 Hs 2 iVm § 203 Abs. 3 iVm § 186 Abs. 4 AktG.

1230 Hüffer, AktG, § 124, Rn 7; *Ziemons*, in: K. Schmidt/Lutter, § 124, Rn 17.

1231 Vgl nur *Ziemons*, in: K. Schmidt/Lutter, AktG, § 124, Rn 17; *Kocher*, AG 2013, 406 [406 mwN].

1232 BGH, Urt. v. 25.11.2002 – II ZR 49/01, abgedruckt in: BGHZ 153, 32 [36] = NZG 2003, 216 = AG 2003, 319 = ZIP 2003, 290; Hüffer, AktG, § 124, Rn 1; *Drinhausen*, in: Hölters, AktG, § 124, Rn 14.

1233 Vgl *Kubis*, in: MünchKomm AktG^3, § 124, Rn 46; *Rieckers*, in: Spindler/Stilz, AktG, § 124, Rn 51; *Kocher*, AG 2013, 406 [407].

1234 Vgl hierzu mit konkreten Beispielen *Kocher*, AG 2013, 406 [408 ff].

1235 *Kubis*, in: MünchKomm AktG^3, § 124, Rn 44; *Ziemons*, in: K. Schmidt/Lutter, AktG, § 124, Rn 19; *Kocher*, AG 2013, 406 [410].

AktG genannt.[1236] Andere stellen weitere Voraussetzungen auf wie zB das Vorliegen eines sachlichen Grundes oder eine wesentliche Änderung der Umstände.[1237] Um ein etwaiges Anfechtungsrisiko auszuschließen, sollte die Verwaltung von der Möglichkeit Gebraucht machen, ihren Vorschlag ersatzlos zurückzuziehen und auf einen Aktionärsvorschlag hinzuwirken, der ihren jüngsten Vorstellungen entspricht, weil ein entsprechender Hauptversammlungbeschluss dem Unternehmenswohl mehr dient als ein solcher auf der Grundlage ihres ursprünglich kundgetanen Beschlussvorschlags.[1238]

788 Welche Rechtsfolgen Verstöße gegen § 124 Abs. 3 AktG haben, ist umstritten. Während der BGH, soweit ersichtlich, Hauptversammlungsbeschlüsse stets für anfechtbar hält, die nach fehlerhaften Beschlussvorschlägen gefasst wurden,[1239] lehnen Stimmen in der Literatur dies ab und fordern unter Verweis auf die Unterschiede zwischen Tagesordnungspunkt und Beschlussvorschlag eine Prüfung des jeweiligen Einzelfalls.[1240]

ll) § 27 WpÜG

789 Gemäß § 27 Abs. 1 Satz 1 WpÜG hat der Aufsichtsrat[1241] einer Zielgesellschaft iS von § 2 Abs. 3 WpÜG – vor allem einer AG oder KGaA mit Sitz in Deutschland, deren Aktien zum Handel an einem organisierten Markt zugelassen sind[1242] – neben[1243] dem Vorstand eine eigene[1244] begründete Stellungnahme zu dem Angebot iS von § 2 Abs. 1 WpÜG – freiwilliges oder aufgrund einer Verpflichtung nach dem WpÜG erfolgendes öffentliches Kauf- oder Tauschangebot zum Erwerb von Wertpapieren der Zielgesellschaft – sowie zu jeder seiner Änderungen abzugeben.[1245] Diese Verpflichtung, deren Verletzung eine Ordnungswidrigkeit gemäß § 60 Abs. 1 Nr. 1 lit. b) WpÜG darstellt, fungiert bei dem Versuch einer feindlichen Übernahme als wichtige „Abwehrwaffe“[1246] der Verwaltung, so dass die Verpflichtung in diesem Fall wie ein Recht wirkt. Die Stellungnahme muss gemäß § 27 Abs. 1 Satz 2 WpÜG insbesondere eingehen auf Art und Höhe der angebotenen Gegenleistung,[1247] die vornehmlich in Geld oder bei Tauschangeboten in Aktien besteht, voraussichtliche Folgen eines er-

1236 OLG Hamm, Beschl. v. 28.2.2005 – 8 W 6/05, abgedruckt in: AG 2005, 361 [363] = DB 2005, 2236 = BeckRS 2005, 04157; *Rieckers*, in: Spindler/Stilz, AktG, § 124, Rn 26; *Reger*, in: Bürgers/Körber, AktG, § 124, Rn 23; *Noack/Zetzsche*, in: KölnKomm AktG, § 124, Rn 62; *Kocher*, AG 2013, 406 [410 mwN].

1237 OLG Stuttgart, Urt. v. 21.12.1993 – 10 U 48/93, abgedruckt in: AG 1994, 411 = ZIP 1995, 1515 [1522]; Hüffer, AktG, § 124, Rn 12; *Kubis*, in: MünchKomm AktG^3, § 124, Rn 45; *Ziemons*, in: K. Schmidt/Lutter, AktG, § 124, Rn 18 u. 63; *Drinhausen*, in: Hölters, AktG, § 124, Rn 22.

1238 *Kocher*, AG 2013, 406 [410].

1239 BGH, Urt. v. 25.11.2002 – II ZR 49/01, abgedruckt in: NZG 2003, 216 = AG 2003, 319 = ZIP 2003, 290; BGH, Urt. v. 12.11.2001 – II ZR 225/99, abgedruckt in: NJW 2002, 1128 = NZG 2002, 130 = AG 2002, 241 = ZIP 2002, 172.

1240 *Noack/Zetzsche*, in: KölnKomm AktG, § 124, Rn 88 ff; *Kocher*, AG 2013, 406 [412].

1241 Zunächst sollte nur der Vorstand zur Stellungnahme verpflichtet werden; die Ausdehnung dieser Verpflichtung auf den Aufsichtsrat erfolgte erst auf die Beschlussempfehlung des Finanzausschusses des Deutschen Bundestages, vgl BT-Drucks. 14/7477, S. 22 f S. 52 f; zur besonderen Bedeutung der Stellungnahme des Aufsichtsrats bei einem Management Buy-out (MBO), vgl *Krause/Pötzsch*, in: Assmann/Pötzsch/Schneider, WpÜG, § 27, Rn 41 mwN; *Schiessl*, ZGR 2003, 814 [829].

1242 Vgl hierzu *Bihr/Blättchen*, BB 2009, 1285 [1286].

1243 Vorstand und Aufsichtsrat können eine gemeinsame Stellungnahme, aber auch voneinander getrennte Stellungnahmen abgeben, vgl BT-Drucks. 14/7034, S. 52 u. BT-Drucks. 14/7477, S. 53.

1244 Der Aufsichtsrat darf sich nach entsprechender Kontrolle nicht bloß der Stellungnahme des Vorstands anschließen, vgl *Krause/Pötzsch*, in: Assmann/Pötzsch/Schneider, WpÜG, § 27, Rn 48; *Schiessl*, ZGR 2003, 814 [829].

1245 Hierzu: *Krause/Pötzsch*, in: Assmann/Pötzsch/Schneider, WpÜG, § 27, Rn 93 ff, wonach nicht nur zu den Änderungen selbst Stellung zu nehmen ist, sondern auch zu Gesichtspunkten der ursprünglich veröffentlichten Stellungnahme, die durch die Änderungen berührt werden.

1246 *Krause*, NJW 2002, 705 [711].

1247 Ausführlich hierzu: *Krause/Pötzsch*, in: Assmann/Pötzsch/Schneider, WpÜG, § 27, Rn 61 ff.

folgreichen Angebots (insbesondere Beschäftigungsbedingungen und Standorte der Zielgesellschaft),[1248] vom Bieter verfolgte Ziele[1249] sowie auf die Absicht der Mitglieder von Vorstand und Aufsichtsrat, soweit sie Inhaber von Wertpapieren der Zielgesellschaft sind, das Angebot anzunehmen.[1250] Gemäß § 27 Abs. 3 WpÜG haben Vorstand und Aufsichtsrat der Zielgesellschaft die Stellungnahme unverzüglich nach Übermittlung der Angebotsunterlage und deren Änderungen durch den Bieter zu veröffentlichen und gleichzeitig dem zuständigen Betriebsrat oder, sofern ein solcher nicht besteht, unmittelbar den Arbeitnehmern zu übermitteln. Vorstand und Aufsichtsrat der Zielgesellschaft haben darüber hinaus der BaFin unverzüglich[1251] die Veröffentlichung ihrer Stellungnahmen im elektronischen Bundesanzeiger (§ 14 Abs. 3 Satz 1 Nr. 2 WpÜG) mitzuteilen.

Die Stellungnahme der Verwaltungbildet das Gegenstück zur Angebotsunterlage des Bieters, 790
welche die gemäß § 11 WpÜG sowie § 2 WpÜG-AngVO erforderlichen Angaben enthalten muss, und schafft für die Angebotsadressaten, die (Kommandit-) Aktionäre der Zielgesellschaft, durch Rede und Gegenrede eine ausgewogene Entscheidungsgrundlage.[1252] Die Verfahrensregelungen des § 27 Abs. 3 WpÜG sichern die hinreichende Verbreitung der unter anderem von der Verwaltung der Zielgesellschaft ausgehenden Informationen und erleichtern der BaFin die Überwachung der Einhaltung der Verpflichtungen aus § 27 Abs. 1 WpÜG.[1253] Die Verpflichtungen der Verwaltung aus § 27 WpÜG insgesamt stehen neben der Unterlassungspflicht aus § 33 WpÜG, sog. übernahmerechtliches Verhinderungsverbot, was sich schon daraus ergibt, dass § 33 WpÜG nur den Vorstand, nicht aber auch den Aufsichtsrat adressiert. Dessen einzige Aufgabe im Zusammenhang mit diesem Verbot besteht gemäß Abs. 2 Satz 4 darin, im Fall einer Ermächtigung des Vorstands durch die Hauptversammlung zur Vornahme von Abwehrmaßnahmen seine Zustimmung hierfür zu erteilen oder zu verweigern. Wenn die Verwaltung die Voraussetzungen von § 27 WpÜG erfüllt, entspricht sie auch der Empfehlung in Ziff. 3.7 DCGK, die zudem nur für Übernahmeangebote gilt, nicht auch für einfache Erwerbs- und Pflichtangebote.[1254]

Die Stellungnahme iS von Abs. 1 erfordert eine Beurteilung des Angebots einschließlich Be- 791
gründung,[1255] wobei die Organmitglieder von ihrer organschaftlichen Verschwiegenheitspflicht (dazu Rn 832 ff) nicht entbunden sind.[1256] Eine reine Wiedergabe von Fakten oder Auflistung von Argumenten genügt nicht.[1257] Die Stellungnahme muss zudem grundsätzlich auch eine Handlungsempfehlung – Annahme oder Ablehnung des Angebots – umfassen,[1258] die aufgrund von Vor- und Nachteilen des Angebots herauszuarbeiten ist, die wiederum

1248 Ausführlich hierzu: *Krause/Pötzsch*, in: Assmann/Pötzsch/Schneider, WpÜG, § 27, Rn 74 ff; zur Frage, ob die Mitglieder von Vorstand und Aufsichtsrat nach erfolgreichem Angebot beabsichtigen, ihre Ämter fortzuführen, vgl auch *Ekkenga/Hofschroer*, DStR 2002, 724 [728].

1249 Hierzu: *Krause/Pötzsch*, in: Assmann/Pötzsch/Schneider, WpÜG, § 27, Rn 82.

1250 Ausführlich hierzu: *Krause/Pötzsch*, in: Assmann/Pötzsch/Schneider, WpÜG, § 27, Rn 83 ff, auch zur Vergleichbarkeit der Erwägungen mit denjenigen, die Grundlage der Verpflichtung zur Offenlegung von directors' dealings gemäß § 15 a WpHG sind.

1251 Vgl hierzu: OLG Frankfurt aM, Beschl. v. 22.4.2003 – WpÜG-OWi 3/02, abgedruckt in: NZG 2003, 638 = ZIP 2003, 2117, wonach eine Mitteilung innerhalb von drei Tagen nach Veröffentlichung der Stellungnahme noch rechtzeitig ist, eine Mitteilung eine Woche nach der Veröffentlichung hingegen nicht.

1252 *Krause/Pötzsch*, in: Assmann/Pötzsch/Schneider, WpÜG, § 27, Rn 4 mwN; *Seibt*, FS Hoffmann-Becking, 2013, S. 1119 [1131 mwN].

1253 *Krause/Pötzsch*, in: Assmann/Pötzsch/Schneider, WpÜG, § 27, Rn 6.

1254 *Krause/Pötzsch*, in: Assmann/Pötzsch/Schneider, WpÜG, § 27, Rn 17.

1255 Vgl *Krause/Pötzsch*, in: Assmann/Pötzsch/Schneider, WpÜG, § 27, Rn 44 mwN.

1256 Näheres hierzu bei: *Krause/Pötzsch*, in: Assmann/Pötzsch/Schneider, WpÜG, § 27, Rn 50 f.

1257 *Krause/Pötzsch*, in: Assmann/Pötzsch/Schneider, WpÜG, § 27, Rn 30.

1258 Vgl Begr. RegE, BT-Drucks. 14/7034, S. 52; Näheres hierzu bei: *Krause/Pötzsch*, in: Assmann/Pötzsch/Schneider, WpÜG, § 27, Rn 90 ff.

nach sachlicher Bedeutung zu gewichten und gegeneinander abzuwägen sind. Maßstab für die Beurteilung des Angebots durch die Verwaltung ist gemäß § 3 Abs. 3 WpÜG das Gesellschaftsinteresse[1259] iSd Interesses der Körperschaft, das die Interessen der Stakeholder umfasst und nicht bloß dem Gedanken des Shareholder Value gerecht wird.[1260] Eigeninteressen der Mitglieder der Verwaltung haben hingegen unberücksichtigt zu bleiben.[1261] Bei der Beurteilung des Gesellschaftsinteresses haben Vorstand und Aufsichtsrat einen weiten Spielraum.[1262] Die Befangenheit einzelner Organmitglieder aufgrund von Interessenkonflikten durch zu ihren Gunsten abgegebene Anreizversprechen,[1263] Leistungszusagen für den Fall des Kontrollwechsels aufgrund einer Übernahme[1264] u.a. ist darzulegen,[1265] wenngleich hiervor zumeist nur Vorstandsmitglieder betroffen sind.[1266] Ob Vorstand und Aufsichtsrat der Zielgesellschaft Abwehrmaßnahmen planen, muss zur Wahrung der „Waffengleichheit" nicht mitgeteilt werden.[1267]

792 Der Aufsichtsratsvorsitzende wird regelmäßig eine außerordentliche Aufsichtsratssitzung zur Erarbeitung der Stellungnahme iS von § 27 Abs. 1 WpÜG nach Zuleitung der Angebotsunterlage durch den Vorstand an ihn[1268] oder bereits davor[1269] einberufen müssen, um der geforderten Unverzüglichkeit iS von § 121 BGB – in der Regel gilt hierfür eine Obergrenze von zwei Wochen[1270] – der Veröffentlichung seiner Stellungnahme gemäß § 27 Abs. 3 Satz 1 WpÜG nachkommen zu können.[1271] Sollte der Aufsichtsrat einen Ausschuss für Erwerbs- und Übernahmesituationen mit abschließender Entscheidungsbefugnis eingesetzt haben, müsste dieser unverzüglich einberufen werden.[1272]

793 Grundsätzlich werden Vorstand und Aufsichtsrat für ihre Stellungnahme im Hinblick auf die Angemessenheit der Gegenleistung, vgl § 27 Abs. 1 Satz 2 Nr. 1 WpÜG, auf externen Rat in Form einer fairness oder inadequacy opinion angewiesen sein.[1273]

794 Fraglich ist, ob über den Wortlaut von § 27 Abs. 1 Satz 1 WpÜG hinaus eine ursprünglich zutreffende und vollständige Stellungnahme zu korrigieren ist, wenn sie nachträglich vor Ab-

1259 *Krause/Pötzsch*, in: Assmann/Pötzsch/Schneider, WpÜG, § 27, Rn 33 mwN.

1260 Vgl Begr. RegE, BT-Drucks. 14/7034, S. 35 u. S. 52.

1261 *Krause/Pötzsch*, in: Assmann/Pötzsch/Schneider, WpÜG, § 27, Rn 33 mwN.

1262 Vgl OLG Düsseldorf, Beschl. v. 16.1.2004 – I-16 W 63/03, abgedruckt in: AG 2004, 207 = WM 2004, 728 [732].

1263 *Krause/Pötzsch*, in: Assmann/Pötzsch/Schneider, WpÜG, § 27, Rn 58 mwN; *Fleischer*, NZG 2006, 561 [565].

1264 *Krause/Pötzsch*, in: Assmann/Pötzsch/Schneider, WpÜG, § 27, Rn 58 mwN; *Dreher*, AG 2002, 214 [220 f].

1265 *Krause/Pötzsch*, in: Assmann/Pötzsch/Schneider, WpÜG, § 27, Rn 37, 58; *Dreher*, AG 2002, 214 [220 f].

1266 Vgl *Dreher*, AG 2002, 214 [220].

1267 *Krause/Pötzsch*, in: Assmann/Pötzsch/Schneider, WpÜG, § 27, Rn 59 m. Nachw. auch für die Gegenansicht.

1268 Offenbleiben kann insofern, ob sich die Verpflichtung des Vorstands zur Weiterleitung der Angebotsunterlage an den Aufsichtsratsvorsitzenden aus § 90 Abs. 1 Satz 3 AktG oder einer entsprechenden Anwendung von § 14 Abs. 4 Satz 2 WpÜG herleitet.

1269 Aufgrund der Verpflichtung des Bieters zur Veröffentlichung seiner Entscheidung zur Abgabe eines Angebots im Internet gemäß § 10 Abs. 3 WpÜG weiß der Aufsichtsratsvorsitzende der Zielgesellschaft ggf sogar schon vor der Zuleitung der Angebotsunterlage über deren baldigen Zugang Bescheid.

1270 Vgl OLG Frankfurt, Beschl. v. 8.12.2005 – WpÜG-OWi 1/05, abgedruckt in: AG 2006, 207 = ZIP 2006, 428 [429] = BeckRS 2007, 00988; allgemeine zur Zwei-Wochen-Frist: *Heinrichs*, in: Palandt, BGB, § 121, Rn 3.

1271 *Krause/Pötzsch*, in: Assmann/Pötzsch/Schneider, WpÜG, § 27, Rn 39 mwN.

1272 Zur Zulässigkeit der Delegation, vgl *Krause/Pötzsch*, in: Assmann/Pötzsch/Schneider, WpÜG, § 27, Rn 40 mwN; *Seibt*, DB 2002, 529 [531].

1273 Für eine grundsätzliche Pflicht der Verwaltungsorgane zur Einholung von externem Expertenrat in dieser Frage: *Krause/Pötzsch*, in: Assmann/Pötzsch/Schneider, WpÜG, § 27, Rn 49 m. Nachw. auch für die Gegenansicht.

lauf der Annahmefrist aufgrund Änderung wesentlicher[1274] Umstände unzutreffend oder unvollständig wird.[1275] Mit dem Zweck der Vorschrift, den (Kommandit-) Aktionären der Zielgesellschaft eine Entscheidung „in Kenntnis der Sachlage" iS von § 3 Abs. 2 WpÜG zu ermöglichen, und dem Vergleich zur Angebotsunterlage als Pendant zur Stellungnahme der Verwaltung, die der Bieter bis zum Ende der Annahmefrist aktualisieren muss, wird man die Frage bejahen können.[1276] Sollte die Verwaltung eine solche Aktualisierung unterlassen, kann hierin aufgrund des straf- und ordnungswidrigkeitsrechtlichen Analogierverbots jedoch keine Ordnungswidrigkeit liegen.[1277]

Neben der Anordnung der BaFin zur Beseitigung oder Verhinderung von Missständen ge- **795** mäß § 4 Abs. 1 Satz 3 WpÜG kommt bei Verstöße gegen die Verpflichtungen aus § 27 WpÜG eine Verhängung von Geldbußen nach § 60 Abs. 3 WpÜG in Betracht.[1278]

Umstritten ist, ob und ggf in welcher Form sowie auf welcher Grundlage die Mitglieder von **796** Vorstand und Aufsichtsrat wegen Verletzung ihrer Pflicht zur Stellungnahme gemäß § 27 Abs. 1 WpÜG gegenüber den (Kommandit-) Aktionären haften. Während § 12 WpÜG die Haftung für unrichtige oder unvollständige Angebotsunterlagen regelt, gibt es für fehlerhafte, unvollständige oder anderweitig von den gesetzlichen Vorgaben abweichende Stellungnahmen keine Haftungsnormen.[1279] § 27 AktG ist auch kein Schutzgesetz iS von § 823 Abs. 2 BGB.[1280] Aufgrund dessen dürfte im Ergebnis allenfalls eine Haftung aus § 117 AktG – neben derjenigen aus § 826 BGB[1281] – in Betracht kommen, an die jedoch hohe Anforderungen zu stellen sind, insbesondere im Hinblick auf Verschulden und ersatzfähigen Schaden.[1282] Gegenüber der Zielgesellschaft haften Vorstand und Aufsichtsrat gemäß § 93 Abs. 2 Satz 1 (iVm § 116 Satz 1) AktG, sofern dieser durch die fehlerhafte Stellungnahme ein Schaden entstanden ist, was eine vorherige Inanspruchnahme durch geschädigte Wertpapierinhaber erfordert, da § 27 WpÜG kapitalmarktrechtlichen und keinen gesellschaftsrechtlichen Charakter hat.[1283] Schließlich kommen Ansprüche des Bieters gegen die Mitglieder von Vorstand und Aufsichtsrat der Zielgesellschaft aus § 826 BGB in Betracht, was jedoch eine vorsätzlich falsche oder unvollständige Stellungnahme voraussetzt.[1284]

1274 Hierzu: *Krause/Pötzsch*, in: Assmann/Pötzsch/Schneider, WpÜG, § 27, Rn 99; *Seibt/Wunsch*, Der Konzern 2009, 195 [210 f].

1275 Eine Pflicht zur Aktualisierung der Stellungnahme zumindest für Angaben von wesentlicher Bedeutung bejahend: *Krause/Pötzsch*, in: Assmann/Pötzsch/Schneider, WpÜG, § 27, Rn 97.

1276 Vgl *Krause/Pötzsch*, in: Assmann/Pötzsch/Schneider, WpÜG, § 27, Rn 97; *Seibt/Wunsch*, Der Konzern 2009, 195 [210].

1277 *Krause/Pötzsch*, in: Assmann/Pötzsch/Schneider, WpÜG, § 27, Rn 98.

1278 Näheres hierzu: *Krause/Pötzsch*, in: Assmann/Pötzsch/Schneider, WpÜG, § 27, Rn 135 ff.

1279 Näheres hierzu: *Krause/Pötzsch*, in: Assmann/Pötzsch/Schneider, WpÜG, § 27, Rn 139 ff; vgl auch *Friedl*, NZG 2004, 448 [453], zur diesbezüglichen Anwendbarkeit der Grundsätze zur allgemeinen zivilrechtlichen Prozesshaftung.

1280 *Krause/Pötzsch*, in: Assmann/Pötzsch/Schneider, WpÜG, § 27, Rn 150 mwN auch für die Gegenansicht; *Friedl*, NZG 2004, 448 [450].

1281 Vgl *Krause/Pötzsch*, in: Assmann/Pötzsch/Schneider, WpÜG, § 27, Rn 153 f.

1282 Vgl *Krause/Pötzsch*, in: Assmann/Pötzsch/Schneider, WpÜG, § 27, Rn 146 f; *Friedl*, NZG 2004, 448 [450].

1283 *Krause/Pötzsch*, in: Assmann/Pötzsch/Schneider, WpÜG, § 27, Rn 155 mwN.

1284 *Krause/Pötzsch*, in: Assmann/Pötzsch/Schneider, WpÜG, § 27, Rn 156 ff, 161.

f) Zustimmungsvorbehalte als Sonderfall der Überwachung

aa) Zweck und Kompetenz

797 Der Aufsichtsrat einer AG, KGaA oder mitbestimmten GmbH[1285] kann als Kollektivorgan[1286] gemäß § 111 Abs. 4 Satz 2 AktG bestimmen, dass bestimmte Arten von Geschäften – oder auch bedeutsame oder besonders risikoreiche Einzelgeschäfte, wenn der Aufsichtsrat keine andere Möglichkeit sieht, eine von ihm als unvertretbar angesehene Maßnahme zu verhindern[1287] – nur mit seiner Zustimmung vorgenommen werden dürfen. Auf diese Weise kann er das Verhalten des Vorstands, der persönlich haftenden Gesellschafter bzw der Geschäftsführer bei derartigen Geschäften von seinem Willen abhängig machen.[1288] Der Aufsichtsrat ist somit nicht darauf angewiesen, dass der Vorstand der Empfehlung in Ziff. 5.1.1 DCGK entspricht, wonach der Aufsichtsrat in Entscheidungen von grundlegender Bedeutung für das Unternehmen einzubinden ist. Durch die Möglichkeit zur autonomen Begründung derartiger Zustimmungsvorbehalte soll dem Aufsichtsrat die präventive Überwachung der Geschäftsführung erleichtert werden.[1289]

798 Zustimmungsvorbehalte können aber auch bewirken, dass die AG ihre Stimmrechte aus ihren Aktien, die sie an einer anderen AG (Untergesellschaft) hält, ausüben kann und keinem Stimmverbot gemäß § 136 Abs. 1 AktG unterliegt, wenn eines ihrer Vorstandsmitglieder auch Vorstandsmitglied der Untergesellschaft und über dessen Entlastung für seine dortige Tätigkeit zu befinden ist.[1290]

799 Der Aufsichtsrat kann Zustimmungsvorbehalte in seiner Geschäftsordnung[1291] oder derjenigen des Vorstandes[1292] festsetzen oder ad hoc[1293] beschließen, wobei Ad hoc-Beschlüssen in der Praxis (noch) keine große Bedeutung zukommt.[1294] Daneben kann die Satzung Zustimmungsvorbehalte enthalten,[1295] was jedoch nur in Ausnahmefällen sinnvoll sein dürfte, da die Hauptversammlung keine mit dem Aufsichtsrat vergleichbare Kenntnis darüber hat, welche Spielregeln für das Verhältnis von Vorstand und Aufsichtsrat dem Unternehmensinteresse am besten dienen.[1296] Die statutarischen Zustimmungsvorbehalte kann der Aufsichtsrat einerseits nicht abschaffen oder durch eine generelle Zustimmung zu zustimmungspflichtigen Maßnahmen leerlaufen lassen[1297] – unter statutarischen Zustimmungsvorbehalten leidet

---

1285 § 25 Abs. 1 Ziff. 2 MitbestG bzw § 1 Abs. 1 Ziff. 3 Satz 2 DrittelbG jeweils iVm § 111 Abs. 4 Satz 2 AktG.

1286 Einem Ausschuss kann dieses Recht nicht eingeräumt werde, vgl § 107 Abs. 3 Satz 3 aE AktG. Lediglich die Erteilung oder Versagung der Zustimmung kann bei entsprechender Delegation wirksam von einem Ausschuss erklärt werden, vgl auch *Fonk*, ZGR 2006, 841 [845]; *Grooterhorst*, NZG 2011, 921 [921].

1287 *Henze*, BB 2005, 165 [167], in Anlehnung an: BGH, Urt. v. 15.11.1993 – II ZR 235/92, abgedruckt in: BGHZ 124, 111 [127] = NJW 1994, 520 [524].

1288 *Semler*, in: MünchKomm AktG², § 111, Rn 394; *Kropff*, in: Semler/v. Schenck, Aufsichtsrat, § 8, Rn 12, spricht insofern vom gestaltenden Einfluss des Aufsichtsrats auf die Geschäftsführung.

1289 BGH, Urt. v. 11.12.2006 – II ZR 243/05, abgedruckt in: AG 2007, 167 = NZG 2007, 187 = ZIP 2007, 224 = BB 2007, 396, spricht insofern vom „Instrument vorbeugender Kontrolle des Aufsichtsrats".

1290 Hierzu: *Petersen/Schulze De la Cruz*, NZG 2012, 453 [458].

1291 Vgl *Grooterhorst*, NZG 2011, 921 [922].

1292 Vgl § 77 Abs. 2 Satz 1 AktG; für eine Verortung des Katalogs der Zustimmungsvorbehalte in der Geschäftsordnung des Vorstands auch *Fonk*, ZGR 2006, 841 [845], *Seebach*, NZG 2012, 70 [75].

1293 BGH, Urt. v. 15.11.1993 – II ZR 235/92, abgedruckt in: BGHZ 124, 111 [127] = NJW 1994, 520 [524].

1294 Diese Einschätzung teilt *Fonk*, ZGR 2006, 841 [851].

1295 § 111 Abs. 4 Satz 2 Alt. 1 AktG; vgl auch *Drygala*, in: K. Schmidt/Lutter, AktG, § 111, Rn 40.

1296 *Fonk*, ZGR 2006, 841 [844]; mit ähnlicher Begründung auch *Seebach*, NZG 2012, 70 [74].

1297 *Drygala*, in: K. Schmidt/Lutter, AktG, § 111, Rn 41 mwN. Aufgrund dieser Bedeutung der statuarischen Zustimmungsvorbehalte spricht *Fonk*, ZGR 2006, 841 [844], davon, dass „das Primat für die Begründung von Zustimmungsvorbehalten (...) bei der Hauptversammlung" liegt; *Grooterhorst*, NZG 2011, 921 [922].

nicht selten die notwendige Flexibilität im Zusammenhang mit der Überwachung der Geschäftsführung, da die Hauptversammlung üblicherweise nur einmal pro Jahr tagt.[1298] Die Satzung kann dem Aufsichtsrat andererseits die Kompetenz zur Begründung weiterer Zustimmungsvorbehalte nicht nehmen oder diese einschränken.[1299] Statutarische Zustimmungsvorbehalte befreien den Aufsichtsrat aber auch nicht davon, das konkret gebotene Maß an Kontrollintensität in der Gesellschaft eigenverantwortlich zu bestimmen.[1300] Seit dem Jahr 2002 sind Aufsichtsrat und Hauptversammlung sogar qua Gesetzes verpflichtet, einen Katalog zustimmungsbedürftiger Geschäfte zu beschließen.[1301] Findet sich in der Satzung kein Katalog zustimmungspflichtiger Geschäfte und Maßnahmen, ist der Aufsichtsrat verpflichtet, einen solchen zu entwickeln und den Vorstand entsprechend zu verpflichten.[1302] Es ist dem Aufsichtsrat zu empfehlen, in einem Rhythmus von zwei bis drei Jahren, den oder die Zustimmungskataloge, die zwangsläufig nur „Momentaufnahmen" sein können,[1303] auf der Grundlage der bisherigen Erfahrungen zu überprüfen.[1304] ZT wird sogar ein einjähriger Überprüfungsrhythmus gefordert.[1305] Darüber hinaus sind bei besonderem Anlass spontane Überprüfungen und ggf Anpassungen erforderlich.[1306]

bb) Inhalt: Betroffene Geschäfte

Zustimmungsvorbehalte müssen sich auf bestimmte Arten von Geschäften[1307] – „Entschei- 800
dungen des Vorstands in Wahrnehmung seiner Leitungsaufgabe einschließlich zur Umsetzung der Entscheidung veranlasste Maßnahmen"[1308] – beziehen, wobei neben Rechtsgeschäften[1309] mit Außenwirkung auch unternehmensinterne Leitungsmaßnahmen[1310] und Maßnahmen der Unternehmensplanung in Betracht kommen.[1311] Zulässig sind zB Vorbehalte für die Errichtung neuer Betriebsstätten,[1312] den Erwerb und die Veräußerung von Beteiligungen, für Grundstücksgeschäfte und Kreditaufnahmen, die ein bestimmtes Volumen übersteigen.[1313] Zurückhaltung ist bei Personalentscheidungen des Vorstandes geboten. Diese

1298 *Fonk*, ZGR 2006, 841 [844].

1299 *Drygala*, in: K. Schmidt/Lutter, AktG, § 111, Rn 41; *Grooterhorst*, NZG 2011, 921 [922]; der insofern von einer „gemeinsamen Katalogkompetenz" von Hauptversammlung und Aufsichtsrat spricht.

1300 *Seebach*, AG 2012, 70 [71].

1301 Änderung von § 111 Abs. 4 Satz 2 AktG durch Art. 1 Nr. 9 TransPuG v. 19.7.2002 (BGBl. I S. 2681); laut Regierungsbegründung, BT-Drucks. 14/8769, S. 17, soll diese Verpflichtung eine stärkere Einbindung des Aufsichtsrats in die Willenbildung der Gesellschaft bewirken. Mit dem MitbestG 1976 war zuvor der Trend zur Beseitigung fast aller zustimmungspflichtigen Geschäfte ausgelöst worden, dem mit dem TransPuG entgegengewirkt werden soll, vgl *Ulmer*, Anpassung; *Lutter*, DB 2009, 775 [775].

1302 So auch *Grooterhorst*, NZG 2011, 921 [922], der allerdings zu weit geht, sofern er den Aufsichtsrat für verpflichtet hält sicherzustellen, dass Zustimmungsvorbehalte für sämtliche grundlegende Maßnahmen existieren.

1303 *Lange*, DStR 2003, 376 [379].

1304 So auch *Fonk*, ZGR 2006, 841 [857]; *Grooterhorst*, NZG 2011, 921 [922], sieht hierin sogar eine Pflicht, ohne jedoch konkrete Intervalle vorzuschreiben.

1305 *Seebach*, AG 2012, 70 [71 mwN]; *Lange*, DStR 2003, 376 [379 f].

1306 *Lange*, DStR 2003, 376 [379 mwN].

1307 Vgl § 111 Abs. 4 Satz 2 AktG; eine Generalklausel, wonach „alle wichtigen Geschäfte" der Zustimmung des Aufsichtsrats bedürfen, wäre nicht zulässig, vgl *Drygala*, in: K. Schmidt/Lutter, AktG, § 111, Rn 45; *Semler*, in: MünchKomm AktG, § 111, Rn 399; Lutter/Krieger, Aufsichtsrat, § 3, Rn 109.

1308 *Lange*, DStR 2003, 376 [376].

1309 BGH, Urt. v. 15.11.1993 – II ZR 235/92, abgedruckt in: BGHZ 124, 111 [127] = NJW 1994, 520 [524].

1310 Hüffer, AktG, § 111, Rn 18; *Semler*, in: MünchKomm, AktG, § 111, Rn 397; Lutter/Krieger, Aufsichtsrat, § 3, Rn 111; *Altmeppen*, FS K. Schmidt, 2009, S. 23 [29].

1311 Vgl *Grooterhorst*, NZG 2011, 921 [922].

1312 Kritisch zu Zustimmungsvorbehalten für „Errichtung und Aufhebung von Zweigniederlassungen", *Fonk*, ZGR 2006, 841 [851].

1313 Hüffer, AktG, § 111, Rn 18.

dürften nur dann zulässigerweise an die Zustimmung des Aufsichtsrats gebunden werden, wenn sie die Vorbereitung zukünftiger Bestellungen von Vorstandsmitgliedern bezwecken und somit zumindest den Kompetenzbereich des Aufsichtsrats streifen.[1314] Ausnahmsweise können auch Einzelgeschäfte unter Vorbehalt gestellt werden[1315] (dazu Rn 797).

801 Zu beachten ist jedoch, dass die der Zustimmung des Aufsichtsrats bedürfenden Geschäfte und Maßnahmen des Vorstands eine gewisse Bedeutung im Hinblick auf Art und Umfang sowie ihre sicheren oder möglichen Folgen für das Gesellschaftsunternehmen haben müssen.[1316] „Im Bereich der Tagesgeschäfte hat der Aufsichtsrat nichts zu suchen."[1317] Zustimmungspflichtige Geschäfte müssen im dualistischen System des deutschen Aktienrechts, in dem der Vorstand gemäß § 76 Abs. 1 AktG die Gesellschaft unter eigener Verantwortung zu leiten und der Aufsichtsrat gemäß § 111 Abs. 1 AktG die Geschäftsführung zu überwachen hat, vielmehr die Ausnahme sein.[1318] Insbesondere dürfen Zustimmungsvorbehalte nicht dazu führen, dass § 111 Abs. 4 Satz 1 AktG, wonach Maßnahmen der Geschäftsführung dem Aufsichtsrat nicht übertragen werden können, und somit die klare Abgrenzung der Organkompetenzen ausgehöhlt wird.[1319] Unzulässig sind daher Zustimmungsvorbehalte für alle „außergewöhnlichen Geschäfte" oder „wichtigen Geschäfte".[1320]

802 Eine gesetzliche Regelung, die erläutert, wann wesentliche Geschäftsführungsmaßnahmen vorliegen, für die Zustimmungsvorbehalte des Aufsichtsrats zulässig sind, gibt es nicht.[1321] Ziff. 3.3 DCGK kann eine Auslegungshilfe liefern. Hiernach gelten als Geschäfte von grundlegender Bedeutung solche Entscheidungen oder Maßnahmen, welche die Vermögens-, Finanz- oder Ertragslage des Unternehmens grundlegend verändern. Insofern ist der Aufsichtsrat aufgerufen, nach pflichtgemäßem Ermessen[1322] diese Entscheidungen und Maßnahmen,

---

1314 *Fonk*, ZGR 2006, 841 [851].

1315 BGH, Urt. v. 15.11.1993 – II ZR 235/92, abgedruckt in: BGHZ 124, 111 [127] = NJW 1994, 520 [524]; so bereits die Auffassung zu § 95 AktG 1937, Nachw. bei *Altmeppen*, in: FS K. Schmidt, 2009, S. 23 [28].

1316 *Fonk*, ZGR 2006, 841 [847 mwN], spricht davon, dass „der Zustimmungspflicht nur solche Geschäfte unterworfen werden dürfen, die nach Umfang, Gegenstand, Bedeutung oder Risiko für ein Unternehmen der betreffenden Art und Größe aus dem routinemäßigen Geschäftsbetrieb signifikant herausragen oder von spezifischer unternehmensstrategischer Bedeutung sind"; *Seebach*, AG 2012, 70 [70], beschränkt den Anwendungsbereich von Zustimmungsvorbehalten auf Geschäfte von „grundlegender Bedeutung für die Gesellschaft"; *Grooterhorst*, NZG 2011, 921 [921], der darauf hinweist, dass die Grenze zwischen „normalen" und besonders wichtigen Geschäften je nach Größe und Branchenzugehörigkeit bei jeder Gesellschaft anders verläuft; vgl auch *Lange*, DStR 2003, 376 [376], für „Geschäfte, die ihrer Art nach die Ertragsaussichten oder die Risikoexposition der Gesellschaft grundlegend verändern; *Fleischer*, BB 2013, 835 [839 ff], wonach nur solche Geschäfte wirksam einem Zustimmungsvorbehalt unterworfen werden können, die besondere Risiken für die Gesellschaft bergen oder deren Ertragsaussichten verschlechtern könnten; aA: *Thiessen*, AG 2013, 573 [574], wonach Satzungsgeber und Aufsichtsrat einen weiten Ermessensspielraum für Zustimmunsgvorbehalte haben, unabhängig davon, ob die Risikoexposition der Gesellschaft oder deren Vermögens-, Finanz- oder Ertragslage betroffen ist..

1317 *Semler*, in: MünchKomm AktG², § 111, Rn 399; *Seebach*, AG 2012, 70 [71].

1318 *Altmeppen*, in: FS K. Schmidt, 2009, S. 23 [26, 29]; *Seebach*, AG 2012, 70 [71]; *Grooterhorst*, NZG 2011, 921 [922].

1319 Vgl *Drygala*, in: K. Schmidt/Lutter, AktG, § 111, Rn 46; *Altmeppen*, in: FS K. Schmidt, 2009, S. 23 [25 f].

1320 *Semler*, in: MünchKomm AktG², § 111, Rn 399; *Altmeppen*, in: FS K. Schmidt, 2009, S. 23 [29]; *Lange*, DStR 2003, 376 [379 mwN].

1321 Hüffer, AktG, § 111, Rn 17, begrüßt das Fehlen inhaltlicher Vorgaben, da solche keinesfalls allgemein gelten können. In diesem Sinn auch *Götz*, NZG 2002, 599 [603].

1322 *Habersack*, FS Hüffer, 2010, S. 259 [265]; *Thümmel*, AG 2004, 83 [89], wonach die Begründung von Zustimmungsvorbehalten eine strategische Entscheidung des Aufsichtsrats ist; aA: *Lange*, DStR 2003, 376 [380], wonach der Aufsichtsrat verpflichtet sein soll, lückenlos alle für die Gesellschaft grundlegend riskanten Geschäfte, mit deren Vornahme durch den Vorstand realistischerweise zu rechnen ist, in seinen Zustimmungskatalog aufzunehmen.

bezogen auf das eigene Unternehmen, konkret zu beschreiben[1323] und regelmäßig zu prüfen, ob die sachgerechte Wahrnehmung seiner Überwachungsaufgabe[1324] eine Fortschreibung des Katalogs erfordert.[1325] Ob sich das pflichtgemäße Ermessen des Aufsichtsrats[1326] zu einer Anordnungspflicht verdichtet, wenn andernfalls die Gefahr von Satzungsverstößen[1327] oder unwirtschaftlichen oder unzweckmäßigen Maßnahmen des Vorstands droht, dürfte nur anhand des konkreten Einzelfalls zu beurteilen sein.[1328] Eine Anordnungspflicht dürfte zumindest dann bestehen, wenn Gesetzesverstöße des Vorstandes nur durch eine solche Anordnung verhindert werden können.[1329] Aus dem zuvor Gesagten ergeben sich für die Begründung von Zustimmungsvorbehalten durch den Aufsichtsrat sowohl ein Über- als auch ein Untermaßverbot.[1330]

Voraussetzung für alle Zustimmungsvorbehalte ist, dass sie ausreichend bestimmt formuliert sind, so dass alle ihnen unterworfenen Maßnahmen und Rechtsgeschäfte eindeutig iS von zweifelsfrei von sonstigen Maßnahmen und Rechtsgeschäften abgegrenzt werden können. Dieses Bestimmtheitsgebot dient der Rechtssicherheit.[1331] Generalklauseln wie zB „alle grundlegenden Geschäfte“ sind daher als Zustimmungsvorbehalt unzulässig,[1332] ein derart formulierter Zustimmungsvorbehalt nichtig.[1333] Dasselbe gilt für Zustimmungsvorbehalte, die unbestimmte Rechtsbergiffe verwenden.[1334] Besonders problematisch in diesem Zusammenhang ist der Umstand, dass sprachliche Ungenauigkeiten, verursacht durch den Aufsichtsrat, den Vorstand treffen, da dessen Arbeit hierdurch mit Unsicherheiten belastet wird.[1335] 803

Zustimmungsvorbehalte für ein Unterlassen, also dafür, dass der Vorstand keinen Gebrauch von einer sich bietenden Gelegenheit macht, sind nicht möglich. Ansonsten könnte der Aufsichtsrat mit einer Verweigerung der Zustimmung den Vorstand dazu zwingen, bestimmte Geschäfte oder Maßnahmen vorzunehmen, wodurch dessen Kompetenz zur alleinigen Geschäftsführung beeinträchtigt würde.[1336] 804

1323 *Hüffer*, NZG 2007, 47 [52 f]; ähnlich: *Fonk*, ZGR 2006, 841 [846 ff]; *Lieder*, DB 2004, 2251 [2252 f]; *Säcker/Rehm*, DB 2008, 2814 [2816 f]; vgl auch *Thiessen*, AG 2013, 573 ff.

1324 § 111 Abs. 1 AktG.

1325 Hüffer, AktG, § 111, Rn 17.

1326 *Grooterhorst*, NZG 2011, 921 [922].

1327 *Henze*, NJW 1998, 3309 [3312], bejaht bei drohenden Satzungsverstößen des Vorstands eine „Ermessensreduzierung auf Null“, so dass der Aufsichtsrat verpflichtet ist, einen Zustimmungsvorbehalt anzuordnen.

1328 **AA:** *Grooterhorst*, NZG 2011, 921 [922], der auch dann eine Verpflichtung des Aufsichtsrats zur Begründung eines Zustimmungsvorbehalts annimmt, wenn „zweifelsfrei“ feststeht, dass eine Maßnahme des Vorstands grundlegenden Charakter hat. Hierbei übersieht er jedoch, dass die Begründung eines Zustimmungsvorbehalts eine unternehmerische Entscheidung des Aufsichtsrats darstellt, und unternehmerische Entscheidungen stets Ermessen erfordern und nicht nur im Hinblick auf die Beurteilung einer Maßnahme als grundlegend [923].

1329 Vgl BGH, Urt. v. 15.11.1993 – II ZR 235/92, abgedruckt in: BGHZ 124, 111 [127] = NJW 1994, 520 [524]; *Grooterhorst*, NZG 2011, 921 [922].

1330 *Seebach*, AG 2012, 70 [71 mwN].

1331 *Lange*, DStR 2003, 376 [379].

1332 *Semler*, in: MünchKomm AktG², § 111, Rn 399; *Altmeppen*, in: FS K. Schmidt, 2009, S. 23 [29]; *Grooterhorst*, NZG 2011, 921 [922]; *Lange*, DStR 2003, 376 [379]; *Seebach*, AG 2012, 70 [71 mwN].

1333 *Semler*, in: MünchKomm AktG², § 111, Rn 398; *Altmeppen*, in: FS K. Schmidt, 2009, S. 23 [30].

1334 *Lange*, DStR 2003, 376 [379].

1335 *Seebach*, AG 2012, 70 [73], mit dem Hinweis darauf, dass zulasten von Vorstandsmitgliedern bei Außerachtlassung von Zustimmungsvorbehalten zudem ein besonders strenges Haftungsregime eingreift. So werde ihnen die normative Korrektur der Differenzhypothese – Berücksichtung einer erlangten Gegenleistung – vorenthalten. Außerdem könnten sie sich nicht darauf berufen, dass bei rechtmäßigem Alternativverhalten ein Schaden gleichen Ausmaßes entstanden sei.

1336 *Fonk*, ZGR 2006, 841 [871 mwN]; aA: *Lange*, DStR 2003, 376 [377], allerdings im Hinblick auf konkret avisierte Maßnahmen.

cc) Sonderfall: Planungen

805 Einen wichtigen Sonderfall von zustimmungspflichtigen Geschäften bilden Planungen, die den Aufsichtsratsmitgliedern einen Gesamtüberblick über die vom Vorstand beabsichtigte Geschäftspolitik und ihre voraussichtlichen Ergebnisse gewähren sollen. In diesem Zusammenhang ist anerkannt, dass Ein-Jahres-Planungen an die Zustimmung des Aufsichtsrats gebunden werden dürfen.[1337]

806 Für den Vorstand bedeutet die Zustimmung des Aufsichtsrats zu seinen Planungen, dass er bei zustimmungspflichtigen Einzelmaßnahmen, die Bestandteil der Planung sind, mit der Zustimmung des Aufsichtsrats rechnen kann. Ein Veto des Aufsichtsrats wird auf diese Weise frühzeitig verhindert, wodurch im Zuge der Umsetzung der Einzelmaßnahme der Verlust wertvoller Zeit verhindert wird. „Es gibt kein besseres Mittel, um eine konstruktive Zusammenarbeit zwischen Vorstand und Aufsichtsrat sicherzustellen."[1338]

807 Aufgrund der Vorgabe, dass Zustimmungserfordernisse nur an konkrete bzw konkretisierbare Vorstandsmaßnahmen geknüpft werden dürfen und die Leitungsverantwortung des Vorstands gemäß § 76 Abs. 1 AktG nicht ausgehöhlt werden darf (dazu Rn 800 ff), scheiden Zustimmungsvorbehalte für längerfristige Planungen – strategische Mehrjahresplanungen – trotz zahlreicher Befürworter in der Literatur[1339] aus.[1340] Gleichzeitig ist jedoch zu berücksichtigen, dass eine Versagung der Zustimmung keine unmittelbaren rechtlichen Wirkungen zeitigt, da für den Vorstand kein Planungsverbot besteht.[1341]

dd) Konzernbezogene und konzernweite Zustimmungsvorbehalte

808 Zustimmungsvorbehalte können sich auch auf Maßnahmen beziehen, die zwar vom Vorstand der Obergesellschaft getroffen werden, sich jedoch auf eine Untergesellschaft beziehen bzw sich dort auswirken.[1342] Da Zustimmungsvorbehalte – satzungsmäßige genauso wie vom Aufsichtsrat geschaffene – regelmäßig nicht konzernbezogen formuliert sind, ist durch Auslegung zu ermitteln, ob sie auch für Geschäftsführungsmaßnahmen gelten sollen, die auf Ebene der Untergesellschaft wirken. Hiervon ist auszugehen, wenn die Maßnahme mit Wirkung für einen rechtlich unselbstständigen Betriebsteil der Obergesellschaft anstelle der rechtlich selbstständigen Untergesellschaft zustimmungspflichtig wäre,[1343] was eine gewisse Bedeutung der Maßnahme für die Obergesellschaft voraussetzt.

809 Hiervon zu trennen sind die sog. konzernweiten Zustimmungsvorbehalte, die rechtlich keine unmittelbaren Auswirkungen auf die Tochtergesellschaft haben. Vielmehr muss der Vorstand der Muttergesellschaft durch entsprechende Ausübung der Beteiligungsrechte in der Tochter deren Geschäftsführung solange davon abhalten, die geplante Maßnahme vorzunehmen, bis die Zustimmung des Aufsichtsrats der Obergesellschaft hierfür vorliegt. Handelt es sich bei der Tochtergesellschaft um eine GmbH, so wird der Vorstand als Vertretungsorgan der Mehrheits- oder Alleingesellschafterin durch die Gesellschafterversammlung die Geschäftsführung der Tochtergesellschaft anweisen, erst zu handeln, wenn die Zustimmung des

1337 Vgl *Fonk*, ZGR 2006, 841 [849].

1338 *Fonk*, ZGR 2006, 841 [849].

1339 Vgl *Kropff*, in: Semler/v. Schenck, Aufsichtsrat, § 8, Rn 32 ff; *Hoffmann-Becking*, in: Münchener Handbuch GesR, Bd. 4, AG, § 29, Rn 43.

1340 *Habersack*, in: MünchKomm AktG^3, § 111, Rn 112; Hüffer, AktG, § 111, Rn 18; *Spindler*, in: Spindler/Stilz, AktG, § 111, Rn 70; *Altmeppen*, in: FS K. Schmidt, 2009, S. 23 [30]; *Fonk*, ZGR 2006, 841 [849 f mwN auch zur Gegenansicht].

1341 *Kropff*, in: Semler/v. Schenck, Aufsichtsrat, § 8, Rn 32 ff; *Fonk*, ZGR 2006, 841 [871].

1342 Hüffer, AktG, § 111, Rn 16; einschränkend: *Drygala*, in K. Schmidt/Lutter, AktG, § 111, Rn 52, der hinreichendes Gewicht der Maßnahme für die Konzernführung durch die Obergesellschaft fordert.

1343 *Hoffmann-Becking*, in: Münchener Handbuch GesR, Bd. 4, AG, § 29, Rn 45; *ders.*, ZHR 159 [1995], 325 [339 ff]; *Götz*, ZGR 1990, 633 [655].

Aufsichtsrats der Obergesellschaft vorliegt. Handelt es sich bei der Tochtergesellschaft hingegen um eine Aktiengesellschaft, kann der Vorstand der Obergesellschaft seinen Einfluss nur über die Hauptversammlung und diese über den Aufsichtsrat der Tochtergesellschaft geltend machen. Der Aufsichtsrat der Tochtergesellschaft wird selbst ad hoc einen Zustimmungsvorbehalt beschließen, um auf diese Weise „seinen" Vorstand zum Abwarten zu bewegen, denn an den vom Aufsichtsrat der Muttergesellschaft erklärten Zustimmungsvorbehalt ist der Vorstand der Tochtergesellschaft nicht gebunden. Aufgrund der mitunter langen Entscheidungswege sollte auf Zustimmungsvorbehalte für Maßnahmen in abhängigen Unternehmen nur im Notfall zurückgegriffen werden.[1344]

ee) SE und Besonderheiten bei Mitbestimmung

Der Aufsichtsrat einer AG oder KGaA kann weder eigene Geschäftsführungskompeten- 810
zen[1345] begründen noch mittels Satzungsbestimmung zur Geschäftführung berufen werden.[1346] Für die Europäische Aktiengesellschaft - SE - (dazu Rn 11 ff) mit dualistischem System ist sogar ausdrücklich geregelt, dass das Aufsichtsorgan nicht berechtigt ist, die Geschäfte der Gesellschaft selbst zu führen.[1347]

Lediglich bei Gesellschaften, für die das MitbestG gilt, steht dem Aufsichtsrat im Zusam- 811
menhang mit der Ausübung von Beteiligungsrechten insofern ein Recht zur Geschäftsführung zu, als dass der Vorstand an dessen Beschlüsse gebunden ist.[1348]

ff) Sonderfall: eG

Gemäß § 38 Abs. 3 GenG kann die Satzung dem Aufsichtsrat der eG weitere Aufgaben zu- 812
weisen, wozu auch Zustimmungsvorbehalte zu Maßnahmen des Vorstands zählen können.[1349] Während der Aufsichtsrat der mitbestimmten GmbH selbst Zustimmungsvorbehalte begründen kann, ist der Aufsichtsrat sowohl der mitbestimmten[1350] als auch der nicht mitbestimmten eG insofern auf das Zutun der General- bzw Vertreterversammlung angewiesen.[1351] Diese kann zB auch ein bloßes Einspruchsrecht des Aufsichtsrats gegen Maßnahmen

1344 Ausführlich zu der Problematik konzernweiter Zustimmungsvorbehalte: *Fonk*, ZGR 2006, 841 [852 ff].

1345 *Semler*, MünchKomm AktG, § 111, Rn 394 f, weist darauf hin, dass der Aufsichtsrat durch den Zustimmungsvorbehalt weder eine eigene Initiativbefugnis noch ein Weisungsrecht erhält. Die eigenverantwortliche Leitung der Gesellschaft durch den Vorstand werde jedoch eingeschränkt.

1346 Vgl § 111 Abs. 4 Satz 1 AktG.

1347 Art. 40 Abs. 1 Satz 2 der Verordnung (EG) Nr. 2157/2001 des Rates vom 8.10.2001 über das Statut der Europäischen Gesellschaft (SE) – SE-VO.

1348 Vgl § 32 Abs. 1 MitbestG, wonach die einem Unternehmen, in dem die Arbeitnehmer nach dem MitbestG ein Mitbestimmungsrecht haben, auf Grund von Beteiligungen an einem anderen Unternehmen, in dem die Arbeitnehmer nach dem MitbestG ebenfalls ein Mitbestimmungsrecht haben, zustehenden Rechte bei der Bestellung, deren Widerruf oder der Entlastung von Vorstandsmitgliedern sowie bei der Beschlussfassung über die Auflösung oder Umwandlung des anderen Unternehmens, den Abschluss von Unternehmensverträgen mit dem anderen Unternehmen, über dessen Fortsetzung nach seiner Auflösung oder über die Übertragung seines Vermögens durch das zur gesetzlichen Vertretung des Unternehmens befugte Organ – Vorstand oder persönlich haftender Gesellschafter – nur aufgrund von Beschlüssen des Aufsichtsrats ausgeübt werden können. Diese Beschlüsse bedürfen nur der Mehrheit der Stimmen der Anteilseignervertreter. Gemäß § 32 Abs. 2 MitbestG gilt dies jedoch nur, wenn die Beteiligung mindestens ein Viertel beträgt.

1349 Vgl *Beuthien*, in: Beuthien, GenG, § 38, Rn 9.

1350 § 25 Abs. 1 Ziff. 3 MitbestG sieht – anders als § 25 Abs. 1 Ziff. 2 MitbestG für die GmbH – keine analoge Anwendung von § 111 Abs. 4 AktG für den Aufsichtsrat der eG vor. Dasselbe gilt für § 1 Abs. 1 Ziff. 5 DrittelbG für die eG im Gegensatz zu § 1 Abs. 1 Ziff. 3 DrittelbG für die GmbH.

1351 So im Erg. auch Müller, GenG, § 38, Rn 49, der unterstreicht, dass sich Zustimmungsvorbehalte nicht „global" auf sämtliche Maßnahmen des Vorstands und auch nicht auf Maßnahmen des gewöhnlichen Geschäftsbetriebs beziehen dürfen.

des Vorstands schaffen. Ein über Zustimmungsvorbehalte hinausgehendes Weisungsrecht des Aufsichtsrats gegenüber dem Vorstand kann nicht qua Satzungsbestimmung geschaffen werden, da dies dem in § 27 Abs. 1 Satz 1 GenG verankerten Grundsatz widersprechen würde, wonach der Vorstand eigenverantwortlich die Genossenschaft zu leiten hat.[1352] Allerdings dürfte, da § 111 Abs. 4 Satz 1 AktG, wonach Maßnahmen der Geschäftsführung dem Aufsichtsrat nicht übertragen werden können, für die eG nicht gilt und § 38 GenG keine vergleichbare Regelung enthält, die statutarische Einräumung von Mitgeschäftsführungsbefugnissen zugunsten des Aufsichtsrats zulässig sein. Die Mitgeschäftsführung des Aufsichtsrats geschieht häufig in der Form, dass Vorstand und Aufsichtsrat entsprechend statutarischer Vorgaben gemeinsam beraten und anschließend getrennt von einander über den Beschlussgegenstand abstimmen.[1353] Eine Erweiterung der Vertretungsbefugnisse des Aufsichtsrats über § 39 Abs. 1 GenG hinaus, ist nicht möglich.[1354]

g) Zustimmungserteilung/-verweigerung als Ermessensentscheidung

813 Zustimmung ist als Einwilligung iS von § 183 BGB und somit als vorherige Zustimmung zu verstehen.[1355] Insofern muss die geplante Maßnahme unterbleiben, wenn der Aufsichtsrat oder dessen zuständiger Ausschuss[1356] seine Zustimmung bei Bestehen eines Vorbehalts verweigert. Die Zustimmungsverweigerung wirkt somit wie die Ausübung eines Vetorechts.[1357] Sie ist jedoch im Unterschied zB zu § 32 MitbestG[1358] grundsätzlich auf das Innenverhältnis beschränkt.[1359] Jedoch kann sich ein Dritter auf die Bedeutungslosigkeit der fehlenden Zustimmung im Außenverhältnis nicht berufen, wenn er hiermit gegen Treu und Glauben verstoßen würde. So liegt der Fall, wenn der Dritte bei Abschluss des Geschäfts dessen Zustimmungsbedürftigkeit und das Fehlen der Zustimmung des Aufsichtsrats kannte.[1360] Insofern stellt das Fehlen der Zustimmung bei Bestehen eines Vorbehalts einen Spezialfall des Missbrauchs der Vertretungsmacht dar, bei dem im Wesentlichen auf die Kenntnis bzw grob fahrlässige Unkenntnis des Verhandlungspartners des Vertreters ankommt.[1361]

814 Bei Eilmaßnahmen handelt der Vorstand zwar wegen Verstoßen gegen § 82 Abs. 2 AktG pflichtwidrig, wenn er trotz Bestehens eines Vorbehalts ohne entsprechende Einwilligung ein Geschäft tätigt. Durch spätere Einholung einer Genehmigung iS von § 184 BGB, also einer nachträglichen Zustimmung, die zum einen als Anerkenntnis der Eilbedürftigkeit und zum anderen als Einverständnis in der Sache selbst zu verstehen ist,[1362] kann er seine Pflichtwidrigkeit zwar nicht ungeschehen machen, jedoch einen etwaigen Zurechnungszusammenhang

---

1352 *Beuthien*, in: Beuthien, GenG, § 38, Rn 9; Müller, GenG, § 38, Rn 48.

1353 Vgl Müller, GenG, § 36, Rn 95.

1354 *Beuthien*, in: Beuthien, GenG, § 38, Rn 9.

1355 *Drygala*, in: K. Schmidt/Lutter, AktG, § 111, Rn 48; Hüffer, AktG, § 111, Rn 19, der zur Begründung auf den Charakter des Vorbehalts als präventiver Überwachungsmaßnahme abstellt; vgl auch Seebach, NZG 2012, 70 [75], mit dem Versuch, die Zustimmung für einzelnen Maßnahmen in Teilbereichen als Einwilligung und in anderen als Genehmigung auszugestalten.

1356 § 107 Abs. 3 Satz 3 AktG erwähnt ausdrücklich nur Beschlüsse, mit denen Zustimmungsvorbehalte begründet werden, nicht jedoch auch solche, durch welche die Zustimmung erteilt wird, vgl auch: Hüffer, AktG, § 111, Rn 19.

1357 Hüffer, AktG, § 111, Rn 18.

1358 Vgl *Velte*, NZG 2013, 1332 [1332, Fn 5], der § 32 MitbestG daher auch als „lex specialis" zu § 111 Abs. 4 Satz 2 AktG bezeichnet.

1359 *Altmeppen*, in: FS K. Schmidt, 2009, S. 23 [28], auch zu § 74 Abs. 1 AktG 1937 mwN; *Petersen/Schulze De la Cruz*, NZG 2012, 453 [458]; Müller, GenG, § 38, Rn 55, für die eG.

1360 Müller, GenG, § 38, Rn 55 mN aus der aktienrechtlichen Literatur.

1361 Vgl nur BGH, Urt. v. 31.1.1991 – VII ZR 291/88, abgedruckt in: BGHZ 113, 315 [320] = NJW 1991, 1812 = DB 1991, 1567.

1362 *Fonk*, ZGR 2006, 841 [871 mwN].

mit dem Einwand rechtmäßigen Alternativverhaltens ausschalten.[1363] Letzteres gilt unabhängig davon, dass es sich bei Außerachtlassen eines Zustimmungsvorbehalts durch den Vorstand um die Verletzung einer Verfahrensvorschrift handelt. Denn es ist nicht Aufgabe des Schadensrechts, Verletzungen von Verfahrens- oder Kompetenzvorschriften zu sanktionieren.[1364] Genehmigt der Aufsichtsrat die vom Vorstand pflichtwidrig ohne vorherige Einholung der Zustimmung getroffene Maßnahme, dürfte der Nachweis erbracht sein, dass der Aufsichtsrat bei vorheriger Anfrage eingewilligt hätte.[1365]

Der Aufsichtsrat muss für Eilfälle dahin gehend vorsorgen, dass der Vorstand die erforderliche Zustimmung kurzfristig erlangen kann. Hierzu dürfte es sich bei größeren Aufsichtsräten anbieten, die Entscheidung einem kleinen, im Idealfall aus drei Mitgliedern bestehenden Ausschuss (Präsidium) zu übertragen.[1366] Dieser kann kurzfristig mittels moderner Kommunikationsmittel mit dem Vorstand in Kontakt treten, so dass kein Verlust wertvoller Zeit zu befürchten ist.[1367] Die Zustimmung des Aufsichtsratsvorsitzenden genügt nicht, selbst wenn dies die Geschäftsordnung des Aufsichtsrats anders vorsieht.[1368] Ebenfalls unzureichend ist die Zustimmung eines zweiköpfigen Aufsichtsrats, da dieser entsprechend § 108 Abs. 2 Satz 3 AktG keine wirksamen Beschlüsse fassen kann. 815

Der Aufsichtsrat ist vor der Entscheidung über Verweigerung oder Erteilung der Zustimmung nicht verpflichtet, einen eigenen vollständigen unternehmerischen Entscheidungsprozess durchzuführen.[1369] Er hat lediglich – ggf nach Einholung von Sachverständigengutachten oder auf der Grundlage der Sichtung von umfangreichem Informationsmaterial[1370] – zu überprüfen, ob die Entscheidung plausibel begründet und ordnungsgemäß zustande gekommen ist. Tut er dies nicht oder übersieht er bei seiner Prüfung, dass die geplante Maßnahme an solchen Mängeln leidet, dass sie nicht zustimmungsfähig ist, und erteilt er seine Zustimmung dennoch, liegt darin eine Pflichtverletzung seiner Mitglieder, die zur persönlichen Haftung gemäß §§ 116 Satz 1, 93 Abs. 2 Satz 1 AktG führen kann.[1371] Darüber hinaus müssen die Mitglieder des Aufsichtsrats sicherstellen, dass das vom Vorstand vorgeschlagene Geschäft mit den Interessen der Gesellschaft in Einklang steht.[1372] Mehr kann aufgrund der ge- 816

1363 *Semler*, in: MünchKomm AktG², § 111, Rn 438; *Kropff*, in: Semler/v. Schenck, Aufsichtsrat, § 8, Rn 54, hält es in diesem Fall für erforderlich, dass der die Genehmigung ersuchende Vorstand gegenüber dem Aufsichtsrat auf die bereits eingetretene Bindung der Gesellschaft hinweist und die verspätete Vorlage begründet. Er empfiehlt dem Aufsichtsrat jedoch, von einer formalen Genehmigung abzusehen und anstelle dessen sich darauf zu beschränken, von dem Geschäft Kenntnis zu nehmen und zum Ausdruck zu bringen, ob er die Gründe akzeptiert, die der Vorstand für die verspätete Vorlage anführt; zum Meinungsstand: *Seebach*, NZG 2012, 70 [71]; aA: *Krieger/Sailer-Coceani*, in: K. Schmidt/Lutter, AktG, § 93, Rn 30 mwN, wonach bei Verletzung des Zustimmungsvorbehalts stets Pflichtverletzung ist und dem Vorstand der Einwand versagt sei, dass der Aufsichtsrat der konkreten Maßnahme zugestimmt hätte.

1364 *Altmeppen*, in: FS K. Schmidt, 2009, S. 23 [36 mwN auch für die Gegenansicht].

1365 Vgl *Altmeppen*, in: FS K. Schmidt, 2009, S. 23 [37 f].

1366 *Fonk*, ZGR 2006, 841 [870]; zu den Vorteilen einer Delegation der Entscheidung über Erteilung oder Verweigerung der Zustimmung auf einen Aufsichtsratsausschuss auch: *Seebach*, NZG 2012, 70 [74 f].

1367 Ähnlich wie hier: Lutter/Krieger, Aufsichtsrat, § 3, Rn 115; *Kropff*, in: Semler/v. Schenck, Aufsichtsrat, § 8, Rn 56.

1368 Ähnlich wie hier: *Kropff*, in: Semler/v. Schenck, Aufsichtsrat, § 8, Rn 57 f, der die Einwilligung des Aufsichtsratsvorsitzenden zugunsten des Vorstands als entlastendes Indiz dahingehend wertet, dass ein Eilfall von solcher Art vorlag, dass selbst die Zustimmung eines Eilausschusses nicht abgewartet werden konnte, und dass der Vorstand auch mit der Zustimmung des Aufsichtsrats bzw des zuständigen Ausschusses rechnen durfte.

1369 **AA:** *Henze*, BB 2005, 165 [167].

1370 *Grooterhorst*, NZG 2011, 921 [923], fordert zB Gutachten zur Bewertung der Zielgesellschaft und Rentabilitätsberechnungen im Hinblick auf Zustimmungsvorbehalte im Zusammenhang mit Unternehmens- oder Anteilserwerben.

1371 *Grooterhorst*, NZG 2011, 921 [923].

1372 *Fonk*, ZGR 2006, 841 [865 mwN].

setzlichen Konzeption der Aufsichtsratstätigkeit als Nebentätigkeit und vor dem Hintergrund ansonsten unvertretbarer Haftungsgefahren von den Aufsichtsratsmitgliedern nicht erwartet werden.[1373] Das bedeutet im Umkehrschluss, dass er bei Entscheidung über Erteilung oder Verweigerung der Zustimmung nicht über ein dem Vorstand vergleichbares Informationsniveau verfügen muss, was ihm die ernsthafte Suche nach Handlungsalternativen ermöglicht,[1374] wenngleich dies zT gefordert wird.

817 Erteilung oder Verweigerung der Zustimmung des Aufsichtsrats zu zustimmungspflichtigen Geschäften sind unternehmerische Ermessensentscheidungen.[1375] Das bedeutet, dass der Aufsichtsrat grundsätzlich[1376] seine Zustimmung trotz gewisser Bedenken erteilen, andererseits aber auch verweigern kann, obwohl die Entscheidungsfindung im Vorstand sämtliche Standards hierfür erfüllt hat und das vorgeschlagene Geschäft entsprechend der plausiblen Begründung des Vorstands im Interesse der Gesellschaft zu sein scheint.[1377] An Zweckmäßigkeitserwägungen des Vorstands ist der Aufsichtsrat nicht gebunden.[1378] Bei zustimmungspflichtigen Geschäften wird der Aufsichtsrat vom bloßen „Überwacher" der Geschäftsführung somit zum „(Mit-) Entscheidungsträger". Allerdings beschränkt sich seine Kompetenz darauf, geplante Maßnahmen zu verhindern. Der Aufsichtsrat hat hingegen nicht die Möglichkeit, eigeninitiativ tätig zu werden oder gar Weisungen zu erteilen.[1379] Der Vorstand ist darüber hinaus frei in seiner Entscheidung, trotz Zustimmung des Aufsichtsrats ein zunächst geplantes Geschäft nicht vorzunehmen.[1380]

818 Ein umsichtiger Vorstand wird den Aufsichtsrat bei zustimmungspflichtigen Geschäften frühzeitig, also in einem Stadium in seine Planungen einbeziehen, in dem noch Alternativlösungen möglich sind und sich die Mitglieder des Vorstands noch nicht endgültig auf einen Weg festgelegt haben. Sollte sich zu diesem frühen Zeitpunkt bereits eine Abwehrhaltung des Aufsichtsrats bzw der Mehrheit seiner Mitglieder abzeichnen, könnte der Vorstand ohne die Gefahr eines „Gesichtsverlustes" das ursprünglich präferierte Geschäft auf Eis legen und andere Möglichkeiten prüfen.[1381]

819 Die Verweigerung der Zustimmung birgt aber auch für den Aufsichtsrat die Gefahr eines Gesichtsverlusts und zwar dann, wenn der Vorstand verlangt, dass die Hauptversammlung über die Zustimmung beschließen möge,[1382] diese entsprechend beschließt und damit die

1373 So im Ergebnis auch: *Fonk*, ZGR 2006, 841 [865]; *Seebach*, NZG 2012, 70 [72]; *Rieger*, FS Peltzer, 2001, S. 339 [352 ff].

1374 Vgl *Thümmel*, AG 2004, 83 [89], wonach der Aufsichtsrat „zunächst auf die Unterlagen und Untersuchungen des Vorstands zurückgreifen" darf, und „eigene Ermittlungen" erst dann erforderlich werden, „wenn sich Zweifel ergeben, [da] die vorgelegten Daten nicht plausibel oder unvollständig sind"; vgl auch Schlitt, DB 2005, 2007 [2010], wonach der Aufsichtsrat sogar nur im Einzelfall Anspruch auf Überlassung von Detailinformationen hat.

1375 *Semler*, in: MünchKomm AktG², § 111, Rn 444; *Fonk*, ZGR 2006, 841 [865]; *Seebach*, NZG 2012, 70 [72]; *Thümmel*, AG 2004, 83 [89].

1376 Inwiefern eine Ermessensreduzierung dahingehend stattfindet, dass der Aufsichtsrat bei größeren Defiziten gezwungen ist, die Vornahme eines zustimmungspflichtigen Geschäfts abzulehnen bzw bei sorgfaltsgemäßer Vorbereitung und Begründung durch den Vorstand die Zustimmung zu einem für die Gesellschaft offensichtlich vorteilhaften Geschäft zu erteilen, ist fraglich. Für eine solche Ermessensreduzierung spricht sich *Fonk*, ZGR 2006, 841 [865], aus.

1377 Hüffer, AktG, § 111, Rn 16, spricht insofern von der Möglichkeit des Aufsichtsrats, mittels des Vetorechts Einfluss auf die Geschäftsführung des Vorstands nehmen zu können.

1378 *Seebach*, NZG 2012, 70 [72].

1379 *Semler*, in: MünchKomm AktG, § 111, Rn 314; *Fonk*, ZGR 2006, 841 [866].

1380 *Fonk*, ZGR 2006, 841 [866].

1381 Vgl *Fonk*, ZGR 2006, 841 [867 f].

1382 § 111 Abs. 4 Satz 3 AktG.

fehlende Zustimmung des Aufsichtsrats ersetzt.[1383] Zwar bedarf ein solcher Beschluss der Hauptversammlung zwingend[1384] einer Mehrheit von mindestens drei Viertel der abgegebenen Stimmen.[1385] Diese dürfte jedoch in bestimmten Situationen zu erreichen sein. Zu denken ist an einen paritätisch mitbestimmten Aufsichtsrat, in dem mindestens ein Mitglied der Anteilseignerseite von einem Aktionär entsandt wurde, dessen Aktienpaket in der Hauptversammlung für eine Sperrminorität nicht groß genug ist und der eine andere Geschäftspolitik befürwortet als die Mehrheit. Lehnt nun die Arbeitnehmerseite sowie der entsandte Anteilseignervertreter das zustimmungspflichtige Geschäft im Aufsichtsrat ab, dürfte die Hauptversammlung mit der erforderlichen Mehrheit die fehlende Zustimmung ersetzen können.[1386]

Neben dem Risiko eines Gesichtsverlusts sollte von Vorstand und Aufsichtsrat auch immer bedacht werden, dass durch einen derartigen Hauptversammlungsbeschluss die Differenzen zwischen Vorstand und Aufsichtsrat zwingend publik gemacht werden, was den Mitgliedern beider Organe schaden kann. 820

4. Treuepflicht, Interessenkollisionen und deren Bewältigung

a) Allgemeines

Anknüpfend an die bereits getroffene Feststellung, dass der Gesetzgeber Interessenkonflikte in der Person der Aufsichtsratsmitglieder bewusst in Kauf nimmt (dazu Rn 193) und insbesondere auf ein Wettbewerbsverbot verzichtet, wie es in § 88 AktG für Vorstandsmitglieder geregelt ist, stellt sich die Frage nach dem konkreten Umgang mit bereits anfänglich bestehenden oder später während der Amtszeit des Aufsichtsratsmitglieds entstehenden Interessenkonflikten. 821

Aufsichtsratsmitglieder unterliegen als Organmitglieder genauso wie die Mitglieder des Vorstands der Treubindung (Duty of Loyalty),[1387] wenngleich nicht in demselben Maße.[1388] Aufgrund dessen sind sie verpflichtet, die Interessen des Gesellschafts- bzw Genossenschaftsunternehmens angemessen zu berücksichtigen,[1389] wenngleich von ihnen nicht gefordert werden kann, dass sie diesen ausnahmslos den Vorrang einräumen vor anderweitigen Interessen, denen sie im Haupt- oder Nebenamt[1390] verpflichtet sind, oder ihren eigenen.[1391] Bei ihren Entscheidungen im Aufsichtsrat sollen sie gemäß Ziff. 5.5.1 Satz 2 Alt. 1 DCGK jedoch keine persönlichen Interessen zulasten des Gesellschaftsunternehmens verfolgen. 822

Aufsichtsratsmitglieder handeln stets treuwidrig, wenn sie unter Ausnutzung von Informationen, die sie durch ihr Aufsichtsratsmandat erlangen, die Gesellschaft bzw Genossenschaft übervorteilen,[1392] was regelmäßig eine direkte oder indirekte Wettbewerbssituation voraus- 823

1383 Hüffer, AktG, § 111, Rn 20; vgl hierzu auch *Velte*, NZG 2013, 1332 [1332], wonach die Ersetzung der vom Aufsichtsrat verweigerten Zustimmung durch die Hauptversammlung eine „Zerrüttung des Vertrauensverhältnisses“ von Vorstand und Aufsichtsrat vermuten lässt.

1384 Vgl § 111 Abs. 4 Satz 5 AktG.

1385 § 11 Abs. 4 Satz 4 AktG.

1386 Konstellation angedeutet von *Fonk*, ZGR 2006, 841 [873].

1387 Hüffer, AktG, § 116, Rn 4 mwN; *Möllers*, ZIP 2006, 1615 [1615 f].

1388 Hüffer, AktG, § 116, Rn 4, der in diesem Zusammenhang zu Recht darauf hinweist, dass die Tätigkeit eines Aufsichtsratsmitglieds im Gegensatz zu derjenigen des Vorstandsmitglieds Nebentätigkeit ist.

1389 Vgl Ziff. 5.5.1 Satz 1 DCGK, wonach jedes Mitglied des Aufsichtsrats dem Unternehmensinteresse verpflichtet ist.

1390 Zu den Verpflichtungen im Hauptamt zählen diejenigen als Geschäftsführer oder Vorstandsmitglieder einer anderen Gesellschaft oder Genossenschaft, zu den Verpflichtungen im Nebenamt insbesondere diejenigen als Mitglied des Aufsichts- oder Verwaltungsrat eines anderen Unternehmens.

1391 *Hoffmann-Becking*, in: Münchener Handbuch GesR, Bd. 4, AG, § 33, Rn 63.

1392 Hüffer, AktG, § 116, Rn 4; vgl Ziff. 5.5.1 Satz 2 Alt. 2 DCGK, wonach Aufsichtsratsmitglieder bei ihren Entscheidungen im Aufsichtsrat keine Geschäftschancen, die dem Unternehmen zustehen, für sich nutzen dürfen.

setzt (dazu Rn 191). Ein derart treuwidriges Handeln des Aufsichtsratsmitglieds führt im Fall eines hierdurch der Gesellschaft bzw Genossenschaft entstandenen Schadens regelmäßig zu dessen Haftung, selbst wenn in der Person des Aufsichtsratsmitglieds eine Pflichtenkollision, also widerstreitende Pflichten, bestanden hat. Interessenkollisionen sind somit nicht in dem Sinne entlastend, dass die Pflichterfüllung gegenüber der einen die Pflichtverletzung gegenüber der anderen Gesellschaft rechtfertigen könnte.[1393]

824 Während der Amtszeit auftretende Interessenkonflikte zwingen das betroffene Aufsichtsratsmitglied regelmäßig nicht dazu, sein Mandat niederzulegen. Lediglich dann, wenn ein nicht nur vorübergehender, wesentlicher Interessenkonflikt vorliegt, bei dem breitflächige Auswirkungen auf weite Teile der Organtätigkeit angenommen werden müssen, kann eine Niederlegung oder Beendigung des Mandats erforderlich sein.[1394] Eine Niederlegung ist somit nicht erforderlich, wenn die Gesellschaft von einem Dritten wegen des Verhaltens eines Aufsichtsratsmitglieds als seinerzeitiges Vorstandsmitglied auf Schadensersatz in Anspruch genommen wird. Zwar besteht in einem solchen Fall ein Interessenkonflikt, da der Aufsichtsrat etwaige Regress- oder Freistellungsansprüche gegen das ehemalige Vorstands- und heutige Aufsichtsratsmitglied zu prüfen und über deren Geltendmachung zu entscheiden hat. Prüfung und Entscheidung berühren jedoch nur einen Ausschnitt der Amtsführung des fraglichen Aufsichtsratsmitglieds, nicht jedoch weite Teile hiervon.[1395]

825 Bei Bestehen von direkten oder indirekten Wettbewerbssituationen und den meisten sonstigen Interessenkonflikten ist, anstelle der Annahme von Inkompatibilität (dazu Rn 195 f), zum Zwecke der Vermeidung der Akkumulation und anschließenden missbräuchlichen Ausnutzung von Informationen mit Stimmverboten sowie Sitzungsausschlüssen und Informationsverboten – Verlust des Auskunftsrechts – zu reagieren, wenngleich das Gesetz hierzu keine Regelungen enthält.[1396] Insofern wird zumeist wegen Bestehens einer planwidrigen Regelungslücke eine analoge Anwendung von § 34 BGB befürwortet, weshalb das betroffene Aufsichtsratsmitglied in den dort erwähnten Fällen – und nur in diesen[1397] – nicht stimmberechtigt ist.[1398] Diese Mittel können einzelfallbezogen und flexibel gehandhabt werden, um ein ausgewogenes Verhältnis von Mittel und Zweck zu erreichen.[1399] Das betroffene Aufsichtsratsmitglied ist in jedem Fall verpflichtet, die in seiner Person widerstreitenden Interessen oder gar Pflichten den anderen Mitgliedern des Gremiums gegenüber zu offenbaren und an Erörterung und Abstimmung nicht teilzunehmen.[1400] Nur ausnahmsweise wenn eine In-

1393 RG, Urt. v. 12.10.1940 – II 33/40, abgedruckt in: RGZ 165, 68 [82]; BGH, Urt. v. 21.12.1979 – II ZR 244/78, abgedruckt in: NJW 1980, 1629 [1630].

1394 Lutter/Krieger, Aufsichtsrat, § 12, Rn 927; vgl auch *Schneider*, FS Goette, S. 475 [S. 480], der diese Verpflichtung aus § 103 Abs. 3 Satz 1 AktG herleitet, wonach der Aufsichtsrat die gerichtliche Abberufung eines seiner Mitglieder beantragen kann, wenn in dessen Person „ein wichtiger Grund" iS einer „krass gesellschaftswidrigen Lage" vorliegt, hervorgerufen durch den aufgetretenen Interessenkonflikt. Liegt dieser Interessenkonflikt bereits bei Amtsantritt vor, so sieht *Schneider*, aaO, hierin ein ungeschriebenes Bestellungshindernis.

1395 BGH, Urt. v. 16.2.2009 – II ZR 187/07 („Kirch/Deutsche Bank"), abgedruckt in: BGHZ 180, 9 = NJW 2009, 2207 = NZG 2009, 342.

1396 So im Erg. auch *Schneider*, FS Goette, S. 475 [S. 481].

1397 Vgl zum Meinungsstand *Schneider*, FS Goette, S. 475 [S. 482 mwN], der § 34 BGB als allgemeines Rechtsprinzip mit dem Inhalt versteht, „dass an der Willensbildung und Entscheidungsfindung nicht mitwirken soll, wer sich in einem schweren Interessenkonflikt befindet." Die in § 34 BGB aufgeführten Fälle seien nur Anwendungsfälle im Rahmen der Konkretisierung, was als schwere Interessenkollision anzusehen ist.

1398 BayObLG, Beschl. v. 28.3.2003 – 3Z BR 199/02, abgedruckt in: BayObLGZ 2003, 89 = NZG 2003, 691 [692]; OLG Stuttgart, Urt. v. 30.5.2007 – 20 U 14/06, abgedruckt in: NZG 2007, 549 = AG 2007, 873 = BeckRS 2007, 09417.

1399 *Langenbucher*, ZGR 2007, 571 [586].

1400 Hiervon geht auch das OLG Schleswig, Beschl. v. 26.4.2004 – 2 W 46/04, abgedruckt in: ZIP 2004, 1143 [1144 mwN], aus.

teressenkollision sich zum andauernden Pflichtenwiderstreit verdichtet,[1401] muss das Aufsichtsrat als ultima ratio eines der beiden Ämter niederlegen.[1402]

b) Unabhängigkeit und Interessenkonflikte nach dem DCGK

Gemäß Ziff. 5.4.2 Satz 2 DCGK ist ein Aufsichtsratsmitglied nicht als unabhängig anzusehen, wenn es in einer persönlichen oder geschäftlichen Beziehung zu der Gesellschaft, deren Organen, einem kontrollierenden Aktionär oder einem mit diesem verbundenen Unternehmen steht, die einen wesentlichen und nicht nur vorübergehenden Interessenkonflikt begründen kann (dazu Rn 133 ff). 826

Ziff. 5.5.2 DCGK empfiehlt, dass jedes Aufsichtsratsmitglied Interessenkonflikte dem Aufsichtsrat gegenüber offenlegen soll, insbesondere solche, die aufgrund einer Beratung oder Organfunktion bei Kunden, Lieferanten, Kreditgebern oder sonstigen Dritten entstehen können (dazu Rn 197). 827

c) Die verschiedenen Tätigkeits- und Pflichtenkreise[1403]

Im Detail umstritten ist, in welchen Situationen Aufsichtsratsmitglieder den Interessen der Gesellschaft bzw Genossenschaft den Vorrang einräumen müssen und in welchen sie anderweitige Interessen bevorzugen dürfen. 828

Unzweifelhaft müssen sich Aufsichtsratsmitglieder immer dann, wenn sie ihre Organfunktion iS der präventiven und repressiven Überwachung des Vorstands bzw der persönlich haftenden Gesellschafter wahrnehmen, ausschließlich am Unternehmensinteresse ausrichten. Interessenkonflikte können sie hierbei zumeist nicht dadurch auflösen, dass sie sich bei der Abstimmung im Gremium enthalten, da sie hierdurch gegen den Grundsatz der Gesamtverantwortung sämtlicher Mitglieder des Gremiums für dessen Beschlüsse und Unterlassungen verstoßen würden. Eine Stimmenthaltung iS eines Stimmverbots besteht analog § 34 BGB nur dann, wenn über Ansprüche der Gesellschaft gegen das Aufsichtsratsmitglied oder umgekehrt sowie über Einleitung und Erledigung eines Rechtsstreits zwischen ihm und der Gesellschaft zu entscheiden ist.[1404] Außerdem dürfte § 34 BGB als Grundnorm des Verbots des Richtens in eigener Sache dann anwendbar sein, wenn über die Kandidatur eines Aufsichtsratsmitglieds zum Vorstandsamt in der Gesellschaft oder über den gerichtlichen Antrag auf Abberufung des Aufsichtsratsmitglieds aus wichtigem Grund zu entscheiden ist.[1405] 829

Bei Aktivitäten des Aufsichtsratsmitglieds, die sich vollumfänglich außerhalb der Gesellschaft bzw Genossenschaft abspielen und mit seinem Aufsichtsratsmandat in keinerlei Zusammenhang stehen, darf es regelmäßig den anderweitigen Interessen den Vorrang einräumen. Dies folgt bereits aus der Tatsache, dass das Aufsichtsratsamt als Nebenamt ausgestaltet und es jedem Aufsichtsratsmitglied erlaubt ist, in zehn Handelsgesellschaften, die gesetzlich einen Aufsichtsrat zu bilden haben, Mitglied des Aufsichtsrats zu sein.[1406] „Außerhalb der Gesellschaft“ bedeutet jedoch nicht, dass die Interessen der Gesellschaft oder Genossenschaft nicht betroffen sein können. So dürfte die Entscheidung des Aufsichtsratsmitglieds als Vorstand oder Aufsichtsratsmitglied eines Wettbewerbers, Zulieferers oder Kunden der Ge- 830

1401 LG Hannover, Beschl. v. 12.3.2009 – 21 T 2/09, abgedruckt in: ZIP 2009, 761 = AG 2009, 341; *Habersack*, in: MünchKomm AktG, § 100, Rn 72; *Möllers*, ZIP 2006, 1615 [1619].

1402 *Hoffmann-Becking*, in: Münchener Handbuch GesR, Bd. 4, AG, § 33, Rn 63; Lutter/Krieger, Aufsichtsrat, § 10, Rn 772.

1403 Vgl *Ulmer*, NJW 1980, 1603 [1605].

1404 OLG Stuttgart, Urt. v. 30.5.2007 – 20 U 14/06, abgedruckt in: NZG 2007, 549 = AG 2007, 873.

1405 Vgl *Ulmer*, NJW 1980, 1603 [1605 mwN].

1406 § 100 Abs. 2 Satz 1 Ziff. 1 AktG. Vgl auch die Einschränkungen zu diesem Grundsatz in § 100 Abs. 2 Satz 2 u. 3 AktG.

sellschaft oder Genossenschaft über dortige Investitionen oder Stilllegung des Unternehmens mitunter von großer Bedeutung für die hiesige Gesellschaft bzw Genossenschaft sein.[1407] Neben einem Mindestmaß an Loyalitäts- und Treuepflichten, also zB dem Verbot eigensüchtigen Ausnutzens von durch die Aufsichtsratsarbeit erlangten Kenntnissen, muss sich das Aufsichtsratsmitglied in der Wahrnehmung anderweitiger Interessen nicht einschränken.[1408]

831 Neben Situationen, in denen Aufsichtsratsmitglieder ihre Organfunktion wahrnehmen, und solchen, in denen sie gänzlich außerhalb der Gesellschaft tätig werden, gibt es Sphärenvermischungen, bei denen, ohne dass ein Missbrauch vorliegt, das Aufsichtsratsmandat sich auf die Verhandlungsposition des Mandatsträgers auswirkt. Insofern wird auch von einer „Ausstrahlung" der Aufsichtsratsfunktion auf Verhandlungsposition und -ergebnis gesprochen.[1409] Solche Sphärenvermischungen finden regelmäßig statt, wenn jemand für ein anderes Unternehmen – zB als dessen organschaftlicher Vertreter – oder für sich selbst Vertragsverhandlungen mit der Gesellschaft führt, deren Aufsichtsrat er angehört. Der BGH[1410] entschied in einem Fall, in dem der Vorsitzende des Aufsichtsrats dem Vorstand ein für die Gesellschaft ausschließlich schädliches Rechtsgeschäft nahegelegt und der Vorstand entsprechend disponiert hatte, dass das Aufsichtsratsmitglied sich nicht darauf berufen könne, dem Vertragspartner der Gesellschaft hierzu verpflichtet gewesen zu sein. „Die Spaltung einer Person mit kollidierenden Pflichten in solche Verhaltensweisen, die nur dem einen, nicht aber auch zugleich dem anderen Verantwortungsbereich zugeordnet werden könnten, ... [sei], wenn tatsächlich beide Bereiche betroffen sind, nicht möglich. Interessenkollisionen ... [seien], wenn ein Aufsichtsratsmitglied zwei Gesellschaften angehört, auch grundsätzlich nicht in dem Sinne entlastend, dass die Pflichterfüllung gegenüber der einen die Pflichtverletzung gegenüber der anderen Gesellschaft rechtfertigen könnte."[1411] Obwohl der BGH im konkreten (Missbrauchs-)Fall eine Haftung des Aufsichtsratsvorsitzenden zu Recht bejaht hat, ist hieraus kein allgemeiner Grundsatz abzuleiten. Insbesondere bei gewöhnlichen Austauschgeschäften kann ein Aufsichtsratsmitglied nicht daran gehindert sein, auf Seiten des Vertragspartners der Gesellschaft tätig zu werden. Andererseits könnte mit einer geschickten Besetzung des Aufsichtsrats durch Vertreter von Vertragspartnern deren Handlungsfähigkeit stark eingeschränkt werden. Ähnlich wie bei Aktivitäten des Aufsichtsratsmitglieds außerhalb der Gesellschaft gilt somit für Fälle der Sphärenvermischung nur ein stark abgeschwächter Pflichtenmaßstab für die Mitglieder des Aufsichtsrats.[1412]

5. Verschwiegenheitspflicht

a) Grundsätzliches und Umfang bzw Gegenstände

832 Die Pflicht zur Verschwiegenheit als Ausprägung der organschaftlichen Treupflicht[1413] und die hierdurch sichergestellte vertrauliche Behandlung der dem Aufsichtsrat zur Verfügung

1407 Bsp. bei *Ulmer*, NJW 1980, 1603 [1606].

1408 *Ulmer*, NJW 1980, 1603 [1606].

1409 *Ulmer*, NJW 1980, 1603 [1606].

1410 Urt. v. 21.12.1979 – II ZR 244/78, abgedruckt in: NJW 1980, 1629 f.

1411 BGH, Urt. v. 21.12.1979 – II ZR 244/78, abgedruckt in: NJW 1980, 1629 [1630].

1412 *Ulmer*, NJW 1980, 1603 [1607].

1413 Vgl Hüffer, AktG, § 93, Rn 6; *Spindler*, in: MünchKomm AktG^3, § 93, Rn 96; *Habersack*, in: MünchKomm AktG^3, § 116, Rn 187; *Fleischer*, in: Spindler/Stilz, AktG, § 93, Rn 160; *Säcker*, NJW 1986, 803 [803].

gestellten Informationen[1414] ist allgemein[1415] anerkannte Grundvoraussetzung für die Erfüllung der dem Aufsichtsrat obliegenden Aufgaben. Sie gilt nicht nur für die Mitglieder des Vorstandes,[1416] sondern auch für die aktuellen und ehemaligen[1417] Mitglieder des Aufsichtsrats.[1418] Andernfalls wäre die Verpflichtung des Vorstands gegenüber dem Aufsichtsrat zur weitgehenden Offenlegung von Unternehmensinterna[1419] nicht zu rechtfertigen und für das Gesellschaftsunternehmen ein unkalkulierbares Risiko.[1420]

Der Umfang der Verschwiegenheitspflicht beschränkt sich nicht auf die vertraulichen Berich- 833
te, welche die Aufsichtsratsmitglieder in ihrer Funktion erhalten haben, und auf den Inhalt vertraulicher Beratungen[1421] des Aufsichtsrats und seiner Ausschüsse und somit auf sämtliche Stellungnahmen deren Mitglieder sowie der an den Sitzungen teilnehmenden Vorstandsmitglieder. Der Verschwiegenheitspflicht unterliegen darüber hinaus Abstimmungsverhalten und -ergebnis,[1422] grundsätzlich jedoch nicht die Gegenstände der Beratungen des Aufsichtsrats, da in deren Nennung nicht zwangsläufig eine für Dritte relevante Information enthalten ist.[1423]

Schließlich müssen die Aufsichtsratsmitglieder wie die Mitglieder des Vorstands über sämtli- 834
che vertraulichen Angaben und Geheimnisse der Gesellschaft bzw Genossenschaft, namentlich Betriebs- und Geschäftsgeheimnisse, die ihnen durch ihre Tätigkeit im Aufsichtsrat bekannt geworden sind, Stillschweigen bewahren.[1424] Unter einem Geheimnis ist jede relativ unbekannte, also nur einem beschränkten Personenkreis bekannte und nicht ohne Weiteres zugängliche,[1425] Tatsache zu verstehen, an der ein objektives, nämlich im Interesse des Unternehmens liegendes, Geheimhaltungsinteresse besteht.[1426] Tatsache meint objektive Daten ebenso wie Ansichten, Meinungen und Wertungen.[1427] Unter einem Betriebsgeheimnis ist eine Information aus dem gesamten technischen Bereich des Unternehmens zu verstehen, also aus den Bereichen Forschung, technische Entwicklung, Fertigungsverfahren, Produktentwicklung und –vorhaben, Modelle, Konstruktionsbezeichnungen, Rezepturen und Erfindungen.[1428] Als Geschäftsgeheimnisse werden Informationen aus dem unternehmerischen, vor

1414 Vgl BGH, Urt. v. 5.6.1975 – II ZR 156/73, abgedruckt in: BGHZ 64, 325 [329] = NJW 1975, 1412; *Fleischer*, in: Spindler/Stilz, AktG, § 93, Rn 160, zur weiteren Funktion der Verschwiegenheitspflicht, Wettbewerbsfähigkeit und Ansehen der Gesellschaft zu schützen.

1415 Vgl nur BGH, Urt. v. 5.6.1975 – II ZR 156/73 („Bayer"), abgedruckt in: BGHZ 64, 325 [332] = NJW 1975, 1412; Hüffer, AktG, § 116, Rn 6; *Spindler*, in: Spindler/Stilz, AktG, § 116, Rn 79; Lutter/Krieger, Aufsichtsrat, § 6, Rn 254; *Bormann*, NZG 2011, 926 [926]; vgl auch Begr. zum TransPuG, BT-Drucks. 14/8769, S. 18.

1416 § 93 Abs. 1 Satz 3 AktG, § 34 Abs. 1 Satz 2 GenG.

1417 *Spindler*, in: Spindler/Stilz, AktG, § 116, Rn 83 f; Lutter/Krieger, Aufsichtsrat, § 6, Rn 275; *Bank*, NZG 2013, 801 [802].

1418 §§ 116 Satz 1, 93 Abs. 1 Satz 3 u. § 116 Satz 2 AktG; §§ 41, 34 Abs. 1 Satz 2 GenG.

1419 Vgl § 90 AktG.

1420 Für Hüffer, AktG, § 116, Rn 6, ist die Pflicht der Aufsichtsratsmitglieder zur Verschwiegenheit notwendiges Korrelat zur Pflicht des Vorstands, dem Aufsichtsrat in den Angelegenheiten der Gesellschaft in voller Offenheit zu begegnen.

1421 § 116 Satz 2 AktG enthält lediglich eine exemplarische Auszählung („insbesondere") und dürfte daher Appellfunktion beizumessen sein, vgl Hüffer, AktG, § 116, Rn 6 a.

1422 Vgl BGH, Urt. v. 5.6.1975 – II ZR 156/73 („Bayer"), abgedruckt in: BGHZ 64, 325 [330] = NJW 1975, 1412 [1413]; Hüffer, AktG, § 116, Rn 6, für die AG; *Beuthien*, in: Beuthien, GenG, § 41, Rn 16.

1423 *Drygala*, AG 2007, 381 [388 mwN].

1424 §§ 116 Satz 1, 93 Abs. 1 Satz 3 AktG, §§ 41, 34 Abs. 1 Satz 2 AktG.

1425 *Semler*, in: MünchKomm AktG, § 116, Rn 399 f.

1426 *Semler*, in: MünchKomm AktG, § 116, Rn 390 mwN; vgl auch *Säcker*, NJW 1986, 803 [805], wonach die Verschwiegenheitspflicht nur verletzt werden kann, wenn das Aufsichtsratsmitglied durch die Informationsweitergabe den Kreis der bislang eingeweihten Personen erweitert. Kenntnis des Mitteilungsempfängers und Bruch der Verschwiegenheitspflicht schlössen sich sachnotwendig aus.

1427 *Semler*, in: MünchKomm AktG^2, § 116, Rn 390 mwN.

1428 *Semler*, in: MünchKomm AktG^2, § 116, Rn 396 m. w. N; *Säcker*, NJW 1985, 803 [804].

allem dem kaufmännischen Bereich, eingeschätzt, zB Unternehmensplanung, Marketing- und Absatzpläne, Einkaufs- und Bezugsquellen, Kundenlisten und Verträge mit Kunden, Kalkulationsunterlagen, Preisberechnungen, Zahlungsbedingungen sowie auch beabsichtigte Zusammenschlüsse mit anderen Unternehmen, Akquisitionsvorhaben u.a.[1429] Bei den vertraulichen Angaben handelt es sich um Mitteilungen an den Aufsichtsrat, die dem persönlichen Lebensbereich, dem Organbereich oder dem sonstigen Unternehmensbereich zuzuordnen sind und die von der Gesellschaft bzw Genossenschaft in der Erwartung weitergegeben werden, dass der Empfänger Dritte hiervon nicht unterrichtet.[1430] Erfasst von der Verschwiegenheitspflicht sind demzufolge alle vertraulichen Informationen.[1431]

835 Ausnahmsweise darf das Organmitglied vertrauliche Informationen offenbaren, wenn die Einhaltung der Verschwiegenheitspflicht unzumutbar ist. Dies ist regelmäßig der Fall, wenn sich das Organmitglied gegen den von der Gesellschaft erhobenen Vorwurf pflichtwidrigen Verhaltens zur Wehr setzen muss, zB um seine Inanspruchnahme auf Schadensersatz zu verhindern.[1432]

b) Inhalt der Pflicht

836 Inhaltlich erfasst die Pflicht zur Verschwiegenheit sämtliche Äußerungen der Aufsichtsratsmitglieder in Wort und Schrift gegenüber Außenstehenden. Es sind nicht nur klare Aussagen zu vertraulichen Vorgängen verboten, sondern auch vage Andeutungen, aus denen sich der Inhalt des Vertraulichen ableiten lässt.[1433]

837 Außenstehende sind alle Personen, die weder dem Aufsichtsrat noch dem Vorstand angehören.[1434] Zwar haben (Konzern-)Abschlussprüfer und Sonderprüfer sowie bei der eG der Prüfungsverband Auskunftsansprüche. Diese bestehen jedoch nur gegenüber dem Vertretungsorgan von Gesellschaft bzw Genossenschaft, also gegenüber dem Vorstand, vgl § 320 Abs. 1 u. Abs. 2 HGB.

838 Die Verschwiegenheitspflicht der Aufsichtsratsmitglieder besteht auch gegenüber den Aktionären – dies gilt sogar für das entsandte Aufsichtsratsmitglied gegenüber dem es entsendenden Aktionär – und den Genossen. Das bedeutet, dass das Aufsichtsratsmitglied grundsätzlich auch dann zur Verschwiegenheit verpflichtet ist, wenn es nicht nur im Aufsichtsrat der Gesellschaft, sondern auch im Aufsichtsrat einer Aktionärin sitzt und die im Rahmen der Mandatstätigkeit für die Gesellschaft gewonnenen Erkenntnisse für die Aktionärin von großer Bedeutung wären.[1435] Lediglich dann, wenn zwischen der Aktionärin und der Gesellschaft ein Konzernverhältnis besteht – die (Mehrheits-) Aktionärin als herrschendes Unternehmen übt die Leitungsmacht auch über die Gesellschaft als abhängiges Unternehmen aus, vgl § 18 Abs. 1 Satz 1 Hs 1 AktG – gilt die Verschwiegenspflicht der Organmitglieder der Gesellschaft, zumindest im Hinblick auf Informationen, die in funktionellem Zusammenhang mit der von dem herrschenden Unternehmen angestrebten Leitungsmacht, nicht.[1436]

1429 *Semler*, in: MünchKomm AktG², § 116, Rn 397 m. w. N; *Säcker*, NJW 1985, 803 [804].

1430 *Semler*, in: MünchKomm AktG², § 116, Rn 401.

1431 Vgl Hüffer, AktG, § 116, Rn 6 a.

1432 *Spindler*, in: MünchKomm AktG³, § 93, Rn 116, 215; *Krieger/Sailer-Coceani*, in: K. Schmidt/Lutter, AktG, § 93, Rn 17.

1433 OLG Stuttgart, Beschl. v. 7.11.2006 – 8 W 388/06, abgedruckt in: AG 2007, 218 [219], zu Hinweisen, die insbesondere aufgrund des zeitlichen Zusammenhangs zu einer Aufsichtsratssitzung Schlussfolgerungen auf konkrete Verhandlungen im Hinblick auf eine Firmenübernahme zuließen.

1434 *Semler*, in: MünchKomm AktG², § 116, Rn 411 mwN.

1435 Vgl *Bank*, NZG 2013, 801 [803 f].

1436 *Spindler*, in: MünchKomm AktG³, § 93, Rn 108; *Altmeppen*, in: MünchKomm AktG³, § 311, Rn 426 ff; *Drygala*, in: K. Schmidt/Lutter, AktG, § 116, Rn 26; *Bank*, NZG 2013, 801 [804]; aA: *Semler*, in: MünchKomm AktG², § 116, Rn 425 mwN.

Dies gilt zumindest dann, wenn zwischen Gesellschaft und (Mehrheits-) Aktionärin ein Beherrschungs- und Gewinnabführungsvertrag iS von § 291 Abs. 1 Satz 1 AktG besteht, wonach Letztere aus § 302 AktG zur Verlustübernahme und gemäß § 303 AktG zur Sicherheitsleitung verpflichtet ist und somit das wirtschaftliche Risiko der Gesellschaft übernimmt und darüber hinaus gemäß § 308 Abs. 1 u. Abs. 2 AktG ein Weisungsrecht hat, das nur bei entsprechender Informationsversorgung sinnvoll ausgeübt werden kann. Denn in einem solchen Fall besteht ein Anspruch des herrschenden Unternehmens gegen das abhängige auf Gewährung von Informationen.[1437] Umstritten ist, ob bereits die faktische Konzernierung, vgl §§ 311 ff AktG, ausreicht, damit die Mitglieder der Organe des abhängigen Unternehmens gegenüber den Organen des herrschenden keiner Verschwiegenheitsverpflichtung mehr unterliegen. Der wohl überwiegende Teil[1438] der Literatur sieht trotz gewichtiger Gegenargumente[1439] keinen Anspruch der Mutter gegen die Tochter auf Informationsgewährung,[1440] so dass deren Organmitglieder gegenüber ihren Pendants in der Mutter zur Verschwiegenheit verpflichtet sind. Unabhängig davon, welcher Auffassung man sich für den Fall faktischer Konzernierung anschließt, oder ob ein Vertragskonzernverhältnis existiert, ein Aufsichtsratsmitglied sollte stets vor Preisgabe von Informationen an Organmitglieder des herrschenden Unternehmens einen Beschluss des Gremium einholen.[1441]

Außerdem besteht die Verschwiegenheitspflicht gegenüber dem Betriebsrat, den Gewerk- 839
schaften, der Belegschaft und sogar gegenüber den Ehrenvorsitzenden bzw Ehrenmitgliedern des Aufsichtsrats.[1442]

Werden Hilfspersonen oder Sachverständige vom Gesamtorgan oder von einem einzelnen 840
Mitglied in die Arbeit des Aufsichtsrats einbezogen, dürfen die Aufsichtsratsmitglieder ihnen gegenüber zwar vertrauliche Informationen offenbaren. Gleichzeitig haben sie jedoch unter Anwendung der erforderlichen Sorgfalt sicherzustellen, dass diese Personen Stillschweigen über die ihnen auf diesem Weg zugänglich gemachten vertraulichen Unternehmensinformationen bewahren. Dies kann entweder dadurch geschehen, dass beruflich zur Verschwiegenheit verpflichtete Personen – Rechtsanwälte, Steuerberater, Wirtschaftsprüfer u.a. – beauftragt werden, oder die Beauftragten sich vertraglich zur Verschwiegenheit verpflichten, was regelmäßig bei Personen der Fall ist, die Hilfstätigkeiten verrichten.[1443] Keine Verletzung der Verschwiegenheitspflicht liegt auch dann vor, wenn geplante Vorhaben einer Behörde, die ihrerseits der (strafbewehrten) Schweigepflicht unterliegt, angezeigt werden. Hierdurch erweitert sich zwar der Kreis derjenigen Personen, die von der vertraulichen Information Kenntnis haben, und zwar sogar um Unternehmensexterne. Die Verbreitung der vertraulichen Information bleibt aber weiterhin für Gesellschaft bzw Genossenschaft kontrollierbar und der Charakter eines Geheimnisses somit erhalten.[1444]

1437 Vgl hierzu nur *Lutter*, Information und Vertraulichkeit im Aufsichtsrat, § 17, Rn 478.
1438 **AA:** *Drygala*, in: K. Schmidt/Lutter, AktG, § 116, Rn 26.
1439 Vgl hierzu nur *Lutter*, Information und Vertraulichkeit im Aufsichtsrat, § 17, Rn 480.
1440 *Altmeppen*, in: MünchKomm AktG^3, § 311, Rn 424; wohl auch *Bank*, NZG 2013, 801 [805].
1441 Ähnlich *Bank*, NZG 2013, 801 [806].
1442 *Semler*, in: MünchKomm AktG^2, § 116, Rn 411 mwN.
1443 Vgl *Semler*, in: MünchKomm AktG^2, § 116, Rn 415 f.
1444 *Säcker*, NJW 1985, 803 [805].

c) Keine Disponibilität und keine Differenzierungen

aa) AG und KGaA

841 Die aktienrechtliche Regelung ist abschließend. Sie kann weder durch Satzungs- noch durch Geschäftsordnungsbestimmung abgeschwächt oder verschärft werden.[1445] Es können lediglich „Erläuterungen" und „allgemeine Richtlinien"[1446] sowie Verfahrensregeln[1447] aufgestellt werden.

842 Für Arbeitnehmer- und Anteilseignervertreter im Aufsichtsrat gelten in Bezug auf Verschwiegenheit dieselben Maßstäbe.[1448] Es gibt keine gespaltene Vertraulichkeit.[1449] Die Einbindung eines Aufsichtsratsmitglieds in den Betriebsrat der Gesellschaft rechtfertigt keinen Bruch der Vertraulichkeit.[1450]

bb) GmbH

843 Eine Ausnahme von dem oben dargelegten Grundsatz besteht für die GmbH mit fakultativem Aufsichtsrat, bei der eine Verschwiegenheitspflicht zwar ebenfalls bejaht wird,[1451] jedoch hiervon zumindest teilweise abweichende Satzungsregelungen für möglich gehalten werden.[1452] Möglich sei bei einer Kommune als Alleingesellschafterin, dass der Aufsichtsrat der GmbH öffentlich tagt. Begründet wird diese Möglichkeit mit dem Fehlen eines Verweises in § 52 GmbHG auf § 109 AktG sowie mit dem Anspruch eines jeden Gesellschafters auf Einsichtnahme und Auskunftserteilung gemäß § 51 a GmbHG gegenüber der Gesellschaft, der nicht nur von den Geschäftsführern, sondern auch vom Aufsichtsrat zu erfüllen ist. Darüber hinaus gilt für die nicht mitbestimmte GmbH uneingeschränkt das Primat der Gesellschafter, wonach diese auch auf ein wichtiges Prinzip der Aufsichtsratstäigkeit wie die Verschwiegenheit gegenüber außenstehenden Dritten verzichten können. *Altmeppen* bezeichnet die Gesellschafter bzw den Alleingesellschafter einer GmbH daher auch als „Herr des Geheimnisses".[1453] Schließlich schafft die Satzungsregelung die erforderliche Publizität im Handelsregister, mittels deren für ausreichend Rechtssicherheit gesorgt ist. Aus diesem Grund reicht eine einzelfallbezogene – durch einfachen Gesellschafterbeschluss – Aufhebung der Verschwiegenheitspflicht nicht aus, da sie dem Rechtsverkehr verborgen bleibt.[1454]

1445 BGH, Urt. v. 5.6.1975 – II ZR 156/73 („Bayer"), abgedruckt in: BGHZ 64, 325 [327 f] = NJW 1975, 1412 [1412], wonach „der Gesetzgeber über Inhalt und Umfang der Schweigepflicht als Ausfluss der jedem Organmitglied obliegenden Treue- und Sorgfaltspflicht allgemeinverbindlich entschieden" hat; *Beuthien*, in: Beuthien, GenG, § 41, Rn 16, für die eG.

1446 BGH, Urt. v. 5.6.1975 – II ZR 156/73 („Bayer"), abgedruckt in: BGHZ 64, 325 [328] = NJW 1975, 1412 [1412].

1447 Hüffer, AktG, § 116, Rn 7 mwN.

1448 BGH, Urt. v. 5.6.1975 – II ZR 156/73 („Bayer"), abgedruckt in: BGHZ 64, 325 ff = NJW 1975, 1412 ff; *Spindler*, ZIP 2011, 689 [690], spricht insofern davon, dass es „keine Aufspaltung des Aufsichtsrats in verschiedene Funktionen oder Bänke" gebe; *Beuthien*, in: Beuthien, GenG, § 41, Rn 16, für die eG.

1449 OLG Stuttgart, Beschl. v. 7.11.2006 – 8 W 388/06, abgedruckt in: AG 2007, 218 [219 mwN].

1450 OLG Stuttgart, Beschl. v. 7.11.2006 – 8 W 388/06, abgedruckt in: AG 2007, 218 [219].

1451 **AA:** VG Regensburg, Urt. v. 2.2.2005 – 3 K 04.01408, abgedruckt in: LKV 2005, 365 [369 ff], wonach der gesellschaftsrechtliche Grundsatz der Verschwiegenheitspflicht von Aufsichtsratsmitgliedern aus staatsrechtlichen Gründen, insbesondere aufgrund des Demokratie- und Rechtsstaatsprinzips, erheblich eingeschränkt und somit nicht nur einschränkbar sei; restriktiver: VGH München, Urt. v. 8.5.2006 – 4 BV 05.756, abgedruckt in: NVwZ-RR 2007, 622 = BeckRS 2006, 23885.

1452 Vgl *Zöllner/Noack*, in: Baumbach/Hueck, GmbHG, § 52, Rn 67; *Altmeppen*, NJW 2003, 2561 [2566]; *ders*, FS U. H. Schneider, 2011, S. 1 [11]; *Keßler*, GmbHR 2000, 71 [78 f]; *Spindler*, ZIP 2011, 689 [691 mwN]; *Zieglmeier*, ZGR 2007, 144 [159]; aA: *Wilhelm*, DB 2009, 944 ff, wonach die Verschwiegenheitspflicht indisponibel ist.

1453 NJW 2003, 2561 [2566]; FS U. H. Schneider, 2011, S. 1 [11].

1454 *Spindler*, ZIP 2011, 689 [692].

Anders verhält es sich bei dem Aufsichtsrat einer mitbestimmten GmbH. Denn dort gilt § 109 AktG über § 25 Abs. 1 Satz 1 Nr. 2 MitbestG, § 3 Abs. 2 Montan-MitbestG, § 3 Abs. 1 MitbestErgG, § 1 Abs. 1 Nr. 3 DrittelbG. Dass auch hier wie bei der mitbestimmungsfreien GmbH der Gesellschafterversammlung und somit auch einer Kommune als Alleingesellschafterin die übergeordnete Geschäftsführungskompetenz zusteht, ändert hieran nichts. Denn im Hinblick auf den Aufsichtsrat, dessen Existenz, Besetzung und Arbeit, können die Gesellschafter gerade nicht frei disponieren. Außerdem würden den Arbeitnehmervertretern ohne das Bestehen von Vertraulichkeit wesentliche Freiheiten in der Auseinandersetzung im Gremium vorenthalten, die ihren Kollegen in einer AG hingegen zuteil werden. Dies widerspricht jedoch dem Grundgedanken der gesetzlichen Mitbestimmung.[1455] 844

d) Sonderfall der §§ 394 f AktG

aa) Allgemeines

Bei Gesellschaften, an denen Gebietskörperschaften beteiligt sind,[1456] ist die Verschwiegenheitspflicht der Aufsichtsratsmitglieder nach § 394 Satz 1 AktG dahin gehend aufgehoben, als sie zur Berichterstattung gegenüber derjenigen Körperschaft verpflichtet sind, die sie gewählt oder entsandt hat.[1457] Diese Regelung löst den Grundkonflikt zum Teil auf, der zwischen der Verschwiegenheitspflicht und dem dahinterstehenden Interesse einer Gesellschaft an Geheimhaltung von unternehmenswichtigen Daten einerseits und dem Interesse des Staates an transparenter Amtsführung zur Sicherung demokratischer Kontrolle andererseits besteht.[1458] Zum Schutze vertraulicher Informationen gegenüber der Öffentlichkeit unterliegen aber jene Personen, die damit betraut sind, die Beteiligung der Körperschaft zu verwalten und die von ihr gewählten oder entsandten Aufsichtsratsmitglieder zu prüfen, gemäß § 395 Abs. 1 AktG einer Verschwiegenheitspflicht, soweit es um vertrauliche Angaben und Geheimnisse der Gesellschaft geht, die in den Berichten der Aufsichtsratsmitglieder enthalten sind. Insofern kann man davon sprechen, dass die Verschwiegenheitspflicht nicht generell durchbrochen – so sind Dritte bzw Angehörige der Gebietskörperschaft nicht befugt, an Sitzungen des Aufsichtsrats teilzunehmen –, sondern nur ihr Wirkungskreis auf die mit der Beteiligung befassten Vertreter der Gebietskörperschaft ausgedehnt wird.[1459] Eine allgemeine Berichtspflicht der Aufsichtsratsmitglieder gegenüber Gemeinderäten oder Parlamenten besteht somit nicht.[1460] 845

§§ 394 f AktG gelten für die AG und trotz fehlender Verweisungen in § 1 Abs. 1 Ziff. 3 DrittelbG und § 25 Abs. 1 Satz 1 Nr. 2 MitbestG auch für die mitbestimmte GmbH.[1461] Denn in den mitbestimmungsrechtlichen Verweisungsvorschriften wird auf § 116 AktG Bezug genommen. § 394 AktG wiederum modifiziert diese Vorschrift und muss somit von der Verweisung umfasst sein.[1462] Andernfalls wäre die Informationsversorgung der Gebietskör- 846

1455 **AA:** *Altmeppen*, FS U. H. Schneider, 2011, S. 11 [13 f].

1456 Zu den Anforderungen an die Beteiligung, vgl Hüffer, AktG, § 394, Rn 34 f; *Schmidt-Aßmann/Ulmer*, BB 1988, Sonderbeilage 13, S. 7.

1457 Zu § 394 AktG-E des noch nicht verabschiedeten Gesetzes zur Änderung des Aktiengesetzes, der für Unternehmen, an denen eine Gebietskörperschaft beteiligt ist, vorsieht, dass die Satzung die „Verschwiegenheitspflicht der Aufsichtsratsmitglieder und die Öffentlichkeit der Sitzungen regeln“ kann, vgl *Bormann*, NZG 2011, 926 ff; *Bungert/Wettich*, ZIP 2011, 160 [164]; *Diekmann/Nolting*, NZG 2011, 6 [10].

1458 Vgl *Spindler*, ZIP 2011, 689 [689].

1459 *Spindler*, ZIP 2011, 689 [691].

1460 *Schürnbrand*, in: MünchKomm AktG^3, § 394, Rn 35; *Schall*, in: Spindler/Stilz, AktG, § 394, Rn 14; *Land/Hallemayer*, AG 2011, 114 [120 f]; *Spindler*, ZIP 2011, 689 [691].

1461 *Kropff*, in: MünchKomm AktG^2, §§ 394, 395, Rn 10; *Schall*, in: Spindler/Stilz, AktG, § 394, Rn 4; aA: *Oetker*, in: K. Schmidt/Lutter, § 394, Rn 5; so wohl auch: Hüffer, AktG, § 394, Rn 33.

1462 *Bormann*, NZG 2011, 926 [927].

perschaften in einer mitbestimmten GmbH im Vergleich zur AG schlechter, wodurch für diese ein faktischer Zwang zur Wahl der Rechtsform der AG bestünde.

bb) Berichtspflicht

847 § 394 Satz 1 AktG begründet keine Berichtspflicht, sondern setzt das Bestehen einer solchen voraus.[1463] Vielfach wird in der aktienrechtlichen Literatur eine gesetzliche Berichtspflicht gefordert.[1464] Fraglich ist hierbei, ob diese unmittelbar auf einer Gesetzesvorschrift beruhen muss, die sich auf § 394 Satz 1 AktG bezieht,[1465] oder ob es ausreicht, wenn sie zunächst durch Einzelakt konkretisiert werden muss, womit auch beamtenrechtliche Weisungen Berichtspflichten begründen könnten.[1466] Wieder andere halten neben einer (wie auch immer gearteten) gesetzlichen Berichtspflicht auch eine solche aufgrund vertraglichen Auftragsverhältnisses gemäß § 666 BGB für möglich.[1467] Dem entspricht auch die Praxis des Bundes, wie sie sich aus den „Grundsätze[n] guter Unternehmens- und Beteiligungsführung im Bereich des Bundes" („Grundsätze") und den „Hinweise[n] für gute Beteiligungsführung bei Bundesunternehmen" („Hinweise") ableiten lässt.[1468]

848 Der Wortlauf des § 394 Satz 1 AktG verrät nicht, ob die Berichtspflicht zwingend auf Gesetz beruhen muss, oder ob auch ein Vertrag als Grundlage hierfür dienen kann.[1469] Feststeht nur, dass die Aufsichtsratsmitglieder überhaupt zur Erstattung von Berichten gegenüber einer Gebietskörperschaft verpflichtet sein müssen.

849 Als systematisches Argument wird angeführt, dass die Pflicht zur Verschwiegenheit in §§ 93 Abs. 1 Satz 2, 116 Satz 1 u. Satz 2 AktG nicht zur rechtsgeschäftlichen Disposition von Gebietskörperschaften und Aufsichtsratsmitgliedern stehen dürfe, es hierauf aber hinausliefe, wenn die Berichtspflicht als tatbestandliche Voraussetzung von § 394 Satz 1 AktG vertraglich gelockert werden könnte.[1470] Richtig hieran ist, dass eine rechtsgeschäftliche Absprache tatsächlich die Vorschriften der §§ 93, 116 AktG unterlaufen könnte, soweit sie Aufsichtsratsmitglieder zur Verschwiegenheit verpflichten und Verstöße hiergegen sanktionieren. § 394 AktG sieht jedoch ausdrücklich für den Fall der Beteiligung von Gebietskörperschaften eine Einschränkung der Verschwiegenheitspflicht der Aufsichtsratsmitglieder und damit einhergehend eine Privilegierung der öffentlichen Hand im Hinblick auf die Informationsversorgung vor. Gleichzeitig wird Geheimhaltung jedoch durch § 395 AktG dahin gehend gewährleistet, dass diejenigen, die von den Aufsichtsratsmitgliedern die Informationen empfangen, selbst zur Verschwiegenheit verpflichtet sind. Der Kreis der Geheimnisträger wird sozusagen lediglich um einige wenige Personen erweitert, ohne dass dies der Gesellschaft zum Nachteil gereicht.[1471] Somit lässt sich auch kein systematisches Argument für eine Differenzierung zwischen gesetzlicher und vertraglicher Berichtspflicht erkennen.

850 Nicht von der Hand zu weisen ist das Argument *Hüffers*, wonach es der Gesetzgeber in der Hand habe, Anwendungsfälle für § 394 Satz 1 AktG zu schaffen, der Vorschrift somit zur

1463 Vgl nur Hüffer, AktG, § 394, Rn 36; *Land/Hallermayer*, AG 2011, 114; *Wilting*, AG 2012, 529 [530].

1464 Hüffer, AktG, § 394, Rn 37 mwN; *Zöllner*, AG 1984, 147 [147 ff]; *Bäcker*, FS Schwark, 2009, S. 101 [117]; *Lutter/Grunewald*, WM 1984, 385 [397]; *Martens*, AG 1984, 29 [33]; *Schwintowski*, NJW 1990, 1009 [1014 f].

1465 Hüffer, AktG, § 394, Rn 41; *Zöllner*, AG 1984, 147 [148 f].

1466 *Lutter/Grunewald*, WM 1984, 385 [397]; *Martens*, AG 1984, 29 [33].

1467 *Schürnbrand*, in: MünchKomm AktG^3, § 394, Rn 19; *Kropff*, in: MünchKomm AktG^2, §§ 394, 395, Rn 23 f; *ders.*, FS Huber, 2006, S. 841 ff; *ders.*, FS Hefermehl, 1976, S. 327 [328]; *Wilting*, AG 2012, 529 [532]; *Land/Hallermayer*, AG 2011, 114 [116 f].

1468 Abrufbar unter www.bmf.bund.de; vgl auch *Wilting*, AG 2012, 529 [530 f].

1469 So auch: *Schürnbrand*, in: MünchKomm AktG^3, § 394, Rn 18 mwN; *Wilting*, AG 2012, 529 [531].

1470 Hüffer, AktG, § 394, Rn 38.

1471 Vgl *Schürnbrand*, in: MünchKomm AktG^3, § 394, Rn 19; *Land/Hallermayer*, AG 2011, 114 [117].

Wirksamkeit zu verhelfen.[1472] Das bedeutet, dass es der auf rechtsgeschäftlicher Basis geschaffenen Berichtspflichten nicht zwingend bedarf, damit die §§ 394 f AktG nicht leerlaufen. Somit kann es nicht darauf ankommen, ob § 69 BHO als Nachfolgevorschrift von § 111 Reichshaushaltsordnung (RHO) Berichtspflichten von Aufsichtsratsmitgliedern enthält oder dies als rein haushaltsrechtliche Vorschrift, die nur das Innenverhältnis regelt, nicht tut.[1473] Denn weder der Umstand, dass es vor dem AktG von 1965 noch keine Gesetzesvorschriften gab, die Berichtspflichten für Aufsichtsratsmitglieder begründeten, noch die Tatsache, dass vier Jahre nach Inkrafttreten von §§ 394 f AktG mit Verabschiedung des HGrG keine Berichtspflichten geschaffen wurden, liefert ein Argument dafür, dass von § 394 Satz 1 AktG auch rechtsgeschäftlich begründete Berichtspflichten erfasst sind. Allerdings ließe sich aus dem Umstand, dass gesetzliche Berichtspflichten existieren, auch nicht entnehmen, dass die Berichtspflicht gemäß § 394 Satz 1 AktG zwingend einer gesetzlichen Grundlage bedarf.

Die Entstehungsgeschichte der Norm lässt eher vermuten, dass es einer Gesetzesgrundlage 851
für die Berichtspflicht nicht bedarf, da dem Gesetzgeber des AktG 1965 die Praxis der Beteiligungsverwaltung, die eine gesetzliche Grundlage für die Berichtspflicht der Aufsichtsratsmitglieder nicht zwingend erforderte, bekannt gewesen sein musste.[1474] Andererseits kann der Wille des historischen Gesetzgebers nur begrenzt für die Auslegung einer Norm herangezogen werden. Dies gilt selbst dann, wenn man ihn eindeutig ergründen kann. Denn zum einen büßt er im Zeitablauf an Bedeutung ein.[1475] Zum anderen ist er nur zu berücksichtigen, wenn er im Gesetz selbst einen hinreichend bestimmten Ausdruck gefunden hat.[1476] Zumindest an zuletzt genannter Voraussetzung fehlt es.

Im Ergebnis wird man entgegen der übwiegenden aktienrechtlichen Literatur und mit der 852
gängigen Praxis in Bund und Ländern mangels stichhaltiger Gegenargumente die gemäß § 394 Satz 1 AktG erforderliche Berichtspflicht auch dann annehmen können, wenn sie auf rechtsgeschäftlicher Grundlage basiert.

cc) Berichtsadressaten

Fraglich ist, wem gegenüber die Aufsichtsratsmitglieder, die auf Veranlassung einer Gebiets- 853
körperschaft in den Aufsichtsrat gewählt oder entsandt worden sind, zu berichten haben, wer also Berichtsadressat ist.[1477]

Stimmen in der aktienrechtlichen Literatur halten § 394 Satz 1 AktG, wonach die Berichte 854
„der Gebietskörperschaft zu erstatten" sind, insofern für unergiebig und ziehen § 395 Abs. 1 AktG ergänzend heran. Die dort genannten Personen seien somit die Berichtsadressaten.[1478] Für andere regelt das Organisationsrecht der jeweiligen Körperschaft, wer Berichtsadressat

1472 AktG, § 394, Rn 39.

1473 Vom Gegenteil scheint *Wilting*, AG 2012, 529 [532], auszugehen, der daneben landesrechtliche Vorschriften wie § 113 Abs. 5 Satz 1 GO NW nennt und darüber hinaus § 53 HGrG als haushaltsrechtliche Vorschrift, die ausnahmesweise auch nach außen wirke und somit Wirkung auf das Gesellschaftsrecht entfalte.

1474 Vgl *Schürnbrand*, in: MünchKomm AktG^3, § 394, Rn 18 ff; *Land/Hallermayer*, AG 2011, 114 [116 f].

1475 Vgl *Kramer*, Juristische Methodenlehre, S. 136 f; *Wank*, Auslegung von Gesetzen, S. 34; *Fleischer*, FS Goette, 2011, S. 75 [85 ff].

1476 Vgl BVerfG, Beschl. v. 17.5.1960 – 2 BvL 11/60, abgedruckt in: BVerfGE 11, 126 [130] = NJW 1960, 1563.

1477 Aus Sicht der berichtspflichtigen Aufsichtsratsmitglieder unerheblich ist, wer darüber hinaus noch Kenntnis von dem Bericht erlangt, vgl hierzu § 395 Abs. 1 Hs 2 AktG für „Mitteilungen im dienstlichen Verkehr", hierzu: Hüffer, AktG, § 395, Rn 7; *Wilting*, AG 2012, 529 [534 f].

1478 *Land/Hallermayer*, AG 2011, 114 [118 mwN].

ist. § 395 Abs. 1 AktG stelle lediglich die im Interesse der Gesellschaft liegende Verschwiegenheit sicher, grenze damit aber auch den Kreis der möglichen Berichtsadressaten ein.[1479]

855 Entscheidend bei der Beantwortung der Frage nach dem Berichtsadressaten ist darauf abzustellen, wer die Gebietskörperschaft in der Funktion der Anteilseignerin gegenüber der Gesellschaft vertritt, wer also die Wahl bzw Entsendung der Aufsichtsratsmitglieder veranlasst oder mit dem Aufsichtsratsmitglied die rechtsgeschäftliche Abrede getroffen hat.[1480] Nur diesen Personen gegenüber unterliegen die Aufsichtsratsmitglieder keiner Verschwiegenheitspflicht. Der Gemeinderat kann daher ebenso wenig Berichtsadressat sein wie Ratsfraktionen, einzelne Gemeinderatsmitglieder, Arbeitskreise, Ausschüsse und ähnliche Gremien.[1481] Auch parlamentarische Gremien und deren Mitglieder scheiden als Adressaten der Berichterstattung der Aufsichtsratsmitglieder aus,[1482] wobei insoweit nicht auf das erhöhte Risiko von Vertraulichkeitsverletzungen[1483] abzustellen ist, sondern allein darauf, wem nach Organisationsrecht bzw rechtsgeschäftlicher Abrede zu berichten ist.

856 Zu achten hat das Aufsichtsratsmitglied jedoch unabhängig von dem zuvor Gesagten darauf, ob der Adressat auch zu einer der Gruppen mit den zur Verschwiegenheit verpflichteten Personen zählt, die in § 395 Abs. 1 Hs 1 AktG bezeichnet werden. Erfasst werden hiervon solche Personen, die Beteiligungen einer Gebietskörperschaft verwalten.[1484] Außerdem zählen hierzu Personen, die für eine Gebietskörperschaft mit Prüfaufgaben betraut sind, also solche, die für eine Gebietskörperschaft die Gesellschaft, deren Betätigung als Aktionärin oder die Tätigkeit der auf deren Veranlassung gewählten oder entsandten Aufsichtsratsmitglieder zu prüfen haben.[1485] Auch wenn zum Teil „die parlamentarische Kontrolle der Verwaltung" als „dritte Prüfebene" verstanden wird, gehören Parlamentarier entgegen einer vereinzelt gebliebenen Literaturansicht[1486] nicht zur Gruppe derer, die in § 395 Abs. 1 Hs 1 Alt. 1 AktG gemeint ist. Denn Abgeordnete prüfen nicht „für eine Gebietskörperschaft", da ihnen einerseits die hierfür erforderlichen Befugnisse fehlen und andererseits ihre Kontrolle eine parlamentaische und keine administrative (Über-) Kontrolle ist.[1487]

dd) Form und Inhalt der Berichterstattung

857 Die Berichterstattung der Aufsichtsratsmitglieder an die Gebietskörperschaft bezweckt die haushaltsrechtliche Überwachung deren Betätigung im Lichte der ihr zugewiesenen Aufgaben.[1488] Das berichtspflichtige Aufsichtsratsmitglied hat seine Pflicht auf Grundlage dessen nach pflichtgemäßem Ermessen zu konkretisieren.[1489] Es unterliegt insofern nicht den Vorgaben seines Vorgesetzten, den es in seiner Eigenschaft als Beamter hat. Dieser kommt uU allenfalls als Berichtsadressat in Betracht.

1479 Hüffer, AktG, § 394, Rn 43; *Schmidt-Aßmann/Ulmer*, BB 1988, Sonderbeilage 13, S. 9; *Schwintowski*, NJW 1990, 1009 [1014]; *Kropff*, FS Hefermehl, 1976, S. 327 [340, 342]; im Erg. ähnlich *Wilting*, AG 2012, 529 [533].

1480 *Wilting*, AG 2012, 529 [533].

1481 Hüffer, AktG, § 394, Rn 43; *Schwintowski*, NJW 1990, 1009 [1014].

1482 Hüffer, AktG, § 394, Rn 43; *Wilting*, AG 2012, 529 [533].

1483 So aber: Hüffer, AktG, § 394, Rn 43; *Land/Hallermayer*, AG 2011, 114 [118 mwN], zur Begrenzung des Personenkreises und sonstigen organisatorischen Vorkehrungen zur Gewährleistung der Vertraulichkeit.

1484 Näheres hierzu bei *Wilting*, AG 2012, 529 [534], unter Bezugnahme auf §§ 65, 68, 69 BHO.

1485 Näheres hierzu bei *Wilting*, AG 2012, 529 [534].

1486 *Kropff*, in: MünchKomm AktG[2], §§ 394, 395, Rn 54; ähnlich: *Schürnbrand*, in: MünchKomm AktG[3], § 394, Rn 31; vgl auch: *Land/Hallermayer*, AG 2011, 114 [118].

1487 *Wilting*, AG 2012, 529 [535 f], mit Verweis auf BVerfG, Urt. v. 17.7.1984 – 2 BvE 11/83, 2 BvE 15/83, abgedruckt in: BVerfGE 67, 100 [140].

1488 Vgl Hüffer, AktG, § 394, Rn 44 mwN.

1489 *Zöllner*, KölnKomm AktG, §§ 394, 395, Rn 5; Hüffer, AktG, § 394, Rn 44; *Schmidt-Aßmann/Ulmer*, BB 1988, Sonderbeilage 13, S. 10.

Das Aufsichtsratsmitglied muss nach pflichtgemäßem Ermessen entscheiden, ob und ggf in welchem Umfang es der Gebietskörperschaft vertrauliche Unterlagen zur Verfügung stellen möchte, wobei Richtschnur seiner Ermessensausübung die Ermöglichung zur sinnvollen Betätigungsprüfung durch die Gebietskörperschaft ist.[1490] Den Prüfungsbericht des Abschlussprüfers gemäß § 321 HGB sowie, falls vorhanden, dessen Bericht über die Prüfung des vom Vorstand erstatteten Abhängigkeitsberichts gemäß § 313 AktG hat das Aufsichtsratsmitglied der Gebietskörperschaft nicht zur Verfügung zu stellen. Andernfalls wäre § 53 Abs. 1 Ziff. 3 HGrG überflüssig, der neben der Voraussetzung einer Mindestbeteiligung der Gebietskörperschaft an der Gesellschaft auch vorsieht, dass ihr der Prüfungsbericht des Abschlussprüfers auf Verlangen von der Gesellschaft unverzüglich nach Eingang „übersendet“ wird. Daneben kann es keine Pflicht des Aufsichtsratsmitglieds geben, der Gebietskörperschaft den Bericht zur Verfügung zu stellen.[1491] 858

e) Offenbarung von vertraulichen Informationen

aa) Zuständigkeit und gebundene Entscheidung

Die Aufsichtsratsmitglieder müssen eigenverantwortlich entscheiden, ob Informationen geheimhaltungsbedürftig sind oder preisgegeben werden dürfen. Da sich die Geheimhaltung am objektiven Unternehmensinteresse ausrichtet,[1492] steht ihnen hierbei kein unternehmerischer Entscheidungsspielraum zu.[1493] Vielmehr handelt es sich um eine gebundene Entscheidung der Aufsichtsratsmitglieder, die uneingeschränkt justiziabel ist. 859

Die Mitglieder sowohl des fakultativen als auch des obigatorischen Aufsichtsrats einer GmbH müssen deren Gesellschaftern Einblick in die Aufsichtsratsprotokolle gewähren. Denn das Auskunfts- und Einsichtsrecht gemäß § 51 a GmbH steht jedem GmbH-Gesellschafter unabhängig davon zu, ob aufgrund mitbestimmungsrechtlicher Regelungen Arbeitnehmer- und Gewerkschaftsvertreter Mitglieder des Aufsichtsrats sind oder nicht. Von diesem Recht erfasst werden auch Inhalt und Ergebnis der Verhandlungen im Aufsichtsrat, die in der Sitzungsniederschrift festgehalten werden.[1494] Zwischen den Gesellschaftern und dem Aufsichtsrat bestehen zudem keinerlei Verschwiegensheitspflichten,[1495] da auch die Gesellschafter in Ihrer Gesamtheit als Organ der Gesellschafter zur Verschwiegenheit gegenüber Dritten verpflichtet sind.[1496] Zudem kann der Alleingesellschafter der GmbH als „Herr“ des „Geheimnisses“ die Mitglieder des Aufsichtsrats – sowie auch Geschäftsführer, Steuerberater, Wirtschaftsprüfer und Rechtsanwälte – von ihrer Verschwiegenheitspflicht befreien.[1497] 860

Die Informationshoheit des Aufsichtsrats beschränkt sich auf Vorgänge, die ausschließlich in seinem Kompetenz- und Verantwortungsbereich liegen wie zB die Bestellung und Abberufung von Vorstandsmitgliedern gemäß § 84 Abs. 1 u. Abs. 3 AktG (dazu Rn 460 ff u. Rn 549 ff). Bei Vorgängen, an denen er nur beteiligt ist wie bei zustimmungspflichtigen Geschäften iS von § 111 Abs. 4 Satz 2 AktG und der Feststellung des Jahresabschlusses gemäß 861

1490 Hüffer, AktG, § 394, Rn 45 mwN; aA: *Martens*, AG 1984, 29 [36 ff].

1491 Vgl Hüffer, AktG, § 394, Rn 45; *Martens*, AG 1984, 29 [37 f]; *Schmidt-Aßmann/Ulmer*, BB 1988, Sonderbeilage 13, S. 12.

1492 BGH, Urt. v. 5.6.1975 – II ZR 156/73 („Bayer“), abgedruckt in: BGHZ 64, 325 [329] = NJW 1975, 1412; BGH, Beschl. v. 6.3.1997 – II ZB 4/96, abgedruckt in: NJW 1997, 1985 [1987] = ZIP 1997, 978; Hüffer, AktG, § 93, Rn 7; *Habersack*, in: MünchKomm AktG^3, § 116, Rn 52; *Spindler*, ZIP 2011, 689 [691 mwN].

1493 *Semler*, in: MünchKomm AktG^2, § 116, Rn 409.

1494 Vgl BGH, Beschl. v. 6.3.1997 – II ZB 4/96, abgedruckt in: BGHZ 135, 48 = NJW 1997, 1985 = GmbHR 1997, 705 = ZIP 1997, 978 [Tz. 8 ff, 11, 16].

1495 *Spindler*, ZIP 2011, 689 [692 mwN].

1496 BGH, Beschl. v. 6.3.1997 – II ZB 4/96, abgedruckt in: BGHZ 135, 48 = NJW 1997, 1985 = GmbHR 1997, 705 = ZIP 1997, 978 [Tz. 11].

1497 Vgl nur *Altmeppen*, FS U. H. Schneider, 2011, S. 1 [11 f].

§ 172 Satz 1 AktG, hat der Vorstand über die Weitergabe oder Veröffentlichung von Unternehmensinterna zu entscheiden. Der Aufsichtsrat kann hierzu lediglich Empfehlungen aussprechen.[1498] Dasselbe gilt für Umstände, von denen der Aufsichtsrat lediglich Kenntnis erlangt, auf die er jedoch keinen Einfluss hat.[1499] Ein noch ungeklärter Sonderfall besteht im Hinblick auf die Zuständigkeit für Ad-hoc-Mitteilungen von Insiderinformationen. § 15 Abs. 1 WpHG nimmt hinsichtlich dessen lediglich die Gesellschaft als Inlandsemittentin von Finanzinstrumenten in die Pflicht, so dass im Innenverhältnis grundsätzlich die gesellschaftsrechtliche Aufgaben- und Kompetenzverteilung gilt.[1500] Zuständig für Ad-hoc-Mitteilungen sowie die Entscheidung über die Selbstbefreiung gemäß § 15 Abs. 3 WpHG und somit für die Gewährleistung gesetzeskonformen Handelns (Compliance) ist der Vorstand (dazu Rn 600). Daher gibt es Stimmen, welche die Zuständigkeit für Ad-hoc-Mitteilungen ausschließlich bei ihm sehen.[1501] Andere weisen dem Aufsichtsrat die Zuständigkeit für Ad-hoc-Mitteilungen und somit auch die Entscheidung über die Selbstbefreiung zu, wenn die Insiderinformationen seinen ausschließlichen Verantwortungsbereich betreffen[1502] oder der Aufsichtsrat über Insiderinformationen verfügt, die dem Vorstand unbekannt sind.[1503] In der Praxis ist bis zur Klärung dieser Streitfrage Vorsicht geboten. In Fällen, in denen die Insiderinformation den alleinigen Verantwortungsbereich des Aufsichtsrats betrifft und daher zumindest von Teilen des Schrifttums dessen Annexkompetenz zur Ad-hoc-Mittelung und zur Entscheidung über die Selbstbefreiung angenommen wird, sollte vorsichtshalber neben dem Vorstand auch der Aufsichtsrat eine Entscheidung hierüber treffen.[1504]

862 Obliegt dem Aufsichtsrat die Entscheidung über die Publikmachung und befürwortet er diese, hat er den Vorstand mit der Bekanntgabe zu beauftragen.[1505] Ausschlaggebend bei der Entscheidung, ob vertrauliche Informationen zu veröffentlichen sind, ist allein das objektive Unternehmensinteresse.[1506] Verschwiegenheit hat daher dort zurückzustehen, wo sie die Überwachungsmöglichkeiten des Aufsichtsrats unverhältnismäßig einschränkt. So muss bei der eG eine Unterrichtung von General- bzw Vertreterversammlung oder Prüfungsverband stets möglich sein, wenn dies für eine angemessene Überwachung erforderlich ist.[1507]

bb) Sanktionen und Zeugnisverweigerungsrecht

863 Mit der Verletzung der Geheimhaltungspflicht kann sich ein Mitglied des Aufsichtsrats auch strafbar machen. Denn wer ein Geheimnis der Gesellschaft, namentlich ein Betriebs- oder Geschäftsgeheimnis, das ihm in seiner Eigenschaft als Mitglied des Aufsichtsrats bekannt geworden ist, unbefugt offenbart, wird mit Freiheitsstrafe bis zu einem Jahr, bei börsennotier-

---

1498 Zum Vorstand als „Herr der Gesellschaftsgeheimnisse“, vgl BGH, Urt. v. 5.6.1975 – II ZR 156/73 („Bayer“), abgedruckt in: BGHZ 64, 325 [329] = NJW 1975, 1412; *Spindler*, in: MünchKomm AktG³, § 93, Rn 102; *Altmeppen*, in: MünchKomm AktG³, § 311, Rn 424.

1499 *Hengeler*, FS Schilling, 1973, S. 187 [S. 189 ff], der insofern vom Vorstand als „Herr des Gesellschaftsgeheimnisses“ spricht.

1500 *Kocher/Schneider*, ZIP 2013, 1607 [1610].

1501 *Assmann*, in: Assmann/Schneider, WpHG, § 15, Rn 50.

1502 *Ihrig/Kranz*, BB 2013, 451 [456].

1503 *Groß*, in: FS U. H. Schneider, 2011, S. 385 [392]; *Kocher/Schneider*, ZIP 2013, 1607 [1611], die für eine Entscheidungskompetenz im Hinblick auf die Selbstbefreiung gemäß § 15 Abs. 3 WpHG zusätzlich zum Informationsvorsprung des Aufsichtsrats gegenüber dem Vorstand ein berechtigtes Interesse des Aufsichtsrats verlangen, die Insiderinformation gegenüber dem Vorstand zunächst geheimzuhalten.

1504 *Kocher/Schneider*, ZIP 2013, 1607 [1611].

1505 *Semler*, in: MünchKomm AktG², § 116, Rn 375 ff.

1506 OLG Stuttgart, Beschl. v. 7.11.2006 – 8 W 388/06, abgedruckt in: AG 2007, 218 [219]; *Spindler*, ZIP 2011, 689 [691 mwN]; *Säcker*, NJW 1986, 803 [805], mit der Empfehlung, zunächst aufsichtsratsintern und gegenüber dem Vorstand alle möglichen Wege auszuschöpfen.

1507 Vgl *Beuthien*, in: Beuthien, GenG, § 41, Rn 16.

ten Gesellschaften bis zu zwei Jahren, oder mit Geldstrafe bestraft.[1508] Die Tat wird allerdings nur auf Antrag der Gesellschaft, vertreten durch den Vorstand oder die Abwickler, verfolgt.[1509]

Um ihrer Geheimhaltungspflicht entsprechen und zivil- und strafrechtliche Sanktionen verhindern zu können, steht den Aufsichtsratsmitgliedern ein Zeugnisverweigerungsrecht zu, vgl § 383 Abs. 1 Ziff. 6 ZPO, wonach zur Verweigerung des Zeugnisses berechtigt ist, wem kraft Amtes, Standes oder Gewerbes Tatsachen anvertraut sind, deren Geheimhaltung durch ihre Natur oder durch gesetzliche Vorschrift geboten ist, in Betreff der Tatsachen, auf welche die Verpflichtung sich bezieht, bzw § 384 Ziff. 3 ZPO, wonach das Zeugnis über Fragen verweigert werden kann, welche die betreffende Person nicht würde beantworten können, ohne ein Kunst- oder Gewerbegeheimnis zu offenbaren. 864

6. Vertretung von AG und eG

a) Vertretung durch den Aufsichtsrat als Gesamtorgan

Der Aufsichtsrat als Gesamtorgan[1510] vertritt gemäß § 112 Satz 1 AktG die AG bzw gemäß § 39 Abs. 1 Satz 1 GenG die eG gerichtlich und außergerichtlich gegenüber ihren Vorstandsmitgliedern, was die vorherige Willensbildung des Organs inkludiert.[1511] Der Umfang dieser Vertretungsmacht steht nicht zur Disposition der Gesellschaft, vgl. § 23 Abs. 5 AktG.[1512] Durch die Vertretungsmacht des Aufsichtsrats soll die sachgerechte und unbefangene, von möglichen Interessenkollisionen frei bleibende Vertretung von Gesellschaft und Genossenschaft und somit die Wahrung der Gesellschafts- bzw Genossenschaftsbelange sichergestellt werden, die bei dem Vorstand als regelmäßigem Vertretungsorgan gemäß § 78 AktG sowie §§ 24 Abs. 1 Satz 1, 25 GenG fehlen kann, wenn einzelne seiner Mitglieder an dem fraglichen Rechtsverhältnis selbst beteiligt sind.[1513] Bei der Befugnis des Aufsichtsrats zur Vertretung der Gesellschaft bzw Genossenschaft gegenüber den Mitgliedern des Vorstands geht es somit um den Schutz von Gesellschaft bzw Genossenschaft vor der abstrakten Gefährdung ihrer Interessen.[1514] 865

Diese Zuständigkeit des Aufsichtsrats ist bei der AG mit Ausnahme von § 147 Abs. 2 AktG, wonach die Hauptversammlung zur Geltendmachung von Ersatzansprüchen besondere Vertreter bestellen kann, eine ausschließliche.[1515] Eine § 147 Abs. 2 AktG vergleichbare Vorschrift kennt das GenG nicht, so dass im Falle der Existenz eines Aufsichtsrats dieser aus- 866

1508 § 404 Abs. 1 Ziff. 1 Var. 2 AktG.

1509 § 404 Abs. 3 Satz 1 u. 2 Alt. 2 AktG.

1510 BGH, Beschl. v. 14.5.2013 – II ZB 1/11, abgedruckt in: NZG 2013, 792 [794 mwN], wobei §§ 177 ff BGB gelten und der erforderliche Aufsichtsratsbeschluss somit nachgeholt werden kann; vgl hierzu auch OLG München, Urt. v. 18.10.2007 – 23 U 5786/06, abgedruckt in: AG 2008, 423 = WM 2008, 73 = ZIP 2008, 220; OLG Celle, Beschl. v. 25.2.2002 – 4 U 176/01, abgedruckt in: AG 2003, 433 = BB 2002, 1438, wo jeweils der Vorstand anstelle des Aufsichtsrats als Vertreter der Gesellschaft aufgetreten ist; vgl hierzu auch Hüffer, AktG, § 112, Rn 7; *Fischer/Hoffmann*, NZG 2013, 1419 [1419].

1511 So ausdrücklich: BGH, Beschl. v. 14.5.2013 – II ZB 1/11, abgedruckt in: NZG 2013, 792 ff, zur Bevollmächtigung eines Rechtsanwalts zur Vertretung der AG im Passivprozess gegen Mitglieder deren Vorstands; vgl auch *Cahn*, FS Hoffmann-Becking, 2013, S. 247 [249], wonach § 112 Satz 1 AktG „unter dem Begriff der Vertretung die interne Willensbildung und ihre Umsetzung durch Abgabe von Willenserklärungen" zusammenfasst.

1512 *Cahn*, FS Hoffmann-Becking, 2013, S. 247 [248].

1513 BGH, Urt. v. 26.6.1995 – II ZR 122/94, abgedruckt in: BGHZ 130, 108 ff = NJW 1995, 2559 ff, zu § 39 Abs. 1 GenG; BGH, Urt. v. 13.2.1989 – II ZR 209/88, abgedruckt in: NJW 1989, 2055 [2056], zu § 112 AktG.

1514 Vgl BAG, Urt. v. 4.7.2001 – 2 AZR 142/00, abgedruckt in: NJW 2002, 1444 [1445]; Hüffer, AktG, § 112, Rn 1.

1515 Hüffer, AktG, § 112, Rn 1, zur Vorrangigkeit von § 147 Abs. 2 gegenüber § 112 AktG.

nahmslos[1516] für die Vertretung der eG gegenüber den Vorstandsmitgliedern zuständig ist.[1517]

867 Der Aufsichtsrat vertritt die Gesellschaft bzw Genossenschaft nicht nur gegenüber wirksam bestellten Vorstandsmitgliedern, sondern auch gegenüber solchen, deren Bestellung unwirksam ist.[1518] Darüber hinaus sind § 112 AktG und § 39 Abs. 1 Satz 1 GenG auch anzuwenden, soweit es um Rechtsverhältnisse zwischen der Gesellschaft bzw Genossenschaft und ehemaligen Vorstandsmitgliedern mit Bezug zu deren Vorstandstätigkeit geht,[1519] da auch insofern eine abstrakte Gefährdung der Gesellschafts- bzw Genossenschaftsinteressen vermieden werden muss, die bei typisierter Betrachtung besteht. Insofern ist der Aufsichtsrat auch dann zur Vertretung der eG als übernehmendem Rechtsträger im Anschluss an eine Verschmelzung berufen, wenn der Beklagte Mitglied des Vorstands eines übertragenden Rechtsträgers war, zu keiner Zeit jedoch dem Vorstand des übernehmenden Rechtsträgers angehörte.[1520] Dasselbe gilt für zukünftige Vorstandsmitglieder im Hinblick auf Rechtsgeschäfte im Vorfeld der Bestellung und mit Bezug hierauf.[1521] Nicht zuletzt ist der Aufsichtsrat auch dann vertretungsbefugt, wenn ausgeschiedene Vorstandsmitglieder einer AG gegen die Kündigung ihres für die Dauer der Vorstandstätigkeit angeblich ruhenden Arbeitsverhältnisses klagen und die Kündigungsgründe in unmittelbarem Zusammenhang mit der Tätigkeit als Vorstandsmitglied stehen.[1522]

868 Eine – erweiternde[1523] – Anwendung von § 112 AktG auf Fälle, bei denen Geschäfte nicht mit dem Vorstandsmitglied, sondern mit einer Gesellschaft, an der das Vorstandsmitglied beteiligt ist, geschlossen werden, kommt nur in ganz engen Grenzen echter wirtschaftlicher Identität in Betracht,[1524] zB dann, wenn der Vertragspartner der AG eine Ein-Personen-Gesellschaft des Vorstandsmitglieds ist.[1525] Entgegen einer starken Auffassung im Schrifttum[1526] genügt die Beteiligung eines Vorstandsmitglieds, mittels dessen es maßgeblichen Einfluss auf die Gesellschafterin/Vertragspartnerin hat, für die Anwendbarkeit von § 112 AktG nicht.

869 § 112 AktG ist jedoch auch dann anwendbar, wenn nahe Angehörige des (ehemaligen) Vorstandsmitglieds Versorgungsansprüche geltend machen, die im Vorstandsverhältnis wurzeln.[1527]

870 Während der Aufsichtsrat als Kollektivorgan die Gesellschaft in einem Rechtsstreit gegen ihre (ehemaligen) Vorstandsmitglieder vertritt, steht dem einzelnen Aufsichtsratsmitglied die Möglichkeit offen, auf Seiten der Gesellschaft und somit als Nebenintervenient gemäß § 66

1516 Vgl *Beuthien*, in Beuthien, GenG, § 39, Rn 7; vgl auch BT-Drucks. 16/1025, S. 85, zur eG.

1517 Vgl § 39 Abs. 1 Satz 2 GenG.

1518 *Habersack*, in: MünchKomm AktG^3, § 112, Rn 10.

1519 BGH, Urt. v. 26.6.1995 – II ZR 122/94, abgedruckt in: BGHZ 130, 108 ff = NJW 1995, 2559 ff, zu § 39 Abs. 1 GenG; BGH, Urt. v. 1.12.2003 – II ZR 161/02, abgedruckt in: BGHZ 157, 151 ff = NJW 2004, 1528 ff, BGH, Urt. v. 28.4.1997 – II ZR 282/95, abgedruckt in: NJW 1997, 2324, BAG, Urt. v. 4.7.2001 – 2 AZR 142/00, abgedruckt in: NJW 2002, 1444 [1445], zu § 112 AktG.

1520 BGH, Urt. v. 26.1.1998 – II ZR 279/96, abgedruckt in: NJW 1998, 1646 [1647].

1521 *Habersack*, in: MünchKomm AktG^3, § 112, Rn 11; Hüffer, AktG, § 112, Rn 2.

1522 BAG, Urt. v. 4.7.2001 – 2 AZR 142/00, abgedruckt in: NJW 2002, 1444 ff.

1523 Vgl BGH, Urt. v. 12.3.2013 – II ZR 179/12, abgedruckt in: NZG 2013, 496, der die Frage der Anwendbarkeit von § 112 AktG auf Gesellschaften, an denen ein Vorstandsmitglied beteiligt ist, ausdrücklich offen gelassen hat.

1524 OLG München, Urt. v. 10.5.2012 – 14 U 2175/11, abgedruckt in: ZIP 2012, 1024 = NZG 2012, 706 [707 f] = BeckRS 2012, 10572; *Habersack*, in: MünchKomm AktG^3, § 112, Rn 9; *Drygala*, in: K. Schmidt/Lutter, AktG, § 112, Rn 11; Hüffer, AktG, § 112, Rn 2 a.

1525 *Habersack*, in: MünchKomm AktG^3, § 112, Rn 9; *Drygala*, in: K. Schmidt/Lutter, AktG, § 112, Rn 11.

1526 *Spindler*, in: Spindler/Stilz, AktG, § 112, Rn 8; *Bürgers/Israel*, in: Bürgers/Körber, AktG, § 112, Rn 3; *Hambloch-Gesinn/Gesinn*, in: Hölters, AktG, § 112, Rn 7.

1527 BGH, Urt. v. 16.10.2006 – II ZR 7/05, abgedruckt in: NZG 2007, 31.

Abs. 1 ZPO beizutreten, wenn es ein eigenes rechtliches Interesse am Beitritt hat. Dies ist immer dann anzunehmen, wenn es in dem Rechtsstreit zwischen Gesellschaft und (ehemaligem) Vorstandsmitglied um die Wirksamkeit eines Aufsichtsratsbeschlusses geht.[1528] Denn das Aufsichtsratsmitglied trägt aufgrund seiner Organstellung Verantwortung für die Rechtmäßigkeit der vom Aufsichtsrat gefassten Beschlüsse,[1529] die es als andere Person iS von § 66 Abs. 1 ZPO im Rahmen eines Rechtsstreits zwischen Gesellschaft und Vorstandsmitglied wahrnehmen können muss. Die Möglichkeit, als Nebenintervenient zwecks Verteidigung eines gefassten Aufsichtsratsbeschlusses beizutreten, bildet somit das Gegenstück zum Rechtsschutzbedürfnis des einzelnen Aufsichtsratsmitglieds für Klagen, mit denen es die Unwirksamkeit vom Aufsichtsrat gefasster Beschlüsse geltend machen möchte.[1530]

b) Vertretung durch einzelne Mitglieder des Aufsichtsrats

Während der Vorstand gemäß § 78 Abs. 2 Satz 1 AktG mangels anderslautender Satzungsbe- 871
stimmung aktiv nur zur gemeinschaftlichen Vertretung der AG befugt ist – § 78 Abs. 2 Satz 2 AktG, der über § 112 Satz 2 AktG[1531] entsprechend anzuwenden ist, sieht Einzelvertretungsbefugnis nur für die Passivvertretung vor –, gilt ein entsprechender Grundsatz für den Aufsichtsrat nicht. Allerdings kann das einzelne Mitglied des Aufsichtsrats nicht wirksam dazu bevollmächtigt werden, anstelle des Gremiums oder eines Ausschusses einen eigenen Willen zu bilden, diesen nach außen kundzutun und somit als Stellvertreter der Gesellschaft iS von §§ 164 ff BGB aufzutreten.[1532] Vielmehr können Satzung oder Geschäftsordnung des Aufsichtsrats lediglich regeln, dass eines seiner Mitglieder, im Regelfall der Vorsitzende, mit der Kundgabe von Beschlüssen und somit von internen Willensbildungsakten des Gremiums oder der Ausschüsse nach außen betraut werden kann. Dieses Mitglied wird zumeist als sog. „Erklärungsvertreter“ oder „Vertreter in der Erklärung“ bezeichnet.[1533] Gemeint ist hiermit eine eigenständige Kategorie zwischen Stellvertreter und Bote.[1534] Der Erklärungsvertreter zeichnet sich dadurch aus, dass er vergleich dem Vertreter „mit gebundener Marschroute“ hinsichtlich des Erklärungsinhalts und der Erklärungsmodalitäten durch Weisungen in so starkem Maße gebunden ist, dass er zwar den Vertretenen bei der Erklärungsabgabe noch repräsentiert, im Übrigen aber wie ein Erklärungsbote wirkt.[1535] Es wird davon gesprochen,

1528 BGH, Zwischen-Urt. v. 29.1.2013 – II ZB 1/11, abgedruckt in: NZG 2013, 297 f.

1529 BGH, Urt. v. 17.7.2012 – II ZR 55/11, abgedruckt in: NZG 2012, 1027 = ZIP 2012, 1750; BGH, Urt. v. 21.4.1997 – II ZR 175/95 („ARAG/Garmenbeck“), abgedruckt in: BGHZ 135, 244 [248 ff] = NJW 1997, 1926.

1530 Vgl BGH, Zwischen-Urt. v. 29.1.2013 – II ZB 1/11, abgedruckt in: NZG 2013, 297 [298].

1531 Eingefügt durch Art. 5 Nr. 13 MoMiG zwecks Klarstellung, vgl Begr. RegE, BT-Drucks. 16/6140, S. 52.

1532 BGH, Urt. v. 6.4.1964 – II ZR 75/62, abgedruckt in: BGHZ 41, 282 [285] = NJW 1964, 1367 [1367]; BGH, Urt. v. 17.03.2008 – II ZR 239/06, abgedruckt in: NZG 2008, 471 = AG 2008, 894 [895] = ZIP 2008, 1114, zur eG; *Habersack*, in: MünchKomm AktG^3, § 112, Rn 23; *Spindler*, in: Spindler/Stilz, AktG, § 112, Rn 30; aA: OLG Karlsruhe, Urt. v. 13.10.1995 – 10 U 51/95, abgedruckt in: AG 1996, 224 [225 f] = BeckRS 1995, 07169; *Drygala*, in: K. Schmidt/Lutter, AktG, § 112, Rn 15; *Hambloch-Gesinn/Gesinn*, in: Hölters, AktG, § 112, Rn 13; *Fonk*, in: Semler/v. Schenck, Aufsichtsrat, § 9, Rn 83; *Cahn*, FS Hoffmann-Becking, 2013, S. 247 [255 ff], wonach der Aufsichtsrat einem seiner Mitglieder einen gewissen Entscheidungsspielraum zubilligen kann, sofern die Ausübung dessen (Unter-)Vertretungsmacht ansonsten an konkrete Vorgaben iS eines engen Rahmens gebunden ist.

1533 OLG Düsseldorf, Urt. v. 17.11.2003 – I-15 U 225/02, abgedruckt in: NZG 2004, 141 ff.

1534 Bloße Botenschaft scheidet ebenso aus wie Stellvertretung, da der Beschluss eines Gesellschaftsorgans lediglich den Abschluss des internen Willensbillensprozesses markiert, hierin jedoch noch keine Willenserklärung liegt, vgl KG, Beschl. v. 16.03.1959 – 1 W 137/59, abgedruckt in: NJW 1959, 1446 [1447]; aA: *Cahn*, FS Hoffmann-Becking, 2013, S. 247 [252 f], der zumindest in den Fällen von einer Willenserklärung ausgeht, in denen bei Verkündung des Beschlussergebnisses der Erklärungsempfänger zugegen ist, außerdem stelle das vom Vorsitzenden unterzeichnete Beschlussprotokoll eine Willenserklärung dar.

1535 Kritisch zur Figur des „Erklärungsvertreters“ im Zusammenhang mit der Repräsentation der Gesellschaft anstelle des Aufsichtsrat *Leuering*, NZG 2004, 120 [122]; weitere Nachw. hierzu aaO, Fn 12.

dass der „Erklärungsvertreter“ vom zuständigen Gesamtorgan, das kollektiv den der Erklärung zugrundeliegenden Willen bildet, zur Abgabe der bestimmten Erklärung „ermächtigt“ wird.[1536] „Ermächtigung“ meint in diesem Kontext jedoch nicht wie bei § 185 BGB die Verleihung einer Rechtsmacht zur wirksamen Verfügung über ein fremdes Recht,[1537] sondern vergleichbar der handelsgesetzlichen Terminologie, wie sie sich in §§ 49 Abs. 1, 54 Abs. 1, 56, 125 Abs. 1 HGB wiederfindet, die Bevollmächtigung einer Person. Eine solche Ermächtigung kann durch generelle Regelung zB in Satzung oder Geschäftsordnung des Aufsichtsrats oder durch Einzelermächtigung[1538] erfolgen.

872 Die Befürworter der Figur des Erklärungsvertreters müssen bei Zurückweisung von einseitigen Rechtsgeschäften der Gesellschaft, vorgenommen durch den Erklärungsvertreter eines ihrer Organe ohne Vorlage einer ihn legitimierenden Urkunde, § 174 Satz 1 BGB entsprechend anwenden.[1539] Wer diese Figur ablehnt und den Erklärenden als Stellvertreter der Gesellschaft im Rechtssinne begreift, kann § 174 Satz 1 BGB unmittelbar anwenden.[1540]

873 Soweit anstelle des Gesamtaufsichtsrats ein Ausschuss beschließen kann, mag auch ihm die Vertretung der Gesellschaft zugewiesen werden.[1541] Auf die Figur des Erklärungsvertreters kommt es hierbei nicht an, da der Ausschuss in einem solchen Fall nicht nur die Erklärung abzugeben, sondern auch den ihr zugrundeliegenden Willen zu bilden hat.

c) Vertretung durch den Vorstand

874 Aus dem Regelungszweck von § 112 Satz 1 AktG und § 39 Abs. 1 Satz 1 GenG, eine sachgerechte und unbefangene, von möglichen Interessenkollisionen frei bleibende Vertretung der Gesellschaft bzw Genossenschaft unter Wahrung deren Belange sicherzustellen, folgt, dass gegenüber ausgeschiedenen Vorstandsmitgliedern nur dann der Vorstand und nicht der Aufsichtsrat zur Vertretung der Gesellschaft bzw Genossenschaft berufen ist, wenn ausschließlich Fragen im Raum stehen, die in keinerlei Zusammenhang zur früheren Organtätigkeit stehen und somit eine abstrakte Gefahr der Befangenheit des gegenwärtigen Vorstands zu verneinen ist.[1542]

875 Die eG wird von ihrem Vorstand vertreten, wenn einzelne Genossen, die dem Vorstand selbst nicht angehören, sie auf Feststellung verklagen, dass bestimmte Mitglieder dem Vorstand weiterhin angehören. Denn dieser Fall ist weder von § 39 Abs. 1 GenG noch von § 112 AktG erfasst. Zwar besteht auch in dieser Konstellation die theoretische Gefahr, dass die Mitglieder des Vorstands aufgrund von Interessenkollisionen die eG unsachgemäß vertreten. Für diesen Fall hat das Gesetz jedoch keine Vorsorge getroffen.[1543]

876 Ebenfalls nicht von § 112 AktG erfasst ist der Fall, dass sich ein Vorstandsmitglied in Ausübung des Stimmrechts seiner AG in einer 100%igen Tochtergesellschaft zu deren Geschäftsführer bestellt.[1544] Grund hierfür ist Umstand, dass § 112 AktG für Vorgänge rein körperschaftlicher Willensbildung nicht gilt. Zwar besteht auch in einem solchen Fall ein In-

---

1536 BGH, Urt. v. 6.4.1964 – II ZR 75/62, abgedruckt in: BGHZ 41, 282 [285] = NJW 1964, 1367 [1367].

1537 Vgl *Heinrichs*, in: Palandt, BGB, § 185, Rn, 7.

1538 Vgl Hüffer, AktG, § 112, Rn 4; *Habersack*, in: MünchKomm AktG^3, § 112, Rn 20.

1539 So geschehen vom OLG Düsseldorf, Urt. v. 17.11.2003 – I-15 U 225/02, abgedruckt in: NZG 2004, 141 ff.

1540 Vgl *Leuering*, NZG 2004, 120 [121 ff].

1541 Hüffer, AktG, § 112, Rn 5; *Habersack*, in: MünchKomm AktG^3, § 112, Rn 22; *Spindler*, in: Spindler/Stilz, AktG, § 112, Rn 29.

1542 BAG, Urt. v. 4.7.2001 – 2 AZR 142/00, abgedruckt in: NJW 2002, 1444 [1445].

1543 Vgl BGH, Urt. v. 23.9.1996 – II ZR 126/95, abgedruckt in: NJW 1997, 318 [319].

1544 OLG München, Beschl. v. 8.5.2012 – 31 Wx 69/12, abgedruckt in: NZG 2012, 710; *Cramer*, NZG 2012, 765 [766 f]; aA: LG Berlin, Beschl. v. 18.12.1996 – 98 T 79/96, abgedruckt in NJW-RR 1997, 1534.

teressenkonflikt, so dass die Anwendbarkeit von § 181 Var. 1 BGB regelmäßig in Betracht kommen dürfte.[1545] Denn das die AG vertretende Vorstandsmitglied entscheidet durch Ausübung deren Stimmrechts über seine eigenen Belange, nämlich darüber, ob es Geschäftsführer der Tochtergesellschaft wird oder nicht. Diese Art von Interessenkonflikten sollen durch § 112 AktG jedoch nicht verhindert werden.

d) Gemeinsame Vertretung durch Vorstand und Aufsichtsrat

Anfechtungsklagen gegen Hauptversammlungsbeschlüsse sind gemäß § 246 Abs. 2 Satz 1 AktG gegen die Gesellschaft zu richten. Klagt ein Aktionär, wird die Gesellschaft nach § 246 Abs. 2 Satz 2 AktG durch Vorstand und Aufsichtsrat gemeinsam vertreten. Beide Organe sich somit frühzeitig verpflichtet, sich mit der Klage und den hiermit geltend gemachten Anfechtungs- oder Nichtigkeitsgründen auseinanderzusetzen und deren Erfolgsaussichten abzuschätzen.[1546] 877

Klagt der Vorstand oder eines seiner Mitglieder, wird die Gesellschaft durch den Aufsichtsrat, klagt ein Aufsichtsratsmitglied, wird die Gesellschaft durch den Vorstand vertreten (§ 246 Abs. 2 Satz 3 AktG). 878

e) Prozessführungsbefugnis

Nicht um wirksame Vertretung, sondern um Prozessführungsbefugnis geht es bei der Frage, ob einzelne Aufsichtsratsmitglieder befugt sind, die Gesellschaft oder Genossenschaft wegen angeblich rechtswidriger Geschäftsführungsmaßnahmen des Vorstands zu verklagen. Da der Gesamtaufsichtsrat Träger des Überwachungsrechts aus § 111 Abs. 1 AktG ist, ist auch nur er befugt, es gerichtlich geltend zu machen. Einzelne Mitglieder des Aufsichtsrats oder ganze Gruppen wie Ausschüsse oder die Arbeitnehmerbank eines mitbestimmten Aufsichtsrats können allenfalls entsprechend dem Institut der actio pro socio als personengesellschaftsrechtlicher Form der Prozessstandschaft, also aus fremdem Recht in eigenem Namen, vorgehen. Allerdings kommt ein solches Vorgehen überhaupt nur in Betracht, wenn es nicht dazu dient, zwischen Mehrheit und Minderheit im Aufsichtsrat auftretende Konflikte über den Umweg einer gerichtlichen Inanspruchnahme der durch den Vorstand vertretenen Gesellschaft auszutragen.[1547] 879

7. Geltendmachung von Ersatzansprüchen

a) Aufgaben und Pflichten des Aufsichtsrats

aa) Eigenverantwortliche Prüfung und Entscheidung

Der Aufsichtsrat hat im Rahmen seiner vergangenheitsbezogenen Recht- und Zweckmäßigkeitskontrolle zu prüfen, ob Schadensersatzansprüche der Gesellschaft bzw Genossenschaft 880

1545 Hierzu und zu der Frage, ob und wann eine Befreiung des Vorstandsmitglieds wegen der Existenz des § 112 AktG von § 181 Var. 1 BGB möglich ist, *Cramer*, NZG 2012, 765 [767 f].

1546 *Vetter*, ZIP 2012, 701 [703].

1547 BGH, Urt. v. 28.11.1988 – II ZR 57/88, abgedruckt in: BGHZ 106, 54 = NJW 1989, 979; OLG Celle, Urt. v. 9.10.1989 – 9 U 186/89, abgedruckt in: NJW 1990, 582 [583] = AG 1990, 264 [265]; OLG Stuttgart, Urt. v. 30.5.2007 – 20 U 14/2006 – 20 U 14/06, abgedruckt in: NZG 2007, 549 = AG 2007, 873; jeweils zur AG.

gegenüber aktuellen und ehemaligen[1548] Mitgliedern des Vorstands bestehen und ob bzw inwieweit diese geltend zu machen sind.[1549]

881 Als Vertreter der Gesellschaft bzw Genossenschaft gegenüber deren Vorstandsmitgliedern gemäß § 112 AktG bzw § 39 Abs. 1 Satz 1 GenG[1550] hat er zudem nicht nur über die Geltendmachung von Schadensersatzansprüchen gegen Vorstandsmitglieder zu entscheiden, sondern seine Entscheidung anschließend auch umzusetzen.[1551] Eine Ausnahme gilt bei der eG, sofern die Satzung bestimmt, dass über die Führung von Prozessen gegen Vorstandsmitglieder die General- bzw Vertreterversammlung entscheidet, vgl § 39 Abs. 1 Satz 3 GenG.

882 Vor der gerichtlichen Geltendmachung von Schadensersatzansprüchen hat der Aufsichtsrat Folgendes zu bewerkstelligen:[1552]

883 Zunächst (erste Ebene) muss er in tatsächlicher und rechtlicher Hinsicht den zum Schadensersatz verpflichtenden Tatbestand feststellen. Hierbei hat er zu berücksichtigen, dass dem Vorstand bei der Leitung der Geschäfte des Gesellschafts- bzw Genossenschaftsunternehmens ein weiter Handlungsspielraum[1553] zuzubilligen ist. Außerdem darf die vom Vorstand getroffene Entscheidung nur auf der Grundlage der seinerzeitigen Situation, also „ex ante“, beurteilt werden. Erkenntnisgewinne zB im Hinblick auf die Marktentwicklung aus der Zeit danach müssen außer Betracht bleiben. Eine „Entscheidungsprärogative“, die zur Beschränkung der gerichtlichen Nachprüfbarkeit führen würde, kann der Aufsichtsrat insoweit nicht in Anspruch nehmen. Denn seine Aufgabe besteht in der Erlangung von Erkenntnissen und nicht in der Auswahl einer von mehreren Handlungsmöglichkeiten. Außerdem muss der Aufsichtsrat die Erfolgaussichten einer gerichtlichen Auseinandersetzung beurteilen. Hierzu gehört neben der Analyse des Prozessrisikos die Beantwortung der Frage nach der Beitreibbarkeit einer titulierten Forderung. Insbesondere wird er Zeugenaussagen und sonstige Beweismittel einzuschätzen haben.

884 Schließlich (zweite Ebene) hat der Aufsichtsrat, der allein dem Unternehmenswohl verpflichtet ist, bestehende und durchsetzbare Schadensersatzansprüche der Gesellschaft bzw Genossenschaft gegenüber Vorstandsmitgliedern – ggf gerichtlich – geltend zu machen,[1554] es sei denn, gewichtige Interessen und Belange der Gesellschaft bzw Genossenschaft sprechen da-

1548 BGH, Urt. v. 1.12.2003 – II ZR 161/02, abgedruckt in: BGHZ 157, 151 [153 f] = NJW 2004, 1528 = NZG 2004, 186; BGH, Urt. v. 16.2.2009 – II ZR 185/07 („Kirch/Deutsche Bank“), abgedruckt in: BGHZ 180, 9 = NJW 2009, 2207 = NZG 2009, 342.

1549 BGH, Urt. v. 21.4.1997 – II ZR 175/95 („ARAG/Garmenbeck“), abgedruckt in: BGHZ 135, 244 [255] = NJW 1997, 1926; Hüffer, AktG, § 111, Rn 4, für die AG; *Beuthien*, in: Beuthien, GenG, § 39, Rn 7, für die eG.

1550 Angepasst an § 112 AktG durch die Novellierung des GenG v. 16.10.2006 (BGBl. I S. 2230), vgl hierzu: BT-Drucks. 16/1025, S. 85.

1551 **AA:** *Beuthien*, in: Beuthien, GenG, § 39, Rn 7, der die Mitglieder des Aufsichtsrats für befangen hält, da gleichzeitig zumeist ein Aufsichtsfehler vorliegen dürfte, weshalb entsprechend § 39 Abs. 3 GenG zu verfahren sei.

1552 Prüfungsaufbau nach *Henze*, NJW 1998, 3309 [3310], in Anlehnung an BGH, Urt. v. 21.4.1997 – II ZR 175/95 („ARAG/Garmenbeck“), abgedruckt in: BGHZ 135, 244 ff = NJW 1997, 1926 ff; vgl auch *ders.*, BB 2005, 165 [166], zur AG; *Beuthien*, in: Beuthien, GenG, § 38, Rn 8, in entsprechender Anwendung dieser Grundsätze für die eG.

1553 Gemäß § 93 Abs. 1 Satz 2 AktG liegt eine Pflichtverletzung nicht vor, wenn das Vorstandsmitglied bei einer unternehmerischen Entscheidung vernünftiger Weise annehmen durfte, auf der Grundlage angemessener Information zum Wohl der Gesellschaft zu handeln.

1554 *Mertens*, FS K. Schmidt, 2009, S. 1183 [1192], wonach die ARAG/Garmenbeck-Entscheidung des BGH dem Aufsichtsrat keinen „autonomen“ Ermessensspielraum zugestehe und der Aufsichtsrat somit keine „unternehmerische Entscheidung“ treffe; ebenso *Raiser*, NJW 1996, 552 [554].

für, den entstandenen Schaden ersatzlos hinzunehmen.[1555] Dies dürfte jedoch nur dann der Fall sein, wenn diese Interessen und Belange die Gesichtspunkte, die für eine Rechtsverfolgung sprechen, überwiegen oder ihnen zumindest annähernd gleichwertig sind. Negative Auswirkungen auf Geschäftstätigkeit und Ansehen der Gesellschaft bzw Genossenschaft in der Öffentlichkeit, zB durch Bekanntwerden von brisanten Interna, Behinderung der Vorstandsarbeit und Beeinträchtigung des Betriebsklimas könnten solche Belange sein. Andere Gesichtspunkte als das Unternehmenswohl, zB die Schonung eines verdienten Vorstandsmitglieds oder das Ausmaß der mit der Beitreibung für das betroffene Mitglied und seine Familie verbundenen sozialen Konsequenzen, dürfen nur in Ausnahmefällen berücksichtigt werden.

Diese nicht unerhebliche und zudem Interpretationsspielraum eröffnende Einschränkung der postulierten Verfolgungspflicht[1556] wird heute zum Anlass genommen, dem Aufsichtsrat bei seiner Entscheidung, ob (ehemalige) Vorstandsmitglieder in Anspruch genommen werden, Ermessen zuzubilligen, wenngleich nur im Hinblick auf die abschließende Entscheidung, nicht hingegen auch auf die Pflicht zur Prüfung von Sach- und Rechtslage sowie von Prozess- und Vollstreckungsrisiken. Die abschließende Entscheidung wird daher zum Teil als unternehmerische Entscheidung iS von § 93 Abs. 1 Satz 2 AktG verstanden, die gerichtlich nur eingeschränkt überprüft werden könne.[1557] Allerdings gilt auch nach dieser Ansicht, dass sich die Entscheidung des Aufsichtsrats ausschließlich am Unternehmenswohl auszurichten hat.[1558] Zum Teil wird angenommen bzw gefordert, dass nur unabhängigen Aufsichtsratsmitgliedern ein Ermessensspielraum bei der Entscheidung zusteht, ob Schadensersatzansprüche gegen (ehemalige) Vorstandsmitglieder geltend gemacht werden.[1559] Wieder andere halten sogar die vom BGH getroffene Unterscheidung zwischen der ersten Prüfungsebene, auf der es um Bestehen und Durchsetzbarkeit etwaiger Ansprüche geht, und der zweiten, auf der die Abwägung zwischen etwaig gegensätzlichen Gesellschaftsinteressen zu erfolgen hat,[1560] für verfehlt. Denn die erste Ebene sei keine reine Erkenntnisebene, sondern die Ergebnisse auf beiden Ebenen seinen „wertungs- und prognoseabhängig".[1561] Außerdem könne der Aufsichtsrat nicht verpflichtet sein, eine kostenträchtige Anspruchsprüfung durchzuführen, wenn eine Inanspruchnahme der fraglichen Vorstandsmitglieder aus einem anderen Gesichtspunkt des Unternehmenswohls nicht erfolgen dürfe.[1562] 885

1555 Vgl *Goette*, ZHR 176 (2012), 588 [589], wonach von einer „ohne Wenn und Aber" bestehenden Verfolgungspflicht nach der ARAG/Garmenbeck-Entscheidung des BGH keine Rede sein kann; vgl auch *Mertens*, FS K. Schmidt, 2009, S. 1183 [1194], wonach ein „Prinzip der Inanspruchnahme um fast jeden Preis" verfehlt wäre.

1556 *Thümmel*, DB 1997, 1117 [1119]: spricht von „Inkonsequenzen".

1557 *Goette*, ZHR 176 (2012), 588 [594 f]; *Mertens*, FS K. Schmidt, 2009, S. 1183 [1193]; *Paefgen*, AG 2008, 761 [766]; so bereits schon *Dreher*, ZHR 158 (1994), 614 [638], wonach der Aufsichtsrat eine unternehmerische Entscheidung treffe, kein freies, zumindest aber ein eingegrenztes Ermessen habe; *ders.*, ZIP 1995, 628 f; *Lutter*, ZIP 1995, 441 f, wonach eine vollständige Ermessensreduzierung möglich ist; aA: *Spindler*, in: Spindler/Stilz, AktG, § 111, Rn 27; § 116, Rn 47, wonach weder Ermessen noch eine Einschätzungsprärogative zugunsten des Aufsichtsrats bestehen; *Fischer*, DB 1996, 225 [227], wonach bei der vergangenheitsbezogenen Rechtmäßigkeitskontrolle kein unternehmerischer Beurteilungsspielraum besteht; *Hüffer*, NZG 2007, 47 [48]; *Koch*, AG 2009, 93 [97]; *Redeke*, ZIP 2008, 1549 [1557]; *Thümmel*, DB 1997, 1117 [1118 f], wonach andernfalls ein Wertungswiderspruch zu § 93 Abs. 4 AktG bestünde.

1558 *Goette*, ZHR 176 (2012), 588 [615].

1559 *Roth*, ZHR 175 (2011), 605 [634].

1560 So schon *Raiser*, NJW 1996, 552 [554].

1561 *Mertens*, FS K. Schmidt, 2009, S. 1183 [1191]; einschränkend *Götz*, NJW 1997, 3275 [3276], wonach die erste Ebene zwar den Erkenntnis- und nicht den Handlungsbereich betreffe, bei unterschiedlichen Ansichten in Rechtsprechung und Literatur im Hinblick auf die Beurteilung einer Rechtsfrage den Aufsichtsratsmitgliedern jedoch „kognitives Ermessen" einzuräumen sei.

1562 *Mertens*, FS K. Schmidt, 2009, S. 1183 [1192].

886 Im Ergebnis werden die Mitglieder des Aufsichtsrats sich darauf einstellen müssen, dass zumindest ihre Einschätzung des Bestehens und der Durchsetzbarkeit etwaiger Schadensersatzansprüche gegen (ehemalige) Vorstandsmitglieder gerichtlich aus ex-ante-Sicht überprüft werden wird. Inwiefern ihnen ein gerichtlich nicht überprüfbarer Beurteilungs- (Tatbestandsseite) oder Ermessensspielraum (Rechtsfolgenseite) im Hinblick auf die Abwägungsentscheidung eingeräumt wird,[1563] bleibt abzuwarten.

bb) Inregressnahme der Vorstandsmitglieder

887 In Fällen, in denen der Schaden noch nicht eingetreten ist aber einzutreten droht, was insbesondere dann der Fall ist, wenn die Gesellschaft wegen des Verhaltens eines (ehemaligen) Vorstandsmitglieds von einem Dritten – zu denken ist an eine Verletzung von Pflichten aus einem mit dem Dritten geschlossenen Vertrag durch das Vorstandsmitglied, die sich die Gesellschaft gemäß § 31 analog[1564] zurechnen lassen muss – bereits verklagt wurde, hat der Aufsichtsrat schon vor Schadenseintritt den Sachverhalt zu erforschen und Handlungsoptionen zu erörtern.[1565]

888 Materiellrechtlich hat ein Schadensersatzanspruch des Dritten gegen die Gesellschaft wegen der Verletzung von Vertragspflichten einen Regressanspruch der Gesellschaft gegen ihr handelndes Vorstandsmitglied gemäß § 93 Abs. 2 Satz 1 AktG zur Folge. Der Aufsichtsrat müsste somit sicherstellen, dass die gerichtliche Feststellung einer schuldhaften Pflichtverletzung und des hieraus erwachsen Schadens im Rechtsstreit zwischen Gesellschaft und Drittem für das erkennende Gericht des Regressprozesses bindend ist. Die materielle Rechtskraft des Urteils im Ausgangsprozess iS von § 322 Abs. 1 ZPO vermag dies nicht zu bewerkstelligen, da sie sich nur auf den Streitgegenstand bezieht, der aus Klageantrag und zugrundeliegendem Lebenssachverhalt besteht.[1566] Demgegenüber erwachsen die Elemente der Urteilsbegründung, also die Feststellungen, dass eine Pflichtverletzung zu einem Schaden geführt hat, nicht in materieller Rechtskraft.[1567] Darüber hinaus wirkt das rechtskräftige Urteil gemäß § 325 Abs. 1 ZPO grundsätzlich nur für und gegen die Parteien, nicht aber auch für und gegen deren gesetzliche bzw organschaftliche Vertreter.[1568] Aufgrund dessen wirkt das Urteil des Ausgangsprozesses nicht gegen die Vorstandsmitglieder der verurteilten Gesellschaft.

889 Die einzige Möglichkeit, dass die Elemente der Urteilsbegründung, die sog. vorgreiflichen Rechtsverhältnisse,[1569] im Ausgangsprozess mit Wirkung für und gegen die Vorstandsmitglieder in einem anschließenden Regressprozess verbindlich werden, besteht darin, ihnen ge-

1563 Generell ablehnend *Koch*, AG 2009, 93 [98 ff], mit Hinweis auf die Einfügung von § 148 Abs. 1 Satz 2 Nr. 4 AktG.

1564 Vgl nur *Seibt*, in K. Schmidt/Lutter, AktG, § 78, Rn 34; *Fleischer*, in: Spindler/Stilz, AktG, § 78, Rn 58; Hüffer, AktG, § 78, Rn 23.

1565 BGH, Urt. v. 16.2.2009 – II ZR 185/07 („Kirch/Deutesche Bank"), abgedruckt in: BGHZ 180, 9 = NJW 2009, 2207 = NZG 2009, 342.

1566 St. Rspr BGH, Beschl. v. 16.9.2008 – IX ZR 172/07, abgedruckt in: NJW 2008, 3570 [3571]; BGH, Urt. v. 7.12.2007 – V ZR 210/06, abgedruckt in: NJW 2008, 1953 [1954]; BGH, Beschl. v. 29.6.2006 – III ZB 36/06, abgedruckt in: NJW-RR 2006, 1502 [1503]; BGH, Urt. v. 19.11.2003 – VIII ZR 60/03, abgedruckt in: BGHZ 157, 47 [50] = NJW 2004, 1252 [1253]; BGH, Urt. v. 17.5.2001 – IX ZR 256/99, abgedruckt in: NJW 2001, 3713; BGH, Urt. v. 19.12.1991 – IX ZR 96/91, abgedruckt in: BGHZ 117, 1 [5] = NJW 1992, 1172.

1567 Vgl BGH, Urt. v. 5.11.2009 – IX ZR 239/07, abgedruckt in: NJW 2010, 2210 [2211] = NZG 2010, 116 [117]; BGH, Vers.-Urt. v. 14.3.2008 – V ZR 13/07, abgedruckt in: NJW-RR, 2008, 1397.

1568 Hierzu ausführlich *Schwab*, NZG 2013, 521 [522 f], mit Bezug zu BGH, Urt. v. 22.3.2011 – II ZR 249/09, abgedruckt in: NZG 2011, 662 = NJW 2011, 2048, zur Frage der Erstreckung der Rechtskraft eines Urteils gegen die Gesellschafter einer GbR auf die Gesellschaft.

1569 Vgl BGH, Beschl. v. 27.11.2003 – V ZB 43/03, abgedruckt in: MDR 2004, 464 [465] = BeckRS 2004, 00370, zur Abgrenzung der vorgreiflichen Rechtsverhältnisse zu den sog. überschießenden Feststellungen, die nicht von der Interventionswirkung erfasst werden.

mäß § 72 Abs. 1 ZPO den Streit zu verkünden und auf diese Weise die Interventionswirkung der §§ 74 Abs. 3, 68 ZPO auszulösen. Eine Streitverkündigung ist in einem solchen Fall zulässig, da die Vorstandsmitglieder in persona nicht Parteien des Ausgangsprozesses und somit „Dritte" iS der Vorschrift sind.[1570] Sofern hiergegen eingewandt wird, dass Prozesspartei und gesetzlicher Vertreter als eins zu behandeln sind,[1571] wird übersehen, dass nicht dem Vorstand als Organ der Gesellschaft der Streit verkündet werden soll, sondern den Organwaltern als natürlichen Personen und potenziellen Schuldnern von Ansprüchen der Gesellschaft gemäß § 93 Abs. 2 Satz 1 AktG. Daher sind die Vorstandsmitglieder „Dritte" in dem Passivprozess der Gesellschaft.[1572] Zulässig ist die Streitverkündung aber nur gegen diejenigen Vorstandsmitglieder, zu deren Ungunsten die Möglichkeit eines Regressanspruchs für den Fall eines nachteiligen Ausgangs des Ausgangsprozesses dargetan werden kann. Somit scheidet eine Streitverkündung gegen Mitglieder des Vorstands, die nach Pflichtverletzung und ggf Schadenseintritt bestellt wurden, von vornherein aus.

Zuständig für die Verkündung des Streits iS von § 73 ZPO ist der Aufsichtsrat, der insofern 890 gemäß § 112 Satz 1 AktG die beklagte Gesellschaft vertritt. Das hat zur Konsequenz, dass die Gesellschaft in ein und demselben Rechtsstreit sowohl vom Vorstand als auch vom Aufsichtsrat vertreten wird, vom Vorstand gegenüber dem Kläger und vom Aufsichtsrat gegenüber den Vorstandsmitgliedern als Streitverkündeten.[1573] Wäre eine gleichzeitige Vertretung durch zwei unterschiedliche Organe derselben Gesellschaft nicht möglich, könnte die Interventionswirkung iS von §§ 74 Abs. 3, 68 ZPO regelmäßig nicht erzielt werden. Denn die Mitglieder des Vorstands dürften nicht dazu bereit sein, sich selbst im Namen der Gesellschaft den Streit zu verkünden und sich auf diese Weise die Möglichkeit zu nehmen, die Fehlerhaftigkeit der Feststellungen zu den Voraussetzungen von Pflichtverletzung, Schaden und Kausalität im Ausgangsprozess einzuwenden.[1574] Denkbar ist zwar auch, dem Aufsichtsrat die Vertretungsbefugnis für die Streitverkündigung abzusprechen und dem dann insoweit vertretungsbefugten Vorstand eine Pflichtverletzung durch Unterlassen für den Fall vorzuwerfen, dass er seinerseits auf die Streitverkündung zuungunsten der Gesellschaft verzichtet. Allerdings würde dies dem Regelungszweck von § 112 AktG zuwider laufen und darüber hinaus die Position der Gesellschaft grundlos schwächen. Denn mit Interventionswirkung stünde die Pflichtverletzung der Vorstandsmitglieder fest. Ohne sie könnte das Gericht im Regressprozess nicht nur die Pflichtverletzung der Vorstandsmitglieder verneinen, die im Ausgangsprozess Grundlage der Verurteilung der Gesellschaft war, sondern auch diejenige wegen Unterlassens der Streitverkündigung, weil es den Aufsichtsrat im Ausgangsprozess im Hinblick auf die Streitverkündung für vertretungsbefugt hielt.

Für die Einreichung einer Streitverkündigungsschrift besteht, auch wenn der Prozess vor 891 einem Landgericht geführt wird, kein Anwaltszwang iS von § 78 Abs. 1 Satz 1 ZPO.[1575] Möchte der Aufsichtsrat dennoch einen Rechtsanwalt hiermit beauftragen, sollte er nicht den Prozessbevollmächtigten der Gesellschaft dafür auswählen, sondern unbeschadet dessen Mandats einen anderen Rechtsanwalt.[1576] Denn der aktuelle Prozessbevollmächtigte hat den Auftrag zur gerichtlichen Vertretung der Gesellschaft zuvor durch den Vorstand erteilt bekommen, weshalb ein Interessenkonflikt in dessen Person zumindest nicht auszuschließen

1570 *Bork*, in: Stein/Jonas, ZPO, § 72, Rn 3 u. § 66, Rn 8; *Schwab*, NZG 2013, 521 [523 f].
1571 *Gehrlein*, in: Prütting/Gehrlein, ZPO, § 72, Rn 3; *Vollkommer*, in: Zöller, ZPO, § 72, Rn 1.
1572 So auch *Schwab*, NZG 2013, 521 [523].
1573 *Schwab*, NZG 2013, 521 [524].
1574 *Schwab*, NZG 2013, 521 [524], spricht insofern von einem „typischen Interessenkonflikt", dem die Vorstandsmitglieder unterliegen.
1575 BGH, Urt. v. 4.10.1984 – VII ZR 342/83, abgedruckt in: BGHZ 92, 251 [254] = NJW 1985, 328 [329].
1576 So im Erg. auch *Schwab*, NZG 2013, 521 [524 f].

ist.[1577] Adressat der Streitverkündigungsschrift ist nicht der Vorstand als Organ, so dass § 78 Abs. 2 Satz 2 AktG nicht anwendbar ist, sondern jedes einzelne Vorstandsmitglied, dem eine Pflichtverletzung vorgeworfen wird.[1578]

892 Die Mitglieder des Aufsichtsrats stehen in dem beschriebenen Fall der gerichtlichen Inanspruchnahme der Gesellschaft wegen etwaiger Pflichtverletzungen ihres Vorstands mit schadhaften Auswirkungen auf Dritte häufig vor einem Dilemma: Verkünden sie dessen Mitgliedern den Streit, wird das Vertrauensverhältnis hierdurch regelmäßig empfindlich gestört. Außerdem haftet einer Streitverkündung ein Makel an, der negative Auswirkungen auf die öffentliche Wahrnehmung der Gesellschaft und deren Verwaltungsorgane haben dürfte. Schließlich kann eine Streitverkündung, obwohl sie rein präventiv erfolgt, im schlimmsten Fall Kläger und Gericht signalisieren, dass die Beklagte vom Vorliegen einer Schaden verursachenden Pflichtverletzung ausgeht. Unterlässt es der Aufsichtsrat, den betreffenden Vorstandsmitgliedern den Streit zu verkünden und wird die Gesellschaft zur Leistung von Schadensersatz verurteilt, deren Klage auf Regress gegen ihre Vorstandsmitglieder jedoch rechtskräftig abgewiesen, droht den Aufsichtsratsmitgliedern persönliche Inanspruchnahme auf Schadensersatz in Höhe des im Ausgangsprozess ausgeurteilten Betrages gemäß §§ 116 Satz 1, 93 Abs. 2 Satz 1 AktG. Dies gilt unabhängig davon, ob die Klage der Gesellschaft gegen ihre Vorstandsmitglieder wegen Verneinung einer Schaden begründenden Pflichtverletzung oder wegen Verjährung des Regressanspruchs – die fünf- bzw zehnjährige Verjährungsfrist des § 93 Abs. 6 AktG beginnt gemäß § 200 BGB mit Entstehung des Anspruchs und somit in dem Moment zu laufen, in dem die Gesellschaft gegenüber dem Dritten schadensersatzpflichtig wird[1579]– abgewiesen wurde. Denn die Aufsichtsratsmitglieder müssten sich in diesem Fall vorwerfen lassen, pflichtwidrig eine Streitverkündung unterlassen und hierdurch das Risiko der Abweisung der Klage der Gesellschaft gegen ihre Vorstandsmitglieder auf Regress geschaffen zu haben.[1580]

893 Zur Auflösung dieses Dilemmas wird vorgeschlagen, dass der Aufsichtsrat als Vertretungsorgan der Gesellschaft mit jedem betroffenen Vorstandsmitglied eine Vereinbarung trifft, wonach es die Feststellungen des Gerichts im Ausgangsprozess gegen sich gelten zu lassen hat, sie im Regressprozess also nicht mehr in Frage stellt. Hierdurch wird auf rein schuldrechtlicher Basis und ohne Außenwirkung eine §§ 74 Abs. 3, 68 ZPO entsprechende Wirkung erzielt.[1581] Darüber hinaus muss die Gesellschaft uU eine weitere Absprache mit den Vorstandsmitgliedern treffen, um die Verjährung hemmende Wirkung der Streitverkündung gemäß § 204 Abs. 1 Ziff. 6 BGB rein schuldrechtlich herbeizuführen. Die vielfach gegen eine vertragliche Verlängerung der in § 93 Abs. 6 AktG normierten Fristen vorgebrachten Bedenken[1582] wie zB etwaige Probleme des D&O-Versicherungsschutzes dürften dem nicht entgegenstehen, da die Verjährungsfrist nicht pauschal verlängert, sondern eine Hemmung des Fristlaufs vereinbart wird.[1583] Doch selbst ohne diese Differenzierung ist die hier vorgeschlagene vertragliche Regelung zulässig und wirksam. Denn der von der Gegenmeinung behauptete, zwingende Charakter von § 93 Abs. 6 AktG[1584] findet im Gesetz keine Stütze, so dass die allgemeine zivilrechtliche Regelung gilt. Hiernach ist eine Verlängerung der Verjährungs-

1577 Ausführlich zu den denkbaren Interessenkonflikten *Schwab*, NZG 2013, 521 [524].

1578 *Schwab*, NZG 2013, 521 [525].

1579 Die Verpflichtung zur Leistung von Schadensersatz tritt nicht erst mit entsprechender rechtskräftiger Verurteilung ein, vgl *Schwab*, NZG 2013, 521 [526].

1580 Ähnlich *Schwab*, NZG 2013, 521 [525].

1581 Zur Zulässigkeit und Wirksamkeit eines solchen Vorgehens vgl *Schwab*, NZG 2013, 521 [525].

1582 *Krieger/Sailer-Coceani*, in: K. Schmidt/Lutter, AktG, § 93, Rn 61; *Fleischer*, in: Spindler/Stilz, AktG, § 93, Rn 301; *Spindler*, in: MünchKomm AktG[3], § 93, Rn 254.

1583 Vgl hierzu *Wahlers/Wolff*, AG 2011, 605 [610 f], mit dem Hinweis darauf, dass dieser Weg von der hM als unzulässig abgelehnt werden dürfte.

1584 Vgl *Spindler*, in: MünchKomm AktG[3], § 93, Rn 254.

frist durch Rechtsgeschäft erst dann unwirksam, wenn die Verjährung hierdurch über 30 Jahre ab dem gesetzlichen Verjährungsbeginn hinaus erschwert würde, vgl § 202 Abs. 2 BGB.[1585]

cc) Schaden aufgrund unzureichender Prozessführung durch den Vorstand

Der Aufsichtsrat hat darüber hinaus den Vorstand bei dessen Prozessführung für die Gesellschaft als Beklagte im zuvor erörterten Fall zu überwachen. Nachlässigkeiten in diesem Zusammenhang etwa in der Form, dass der Vorstand die prozessführenden Rechtsanwälte nicht rechtzeitig mit sämtlichen erforderlichen Informationen versorgt, können ebenfalls zu Schadensersatzansprüchen der Gesellschaft gegen ihre Vorstandsmitglieder gemäß § 93 Abs. 2 Satz 1 AktG führen, namentlich dann, wenn diese zu einem unnötigen (teilweise) Unterliegen führen.[1586] Das Problem der Streitverkündung stellt sich in einem solchen Fall allerdings nicht, in Ausnahmefällen wohl aber dasjenige der Verjährung des Schadensersatzanspruchs der Gesellschaft gegen ihre Vorstandsmitglieder. 894

b) Entscheidung durch die General- bzw Vertreterversammlung

Die Satzung der eG kann gemäß § 39 Abs. 1 Satz 3 GeG bestimmen, dass über die Führung von (Aktiv-)[1587]Prozessen gegen Vorstandsmitglieder die General- bzw Vertreterversammlung entscheidet. Nur wenn eine derartige Satzungsbestimmung fehlt, haben die Mitglieder des Aufsichtsrats nach pflichtgemäßem Ermessen iS von §§ 41, 34 Abs. 1 GenG selbst hierüber zu entscheiden.[1588] Mit einer entsprechenden Satzungsregelung können sich die Genossen somit die Entscheidung vorbehalten, Vorstandsmitglieder vor Inanspruchnahme auf Schadensersatz u.a. zu verschonen und somit Ansehen und Kredit der eG mittels Vermeidung eines öffentlichen Rechtsstreits zu bewahren.[1589] Die Mitglieder des Aufsichtsrats werden jedoch nicht von der Verpflichtung zur Prüfung befreit, ob Ansprüche gegen gegenwärtige oder ehemalige Vorstandsmitglieder bestehen. Sollte dies der Fall sein, hat der Aufsichtsrat die General- bzw Vertreterversammlung hierüber zu unterrichten, damit diese über deren gerichtliche Geltendmachung durch Beschluss entscheiden kann.[1590] 895

Der Beschluss der General- bzw Vertreterversammlung muss eindeutig erkennen lassen, dass ein Anspruch geltend gemacht werden soll. Außerdem muss der dem Anspruch zugrundeliegende Lebenssachverhalt derart umrissen sein, dass für die Mitglieder des Aufsichtsrats erkennbar ist, ob ihr Klageantrag von dem Beschluss gedeckt ist.[1591] 896

Eine Klage des Aufsichtsrats im Namen der eG ohne einen derartigen Beschluss der General- bzw Vertreterversammlung ist zwar zulässig, da der Aufsichtsrat bei Prozessen gegen Vorstandsmitglieder organschaftlicher Vertreter der eG ist. Die Klage ist jedoch unbegründet, da 897

1585 So auch mit ausführlicherer Begründung *Schwab*, NZG 2013, 521 [526 f]; vgl auch *Wahlers/Wolff*, AG 2011, 605 [607 ff], für die Möglichkeit der Verlängerung der Verjährungsfrist bereits im Anstellungsvertrag; dies ablehnend: *Bürgers/Israel*, in: Bürgers/Körber, AktG, § 93, Rn 54.

1586 Vgl *Schwab*, NZG 2013, 521 [521 u. 523].

1587 *Beuthien*, in: Beuthien, GenG, § 39, Rn 8.

1588 *Beuthien*, in: Beuthien, GenG, § 39, Rn 7.

1589 Vgl BGH, Urt. v. 13.6.1960 – II ZR 73/58, abgedruckt in: NJW 1960, 1667, wo es heißt: „Eine solche Satzungsbestimmung findet ihre Erklärung darin, dass es der Generalversammlung als dem obersten Organ der Genossenschaft vorbehalten bleiben soll, ob ein im übrigen verdienstvolles Vorstandsmitglied zum Ersatz eines der Genossenschaft schuldhaft pflichtwidrig zugefügten Schadens in Anspruch genommen und die dazu notwendige Offenlegung interner Verhältnisse trotz der für Ansehen und Kredit der Genossenschaft möglicherweise abträglichen Wirkung in Kauf genommen werden soll.“.

1590 Vgl *Beuthien*, in: Beuthien, GenG, § 39, Rn 8 mwN.

1591 BGH, Urt. v. 17.2.2003 – II ZR 187/02, abgedruckt in: WM 2003, 741; *Beuthien*, in: Beuthien, GenG, § 39, Rn 8.

es sich bei dem Beschluss um eine materielle Klagevoraussetzung[1592] handelt. Der Beschluss, mit dem der Aufsichtsrat zur Prozessführung gegen das Vorstandsmitglied ermächtigt wird, kann jedoch auch nachträglich iS einer Genehmigung erfolgen.[1593] Spätester Zeitpunkt ist jedoch der Schluss der mündlichen Verhandlung.[1594] Wird die Klage der eG gegen ein Vorstandsmitglied allein wegen des Fehlens des General- bzw Vertreterversammlungsbeschlusses abgewiesen, so steht die Rechtskraft dieses Urteils einer erneuten Klageerhebung nach Beschlussfassung durch die General- bzw Vertreterversammlung nicht entgegen.[1595]

1592 BGH, Urt. v. 17.2.2003 – II ZR 187/02, abgedruckt in: WM 2003, 741; BGH, Urt. v. 13.6.1960 – II ZR 73/58, abgedruckt in: NJW 1960, 1667.

1593 BGH, Urt. v. 26.1.1998 – II ZR 279/96, abgedruckt in: NJW 1998, 1646 [1647], unter Hinweis auf die hiervon abweichende Formulierung in BGH, Urt. v. 26.6.1995 – II ZR 122/94, abgedruckt in: BGHZ 130, 108 [113] = NJW 1995, 2559 [2560].

1594 Vgl *Beuthien*, in: Beuthien, GenG, § 39, Rn 8.

1595 *Beuthien*, in: Beuthien, GenG, § 39, Rn 11.

V. Haftung von Aufsichtsratsmitgliedern

1. Allgemeines und aktuelle Tendenzen

a) Historie

Die Haftung von Aufsichtsratsmitgliedern gegenüber ihrer Gesellschaft hat in der Gesellschaftsrechtswirklichkeit lange Zeit ein Schattendasein geführt.[1] Deshalb konnte sie ihren Zwecken, auf der einen Seite verhaltenssteuernd und somit präventiv und auf der anderen Seite kompensatorisch zu wirken, nicht nachkommen. Soweit ersichtlich wurde in der Rechtsprechung erst in den 70er Jahren des 20. Jahrhunderts im Zuge des Zusammenbruchs der Herstattbank im Juni 1974 die Haftung von Aufsichtsratsmitgliedern thematisiert.[2] 1979 wurde in einem anderen Fall, der ebenfalls den Banksektor betraf, seitens des BGH die Haftung eines Aufsichtsratsmitglieds bejaht.[3] Noch im Jahr 1995 stellte *Baums* mit Verweis auf ein berühmtes Zitat des im Jahr zuvor verstorbenen *Hermann Josef* Abs. fest, dass die Haftung der Aufsichtsratsmitglieder nach geltendem Recht nicht existiert.[4] Abs. war der Ansicht, dass es einfacher sei, eine Sau am eingeseiften Schwanz festzuhalten, als ein Aufsichtsratsmitglied haftbar zu machen. Als ein Grund hierfür wurden die vielfältigen Verflechtungen zwischen den großen deutschen Aktiengesellschaften – Stichwort „Deutschland AG" – angeführt. Diese ließen mit § 147 AktG diejenige Norm faktisch leerlaufen, die vor der ARAG/Garmenbeck-Entscheidung des BGH (dazu Rn 880 ff) als einzige die Voraussetzungen für die Geltendmachung von Ersatzansprüchen gegen Mitglieder der Verwaltung festlegte.[5] 898

In den letzten 15 Jahren ist eine fortschreitende Professionalisierung der Aufsichtsratsarbeit zu verzeichnen.[6] Grund hierfür ist unter anderem, dass die dem Aufsichtsrat beigemessene Bedeutung stetig steigt[7], eine Entwicklung, die selbst für eine breite Öffentlichkeit ersichtlich ist. Mit diesem Bedeutungszuwachs ist eine Zunahme der Anforderungen an Qualifikation und Einsatzbereitschaft des einzelnen Aufsichtsratsmitglieds verbunden.[8] Obwohl das Amt des Aufsichtsratsmitglieds gesetzlich als Nebentätigkeit ausgestaltet ist, nimmt somit auch die praktische Bedeutung der Haftung von Aufsichtsratsmitgliedern unverkennbar zu,[9] nach- 899

---

1 Vgl *Hirte/Stoll*, ZIP 2010, 253 [253]; *Ek*, Haftungsrisiken, S. 1 f.

2 Vgl BGH, Urt. v. 9.7.1979 – II ZR 118/77 („Herstatt"), abgedruckt in: BGHZ 75, 96 ff = NJW 1979, 1823 ff, wenngleich es zu keiner Verurteilung auf Leistung von Schadensersatz kam, da zuvor unter Beteiligung des fraglichen Aufsichtsratsvorsitzenden ein gerichtlich bestätigter Liquidationsvergleich geschlossen worden war, der sich auf sämtliche Ersatzansprüche der Gesellschaft gegen ihre ehemaligen Organmitglieder erstreckte.

3 Vgl BGH, Urt. v. 21.12.1979 – II ZR 244/78, abgedruckt in: NJW 1980, 1629 f. In dem der Entscheidung zugrundeliegenden Fall hatte der Vorsitzende des Aufsichtsrats und gleichzeitig persönlich haftende Gesellschafter der Mehrheitsaktionärin einem Mitglied des Vorstands der Gesellschaft die Ausstellung eines Wechsels unter Ausnutzung der beherrschenden Stellung der von ihm geführten Mehrheitsaktionärin – einer KG – nahegelegt, wodurch der Aktiengesellschaft ein Schaden entstanden ist.

4 *Baums*, ZIP 1995, 11 [13]; vgl hierzu auch *Mertens*, ZGR 1994, 426 [429], der von „papierenen Haftungsnormen" spricht.

5 *Adams*, AG 1994, 148 [155].

6 *Lutter*, DB 2009, 775; *Kiefner/Langen*, NJW 2011, 192 [193]; vgl auch schon *Bürgers*, NJW 2004, 3022 [3022].

7 Nach *Börsig/Löbbe*, FS Hoffmann-Becking, 2013, S. 125 [126 ff], korrespondiert dies mit der Entwicklung der internationalen Corporate Governance Diskussion, die in Großbritannien durch den im Jahr 1992 veröffentlichten sog. „Cadbury Report" ausgelöst wurde, der Empfehlungen zur Besetzung des Board, zur Trennung der Funktionen von CEO und Chairman zur Einrichtung und Besetzung eines sog. Audit Committees ua enthält; in Deutschland steht das KonTraG aus dem Jahr 1998 am Beginn dieser Entwicklung auf Gesetzgebungsebene.

8 Vgl *Maser/Bäumker*, AG 2005, 906 [906].

9 Hüffer, AktG, § 116, Rn 8; *Fleischer*, NJW 2009, 2337 [2340], formuliert es so: „Auch wenn sie [scil. Aufsichtsratsmitglieder] nur ein Nebenamt bekleiden, müssen sie bei ihrer Amtsausübung gleichwohl professionelle Sorgfalt walten lassen".

dem *H. P. Westermann* im Jahr 2000 festgestellt hat, dass die Haftung von Aufsichtsratsmitgliedern gemäß §§ 116, 93 AktG bis dato „vielfach als zahnloser Tiger" ironisiert worden war.[10] Neben den erhöhten Anforderungen an die Aufsichtsratsmitglieder sind auch legislative Maßnahmen für eine Bedeutungszunahme deren Haftung verantwortlich. So wurde durch das TransPuG von 2002 mit § 116 Satz 2 AktG die Möglichkeiten der Sanktionierung von Verstößen gegen die Verschwiegenheitspflicht der Aufsichtsratsmitglieder erweitert, durch das UMAG von 2005 mit Änderungen insbesondere von §§ 142, 148 AktG die Anforderungen an die Prüfung und Durchsetzung von Schadensersatzansprüchen der Gesellschaft gegen ihre (ehemaligen) Organmitglieder herabgesetzt und durch das VorstAG von 2009 mit § 116 Satz 3 AktG die Haftbarkeit für die Gewährung unangemessener Vorstandsvergütung klargestellt.

900 Die Zunahme der praktischen Bedeutung der Haftung hat nicht zuletzt auch damit zu tun, dass die Mitglieder des Vorstandes weitestgehend unternehmerische Entscheidungen treffen, bei denen ihnen ein weiter Beurteilungsspielraum eingeräumt wird,[11] während die Entscheidungen des Aufsichtsrats – ausgenommen hiervon sind regelmäßig Bestellung und Abberufung von Vorstandsmitgliedern und Begründung von Zustimmungserfordernissen sowie Erteilung oder Versagung der erforderlichen Zustimmung – rechtlich vollumfänglich justiziabel sind.[12] Das bedeutet allerdings nicht, dass bei gebundenen Entscheidungen stets eine Pflichtverletzung des Organmitglieds vorliegt, wenn das Ergebnis der Entscheidung falsch ist, wenn also zB ein rechtliches Gebot oder Verbot nicht berücksichtigt wurde. Vielmehr kommt es auch bei gebundenen Entscheidungen und somit vergleichbar § 93 Abs. 1 Satz 2 AktG darauf an, ob der Entscheidungsprozess[13] pflichtgemäß vorstatten gegangen ist.[14]

b) Verhältnis zu hauptamtlichen Geschäftsleitern

aa) Differenzierung zwischen fakultativem und obligatorischem Aufsichtsrat

901 Im Jahr 2010 hat der BGH im Rahmen einer Entscheidung zur Haftung der Mitglieder des fakultativen Aufsichtsrats einer GmbH in kommunaler Trägerschaft (Doberlug)[15] betont, dass sich die Beratungs- und Überwachungspflicht des Aufsichtsrats im Stadium der Insolvenzreife auch auf die in dieser Situation bestehenden besonderen Pflichten des Vorstands bzw der Geschäftsführung bezieht und dass sich bei einer Verletzung dieser Beratungs- und Überwachungspflichten Ersatzansprüche gegen die Mitglieder des Aufsichtsrats ergeben können. Die Pflicht, nach Eintritt der Insolvenzreife keine Zahlungen mehr zu leisten, die mit der Sorgfalt eines ordentlichen und gewissenhaften Geschäftsleiters nicht vereinbar sind (§ 92 Abs. 2 Satz 1 u. 2 AktG), richte sich zwar ausschließlich an den Vorstand. Ihr entspreche aber eine Beratungs- und Überwachungspflicht des Aufsichtsrats.[16] Erkenne der Auf-

10 *H. P. Westermann*, ZIP 2000, 25 [25].

11 Sog. Business Judgement Rule, § 93 Abs. 1 Satz 2 AktG.

12 Zur Abgrenzung zwischen gesetzlich gebundenen und unternehmerischen Entscheidungen im Rahmen der Organhaftung, vgl Hüffer, AktG, § 93, Rn 4 f; *Spindler*, in: MünchKomm AktG³, § 93, Rn 41; *Fleischer*, in: Spindler/Stilz, AktG, § 93, Rn 67; *Holle*, AG 2011, 778 [779 ff]; *Binder*, AG 2008, 274 [278 f].

13 *Binder*, AG 2012, 885 [887 ff], kategorisiert insofern nach Informationsbeschaffung sowie Auswahl und Auswertung der relevanten Informationen und schließlich Ausschluss von Extremrisiken.

14 Vgl *Binder*, AG 2012, 885 [888], der diesen Aspekt allerdings nicht bei der Frage nach der „Pflichtverletzung", sondern bei der nach dem „Verschulden" verortet und somit einen Gleichlauf mit den Rechtsirrtümern schafft.

15 BGH, Urt. v. 20.9.2010 – II ZR 78/09 („DOBERLUG"), abgedruckt in: NJW 2011, 221 = AG 2010, 785 = NZG 2010, 1186 = GmbHR 2010, 1200 = ZIP 2010, 1988; hierzu auch: *Kiefner/Langen*, NJW 2011, 192; *Thiessen*, ZGR 2011, 275; *Altmeppen*, ZIP 2010, 1973; *Schürnbrand*, NZG 2010, 1207; *K. Schmidt*, GmbHR 2010, 1319; *Liese*, CCZ 2011, 39.

16 *Thiessen*, ZGR 2011, 275 [277], spricht veranschaulichend davon, dass die Haftung der Aufsichtsratsmitglieder zu derjenigen der Mitglieder des Geschäftsleitungsorgans insoweit „akzessorisch" ist.

sichtsrat oder müsse er erkennen, dass die Gesellschaft insolvenzreif ist, und bestünden für ihn Anhaltspunkte[17] für die Annahme, dass der Vorstand entgegen dem Verbot in § 92 Abs. 2 Satz 1 AktG bzw die GmbH-Geschäftsführung entgegen dem Verbot in § 64 Satz 1 GmbHG Zahlungen leisten wird, habe der Aufsichtsrat darauf hinzuwirken, dass der Vorstand bzw die Geschäftsführung die verbotswidrigen Zahlungen unterlässt.

Obwohl die Pflicht zur Überwachung verbotener Zahlungen gleichermaßen sowohl für die 902
Mitglieder von obligatorischen als auch für diejenigen von fakultativen Aufsichtsräten gilt,[18] hafteten nur die Mitglieder eines obligatorischen Aufsichtsrats – dies betrifft nicht nur Aufsichtsräte von Aktiengesellschaften,[19] sondern auch Aufsichtsräte der mitbestimmten GmbH und eG, soweit sich die Mitbestimmung nicht auf diejenige nach dem DrittelbG beschränkt, vgl dessen § 1 Abs. 1 Ziff. 3 u. Ziff. 5 – entsprechend den Mitgliedern des zu überwachenden Leitungsorgans. Die Ersatzpflicht dieser Aufsichtsratsmitglieder ergebe sich aus § 93 Abs. 3 Nr. 6 AktG, auf den § 116 AktG verweise, und setze dementsprechend keinen konkreten Vermögensschaden der Gesellschaft iS von § 93 Abs. 2 AktG voraus,[20] sondern lasse einen typisierten Gläubigerschaden, der normativ Gesellschaftsschaden behandelt wird genügen.[21] Die Mitglieder eines fakultativen Aufsichtsrats einer GmbH hafteten der Gesellschaft, vorbehaltlich einer anderslautenden Satzungsbestimmung, hingegen nur auf Ersatz eines realen Schadens iS von §§ 249 ff BGB, eine Haftung, die mangels quantifizierbaren Schadens häufig[22] leerläuft,[23] nicht hingegen für jegliche „Zahlung", die eine Verringerung der Bilanzsumme und somit der Insolvenzmasse zur Folge habe.[24] Grund hierfür ist, dass § 52 Abs. 1 GmbHG nur auf § 116 iVm § 93 Abs. 1 u. Abs. 2 Satz 1 u. 2 AktG verweist, nicht hingegen auch auf § 116 iVm § 93 Abs. 3 AktG.[25] Neben dem vom BGH bemühten formalen Argument streitet auch noch ein inhaltliches für dessen vorgenomme Differenzierung. So besteht zwischen der Kompetenz des Aufsichtsrats zur Abberufung der Mitglieder des Leitungsorgans und der Haftung für Zahlungen bei Insolvenzreife eine Korrelation. Während § 84 Abs. 3 AktG, ggf anwendbar über §§ 31 Abs. 1 u. Abs. 5 MitbestG, 3 Abs. 2 Montan-MitbestG, 3 Abs. 1 Satz 2 MitbestErgG, bei den Gesellschaften mit obligatorischem Aufsichtsrat gilt, ist dies bei den Gesellschaften mit fakultativem Aufsichtsrat von Gesetzes wegen nicht der Fall, vgl § 52 Abs. 1 GmbHG. Im Gegenzug haften die Mitglieder eines fakultativen Aufsichtsrats und diejenigen eines Aufsichtsrats einer GmbH oder eG, für die das DrittelbG gilt, nicht gemäß § 93 Abs. 3 Ziff. 6 AktG.[26] Eine Ausnahme von diesem Grundsatz bilden Investmentgesellschaften in der Rechtsform der GmbH, die gemäß § 6 Abs. 2 Satz 1 InvG (vgl heute für Externe Kapitalverwaltungsgesellschaften gemäß § 18 Abs. 2 Satz 1 KAGB) einen

---

17 Ein Anhaltspunkt für einen Verstoß gegen § 92 Abs. 2 Satz 1 AktG besteht nach Ansicht des BGH, Urt. v. 20.9.2010 – II ZR 78/09 („DOBERLUG"), abgedruckt in: NJW 2011, 221 [222], wenn die Gesellschaft Arbeitnehmer beschäftigt und der Vorstand das Unternehmen nach Eintritt der Insolvenzreife fortführt, da es dann naheliegt, dass der Vorstand zumindest die Zahlung der Löhne und Arbeitgeberanteile zur Sozialversicherung veranlassen und dadurch gegen § 92 Abs. 2 Satz 1 AktG verstoßen wird.

18 Vgl *Altmeppen*, ZIP 2010, 1973 [1977]; *Schürnbrand*, NZG 2010, 1207 [1211 f].

19 Vgl BGH, Urt. v. 16.3.2009 – II ZR 280/07, abgedruckt in: NJW 2009, 2454 = NZG 2009, 550 = NZI 2009, 490 = ZIP 2009, 860.

20 Laut BGH, Urt. v. 20.9.2010 – II ZR 78/09 („DOBERLUG"), abgedruckt in: NJW 2011, 221 [222], reicht es aus, dass sich aufgrund der verbotswidrigen Zahlungen auf bestehende Verbindlichkeiten die Bilanzsumme verkürzt, wodurch die Insolvenzmasse in dem nachfolgenden Insolvenzverfahren geschmälert wird. Insofern spricht der BGH auch von einem „Ersatzanspruch eigener Art" (Urt. v. 8.1.2001 – II ZR 88/99, abgedruckt in: BGHZ 146, 264 = NJW 2001, 1280 = NZG 2001, 361 = NZI 2001, 196 zu § 64 Abs. 2 GmbHG aF).

21 Vgl nur *Thiessen*, ZGR 2011, 275 [287].

22 Vgl aber RG, Urt. v. 7.6.1939, abgedruckt in: RGZ 161, 129 [140 f].

23 So auch *Thiessen*, ZGR 2011, 275 [278, 287 mN aus der Rspr].

24 Vgl hierzu auch *Thiessen*, ZGR 2011, 275 [276].

25 BGH, Urt. v. 20.9.2010 – II ZR 78/09 („DOBERLUG"), abgedruckt in: NJW 2011, 221.

26 *Thiessen*, ZGR 2011, 275 [282 ff].

Aufsichtsrat bilden müssen, dessen Mitglieder gemäß § 6 Abs. 2 Satz 2 InvG (§ 18 Abs. 2 Satz 3 KAGB) zwar gemäß § 116 AktG und somit auch gemäß §§ 116 Satz 1, 93 Abs. 3 Ziff. 6 AktG haften, die Geschäftsführer jedoch nicht abberufen können, da § 84 Abs. 3 AktG für sie nicht gilt.[27]

bb) Verteidigung bei Verstoß gegen insolvenzrechtliches Zahlungsverbot

903 Die Verteidigung der Aufsichtsratsmitglieder im Zusammenhang mit Verstößen der Geschäftsleitung gegen das Zahlungsverbot gemäß § 64 Satz 1 GmbH bzw § 92 Abs. 2 AktG beschränkt sich zunächst darauf, sorgfältiges Handeln der Geschäftsleitung zu behaupten.[28] Sie müssen darlegen, dass sie sich sämtliche Informationen verschafft haben, die zur effektiven Überwachung der Einhaltung des Zahlungsverbots durch die Geschäftsleitung erforderlich waren.[29] Solange die Insolvenzreife der Gesellschaft nicht feststand, konnte der Aufsichtsrat die Entscheidung der Geschäftsleitung nur eingeschränkt überprüfen, so dass das Haftungsrisiko überschaubar ist. Für die Zeit danach können die Mitglieder des fakultativen Aufsichtsrats nur den sog. Ohnmachtseinwand erheben, also vortragen, dass sich die Geschäftsleitung geweigert hat, trotz bestehender Pflicht und Aufforderung des Aufsichtsrats Insolvenzantrag zu stellen.[30] Gleichzeitig werden sie darlegen müssen, dass sie das zur Abberufung zuständige Organ, regelmäßig die Gesellschafterversammlung gemäß § 46 Ziff. 5 GmbHG, über sämtliche Umstände betreffend das Zahlungsverbot informiert haben. Die Mitglieder sonstiger Aufsichtsräte können sich mit dem Ohnmachtseinwand nicht erfolgreich verteidigen,[31] da sie die Möglichkeit gehabt hätten, die zur Antragstellung nicht bereiten Mitglieder der Geschäftsleitung abzuberufen und gemäß § 105 Abs. 2 AktG einen aus ihrem Kreis zum Interimsvorstand zu machen, der dann unverzüglich den Insolvenzantrag gestellt hätte. Alternativ hätten sie aufgrund der mit der Abberufung sämtlicher Mitglieder des Geschäftsleitungsorgans eintretenden Führungslosigkeit selbst Insolvenzantrag stellen können.[32]

904 Eine Inanspruchnahme der Aufsichtsratsmitglieder – für die Mitglieder des Geschäftsleitungsorgan gilt nichts anderes – setzt voraus, dass ihnen Zug um Zug vom Insolvenzverwalter die Ansprüche aus Insolvenzanfechtung gegen die Zahlungsempfänger abgetreten werden.[33] Werden sie nicht vom Insolvenzverwalter, sondern von Neugläubigern der Gesellschaft wegen mittäterschaftlicher[34] Insolvenzverschleppung gemäß § 15 a InsO iVm § 823 Abs. 2, 830 BGB in Anspruch genommen, was eine gesamtschuldnerische Haftung neben

27 *Thiessen*, ZGR 2011, 275 [283], begründet diese Ausnahme mit dem besonderen Risiko für die Anleger, das strengere Pflichten – erweiterte Haftung – für die Mitglieder des Aufsichtsrats rechtfertige.

28 Zum entsprechenden Sorgfaltsmaßstab vgl *Schulze-Osterloh*, in: Baumbach/Hueck, GmbHG, § 64, Rn 72; *Fleischer*, in: Spindler/Stilz, AktG, § 92, Rn 29 ff.

29 Vgl *Habersack*, in: MünchKomm AktG³, § 116, Rn 20.

30 Hierzu: *Thiessen*, ZGR 2011, 275 [288].

31 Vgl zu den Beweisschwierigkeiten für Aufsichtsratsmitglieder bei Verstößen des Vorstands gegen § 92 Abs. 2 Satz 1 AktG, OLG Düsseldorf, Urt. v. 31.5.2012 – I-16 U 176/10, abgedruckt in: AG 2013, 171 = BeckRS 2012, 21503.

32 *Haas*, in: Baumbach/Heuck, GmbHG, § 64, Rn 169; *Thiessen*, ZGR 2011, 275 [289], halten diesen Weg nicht nur für die Aufsichtsräte von AG und eG, sondern auch für diejenigen von paritätisch mitbestimmten GmbHs für gangbar.

33 Nachw. zur Abtretbarkeit dieser Ansprüche bei *Thiessen*, ZGR 2011, 275 [289, Fn 100].

34 Zur deliktischen Gehilfenhaftung: BGH, Urt. v. 25.7.2005 – II ZR 390/03, abgedruckt in: BGHZ 164, 50 [57 ff] = NZG 2005, 886 [888 ff] = GmbHR 2005, 1425 = ZIP 2005, 1734 [1736 ff].

den Mitgliedern des Geschäftsleitungsorgan zur Folge hat,[35] sind ihnen Zug um Zug deren Ansprüche als Insolvenzgläubiger abzutreten.[36]

c) Aktuelles

aa) Veränderungen im Kreis der Aktionäre

In jüngerer Zeit treten vermehrt große international agierende Fondsgesellschaften aggressiv unmittelbar gegen Vorstands- und Aufsichtsratsmitglieder auf. Sie verfügen über die erforderliche Beteiligungsquote, um Schadensersatzklagen gegen Organmitglieder in Gang setzen zu können, vgl §§ 147 f AktG. Als Reaktion hierauf werden vermehrt externe Rechtsgutachter bei Einzelfragen hinzugezogen, um Entscheidungen des Aufsichtsrats abzusichern.[37] 905

Den Blick auf defensive, beinahe apathische[38] institutionelle Investoren richtet der UK Stewardship Code aus dem Jahr 2010.[39] Hiernach sollen derartige Investoren zB offen legen, in welcher Weise und in welchem Ausmaß sie als Aktionäre Verantwortung übernehmen (Principle 1), ihre Beteiligungsgesellschaften aktiv überwachen (Principle 3) und in Krisenzeiten mit anderen Investoren gemeinsam handeln (Principle 5).[40] Die Empfehlungen des Stewardship Code bezwecken eine Verbesserung der Zusammenarbeit zwischen institutionellen Investoren und ihren Beteiligungsgesellschaften im Interesse einer effizienten Corporate Governance. Eine derartige Einbindung von bedeutenden Aktionären ist in Deutschland noch nicht unmittelbar in Sicht, dürfte jedoch mit fortschreitender Zunahme von institutionellen Investoren aus dem Ausland und deren Bauftragung von Stimmrechtsberatern mit all den hiermit verbundenen Problemen[41] (dazu Rn 129) immer wahrscheinlicher werden,[42] zumal auch die EU-Kommission in diese Richtung denkt.[43] Regelungen, in welcher Form auch immer, vergleichbar dem UK Stewardship Code würden die im AktG vorgesehene klare Abgrenzung der Kompetenzen der Organe in Frage stellen. Hierbei dürfte sich die Frage der Haftung von Vorstands- und Aufsichtsratsmitgliedern ganz neu stellen.[44] 906

bb) UK Bribery Act

Durch Artt. 7, 8 i. V. mit Art. 11 para. 3 UK Bribery Act 2010[45] laufen nicht nur deutsche Unternehmen, die Geschäftsbeziehungen zum Vereinigten Königreich unterhalten, Gefahr, 907

35 *Thiessen*, ZGR 2011, 275 [290 mwN].

36 Grundlegend hierzu: BGH, Entsch. v. 6.6.1994 – II ZR 292/91, abgedruckt in: BGHZ 126, 181 = NJW 1994, 2220 = GmbHR 1994, 539 = ZIP 1994, 1103; BGH, Urt. v. 30.3.1998 – II ZR 146/96, abgedruckt in: BGHZ 138, 211 = NJW 1998, 2667 = NZG 1998, 424 = NZI 1998, 38 = ZIP 1998, 776.

37 *Wirth*, ZGR 2005, 327 [338].

38 Zur „rationalen Apathie", vgl *Rieckers*, in: Spindler/Stilz, AktG, § 134, Rn 48, u. § 135; Rn 1; *Peltzer*, NZG 2011, 961 [966]; *Simon/Zetzsche*, ZGR 2010, 918 [921 ff]; *Wilsing*, ZGR 2012, 292 [297 f]; vgl auch *Bachmann*, AG 2012, 565 [576].

39 Vgl *Roth*, ZGR 2012, 343 [345, 367 ff].

40 Näheres hierzu bei: *Wilsing*, ZGR 2012, 292 [293 f].

41 Vgl *Bachmann*, WM 2011, 1301 [1307]; *Fleischer*, AG 2012, 1 [4 f]; *Klöhn/Schwarz*, ZIP 2012, 149 [152 f]; *Wilsing*, ZGR 2012, 292 [295 f].

42 Gegen die Einführung von dem UK Stewardship-Code vergleichbarer Regelungen, vgl *Habersack*, Gutachten E zum 69. DJT, Band I, 2012, E 88 f und Empfehlung 20; *Wilsing*, ZGR 2012, 292 [296 ff]; ebenfalls skeptisch: *Bachmann*, WM 2011, 1301 [1305]; *Fleischer*, ZGR 2011, 155 [164 ff]; *Peltzer*, NZG 2011, 961 [965 f].

43 Vgl Grünbuch „Corporate Governance in Finanzinstituten und Vergütungspolitik" vom 2.6.2010, KOM (2011) 164; kritisch hierzu *Hommelhoff*, Liber amicorum für Martin Winter, 2011, S. 255 [258]; *Seibert*, FS Hoffmann-Becking, 2013, S. 1101 [1103 f], wonach „der inaktive Aktionär" das gesetzgeberische und realistische Leitbild des deutschen Aktienrechts ist und der Denkansatz der EU-Kommission „im Extremfall das ganze System des Privateigentums an Produktionsmitteln" in Frage stellt.

44 So im Erg. auch *Wilsing*, ZGR 2012, 292 [298, 300].

45 Abrufbar unter http://www.fco.gov.uk.

dass ihnen bei Bestechungen Unternehmensstrafen in unbegrenzter Höhe auferlegt werden, sondern auch deren handelnde Mitarbeiter unmittelbar. Andererseits werden deutsche Unternehmen, die zur Zahlung hoher Geldstrafen verurteilt worden sind, Regressansprüche gegen die hierfür verantwortlichen Mitarbeiter geltend machen. Dies dürfte vor allem Vorstands- oder Aufsichtsratsmitglieder betreffen.

2. Innen- und Außenhaftung

908 Im Focus der Haftung von Aufsichtsratsmitgliedern steht die sog. Innenhaftung, auch Binnenhaftung genannt, also ihre Haftung gegenüber der Gesellschaft bzw Genossenschaft gemäß §§ 116 Satz 1, 93 Abs. 2 Satz 1 u. 2 AktG bzw §§ 41, 34 Abs. 2 GenG.[46] Ob hierneben noch eine schuldrechtliche Haftung wegen Nicht- oder Schlechtleistung gemäß §§ 280 ff BGB treten kann, ist zweifelhaft. Zu bejahen wäre dies, wenn neben das organschaftliche, korporationsrechtliche Verhältnis des Aufsichtsratsmitglieds zur Gesellschaft bzw Genossenschaft noch ein anstellungsvertragliches treten würde.[47] Lehnt man dies ab und spricht man sich anstelle dessen, anders als bei den Mitgliedern des Vorstands, für eine Doppelnatur des Rechtsverhältnisses zwischen Aufsichtsratsmitglied und Gesellschaft bzw Genossenschaft aus, also einem Verhältnis mit korporations- und gleichzeitig schuldrechtlichem Inhalt,[48] dann käme allenfalls eine Haftung aufgrund eines gesetzlichen Schuldverhältnisses in Betracht. Inwiefern diese neben der spezialgesetzlich geregelten Organhaftung noch eine Existenzberechtigung beanspruchen kann, ist ungeklärt und dürfte praktisch aufgrund vergleichbarer Voraussetzungen und Beweislastverteilung der Haftungsnormen nur unter dem Gesichtspunkt unterschiedlicher Fristen und Anknüpfungspunkte für die Verjährung von Bedeutung sein.

909 Die Innenhaftung gemäß §§ 116 Satz 1, 93 Abs. 2 Satz 1 AktG dient zwei Zielen. Sie soll präventiv, also das Verhalten der Organmitglieder steuernd wirken. Außerdem soll sie eine Kompensation des Schadens ermöglichen.[49]

910 Die Außenhaftung, also diejenige gegenüber Dritten, der für die letzten Jahre eine Bedeutungszunahme attestiert wird,[50] lässt sich auf Fälle deliktischer Haftung für aktives Tun reduzieren, da der Aufsichtsrat nur gegenüber der Gesellschaft bzw Genossenschaft vermögensbetreuungspflichtig und kein Garant für die Ordnungsmäßigkeit der Unternehmensführung durch den Vorstand ist.[51]

911 Eine Haftung von Aufsichtsratsmitgliedern wegen der Verletzung absolut geschützter Rechtsgüter in Form der Verletzung der Mitgliedschaft eines Gesellschafters als „sonstiges

46 Sog. Grundsatz der Haftungskonzentration, vgl OLG Rostock, Urt. v. 16.2.2007 – 8 U 54/06, abgedruckt in: GmbHR 2007, 762; *Fleischer*, NJW 2009, 2337 [2340].

47 Bejahend zur AG: RG, Urt. v. 2.3.1929 – I 324/28, abgedruckt in: RGZ 123, 351 [353 f], wonach dies sogar für „selbstverständlich" erachtet wird, u. RG, Urt. v. 9.10.1936 – II 43/36, abgedruckt in: RGZ 152, 273 [277 f]; bejahend zur GmbH: RG, Urt. v. 2.11.1934 – II 186/34, abgedruckt in: RGZ 146, 145 [152 f], wonach das Anstellungsverhältnis zwischen Aufsichtsratsmitglied und Gesellschaft die Natur eines Dienstvertrages gemäß §§ 611, 675 BGB oder bei Unentgeltlichkeit der Tätigkeit die Natur eines Auftrags gemäß §§ 662 ff BGB habe; bejahend zur eG: *Beuthien*, in: Beuthien, GenG, § 36, Rn 9, § 41, Rn 2, zur eG.

48 Hüffer, AktG, § 101, Rn 2 mwN; *Semler*, in: MünchKomm AktG², § 101, Rn 156 mwN; *Spindler*, in: Spindler/Stilz, AktG, § 101, Rn 8 mwN.

49 *Fleischer*, in: Spindler/Stilz, AktG, § 93, Rn 2; *Ulmer*, FS Canaris, 2007, S. 451 [463 f]; *Thole*, ZHR 173 (2009), 504 [527].

50 *P. u. W. Doralt*, in: Semler/v. Schenck, Aufsichtsrat, § 13, Rn 177 mwN.

51 Vgl OLG Düsseldorf, Urt. v. 23.6.2008 – I-9 U 22/08, abgedruckt in: AG 2008, 666 [666].

Recht" iS von § 823 Abs. 1 BGB ist zwar theoretisch denkbar, dürfte jedoch praktisch kaum relevant werden.[52]

Theoretisch denkbar ist auch eine Haftung der Aufsichtsratsmitglieder wegen fehlender oder fehlerhafter Veröffentlichung der Erklärung zur Unternehmensführung iS von § 289 a HGB. Diese Vorschrift wird explizit im Rahmen der Bußgeldvorschrift des § 334 Abs. 1 Ziff. 3 HGB erwähnt, so dass eine fehlerhafte Erklärung zur Unternehmensführung eine Schutzgesetzverletzung iS von § 823 Abs. 2 BGB darstellen könnte. Dies gilt zumindest dann, wenn man den Aufsichtsrat neben dem Vorstand als zur Abgabe dieser Erklärung verpflichtet erachtet[53] (dazu Rn 767). 912

Praktisch durchaus relevant ist die Haftung von Aufsichtsratsmitgliedern wegen vorsätzlicher sittenwidriger Schädigung gemäß § 826 BGB. Wenn ein Aufsichtsratsmitglied ein strafbares oder sittenwidriges Verhalten des Vorstands vorsätzlich veranlasst oder aktiv unterstützt,[54] haftet es Dritten, insbesondere geschädigten Aktionären, auf Schadensersatz. Aktive Unterstützung liegt zB vor, wenn die Mitglieder des Aufsichtsrats der Aktienausgabe im Rahmen der betrügerischen Ausnutzung eines genehmigten Kapitals zustimmen[55] oder wenn der Aufsichtsratsvorsitzende neben den Mitgliedern des Vorstands den entsprechenden Kapitalerhöhungsbeschluss zur Eintragung ins Handelsregister anmeldet.[56][57] Eine strafbare Handlung von Vorstandsmitgliedern, die von den Mitgliedern des Aufsichtsrats aktiv unterstützt werden kann, liegt regelmäßig auch dann vor, wenn die von den Vorstandsmitgliedern geleitete AG herrschendes Unternehmen iS von § 17 Abs. 1 AktG ist und ihre Vermögensbetreuungspflicht gegenüber einem von ihr abhängigen Unternehmen verletzt, zB indem sie das abhängige Unternehmen in einen Liquiditätsverbund (Cash-Pool) einbezieht und ohne angemessene Rücksichtnahme auf dessen Eigeninteressen über dessen Vermögensgegenstände disponiert und auf diese Weise dessen Existenz gefährdet.[58] Ausreichend ist insofern eine objektive Beihilfeleistung iS einer Förderung des strafbaren oder zumindest sittenwidrigen Verhaltens des unmittelbaren Täters. Hierzu reicht psychische Beihilfe aus, die zB dann gegeben ist, wenn das Aufsichtsratsmitglied im Rahmen der Sitzung des Aufsichtsrats die Ankündigung einer strafbaren Handlung durch den Vorstand billigt.[59] Beihilfevorsatz ist bereits dann zu bejahen, wenn sich der Gehilfe, also das Aufsichtsratsmitglied, der Erkenntnis des strafbaren oder sittenwidrigen Verhaltens des oder der Täter, also regelmäßig der Vorstandsmitglieder, bewusst verschließt. Die bewusst unterlassene Aufklärung trotz Verdachtsmomenten für kriminelle Handlungen lassen auf das Vorliegen eines Beihilfevorsatzes schließen.[60] Der Gehilfenvorsatz muss jedoch konkret festgestellt werden. Eine Vermutung der Kenntnis des Aufsichtsratsmitglieds von Tatsachen, über die der Aufsichtsrat pflichtgemäß durch den Vorstand unterrichtet werden muss, kommt somit nicht in Betracht.[61] 913

Denkbar ist eine Haftung wegen vorsätzlicher sittenwidriger Schädigung auch dann, wenn eine unrichtige Entsprechenserklärung iS von § 161 AktG abgegeben wird. Da der Aufsichts- 914

52 So auch: *P. u. W. Doralt*, in: Semler/v. Schenck, Aufsichtsrat, § 13, Rn 178, und Ek, Haftungsrisiken, S. 212, die auf sog. Holzmüller-Fälle abstellen, bei denen die Mitgliedschaftsrechte der Aktionäre dadurch verletzt werden, dass eine ungeschriebene Hauptversammlungszuständigkeit aufgrund Mitwirkens des Aufsichtsrats vom Vorstand umgangen wird.

53 So auch *Bachmann*, ZIP 2010, 1517 [1526].

54 *Semler*, in: MünchKomm AktG², § 116, Rn 745; vgl auch Ek, Haftungsrisiken, S. 211.

55 § 202 Abs. 3 Satz 2 AktG.

56 § 184 Abs. 1 Satz 1 AktG.

57 OLG Düsseldorf, Urt. v. 23.6.2008 – I-9 U 22/08, abgedruckt in: AG 2008, 666 [666].

58 BGH, Urt. v. 17.9.2001 – II ZR 178/99 („Bremer Vulkan"), abgedruckt in: BGHZ 149, 10 [17 f].

59 OLG Karlsruhe, Urt. v. 4.9.2008 – 4 U 26/06, abgedruckt in: AG 2008, 900.

60 OLG Düsseldorf, Urt. v. 23.6.2008 – I-9 U 22/08, abgedruckt in: AG 2008, 666 [667].

61 BGH, Beschl. v. 9.6.2011 – IX ZR 102/09, abgedruckt in: NZI 2011, 715 [716] = ZIP 2011, 1418, Rn 2; BGH, Urt. v. 11.9.2012 – VI ZR 92/11, abgedruckt in: NZG 2012, 1303 [1306].

rat neben dem Vorstand zu deren Abgabe verpflichtet ist, bedarf es keines gesondert festzustellenden Gehilfenbeitrages. Allerdings dürfte es den Schadensersatz begehrenden Aktionären – Kapitalanlegern – regelmäßig schwerfallen, einen adäquat kausalen Schaden nachzuweisen.[62]

915 Die Verletzung von Steuerpflichten[63] oder die Nichtabführung von Sozialversicherungsbeiträgen[64] kann ebenfalls zu einer Außenhaftung von Aufsichtsratsmitgliedern führen, allerdings nur dann, wenn sie die Vorstandsmitglieder hierzu anstiften oder insofern Beihilfe leisten, was entsprechenden Vorsatz bedingt.[65] Dasselbe gilt für die Verletzung der Insolvenzantragspflicht[66] durch den Vorstand.[67]

3. Allgemeiner Sorgfaltsmaßstab und Gleichbehandlung

a) Grundsatz: Einheitlicher Mindeststandard

916 Die Aufsichtsratsmitglieder von AG und eG haften wie alle anderen Personen gemäß § 276 Abs. 1 Satz 1 BGB für Vorsatz und Fahrlässigkeit, wobei gemäß § 276 Abs. 2 BGB fahrlässig handelt, wer die im Verkehr erforderliche Sorgfalt außer Acht lässt.[68] Welche Sorgfalt der Verkehr von Vorstandsmitgliedern erfordert, regeln § 93 Abs. 1 Satz 1 AktG für die AG und § 34 Abs. 1 Satz 1 GenG für die eG. Hiernach haben sie bei ihrer Geschäftsführung die Sorgfalt eines ordentlichen und gewissenhaften Geschäftsleiters anzuwenden. Der an Vorstandsmitglieder anzulegende Sorgfaltsmaßstab ist somit, ähnlich wie derjenige für Kaufleute gemäß § 347 Abs. 1 HGB und für Geschäftsführer einer GmbH gemäß § 43 Abs. 1 GmbHG,[69] erhöht. Gemäß § 116 Satz 1 AktG bzw § 41 GenG gilt der Sorgfaltsmaßstab, der für Vorstandsmitglieder anzulegen ist, für Aufsichtsratsmitglieder sinngemäß. Hieraus folgt, dass der an Aufsichtsratsmitglieder für deren Amtsausübung anzulegende Sorgfaltsmaßstab ebenfalls erhöht ist. Darüber hinaus ist die Leitfigur des ordentlichen und gewissenhaften Geschäftsleiters gegen die des ordentlichen Aufsichtsratsmitglieds auszutauschen,[70] so dass die Überwachungsfunktion in den Vordergrund tritt.[71] Zu berücksichtigen ist auch, dass die Wahrnehmung des Aufsichtsratsmandats in aller Regel Nebentätigkeit ist.[72]

---

62 So auch *Bachmann*, ZIP 2010, 1517 [1526 mwN].

63 §§ 69, 34 Abs. 1 AO.

64 § 823 Abs. 2 BGB iVm § 266 a StGB.

65 *Ek*, Haftungsrisiken, S. 211 f mwN.

66 § 15 InsO.

67 *Ek*, Haftungsrisiken, S. 212.

68 Vgl *Strohn*, ZHR 176 (2012), 137 [137], wonach dieser Sorgfaltsmaßstab „variabel“ sein soll.

69 Während die Vorstandsmitglieder von AG und eG die Sorgfalt eines „ordentlichen und gewissenhaften Geschäftsleiters“ anzuwenden haben, trifft GmbH-Geschäftsführer „nur“ die Sorgfalt eines „ordentlichen Geschäftsmannes“; vgl zudem OLG Zweibrücken, Urt. v. 22.12.1998 – 8 U 98/98, abgedruckt in: NZG 1999, 506, wonach die Sorgfaltspflicht eines GmbH-Geschäftsführers über diejenige eines ordentlichen Kaufmanns hinausgeht.

70 *Drygala*, in: K. Schmidt/Lutter, AktG, § 116, Rn 1, spricht insofern von einer Modifizierung aufgrund anders gelagerter Stellung und Funktion des Aufsichtsrats und seiner Mitglieder.

71 Hüffer, AktG, § 116, Rn 2; vgl auch *Beuthien*, in: Beuthien, GenG, § 41, Rn 7, für die eG.

72 *Drygala*, in: K. Schmidt/Lutter, AktG, § 116, Rn 1 mwN; *Spindler*, in: Spindler/Stilz, AktG, § 116, Rn 57; *Habersack*, in: MünchKomm AktG^3, § 116, Rn 44; *Diekmann/Fleischmann*, AG 2013, 141 [141].

Der in diesem Sinne objektiv typisierte Sorgfaltsmaßstab[73] gilt grundsätzlich für alle Mitglieder des Aufsichtsrats in gleichem Maße einschließlich derjenigen der Arbeitnehmer.[74] Ein Aufsichtsratsmitglied hat jedenfalls für die Sorgfalt einzustehen, die bei der Überwachung der Verwaltung fremden Vermögens einzuhalten ist.[75] Dies setzt gewisse Mindestfähigkeiten und Basiskenntnisse voraus, die jedes Aufsichtsratsmitglied zur eigenverantwortlichen Amtsausübung haben oder sich aneignen[76] muss, wobei zur eigenverantwortlichen Amtsausübung das Verständnis für normalerweise anfallende Geschäftsvorgänge und deren sachgerechte Beurteilung erforderlich sind.[77] Das Aufsichtsratsmitglied muss imstande sein, ohne fremde Hilfe sich aufgrund der Berichte des Vorstands iS von § 90 Abs. 1 AktG und der Feststellungen der Abschlussprüfers[78] eine genaues Bild des Geschäftsgangs, der Lage und der Entwicklung der Gesellschaft bzw Genossenschaft zu machen, was gewisse betriebswirtschaftliche Grundkenntnisse zwingend erfordert.[79] Es darf somit bei der Einsichtnahme in den Prü- 917

73 *Beuthien*, in: Beuthien, GenG, § 41, Rn 7, hält eine Differenzierung bei den Sorgfaltsanforderungen an die Aufsichtsratsmitglieder für denkbar. Danach sollen für Mitglieder des Aufsichtsrats einer eG, die den Erwerb ihrer Mitglieder fördert (hierbei handelt es sich folglich um Kaufleute), die Anforderungen des § 347 Abs. 1 HGB gelten, während für die Mitglieder des Aufsichtsrats einer eG, welche die Wirtschaft ihrer Mitglieder fördern will, geringere Sorgfaltsanforderungen gelten sollen.

74 Vgl BGH, Urt. v. 15.11.1982 – II ZR 27/82 („Hertie"), abgedruckt in BGHZ 85, 293 [295 f] = NJW 1983, 991 [991]; *Habersack*, in: MünchKomm AktG^3, § 116, Rn 23; *Spindler*, in: Spindler/Stilz, AktG, § 116, Rn 8; *Hoffmann-Becking*, in: Münchener Handbuch GesR, Bd. 4, AG, § 33, Rn 61; Lutter/Krieger, Aufsichtsrat, § 11, Rn 846; *Hommelhoff*, ZGR 1983, 551 [573 f]; offengelassen bei: K. Schmidt, GesR, § 28 III 1 d), S. 828.

75 Vgl OLG Düsseldorf, Urt. v. 28.11.1996 – 6 U 11/95, abgedruckt in: AG 1997, 231 [235], zum objektiv typisierten Sorgfaltsmaßstab, der bei einem Vorstandsmitglied anzulegen ist, das ähnlich einem Treuhänder fremden Vermögensinteressen verpflichtet ist; vgl auch Hüffer, AktG, § 93, Rn 4; *P. u. W. Doralt*, in: Semler/v. Schenck, Aufsichtsrat, § 13, Rn 79 mwN; *Diekmann/Fleischmann*, AG 2013, 141 [141].

76 Grundsätzlich müssen diese Kenntnisse und Fähigkeiten bei Amtsantritt vorliegen, spätestens jedoch – sofern das Gesellschaftsunternehmen sich nicht in einer Krise befindet – innerhalb einer kurzen Einarbeitungszeit von maximal einem Vierteljahr erworben werden, vgl *P. u. W. Doralt*, in: Semler/v. Schenck, Aufsichtsrat, § 13, Rn 84 m. w. N; bzw Kenntnisse in Buchführung und Bilanzierung bis spätestens zur Vorlage von Jahresabschluss und Prüfungsbericht durch Vorstand und Abschlussprüfer, vgl *Rürup*, FS Budde, S. 543 [S. 551]; ähnlich *Buhleier/Krowas*, DB 2010, 1165 [1166], die eine zeitnahe Aneignung der Mindestkenntnisse durch Weiterbildungsmaßnahmen verlangen; ähnlich auch *Drygala*, in: K. Schmidt/Lutter, AktG^2, § 171, Rn 6, der verlangt, dass sich das Aufsichtsratsmitglieder die zur ordnungsgemäßen Amtsausübung erforderlichen Kenntnisse innerhalb des laufenden Geschäftsjahres anzueignen hat; strenger *Beuthien*, in: Beuthien, GenG, § 41, Rn 12, für die eG, wonach die Kenntnisse und Fähigkeit bereits in Gänze bei Amtsantritt vorliegen müssen, andernfalls das Amt abzulehnen ist. Differenzierend *Hommelhoff*, ZGR 1983, 551 [574 f], wonach Mindestkenntnisse und -fähigkeiten, die aufgrund der Zugehörigkeit des Gesellschaftsunternehmens zu einer spezifischen Branche erforderlich sind, noch nach Amtsantritt erworben werden können, nicht aber die „unternehmensunabhängigen Mindestkenntnisse und -fähigkeiten".

77 BGH, Urt. v. 15.11.1982 – II ZR 27/82 („Hertie"), abgedruckt in BGHZ 85, 293 [295 f] = NJW 1983, 991 [991], fordert „Mindestkenntnisse allgemeiner, wirtschaftlicher, organisatorischer und rechtlicher Art, die erforderlich sind, um alle normalerweise anfallenden Geschäftsvorgänge auch ohne fremde Hilfe verstehen und sachgerecht beurteilen zu können"; vgl auch die Nachw. bei *Langenbucher*, ZGR 2012, 314 [325 f, Fn 67].

78 *Rürup*, FS Budde, S. 543 [S. 551], fordert daher zu Recht Kenntnis in Buchführung und Bilanzierung.

79 *Semler*, in: MünchKomm AktG^2, § 116, Rn 83, wonach hierzu „Zusammenhänge zwischen Kosten und Ertrag, Dividende und Kapitalmarkt, Arbeitsverhältnisse und Deckung des Beschäftigungsbedarfs, Produktentwicklung und Zukunftsaussichten, Produktqualität und Serviceleistungen sowie Marktnachfrage und Preisstellung gehören; *P. u. W. Doralt*, in: Semler/v. Schenck, Aufsichtsrat, § 13, Rn 80; *Bosse/Malchow*, NZG 2010, 972 [973], die „Grundkenntnisse in Bilanzierung und Rechnungslegung sowie den rechtlichen Rahmen für die Aufsichtsratstätigkeit" verlangen; vgl auch *Hoffmann*, AG 2012, 478 [484], für die AG; vgl auch *Beuthien*, in: Beuthien, GenG, § 38, Rn 10, § 41, Rn 12, für die eG.

fungsbericht des Abschlussprüfers keinen Sachverständigen hinzuziehen.[80] Zum Mindeststandard gehört auch das Wissen um die gesetzlichen und statutarischen Rechte und Pflichten des Aufsichtsrats. Andernfalls könnten seine Mitglieder nicht beurteilen, ob der Vorstand seiner Berichtspflicht nachkommt und der Aufsichtsrat gesetzeskonform zusammengesetzt und organisiert ist und auch allen seinen Aufgaben ordnungsgemäß nachkommt.[81] Bei der eG kommt hinzu, dass die Mitglieder des Aufsichtsrats in der Lage sein müssen, die Einhaltung der von der General- bzw Vertreterversammlung festgesetzten Beschränkungen hinsichtlich der Gewährung von Kredit an denselben Schuldner iS von § 49 GenG durch den Vorstand kontrollieren zu können.[82]

b) Differenzierungen nach Unternehmen und Person

aa) Differenzierung nach Unternehmensgröße und -zuschnitt

918 Differenzierungen sind im Hinblick auf die Verhältnisse, insbesondere auf Größe, Geschäftszweig und Organisation des Gesellschafts- bzw Genossenschaftsunternehmens vorzunehmen.[83] Die sog. Einheitlichkeit des Sorgfaltsmaßstabes ist heute weitestgehend von Abstufungen abgelöst worden.[84] So sind an die Mitglieder des Aufsichtsrats eines global vernetzten Finanzinstituts höhere Anforderungen zu stellen als an die Aufsichtsratsmitglieder einer nur lokal tätigen, mittelständischen Gesellschaft.[85]

bb) Differenzierung nach Funktion des Mitglieds innerhalb des Aufsichtsrats

919 Wenn einzelne Mitglieder eine besondere Funktion übernommen haben, können für sie im Verhältnis zu ihren Kollegen höhere Anforderungen gelten.[86] Dies gilt namentlich dann, wenn sie in einem Ausschuss, insbesondere im Kreditausschuss einer Bank oder im Prüfungsausschuss,[87] tätig sind, selbst wenn diesem nur vorbereitende Aufgaben zukommen und hierin keine Entscheidungen mit Wirkung für den Gesamtaufsichtsrat getroffen werden.[88] Andernfalls spricht man von einem erledigenden Ausschuss.[89]

920 Der Sorgfaltsmaßstab für diejenigen Mitglieder des Aufsichtsrats, die einem „erledigenden" Ausschuss nicht angehören, reduziert sich, während er sich gleichzeitig für die Ausschussmit-

---

80 Im Fall des BGH, Urt. v. 15.11.1982 – II ZR 27/82 („Hertie"), abgedruckt in BGHZ 85, 293 [295 f] = NJW 1983, 991 [991], hatte ein Aufsichtsratsmitglied der Arbeitnehmerseite beantragt, einen Sachverständigen eines Instituts des Deutschen Gewerkschaftsbundes bei der Einsichtnahme in den Prüfungsbericht des Abschlussprüfers hinzuziehen zu dürfen, was das Gericht mit dem Hinweis auf die erforderlichen Mindestfähigkeiten von Aufsichtsratsmitgliedern zurecht ablehnte. Kritisch zu beurteilen ist hingegen, dass der BGH, aaO, zur Begründung seiner Ansicht auch darauf abstellt, dass gemäß § 111 Abs. 5 AktG das Aufsichtsratsmitglied seine Aufgaben nicht durch andere wahrnehmen kann, da Unterstützung und Vertretung keinesfalls gleichgesetzt werden können, vgl *Hommelhoff*, ZGR 1983, 551 [554 ff].

81 Vgl *Drygala*, in: K. Schmidt/Lutter, AktG, § 116, Rn 7; *P. u. W. Doralt*, in: Semler/v. Schenck, Aufsichtsrat, § 13, Rn 83; *Semler*, AG 1983, 81 [83], für die AG; Beuthien, in: Beuthien, GenG, § 41, Rn 12, für die eG.

82 Beuthien, in: Beuthien, GenG, § 41, Rn 12.

83 *P. u. W. Doralt*, in: Semler/v. Schenck, Aufsichtsrat, § 13, Rn 81, für die AG; Beuthien, in: Beuthien, GenG, § 41, Rn 13, für die eG.

84 *P. u. W. Doralt*, in: Semler/v. Schenck, Aufsichtsrat, § 13, Rn 77, sprechen insofern von einem gesellschaftsadäquaten Mindeststandard als Untergrenze.

85 Im Erg. Hüffer, AktG, § 116, Rn 3.

86 *Ekkenga*, in: KölnKomm AktG, § 171 Rn 47; *Hoffmann-Becking*, in: Münchener Hdb GesR, Bd. 4, AG, § 33, Rn 46; *Dreher*, FS Boujong, 1996, S. 71 [S. 83 ff]; *Schwark*, FS Werner, 1984, S. 841 [848]; *Wirth*, ZGR 2005, 327 [333, Fn 27 mwN], für die AG; Beuthien, in: Beuthien, GenG, § 41, Rn 13, für die eG.

87 Vgl *Wirth*, ZGR 2005, 327 [334 mwN]; *Buhleier/Krowas*, DB 2010, 1165 [1167].

88 *Semler*, in: MünchKomm AktG², § 107, Rn 401; *P. u. W. Doralt*, in: Semler/v. Schenck, Aufsichtsrat, § 13, Rn 94.

89 Zur Terminologie: *Semler*, in: MünchKomm AktG², § 107, Rn 401.

glieder bzw den Ausschuss in seiner Gesamtheit erhöht.[90] Die Nicht-Ausschussmitglieder kommen ihrer Überwachungspflicht schon dann in ausreichender Weise nach, wenn sie die Ausschussmitglieder sorgfältig auswählen und sich über die Ausschusstätigkeit berichten lassen. Letzteres setzt auf Seiten der übrigen Aufsichtsratsmitglieder allerdings regelmäßig eine kritische Durchsicht der Ausschussberichte voraus.[91] Die Nicht-Ausschussmitglieder müssen sich davon überzeugen, dass der Ausschuss sachgemäß arbeitet.[92] Weitergehende Kontrollmaßnahmen können nur für den Fall verlangt werden, dass sich Anzeichen für Unzulänglichkeiten der Ausschussarbeit ergeben.[93] In diesen Fällen genügt ein bloßer Widerspruch gegen den schädlichen Beschluss allerdings nicht. Vielmehr ist alles Zumutbare zu unternehmen, um einen derartigen Beschluss zu verhindern.[94]

Der nur „vorbereitende" Ausschuss handelt hingegen nicht „als Aufsichtsrat", so dass die 921
Aufsichtsratsmitglieder, die ihm nicht angehören, ihre Verantwortlichkeit nicht auf ihn und seine Mitglieder verlagern können, sondern sich stets auf der Grundlage der Vorarbeiten im Ausschuss eine eigene Meinung bilden müssen.[95] Die Vorarbeiten durch die Ausschussmitglieder entbinden die übrigen Aufsichtsratsmitglieder nicht von ihrer eigenen Prüfung und Urteilsbildung.[96] Bevor ein Nicht-Ausschussmitglied demnach einer Empfehlung des Ausschusses folgen darf, muss es sich neben der Prüfung, die es auch bei einem „erledigenden" Ausschuss anstellen muss, noch die Frage beantworten, ob die Feststellungen und Empfehlungen des Ausschusses gemessen am Wohl des Gesellschaftsunternehmens plausibel sind.[97]

cc) Differenzierung nach persönlichen Kenntnissen und Fähigkeiten

Ob besondere Kenntnisse und Fähigkeiten zu einer Verschärfung des Sorgfaltsmaßstabs füh- 922
ren, war lange Zeit umstritten.[98] Inzwischen wird man diese Frage mit dem BGH[99] bejahen müssen,[100] zumal bereits seit längerem feststeht, dass Aufsichtsratsmitglieder, die über besondere Sach- und Fachkenntnisse verfügen, gegenüber der Gesellschaft bzw Genossenschaft verpflichtet sind, diese einzusetzen.[101] Zu konkreten Einzelfragen benötigt das Unternehmen

90 OLG Hamburg, Urt. v. 29.9.1995 – 11 U 20/95, abgedruckt in: AG 1996, 84 [85] = ZIP 1995, 1673; *P. u. W. Doralt*, in: Semler/v. Schenck, Aufsichtsrat, § 13, Rn 95; vgl auch *Fleischer*, ZIP 2009, 1397 [1402].

91 *Fleischer*, ZIP 2009, 1397 [1402].

92 Hüffer, AktG, § 116, Rn 9; *Fleischer*, ZIP 2009, 1397 [1402].

93 OLG Hamburg, Urt. v. 29.9.1995 – 11 U 20/95, abgedruckt in: AG 1996, 84 [85] = ZIP 1995, 1673; *Semler*, in: MünchKomm AktG^2, § 107, Rn 400 mwN, spricht davon, dass Nicht-Ausschussmitglieder nur aus Organisations- und Überwachungsverschulden haften; *Fleischer*, ZIP 2009, 1397 [1402].

94 *P. u. W. Doralt*, in: Semler/v. Schenck, Aufsichtsrat, § 13, Rn 97.

95 *Semler*, in: MünchKomm AktG^2, § 107, Rn 399 mwN.

96 *Fleischer*, ZIP 2009, 1397 [1401]; *Rürup*, AG 1995, 219 [220].

97 RG, Urt. v. 4.10.1918 – II 498/17, abgedruckt in: RGZ 93, 338 [340 f]; *P. u. W. Doralt*, in: Semler/v. Schenck, Aufsichtsrat, § 13, Rn 97; vgl auch OLG Hamburg, Urt. v. 15.9.1995 – 11 U 20/95, abgedruckt in: ZIP 1995, 1673 = AG 1996, 84.

98 Hierzu vgl *Selter*, AG 2012, 11 [18 f].

99 Urt. v. 20.9.2011 – II ZR 234/09, abgedruckt in: NZG 2011, 1271 [1274].

100 Kritisch hierzu: *Selter*, AG 2012, 11 [19]; ablehnend sogar *Ekkenga*, in: KölnKomm AktG, § 171 Rn 47, wonach „allein der Besitz besonderer Fachkenntnisse ... noch keine Verschärfung der Sorgfaltspflicht" rechtfertigt.

101 Vgl BGH, Urt. v. 3.7.2006 – II ZR 151/04, abgedruckt in: BGHZ 168, 188 = NZG 2006, 712 [716] = NJW 2006, 3211 (LS) = AG 2006, 667 = ZIP 2006, 1529, wonach die Organfunktion des Aufsichtsratsmitglieds auch den Einsatz individueller Sachkenntnis einschließt; BGH, Urt. v. 2.4.2007 – II ZR 325/05, abgedruckt in: NZG 2007, 516 [518] = ZIP 2007, 1056, wonach zu den organschaftlichen Pflichten eines Aufsichtsratsmitglieds auch der Einsatz seiner individuellen Fachkenntnisse gehört; BGH, Beschl. v. 27.4.2009 – II ZR 160/08, abgedruckt in: NZG 2009, 1027 [1028] = ZIP 2009, 1661, wonach ein Aufsichtsratsmitglied verpflichtet ist, Beratungsleistungen im Rahmen seiner Organstellung zu erbringen, auch soweit sie spezielle Kenntnisse voraussetzen; vgl auch *Drygala*, in: K. Schmidt/Lutter, AktG, § 114, Rn 10; *Habersack*, in: MünchKomm AktG3, § 116, Rn 28, zum Sorgfaltsmaßstab.

jedoch mitunter belastbare, dh mit Haftungsrisiko des Beraters verbundene Stellungnahmen, die das fachlich qualifizierte Aufsichtsratsmitglied nicht als Organmitglied zu erbringen verpflichtet ist, sondern nur aufgrund eines Beratungsvertrages, für den § 114 AktG gilt.[102]

923 Die Befürworter der Verschärfung[103] argumentieren, dass Aufsichtsratsmitglieder sehr häufig allein aufgrund ihrer besonderen Qualifikation, die nicht zwingend auf berufstypischen Kenntnissen und Fähigkeiten beruhen muss,[104] bestellt werden.[105] Es dürfe daher erwartet werden, dass sie mit dieser Qualifikation ihr Amt ausüben.[106] Außerdem bedürfe es bestimmter Sonderqualifikationen bei einzelnen Mitgliedern, die über diejenigen Mindestkenntnisse und -fähigkeiten hinausgehen, über die jedes Mitglied verfügen muss, damit der Aufsichtsrat als Kollektivorgan seine Überwachungsaufgabe ordnungsgemäß wahrnehmen kann. Die Hinzuziehung gemäß § 109 Abs. 1 Satz 2 AktG bzw Beauftragung gemäß § 111 Abs. 2 Satz 2 AktG besonderer (externer) Sachverständiger soll auf absolute Ausnahmefälle und Einzelangelegenheiten beschränkt sein.[107] Die Aufsichtsratsmitglieder, die nicht über derlei Sonderqualifikationen verfügen, müssen sich auf ihre qualifizierten Kollegen verlassen können.[108] Als derartige Sonderqualifikationen kommen neben Spezialwissen im Hinblick auf den Unternehmensgegenstand des Gesellschaftsunternehmens[109] – besondere Marktkenntnis, Kenntnis von den Anforderungen an Fertigung, Vertrieb und dergl. – auch besondere betriebswirtschaftliche, steuerliche und rechtliche Kenntnisse in Betracht, so dass einen Wirtschaftsprüfer im Zusammenhang mit der Beurteilung des Jahresabschlusses und der Beauftragung des Abschlussprüfers[110] eine erhöhte Sorgfaltspflicht trifft.[111]

924 Die Gegner der Ausdehnung des Sorgfaltsmaßstabs bei einzelnen Aufsichtsratsmitgliedern aufgrund deren Sonderqualifikationen[112] argumentieren mit der gesamtschuldnerischen Haf-

102 So auch: *Pietzke*, BB 2012, 658 [659].

103 LG Hamburg, Urt. v. 16.12.1980 – 8 O 229/79, abgedruckt in: ZIP 1981, 194 [197], wo es heißt: „In einem Aufsichtsrat wirken nach Berufserfahrung, Vorbildung, Kenntnissen und Fähigkeiten unterschiedliche Persönlichkeiten mit. Um unzuträgliche Ergebnisse im Verantwortlichkeitsbereich zu vermeiden, ist dem Rechnung zu tragen." *P. u. W. Doralt*, in: Semler/v. Schenck, Aufsichtsrat, § 13, Rn 89, sprechen dahingehend sogar von einem „den Mindestsorgfaltsmaßstab überlappenden zweiten Sorgfaltsmaßstab", *Semler*, in: MünchKomm AktG², § 116, Rn 95, von einem „individuellen Sorgfaltsmaßstab" aufgrund gesteigerter Anforderungen"; *ders.*, AG 1983, 82 [84]; *Binder*, ZGR 2012, 757 [774]; *Merkt/Mylich*, NZG 2012, 525 [530].

104 *P. u. W. Doralt*, in: Semler/v. Schenck, Aufsichtsrat, § 13, Rn 87, fordern jedoch, dass jedes Aufsichtsratsmitglied die berufstypischen Kenntnisse und Fähigkeiten, soweit sie für das Unternehmen relevant sind, im Rahmen des Zumutbaren in den Dienst der Gesellschaft zu stellen hat.

105 So nun auch: BGH, Urt. v. 20.9.2011 – II ZR 234/09, abgedruckt in: NZG 2011, 1271 [1274].

106 *Semler*, in: MünchKomm AktG², § 116, Rn 96; *P. u. W. Doralt*, in: Semler/v. Schenck, Aufsichtsrat, § 13, Rn 87.

107 Vgl *P. u. W. Doralt*, in: Semler/v. Schenck, Aufsichtsrat, § 13, Rn 90 f, die zu Recht darauf hinweisen, dass das Rat suchende Aufsichtsratsmitglied verantwortlich dafür ist, den Beratungsbedarf zu erkennen, die Ausführungen des externen Sachverständigen zu verstehen und hierauf seine eigene Entscheidung zu gründen. Außerdem müsse es einen geeigneten Sachverständigen auswählen und dessen Verschwiegenheit sicherstellen, Rn 92.

108 *Semler*, in: MünchKomm AktG², § 116, Rn 96.

109 LG Hamburg, Urt. v. 16.12.1980 – 8 O 229/79, abgedruckt in: ZIP 1981, 194, wonach ein Aufsichtsratsmitglied „als Bankier und Mitinhaber eines Bankhauses (...) tiefere Einsichten in finanzielle und wirtschaftliche Zusammenhänge" hat als eine Aufsichtsratskollegen.

110 § 111 Abs. 2 Satz 3 AktG.

111 Vgl *P. u. W. Doralt*, in: Semler/v. Schenck, Aufsichtsrat, § 13, Rn 88 mwN.

112 Hüffer, AktG, § 116, Rn 3; *Schwark*, FS Werner, 1984, S. 841 [850 f, 853 f]; *K. Schmidt*, GesR, § 28 III 1 d), S. 829; wohl auch LG Bielefeld, Urt. v. 16.11.1999 – 15 O 91/98, abgedruckt in: ZIP 2000, 20 ff, das den Geschäftsführer der einen und Vorstandssprecher einer anderen Unternehmensbeteiligungsgesellschaft verurteilte, ohne diesen Aspekt in den Urteilsgründen zu thematisieren, obwohl es um den Vorwurf der Zulassung satzungswidriger Finanzierung und der unzureichenden Reaktion auf Informationen über das Volumen von Factoring der Gesellschaft ging.

tung[113] aller Aufsichtsratsmitglieder und der Tatsache, dass das Gesetz nicht zwischen einzelnen Aufsichtsratsmitgliedern differenziert („Gleichheit aller Aufsichtsratsmitglieder“). Das Zivilrecht verlange grundsätzliche nur eine Haftung für die im Verkehr erforderliche Sorgfalt. Außerdem könne eine Differenzierung im Hinblick auf den Sorgfaltsmaßstab dazu führen, dass besonders erfahrenen und kompetenten Personen eine besondere Verantwortung und Haftungsgefahr drohe, die sie von der Übernahme des Amtes abhalten könnte.[114]

Mit der Differenzierung im Hinblick auf Sorgfaltsmaßstab und Haftung je nach den persön- 925
lichen Fähigkeiten der einzelnen Aufsichtsratsmitglieder hat konsequenterweise eine Privilegierung der besonders befähigten im Hinblick auf die Besetzung der Ausschüsse einherzugehen. Einem Arbeitnehmervertreter kann daher der Einzug in den Personalausschuss mit dem Hinweis darauf verwehrt werden, ihm fehle hierfür die notwendige besondere Sachkunde in Vorstandsfragen.[115]

c) Aufsichtsratstätigkeit als Nebentätigkeit

Bereits mehrfach wurde erwähnt, dass die gewöhnliche Aufsichtsratstätigkeit in AG, KGaA, 926
GmbH und auch eG[116] im Gegensatz zu derjenigen von Vorstandsmitgliedern[117] lediglich Nebentätigkeit ist.[118] Im AktG findet dies insbesondere darin seinen Niederschlag, dass der Aufsichtsrat analog zu den Quartalsberichten nur vier Sitzungen im Jahr abhält[119] und ein Aufsichtsratsmitglied bis zu zehn, wenn man die Mandate in Konzerngesellschaften dazurechnet sogar 15 Aufsichtsratsmandate gleichzeitig innehaben kann.[120]

Aufgrund dieser gesetzlichen Vorgaben für ein Aufsichtsratsmandat stellt sich die Frage, wie 927
groß der von einem Mitglied konkret zu erbringenden Arbeitseinsatz zu sein hat. Es dürfte feststehen, dass Vorbereitung[121] und Teilnahme an den gesetzlich vorgeschriebenen vier Aufsichtsratssitzungen pro Jahr – zwei je Halbjahr – nur Mindestmaß für den Normalfall in kleinen, bereits organisatorisch gereiften und am Markt etablierten[122] Unternehmen sein kann und sich das Aufsichtsratsmitglied bei Erfüllung seiner Aufgaben den Erfordernissen der Situation anpassen und insbesondere auf Krisen durch verstärkte Überwachung reagieren muss. Verschlechterungen der wirtschaftlichen Situation der Gesellschaft oder gar Krisen zwingen die Mitglieder des Aufsichtsrats, die Kontrolldichte in sachlichem und zeitlichem Umfang zu erhöhen.[123] Sondersitzungen finden zumindest dann statt, wenn – aufgrund eines

113 §§ 116 Satz 1, 93 Abs. 2 Satz 1 AktG.

114 Vgl nur *Grooterhorst*, NZG 2011, 921 [925 mwN].

115 Vgl BGH, Urt. v. 17.5.1993 – II ZR 89/92, abgedruckt in: BGHZ 122, 342 = NJW 1993, 2307 = ZIP 1993, 1079.

116 *Beuthien*, in: Beuthien, GenG, § 36, Rn 2.

117 Häufig enthält der Anstellungsvertrag des Vorstandsmitglieds eine Klausel, wonach dieses verpflichtet ist, seine ganze Arbeitskraft seinem Vorstandsamt zu widmen, vgl auch *P. u. W. Doralt*, in: Semler/v. Schenck, Aufsichtsrat, § 13, Rn 45; vgl auch das Wettbewerbsverbot für Vorstandsmitglieder in § 88 Abs. 1 AktG.

118 Vgl aber *Roth*, ZGR 2012, 343 [365], über den Trend zum hauptamtlichen Aufsichtsratsvorsitzenden in DAX 30-Gesellschaften.

119 § 100 Abs. 3 AktG; vgl auch *P. u. W. Doralt*, in: Semler/v. Schenck, Aufsichtsrat, § 13, Rn 46.

120 Vgl § 100 Abs. 2 Satz 1 Ziff. 1 u. Satz 2 AktG.

121 *Beuthien*, in: Beuthien, GenG, § 38, Rn 7, hält für die Mitglieder des Aufsichtsrats einer eG sogar eine „gehörige“ Vorbereitung der Sitzung für angebracht.

122 Vgl OLG Stuttgart, Beschl. v. 19.6.2012 – 20 W 1/12, abgedruckt in: NZG 2012, 1150 (LS), wonach bei neu gegründeten Gesellschaften die Anforderungen an die Überwachung durch den Aufsichtsrat gesteigert sein kann.

123 *P. u. W. Doralt*, in: Semler/v. Schenck, Aufsichtsrat, § 13, Rn 47; *Grooterhorst*, NZG 2011, 921 [923 f], befürwortet eine Pflicht zur Intensivierung von Prüfungs- und Überwachungspflichten auch in den Fälle, in denen das Gesellschaftsunternehmen ein besonders hohes finanzielles Risiko eingeht, insbesondere bei Erwerb von Unternehmen oder Beteiligungen.

entsprechenden Zustimmungsvorbehaltes – über größere Akquisitionsvorhaben oder Umstrukturierungen zu befinden ist.[124]

928 Die Dauer einer Aufsichtsratssitzung ist gesetzlich nicht geregelt. Unter normalen Umständen, bei guter Vorbereitung aller Sitzungsteilnehmer und straffer Leitung dürfte sie drei bis vier Stunden,[125] bei großen Gesellschaften maximal sechs Stunden betragen. Die Berichterstattung durch den Vorstand und die anschließende Diskussion hierüber nimmt bereits „ein gerüttelt Maß" dieser Zeit in Anspruch.[126] Diskussion und Entscheidung über zustimmungspflichtige Geschäfte[127] können ebenfalls lange dauern, wenngleich diese Aufgaben auch von einem Aufsichtsratsausschuss wahrgenommen werden können,[128] der nach getroffener Entscheidung lediglich dem Plenum hiervon berichtet. Mit drei bis vier Stunden wird daher üblicherweise nicht auszukommen sein, wenn in der Sitzung über die Bestellung von Mitgliedern des Vorstandes zu diskutieren und zu entscheiden ist. Allein die Tragweite dieser Entscheidungen,[129] die eine Abstimmung im Plenum erfordert,[130] gebietet ausführliche Erörterungen im Vorfeld.

929 Aufgrund der in den letzten Jahren und Jahrzehnten stark gestiegenen Zahl an Aufgaben und Pflichten des Aufsichtsrats und der damit einhergehenden Zunahme der Bedeutung und des Umfangs der Ausschussarbeit[131] müssen dessen Mitglieder meist mehrere Wochen im Jahr für ihre Aufsichtsratstätigkeit einplanen.[132] Die Ausschussvorsitzenden und insbesondere der Aufsichtsratsvorsitzende müssen bei großen Gesellschaften sogar damit rechnen, mehr als einen Monat pro Jahr für ihr Mandat im Einsatz zu sein, um ihre Aufgaben und Pflichten ordnungsgemäß wahrnehmen zu können.[133] Ziff. 5.4.5 Satz 1 DCGK formuliert daher, dass jedes Aufsichtsratsmitglied darauf zu achten hat, dass ihm für die Wahrnehmung seiner Mandate genügend Zeit zur Verfügung steht. Ziff. 12.1 der Empfehlung der EU-Kommission vom 15.2.2005 geht hierüber sogar noch hinaus, indem dort vorgegeben wird, dass das Aufsichtsratsmitglied „die Zahl seiner anderweitigen beruflichen Verpflichtungen (insbesondere die Zahl seiner Mandate in anderen Gesellschaften) so weit begrenzen [soll], dass die ordnungsgemäße Wahrnehmung seiner Aufgaben gewährleistet ist." Ziff. 5.4.5 Satz 2 DCGK enthält eine vergleichbare Vorgabe – nicht mehr als drei Aufsichtsratsmandate in konzernexternen börsennotierten Gesellschaften oder in Aufsichtsgremien von konzernexternen Gesellschaften – nur für Aufsichtsratsmitglieder, die dem Vorstand einer börsennotierten Gesellschaft angehören. § 25 d Abs. 3 Satz 1 Nr 4 KWG regelt seit dem 01.01.2014 verbindlich, dass Mitglied des Verwaltungs- oder Aufsichtsorgans eines Instituts iS von § 1 Abs. 1 b

124 *Fonk*, ZGR 2006, 841 [864].

125 *Fonk*, ZGR 2006, 841 [864 mwN].

126 *Fonk*, ZGR 2006, 841 [864].

127 Vgl § 111 Abs. 4 Satz 2 AktG.

128 Rückschluss aus § 107 Abs. 3 Satz 3 aE AktG.

129 *Sihler*, WPg-Sonderheft v. 15.12.2001, S. 11 [S. 13]: „Die Auswahl des Vorstands muss sich der Aufsichtsrat im Guten wie im Schlechten zurechnen lassen.".

130 §§ 84 Abs. 1 u. Abs. 3, 111 Abs. 3 Satz 3 AktG.

131 *Wirth*, ZGR 2005, 327 [336], sieht in den Gesetzesänderungen der vergangenen gut 10 Jahre keine Verschärfung der Pflichten des Aufsichtsrats, sondern lediglich Konkretisierungen immer schon bestehender Aufgaben, die zu mehr Transparenz führen und dadurch den öffentlichen Druck auf den Aufsichtsrat erhöhen; anders *Weber-Rey*, WM 2009, 2255 [2262], wonach aus der Erweiterung der Aufgaben und Pflichten unweigerlich eine stärkere zeitliche Inanspruchnahme folge.

132 *Wirth*, ZGR 2005, 327 [338], der eine Veränderung der Rahmenbedingungen für die Aufsichtsratsarbeit in Form größerer zeitlicher Inanspruchnahme und Zunahme der Zahl der Sitzungen aus eigener Erfahrung bestätigt.

133 *Lutter*, DB 2009, 775 [778], rechnet sogar mit einer Arbeitszeit von zwei bis drei Monaten pro Jahr für den Aufsichtsratsvorsitzenden von größeren und großen Gesellschaften und sechs Wochen für die Vorsitzenden der „wesentlichen" Ausschüsse.

KWG nicht sein kann, wer bereits in mehr als drei anderen Unternehmen Mitglied des Verwaltungs- oder Aufsichtsorgans ist (dazu Rn 177).

4. Verantwortlichkeit der Aufsichtsratsmitglieder

a) Verletzung individueller Pflichten und Gesamtschuldnerhaftung

Für die Verantwortlichkeit – die Haftung auf Schadensersatz – der Aufsichtsratsmitglieder 930
gilt § 93 AktG bzw § 34 GenG über die Verantwortlichkeit der Vorstandsmitglieder sinngemäß.[134] Danach sind Aufsichtsratsmitglieder, die ihre Pflichten[135] verletzen, der Gesellschaft bzw Genossenschaft zum Ersatz des daraus entstehenden Schadens als Gesamtschuldner[136] verpflichtet.[137] Haftungsvoraussetzung ist demnach die Verletzung einer individuellen Pflicht. Die Überwachungspflicht[138] als solche ist jedoch keine individuelle, sondern eine kollektive Pflicht und trifft somit den Aufsichtsrat als Gesamtorgan. Allerdings sind die einzelnen Aufsichtsratsmitglieder – jedes für sich – verpflichtet, in ausreichendem Maße auf die Erfüllung der dem Gesamtaufsichtsrat obliegenden Überwachungspflicht hinzuwirken.[139] Geschieht dies nicht, kann darin eine Pflichtverletzung des einzelnen Aufsichtsratsmitglieds liegen, wodurch dessen Haftung auf Schadensersatz begründet werden kann.[140] Das kann uU bedeuten, dass ein Aufsichtsratsmitglied, das gegen einen pflichtwidrigen Beschluss gestimmt oder sich der Stimme enthalten hat,[141] dennoch pflichtwidrig gehandelt hat und zwar deshalb, weil es nicht ausreichend auf die Kollegen eingewirkt hat, die mit ihren Stimmen den pflichtwidrigen Beschluss gefasst haben. Dieses Aufsichtsratsmitglied hätte seinen Kollegen zumindest seine Bedenken darlegen und anschließend protokollieren lassen müssen.[142] Wenn ihm Informationen vorlagen, die den anderen Aufsichtsratsmitgliedern nicht bekannt waren, aber zu deren Meinungsbildung relevant gewesen wären, dann hätte es diese offenbaren müssen,[143] was im Einzelfall nicht erst für gesichtere Erkenntnisse, sondern bereits für Gerüchte gilt.[144] In bedeutenden Fällen – zB bei der Zustimmung zu Existenz gefährdenden Maßnahmen, für die ein Zustimmungsvorbehalt besteht – kann das Aufsichtsratsmitglied

134 Vgl § 116 Satz 1 AktG, § 41 GenG.

135 Sorgfalts- (Duty of Care) und Treupflichten (Duty of Loyalty).

136 In allen EU-Mitgliedsstaaten haften Organmitglieder für gemeinschaftlich begangene Pflichtverletzungen als Gesamtschuldner, vgl *Gerner-Beuerle/Paech/Schuster*, Study on Directors' Duties and Liability, April 2013, abrufbar unter http://ec.europa.eu/internal-market/company/board/index_en.htm, S. 162 ff; hierzu auch *Bachmann*, ZIP 2013, 1946 [1949].

137 Vgl § 93 Abs. 2 Satz 1 AktG, § 34 Abs. 2 Satz 1 GenG.

138 § 111 Abs. 1 AktG, § 38 Abs. 1 GenG.

139 Grundvoraussetzung hierfür ist die Einfüllung der sog. Mitwirkungspflicht, die ein jedes Aufsichtsratsmitglied trifft und es zur angemessenen Vorbereitung und regemäßigen Teilnahme an den Aufsichtsratssitzungen sowie zur aktiven Beteiligung an den dortigen Beratungen, zur persönlichen Urteilsbildung und Abstimmungen verpflichtet, vgl nur *Vetter*, DB 2004, 2623 [2624 ff].

140 *Drygala*, in: K. Schmidt/Lutter, AktG, § 116, Rn 3.

141 Bereits in der Stimmenthaltung anstatt der offenkundigen Ablehnung des Antrags kann eine Pflichtverletzung liegen, vgl *Semler*, in: MünchKomm AktG², § 116, Rn 53; *Vetter*, DB 2004, 2623 [2625], mit Verweis darauf, dass nur eine „Nein"-Stimme der Überzeugung, dass der avisierte Beschluss fehlerhaft und schädlich sei, ausreichend Nachdruck verleiht und die übrigen Aufsichtsratsmitglieder ggf zu überzeugen vermag; aA wohl LG Berlin, Urt. v. 8.10.2003 – 101 O 80/02 („IBG – Bankgesellschaft Berlin"), abgedruckt in: ZIP 2004, 73 [76].

142 *Habersack*, in: MünchKomm AktG³, § 116, Rn 69; Hüffer, AktG, § 116, Rn 9; *Grooterhorst*, NZG 2011, 921 [924]; vgl aber *Vetter*, DB 2004, 2623 [2627], wonach ein solches Verhalten für die Mitglieder eines beschließenden Ausschusses nicht ausreicht, um persönlicher Haftung zu entgehen; vielmehr müssen diese alles unternehmen, damit das Gesamtorgan einberufen wird und über die Frage beraten und korrigierend entscheiden kann.

143 Vgl nur *Vetter*, DB 2004, 2623 [2624].

144 LG Bielefeld, Urt. v. 16.11.1999 – 15 O 91/98 („Balsam"), abgedruckt in: ZIP 2000, 20 [25]; LG Dortmund, Urt. v. 1.8.2001 – 20 O 143/93 („Harpener"), abgedruckt in: AG 2002, 97 = DB 2001, 2591 = BeckRS 2006, 03972.

sogar gefordert sein, die Rechtswidrigkeit und somit Nichtigkeit des Beschlusses gerichtlich feststellen zu lassen, wenngleich aufgrund der zu erwartenden erheblichen Belastung des Vertrauensverhältnisses zu den anderen Aufsichtsratsmitgliedern insofern Zurückhaltung geboten ist.[145] Die Niederlegung des Amts, oder auch nur die Androhung dieses Schritts,[146] wird man in einem solchen Fall hingegen nicht verlangen können,[147] zumal diese eine erhebliche Schwächung des nunmehr besonders geforderten Aufsichtsrats bis hin zu dessen Handlungsunfähigkeit[148] zur Folge hätte. Denn hierdurch würde der Aufsichtsrat gerade dasjenige Mitglied verlieren, das sich zuvor möglicherweise als einziges pflichtgemäß verhalten hat und die Umsetzung des nichtigen und schädlichen Aufsichtsratsbeschlusses ggf verhindern könnte.[149] Pflichtwidrig würde ein Aufsichtsratsmitglied handeln, wenn es zur Verhindung eines für die Gesellschaft schädlichen Beschlusses die Aufsichtsratssitzung verlässt, um auf diese Weise Beschlussunfähigkeit zB gemäß § 108 Abs. 2 Satz 3 AktG zu provozieren. Denn in diesem Fall würde es seiner Mitwirkungspflicht nicht gerecht.[150] Insofern gilt, dass der Zweck nicht jedes Mittel „heiligt".

931 Aufgrund der Tatsache, dass der Aufsichtsrat Kollektivorgan ist und die Überwachung eine kollektive Pflicht, wird man regelmäßig mehreren oder sogar allen Mitgliedern des Aufsichtsrats eine Sorgfaltspflichtverletzung vorwerfen müssen, wenn Vorstand oder persönlich haftender Gesellschafter nicht korrekt überwacht wurden. Durch die gesetzliche Anordnung gesamtschuldnerischer Haftung[151] kann die Gesellschaft bzw Genossenschaft von jedem haftbaren Aufsichtsratsmitglied Ersatz eines Teils oder Ersatz des gesamten Schadens verlangen, in der Summe jedoch nur einmal Ersatz des gesamten Schadens. Wird nur ein Aufsichtsratsmitglied von der Gesellschaft bzw Genossenschaft in Anspruch genommen, hat es gegen seine ebenfalls haftenden Kollegen Regressansprüche, vgl § 426 BGB. Im Innenverhältnis haften die Aufsichtsratsmitglieder grundsätzlich zu gleichen Teilen; aus der Schwere ihrer jeweiligen Pflichtverletzungen kann sich jedoch eine hiervon abweichende Quote ergeben.[152] Denkbar ist auch eine gesamtschuldnerische Haftung von Vorstands- und Aufsichtsratsmitgliedern, wenn der Schaden der Gesellschaft bzw Genossenschaft auf Pflichtverletzungen von Mitgliedern beider Organe beruht,[153] was insbesondere bei zustimmungspflichtigen Geschäften in Betracht kommt.[154] Das Aufsichtsverschulden der Aufsichtsratsmitglieder kann im Gesamtschuldnerausgleich – gänzlich – hinter dem Verschulden des agierenden Vorstands zurücktreten.[155] Dies ist aber keinesfalls zwingend.[156] Zumindest können sich die Aufsichtsratsmitglieder gegenüber der Gesellschaft nicht darauf berufen, dass auch der Vorstand für die schadhafte Situation verantwortlich sei.[157]

145 Lutter/Krieger, Aufsichtsrat, § 13, Rn 996; *Grooterhorst*, NZG 2011, 921 [924]; *Vetter*, DB 2004, 2623 [2626].
146 So auch *Vetter*, DB 2004, 2623 [2626 m. Nachw. auch für die Gegenansicht].
147 Lutter/Krieger, Aufsichtsrat, § 13, Rn 997; *Vetter*, DB 2004, 2623 [2627]; so wohl auch *Grooterhorst*, NZG 2011, 921 [924].
148 Wegen § 108 Abs. 2 Satz 3 AktG gilt dies zumindest für dreiköpfige Aufsichtsräte.
149 In diesem Sinne wohl auch *Vetter*, DB 2004, 2623 [2627].
150 *Vetter*, DB 2004, 2623 [2625 f mwN].
151 Vgl §§ 421 ff BGB.
152 § 426 BGB; vgl auch *P. u. W. Doralt*, in: Semler/v. Schenck, Aufsichtsrat, § 13, Rn 140.
153 *Beuthien*, in: Beuthien, GenG, § 41, Rn 19, für die eG.
154 *Semler*, in: MünchKomm AktG², § 116, Rn 552, für die AG.
155 Vgl *Grooterhorst*, NZG 2011, 921 [925], wonach bei Maßnahmen, für die ein Zustimmungsvorbehalt existiert, der Vorstand regelmäßig eine besondere Verantwortung trägt, der sich in einem höheren Mitverschuldensanteil niederschlägt.
156 *Beuthien*, in: Beuthien, GenG, § 41, Rn 19 mwN für die Gegenmeinung, für die eG.
157 *Habersack*, in: MünchKomm AktG³, § 116, Rn 70; *Grooterhorst*, NZG 2011, 921 [925].

Es haften nicht nur wirksam bestellte Aufsichtsratsmitglieder, sondern auch solche, deren Bestellungsakt fehlerhaft war. Voraussetzung ist jedoch, dass von der Wirksamkeit der Bestellung ausgegangen wurde und das vermeintliche Organmitglied mit Wissen der Gesellschaft – wenigstens eines Organmitglieds[158] – seine Tätigkeit aufgenommen und tatsächlich ausgeübt hat.[159] Schließlich haftet unter besonderen Umständen auch ein nur faktisches Aufsichtsratsmitglied, und zwar dann, wenn es sich als solches geriert, sich also ein nicht bestehendes bzw ihm zustehendes Aufsichtsratsmandat anmaßt.[160] 932

b) Business Judgement Rule[161]

aa) Allgemeines

Zugunsten von Vorstandsmitgliedern besteht ein unternehmerischer Ermessenspielraum[162] und somit ein „Recht auf Irrtum".[163] Für die Mitglieder des Aufsichtsrats gilt dies ebenfalls, soweit sie unternehmerische Entscheidungen treffen, also solche mit zumindest auch prognostischen, zukunftsbezogenen Elementen.[164] Typische Beispiele hierfür sind die Begründung von Zustimmungsvorbehalten gemäß § 111 Abs. 4 Satz 2 AktG, die Entscheidung über Erteilung[165] oder Verweigerung der erforderlichen Zustimmung sowie Personalentscheidungen im Hinblick auf Vorstandsmitglieder gemäß §§ 84, 87 AktG. Anders als bei der reinen Überwachungstätigkeit werden Aufsichtsratsmitglieder bei unternehmerischen Entscheidungen entsprechend den Mitgliedern des Vorstands haftungsrechtlich privilegiert. Eine Pflichtverletzung liegt nämlich dann nicht vor, wenn sie bei einer solchen unternehmerischen Entscheidung vernünftigerweise annehmen durften, auf der Grundlage angemessener Information zum Wohle der Gesellschaft bzw Genossenschaft[166] zu handeln („safe harbo(u)r").[167] Neben der Beschränkung auf unternehmerische und somit der Ausklammerung von gebundenen Entscheidungen zeichnet sich § 93 Abs. 1 Satz 2 AktG dadurch aus, dass die Vorschrift den Entscheidungsprozess betrifft und nicht den Inhalt der Entscheidung.[168] 933

Grund für diese Regelung in § 93 Abs. 1 Satz 2 AktG,[169] auf die in § 116 Satz 1 AktG für Aufsichtsratsmitglieder Bezug genommen wird, ist das psychologische Phänomen der sog. 934

158 BGH, Urt. v. 6.4.1964 – II ZR 75/62, abgedruckt in: BGHZ 41, 282 = NJW 1964, 1367.

159 BGH, Urt. v. 9.7.1979 – II ZR 118/77, abgedruckt in: BGHZ 75, 96 [106 f] = NJW 1979, 1823 [1826], zur Haftung von rechtlich nicht dem geschäftsführenden Organ angehörenden Personen (im vorliegenden Fall handelte es sich um ein Mitglied des Aufsichtsrats), die aber tatsächlich wie ein solches tätig werden.

160 *Semler*, in: MünchKomm AktG^2, § 116, Rn 52, mit dem Hinweis darauf, dass jemand, der Mitwirkungsrechte beansprucht, auch für die Sorgfalt eines ordentlichen und ordnungsgemäß bestellten Aufsichtsratsmitglieds einzustehen hat.

161 Nach *Gerner-Beuerle/Paech/Schuster*, Study on Directors' Duties and Liability, April 2013, abrufbar unter http://ec.europa.eu/internal-market/company/board/index_en.htm, S. 117, ist die Business Judgement Rule in 17 EU-Mitgliedsstaaten anerkannt, in fünf von ihnen kodifiziert; hierzu auch *Bachmann*, ZIP 2013, 1946 [1947].

162 Eine Darstellung des Meinungsstandes zur Frage, wann eine Entscheidung „unternehmerisch" ist, findet sich bei *von Falkenhausen*, NZG 2012, 644 [646 f].

163 Nachw. bei *Binder*, AG 2012, 885 [895, Fn 96].

164 Vgl *Mertens/Cahn*, in: KölnKomm AktG, § 93, Rn 19; *Grunewald*, NZG 2013, 841 [842], zu Entscheidungen, die daneben auch gesetzesgebundene Elemente enthalten.

165 Vgl BGH, Urt. v. 11.12.2006 – II ZR 243/05, abgedruckt in: NZG 2007, 187 = NJW-RR 2007, 390, wonach ein Aufsichtsratsmitglied seine zur Haftung führenden organschaftlichen Pflichten nicht erst dann verletzt, wenn er die Geschäftsführung an von seiner Zustimmung nicht gedeckten Zahlungen nicht hindert, sondern bereits dann, wenn er ohne gebotene Information und darauf aufbauender Chancen- und Risikoabschätzung seine Zustimmung zu nachteiligen Geschäften erteilt.

166 Vgl *Beuthien*, in: Beuthien, GenG, § 38, Rn 10.

167 Hüffer, AktG, § 93, Rn 4 a; *Freitag/Korch*, ZIP 2012, 2281 [2281]; *Redeke*, ZIP 2011, 59 [60].

168 Vgl *Binder*, AG 2012, 885 [886 ff].

169 Kodifizierung der Business Judgement Rule (BJR) durch Art. 1 Nr. 1 a UMAG v. 22.9.2005 (BGBl. I S. 2802).

hindsight bias. Darunter versteht man, dass Dritte, die eine Handlung ex post beurteilen, in Kenntnis des schädigenden Ausgangs sowie weiterer zwischenzeitlich gewonnener Erkenntnisse der Wahrnehmungstäuschung unterliegen können, das Schaden stiftende Moment wäre bereits ex ante vorhersehbar und der Schaden daher von vornherein vermeidbar gewesen. Würden Organmitglieder nicht vor dem Risiko eines solchen „Rückschaufehlers“ geschützt, würden sie vermutlich zu risikoavers handeln mit der Folge, dass Geschäftschancen zuungunsten des Unternehmens nicht ergriffen und hierdurch ein langfristiger Nachteil entstehen würde.[170]

935 Die nachfolgend dargestellten Voraussetzungen für das Eingreifen der Business Judgement Rule in ihrer deutschen Adaption hat das in Anspruch genommene Organmitglied darzulegen und zu beweisen,[171] was den allgemeinen Grundsätzen entspricht.

bb) Unternehmerische Entscheidung

936 Erste Voraussetzung für die Anwendbarkeit von § 93 Abs. 1 Satz 2 AktG und somit für die haftungsrechtliche Privilegierung ist das Vorliegen einer unternehmerischen Entscheidung. Eine solche zeichnet sich typischerweise, wenn auch nicht zwingend, durch ihre Zukunftsbezogenheit aus und ist durch Prognosen und nicht justiziable Einschätzungen geprägt.[172] Eine solche treffen Aufsichtsratsmitglieder zB bei Bestellung und Abberufung von Vorstandsmitgliedern, bei der Entscheidung über deren Vergütung,[173] bei der Begründung von Zustimmungsvorbehalten und Erteilung oder Versagung der erforderlichen Zustimmung. Gegenbegriff zur unternehmerischen Entscheidung ist die gebundene Entscheidung bei sog. Pflichtaufgaben, für die qua Gesetzes keine Haftungsprivilegierung besteht.[174]

937 Ob eine unternehmerische oder eine gebundene Entscheidung vorliegt, hängt zum Teil davon ab, wer die Entscheidung trifft. So greift bei einem Kartellverstoß, den ein Organmitglied persönlich verübt, die Business Judgement Rule stets nicht ein, da das Organmitglied rechtmäßig hätte handeln müssen (sog. Legalitätspflicht), mithin kein Entscheidungsspielraum zu seinen Gunsten bestand. Wenn der Kartellverstoß hingegen von einem Mitarbeiter einer nachgeordneten Führungsebene begangen wurde, kann im Hinblick auf die Entscheidung des Organmitglieds betreffend die Überwachungsdichte die Business Judgement Rule anwendbar sein.[175] Denn Einrichtung und konkrete Ausgestaltung eines Compliance-Systems sind unternehmerische Entscheidungen der Vorstandsmitglieder,[176] Begründung von

---

170 Vgl *Fleischer*, NJW 2009, 2337 [2338 f]; *Freitag/Korch*, ZIP 2012, 2281 [2284]; *Redeke*, ZIP 2011, 59 [60 mwN]; vgl auch *Binder*, AG 2012, 885 [894]; *Grunewald*, NZG 2013, 841 [842]; zur Relevanz der Sicht ex ante Sicht, vgl auch LG Essen, Urt. v. 25.4.2012 – 41 O 45/10 („Arcandor“), abgedruckt in: NZG 2012, 1307 ff.

171 BGH, Urt. v. 22.2.2011 – II ZR 149/09, abgedruckt in: NZG 2011, 549 = AG 2011, 378 [379]; BGH, Beschl. v. 14.7.2008 – II ZR 202/07, abgedruckt in: NJW 2008, 3361 = NZG 2008, 751 = GmbHR 2008, 1033 [1034]; BGH, Urt. v. 4.11.2002 – II ZR 224/00, abgedruckt in: BGHZ 152, 280 [283] = NZG 2003, 81 = AG 2003, 381; Hüffer, AktG, § 93, Rn 16; *Krieger/Sailer-Coceani*, in: K. Schmidt/Lutter, AktG, § 93, Rn 31; *Fleischer*, in: Spindler/Stilz, AktG, § 93, Rn 220; *Lutter*, ZIP 2007, 841 [846]; *Seibert/Schütz*, ZIP 2004, 252 [254].

172 *Spindler*, in MünchKomm AktG³, § 93, Rn 40; *Schüppen*, ZIP 2010, 905 [908]; *Seibt/Schwarz*, AG 2010, 301 [305].

173 BGH, Urt. v. 21.12.2005 – 3 StR 470/04 („Mannesmann/Vodafone“), abgedruckt in: BGHSt 50, 331 = NJW 2006, 522 [523] = NZG 2006, 141 = DB 2006, 323 = ZIP 2006, 72; *Fleischer*, in: Spindler/Stilz, AktG, § 87, Rn 15; *ders.*, BB 2010, 67 [70]; *Lingemann*, BB 2009, 1918 [1922]; *Hohaus/Weber*, DB 2009, 1515 [1517].

174 *Spindler*, in MünchKomm AktG³, § 93, Rn 41; *Krieger/Sailer*, in K. Schmidt/Lutter, AktG, § 93, Rn 12; *Seibt/Schwarz*, AG 2010, 301 [305].

175 Hierzu: *Schöne/Petersen*, AG 2012, 700 [703].

176 Vgl *Fleischer*, in: Spindler/Stilz, AktG, § 91, Rn 64; *Hölters*, in: Hölters, AktG, § 93, Rn 92 ff; *Schürrle/Olbers*, CCZ 2010, 102 [102]; *Schöne/Petersen*, AG 2012, 700 [703].

Zustimmungsvorbehalten und die Entscheidung über Erteilung oder Versagung der Zustimmung diesbezüglich unternehmerische Entscheidungen des Aufsichtsrats.

cc) Handeln zum Wohle der Gesellschaft

Als zweite Voraussetzung für die Anwendbarkeit der Business Judgement Rule muss das Handeln zum Wohle der Gesellschaft erfolgen, zumindest muss das Aufsichtsratsmitglied hiervon ausgehen dürfen. Der Begriff ist weit auszulegen, so dass nicht nur rechtsgeschäftliches, sondern auch rein faktisches Handeln hiervon erfasst ist.[177] Ein Handeln zum Wohle der Gesellschaft liegt jedenfalls dann vor, „wenn es der langfristigen Ertragsstärkung und Wettbewerbsfähigkeit des Unternehmens und seiner Produkte“ dient.[178] Da für die Beurteilung, ob zum Wohle der Gesellschaft gehandelt wurde, die Sicht des Aufsichtsratsmitglieds ex ante ausschlaggebend ist, dürfte das Vorliegen der Voraussetzung nur in seltenen Fällen zu verneinen sein, namentlich immer dann, wenn positive Auswirkungen der Entscheidung auf die Gesellschaft im Entscheidungszeitpunkt völlig unrealistisch erschienen. 938

Zur Auslegung des Tatbestandsmerkmals „zum Wohle der Gesellschaft“ kann die am 18.6.2009 in Abs. 2 der Präambel des DCGK aufgenommene ausdrückliche Definition des Unternehmensinteresses herangezogen werden.[179] Hiernach sind Vorstand und Aufsichtsrat verpflichtet, „im Einklang mit den Prinzipien der sozialen Marktwirtschaft für den Bestand des Unternehmens und seine nachhaltige Wertschöpfung zu sorgen.“ Ergänzt wird dies durch die zeitgleich aufgenommene Bestimmung in Ziff. 4.1.1 DCGK, worin klargestellt wird, dass im Unternehmensinteresse „unter Berücksichtigung der Belange der Aktionäre, seiner Arbeitnehmer und der sonstigen dem Unternehmen verbundenen Gruppen (Stakeholder) mit dem Ziel nachhaltiger Wertschöpfung“ bedeutet. Die Betonung der Stakeholder-Perspektive und somit die Abkehr von der reinen Ausrichtung nach dem Shareholder Value[180] dürfte praktisch vor allem bei Entscheidungen zugunsten von Arbeitsplätzen relevant sein. Die Allgemeinheit wurde in die Definition des Unternehmensinteresses nicht einbezogen. Berücksichtigt werden hiernach somit nur solche Personen, die in einer Beziehung zum Unternehmen stehen, wie auch immer diese Beziehung geartet ist. Dies könnte bei Standortentscheidungen von Bedeutung sein. Führt die Aufgabe oder die Verlagerung eines Standortes zum Verlust von Arbeitsplätzen oder zumindest zur erheblichen Beeinträchtigung von Arbeitnehmerinteressen, dürfte das Unternehmensinteresse tangiert sein. Andernfalls würde nach wortlautgetreuer Auslegung lediglich das Interesse der Kommune oder der Region berührt, nicht aber auch der Unternehmensinteresse, weshalb sich die Aufsichtsratsmitglieder ggf nicht auf die Business Judgement Rule berufen könnten. Ein derartiges Verständnis dürfte jedoch der Sache nicht gerecht werden. Es steht außer Frage, dass Unternehmen keine isolierten Einheiten sind, sondern zwischen ihnen und der Gesellschaft vielfältige Wechselwirkungen bestehen. Insofern ist die vielfach postulierte Verantwortung gegenüber der Allgemeinheit auch als Verantwortung gegenüber dem eigenen Unternehmen und dessen Reputation zu verstehen. In der Rücksichtnahme auf Interessen der Allgemeinheit wird somit regelmäßig auch ein Handeln zum Wohle der Gesellschaft liegen.[181] 939

177 *Seibt/Schwarz*, AG 2010, 301 [305], die insofern die Parallele zur Treubruchvariante des Untreuetatbestandes gemäß § 266 StGB ziehen.

178 Begr. RegE UMAG, BT-Drucks. 15/5092, S. 11; Hüffer, AktG, § 93, Rn 4 g; *Seibt/Schwarz*, AG 2010, 301 [305].

179 Vgl *Weber-Rey*, WM 2009, 2255 [2257], wonach durch die Definitionen des DCGK „geltendes Recht klarer artikuliert und interpretiert“ wird.

180 Vgl *Mülbert*, FS Röhricht, 2005. S. 421 [433 ff], zur Öffnung des AktG für den Shareholder Value-Ansatz durch das KonTraG; *ders.*, ZGR 1997, 129 [130], seinerzeit zur „Reorientierung von einer Stake- zur Shareholder-Philosophie“.

181 Im Erg. auch *Weber-Rey*, WM 2009, 2255 [2257], die hierzu auf die Begründung zum RegE zu § 76 Abs. 1 AktG 1965 abstellt.

dd) Freiheit von Sonderinteressen und sachfremden Einflüssen

940 „Annehmen Dürfen“ im Rahmen der Business Judgement Rule beinhaltet auch, dass die Entscheidung des Aufsichtsratsmitglieds im Grundsatz frei von Interessenkonflikten und Fremdeinflüssen sowie ohne mittelbaren Eigennutz gewesen sein muss.[182] Sollte dennoch ein Interessenkonflikt bestehen, muss ihn das Aufsichtsratsmitglied offenlegen (dazu Rn 197) und die Annahme, dass es trotz des potenziellen Konflikts zum Wohle der Gesellschaft handelt, noch vernünftig und nachvollziehbar erscheinen.[183] Ist dies nicht der Fall und beteiligt sich das Aufsichtsratsmitglied dennoch an der Abstimmung, verletzt es seine organschaftliche Treuepflicht, was zur Nichtanwendbarkeit der Business Judgement Rule führt.[184]

ee) Angemessene Informationsgrundlage

941 Die Voraussetzung einer angemessenen Informationsgrundlage ist von zentraler Bedeutung für die Anwendbarkeit der Business Judgement Rule und somit für die Haftung von Organmitgliedern bei unternehmerischen Entscheidungen mit schadhaften Folgen für das Unternehmen.[185]

942 Der Umfang der erforderlichen und somit angemessenen Information bemisst sich anhand der konkreten Situation und Entscheidung. Insbesondere ist auf Bedeutung und Risikoträchtigkeit der Maßnahme – gemeint ist der Grad der Wahrscheinlichkeit eines Misserfolgs sowie die Höhe des hieraus drohenden Schadens – abzustellen, über die es zu entscheiden gilt, auf die zur Verfügung stehende Zeit sowie auf Kosten und Nutzen von Informationsbeschaffung und –auswertung.[186] Es kann somit entgegen der früheren Rechtsprechung des *BGH* zur Haftung des Geschäftsführers einer GmbH,[187] der sich das *OLG Düsseldorf* angeschlossen hat,[188] keine Rede davon sein, dass vor der Entscheidung stets „alle verfügbaren Informationsquellen tatsächlicher und rechtlicher Art auszuschöpfen“ sind.[189] Die Angemessenheit der Information – standard of review – ist jedoch gerichtlich voll überprüfbar,[190] wenngleich die Entscheidung der Organmitglieder über Informationsbeschaffung und -auswertung nicht unter geringerer Ungewissheit als die eigentliche Entscheidung in der Sache steht

182 Begr. RegE UMAG, BT-Drucks. 15/5092, S. 11; *Spindler* in: MünchKomm AktG³, § 93, Rn 46, 54 f; *Fleischer*, in: Spindler/Stilz, AktG, § 93, Rn 72; *Mertens/Cahn*, in: KölnKomm AktG, § 93, Rn 25 ff; *Paefgen*, AG 2008, 761 [766]; *Roth*, ZHR 175 (2011), 605 [634 f]; Seibt/*Schwarz*, AG 2010, 301 [305 f].

183 RegE UMAG, BT-Drucks. 15/5092, S. 11; *Spindler* in: MünchKomm AktG³, § 93, Rn 55; *Seibt/Schwarz*, AG 2010, 301 [306].

184 *Drygala*, in: K. Schmidt/Lutter, AktG, § 116, Rn 14; *Spindler*, in: MünchKomm AktG³, § 93, Rn 55; *Habersack*, in: MünchKomm AktG³, § 116, Rn 40; *Diekmann/Fleischmann*, AG 2013, 141 [149].

185 Ähnlich *Fleischer*, NZG 2008, 389; *Freitag/Korch*, ZIP 2012, 2281 [2282]; *Lutter*, ZIP 2007, 841 [844]; *Redeke*, ZIP 2011, 59 [60]; *Seibt/Schwarz*, AG 2010, 301 [306]; vgl auch *Schüppen*, ZIP 2010, 905 [909 mwN], wonach die Voraussetzung die „Achillesferse“ der Business Judgement Rule ist.

186 Vgl Begr. RegE UMAG, BT-Drucks. 15/5092, S. 12; *Redeke*, ZIP 2011, 59 [60].

187 BGH, Urt. v. 14.7.2008 – II ZR 202/07, abgedruckt in: NJW 2008, 3361 [3362] = NZG 2008, 751 = GmbHR 2008, 1033 = ZIP 2008, 1675, zur Rechtslage vor Inkrafttreten des UMAG; vgl auch BGH, Urt. v. 3.11.2008 – II ZR 236/07, abgedruckt in: NZG 2009, 117 [117, Tz. 3] = ZIP 2009, 223, zur Rechtslage bei der eG, wo zwar auf die zuvor genannte Senatsentscheidung verwiesen wird, jedoch lediglich eine zeitnahe Ermittlung von aussagekräftigen Informationen als Entscheidungsgrundlage postuliert wird.

188 OLG Düsseldorf, Beschl. v. 9.12.2009 – I-6 W 45/09, abgedruckt in: NJW 2010, 1537 (LS) = NZG 2010, 306 (LS) = ZIP 2010, 28 [31 f] = BeckRS 2010, 00532; OLG Düsseldorf, Urt. v. 14.5.2009 – I-6 U 29/08, abgedruckt in: BeckRS 2009, 25547.

189 Zur Kritik an der Aussage des BGH: *Krieger/Sailer-Coceani*, in: K. Schmidt/Lutter, AktG, § 93, Rn 13; *Fleischer*, in: Spindler/Stilz, AktG, § 93, Rn 73 ff; *Hölters*, in: Hölters, AktG, § 93, Rn 34 ff; *Binder*, AG. 2012, 885 [887 u. 891]; *Fleischer*, NJW 2009, 2337 [2339]; *ders*, ZIP 2009, 1397 [1403, Fn 114]; *Kocher*, CCZ 2009, 215 [220 f]; *Klindt/Pelz/Theusinger*, NJW 2010, 2385 [2388 f]; *Redeke*, NZG 2009, 496 [497 f]; *Seibt/Schwarz*, AG 2010, 301 [306]; *Weber-Rey/Buckel*, AG 2011, 845 [851].

190 **AA:** *Freitag/Korch*, ZIP 2012, 2281 [2283 f], wonach einfache Fahrlässigkeit in Bezug auf die mangelhafte Informationsbeschaffung die Anwendbarkeit von § 93 Abs. 1 Satz 2 AktG nicht ausschließen kann.

und auch die hindsight bias-Problematik bei beiden Entscheidungen in gleicher Weise besteht.[191] Das bedeutet, dass die Beurteilung der Organmitglieder, Informationsbeschaffung und Informationsauswertung seien ausreichend und angemessen, keine unternehmerische Entscheidung ist, auf welche die Business Judgement Rule im Sinne einer reinen „Unverantwortlichkeitskontrolle“ anzuwenden wäre.[192] Vielmehr hat das Gericht anhand des Maßstabs der Nachvollziehbarkeit bzw Vertretbarkeit zu überprüfen, ob eine ausreichende bzw „angemessene“ Informationsgrundlage geschaffen und die Risiken tatsächlich sorgfältig abgeschätzt wurden.[193]

Den Mitgliedern des Aufsichtsrats ist daher zu raten, den einer unternehmerischen Entschei- 943 dung vorausgehenden Abwägungsprozess zwischen den sich bietenden Handlungsoptionen exakt zu dokumentieren, auf die Gefahr hin, dass sich anhand der Dokumentation Lücken oder Fehler im Abwägungsprozess feststellen lassen, die Organmitglieder mithin den gefürchteten „Beweis gegen sich selbst“ geschaffen haben.[194] Das Ergebnis dieser Abwägung muss nachvollziehbar sein, dh es muss objektiv erkennbar werden, warum die getroffene Entscheidung möglichen anderen Handlungsoptionen vorgezogen wurde. Hierzu bedarf es der Argumentation in Form einer sog. Detailbegründung.[195] Auf diese Weise kann zB im Hinblick auf Erwerb und Veräußerung von Unternehmensbeteiligungen auf die Einholung einer sog. Fairness Opinion zur Beurteilung der Angemessenheit der Gegenleistung, insbesondere des Kaufpreises, verzichtet werden. Die Aufsichtsratsmitglieder müssen jedoch in einem solchen Fall genau darlegen, dass sie auf anderer, gleichfalls ausreichend gesicherter Informationsbasis entschieden haben.[196]

ff) Sonderfall: Eingehen existenzgefährdender Risiken

Soweit Aufsichtsratsmitglieder unternehmerische Entscheidungen treffen, die ihre Gesell- 944 schaft bzw Genossenschaft in ihrem Bestand konkret gefährdenden, liegt hierin regelmäßig eine Pflichtverletzung,[197] selbst wenn Beschaffung und anschließende Auswertung der der Entscheidung zugrundeliegenden Informationen einwandfrei waren. In solchen Fällen liegen die zuvor dargestellten tatbestandlichen Voraussetzungen der Business Judgement Rule zwar grundsätzlich vor, ausnahmsweise kommt den handelnden Organmitgliedern deren Haftungsprivilegierung jedoch nicht zugute. Denn in solchen Fällen wird entgegen der Grundkonzeption von § 93 Abs. 1 Satz 2 AktG nicht auf den einwandfreien Entscheidungsprozess

---

191 So auch *Freitag/Korch*, ZIP 2012, 2281 [2285].

192 *Freitag/Korch*, ZIP 2012, 2281 [2283]; *Redeke*, ZIP 2011, 59 [61]; aA: *Lutter*, ZIP 2007, 841 [844 f]; *Kocher*, CCZ 2009, 215 [220 f]; *Spindler*, in: MünchKomm AktG^3, § 93, Rn 47; vgl auch OLG Celle, Urt. v. 28.5.2009 – 9 U 184/07, abgedruckt in: NZG 2008, 669 (LS) = AG 2008, 711 [712 f] = CCZ 2009, 159, das negativ geprüft hat, ob Informationsquellen, die sich im Einzelfall aufgedrängt haben mögen, nicht genutzt worden sind.

193 Vgl BGH, Urt. v. 22.2.2011 – II ZR 146/09, abgedruckt in: NZG 2011, 549 = AG 2011, 378 [379] = CCZ 2011, 233; BGH, Beschl. v. 3.11.2008 – II ZR 236/07, abgedruckt in: NZG 2009, 117 = AG 2009, 117; OLG Hamm, Urt. v. 12.7.2012 – I-27 U 12/10, abgedruckt in: AG 2012, 683; OLG Köln, Beschl. v. 22.2.2010 – 18 W 1/10, abgedurckt in: ZIP 2010, 1799 = BeckRS 2010, 09506; KG, Urt. v. 22.3.2005 – 14 U 248/03, abgedruckt in: AG 2005, 581 [582] = ZIP 2005, 1866 = BeckRS 2005, 05974; vgl auch *Redeke*, ZIP 2011, 59 [62]; *Binder*, AG. 2012, 885 [888]; ähnlich *Freitag/Korch*, ZIP 2012, 2281 [2283], wonach zu fordern ist, dass das Organmitglied die beigezogenen Informationen für angemessen halten „darf“.

194 *Goette*, ZHR 175 (2011), 388 [397], im Hinblick auf die Dokumentation von Compliance-Maßnahmen.

195 Hierzu *Seibt/Schwarz*, AG 2010, 301 [306 mwN].

196 Vgl OLG Köln, Urt. v. 31.1.2013 – 18 U 21/12 („Solarworld“), abgedruckt in: NZG 2013, 548 [550]; *Fleischer*, ZIP 2011, 201 [206]; *Cannivé/Suerbaum*, AG 2011, 317 [320 f].

197 Vgl Hüffer, AktG, § 93, Rn 4 g; *Krieger/Sailer-Coceani*, in: K. Schmidt/Lutter, AktG, § 93, Rn 13; *Fleischer*, NJW 2010, 1504 [1505]; *Lutter*, ZIP 2009, 197 [199]; weitere Nachweise bei *Redeke*, ZIP 2010, 159 [159, Fn 1], zu Vorstandsmitgliedern und *ders.*, aaO, 159 [160, Fn 2], zu GmbH-Geschäftsführern; und bei *Binder*, AG 2012, 885 [895, Fn 99].

abgestellt, sondern allein auf den Inhalt der Entscheidung und somit auf das Ergebnis des Entscheidungsprozesses.[198]

945 Der *BGH* spricht in solchen Fällen[199] davon, dass „die Bereitschaft, unternehmerische Risiken einzugehen, in unverantwortlicher[200] Weise überspannte worden ist".[201] Das *OLG Düsseldorf* hat zur aktienrechtlichen Sonderprüfung relativ unspezifisch bereits das „bewusste" Eingehen „übergroßer Risiken, insbesondere Klumpenrisiken" als Überschreitung des unternehmerischen Ermessens angesehen.[202] Eng umgrenzte Ausnahmen, die ein bewusstes Eingehen nicht zu überblickender Risiken rechtfertigt, mag es bei „start-up-Unternehmen"[203] und sanierungsreifen Gesellschaften geben, die andernfalls nicht sanierungsfähig wären.[204]

946 Bei abstrakt bestandsgefährdenden Risiken ist zu differenzieren.[205] Hier sind insbesondere der Grad der Wahrscheinlichkeit der Existenzvernichtung sowie der Nutzen der Maßnahme zu berücksichtigen. Je wahrscheinlicher die Verwirklichung des Risikos und je geringer der Nutzen der Maßnahme ist, desto eher ist eine Pflichtverletzung anzunehmen.

c) Beratung durch externe Fachleute und Fehleinschätzungen

aa) Organ und Organmitglied als Beratener

947 Im Zusammenhang mit Fragen, deren Beantwortung besondere Expertise erfordert, wenden sich Aufsichtsratsmitglieder zu Recht häufig an externe Spezialisten. Hierbei ist zu differenzieren:

948 Die Beauftragung eines Beraters aufgrund eines Aufsichtsrats- oder Ausschussbeschlusses ist regelmäßig zulässig, wenn es dem Aufsichtsrat und somit seinen Mitgliedern an dem erforderlichen Sachverstand fehlt und sichergestellt ist, dass der Berater die ihm zu erteilenden Informationen vertraulich behandeln wird.

949 Betraut ein einzelnes Aufsichtsratsmitglied externe Dritte damit, es zu beraten, ist dies zumindest immer dann unzulässig, wenn hierdurch gegen das Gebot persönlicher Amtsausübung gemäß § 111 Abs. 5 AktG verstoßen wird.[206] Auch soweit Beratung durch Dritte lediglich aus Effizienzgründen und somit zum Zwecke der Zeitersparnis erfolgt, ist sie unzulässig.[207] Zudem darf nicht übersehen werden, dass Beratung die Freiheit des Beratenen zur eigenen Entscheidung einschränkt, auch wenn der Berater nur (Handlungs-) Empfehlungen

198 Vgl hierzu auch *Binder*, AG 2012, 885 [889 f].

199 Vgl *Binder*, AG 2012, 885 [890, 894], wonach den hier in Rede stehenden Entscheidungen keine Sachverhalte zugrunde lagen, bei denen das Organhandeln die Existenz des Unternehmens tatsächlich hätte gefährden können, sondern es sich vielmehr um „besonders markante Fehlentscheidungen" nach drastischen Abweichungen von den üblichen Verhaltensstandards gehandelt hat, die sich bei einer Plausibilitätskontrolle praktisch bereits aufdrängten.

200 OLG Celle, Urt. v. 28.5.2008 – 9 U 184/07, abgedruckt in: NZG 2008, 669 (LS) = AG 2008, 711 = CCZ 2009, 159, spricht von „unvertretbarer" anstelle von „unverantwortlicher" Weise; zu den ansonsten in der Rspr verwandten Formulierungen mit ensprechenden Nachw.: *Binder*, AG 2012, 885 [889].

201 BGH, Urt. v. 21.4.1997 – II ZR 175/95, abgedruckt in: BGHZ 135, 244 [253] = NJW 1997, 1926 = AG 1997, 377 [379] = ZIP 1997, 883.

202 OLG Düsseldorf, Beschl. v. 9.12.2009 – I-6 W 45/09 („IKB"), abgedruckt in: NJW 2010, 1537 (LS) = NZG 2010, 306 (LS) = AG 2010, 126 [128 f] = BeckRS 2010, 00532.

203 *Semler*, FS Ulmer, 627 [635].

204 *Hopt*, in: Großkomm. AktG, § 93, Rn 82.

205 *Lutter*, GmbHR 2000, 301 [305]; *ders.*, ZIP 2009, 197 [199]; *Mertens*, in: Großkomm. GmbHG, § 43, Rn 27; *Koppensteiner*, in: Rowedder/Schmidt-Leithoff, GmbHG, § 43, Rn 18, nehmen allesamt stets Pflichtwidrigkeit an, selbst wenn die Verwirklichung des Risikos „noch so fernliegend erscheinen" mag und „die Chancen noch so verlockend sein" mögen; ähnlich wie hier: *Paefgen*, in: Ulmer/Habersack/Winter, GmbHG, § 43, Rn 70 f.

206 BGH, Urt. v. 15.11.1982 – II ZR 27/82 („Hertie"), abgedruckt in BGHZ 85, 293 = NJW 1983, 991 = AG 1983, 133 = ZIP 1983, 53.

207 *Schlitt*, DB 2005, 2007 [2009].

ausspricht. Denn er nimmt zwangsläufig eine Selektion und Gewichtung von Argumenten und Tatsachen vor, wodurch das beratene Aufsichtsratsmitglied ein Stück weit determiniert wird.[208]

bb) Fehlen von Pflichtverletzung oder Verschulden als Rechtsfolge?

Entgegen der gesetzgeberischen Wertung im Hinblick auf unternehmerische Entscheidungen, wie sie in § 93 Abs. 1 Satz 2 AktG zum Ausdruck kommt, verneint der BGH[209] bei gebundenen Entscheidungen,[210] sofern die nachfolgend dargestellten und erläuterten Voraussetzungen für die Einholung von Expertenrat eingehalten wurden, nicht bereits die Pflichtwidrigkeit, sondern erst das Verschulden.[211] Insofern wendet das Gericht den Gedanken an, der auch bei der Behandlung von Rechtsirrtümern im allgemeinen Haftungsrecht[212] zum Tragen kommt.[213] Der Gesetzesverstoß allein begründe die objektive Pflichtwidrigkeit und somit die Rechtswidigkeit. Eine andere Frage sei, ob dieser Verstoß auch individuelle Vorwerfbarkeit auslöse. 950

Gegen die Ansicht des BGH spricht zunächst die gesetzgeberische Entscheidung in § 93 Abs. 1 Satz 2 AktG, wonach es bei einer für die Gesellschaft schadhaften Fehlentscheidung des Organmitglieds bereits an der Pflichtverletzung fehlt, wenn sie auf angemessener Tatsachengrundlage getroffen wurde (dazu Rn 933). Auch in der hier fraglichen Situation geht es um die Schaffung einer ausreichenden Tatsachengrundlage. Eine Rechtfertigung der Ungleichbehandlung allein aufgrund der Qualifikation der Entscheidung als unternehmerische einerseits oder als gebundene andererseits erscheint konstruiert.[214] Darüber hinaus fehlt es an der Pflichtverletzung eines Organmitglieds, wenn es alle erforderlichen und zumutbaren Überwachungsmaßnahmen ergriffen hat, es dennoch zu Pflichtverstößen auf Organ- oder nachgeordneten Hierarchieebenen im Unternehmen kommt.[215] Auch insofern ist ein Bedürfnis nach Differenzierung zum Fall der Einholung von Expertenrat nicht erkennbar. 951

cc) Der Berater als Erfüllungsgehilfe der Organmitglieder?

§ 278 BGB, wonach der Schuldner, also das Organmitglied, Verschulden seiner Erfüllungsgehilfen, mithin der sachverständigen Berater, wie eigenes zu vertreten hat, gilt in den hier fraglichen Fällen nicht,[216] was auf den ersten Blick verwundert. Denn dieser Befund steht im Gegensatz zur gewöhnlichen Einstufung von (Rechts-) Beratern als Gehilfen zur Erfüllung von Vertragspflichten, deren Verschulden gemäß § 278 BGB den Schuldnern zugerechnet 952

208 *Schlitt*, DB 2005, 2007 [2009].

209 BGH, Urt. v. 20.9.2011 – II ZR 234/09 („Ision"), abgedruckt in: NZG 2011, 1271 = AG 2011, 876 [877 f, Tz. 16], hierzu: *Schubert*, CCZ 2012, 79 f; BGH, Urt. v. 27.3.2012 – II ZR 171/10, abgedruckt in: NZG 2012, 672 [Tz. 19] = DStR 2012, 1286, hierzu: *Schwarz*, CCZ 2012, 36 ff.

210 In den entschiedenen Fällen ging es jeweils um die Legalitätspflicht der Organmitglieder, entweder in der Form der rechtlichen Zulässigkeit geplanter Maßnahmen oder der rechtszeitigen Beantragung der Insolvenz, und somit um gebundene Entscheidungen.

211 **AA:** *Fleischer*, ZIP 2009, 1397 [1405]; *Selter*, AG 2012, 11 [12].

212 Vgl BGH, Urt. v. 11.1.1984 – VIII ZR 255/82, abgedruckt in: BGHZ 89, 296 [303] = NJW 1984, 1028 = MDR 1984, 571; BGH, Urt. v. 14.6.1994 – XI ZR 210/93, abgedruckt in: NJW 1994, 2754 = MDR 1994, 1204, wonach der Schuldner die Rechtslage sorgfältig prüfen, soweit erforderlich Rechtsrat einholen und die höchstrichterliche Rechtsprechung sorgfältig beachten muss.

213 Zustimmend: *Binder*, AG 2012, 885 [888]; *ders.*, ZGR 2012, 757 [767]; *Merkt/Mylich*, NZG 2012, 525 [529]; *Müller*, NZG 2012, 981 [983].

214 *Fleischer*, ZIP 2009, 1397 [1405].

215 OLG Zweibrücken, Urt. von 22.12.1998 – 8 U 98/98, abgedruckt in: NZG 1999, 506 [508]; *Fleischer*, NZG 2003, 449 [455]; *ders.*, ZIP 2009, 1397 [1405].

216 BGH, Urt. v. 20.9.2011 – II ZR 234/09 („Ision"), abgedruckt in: NZG 2011, 1271 = AG 2011, 876 = ZIP 2011, 2097 [2097, Tz. 17].

wird.[217] Insofern kommt es in Vertragsfällen für den Schuldner nicht auf die Erkennbarkeit von Rechtsirrtümern an, sondern allein auf das Verschulden seiner Berater. Anders verhält es sich bei gesetzlichen Schuldverhältnissen, bei denen eine Exkulpation im Fall sorgfältiger Auswahl des Beraters zugelassen wird.[218] Stellte man auf das organschaftliche Verhältnis und somit auf die originäre Prüfungs- und Beurteilungsverantwortung der Organmitglieder gegenüber ihrer Gesellschaft ab,[219] wäre der Ausschluss der Zurechnung von Beraterverschulden gemäß § 278 BGB nachvollziehbar.[220] Dies ginge jedoch an der Sache vorbei. Denn der Grund für die Nichtanwendbarkeit von § 278 BGB liegt darin, dass der externe Berater nicht Erfüllungsgehilfe der Organmitglieder ist, da Letztere der Gesellschaft gegenüber nicht zur fachspezifischen, insbesondere juristischen Beratung verpflichtet sind, sondern lediglich sicherzustellen haben, dass rechtmäßig gehandelt wird,[221] sog. Legalitätspflicht. Vielmehr werden die Berater unmittelbar „im Pflichtenkreis der Gesellschaft tätig",[222] weshalb die Beratungsverträge auch regelmäßig mit der Gesellschaft abgeschlossen werden.[223] Nichts anderes kann für die Syndikusanwälte des Unternehmens – dieser Begriff soll hier als Synonym für „Inhouse-Juristen", „Hausjuristen", „Firmenjuristen", „Unternehmensjuristen" und Mitglieder der „Rechtsabteilung" verwendet werden – gelten,[224] unabhängig davon, dass auch sie nicht von den Organmitgliedern, sondern von der Gesellschaft angestellt sind.

dd) Erkennen des Beratungsbedarfs

953 Reicht die vorhandene Expertise nicht aus,[225] um schwierige Fachfragen – zB die Frage nach dem Vorliegen der Insolvenzreife oder nach der rechtlichen Zulässigkeit avisierter Maßnahmen – zu beantworten, lässt dies die Eignung für das Organamt regelmäßig unberührt.[226] In solchen Fällen wird von dem betreffenden Organmitglied jedoch verlangt, dass es den Mangel an eigener Expertise erkennt und entsprechend handelt.[227] Das setzt zweierlei voraus, zum einen ausreichende Sensibilität im Hinblick auf den bestehenden Beratungsbedarf und somit Erfassen der sich stellenden Fragen und eine realistische Einschätzung der eigenen Kenntnisse und Fähigkeit,[228] zum anderen die Überwindung etwaiger Trägheit oder gar das Bekenntnis gegenüber Dritten, auf fachliche Hilfe angewiesen zu sein.[229] Insbesondere letzteres wird vielen Mitgliedern sowohl von Leitungs- als auch von Aufsichtsorganen schwer fallen, müssen sie doch befürchten, dass man ihnen die Befähigung für ihr Amt mangels erfor-

217 Vgl *Binder*, ZGR 2012, 757 [768, Fn 53], mit Nachw. aus der höchstrichterlichen und obergerichtlichen Rechtsprechung sowie zur Gegenauffassung.

218 Vgl *Binder*, ZGR 2012, 757 [768, Fn 57], mit Nachw. aus der höchstrichterlichen Rspr.

219 Vgl BGH, Urt. v. 20.9.2011 – II ZR 234/09 („Ision"), abgedruckt in: NZG 2011, 1271 = AG 2011, 876 = ZIP 2011, 2097 [2097, Tz. 17 f].

220 AA: *Binder*, ZGR 2012, 757 [769], wonach bei Abstellen auf die organschaftlichen Pflichten gegenüber der Gesellschaft § 278 BGB anwenbar wäre.

221 *Strohn*, ZHR 176 (2012), 137 [142].

222 BGH, Urt. v. 20.9.2011 – II ZR 234/09 („Ision"), abgedruckt in: NZG 2011, 1271 = AG 2011, 876 = ZIP 2011, 2097 [2097, Tz. 17].

223 *Müller*, NZG 2012, 981 [983]; *Strohn*, ZHR 176 (2012), 137 [142 f].

224 Vgl *Kremer/Voet van Vormizeele*, AG 2011, 245 [247]; *Wagner*, BB 2012, 651 [655].

225 AA: *Kock/Dinkel*, NZG 2004, 441 [447], wonach die Einholung von „Gutachten unabhängiger Dritter (Wirtschaftsprüfer, Banker, Steuerberater, Rechtsanwälte)" zum „Standard" gehört.

226 Vgl *Binder*, AG 2012, 885 [890].

227 BGH, Urt. v. 20.9.2011 – II ZR 234/09 („Ision"), abgedruckt in: NZG 2011, 1271 = AG 2011, 876; aA: *Krieger*, ZGR 2012, 496 [498], wonach in einer arbeitsteiligen Unternehmensorganisation ein derartiger Anspruch nicht gerechtfertigt sei.

228 Vgl *Binder*, AG 2008, 274 [283].

229 Vgl BGH, Urt. v. 14.5.2007 – II ZR 48/06, abgedruckt in: NJW 2007, 2118 = NZG 2007, 545 = AG 2007, 548 [550]; *Binder*, AG 2008, 274 [283]; *ders.*, AG 2012, 885 [890]; *Lang/Balzer*, WM 2012, 1167 [1168 f]; *Selter*, AG 2012, 11 [13]; *Strohn*, ZHR 176 (2012), 137 [139].

derlichen Sachverstands insgesamt abspricht mit allen Konsequenzen, die sich hieraus ergeben können wie zB Abberufung oder Haftung auf Schadensersatz.[230]

ee) Auswahl eines unabhängigen und fachlich qualifizierten Beraters

Der Berater muss „für die zu klärende Frage“ fachlich qualifiziert sein.[231] Der Berufsträger- 954
schaft bedarf es entgegen einer früheren Aussage des BGH[232] hingegen nicht, zumindest nicht ausnahmslos.[233] Die Qualifikation des Beraters muss tatsächlich vorliegen.[234] Es genügt somit nicht, wenn das um Rat ersuchende Organmitglied nur davon ausgeht, der Berater sei ausreichend qualifiziert.[235] Vielmehr hat es sich selbst davon zu vergewissern. Unzureichend ist es daher, sich ungeprüft auf die Empfehlung eines anderen zu verlassen.[236] Ob die eigene Meinungsbildung im Hinblick auf die Qualifikation des Beraters auch dann zu fordern ist, wenn dieser die Gesellschaft bereits in ähnlichen Angelegenheiten erfolgreich beraten hat, muss im Einzelfall geprüft und entschieden werden. Eine allgemeinverbindliche Aussage lässt sich hierzu nicht treffen.[237] Nachdem feststeht, dass der Berater nicht einmal zwingend Berufsträger sein muss, dürfte sich die Streifrage im Zusammenhang mit der Beratung in rechtlichen Angelegenheiten erübrigt haben, ob eine Fachanwaltschaft als besonderer formaler Grad der Qualifikation zu verlangen ist.[238] Aufgrund der Schwierigkeit für die Organmitglieder, einschlägige Erfahrung[239] der potenziellen Auskunftspersonen zu ermitteln, kann dies nicht für eine Haftungsfreizeichnung verlangt werden.[240] Andererseits kann es zB bei einer komplizierten und speziellen Rechtsfrage nicht ausreichen, einen Rechtsanwalt zu mandatieren, der als Generalist bekannt ist und auch so in Erscheinung tritt.[241] Vielmehr müssen die zumeist bestens vernetzten Organmitglieder sich über das konkrete Betätigungsfeld des Beraters informieren, wozu die Konsultation anderer Berater oder Organmitglieder anderer Gesellschaften, zu denen vertrauenvolle Beziehungen bestehen, oder sogar eine Internetrecherche genügen kann. Die Organmitglieder müssen somit eine Informationsgrundlage schaffen, aufgrund derer sie vernünftigerweise von der fachlichen Qualifikation des Beraters ausgehen dürfen.[242] Hierbei können ihnen auch die Syndikusanwälte des Unternehmens

---

230 Näheres hierzu bei *Selter*, AG 2012, 11 [13 f].

231 BGH, Urt. v. 20.9.2011 – II ZR 234/09 („Ision“), abgedruckt in: NZG 2011, 1271 = AG 2011, 876.

232 BGH, Urt. v. 20.9.2011 – II ZR 234/09 („Ision“), abgedruckt in: NZG 2011, 1271 (1273) = AG 2011, 876 (877); BGH, Urt. v. 14.5.2007 – II ZR 48/06, abgedruckt in: NJW 2007, 2118 [2120] = NZG 2007, 545 = AG 2007, 548; einschränkend bereits *Selter*, AG 2012, 11 [16].

233 BGH, Urt. v. 27.3.2012 – II ZR 171/10, abgedruckt in: NZG 2012, 672 = CCZ 2013, 34 = NZI 2012, 567, wonach auch eine Unternehmensberaterin, die von der Hausbank der Gesellschaft zur Prüfung der Insolvenzreife empfohlen wird, als sachverständige Beraterin hierfür in Betracht kommt.

234 Zu den Anforderungen an die fachliche Qualifikation von Syndikusanwälten, vgl *Wagner*, BB 2012, 651 [656].

235 BGH, Urt. v. 14.5.2007 – II ZR 48/06, abgedruckt in: NJW 2007, 2118 [2120] = NZG 2007, 545 = AG 2007, 548.

236 OLG Stuttgart, Urt. v. 25.11.2009 – 20 U 5/09, abgedruckt in: NZG 2010, 141 = AG 2010, 133 [135] = CCZ 2010, 112.

237 Vgl *Selter*, AG 2012, 11 [14].

238 Das formale Kriterium der Fachanwaltschaft ablehnend: *Binder*, AG 2008, 274 [286]; *ders.*, ZGR 2012, 757 [770]; vgl auch *Strohn*, ZHR 176 (2012), 137 [141], wonach die Fachanwaltschaft den Berater zur Beantwortung einer Frage aus eben diesem Rechtsgebiet jedoch regelmäßig befähigt.

239 Dies verlangend: BGH, Urt. v. 24.6.1960 – 2 StR 621/59, abgedruckt in: BGHSt 15, 332 [340 f] = NJW 1961, 929 [931].

240 So aber wohl *Strohn*, ZHR 176 (2012), 137 [141].

241 *Kiefner/Krämer*, AG 2012, 498 [501], halten den „juristischen Hausarzt“ für ausreichend qualifiziert, um sich in die Materie einzuarbeiten, und betonen das bestehende Vertrauensverhälnis; ähnlich *Fleischer*, NZG 2010, 121 [123]; wie hier *Strohn*, ZHR 176 (2012), 137 [141].

242 *Selter*, AG 2012, 11 [16 mwN].

behilflich sein, die in Konsequenz des zuvor Gesagten jedoch nicht anstelle der Organmitglieder den Berater auswählen dürfen.[243]

955 Der Sachverständige muss nicht nur fachlich qualifiziert, sondern außerdem auch noch unabhängig sein.[244] Ob Syndikusanwälte diese Vorassetzung erfüllen, ist umstritten. Die Befürworter[245] verweisen auf deren anwaltliche Unabhängigkeit, die aufgrund berufsrechtlicher Vorschriften (§§ 1, 43 a BRAO) besteht.[246] Daher ist auch vom Syndikuasanwalt als dem „Wächter des Rechts“ im Unternehmen die Rede.[247] Zudem gewähre die anstellungsvertragliche Pflicht, das Gesellschaftsunternehmen vor Schaden und somit vor Schadensersatzansprüchen Dritter zu schützen, ausreichende Sicherheit dafür, dass die Syndikusanwälte keine bewusst falschen Rechtsauskünfte erteilten.[248] Diejenigen, die dies ablehnen,[249] verweisen auf das Anstellungsverhältnis, das mit den Syndikusanwälten besteht, und somit auf deren Weisungsabhängigkeit von der Geschäftsleitung.[250] Diese Weisungsgebundenheit besteht gleichermaßen unabhängig davon, ob die Syndikusanwälte dem Aufsichtsrat oder der Geschäftsleitung Rechtsfragen beantworten, denn in beiden Fällen sind sie der Geschäftleitung unterstellt, die dem Aufsichtsrat lediglich eigene Ressourcen zur Verfügung stellt. Eine vermittelnde Ansicht differenziert nach Kriterien wie Komplexität der Prüfungsfrage, Größe des Unternehmens und Tragweite der zu treffenden Entscheidung.[251] Hierfür sprechen zwar durchaus gute Gründe. Allerdings ist den Organmitgliedern die Entscheidung nicht zuzumuten, ob noch ein Fall für eigene Syndikusanwälte oder bereits ein solcher für einen externen Juristen vorliegt, so dass auch diese Auffassung nicht verfängt.[252] Im Ergebnis kommt es nicht anders als bei der Beauftragung von externen Beratern darauf an, ob die zur Beratung hinzugezogenen Syndikusanwälte nach Einschätzung der Organmitglieder, die auf sorgfältiger Informationsbeschaffung und –auswertung beruht, im konkreten Einzelfall über Zweifel an ihrer (inneren) Unabhängigkeit erhaben sind.[253] Bestehen Bedenken hiergegen, können die Organmitglieder auf deren Rat nicht haftungsausschließend vertrauen.[254] Einen Teilaspekt hiervon beleuchtet *Strohn*, wenn er danach differenziert, ob der Syndikusanwalt ergebnisoffen zu prüfen oder eine bereits getroffene Entscheidung „rechtliche abzusichern“ hat.[255] In zuletzt genanntem Fall wird er mit einer bestimmten Erwartung konfrontiert, die ihn re-

243 OLG Stuttgart, Urt. v. 25.11.2009 – 20 U 5/09, abgedruckt in: NZG 2010, 141 = AG 2010, 133 [135] = CCZ 2010, 112; einschränkend für den Fall, dass der ausgewählte Berater über die erforderliche Sachkunde verfügt: *Wagner*, BB 2012, 651 [657].

244 *Fleischer*, NZG 2010, 121 [123], sieht in der Unabhängigkeit ein Teilelement der persönlichen Zuverlässigkeit.

245 Nachw. aus der Lit. bei *Wagner*, BB 2012, 651 [655, Fn 63].

246 Vgl *Binder*, AG 2012, 885 [892], wonach diese Frage im Einzelfall zu entscheiden ist; vgl auch *Merkt/Mylich*, NZG 2012, 525 [528]; *Kremer/Voet van Vormizeele*, AG 2011, 245 [247]; *Strohn*, ZHR 176 (2012), 137 [139]; vgl auch *Kiefner/Krämer*, AG 2012, 498 [500], für vorbefasste Rechtsanwälte.

247 *Kremer/Voet van Vormizeele*, AG 2011, 245 [246].

248 Aus der strafrechtlichen Judikatur: OLG Hamburg, Urt. v. 12.10.1966 – 1 Ss 46/66, abgedruckt in: NJW 1967, 213 [214 f]; aus der gesellschaftsrechtlichen Literatur: *Spindler*, in: MünchKomm AktG[3], § 93, Rn 29; *Fleischer*, in: Spindler/Stilz, AktG, § 93, Rn 35; *Krieger/Sailer-Coceani*, in: K. Schmidt/Lutter, AktG, § 93, Rn 29; *Hölters*, in: Hölters, AktG, § 93, Rn 249; *Fleischer*, NZG 2010, 121 [123 f].

249 Vgl aus der kartellerechtlichen Judikatur: BGH, Beschl. v. 1.12.1981 – KRB 5/79, abgedruckt in: BGHSt 30, 270 [276 f] = NJW 1982, 938 [939] = AG 1982, 164; aus der strafrechtlichen Judikatur: OLG Stuttgart, Urt. v. 22.4.1977 – 3 Ss (8) 88/77, abgedruckt in: NJW 1977, 1408 = JR 1978, 294 [295].

250 Zum Verständnis der Unabhängigkeit als Fehler von Weisungsabhängigkeit, vgl *Hölters*, in: Hölters, AktG, § 93, Rn 249.

251 *Spindler*, in: MünchKomm AktG[3], § 93, Rn 67.

252 Ausführlich hierzu: *Selter*, AG 2012, 11 [15].

253 Vgl *Wagner*, BB 2012, 651 [656 mwN], der von einer "Charakterfrage" spricht.

254 *Binder*, AG 2012, 885 [892]; *ders.*, ZGR 2012, 757 [770 f]; vgl auch *Kiefner/Krämer*, AG 2012, 498 [501]; *Strohn*, ZHR 176 (2012), 137 [139], welche die Rechtsabteilung des eigenen Unternehmens zur Erteilung unabhängigen Rechtsrats für grundsätzlich geeignet halten.

255 *Strohn*, ZHR 176 (2012), 137 [141].

gelmäßig unter Druck setzen wirde, was die erforderliche Unabhängigkeit zumindest in Frage stellt. Unabhängig davon dürfte es guter Corporate Governance entsprechen, nicht nur in Zweifelsfällen externe Berater und auch nicht immer dieselben einzuschalten.[256] Ähnlich wie bei den Syndikusanwälten verhält es sich bei der Frage nach der Vorbefassung der Auskunftsperson mit dem Entscheidungsgegenstand, zB in Form der Erstellung der Transaktionsdokumentation.[257] Solche Personen sind nicht allein aufgrund ihrer Vorbefassung als nicht unabhängig einzustufen.[258] Vielmehr ist auch hier der konkrete Einzelfall zu betrachten.[259]

ff) Uneingeschränkte Versorgung des Beraters mit Informationen

Das Auskunft ersuchende Organmitglied muss dem ausgewählten Berater sämtliche für die Beurteilung der Untersuchungsfrage relevanten Tatsachen zutreffend mitteilen und etwaige Dokumente für dessen Prüfung zur Verfügung stellen.[260] Es muss den Berater somit vollständig unterrichten.[261] Hierbei kann es sich von den Syndikusanwälten des Unternehmens unterstützen lassen, muss sich jedoch selbst davon überzeugen, dass der Berater über sämtliche erheblichen Umstände ordnungsgemäß informiert ist.[262] 956

Sollte das Organmitglied den hinzugezogenen Berater bewusst falsch oder unvollständig informieren, kann es sich nicht auf dessen Rat verlassen, so dass es im Fall fehlerhafter Einschätzung haftet.[263] Dies gilt selbst dann, wenn es davon ausgeht, der Berater sei aufgrund früherer Tätigkeit für das Unternehmen bereits ausreichend informiert.[264] Auch dessen vertragliche Verpflichtung nachzufragen, ändert hieran nichts. 957

Bei der unbewusst falschen oder unvollständigen Informationsversorgung des Sachverständigen durch das Organmitglied sind regelmäßig zwei Aspekte von Bedeutung, die Erkennbarkeit von Fehlern bzw Lückenhaftigkeit sowie eine ewtaige Verpflichtung des Beraters zur Nachfrage.[265] Im Normalfall können bei ordnungsgemäßer Recherche Fehler vermieden werden, so dass sich das Organmitglied insofern Fahrlässigkeit vorhalten lassen muss. Bei falschen Informationen dürfte hinzukommen, dass sie der Berater nicht als solche wahrnimmt und somit auch nicht bei dem Organmitglied nachfragt. Anderes gilt nur dann, wenn Widersprüche offen zutage treten. Im Fall der Unvollständigkeit dürfte sich die Angelegenheit anders darstellen.[266] Denn von dem Organmitglied kann mangels Sachverstands regelmäßig nicht verlangt werden, dass es zwischen prüfungsrelevanten Informationen und solchen, die zur Beantwortung der gestellten Frage irrelevant sind, unterscheidet. Aufgrund dessen ist es für lückenhafte Informationsversorgung nicht verantwortlich.[267] Hinzu kommt, 958

256 *Selter*, AG 2012, 11 [15].
257 Vgl *Binder*, AG 2012, 885 [892 f]; *Kiefner/Krämer*, AG 2012, 498 [499 f]; *Strohn*, ZHR 176 (2012), 137 [139 f].
258 So aber wohl *Strohn*, ZHR 176 (2012), 137 [140].
259 *Binder*, AG 2012, 885 [892 f]; vgl auch *Kiefner/Krämer*, AG 2012, 498 [500], die grundsätzlich von der Unabhängigkeit des Beraters ausgehen, da dieser andernfalls unter „Generalverdacht" gestellt würde.
260 Vgl *Fleischer*, in: Spindler/Stilz, AktG, § 93, Rn 35; *ders.*, ZIP 2009, 1397 [1403]; *Binder*, AG 2008, 274 [286]; *ders.*, AG 2012, 885 [893]; *Selter*, AG 2012, 11 [16 f].
261 *Fleischer*, ZIP 2009, 1397 [1403], spricht insofern von „Informationsverantwortung".
262 *Wagner*, BB 2012, 651 [657], einschränkend für den Fall, dass die fehlende Sachkenntnis des Beraters für dessen Falschbeurteilung nicht ursächlich war.
263 *Binder*, AG 2008, 274 [286], spricht insofern von einer Haftung aus „einer Art Ingerenz".
264 OLG Stuttgart, Urt. v. 25.11.2009 – 20 U 5/09, abgedruckt in: NZG 2010, 141 = AG 2010, 133 [135] = CCZ 2010, 112.
265 *Selter*, AG 2012, 11 [17].
266 Vgl *Binder*, AG 2008, 274 [286]; *Selter*, AG 2012, 11 [17].
267 Vgl *Fleischer*, ZIP 2009, 1397 [1403], zu den „innocent omissions".

dass der Berater Unvollständigkeiten erkennen wird und entsprechend gehalten ist nachzufragen.[268]

959 Wenn die eigene Rechtsabteilung mit der Begutachtung beauftragt wird, besteht die Gefahr deren Unterversorgung mit Informationen regelmäßig nicht, da sie auf alle relevanten Daten zugreifen wird können, zumindest wenn es sich um intere Daten handelt. Daher können die zuvor dargestellten Maßstäbe weniger streng ausfallen.[269]

gg) Plausibilitätskontrolle

960 Die Anforderungen an die Überprüfung des erhaltenen Expertenrats sind umstritten. Einigkeit besteht dahin gehend, dass lediglich eine sorgfältige Plausibilitätsprüfung zu verlangen ist[270] und somit kein „Expertengutachten über das Gutachten" eingeholt werden muss. Andererseits genügt es nicht, wenn nur das Ergebnis der sachverständigen Ausführungen zur Kenntnis genommen wird, nicht aber deren Begründung, so dass dem Organmitglied zwangsläufig etwaige offensichtliche Widersprüche und Begründungslücken und somit auch der Umstand des Vorliegens eines „Gefälligkeitsgutachtens" verborgen bleiben muss.[271] Ebenfalls ungenügend wäre es, die Plausibilitätspürfung an die Rechtsabteilung zu delegieren.[272] Im Ergebnis dürfen die Anforderungen an die Plausibilitätsprüfung nicht zu hoch gesteckt werden.[273] Regelmäßig werden eine verständige Durchsicht der Ausführungen des Sachverständigen und etwaige Nachfragen bei Verständnisproblemen ausreichen.[274] Unverzichtbar ist jedoch schließlich die Kontrollüberlegung, ob die geplante Maßnahme, deretwegen die Auskünfte eingeholt wurden, durch die Prüfung des sachverständigen Beraters gedeckt ist.[275]

961 Im Zusammenhang mit dem Erfordernis der Plausibilitätsprüfung durch das Organmitglied stellt sich die Frage, ob der Expertenrat zwingend in Schriftform erteilt werden muss oder ob auch ein mündlicher Rat genügt. Der BGH hat in einem Fall, in dem es um die Einhaltung von Regelungen zur Kapitalerhaltung ging, ein schriftliches Gutachten verlangt, die Frage jedoch bewusst nicht allgemeingültig entschieden.[276] Insofern kann davon ausgegangen werden, dass in besonders eiligen Fällen, zB im Zusammenhang mit ad hoc publizitätspflichtigen Ereignissen, auch ein mündlich erteilter Rat genügt, wenn es sich um eine einfache Prüfungsfrage in einer Angelegenheit von nur untergeordneter Bedeutung für die Gesellschaft handelt.[277] Andernfalls würde dem Organmitglied in Eilfällen eine Haftungsprivilegierung

---

268 *Binder*, AG 2008, 274 [286]; *ders.*, ZGR 2012, 757 [771]; *Merkt/Mylich*, NZG 2012, 525 [529]; *Selter*, AG 2012, 11 [17]; ähnlich *Strohn*, ZHR 176 (2012), 137 [139], wonach der Umfang der erforderlichen Informationen notfalls mit dem Gutachter erörtert werden muss.

269 *Kiefner/Krämer*, AG 2012, 498 [502].

270 BGH, Urt. v. 27.3.2012 – II ZR 171/10, abgedruckt in: NZG 2012, 672 [673] = CCZ 2013, 34 = NZI 2012, 567; BGH, Urt. v. 20.9.2011 – II ZR 234/09 („Ision"), abgedruckt in: NZG 2011, 1271 (1273) = AG 2011, 876 (878); BGH, Urt. v. 16.7.2007 – II ZR 226/06, abgedruckt in. DStR 2007, 1641 [1642] = BeckRS 2007, 13240; BGH, Urt. v. 14.5.2007 – II ZR 48/06, abgedruckt in: NJW 2007, 2118 = NZG 2007, 545 = AG 2007, 548 = ZIP 2007, 1265; OLG Stuttgart, Urt. v. 25.11.2009 – 20 U 5/09, abgedruckt in: NZG 2010, 141 = AG 2010, 133 [135] = CCZ 2010, 112.

271 Näher hierzu: *Fleischer*, ZIP 2009, 1397 [1404]; *Selter*, AG 2012, 11 [18].

272 *Wagner*, BB 2012, 651 [657].

273 Vgl *Binder*, AG 2008, 274 [286]; *ders.*, ZGR 2012, 757 [772]; *Kiefner/Krämer*, AG 2012, 498 [500]; *Krieger*, ZGR 2012, 496 [501 ff].

274 Vgl *Binder*, AG 2012, 885 [893]; *Fleischer*, ZIP 2009, 1397 [1404]; *Merkt/Mylich*, NZG 2012, 525 [529]; *Selter*, AG 2012, 11 [18].

275 OLG Stuttgart, Urt. v. 25.11.2009 – 20 U 5/09, abgedruckt in: NZG 2010, 141 [143] = AG 2010, 133 [135] = CCZ 2010, 112; *Fleischer*, in: Spindler/Stilz, AktG, § 93, Rn 35; *Selter*, AG 2012, 11 [17].

276 BGH, Urt. v. 20.9.2011 – II ZR 234/09 („Ision"), abgedruckt in: NZG 2011, 1271 (1273) = AG 2011, 876 (878).

277 *Binder*, AG 2012, 885 [893]; *Fleischer*, ZIP 2009, 1397 [1404]; *Merkt/Mylich*, NZG 2012, 525 [529]; *Selter*, AG 2012, 11 [17]; *Strohn*, ZHR 176 (2012), 137 [142]; *Wagner*, BB 2012, 651 [652].

stets versagt, was negative Folgen auf dessen Bereitschaft haben könnte, sich überhaupt beraten zu lassen. Hiermit würde jedoch das Gegenteil von dem erreicht, was der BGH beabsichtigt und im Interesse der Gesellschaft liegt.[278] Außerdem kommt es in der Praxis bei komplexen Projekten regelmäßig vor, dass nicht alle Maßnahmen vorab rechtlich begutachtet werden (können). „Konzepterstellung, Dokumentation und Begutachtung für den Mandanten stellen häufig keine klar abgrenzbaren, in einer strikten zeitlichen Reihenfolge aufeinander aufbauenden Phasen dar." Aus diesem Grund treten „Teilauskünfte" und Teilplausibilisierungen an die Stelle von erschöpfenden Rechtsgutachten, die vorab von den sachverständigen Beratern erstellt und den Organmitgliedern geprüft werden.[279]

d) Ersatzfähiger Schaden

Aufsichtsratsmitglieder haben gemäß §§ 116 Satz 1, 93 Abs. 2 Satz 1 AktG ebenso wie Vorstandsmitglieder gemäß § 93 Abs. 2 Satz 1 AktG den Schaden zu ersetzen, welcher der Gesellschaft aufgrund ihrer Pflichtverletzung entstanden ist. Für die Bemessung dieses Schadens gelten die allgemeinen schuldrechtlichen Regelungen der §§ 249 ff BGB. Ausgangspunkt der Schadensermittlung ist somit die Differenzhypothese, so dass die Gesellschaft so zu stellen ist, wie sie stünde, wenn die Organmitglieder ihren Pflichten ordnungsgemäß nachgekommen wären.[280] 962

Hieraus folgt, dass die Gesellschaft ihre pflichtwidrig handelnden Organmitglieder auf Regress in Anspruch nehmen kann, falls sie selbst von dem unmittelbar geschädigten Dritten erfolgreich in Anspruch genommen wurde. Hat die Pflichtwidrigkeit des Organmitglieds dazu geführt, dass die Gesellschaft ein Bußgeld zahlen musste, kann sie das Organmitglied in entsprechender Höhe in Anspruch nehmen. Dies gilt jedoch nicht, wenn bzw soweit die Funktion des Bußgeldes in der Abschöpfung von Vorteilen liegt, die der Gesellschaft durch die Pflichtwidrigkeit (Ordnungswidrigkeit) zugeflossen sind, vgl § 81 Abs. 5 Satz 1 GWB u. § 17 Abs. 4 Satz 1 OWiG. Denn in einem solchen Fall ist der Gesellschaft durch das Bußgeld kein Schaden iS eines Vermögensnachteils erwachsen.[281] Es kommt somit im Zuge der Schadensberechnung zur sog. Vorteilsanrechnung.[282] Ein Regressanspruch erwächst der Gesellschaft gegen ihr (ehemaliges) Organmitglied nur insoweit, als dass dem Bußgeld Sanktionscharakter zukommt, vgl § 81 Abs. 4 Satz 2 u. 3 GWB, Art. 23 Abs. 2 VO 1/2003. 963

Problematisch sind die Fälle der Schadensberechnung, in denen die Gesellschaft wegen eines Verstoßes ihrer Organmitglieder gegen die Legalitätspflicht entweder gar kein Bußgeld leisten muss oder das Bußgeld nur einen kleinen Teil des Gesamtschadens ausmacht, der (überwiegend) in einem Reputationsverlust und daraus erwachsenen Umsatzrückgängen besteht.[283] In solchen Fällen ist der Nachweis von Schaden und haftungsausfüllender Kausalität kaum möglich. Für die Organmitglieder besteht allerdings die Gefahr, dass das Gericht unter Berufung auf § 287 ZPO einen Schaden schätzt, der weit über dem liegt, den die Organmitglieder mit ihrem pflichtwidrigen Verhalten verursacht haben.[284] 964

278 *Selter*, AG 2012, 11 [17].

279 *Kiefner/Krämer*, AG 2012, 498 [499].

280 Vgl nur *Thole*, ZHR 173 (2009), 504 [525].

281 Instruktiv hierzu: *Schöne/Petersen*, AG 2012, 700 [703].

282 *Mertens/Cahn*, in: KölnKomm AktG, § 93, Rn 56; *Marsch-Barner*, ZHR 173 (2009), 723 [724 ff]; ablehnend: *Thole*, ZHR 173 (2009), 504 [527 f], mit Verweis auf die Verminderung der verhaltenssteuernden Präventionswirkung der Schadensersatzpflicht, während die Vorteilsanrechnung auf eine Prämierung von Gesetzesverstößen hinauslaufe.

283 Vgl *Horn*, ZIP 1997, 1129 [1136]; *Thole*, ZHR 173 (2009), 504 [525].

284 *Thole*, ZHR 173 (2009), 504 [525], begrüßt die Anwendbarkeit von § 287 ZPO in solchen Fällen, da sie das Beweisproblem der Gesellschaft zumindest teilweise aufzulösen vermag.

e) Beweislastverteilung

965 Ist streitig, ob Aufsichtsratsmitglieder die Sorgfalt eines ordentlichen und gewissenhaften Überwachers angewandt haben, so trifft sie gemäß §§ 116 Satz 1, 93 Abs. 2 Satz 2 AktG bzw §§ 41, 34 Abs. 2 Satz 2 GenG die Beweislast. Aufsichtsratsmitglieder müssen sich somit hinsichtlich Pflichtverletzung und Verschulden exkulpieren,[285] worin eine für die Gesellschaft bzw Genossenschaft günstige Abweichung von den allgemeinen Grundsätzen der sog. Normentheorie liegt, wonach jede Partei die Voraussetzungen der für sie günstigen Norm beweisen muss.[286]

966 Die Gesellschaft bzw Genossenschaft hat somit nur Eintritt und Höhe des Schadens zu beweisen, ferner die Handlung – Tun oder Unterlassen – des Aufsichtsratsmitglieds und schließlich die adäquate Kausalität, also den Ursachenzusammenhang zwischen konkreter Pflichtverletzung des Aufsichtsratsmitglieds und dem der Gesellschaft entstandenen Schaden.[287] Darauf, dass der Schaden auch bei ordnungsgemäßer Pflichterfüllung und somit bei „rechtmäßigem Alternativverhalten" eingetreten wäre, können sich die in Anspruch genommene Aufsichtsratsmitglieder nicht berufen, zumindest dann nicht, wenn es um Verstöße gegen Organisations-, Kompetenz- und Verfahrensvorschriften geht. Denn diese müssen ihrer selbst willen beachtet werden.[288] Etwas anderes gilt hingegen dann, wenn die Aufsichtsratsmitglieder durch eigene unternehmerische Entscheidungen einen Schaden verursacht haben, zB durch die Zustimmung zu Maßnahmen, für welche ein Zustimmungsvorbehalt iS von § 111 Abs. 4 Satz 2 AktG begründet war.[289] Allerdings ist auch in solchen Fällen die Hürde hoch. Die bloße Behauptung des Aufsichtsratsmitglieds, dass der pflichtwidrige Beschluss auch ohne seine Stimme und somit bei pflichtgemäßem Handeln im Zuge der Stimmabgabe gefasst worden wäre, reicht zur Haftungsfreizeichnung nicht aus.[290] Dasselbe gilt für die Behauptung, der Vorstand hätte trotz Verweigerung der Zustimmung die Maßnahme, wie geplant, vorgenommen. Denn bei der Prüfung rechtmäßigen Alternativverhaltens ist stets zu unterstellen, dass sich die anderen Beteiligten recht- und ordnungsgemäß verhalten hätten.[291] Um diese Annahme zu entkräften, müsste das in Anspruch genommene Aufsichtsratsmitglied das Gegenteil dergestalt beweisen, dass ernsthafte Zweifel ausgeschlossen sind.[292]

f) Erweiterung und Einschränkung der Haftung

aa) Sondertatbestände der § 93 Abs. 3 AktG, § 34 Abs. 3 GenG

967 Aufsichtsratsmitglieder einer AG und KGaA haften auch bei Verletzung der in § 93 Abs. 3 AktG normierten Sondertatbestände – zB bei gesetzeswidriger Einlagenrückgewähr (Ziff. 1) oder Zahlung von Zinsen oder Gewinnanteilen an Aktionäre (Ziff. 2), Ausgabe von Aktien vor der vollen Leistung des Ausgabebetrages (Ziff. 4), Verteilung von Gesellschaftsvermögen (Ziff. 5), Zahlungen nach Eintritt von Überschuldung und/oder Zahlungsunfähigkeit

285 OLG Stuttgart, Beschl. v. 19.6.2012 – 20 W 1/12, abgedruckt in: NZG 2012, 1150 [Ls.]; Hüffer, AktG, § 116, Rn 8; *Drygala*, in: K. Schmidt/Lutter, AktG, § 116, Rn 34 mwN.

286 *Rosenberg*, Die Beweislast, S. 98 f.

287 Vgl OLG Stuttgart, Beschl. v. 19.6.2012 – 20 W 1/12, abgedruckt in: NZG 2012, 1150 [Ls.]; Hüffer, AktG, § 93, Rn 16; *Drygala*, in: K. Schmidt/Lutter, AktG, § 116, Rn 33 f.

288 *Drygala*, in: K. Schmidt/Lutter, AktG, § 116, Rn 33; *Spindler*, in Spindler/Stilz, AktG, § 116, Rn 110; *Grooterhorst*, NZG 2011, 921 [924]; OLG Stuttgart, Beschl. v. 19.6.2012 – 20 W 1/12, abgedruckt in: NZG 2012, 1150 [Ls.], hält dies jedoch nicht für ausgeschlossen; ähnlich LG Berlin, Urt. v. 8.10.2003 – 101 O 80/02 („IBG – Bankgesellschaft Berlin"), abgedruckt in: ZIP 2004, 73 [76], für einen Fall der Stimmenthaltung bei dem Vorwurf, es unterlassen zu haben, gegen den Antrag zu stimmen.

289 *Drygala*, in: K. Schmidt/Lutter, AktG, § 116, Rn 41; *Grooterhorst*, NZG 2011, 921 [924].

290 Vgl *Habersack*, in: MünchKomm AktG[3], § 116, Rn 69; *Grooterhorst*, NZG 2011, 921 [924].

291 *Grooterhorst*, NZG 2011, 921 [924]; *Vetter*, DB 2004, 2623 [2627 mwN].

292 *Vetter*, DB 2004, 2623 [2627 mwN].

(Ziff. 6), Vergütungen von Aufsichtsratsmitgliedern (Ziff. 7) sowie Kreditgewährung (Ziff. 8) – durch den Vorstand, sofern sie diesbezüglich ein Überwachungsverschulden trifft.[293] Das bedeutet, dass sie in den dort aufgezählten Fällen, in denen der Vorstand die Grundsätze von Kapitalaufbringung und -erhaltung verletzt, unabhängig vom Eintritt eines konkreten Schadens i. H. der abgeflossenen bzw vorenthaltenen Mittel haften.[294]

Ähnliches gilt für die Mitglieder des Aufsichtsrats einer eG, sofern der Vorstand entgegen § 34 Abs. 3 GenG pflichtwidrig Auszahlungen – gegen Gesetz oder Satzung verstoßende Auszahlung von Geschäftsguthaben (Ziff. 1), Gewährung von Zinsen oder Gewinnanteilen an Mitglieder (Ziff. 2), Verteilung von Genossenschaftsvermögen (Ziff. 3), Leistung von Zahlungen nach Eintritt der Insolvenzreife (Ziff. 4) und Gewährung von Kredit (Ziff. 5) – getätigt hat. Sie haften bereits dann, wenn es bei ordnungsgemäßer Kontrolle des Aufsichtsrats nicht zur Auszahlung durch den Vorstand gekommen wäre. Positive Kenntnis der Aufsichtsratsmitglieder von den Auszahlungen bedarf es hingegen nicht.[295] 968

bb) Vereinbarungen über Haftungsausschluss und Freistellung

Satzungsklauseln oder Vereinbarungen, in denen Aufsichtsratsmitglieder von der Haftung gegenüber der Gesellschaft bzw Genossenschaft befreit werden oder die Haftung anderweitig eingeschränkt wird, sind unzulässig.[296] Insofern gilt nichts anderes als bei den Mitgliedern des Vorstands. Hierin liegt ein entscheidender Unterschied zur Situation des Geschäftsführers einer GmbH, dessen Haftung nach hM[297] beschränkt oder gar ganz ausgeschlossen werden kann, soweit kein Fall des § 43 Abs. 3 GmbHG vorliegt[298] oder der Ausschluss bzw die Einschränkung der Haftung auch für Vorsatztaten gelten soll, vgl § 276 Abs. 3 BGB.[299] 969

Ohne rechtliche Bedeutung ist auch die Annahme der Wahl zum Aufsichtsratsmitglied unter dem Vorbehalt, für mangelnde Vorbildung nicht einzustehen,[300] mit der Folge eines abgeschwächten Sorgfaltsmaßstabs im Vergleich zu den übrigen Mitgliedern des Organs. 970

Freistellungserklärungen Dritter zugunsten von Aufsichtsratsmitgliedern sind hingegen erlaubt und uneingeschränkt gültig.[301] Aufsichtsratsmitglieder, die von einer Gebietskörperschaft in deren Rolle als Gesellschafterin in das Überwachungsorgan der Gesellschaft entsandt werden, sind regelmäßig aufgrund von Bestimmungen in den landesrechtlichen Gemeindeordnungen (GO) von der Innenhaftung freigestellt, sofern sie sich nicht grob fahrlässiges oder gar vorsätzliches Verhalten vorwerfen lassen müssen.[302] 971

---

293 Vgl Hüffer, AktG, § 116, Rn 8 a.

294 Vgl Hüffer, AktG, § 93, Rn 22.

295 Vgl *Beuthien*, in: Beuthien, GenG, § 41, Rn 18.

296 *Semler*, in: MünchKomm AktG², § 116, Rn 560; *Drygala*, in: K. Schmidt/Lutter, AktG, § 116, Rn 35, für die AG.

297 Zum Meinungsstand vgl nur *Fleischer*, in: MünchKomm GmbHG, § 43, Rn 298 ff.

298 BGH, Urt. v. 15.11.1999 – II ZR 122/98, abgedruckt in: NJW 2000, 576 [576] = NZG 2000, 204 = ZIP 2000, 135; BGH, Urt. v. 16.9.2002 – II ZR 107/01, abgedruckt in: NJW 2002, 3777 [3777 f], jeweils für eine Verkürzung der Verjährungsfrist des § 43 Abs. 4 GmbHG.

299 Vgl *Hoffmann*, NJW 2012, 1393 [1397], der für Vorstands- und Aufsichtsratsmitglieder insofern eine Analogie zum GmbH-Recht befürwortet.

300 *Beuthien*, in: Beuthien, GenG, § 41, Rn 20, für die eG.

301 Hüffer, AktG, § 116, Rn 8.

302 Vgl § 113 Abs. 3 GO NW u. Art. 93 Abs. 3 BayGO; vgl hierzu auch *Otto/Fonk*, CCZ 2012, 161 [169], die passives Warten auf Erteilung von Informationen durch Geschäftsführung oder Vorstand als regemäßig grob fahrlässiges Verhalten einstufen.

cc) Haftungsausschluss oder –begrenzung qua Gesetzes?

(1) Ausgangssituation und Lösungsansätze des Schrifttums

972 Vorstands- und auch Aufsichtsratsmitglieder haften bereits bei leicht fahrlässigen Pflichtverletzungen.[303] Eine Haftungsbegrenzung ist vom Gesetzeswortlaut nicht vorgesehen. Außerdem ist derzeit, wie bereits gezeigt wurde, eine Absenkung des Sorgfaltsmaßstabes weder vertraglich noch statutarisch realisierbar. Vor diesem Hintergrund sowie den immensen Höhen von Schadensersatzansprüchen deutscher, börsennotierter Unternehmen gegen ihre Organmitglieder – konkret geht es sich hierbei um Ansprüche gegen ehemalige Vorstandsmitglieder[304] der Unternehmen –, bei denen es sich vornehmlich um Regressansprüche[305] handelt, ist die Diskussion über die Möglichkeit von betragsmäßigen Haftungsbegrenzungen[306] bis hin zu einem generellen Ausschluss der Haftung zuletzt neu[307] entfacht.[308]

973 Die Befürworter einer Begrenzung bzw eines Ausschlusses wenden zB die Grundsätze „betrieblich veranlasster Tätigkeit“ im Arbeitsrecht entsprechend an, wodurch eine Abstufung nach Verschuldensgraden geschaffen würde.[309] Ein anderer Begründungsansatz liegt darin, § 43 Abs. 2 GmbHG zur Haftung des GmbH-Geschäftsführers für Vorstands- und Aufsichtsratsmitglieder analog heranzuziehen.[310] Wieder andere setzen bei der Verfolgungspflicht des Aufsichtsrats an, welche durch die ARAG/Garmenbeck-Entscheidung des BGH (dazu Rn 880 ff) als umfassende ausgestaltet wurde.[311] Schließlich wird eine Begrenzung der Haftung in Regressfällen, in denen die Gesellschaft erfolgreich von Dritten auf Schadensersatz in Anspruch genommen wurde und nunmehr die hierfür verantwortlichen Organmitglieder in Anspruch nimmt, mit der Fürsorgepflicht der Gesellschaft gegenüber ihren Organmitgliedern begründet.[312] Als Rechtsgrundlage wird insofern § 242 BGB iVm dem rechtsgeschäftlichen Fundament des Bestellungsaktes genannt.[313]

---

303 Vgl *Fleischer*, in: Spindler/Stilz, AktG, § 93, Rn 206; *Hölters*, in: Hölters, AktG, § 93, Rn 251; hierzu auch: *Schöne/Petersen*, AG 2012, 700 [701 f]; *Spindler*, AG 2013, 889 [894 ff], plädiert für eine Beschränkung der Haftung auf Vorsatz und grobe Fahrlässigkeit.

304 Beispiele bei *Hoffmann*, NJW 2012, 1393; *Schöne/Petersen*, AG 2012, 700; *Koch*, AG 2012, 429 [430], wonach „zwischen dem geringen Gewicht des angeblichen Fehlverhaltens und der Vehemenz der daran anschließenden Rechtsfolgen eine Diskrepanz“ bestehe, die „bei manchem einen Gerechtigkeitsnerv treffen mag.“.

305 *Dreher*, FS Konzen, 2006, S. 85 [103 ff], für Fälle von Geldbußen zulasten des Unternehmens bei Kartellverstößen.

306 Vgl Hüffer, AktG, § 93 Rn 15, wonach der Regress „dem Unfang nach angemessen zu begrenzen“ ist; vgl auch *Mertens/Cahn*, in: KölnKomm AktG, § 93, Rn 56 f; *Bayer*, FS K. Schmidt, 2009, S. 85 [95 ff]; *Fleischer*, BB 2008, 1070 [1073]; *Hoffmann*, NJW 2012, 1393 [1393 ff], der von einer Existenz bedrohenden Gefahr für Vorstands- und Aufsichtsratsmitglieder spricht; *Thole*, ZHR 173 (2009), 504 [533 f]; *Koch*, AG 2012, 429; vgl auch *Kapp/Gärtner*, CCZ 2009, 168 [170]; *Werner*, CCZ 2010, 143 [145 f]; *Zimmermann*, WM 2008, 433 [438], wonach der Gesellschaft als Gläubigerin die durch Kartellrechtsverstöße entstandenen Vorteile anzurechnen sind.

307 Vgl *Schöne/Petersen*, AG 2012, 700 [705]; vgl auch *Brommer*, AG 2013, 121 [124 ff], wonach mit der Steigerung der Attraktivität der Aktionärsklage als Korrektiv eine Erschwerung der Inanspruchnahme der Organmitglieder einhergehen müsse.

308 Ablehnend: *Schöne/Petersen*, AG 2012, 700; *Zimmermann*, WM 2008, 433 [436 ff], für Bußgelder, die das Unternehmen zu zahlen hat und deretwegen es die Organmitglieder in Regress nimmt.

309 Vgl *Brommer*, AG 2013, 121 [128 ff], der darüber hinaus noch „Höhe der Vergütung“ und deren „Verhältnis zum entstandenen Schaden“, „Versicherbarkeit des Haftungsrisikos“ sowie eine Differenzierung nach Erst- und Wiederholungstätern in seine Betrachtung einbezieht; vgl auch *Casper*, ZHR 176 (2012), 617 [638 f]; *Hoffmann*, NJW 2012, 1393 [1396]; *Koch*, AG 2012, 429 [435 ff].

310 Vgl *Hoffmann*, NJW 2012, 1393 [1397]; *Spindler*, AG 2013, 889 [896].

311 *Paefgen*, AG 2008, 761 ff; kritisch: *Koch*, AG 2012, 429 [431].

312 *Bayer*, FS K. Schmidt, 2009, S. 85 [97]; *Brommer*, AG 2013, 121 [128]; *Casper*, ZHR 176 (2012), 617 [636 f]; *Koch*, AG 2012, 429 [435]; *Spindler*, AG 2013, 889 [894].

313 *Fleischer*, in: Spindler/Stilz, AktG, § 84, Rn 31; *Spindler*, in: MünchKomm AktG^3, § 84, Rn 58; *Mertens/Cahn*, in: KölnKomm AktG, § 84, Rn 41; *Koch*, AG 2012, 429 [434].

(2) Schwierigkeiten der Begründung für Vorschläge zur Haftungsbegrenzung

Diese Ansätze begegnen jedoch großen Bedenken. Zunächst sind Arbeitnehmer gerade aufgrund ihrer Abhängigkeit und deshalb, weil sie nicht unmittelbar am unternehmerischen Erfolg partizipieren, besonders schützenswert. Währenddessen übt das Vorstandsmitglied als konkreter Prinzipal Arbeitgeberfunktion aus, unterliegt keinen Weisungen und seine Leistung wird unmittelbar am Unternehmenserfolg bemessen.[314] Der Kerngedanke der arbeitsrechtlichen Grundsätze über die betrieblich veranlasste Tätigkeit besteht darin, dass es „unangemessen wäre, die Chancen unternehmerischen Handelns dem Arbeitgeber, die daraus erwachsenden Risiken aber dem Arbeitnehmer zuzuweisen."[315] Dieser Gedanke ist auf Organmitglieder allenfalls eingeschränkt[316] übertragbar, so dass eine generelle Anwendbarkeit der arbeitsrechtlichen Grundsätze ausscheidet. Letzteres gilt auch insofern, als dass das vorgebrachte Argument, Regressforderungen der Gesellschaft könnten ihre (ehemaligen) Organmitglieder wirtschaftliche überfordern, nur bei nicht von der D&O-Versicherung erfassten, betragsmäßig sehr hohen Forderungen gilt, die arbeitsrechtlichen Grundsätze jedoch – wenn überhaupt – auf alle Forderungen gleichermaßen angewendet werden müssten.[317] 974

Die Haftung von Vorstandsmitgliedern einerseits und diejenige von Geschäftsführern einer GmbH andererseits ist bereits deshalb nicht vergleichbar, weil die Geschäftsführer Weisungen der Gesellschafter unterliegen, während Vorstandsmitglieder ein großes Maß an unternehmerischer Freiheit genießen, vgl § 84 Abs. 3 AktG (dazu Rn 549 ff). Zwar können Aufsichtsratsmitglieder im Gegensatz zu Vorstandsmitgliedern gemäß § 103 Abs. 1 AktG jederzeit und ohne wichtigen Grund von der Hauptversammlung abberufen werden. Sie unterliegen jedoch ebenfalls keinen Weisungen der Aktionäre. 975

Eine Einschränkung der Verfolgungspflicht des Aufsichtsrats steht dem Willen des Gesetzgebers entgegen, der im Jahr 2005 und somit acht Jahre nach der ARAG/Garmenbeck-Entscheidung die Regelungen des UMAG geschaffen hat, welche die Haftungssituation für Vorstands- und Aufsichtsratsmitglieder nicht entschärft, sondern im Gegenteil verschärft haben.[318] 976

Schließlich kann auch die Fürsorgepflicht der Gesellschaft gegenüber ihren Organmitgliedern für eine Begrenzung deren Haftung nicht herangezogen werden. Denn andernfalls würde der wirtschaftlich Geschädigte, also derjenige, der letztlich den Schaden zu tragen hat, denjenigen schützen müssen, der diesen Schaden durch pflichtwidriges Verhalten verursacht hat.[319] 977

Insofern dürfte die Forderung nach Zulassung von Haftungsbegrenzungen oder gar Haftungsausschluss für Vorstands- und Aufsichtsratsmitglieder im Innenverhältnis, unabhängig vom Fehlen einer planwidrigen Regelungslücke, lediglich als rechtspolitische Forderung zu verstehen sein, die an das „Gerechtigkeitsempfinden" appelliert.[320] 978

---

314 Zur fehlenden Vergleichbarkeit der Situation bei Arbeitnehmern und Organmitglieder, vgl *Schöne/Petersen*, AG 2012, 700 [704]; Koch, AG 2012, 429 [436]; wohl aA: *Hoffmann*, NJW 2012, 1393 [1397].

315 *Koch*, AG 2012, 429 [436].

316 In diesem Sinne *Brommer*, AG 2013, 121 [128]; zu einseitig auf den Fall *Kirch/Deutsche Bank/Breuer* bezogen, *Schöne/Petersen*, AG 2012, 700 [704].

317 So auch: *Schöne/Petersen*, AG 2012, 700 [705].

318 *Koch*, AG 2012, 429 [431 mwN].

319 Vgl *Schöne/Petersen*, AG 2012, 700 [705].

320 Zur Bedeutung des „allgemeinen Gerechtigkeitsempfindens" als Argument in der Diskussion, zur Behauptung, Geschäftsrisiken der Gesellschaft würden auf die Organmitglieder abgewälzt, und zu rechtsökonomischen Überlegungen, vgl *Schöne/Petersen*, AG 2012, 700 [701 f]; *Koch*, AG 2012, 429 [430].

(3) Zusätzliche Haftungsrisiken für Aufsichtsratsmitglieder

979 Unabhängig von der Begründung einer vermeintlichen Haftungsbegrenzung bzw Regressminderung qua Gesetzes sind deren Kriterien völlig ungeklärt.[321] Dieser Umstand führte dazu, dass die Aufsichtsratsmitglieder bei Schadensersatzansprüchen der Gesellschaft gegen (ehemalige) Mitglieder deren Vorstands erheblichen Unsicherheiten ausgesetzt wären, woraus ihnen persönliche Risiken erwüchsen. Denn sie müssten nach korrekter Umsetzung der Vorgaben der ARAG/Garmenbeck-Rechtsprechung des BGH (dazu Rn 880 ff) im Hinblick auf das „Ob" der Inanspruchnahme der Vorstandsmitglieder auch noch prüfen und darüber entscheiden, in welcher Höhe diese zu erfolgen hat. Gingen sie hierbei über das – wie auch immer zu ermittelnde – Maß hinaus, griffen sie in die alleinige Kompetenz der Hauptversammlung über den teilweisen oder vollständigen Verzicht auf Regressforderungen gegen Vorstandsmitglieder gemäß § 93 Abs. 4 Satz 3 AktG ein, worin eine eigenständige Pflichtverletzung läge. Zu Recht weisen *Schöne* und *Petersen* daher auf die Gefahr einer „Kettenverstrickung" hin. Die schuldhaft pflichtwidrig handelnden Vorstandsmitglieder könnten die Aufsichtsratsmitglieder mit „in die Haftung" nehmen.[322]

(4) Sonderfall des Regresses

980 Etwas anders verhält es sich in Fällen, in denen die Gesellschaft wegen Kartellrechtsverstößen[323] eine Geldbuße zu zahlen hat und anschließend ihre Organmitglieder in Regress nimmt.[324] Denn in solchen Fällen bemisst sich die Höhe der Geldbuße anhand der Leistungsfähigkeit der Gesellschaft, die regelmäßig um ein Vielfaches größer ist als diejenige des auf Regress in Anspruch genommenen Organmitglieds.[325] Das gegen die Gesellschaft festgesetzte Bußgeld könnte wegen des Verstoßes gegen den elementaren Grundsatz der Verhältnismäßigkeit gegen eine natürliche Person gar nicht verhängt werden.[326] Daher muss dieser Grundsatz auch für die Inregressnahme gelten, da andernfalls eine unzulässige Umgehung vorläge.[327] Umstritten ist jedoch, ob eine solche Umgehung mittels Regressausschlusses[328] oder lediglich durch eine betragsmäßige Beschränkung[329] des Anspruchs der Gesellschaft zu verhindern ist und im Fall der Beschränkung, wonach sich deren Höhe bemisst. Hier wird zum Teil vorgeschlagen, den Regress auf den hypothetischen Betrag zu begrenzen, der gegen das in Anspruch genommene Organmitglied hätte verhängt werden dürfen.[330] Die Gegenpo-

321 Koch, AG 2012, 429 [438 f], nennt exemplarisch „Verschuldensgrad (leichte und mittlere Fahrlässigkeit)", „konkrete Schadensgeneigtheit der Tätigkeit" und die „Höhe der Vergütung" einschließlich einer eventuell gezahlten „Risikoprämie" und das „Verhältnis zwischen fixen und variablen Vergütungsbestandteilen"; vgl auch *Thole*, ZHR 173 (2009), 504 [533], im Hinblick auf die zulasten der Vorstandsmitglieder bestehenden Schwierigkeiten bei der Einschätzung der Risiken.

322 Vgl *Schöne/Petersen*, AG 2012, 700 [705].

323 Ähnlich verhält es sich bei Verstößen gegen Umwelt- oder Wettbewerbsrecht, wenngleich die Wertungen des jeweiligen Rechtsgebiets zu berücksichtigen sind, vgl *Marsch-Barner*, ZHR 173 (2009), 723 [730].

324 Vgl BGH, Urt. v. 14.11.1997 – IX ZR 215/95, abgedruckt in: NJW 1997, 518 [519] = DB 1997, 472, zur Möglichkeit der Inregressnahme eines anderen bei eigener Verpflichtung zur Zahlung eines Bußgeldes; vgl auch *Marsch-Barner*, ZHR 173 (2009), 723 [729 ff], zum Regress wegen Kartellverstößen.

325 Vgl hierzu *Bayer*, FS K. Schmidt, 2009, S. 85 [96]; *Marsch-Barner*, ZHR 173 (2009), 723 [730].

326 *Bayer*, FS K. Schmidt, 2009, S. 85 [96 f], der von der Verhängung einer „wirtschaftlicher Todesstrafe" spricht.

327 Teilweise zustimmend: *Thole*, ZHR 173 (2009), 504 [534], wonach aufrgund der Außenverantwortlichkeit des Organmitglieds eine unbeschränkte Innenhaftung zu einer Übermaßhaftung führen kann; aA: *Kapp/Gärtner*, CCZ 2009, 168 [170]; *Zimmermann*, WM 2008, 433 [438].

328 *Dreher*, FS Konzen, 2006, S. 85 [103 ff, 106], wonach die Inanspruchnahme der Organmitglieder auf Regress außerhalb des Schutzbereichs von (§ 116 Satz 1 iVm) § 93 Abs. 2 Satz 1 AktG liege; ablehnend *Thole*, ZHR 173 (2009), 504 [532 f].

329 Vgl *Bayer*, FS K. Schmidt, 2009, S. 85 [97]; *Fleischer*, BB 2008, 1070 [1073]; *Marsch-Barner*, ZHR 173 (2009), 723 [730]; *Thole*, ZHR 173 (2009), 504 [533 f].

330 *Fleischer*, BB 2008, 1070 [1073].

sition möchte die Grundsätze der Arbeitnehmerhaftung heranziehen und somit den Regress auf einen angemessenen Rahmen beschränken, wobei Schadensumfang, Schwere der Pflichtverletzung sowie Vergütung des in Regress genommenen Organmitglieds für den konkreten Betrag ausschlaggebend sein sollen.[331] Im Zweifel gelangen beide Ansichten praktisch zu ähnlichen, wenn nicht sogar zu identischen Ergebnissen bzw Beträgen. Denn die Kriterien für die Bemessung des Regresses sind nach beiden Auffassungen vergleichbar. So hat die wirtschaftliche Leistungsfähigkeit der Personen, gegen die Bußgelder verhängt werden, zB gemäß § 81 Abs. 4 GWB bei Verstößen gegen Kartellverbote oder allgemein gemäß § 17 Abs. 3 OWiG Einfluss auf deren Höhe. Dasselbe gilt für den Verschuldensgrad gemäß § 17 Abs. 2 OWiG.

(5) **Gesichtspunkt der Vorteilsausgleichung**

Schließlich ist auch die Frage der Vorteilsausgleichung bzw. -anrechnung im Zusammenhang 981
mit der Inanspruchnahme von Organmitgliedern wegen Verstößen gegen die Legalitätspflicht noch weitestgehend unbeantwortet. Hierbei geht es darum, ob sich das Organmitglied zB bei Kartellverstößen wirksam darauf berufen kann, dass der Gesellschaft aus seinem pflichtwidrigen Verhalten wirtschaftliche Vorteile erwachsen sind, die bei der Schadensberechnung und somit bei der Bezifferung des Anspruchs in Abzug zu bringen sind. Dies wird in der Literatur durchaus bejaht.[332] Die Rechtsprechung versagt dem Anspruchschuldner hingegen eine Vorteilsausgleichung, wenn sie Sinn und Zweck seiner Ersatzpflicht widerspräche, weil sie ihn unter Würdigung der Umstände unbillig entlasten würde.[333] Ob dies auch für Organmitglieder gilt, die gegen die Legalitätspflicht verstoßen und der Gesellschaft dadurch einen Schaden in Form eines Bußgeldes zufügen, ist fraglich.[334] Aus dem Gesichtspunkt der Schadensprävention,[335] also der Steuerung des Verhaltens der Organmitglieder, würde sich die Möglichkeit der Vorteilsausgleichung eher negativ auswirken, da sie die Organmitglieder entlasten und somit nicht in dem Ausmaß von weiteren Pflichtverstößen abhalten würde, als wenn ihnen die Vorteilsanrechnung verwehrt wäre. Andererseits ist nicht einzusehen, dass die Gesellschaft von den Pflichtverletzungen ihrer Organmitglieder profitieren soll, indem sie zwar den Schaden in Gestalt des Bußgeldes von diesen ersetzt verlangen kann, im Gegenzug sich aber die durch die Pflichtverletzung entstandenen wirtschaftlichen Vorteile nicht anrechnen lassen muss.[336] Aus diesem Grund dürfte eine Vorteilsanrechung zugunsten des Organmitglieds regelmäßig möglich sein, zumal die Instrumente der Vorteilsabschöpfung gemäß §§ 34, 34 a GWB, § 10 UWG zuweilen unzureichend sind, um der Gesellschaft den Vorteil gänzlich zu nehmen,[337] und § 93 Abs. 2 Satz 1 AktG in erster Linie der Schadenskompensation dient und das öffentliche Interesse nicht gegen, sondern gerade für eine Vorteilsanrechnung spricht.[338]

331 *Bayer*, FS K. Schmidt, 2009, S. 85 [97 f].

332 Hüffer, AktG, § 93, Rn 15; *Bayer*, FS K. Schmidt, 2009, S. 85 [94]; *Fleischer*, BB 2008, 1070 [1073]; *Werner*, CCZ 2010, 143 [145]; *Zimmermann*, WM 2008, 433 [439]; vgl auch *Thole*, ZHR 173 (2009), 504 [529 ff], der eine nur beschränkte Vorteilsausgleichung zulassen will, sie hingegen versagt werden soll, wie die „zu beachtende Rechtsbindung einem qualifizierten öffentlichen Interesse dient".

333 BGH, Urt. v. 15.1.1953 – VI ZR 46/52, abgedruckt in: BGHZ 8, 325 [328] = NJW 1953, 618; BGH, Urt. v. 17.6.1953 – VI ZR 113/52, abgedruckt in: BGHZ 10, 107 [108] = BeckRS 1953, 30397539; BGH, Urt. v. 24.3.1959 – VI ZR 90/58, abgedruckt in: BGHZ 30, 29 [33] = NJW 1959, 1078; BGH, Urt. v. 17.5.1984 – VII ZR 169/82, abgedruckt in: BGHZ 91, 206 [210] = NJW 1984, 2457; BGH, Urt. v. 6.6.1997 – V ZR 115/96, abgedruckt in: BGHZ 136, 52 [54] = NJW 1997, 2378 = ZIP 1997, 1378.

334 Hierzu *Thole*, ZHR 173 (2009), 504 [526 ff].

335 Vgl *Werner*, CCZ 2010, 143 [145], im Zusammenhang mit § 81 GWB auf dessen „Ahndungsfunktion" abstellt, womit deren generalpräventiver Charakter klargestellt wird.

336 So im Erg. auch *Thole*, ZHR 173 (2009), 504 [527 ff]; *Werner*, CCZ 2010, 143 [145 f].

337 *Thole*, ZHR 173 (2009), 504 [527 ff].

338 *Werner*, CCZ 2010, 143 [145 f].

dd) Haupt- und Generalversammlungsbeschlüsse zur Geschäftsführung

982 Der Gesellschaft gegenüber tritt eine Ersatzpflicht der Vorstands- und Aufsichtsratsmitglieder nicht ein,[339] wenn deren Handlungen auf einem gesetzmäßigen Beschluss der Hauptversammlung beruht, vgl § 93 Abs. 4 Satz 1 AktG (iVm § 116 Satz 1 AktG).[340] Der Aufsichtsrat ist gemäß § 147 Abs. 1 iVm §§ 46 bis 48, 53 AktG allerdings nur an Beschlüsse der Hauptversammlung gebunden,[341] welche die Geltendmachung von Ersatzansprüchen der Gesellschaft aus der Gründung gegen Gründer und Personen, für deren Rechnung die Gründer Aktien übernommen haben, sowie gegen Mitglieder des Vorstands und des Aufsichtsrats betreffen. Insofern besteht eine erhebliche Diskrepanz zur Rechtslage beim Vorstand, der gemäß § 83 Abs. 2 AktG verpflichtet ist, sämtliche von der Hauptversammlung im Rahmen deren Zuständigkeit beschlossene Maßnahmen auszuführen, wobei er mittels entsprechenden Verlangens die Zuständigkeit der Hauptversammlung gemäß § 119 Abs. 2 AktG auf Fragen der Geschäftsführung erstrecken kann.[342] Auf diese Weise kann sich der Vorstand gegen spätere Schadensersatzforderungen der Gesellschaft absichern, wenn er unsicher ist, ob eine Entscheidung rechtmäßig und ermessensfehlerfrei ist. Nur bei evident rechtswidrigen Vorhaben oder solchen, die der Vorstand als rechtswidrig erkannt hat, führt die Vorlage gemäß § 119 Abs. 2 AktG trotz entsprechenden Hauptversammlungsbeschlusses nicht zum Haftungsausschluss.[343] Denkbar wäre es, § 119 Abs. 2 AktG entgegen seinem Wortlaut auch auf den Aufsichtsrat anzuwenden, um auch dessen Mitgliedern eine Ausdehnung des Anwendungsbereichs von § 93 Abs. 4 Satz 1 AktG zu ermöglichen.[344] Eine entsprechende Anwendung von § 119 Abs. 2 AktG kann aber keinesfalls bedeuten, dass der Aufsichtsrat in die Zuständigkeit des Vorstands eingreift, indem er der Hauptversammlung Geschäftsführungsmaßnahmen zur Entscheidung vorlegt. Denn damit würde sowohl gegen § 76 Abs. 1 AktG als auch gegen § 111 Abs. 4 Satz 1 AktG verstoßen.[345] Eine entsprechende Anwendbarkeit von § 119 Abs. 2 AktG auf den Aufsichtsrat kommt somit nur in Fällen originärer Geschäftsführungsbefugnis des Aufsichtsrats in Betracht. Hierzu zählen neben den Fällen des § 147 Abs. 1 AktG in erster Linie Fälle, in denen Rechtsgeschäfte zwischen der Gesellschaft und ihren Vorstandsmitgliedern bestehen, vgl auch § 112 AktG.[346]

339 Eine Einschränkung dieses Grundsatzes besteht im Verhältnis zu unbefriedigten Gläubigern der Gesellschaft gemäß § 93 Abs. 5 Satz 3 (iVm § 116 Satz 1) AktG bzw der Genossenschaft § 34 Abs. 5 Satz 2 (iVm § 41) GenG.

340 *Drygala*, in: K. Schmidt/Lutter, AktG, § 116, Rn 43; *Doralt/Doralt*, in: Semler/v. Schenck, Aufsichtsrat, § 13, Rn 153 f; *Fischbach*, ZIP 2013, 1153 [1154 f]; aA: Hüffer, AktG, § 116, Rn 8 a; *Habersack*, in MünchKomm AktG³, § 116, Rn 71; *Hambloch-Gesinn/Gesinn*, in: Hölters, AktG, § 116, Rn 74, die § 93 Abs. 4 Satz 1 AktG jedoch allesamt auf Fälle des § 147 Abs. 1 AktG anwenden.

341 **AA:** *Beuthien*, in: Beuthien, GenG, § 34, Rn 23, der den Begriff „beruhen" in § 34 Abs. 4 Satz 1 GenG, der dem Wortlaut nach § 93 Abs. 4 Satz 1 AktG entspricht, weiter auslegt und ausdrücklich keine Bindung des Vorstands an den Beschluss der Generalversammlung fordert, sondern eine Ermessensentscheidung des Vorstands auf der Grundlage des Generalversammlungsbeschlusses ausreichen lässt, wodurch er den Telos der Vorschrift, wonach die Mitglieder des Vorstands nicht für ein Verhalten verantwortlich gemacht werden können, das ihnen von der Generalversammlung vorgeschrieben wurde.

342 Die Hauptversammlung ist berechtigt, allerdings nicht verpflichtet, über die vom Vorstand vorgelegte Maßnahme zu entscheiden, vgl *Kubis*, in: MünchKomm AktG³, § 119 , Rn 27; *Spindler*, in: K. Schmidt/Lutter, AktG, § 119, Rn 24 f,

343 Ausführlich hierzu *Fischbach*, ZIP 2013, 1153 [1153 f].

344 Dafür: *Spindler*, in: K. Schmidt/Lutter, AktG, § 119, Rn 15; *Schüppen*, ZIP 2010, 905 [909 f]; dagegen: Hüffer, AktG, § 119, Rn 13; *Kubis*, in: MünchKomm AktG³, § 119, Rn 20.

345 Vgl *Fischbach*, ZIP 2013, 1153 [1155].

346 Vgl hierzu *Habersack*, in: MünchKomm AktG³, § 111, Rn 99; *Fischbach*, ZIP 2013, 1153 [1155 f], wonach diesbezüglich die Voraussetzungen für eine analoge Anwendung von § 119 Abs. 2 AktG vorliegen; beispielhaft zur Vorlage einer geplanten Maßnahme des Aufsichtsrats zur Vorstandsvergütung an die Hauptversammlung der Solarworld AG, *Schüppen*, ZIP 2010, 905 [910]; *Vetter*, ZIP 2009, 1307 [1308 f]; *v. Falkenhauser/Kocher*, AG 2010, 623 [627].

Bei der eG ist der Anwendungsbereich für förmliche Beschlüsse der General- bzw Vertreterversammlung als oberstem Willensbildungs- und Entscheidungsorgan[347] – allgemeines Einverständnis iS eines Meinungsbildes genügt nicht[348] – größer als derjenige bei AG oder KGaA für Hauptversammlungsbeschlüsse.[349] Denn die General- bzw Vertreterversammlung ist, anderes als die Hauptversammlung der AG gemäß § 119 Abs. 2 AktG, grundsätzlich auch für Angelegenheiten der Geschäftsführung zuständig, für solche, die den Bestand der eG oder die wirtschaftlichen Grundlagen deren Unternehmens betreffen, sogar zwingend,[350] so dass sie diesbezüglich dem Vorstand, der die eG ansonsten gemäß § 27 Abs. 1 Satz 1 GenG unter eigener Verantwortung aber ggf mit Beschränkungen durch die Satzung[351] leitet, gewisse Vorgaben machen kann.[352] Aufgrund der Bindung des Vorstands ist zwangsläufig auch der Aufsichtsrat gebunden, da seine Aufgabe nicht darin besteht, die General- bzw Vertreterversammlung zu überwachen und er somit auch nicht befugt ist, den Vorstand an der Umsetzung des Generalversammlungsbeschlusses zu hindern. Auf § 34 Abs. 4 Satz 1 GenG können sich die Mitglieder des Vorstands und iVm § 41 GenG diejenigen des Aufsichtsrats nicht berufen, wenn die Generalversammlung unzureichend über die Grundlagen der von ihr zu treffenden Entscheidung informiert wurden.[353] 983

ee) Verzicht und Vergleich

Die AG kann erst drei Jahre nach der Entstehung ihres Schadensersatzanspruchs gegen das Organmitglied und nur dann auf Ersatzansprüche verzichten oder sich über sie vergleichen, wenn die Hauptversammlung zustimmt und nicht eine Minderheit von Aktionären, deren Anteile zusammen den zehnten Teil des Grundkapitals erreichen, Widerspruch zur Hauptversammlungsniederschrift erhebt.[354] Die zeitliche Beschränkung gilt nicht, wenn das ersatzpflichtige Organmitglied zahlungsunfähig ist und sich zur Abwendung des Insolvenzverfahrens mit seinen Gläubigern vergleicht oder wenn die Ersatzpflicht in einem Insolvenzplan geregelt ist.[355] Maßgeblich für den gemäß §§ 187 Abs. 1, 188 Abs. 2 BGB zu beurteilenden Beginn der Drei-Jahres-Frist ist die Möglichkeit der klageweisen Geltendmachung des Anspruchs.[356] Die Voraussetzung der Zahlungsunfähigkeit dürfte bereits vorliegen, wenn sie erst durch Erfüllung der Schadensersatzforderung ausgelöst wird.[357] 984

Strittig bei der ersten Alternative – Vergleich mit den Gläubigern zur Abwendung des Insolvenzverfahrens, sog. Abwendungsvergleich – ist die Frage, wie viele Gläubiger des ersatzpflichtigen Organmitglieds sich an diesem Vergleich beteiligen müssen.[358] Abwendungsvergleiche dürfen zudem nur unter Wahrung der Vermögensinteressen der Gesellschaft geschlossen werden. Sie darf sich hierdurch nicht schlechter stellen als bei Durchführung des 985

---

347 *Beuthien*, in: Beuthien, GenG, § 43, Rn 2.

348 *Beuthien*, in: Beuthien, GenG, § 34, Rn 23.

349 BGH, Urt. v. 21.3.2005 – II ZR 54/03, abgedruckt in: DB 2005, 1269 [1271] = ZIP 2005, 981 = DStR 2005, 933 = NZG 2005, 562, weist jedoch darauf hin, dass im Vergleich zu den Mitgliedern der eG die Gesellschafter der GmbH in die Geschäftspolitik deren Unternehmens eingebunden sind und über Kontroll- und Weisungsrechte gegenüber den Geschäftsführern verfügen.

350 *Beuthien*, in: Beuthien, GenG, § 43, Rn 2.

351 § 27 Abs. 1 Satz 2 GenG.

352 Vgl *Beuthien*, in: Beuthien, GenG, § 34, Rn 23.

353 Vgl BGH, Urt. v. 21.3.2005 – II ZR 54/03, abgedruckt in: DB 2005, 1269 [1271] = ZIP 2005, 981 = DStR 2005, 933 = NZG 2005, 562.

354 Vgl § 93 Abs. 4 Satz 3 AktG.

355 Vgl § 93 Abs. 4 Satz 4 AktG; vgl auch die Parallelnormen in §§ 50 Satz 2, 302 Abs. 3 Satz 2, 309 Abs. 3 Satz 2 AktG, § 130 a Abs. 3 Satz 5 HGB und § 9 b Abs. 1 Satz 2 GmbHG.

356 *Hirte/Stoll*, ZIP 2010, 253 [253 f mwN].

357 *Hirte/Stoll*, ZIP 2010, 253 [257].

358 Streitdarstellung bei *Hirte/Stoll*, ZIP 2010, 253 [255 f], die ein Mindestquorum an Gläubigern, die an einem Abwendungsvergleich mitwirken müssen, ablehnen.

Insolvenzverfahrens über das Vermögen des Organmitglieds. Den Aufsichtsrat trifft, soweit es um Ersatzansprüche der Gesellschaft gegen (ehemalige) Vorstandsmitglieder geht, die Pflicht, sich ein angemessenes Bild von deren Vermögenssituation zu machen. Als betragsmäßige Untergrenze des Abwendungsvergleichs haben seine Mitglieder die fiktive Insolvenzquote stets zu berücksichtigen.[359] Der geplante Vergleich muss die Abwendung eines Insolvenzverfahrens oder dessen Einstellung erwarten lassen. Der Aufsichtsrat hat bei Fällen der Haftung von Vorstandsmitgliedern insofern eine gerichtlich nur eingeschränkt überprüfbare Prognoseentscheidung zu treffen.[360] Andererseits dürfte er verpflichtet sein, eine sog. Wiederauflebensklausel in den Vergleich aufzunehmen für den Fall, dass entgegen ursprünglicher Annahme über das Vermögen des ersatzpflichtigen Vorstandsmitglieds doch das Insolvenzverfahren eröffnet wird. Ansonsten stünde die Gesellschaft im Insolvenzfall schlechter als diejenigen Gläubiger, die sich nicht an dem Abwendungsvergleich beteiligt haben, weil sie nur den geringeren Vergleichsbetrag als Insolvenzforderung anmelden könnte.[361]

986 Die zweite Alternative – Regelung der Ersatzpflicht in einem Insolvenzplan – dürfte praktisch bedeutungslos sein, da Organmitglieder als natürliche Personen typischerweise keine „selbstständige wirtschaftliche Tätigkeit“ iSv § 304 Abs. 1 Satz 1 InsO ausüben, so dass es im Fall des Insolvenzverfahrens über ihr Vermögen nicht zu einem Insolvenzplan, sondern allenfalls zu einem Schuldenbereinigungsplan kommt.[362]

987 Denkbar ist es, um die Einschränkungen von Verzicht und Vergleich zu umgehen, den Ersatzanspruch der Gesellschaft gegen Entgelt an einen Dritten abzutreten, der hieran nicht gebunden ist.[363] Geschieht es ausschließlich zu diesem Zweck[364] oder gar ohne, dass der Dritte für den Ersatzanspruch der Gesellschaft eine Gegenleistung erbringt,[365] muss die Abtretung als Gesetzesumgehung unzulässig und sogar unwirksam sein.

ff) Entlastung

988 Gemäß § 120 Abs. 2 Satz 1 AktG billigen Haupt- und Generalversammlung durch die Entlastung die Verwaltung der Gesellschaft bzw Genossenschaft durch die Mitglieder des Vorstands und des Aufsichtsrats, wobei im Hinblick auf die Aufsichtsratsmitglieder weder zwischen gewählten und entsendeten noch zwischen Anteilseigner- und Arbeitnehmervertreter zu unterscheiden ist.[366] Darüber hinaus kann in der Entlastung auch gleichzeitig die Aussprache des Vertrauens in die zukünftige Geschäftsführung bzw Überwachung liegen.[367] Die Entlastung enthält gemäß § 120 Abs. 2 Satz 2 AktG jedoch keinen Verzicht auf Ersatzansprüche der AG gegen ihre Organwalter. Ihre Wirkungen beschränken sich auf die Reputation der (nicht) entlasteten Organmitglieder und ggf auf die Bereitschaft der Aktionäre zu de-

359 *Hirte/Stoll*, ZIP 2010, 253 [256].

360 *Hirte/Stoll*, ZIP 2010, 253 [257].

361 *Hirte/Stoll*, ZIP 2010, 253 [258].

362 *Hirte/Stoll*, ZIP 2010, 253 [255], halten aufgrund der funktionalen Entsprechung von Insolvenz- und Schuldenbereinigungsplan eine entsprechende Erweiterung des Anwendungsbereichs von § 93 Abs. 4 Satz 4 AktG für geboten.

363 *Fleischer*, in: Spindler/Stilz, AktG, § 93, Rn 277; *Hölters*, in: Hölters, AktG, § 93, Rn 307, 319; *Casper*, ZHR 176 (2012), 617 [645 f].

364 Vgl *Spindler*, in: MünchKomm AktG^3, § 93, Rn 233; *Krieger/Sailer-Cocenai*, in: K. Schmidt/Lutter, § 93, Rn 51; *Hölters*, in: Hölters, AktG, § 93, Rn 307, 319; *Hasselbach/Seibel*, AG 2008, 770 [772].

365 Hierzu *Hölters*, in: Hölters, AktG, § 93, Rn 307, 319; *Mertens/Cahn*, in: KölnKomm AktG, § 93, Rn 172.

366 Hüffer, AktG, § 120, Rn 5; *Spindler*, in: K. Schmidt/Lutter, AktG, § 120, Rn 11; *Volhard/Weber*, NZG 2003, 351.

367 BGH, Urt. v. 20.5.1985 – II ZR 165/84, abgedruckt in: BGHZ 94, 324 ff = NJW 1986, 129 f; vgl auch *Roth*, ZGR 2012, 343 [347], zur Historie von Billigung und Vertrauensbekundung durch die Hauptversammlung in Form der Entlastung.

ren Wiederbestellung.[368] Darüber hinaus erlaubt die Verweigerung der Entlastung durch die Hauptversammlung dem betroffenen Aufsichtsratsmitglied ungeachtet ihrer objektiven Berechtigung die sofortige und somit auch zur Unzeit erklärte Amtsniederlegung.[369]

Ob der Entlastung von Vorstands- und Aufsichtsratsmitgliedern einer eG gemäß § 48 Abs. 1 Satz 1 aE GenG durch General- bzw Vertreterversammlung Verzichtswirkung zukommt oder eine Analogie zur § 120 Abs. 2 Satz 2 AktG angebracht ist, hat der BGH bislang nicht entscheiden müssen und diese Frage bewusst offen gelassen.[370] 989

Entlastungsbeschlüsse der Hauptversammlung sind gemäß §§ 243 ff AktG von Aktionären mittels Klage anfechtbar, wenn sie zu Unrecht erfolgt sind. Dies ist der Fall, wenn trotz gravierender Verletzungen von Organpflichten iSd Relevanzerfordernisses[371] entlastet wird, also wenn Gegenstand der Entlastungsentscheidung ein Verhalten ist, das seinerseits eindeutig einen schwerwiegenden Gesetzes- oder Satzungsverstoß beinhaltet.[372] Eine solche Pflichtverletzung soll zB regelmäßig dann vorliegen, wenn Vorstand und Aufsichtsrat entgegen ihrer Verpflichtung aus § 161 AktG keine wahrheitsgemäße Entsprechenserklärung abgegeben oder eine einstmals korrekte Entsprechenserklärung bei Abweichungen von Empfehlungen des DCGK nicht entsprechend korrigiert haben.[373] (dazu Rn 752 ff) Die Anfechtbarkeit von Entlastungsbeschlüssen setzt voraus, dass sich die Entlastung im Hinblick auf ihren Vergangenheitsbezug nicht auf die Beurteilung der Zweckmäßigkeit der Verwaltungstätigkeit von Vorstand und Aufsichtsrat beschränkt,[374] sondern auch eine Aussage über Gesetzes- und Satzungskonformität des Verwaltungshandelns trifft.[375] Andernfalls stünde der Hauptversammlung ein uneingeschränktes und somit gerichtlich nicht überprüfbares Ermessen zu. 990

Diskutiert wird, ob die Hauptversammlung eine sog. Teilentlastung beschließen kann, ob sie also die Verwaltung der Gesellschaft im Allgemeinen billigen, zugleich aber im Hinblick auf bestimmte Angelegenheiten missbilligen kann. Die Mehrzahl der Autoren hält dies für möglich.[376] Für den Spezialfall der Entlastung der Aufsichtsratsmitglieder gemäß § 120 Abs. 1 AktG bei gleichzeitiger Missbilligung deren Amtsführung betreffend die Vergütung der Vorstandsmitglieder steht mit dem Votum zum Vergütungssystem iS von § 120 Abs. 4 AktG eine 991

368 Vgl nur *Tröger*, ZHR 175 (2011), 746 [781].

369 *Begemann/Laue*, BB 2009, 2442 [2445]: „mittelbare rechtliche Wirkungen"; *Volhard/Weber*, NZG 2003, 351 [353 mwN].

370 Vgl BGH, Urt. v. 21.3.2005 – II ZR 54/03, abgedruckt in: DB 2005, 1269 [1271] = ZIP 2005, 981 = DStR 2005, 933 = NZG 2005, 562; eine „begrenzte Verzichts- bzw negative Anerkenntniswirkung" bejahend: RG, Urt. v. 9.10.1936 – II 43/36, abgedruckt in: RGZ 152, 273 [281 f]; *Beuthien*, in: Beuthien, GenG, § 48, Rn 8.

371 Danach greift die Anfechtung durch, wenn der objektiv urteilende Aktionär wegen unzulänglicher Unterrichtung über die tatsächlich praktizierte Corporate Governance keine sachgerechte Entlastungsentscheidung für möglich gehalten hätte, vgl *Hüffer*, ZIP 2010, 1979 [1980 mwN].

372 BGH, Urt. v. 25.11.2002 – II ZR 133/01 („Macrotron"), abgedruckt in: BGHZ 153, 47 = NJW 2003, 1032 = NZG 2003, 280 = AG 2003, 273 = DB 2003, 544 = ZIP 2003, 387, zur Verletzung der Berichtspflicht gemäß § 314 Abs. 2 AktG; BGH, Beschl. v. 26.11.2007 – II ZR 227/06, abgedruckt in: NZG 2008, 309 = AG 2008, 83 = ZIP 2008, 70 = DB 2008, 113, zum satzungswidrigen Fehlen eines Lageberichts; OLG Düsseldorf, Urt. v. 22.11.2012 – I-6 U 18/12, abgedruckt in: NZG 2013, 178 [179], verneint einen solchen schwerwiegenden Verstoß, wenn die Mitglieder des Aufsichtsrats ihren Verpflichtungen aus § 314 Abs. 2 AktG bzw der entsprechenden Berichtspflicht gemäß § 171 Abs. 2 AktG nicht nachgekommen sind.

373 Vgl *Hüffer*, ZIP 2010, 1979 [1980].

374 So aber: *Kubis*, in: MünchKomm AktG², § 120, Rn 15, 47; *Spindler*, in: K. Schmidt/Lutter, AktG, § 120, Rn 31, unter Hinweis auf die Verzichtsmöglichkeit iS von § 93 Abs. 4 AktG.

375 BGH, Urt. v. 25.11.2002 – II ZR 133/01 („Macrotron"), abgedruckt in: BGHZ 153, 47 [50] = NZG 2003, 280 = ZIP 2003, 387; BGH, Urt. v. 18.10.2004 – II ZR 250/02 („ThyssenKrupp"), abgedruckt in: BGHZ 160, 385 [388] = NZG 2005, 77 = ZIP 2004, 2428; Hüffer, AktG, § 120, Rn 12; *Hoffmann*, in: Spindler/Stilz, AktG, § 120, Rn 44, 50.

376 Vgl hierzu nur die Nachweise bei *Döll*, WM 2010, 103 [105, Fn 31].

Sonderregelung zur Verfügung, die im praktischen Ergebnis die Möglichkeit der Teilentlastung normiert.[377]

g) Zeitliche Aspekte

992 Die Haftung des Aufsichtsratsmitglieds beginnt mit dem Wirksamwerden der Bestellung und somit idR durch deren Annahme, die nicht ausdrücklich erklärt werden muss, sondern sich auch aus den Umständen ergeben kann. Regelmäßig liegt in der Aufnahme der Tätigkeit die Annahme durch das Aufsichtsratsmitglied.[378] Auf die Wirksamkeit der Bestellung kommt es nicht an, wenn das Aufsichtsratsmitglied seine Tätigkeit tatsächlich ausgeübt hat.[379]

993 Die Haftung endet regelmäßig mit Ablauf der Amtszeit oder dem wirksamen Widerruf der Bestellung durch die Hauptversammlung, durch Arbeitnehmerorgane, den Entsendeberechtigten oder durch das Gericht.[380] Schließlich beendet auch die wirksame Amtsniederlegung des Aufsichtsratsmitglieds die Haftung für danach getroffene Entscheidungen und Maßnahmen, nicht jedoch für Vorgänge während dessen Amtszeit.[381] Aufsichtsratsmitglieder, die ihr Amt niederlegen, müssen dies ausdrücklich und frei von Bedingungen tun. Reine Untätigkeit ist regelmäßig nicht als schlüssig erklärte Amtsniederlegung auszulegen.[382] Üben Aufsichtsratsmitglieder ihre Tätigkeit auch noch nach dem wirksamen Widerruf ihrer Bestellung oder nach dem Ablauf ihrer Amtszeit aus, haften sie weiter und zwar solange, bis sie ihre Tätigkeit tatsächlich einstellen.[383] Ist der durch die Gesellschaft erklärte Widerruf der Bestellung unwirksam, haftet das Aufsichtsratsmitglied nicht für einen Schaden, der auf einer Verletzung seiner Mitwirkungspflicht beruht. Dies gilt selbst dann, wenn das Aufsichtsratsmitglied von der Unwirksamkeit des Widerrufs wusste und sich gegen den Widerruf gewehrt hat.[384]

994 Schadensersatzansprüche der AG gegen ihre Aufsichtsratsmitglieder wegen Sorgfaltspflichtverletzungen gemäß §§ 116 Satz 1, 93 AktG verjähren in fünf, bei Gesellschaften, die im Zeitpunkt der Pflichtverletzung börsennotiert waren, gemäß § 93 Abs. 6 AktG neuerdings[385] in zehn Jahren. Schadensersatzansprüche einer eG gegen ihre Aufsichtsratsmitglieder wegen Sorgfaltspflichtverletzungen gemäß §§ 41, 34 GenG verjähren ausnahmslos in fünf Jahren.[386] Der Fristlauf beginnt mit der Entstehung des Anspruchs[387] als objektivem Umstand.[388] Entstanden ist der Anspruch, sobald er durch Klage, zumindest durch Feststellungsklage, geltend gemacht werden kann. Ein Schaden muss bereits entstanden, seine Ent-

377 Zum Konkurrenzverhältnis zwischen Teilentlastung und Votum zum Vergütungssystem, vgl *Döll*, WM 2010, 103 [105].

378 *Semler*, in: MünchKomm AktG², § 116, Rn 39; *Beuthien*, in: Beuthien, GenG, § 41, Rn 3, für die eG.

379 RG, Urt. v. 9.10.1936 – II 43/36, abgedruckt in: RGZ 152, 273 [277], wonach durch die tatsächliche Betätigung als Aufsichtsratsmitglied ein Vertrag zwischen diesem und der eG zustande gekommen sein soll; *Beuthien*, in: Beuthien, GenG, § 41, Rn 3.

380 *Semler*, in: MünchKomm AktG², § 116, Rn 41.

381 *Semler*, in: MünchKomm AktG², § 116, Rn 42 mwN.

382 *Semler*, in: MünchKomm AktG², § 116, Rn 43 mwN.

383 *Semler*, in: MünchKomm AktG², § 116, Rn 44.

384 *Semler*, in: MünchKomm AktG², § 116, Rn 46.

385 Die Verdoppelung der Verjährungsfrist für Organmitglieder börsennotierter Aktiengesellschaft erfolgte aufgrund von Artt. 2 u. 6 Restrukturierungsgesetz mit Wirkung zum 15.12.2010.

386 § 34 Abs. 6 GenG.

387 § 200 BGB.

388 Hüffer, AktG, § 93, 37 mwN.

wicklung jedoch noch nicht abgeschlossen sein.[389] Dasselbe gilt für die eG.[390] Die Verjährungsfrist beginnt somit bereits zu laufen, wenn ein Kredit an einen zahlungsunfähigen Kunden ausgereicht wird und nicht erst, wenn die Gesellschaft mit ihrem Rückzahlungsanspruch ausfällt.[391]

h) Geltendmachung von Ersatzansprüchen

aa) Geltendmachung durch den Vorstand oder Aufsichtsrat

Als zur gerichtlichen und außergerichtlichen Vertretung der Gesellschaft berufenes Organ 995
obliegt es dem Vorstand,[392] Ersatzansprüche der Gesellschaft gegen Aufsichtsratsmitglieder geltend zu machen. Häufig jedoch werden Vorstandsmitglieder trotz ihrer Verpflichtung hierzu – insofern sind die Rechtsprechungsgrundsätze über die Verpflichtung des Aufsichtsrats zur Geltendmachung von Schadensersatzansprüchen der Gesellschaft gegen Vorstandsmitglieder entsprechend heranzuziehen[393] – davon absehen, um sich nicht selbst zu belasten, falls der fragliche Vorgang in ihre Amtszeit fällt.[394] Nichts anderes gilt im umgekehrten Fall, in dem Vorstandsmitglieder in Anspruch genommen werden müssten, die Mitglieder des Aufsichtsrats, der die Gesellschaft gemäß § 112 AktG vertritt, hiervor jedoch zurückscheuen. Dies wird insbesondere bei Aufsichtsratsmitgliedern der Fall sein, die vormals selbst dem Vorstand angehört haben und somit ihre eigenen Pflichtverletzungen verfolgen müssten.[395]

Aus diesem Grund hat der Gesetzgeber die Hauptversammlung mit der Befugnis ausgestat- 996
tet, Vorstand und Aufsichtsrat dazu zu zwingen, Ersatzansprüche gegen Mitglieder des jeweils anderen Organs geltend zu machen. Die Hauptversammlung beschließt hierüber mit einfacher Stimmenmehrheit.[396] Eine Verpflichtung des Aktionärs, einem Antrag auf Geltendmachung von Ersatzansprüchen zuzustimmen, besteht grundsätzlich nicht.[397] Ob in Krisensituationen aufgrund der gesellschaftlichen Treuepflicht[398] etwas anderes gilt, ist, soweit ersichtlich, noch ungeklärt. Bei entsprechendem Sachverhalt kann dies trotz der inzwischen verstärkten Minderheitsrechte jedoch nicht ganz ausgeschlossen werden. Wenn ein Beschluss zur Verfolgung von Ersatzansprüchen gefasst wird, sollen diese innerhalb von sechs Monaten seit dem Tag der Hauptversammlung geltend gemacht werden.[399] Hierzu ist der Vor-

389 BGH, Urt. v. 28.10.1993 – IV ZR 21/93, abgedruckt in: BGHZ 124, 27 [39 f] = NJW 1994, 323 [325], im Zusammenhang mit dem Verjährungsbeginn eines Schadensersatzanspruchs gegen den Abschlussprüfer, wonach eine bloße Gefährdung des Gesellschaftsvermögens noch nicht ausreicht, da sie einem konkreten Schadenseintritt nicht gleichsteht; BGH, Urt. v. 23.3.1987 – II ZR 190/86, abgedruckt in: BGHZ 100, 228 [231] = NJW 1987, 1887 [1888], bildet drei Fallgruppen: Entstehung des Ersatzanspruchs liegt vor, (1.) sobald ein Schaden dem Grunde nach entstanden ist, seine Höhe jedoch noch nicht beziffert werden kann, (2.) sobald eine Verschlechterung der Vermögenslage eingetreten ist, ohne dass zu diesem Zeitpunkt bereits feststeht, ob der Schaden bestehen bleibt und damit endgültig wird, oder (3.) sobald ein endgültiger Teilschaden eingetreten ist und mit der nicht entfernt liegenden Möglichkeit des Auftretens weiterer, bisher noch nicht erkennbarer Schäden bei verständiger Würdigung gerechnet werden kann oder solche als spätere schädigende Folge des zum Schadensersatz verpflichtenden Verhaltens eintreten.

390 Vgl §§ 41, 34 Abs. 6 GenG; *Beuthien*, in: Beuthien, GenG, § 34, Rn 27.

391 Vgl KG, Urt. v. 22.3.2005 – 14 U 248/03, abgedruckt in: WM 2005, 1570 [1572].

392 § 78 Abs. 1 Satz 1 AktG.

393 Vgl BGH, Urt. v. 21.4.1997 – II ZR 175/95 („ARAG/Garmenbeck"), abgedruckt in: BGHZ 135, 244 ff = NJW 1997, 1926 ff.

394 *P. u. W. Doralt*, in: Semler/v. Schenck, Aufsichtsrat, § 13, Rn 115 mwN; *Brommer*, AG 2013, 121 [121].

395 *Brommer*, AG 2013, 121 [121].

396 § 147 Abs. 1 Satz 1 AktG.

397 *P. u. W. Doralt*, in: Semler/v. Schenck, Aufsichtsrat, § 13, Rn 117.

398 Der BGH, Urt. v. 20.3.1995 – II ZR 205/94 („Girmes"), abgedruckt in: BGHZ 129, 136 ff, bejaht eine Treupflicht auch des Minderheitsaktionärs, die ihn verpflichte soll, seine Mitgliedschaftsrechte, insbesondere seine Mitverwaltungs- und Kontrollrechte, unter angemessener Berücksichtigung der gesellschaftsbezogenen Interessen der anderen Aktionäre auszuüben.

399 § 147 Abs. 1 Satz 2 AktG.

stand berufen. Allerdings kann die Hauptversammlung anstelle dessen auch einen sog. besonderen Vertreter bestellen.[400]

bb) Aktionärsklage

997 Aktionäre, deren Aktien zusammen 1% des Grundkapitals oder einen Nennbetrag von 100.000,- EUR erreichen, können gemäß § 148 Abs. 1 Satz 1 AktG vor dem Landgericht[401] die Zulassung beantragen, im eigenen Namen im Wege der Klage Ersatzansprüche der Gesellschaft gegen ihre Organmitglieder geltend zu machen. Hierdurch soll die Gesellschaft davor bewahrt werden, Schadensersatzansprüche gegen ihre (ehemaligen) Organmitglieder wegen des Eintritts der Verjährung nicht mehr erfolgreich geltend machen zu können. Denn regelmäßig tun sich die Mitglieder eines Organs der Verwaltung schwer, die Mitglieder des anderen auf Schadensersatz in Anspruch zu nehmen.[402] Um zugelassen zu werden, müssen die Aktionäre die Gesellschaft unter Setzung einer angemessenen Frist vergeblich aufgefordert haben, selbst Klage zu erheben.[403] Gibt das Gericht deren Antrag statt, muss die Klage innerhalb von drei Monaten nach Rechtskraft der Zulassungsentscheidung erhoben werden, wobei die Gesellschaft gemäß § 148 Abs. 4 Satz 1 AktG zuvor nochmals unter Fristsetzung vergeblich aufgefordert worden sein muss, selbst Klage zu erheben. Diese Aktionärsklage hat kaum praktische Bedeutung,[404] was viele Gründe hat, insbesondere der fehlende wirtschaftliche Anreiz für die klagenden Aktionäre bei gleichzeitigem Kostenrisiko,[405] da der etwaig ausgeurteilte Schadensersatz nicht in ihre Tasche fließt, sondern in die der Gesellschaft, das geforderte Quorum als zu hohe Hürde[406] und nicht nicht zuletzt das jederzeitige Eintrittsrecht der Gesellschaft gemäß § 148 Abs. 3 AktG, mithin deren jederzeitige Berechtigung, ihren Ersatzanspruch selbst gerichtlich geltend zu machen und die Aktionäre hiermit zu schlichten Beigeladenen zu degradieren.[407]

cc) Geltendmachung durch Gläubiger der Gesellschaft

998 Ersatzansprüche der Gesellschaft gegen ihre Organmitglieder können unter bestimmten Voraussetzungen auch von deren Gläubigern bzw während des Insolvenzverfahrens über deren Vermögen gemäß § 93 Abs. 5 Satz 4 AktG vom Insolvenzverwalter geltend gemacht werden, soweit die Gläubiger gemäß § 93 Abs. 5 Satz 1 AktG von der Gesellschaft keine Befriedigung erlangen können. Hierfür bedarf es zwar keiner fruchtlosen Vollstreckungsversuche. Bloße Zahlungsunwilligkeit der Gesellschaft genügt jedoch nicht.[408] Im Hinblick auf den Grad des Verschuldens ist gemäß § 93 Abs. 5 Satz 2 AktG zu differenzieren. Bei Verstößen gegen Verbote aus § 93 Abs. 3 AktG haften die Organmitglieder gegenüber den Gläubigern bereits bei einfacher Fahrlässigkeit, bei sonstigen Pflichtverletzungen und somit bei der allgemeinen Haftung gemäß § 93 Abs. 2 Satz 1 AktG nur dann, wenn sie ihre Sorgfaltspflicht (Duty of Care) „gröblich“ verletzt haben, ihnen mithin wenigstens grobe Fahrlässigkeit vorzuwerfen

---

400 Hierzu § 147 Abs. 2 AktG.

401 § 148 Abs. 2 Satz 1 AktG.

402 Vgl Reg.-Begr. zum UMAG, BT-Drucks. 15/5092, S. 19 f; *Goette*, DStR 2009, 51 [56]; *Langenbucher*, DStR 2005, 2083 [2084]; *K. Schmidt*, NZG 2005, 796 [798], *Schröer*, ZIP 2005, 2081; *Weiss/Buchner*, WM 2005, 162 [165].

403 § 148 Abs. 1 Satz 2 Ziff. 2 AktG.

404 Vgl *Bachmann*, AG 2012, 565 [577]; *Brommer*, AG 2013, 121 [121]; *v. Falkenhausen*, NZG 2012, 644 [646]; *Roth*, NZG 2012, 881 [886].

405 Vgl *Bachmann*, AG 2012, 565 [577 f]; *Schmolke*, ZGR 2011, 398 [434 ff].

406 Vgl *Schmolke*, ZGR 2011, 398 [424 ff]; aA: *Bachmann*, AG 2012, 565 [577], der hierin keine ernst zu nehmende Hürde für institutionelle Investoren sieht.

407 Für die Abschaffung des unbegrenzten Eintrittsrechts der Gesellschaft: *Bachmann*, AG 2012, 565 [578]; *Brommer*, AG 2013, 121 [126].

408 Hüffer, AktG, § 93, Rn 33; *Spindler*, in: MünchKomm AktG³, § 93, Rn 238.

ist.[409] Gemäß § 93 Abs. 5 Satz 2 Hs 2 iVm Abs. 2 Satz 2 AktG trifft die Organmitglieder hinsichtlich des Nichtvorliegens von Verschulden bzw hinsichtlich des Grades ihres Verschuldens die Beweislast.

Mittels dieser Durchbrechung des Grundsatzes der Haftungskonzentration soll den Gläubi- 999
gern der Gesellschaft die Rechtsverfolgung erleichtert werden, die andernfalls einen Titel gegen die Gesellschaft erstreiten und sich anschließend deren Schadensersatzansprüche gegen ihre Organmitglieder pfänden und überweisen lassen müssten.[410] Denn unabhängig von der dogmatischen Einordnung der Regelung in § 93 Abs. 5 AktG[411] können die Gläubiger Leistung unmittelbar an sich verlangen,[412] riskieren bei einer Klage jedoch, dass das Organmitglieder mit auch gegenüber dem klagenden Gläubiger befreiender Wirkung an die Gesellschaft leistet und somit deren Schadensersatzanspruch erfüllt.[413] Verzicht, Vergleich oder gesetzmäßiger Beschluss der Hauptversammlung können dem Anspruch der Gläubiger gemäß § 93 Abs. 5 Satz 3 AktG hingegen nicht entgegengehalten werden, was auch für § 93 Abs. 5 Satz 4 AktG gilt, also für den Fall der Inanspruchnahme des Organmitglieds durch den Insolvenzverwalter über das Vermögen der Gesellschaft.[414]

Ist das Organmitglied bereits von der Gesellschaft verklagt worden, kann es gegen die Klage 1000
des Gläubigers dennoch nicht die Einrede der Rechtshängigkeit erheben. Darüber hinaus erstreckt sich die Rechtskraft eines Urteils zwischen Gesellschaft und Organmitglied nicht auf den klagenden Gläubiger.[415]

5. D&O – Versicherung

a) Allgemeines

Versicherungen, die Schutz gegen die mit der Tätigkeit als Vorstandsmitglied und Geschäfts- 1001
führer, aber auch als Aufsichtsratsmitglied einhergehenden Risiken bieten, werden in der Deutschen Rechts- und Versicherungspraxis in Anlehnung an ihre angelsächsischen Vorbilder Directors' and Officers' (D&O)-Versicherungen genannt.[416] Hierbei handelt es sich vornehmlich um Vermögensschaden-Haftpflichtversicherungen, die seit Mitte der 90er Jahre auch in Deutschland[417] abgeschlossen werden können. Zum Teil werden aber auch bloße Rechtsschutzversicherungen als D&O-Versicherungen[418] angeboten. Diese decken lediglich die Kosten der gerichtlichen Abwehr von Ersatzansprüchen, die gegen die versicherten Organmitglieder geltend gemacht werden. Sie gewähren jedoch keinen Schutz gegen den Haftungsanspruch als solchen.[419] Zum Teil sind nicht einmal Kosten im Zusammenhang mit der Verteidigung des Organmitglieds gegen strafrechtliche Vorwürfe gedeckt.

D&O-Versicherungen werden regelmäßig von der Gesellschaft bzw Genossenschaft als Ver- 1002
sicherungsnehmerin zugunsten ihrer Organmitglieder, also auch der Aufsichtsratsmitglieder,

409 Hüffer, AktG, § 93, Rn 33.

410 Hüffer, AktG, § 93, Rn 31; *Spindler*, in: MünchKomm AktG³, § 93, Rn 234.

411 Vgl zum Meinungsstand Hüffer, AktG, § 93, Rn 31, der (Rn 32) von einer Anspruchsvervielfältigung eigener Art ausgeht.

412 Somit liegt trotz eines mit § 62 Abs. 2 Satz 1 ZPO vergleichbaren Wortlauts keine Prozessstandschaft vor; vgl zum Anspruch auf Leistung an sich selbst: *Spindler*, in: MünchKomm AktG³, § 93, Rn 239.

413 Hüffer, AktG, § 93, Rn 32, 34.

414 Hüffer, AktG, § 93, Rn 35 mwN.

415 Hüffer, AktG, § 93, Rn 34; *Spindler*, in: MünchKomm AktG³, § 93, Rn 244.

416 Es finden sich auch die Bezeichnung Director's and Officer's-Versicherung (vgl *Notthoff*, NJW 2003, 1350) und Directors and Officers Liability-Versicherung (vgl *Dauner-Lieb/Tettinger*, ZIP 2009, 1555).

417 *Notthoff*, NJW 2003, 1350 [1351]; *Ulmer*, ZHR 171 (2001), 119 [119].

418 Vermögensschaden-Rechtsschutz von Aufsichtsrats-, Beirats-, Vorstandsmitgliedern, Unternehmensleitern und Geschäftsführern (VRB).

419 *P. u. W. Doralt*, in: Semler/v. Schenck, Aufsichtsrat, § 13, Rn 212 ff.

als versicherter Personen[420] abgeschlossen. Es handelt sich hierbei somit um einen Vertrag zugunsten Dritter, eine Versicherung für fremde Rechnung.[421]

1003 Bei einer D&O-Versicherung mit sog. Entity-Coverage – Schutz des Unternehmens „als Ganzes" – wird der Schaden, welcher der Gesellschaft durch fehlerhaftes Organhandeln oder Handeln anderer Beschäftigter entsteht, gedeckt.[422] Sowohl Versicherungssumme als auch Höhe der Prämie bemessen sich anhand der Unternehmensgröße.[423] Auf die Zahl der versicherten Organmitglieder kommt es hingegen genauso wenig an wie auf deren persönliches Risikoprofil wie zB fehlende Branchenerfahrung oder geringes eigenes Vermögen des Organmitglieds.[424]

b) D&O-Versicherung als Haftpflichtversicherung

aa) Abgedeckte Risiken

1004 Im Gegensatz zur bloßen Rechtsschutzversicherung tritt die D&O-Versicherung in Form der Vermögensschaden-Haftpflichtversicherung auch für den Schaden ein, zu dessen Ersatz das Organmitglied in Anspruch genommen wird (sog. Haftpflichtfunktion).[425]

1005 Daneben ist – wie bei der Rechtsschutzversicherung – auch das Kostenrisiko für die Abwehr von unbegründeten Schadensersatzansprüchen und zwar sowohl gegenüber der Gesellschaft (Innenhaftung) als auch gegenüber Außenstehenden (Außenhaftung) versichert einschließlich der vor- und außergerichtlichen Verteidigung (sog. Rechtsschutzfunktion).[426]

1006 Schließlich ist auch die strafrechtliche Verteidigung erfasst, die für zivilrechtliche Ansprüche gegen Aufsichtsratsmitglieder präjudiziell sein kann, jedoch nur, soweit ein Schaden der Gesellschaft im Raum steht, nicht hingegen zB bei Bilanzdelikten oder Verletzungen kapitalmarktrechtlicher Vorschriften.[427]

bb) Zulässigkeitsgrenzen (Regress und Selbstbehalt)

1007 Während D&O-Versicherungen in der Ausgestaltung reiner Rechtsschutzversicherungen uneingeschränkt zulässig sind,[428] werden Vermögensschaden-Haftpflichtversicherungen für Organmitglieder kritischer gesehen. Allerdings ist auch deren grundsätzliche Zulässigkeit zu bejahen,[429] wenngleich die Versicherbarkeit von Vermögensschäden, die durch Sorgfaltspflichtverstöße verursacht werden, die Präventionswirkung der jeweiligen Haftungsnorm unter Umständen einschränkt. Die sog. Verhaltenssteuerung durch §§ 93, 116 AktG wird dann

---

420 Vgl Nr. 1.1 AVB-AVG (Unverbindliche Empfehlung des GDV aus dem Jahre 1997 betreffend allgemeine Versicherungsbedingungen für die Vermögensschaden-Haftpflichtversicherung von Aufsichtsräten, Vorständen und Geschäftsführern).

421 Vgl §§ 43 ff VVG; vgl *Franz* DB 2011, 1961; *Melot de Beauregard/Gleich*, NJW 2013, 824 [824].

422 Zu den sich herausgebildeten Fallgruppen zählen u.a.: Risiken durch Diskriminierung von Arbeitnehmern, Risiken im Zusammenhang mit Börsengängen oder Platzierungen von Geschäftsanteilen bei Anlegern.

423 *Dreher*, ZHR 165 (2001), 293 [297], wonach die Unternehmensgröße „versicherungstechnisch" entweder durch die Bilanzsumme oder den Umsatz in die Prämienberechnung einfließt.

424 *Dreher*, ZHR 165 (2001), 293 [298]; vgl auch *P. u. W. Doralt*, in: Semler/v. Schenck, Aufsichtsrat, § 13, Rn 225.

425 Vgl N. 4.1 AVB-AVG; *Melot de Beauregard/Gleich*, NJW 2013, 824 [824 mwN].

426 Vgl *Melot de Beauregard/Gleich*, NJW 2013, 824 [824].

427 *P. u. W. Doralt*, in: Semler/v. Schenck, Aufsichtsrat, § 13, Rn 217.

428 *P. u. W. Doralt*, in: Semler/v. Schenck, Aufsichtsrat, § 13, Rn 230.

429 Ebenso *Semler*, in: MünchKomm AktG^2, § 116, Rn 771, wonach Bedenken gegen die Zulässigkeit von Haftpflichtversicherungen für Vorstands- und Aufsichtsratsmitglieder als überholt gelten; *Ulmer*, ZHR 171 (2007), 119 [120 mwN].

nur noch vermindert erreicht.[430] Andererseits wird durch die Versicherbarkeit die Möglichkeit eines vollständigen Schadensausgleichs zugunsten der durch die Versicherung geschützten Gesellschaft verbessert.[431]

Keine Zweifel an der Zulässigkeit von D&O-Versicherungen in der Form von Vermögensschaden-Haftpflichtversicherungen besteht, wenn sie von den jeweils versicherten Personen – 1008
Vorstands- und Aufsichtsratsmitglied – selbst und auf eigene Kosten abgeschlossen werden, was jedoch kaum der Fall sein dürfte.[432] Die erwünschte Verhaltenssteuerung tritt in solchen Fällen bereits durch die Gefahr der Anpassung der Prämienhöhe nach regulierten Schadensfällen ein.[433] Der von §§ 93, 116 AktG bezweckte Ausgleich des der Gesellschaft bzw Genossenschaft entstandenen Schadens ist allein aufgrund des Bestehens der Versicherung wahrscheinlicher, als wenn kein Versicherungsschutz bestünde.

D&O-Versicherungen sind auch in den Fällen uneingeschränkt zulässig, in denen zwar die 1009
Gesellschaft bzw Genossenschaft die Versicherung für ihre Organmitglieder als versicherte Personen abgeschlossen hat und die Prämien an den Versicherer leistet (sog. gesellschafts- bzw genossenschaftsfinanzierte D&O-Versicherung), im Schadensfall die Versicherung jedoch nach erfolgter Regulierung des Schadens der Gesellschaft bzw Genossenschaft bei den verantwortlichen Organmitgliedern Regress nehmen kann.[434] Durch die Möglichkeit, dass die versicherten Organmitglieder persönlich in Höhe des entstandenen Schadens[435] – wenn auch durch den Versicherer – in Anspruch genommen werden können, ist die bezweckte Verhaltenssteuerung sichergestellt.

Schließlich ist auch eine Haftpflichtversicherung zulässig, bei der die Gesellschaft bzw Ge- 1010
nossenschaft Versicherungsnehmerin ist und die Prämien leistet, jedoch ein angemessener Selbstbehalt des in Anspruch genommenen Organmitglieds vorgesehen ist. Wie hoch dieser Selbstbehalt sein muss, um als angemessen angesehen zu werden, regelt § 93 Abs. 2 Satz 3 AktG[436] nur für Vorstandsmitglieder einer AG. Hiernach muss er im Sinne einer doppelten (Mindest-)Schwelle[437] „von mindestens 10% des Schadens bis mindestens zur Höhe des Ein-

---

430 *Pammler*, D&O-Versicherung, S. 43 ff; aA: *Dreher*, AG 2008, 429 [431 ff], bezweifelt mit guten Gründen, dass durch die Versicherung von Haftungsrisiken Organmitglieder weniger sorgfältig agieren. Vielmehr sieht er, ZHR 165 (2001), 293 [310], u. AG 2008, 429 [429] die D&O-Versicherung „als konstitutives Element zur Sicherung unternehmerischer Handlungsfreiheit", vgl auch OLG München, Urt. v. 15.3.2005 – 25 U 3940/04, abgedruckt in: AG 2005, 817, und *Notthoff*, NJW 2003, 1350 [1354].

431 Zu den Argumenten für und wider D&O-Versicherungen in der Form von Haftpflichtversicherungen, vgl *P. u. W. Doralt*, in: Semler/v. Schenck, Aufsichtsrat, § 13, Rn 232 ff.

432 *Dreher*, ZHR 165 (2001), 293 [309], konstatiert zwar, dass Einzelpolicen möglich sind, aufgrund der gesamtschuldnerischen Haftung der Organmitglieder am Markt jedoch weder angeboten noch nachgefragt werden.

433 Vgl *P. u. W. Doralt*, in: Semler/v. Schenck, Aufsichtsrat, § 13, Rn 241.

434 Vgl *P. u. W. Doralt*, in: Semler/v. Schenck, Aufsichtsrat, § 13, Rn 244.

435 Hiervon zu unterscheiden ist der Fall, dass ein Organmitglied einen Schaden verursacht hat, der die Deckungssumme – derzeit dürfte diese in Deutschland bei maximal 250 Mio. EUR pro Schadensfall liegen – übersteigt und aufgrund dessen die Gesellschaft selbst nach erfolgreicher Inanspruchnahme durch einen Dritten und Eintritt der D&O-Versicherung das pflichtwidrig handelnde Organmitglied in Anspruch nehmen muss, um den Schaden vollständig zu kompensieren.

436 Bis zur gesetzlichen Regelung des Selbstbehalts für Vorstandsmitglieder durch das VorstAG von 2009 wurde ein solcher in Ziff. 3.8 Abs. 2 DCGK seit dessen erster Fassung aus dem Jahr 2002 nur empfohlen und auch nur in angemessener Höhe, was aufgrund der geringen Umsetzung der Empfehlung in den Unternehmen bzw der Vereinbarung nur sehr geringer Selbstbehalte dem Gesetzgeber nicht genügte, vgl hierzu *Weber-Rey*, WM 2009, 2255 [2261]; zur möglichen Verfassungswidrigkeit der Regelung, vgl *Gaul/Janz*, NZA 2009, 809 [813].

437 *Weber-Rey*, WM 2009, 2255 [2261]; *Melot de Beauregard/Gleich*, NJW 2013, 824 [828]; *v. Kann*, NZG 2009, 1010 [1011], der von zwei Mindesthöhen spricht.

einhalbfachen der festen jährlichen Vergütung des Vorstandsmitglieds" betragen.[438] Offengelassen hat der Gesetzgeber, ob die vergütungsbezogene Obergrenze auf den einzelnen Schadensfall oder auf alle Schadensfälle innerhalb einer bestimmten Periode zu beziehen ist. Der Beschlussempfehlung des Deutschen Bundestages nach zu urteilen kann es sich nur um Letzteres handeln, da dort von einer „absolute(n) Obergrenze" die Rede ist, „die für alle Schadensfälle in einem Jahr zusammen gilt, jedoch bei großen Schäden auch schon bei einem einzigen Schadensfall erreicht werden kann.[439] Dam hat sich der überwiegende Teil der Literatur angeschlossen.[440] Bei der fraglichen Periode („Jahr") handelt es sich weder um das Kalender-[441] noch das Versicherungsjahr, sondern vielmehr um das Anstellungsvertragsjahr ist. Denn die Höhe des Selbstbehalts ist anhand der jährlichen (Brutto-) Festvergütung zu bemessen.[442] Unklar ist die Rechtsfolge eines Verstoßes gegen die Vorschrift.[443] Eine Analogie für den Selbstbehalt von Aufsichtsratsmitgliedern hat der Gesetzgeber ausdrücklich ausgeschlossen.[444] Die Vereinbarung eines „entsprechenden" Selbstbehalts für Aufsichtsratsmitglieder und somit in Höhe desjenigen für Vorstandsmitglieder wird jedoch in Ziff. 3.8 Abs. 3 DCGK empfohlen. Hierdurch ist zumindest sichergestellt, dass es mittels der Entsprechenserklärung iS von § 161 AktG publik wird, wenn für die Aufsichtsratsmitglieder kein oder nur ein im Verhältnis zur Vergütung geringerer Selbstbehalt als bei den Vorstandsmitgliedern besteht. Mit dem Hinweis auf den Charakter der Aufsichtsratstätigkeit als Nebentätigkeit und somit der Aufsichtsratsvergütung als Nebeneinkunftsquelle wird zum Teil sogar ein Selbstbehalt in Höhe der Aufsichtsratsvergütung für drei Jahre als angemessen angesehen.[445] Wegen der Entscheidung des Gesetzgebers, einen Mindestselbstbehalt nur bei Vorstandsmitgliedern vorzuschreiben, bei Aufsichtsratsmitgliedern jedoch bewusst hierauf zu verzichten,[446]

---

438 Vgl § 93 Abs. 2 Satz 3 AktG, eingefügt durch Art. 1 Nr. 2 VorstAG v. 31.7.2009 (BGBl. I S. 2509). Bereits *Pammler*, D&O-Versicherung, S. 87, hatte als „deklaratorische" Ergänzung des § 93 Abs. 2 AktG einen Satz 3 vorgeschlagen, der die Mindesthöhe für den Selbstbehalt regeln sollte.

439 BT-Drucks. 16/13433, S. 11.

440 *Annuß/Theusinger*, BB 2009, 2434 [2441]; *Dauner-Lieb/Tettinger*, ZIP 2009, 1555 [1556]; *Franz*, DB 2011, 2019; *Thüsing/Traut*, NZA 2010, 140; *Melot de Beauregard/Gleich*, NJW 2013, 824 [829]; *v. Kann*, NZG 2009, 1010 [1011], mit folgendem Rechenbeispiel: die feste Jahresvergütung beträgt 1 Mio. EUR, so dass der Selbstbehalt mindestens 1,5 Mio. EUR betragen muss; verwirklicht werden kann der Gesamtschaden durch eine Ereignis mit einem Schaden von 15 Mio. EUR (10% pro einzelnem Schadensfall) oder aber auch in fünf Schadensfällen von je 3 Mio. EUR (300 TEUR je Schaden); Schadensfälle innerhalb eines Jahres meint Pflichtverletzungen in diesem Zeitraum, trotz Geltung des Claims-made-Prinzips nicht Geltendmachung von Schadensersatzansprüchen; aA: *Albers*, CCZ 2009, 222 [224].

441 So aber zu Unrecht: *Annuß/Theusinger*, BB 2009, 2434 [2441].

442 *V. Kann*, NZG 2009, 1010 [1012], mit Verweis auf die Gesetzesbegründung, BT-Drucks. 16/13433, S. 11, wonach die Höhe des Selbstbehalts „je nach Änderung der Festvergütung ... jährlich anzupassen" ist.

443 *Dauner-Lieb/Tettinger*, ZIP 2009, 1555 [1556], sehen in § 93 Abs. 2 Satz 3 AktG kein gesetzliches Verbot iS von § 134 BGB, so dass ein Verstoß gegen die Vorgaben zum Mindestselbstbehalt nicht zur Nichtigkeit des Versicherungsvertrages führen. Vielmehr enthalte die Vorschrift eine Vorgabe für das gesellschaftsrechtliche Innenverhältnis. Ein Verstoß würde hiernach das gesetzeswidrig handelnde Organmitglied theoretisch haftbar machen. Ebenso *v. Kann*, NZG 2009, 1010 [1013], der im Hinblick auf den zu unterstellenden Vorsatzes des für die Gesellschaft mit dem Versicherer kontrahierenden Organmitglieds darauf hinweist, dass für diesen Pflichtverstoß eine D&O-Versicherung nicht eintritt. *Ulmer*, ZHR 171 (2007), 119 [120 ff], vertrat zur alten Rechtlage die Auffassung, dass das die Gesellschaft bei dem Abschluss einer Police ohne angemessenen Selbstbehalt vertretende Organmitglieder dieser auf Schadensersatz in Höhe der theoretischen – die Vereinbarung eines Selbstbehalts zulasten der Organmitglieder dürfte in Anbetracht der Höhe der Deckungssummen keinen Einfluss auf die Prämienhöhe haben, vgl *Dreher*, AG 2008, 429 [433] – Differenz zwischen der Prämie mit und ohne angemessenem Selbstbehalt verpflichtet ist.

444 Vgl § 116 Satz 1 AktG.

445 *P. u. W. Doralt*, in: Semler/v. Schenck, Aufsichtsrat, § 13, Rn 246.

446 § 116 Satz 1 AktG erklärt § 93 Abs. 2 Satz 3 AktG ausdrücklich für nicht sinngemäß anwendbar; vgl hierzu auch *Lingemann*, BB 2009, 1918 [1922]; kritisch zur unterlassenen Erstreckung der gesetzlichen Pflicht zum Selbstbehalt auch auf Aufsichtsratsmitglieder: *v. Kann*, NZG 2009, 1010 [1011].

ist jedoch davon auszugehen, dass D&O-Versicherungen als Vermögensschaden-Haftpflichtversicherungen zugunsten von Aufsichtsratsmitgliedern als versicherte Personen auch ohne Selbstbehalt rechtlich zulässig sind bzw ohne Rücksicht auf die Vorgaben in § 93 Abs. 2 Satz 3 AktG für die Aufsichtsratsmitglieder ein nur geringer Selbstbehalt wirksam vereinbart werden kann.[447]

cc) Abschlusskompetenz u. Einstufung der Prämienzahlung

Die Kompetenz zum Abschluss von D&O-Versicherungen für Aufsichtsratsmitglieder einer AG als versicherte Personen ist abhängig von der rechtlichen Einordnung der Prämienzahlungen. Sieht man hierin eine „Vergütung" des Aufsichtsratsmitglieds,[448] muss die Haupt- bzw Generalversammlung durch Beschluss entscheiden,[449] wenngleich eine vom Vorstand für die Gesellschaft oder Genossenschaft abgeschlossene D&O-Versicherung zugunsten der Aufsichtsratsmitglieder zivilrechtlich dennoch wirksam sein soll,[450] der fehlende Haupt- bzw Generalversammlungsbeschluss zumindest nachgeholt werden kann.[451] Andernfalls, also wenn man die Prämienzahlungen als „Aufwendung" der Gesellschaft bzw Genossenschaft[452] versteht, fiele die Entscheidung über den Abschluss einer D&O-Versicherung zugunsten von Aufsichtsrats- und Vorstandsmitgliedern in die Kompetenz des Vorstands.[453] Eines Hauptversammlungsbeschlusses für die Einbeziehung von Aufsichtsratsmitgliedern in die Versicherung bedürfte es ebenso wenig wie eines Aufsichtsratsbeschlusses für die Einbeziehung der Mitglieder des Vorstands.[454] 1011

Die Einordnung hat anhand einer Abwägung der Interessen von Gesellschaft bzw Genossenschaft auf der einen und derjenigen der Organmitgliedern auf der anderen Seite zu erfolgen.[455] Wird die Versicherung zuvörderst im Eigeninteresse der Gesellschaft bzw Genossenschaft abgeschlossen, handelt es sich bei den geleisteten Prämien um Aufwendungen, andernfalls um einen Teil der Vergütung der versicherten Organmitglieder.[456] Ob das Gesellschafts- bzw Genossenschaftsinteresse oder dasjenige des Organmitglieds am Abschluss der Versicherung überwiegt, hängt entscheidend von der jeweiligen Ausgestaltung des Versicherungsschutzes ab. Kann der Versicherer nach Regulierung des Schadens der Gesellschaft bzw Genossenschaft die verantwortlichen Organmitglieder uneingeschränkt in Regress nehmen, 1012

447 *V. Kann*, NZG 2009, 1010 [1011 mwN].

448 Vgl nur *Semler*, FS Claussen, 1997, S. 381 [400].

449 Vgl § 113 Abs. 1 AktG.

450 *P. u. W. Doralt*, in: Semler/v. Schenck, Aufsichtsrat, § 13, Rn 264, Fn 538, für die AG.

451 Zum Streitstand über die Rechtsfolgen eines fehlendem Hauptversammlungsbeschlusses bei Einordnung des Versicherungsschutzes als „Vergütung": *Lange*, ZIP 2001, 1524 [1529].

452 So ausdrücklich *Lange*, ZIP 2001, 1524 [1526], für die Prämienzahlungen, welche die Gesellschaft für die D&O-Versicherung von Aufsichtsratsmitgliedern leistet, wenngleich er diese in Anlehnung an Mertens, AG 2000, 447 [449], als „dienstliche Fürsorgeaufwendungen" bezeichnet. Von „Fürsorgeaufwendungen" spricht auch *Notthoff*, NJW 2003, 1350 [1354]. Gegen diesen Begriff spricht sich *Dreher*, ZHR 165 (2001), 293 [308], aus, wenngleich er die Prämienzahlungen ebenfalls als „Aufwendungen" der Gesellschaft auffasst [S. 302 ff]; *Beuthien*, in: Beuthien, GenG, § 24, Rn 14, u. § 36, Rn 10, für die eG.

453 Einen anderen Ansatz verfolgt *Pammler*, D&O-Versicherung, S. 102 ff, zustimmend *Ulmer*, ZHR 171 (2007), 119 [122], der aufgrund der durch §§ 84, 87, 113 AktG vorgegebenen Organisationsstruktur der Aktiengesellschaft iS eines Modells der Gewaltenteilung zwischen den Organen eine Entscheidung des Vorstands über den Abschluss einer D&O-Versicherung zugunsten der eigenen Mitglieder und derjenigen des ihn überwachenden Aufsichtsrats für unzulässig und somit für unwirksam hält.

454 *Dreher*, ZHR 165 (2001), 293 [322]; Diesen Rückschluss ziehen auch: *P. u. W. Doralt*, in: Semler/v. Schenck, Aufsichtsrat, § 13, Rn 263.

455 Für *Dreher*, ZHR 165 (2001), 293 [309], ist „entscheidend, ob die Gesellschaft den Versicherungsvertrag abschließt, um damit primär eigene Interessen zu verfolgen, oder um Interessen Dritter aus deren primär eigenem Interesse heraus für diese im Sinne einer Gegenleistung für die Erbringung von Diensten zu schützen." Hierzu auch *Fonk*, NZG 2009, 761 [764].

456 *Notthoff*, NJW 2003, 1350 [1354].

dominiert das Interesse des Verbandes, da die Versicherung in einem solchen Fall die vollständige Kompensation des diesem entstandenen Schadens sicherstellen, nicht aber die Organmitglieder und deren Privatvermögen schützen soll.[457] Etwas Anderes kann allenfalls dann gelten, wenn die Organmitglieder nicht in Regress genommen werden können, zu ihren Lasten keine Selbstbehalte vereinbart wurden und keine Entity-Deckung zugunsten der Gesellschaft bzw Genossenschaft besteht.[458]

dd) Verbot unangemessener Vergütung u. Einstufung der Prämienzahlung

1013 Die Frage, ob die für Vorstandsmitglieder als versicherte Personen von der Gesellschaft als Versicherungsnehmerin gezahlten Prämien als Teil der Vergütung oder als Aufwendungen einzustufen sind, ist auch noch aus einem anderen Gesichtspunkt bedeutsam. Aufsichtsratsmitglieder haben bei der Festsetzung der Gesamtbezüge eines jeden Vorstandsmitglieds deren Angemessenheit im Hinblick auf Aufgaben und Leistungen des Vorstandsmitglieds sowie Lage der Gesellschaft sicherzustellen.[459] Bei Prämienzahlungen von beträchtlicher Höhe mag deren Einstufung als Teil der Vergütung im Einzelfall dazu führen, dass die geforderte Angemessenheit nicht mehr gegeben ist, während sie noch besteht, wenn man die Prämienzahlungen bei der Berechnung der Gesamtbezüge außer Acht lässt.

1014 Da ein Verstoß gegen das Gebot angemessener Vergütung von Vorstandsmitgliedern bei Mitgliedern des Aufsichtsrats gemäß §§ 116 Satz 1, 93 Abs. 2 Satz 1 AktG zur persönlichen Haftung führen kann,[460] hat für sie die korrekte Einstufung der Prämien große Bedeutung.

c) Ausschlüsse und Einschränkungen

aa) Ausschluss wegen Vorsatzes u.a.

1015 Für absichtliche und wissentliche Pflichtverletzungen – hierfür genügt mithin ein wissentliches Abweichen von Gesetzen, Verordnungen, Satzungen, Beschlüssen, Vollmachten und Weisungen – bestehen regelmäßig Ausschlüsse vom Versicherungsschutz.[461] Dies betrifft auch Aufsichtsratsmitglieder, die ausschließlich im vermeintlichen Interesse der Gesellschaft bzw Genossenschaft gehandelt haben.[462] Da oftmals jedoch unklar ist, ob Vorsatz oder eine wissentliche Pflichtverletzung vorliegen, wird meist auflösend bedingter Versicherungsschutz bis zu dem Zeitpunkt gewährt, in dem das Vorhandensein eines Ausschlusstatbestandes rechtskräftig festgestellt wurde.[463]

1016 Abzugrenzen vom punktuellen Ausschluss des Versicherungsschutzes wegen vorsätzlicher Pflichtverletzung ist die Möglichkeit des Versicherers zur Anfechtung des gesamten Vertrages wegen arglistiger Täuschung gemäß §§ 142 Abs. 1, 123 Abs. 1 BGB, die regelmäßig nicht durch die versicherte Person selbst verübt worden sein dürfte, da sie am Vertragsschluss gar nicht beteiligt war. Häufig verzichtet der D&O-Versicherer bei Vertragsschluss auf ein derartiges Anfechtungsrecht. Ob dieser Verzicht wirksam ist, dürfte zumindest nach jüngster

457 Vgl *P. u. W. Doralt*, in: Semler/v. Schenck, Aufsichtsrat, § 13, Rn 267.

458 *Dreher*, ZHR 161 (2001), 293 [315], sieht daher bei den typischerweise abgeschlossenen Versicherungspolicen stets ein erhebliches Eigeninteresse der Gesellschaft gegeben, dem lediglich begrenzte persönliche Interessen von Organmitgliedern gegenüberstehen.

459 § 87 Abs. 1 Satz 1 AktG, wonach „Versicherungsentgelte" Teil der Vergütung sind.

460 Vgl auch § 116 Satz 3 AktG, dem aufgrund der Existenz der §§ 116 Satz 1, 93 Abs. 2 Satz 1 AktG nur deklaratorische Bedeutung zukommt.

461 Vgl Nr. 4.1 AVB-AVG, hierzu: *Notthoff*, NJW 2003, 1350 [1353]; *Melot de Beauregard/Gleich*, NJW 2013, 824 [824].

462 *P. u. W. Doralt*, in: Semler/v. Schenck, Aufsichtsrat, § 13, Rn 219.

463 *Melot de Beauregard/Gleich*, NJW 2013, 824 [824 mwN].

BGH-Rechtsprechung, die sich allerdings nicht auf die D&O-Versicherung bezog, fraglich sein.[464]

Weitere Ausschlüsse betreffen Fälle von Vertragsstrafen, Bußen und Entschädigungen mit Strafcharakter sowie Ansprüche, die in den USA, Kanada oder in anderen Common-Law-Staaten geltend gemacht werden.[465] 1017

Darüber hinaus besteht ein gewisses Risiko durch Haftungsobergrenzen. 1018

bb) Zeitliche Einschränkung durch das Claims-made-Prinzip

Einschränkungen bestehen auch im Hinblick auf den zeitlichen Geltungsbereich des Versicherungsschutzes. Problematisch[466] ist insbesondere der Fall, in dem ein Anspruch gegen ein Aufsichtsratsmitglied erst nach Beendigung des Versicherungsvertrages geltend gemacht wird. Denn aufgrund der regelmäßig nach dem sog. „claims-made- oder Anspruchserhebungsprinzip"[467] strukturierten Versicherungsprodukte kommt es bei der Frage nach Bestehen oder Nichtbestehen von Versicherungsschutz nicht auf den Zeitpunkt der Schädigungshandlung[468] oder des Schadenseintritts,[469] sondern auf denjenigen der Anspruchserhebung an.[470] Schutz gewährt daher nur eine angemessene Nachhaftungszeit[471] – korrekt wäre es, von einer Verlängerung der Meldefrist für Schäden zu sprechen[472] –, die mindestens bis zur Verjährung des Anspruchs währt.[473] 1019

Bei Schadensersatzansprüchen nichtbörsennotierter Gesellschaften gegen ihre Aufsichtsratsmitglieder wäre dies ein Zeitraum von fünf Jahren nach Anspruchsentstehung gemäß §§ 116 Satz 1, 93 Abs. 6 AktG.[474] Durch die Verdoppelung der Verjährungsfrist von fünf auf zehn Jahre für Organmitglieder von börsennotierten Aktiengesellschaften Ende 2010 stellt sich die Frage, ob für bestehende Versicherungsverträge ein Anspruch der Gesellschaft als Versicherungsnehmerin gegen den Versicherer auf Anpassung dergestalt besteht, dass auch die Nachmeldefrist von fünf auf zehn Jahre gegen entsprechende Prämienerhöhung verlängert wird. Dies wird mit Verweis auf eine Störung der Geschäftsgrundlage gemäß § 313 Abs. 1 BGB in den Fällen bejaht, in denen Nachmelde- und Verjährungsfrist aufeinander abge- 1020

464 Hierzu: *Melot de Beauregard/Gleich*, NJW 2013, 824 [827 f], unter Bezugnahme auf BGH, Beschl. v. 21.9.2011 – IV ZR 38/09, abgedruckt in: NJW 2012, 296 = WM 2011, 2311 = BeckRS 2011, 25937; BGH, Beschl. v. 9.11.2011 – IV ZR 40/09, abgedruckt in: VersR 2012, 615 = BeckRS 2011, 28293.

465 Vgl *Notthoff*, NJW 2003, 1350 [1353].

466 Die Klauseln, die das claims-made-Prinzip regeln, sind stets AGB der Versicherer; da sie nicht unter § 307 Abs. 3 BGB fallen, hängt ihre Wirksamkeit davon ab, ob sie den Vertragspartner, mithin die Gesellschaft als Kundin, unangemssen benachteiligen iS von § 307 Abs. 1 BGB, was bei einem angemessenen Nachmeldezeitraum nicht der Fall ist, vgl OLG München, Urt. v. 8.5.2009 – 25 U 5136/08, abgedruckt in: NZG 2009, 714 = VersR 2009, 1066 = BeckRS 2009, 11962; *Melot de Beauregard/Gleich*, NJW 2013, 824 [826 f mwN auch für die Gegenansicht].

467 Hierzu: *Melot de Beauregard/Gleich*, NJW 2013, 824 [825].

468 In sonstigen deutschen Vermögensschaden-Haftpflichtversicherungen gilt das sog. Verstoßprinzip, vgl *Dreher*, ZHR 161 (2001), 293 [297, Fn 14]; *Melot de Beauregard/Gleich*, NJW 2013, 824 [825].

469 Regelmäßig gilt bei allgemeinen Haftpflichtversicherungen das sog. Schadensereignisprinzip, vgl *Dreher*, ZHR 161 (2001), 293 [297, Fn 14].

470 Gemäß Nr. 2 AVB-AVG tritt der Versicherungsfall mit erstmaliger Geltendmachung eines Haftpflichtanspruchs gegen eine versicherte Person durch Dritte oder durch den Versicherungsnehmer auf Grund einer tatsächlichen oder behaupteten Pflichtverletzung der versicherten Person ein.

471 Das Claims-made-Prinzip ist für die Versicherung insofern vorteilhaft, als dass eine zeitlich unbegrenzte Nachhaftung und die daraus resultierende Spätschadenproblematik ausgeschlossen ist, vgl *Melot de Beauregard/Gleich*, NJW 2013, 824 [825 mwN].

472 Vgl *Notthoff*, NJW 2003, 1350 [1352]; vgl auch *Melot de Beauregard/Gleich*, NJW 2013, 824 [825], die daher von einem „Nachmeldezeitraum" sprechen.

473 *P. u. W. Doralt*, in: Semler/v. Schenck, Aufsichtsrat, § 13, Rn 223 mwN.

474 Vgl *Franz*, DB 2011, 1961, wonach dieser Zeitraum regelmäßig in deutschen Versicherungsverträgen als Nachmeldezeitraum vereinbart ist.

stimmt waren und es durch die Gesetzesänderung nicht mehr sind.[475] Im Ergebnis ist dem zuzustimmen, nicht jedoch der Begründung, wonach eine Äquivalenzstörung darin bestehen soll, dass die Versicherung den längeren Haftungszeitraum nicht mehr abdeckt.[476] Denn die Verlängerung der Verjährungsfrist hat keinen Einfluss auf die Ausgewogenheit von Leistung in Form des Versicherungsschutzes und Gegenleistung in Form der Prämienzahlung, so dass gar keine Äquivalenzstörung vorliegt.[477] Andererseits bedarf es für die Anwendbarkeit von § 313 Abs. 1 BGB nicht zwingend einer Äquivalenzstörung.

1021 Anstelle einer Verlängerung des Nachmeldezeitraums kann mit dem Versicherer auch die Möglichkeit von sog. Umstandsmeldungen vereinbart werden. Hierdurch kann das versicherte Organmitglied dem Versicherer unter bestimmten Voraussetzungen Umstände mitteilen, die eine Inanspruchnahme wahrscheinlich erscheinen lassen, und auf diese Weise quasi den Zeitpunkt der Anspruchserhebung vorverlegen in den Zeitraum, für den Versicherungsschutz besteht. Oder anders formuliert: Soweit der Anspruch erst nach Vertragsbeendigung bzw Ablauf des Nachmeldezeitraums geltend gemacht wird, dieser aber auf Umstände gestützt wird, die vor Ablauf des Nachmeldezeitraums und im Rahmen der Umstandsmeldung mitgeteilt wurden, werden auch diese vom Versicherungsschutz erfasst.[478]

1022 Die D&O-Versicherung stellt sich für den Versicherungsnehmer und die versicherte Person aus anderem Blickwinkel vorteilhaft als „Rückwärtsversicherung" dar, indem sie Schutz für Schadensfälle gewährt, deren schuldhafte Verursachung in die Zeit vor Vertragsabschluss fällt.[479] Dies gilt jedoch nur sehr eingeschränkt und zwar dann, wenn die Pflichtverletzung der versicherten Person bei Vertragsschluss nicht bekannt war bzw nicht hätte bekannt sein müssen.[480]

cc) Beschränkung auf Anspruchsgrundlagen des Zivilrechts

1023 Die Beschränkung des Versicherungsschutzes auf gesetzliche Haftpflichtbestimmungen privatrechtlichen Inhalts für Vermögensschäden[481] wird in der Praxis häufig abbedungen mit der Folge, dass auch Haftungstatbestände aus dem öffentlichen Recht in die D&O-Versicherung einbezogen werden. Hierdurch gewährt die Versicherung auch Schutz bei Inanspruchnahme des Organmitglieds wegen nicht abgeführter Steuern gemäß § 69 AO und Sozialabgaben gemäß § 823 Abs. 2 BGB iVm § 266 a StGB.[482]

---

475 *Franz*, DB 2011, 1961; *Randel/Segger*, BB 2011, 387; *Melot de Beauregard/Gleich*, NJW 2013, 824 [826].

476 Vgl *Melot de Beauregard/Gleich*, NJW 2013, 824 [826].

477 Bei Vorliegen einer Äquivalenzstörung läge es nahe, eine Verlängerung der Nachmeldefrist ohne entsprechende Anpassung der Prämie zu fordern.

478 *Melot de Beauregard/Gleich*, NJW 2013, 824 [826 mwN].

479 *Notthoff*, NJW 2003, 1350 [1352].

480 Vgl hierzu *Notthoff*, NJW 2003, 1350 [1352].

481 In Nr. 1.1 AVB-AVG heißt es: „Versicherungsschutz für den Fall, dass ein gegenwärtiges oder ehemaliges Mitglied des Aufsichtsrates, des Vorstandes oder der Geschäftsführung der Versicherungsnehmerin (versicherte Person) wegen einer bei Ausübung dieser Tätigkeit begangenen Pflichtverletzung auf Grund gesetzlicher Haftungspflichtbestimmungen privatrechtlichen Inhalts für einen Vermögensschaden von Dritten oder von der Versicherungsnehmerin auf Schadensersatz in Anspruch genommen wird.".

482 *Notthoff*, NJW 2003, 1350 [1352].

d) Eigenversicherung zur Abdeckung des Selbstbehalts

Sowohl Vorstands- als auch Aufsichtsratsmitglieder können, sofern für sie eine D&O-Versicherung mit Selbstbehalt besteht, diesen eigenständig und auf eigene Kosten versichern,[483] was inzwischen regelmäßig auch geschieht.[484] Zudem existiert entgegen zwischenzeitlicher Absicht keine Empfehlung des DCGK, einen solchen Selbstbehalt nicht zu versichern.[485] Für Vorstandsmitglieder gilt jedoch, dass ihre Vergütung nicht in Höhe der aufzuwendenden Prämie aufgestockt werden darf.[486] 1024

Für Aufsichtsratsmitglieder besteht somit keine Pflicht, künftigen Vorstandsmitgliedern im Anstellungsvertrag die Absicherung von Haftungslücken auf eigene Kosten zu untersagen und Kandidaten abzulehnen, die sich einem solchen Ansinnen verweigern.[487] Möglich ist es jedoch, mit den Vorstandsmitgliedern anstellungsvertraglich zu vereinbaren, dass sie keine Selbstbehaltsversicherung abschließen dürfen.[488] 1025

Im Hinblick auf die Eigenversicherung zur Abdeckung des Selbstbehalts ist den betroffenen Organmitgliedern zu empfehlen, auf eine sorgfältige Abstimmung der Policen zu achten, um Deckungslücken zu vermeiden. Dies ist regelmäßig gewährleistet, wenn sowohl die von der Gesellschaft als Versicherungsnehmerin abgeschlossene D&O-Versicherung als auch die Eigenversicherung des Organmitglieds zur Abdeckung des Selbstbehalts – das Organmitglied ist zugleich Versicherungsnehmer und versicherte Person – bei demselben Versicherer bestehen.[489] Bei dem sog. Anrechnungsmodell ist dies zwingend erforderlich, bei dem ebenfalls im für den Selbstbehalt angebotenen sog. Zusatzkapazitäten- oder Kumulmodell können unterschiedliche Versicherer beteiligt sein.[490] 1026

---

483 So ausdrücklich für die Eigenversicherung des Selbstbehalts von Vorstandsmitgliedern, *Dauner-Lieb/Tettinger*, ZIP 2009, 1555 [1557]; ebenso *Annuß/Theusinger*, BB 2009, 2434 [2441]; *v. Kann*, NZG 2009, 1010 [1012]; aA: *Fleischer*, NZG 2009, 801 [806], der in diesem Vorgehen eine „Umgehung" von § 93 Abs. 2 Satz 3 AktG sieht.

484 Vgl *Annuß/Theusinger*, BB 2009, 2434 [2441]; *Franz*, DB 2011, 2019.

485 *Weber-Rey*, WM 2009, 2255 [2261].

486 *Dauner-Lieb/Tettinger*, ZIP 2009, 1555 [1557]; *Melot de Beauregard/Gleich*, NJW 2013, 824 [829 mwN]; *Annuß/Theusinger*, BB 2009, 2434 [2441], die jedoch davon ausgehen, dass sich in „kürzester Zeit eine abweichende Praxis" ausbilden wird.

487 *Dauner-Lieb/Tettinger*, ZIP 2009, 1555 [1557].

488 *Melot de Beauregard/Gleich*, NJW 2013, 824 [829 mwN].

489 *V. Kann*, NZG 2009, 1010 [1012].

490 Näheres hierzu bei *Melot de Beauregard/Gleich*, NJW 2013, 824 [829].

Literaturverzeichnis

Adams, Michael, Die Usurpation von Aktionärsbefugnissen mittels Ringverflechtung in der „Deutschland AG", AG 1994, 148

Albers, Joachim, Der Pflicht-Selbstbehalt im Rahmen der D&O Versicherung – Überlegungen zur Umsetzung in der Praxis, CCZ 2009, 222

Altmeppen, Holger, Der Prüfungsausschuss – Arbeitsteilung im Aufsichtsrat, ZGR 2004, 390

Altmeppen, Holger, Grenzen der Zustimmungsvorbehalte des Aufsichtsrats und die Folgen ihrer Verletzung durch den Vorstand, FS K. Schmidt, 2009, S. 23

Altmeppen, Holger, Zur Rechtsstellung der Aufsichtsratsmitglieder einer kommunalen GmbH, FS Uwe H. Schneider, 2011

Altmeppen, Holger, Die Einflussrechte der Gemeindeorgane in einer kommunalen GmbH, NJW 2003, 2561

Altmeppen, Holger, Persönliche Haftung des Aufsichtsrats für Verletzungen der Massesicherungspflicht der Geschäftsleiter, ZIP 2010, 1973

Andres, Dirk / Leithaus, Rolf, Insolvenzordnung, 2. Auflage, 2011, zitiert: *Bearbeiter*, in: Andres/Leithaus

Annuß, Georg / Theusinger, Ingo, Das VorstAG – Praktische Hinweise zum Umgang mit dem neuen Recht, BB 2009, 2434

Assmann, Heinz-Dieter / Pötzsch, Thorsten / Schneider, Uwe H. (Hrsg.), Wertpapiererwerbs- und Übernahmegesetz, 2. Auflage, 2013, zitiert: *Bearbeiter*, in: Assmann/Pötzsch/Schneider, WpÜG

Assmann, Heinz-Dieter / Schneider, Uwe H. (Hrsg.), Wertpapierhandelsgesetz, 5. Auflage, 2009, zitiert: *Bearbeiter*, in: Assmann/Schneider, WpHG

Bachmann, Gregor, Reform der Corporate Governance in Deutschland – Zum Juristentagsgutachten 2012, AG 2012, 565

Bachmann, Gregor, Die Erklärung zur Unternehmensführung (Corporate Governace Statement), ZIP 2010, 1517

Bachmann, Gregor, Organhaftung in Europa – Die Ergebnisse der LSE-Studie 2013, ZIP 2013, 1946

Bachmann, Gregor, Zur Umsetzung einer Frauenquote im Aufsichtsrat, ZIP 2011, 1131

Bachmann, Gregor, Der „Europäische Corporate Governance-Rahmen" – Zum Grünbuch 2011 der Europäischen Kommission, WM 2011, 1301

Bachmann, Gregor, Der „Deutsche Corporate Governance Kodex": Rechtswirkungen und Haftungsrisiken, WM 2002, 2137

Bäcker, Roland M., Weisungsfreiheit und Verschwiegenheitspflicht kommunal geprägter Aufsichtsräte, FS Schwark, 2009, S. 101

Bank, Stephan, Die Verschwiegenheitspflicht von Organmitgliedern in Fällen multipler Organmitgliedschaften, NZG 2013, 801

Banspach, Dirk / Nowak, Karsten, Der Aufsichtsrat der GmbH – unter besonderer Berücksichtigung kommunaler Unternehmen und Konzerne, Der Konzern 2008, 195

Bauer, Jobst-Hubertus / Arnold, Christian, Altersdiskriminierung von Organmitgliedern, ZIP 2012, 597

Bauer, Jobst-Hubertus / Arnold, Christian, AGG und Organmitglieder – Klares und Unklares vom BGH, NZG 2012, 921

Bauer, Jobst-Hubertus / Arnold, Christian, Festsetzung und Herabsetzung der Vorstandsvergütung nach dem VorstAG, AG 2009, 717

Bauer, Jobst-Hubertus / Arnold, Christian, AGG-Probleme bei vertretungsberechtigten Organmitgliedern, ZIP 2008, 993

Bauer, Jobst-Hubertus / Krets, Jérôme, Gesellschaftsrechtliche Sonderregeln bei der Beendigung von Vorstands- und Geschäftsführerverträgen, DB 2003, 811

Baumbach, Adolf / Hueck, Alfred, Gesetz betreffend die Gesellschaften mit beschränkter Haftung, 19. Auflage, 2010, zitiert: *Bearbeiter*, in: Baumbach/Hueck, GmbHG

Baums, Theodor, Der Aufsichtsrat – Aufgaben und Reformfragen, ZIP 1995, 11

Baums, Theodor, Bericht der Regierungskommission Corporate Governance – Unternehmensführung, Unternehmenskontrolle, Modernisierung des Aktienrechts, 2001, zitiert: *Baums*, Bericht der Regierungskommission Corporate Governance

Baums, Theodor, Vorschlag eines Gesetzes zur Verbesserung der Transparenz von Vorstandsvergütungen, ZIP 2004, 1877

Baums, Theodor, Risiko und Risikosteuerung im Aktienrecht, ZGR 2011, 218

Baums, Theodor / Drinhausen, Florian / Keinath, Astrid, Anfechtungsklage und Freigabeverfahren. Eine empirische Studie, ZIP 2011, 2329

Bayer, Walter, Legalitätspflicht der Unternehmensleitung, nützliche Gesetzesverstöße und Regress bei verhängten Sanktionen – dargestellt am Beispiel von Kartellverstößen –, FS K. Schmidt, 2009, S. 85

Bea, Franz Yaver / Scheurer, Steffen, Die Kontrollfunktion des Aufsichtsrats, DB 1994, 2145

Begemann, Arndt / Laue, Bastian, Der neue § 120 Abs. 4 AktG – ein zahnloser Tiger? BB 2009, 2442

Bernhardt, Wolfgang, Sechs Jahre Deutscher Corporate Governance Kodex – Eine Erfolgsgeschichte? BB 2008, 1686

Beuthien, Volker, Genossenschaftsgesetz mit Umwandlungs- und Kartellrecht sowie Statut der Europäischen Genossenschaft, 15. Auflage, 2011, zitiert: *Bearbeiter*, in: Beuthien, GenG

Beuthien, Volker, Zur Zulässigkeit beschließender Aufsichtsratsausschüsse, NZG 2010, 333

Bihr, Dietrich / Blättchen, Wolfgang, Aufsichtsräte in der Kritik: Ziele und Grenzen einer ordnungsgemäßen Aufsichtsratstätigkeit – Ein Plädoyer für den „Profi-Aufsichtsrat“, BB 2007, 1285

Bihr, Dietrich / Kalinowsky, Marc, Risikofrüherkennungssysteme bei nicht börsennotierten Aktiengesellschaften – Haftungsfalle für Vorstand, Aufsichtsrat und Wirtschaftsprüfer, DStR 2008, 620

Binder, Jens-Hinrich, Anforderungen an Organentscheidungsprozesse in der neueren höchstrichterlichen Rechtsprechung – Grundlagen einer körperschaftsrechtlichen Entscheidungslehre? AG 2012, 885

Binder, Jens-Hinrich, Mittelbare Einbringung eigener Aktien als Sacheinlage und Informationsgrundlagen von Finanzierungsentscheidungen in Vorstand und Aufsichtsrat, ZGR 2012, 757

Binder, Jens-Hinrich, Geschäftsleiterhaftung und fachkundiger Rat, AG 2008, 274

Binz, Mark K., Managervergütungen – Entmachtung der Aufsichtsräte?, Der Aufsichtsrat 2013, 69

Bischof, Jannis, Zweckmäßigkeit erfolgsunabhängiger Aufsichtsratsvergütung, BB 2006, 2627

Bormann, Michael, Zusammenspiel von Abschlussprüfer und Prüfung durch den Aufsichtsrat, DStR 2011, 368

Bormann, Michael, Mehr „Transparenz“ bei Unternehmen mit Beteiligung von Gebietskörperschaften? NZG 2011, 926

Börsig, Clemens / Löbbe, Marc, Die gewandelte Rolle des Aufsichtsrats – 7 Thesen zur Corporate Governance Entwicklung in Deutschland, FS Hoffmann-Becking, 2013, S. 125

Bosse, Christian, Rechtliche Anforderungen an Verträge mit Aufsichtsratsmitgliedern und die Zustimmung des Aufsichtsrats nach § 114 AktG, NZG 2007, 172

Bosse, Christian, Das Gesetz zur Angemessenheit der Vorstandsvergütung (VorstAG) – Überblick und Handlungsbedarf, BB 2009, 1650

Bosse, Christian / Hinderer, Florian, Vorzeitige Wiederbestellung des Vorstands auf dem Prüfstand, NZG 2011, 605

Bosse, Christian / Malchow, Silke, Unterstützung und Kostentragung für Aus- und Fortbildung von Aufsichtsratsmitgliedern – Der Kodex bezieht Stellung, NZG 2010, 972

Böttcher, Lars, Unzulässige Besetzung von Aufsichtsräten, NZG 2012, 809

Brammsen, Joerg, Aufsichtsratsuntreue, ZIP 2009, 1504

Brandes, Stephan, Rückzahlung überhöhter Vorstandsgehälter, ZIP 2013, 1107

Brandi, Tim Oliver / Gieseler, Konrad, Der Aufsichtsrat in Kreditinstituten, NZG 2012, 1321

Bredol, Martin / Schäfer, Hendrik, Für die Abschaffung des Corporate Governance Berichts gemäß Nr. 3.1ß DCGK, NZG 2013, 568

Brommer, Andreas, Folgen einer reformierten Aktionärsklage für die Vorstandsinnenhaftung, AG 2013, 121

Buckel, Jochen, Die unterjährige Herabsetzung der Aufsichtsratsvergütung, AG 2013, 451

Buhleier, Claus / Krowas, Nina, Persönliche Pflicht zur Prüfung des Jahresabschlusses durch den Aufsichtsrat, DB 2010, 1165

Bungert, Hartwin / Wettich, Carsten, Kleine Aktienrechtsnovelle 2011 – Kritische Würdigung des Referentenentwurfs aus Sicht der Praxis, ZIP 2011, 160

Bunting, Nikolaus, Das Früherkennungssystem des § 91 Abs. 2 AktG in der Prüfungspraxis – eine kritische Betrachtung des IDW PS 340, ZIP 2012, 357

Bürgers, Tobias, Keine Aktienoptionen für Aufsichtsräte – Hindernis für die Professionalisierung des Aufsichtsrats? NJW 2004, 3022

Bürgers, Tobias / Körber, Torsten (Hrsg.), Aktiengesetz, 3. Auflage, 2014, zitiert: Bearbeiter, in: Bürgers/Körber, AktG

Bürgers, Tobias / Schilha, Ralph, Die Unabhängigkeit des Vertreters des Mutterunternehmens im Aufsichtsrat der Tochtergesellschaft – Relativierung der Konzernleitung durch Rechtsprechung und BilMoG? AG 2010, 221

Bürgers, Tobias / Theusinger, Ingo, Die Zulässigkeit einvernehmlicher Aufhebung der Bestellung eines Vorstandsmitglieds bei gleichzeitiger Neubestellung, NZG 2012, 1218

Butzke, Volker, Interessenkonlikte von Aufsichtsratsmitgliedern als Thema der Hauptversammlung, FS Hoffmann-Becking, 2013, S. 229

Caemmerer, Ernst von, Aufsichtsrat und Auslandsverbindungen, FS Geßler, 1971, 81

Cahn, Andreas, Die Vertretung der Aktiengesellschaft durch den Aufsichtsrat, FS Hoffmann-Becking, 2013, S. 247

Cannivé, Klaus / Suerbaum, Andreas, Die Fairness Opinion bei Sachkapitalerhöhungen von Aktiengesellschaften: Rechtliche Anforderungen und Ausgestaltung nach IDW S 8, AG 2011, 317

Casper, Matthias, Hat die grundsätzliche Verfolgungspflicht des Aufsichtsrats i. S. des ARAG/Garmenbeck-Urteils ausgedient? ZHR 176 (2012), 617

Clemm, Hermann, Abschlussprüfer und Aufsichtsrat, ZGR 1980, 455

Cramer, Carsten, Die Bestellung von Vorstandsmitgliedern zu Geschäftsführern einer Tochter-GmbH, NZG 2012, 765

Dauner-Lieb, Barbara / Friedrich, Maximilian, Zur Reichweite des § 87 II AktG – Rückgängigmachung der Kürzung nach Erholung der Lage der Gesellschaft? NZG 2010, 688

Dauner-Lieb, Barbara / Preen, Alexander v. / Simon, Stefan, Das VorstAG – Ein Schritt auf dem Weg zum Boeard-System? – Thesen zu einem aktienrechtskonformen Verständnis des VorstAG, DB 2010, 377

Dauner-Lieb, Barbara / Tettinger, Peter W., Vorstandshaftung, D&O-Versicherung, Selbstbehalt, ZIP 2009, 1555

de Raet, Tobias, Die Angaben bei Wahlvorschlägen zum Aufsichtsrat gem. Ziff. 5.4.1 Abs. 4-6 des Deutschen Corporate Governance Kodex, AG 2013, 488

Deilmann, Barbara, Fehlen einer Directors & Officers (D&O) Versicherung als Rücktrittsgrund für die Organmitglieder einer Aktiengesellschaft, NZG 2005, 54

Deilmann, Barbara / Albrecht, Frauke, Corporate Governance und Diversity – was empfiehlt der neue Kodex? AG 2010, 727

Deilmann, Barbara / Otte, Sabine, „Say on Pay“ – erste Erfahrungen der Hauptversammlungspraxis, DB 2010, 545

Diekmann, Hans / Bidmon, Katja, Das „unabhängige“ Aufsichtsratsmitglied nach dem BilMoG – insbesondere als Vertreter des Hauptaktionärs, NZG 2009, 1087

Diekmann, Hans / Fleischmann, Dermot, Umgang mit Interessenkonflikten in Aufsichtsrat und Vorstand der Aktiengesellschaft, AG 2013, 141

Diekmann, Hans / Nolting, Andre, Aktienrechtsnovelle 2011, NZG 2011, 6

Diller, Martin, Nachträgliche Herabsetzung von Vorstandsvergütungen und -ruhegeldern nach dem VorstAG, NZG 2009, 1006

Döll, Matthias, Das Votum zum Vergütungssystem nach § 120 Abs. 4 AktG, WM 2010, 103

Dreher, Meinrad, Die selbstbeteiligungslose D&O-Versicherung in der Aktiengesellschaft, AG 2008, 429

Dreher, Meinrad, Interessenkonflikte bei Aufsichtsratsmitgliedern von Aktiengesellschaften, JZ 1990, 896

Dreher, Meinrad, Ausstrahlungen des Aufsichtsrechts auf das Aktienrecht, ZGR 2010, 496

Dreher, Meinrad, Das Ermessen des Aufsichtsrats – Der Aufsichtsrat in der Aktiengesellschaft zwischen Verbandsautonomie und Richterkonrolle, ZHR 158 (1994), 614

Dreher, Meinrad, Change of control-Klauseln bei Aktiengesellschaften, AG 2002, 214

Dreher, Meinrad, Nochmals: Das unternehmerische Ermessen des Aufsichtsrats, ZIP 1995, 628

Dreher, Meinrad, Der Abschluss von D & O-Versicherungen und die aktienrechtliche Zuständigkeitsordnung, ZHR 165 (2001), 293

Dreher, Meinrad, Die Qualifikation der Aufsichtsratsmitglieder, FS Boujong, 1996, S. 71

Dreher, Meinrad, Die kartellrechtliche Bußgeldverantwortlichkeit von Vorstandsmitgliedern. Vorstandshandeln zwischen aktienrechtlickem Legalitätsprinzip und kartellrechtlicher Unsicherheit, FS Konzen, 2006, S. 85

Dreher, Meinrad, Chance of control-Klauseln bei Aktiengesellschaften, AG 2002, 214

Dreher, Meinrad, Die Vorstandsverantwortung im Geflecht von Risikomanagement, Compliance und interner Revision, FS Hüffer, 2010, S. 161

Dreher, Thomas, Die D&O-Versicherung nach der VVG-Novelle 2008, ZGR 2009, 31

Drinhausen, Florian / Keinath, Astrid, BB-Rechtsprechungs- und Gesetzgebungsreport zum Hauptversammlungsrecht 2009, BB 2010, 3

Drygala, Tim, Anmerkung zu OLG Frankfurt/Main, Urt. v. 15.2.2011 – 5 U 30/10, NJW 2011, 1234

Drygala, Tim, Aufsichtsratsbericht und Vertraulichkeit im System der Corporate Governance, AG 2007, 381

Dörner, Dietrich, Zusammenarbeit von Aufsichtsrat und Wirtschaftsprüfer im Lichte des KonTraG, DB 2000, 101

Eckardt, Ulrich, Abberufung von Aufsichtsratsmitgliedern durch das Gericht, NJW, 1967, 1010

Ederle, Anton, Die jährliche Entsprechenserklärung und die Mär von der Selbstbindung, NZG 2010, 655

Eichner, Christian / Delahaye, Lukas, Sorgfaltspflichten und Gestaltungsmöglichkeiten des Aufsichtsrats bei Vorstandsverträgen nach dem VorstAG, ZIP 2010, 2082

Ek, Ralf, Haftungsrisiken für Vorstand und Aufsichtsrat, 2. Auflage, 2010, zitiert: Ek, Haftungsrisiken

Ekkenga, Jens / Hofschroer, Josef, Das Wertpapiererwerbs- und Übernahmegesetz (Teil I), DStR 2002, 724

Engert, Andreas / Herschlein, Rainer, Der non-executive director einer ausländischen Tochtergesellschaft als Aufsichtsratsmitglied, NZG 2004, 459

Escher-Weingart, Christina, Die gewandelte Rolle des Wirtschaftsprüfers als Partner des Aufsichtsrats nach den Vorschriften des KonTraG, NZG 1999, 909

Eßer, Walter / Baluch, Christina, Bedeutung des Allgemeinen Gleichbehandlungsgesetzes für Organmitglieder, NZG 2007, 321

Fabricius, Fritz (Hrsg.), Gemeinschaftskommentar zum Mitbestimmungsgesetz, Loseblattausgabe, zitiert: *Bearbeiter*, GK-MitbestG

Falkenhausen, Joachim Freiherr von, Die Haftung außerhalb der Business Judgement Rule – Ist die Business Judgement Rule ein Haftungsprivileg für Vorstände? NZG 2012, 644

Falkenhausen, Joachim Freiherr von, Der Anwalt im Aufsichtsrat, ZIP 2013, 862

Falkenhausen, Joachim Freiherr von / Kocher, Dirk, Erste Erfahrungen mit dem Vergütungsvotum der Hauptversammlung, AG 2010, 623

Falkenhausen, Joachim Freiherr von / Kocher, Dirk, Die Begründungspficht für Abweichungen vom Deutschen Corporate Governance Kodex nach dem BilMoG, ZIP 2009, 1149

Fett, Torsten / Theusinger, Ingo, Die gerichtliche Bestellung von Aufsichtsratsmitgliedern – Einsatzmöglichkeiten und Fallstricke, AG 2010, 425

Fischbach, Jonas, Hauptversammlungsvorlagen des Aufsichtsrats, ZIP 2013, 1153

Fischer, Michael, Der Entscheidungsspielraum des Aufsichtsrats bei der Geltendmachung von Regressansprüchen gegen Vorstandsmitglieder, BB 1996, 225

Fischer, Roderich, Entsprechenserklärung und Entsprechensentscheidung 2005/2006 – Vorschläge zur Haftungsminimierung der erklärungspflichtigen Unternehmen, BB 2006, 337

Fischer, Sebastian / Hoffmann, Petra, Genehmigung einer vom Aufsichtsratsvorsitzenden erteilten Prozessvollmacht, NZG 2013, 1419.

Fischer, Thomas M. / Beckmann, Stefanie, Inhalt und Qualität der Regelberichterstattung für die Mitglieder von Aufsichtsräten, DB 2009, 1661

Fischer, Ulrich, Geschäftsführerdienstverträge und Urkundenprozess, NJW 2003, 333

Fleischer, Holger, Aufsichtsratsverantwortlichkeit für die Vorstandsvergütung und Unabhängigkeit der Vergütungsberater, BB 2010, 67

Fleischer, Holger, Kartellverstöße und Vorstandsrecht, BB 2008, 1070

Fleischer, Holger, Zum Grundsatz der Gesamtverantwortung im Aktienrecht, NZG 2003, 449

Fleischer, Holger, Aktuelle Entwicklungen der Managerhaftung, NJW 2009, 2337

Fleischer, Holger, Bestellungsdauer und Widerruf der Bestellung von Vorstandsmitgliedern im in- und ausländischen Aktienrecht, AG 2006, 429

Fleischer, Holger, Das Gesetz zur Angemessenheit der Vorstandstandvergütung (VorstAG), NZG 2009, 801

Fleischer, Holger, Gestaltungsgrenzen für Zustimmungsvorbehalte des Aufsichtsrats nach § 111 Abs. 4 S. 2 AktG, BB 2013, 835

Fleischer, Holger, Zur Rolle und Regulierung von Stimmrechtsberatern (Proxy Advisors) im deutschen und europäischen Aktien- und Kapitalmarktrecht, AG 2012, 2

Fleischer, Holger, Zur organschaftlichen Treuepflicht der Geschäftsleiter im Aktien- und GmbH-Recht, WM 2003, 1045

Fleischer, Holger, Zukunftsfragen der Corporate Governance in Deutschland und Europa: Aufsichtsräte, institutionelle Investoren, ZGR 2011, 155

Fleischer, Holger, Rechtsschutz gegen fehlerhafte Aufsichtsratsbeschlüsse, Der Aufsichtsrat 2013, 8

Fleischer, Holger, Vorzeitige Wiederbestellung von Vorstandsmitgliedern: Zulässige Gestaltungsmöglichkeit oder unzulässige Umgehung des § 84 I S. 3 AktG? DB 2011, 861

Fleischer, Holger, Zur rechtlichen Bedeutung der Fairness Opinion im Deutschen Aktien- und Übernahmerecht, ZIP 2011, 201

Fleischer, Holger, Vertrauen von Geschäftsleitern und Aufsichtsratsmitgliedern auf Informationen Dritter, ZIP 2009, 1397

Fleischer, Holger, Zur Rolle der Gesetzesmaterialien in der Rechtsprechung des II. Zivilsenats des Bundesgerichtshofs, FS Gotte, 2011, S. 75

Fleischer, Holger, Zur Privatsphäre von GmbH-Geschäftsführern und Vorstandsmitgliedern: Organpflichten, organschaftliche Zurechnung und private Umstände, NJW 2006, 3239

Fleischer, Holger, Organpublizität im Aktien-, Bilanz- und Kapitalmarktrecht, NZG 2006, 561

Fleischer, Holger, Handbuch des Vorstandsrechts, 2006, zitiert: *Bearbeiter*, in: Fleischer, Vorstandsrecht

Fleischer, Holger / Bedkowski, Dorothea, „Say on Pay“ im deutschen Aktienrecht: Das neue Vergütungsvotum der Hauptversammlung nach § 120 Abs. 4 AktG, AG 2009, 677

Fleischer, Holger / Wedemann, Frauke, Zur sogenannten Annexkompetenz im GmbH- und Aktienrecht, GmbHR 2010, 449

Fleischer, Holger / Goette, Wulf (Hrsg.), Münchener Kommentar zum Gesetz betreffend die Gesellschaften mit beschränkter Haftung – GmbHG, Band 2: §§ 35-52, 2012, zitiert: *Bearbeiter*, in: MünchKomm GmbHG

Florstedt, Tim, Die Unabhängigkeit des Aufsichtsratsmitglieds vom kontrollierenden Aktionär, ZIP 2013, 337

Fonk, Hans-Joachim, Zustimmungsvorbehalte des AG-Aufsichtsrats, ZGR 2006, 841

Fonk, Hans-Joachim, Auslagenersatz für Aufsichtsratsmitglieder, NZG 2009, 761

Forster, Karl-Heinz, Aufsichtsrat und Abschlussprüfung, ZfB 1988 (58. Jg.), 789

Forster, Karl-Heinz, Fragen der Prüfung des Jahresabschlusses durch den Aufsichtsrat, FS Kropff, 1997, S. 71

Forster, Karl-Heinz, Zum Zusammenspiel von Aufsichtsrat und Abschlussprüfer nach dem KonTraG, AG 1999, 193

Franz, Einiko B., Aktuelle Compliance-Fragen zur D&O-Versicherung (Teil 1), DB 2011, 1961, u. (Teil 2), DB 2011, 2019

Freitag, Robert / Korch, Stefan, Die Angemessenheit der Information im Rahmen der Business Judgement Rule (§ 93 Abs. 1 Satz 2 AktG), ZIP 2012, 2281

Friedl, Markus J., Die Haftung des Vorstands und Aufsichtsrats für eine fehlerhafte Stellungnahme gemäß § 27 I WpÜG, NZG 2004, 448

Fritzel, Christian, Die interne Revision als Partner des Aufsichtsrats, in: Hölscher, Reinhold / Altenhain, Thomas (Hrsg.), Handbuch Aufsichts- und Verwaltungsräte in Kreditinstituten, S. 179, zitiert: *Fritzel*, in: Hölscher/Altenhain, Hdb Aufsichtsrat in Kreditinstituten

Ganzer, Peter / Tremmel, Bernd, Die Verschwiegenheitspflicht der Aufsichtsratsmitglieder einer kommunalen Eigengesellschaft in der Rechtsfomr einer mitbestimmten GmbH – dargestellt anhand der Rechtslage in Bayern, GewArch 2010, 141

Gärtner, Mattias, Endet das Aufsichtsratsmandat bei Erreichen der gesetzlichen Höchstdauer auch vor Abschluss der Rechnungslegung automatisch? NZG 2013, 652

Gaul, Björn / Janz, Alexandra, Wahlkampfgetöse im Aktienrecht: Gesetzliche Begrenzung der Vorstandsvergütung und Änderungen der Aufsichtsratstätigkeit, NZA 2009, 809

Geitner, Dirk, Offene Fragen im Mitbestimmungsgesetz, AG 1976, 210

Gesell, Harald, Prüfungsausschuss und Aufsichtsrat nach dem BilMoG, ZGR 2011, 361

Goette, Wulf, Grundsätzliche Verfolgungspflicht des Aufsichtsrats bei sorgfaltswidrig schädigendem Verhalten im AG-Vorstand? ZHR 176 (2012), 588

Goette, Wulf, Organisationspflichten in Kapitalgesellschaften zwischen Rechtspflicht und Opportunität, ZHR 175 (2011), 388

Goette, Wulf, Neuere aktienrechtliche Rechtsprechung des II. Zivilsenats des Bundesgerichtshofs, DStR 2010, 2579

Goette, Wulf, Aktuelle Entwicklungen im deutschen Kapitalgesellschaftsrecht im Lichte der höchstrichterlichen Rechtsprechung, DStR 2009, 51

Goslar, Sebastian / von der Linden, Klaus, Anfechtbarkeit von Hauptversammlungsbeschlüssen aufgrund fehlerhafter Entsprechenserklärungen zum Deutschen Corporate Governance Kodex, DB 2009, 1691

Götz, Heinrich, Die Überwachung der Aktiengesellschaft im Lichte jüngerer Unternehmenskrisen, AG 1995, 337

Götz, Heinrich, Die vorzeitige Wiederwahl von Vorständen, AG 2002, 305

Götz, Heinrich, Die Pflicht des Aufsichtsrats zur Haftbarmachung von Vorstandsmitgliedern, NJW 1997, 3275

Götz, Heinrich, Rechte und Pflichten des Aufsichtsrats nach dem Transparenz- und Publizitätsgesetz, NZG 2002, 599

Götz, Heinrich, Zustimmungsvorbehalte des Aufsichtsrats der Aktiengesellschaft, ZGR 1990, 633

Grigoleit, Hans Christoph (Hrsg.), Aktiengesetz, 2013, zitiert: *Bearbeiter*, in: Grigoleit, AktG

Grooterhorst, Johannes, Pflichten und Haftung des Aufsichtsrats bei zustimmungsbedürftigen Geschäften des Vorstands, NZG 2011, 921

Groß, Wolfgang, Befreiung von der Ad-hoc-Publizitätspflicht nach § 15 Abs. 3 WpHG, FS U. H. Schneider, 2011, S. 385

Grunewald, Barbara, Interne Aufklärungspflichten von Vorstand und Aufsichtsrat, NZG 2013, 841

Gruson, Michael / Kubicek, Matthias, Der Sarbanes-Oxley Act, Corporate Governance und das deutsche Aktienrecht (Teil I), AG 2003, 337

Gummert, Hans / Weipert, Lutz (Hrsg.), Münchener Handbuch des Gesellschaftsrechts, Band 2, Kommanditgesellschaft u. a., 3. Auflage, 2009, zitiert: *Bearbeiter*, in: Münchener Handbuch GesR, Bd. 2

Habersack, Mathias / Goette, Wulf (Hrsg.), Münchener Kommentar zum Aktiengesetz, Band 2, 3. Auflage, 2008, zitiert: *Bearbeiter*, in: MünchKomm AkG

Habersack, Mathias, Der Aufsichtsrat im Visier der Kommission, ZHR 168 (2004), 373

Habersack, Mathias, Aufsichtsrat und Prüfungsausschuss nach dem BilMoG, AG 2008, 98

Habersack, Mathias, Die erfolgsabhängige Vergütung des Aufsichtsrats und ihre Grenzen, ZGR 2004, 721

Habersack, Mathias, „Kirch/Deutsche Bank" und die Folgen – Überlegungen zu § 100 Abs. 5 AktG und Ziff. 5.4, 5.5 DCGK – FS Goette, 2011, S. 121

Habersack, Mathias, Anmerkung zu OLG Frankfurt a. M., Urt. v. 15.2.2011 – 5 U 30/10, NJW 2011, 1234

Hachenburg, Max (Hrsg.), Hachenburg GmbHG Großkommentar, 8. Auflage, 1990 ff., zitiert: *Bearbeiter*, in: Großkomm GmbHG

Hachmeister, Dirk, Die gewandelte Rolle des Wirtschaftsprüfers als Partner des Aufsichtsrats nach den Vorschriften des KonTraG, DStR 1999, 1453

Hanau, Peter, Der (sehr vorsichtige) Entwurf eines Gesetzes zur Angemessenheit der Vorstandsvergütung, NJW 2009, 1652

Hasselbach, Kai, Überwachungs- und Beratungspflichten des Aufsichtsrats in der Krise, NZG 2012, 41

Hasselbach, Kai / Seibel, Markus, Die Freistellung von Vorstandsmitgliedern und leitenden Angestellten von der Haftung für Kartellverstöße, AG 2008, 770

Hasselbach, Kai / Seibel, Markus, Ad-hoc-Ausschüsse des Aufsichtsrats – Corporate-Governance-Instrument zur Wahrnehmung von Aufsichtsratsaufgaben in Sondersituationen, AG 2012, 114

Heckelmann, Martin, Drum prüfe, wer sich ewig bindet – Zeitliche Grenzen der Entsprechenserklärung nach § 161 AktG und des Deutschen Corporate Governance Kodex, WM 2008, 2146

Hecker, Andreas / Peters, Marc, BB-Report zu den Änderungen des DCGK im Jahr 2012, BB 2012, 2639

Hecker, Andreas / Peters, Marc, Die Änderungen des DCGK im Jahr 2010, BB 2010, 2251

Heidbüchel, Volker, Das Aufsichtsratsmitglied als Vorstandsvertreter – Voraussetzungen und Risiken der Bestellung eines „Interimsvorstands" – WM 2004, 1317

Heidel, Thomas, Zur Weisungsgebundenheit von Aufsichtsratsmitgliedern bei Beteiligung von Gebietskörperschaften und Alleinaktionären, NZG 2012, 48

Heidel, Thomas (Hrsg.), Aktienrecht und Kapitalmarktrecht, 3. Aufl., 2011, zitiert: *Bearbeiter*, in: Heidel, AktG

Heinsius, Theodor, Die Amtszeit des Aufsichtsrates mitbestimmter Gesellschaften mit beschränkter Haftung und mitbestimmter Aktiengesellschaften bei formwechselnder Umwandlung, FS Stimpel, 1985, 571

Hellwig, Hans-Jürgen / Behme, Caspar, Gemeinschaftsrechtswidrigkeit und Anwendungsvorrang des Gemeinschaftsrechts in der deutschen Unternehmensmitbestimmung, ZIP 2010, 871

Hellwig, Hans-Jürgen / Behme, Caspar, Zur Einbeziehung ausländischer Belegschaften in die deutsche Unternehmensmitbestimmung, ZIP 2009, 1791

Hengeler, Hans, Zum Beratungsgeheimnis im Aufsichtsrat einer Aktiengesellschaft, FS Schilling, 1973, S. 175

Henn, Günter / Frodermann, Jürgen / Jannott, Dirk, Handbuch des Aktienrechts, 8. Auflage, 2009, zitiert: *Bearbeiter*, in: Henn/Frodermann/Jannott, Hdb. AktienR

Henze, Hartwig, Neuere Rechtsprechung zu Rechtsstellung und Aufgaben des Aufsichtsrats, BB 2005, 165

Henze, Hartwig, Prüfungs- und Kontrollaufgaben des Aufsichtsrats in der Aktiengesellschaft, NJW 1998, 3309

Heppe, Hansjörg / Tielmann, Jörgen, Die Neuerungen des Dodd-Frank Wall Street Reform and Consumer Protection Act, WM 2011, 1883

Heutz, Stefan, Zuständigkeit zur Festsetzung der Vorstandsvergütung in der Genossenschaft, NZG 2013, 611

Hingst, Kai-Michael / Himmelreich, Thomas / Krawinkel, Arne C., Neue rechtliche Rahmenbedingungen für die Kontrollorgane von Banken und Sparkassen, WM 2009, 2016

Hirte, Heribert, Die Europäische Aktiengesellschaft, NZG 2002, 1

Hirte, Heribert / Stoll, Andreas, Die Enthaftung insolventer Geschäftsleiter und Aufsichtsratsmitglieder durch Abwendungsvergleich, ZIP 2010, 253

Hirte, Heribert / Bülow, Christoph von (Hrsg.), Kölner Kommentar zum WpÜG, 2. Auflage, 2010, zitiert: *Bearbeiter*, in: KölnKomm WpÜG

Hoffmann, Guido, Grenzen der Einflussnahme auf Unternehmensleitungsentscheidungen durch Kreditgläubiger, WM 2012, 10

Hoffmann, Gunter M., Existenzvernichtende Haftung von Vorständen und Aufsichtsräten? NJW 2012, 1393

Hoffmann, Gunter M., Urteilsbildungs- und Verhinderungspflicht des Aufsichtsrats, AG 2012, 478

Hoffmann-Becking, Michael, Organe: Strukturen und Verantwortlichkeiten, insbesondere im monistischen System, ZGR 2004, 355

Hoffmann-Becking, Michael, Amtszeit und Vergütung des Aufsichtsrats nach formwechselnder Umwandlung einer GmbH in eine Aktiengesellschaft, AG, 1980, 269

Hoffmann-Becking, Michael, Zehn kritische Thesen zum Deutschen Corporate Governance Kodex, ZIP 2011, 1173

Hoffmann-Becking, Michael, Beratungsverträge mit Aufsichtsratsmitgliedern – grenzenlose Anwendung des § 114 AktG? FS K. Schmidt, 2009, S. 657

Hoffmann-Becking, Michael, Das Recht des Aufsichtsrats zur Prüfung durch Sachverständige nach § 111 Abs. 2 Satz 2 AktG, ZGR 2011, 136

Hoffmann-Becking, Michael, Rechtliche Anmerkungen zur Vorstands- und Aufsichtsratsvergütung, ZHR 169 (2005), 155

Hoffmann-Becking, Michael, Zur rechtlichen Organisation der Zusammenarbeit im Vorstand der AG, ZGR 1998, 497

Hoffmann-Becking, Michael, Deutscher Corporate Governance Kodex – Anmerkungen zu Zulässigkeit, Inhalt und Verfahren, FS Hüffer, 2010, S. 337

Hoffmann-Becking, Michael (Hrsg.), Beck'sches Formularbuch, Bürgerliches Handels- und Wirtschaftsrecht, 9. Auflage, 2006, zitiert: *Bearbeiter,* in: Beck'sches Formularbuch

Hoffmann-Becking, Michael (Hrsg.), Münchener Handbuch des Gesellschaftsrechts, Band 4, Aktiengesellschaft, 3. Auflage, 2007, zitiert: *Bearbeiter,* in: Münchener Handbuch GesR, Bd. 4

Hofmann, Paul, Zum wichtigen Grund in § 103 Abs. 3 AktG, FS Westenberger, 1973, S. 57

Hohaus, Benedikt / Weber, Christoph, Die Angemessenheit der Vorstandsvergütung gem. § 87 AktG nach dem VorstAG, DB 2009, 1515

Hohenstatt, Klaus-Stefan, Das Gesetz zur Angemessenheit der Vorstandsvergütung, ZIP 2009, 1349

Hohenstatt, Klaus-Stefan / Kuhnke, Michael, Vergütungsstruktur und variable Vergütungsmodelle für Vorstandsmitglieder nach dem VorstAG, ZIP 2009, 1981

Hohenstatt, Klaus-Stefan / Naber, Sebastian, Diskriminierungsschutz für Organmitglieder: Konsequenzen für die Vertragsgestaltung, ZIP 2012. 1989

Holle, Philipp Maximilian, Rechtsbindung und Business Judgement Rule, AG 2011, 778

Holthaus, Jan, Wahlrecht des Vorstands einer Genossenschaft bei Aufsichtsratswahlen, NZG 2012, 292

Hölters, Wolfgang, Aktiengesetz, 2011, zitiert: Bearbeiter, in: *Hölters,* AktG

Hölters, Wolfgang / Weber, Markus, Vorzeitige Wiederbestellungen von Vorstandsmitgliedern, AG 2005, 629

Hommelhoff, Peter, Die Autarkie des Aufsichtsrats – Besprechung der Entscheidung BGHZ 85, 293 „Hertie" – ZGR 1983, 551

Hommelhoff, Peter, Aktionärs-Aktivismus im dualistischen System? – ein Zuruf im EU Corporate Governance-Diskurs, Liber amicorum für Martin Winter, 2011, S. 255

Hommelhoff, Peter, Der Aufsichtsratsentscheid über prüfungsfremde Leistungen des Abschlussprüfers, FS Hoffmann-Becking, 2013, S. 547

Hommelhoff, Peter, Unabhängige Aufsichtsratsmitglieder in börsennotierten Familienunternehmen, ZIP 2013, 953

Hommelhoff, Peter, Aufsichtsrats-Unabhängigkeit in der faktisch konzernierten Börsengesellschaft, ZIP 2013, 1645

Hommelhoff, Peter, Die neue Position des Abschlussprüfers im Kraftfeld der aktienrechtlichen Organisationsverfassung (Teil I), BB 1998, 2567

Hommelhoff, Peter, Die neue Position des Abschlussprüfers im Kraftfeld der aktienrechtlichen Organisationsverfassung (Teil II), BB 1998, 2625

Hommelhoff, Peter, Einige Bemerkungen zur Organisationsverfassung der Europäischen Aktiengesellschaft, AG 2001, 279

Hommelhoff, Peter / Mattheus, Daniela, Corporate Governance nach dem KonTraG, AG 1998, 249

Hönsch, Henning, Elemente der Aufsichtsratsvergütung, Der Aufsichtsrat 2013, 78

Hopt, Klaus J., Vergleichende Corporate Governance – Forschung und internationale Regulierung, ZHR 175 (2011), 444

Hopt, Klaus J., Interessenwahrung und Interessenkonflikte im Aktien-, Bank- und Berufsrecht – Zur Dogmatik des modernen Geschäftsbesorgungsrechts, ZGR 2004, 1

Hopt, Klaus J. / Wiedemann, Herbert (Hrsg.), Großkommentar zum Aktiengesetz, 4. Auflage, seit 1992, zitiert: Bearbeiter, in: Großkomm. AktG

Horn, Norbert, Die Haftung des Vorstands der AG nach § 93 AktG und die Pflichten des Aufsichtsrates, ZIP 1997, 1129

Hüffer, Uwe, Aktiengesetz, 10. Auflage, 2012, zitiert: Hüffer, AktG

Hüffer, Uwe, Die leitungsbezogene Verantwortung des Aufsichtsrats, NZG 2007, 47

Hüffer, Uwe, Der Aufsichtsrat in der Publikumsgesellschaft, ZGR 1980, 320

Hüffer, Uwe, Aktienbezugsrechte als Bestandteil der Vergütung von Vorstandsmitgliedern und Mitarbeitern – gesellschaftsrechtliche Analyse, ZHR 161 (1997), 214

Hüffer, Uwe, Zur Wahl von Beratern des Großaktionärs in den Aufsichtsrat der Gesellschaft, ZIP 2010, 1979

Ihrig, Hans-Christoph / Kranz, Christopher, EuGH-Entscheidung Geltl/Daimler: „Selbstbefreiung“ von der Ad-hoc-Publizitätspflicht, BB 2013, 451

Ihrig, Hans-Christoph / Meder, Manuel M., Zweifelsfragen bei der Zielbenennung zur Zusammensetzung des Aufsichtsrats nach dem Kodex, ZIP 2012, 1210

Ihrig, Hans-Christoph / Meder, Manuel M., Die Zuständigkeitsordnung bei Benennung der Ziele für die Zusammensetzung des Aufsichtsrats gem. Ziff. 5.4.1 DCGK n. F. in mitbestimmten Gesellschaften, ZIP 2010, 1577

Janberg, Hans / Oesterling, Hans-Christian, Gäste im Aufsichtsrat, AG 1960, 240

Janzen, Dietmar, Vorzeitige Beendigung von Vorstandsamt und –vertrag, NZG 2003, 468

Jaspers, Philipp, Mehr Demokratie wagen – Die Rolle der Hauptversammlung bei der Festsetzung der Vergütung des Vorstands, ZRP 2010, 8

Jaspers, Philipp, Voraussetzungen und Rechtsfolgen der Unabhängigkeit eines Aufsichtsratsmitgliedes nach dem BilMoG, AG 2009, 607

Johannsen-Roth, Tim / Kießling, Arne, Das Amt des Ehrenvorsitzenden des Aufsichtsrats, NZG 2013, 972

Kann, Jürgen van, Zwingender Slebstbehalt bei der D&O-Versicherung – Gut gemeint, aber auch gut gemacht? NZG 2009, 1010

Kann, Jürgen van / Keiluweit, Anjela, Das neue Gesetz zur Angemessenheit der Vorstandsvergütung, DStR 2009, 1587

Kanzler, Oliver, Rückabwicklung von Beratungsverträgen in der Aktiengesellschaft, AG 2013, 554

Kapp, Thomas / Gärtner, Daniel, Die Haftung von Vorstand und Aufsichtsrat bei Verstößen gegen das Kartellrecht, CCZ 2009, 168

Kersting, Christian, Auswirkungen des Sarbanes-Oxley-Gesetzes in Deutschland: Können deutsche Unternehmen das Gesetz befolgen?, ZIP 2003, 233

Kersting, Christian, Das Audit Committee nach dem Sarbanes-Oxley-Gesetz – Ausnahmeregelungen für ausländische Emittenten, ZIP 2003, 2010

Keßler, Jürgen, Die kommunale GmbH, GmbHR 2000, 71

Kiefner, Alexander, Fehlerhafte Entsprechenserklärung und Anfechtbarkeit von Hauptversammlungsbeschlüssen, NZG 2011, 201

Kiefner, Alexander / Langen, Markus, Massesicherungspflicht und Versagen des Überwachungsorgans, NJW 2011, 192

Kiefner, Alexander / Krämer, Lutz, Geschäftsleiterhaftung nach ISION und das Vertrauendürfen auf Rechtsrat, AG 2012, 498

Kiethe, Kurt, Gesellschaftrechtliche Spannungslagen bei Public Private Partnership, NZG 2006, 45

Kindl, Johann, Beschlussfassung des Aufsichtsrats und neue Medien: Zur Änderung des § 108 Abs. 4 AktG, ZHR 166 (2002), 335

Kindl, Johann, Die Teilnahme an der Aufsichtsratssitzung, 1993, zitiert: *Kindl,* Teilnahme an Aufsichtsratssitzung

Kirschbaum, Tom, Anmerkung zu LG München I, Urt. v. 22.11.2007 – 5 HK O 10614/07, ZIP 2007, 2362

Klein, Martin, Die Änderungen des Deutschen Corportae Governance Kodex 2012 aus Sicht der Unternehmenspraxis, AG 2012, 805

Klindt, Thomas / Pelz, Christian / Theusinger, Ingo, Compliance im Spiegel der Rechtsprechung, NJW 2010, 2385

Klöhn, Lars, Die Herabsetzung der Vorstandsvergütung gem. § 87 Abs. 2 AktG in der börsennotierten Aktiengesellschaft, ZGR 2012, 1

Klöhn, Lars / Schwarz, Philip, Die Regulierung institutioneller Stimmrechtsberater, ZIP 2012, 149

Knapp, Christoph, Die Entwicklung des Rechts des Aufsichtsrats im Jahr 2010, DStR 2011, 177

Knapp, Christoph, Die Entwicklung des Rechts des Aufsichtsrats im Jahr 2011 – Aktuelles für die Praxis aus Gesetzgebung und Rechtsprechung, DStR 2012, 364

Knoll, Reinhold / Zachert, Nico, Budgetrecht und Verfügungsrecht des Aufsichtsrats über Gesellschaftskonten im Interesse der Corporate Governance, AG 2011, 309

Koch, Jens, Keine Ermessensspielräume bei der Entscheidung über die Inanspruchnahme von Vorstandsmitgliedern, AG 2009, 93

Koch, Jens, Beschränkung der Regressfolgen im Kapitalgesellschaftsrecht, AG 2012, 429

Kocher, Dirk, Zur Reichweite der Business Judgement Rule, CCZ 2009, 215

Kocher, Dirk, Die Diversity-Empfehlung des neuen Corporate-Governance-Kodex, BB 2010, 264

Kocher, Dirk, Ungeklärte Fragen der Erklärung zur Unternehmensführung nach § 289 a HGB, DStR 2010, 1034

Kocher, Dirk, Zur Bedeutung von Beschlussvorschlägen der Verwaltung für die Fassung und Anfechtung von Hauptversammlungsbeschlüssen, AG 2013, 406

Kocher, Dirk, Erneute Bestellung desselben Aufsichtsratsmitglieds durch das Registergericht – Was tun, wenn die Aufsichtsratsbestellung durch die Hauptversammlung angefochten wird? NZG 2007, 372

Kocher, Dirk / Bedkowski, Dorothea, „Besondere Aufmerksamkeit der Praxis in Bezug auf professionelle Anfechtungskläger gefordert“, BB 2009, 235

Kocher, Dirk / Heydel, Julia, Kein abgestimmtes Verhalten und kein Stimmrechtsausschluss durch Stimmrechtsempfehlungen institutioneller Stimmrechtsberater, AG 2011, 543

Kocher, Dirk / Lönner, Andreas, Erhöhte Diversity-Anforderungen des Corporate Governance Kodex 2010, CCZ 2010, 183

Kocher, Dirk / Schneider, Sebastian, Zuständigkeitsfragen im Rahmen der Ad-hoc-Publizität, ZIP 2013, 1607

Kock, Martin / Dinkel, Renate, Die zivilrechtliche Haftung von Vorständen für unternehmerische Entscheidungen – Die geplante Kodifizierung der Business Judgement Rule im Gesetz zur Unternehmensintegrität und Modernisierung des Anfechtungsrechts, NZG 2004, 441

Körner, Marita, Die Angemessenheit von Vorstandsbezügen in § 87 AktG, NJW 2004, 2697

Kort, Michael, Sind GmbH-Geschäftsführer und Vorstandsmitglieder diskriminierungsschutzrechtlich Arbeitnehmer? NZG 2013, 601

Kort, Michael, Interessenkonflikte bei Organmitgliedern der AG, ZIP 2008, 717

Korts, Sebastian, Die Vereinbarung von Kontrollwechselklauseln in Vorstandsverträgen, BB 2009, 1876

Köstler, Roland / Müller, Matthias / Zachert, Ulrich, Aufsichtsratspraxis – Handbuch für die Arbeitnehmervertreter im Aufsichtsrat, 9. Auflage, 2009, zitiert: Köstler/Müller/Zachert, Aufsichtsratspraxis

Kraft, Julia / Redenius-Hövermann, Julia, Zur Einführung einer gesetzlichen Geschlechterquote im Aufsichts- oder Verwaltungsrat einer SE, AG 2012, 28

Kramer, Ernst A., Juristische Methodenlehre, 3. Auflage, 2010, zitiert: *Kramer*, Juristische Methodenlehre

Krauel, Wolfgang / Fackler, Stephan, Die Ersetzung eines dauerhaft verhinderten Aufsichtsratsmitglieds, AG 2009, 686

Krause, Hartmut, Das neue Übernahmerecht, NJW 2002, 705

Kremer, Thomas, Der Deutsche Corporate Governance Kodex auf dem Prüfstand: bewährte Selbst- oder freiwillige Überregulierung? ZIP 2011, 1177

Kremer, Thomas / Werder, Axel v., Unabhängigkeit von Aufsichtsratsmitgliedern: Konzept, Kriterien und Kandidateninformationen, AG 2013, 340

Kremer, Thomas / Philipp Voet van Vormizeele, Neues Rollenverständnis für Syndikusanwälte und das Anwaltsprivileg, AG 2011, 245

Krieger, Gerd, Personalentscheidungen des Aufsichtsrats, 1981, zitiert: *Krieger*, Personalentscheidungen des Aufsichtsrats

Krieger, Gerd, Der Wechsel vom Vorstand in den Aufsichtsrat, FS Hüffer, 2010, 521

Krieger, Gerd, Corporate Governance und Corporate Governance Kodex in Deutschland, ZGR 2012, 202

Krieger, Gerd, Wie viele Rechtsberater braucht ein Geschäftsleiter? Ein kritischer Zwischenruf zu Strohn ZHR 176 (2012), 137, ZGR 2012, 496

Krieger, Gerd, Gewinnabhängige Aufsichtsratsvergütungen, FS Röhricht, 2005, 349

Kropff, Bruno, Der unabhängige Finanzexperte in der Gesellschaftsverfassung, FS K. Schmidt, 2009, S. 1023

Kropff, Bruno, Aufsichtsratsmitglied „im Auftrag“, FS Huber, 2006, S. 841

Kropff, Bruno, Aktienrechtlicher Geheimnisschutz bei Beteiligungen von Gebietskörperschaften, FS Hefermehl, 1976, S. 327

Kropff, Bruno / Semler, Johannes (Hrsg.), Münchener Kommentar zum Aktiengesetz, Band 3, 2. Auflage, 2004, zitiert: *Bearbeiter*, in: MünchKomm AktG²

Kruchen, Carsten, Erklärung zur Unternehmensführung gem. § 289 a HGB und „dauerhafte" Abrufbarkeit von Internetadressen (Pfaden), ZIP 2012, 62

Krüger, Stefan / Thonfeld, Anmerkung OLG Frankfurt/M., Urt. v. 21.9.2005 – 1 U 14/05, EWiR 2006, 385

Kübler, Friedrich, Aufsichtsratsmandate in konkurrierenden Unternehmen, FS Claussen, 1997, S. 239

Kuhner, Christoph, Prozesse und Institutionen zur Kontrolle der periodischen Berichterstattung im deutschen Unternehmensrecht, ZGR 2010, 980

Künast, Renate, Geschlechtergerechte Besetzung von Aufsichtsräten, ZRP 2011, 11

Kurz, Jürgen, Viel mehr Geld – kaum mehr Frauen, AG Report 2013, R 358

Kuthe, Thorsten / Geiser, Martina, Die neue Corporate Governance Erklärung – Neuerung des BilMoG in § 289 a HGB-RE – NZG 2008, 172

Land, Volker / Hallermayer, Jessica, Weitergabe von vertraulichen Informationen durch auf Veranlassung von Gebietskörperschaften gewählte Mitglieder des Aufsichtsrats gem. §§ 394, 395 AktG, AG 2011, 114

Lanfermann, Georg / Röhricht, Victoria, Pflichten des Prüfungsausschusses nach dem BilMoG, BB 2009, 887

Lang, Johann / Weidmüller, Ludwig (Begr.), Genossenschaftsgesetz, 37. Auflage, 2011, zitiert: *Bearbeiter*, in: Lang/Weidmüller, GenG

Lang, Volker / Balzer, Peter, Handeln auf angemessener Informationsgrundlage – zum Haftungsregime von Vorstand und Aufsichtsrat von Kreditinstituten, WM 2012, 1167

Lange, Oliver, Zulässigkeitsvoraussetzungen einer gesellschaftsfinanzierten Aufsichtsrats-D&O-Versicherung, ZIP 2001, 1524

Lange, Oliver, Zustimmungsvorbehaltspflicht und Kataloghaftung des Aufsichtsrats nach neuem Recht, DStR 2003, 376

Langenbucher, Katja, Wettbewerbsverbote, Unabhängigkeit und die Stellung des Aufsichtsratsmitglieds, ZGR 2007, 571

Langenbucher, Katja, Zentrale Akteure der Corporate Governance: Zusammensetzung des Aufsichtsrats, ZGR 2012, 314

Langenbucher, Katja, Die bereicherungsrechtliche Rückforderung unangemessener Vorstandsbezüge, FS Huber, 2006, S. 861

Langenbucher, Katja, Vorstandshandeln und Kontrolle – Zu einigen Neuerungen durch das UMAG, DStR 2005, 2083

Lehmann, Karl Heinz, Zulässigkeit von Satzungsbestimmungen über die Gewährung von Sondervergütungen an Aufsichtsratsmitglieder, DB 1966, 1757

Lentfer, Thies / Weber, Stefan C., Das Corporate Governance Statement als neues Publikationsinstrument, DB 2006, 2357

Leßmann, Jochen / Glattfeld, Björn, Der Aufsichtsrat beim Formwechsel einer GmbH in eine Aktiengesellschaft, ZIP 2013, 2390

Leuchten, Alexius, Zur vorzeitigen Wiederbestellung von Vorständen, NZG 2005, 909

Leuering, Dieter, Keine Anfechtung wegen Mängeln der Entsprechenserklärung, DStR 2010, 2255

Leuering, Dieter, Die Zurückweisung von einseitigen Rechtsgeschäften des Aufsichtsrats nach § 174 BGB, NZG 2004, 120

Leyendecker-Langner, Benjamin E., Rechte und Pflichten des Vorstands bei Kompetenzüberschreitungen des Aufsichtsratsvorsitzenden

Leyendecker-Langner, Benjamin E. / Huthmacher, David, Kostentragung für Aus- und Fortbildungsmaßnahmen von Aufsichtsratsmitgliedern, NZG 2012, 1415

Leyens, Patrick C. / Schmidt, Frauke, Corporate Governance durch Aktien-, Bankaufsichts- und Versicherungsaufsichtsrecht – Ausgewählte Einflüsse, Impulse und Brücke – AG 2013, 533

Lieder, Jan, Das unabhängige Aufsichtsratsmitglied, NZG 2005, 569

Liese, Jens, Anmerkung zu BGH, Urt. v. 20.9.2010 – II ZR 78/09, CCZ 2011, 39

Liese, Jens / Theusinger, Ingo, Anforderungen an den Bericht des Aufsichtsrats vor dem Hintergrund steigender Anfechtungsrisiken für Entlastungsbeschlüsse, BB 2007, 2528

Linden, Klaus von der, Haftung für Fehler bei der Leitung der Hauptversammlung, NZG 2013, 208

Lingemann, Stefan, Angemessenheit der Vorstandsvergütung – Das VorstAG ist in Kraft, BB 2009, 1918

Lingemann, Stefan / Weingarth, Markus, Zur Anwendung des AGG auf Organmitglieder, DB 2012, 2325

Löbbe, Marc / Fischbach, Jonas, Wechsel von Vorstandsmitgliedern in den Aufsichtsrat auf Initiative der Verwaltungsorgane der Gesellschaft, AG 2012, 580

Lohl, Reinhold, Die staatliche Betätigung bei privatrechtlichen Unternehmen nach der Haushaltsrechtsreform, AG 1970, 159

Lohner, Josef / Zieglmeier, Christian, Die Besetzung des Aufsichtsrats einer kommunalen GmbH und der Verbandssammlung eines Zweckverbandes, BayVerwBl. 2007, 581

Lorenz, Dirk / Pospiech, Lutz, Beratungsverträge mit Aufsichtsratsmitgliedern in Zeiten moderner Corporate Governance, NZG 2011, 81

Lüderitz, Hagen, Effizienz als Maßstab für die Größe des Aufsichtsrats, FS Steindorff, 1990, S. 113

Lutter, Marcus, Der Bericht des Aufsichtsrats an die Hauptversammlung, AG 2008, 1

Lutter, Marcus, Die Business Judgement Rule und ihre praktische Anwendung, ZIP 2007, 841

Lutter, Marcus, Aktienrechtliche Aspekte der angemessenen Vorstandsvergütung, ZIP 2006, 733

Lutter, Marcus, Zur Weisungsbefugnis eines Gemeinderates gegenüber ratsangehörigen Aufsichtsratsmitgliedern im Aufsichtsrat einer kommunalen GmbH, ZIP 2007, 1991

Lutter, Marcus, Bankenvertreter im Aufsichtsrat, ZHR 145 (1981), 224

Lutter, Marcus, Die Empfehlung der Kommission vom 14.12.2004 und vom 15.2.2005 und ihre Umsetzung in Deutschland, EuZW 2009, 799

Lutter, Marcus, Stellungnahme zu Ulrich Wackerbarth, EuZW 2010, 46, EuZW 2010, 87

Lutter, Marcus, Anwendbarkeit der Altersbestimmungen des AGG auf Organpersonen, BB 2007, 725

Lutter, Marcus, Defizite für eine effiziente Aufsichtsratsarbeit und gesetzliche Möglichkeiten der Verbesserung, ZHR 159 (1995), 287

Lutter, Marcus, Der Aufsichtsrat: Konstruktionsfehler, Inkompetenz seiner Mitglieder oder normales Risiko? AG 1994, 176

Lutter, Marcus, Professionalisierung des Aufsichtsrats, DB 2009, 775

Lutter, Marcus, Zum unternehmerischen Ermessen des Aufsichtsrats, ZIP 1995, 441

Lutter, Marcus, Information und Vertraulichkeit im Aufsichtsrat, 3. Auflage, 2006, zitiert: *Lutter*, Information und Vertraulichkeit im Aufsichtsrat

Lutter, Marcus / Grunewald, Barbara, Öffentliches Haushaltsrecht und privates Gesellschaftsrecht, WM 1984, 385

Lutter, Marcus / Kremer, Thomas, Die Beratung der Gesellschaft durch Aufsichtsratsmitglieder – Bemerkungen zur Entscheidung BGHZ 114, 127 ff. – ZGR 1992, 87

Lutter, Marcus / Krieger, Gerd (Hrsg.), Rechte und Pflichten des Aufsichtsrats, 5. Auflage, 2008, zitiert: Lutter/Krieger, Aufsichtsrat

Lutter, Marcus / Drygala, Tim, Die besondere sachverständige Beratung des Aufsichtsrats durch seine Mitglieder, FS Ulmer, 2003, S. 381

Mahler, Arno, Die Verantwortung der Aufsichtsräte, Der Aufsichtsrat 2013, 6

Manthey, Nikolaus Vincent / Hinrichs, Lars / Hörtz, Martin, Publizitätspflichten für Phantom-Aufsichtsräte – Ordnungsgeld nach § 335 HGB für die unterlassene Einreichung des Berichts eines nicht bestehenden Aufsichtsrats? NZG 2013, 1370

Manz, Gerhard / Mayer, Barbara / Schröder, Albert (Hrsg.), Die Aktiengesellschaft, 6. Auflage, 2010, zitiert: *Bearbeiter*, in: Manz/Mayer/Schröder, AG

Marsch-Barner, Reinhard, Aktuelle Rechtsfragen zur Vergütung von Vorstands- und Aufsichtsratsmitgliedern einer AG, FS Röhricht, 2005, 401

Marsch-Barner, Reinhard, Zur Anfechtung der Wahl von Aufsichtsratsmitgliedern, FS K. Schmidt, 2009, S. 1109

Marsch-Barner, Reinhard, Vorteilsausgleich bei der Schadensersatzhaftung nach § 93 AktG, ZHR 173 (2009), 723

Martens, Klaus-Peter, Mitbestimmungsrechtliche Bausteine in der Rechtsprechung des Bundesgerichtshof, ZGR 1983, 237

Martens, Klaus-Peter, Privilegiertes Informationsverhalten von Aufsichtsratsmitgliedern einer Gebietskörperschaft nach § 394 AktG, AG 1984, 29

Martens, Klaus-Peter, Die Vorstandsvergütung auf dem Prüfstand, ZHR 169 (2005), 124

Maser, Peter / Bäumker, Michael, Steigende Anforderungen an die Berichtspflicht des Aufsichtsrats? AG 2005, 906

Maser, Peter / Göttle, Maren, Rechtlicher Rahmen für die Vergütung des Aufsichtsrats, NZG 2013, 201

Melot de Beauregard, Paul / Gleich, Christian, Aktuelle Problemfelder bei der D&O-Versicherung, NJW 2013, 824

Mense, Christian / Rosenhäger, Erik, Mehr Vielfalt wagen – Zu den jüngsten Änderungen des Deutschen Corporate Governance Kodex, GWR 2010, 311

Merkt, Hanno / Mylich, Falk, Einlage eigener Aktien und Rechtsrat durch den Aufsichtsrat – Zwei aktienrechtliche Fragen im Lichte der ISION-Entscheidung des BGH, NZG 2012, 525

Mertens, Hans-Joachim, Bedarf der Abschluss einer D&O-Versicherung durch die Aktiengesellschaft der Zustimmung der Hauptversammlung?, AG 2000, 447

Mertens, Hans-Joachim, Verfahrensfragen bei Personalentscheidungen des mitbestimmten Aufsichtsrats, ZGR 1983, 189

Mertens, Hans-Joachim, Beratungsverträge mit Aufsichtsratsmitgliedern, FS Steindorff, 1990, S. 173

Mertens, Hans-Joachim, Satzungs- und Organisationsautonomie im Aktien- und Konzernrecht, ZGR 1994, 426

Mertens, Hans-Joachim, Schadensersatzhaftung des Aufsichtsrats bei Nichtbeachtung der Regeln des ARAG-Urteils über die Inanspruchnahme von Vorstandsmitgliedern? FS K. Schmidt, 2009, S. 1183

Möllers, Thomas, Interessenkonflikte von Vertretern des Bieters bei Übernahme eines Aufsichtsratsmandats der Zielgesellschaft, ZIP 2006, 1615

Morner, Michèle / Jansen, Till / Reuter, Janina / Jünger, Christian / Barth, Sebastian, Aufsichtsratspraxis in Deutschland - Empirische Ergebnisse und Erkenntnisse – Der Aufsichtsrat 2012, 98

Mülbert, Peter O., Marktwertmaximierung als Unternehmensziel der Aktiengesellschaft, FS Röhricht, 2005, S. 421

Mülbert, Peter O., Shareholder Value aus rechtlicher Sicht, ZGR 1997, 129

Müller, Hans-Friedrich, Geschäftsleiterhaftung wegen Insolvenzverschleppung und fachkundige Beratung, NZG 2012, 981

Müller, Hans-Friedrich, Aufsichtsratsmandat und anwaltliche Tätigkeit, NZG 2002, 797

Müller, Klaus, Kommentar zum Gesetz betreffend die Erwerbs- und Wirtschaftsgenossenschaften, Zweiter Band, §§ 33 bis 42, 2. Auflage, 1996, zitiert: Müller, GenG

Müller, Martina / König, Mirko, Anmerkung zu OLG Frankfurt/Main, Urt. v. 15.2.2011 – 5 U 30/10, CCZ 2011, 116

Mutter, Stefan, Unterstützung der weiteren Aus- und Fortbildung von Aufsichtsratsmitgliedern, AG Report 2010, R 410

Mutter, Stefan / Kinne, Julia, Die „ideale“ Geschäftsordnung des Aufsichtsrats, Der Aufsichtsrat 2013, 76

Nagel, Bernhard, Zusammensetzung mitbestimmter Aufsichtsratsausschüsse und Unternehmensinteresse, DB 1982, 2677

Neuhaus, Martin / Gellißen, Georg, Drittvergütung für Aufsichtsratsmitglieder, NZG 2011, 1361

Neuling, Jasper, Präsenzpflicht in der Bilanzsitzung des Aufsichtsrats, AG 2002, 610

Niehus, Rudolf J., Peer Review in der deutschen Abschlussprüfung – Ein Berufsstand kontrolliert sich, DB 2000, 1133

Nikolay, Judith C., Die neuen Vorschriften zur Vorstandsvergütung – Detaillierte Regelungen und offene Fragen, NJW 2009, 2640

Nonnenmacher, Rolf / Pohle, Klaus / Werder, Axel von, Aktuelle Anforderungen an Prüfungsausschüsse, DB 2009, 1447

Notthoff, Martin, Rechtliche Fragestellungen im Zusammenhang mit dem Abschluss einer Director's & Officer's-Versicherung, NJW 2003, 1350

Oberthür, Nathalie, Unionsrechtliche Impulse für den Kündigungsschutz von Organvertretern und Arbeitnehmerbegriff, NZA 2011, 253

Ossenbühl, Fritz, Frauenquoten für Leitungsorgane von Privatunternehmen, NJW 2012, 417

Otto, Sven-Joachim / Fonk, Christian F., Haftung und Corporate Compliance in der öffentlichen Wirtschaft – Aspekte der Haftungsvermeidung aus Sicht kommunaler Unternehmen – CCZ 2012, 161

Paefgen, Walter G., Die Inanspruchnahme pflichtvergessener Vorstandsmitglieder als unternehmerische Ermessensentscheidung des Aufsichtsrats, AG 2008, 761

Pammler, Sebastian, Die gesellschaftsfinanzierte D & O-Versicherung im Spannungsfeld des Aktienrechts, 2006, zitiert: *Pammler*, D & O-Versicherung

Palandt, Otto, Bürgerliches Gesetzbuch, 71. Auflage, 2012, zitiert: *Bearbeiter*, in: Palandt, BGB

Papier, Hans-Jürgen / Heidebach, Martin, Die Einführung einer gesetzlichen Frauenquote für die Aufsichtsräte deutscher Unternehmen unter verfassungsrechtlichen Aspekten, ZGR 2011, 305

Paschos, Nikolaos / Goslar, Sebastian, Unabhängigkeit von Aufsichtsratsmitgliedern nach den neuesten Änderungen des Deutschen Corporate Governance Kodex, NZG 2012, 1361

Paschos, Nikolaos / von der Linden, Klaus, Vorzeitige Wiederbestellung von Vorstandsmitgliedern, AG 2012, 736

Paudtke, Bernt / Glauer, Christian, Das registergerichtliche Ermessen bei der Aufsichtsratsbestellung, NJW-Spezial 2013, 719

Pauly, Pauly / Schüler, Yvonne, Der Aufsichtsrat kommunaler GmbHs zwischen Gemeindewirtschafts- und Gesellschaftsrecht, DÖV 2012, 339

Peltzer, Martin, Beratungsverträge der Gesellschaft mit Aufsichtsratsmitgliedern: Ist das gute Corporate Governance?, ZIP 2007, 305

Peltzer, Martin, Trial and Error – Anmerkungen zu den Bemühungen des Gesetzgebers, die Arbeit des Aufsichtsrates zu verbessern, NZG 2009, 1041

Peltzer, Martin, Der Aufsichtsratsbericht an die Hauptversammlung: Mehr als nur eine Formalie, NZG 2010, 976

Peltzer, Martin, Das Grünbuch der EU-Kommission vom 5.4.2011 und die Deutsche Corporate Governance, NZG 2011, 961

Peltzer, Martin, Der Bericht der Corporate Governance Kommission an die Bundesregierung, NZG 2011, 281

Peltzer, Martin, Reparaturbedarf des Kodex – Kritische Anmerkungen zu kontraproduktiven und änderungsbedürftigen Aussagen des DCGK, FS Priester, 2007, S. 573

Peltzer, Martin, Wider den „greed" – Betrachtungen zu §§ 86 und 87 AktG, FS Lutter, 2000, S. 571

Peltzer, Martin, Handlungsbedarf in Sachen Corporate Governance, NZG 2002, 593

Petersen, Sven / Schulze De la Cruz, Julian, Das Stimmverbot nach § 136 I AktG bei der Entlastung von Vorstandsdoppelmandatsträgern, NZG 2012, 453

Peus, Egon A., Der Aufsichtsratsvorsitzende – seine Rechtsstellung nach Aktiengesetz und Mitbestimmungsgesetz, Univers. Diss. 1983, zitiert: *Peus*, Der Aufsichtsratsvorsitzende

Pietzke, Rudolf, Beratungsverträge mit Aufsichtsratsmitgliedern – der BGH hat das letzte Wort, BB 2012, 658

Plagemann, Nikolaus, Der Aufsichtsratsausschuss für Integrität, Unternehmenskultur und Unternehmensreputation am Beispiel des Integrationsausschusses der Deutsche Bank AG, NZG 2013, 1293

Poguntke, David, Anerkennungsprämien, Antrittsprämien und Untreuestrafbarkeit im Recht der Vorstandsvergütung, ZIP 2011, 893

Preis, Ulrich / Sagan, Adam, Der GmbH-Geschäftsführer in der arbeits- und diskriminierungsrechtlichen Rechtsprechung des EuGH, BGH und BAG, ZGR 2013, 26

Priester, Hans-Joachim, Neufestsetzung der Amtszeit von Vorstandsmitgliedern, ZIP 2012, 1781

Priester, Hans-Joachim, Interessenkonflikte im Aufsichtsrat – Offenlegung versus Vertraulichkeit, ZIP 2011, 2081

Prütting, Hanns / Gehrlein, Markus (Hrsg.), ZPO Kommentar, 4. Auflage, 2012, zitiert: *Bearbeiter*, in: Prütting/Gehrlein, ZPO

Püttner, Günter, Die Vertretung der Gemeinden in wirtschaftlichen Unternehmen (Zum Verhältnis von Kommunalrecht und Gesellschaftsrecht), DVBl. 1986, 748

Raiser, Thomas, Pflicht und Ermessen von Aufsichtsratsmitgliedern, NJW 1996, 552

Raiser, Thomas, Empfehlen sich gesetzliche Regelungen zur Einschränkung des Einflusses der Kreditinstitute auf Aktiengesellschaften?, NJW 1997, 2257

Raiser, Thomas / Veil, Rüdiger, Mitbestimmungsgesetz und Drittelbeteiligungsgesetz, 5. Auflage, 2009, zitiert: *Bearbeiter*, in: Raiser/Veil, MitbestG u. DrittelbG

Raiser, Thomas / Veil, Rüdiger, Recht der Kapitalgesellschaften, 5. Auflage, 2010, zitiert: *Raiser/Veil*, Recht der KapGes

Randel, Vera / Segger, Stefan, Auswirkungen des Restrukturierungsgesetzes auf die D&O-Versicherung, BB 2011, 387

Ranzinger, Christoph / Blies, Peter, Audit Committees im internationalen Kontext, AG 2001, 455

Redeke, Julian, Zur gerichtlichen Kontrolle der Angemessenheit der Informationsgrundlage im Rahmen der Business Judgement Rule nach § 93 Abs. 1 Satz 2 AktG, ZIP 2011, 59

Redeke, Julian, Zu den Organpflichten bei bestandsgefährdenden Risiken, ZIP 2010, 159

Redeke, Julian, Auswirkungen des UMAG auf die Verfolgung von Organhaftungsansprüchen seitens des Aufsichtsrats? ZIP 2008, 1549

Redeke, Julian, Zu den Voraussetzungen unternehmerischer Ermessensentscheidungen, NZG 2009, 496

Redenius-Hövermann, Julia, Zur Frauenquote im Aufsichtsrat, ZIP 2010, 660

Reichard, Michael, Gerichtliche Aufsichtsratsergänzung bei Beschlussboykott, AG 2012, 359

Reichard, Michael / Kaubisch, Arndt, Sitzungsgeld für Telefon- und Videokonferenzen des Aufsichtsrats? AG 2013, 150

Reichert, Torsten / Schlitt, Hans Jürgen, Konkurrenzverbote für Aufsichtsratsmitglieder – Geltendes Recht – statutarische Gestaltungsmöglichkeiten – Reformüberlegungen, AG 1995, 241

Rellermeyer, Klaus, Der Aufsichtsrat – Betrachtungen zur neueren Rechtsprechung des Bundesgerichtshofs, ZGR 1993, 77

Reuter, Alexander, Die aktienrechtliche Zulässigkeit von Konzernanstellungsverträgen, AG 2011, 274

Rieckers, Oliver, Fortsetzung der Anfechtungsklage gegen Aufsichtsratswahlen nach Rücktritt des Aufsichtsrats, AG 2013, 383

Rieckhoff, Helge, Vergütung des Vorstands mit langfristiger Anreizwirkung – Retrospektive vs. Prospektive Bestimmung der mehrjährigen Bemessungsgrundlage, AG 2010, 617

Rieder, Markus S., Anfechtbarkeit von Aufsichtsratswahlen bei unrichtiger Entsprechenserklärung? NZG 2010, 737

Rieder, Markus S., Hauptversammlungsprotokoll, Entsprechenserklärung und vieles andere mehr – Grundsätzliches zur HV-Praxis im BGH-Fall Kirch./. Deutsche Bank, GWR 2009, 25

Rieger, Harald, Gesetzeswortlaut und Rechtswirklichkeit im Aktiengesetz, FS Peltzer, 2001, S. 339

Ringleb, Hendrik-Michael / Kremer, Thomas / Lutter, Marcus / Werder, Axel v., Kommentar zum Deutschen Corporate Governance Kodex, 3. Auflage, 2008, zitiert: *Bearbeiter*, in: Ringleb/Kremer/Lutter/v. Werder, DCGK[3]

Ringleb, Hendrik-Michael / Kremer, Thomas / Lutter, Marcus / Werder, Axel v., Kommentar zum Deutschen Corporate Governance Kodex, 4. Auflage, 2010, zitiert: *Bearbeiter*, in: Ringleb/Kremer/Lutter/v. Werder, DCGK[4]

Ringleb, Hendrik-Michael / Kremer, Thomas / Lutter, Marcus / Werder, Axel v., Die Kodex-Änderungen vom Mai 2010, NZG 2010, 1161

Ringleb, Hendrik-Michael / Kremer, Thomas / Lutter, Marcus / Werder, Axel v., Die Kodex-Änderungen vom Mai 2012, NZG 2012, 1081

Rosenberg, Leo, Die Beweislast, 5. Auflage, 1965, zitiert: *Rosenberg*, Die Beweislast

Roth, Markus, Wirtschaftsrecht auf dem Deutschen Juristentag 2012, NZG 2012, 881

Roth, Markus, Deutscher Corporate Governance Kodex 2012, WM 2012, 1985

Roth, Markus, Möglichkeiten vorstandsunabhängiger Information des Aufsichtsrats, AG 2004, 1

Roth, Markus, Information und Organisation des Aufsichtsrats, ZGR 2012, 343

Roth, Markus, Unabhängige Aufsichtsratsmitglieder, ZHR 175 (2011), 605

Röttgen, Norbert / Kluge, Hans-Georg, Nachhaltigkeit bei Vorstandsvergütungen, NJW 2013, 900

Rowedder, Heinz / Schmidt-Leithoff, Christian (Hrsg.), GmbHG, 4. Auflage, 2002, zitiert: *Bearbeiter*, in: Rowedder/Schmidt-Leithoff, GmbHG

Rürup, Lebrecht, Prüfung des Jahresabschlusses und des Lageberichts durch Aufsichtsrat und Abschlussprüfer, FS Budde, 1995, S. 543

Rürup, Lebrecht, Möglichkeiten verbesserter Kontrolle und Beratung der Geschäftsführung durch den Aufsichtsrat mit Hilfe des Wirtschaftsprüfers, AG 1995, 219

Sachs, Michael, Quotenregelungen für Frauen im staatlichen und im gesellschaftlichen Bereich, insbesondere für die Wirtschaft, ZG 2012, 52

Säcker, Franz Jürgen, Aktuelle Probleme der Verschwiegenheitspflicht der Aufsichtsratsmitglieder, NJW 1986, 803

Schäfer, Carsten, Die Lehre vom fehlerhaften Verband, 2002, zitiert: Lehre vom fehlerhaften Verband

Schenk, Kersten von, Verträge mit Beratungsunternehmen, denen ein Aufsichtsratsmitglied des beratenen Unternehmens angehört – Zugleich eine Besprechung der BGH-Entscheidungen vom 3.7. und 20.11.2006, DStR 2007, 396

Schiessl, Maximilian, ECLR Fainess Opinions im Übernahme- und Gesellschaftsrecht – zugleich ein Beitrag zur Organverantwortung in der AG, ZGR 2003, 814

Schlitt, Christian, Der aktive Aufsichtsratsvorsitzende – Zum Handlungsspielraum des Aufsichtsratsvorsitzenden im aktienrechtlichen Normgefüge – DB 2005, 2007

Schlitt, Christian, Die Satzung der Kommanditgesellschaft auf Aktien, 1999, zitiert: *Schlitt*, Satzung der KGaA

Schlitt, Christian / Winzen, Jan, Die Kommanditgesellschaft auf Aktien (KGaA) – eine attraktive Rechtsform für börsennotierte Unternehmen? CFL 2012, 261

Schmidt, Karsten, Gesellschaftsrecht, 4. Auflage, 2002, zitiert: K. Schmidt, GesR

Schmidt, Karsten, Aufsichtsratshaftung bei Insolvenzverschleppung, GmbHR 2010, 1319

Schmidt, Karsten, Verfolgungspflichten, Verfolgungsrechte und Aktionärsklagen: Ist die Quadratur des Zirkels näher gerückt? – Gedanken zur Reform der §§ 147 – 149 AktG vor dem Hintergrund der Juristentagsdiskussion des Jahres 2000, NZG 2005, 796

Schmidt, Karsten / Ebke, Werner F. (Hrsg.), Münchener Kommentar zum Handelsgesetzbuch, Bd. 4, 3. Auflage, 2013, zitiert: *Bearbeiter*, in: MünchKomm HGB[3]

Schmidt, Karsten / Lutter, Marcus (Hrsg.), Aktiengesetz Kommentar, 2. Auflage, 2010, zitiert: *Bearbeiter*, in: K. Schmidt/Lutter, AktG

Schmidt-Bendum, Rüdiger / Prusko, Wolfram, Say on Pay in den USA – Dodd-Frank Act kodifiziert Votum über Managervergütung und Golden Parachutes, NZG 2010, 1128

Schmolke, Klaus Ulrich, Die Aktionärsklage nach § 148 AktG, ZGR 2011, 398

Schneider, Uwe H., Wettbewerbsverbot für Aufsichtsratsmitglieder einer Aktiengesellschaft? BB 1995, 365

Schneider, Uwe H., Interessenkonflikte im Aufsichtsrat, FS Goette, 2011, S. 475

Schneider, Uwe H., Gemeinsame Sitzungen und gemeinsame Beschlussfassung von Aufsichtsräten im Konzern? FS Konzen, 2006, S. 881

Schneider, Uwe H. / Anzinger, Heribert M., Institutionelle Stimmrechtsberatung und Stimmrechtsvertretung – „A quiet guru's enormous clout", NZG 2007, 88

Schnorbus, York, Gestaltungsfragen fakultativer Aufsichtsorgane der KGaA, in: Liber amicorum für Martin Winter, S. 627

Schnorbus, York / Ganzer, Felix, Gemeinsame Sitzungen von Aufsichtsorganen innerhalb eines Konzerns, AG 2013, 445

Schodder, Thomas, Zur Weisungsbefugnis des Gemeinderats gegenüber Aufsichtsratsmitgliedern in einer kommunale GmbH, EWiR 2009, 715

Scholderer, Frank, Unabhängigkeit und Interessenkonflikte der Aufsichtsratsmitglieder, NZG 2012, 168

Scholderer, Frank, Beschließende Aufsichtsratsausschüsse und Zuständigkeit für die Vorstandsvergütung bei eingetragenen Genossenschaften, NZG 2011, 528

Schöne, Torsten / Petersen, Sabrina, Regressansprüche gegen (ehemalige) Vorstandsmitglieder – quo vadis? AG 2012, 700

Schröer, Henning, Geltendmachung von Ersatzansprüchen gegen Organmitglieder nach UMAG, ZIP 2005, 2081

Schubert, Claudia / Jacobsen, Gönke, Personelle Vielfalt als Element guter Unternehmensführung – die Empfehlung des Corporate Governance Kodex und die Rechtsfolgen ihrer unzureichenden Berücksichtigung, WM 2011, 726

Schubert, Jan-F., Anmerkung zu BGH, Urt. v. 20.9.2011 – II ZR 234/09, CCZ 2012, 79

Schulenburg, Volker / Brosius, Jan, Ausgewählte aktien- und wertpapierrechtliche Fragen zu § 100 Abs. 2 Satz 1 Nr. 4 AktG

Schulz, Stephan, Die Zielbenennung zur Zusammensetzung des Aufsichtsrats nach DCGK 2010, BB 2010, 2390

Schüppen, Matthias, Wirtschaftsprüfer und Aufsichtsrat – alte Fragen und aktuelle Entwicklungen, ZIP 2012, 1317

Schüppen, Matthias, Vorstandsvergütung – (K)ein Thema für die Hauptversammlung? ZIP 2010, 905

Schürnbrand, Jan, Zur fehlerhaften Berufung von Aufsichtsratsmitgliedern und zur fehlerhaften Abberufung von Vorstandsmitgliedern, NZG 2008, 609

Schürnbrand, Jan, Überwachung des insolvenzrechtlichen Zahlungsverbots durch den Aufsichtsrat, NZG 2010, 1207

Schürrle, Thomas / Olbers, Lucie Anne Mary, Compliance-Verantwortung in der AG – Praktische Empfehlungen zur Haftungsbegrenzung an Vorstände und Aufsichtsräte, CCZ 2010, 102

Schütze, Rolf A., Die Berücksichtigung ausländischer Aufsichtsratsmandate im Rahmen von § 100 Abs. 1 Nr. 1 AktG, AG 1967, 342

Schwab, Martin, Vorstandsregress und Streitverkündigung, NZG 2013, 521

Schwalbach, Joachim, Effizienz des Aufsichtsrats, AG 2004, 186

Schwark, Eberhard, Zum Haftungsmaßstab der Aufsichtsratsmitglieder einer AG, FS Werner, 1984, S. 841

Schwarz, Volker, Anmerkung zu BGH, Urt. v. 27.3.2012 – II ZR 171/10, CCZ 2013, 36

Schwintowski, Hans-Peter, Gesellschaftsrechtliche Bindungen für entsandte Aufsichtsratsmitglieder in öffentlichen Unternehmen, NJW 1995, 1316

Schwintowski, Hans-Peter, Verschwiegenheitspflicht für politisch legitimierte Mitglieder des Aufsichtsrats, NJW 1990, 1009

Seebach, Daniel, Kontrollpflicht und Flexibilität – Zu den Möglichkeiten des Aufsichtsrats bei der Ausgestaltung und Handhabung von Zustimmungsvorbehalten, AG 2012, 70

Seibert, Ulrich, Corporate Governance: The next Phase – Die Corporate Governance-Debatte schreitet weiter zu den Pflichten der Eigentümer und ihrer Helfer, FS Hoffmann-Becking, 2013, S. 1101

Seibert, Ulrich, Finanzmarktkrise, Corporate Governance, Aufsichtsrat, DB 2009, 1167

Seibert, Ulrich, Das VorstAG – Regelungen zur Angemessenheit der Vorstandsvergütung und zum Aufsichtsrat, WM 2009, 1489

Seibert, Ulrich / Schütz, Carsten, Der Referentenentwurf eines Gesetzes zur Unternehmensintegrität und Modernisierung des Anfechtungsrechts – UMAG, ZIP 2004, 252

Seibt, Christoph H., Deutscher Corporate Governance Kodex: Antworten auf Zweifelsfragen der Praxis, AG 2003, 465

Seibt, Christoph H., Verhaltenspflichten und Handlungsoptionen des Aufsichtsrats der Zielgesellschaft in Übernahmesituationen, FS Hoffmann-Becking, 2013, S. 1119

Seibt, Christoph H., Interessenkonflikte im Aufsichtsrat, FS Hopt, 2010, S. 1363

Seibt, Christoph H., Arbeitsrechtliche Aspekte des Wertpapiererwerbs- und Übernahmegesetzes, DB 2002, 529

Seibt, Christoph H. / Schwarz, Simon, Aktienrechtsuntreue – Analyse und aktienrechtsspezifische Konturierung der Untreuestrafbarkeit von Geschäftsleitern bei Pflichtverletzungen, AG 2010, 301

Seibt, Christoph H. / Wunsch, Oliver, Investorenvereinbarungen bei öffentlichen Übernahmen, Der Konzern 2009, 195

Selter, Wolfgang, Die Prüfung des Jahresabschlusses durch den Aufsichtsrat bei Fehlen einer Prüfung gem. §§ 316 ff. HGB, AG 2013, 14

Selter, Wolfgang, Haftungsrisiken von Vorstandsmitgliedern bei fehlendem und von Aufsichtsratsmitgliedern bei vorhandenem Fachwissen, AG 2012, 11

Selter, Wolfgang, Neufestsetzung der Amtszeit von Vorstandsmitgliedern, NZG 2011, 897

Semler, Johannes, Unternehmensplanung in der AG – eine Betrachtung unter rechtlichen Aspekten, ZGR 1983, 1

Semler, Johannes, Rechtsvorgabe und Realität der Organzusammenarbeit in der Aktiengesellschaft, FS Lutter, 2000, S. 721

Semler, Johannes, Verpflichtungen der Gesellschaft durch den Aufsichtsrat und Zahlungen der Gesellschaft an seine Mitglieder, FS Claussen, 1997, S. 381

Semler, Johannes, Ausschüsse des Aufsichtsrats, AG 1988, 60

Semler, Johannes, Anmerkung zu Österreichischer OGH: Zur Sorgfaltspflicht von Aufsichtsratsmitgliedern, AG 1983, 82

Semler, Johannes, Der Aufsichtsrat – Die Karriere einer Einrichtung, NZG 2013, 771

Semler, Johannes, Anforderungen an die Befähigung eines Aufsichtsratsmitglieds, FS K. Schmidt, 2009, S. 1489

Semler, Johannes / Stengel, Arndt, Interessenkonflikte bei Aufsichtsratsmitgliedern von Aktiengesellschaften am Beispiel von Konflikten bei Übernahme, NZG 2003, 1

Semler, Johannes / Schenck, Kersten v.(Hrsg.), Arbeitshandbuch für Aufsichtsratsmitglieder, 3. Auflage, 2009,
zitiert: *Bearbeiter*, in: Semler/v. Schenck, Aufsichtsrat

Simon, Stefan / Zetzsche, Dirk, Das Vollmachtstimmrecht von Banken und geschäftsmäßigen Vertretern (§ 135 AktG nF) im Spannungsfeld von Corporate Governance, Präsenzsicherung und prozeduraler Effizienz, ZGR 2010, 918

Simons, Cornelius, Aufsichtsratssitzungen – Aufsichtsratsbeschlüsse – Sitzungsgeld, AG 2013, 547

Spindler, Gerald, Beratungsverträge mit Aufsichtsratsmitgliedern, NZG 2012, 1161

Spindler, Gerald, Beratungsverträge mit Aufsichtsratsmitgliedern – Vorabzustimmung oder nachträgliche Genehmigung? NZG 2011, 334

Spindler, Gerald, Zur Zukunft der Corporate Governance Kommission und des § 161 AktG, NZG 2011, 1007

Spindler, Gerald, Kommunale Mandatsträger in Aufsichtsräten – Verschwiegenheitspflicht und Weisungsgebundenheit, ZIP 2011, 689

Spindler, Gerald, Die Empfehlungen der EU für den Aufsichtsrat und ihre deutsche Umsetzung im Corporate Governance Kodex, ZIP 2005, 2033

Spindler, Gerald, Vorstandsgehälter auf dem Prüfstand – das Gesetz zur Angemessenheit der Vorstandsvergütung (VorstAG), NJOZ 2009, 3282

Spindler, Gerald / Brandt, Kathrin, Verfassungsrechtliche Zulässigkeit einer Gleichstellungsquote im Aufsichtsrat der börsennotierten AG, NZG 2011, 401

Spindler, Gerald / Stilz, Eberhard, Aktiengesetz, Band 1, 2. Auflage, 2010 zitiert: *Bearbeiter*, in: Spindler/Stilz, AktG

Staake, Marco, Der unabhängige Finanzexperte im Aufsichtsrat, ZIP 2010, 1013

Stein, Friedrich / Jonas, Martin, Kommentar zur Zivilprozessordnung, 22. Auflage, 2002 – 2013, zitiert: *Bearbeiter*, in: Stein/Jonas, ZPO

Stein, Ursula, Das faktische Organ, 1984, zitiert: *Stein*, Das faktische Organ

Stephanblome, Markus, Der Unabhängigkeitsbegriff des Deutschen Corporate Governance Kodex, NZG 2013, 445

Stephanblome, Markus, Empfehlungen des DCGK zur Unabhängigkeit von Aufsichtsratsmitgliedern, ZIP 2013, 1411

Stober, Rolf, Die privatrechtlich organisierte öffentliche Verwaltung, NJW 1984, 449

Strieder, Thomas, Erweiterung der Lageberichterstattung nach dem BilMoG, BB 2009, 1002

Strieder, Thomas, Zur Frist der Prüfungs- und Berichtspflicht des Aufsichtsrats hinsichtlich des Jahresabschlusses einer AG und KGaA, AG 2006, 363

Strohn, Lutz, Beratung der Geschäftsleitung durch Spezialisten als Ausweg aus der Haftung? ZHR 176 (2012), 137

Suchan, Stefan / Winter, Stefan, Rechtliche und betriebswirtschaftliche Überlegungen zur Festsetzung angemessener Vorstandsbezüge nach Inkrafttreten des VorstAG, DB 2009, 2531

Sünner, Eckart, Der Bericht des Aufsichtsrats an die Hauptversammlung nach § 171 Abs. 2 AktG, AG 2008, 411

Sünner, Eckhart, Diversity bei den Organen einer Aktiengesellschaft, CCZ 2009, 185

Theisen, Manuel René, Quo vadis? – 10 Thesen zur Zukunft des Aufsichtsrats – Der Aufsichtsrat 2013, 3

Theisen, Manuel René, Information und Berichterstattung des Aufsichtsrats, 4. Aufl. 2007, zitiert: *Theisen*, Information und Berichterstattung

Theisen, Manuel René, Die Überwachungsberichterstattung des Aufsichtsrats – Theoretische Forderung und praktische Übung, BB 1988, 705

Theisen, Manuel René, Die Überwachungsberichterstattung des Aufsichtsrats, BB 1998, 705

Theisen, Manuel René / Linn, Alexander /Schöll, Sebastian, Die Berichterstattung des Aufsichtsrats im Wandel – Eine empirische Analyse der Aufsichtsratsbericht 2005 im Vergleich zu 1984 bis 1994, DB 2007, 2497

Theisen, Manuel René / Probst, Arno, Vergütungsfragen im und für den Aufsichtsrat – Ergebnisse einer aktuellen Panel-Untersuchung der Aufsichtsratspraxis – DB 2012, 1553

Theusinger, Ingo / Liese, Jens, Rechtliche Risiken der Corporate-Governance-Erklärung, DB 2008, 1419

Thiessen, Jan, Haftung des Aufsichtsrats für Zahlungen nach Insolvenzreife, ZGR 2011, 275

Thiessen, Jan, Zustimmungsvorbehalte des Aufsichtsrats zwischen Pflicht und Kür, AG 2013, 573

Thole, Christoph, Managerhaftung für Gesetzesverstöße – Die Legalitätspflicht des Vorstands gegenüber seiner Aktiengesellschaft, ZHR 173 (2009), 504

Thümmel, Roderich C., Aufsichtsratsräte in Unternehmen der öffentlichen Hand – professionell genug? DB 1999, 1891

Thümmel, Roderich C., Zu den Pflichten des Aufsichtsrats bei der Verfolgung von Haftungsansprüchen gegenüber dem Vorstand des AG, DB 1997, 1117

Thümmel, Roderich C., Die Abweichung von der Entsprechenserklärung nach § 161 AktG – Neue Risiken für Vorstände und Aufsichtsräte? CCZ 2008, 141

Thümmel, Roderich C., Aufsichtsratshaftung vor neuen Herausforderungen – Überwachungsfehler, unternehmerische Fehlentscheidungen, Organisationsmängel und andere Risikofelder, AG 2004, 83

Thüsing, Gregor, Das Gesetz zur Angemessenheit der Vorstandsvergütung, AG 2009, 517

Thüsing, Gregor / Traut, Johannes, Angemessener Selbstbehalt bei D&O-Versicherungen – Ein Blick auf die Neuerungen nach dem VorstAG, NZA 2010, 140

Thüsing, Gregor / Stiebert, Tom, Altergrenzen bei Organmitgliedern, NZG 2011, 641

Thüsing, Gregor / Veil, Rüdiger, Die Kosten des Aufsichtsrats im aktienrechtlichen Vergütungsregime, AG 2008, 359

Tielmann, Jörgen, Die Anfechtungsklage ein Gesamtüberblick unter Berücksichtigung des UMAG, WM 2007, 1686

Trescher, Karl, Überwachungsberichte des Aufsichtsrats, DB 1989, 1981

Tröger, Tobias, Aktionärsklagen bei nicht-publizierter Kodexabweichung, ZHR 175 (2011), 746

Tschöpe, Ulrich / Wortmann, Florian, Der wichtige Grund bei Abberufungen und außerordentlichen Kündigungen von geschäftsführenden Organvertretern, NZG 2009, 161.

Ulmer, Peter / Habersack, Mathias / Winter, Martin, GmbHG – Gesetz betreffend die Gesellschaften mit beschränkter Haftung: GmbH Großkommentar, 2008, zitiert: *Bearbeiter*, in: Ulmer/Habersack/Winter, GmbHG

Ulmer, Peter, Die Anpassung der Satzungen mitbestimmter Aktiengesellschaften an das MitbestG 1976, 1980, zitiert: *Ulmer*, Anpassung

Ulmer, Peter, Aufsichtsratsmandat und Interessenkollision, NJW 1980, 1603

Ulmer, Peter, Stimmrechtsschranken für Aufsichtsratsmitglieder bei eigener Kandidatur zum Vorstand, NJW 1982, 2288

Ulmer, Peter, Sebastian Pammler, Die gesellschaftsfinanzierte D&O-Versicherung im Spannungsfeld des Aktienrechts, ZHR 171 (2007), 119

Vaupel, Christoph F., Ansprüche von Aktiengesellschaften gegen Stimmrechtsempfehlungen institutioneller Stimmrechtsberater, AG 2011, 63

Velte, Patrick, Prüfung der Buchführung durch den Aufsichtsrat – Recht oder Pflicht? NZG 2010, 930

Velte, Patrick, Die Zusammenarbeit zwischen Aufsichtsrat und Abschlussprüfer, AG 2009, 102

Velte, Patrick, „Verlässlichkeitslücke" bei der Prüfung von Halbjahresfinanzberichten, NZG 2013, 289

Velte, Patrick, Wechsel vom Vorstand in den Aufsichtsrat mit oder ohne Cooling Off als „gute" Corporate Governance? WM 2012, 537

Velte, Patrick, Zwingender Zustimmungsvorbehalt des Aufsichtsrats für Nichtprüfungsleistungen des Abschlussprüfers?! NZG 2013, 1332

Vetter, Eberhard, Der Prüfungsausschuss in der AG nach dem BilMoG, ZGR 2010, 751

Vetter, Eberhard, Anfechtung der Wahl der Aufsichtsratsmitglieder, Bestandsschutzinteresse der AG und Verantwortung der Verwaltung, AG 2012, 701

Vetter, Eberhard, Beratungsverträge mit Aufsichtsratsmitgliedern – Zugleich Anmerkung zu OLG Frankfurt v. 21.9.2005 – 1 U 14/05, AG 2005, 925 – AG 2006, 173

Vetter, Eberhard, Der Deutsche Corporate Governance Kodex nur ein zahnloser Tiger? – Zur Bedeutung von § 161 AktG für Beschlüsse der Hauptversammlung – NZG 2008, 121

Vetter, Eberhard, Stock Options für Aufsichtsräte – ein Widerspruch? AG 2004, 234

Vetter, Eberhard, Die Verantwortung und Haftung des überstimmten Aufsichtsratsmitglieds, DB 2004, 2623

Vetter, Eberhard, Begrenzung der Vorstandsbezüge durch Hauptversammlungsbeschluss? ZIP 2009, 1307

Vetter, Eberhard, Aufsichtsratswahlen durch die Hauptversammlung und § 161 AktG, FS U. H. Schneider, 2011, S. 1345

Vetter, Eberhard, Der kraftlose Hauptversammlungsbeschluss über das Vorstandsvergütungssystem nach § 120 Abs. 4 AktG, ZIP 2009, 2136

Vetter, Eberhard, Update des Deutschen Corporate Governance Kodex, BB 2005, 1689

Vetter, Eberhard, Die Berichterstattung des Aufsichtsrats an die Hauptversammlung als Bestandteil seiner Überwachungsaufgabe, ZIP 2006, 257

Volhard, Rüdiger / Weber, Dolf, Entlastung, wie oft? NZG 2003, 351

Voßen, Nicole, Stärkung der Informationsrechte der Aktionäre gegenüber dem Aufsichtsrat, DStR 2006, 1287

Wackerbarth, Ulrich, Investorenvertrauen und Corporate Governance, ZGR 2005, 686

Waclawik, Erich, Beschlussmängelfolgen von Fehlern bei der Entsprechenserklärung zum DCGK, ZIP 2011, 885

Wahlers, Henning W. / Wolff, Nikolai, Individualabreden zur Verhinderung der drohenden Verjährung von Organhaftungsansprüchen bei der Aktiengesellschaft, AG 2011, 605

Wagner, Jens, Die Rolle der Rechtsabeteilung bei fehlenden Rechtskenntnissen der Mitglieder von Vorstand und Geschäftsführung, BB 2012, 651

Wagner, Jens / Wittgens, Jonas, Corporate Governance als dauernde Reformaufgabe: Der Entwurf des Gesetzes zur Angemessenheit der Vorstandsvergütung, BB 2009, 906

Wandt, Andre P. H., Zur Neufassung von Ziff. 5.4.6 Abs. 3 Satz 1 DCGK oder: Das BMJ als heimlicher Kodexgeber? ZIP 2012, 1443

Wank, Rolf, Die Auslegung von Gesetzen, 5. Auflage, 2011, zitiert: *Wank*, Auslegung von Gesetzen

Wardenbach, Frank, Niederlegung des Aufsichtsratsmandats bei Interessenkollisionen, AG 1999, 74

Weber-Rey, Daniela, Änderungen des Deutschen Corporate Governance Kodex 2009, WM 2009, 2255

Weber-Rey, Daniela, Ausstrahlungen des Aufsichtsrechts (insbesondere für Banken und Versicherungen) auf das Aktienrecht – oder die Infiltration von Regelungssätzen? ZGR 2010, 543

Weber-Rey, Daniela, Der Aufsichtsrat in der europäischen Perspektive – Vorschläge und Ideen für eine wirksame Corporate Governance, NZG 2013, 766

Weber-Rey, Daniela / Buckel, Jochen, Best Practice Empfehlungen des Deutsche Corporate Governance Kodex und die Business Judgement Rule, AG 2011, 845

Weber-Rey, Daniela / Buckel, Jochen, Die Pflichten des Aufsichtsrats bei der Mandatierung des Vergütungsberaters, NZG 2010, 761

Weber-Rey, Daniela / Handt, Friederike, Vielfalt/Diversity im Kodex – Selbstverpflichtung, Bemühenspflicht und Transparenz, NZG 2011, 1

Weckerling-Wilhelm, Dorothee / Mirtsching, Katharina, Weisungsrechte in kommunalen Gesellschaften mit beschränkter Haftung, NZG 2011, 327

Weiss, Susanne / Buchner, Markus, Wird das UMAG die Haftung und Inanspruchnahme der Unternehmensleiter verändern? WM 2005, 162

Weller, Marc-Philipp, Die Systemkohärenz des § 87 II AktG – Eingeschränkte Vertragstreue beim Vorstandsvertrag auf Grund Fremdinteressenwahrung, NZG 2010, 7

Werder, Axel v. / Bartz, Jenny, Inhalt und Struktur der aktuellen Änderungen des Deutschen Corporate Governance Kodey, DB 2012, 1773

Werner, Rüdiger, Die zivilrechtliche Haftung des Vorstands einer AG für gegen die Gesellschaft verhängte Geldbußen gegenüber der Gesellschaft, CCZ 2010, 143

Werner, Winfried, Ausgewählte Fragen zum Aktienrecht, AG 1990, 1

Wernsmann, Rainer / Gatzka, Ulrich, Der Deutsche Corporate Governance Kodex und die Entsprechenserklärung nach § 161 AktG, NZG 2011, 1001

Westermann, H. P., Anmerkung zum Urteil des LG Bielefeld vom 16.11.1999 – 15 O 91/98, ZIP 2000, 25

Wettig, Carsten, Aktuelle Entwicklungen und Trends in der Hauptversammlungssaison 2012 und Ausblick auf 2013, AG 2012, 725

Wettig, Carsten, Vorstandsvergütung: Bonus-Malus-System mit Rückforderungsmöglichkeit (claw back) und Reichweite des Zuständigkeitsvorbehalts zugunsten des Aufsichtsratsplenums, AG 2013, 364

Wiedemann, Arnd / Menk, Michael Torben, Der Aufsichtsrat als Kontrolleur und Sparringspartner des Vorstands für das Risikomanagement, in: Hölscher, Reinhold / Altenhain, Thomas (Hrsg.), Handbuch Aufsichtsrats- und Verwaltungsräte in Kreditinstituten, S. 85, zitiert: *Wiedemann/Menk*, in: Hölscher/Altenhain, Hdb Aufsichtsrat in Kreditinstituten

Wilhelm, Jan, Öffentlichkeit und Haftung bei Aufsichtsräten in einer kommunalen GmbH, DB 2009, 944

Willemer, Christian, Die Neubestellung von Vorstandsmitgliedern vor Ablauf der Amtsperiode, AG 1977, 130

Wilsing, Hans Ulrich, Corporate Governance in Deutschland und Europa – Die Rolle der institutionellen Investoren, der Proxy Advisors und die der Aktionäre, ZGR 2012, 291

Wilsing, Hans Ulrich / Kleißl, Katharina, Herabsetzung von Vorstandsbezügen in Zeiten der Krise, BB 2008, 2422

Wilsing, Hans Ulrich / Meyer, Daniel, Diskriminierungsschutz für Geschäftsführer, NJW 2012, 3211

Wilsing, Hans Ulrich / von der Linden, Klaus, Unabhängigkeit, Interessenkonflikte und Vergütung von Aufsichtsratsmitgliedern – Gedanken zur Kodexnovelle 2012, DStR 2012, 1391

Wilting, Wilhelm, Weitergabe von vertraulichen Informationen im Rahmen der §§ 394, 395 AktG, AG 2012, 529

Wind, Martina / Klie, Marcus, Der unabhängige Finanzexperte nach dem BilMoG – Rechtsfolgen eines abweichend von § 100 Abs. 5 AktG besetzten Aufsichtsrats, DStR 2010, 1339

Windbichler, Christine, Dienen staatliche Eingriffe guter Unternehmensführung? NJW 2010, 2625

Windbichler, Christine, Die GmbH in anderen Umständen: Gesellschaftsrechtliche Erwägungen zur EuGH-Entscheidung „Danosa", FS Hoffmann-Becking, 2013, S. 1413

Wirth, Gerhard, Anforderungsprofil und Inkompatibilitäten für Aufsichtsratsmitglieder, ZGR 2005, 327

Wissmann, Manfred / Ost, Konrad, Im Blickpunkt: Der Beratungsvertrag mit der Sozietät eines Aufsichtsratsmitglieds, BB 1998, 1957

Zieglmeier, Christian, Die Systematik der Haftung von Aufsichtsratsmitglidern gegenüber der Gesellschaft, ZGR 2007, 144

Ziemons, Hildegard, Der Vorstand als Arbeitnehmer, KSzW 2013, 19

Ziemons, Hildegard, Angemessene Vorstandsvergütung und Change of Control Klauseln, FS Huber, 2006, S. 1035

Zieske, Volker / Zenkic, Albina, Neuausrichtung der Internen Revision und die Anforderungen des § 107 Abs. 3 AktG an die Wirksamkeitsüberwachungsaufgaben des Prüfungsausschusses, Der Konzern 2011, 163

Zilles, Stephan / Deutsch, David J., Sitzungsgeld für Telefon- und Videokonferenzen des Aufsichtsrats, Der Aufsichtsrat 2013, 73

Zilles, Stephan / Deutsch, David J., Aufsichtsratswahlen: Erweiterte Praxisanforderungen, ZCG 2013, 69

Zimmermann, Martin, Kartellrechtliche Bußgelder gegen Aktiengesellschaft und Vorstand: Rückgriffsmöglichkeiten, Schadensumfang und Verjährung, WM 2008, 433

Zöller, Richard (Hrsg.), Zivilprozessordnung, 29. Auflage, 2012, zitiert: *Bearbeiter*, in: Zöller, ZPO

Zöllner, Wolfgang / Noack, Ulrich, Kölner Kommentar zum Aktiengesetz, 3. Auflage, zitiert: *Bearbeiter*, in: KölnKomm. AktG

Zöllner, Wolfgang, Amtsverlust und Amtskontinuität des Aufsichtsrats bei formwechselnder Umwandlung, DB 1973, 2077

Zöllner, Wolfgang, Berichtspflicht beamteter Aufsichtsratsmitglieder nach § 55 BBG? AG 1984, 147

Zöllner, Wolfgang, Die Bestätigung von Hauptversammlungsbeschlüssen ein problematisches Rechtsinstitut, AG 2004, 397

Zöllter-Petzoldt, Irka, Zum Teilnahmerecht des Vorstands und des Aufsichtsrats an Vollversammlungen einer Aktiengesellschaft, NZG 2013, 607

Stichwortverzeichnis

Zahlen bezeichnen die Randnummern.

FSC
www.fsc.org
MIX
Papier | Fördert gute Waldnutzung
FSC® C083411

Kolibri 360 GmbH
Ferdinand-Jühlke-Straße 7
99095 Erfurt, Deutschland
produktsicherheit@kolibri360.de